帝國議會

衆議院議事速記錄

제7권

소화 8年 1月 ~ 소화 11年 5月

韓國學資料院

〈目　　　　次〉

第 7 卷 昭和 8年 1月 ～ 昭和 11年 5月

昭和八年一月二十六日

國務大臣ノ演說ニ對スル質疑(前會ノ續)

山本國務大臣ノ答辯

內田國務大臣ノ答辯

○朴春琴君　私ハ此登壇ノ出來マシタコトヲ、不肖私ノ光榮ト思フ次第デアリマス、私ハ內務大臣、外務大臣、拓務大臣、陸軍大臣ニ質問シタイト思フノデアリマス、共質問ノ前ニ、今回朴泳孝侯爵ガ勅選議員ニナラレマシタ事ハ、國家ノ爲ニ、亦內鮮一家ノ爲ニ洵ニ感謝ニ堪ヘマセヌ、之ニ依ッテ現內閣ノ總理大臣首メ各大臣ノ方々、貴衆兩院議員ノ方々ニ、厚ク御禮ヲ申上ゲル次第デアリマス(拍手)

私ハ第一ニ、參政權問題ニ付テ內務大臣ニ承リタイト思フノデアリマスガ、先ヅ共前ニ各黨ノ總裁ノ方々ガ黨ノ大會ニ於キマシテ、我國ノ人口ハ七千万云々ト云フコトヲ再々言ッテ居ルノデアリマスガ、私ハ此言ハレル方々ガ別段惡意ガアッテ言フノデハナイト思ヒマスケレドモ、先ヅ我ガ人口七千万云々ト云フコトヲ言ハレル時、此新附二千万ノ立場カラ考ヘレバ、何ダカ除外サレタヤウナ氣持ガシテ仕樣ガナイノデアリマス(拍手)是ハ言フ人ハ惡意デハアリマセヌケレドモ、先ヅ此言フコト、共事ニ依ッテ此二千万ノ方々ガ淋シイ氣持ト、ソレカラ併合二十有餘年間デモ、內地ノ方々ガ吾々二千万人ニ對シテ、日本國民トマダ認メテナイカト云フ心持ヲ與ヘルト云フコトハ、國家ノ爲ニ大不利益ト私ハ思フノデアリマス(拍手)

ソコデ私ハ無理ナ要求ヲスルノデハナクシテ、皆サン御承知ノ通リ二十有餘年前ノ併合當時、畏多クモ明治大帝陛下ハ二千万人ハ一視同仁デアルト云フコトヲ仰セラレテアルノデアリマスカラ、日本國民トシテ此權利義務ヲ明ニスルノガ、卽チ日本國民ノ義務ト思フガ故ニ、內務大臣ニ私ハ此要求ヲシタイノデアリマス、併シ今日ノ朴泳孝侯爵ニ勅選議員ノ椅子ヲ與ヘラレタコトモ、恐ラク齋藤總理大臣ハ內鮮融和ノ爲ニ與ヘラレタノデハナイト私ハ思フノデアリマス、日本國民トシテ與ヘラレタノデハナイカト思フノデアリマス(拍手)ソレナラバ今マデ何故ニ朝鮮ニ參政權ヲ與ヘテナイカ、吾々ハ又此植民地云々ト云フヤウナコトモチョイ〳〵聞イテ居リマス、內地ノ反對スル所謂不良分子ノ何人カノ方々ガ、植民地ト言ウテモ不逞ト言ウテモ何トモ思ハナイケレドモ、少クトモ此私共日本人ニナッタコトヲ所謂誇トシテ居ル人ノ立場カラ言ヘバ、植民地ト言ハレルコトハ非常ニ氣ニ喰ハナイノデアリマス(拍手)

ソコデ此參政權ハ十數年前カラ朝鮮ノ有力ナル方々ガ內地ノ議會ニ陳情モシ、又各大臣ノ方々ヲ訪問シテ、諒解ヲ求メテ居ッタノデアリマス、然ルニ今日迄マダ朝鮮ニ參政權ヲ與ヘナイト云フコトハドウ云フ譯デアリマスカ、同ジ日本國民デアルカラ、當然此兵役ノ義務モ持タセ、又參政權モ與ヘル、ソコデ鮮人諸君カラヤッパリ義務モ果シテ貰ハナクチハナラヌ、ソコデ初メテ同一ノ國民デアル、然ルニ今日マデ參政權ヲ與ヘナイト云フ理由ガ何處ニアルカト云フコトヲ、內務大臣ニ承リタイト思フノデアリマス

ソレカラ外務大臣デアリマス、外務大臣ヘ滿鐵ノ總裁ノ時、所謂名滿鐵總裁トシテ推稱セラレタ方デアリマスガ、滿鐵ノ使用人ヲ私ガ昨年調ベテ見ルト云フト、內地人ハ二万二千人現在使ッテ居ルノデアリマス、內地人ハ二万二千人使ッテモ、五万人使ッテモ何モ文句ハアリマセヌ、併シ支那人ハ一万二千人使ッテ居ルノデアリマス、ソレカラ鮮人ハタッタ三十人シカ使ッテ居ラナイノデアリマス、而モ共三十人ノ人ハ殆ド小使ノヤウニ使ッテ居ル、ソコデ日本ノ移民トカ、滿蒙ハ生命線デアルトカ云フコトヲ現外務大臣ハ考ヘテ居ルノカ居ナイノカ、又今日在滿鮮人ハ百万ヲ突破致シテ居ルノデアリマスガ、此頃匪賊ノ爲ニ非常ニ困難ガ續イテ居ルノデアリマス、此匪賊ト困苦ト鬪ッテ居ル時ニ、ヨク邦人何人ト云フコトヲ內地ノ新聞ニ書イテ居ルノデアリマス、共邦人何人ト云フヤウナコトガ出テ居ル處ニハ、例ヘバ邦人ガ十人居レバ、必ズ鮮人ハ共處ニ三四十人、五六十人私ハ居ルト思ヒマス、所ガソレヲ一向言ハナイ、此滿洲事變勃發ニ對シテ、鮮人ハ非常ナ期待モ希望モ持ッテ居ッタ次第デアリマス、所ガ此頃斯ウ見テ居ルト云フト、マルッキリ邪魔者ノヤウナ取扱ヲスルト云フコトガアルラシイノデス、ソレカラ中ニハ滿蒙視察ニ行クト云フ時デモ、殆ド朝鮮ハ忘レテシマッテ、素通リスルト云フ人ガ多イノデアリマス、何シロ在滿鮮人百万ニハ滿洲國家ノ方々モ餘リ重キヲ置カナイノデアリマス、殊ニ重キヲ置クト云フコトヨリ、却テ邪魔者ノヤウニ思ッテ居ル、又近來或人カラ聞ク所ニ依リマスト、滿鐵ガ鮮人ガ一ツ滿洲ニ入ラナイヤウニ計畫ショウヂヤナイカト云フコトヲ私ハ聞イテ居ルノデアリマス、果シテ事實デアルナラバ、是ハ國家ニ對スル重大問題ト私ハ思フノデアリマス、斯ウ云フヤウナ在滿ノ百有餘万ノ此新附ノ方々ヲ、本當ニ日本國民ト外務大臣ハ見テ居ルカ居ナイカ、併シ日本國民ト見テ居ルナラバ、ソレニ對スル保護──徹底的ニ保護救濟スルト云フ案ガアルカナイカト云フコトヲ、私ハ外務大臣ニ承リタイト思フノデアリマス、尚ホ外務大臣ハ此百万ヲ突破シテ居ル鮮人ハ、是ハ卽チ日本國民デアルト云フコトヲ、ハッキリ滿洲國家ニ對シテ今度認識セシムルト云フコトヲ私ハ必要ト思フノデアリマス

ソレカラモウ一ツハ陸軍大臣デアリマス、陸軍大臣ニ對シテハ、十數年前カラ、我國ノ國防止朝鮮ニ二箇師團位增設ト云フコトガ、屢々朝鮮カラ陳情ガ來テ居ッタノデアリマス、共當時ハ、朝鮮ニ於ケル所謂內地人ガ、師團增設問題ト云フコトヲ內地ニ運動ニ來テ居リマシタケレドモ、又或ル鮮人ノ方ハ、或ハ反對シタ方モアリマシタ、所ガ今日ハ段々鮮人モ共意味合ノコトガ解リマシテ、今日ハ二千万人ガ所謂擧ッテ、我ガ國防上朝鮮ニ師團ヲ增設シテ貰ヒタイト云フ陳情書ガ、昨年私ハ出タト思フノデアリマス、是ハ人口カラ割出シテモ、我ガ

國防上カラ考ヘルニシテモ、當然二箇師團位增設スル場所デアルト私ハ見テ居リマス、中ニモ此師團增設問題ガ若シモ今度決定サヘスレバ、或ハ朝鮮ノ方カラ、敷地ハ無論寄附スル、若干補助モスルト云フヤウナ問題ガ、屢、陸軍大臣ニ陳情ガ出テ居ル筈デアリマス、之ニ依ッテ陸軍大臣ハ、國防上朝鮮ニ師團ヲ增設スル意思アリヤナイヤト云フコトヲ承リタイト思フノデアリマス

モウ一ツハ拓務大臣デアリマス、拓務大臣ハ濱口內閣ノ時ニ朝鮮ノ自治制ヲ與ヘタ筈ト私ハ思フノデアリマス、今迄ハ官選デアッタノデアリマスガ、其後齋藤總督ガ今度二度目ニ行ッタ時ニ、官選ニシテハ相成ラヌ、是非民選ニシナクテハイカヌト云フ譯デ、濱口內閣ノ時ニ民選ニスルト云フコトデ自治制ヲ與ヘタ譯デアリマス、然ルニ面ト、或ハ府ト今日ハ自治制ヲ與ヘテ居リマスケレドモ、マダ道制ハ行ッテ居ナイト云フコトハ、ドウ云フ譯デアルカト云フコトヲ承リタイト思フノデアリマス

モウ一ツハ 此頃拓務省ニ依ッテ滿蒙移住民ヲ盛ニ奬勵シテ居ルノデアリマス、或ハ武裝移民ト言ヒマスカ、集團移民ト言ヒマスカ、何トカ云フヤウナ移民ヲヤッテ居リマスガ、此內地ノ移民ヲ奬勵シテ居ルコトハ、拓務大臣ハ成功スルモノト思フノデアルカ、ナイカト云フコトヲ承リタイト思フノデアリマス、私ハ六十二臨時議會ニ於キマシテ、無論滿洲ハ我國ノ生命線デアルカラ、內地人ガ行クト云フコトハ、是ハ火ヲ睹ルヨリモ明カデアル、併シ行クニハ總テ順序ガアルト云フコトヲ私ハ申シマシタ、所ガ今日ノ內地人ノ所謂生活程度ト、滿洲人ノ生活程度ヲ吾々ガ考ヘテ見ルト云フト、今日ノヤウニ幾ラ國家ガ費用ヲ掛ケテモ、此氣候ノ良イ處ニ生レタ日本人ニ、僅カ三十五錢ヤ三十錢位ヲ貰ッテ、朝六時カラ晚ノ六時マデ働イテ居ル者ト、現在拓務大臣ガ移民ヲ奬勵シテ居ル方々ト、肩ヲ並ベテ鋤、鍬ヲ持ッテ開拓ヲスルト云フヤウナコトハ、私ハ當然不可能デヤナイカト思フノデアリマス、併シソレニハ適當ナ所謂我ガ新日本國民、即チ百有餘万ノ人ガ、昨年モ申上ゲマシタ通リニ、既ニ籾ハ五百万石、或ハ粟ヤ黍ヤ、其他ノ雜穀五百万石、合セテ一千万石モ得ラレタ我ガ新國民ガ彼處ニ居ルノデアリマス、此人達ノ手ニ依ッテ滿蒙ヲ開拓シテ、帝國ノ農場ヲ滿蒙ニ作ルト云フコトヲ、拓務大臣ニモウ少シ私ハ考ヘテ貰ハナクテハナラヌト思フノデアリマス(拍手)而シテ全ク日本ノ國カラ補助ナシニ彼等ガ自發的ニ行ッテ、彼ノ張作霖或ハ張學良等ノ惡政ノ下デ有ユル侮辱、有ユル迫害ヲ受ケテ、年々數百ノ人間ガ虐殺ヲ受ケツ、滿蒙ノ天地ヲ開拓シテ居ル此新日本國民ヲ、今日國家ガ徹底的ノ保護ヲスルト云フコトガ必要デヤナイカト思フノデアリマス、然ルニ今日或ハ外務省デアルカ、拓務省デアルカ、軍部ノ方々ハ淡白デアルカラ、匪賊討伐ノ爲ニソンナコトヲ忘レテ居ルカモ知レナイガ、先ヅ邪魔者ノヤウナ取扱ヲスルト云フヤウナ氣分ヲ與ヘルト云フコトハ、私ハ國家ノ爲ニ是ハ大不利益ト思フノデアリマス(拍手)

又今後滿蒙ノ所謂外交問題ナリ、滿蒙ニ對スル今後ノ日本ノ政策ニ鑑ミテ、私ハ一ツ歷代總督ノコトヲ申上ゲテ參考トシタイト思ノデアリマス、大體五代總督デアリマスガ、第一番伊藤博文統監時代、或ハ寺內總督時代、ソレカラ長谷川總督時代、現內閣齋藤總理大臣ガ總督時代、或ハ山梨總督、宇垣總督ノ此五代總督カラ私共考ヘル時ハ、寺內總督ノ當時 ハ所謂武斷政治デアッテ、其當時ハ寺內自身ハソンナコトハナカッタカモ知レナイケレドモ、寺內總督ヲ利用シテ、地方ノ小役人、或ハ又內地カラ行ッテ居ル所謂無賴漢、此方々ニ依ッテ殆ド二千万人ノ人心ガ恟々トシタノデアリマス、ソコデ此位抑ヘ付ケテ置クナラバ、モウ刄向ヒハ出來ナイダラウト云フコトデ先ヅ安心シテ居ッタノデアリマス、然ルニ大正八年ノ萬歲騷動ガ起ッタノデアリマス、此大正八年ノ萬歲騷動ト云フコトハ、全島民擧ッテ之ヲヤッタ譯デアリマス、既ニ此武斷政治デ抑ヘルダケ抑ヘテ置イタカラ、モウ刄向ヒガ出來ナイダラウト云フヤウニ安心シテ居ッタ所ガ、大正八年ノ所謂萬歲騷動ト云フモノガ起ッタノデアリマス、ソコデ武斷政治デハイケナイ、憲兵制度ヲ變ヘテ、サウシテ文化政治ヲ布クガ宜イト云フコトデ、現內閣總理大臣ガ朝鮮 總督ト シテ行ッタ譯デアリマス、其後八年間所謂文化總督トシテ、現內閣總理大臣ハ所謂 名總督ト シテ居ッタ次第デアリマス、ソコデ此二千万民ハ文化總督ト云フコトカラ多少人心ガ落著イテ來タ譯デアリマス、併シ其齋藤總督ガ今度山梨總督トナリマシテカラハ、アレハドウ云フ譯カ知ラナイケレドモ、非常ニ又朝鮮ノ人心ハ穩カデハナカッタノデアリマス、ソレト云フノハ私ハ段々聞イテ見ルト、山梨自身ハ惡クナイケレドモ、山梨ニ附イテ居ル人ガ餘リ朝鮮ニ於ケル利權ヲ漁ル爲ニ、山梨ト云フ人ノ評判ガ非常ニ惡クナッタ、ソコデ再ビ又齋藤總督ガ行ッタ譯デアリマス、ソコデ又齋藤總督ノ獨特ノ溫厚ヲ以テ幾分人心ハ柔イデ來タガ、併シ寺內總督當時ノ所謂武斷政治ノ弊ガ今マデアルノデアリマス、ソレデアルカラシテ結局今日ノ宇垣總督モ、所謂山梨サンノ跡ヲ片付ケルベク現在ヤッテ居ルト私ハ考ヘテ居ルノデアリマス、斯ウ云ッタヤウナコトガアリマスシ、尙ホ私ヲシテ忌憚ナク言ハシムレバ、今日滿洲國家ニ對シテハ餘リ內地人ノ役人ガ出シヤバリ過ギテ居ルト云フコトヲ聞イテ居リマス、或ル滿洲人ガ言フニハ、君達ハ能ク考ヘテ吳レ、今ハ總テノ日本人ガア、云フコトヲ言ウテ居ルケレドモ、先ヅ朝鮮ト同ジヤウニ、滿蒙ノコトヲ考ヘテ居ルカモ知レナイト云フコトヲ、既ニ私ハ二三ノ有力者カラ聞イテ居ルノデアリマス、ソレデアリマスカラ、今日ノ所謂滿洲役人ニ對シテ、餘リ日本人ガ出シヤバリ過ギルヂヤナイカト吾々ハ思フノデアリマス、此滿洲國家ノ役人モ、鮮人ハ殆ド數ヘルニ足ラナイ位シカ入ッテ居ナイト私ハ記憶シテ居リマス、併シ數ノ上カラ言ウテモ相當ニ此人等ヲ入レテ、所謂滿蒙開拓ヲサセナケレバナラヌノニ、是モ亦今日實現シテ居ナイト云フコトヲ聞イテ居リマス、ソレカラ間島地方ニ於キマシテハ、八割ト云フ位ノ鮮人農民ガ居ルノデアリマス、此間島ハアレハ鮮人ニ依ッテ、鮮人ノ自治ヲ布クト云フコトヲ私ハ聞イテ居リマスケレドモ、是モ今日マデマダ實現シテ居ナイノデアリマス

ソレカラモウ一ツハ、相手ノ人ノ感情ヲ害シテ、サウシテ國家ノ爲メヲ圖ルト云フコトハ當然不可能デアル、此間京都ニ在ル我ガ同胞ガ、非常ニ日本ノ國家主義ト言ヒマスカ――ソレヲ理解シテ內鮮融和ノ上カラ內地人ヲ家內ニ貰ッタ、サウシテ子供ガ今日十五六歲ニナッテ居ルノデアリマスガ、其子供ガ小サイ時學校ヘ行ッタ時分ニ、或ル學校ノ友達、アレハ植民地人デアル、朝鮮人ダト云フコトヲ度々言ウテ居ッタサウデス、ソコデ其子供ハ自分ノ家ニ歸リマシテ言フノニ、「オ父チャン、今日學校ヘ行クト云フト、オ友達ガ私ニ向ッテアレハ植民地ノ人デアル、アレハ朝鮮人デアルト友達ガ言ッテ居リマシタガ、私ハ本當ハ何處ノ人デアリマスカ、オ父チャン、ソレヲハッキリ言ウテ下サイ」斯ウ言ウテオ父チャンヲ責メタサウデス、所ガ其オ父チャンハ其一言ヲ子供カラ聽クト、淚ヲボロ〱ト流シテ、朝鮮ニ歸ッタト云フコトヲ聞キマシタ、ソコデ之ニ依ッテ吾々ガ考ヘマスノニ、其子供ノ言フコトヲ聽イタ親ノ氣分ニナッテ見ルト云フト、何トモ云ヘナイヤウナ氣持ガスルノデアリマス、ソコデ此無邪氣ナ子供ガ斯ノ如キ事

ヲ言フト云フコトハ、結局今日迄ノ政治ノ缺陷カラ來タノデハナイカト私共ハ思フノデアリマス、要スルニ朝鮮人モ日本國民デアル、日本國民デアル以上ハ、之ニ參政權ヲ與ヘルコトガ出來ルカ、出來ナイカト云フコトヲ内務大臣ニハッキリ御答ヲ願ヒタイト思フノデアリマス、ソレカラ外務大臣ハ滿洲ニ於ケル鮮人百万ト云フモノハ、日本人デアルトシテ保護シテ戴キタイト云フコト、及今度滿洲國家ニ對スル强イ認識ヲ與ヘルト云フコトガ出來ルカ、出來ナイカト云フコトヲ承リタイ、又陸軍大臣ハ前ニ申シタ通リ、朝鮮ニ二個師團增設ガ出來ルカ、出來ナイカト云フコトヲモ併セテ御答願ヒタイ、次ニ拓務大臣ハ、此前モ六十二臨時議會ニ於テ私ガ質問シタ時ニ、大ニ朝鮮ノ文化ヲ向上シナケレバイカヌト云フコトヲ言ッテ居ラレマシタガ、今日朝鮮ニ於ケル存ユル方面ノ文化――教育デアラウガ、産業デアラウガ、農業デアラウガ、總テ是等ヲ徹底的ニヤッテ呉レルカ、呉レナイカト云フコト、、ソレカラモウ一ツ拓務大臣ニ伺ヒタイ事ハ、大體内鮮一家ノ實ヲ擧ゲルト云フ上ニハ、少シデモ障碍物ガアッテハ、此内鮮一家ト云フコトノ實ハ擧ラナイト思フノデアリマスカラ、先ヅ下關ト釜山トニ於ケル關稅ヲ撤廢スルコトガ出來ルカ出來ナイカ(拍手)是ハ當然朝鮮ハ九州デアルトカ、北海道ト同ジヤウニ、日本國内ノ一部デアルノデアルカラ、關稅制度ヲ置イテ、所謂金ヲ儲ケルト云フコトハ私ハ好マシクナイ事デアルト思フノデアリマス(拍手)此障碍物ガアッテハ、何時迄モオ前ハ朝鮮人ダ、俺ハ日本人ダト云フ位ノコトハ當然ダト思フノデアリマス、ソレカラモウ一ツハ、私ハ此間或ル政治家ノ方々ニ聞キマシタ、オイ朴君、君、自分ハ朝鮮ノオ金百何十圓持ッテ居ルノダケレドモ、是ハ内地ニ行ッテ使フコトガ出來ルカト、斯ウ云フ、ソレハ釜山デ替ヘナクテハ内地ヘ行ッテ使フコトハ出來ナイト申シマスト、ソンナ變ナコトハシナクテモ宜サ、ウナモノダナト言ッテ居リマシタ、サウ云ッタヤウナ日本ノ金ハ世界ニ通ッテサウシテ朝鮮ニ行ッテモ通ル、然ルニ朝鮮ノ札ダケガ内地ヘ來ルナラバ、下關カ或ハ釜山デ之ヲ取替ヘナタレバ、内地ヘ行ッテ通用ガ出來ナイヤウナ不便ナコトニナッテ居ル、サウ云フヤウナ組織ヲ設ケテ居ルナラバ、何時マデモ吾々ハ内鮮一家ノ氣持デ行ケナイト思フノデアリマス、斯ウ云ッタヤウナ障碍物ヲ取除カナケレバ、吾々ハイカナイト云フノデアル、今日ハ此吾々大日本國民ハ亞細亞ノ先覺者トシテ、亞細亞ノ主トシテ、亞細亞民族ヲ支配シテ行カナクテハナラヌ、日本國民トシテ私ハ先ヅ考ヘテ見マスルニ、或ハ米穀統制案ノ如キモ、朝鮮米ガドウトカ臺灣米ガドウトカ、日本米ガドウトカト云フヤウナ、其樣ナ僅カナコトニ御互ガ感情的ニナッテ居ッテハ、當然内鮮一家、即チ併合シタ氣分ト云フモノハ生レナイト云フコトハ火ヲ睹ルヨリモ明カデアリマス、デアルカラ、米穀統制案ノ如キモ、日本ノ國内ノ朝鮮デアルカラシテ、何モソンナコトヲ新ニ改マッテヤラナクテモ宜サ、ウナモノダト思フ、併シ是ハ所謂委員會ニ於テ段々朝鮮ニ對スル認識ガハッキリシテ、大分緩メタト云フコトヲ聞キマシテ、朝鮮ノ方々ニモ非常ニ喜ンデ居ッタノデアリマス、唯私ハ昨日非常ニ嬉シク感ジタノハ、政友會ノ東武ト云フ方ト私ハ記憶シテ居リマスガ、此演壇ニ登ッテ、日本ノ九千万國民ガ苦ンデ居ルト云フコトヲ一言聞イタ時、私ハ非常ニ喜ンデ居ッタノデアリマス、今迄ハ日本人ノ九千万人ト云フコトヲ、此演壇デ言フタ人ハ恐ラクナイト私ハ思フノデアリマス、併シサウ云ッタヤウナコトデアリマスカラ、今後此朝鮮統治ト云フコトハ實ニ重大デアリマス、中々喉元過レバ熱サ忘レルヤウナ政治デハ、私ハ國家ノ爲ニ不安ニ堪ヘナイト思フノデアリマス、デアルカラシテ、此滿洲ニ於ケル所謂朝鮮人ノ移民ト云フコトハ、國家ニ對シテ大切デアルガ今後拓務大臣ガ進ンデヤッテ貰フコトガ出來ルカ出來ナイカ、ソレカラ滿洲國家ニ對スル所謂鮮人ノ役人モ澤山入レテ、サウシテ彼ノ土地ヲ開拓シテ行クト云フコトガ、私ハ必要ト思フノデアリマス、此點ニ於キマシテ權威アル各大臣ニ御答辯ヲ願ヘルナラバ光榮ニ思フノデアリマス(拍手)

(國務大臣男爵山本達雄君登壇)

○國務大臣(男爵山本達雄君) 只今朴春琴君ノ御質問ニ付テ、内務大臣ノ所管ノ事デアリマスガ、是ハ實ハ拓務省ノ所管ニ相成ッテ居リマスガ、併シ國務大臣トシテ御答ヲシテモ差支ノナイコト、思ヒマス、是マデ朝鮮人……(「參政權ハ拓務カ」「議長」ト呼フ者アリ)參政權ノ事ニ付キマシテハ、將來ニ於テハ必ズ御質問ノ如キ參政權ヲ與ヘラレルヤウナル時代モ來ルコト、考ヘテ居リマス、併ナガラ目下ノ所ニ於テ土地、人情及法律ナドノ點ニ於キマシテ色々違ッタル點ガ多イノデゴザイマス、現ニ道制、邑制、面制ト云フ如キ制度ヲ設ケラレマシテ居ルヤウナ次第デアリマスカラシテ、斯ノ如キモノ、結果如何ヲ以テ、初メテサウ云フ御希望ノ點ニ到ルコト、考ヘマスルガ、今日ノ狀態ニ於キマシテハ參政權ヲ與ヘルコトニ付テハ、大ニ考慮スベキ點ト存ジテ居リマス、之ヲ以テ御答ト致シマス(拍手)

(國務大臣伯爵内田康哉君登壇)

○國務大臣(伯爵内田康哉君) 只今朴サンヨリ滿洲ニ於ケル朝鮮人ノ事ニ付テ色々御質問ガアリマシタガ、滿洲ノ狀態ハ洵ニ錯雜シテ居リマス、制度上ヨリ言ヒマシテモ、又地域カラ言ッテモ色々アルノデアリマスカラ、自ラ所管ガ異ッテ居リマスケレドモ、大體ノ御趣意ハ分ッタヤウデアリマスカラシテ、一應私カラ御答ヲ致シマスガ、尙ホ拓務大臣、陸軍大臣ヨリ其所管ニ付テハ御答ガアルダラウト思ヒマスル、御承知ノ如ク滿洲ニ於テハ先ヅ第一ニ我ガ租借地ガアル、ソレカラ鐵道線路ニ沿ウテ所謂滿鐵ノ附屬地ガアリマス、又一種違ッタ間島ト云フヤウナ特別ナ地域モアルノデアリマス、其他是等ノ地域以外ニ滿洲ノ廣大ナル土地ニ於テ各方面ニ日本人モ居レバ、朝鮮人モ居ル、日本人ト申スノハ語弊ガアリマス、今日デハモウ朝鮮人モ無論日本人デアルノデアリマス、サウ云フ次第デ同ジ日本人、即チ内鮮兩方共ニ、管轄ヲ異ニシテ居ルヤウナ次第デアリマス

(副議長退席、議長著席)

先刻私ガ先年滿鐵ニ居ッタト云フコトカラシテ、滿鐵ノ使用人ノ事ニ付テ、内地人ト鮮人トノ數ガ違フヂヤナイカト云フヤウナ御質問ガアリマシタ、是ハ今日私ノ地位デハ御答スル權限ガナイヤウデアリマスケレドモ、折角ノ御質問デアリマスカラ御答ヲ致シマスガ、數ハ能ク存ジマセヌケレドモ大抵言ハレマシタヤウニ非常ニ差ガアリマス、ケレドモ私ハ滿鐵總裁トシテ出來ルダケ鮮人ヲ使フヤウニスルコトヲ、私ノ下僚ニ命ジテ居ッタノデアリマス、又滿鐵トシテモ出來ルダケハ朝鮮人ヲ採用シタイト云フ考ハ、今デモ持ッテ居ルコト、思ヒマスケレドモ、是ハ中々實際ノ事ニ立入リマスト、希望ハアッテモ其通リニドウモ致兼ネルコトガアル、事務ノ敏捷等ヨリ、又ハ言葉ノ關係等ヨリシテ、中々思フヤウニ鮮人ニ向ッテ滿足ヲ與ヘルコトガ出來兼ネテ居ルヤウナ狀態デアリマスケレドモ、是ハ出來得ル限リ多クノ鮮人ヲ使フヤウニシタイト云フ私ハ考ヲ有ッテ居ル、又今ノ滿鐵當局モサウ云フ考デアラウト思ヒマス、私ハ滿洲ニ於ケル鮮人ノ働キニ對シテハ非常ナ敬意ヲ表シテ居リマス、先年沿線各地ニ行ッテモ、水田ハ殆ド鮮人ノ働キニ依ッテ出來テ居ル次第デアリマス、今日日滿ノ關係ガ改善セラレマシタコトヲ考ヘレバ、今後此水田

ノコトヤ何カデ、鮮人ノ發展ト云フモノハ非常ナモノデアラウト思ヒマスカラシテ、ドウシテモ滿洲ニ於ケル鮮人ノ地位ヲ高メ、内鮮人ノ區別ヲ出來得ル限リ撤去シ、互ニ感情ヲ融和セシメテ、同ジ日本人デアルト云フ觀念ヲ養成スルコトハ、非常ニ必要ナコト、思フ、サウ云フ次第デ決シテ種子拔ヲスルナント云フヤウナ考、即チ人種ノ差別ト云フヤウナ考ハ毛頭アリマセヌカラ、ドウカ鮮人ノ方ニ於テモサウ云フ僻ミノ見方ヲセズ矢張同ジ日本人デアルト云フ考デ、互ニ融和ヲ圖ラレンコトヲ、私ハ鮮人出ノ日本人ニモ希望スル次第デアリマス

ソレカラ今後滿洲ノ役人ニモ鮮人ヲ使ッテ貰ヒタイト云フヤウナ御希望モアッタヤウデアリマスガ、是モ決シテ今日ハ朝鮮人デアルカラ使ハナイト云フヤウナ意思ハ毛頭アリマセヌ、外務省ノ關係ニ致シマシテモ、成ベク鮮人ヲ採用シタイト云フ考ヲ有ッテ居ル次第デアリマスケレドモ、先刻申シマシタ通リニ、實際トナッテハマダ中々サウ希望ヲ充ス譯ニ行キマセヌカラ、是モ漸次鮮人ノ方ニ於テ内地人ト共ニヤリ得ルヤウナ學問經驗等ガ出來レバ、其方ニ採用ガ出來ルヤウニナルデアラウト思ヒマス、之ヲ要シマスルニ、御質問ノ趣旨ハ人種差別的ノ種子拔ヲシテハ困ル、何處マデモ鮮人ヲシテ、殊ニ滿洲ニ於ケルサウ云フ關係ガナイヤウニシタイト云フ御趣旨ニハ、私ハ全然同感デアリマシテ、サウ云フコトカラ、同人種デアルト云フ觀念ヲ抱カシメルヤウニシタイト云フ考ヲ有ッテ居ル次第デアリマス（拍手）

（國務大臣荒木貞夫君登壇）

○**國務大臣（荒木貞夫君）** 只今朴君ノ御質疑ノ朝鮮増設師團ノ問題ハ、一般國防上ノ計畫並ニ局地的ノ事情等ヲ按配斟酌スル必要ガアリマスノデ、之ニ依リ愼重審議ヲ致サナケレバナラナイノデ、只今ノ所何レナリトモ決定スル域ニ到達致シテ居リマセヌ、其他ノ問題ニ對シテハ畢竟スルニ内鮮兩民族ノ意識的ノ疎隔ガ尙ホ存在シテ居ル所カラ起ルコト、存ジマスガ、之ニ付キマシテハ既ニ兩朴君ガ貴衆兩院ニ席ヲ置カレテ參政ノ實ヲ擧ゲテ居ラレル、又皇族殿下トシテ李王殿下ヲ上ニ戴イテ居リマス、ノミナラズ内鮮合邦ノ其精神ニ顧ミマシテ、茲ニ滿洲ニ在留ノ百万ノ鮮人同胞ニ對シテハ、吾吾ノ、所謂日本人同胞ヨリモ、ヨリ以上ノ力ヲ致シテ、共ニ内鮮合邦ノ精神ヲ發揮シテ居ル、又ソレハ必要デアルト考ヘテ居リマスノデ、今後出來得ル限リ速ニ――苟モ日本ニ生ヲ享ケ臣民トナリマシタ以上、吾吾ノ祖先モ或ハ朝鮮ノ方モアリ、或ハ支那人ノ方モアルノデアリマスカラ、國民トナリマシテ共ニ茲ニ速ニ一體ニナリマシテ、只今朴君カラ御話ノ如クニ、ドウカ速ニ極東ノ平和及亞細亞民族ノ使命ヲ果スヤウニ致シタイト考ヘテ居リマス、此精神ニ依リマシテ十分御諒承ガ出來ルコト、存ジテ居リマス（拍手）

（國務大臣永井柳太郎君登壇）

○**國務大臣（永井柳太郎君）** 朴春琴君ノ私ニ對スル御質問ノ第一ハ、道會ニ關スルコトデアッタト思ヒマス、御承知ノ通リニ數年前朝鮮ノ地方自治確立ニ關シマスル新制令ガ出タノデアリマスカ、其中道制ニ關スルモノ、實施ガマダ行ハレテ居ラナイノデゴザイマス、道會ヲ開設致シマシテ道制ヲ實施スルト云フコトハ、非常ニ必要デアルト存ジマシテ、近ク之ヲ實施スル目的デ、目下其準備ヲ急イデ居ル次第デゴザイマス

第二ハ滿洲ニ在住シテ居ル鮮人ノ保護ニ關スルコトデアリマスガ、滿洲ニ在住シテ居リマスル鮮人ノ保護ニ關シマシテハ、政府ハ全力ヲ盡シテ居ルト申上ゲテモ差支ナイ程、努力致シテ居ルノデゴザイマス、只今外務大臣モ御話ニナッタノデゴザイマスガ、在滿鮮人ガ不幸ニシテ匪賊ノ爲ニ襲撃サレ、折角勞作シタ其收穫物マデモ失フ、洵ニ悲慘ナ狀態ニアルコトヲ、出來ルダケ救濟致シタイト存ジマシテ、是ガ爲ニハ外務省ノ關係ハ別ト致シマシテ、拓務省關係ダケデモ少カラザル經費ヲ支出致シテ居リマス、現ニ昨年度ニ於キマシテハ、在滿鮮人ノ救濟ノ爲ニ約百四十万圓支出サレテ居ッタノデアリマスガ、今年度ニ於キマシテハ特ニ豫備費並ニ救濟費トシテ約八十五万圓ヲ増額致シマスルノミナラズ、特ニ安全農村ノ計畫ヲ樹テマシテ、滿洲ニ在住シテ居ル朝鮮人ガ匪賊ノ迫害カラ免レテ、安全ニ生活シ得ルヤウニ、特殊ノ農村ヲ建設シタイト云フ計畫ヲ樹テマシタ、其爲ニモ全力ヲ盡シテ居ル次第デアリマス、第三ハ内地ト朝鮮トノ間ニ於ケル關稅ノ障壁ヲ撤廢シテ、自由ニ交通シ得ルヤウニシナイカト云フ御質問デアリマシタガ、此御趣旨ハ現ニ實行致シテ居ルノデアリマシテ、朴君モ御存ジノ通リ、朝鮮カラ内地ニ移入サル、物ハ、何等今日ハ特別ナル稅ヲ課セラレマセヌ、又内地カラ朝鮮ニ移出致シマスル物ニ對シテハ、今日ハ殆ンド特殊ナル課稅ハ大部分撤廢サレマシテ、僅ニ殘ッテ居リマスモノハ酒ト織物ダケデアリマス、此酒ト織物類ダケハ、一ツハ朝鮮ノ財政上ノ必要ノ爲メ、他ノ一ツハ朝鮮ニ於ケル産業ノ保護ノ意味デ殘ッテ居ルノデアリマスガ、大體ニ於テ其障壁ハ撤廢サレテ居ルノデアリマス、斯ノ如クニシテ政府ハ内地外地ヲ問ハズ、日本帝國ノ全領域ヲ通ジマシテ、一君萬民ノ大義ガ遺憾ナク徹底スルヤウニ努力致シテ居ルノデアリマス（拍手）

朝鮮事業法中改正法律案外一件　第一讀會

第三　朝鮮事業公債法中改正法律案（政府提出）、　第一讀會

第四　樺太事業公債法中改正法律案（政府提出）　第一讀會

朝鮮事業公債法中改正法律案

朝鮮事業公債法中左ノ通改正ス

第一條中「事業費」ノ下ニ「又ハ事業費補助ニ要スル經費」ヲ加フ

附　則

本法ハ昭和八年四月一日ヨリ之ヲ施行ス

樺太事業公債法中改正法律案

樺太事業公債法中左ノ通改正ス

第一條中「三千三百五十萬圓」ヲ「四千百六十萬圓」ニ改ム

附　則

本法ハ昭和八年四月一日ヨリ之ヲ施行ス

（政府委員堀切善兵衞君登壇）

○政府委員（堀切善兵衞君）　只今議題トナリマシタ朝鮮事業公債法中改正法律案ニ付テ、提出ノ理由ヲ說明致シマス、現行朝鮮事業公債法ニ於キマシテハ、朝鮮ニ於ケル事業費補助ニ要スル經費ヲ支辨スル公債ヲ發行スルコトガ出來ナイノデアリマスガ、昭和八年度ニ於ケル事業費補助ニ要スル經費ニ付テハ、朝鮮總督府ノ特別會計ノ歲計ノ狀況ニ徵シ、之ヲ公債財源ニ依ルノ外アリマセヌカラ、事業費補助ニ要スル經費ニ付テモ、公債財源ニ依リ得ルコト、スル爲メ、玆ニ本案ヲ提出シタ次第デアリマス、何卒御審議ノ上御協贊ヲ願ヒマス

次ニ議題トナリマシタ樺太事業公債法中改正法律案ニ付テ、提出ノ理由ヲ說明致シマス、昭和八年度以降ニ於テ、樺太ニ於ケル電信電話ノ擴張及改良道路開鑿、及改良國有林事業經營其他ノ繼續事業ニ付キ、合計八百七十五万圓ノ經費ヲ要スルノデアリマスガ、其財源ハ樺太廳特別會計ノ現狀ニ徵シ、之ヲ公債ニ俟ツ外アリマセヌ、而シテ現行樺太事業公債法中ニ於ケル起債法定額三千三百五十万圓ハ、昭和七年度末ニ於テ尙ホ六十九万餘圓ノ起債餘力ヲ存シマスカラ、之ヲ差引イタ八百十万圓ヲ現行法定額ニ追加スル爲メ、玆ニ本案ヲ提出シタ次第デアリマス、何卒御審議ノ上御協贊ヲ願ヒマス（拍手）

○議長（秋田淸君）　日程第五、右各案ノ審査ヲ付託スベキ委員ノ選擧ヲ議題ニ供シマス

第五　右各案ノ審査ヲ付託スヘキ委員ノ選擧

○上田孝吉君　兩案ハ一括シテ政府提出、造幣局工場及其ノ附屬設備ノ新營費ニ關スル法律案外三件ノ委員ニ併セ付託セラレンコトヲ希望致シマス

○議長（秋田淸君）　上田君ノ動議ニ御異議アリマセヌカ

（「異議ナシ」ト呼フ者アリ）

○議長（秋田淸君）　御異議ナシト認メマス、仍テ動議ノ如ク決シマシタ――日程第六、未成年者飮酒禁止法中改正法律案ノ第一讀會ヲ開キマス、提出者ノ趣旨辯明ヲ許シマス――提出者江藤源九郞君

第八　米穀統制法案(政府提出)　第一讀會
第九　米穀需給調節特別會計法中改正法律案(政府提出)　第一讀會

米穀統制法案

米穀統制法

第一條　政府ハ米穀ノ數量又ハ市價ヲ調節シ米穀ノ統制ヲ圖ル爲本法ニ依リ米穀ノ買入及賣渡ヲ行フ

第二條　政府ハ勅令ノ定ムル所ニ依リ毎年米穀ノ最低價格及最高價格ヲ公定シ之ヲ告示ス

前項ノ最低價格及最高價格ハ勅令ノ定ムル所ニ依リ米穀生產費、家計費及物價其ノ他ノ經濟事情ヲ參酌シテ之ヲ定ム

前項ノ規定ニ依リ定メタル最低價格又ハ最高價格ハ勅令ノ定ムル所ニ依リ物價ノ變動著シキ場合又ハ米穀ノ需給狀況ニ著シキ變動ヲ生ジ若ハ生ズルノ虞アル場合ニ於テハ之ヲ改定スルコトヲ得

第三條　政府ハ前條ノ最低價格又ハ最高價格ヲ維持スル爲勅令ノ定ムル所ニ依リ最低價格ニ依ル賣渡ノ申込又ハ最高價格ニ依ル買入ノ申込ニ應ジテ米穀ノ買入又ハ賣渡ヲ爲ス

第四條　政府ハ道府縣ヨリ該地域外ニ又ハ朝鮮若ハ臺灣ヨリ內地ニ移出スル米穀ノ數量ヲ月別平均的ナラシムル爲勅令ノ定ムル所ニ依リ出廻期ニ於テ米穀ノ買入ヲ爲シ出廻期後ニ於テ米穀ノ賣渡ヲ爲スコトヲ得

前項ノ買入又ハ賣渡ノ價格ハ時價ニ準據シテ之ヲ定ム

第五條　政府ハ必要ニ應ジ所有米穀ノ貯藏、買換、交換、加工及整理ノ爲ニスル賣渡並ニ輸入ヲ目的トスル米穀ノ買入及輸出ヲ目的トスル米穀ノ賣渡ヲ爲スコトヲ得

前項ノ買入又ハ賣渡ノ價格ハ時價ニ準據シテ之ヲ定ム

第六條　政府ハ米穀ノ買換ヲ爲サントスル場合ニ於テ必要アリト認ムルトキハ勅令ノ定ムル所ニ依リ買換ニ代ヘ買換ノ爲賣渡ヲ爲サントスル米穀ヲ道府縣ニ對シ貸付スルコトヲ得

第七條　米穀ノ輸入又ハ輸出ハ勅令ニ別段ノ定アル場合ヲ除クノ外政府ノ許可ヲ受クルニ非ザレバ之ヲ爲スコトヲ得ズ

第八條　政府ハ米穀ノ統制ヲ圖ル爲特ニ必要アリト認ムルトキハ勅令ノ定ムル所ニ依リ期間ヲ指定シ粟、高粱又ハ黍ノ輸入ヲ制限スルコトヲ得

第九條　政府ハ米穀ノ統制ヲ圖ル爲特ニ必要アリト認ムルトキハ勅令ヲ以テ期間ヲ指定シ米穀、粟、高粱又ハ黍ノ輸入稅ヲ增減又ハ免除スルコトヲ得

第十條　米穀生產費、家計費並ニ米穀其ノ他ノ穀物ノ生產高、現在高、移動及價格ノ調査ニ關シ必要ナル事項ハ命令ヲ以テ之ヲ定ム

第十一條　政府ハ前條ニ規定スル事項其ノ他米穀ノ統制ニ關シ必要ナル事項ヲ調査スル爲特ニ必要アリト認ムルトキハ米穀其ノ他ノ穀物ノ生產者、取引業者、倉庫業者其ノ他占有者ニ對シ必要ナル事項ノ報告ヲ命ジ又ハ官吏若ハ吏員ヲシテ其ノ營業所、倉庫其ノ他ノ場所ニ臨檢シ帳簿物件ヲ檢査セシムルコトヲ得

前項ノ場合ニ於テハ當該官吏又ハ吏員ハ其ノ身分ヲ證明スル證票ヲ携帶スベシ

第十二條　第七條ノ規定ニ違反シテ米穀ヲ輸入若ハ輸出シ又ハ第八條ノ規定ニ依ル制限ニ違反シテ粟、高粱若ハ黍ヲ輸入シタル者ハ五千圓以下ノ罰金ニ處シ其ノ米穀、粟、高粱又ハ黍ヲ沒收ス若シ其ノ全部又ハ一部ヲ沒收スルコト能ハザルトキハ其ノ價額ヲ追徵ス

營業者未成年者又ハ禁治產者ナルトキハ前項ノ罰則ハ之ヲ法定代理人ニ適用ス但シ營業ニ關シ成年者ト同一ノ能力ヲ有スル未成年者ニ付テハ此ノ限ニ在ラズ

營業者ハ其ノ代理人、戶主、家族、同居人其ノ他ノ從業者ガ其ノ業務ニ關シ第七條ノ規定又ハ第八條ノ規定ニ依ル制限ニ違反シタルトキハ自己ノ指揮ニ出デザルノ故ヲ以テ其ノ處罰ヲ免ルルコトヲ得ズ

法人ノ代表者其ノ他ノ從業者法人ノ業務ニ關シ第七條ノ規定又ハ第八條ノ規定ニ依ル制限ニ違反シタルトキハ其ノ罰則ヲ法人ニ適用ス

第十三條　第十一條第一項ノ規定ニ依ル命令ニ違反シ又ハ當該官吏若ハ吏員ノ職務ノ執行ヲ妨ゲタル者ハ五百圓以下ノ罰金ニ處ス

附　則

本法施行ノ期日ハ勅令ヲ以テ之ヲ定ム

米穀法ハ之ヲ廢止ス

本法施行前米穀法第三條ノ規定ニ依リ爲シタル許可ハ本法第七條ノ規定ニ依リ之ヲ爲シタルモノト看做ス

本法施行前ニ米穀法ノ罰則ヲ適用スベキ行爲アリタルトキハ本法施行ノ後ト雖モ仍其ノ罰則ヲ適用ス

米穀需給調節特別會計法中改正法律案

米穀需給調節特別會計法中左ノ通改正ス

第一條中「又ハ貯藏ヲ」ヲ「貯藏又ハ貸付」ニ改ム

第四條ノ三中「四億八千萬圓」ヲ「七億圓」ニ改ム

第六條中「貯藏」ヲ「貯藏貸付」ニ改ム

附　則

本法ハ米穀統制法施行ノ日ヨリ之ヲ施行ス

(國務大臣後藤文夫君登壇)

○國務大臣(後藤文夫君)　米穀統制法案提案ノ理由ヲ御說明申上ゲマス、我國ニ於ケル米穀ノ數量及價格ノ調節ニ關シマシテハ、從來主トシテ米穀法ノ運用ニ依ッテ之ヲ行ヒマシテ、大正十年同法ノ施行以來、前後三回ニ亙ル改正ニ依リマシテ、漸次其機能ヲ擴充シテ參ッタノデアリマスルガ、我國ニ於ケル諸般ノ米穀事情ノ變化ハ、從來ノ調節方法ニ依リマシテハ、其情勢ニ順應シテ、眞ニ有效適切ナル米穀政策ヲ遂行スルニハ不十分ナリトセラレルニ至ッタノデアリマス、是ニ於キマシテ政府ハ米穀ノ數量及價格調節上、更ニ有力ナル統制制度ヲ樹立スルノ必要ヲ認メマシテ、昨年十一月以來米穀統制調査會ヲ設置シ、之ニ對シ米穀統制ニ關スル方策ヲ諮問致シマシタ、同調査會ハ各委員ノ多大ナル努力ニ依リマシテ、本年一月其調査ノ結果ヲ答申スル運ビニ相成リマシタ、政府ニ於テハ右答申ヲ適當ト認メマシテ、之ニ基イテ本案ヲ提出スルコトニ相成ッタ次第デアリマス、其大要ヲ申上ゲマスレバ、政府ハ毎年米穀ノ最低價格及最高價格ヲ公定致シマシテ、右ノ公定價格ヲ維持スル爲ニ、最低價格ニ依ル賣渡ノ申込、又ハ最高價格ニ依ル買入ノ申込ニ應ジテ、米穀ノ買入又ハ賣渡ヲ爲スコトニ依ッテ、米價ヲ常ニ公定價格ノ範圍內ニアラシムルコトニ努メントスルノデアリマス、又道府縣、朝鮮又ハ臺灣ヲ通ジマシテ、出來秋ニ於テ米穀ガ市場ニ殺到スルコトヲ防止スル爲ニ、政府ニ於テ米穀ノ買入ヲ行ヒ、其管外移出數量ヲ月別平均的ナラシムル方策ヲ講ジヨウトスルノデアリマス、尙ホ米穀ノ統制ヲ圖ル爲ニ、從來ノ如ク米穀ノ輸出入ノ許可制度、及米穀又ハ粟ノ輸入稅ノ增減免除ノ制度ヲ設ケマスル外、更ニ必要ト認メマスル場合ニハ、粟、高粱、又ハ黍ノ輸入ノ制限及高粱又ハ黍ノ輸入稅ヲ增減免除スルコトヲ得ルコトニ致シタノデアリマス、何卒

御審議ノ上御協贊アランコトヲ希望致シマス

尙ホ關聯致シマシテ米穀需給調節特別會計法中改正法律案ヲ提出致シマシタ、此理由ヲ簡單ニ申上ゲマス、只今御說明申上ゲマシタ米穀統制法ノ機能ヲ發揮シ、圓滑ナル施行ヲ圖ラントスル爲ニハ、現行米穀需給調節特別會計法ノ資金ダケデハ不十分デアリマス、是ガ爲ニ右資金ノ限度ヲ擴張致サントスルノガ改正案ノ趣旨デアリマス、尙ホ米穀ノ貸付ニ關シマシテ、規定ヲ整ヘル必要ガアリマスノデ、是ヲモ加ヘテ致シタノデアリマス、何卒兩案共御審議ノ上御協贊アランコトヲ希望致シマス(拍手)

○議長(秋田淸君) 質疑ノ通告ガ多數アリマス、順次之ヲ許シマス――河野一郞君

(河野一郞君登壇)

○河野一郞君 私ハ只今上程ニナリマシタ米穀統制法案竝ニ米穀需給調節特別會計法中改正法律案ニ對シ、左ノ三項ノ質疑ヲ致サントスル者デアリマス、即チ其第一ト致シマシテハ、本案ハ如何ナル需給推算ヲ基礎トシテ立案ヲシタカ、將來米ハ供給過剩デハナイカ、又生產統制ノ必要ト、之ヲ實施セザル理由如何、第二ハ最低價格ノ基準ヲ生產費ヲ基礎トシテ農村ハ救濟サレルカ、第三ハ肥料對策ヲ何故提案セヌカト云フ三點ニ付テ質疑致サントスル者デアリマス、今回ノ米穀統制法案ハ、政府ガ前議會ニ於キマシテ吾々ノ要望ニ基キマシテ、米穀ニ對スル根本的ノ對策ヲ樹立セントスルガ爲ニ、政府ハ相當ノ犧牲ヲ拂ッテ、少クトモ從來ノ米穀法トハ趣ヲ異ニシ、米穀ノ數量調節竝ニ價格ノ安定ニ對シテ根本的ニ相當徹底ヲ期スル目的ヲ以テ樹テラレタモノト信ズル者デアリマス

然ルニ先ヅ第一ニ私ノ疑問ト致シマスル點ハ、此根本對策ガ如何ナル需給計數ヲ基礎トシテ樹テラレタカト云フ點デアリマス、即チ三年先、五年先ニ於ケル內地、朝鮮、臺灣ハ勿論、近キ將來ニ於テ經濟統制ノ徹底ヲ期シナケレバナラヌ所ノ滿洲ニ於ケル米穀需給數量ヲ如何ニ推算セラレテ、此根本方策ガ樹テラレタカト云フ問題デアリマス、私ハ此推算ノ基礎ガ確乎タル計數ノ上ニ立案セラレタルモノデナイトスルナラバ、即チ今日世間一般カラ全ク無用ノ長物デアルトカ、厄介物デアルトカ云フヤウニ言ハレテ居リマスル所ノ現行米穀法ト同樣ノ轍ヲ履ム虞ガアルモノト信ズル者デアリマス、即チ現行米穀法ハ、其立案ノ當初ニ於テハ、當時大藏大臣デアラレマシタ、又農商務大臣デアラレマシタ現高橋大藏大臣、山本內務大臣等ノ人々ニ依テ作ラレタモノデアリマシテ、當時政府ハ、此法案ハ米ノ安イ時ニ買ッテ高イ時ニ賣ルノデアルカラ、決シテ損失ヲ掛ケルモノデハナイ、立派ニ將來米價ノ安定ヲ期スルコトモ出來ルシ、米穀ノ需給モ圓滑ヲ期スルコトガ出來ルト云フ意味ヲ御言明ニナッタノデアリマス、然ルニ其法案ガ數年ナラズシテ、直チニ行詰ッテシマッテ、米ノ價格ヲ維持スルコトモ出來ナケレバ、又ハ數量ノ調節ニモ困難ヲ來スト云フヤウナ結論ニナッタノデアリマス、此法律ガサウシタ結果ニナッタト云フ其根本ノ原因ハ、當時朝鮮竝ニ臺灣ニ於ケル米ノ生產ニ付テ、其需給推算ノ基礎ヲ誤ッタ爲ニ、斯ウシタ結果ニナッタト私ハ信ジテ居リマス、私ハ先ヅ第一ニ此點ニ付テ政府ニ御伺致シテ置キタイノデアリマス、即チ我國ニ於テハ人口增加ノ趨勢ニ比シテ、食糧增產ガ之ニ伴ハナイトスル觀念ガ、從來一般朝野ノ人士ノ頭ヲ支配シテ居ッタノデアリマス、然ルニ事實ハ之ニ反シマシテ、米ハ供給不足ドコロカ、却テ反對ニ近時每年供給過剩ニナッテ居ルノデアリマス、最近三箇年間ノ統計ニ付テ考ヘテ見マスト、外米ノ輸入ヲ極力壓迫シテ、制限致シマシタニモ拘ラズ、每年其端境期ニ於キマシテハ、米穀ノ理想持越高ト致シマスル五百万石ヲ遙ニ超過致シマシテ、八九百万石ノ持越高ニナッテ居ルノデアリマス、此事實ガ常ニ米價ヲ壓迫致シマシテ、農村ニ對シテ多大ノ不利益ヲ蒙ラシテ居ルノデアリマス、此點ニ付キマシテハ、農村及財界ガ最近ノ不景氣ノ爲ニ米ノ消費ガ減退シタ、ソレニ原因スルモノダト云フ議論ヲスル人モアリマスガ、是ハ朝鮮及臺灣ニ於ケル所ノ、米ノ增產ノ結果ニ外ナラヌノデアリマス、此事實ハ朝鮮、臺灣ニ於ケル米ノ生產增加ノ趨勢竝ニ內地ニ對スル朝鮮、臺灣ヨリノ移入米ノ狀況ヲ調ベテ見マスト、直グ分ルノデアリマス、我國ノ一般ノ人ガ尙ホ米ノ供給不足ヲ信ジテ居ルト云フコトハ、近年植民地ニ於ケル是等ノ米ノ增產ノ傾向ヲ、輕視シテ居ルノニ外ナラナイノデアリマス、植民地デアリマス、是等朝鮮、臺灣ニ於キマシテハ、外米ヲ澤山ニ入レテ、乃至ハ粟デアリマストカ、高粱ヲ入レテ、サウシテ自分ノ所デ作ッタ米ヲ內地ヘ持ッテ來ルカラ、ソレニ對スル制限ヲスレバ足リルト云フ意見モアリマスケレドモ、是ハ決シテサウデハナイノデアリマス、最近ニ於テハ朝鮮、臺灣ニ於ケル外米ノ輸入モ、非常ニ減ッテ來テ居ルノデアリマス、而モ朝鮮ノ如キハ、米ノ栽培ノ事情ヲ調ベテ見マスト、內地ニ比較致シマシテ頗ル幼稚ニシテ、粗放ナル米作ヲ致シテ居リマス、而モ段當リノ米ノ收穫ヲ調ベテ見マスルト、昭和六年度ニ於キマシテ九斗五升ニ過ギナイノデアリマス、內地ノ二石前後ニ較ベマシタナラバ、僅ニ其半額ニモ足リナイノデアリマス、此朝鮮ニ於ケル米作ガ、將來增產ノ目的ヲ以テ耕地ノ擴張ヲスルトカ、是等ノ改良ヲスルトカ云フヤウナコトヲヤリマセヌデモ、現在ノ耕地段別ニ對シテ、朝鮮人乃至ハ其土地ニ於ケル米作者ガ、少シ心ヲ入レテ肥料ノ改良ヲ致シマストカ、乃至ハ其他ノ點ニ付キマシテ改革ヲ致シマス時ニハ、直チニ五割位ノ增產ヲスルコトハ、數年ヲ俟タズシテ實現スルコト、私ハ信ジテ居リマス、若モ是ガ五割ノ增產ヲ致シマシタナラバ、朝鮮ニ於テハ現在ヨリモ直チニ、七百五十万石前後ノ增加ト云フ數字ノ米ガ茲ニ生レテ來ルノデアリマス、サウナリマシタ時ニ、今回政府ガ提案サレマシタ所ノ、米穀統制法案乃至ハソレニ關聯致シマシタ需給調節ノ特別會計法案ヲ以テ、之ニ對スル對策ノ完全ヲ期スルコトガ出來ルカドウカ、此點ニ付テ私ハ疑ヲ有ツ者デアリマス、更ニ此上ニ滿洲ニ於ケル將來ノ米ノ問題ニ付テ考ヘテ見マスト、內地ニ於ケル米ノ需給ハ、從來ノ如ク供給不足ナリトシテ樂觀シテ居ル譯ニ絕對ニ行カナイノデアリマス、然ルニ米穀統制法案モ、從來ノ米穀法ト其點ニ於テ聊カ觀念ヲ同ジニ致シテ居リマシテ、今後米穀ノ供給ガ過剩ニナルト云フ點ニ對スル、對策ヲ怠ッテ居ルヤウニ私ハ考ヘルノデアリマス、政府ト致シマシテハ、季節的ニ米ノ調節ヲスルトカ、又ハ年次的ニ米ノ調節ヲスルトカ言ッテ居リマスガ、是等ノコトモ、結局ニ於テ內地ニ於ケル米ノ需給ノ關係ガ超過致シマシテ、茲ニ多大ノ米ノ過剩ヲ來スト云フコトニナッタ場合ニハ、季節的ノ調節モ、年次的ノ調節モ、全ク根本カラ破綻ヲ來スト云フ結論ニナルト云フコトヲ、私ハ信ズル者デアリマス、私ハ此法案ノ立案ノ當初ニ於キマシテ、政府ノ內部ニ於キマシテハ、米ノ生產統制ヲ、此米穀統制法案ノ中ニ一項ヲ加ヘナケレバナラヌト云フ議論ガ、中々旺デアッタト云フコトヲ聞イタノデアリマス、此生產統制ニ關シテ十分留意セナケレバ、只今私ガ申上ゲタヤウナ點ニ、支障ヲ來スト思フノデアリマスガ、ソレガ聞ク所ニ依リマスト、拓務省乃至ハ朝鮮總督府、臺灣總督府ノ反對ニ遭ッテ、此點ヲ實行スルコトガ出來ナカッタト云フコトヲ聞イテ居リマスガ、農林當局ト致サレマシテハ、此生產統制ヲ加ヘズシテ、此米穀統制法案ノ完備ヲ期スルコトガ出

來ルカドウカト云フコトガ、私ノ第一ノ質問ヲ發スル所以デアリマス

第二ト致シマシテハ、最低價格決定ノ問題デアリマス、本法案ニ依リマスレバ、此細則ヲ勅令ニ讓ッテ居リマスカラ、詳シクハ分リマセヌガ、其最低價格ノ根本基準ハ、内地米穀生産費ノ平均價格ニ讓ッテ居ルコトハ事實デアリマス、私ハ此點ニ對シテ多大ノ疑問ヲ有ッテ居リマス、卽チ米ノ生産費ノ平均ヲ以テ、最低價格ト致シマシタ時ハ、農家ハ米價ガ最低價格ニアル時ハ、何等ノ利潤ヲ得ルコトガ出來ナイノデアリマス、詰リ米ヲ作ッテ賣ッタ時ニ、一文ノ儲ナシニ、只働キヲシナケレバナラヌ結果ニナルノデアリマス、サウシタ時ニ農村ハドウ云フ結果ニナルダラウカト心配スルモノデアリマス、卽チ政府ハ最近ノ機會ニ於キマシテ負債整理法案ヲ提出ニナルト云フコトモ聞イテ居リマス、併シ此法案ニ於キマシテ、生産費ヲ基準トシテ米價ノ最低基準ト致スナラバ、ソコニ農村ハ何等ノ利潤ヲ得ルコトナクシテ、負債整理ノ何處カラ一體財源ヲ産出スカト云フ點ニ矛盾ヲ來シハセヌカト私ハ考ヘルノデアリマス、而モ農民ノ如ク頗ル利益ノ薄イ商賣ヲシテ居リマス者ガ、一度不慮ノ災難ニ罹ッタト云フヤウナ場合ニハ、其最モ大ナル收入ヲ得ベキ米價ガ、斯ウシタ法律ニ依ッテ、最低價格ヲ生産費トスルト云フコトニ決定ヲセラレマスナラバ、ドウシテソコニ農村ハ幸福ナル生活ガ出來ルダラウカト云フ點ニ付テ、多大ノ疑問ヲ有ツモノデアリマス、而モ本法ニ依レバ、數量調節ノ爲ニ出廻期ニ於キマシテ、時價ヲ以テ買上ゲルト云フコトニナッテ居リマス、其結果ハ朝鮮デアルトカ、臺灣デアルトカ云フ生産費ノ非常ニ安イ地方ニ對シテハ、特別ノ恩惠ガ與ヘラレルノデアリマス、然ルニ大都市ノ附近ニ於ケル比較的生産費ノ高イ地方ノ米ハ、是等朝鮮、臺灣ノ生産費ノ安イ地方ノ米ノ壓迫ヲ受ケマシテ、大都市附近ノ農村ハ非常ナル困窮ニ陷ルコト、私ハ考ヘマス、而モ朝鮮ノ如キハ、其生活費ガ非常ニ安イ、公租公課ガ安イ、其他總テノ點カラ行キマシテ、地價モ非常ニ内地ニ較ベレバ安イト云フ爲ニ、簡單ニ計算致シマシテモ、内地ノ米ノ生産費ニ較ベマシタナラバ、五圓乃至八圓ノ開キガアルノデアリマス、五圓乃至八圓ノ開キノアル朝鮮ノ米ヲ、時價ヲ以テドン／＼政府ガ買上ゲルト云フコトニナリマシタナラバ、ソコニ内地ノ大都市附近ノ、生活程度ノ向上シテ居リマス地方ノ農民ハ、米作ニ依ッテハ將來斷ジテ自己ノ經濟ヲ保ッテ行クコトガ出來ナイト云フ結論ニナルト私ハ考ヘマス（拍手）デアリマスカラ、政府ハ若シ此法案ヲ此儘實施セントスルナラバ、是等大都市附近ノ農村ニ對シテ、特別ノ何等カノ施設ヲスル必要ガアルト考ヘル者デアリマスガ、ソレニ對スル農林大臣ノ御所見ヲ承ッテ見タイト考ヘマス

第三ト致シマシテハ、政府ハ何故ニ肥料ニ對スル對策ヲ提案シナイカト云フ點デアリマス、米價ガ安定セラレルコトハ、農村經濟ノ安定ノ基調デアルコトハ勿論申上ゲルマデモアリマセヌ、併ナガラ肥料價格ノ安定モ、亦農家ノ如ク現金支出ノ頗ル少イ經濟ニ於キマシテハ、其現金支出ノ大部分ヲ肥料代ニ依ッテ占メテ居ルノデアリマス、此肥料代ノ暴騰ト云フコトハ、寧ロ米價ヲ安定シテ買フヨリモ――而モ最近ノ此經濟界ノ實情ニ依ッテ、米モ肥料モ高クナラウトシテ居ル時ニ之ヲ抑ヘヨウトスルナラバ、米價ノ最低値段ヲ抑ヘテ買ハントスル此法律ヨリモ、寧ロ暴騰シテ居ル肥料ニ對シテ、何等カノ政策ヲシテ買フコトガ、眞ニ農民ノ要求スル所デアリマス（拍手）私ノ調査致シマス所ニ依レバ、昭和六年十一月ト、昭和七年十二月トノ米ト、肥料ノ最モ中心ノ價格ヲ爲シテ居リマス硫安トノ、物價指數ノ比較ハ、米ガ百四十八ガ百九十三ニ騰貴致シマシテ、三〇％ノ騰貴デアルノニ對シ、硫安ハ九十四ガ九十三ニ騰貴致シマシテ、七二％卽チ倍以上ノ騰貴率ヲ示シテ居ルノデアリマス、此事實ヲ以テ見マスナラバ、政府ガ眞ニ農村ヲ思ヒ、農民經濟ヲ考慮スルナラバ、寧ロ米穀政策ヨリモ、先ヅ先ニ肥料對策ノ確立ヲスルコトガ大切ダト私ハ考ヘルノデアリマス（拍手）而モ肥料價格ノ昂騰ノ原因ハ、政府ノ政策ニ依ル爲替ノ下落、竝ニ内地ニ於ケル少數ノ肥料製造會社ノ組合ヲ作リマシタ、其配給組合ニ依ル人爲的引上策ノ結果デアッテ、當然政府トシテ此人爲的引上策ニ對シテ、何等カノ處置ヲシナケレバナラヌ責任ガアル問題デアリマス、吾々ハ玆ニ豫斷致シマスノニ、本法案施行ニ依ッテ農家經濟ハ、米價ノ生産費維持ニ依ル消極的安定ヲ見ルコトハ出來マスカモ知レマセヌガ、他面ニ於テハ近キ將來、少クトモ今年ノ四月五月頃カラハ、肥料市價ハ暴騰ヲ致シマシテ、非常ナル農村ヲ困窮ニ陷レ、農民ハ政治ヲ罵リ、政府ヲ怨ムコトガ非常ニ大ナル時期ヲ招來スルコト、私ハ固ク信ジテ居リマス、デアリマスルカラ、敢テ此點ニ對シテ、農林大臣ノ率直ナル御答辯ヲ御願スル次第デアリマス（拍手）

（國務大臣後藤文夫君登壇）

〇國務大臣（後藤文夫君）　第一ニ本案ノ目標トスル米穀ノ需給ノ關係ニ付テ御尋ガゴザイマシタ、米穀ノ需給ノ推算ハ、大體ニ於キマシテ現在マデ進ンデ參リマシタ内地竝ニ朝鮮、臺灣ノ米穀生産、内地ノ消費ノ狀況等ヲ基礎ニシテ考ヘタノデアリマス、只今河野君カラ、將來ノ米穀生産ノ増加ノ趨勢ニ付テ、御懸念ノ御尋ガアリマシタ、此事ニ付キマシテモ、相當ニ考慮ハ致シタノデアリマス、今回ノ米穀統制法案竝ニ需給特別會計法ノ資力ノ増加ヲ以テ、今後差當リ豫想セラルベキ米穀ノ需給狀況ニ應ジテ、米穀ノ價、數量ノ調節ヲ統制スルコトガ出來ルト考ヘテ居ルノデアリマス、朝鮮及ビ臺灣ニ於テ、米穀ノ生産ガ近年著シク増加シタコトハ、御話ノ通リデアリマス、是ハ各種ノ増産計畫ノ結果デアリマス、今後ニ於テモ同ジヤウナ規模ノ増産計畫ガ、ドシ／＼行ハレルコトデアリマスレバ、又幾年カ經ツ中ニ非常ナ増産ヲ見ルニ至ル虞ハアルト思ヒマス、今後朝鮮、臺灣等ニ於キマシテモ、増産計畫ノ相當ナ調節ヲ圖ル必要ハアルト思フノデアリマス、御承知ノ如ク米穀統制調査會ニ於キマシテモ、將來ノ生産ヲ統制スルト云フ問題ハ、喧シク論議セラレタノデアリマス、唯之ヲ本法案ノ中ニ入レルノハ適當デアリマセヌシ、又生産統制ノ問題ハ、非常ニ複雜ナル關係ヲ有ッテ居リマス、別箇ニ深ク攻究スル必要ガアルト云フ趣旨ヲ以チマシテ、統制調査委員會ハ、此生産統制ノ事ヲ今後十分ニ攻究シテ、方策ヲ樹テロト云フ答申ノ一項ヲ附加シテ參ッテ居ルノデアリマス、政府ニ於キマシテモ此趣旨ニ基キ、將來ノ生産ヲ統制スル問題ニ付テハ、深ク攻究ヲ致シタイト思ッテ居リマス、此米穀法案ノ運用ヲ、長ク十分ノ效力ヲ發揮セシメル爲ニハ、一面ニ於テ今後ノ生産ト云フ問題ニ、相當ナ注意ヲ拂ハナケレバナラヌト云フコトハ御說ノ通リ考ヘテ居リマス、唯我國ノ米穀需給ノ狀況ハ、一時ノ増産ヲ以テ直チニ將來益々唯サウ云フ傾向ノミ殖エルノデアルト云フコトニ考ヘル譯ニモ參リマセヌ、人口ノ増加ノ趨勢ト、國土ノ面積ノ關係等カラ、又或ル時期ニ於テハ、米穀ノ不足ヲ生ズルコトモ、恐ラク考ヘナケレバナラヌノデアリマス、今後ノ米産ノ計畫實施ノ進行ヲ、ドウ云フ程度ニ調節スルカト云フ事ハ、餘程愼重ナ攻究ヲ要スル問題デアリマス、今後各關係ノ方面ト十分ナル攻究ヲ遂ゲタイト考ヘテ居ルノデアリマス

次ニ生産費ヲ最低價格ヲ定メル基準ノ要件トスルコトニ付テノ御尋ガアリマシタ、

成程生産費ノ調査ハ、之ヲ商品トシテ扱ッタ場合ニ、幾ラノ利潤ガ生ズルカト云フ、其利潤ノ問題ヲ生産費ニハ加ヘテ居リマセヌ、併ナガラ大體生産費ヲ計算スルニハ、相當ナル決ッタ觀念ガアルノデアリマス、尤モ今日マデノ米穀法ノ運用ニ於テ執ッテ參リマシタ生産費ノ調査方法ニ付テハ、今後尚ホ改善ノ餘地ノアル點ニ付テハ改善ヲ致シタイト考ヘテ、攻究ヲ致シテ居リマス、大體生産費ヲ以テ最低價格ヲ定メル基準ノ要件ト致シマスルノハ、最低價格ヲ定メル位デアリマス、茲ニ利潤トカ何トカ云フ觀念ヲ入レル譯ニハ參リ兼ネルカト思ヒマス、勿論生産費ハ、全國ノ米ニ於テ中庸ノ生産費ガ計算シテ出サレル譯デアリマスルカラ、是レ以下ノ生産費ノ米ニ付テハ、相當又ハ十分ノ利潤ノ得ラレルモノガアリマス、併シ其半面ニハ、生産費ノ高イ處デハ生産費ノ償ハナイモノモ出テ來ルノデアリマス、斯ウ云フコトニ關聯シマシテ、又別ニ一體ニ物價ノ趨勢ヲ見テ參ラナケレバナリマセヌ、生産費ト物價トヲ見合セテ考ヘマスルト、米ガ矢張リ商品トシテノ性質ヲ失ヒマセヌ限リハ、米ニ依ッテ大キナ利潤ノ擧ル場合モアリ、擧ラナイ場合モ出テ來ル、併シ大體ニ於テ、著シイ米價ノ低落ニ依ッテ困ルコトノナイヤウニ、米價ヲ相當ノ程度ニ維持スルト云フ今回ノ新制度ハ、過去ノ制度ニ較ベテ非常ニ有力ナ手段ト相成ッテ參ルト思ヒマス、尚ホ此出廻リ調節ニ依ッテ數量ノ調節ヲ致スガ、ソレハ時價デ買フノデアルカラシテ、生産費ノ安イ處デハ相當好イ値段デ買ハレルガ、都會ノヤウナ生産費ノ高イ地方ノ米ニ付テハ、餘リ好イ影響ヲ與ヘル譯ニモ參ラナイヂヤナイカト云フヤウナ御話ガアリマシタ、是ハ數量調節ハ、季節的ニ米ガ市場ニ殺到シテ、米價ヲ酷ク壓迫スルノヲ避ケヨウトスルノデアリマス、成ルベク一年中ノ米價ノ平準ヲ得サセテ參ル趣旨デアリマス、隨テ大都市附近トカ、又其他ノ大キナ米穀生産地等ニ於ケル米穀生産者ガ、米穀ニ依ッテ得ル收入ノ安定ヲ圖ラウト云フ爲ニハ、色々ナ自治的統制其他ノ方法ヲ樹テ、又ソレニ政府モ助力ヲ與ヘテ、成ベク値頃ノ好イ時ニ米ヲ賣ッテ行クヤウナ途ノ立ツコトガ必要デアルト考ヘテ居ルノデアリマス

第三ニ肥料ノ對策ノコトニ付テ御話ガアリマシタ、肥料對策ニ付テハ、當局ニ於テモ早クカラ苦心ハ致シテ居ル所デアリマス、今日肥料ガ騰貴致シテ居ルコトハ御話ノ通リデアリマス、併ナガラ昨年ノ夏アタリニ於ケル肥料ノ値段ハ、非常ナ暴落ヲ致シテ居ッタノデアリマス、農家ノ生産費、殊ニ金錢支出ノ大部分ヲ占メル肥料ガ安イト云フコトハ、農家ニ取ッテハ實ニ結構ナコトデアリマシテ、吾々モ常ニソレヲ希望致シテ居ルノデアリマスノデ、今日ノ場合金肥ノ節約ヲ出來ル限リ農家ガヤルコトヲ、當局ニ於テモ大ニ奬勵シテ居リマス、色々ナ助成ノ施設モ致シテ居リマス、併シサウ云フ事ノミヲ以テ、金肥ノ需要ヲ十分ニ調整スルコトハ出來ナイト思ヒマス、隨テ金肥ノ高イト云フコトニ付テハ吾々モ深ク憂ヘテ居リマスルガ、一方肥料ノ購入ヲスル生産者ノ側ニ於テ、成ベク金肥ノ節約ヲ圖リ、一面ニ於テハ其他ノ高イ肥料カラ、比較的安イ肥料ヘ變リ得ルモノハ變ルト云フヤウナ、各種ノ方策ガ行ハレテ、金肥ノ高イコトニ對スル生産費ノ調節ヲ致スコトガ出來ヨウト思フノデアリマス、尚ホ進ンデ今御話ノアリマシタヤウナ高イ肥料ニ對シテ、肥料ノ値段ヲ安クセシムルヤウナ、有效適切ナル方策ト云フコトニ付テハ、當局デモ色々考ヘテ見テ居リマスルケレドモ、未ダ具體的ナ良イ實行的ナ案ヲ得ルマデニ至ッテ居ナイヤウナ次第デアリマス

（河野一郎君登壇）

○**河野一郎君** 只今ノ御答辯デアリマスガ、先ツ第一ニ生産費ノ中ニ利潤ヲ加ヘル必要ガナイカト云フ點ヲ御問ヒシマシタ所ガ、利潤ヲ加ヘル譯ニハ行カヌト云フ御答デアッタノデアリマス、併シ若シ今ノ農林大臣ノヤウナ御答辯ニ依リマスト、將來農民ハ如何ニ努力シ、研究ヲ致シマシテ、農村ノ經濟ヲ改善シ、米作ノ改良進歩ヲ圖ッテ、米ノ生産費ヲ下ゲレバ下ゲル程米價ヲ安クスル、自分デ研究シテ生産費ヲ下ゲレバ、下ゲルダケ米ノ値段ヲ下ゲテシマフ、自分デ働イテ自分ノ身ヲ食フト云フコトニナリマシテ、米ノ生産ノ改良トカ、進歩トカ云フコトガ非常ニ此爲ニ阻礙サレルモノト思ヒマスガ、此點ハ如何デアリマスカ、第二ハ此法案ヲ立テルニ當リマシテ、私ハ先程申上ゲマシタヤウニ、推算ノ基礎ヲ確實ニシナケレバ現行米穀法ト同一ノ轍ヲ履ムカラ申上ゲマシタ、所ガ只今ノ農林大臣ノ御答辯ニ依リマスルト、ドウモ推算ノ基礎ニハッキリシタ數字的根據ガナイヤウニ承ッタノデアリマス、ソレデ此點ニ付キマシテハ、若シアリマスナラバ、此機會ニ率直ニ、五箇年後ノ内地朝鮮及臺灣ニ於ケル推算ノ數字ヲ、既ニ御調ガアルト思ヒマスカラ、御答願ヒタイト思ヒマス、肥料ノ點ニ付キマシテモ、尚ホ意見ガアリマスガ、何レ別ノ機會ニ讓ルコトニ致シマス

（國務大臣後藤文夫君登壇）

○**國務大臣**（後藤文夫君） 生産費ノ計算ニ利潤ヲ入レナイデハ、生産者ハ生産費ヲ安クスレバ安クスルダケ、米ノ値ガ安クナルト云フコトニナルデハナイカ、全ク利益ヲ得ルヤウナ機會ガナイヤウニナルノデハナイカト云フ御話デアリマス、ソレハ生産費ト云フ觀念ノ中ニ、利潤ト云フモノヲ入レテ計算ヲ出ス譯ニ行カナイト申シタノデアリマス、生産費ノ中ニハ、農家ガ得ラルベキ總テノ費用――費用ト云フノハ農家ノ勞力モ入リマス、使ッタ資本ノ利潤モ入リマス、サウ云フコトカラ、唯商業上ノ値ガ高カッタリ安カッタリスル、是ハ利潤ヲ生産費ノ計算ノ中ニ入レル譯ニハ行カヌト申シタノデアリマス、農家ノ爲ニ最低ノ生産費ト云フモノヲ確實ニ維持シテ、相當ナ收入ヲ常ニ保タシテ、ソレ以下ノ不利ナ状況ニ置クマイトスル米穀統制法ノ精神ハ、全ク農家ノ保護ヲ致サウトスル點ニアルノデアリマス、ソレカラ需給推算ノ五箇年先ノ計數ガアルナラバ出セト云フ御話デアリマスガ、當局ニ於テモ、將來ノ見透シノ色々ナ計數ハ持ッテ居リマスガ、此處ニハ數字ハ持合セテ居リマセヌカラ、若シ御必要デアルナラバ、他ノ機會ニ於テ御示シテモ宜イト思ヒマス、唯五箇年後ノ推算ト云フコトハ、需給會計ノ資力ノ計算ノ上ニモ之ヲ見ルコトハ必要デアリマスケレドモ、大體米穀ノ需給ガ最近數年間ニ現ハレタ現象ヲ追ウテ將來ヘ參リ、一方ニハ生産統制ノ施設ガ合理的ニ行ハレテ、生産ガ相當ニ調整サレルト云フコトニナレバ、今回ノ米穀統制法ト需給會計ノ資力ノ增加ニ依ッテ、先ツ大體ナ事柄ニハ應ジテ米價ノ維持ヲ圖リ、又米價ノ無暗ニ騰貴スルノヲモ防グコトガ出來ルト考ヘテ居ルノデアリマス

○**議長**（秋田清君） 白神邦二君

（白神邦二君登壇）

○**白神邦二君** 同僚河野君カラ只今質問ヲ致シマシタ其中ニ、私ノ質問ト稍々重複致シテ居ル點モアリマスルカラ、私ハ極メテ簡單ニ農林大臣ニ承リタイト思フノデアリマス、政府ガ御提案ニ相成リマシタル米穀統制案ナルモノハ、遂ニ第六十三議會ニ於キマシテ、吾々ガ來ルベキ此六十四議會即チ本議會ニ於テ、必ズ農村ノ困窮ヲ救フベキ十分ナル確乎タル案ヲ御提出アランコトヲ望ンデ置イタ譯デアリマス、又政府當局ニ於カセラレマシテモ之ニ御同意ニ相成ッテ、サウシテ今回此案ヲ御提出ニ相成ッタモノト存ズルノデアリマス、然ルニソレガ此統制案デアリマスルトスルナラバ、洵ニ不徹底極マルモノデアル、此爲ニ私共ハ

非常ニ期待ニ反シタルコトヲ遺憾ト致スノデアリマス、何レ詳シキコトハ委員會等ニ於テ御尋ヲ致シマスルガ、先ヅ其中ノ一二ヲ拾ッテ御伺ヲ致シテ見タイト思ヒマス、農村ノ現狀ハ私ガ今申上ゲマスルマデモナク、殆ド困憊其極ニ達シテ居ルコトハ、既ニ何人モ之ヲ承認セラレテ居ル、卽チ之ヲ救ハンガ爲ニ、主要農産物デアル所ノ米穀ノ價格ヲ維持スルト云フコト、サウシテソレニ依ッテ幾分デモ農家ヲ救ウテヤル、増收ヲ圖ッテヤルト云フコトニ出發致シタノガ趣旨デアリマス、サウシテ又相當ノ利益ヲ得セシメテ、御承知ノ農村ノ多額ナル、アノ負債ヲ徐々ニ整理ヲセシメントスルノガ吾々ノ本旨デアリマス、卽チ是等ノ實現ヲ吾々ハ希望シテ、本案ニ對シテハ多大ナル期待ヲ持ッテ居ッタノデアリマスルガ、前ニ申シマスル如ク、此案ノ内容ヲ見マシテ、甚ダ不徹底ナルコトヲ遺憾ニ存ジテ居ルノデアリマスルガ、政府ハ其根本ノ趣旨ヲ、果シテ其農村ノ救濟ト云フコトニ置カレマシタカ、或ハ米價ノ調節ト云フ、唯簡單ナル意味ニ置カレマシタカ、之ヲ第一ニ私ハ御尋ヲ致シタイノデアリマス、米價調節ト云フヤウナコトハ、既ニ今日ニ至リマスルマデノ例ガ澤山アリマス、又現在ニ於キマスル所ノ、アノ米穀法ノ效果ノ如何ニアリマスルカト云フコトモ、既ニ農林大臣モ能ク御承知ノコトデアリマス、斯様ナ過去ノ米價調節トカ、米穀法ノ運用ト云フモノハ、洵ニ失敗ノ跡ノミデ、殆ド取ルニ足ラザルモノデアッタト云フコトハ、是ハ過言デハアリマセヌ、其一例ヲ申シテ見マスルナラバ、遠クハ仲小路農相時代ニハ、米價ノ暴騰ヲ防ガントシテ大ナル失敗ヲヤッテ居ル、サウシテ又其後ノ政府ガ續イテ引上ヲヤッテ居リマスルケレドモ、引上ゲントスル所ノ米ノ買上ハ、何時モ失敗ヲ繰返シテ居ルコトモ、是亦事實デアリマス、現在迄ニ繰越サレテ居リマス損失金ト云フモノモ、亦實ニ莫大ナルモノデアルト私共ハ思フノデアリマス、尠クトモ二億圓以上ハ既ニ損失トシテ出シ、現在又政府ガ御持チニナッテ居ル所有米、此米ヲ又現在ニ於テ賣拂ッテ精算致シマシタ時ニハ、是亦其損失ハ莫大ナルモノデアル、サウシテ見マスト、今後政府ハ七億圓ノ金額ノ中ヨリ幾許ヲ引去ッテ、殘リノ如何ナル程度ノ金額ヲ以テ此對策ヲ爲サル御考デアルカ、是等モ併セテ御聞キ致シタイト思ヒマス、サウシテ其金額ノ大略デ宜シウゴザイマスケレドモ、今迄ノ損失ニ對シテ、既ニ使ヒ果サレテ赤字ニナッテ居リマスモノト、サウシテ現在アリマス政府ノ所有米ノ損失、是等ヲ引イタ後ノ、今後ニ處スベキ資金ガ幾許殘リマスカ、之ヲ農林大臣ヨリ一應伺ッテ置キタイノデアリマス

私等ガ考ヘマスト、本案ハ吾等ノ熱望シテ居ル所ハ全ク其趣旨ヲ取去ラレテシマヒマシテ、失敗ノ歴史ノアル所ノ任意調節ガ、殆ド其根本ニナッテ居ルノデハナイカ、又前ニ河野君ガ申シマシタ如ク、殆ド前ノ米穀法ト何等相違シテ居ナイ、何處カ違ッテ居ルカト云ヘバ、或ハ罰則等ノ點ニ於テハ兎ヤ角ト非常ニ詳シク出テ居リマスケレドモ、其實體ノ上ニ於テハ、現作ノ米穀法ト何等變リガナイ、左様ナモノデアリマスト、前ニ河野君ノ言ウタ如ク、生産費ト云フモノニ依ッテ米ヲ農家カラ買上ゲルモノデアルナラバ、農家ト云フモノハ之ニ依ッテ一錢一厘モ利潤ヲ得ルコトハ出來ナイ、全ク之ハ米價ヲ定メテシマッテ、上ト下トヲ局限シタ場合ニ於テハ、農家ハ米價ガ少シデモ上ッテ儲ケントスル時ニハ、又上カラ壓迫スルコトニナッテ、農家ノ爲ニ非常ナ不利益デアッテ、農家ヲ救フト云フヨリ、寧ロ壓迫スル結果ニ相成ルコトヲ御承知ニナラネバナラヌト思ヒマス、此意見ハ吾々ノ見解ノ相違デアルト思ヒマスカラ、農林大臣ノ御意見ヲ承リタイノデアリマス

ソレカラ御承知ノ通リ米價ノ暴騰ナルモノハ、其騰貴ヲスル場合ニハ二ツノ理由ガアリマス、一ハ不作ノ年デアリマス、不作ニ因ッテノ騰貴、今一ツハ一般ノ景氣ノ回復ニ因ル騰貴、此二ツノ場合デアリマスガ、其時農家ハドウ云フ立場ニ相成ルカト云フコトヲ考慮ニ入レテ置カレヌト、非常ナル間違ヒニナルト私ハ信ズルノデアリマス、御承知ノ通リ一段ノ田ニ於テ一石獲レル米ガ、不作ノ爲ニ七斗ニナッタ時ニハ、其生産費ト云フモノハ石當リ非常ナ多額トナリ、ソレガ上値ヲ張定サレテ居リマス場合ニハ、農家ハ非常ナ損失ヲ招クノデアリマス、又同時ニ景氣ガ回復シテ、米價ガ高クナル場合ニハ、農家ノ生活ト云フモノハ御互ト同ジデ、商人モ、官吏モ、農民モ、生活費ト云フモノハ同ジヤウニ高マルノデアリマス、其時ニ農家ハ獨リ苦境ニ陷ルノデアリマスルガ、是モ農林大臣ハ如何御考ニナッテ居リマスカ、又農村ノ救濟ト云フコトニ根本ノ趣旨ガ置カレテ居ルヤウナコトガ、先程ノ答辯ノ中ニアリマシタガ、果シテ左様デアリマスナラバ、生産費ヲ割込マヌ保障ヲ、國家ノ力デ致サレルト云フコトハ勿論デアリマスガ、若シ大豐作ノ場合ニ於テ、其使ヒマスル金ガ無クナッタ時ニハ、私ガ前ニ尋ネマシタ所ノ資金ガ、政府ニ於テモ無限ノモノデハナイダラウト思フ、其時ニ於テハ政府ハ如何ナル御處置ヲ御執リニナル積リデアリマスルカ、又此米ヲ御賣リニナルト云フ場合ニ於テ、少イ米ヲ又賣ッテ、其米價ヲ抑壓スルダケノ方法ハ他ニアリマスルカ、當局ニ於テハ吾々ノ想像スルト同ジク、今迄ノ米穀法ト云フモノニ其準ヲ取ッテオヤリニナッタモノデアッテ、實際ニ於テ他ニ名案ガナカッタノダラウト思フ、サウシテ今迄ノ米穀法ノ委員ト云フヤウナ人々ニ依リマスルト云フト、成程有名ナル學者、政治家、其他ノ人々ガ居ラレマスルケレドモ、更ニ實際家ト云フモノガ之ニ加ッテ居ラヌ結果、兎角議論ガ唯机上ノモノニナッテ居ル、此案其モノモ机上ノ論ニ近イモノデアッテ、實際ニ於テハ洵ニ行ヒ難イヤウニ私共ハ信ズルノデアリマスルガ、農林大臣ハ如何ナル御考ヲ有ッテ居ラレルカ、以上申述ベマシテ、アトハ何レ委員會ニ於テ御尋致シマス

（國務大臣後藤文夫君登壇）

○國務大臣（後藤文夫君） 第一ニ此度ノ新統制法案ノ、最低ノ價格ヲ定メテ米價ノ下値ヲ維持シヨウト云フノハ、固ヨリ御話ノ如ク、農民ノ立場ヲ安固ナラシメヨウトスル趣旨デアリマス、現在ノ米穀法ト趣ガ餘程違ッテ居ルノデアリマス、現在ノ米穀法ハ下ノ基準ヲ定メマシテ、基準ヲ割ラナケレバ買發動ガ出來ナイ、其買發動ヲスル時デモ時價デ買フ、基準ヨリ二圓下ッテモ三圓下ッテモ其値デ買フト云フノデアリマス、此度ノ方法ハ最低價格ヲ公定致シマシテ、最低價格デ買フノデアリマス、最低價格以下ニ米ノ値段ノ下ルコトヲ防止シヨウトスルノデアリマス、唯第二ノ御尋ニアリマシタヤウニ、資金ガ幾ラアルカト云フコトガ、自ラ其力ヲ制限スルノデハナイカ、ソレハ制限スル譯デアリマス、併ナガラソレニ對シテハ十分ノ資金ヲ以テ臨マウトシテ居ルノデアリマス、是迄ノヤウニ買ッテモ宜ケレバ買ハヌデモ宜イ、買フ値段ハ安ケレバ安ク買フノダト云フノデハアリマセヌ、決メタ値段ヲ以テ買フト云フコトニ依ッテ、決メタ値段ヨリモ下ラセマイトスルノデアリマス、資金ハ十分ノ準備ガナケレバナリマセヌ、資金ノ計算ノ細カイコトハ、委員會等デ申上ゲルコトニ致シタイト思ヒマス、今回ノ需給特別會計法ノ改正ニ依リマシテ、七億圓ノ借入限度ヲ定メルノデアリマス、現在借入ヲシテ居リ、或ハ米穀證券トナッテ居ル金額ヲ除イタ餘力ハ約四億三千萬圓、此四億三千萬圓ノ資金ヲ以テ此法案ノ出發ヲ始メヨウ、此法案實施ノ時ニ其資力ヲ備ヘテ

掛ラウトシテ居ルノデアリマス、是マデ米穀法ノ備ヘタ資金ノ金額トハ餘程ニ違ヒガアルノデアリマス、此力ヲ以テ致シマスレバ、大體ノ推算カラシテ、本法ノ有力ナ實施ガ出來ルモノト信ジテ居ルノデアリマス、米價ノ騰貴ニハ不作ノ爲ノ騰貴ト、物價ノ上ッタ爲ノ騰貴トガアル、此騰貴シタ場合ニ、生産費ト云フモノダケヲ見テ行クヤウデハ非常ニ困ルヂヤナイカ、又上値ト云フヤウナモノガアッテ、上値ヲ調節サレテ、折角米ノ上ルコトニ依ッテ農家ハ裕リヲ得ヨウトスル場合ニ、ソレヲ抑ヘラレテハ困ルヂヤナイカト云フヤウナ御話ガアリマシタ、之ニ付テハ唯生産費ト云フモノダケヲ見レバ、サウ云フ風ナ場合ノ起ルコトガアリマス、矢張一般物價ト云フヤウナモノヲ見、經濟界ノ趨勢ヲ見テ、公定價格ト云フモノヲ定メナケレバナラヌノハ、ソレガ爲メデアリマス、隨テ最高値段ト云フモノヲ、最低値段ニ餘リ近付ケテ作ッテ置キマスレバ、如何ニモ御話ノヤウニ、農家カラ見マシテモ甚ダ不公平ナ扱ヒヲ受ケルコトガ起リマス、最高値段ト云フモノヲ矢張合理的ナ所ニ定メテ置カナケレバナラヌト考ヘルノデアリマス、若シ大豐作ガアッテ、非常ニ米ノ供給ガ多クナッタ時分ニハ、資金ガナクナッテ、金ガナクナルト云フト、モウ仕方ガナクナルヂヤナイカト云フヤウナ御話デアリマスガ、大體今回ノ統制法ト併セテ需給會計法ノ改正ハ、相當ナ豐作ガアリマシテモ、之ニ應ジテ米價ノ公定價格ヲ維持スルコトガ出來ルヤウニ考ヘテ立案致シテ居リマスル、若シ想像モ及バナイヤウナ、非常ナ大豐作ガアルト云フヤウナコトガアリマスレバ、是ハ或ハ現在ノ資力ヲ以テハ應ジ得ナイヤウナ場合ガ起ルカモ知レマセヌ、併ナガラ斯ノ如キ異常ノ際ニハ、又異常ノ方法ヲ講ジナケレバナラヌモノデアラウト存ジマス、大體起リ得ベキ普通ノ豐作、其他ノ場合ニ於ケルノニ應ズルノ十分ナ準備ヲ致シテ置クコトヲ以テ、現在トシテハ滿足スルノ外ハナイト思フノデアリマス、ソレカラ上値ヲ維持スル爲ニモ米ヲ賣ラナケレバナラヌガ、米ガナイ時ハ仕方ガナイヂヤナイカ、是ハ御說ノ通リデアリマス、政府ガ其時ニ持ッテ居ル手持米及政府ガ手ニ入レ得ル外米其他ノ米ヲ以テ、之ニ應ジナケレバナラヌノデアリマス、是モ通常想像シ得ベキ場合ニ於テハ、政府ガ相當ナ米ヲ平素ニ於テ持チ、又需給ノ推算カラシテ相當ナ輸入米ナリ、又政府ガ米買上ノ準備ヲシテ置クト云フヤウナ方法ニ依ッテ、此上値ニ應ズルコトガ出來ルト思フノデアリマス、今回ノ新統制案ハ、過去ニ於テモ米穀統制ニ付テ各種ノ意見ガアリマスシ、又幾ノ臨時議會等ニ於テモ議會ノ御希望等ガアリマシテ、出來ル限リ現在ニ於テ實行シ得ベキ有力ナル米穀統制ノ策ヲ見出サウト致シマシテ、專門家、實際家等ノ集マラレタ會合ニ於テ得マシタ、現在ノ實行シ得ベキ最モ有力ナル案トシテ、此法案ヲ立案致シタヤウナ譯デアリマス、大體豫テノ皆樣ノ御希望ノ趣旨ニ應ズル爲ニ作ッタノガ、其精神デアリマス(拍手)

○議長(秋田淸君) 村松久義君

(村松久義君登壇)

○村松久義君 諸君、只今議題ニ相成ッテ居リマスル米穀統制法案ハ、從來ノ米穀政策ニ對シマシテ、其一步ヲ進メタルモノトシテ欣快ニ存ズルモノデアリマス、而シテ吾々ハ此法案ノ目的ヲ達成セシムルコトヲ考ヘマスルガ故ニ、二三ノ重要ナル問題ニ關シテ、質問ヲ致シテ見タイト思フノデアリマス(拍手)

政府ハ嚢ニ現行米穀法ノ改正ヲ目論見マシテ、主務省ニ米穀部ヲ置キ、又顧問會ヲ開キ、更ニ朝野及各政黨ノ選集メマシタル委員ヲ以テ組織致シマシタル、米穀統制調査委員會ナルモノヲ設置致シタノデアリマスル、而シテ此調査會ニ於キマシテ、米穀專賣法案、米穀管理法案、其他二ツノ參考資料ヲ提供致シテ諮問ヲ致シタノデアリマスルガ、其結果ト致シマシテ、最後ニ殘サレタルモノガ此法案デアッタノデアリマスルガ、即チ政府ニ於カレマシテハ、此最後ニ殘サレタル公定案コソ、實際ニ實行ノ可能ナモノデアリ、米穀專賣法案或ハ米穀管理法案ノ如キハ、實行不可能ナモノトシテ之ヲ捨テラレタノデアルカドウカヲ御伺致シタイノデアリマス、果シテ然リト致シマスルナラバ、此最後案トシテ殘サレマシタル此法案デアリマスルダケニ、ヨリ以上ノ興味ヲ懷カザルヲ得ナイノデアリマス、私ノ……

(發言スル者アリ)

○議長(秋田淸君) 靜肅ニ

○村松久義君(續) 私ノ理會スル所デハ、公定價格ノ主眼ト致シマスル所ハ、生産者ト消費者ノ特殊事情ヨリ生ジマスル矛盾ヲ解決シ、農業、工業ヲ調和セシメタル上ニ於テ、公正ナル價格ヲ發見スルニアルト思フノデアリマスル、即チ理想論トシテ申シマスルナラバ、今日ノ社會ノ總テノ階級ニ對シマシテ、ナケレバナラヌ價格、アラシメナケレバナラヌ價格ヲ發見スルニアルト信ズル次第デアリマスルケレドモ

(發言スル者アリ)

○議長(秋田淸君) 靜肅ニ

○村松久義君(續) 實際政治ノ運用ト致シマシテハ、今日ノ社會經濟、財政ノ事情等ヨリ考究致シマシテ、何ガ最モ保護セラレナケレバナラヌカニ、重點ヲ置クベキモノデハナイカト信ジテ居ル次第デアリマスル、此法案ニ於キマスル最低ノ價格ヲ見マスレバ、ソレハ生産費ト物價其他ノ事情ヲ參酌シテ、之ヲ決定スルコトニ相成ッテ居ルノデアリマスル、物價其他ノ經濟事情ヲ參酌スルト云フコトハ、一般ノ物價ニ現レマシタル景氣ノ消長ナリ、或ハ特殊ノ經濟事情、例ヘバ肥料ノ極端ナル昂騰ト云フガ如キ事情ヲ參酌シマシテ、最低生産費ヲ引上ゲントスル用意デアルト、解釋ヲ致サナケレバナラヌノデアリマスル、若シ左樣デアルト致シマスルナラバ、洵ニ結構ナル案デアルト言ハナケレバナラヌノデアリマスルガ、唯其物價竝ニ其他ノ經濟事情ヲ參酌スルト云フコトガ、果シテ具體的ニ之ヲ述ベマスルナラバ、如何ニ參酌スルノデアルカト云フ點ニ對シマシテハ、總テ之ヲ勅令ニ讓ッテ居ル次第デアリマスル、私共ハ其何デアルカヲ茲ニ御示ヲ願ヒタイトハ思ヒマセヌケレドモ、茲ニ一ツ今日ノ疲弊致シテ居リマスル農民經濟ノ狀態ヲ以テ致シテ參リマスレバ、唯單ニ從來ノ支拂ヒマシタル生産費ヲ償却シタリト云フダケデハ、到底其經營ヲ永續スルコトハ出來ナイ程ノ、悲慘ナル狀態ニ立至ッテ居ルコトデアリマスル、從來トテモ農民ハ其再生産費トモ申スベキ、次年度ノ生産費ハ殆ド之ヲ借入ヲ以テヤッテ參ッタノデアリマス、隨テ、或ル方面ニ於キマシテハ、食料ニ於テ、亦肥料ニ於キマシテ、實ニ三四割ノ高利ヲサヘモ貪ラレテ居ッタ、是ガ今日農家六十億ノ借金ノ相當部分ヲ成シテ居ルデアラウト云フコトハ、想像ニ難クナイ次第デアリマスル、即チ若シ生産費ノ外ニ、物價及其他ノ經濟事情ヲ參酌致シマスルナラバ、農家ノ再生産費ニ關スル考慮ヲモ、當然爲スベキデハナイカト信ジテ疑ハザル次第デアリマスル(拍手)而モモウ一ツノ事情ヲ指摘スルコトガ出來ルト思フノデアリマスル、ソレハ諸君ノ御承知ノ如クニ、今日ノ農産物價ト農村需要品價格トノ間ニハ、所謂「シエーレ」ト唱ヘラレテ居リマスル鋏狀的ノ價格差ヲ有シテ居ルノデアリマスル、是ガ農家經濟ニ於ケル再生産費食込ノ一因ヲ成シテ居ルコトハ、爭フコトノ出來ザル點デアリマスルガ、若シ今後ニ於キマシテ「インフレーション」ガ具體化スルガ如キコトアリト致シマスルナラバ、此鋏狀的ノ價格差ガ益、其開キヲ擴大

致シテ參リマスルコトハ、內外過去ノ歷史ヲ通ジテ見マシテ、一點疑ノナイ點デアルト言ハナケレバナラヌノデアリマス

斯ノ如ク致シマシテ、農家ノ經濟狀態ニ對シマシテ、眞ノ認識ヲ有シマスルナラバ、而シテ再生產費ノ食込ガ不可避的ノ事情デアルト云フコトヲ認識セラレマスナラバ、當局ハ此物價及其他ノ經濟事情ト云フ條項ヲバ、活用セラレマスルコトヲ希望スルト同時ニ、現當局ニ於キマシテ、果シテ此點ニ關シ如何ナル御考ヲ有シテ居ラレマスルカヲ、明ニセラレンコトヲ希望スル次第デアリマス（拍手）

次ニ私ハ公定價格ノ維持手段ト致シマシテ、買上ノ義務ガアルト思フノデアルシ、而シテ同時ニ季節的ノ出廻リノ數量調節ヲ致シテ居ルノデアリマスルガ、此點ニ關シマシテ疑ヲ有シテ居リマスルガ故ニ、御尋ヲ致シテ見タイノデアル、本法ニ依リマスレバ公定價格ヲ維持致シマスル外ニ、更ニ內地ニ於テハ、道府縣ヨリ移出セラレマスル穀物ニ對シテ、月別平均ナラシメマスル爲ニ、季節調節ヲ爲ス、ソレハ時價ニ依ル買上デアルト云フコトニ相成ッテ居リマス、而シテ此公定價格維持ノ爲ニハ、第三條ニ示シテ居リマスル如クニ、最低價格ニ依ル買上ノ申込ニ對シマシテハ、必ズ買上ノ義務ヲ負擔シテ居ルモノデアルト見ナケレバナラヌノデアリマス、然ラバ斯ノ如クマデシテ義務付ケラレ、而シテ最低價格ヲ維持セント致シテ居リマスル外ニ、尙ホ季節的調節ノ爲ノ買上ガ必要デアルカドウカニ關シマシテ、疑ナキ能ハザルモノデアリマス、政府ニ於カレマシテハ、一年ノ或ル時期ニ於キマシテハ、公定價格以外ノ價格ヲ希望セラレテ居ルノデアリマスガ、若シ果シテ然リト致シマスルナラバ、基準ヲ二重ニ附スル處ガアルノデハナイカト疑ハザルヲ得ナイノデアリマス、更ニ從來ノ買上ノ例ヲ見マスレバ、大體所謂出廻期デアリマスル十一二月ヨリ、翌年ノ二月ニ買上ヲセラレテ居リマスルノガ大多數デアリマシテ、其他ハ殆ド例外デアルト言ハナケレバナラヌノデアリマス、然ラバ此時期ニ於テ時價ニ依ル買上ノ出動ニ及ンダナラバ、結局無基準ナル買上ノ發動ニ還元スルノ處レハナクハナイノデハナカラウカト考ヘザルヲ得ナイ、米穀法ノ沿革ヲ考ヘテ見マスレバ、從來無基準ノ買上ノ出動ガ度々行ハレ、其弊ニ堪ヘザルガ爲ニ、玆ニ基準ヲ制定スルニ至ッタ次第デアリマス、無基準還元ノ處レアリトスル、此季節的ノ買上ニ關シマシテ、政府ノ御所見ヲ質シタイノデアリマス

更ニ私共ガ看逃スコトノ出來ナイ點ト云フノハ、此季節的調節ニ付キマシテハ、却テ米價ノ安定ヲ阻碍スルノミナラズ、更ニ進ンデハ米價ノ飜弄ヲ、政府自ラ之ヲ行フノ結果ニ至ルコトナキヤヲ懸念致シテ居ル次第デアリマス、恐ラク政府ニ於カレマシテハ、此季節的ノ出廻リ數量調節ト云フコトヲ以チマシテ、價格調節ノ爲ニ必要ナル手段デアルトノ御考デアルト思ヒマス、併ナガラ結果ノ甚シキ場合ヲ想像シテ見マスルナラバ、出廻期ニ於テ最高ノ値段ニ近キモノヲ以テ買上ゲルコトガアルカト思ヒマスレバ、或ル場合ニ於テハ最低ノ値段ニ近キモノヲ以テ、之ヲ賣出サナケレバナラナイト云フガ如ク、結局其安定ヲ求メツヽ、遂ニ安定ノ途ニ達スルコトガ出來ナイヤウナ事情ガ發生スルノデハナカラウカ、十分ニ吟味シナケレバナラヌ點デアルト思フノデアリマス（拍手）

要スルニ季節的ノ調節ノ結果トシテハ、或ハ第一ニ基準ヲ紊スコトガナイカドウカ、米價ノ動搖ヲ來スコトガナイカドウカ、公定價格ノ基礎ヲ危クスルコトガナイカドウカ、更ニ無用ニ國費ヲ浪費致シマシテ、其結果トシマシテ、本法案ノ有ッテ居リマスル强大ナル威力ヲサヘ失墜スルコトノ虞ガナイカドウカニ關シマシテ、明快ナル御答辯ヲ得タイト思フノデアリマス（拍手）

尙ホ私ハ此季節的ノ調節ニ關聯致シマシテ、運用ノ方面ニ付テ御尋ヲ致シタイノデアリマス、事ハ洵ニ些々タル問題デアルカノ如キコトデアリマスケレドモ、此運用ノ如何ニ依リマシテハ、實ニ農民ノ多數ニ於テ非常ナル不平不滿ノ原因タリト言ハナケレバナラヌノデアリマスルガ故ニ、此點ヲ御尋致シタイト思フ、季節的ノ調節ニ對シマシテハ、恐ラク今日ノ斯ノ如キ農家ノ疲弊ヲ以テ致シマスルナラバ、絕對的ニ現金ガ必要デアルト云フ點ヨリ致シマシテ、從來ハ唯米價安ノ爲ニ手放スコトヲ欲セザル人々ニ於テサヘモ、尙且ツ非常ナル勢ヲ以テ之ヲ手放サントスルデアラウト思フ、貧農デアリマスルナラバアルダケニ、其念ノ熾烈ナル事ヲ思フ次第デアリマス、私共ハ諸君ト共ニ斯ノ如キ貧農ニ對シマシテ、現金ヲ掴マシメタイト考ヘテ居ル次第デアリマスケレドモ、從來ノ如クニ買上ヲ致シマスル場所ガ、全國僅ニ六箇所或ハ七箇所ニ過ギナイ、又買入ノ條件ト致シマシテモ、五十俵以上ニ非ザレバ之ヲ取扱ハズト云フガ如キ、過酷ナル條件ヲ附シテ居ラレタノデアリマスルナラバ、到底地方ニ偏在致シマスル農民竝ニ貧農階級ノ人々ニ於テハ、是ノ買上ヲ希望スルト雖モ、到底其目的ヲ達スルコトガ出來ナイノデハナイカト考ヘザルヲ得ナイノデアリマス、一部ノ大地主、或ハ中間ノ仲買商人ノ手ニノミ委ネラレテ居リマシテ、實際ニ現金ヲ必要トシマスル貧農其他ノ人々ニ及ブコト少キモノデアルト致シマシタナラバ、是ハ運用ノ上ニ於テ、其實際的效果ヲ失ッテシマフ結果デアルト言ハナケレバナラヌノデアリマス、此點ニ關シマシテ、政府ニ於カレマシテハ、此買上ノ場所ヲ增設スルカ、又買入ノ條件ヲ緩和スルカ否カ等ニ關シマシテノ、御答辯ヲ得タイト思フ次第デアリマス（拍手）

（國務大臣後藤文夫君登壇）

○國務大臣（後藤文夫君） 再生產費ト云フ見地カラ、一般經濟界ノ事情ノ變化ヲ、米價ノ公定ヲスル時ニ考ヘナケレバナラヌデハナイカト云フ御尋ガアリマシタ、一般經濟界ノ變化、殊ニ一般物價ノ趨勢ノ變化等ニ應ジテ、公定價格ノ定メ方ヲ考ヘナケレバナラヌト考ヘルノデアリマス、是ガ法案ニサウ云フコトガ規定シテアル所以デアリマス、御話ノヤウニ細カニ再生產費ト云フモノヲ見テ、其再生產費ニ旨ク調節ガ取レルヤウニ參ルト云フコトハ、中々困難デアラウト思ヒマスルガ、一般ノ經濟事情ト云フモノカラ、最高最低價格ヲ考ヘテ參リマスルト云フコトモ必要ナノハ、御話ノ趣旨ノヤウニモ矢張考ヘラレルト云フコトニナルコトデアラウト思ヒマス、ソレカラ公定價格ヲ維持スル以上ハ、季節的ノ調節ハドウ云フモノデアルカ、基準ヲ二重ニスルト云フヤウナコトニナルノデハナイカト云フヤウナ御話デアリマスガ、是ハ全ク別ノコトデアリマス、公定價格ハ最高ト最低ヲ定メマシテ、此範圍內ニ米價ヲ在ラシメヨウトスルノデアリマス、季節的ノ調節ハ、季節的ニ出廻ガ殺到シテ、米價ニ大キナ變動ヲ起スト云フノガ常例デアリマス、之ニ對シテハ是迄モ色々ナ方法ニ依ッテ、農家ガ出廻ヲ自ラ調節ヲシテ、成ベク月別平均的ニ市場ニ米ノ現ハレルヤウニシタイト云フコトデ、政府ニ於テモ、亦地方ニ於テモ努力致シテ參ッテ居ルノデアリマス、昨年ハ臨時立法トシテ、朝鮮カラ內地ヘ參リマス米ヲ成ルベク月別平均的ナラシメル爲ニ、朝鮮デ米ヲ買フト云フヤウナ方法モ設ケタノデアリマス、是等在來行ハレマシタ方法ノ趣旨ヲ一層徹底セシメテ、政府ニ於テモ市場ヘ出廻ル米ヲ――各府縣カラ、朝鮮、臺灣邊リカラ出廻ル米ヲ季節的ニ調節ヲシテ、米穀ノ供給ヲ平準ナラシメヨウト努ムルノデアリマス、此事柄ハ公定價格ノ

維持ト云フコト、併セテ行ハレテ、玆ニ米ノ需給、米ノ價ト云フモノガ平準ヲ得テ、生産者カラ見テモ、消費者カラ見テモ、都合ノ好イ關係ニ相成ルヤウニ致シタイト云フ考デアリマス、ソレカラ季節的ノ調節ヲヤルト、却テ米價ノ安定ヲ妨ゲルヤウニナルノデハナイカ、米價ガ非常ニ高クナッテ、最高價格ニ達スルヤウナ場合デモ、尚ホ買入ヲ數量調節デヤル、又米價ガ下ッタ場合デモ、尚ホ數量調節デ賣ルト云フコトヲヤルト云フコトニナッテ、却テ安定ヲ妨ゲヤセヌカ、是ハ極端ナ場合ノコトデアリマス、大體ニ於キマシテハ、季節的ノ出廻調節ニ依ッテ需給ノ平準ヲ圖ッテ、隨テ又米價モ平準ニナルト云フ作用ガ行ハレルノデアリマス、極端ノ場合ニ、餘リニ高イ所ニ居ル、モウ値ニ近付イタト云フコトニナッタ所デハ、買フコトヲ止メナケレバナリマセヌ、又下値ニ近付イタト云フ所デハ賣ルコトヲ止メナケレバナリマセヌ、ソレハ自ラ一定ノ基準ガ立テ得ルコト、思フノデアリマス

尚ホ最後ニ季節的調節ノ爲メノ買上ノ場所ノ增設、條件等ニ付テドウ云フ考ガアルカ、是ハ獨リ季節的調節ノ爲メノミデハアリマセヌ、公定價格維持ノ爲メノ買上賣渡等ノ爲ニモ、只今ノ米穀事務所ノ數デハ足リナイ積リデアリマス、相當ノ數ハ增設ヲ致ス積リデアリマス、買上其他ノ條件ノ事ニ付テ御話ガアリマシタガ、大體相當ナ數ノ場所ヲ設ケテ、其處デ買上賣渡等ヲヤルコトニ依ッテ、全體ノ米價ニ自ラ影響ガ生ズルノデアリマシテ、個々ノ農民、殊ニ御話ニナッタ貧農ト云フヤウナ人達ニモ、其影響ハ自ラ至ルノデアリマシテ、個々ノ農家ニ就テ、個々ノ買上ゲルト云フヤウナ譯ニハ無論參リマセヌシ、實際ノ買上ノ場所及方法ハ自ラ制限セラレル所ガアルコトハ、是ハ實施上已ムヲ得ナイノデアリマス

○議長（秋田清君）　由谷義治君

○由谷義治君　私ノ質問ヲ進メマス便宜上、簡單デアリマスカラ、一言ダケ此席カラ農林大臣ニ質問スルコトヲ御許シヲ願ヒマス

〔「登壇々々」ト呼フ者アリ〕

○議長（秋田清君）　御登壇ヲ望ミマス

〔由谷義治君登壇〕

○由谷義治君　質問ヲ進メマス便宜上、農林大臣ニ對シテ二ツノ點ニ付テ先ヅ御尋ヲシタイノデアリマス、第一ハ、本法ニ謂フ最高最低價格ノ値幅ハドノ程度ヲ豫想サレテ居リマスカ、恐ラク本法ノ施行ニ依ッテ、施行細則ガ決定セラレルト考ヘマスガ、之ニ對シマスル大體ノ見當ノ具體的發表ヲ御願シタイノデアリマス、モウ一ツハ、先刻ドナタカノ質問ニアッタヤウデアリマスガ、七億圓ニ增額サレマシタ後ノ米穀資金ノ内譯デアリマス、缺損、固定シテ居ル資金、將來發動シ得ル可能力ヲ持ツ資金、此内譯ニ付テ一應御答辯ヲ御願シテ置キマス

〔國務大臣後藤文夫君登壇〕

○國務大臣（後藤文夫君）　最高最低價格ノ値幅ハ何程ニナルカト云フコトハ、具體的ニハ申上ゲラレマセヌ、相當ナ幅ガ必要デアルト思ヒマス、併シ又無暗ニ廣イノデハイケナイト思ッテ居ルノデアリマス、米價ノ全體ノアリカガ高イ場合ニハ、値幅ハ自ラ廣イダラウト思ヒマス、又米價ノアリカガ低イ場合ニハ、値幅ハズット低イデアラウト思ヒマス、是ハ米穀統制法ニ定メテアリマスル公定價格ノ決定ヲ致スアノ方法ニ從ヒマシテ、相當ナ所ニ定メナケレバナラヌト考ヘテ居リマス、ソレカラ需給特別會計法ノ金額ノ御尋ハ、私能ク今伺ヒ兼ネタノデアリマスルガ、此米穀法ノ大體ノ施行ハ、施行ノ準備等ノ關係ガアリマシテ、今年ノ十一月カラト云フコトニ致シタイ積リデ居リマス、其施行ヲ始メル時期ニ於ケル米穀資金ノ餘力ハ、約四億三千万圓ト云フ計算ニ相成ルノデアリマス、何カ色々ナ細カイ御尋ガアレバ、又他ノ機會ニ御答致スコトニ致シマス

〔由谷義治君登壇〕

○由谷義治君　私ハ此重大ナ米穀統制法案ヲ中心ト致シマシテ、五ツノ點ニ付テ政府ノ意見ヲ明確ニ聞イテ置ク必要ヲ痛感スルノデアリマス、第一ハ、米穀統制ト云フ文字ガ示シテ居リマス政府ノ謂フ所ノ、統制觀念ノ内容實質ニ關スル本質的ナ質問デアリマス、第二ハ將ニ可決サレントシテ居ル所ノ本法ガ實施ニナッタ曉、果シテ所期ノ目的ヲ達スルコトガ出來ルカト云フ、本法ノ實行可能ニ關スル質問デアリマス、第三ハ、農村問題ヲ主トシテ、本法ノ實施ガ相當程度マデ農村ヲ救フニ足ルカ否カノ質問デアリマス、第四ハ、屢、問題ニナル所ノ生産費ノ基準維持ニ關シテ、深刻ナ立場ニ於ケル小農ノ利害ヲ代表スル意味ニ於テノ質問デアリマス、更ニ第五ハ、肥料ノ問題ニ關聯シテ質問ヲ申上ゲタイト考ヘテ居リマス、後藤農林大臣ノ答辯ヲ最初カラ拜聽シテ居リマスト、如何ニモ多クヲ語ラズシテ、問題ノ核心ヲ外ノ方ニ逃ガシテ行キタイ風ナ、官僚的答辯ガ多々アルコトヲ痛感シテ居リマス、ドウゾ吾々ノ主張ニ對シマシテハ胸襟ヲ披イテ、意見ノ扞格ハ仕方アリマセヌケレドモ、少クトモ政府ノ所信ヲ大膽率直ニ御答アランコトヲ豫メ註文シテ置キマス

第一ノ質問ハ、政府ノ所謂統制ナル文字ガ示ス所ノ内容ハドウカデアリマス、率直ニ申シマスト、今日ノ自由放任經濟ニ向ッテ、政府ハ相當勇敢ナ戰ヲ宣セントスルモノデアルカ、相當大膽ナ修正ヲ行ハントスルモノデアルカト云フ質問デアリマス、先般此壇上デ政友會ノ領袖東君ガ、本法ノ提出ヲ豫見スル意味ニ於テノ農村問題ノ質問ガアリマシタガ、東君ニ依リマスルト、米價公定制度ナルモノハ、我國經濟機構ノ大變革ダト言ッテ居ラレマス、更ニ言ヲ繼イデ、自由經濟ノ組織カラ一躍シテ統制經濟ニ進ム劃期的立法ダトモ申サレテ居リマス、世間ハ此米穀統制法案ニ對シテ様々ナ議論ヲシテ居ル、此米穀統制ニ對シテ一番反對ノ立場ニアル米穀取引所同盟聯合會ノ如キハ訴ヘテ參リマシタ、元來國家ノ統制ニ依ル米價公定ノ如キハ、其精神ニ於テ根本的ニ現行商業機能ト背馳スルモノガアル、日本商工會議所亦之ニ追隨シテ曰ク、政府ハ我國農村窮乏ノ根本的ノ原因ト、我國國民經濟機構ノ現狀ニ鑑ミ、此種國家權力過信ニ基ク米穀統制策ハ之ヲ排除シ、須ラク現行米穀法ノ適正ナル運用ニ依ッテ云々ト申シテ居リマス、更ニ又米穀取引所同盟聯合會ハ米穀ノ調節ヲ主眼トスルモノナルヲ以テ、新法律ニ統制ナル名稱ヲ附スルノハ妥當ナラズトノ主張ヲシテ居リマスケレドモ、彼等統制ヲ恐レルコト虎ノ如キモノガアリマスガ、此米穀統制法案ハ、ソレ程ノ強イ力ヲ有ッテ居ルカドウカ、同時ニ東代議士ノ言フ、強イ形容詞ニ依ッテ代表サレマス程ノ權威アル内容ヲ有ツカドウカ、私ハ此問題ハ獨リ農村問題ノミナラズ、獨リ米穀問題ノミナラズ、我ガ日本ノ全面的經濟機構ニ於テ、極メテ重要ナル指導精神ヲ有ツモノデアルト考ヘマスル故ニ、農林大臣ニ向ッテ極メテ大膽率直ニ聞キタイノデアリマス（拍手）吾々ハ斯ウ思フ、近來世ノ中ノ不景氣ト、國民大衆ノ非常ナル貧乏窮迫カラ經濟ヲ何トカセネバナラヌ、斯ウ言ッタ強イ叫ビ聲ガ所謂統制經濟ノ具體的名前トナッテ天下ニ喧傳サレテ居リマス、政黨モ主張スル、學者モ主張スル、商賣人モ主張スル、評論家モ無論主張スル、統制經濟大流行デアリマスガ、凡ソ如何ナル主張デモ一ツノ指導精神ガ大流行ヲ來ス時ハ一番危險デアル、統制經濟ノ蔭ニ隱レテ「インチキ」統制ヤ、胡麻化シ統制ヤ、或ハ詐欺統制マデモ働カントスル徒輩ガ天下ニハナイデハナイノデアリマス、此意味ニ於テ私ハ政府ノ言フ統制觀念ヲ聞ク前提トシテ、吾々ノ考付イ

タ原理ヲ一應申上ゲテ置キタイ、吾々ノ議論ハ一切ガ是カラ出發スルコトヲ能ク御了承ヲ御願シテ置キタイ、資本主義經濟ノ行詰リ、言換ヘマスレバ、資本主義經濟ノ精神デアル所ノ自由放任經濟ノ行詰リデアリマス、サウシテ此行詰リヲ一番早ク敏感ニ知ッタノハ、實ハ資本主義ノ殿堂ニ住ム人々デアリマス、彼等ハ即チ自由競爭ノ非ヲ悟ッタ、彼等ハ即チ御互ニ放任經濟ニ陷ルノ非ヲ悟ッタ、是ニ於テカ巨大資本ヲ擁スル者ガ經濟活動ノ壟斷ヲ考ヘタ「カルテル」「トラスト」「コンバイン」「シンヂケート」、組合ニ依ルカノ結成ニ依ッテ、自由競爭ニ對スル制掣肘ヲ考出シタ、即チ今日ハ一方ニハ自由主義ノ經濟ガアリ、一方ニハソレト對立スル反對ノ立場ニ在ル所ノ資本家ニ依ル統制經濟ガ、御互ニ交錯亂舞ヲシテ居ル時代デアリマス、世間往々ニシテ此資本家ノ統制其モノヲ以テ、所謂統制經濟ト考ヘル弊風ガアル、思フニ今日ノ經濟問題ハ、一方ニ於テハ此資本主義本來ノ自由主義ノ破綻ヲ見、更ニ一方ニ於テハ巨大資本ノ「カルテル」「トラスト」等ニ依ル獨占形態ノ擴大強化カラ來ル所ノ、非常ナル民衆壓迫ノ統制經濟ヲ見ル限リ、吾々ノ考方ハ更ニ之ヲ飛躍シタ所ノ辨證法的ニ申シマスルナラバ、資本主義ノ自由放任ト、資本主義的營利統制トヲ「ジンテーゼ」スル所ノ之ヲ綜合シ、之ヲ統一シ、之ヲ飛躍スル所ノ新シキ統制經濟ガ生レナケレバナラヌ、吾々ノ謂フ統制經濟ハ是レデアリマス、稱シテ營利統制、之ニ反對スル所ノ公益統制デアリマス、國民統制ト申シテモ宜シイ、吾々ハ斯ウ云フ考カラ統制經濟原理ヲ常ニ國家ノ爲ニ考ヘテ居ルノデアリマスガ、而モ此考方ハ吾々ノ獨創デハアリマセヌ、是ハ歷史的必然デモアリマスシ、歷史的可能デモアリマスシ、更ニ又政策的當爲トシテ、今後ノ日本ノ政治問題ニ大キナ光明ト權威ヲ投ジ、來ルベキ次ノ時代ヲ指示ス指導精神ノ中心ヲ成スモノト考ヘルノデアリマス、斯ウ言ッタ考方カラ、國民同盟ガ經濟參謀本部ノ設立ヲ主張シ、或ハ又ソレニ至ル實行手段トシテ法的統制ヲ考ヘツヽアルノモ、全ク此所以ニ出發スルノデアリマスガ、此建前カラ吾々ハ米ノ問題ヲ考ヘテ見タイ、一方ニ於テハ賣手デアリマス、一方ニ於テハ買手デアリマス、利害ノ正面衝突ハ當然デアル、生産者トシテノ農民、消費者トシテノ都市住民、此利害得失ノ相反シタモノヲ一片ノ法律ニ依ッテ片付ケヨウト思ヒマシテモ、餘程面倒ナ事件デアリマス、此米ノ問題ニ對シテ、所謂公益統制的ナ見地カラ、吾々ノ考ヲ申シマスナラバ、勿論其實行ニ對シマシテハ、非常ニ強イ決心ト、非常ニ大膽ナ努力ヲ要スルノデアリマスガ、賣手ニ向ッテモ損ヲサセナイ、買手ニ向ッテモ損ヲサセナイ、モット直接的ニ言ヒマスレバ、農民ニ對シテハ生産費ノ補助ヲスル、消費者ニ對シテハ相當程度ノ安イ物ヲ消費サス、斯ウ言ッタ國家ノ費用ヲ此間ニ勇敢ニ投下シテ、初メテ米ノ問題ノ解決ガ付クデアラウト考ヘマスガ、現實ノ政治問題トシテ、私ハソレヲ申スノデハナイ、唯斯ウ言ッタ考方カラ本法ノ統制觀念ヲ檢討シマシテ、若シ本法ノ精神ガ吾々ノ謂フ公益統制ノ精神ニ一歩デモ前進スル場合ニ於テハ、吾々ハ贊成ヲスルノヲ吝マナイ、唯本法ガ近來流行ノ統制經濟ニカプレテ、政府ノ責任ヲ糊塗セントスルヤウナ「インチキ」統制デアル場合ニ於テハ、吾々ハ斷ジテ敬意ヲ拂フコトハ出來ナイノデアリマス、私ハ此意味ニ於テ本法ノ條文ヲ一讀致シマシタガ、極メテ不可解ナル點ヲ二點發見シテ居リマス、第一點ハ、先程同僚ヲシマシテ農林大臣カラ明確ナ御答ガ出來ナイト云フ答辯ヲ得タ最高最低價格ノ値幅ノ問題デアリマス、世間デハ一石ニ付テ八圓乃至九圓ノ開キガアルダラウト言ッテ居リマス、若シ本法ノ値幅ノ想定ガ一石八圓、九圓ヲ想像スルコトニナリマスナラバ、何ノ公定ゾヤト言ハザルヲ得ヌ、苟モ公定デアリマス、公定ハ一ツアッテ、二ツアルモノヂヤナイ、現行ノ評判ノ惡イ率勢米價ト異ナル所ガナイノデアリマス、斯ノ如キ不徹底ナル公定價格ヲ公定ト云フナラバ、是ハ公定ノ美名ヲ僭稱スルモノデアル、私ハ政府ニ向ッテ強ク御考ヲ願ヒタイノデアリマス、米價ノ統制ニ依ッテ、米價變動ノ値幅ノ縮小ヲ恐ル、取引所、或ハ取引所ノ背景ヲ成ス所ノ財閥ニ對シテ、政府ハ相當ニ遠慮ヲシテ居ルノデハナイカ、相當ノ媚ヲ賣ッテ居ルノデハナイカ、政府ノ謂フ統制觀念ハ今日ノ自由主義經濟ヲ何等手ヲ著ケルコトノ出來ナイ、唯世間胡麻化シノ統制法デハナイカト云フ點デアリマス、兩黨ヲ基礎ニスル所ノ所謂非常時内閣ノ諸君ガ、一取引所ノ財閥ニ迎合スルモノトハ考ヘマセヌケレドモ、此議會ノ初メニ當ッテ政府ハ新聞ヲ通ジテ發表シテ居ッタ、此議會ニハ高利貸征伐法案ヲ出スト言ッテ居ッタ、ソレガ出マセヌ、此議會ノ會期ノ濟ムマデ出サウモアリマセヌ、之ニ向ッテモ世間ハ評判ヲシテ居ル、アレハ高利貸ノ大キナ背景ヲ成ス財閥ノ施ガ政府ニ伸ビタ結果ダト言ッテ居ル、果シテ然ラバ、政府ハ斯ウ云フ問題ニ付テハ、自分ノ持ッタ法案ヲ墮胎シタ嫌疑ト、前科ヲ持ッテ居ル、隨テ吾々ハ政府ノ米穀統制法ニ現ハル、所ノ米ノ値幅ノ問題ニ付テモ、強イ疑ヲ當然起サネバナラヌノデアリマス、國民生活ノ必需品タル、農村經濟ノ基本タル米價ヲ投機思惑ノ具ニ供シ、不健全ナル取引所ノ自由ニ依ッテ、不當ノ價格變動ヲ招來シ、全日本ヲ不安ナラシメル狀態ニ對シテ、吾々ハ眞劍ナル再吟味ヲ必要トシマス、之ヲ此儘ニシテ置イテ何ノ統制經濟デアルカト言ハザルヲ得ヌ、而モ世間ノ事實ヲ見ルナラバ、近年米價ノ値幅ハ自由放任、市場ニ其儘ニシテ置イテモ段々縮小スル傾向ヲ辿ッテ居リマス、深川市場ノ中米標準相場ノ一例ヲ取ッテ參リマシテモ、昭和六年米穀年度ニ於テ、最高最低ノ値幅ハ四圓七十錢デアリマスガ、昭和七年度米穀年度ニ於ケル、最高最低ノ値幅ハ五圓九十錢デアリマス、然ルニ博奕打專門ノ清算市場ニ於テハ、殆ド此倍ノ値幅ヲ示シテ居ル、投機者流ノ買占或ハ賣崩、是等ニ依ッテ價格ノ變動ヲ來シ、サウシテ此變動カラ來ル所ノ投機利益ヲ獲得ヘ、斷ジテ社會ノ福祉トハ一致シナイ、吾々ハ之ニ向ッテ斷々乎トシテ排撃スルコトガ、今日ノ時務ノ中ノ最大ナルモノデアルトサヘ考ヘラレルノデアリマス(拍手)ソコデ政府ニ問ウテ置キマスガ、本法ノ値幅ヲ擴大スルコトハ、依然タル自由主義經濟ノ最モ惡イ所ヲ維持シヨウトスル觀念デアルカドウカ、更ニ進ンデ政府ハ今日ノ米穀ノ取引所ヲ廢止スル意思ハナイカドウカ、此點デアリマス

更ニ吾々ハ政府ノ統制觀念ニ對シテ、法制的ナ意味カラ申シマシテモ、一ツノ疑問ヲ要求サレテ居ルノデアリマス、ソレハ米穀法ノ條文ヲ通ジマシテ、罰則規定ニ於テ極メテ缺クルモノアルヲ發見スルノデアリマス、何故カト申シマスナラバ、米ノ輸出入ニ對シマシテハ、政府ハ相當嚴重ナ罰則ヲ以テ臨ンデ居リマス、然ルニ内地米ノ政府ノ公定相場ヲ紊ラントスル行爲ニ對シマシテハ、何等ノ罰則規定ガナイ、是ハ畢竟今日ノ思惑商人、投機財閥、彼等ニ對シテ儼然タル法的統制ヲ現ハシ得ナイモノデアッテ、吾々ハ政府ノ無誠意無責任ナル統制觀念ノ暴露ヲ見ルコトヲ衷心カラ遺憾ト致シマス(拍手)是等ノ點ニ依リマシテ、政府ハ何ガ故ニ米價公定ノ觀念ニ於テ最高最低ノ値幅、而モ先刻ノ農林大臣ノ言葉ヲ藉リテ申シマスナラバ、成ベク廣イ意味ニ於テノ値幅ヲ認容スルト云フコト、更ニ政府ノ公定スベキ米價ヲ紊ル行爲ニ對シテ罰則規定ヲ設ケナイト云フコトガ、果シテ統制觀念トドウ云フ連絡ヲ持ツカ、之ニ對シマシ

テ明確ナ答辯ヲ願ヒマス（拍手「謹聽ハ出來ヌ」ト呼フ者アリ）謹聽出來ヌト云フコトハ甚ダ遺憾デアリマス、一體既成政黨ノ諸君ハ、自分達ダケ先ニ質問シテ置イテ、後カラ唯一ノ野黨ノ質問ニ對シテ、左樣ナ態度ヲ持タレルコトハ甚ダ遺憾デアリマス（拍手）

（「要點ヲ外レテ居ル」ト呼ヒ其他發言スル者多シ）

○議長（秋田清君） 靜肅ニ

○由谷義治君（續） 斷ジテ外レテ居リマセヌ――第二ニ於テハ、本法ノ實行力ガ果シテアルカナイカノ問題デアリマス、米穀專賣制度ヲ行ハザル限リ、資本主義經濟ノ下ニ於テハ、米ダケヲ獨立セシメテ、特別ノ經濟狀態ニ置クコトハ不可能ナリトノ議論ガアリマスガ、是ハ別問題ト致シマシテ、唯政府ガ此米穀統制法案デ最高最低ノ價格ヲ維持セントスルニ當ッテ、政府ノ有スル四億圓バカシノ融通資金ガ、果シテ完全ニ其役目ヲ果スカ果サナイカノ質問デアリマス、苟モ現行米穀法ニ代ッテ、此統制法案ヲ實行セントスル以上ハ、政府ニ於テ相當强イ決心ノアルコトハ、當然想像サレルノデアリマス、併ナガラ是バカシノ資本デ、若シ取引所或ハ財閥等ガ大キナ思惑ヲスル時ニ、果シテ政府ハ之ニ向ッテ相場ノ上ノ買向ヒ、相場ノ上ノ買向ヒガ出來ルカドウカ、言換ヘテ言ヘバ、政府ハ第一段ニ申シマシタ、罰則規定ヲ全然持タズシテ、今持ツダケノ資金ニ依ッテ、果シテ政府ノ考ヘル所期ノ目的ヲ達成スルノニ十分ナリト思フカドウカ、此點ニ關シマシテ明確ナル答辯ヲ要求シテ置キマス（拍手）

更ニ第三ハ一番重要ナ、此法案ニ依ッテ農村ガ果シテ救ハレルカノ問題デアリマス、之ニ對シマシテハ先刻村松君ノ質問モアッタヤウデアリマシタシ、其一部ニ關聯シテ河野君ノ質問モアッタヤウデアリマシタガ、私ハ一番大切ナ問題ト考ヘマスカラ、少シ詳シク申上ゲタイノデアリマス、本法ノ實施ニ依ッテ、農民ハ積極的ニ農村購買力ヲ增進スルコトガ出來ルカノ問題、少クトモ消極的ニ、今ノ窮迫貧乏ガ多少デモ緩和サレルカノ問題デアリマス、私達農村非常時ヲ展望スル時ニ、其今日ノ貧乏窮迫ノ大キナ原因ハ、言フマデモナク一ハ農產物ノ暴落デアリ、一ハ農村消費經濟ヲ脅ス所ノ商品ノ騰貴デアリマス、而モ此問題ニ拍車ヲ掛ケタノガ、先刻村松君ノ御主張ニナリマシタ鋏狀價格差ノ問題デアリマス、少クトモ政府ガ、特ニ非常時內閣ノ看板ノ下ニ於ケル政府ガ、農村匡救ニ對シテ相當ニ眞劍ナ決意ヲ持ッテ居ッタナラバ、此米穀統制法案ト竝行的ニ、不可分ノ關係ニ於テ、重要農產物ノ價格統制ヲ考ヘテ居ッタ筈デアリマス、更ニ又農村ノ消費經濟ヲ脅ス所ノ、一般商品ニ對スル價格ノ統制ヲ考ヘテ居ッタ筈デアリマス、更ニ又「セーレ」ノ問題ノ解決方法トシテ、農村ノ組合運動ニ對シテ、モット眞劍ナ方法ヲ考ヘテ居ッタ筈デアリマス、然ルニ此法案ヲ單リ獨立シテ出シテ、他ノ不可分ノ關係ニアル農村匡救ニ對スル一切ノ法案ヲ忘レタコトニ對シマシテハ、政府ノ責任决シテ輕カラズト思フノデアリマス（拍手）一方ニ於テハ、農林省ト商工省ガ、硫安肥料ヲ問題ニシテ、喧嘩ヲスルト云フ醜態ヲ暴露シテ居ル、是ハ先達ノ東君ノ演說デモ、ハッキリ指摘サレテ居ッタノデアリマスガ、私共此機會ニ於テ農林大臣ヲ中心ニシテ、政府ノ時局匡救策、特ニ農村匡救策ニ對スル一ツノ疑問ヲ持ツノデアリマス、ソレハ何カト申シマスレバ、政府ノ經濟運動トシテ世間ニ其存在ヲ認メラレテ居ルモノハ、唯僅ニ農村ノ自力更生運動デアリマス、自力更生トハ何カ、大ニ働ケ、大ニ金ヲ貯メロデアリマセウガ、吾々地方ニ參リマスト、自力更生ノ相談ニ列席シタ縣廳ノ役人、農會ノ幹部、町村ノ首腦者ガ歸ル時ニハ、自力更生ノ會計ニ於テ料理屋ニ上ルヤウナ醜態ヲ屢、見ルノデアリマスガ、此問題ヲ彼此言フノデハナイ、政府ノ謂フ所ノ自力更生運動ノ有ツ經濟的內容ハドウカノ問題デアリマス、結局一生懸命ニ働イテ品物ヲ造ラウデアリマス、同時ニ自分ノ物ハ成ベク使フマイノ觀念、言換ヘルナラバ、自力更生的生產增加ト、自力更生的消費節約デアリマス、今日ノ不景氣ノ原因デアル生產ト消費トノ「アン・バランス」ニ更ニ一段ノ拍車ヲ掛ケルモノガ、政府ノ自力更生運動ノ經濟的解決デアルト言ハザルヲ得ヌ、コンナコトヲヤッテ居ッタラ、益々不景氣ハ深刻ニナリマス、日本ノ農村ハ自力自救的自殺運動ニ陷ルコトガナイトハ言ヘナイ（「其通リ」ト呼フ者アリ）少クトモ自力更生運動ニ對スル政府ノ經濟的觀念ガ何處ニアルカモ、此機會ニ伺ッテ置キマス

ソコデ問題ハ此法律ニ歸ルノデアリマスガ、今物價騰貴ノ必然性ニアルコトハ、政友會ノ諸君モ、民政黨ノ諸君モ御認メデアラウト考ヘル……

（「モウ宜カラウ」「要點ヲ言ヘ」其他發言スル者多シ）

○議長（秋田清君） 靜肅ニ

○由谷義治君（續） 此物價騰貴ノ途中ニ於テ、所謂物價上昂期ニ於テ、米ノ相場ダケヲ公定シテ釘付ケサスコトガ、果シテ農民ノ爲ニ得デアルカ、損デアルカ、物ノ高クナル時ニハ「セーレ」ノ開キハアリマシテモ、米モ次第ニ高クナッテ參リマス、此場合特ニ米ダケニ米價ノ統制ヲ考ヘルコトガ、果シテ農村ノ得デアルカ損デアルカ、極メテ重大ナル問題デアリマス、現ニ農家ハ米ノ相場ヲ公定シテ貰ッテモ、肥料ガ高クナレバ困ルト言ッテ居ル、斯ウ云ッタ物價上昂期ノ途中ニ於テ、此米穀統制法案ノ審議ヲスルコトハ、御互ノ責任極メテ重大ナルコトヲ御痛感ヲ願ヒタイノデアリマス、吾々ハ此意味ニ於テ政府ニ伺ヒタイノデアリマスガ、本法ノ第二條ニ於テ、政府ハ米價ノ公定ヲスルニ付テハ、從來ノ米ノ生產費ト家計費ノ外ニ、新ニ物價其他ノ經濟事情ヲ參酌シテト云フ條項ヲ入レテ居リマス、更ニ又第二條ノ第二項ニ於テ、一旦公定サレタル米價ト雖モ、物價ノ變動著シキ場合ニ於テハ、之ヲ改定スル條文モ置イテ居リマス、ソコデ政府ハ從來ノ生產費以外ニ、物價ノ變動ガ米價ノ上ニ相當ナ働キ掛ケル分量ヲ持ツト云フ建前ニ於テ、少クトモ――一般農產物ノ統制策ヲ採ラナクテモ、或ハ農家ノ消費經濟ノ代償ヲスル所ノ一般生產品ニ放任政策ヲ採ルトシテモ、少クトモ物價ノ變動ニ順應シテ直チニ、迅速ニ、機敏ニ米價ヲ變更シ得ルヤウナ「スライディング・スケール」ト申シマスカ、米價變動ノ彈力性ニ對シテ、相當思切ッタ覺悟ガアルカナイカ、私ハ之ヲ聞キタイノデアリマス、若シ本法ガ從來ノ非難累積セル米穀法ト同ジヤウナ建前ニ立ッテ、斯ウ云ッタ農民經濟ノ一番肝腎ナ所ニ觸レヌナラバ、結局微溫不徹底ノ立法精神ト言ハザルヲ得ナイ、農民ハ之ニ依ッテ自分達ノ反抗ヲ抑ヘル爲ニ、政府ガ欺瞞的ナ「カムフラージ」政策ヲ執ッタノダト申シマシテモ、政府ハ斷ジテ辯解ノ辭ナシト思フノデアリマス、私ハ繰返シマシテ第三ノ論點トシテ、米穀統制法ガ果シテ農民ニ對シテ多少デモ具體的ナ利益ヲ齎スカドウカニ付テ、米價ノ彈力性ニ關スル政府ノ意見ヲ特ニ御聞キシテ置キタイノデアリマス

更ニ第四ハ生產費ノ問題デアリマス、併シ此生產費ノ問題ハ、只今マデ政友民政兩黨ノ諸君カラ御話ニナッタ事ニハ觸レテ居リマセヌ、吾々ハ米價ノ生產費ニ對シテ二ツノ大キナ疑問ヲ有ツノデアリマス、第一ハ、今日市場ニ取引ノ豫想サレル三千万石、或ハ三千三百万石ノ米穀數量ノ中デ、其半分ガ地主階級ノ賣却米デアルトスルナラバ、其半分ハ本當ニ農業ヲスル所ノ、本當ノ耕作者ノ賣米デアルト考ヘナケレバナリマセヌ、此場合米價ノ最低價格ガ幾ラデアラ

ウトモ、直接生産費ノ負擔カラ遠ザカッテ居ル地主階級ノ米ノ相場ヲ考ヘルコトハ、第二義ノ問題デアリマシテ、自分デ直接生産費用ニ投資ヲシテ、之ニ依ッテ自分ノ飯米ト、同時ニ市場ニ賣出ス餘剩米ヲ得ル爲ニ、營々トシテ働ク所ノ農家ノ其經濟ニ關シマシテ、政府ノ生産費ノ査定ガ、ドノ程度ニ及ブカノ問題デアリマス、モウ少シ別ノ言葉デ申シマスナラバ、例ヘバ十石ノ收穫ヲ得ル農家アリト致シマシテ、五石ハ自家用米トシテ保存致シマス、殘リノ五石ヲ市場ニ賣出シタ時ニ、其市場ニ出ル米ノ生産費ノ査定ハ、農家ノ自家用米トシテ保存スル所ノ米ニ對スル生産費ハ、何等顧レナイカノ問題デアリマス、モウ少シ進ンデ申シマスナラバ、自家用米ノ生産費ニ對シテ、販賣用ノ米ノ生産費ノ中カラ、相當ナ負擔ヲ負ハシメルカ否カノ問題デアリマス、此問題ハ恐ラク我國農村ノ一番大切ナ小農ノ問題、殊ニ現金ノ支出ニ脅サレテ「セーレ」ノ壓迫ニ沈淪シテ居ル所ノ、我國小農ノ多數大衆ニ對シテ、極メテ重大ナ生活ノ基礎ヲ決定スベキ問題デアルト考ヘマス故ニ、私此觀念ニ於テ政府ノ所信ヲ承リタイノデアリマス

更ニ又モウ一ツノ點ハ、生産費ノ利潤問題デアリマスガ、是ハ河野君モ御話ニナリマシタシ、村松君モ御述ベニナリマシタガ、吾々ハ政府ノ農業方針トシテ、農家ノ經濟ヲ何處マデモ儲ケノ無イ建前ニ置クコトハ、日本ノ農業ノ將來ニ對シテ、非常ナル危險ヲ強化スルモノデアルコトヲ痛感スルノデアリマス、政府ハ最低價格ニ於テ缺損ヲシナイト云フ建前ヲ採ル以上、通常ノ米價ハ其上ヲ一圓、二圓、三圓上廻ッテ居ル、ダカラ是ガ卽チ農家經濟ノ利潤デアルト云ッタ風ノ説明ガアルカモ知レマセヌガ、此利益ノ薄イ、而モ堅實ナル農業經濟ノ利潤ヲ、極メテ不安定ナル自由經濟ノ市場ニ放任スル所ニ、政府ノ農業政策ノ一大缺陷アリト思フノデアリマス、少クトモ政府ハ生産費ノ査定ニ於テ、相當利潤ヲ其中ニ認メル意思ニ關シテ、多少トモ誠意ガアルカナイカ、河野君ニ對スル御答辯モアリマシタガ、繰返シテ御尋ヲシタイノデアリマス、私共將來我國ノ農業政策ガ、或ハ繭ノ價格ヲ公定シ、或ハ麥ノ價格ヲ公定スルヤウナ場合ヲ想定致シマシテモ、農業經濟ノ基礎ノ利潤ヲ認メナイト云フコトハ、是ハ畢竟日本ノ農村非常時ヲ未來永劫ニ繼續スルモノデアリマシテ、農村經濟ヲ無間地獄ニ陷スヤウナ、甚ダ怪シカラヌ政策デアルコトヲ常ニ痛感シテ居ルカラ、此質問ヲ發スルノデアリマス、更ニ本日ハ商工大臣ガ御見エニナリマセヌカラ、國務大臣トシテノ農林大臣ニ御聽キシテ置キマスガ、先般來屢々繰返サレタ肥料ノ問題デアリマス、特ニ最近農村經濟ヲ脅威シテ居ル所ノ硫安肥料ノ問題ニ對シマシテ、最近ニ於テ全國購買組合聯合會、所謂全購聯カラ陳情ヲ持ッテ來テ居リマス、帝國農會ニ於テモ一ツノ主張ヲシテ居ルノデアリマスガ、少クトモ硫安ノ最高價格ヲ決定スルコト、或ハ硫安組合會ヤ販賣會社ガ賣止メ、賣惜ミヲ爲サヾルヤウニ、暴利取締令ノ適用ヲスルコト、斯ウ云ッタ直接農民ニ關係ヲ有ツ所ノ團體ノ要求ニ對シマシテ、政府ハドノ程度マデ考ヘテ居ルカドウカ、之ニ關シマシテ私繰返シテ答辯ヲ要求スルノデアリマス、以上第一點カラ第五點ニ關シマシテ、ドウゾハッキリシタ御答ヲ御願シタイノデアリマス、後藤農林大臣ハ從來名聲嘖々タルモノガアルノデアリマス、私特ニ答辯ヲ期待シテ此壇ヲ降ル者デアリマス(拍手)

（國務大臣後藤文夫君登壇）

○國務大臣(後藤文夫君)　統制ト云フ言葉ノ意義ニ付テ色々御話ガアリマシタ、米穀統制法ノ定メテ居ル行キ方ハ、是ハ一ツノ統制デアルト考ヘテ居リマス、唯然ラバ上値、下値ニ付テ法律的ニ制限ヲ設ケテ居ラヌ、ソレデハ十分ニ行カナイデハナイカソレデハ統制ラシクナイト云フヤウナ御意味カトモ取レマスガ、法律ノ制限ヲ設ケルコトハ、考究サレタ問題デアリマスケレドモ、實際ノ場合ヲ考ヘマスルト、唯小サナ反則ヲ追廻スコトニ止ッテ、矢張資力ヲ以テ十分ニ應ズルコトガ出來ナケレバ、其目的ヲ達スルコトガ出來ナイノデアリマシテ、資力ガ之ニ應ジ得レバ、十分ナ目的ヲ達スルコトガ出來ルト思ッテ、法律ノ制限ヲ採用シナカッタノデアリマス、ソレカラ値幅ノコトニ付テ御話ガアリマシタガ、段々御話ノオシマヒノ方ニモ御心配ニナリマシタヤウニ、値幅ヲ非常ニ狹クシマスレバ、農家ノ爲ニ如何ニナルカト云フヤウナコトモ餘程懸念デアリマス、今日ノ場合唯一本ノ値段デ行クト云フヤウナ公定デアリマスレバ色々御議論ノヤウナ説モ起ルト思ヒマスルガ、最高ト最低ヲ定メテ、其間ニ米價ヲ追込マウトスル考デ參リマスル時ニハ、今回ノ法案ガ大體其目的ヲ達シヨウトシテ居ルモノデアルト考ヘテ居ルノデアリマス、ソレカラ農村ヲ救フコトガ此法案デ出來ルカドウカ、是ハ私ハ相當出來ルモノデアルト考ヘマス、ソレカラ此公定ノ制度デハ米價ノ彈力性ガドウデアルカ、此彈力性ト云フコトガ、先程御説明申上ゲタヤウニ、値幅ヲ無暗ニ狹クスル譯ニ行カナイ、又無暗ニ廣クシテハ公定ノ意味ヲ成シマセヌノデ、相當ナ所ニ公定ヲシナケレバナラヌト申シタ所以デアリマス

ソレカラ生産費ニ關聯シテ利潤ノコトノ御話ガアリマシタガ、是ハ先程モ申上ゲマシタヤウナ譯デ、生産費ト云フ觀念ヲ立テル時ニ、利潤ト云フモノヲ考ヘルコトガ、非常ニムヅカシイト申シタノデアリマス、肥料ノコトニ付テモ色々御尋ガアリマシタケレドモ、是ハ先程河野君ノ御質問ニ對シテ可ナリ詳シク申上ゲタ積リデアリマスカラ、御了承ヲ願ヒマス

○由谷義治君　簡單デスカラ此席カラ……

○議長(秋田清君)　許可致シマス

○由谷義治君　只今ノ農林大臣ノ答辯ハ、悉ク私ノ質問ニ對シテ的ガ外レテ居リマス、失禮デゴザイマスガ、何レ適當ナ機會ニ、モット徹底シタ質問ヲ繰返サウト考ヘマスカラ、ソレマデニ只今ノ私ノ質問ノ速記錄ヲ能ク御精讀ヲ御願シテ置キマス

○議長(秋田清君)　杉山元治郎君

（杉山元治郎君登壇）

○杉山元治郎君　私ハ政府ガ提案致シマシタ本法案ニ對シマシテ、極ク簡單ニ質問ヲ致シテ見タイト思ヒマス、モウ大分多クノ方ガ色々質問致シマシタカラ、私ハ出來ルダケ重複ヲ避ケテ、質問ヲ試ミタイト思フノデアリマス、米價ヲ適當ニ維持シ、之ヲ統制スルノ必要アリマスコトハ、生産者カラ見マシテモ、亦消費者カラ見マシテモ、必要ナコトハ申ス迄モナイコトデアリマス、所ガ從來ノ米穀法ガ、之ニ對シテ十分ノ力ヲ發揮シナイ、斯ウ云フコトカラ致シマシテ、色々改正モゴザイマシタガ、遂ニ先般ノ臨時議會ニ於テ、米穀需給調節特別會計法中改正法律案ノ中ニ附帶決議トナッテ詰リ其附帶決議ノ第二項ニ「政府ハ現行米穀法ニ不備缺陷アルヲ認メ速ニ根本方策ヲ立ツル必要アルコトヲ聲明セラレタリ政府ハ速ニ現下ノ國情ニ鑑ミ米穀ニ關スル根本方策ヲ樹立シ之ヲ次ノ通常議會ニ提案スヘシ」恐ラク此約束ニ從ッテ政府ハ此法律案ヲ御出シニナッタコト、思ヒマスガ、此法律案ヲ出シマスル前ニ、ドナタカモ仰シヤッタヤウニ、政府ハ米穀調査委員會ニ三ツノ案ヲ示シテ居ル、卽チ米穀專賣法案、米價公定案、米穀管理案、斯ウ云フ三ツノ案ヲ示シテ、サウシテ調査ヲ願ッテ居ッタト云フコトデアリマスガ、色々其道ノ權威デアリマスル所ノ人達ガ答申致シマシタ結果ガ、此法案デアルト云フコトヲ、今後ニ農林大臣カラ伺ッタノデアリマスガ、米穀　對シマスル所

ノ根本方策ト云フモノハ、私ハ寧ロ米專賣デナカッタカト思フノデアリマス、然ルニ拘ラズ此統制案ト云フモノガ、最モ良イモノダト御説明ガアリマシタガ、私ハ此三ツノ御示シニナッタ中デ、ドウ云フ意味カラ致シマシテ、ドウ云フ特長利益ガアルガ故ニ、此統制案ニナッタカ、此點ヲ私共ハッキリ聽カシテ戴キタイト思フノデアリマス

第二ニ今最低價格、最高價格ノ値幅ノ御話ガゴザイマシタガ、最低最高ト云フモノヲ決メテ居リマスル以上、ソコニ一ツノ基準價格ト云フモノガナケレバナラヌト思フノデアリマス、基準價格ノ決定ヲ致シマスル内容トシテ、生産費、家計費、物價其他ノ經濟事情ト云フコトヲ書イテ居リマスルガ、先ヅ第一ニ伺ッテ見タイト思ヒマスルコトハ、此基準價格ニ對シマスル所ノ値幅ニ付テ、出來ルダケ廣ク云フヤウナ御話デアリマシタガ、此前ノ米穀法デハ約一割ト云フヤウナ御決メデアッタヤウニ考ヘルノデアリマスガ、サウ云フヤウナ、ハッキリトシタ所ノ決メ方ヲ持ッテ居ルノカドウカ、ソレカラ其基準價格ヲ決メマスル内容ハ、是ハ申ス迄モナイコトデアリマシテ、一般經濟ノ事情ト、特ニ米ガ過不足ノ問題デアリ、定期市場思惑ノ問題、斯ウ云フモノハ米價ノ變動ヲ司ル所ノモノデアリマスガ、私ハ次ニ伺ッテ見タイト思フコトハ、此米價ノ變動致シマスル所ノ、今申上ゲタ三ツノ内容カラ考ヘテ見マス時ニ、農林大臣ノ仰セニナリマシタ四億圓ソコ／＼ノ金デ、果シテ旨ク統制ガ付クカドウカ、譬ヘテ申シマスト云フト、昭和五年度ノヤウニ、ア、云フ豐年饑饉ト云フヤウナ場合ガ參リマスト云フト、僅カノ金デハ之ヲ維持スルコトハ困難デアル、ソレニ世界經濟ノ行詰リト云フヤウナモノガヤッテ來ル、或ハソコニ思惑師ガ付ケ込ンデ來ル、斯ウ云フヤウニ二ツニツノ原因ガ重ッテ參リマスト云フト、サウシタ場合ニ、今御話ノヤウナ金額デハ旨ク行クデアラウカドウカ、ソレカラ基準價格ノ問題デアリマスガ、――今生産費ノ問題モゴザイマシタガ、生産費ノ問題ニ付テハ、從來ノ農林省ノヤッテ居ル遣方デ、大體適當ト認メルト云フ御話ガアッタガ、此基準ノ價格ニナル所ノ生産費ガグラ付キマスルコトハ、米ヲ賣リマスル者、買ヒマスル者ニ取ッテ、大分影響ガ大キイト思フノデアリマスガ、從來ノ生産費ノ調ベ方――其内容トシテハ材料費、勞力費、原價償却費、地代、斯ウ云フ四ツノ條項ヲ大體内容ト致シマシテ、生産費ヲ拵ヘテ居ルヤウデアリマスガ、實ハ其内容ノ中デ最モ困難ナモノハ、後藤農林大臣モ御承知ノヤウニ、肥料ノ中デモ、自家肥料ヲドウ云フヤウニ評價スルカ、家族ノ勞働賃銀ヲドウ云フヤウニ評價スルカ、土地資本利子ノ評價ヲドウ云フ標準デヤルノカ、斯ウ云フ三ツノ點ハ非常ニ困難ナ問題デアリマシテ、此困難ナ點ヲ權威アル所ノ人達ガ適當ニ決メテ居ルト云フノデアリマスルガ、一體自家肥料ノ評價、家族勞働賃銀ノ評價、土地資本ノ評價ト云フモノニ付テ、ドウ云フヤウナ標準ヲ以テ農林省ハオ遣リニナッテ居ルノデアルカ、譬ヘテ申シマスト云フト、自給肥料ノ評價ニ付テハ、大工原銀太郎博士ノヤウナ專門家ガ立テ、居ル方法ヲ採ッテ居ルノカドウカ、地代論ノ如キハ申スマデモナイヤウニ、隨分ト面倒ナ意見デアルヤウデアリマスガ、ソレヲ唯小作料ト云フヤウナ、單純ナ目安カラシテ決メテ居ルノカドウカ、此決メ方如何ニ依ッテ大分基準價格ニ相違ガ出テ來マスノデ、私共ハ篤ト此點ヲ伺ッテ置カナケレバ、先刻ノ御話ノヤウニ、是ガ本當ニ農村ノ救濟ニナルカドウカト云フ問題ニ、影響シテ來ルト思フノデアリマス、ソレカラ政府ハ、第四條ニ於キマシテ、道府縣カラ他ニ移出スル場合、或ハ朝鮮、臺灣カラ内地ニ移出スル場合、月別デ平均ニスルト云フコトデアリマスガ、單ナル是ハ縣ダケノ移出入ヲ統制スルト云フコトダケデ、果シテ本當ニ米ノ統制ガ出來ルカドウカ、寧ロモット區域ヲ大キクシテ、丁度米專賣私案ニ、胎中サンガ御話ニナッテ居ルヤウニ、日本全國ヲ九ツナリ、十ノ區分ノヤウニ區分致シマシテ、其中ニアル所ノ米ノ過不足ヲ旨ク統制スルト云フヤウナ方法デナクシテハ、統制ハ出來ナイデハナイカ、又月々ニ賣ルト云フコトデアッタナラバ、先ノ山谷サンノ御話ニアリマシタガ、本當ノ勤勞農民ハ十二月、一月、二月、斯ウ云フ三箇月間ニ大部分ノ米ヲ賣ルノデアリマスカラ、此恩典ニ浴シ、又ソレニ依ッテ本當ノ統制ノ恩惠ヲ受ケルコトハ出來ルカドウカ、私ハ斯ウ云フヤウナ點ニ付テ御伺致シタイ、マダ色々アルノデアリマスケレドモ、重複スル點モアリマスカラ、是デ私ノ質問ヲ終ッテ置キタイト思ヒマス

（國務大臣後藤文夫君登壇）

○國務大臣（後藤文夫君）　專賣案、管理案、其他幾多ノ案ガ當局ニ於テモ、調査會ニ於テモ研究サレタノデアリマス、調査會ノ結論トシテ答申ニナリマシタ、政府ノ立案ノ基礎ニナリマシタ現在ノ米穀統制案ハ、現在ノ事情及將來ノ事情ノ下ニ實行ヲスルコトノ出來ル最モ有力ナ案デアルト考ヘラレタ譯デアリマス、サウ云フ趣旨デ此案ヲ提案スルコトニナリマシタ、生産費ノ調査内容ニ付キマシテ、色々御話ガゴザイマシタ、生産費ハ只今ノ調査ノ通リデ宜シイトハ私ハ申シテ居リマセヌ、生産費ノ調査内容ニ付テハ、更ニ十分ナ攻究ヲ遂ゲテ、改善ヲスベキ點ガアレバ改善ヲ致シタイ積リデ居リマス、唯、今御擧ゲニナッタ個々ノ項目ニ付テノ御意見ニ付テハ、今直チニ何トモ申シ兼ネマス、御賛成シ兼ネル點モアルシ、又考慮スベキ點モアルヤウニ思ヒマス、ソレカラ最後ノ月別平均的ナラシムルヤウニ、數量ヲ調節シテ行クト云フコトハ、唯道府縣ト云フヤウナコトデハイカヌ、モット大キイ區域デヤッタ方ガ宜イデハナイカ、ソレモ一ツノ御意見デアルヤウニ思ヒマス、併ナガラ今吾々ガ行ハウトシテ居ル季節的出廻ノ調節ヲ致スノニハ、各道府縣及朝鮮、臺灣等ノ、管外移出ノ數量ト云フモノハ、過去ノ經驗等カラ割出シマシテ、凡ソ月別平均的ニ市場ニ米ガ參リマスヤウニ按排ヲシテ、一ツノ標準ニ依ッテ米ノ買入ヲヤリ、又賣下ヲシテ行クト云フコトデ、相當ナ目的ガ達セラレルノデ、ソレヲ以テ先ヅ滿足シテ宜カラウト考ヘテ居ルノデアリマス

○杉山元治郎君　簡單デスカラ一寸此處カラ……

○議長（秋田清君）　杉山元治郎君

○杉山元治郎君　今農林大臣ノ御話デハ、專賣案ナリ、公定案ヨリモ、本案ハ現在及將來ニ宜イト思フカラシタノダ、私ハ其宜イト云フノハドウ云フ所ガ宜イノカト云フコトヲ、一應聽カシテ戴キタイト云フコトヲ御願シタノデス

（國務大臣後藤文夫君登壇）

○國務大臣（後藤文夫君）　色々ナ案ニ付テノ可否ヲ、理想的ニ、又ハ理論的ニ彼此レト私ハ申上ゲタノデハアリマセヌ、實行シ得ベキ案トシテ、只今提案致シマシタモノ

ガ最モ有力ナル案デアルト、斯ウ考ヘテ出シタノデアルト申シタノデアリマス

○議長（秋田清君） 質疑ハ終局致シマシタ――日程第十、右各案ノ審査ヲ付託スヘキ委員ノ選擧ヲ議題ト致シマス

第十 右各案ノ審査ヲ付託スヘキ委員ノ選擧

○上田孝吉君 兩案ヲ一括シテ議長指名二十七名ノ委員ニ付託セラレンコトヲ望ミマス

○議長（秋田清君） 上田君ノ動議ニ御異議アリマセヌカ

〔「異議ナシ」ト呼フ者アリ〕

○議長（秋田清君） 御異議ナシト認メマス、仍テ動議ノ如ク決シマシタ――日程第十一、外國爲替管理法案ノ第一讀會ヲ開キマス――大藏大臣高橋是清君

昭和八年二月十九日

小切手法案　第一讀會

VI 第一　小切手法案(政府提出、貴族院送付)　第一讀會

小切手法案

小切手法

第一章　小切手ノ振出及方式

第一條　小切手ニハ左ノ事項ヲ記載スベシ

一　證券ノ文言中ニ其ノ證券ノ作成ニ用フル語ヲ以テ記載スル小切手ナルコトヲ示ス文字

二　一定ノ金額ヲ支拂フベキ旨ノ單純ナル委託

三　支拂ヲ爲スベキ者(支拂人)ノ名稱

四　支拂ヲ爲スベキ地ノ表示

五　小切手ヲ振出ス日及地ノ表示

六　小切手ヲ振出ス者(振出人)ノ署名

第二條　前條ニ掲グル事項ノ何レカヲ缺ク證券ハ小切手タル效力ヲ有セズ但シ次ノ數項ニ規定スル場合ハ此ノ限ニ在ラズ

支拂人ノ名稱ニ附記シタル地ハ特別ノ表示ナキ限リ之ヲ支拂地ト看做ス支拂人ノ名稱ニ數箇ノ地ノ附記アルトキハ小切手ハ初頭ニ記載シアル地ニ於テ之ヲ支拂フベキモノトス

前項ノ記載其ノ他何等ノ表示ナキ小切手ハ振出地ニ於テ之ヲ支拂フベキモノトス

振出地ノ記載ナキ小切手ハ振出人ノ名稱ニ附記シタル地ニ於テ之ヲ振出シタルモノト看做ス

第三條　小切手ハ其ノ呈示ノ時ニ於テ振出人ノ處分シ得ル資金アル銀行ニ宛テ且振出人ヲシテ資金ヲ小切手ニ依リ處分スルコトヲ得シムル明示又ハ默示ノ契約ニ從ヒ之ヲ振出スベキモノトス但シ此ノ規定ニ從ハザルトキト雖モ證券ノ小切手タル效力ヲ妨ゲズ

第四條　小切手ハ引受ヲ爲スコトヲ得ズ小切手ニ爲シタル引受ノ記載ハ之ヲ爲サザルモノト看做ス

第五條　小切手ハ左ノ何レカトシテ之ヲ振出スコトヲ得

一　記名式又ハ指圖式

二　記名式ニシテ「指圖禁止」ノ文字又ハ之ト同一ノ意義ヲ有スル文言ヲ記載スルモノ

三　持參人拂式

記名ノ小切手ニシテ「又ハ持參人ニ」ノ文字又ハ之ト同一ノ意義ヲ有スル文言ヲ記載シタルモノハ之ヲ持參人拂式小切手ト看做ス

受取人ノ記載ナキ小切手ハ之ヲ持參人拂式小切手ト看做ス

第六條　小切手ハ振出人ノ自己指圖ニテ之ヲ振出スコトヲ得

小切手ハ第三者ノ計算ニ於テ之ヲ振出スコトヲ得

小切手ハ振出人ノ自己宛ニテ之ヲ振出スコトヲ得

第七條　小切手ニ記載シタル利息ノ約定ハ之ヲ爲サザルモノト看做ス

第八條　小切手ハ支拂人ノ住所地ニ在ルト又ハ其ノ他ノ地ニ在ルトヲ問ハズ第三者ノ住所ニ於テ支拂フベキモノト爲スコトヲ得但シ其ノ第三者ハ銀行タルコトヲ要ス

第九條　小切手ノ金額ヲ文字及數字ヲ以テ記載シタル場合ニ於テ其ノ金額ニ差異アルトキハ文字ヲ以テ記載シタル金額ヲ小切手金額トス

小切手ノ金額ヲ文字ヲ以テ又ハ數字ヲ以テ重複シテ記載シタル場合ニ於テ其ノ金額ニ差異アルトキハ最小金額ヲ小切手金額トス

第十條　小切手ニ小切手債務ヲ負擔スル能力ナキ者ノ署名、僞造ノ署名、假設人ノ署名又ハ其ノ他ノ事由ニ因リ小切手ノ署名者若ハ其ノ本人ニ義務ヲ負ハシムルコト能ハザル署名アル場合ト雖モ他ノ署名者ノ債務ハ之ガ爲其ノ效力ヲ妨ゲラルルコトナシ

第十一條　代理權ヲ有セザル者ガ代理人トシテ小切手ニ署名シタルトキハ自ラ其ノ小切手ニ因リ義務ヲ負フ其ノ者ガ支拂ヲ爲シタルトキハ本人ト同一ノ權利ヲ有ス權限ヲ超エタル代理人ニ付亦同ジ

第十二條　振出人ハ支拂ヲ擔保ス振出人ガ之ヲ擔保セザル旨ノ一切ノ文言ハ之ヲ記載セザルモノト看做ス

第十三條　未完成ニテ振出シタル小切手ニ豫メ爲シタル合意ト異ル補充ヲ爲シタル場合ニ於テハ其ノ違反ハ之ヲ以テ所持人ニ對抗スルコトヲ得ズ但シ所持人ガ惡意又ハ重大ナル過失ニ因リ小切手ヲ取得シタルトキハ此ノ限ニ在ラズ

第二章　讓渡

第十四條　記名式又ハ指圖式ノ小切手ハ裏書ニ依リテ之ヲ讓渡スコトヲ得

記名式小切手ニシテ「指圖禁止」ノ文字又ハ之ト同一ノ意義ヲ有スル文言ヲ記載シタルモノハ指名債權ノ讓渡ニ關スル方式ニ從ヒ且其ノ效力ヲ以テノミ之ヲ讓渡スコトヲ得

裏書ハ振出人其ノ他ノ債務者ニ對シテモ之ヲ爲スコトヲ得此等ノ者ハ更ニ小切手ヲ裏書スルコトヲ得

第十五條　裏書ハ單純ナルコトヲ要ス裏書ニ附シタル條件ハ之ヲ記載セザルモノト看做ス

一部ノ裏書ハ之ヲ無效トス

支拂人ノ裏書モ亦之ヲ無效トス

持參人拂ノ裏書ハ白地式裏書ト同一ノ效力ヲ有ス

支拂人ニ對シテ爲シタル裏書ハ受取證書タル效力ノミヲ有ス但シ支拂人ガ數箇ノ營業所ヲ有スル場合ニ於テ小切手ノ振宛テラレタル營業所以外ノ營業所ニ對シテ爲シタル裏書ハ此ノ限ニ在ラズ

第十六條　裏書ハ小切手又ハ之ト結合シタル紙片(補箋)ニ之ヲ記載シ裏書人署名スルコトヲ要ス

裏書ハ被裏書人ヲ指定セズシテ之ヲ爲シ又ハ單ニ裏書人ノ署名ノミヲ以テ之ヲ爲スコトヲ得(白地式裏書)此ノ後ノ場合ニ於テハ裏書ハ小切手ノ裏面又ハ補箋ニ之ヲ爲スニ非ザレバ其ノ效力ヲ有セズ

第十七條　裏書ハ小切手ヨリ生ズル一切ノ權利ヲ移轉ス

裏書ガ白地式ナルトキハ所持人ハ

一　自己ノ名稱又ハ他人ノ名稱ヲ以テ白地ヲ補充スルコトヲ得

二　白地式ニ依リ又ハ他人ヲ表示シテ更ニ小切手ヲ裏書スルコトヲ得

三　白地ヲ補充セズ且裏書ヲ爲サズシテ小切手ヲ第三者ニ讓渡スコトヲ得

第十八條　裏書人ハ反對ノ文言ナキ限リ支拂ヲ擔保ス

裏書人ハ新ナル裏書ヲ禁ズルコトヲ得此ノ場合ニ於テハ其ノ裏書人ハ小切手ノ爾後ノ被裏書人ニ對シ擔保ノ責ヲ負フコトナシ

第十九條　裏書シ得ベキ小切手ノ占有者

ガ裏書ノ連續ニ依リ其ノ權利ヲ證明スルトキハ之ヲ適法ノ所持人ト看做ス最後ノ裏書ガ白地式ナル場合ト雖モ亦同ジ抹消シタル裏書ハ此ノ關係ニ於テハ之ヲ記載セザルモノト看做ス白地式裏書ニ次デ他ノ裏書アルトキハ其ノ裏書ヲ爲シタル者ハ白地式裏書ニ因リテ小切手ヲ取得シタルモノト看做ス

第二十條　持參人拂式小切手ニ裏書ヲ爲シタルトキハ裏書人ハ遡求ニ關スル規定ニ從ヒ責任ヲ負フ但シ之ガ爲證券ハ指圖式小切手ニ變ズルコトナシ

第二十一條　事由ノ何タルヲ問ハズ小切手ノ占有ヲ失ヒタル者アル場合ニ於テ其ノ小切手ヲ取得シタル所持人ハ小切手ガ持參人拂式ノモノナルトキ又ハ裏書シ得ベキモノニシテ其ノ所持人ガ第十九條ノ規定ニ依リ權利ヲ證明スルトキハ之ヲ返還スル義務ヲ負フコトナシ但シ惡意又ハ重大ナル過失ニ因リ之ヲ取得シタルトキハ此ノ限ニ在ラズ

第二十二條　小切手ニ依リ請求ヲ受ケタル者ハ振出人其ノ他所持人ノ前者ニ對スル人的關係ニ基ク抗辯ヲ以テ所持人ニ對抗スルコトヲ得ズ但シ所持人ガ其ノ債務者ヲ害スルコトヲ知リテ小切手ヲ取得シタルトキハ此ノ限ニ在ラズ

第二十三條　裏書ニ「回收ノ爲」、「取立ノ爲」、「代理ノ爲」其ノ他單ナル委任ヲ示ス文言アルトキハ所持人ハ小切手ヨリ生ズル一切ノ權利ヲ行使スルコトヲ得但シ所持人ハ代理ノ爲ノ裏書ノミヲ爲スコトヲ得

前項ノ場合ニ於テハ債務者ガ所持人ニ對抗スルコトヲ得ル抗辯ハ裏書人ニ對抗スルコトヲ得ベカリシモノニ限ル

代理ノ爲ノ裏書ニ依ル委任ハ委任者ノ死亡又ハ其ノ者ガ無能力ト爲リタルコトニ因リ終了セズ

第二十四條　拒絶證書若ハ之ト同一ノ效力ヲ有スル宣言ノ作成後ノ裏書又ハ呈示期間經過後ノ裏書ハ指名債權ノ讓渡ノ效力ノミヲ有ス

日附ノ記載ナキ裏書ハ拒絶證書若ハ之ト同一ノ效力ヲ有スル宣言ノ作成前又ハ呈示期間經過前ニ之ヲ爲シタルモノト推定ス

第三章　保證

第二十五條　小切手ノ支拂ハ其ノ金額ノ全部又ハ一部ニ付保證ニ依リ之ヲ擔保スルコトヲ得

支拂人ヲ除クノ外第三者ハ前項ノ保證ヲ爲スコトヲ得小切手ニ署名シタル者ト雖モ亦同ジ

第二十六條　保證ハ小切手又ハ補箋ニ之ヲ爲スベシ

保證ハ「保證」其ノ他之ト同一ノ意義ヲ有スル文字ヲ以テ表示シ保證人署名スベシ

小切手ノ表面ニ爲シタル單ナル署名ハ之ヲ保證ト看做ス但シ振出人ノ署名ハ此ノ限ニ在ラズ

保證ニハ何人ノ爲ニ之ヲ爲スカヲ表示スルコトヲ要ス其ノ表示ナキトキハ振出人ノ爲ニ之ヲ爲シタルモノト看做ス

第二十七條　保證人ハ保證セラレタル者ト同一ノ責任ヲ負フ

保證ハ其ノ擔保シタル債務ガ方式ノ瑕疵ヲ除キ他ノ如何ナル事由ニ因リテ無效ナルトキト雖モ之ヲ有效トス

保證人ガ小切手ノ支拂ヲ爲シタルトキハ保證セラレタル者及其ノ者ノ小切手上ノ債務者ニ對シ小切手ヨリ生ズル權利ヲ取得ス

第四章　呈示及支拂

第二十八條　小切手ハ一覽拂ノモノトス之ニ反スル一切ノ記載ハ之ヲ爲サザルモノト看做ス

振出ノ日附トシテ記載シタル日ヨリ前ニ支拂ノ爲呈示シタル小切手ハ呈示ノ日ニ於テ之ヲ支拂フベキモノトス

第二十九條　國內ニ於テ振出シ且支拂フベキ小切手ハ十日內ニ支拂ノ爲之ヲ呈示スルコトヲ要ス

支拂ヲ爲スベキ國ト異ル國ニ於テ振出シタル小切手ハ振出地及支拂地ガ同一洲ニ存スルカ又ハ異ル洲ニ存スルカニ依リ二十日內又ハ七十日內ニ之ヲ呈示スルコトヲ要ス

前項ニ關シテハ歐羅巴洲ノ一國ニ於テ振出シ地中海沿岸ノ一國ニ於テ支拂フベキ小切手又ハ地中海沿岸ノ一國ニ於テ振出シ歐羅巴洲ノ一國ニ於テ支拂フベキ小切手ハ同一洲內ニ於テ振出シ且支拂フベキモノト看做ス

本條ニ掲グル期間ノ起算日ハ小切手ニ振出ノ日附トシテ記載シタル日トス

第三十條　小切手ガ曆ヲ異ニスル二地ノ間ニ振出シタルモノナルトキハ振出ノ日ヲ支拂地ノ曆ノ應當日ニ換フ

第三十一條　手形交換所ニ於ケル小切手ノ呈示ハ支拂ノ爲ノ呈示タル效力ヲ有ス

第三十二條　小切手ノ支拂委託ノ取消ハ呈示期間經過後ニ於テノミ其ノ效力ヲ生ズ

支拂委託ノ取消ナキトキハ支拂人ハ期間經過後ト雖モ支拂ヲ爲スコトヲ得

第三十三條　振出ノ後振出人ガ死亡シ又ハ能力ヲ失フモ小切手ノ效力ニ影響ヲ及ボスコトナシ

第三十四條　小切手ノ支拂人ハ支拂ヲ爲スニ當リ所持人ニ對シ小切手ニ受取ヲ證スル記載ヲ爲シテ之ヲ交付スベキコトヲ請求スルコトヲ得

所持人ハ一部支拂ヲ拒ムコトヲ得ズ

一部支拂ノ場合ニ於テハ支拂人ハ其ノ支拂アリタル旨ノ小切手上ノ記載及受取證書ノ交付ヲ請求スルコトヲ得

第三十五條　裏書シ得ベキ小切手ノ支拂ヲ爲ス支拂人ハ裏書ノ連續ノ整否ヲ調査スル義務アルモ裏書人ノ署名ヲ調査スル義務ナシ

第三十六條　支拂地ノ通貨ニ非ザル通貨ヲ以テ支拂フベキ旨ヲ記載シタル小切手ニ付テハ其ノ呈示期間內ハ支拂ノ日ニ於ケル價格ニ依リ其ノ國ノ通貨ヲ以テ支拂ヲ爲スコトヲ得呈示ヲ爲スモ支拂ナカリシトキハ所持人ハ其ノ選擇ニ依リ呈示ノ日又ハ支拂ノ日ノ相場ニ從ヒ其ノ國ノ通貨ヲ以テ小切手ノ金額ヲ支拂フベキコトヲ請求スルコトヲ得

外國通貨ノ價格ハ支拂地ノ慣習ニ依リ之ヲ定ム但シ振出人ハ小切手ニ定メタル換算率ニ依リ支拂金額ヲ計算スベキ旨ヲ記載スルコトヲ得

前二項ノ規定ハ振出人ガ特種ノ通貨ヲ以テ支拂フベキ旨(外國通貨現實支拂文句)ヲ記載シタル場合ニハ之ヲ適用セズ

振出國ト支拂國トニ於テ同名異價ヲ有スル通貨ニ依リ小切手ノ金額ヲ定メタルトキハ支拂地ノ通貨ニ依リテ之ヲ定メタルモノト推定ス

第五章　線引小切手

第三十七條　小切手ノ振出人又ハ所持人ハ小切手ニ線引ヲ爲スコトヲ得線引ハ次條ニ定ムル效力ヲ有ス

線引ハ小切手ノ表面ニ二條ノ平行線ヲ引キテ之ヲ爲スベシ線引ハ一般又ハ特定タルコトヲ得

二條ノ線內ニ何等ノ指定ヲ爲サザルカ又ハ「銀行」若ハ之ト同一ノ意義ヲ有スル文字ヲ記載シタルトキハ線引ハ之ヲ一般トス二條ノ線內ニ銀行ノ名稱ヲ記載シタルトキハ線引ハ之ヲ特定トス

一般線引ハ之ヲ特定線引ニ變更スルコトヲ得ルモ特定線引ハ之ヲ一般線引ニ變更スルコトヲ得ズ

線引又ハ被指定銀行ノ名稱ノ抹消ハ之ヲ爲サザルモノト看做ス

第三十八條　一般線引小切手ハ支拂人ニ於テ銀行ニ對シ又ハ支拂人ノ取引先ニ對シテノミ之ヲ支拂フコトヲ得

特定線引小切手ハ支拂人ニ於テ被指定銀行ニ對シテノミ又被指定銀行ガ支拂人ナルトキハ自己ノ取引先ニ對シテノミ之ヲ支拂フコトヲ得但シ被指定銀行ハ他ノ銀行ヲシテ小切手ノ取立ヲ爲サシムルコトヲ得

銀行ハ自己ノ取引先又ハ他ノ銀行ヨリノミ線引小切手ヲ取得スルコトヲ得銀行ハ此等ノ者以外ノ者ノ爲ニ線引小切手ノ取立ヲ爲スコトヲ得ズ

數箇ノ特定線引アル小切手ハ支拂人ニ於テ之ヲ支拂フコトヲ得ズ但シ二箇ノ線引アル場合ニ於テ其ノ一ガ手形交換所ニ於ケル取立ノ爲ニ爲サレタルモノナルトキハ此ノ限ニ在ラズ

前四項ノ規定ヲ遵守セザル支拂人又ハ銀行ハ之ガ爲ニ生ジタル損害ニ付小切手ノ金額ニ達スル迄賠償ノ責ニ任ズ

第六章　支拂拒絶ニ因ル遡求

第三十九條　適法ノ時期ニ呈示シタル小切手ノ支拂ナキ場合ニ於テ左ノ何レカニ依リ支拂拒絶ヲ證明スルトキハ所持人ハ裏書人、振出人其ノ他ノ債務者ニ對シ其ノ遡求權ヲ行フコトヲ得

一　公正證書(拒絶證書)

二　小切手ニ呈示ノ日ヲ表示シテ記載シ且日附ヲ附シタル支拂人ノ宣言

三　適法ノ時期ニ小切手ヲ呈示シタルモ其ノ支拂ナカリシ旨ヲ證明シ且日附ヲ附シタル手形交換所ノ宣言

第四十條　拒絶證書又ハ之ト同一ノ效力ヲ有スル宣言ハ呈示期間經過前ニ之ヲ作ラシムルコトヲ要ス

期間ノ末日ニ呈示アリタルトキハ拒絶證書又ハ之ト同一ノ效力ヲ有スル宣言ハ之ニ次グ第一ノ取引日ニ之ヲ作ラシムルコトヲ得

第四十一條　所持人ハ拒絶證書又ハ之ト同一ノ效力ヲ有スル宣言ノ作成ノ日ニ次グ又ハ無費用償還文句アル場合ニ於テハ呈示ノ日ニ次グ四取引日内ニ自己ノ裏書人及振出人ニ對シ支拂拒絶アリタルコトヲ通知スルコトヲ要ス各裏書人ハ通知ヲ受ケタル日ニ次グ二取引日内ニ前ノ通知者全員ノ名稱及宛所ヲ示シテ自己ノ受ケタル通知ヲ自己ノ裏書人ニ通知シ順次振出人ニ及ブモノトス此ノ期間ハ各其ノ通知ヲ受ケタル時ヨリ進行ス

前項ノ規定ニ從ヒ小切手ノ署名者ニ通知ヲ爲ストキハ同一期間内ニ其ノ保證人ニ同一ノ通知ヲ爲スコトヲ要ス

裏書人ガ其ノ宛所ヲ記載セズ又ハ其ノ記載ガ讀ミ難キ場合ニ於テハ其ノ裏書人ノ直接ノ前者ニ通知スルヲ以テ足ル

通知ヲ爲スベキ者ハ如何ナル方法ニ依リテモ之ヲ爲スコトヲ得單ニ小切手ヲ返付スルニ依リテモ亦之ヲ爲スコトヲ得

通知ヲ爲スベキ者ハ適法ノ期間内ニ通知ヲ爲シタルコトヲ證明スルコトヲ要ス此ノ期間内ニ通知ヲ爲ス書面ヲ郵便ニ付シタル場合ニ於テハ其ノ期間ヲ遵守シタルモノト看做ス

前項ノ期間内ニ通知ヲ爲サザル者ハ其ノ權利ヲ失フコトナシ但シ過失ニ因リテ生ジタル損害アルトキハ小切手ノ金額ヲ超エザル範圍内ニ於テ其ノ賠償ノ責ニ任ズ

第四十二條　振出人、裏書人又ハ保證人ハ證券ニ記載シ且署名シタル「無費用償還」、「拒絶證書不要」ノ文句其ノ他之ト同一ノ意義ヲ有スル文言ニ依リ所持人ニ對シ其ノ遡求權ヲ行フ爲ノ拒絶證書又ハ之ト同一ノ效力ヲ有スル宣言ノ作成ヲ免除スルコトヲ得

前項ノ文言ハ所持人ニ對シ法定期間内ニ於ケル小切手ノ呈示及通知ノ義務ヲ免除スルコトナシ期間ノ不遵守ハ所持人ニ對シ之ヲ援用スル者ニ於テ其ノ證明ヲ爲スコトヲ要ス

振出人ガ第一項ノ文言ヲ記載シタルトキハ一切ノ署名者ニ對シ其ノ效力ヲ生ス裏書人又ハ保證人ガ之ヲ記載シタルトキハ其ノ裏書人又ハ保證人ニ對シテノミ其ノ效力ヲ生ズ振出人ガ此ノ文言ヲ記載シタルニ拘ラズ所持人ガ拒絶證書又ハ之ト同一ノ效力ヲ有スル宣言ヲ作ラシメタルトキハ其ノ費用ハ所持人之ヲ負擔ス裏書人又ハ保證人ガ此ノ文言ヲ記載シタル場合ニ於テ拒絶證書又ハ之ト同一ノ效力ヲ有スル宣言ノ作成アリタルトキハ一切ノ署名者ヲシテ其ノ費用ヲ償還セシムルコトヲ得

第四十三條　小切手上ノ各債務者ハ所持人ニ對シ合同シテ其ノ責ニ任ズ

所持人ハ前項ノ債務者ニ對シ其ノ債務ヲ負ヒタル順序ニ拘ラズ各別又ハ共同ニ請求ヲ爲スコトヲ得

小切手ノ署名者ニシテ之ヲ受戻シタルモノモ同一ノ權利ヲ有ス

債務者ノ一人ニ對スル請求ハ他ノ債務者ニ對スル請求ヲ妨ゲズ既ニ請求ヲ受ケタル者ノ後者ニ對シテモ亦同ジ

第四十四條　所持人ハ遡求ヲ受クル者ニ對シ左ノ金額ヲ請求スルコトヲ得

一　支拂アラザリシ小切手ノ金額

二　年六分ノ率ニ依ル呈示ノ日以後ノ利息

三　拒絶證書又ハ之ト同一ノ效力ヲ有スル宣言ノ費用、通知ノ費用及其ノ他ノ費用

第四十五條　小切手ヲ受戻シタル者ハ其ノ前者ニ對シ左ノ金額ヲ請求スルコトヲ得

一　其ノ支拂ヒタル總金額

二　前號ノ金額ニ對シ年六分ノ率ニ依リ計算シタル支拂ノ日以後ノ利息

三　其ノ支出シタル費用

第四十六條　遡求ヲ受ケタル又ハ受クベキ債務者ハ支拂ト引換ニ拒絶證書又ハ之ト同一ノ效力ヲ有スル宣言、受取ヲ證スル記載ヲ爲シタル計算書及小切手ノ交付ヲ請求スルコトヲ得小切手ヲ受戻シタル裏書人ハ自己及後者ノ裏書ヲ抹消スルコトヲ得

第四十七條　法定ノ期間内ニ於ケル小切手ノ呈示又ハ拒絶證書若ハ之ト同一ノ效力ヲ有スル宣言ノ作成ガ避クベカラザル障碍(國ノ法令ニ依ル禁制其ノ他ノ不可抗力)ニ因リテ妨ゲラレタルトキハ其ノ期間ヲ伸長ス

所持人ハ自己ノ裏書人ニ對シ遲滯ナク其ノ不可抗力ヲ通知シ且小切手又ハ補箋ニ其ノ通知ヲ記載シ日附ヲ附シテ之ニ署名スルコトヲ要ス其ノ他ニ付テハ第四十一條ノ規定ヲ準用ス

不可抗力ガ止ミタルトキハ所持人ハ遲滯ナク支拂ノ爲小切手ヲ呈示シ且必要アルトキハ拒絶證書又ハ之ト同一ノ效力ヲ有スル宣言ヲ作ラシムルコトヲ要ス

不可抗力ガ所持人ニ於テ其ノ裏書人ニ不可抗力ノ通知ヲ爲シタル日ヨリ十五日ヲ超エテ繼續スルトキハ呈示期間經過前ニ其ノ通知ヲ爲シタル場合ト雖モ呈示又ハ拒絶證書若ハ之ト同一ノ效力ヲ有スル宣言ヲ要セズシテ遡求權ヲ行フコトヲ得

所持人又ハ所持人ガ小切手ノ呈示又ハ拒絶證書若ハ之ト同一ノ效力ヲ有スル宣言ノ作成ヲ委任シタル者ニ付テノ單純ナル人的事由ハ不可抗力ヲ構成スルモノト認メズ

第七章　複本

第四十八條　一國ニ於テ振出シ他ノ國ニ於テ若ハ振出國ノ海外領土ニ於テ支拂フ

ベキ小切手、一國ノ海外領土ニ於テ振出シ其ノ國ニ於テ支拂フベキ小切手、一國ノ同一海外領土ニ於テ振出シ且支拂フベキ小切手又ハ一國ノ一海外領土ニ於テ振出シ其ノ國ノ他ノ海外領土ニ於テ支拂フベキ小切手ハ持參人拂ノモノヲ除クノ外同一內容ノ數通ヲ以テ之ヲ振出スコトヲ得數通ヲ以テ小切手ヲ振出シタルトキハ其ノ證劵ノ文言中ニ番號ヲ附スルコトヲ要ス之ヲ缺クトキハ各通ハ之ヲ各別ノ小切手ト看做ス

第四十九條　複本ノ一通ノ支拂ハ其ノ支拂ガ他ノ複本ヲ無效ナラシムル旨ノ記載ナキトキト雖モ義務ヲ免レシム

數人ニ各別ニ複本ヲ讓渡シタル裏書人及其ノ後ノ裏書人ハ其ノ署名アル各通ニシテ返還ヲ受ケザルモノニ付責任ヲ負フ

第八章　變造

第五十條　小切手ノ文言ノ變造ノ場合ニ於テハ其ノ變造後ノ署名者ハ變造シタル文言ニ從ヒテ責任ヲ負ヒ變造前ノ署名者ハ原文言ニ從ヒテ責任ヲ負フ

第九章　時效

第五十一條　所持人ノ裏書人、振出人其ノ他ノ債務者ニ對スル遡求權ハ呈示期間經過後六月ヲ以テ時效ニ罹ル

小切手ノ支拂ヲ爲スベキ債務者ノ他ノ債務者ニ對スル遡求權ハ其ノ債務者ガ小切手ノ受戾ヲ爲シタル日又ハ其ノ者ガ訴ヲ受ケタル日ヨリ六月ヲ以テ時效ニ罹ル

第五十二條　時效ノ中斷ハ其ノ中斷ノ事由ガ生ジタル者ニ對シテノミ其ノ效力ヲ生ズ

第十章　通則

第五十三條　本法ニ於テ「銀行」ナル文字ハ法令ニ依リテ銀行ト同視セラルル人又ハ施設ヲ含ム

第五十四條　小切手ノ呈示及拒絕證書ノ作成ハ取引日ニ於テノミ之ヲ爲スコトヲ得

小切手ニ關スル行爲ヲ爲ス爲殊ニ呈示又ハ拒絕證書若ハ之ト同一ノ效力ヲ有スル宣言ノ作成ノ爲法令ニ規定シタル期間ノ末日ガ法定ノ休日ニ當ル場合ニ於テハ期間ハ其ノ滿了ニ次グ第一ノ取引日迄之ヲ伸長ス期間中ノ休日ハ之ヲ期間ニ算入ス

第五十五條　本法ニ規定スル期間ニハ其ノ初日ヲ算入セズ

第五十六條　恩惠日ハ法律上ノモノタルト裁判上ノモノタルトヲ問ハズ之ヲ認メズ

第十一章　支拂保證

第五十七條　支拂人ハ小切手ニ支拂保證ヲ爲スコトヲ得

支拂保證ハ小切手ノ表面ニ「支拂保證」其ノ他支拂ヲ爲ス旨ノ文字ヲ以テ表示シ日附ヲ附シテ支拂人署名スベシ

第五十八條　支拂保證ハ單純ナルコトヲ要ス

支拂保證ニ依リ小切手ノ記載事項ニ加ヘタル變更ハ之ヲ記載セザルモノト看做ス

第五十九條　支拂保證ヲ爲シタル支拂人ハ呈示期間ノ經過前ニ小切手ノ呈示アリタル場合ニ於テノミ其ノ支拂ヲ爲ス義務ヲ負フ

支拂ナキ場合ニ於テ前項ノ呈示アリタルコトハ第三十九條ノ規定ニ依リ之ヲ證明スルコトヲ要ス

第四十四條及第四十五條ノ規定ハ前項ノ場合ニ之ヲ準用ス

第六十條　支拂保證ニ因リ振出人其ノ他ノ小切手上ノ債務者ハ其ノ責ヲ免ルルコトナシ

第六十一條　第四十七條ノ規定ハ支拂保證ヲ爲シタル支拂人ニ對スル權利ノ行使ニ付之ヲ準用ス

第六十二條　支拂保證ヲ爲シタル支拂人ニ對スル小切手上ノ請求權ハ呈示期間經過後一年ヲ以テ時效ニ罹ル

附　則

第六十三條　本法施行ノ期日ハ勅令ヲ以テ之ヲ定ム

第六十四條　商法第四編第四章ハ之ヲ削除ス

第六十五條　本法施行前ニ振出シタル小切手ニ付テハ仍從前ノ規定ニ依ル

第六十六條　本法施行後六月內ニ日本ニ於テ振出ス小切手ハ振出地ノ記載ヲ缺クトキト雖モ小切手タル效力ヲ有ス

第六十七條　本法ニ於テ署名トアルハ記名捺印ヲ含ム

第六十八條　朝鮮、臺灣、樺太、關東州、南洋群島又ハ勅令ヲ以テ指定スル亞細亞洲ノ地域ニ於テ振出シ日本內地ニ於テ支拂フベキ小切手ノ呈示期間ハ勅令ヲ以テ之ヲ伸長スルコトヲ得

第六十九條　第三十一條ノ手形交換所ハ司法大臣之ヲ指定ス

第七十條　拒絕證書ノ作成ニ關スル事項ハ勅令ヲ以テ之ヲ定ム

第七十一條　小切手ノ振出人ガ第三條ノ規定ニ違反シタルトキハ五千圓以下ノ過料ニ處ス

第七十二條　小切手ヨリ生ジタル權利ガ手續ノ欠缺又ハ時效ニ因リテ消滅シタルトキト雖モ所持人ハ振出人、裏書人又ハ支拂保證ヲ爲シタル支拂人ニ對シ其ノ受ケタル利益ノ限度ニ於テ償還ノ請求ヲ爲スコトヲ得

第七十三條　裏書人ノ他ノ裏書人及振出人ニ對スル小切手上ノ請求權ノ消滅時效ハ其ノ者ガ訴ヲ受ケタル場合ニ在リテハ前者ニ對シ訴訟告知ヲ爲スニ因リテ中斷ス

前項ノ規定ニ因リテ中斷シタル時效ハ裁判ノ確定シタル時ヨリ更ニ其ノ進行ヲ始ム

第七十四條　振出人又ハ所持人ガ證劵ノ表面ニ「計算ノ爲」ノ文字又ハ之ト同一ノ意義ヲ有スル文言ヲ記載シテ現金ノ支拂ヲ禁ジタル小切手ニシテ外國ニ於テ振出シ日本ニ於テ支拂フベキモノハ一般線引小切手タル效力ヲ有ス

第七十五條　本法ニ於テ休日トハ祭日、祝日、日曜日其ノ他ノ一般ノ休日ヲ謂フ

第七十六條　小切手ニ依リ義務ヲ負フ者ノ能力ハ其ノ本國法ニ依リ之ヲ定ム其ノ國ノ法律ガ他國ノ法律ニ依ルコトヲ定ムルトキハ其ノ他國ノ法律ヲ適用ス

前項ニ揭グル法律ニ依リ能力ヲ有セザル者ト雖モ他ノ國ノ領域ニ於テ署名ヲ爲シ其ノ國ノ法律ニ依レバ能力ヲ有スベキトキハ責任ヲ負フ

第七十七條　小切手ノ支拂人タルコトヲ得ル者ハ支拂地ノ屬スル國ノ法律ニ依リ之ヲ定ム

支拂地ノ屬スル國ノ法律ニ依リ支拂人タルコトヲ得ザル者ヲ支拂人トシタル爲小切手ガ無效ナルトキト雖モ之ト同一ノ規定ナキ他ノ國ニ於テ其ノ小切手ニ爲シタル署名ヨリ生ズル債務ハ之ガ爲其ノ效力ヲ妨ゲラルルコトナシ

第七十八條　小切手上ノ行爲ノ方式ハ署名ヲ爲シタル地ノ屬スル國ノ法律ニ依リ之ヲ定ム但シ支拂地ノ屬スル國ノ法律ノ規定スル方式ニ依ルヲ以テ足ル

小切手上ノ行爲ガ前項ノ規定ニ依リ有效ナラザル場合ト雖モ後ノ行爲ヲ爲シタル地ノ屬スル國ノ法律ニ依レバ適式ナルトキハ後ノ行爲ハ前ノ行爲ガ不適式ナルコトニ因リ其ノ效力ヲ妨ゲラルルコトナシ

日本人ガ外國ニ於テ爲シタル小切手上ノ行爲ハ其ノ行爲ガ日本ノ法律ニ規定スル方式ニ適合スル限リ他ノ日本人ニ對シ其ノ效力ヲ有ス

第七十九條　小切手ヨリ生ズル義務ノ效力ハ署名ヲ爲シタル地ノ屬スル國ノ法律ニ依リ之ヲ定ム但シ遡求權ヲ行使スル期間ハ一切ノ署名者ニ付證券ノ振出地ノ屬スル國ノ法律ニ依リ之ヲ定ム

第八十條　左ノ事項ハ小切手ノ支拂地ノ屬スル國ノ法律ニ依リ之ヲ定ム

一　小切手ハ一覽拂タルコトヲ要スルヤ否ヤ、一覽後定期拂トシテ振出シ得ルヤ否ヤ及先日附小切手ノ效力

二　呈示期間

三　小切手ニ引受、支拂保證、確認又ハ査證ヲ爲シ得ルヤ否ヤ及此等ノ記載ノ效力

四　所持人ハ一部支拂ヲ請求シ得ルヤ否ヤ及一部支拂ヲ受諾スル義務アリヤ否ヤ

五　小切手ニ線引ヲ爲シ得ルヤ否ヤ、小切手ニ「計算ノ爲」ノ文字又ハ之ト同一ノ意義ヲ有スル文言ヲ記載シ得ルヤ否ヤ及線引又ハ「計算ノ爲」ノ文字若ハ之ト同一ノ意義ヲ有スル文言ノ記載ノ效力

六　所持人ハ資金ニ對シ特別ノ權利ヲ有スルヤ否ヤ及此ノ權利ノ性質

七　振出人ハ小切手ノ支拂ノ委託ヲ取消シ又ハ支拂差止ノ手續ヲ爲シ得ルヤ否ヤ

八　小切手ノ喪失又ハ盜難ノ場合ニ爲スベキ手續

九　裏書人、振出人其ノ他ノ債務者ニ對スル遡求權保全ノ爲拒絕證書又ハ之ト同一ノ效力ヲ有スル宣言ヲ必要トスルヤ否ヤ

第八十一條　拒絕證書ノ方式及作成期間其ノ他小切手上ノ權利ノ行使又ハ保存ニ必要ナル行爲ノ方式ハ拒絕證書ヲ作ルベキ地又ハ其ノ行爲ヲ爲スベキ地ノ屬スル國ノ法律ニ依リ之ヲ定ム

（小字及━━ハ貴族院修正）

小切手法案中貴族院修正ノ箇所左ノ如シ

第二十九條　國内ニ於テ振出シ且支拂フベキ小切手ハ十日内ニ支拂ノ爲之ヲ呈示スルコトヲ要ス

支拂ヲ爲スベキ國ト異ル國ニ於テ振出シタル小切手ハ振出地及支拂地ガ同一洲ニ存スルカ《トキハ二十日内又》又ハ異ル洲ニ存スルカ《トキ》ニ依リ二十日内又ハ七十日内ニ之ヲ呈示スルコトヲ要ス

前項ニ關シテハ歐羅巴洲ノ一國ニ於テ振出シ地中海沿岸ノ一國ニ於テ支拂フベキ小切手又ハ地中海沿岸ノ一國ニ於テ振出シ歐羅巴洲ノ一國ニ於テ支拂フベキ小切手ハ同一洲内ニ於テ振出シ且支拂フベキモノト看做ス

本條ニ掲グル期間ノ起算日ハ小切手ニ振出ノ日附トシテ記載シタル日トス

第十章　通則

第五十三條　本法ニ於テ「銀行」ナル文字ハ法令ニ依リテ銀行ト同視セラルル人又ハ施設ヲ含ム

第五十四條　小切手ノ呈示及拒絕證書ノ作成ハ取引日ニ於テノミ之ヲ爲スコトヲ得

小切手ニ關スル行爲ヲ爲ス爲殊ニ呈示又ハ拒絕證書若ハ之ト同一ノ效力ヲ有スル宣言ノ作成ノ爲法令ニ規定シタル期間ノ末日ガ法定ノ休日ニ當ル場合ニ於テハ期間ハ其ノ滿了ニ次グ第一ノ取引日迄之ヲ伸長ス期間中ノ休日ハ之ヲ期間ニ算入ス

第五十五條　本法ニ規定スル期間ニハ其ノ初日ヲ算入セズ

第五十六條　恩惠日ハ法律上ノモノタルト裁判上ノモノタルトヲ問ハズ之ヲ認メズ

第十一章　支拂保證

第五十七《三》條　支拂人ハ小切手ニ支拂保證ヲ爲スコトヲ得

支拂保證ハ小切手ノ表面ニ「支拂保證」其ノ他支拂ヲ爲ス旨ノ文字ヲ以テ表示シ日附ヲ附シテ支拂人署名スベシ

第五十八《四》條　支拂保證ハ單純ナルコトヲ要ス

支拂保證ニ依リ小切手ノ記載事項ニ加ヘタル變更ハ之ヲ記載セザルモノト看做ス

第五十九《五》條　支拂保證ヲ爲シタル支拂人ハ呈示期間ノ經過前ニ小切手ノ呈示アリタル場合ニ於テノミ其ノ支拂ヲ爲スベキ義務ヲ負フ

支拂ナキ場合ニ於テ前項ノ呈示アリタルコトハ第三十九條ノ規定ニ依リ之ヲ證明スルコトヲ要ス

第四十四條及第四十五條ノ規定ハ前項ノ場合ニ之ヲ準用ス

第六十《五十六》條　支拂保證ニ因リ振出人其ノ他ノ小切手上ノ債務者ハ其ノ責ヲ免ルルコトナシ

第六十一《五十七》條　第四十七條ノ規定ハ支拂保證ヲ爲シタル支拂人ニ對スル權利ノ行使ニ付之ヲ準用ス

第六十二《五十八》條　支拂保證ヲ爲シタル支拂人ニ對スル小切手上ノ請求權ハ呈示期間經過後一年ヲ以テ時效ニ罹ル

第十一章　通則

第五十九條　本法ニ於テ「銀行」ナル文字ハ法令ニ依リテ銀行ト同視セラルル人又ハ施設ヲ含ム

第六十條　小切手ノ呈示及拒絕證書ノ作成ハ取引日ニ於テノミ之ヲ爲スコトヲ得

小切手ニ關スル行爲ヲ爲ス爲殊ニ呈示又ハ拒絕證書若ハ之ト同一ノ效力ヲ有スル宣言ノ作成ノ爲法令ニ規定シタル期間ノ末日ガ法定ノ休日ニ當ル場合ニ於テハ期間ハ其ノ滿了ニ次グ第一ノ取引日迄之ヲ伸長ス期間中ノ休日ハ之ヲ期間ニ算入ス

第六十一條　本法ニ規定スル期間ニハ其ノ初日ヲ算入セズ

第六十二條　恩惠日ハ法律上ノモノタルト裁判上ノモノタルトヲ問ハズ之ヲ認メズ

（國務大臣小山松吉君登壇）

○國務大臣（小山松吉君）　只今議題トナリマシタル小切手法案ニ付キマシテ、其提出理由ヲ御説明申上ゲマス

現行商法中、爲替手形及約束手形ニ關スル規定ニ付キマシテハ、曩ニ第六十二回帝國議會ノ協贊ヲ經マシテ公布セラレマシタル手形法ヲ以テ、改正セラル、コト、ナッタノデアリマスルケレドモ、是ト不即不離ノ關係ニアリマスル小切手ニ關スル規定ノ改正ニ付キマシテハ、當時條約トノ關係モゴザイマシテ、之ヲ後日ニ委ネテ居ッタノデアリマス、然ル所、爲替手形、約束手形及小切手ニ關スル法律統一ノ國際會議ノ第二回會議ガ、一昨昭和六年二月ヨリ三月ニ亙リ「ジュネーヴ」ニ於テ開會セラレマシテ、第一回會議ノ際延期セラレマシタル小切手ニ關シ、統一法ヲ制定スル條約等ガ成立ヲ見ルニ至ッタノデアリマス、我國モ右第一回會議ノ場合ト同樣、之ニ代表委員ヲ派遣致シマシテ、且ツ成立致シタル各條約ニ調印致シタノデアリマス、然ルニ右統一法制定條約ニ依リマスレバ、各締約國ハ條約ノ附屬書タル小切手統一法ヲ、各自ノ領域ニ施行スルコトヲ約シテ居ルモノデアリマスルカラ、締約國タルガ爲ニハ、手形法統一條約ノ場合ト同樣之ニ基ク國内法ヲ制定シテ施行シナケレバナラヌノデアリマス、而シテ目下商法ノ改正要項ヲ諮問中デアリマスル法制審議會ヨリモ、商法第四編中小切手ニ關スル規定ニ付キマシテハ、小切手ニ關シ統一法ヲ制定スル條約ノ附屬書デアリ

マスル統一法ノ如ク改正スルヲ、相當ト認ムル旨ノ答申ガアリマシタ

抑〻小切手ノ制度ハ、手形ノ制度ヨリ其發達ノ日ガ淺イノデアリマシテ、小切手ニ關スル各國ノ法制及實際上ノ慣行ハ、手形ニ關スルモノヨリモ多岐ニ亙ッテ居リマシテ、是ガ統一ノ事業ハ困難ヲ伴フコトヲ豫期セラレタノデアリマスケレドモ、手形法規ノ統一事業ト相前後シテ行ハレ來リマシテ、明治四十五年ノ和蘭海牙ニ於ケル手形法規統一萬國會議ニ於テ、小切手法規統一ニ關スル決議ガ成立致シマシテ、其後モ之ニ基キ、多年歐洲各國竝ニ我國ニ於テ研究ヲ重ネ來ッタノデアリマス、今回ノ條約ノ成果タル小切手統一法モ、此海牙ノ決議ヲ骨子ト致シマシテ、前回ノ「ジユネーヴ」手形統一法ト密接ナル調和ヲ保ッテ制定セラレタモノデアリマシテ、之ヲ現行商法ニ比較致シマスルノニ、實際上、理論上、優レテ居ル點ガ少クナイバカリデナク、既ニ手形統一法ニ基ク手形法ノ公布セラレタル我國ト致シマシテハ、是ト法制上ノ調和ヲ圖ル上ヨリ見マシテモ、今回ノ小切手統一法ニ基ク小切手法規ヲ有スベキハ寧ロ當然デアリマス、仍テ政府ニ於キマシテハ、司法省内ニ委員會ヲ設ケマシテ、愼重ニ調査審議ヲ重ネマシタ結果、現行商法第四編第四章ノ小切手ノ規定ニ代ルベキ小切手法案ノ脫稿ヲ見タノデアリマシテ、茲ニ本法案ヲ提出致シマシタ次第デアリマス

本法案ノ內容ヲ申上ゲマスレバ、第一章乃至第十一章及附則ヨリ成ッテ居リマシテ、其中第一章乃至第十一章ハ大部分小切手統一法ノ飜譯デアリマスケレドモ、若干ハ條約第二附屬書ニ掲ゲタル除外例ヲ設ケ得ル事項ヲ利用シタル部分、及同附屬書ニ於テ許容セラレタル所ニ基キマシテ設ケタル支拂保證ニ關スル規定ガアリマス、附則ハ小切手法ヲ施行スルニ必要ナル規定ノ外ニ、統一法制定條約ト同時ニ成立致シマシタ小切手ニ關シ、法律ノ或ル抵觸ヲ解決スル爲ノ條約ニ基キマスル小切手ノ、國際私法ニ關スル規定ヲ包含シテ居リマス

本法案ト現行商法トノ主要ナル差異ニ付キマシテハ、特別委員會ニ於テ御說明ヲ申上ゲル機會ガアルト思ヒマスルケレドモ、其極ク主ナルモノヲ擧ゲテ見マスレバ、現在ノ小切手取引ニ於ケル慣行デアリマスル支拂保證ニ關シテ規定ヲ設ケマシテ、其法律關係ヲ明確ナラシメタルコト、小切手ノ支拂人タルコトヲ得ベキ者ヲ銀行又ハ是ト同視スベキ施設等ニ限リタルコト、小切手上ノ效力ヲ有スル保證ヲ認メタルコト、不可抗力ノ場合ニ償還請求權保全行爲ノ爲ノ期間ノ伸長ヲ認メタルコト、手形法規ノ準用ヲ排シ、準用ノ結果生ズル解釋ノ疑問ヲ避ケタルコト等デアリマシテ、是等ハ何レモ現行法ヨリ優レテ居ル點デアリマス

尙ホ前述ノ條約ニハ、各國ガ批准ヲ爲シ得ベキ時期ヲ、本年八月三十一日迄ト定メテアリマシテ、且ツ其效力發生條件トシテ、國際聯盟常任理事國タル三國ヲ含ム七箇國ノ批准、又ハ加入アルコトヲ必要ト致シマスルガ故ニ、前回ノ手形ニ關スル條約ノ場合ト同樣、我國ハ小切手法規統一ノ事業ニ、國際的ニ協力スル上ニ於キマシテ重要ナル地位ニアルノデアリマス、之ニ協力スルコトハ、右ニ述ベマシタ如ク、寧ロ現行法規ノ改善トモナルノデアリマスルカラ、何卒愼重御審議ノ上、速ニ御協贊アランコトヲ希望致シマス(拍手)

○議長(秋田淸君)　質疑ヲ許シマス――中野勇治郎君

(中野勇治郎君登壇)

○中野勇治郎君　私ハ本案ヲ審議スルニ當リマシテ、政府ニ對シテ二箇ノ質疑ヲ致シタイト存ズルノデアリマス、本案ト不離ノ關係ニアリト司法大臣モ述ベラレ、又吾々カラ見マシテモ、無論兄弟ノ關係ニアリマスル所ノ、第六十二議會ニ於テ議決セラレマシタ爲替竝ニ約束手形ニ關スル法律案ノ運命デゴザイマス、該法案ハ、帝國議會ニ於テハ一字一句モ訂正スルコトヲ同意セラレナイデ議會ヲ通過致シ、幸ニ御裁可ヲ經テ公布サレテ居リマスルガ、併ナガラ此手形法ヲ立法致シマシタ其基礎條約デアル所ノ國際聯盟ノ條約ハ、既ニ不成立ニ終ッテ居ルデハアリマセヌカ、今日ハ司法大臣ハ此席上ニ於テ御述ベニナッテ居リマセヌケレドモ、貴族院ニ於テ述ベラレタ所ノ速記錄ヲ見マスルト云フト、昨年ノ八月三十一日ヲ限度ト致シマシテ、國際聯盟ニ於ケル所ノ理事國ガ、少クトモ三箇國以上調印ヲセナケレバ、アノ條約ハ不成立ニ終ルト云フ意味ノ條約デアッタト、私共ハ解釋シテ居ルノデアリマス、然ルニ拘ラズ此條約ニハ伊太利ト我ガ日本二國シカ、理事國ハ同意ヲ致サナイ、他ノ聯盟ノ七八箇國ハ、同意致シテ居リマスルケレドモ、是ハ第一條件デハナイノデアリマス、其第一條件タル聯盟理事國ガ三箇國以上調印ヲシナイガ爲ニ、該條約ハ既ニ不成立ニ終ッテ居ル筈ト私ハ解釋ヲ致スノデアリマス、隨テ昨年ノ十二月一日ヲ以テ實施セラルベキ筈ノ爲替手形竝ニ約束手形法ハ、未ダニ宙ニブラ付イテ居ルデハアリマセヌカ、先ヅ此手形法ヲ如何爲サル御考デアルノデアリマセウカ、國民ハ既ニ公布セラレタ法律デアリマスルガ故ニ、何時實施セラレルカ分ラヌト云フノデ、殊ニ實業界ニ於テ最モ重要ナル手形法ノ運命ガ宙ニブラ付イテ居ルト云フコトハ、取引ノ不安ヲ來サシメル重要ナル點デアルト考ヘルノデアリマス、ノミナラズ我ガ立法ノ權威カラ見マシテモ、既ニ御裁可ヲ經テ公布サレタ法律、而モ是ハ政府提出ノ法律デアル、ソレガ何時實施セラレルカ、其立法ノ根柢ガ今ヤ將ニ崩レントシツヽアルト云フニ至リマシテハ、立法ノ權威上甚ダ私ハ遺憾デアルト考ヘルノデアリマス、又斯ノ如キ立法ヲ屢〻致スト云フコトハ、惡イ立法例ヲ作ルコトデアルト思ヒマス、御承知ノ如ク我國ハ、或ハ明日ニモ國際聯盟ヲ脫退スルカモ知レナイト云フ危機ニ瀕シテ居ル此際デアリマス、此法案ノ基礎ハ、國際聯盟ノ條約ニ基クモノデアリマスルガ故ニ、若シ我國ガ不幸ニシテ國際聯盟ヲ脫退スルヤウナ運命ニ立至リマシタ場合ニ於テハ、昨年通過致シタ此手形法ハ、將來如何ナルコトニ相成ルノデアリマセウカ、之ヲ一ツ伺ッテ置キタイノデアリマス

第二ニハ、是ト矢張關聯致シマシテ、只今御提案ニナリマシタ所ノ小切手法案デアリマス、是モ同ジ性質ニ基イタ、國際聯盟ノ條約ニ基礎ヲ置イテ居ルモノデアリマシテ、是亦本年八月三十一日ヲ以テ、先ヅ理事國ノ三箇國以上ノ條約ノ批准ガセラレテカラ、效力發生時期ニ入ルノデアリマスガ、國際聯盟今日ノ狀況ニ於テハ、此小切手法ナルモノガ、幸ニシテ通過ヲ致シテモ、其實施ヲ見ルコトガ出來ルカドウカト云フコトニ付テ危惧ノ念ニ堪ヘナイノデゴザイマス、政府ハ既ニ第六十二議會ニ於テ決定シタ法案サヘ、其運命ノ分ラヌ此場合ニ於テ、此議會ニ何故ニ此小切手法ヲ急イデ御出シニナルノデアリマスカ、此小切手法モ、昨年ノ手形法ト同ジ條約ヲ以テ、國內法ノ一字一句マデ限定サレテ居リマスガ故ニ、立法府タル帝國議會ニ於テ、一言半句訂正スルコトヲ許サナイ法案デアリマス、今日此場合ニ於テ、斯ノ如キ小切手法案ヲ出シテ、果シテ此法律ガ實施セラレルト云フ確信ヲ有セラレルヤ否ヤト云フコトデアリマス、徒ニ國際的法律統一ノ名ノ下ニ國內法ノ改正ヲ試ミテ、實業界ノ商取引界ニ恐慌ヲ來サシメルコトハ、甚ダ遺憾デアルト存ジマス、何卒政府ニ於カレマシテハ、是等ノ手形法及小切手法ガ、幸ニ通過致シマシテ御裁可ヲ經マシタ曉ニ於テハ、何時實施ニナル御見込デアルカト云フコトモ、併セテ御伺シタイ次第デゴザイマス(拍手)

(國務大臣小山松吉君登壇)

○國務大臣(小山松吉君) 中野君ノ御質疑ニ御答致シマス、御尋ノ點ハ洵ニ御尤デアリマシテ、第一ノ手形條約ノ批准書寄託ニ關スル件デアリマスガ、是ハ昨年ノ十一月一日迄ニ常任理事國三箇國ヲ含ム七箇國ノ批准書寄託ヲ必要トシタノデアリマスガ、不幸ニシテ常任理事國三箇國ノ批准書寄託ガ、十一月一日迄ニ充サレナカッタノデアリマス、ソコデサウ云フ場合ニハ、國際聯盟事務總長ハ善後措置ニ付テ、右條約ニ署名又ハ加入ヲ致シテ居リマス國ノ會議ヲ召集スルコトガ出來ルノデアリマスガ、此場合聯盟理事國ノ中ノ獨逸及佛蘭西デアリマスガ、此獨逸及佛蘭西ノ兩國ハ、十一月一日迄ニ加入手續ヲ了シマセヌデシタケレドモ、本件條約自體ニハ反對ガナイノデアリマス、唯同國議會ノ關係上、其手續ヲ了シ得ラレナイ事情ガアリマス爲ニ、議定書規定ノ會議ハ差當リ招集シナイデ、當分獨逸及佛蘭西ノ國情ヲ見ルコト、シタイト云フ回答ガアッタノデアリマス、其後ノ事情ヲ調ベテ見マスルト、佛蘭西デハ御承知ノ通リ、此條約批准ニ關スル法律案ガ上院ニ提出セラレタノデアリマスガ、其後ノ狀況ハ能ク分ッテ居リマセヌ、多分一月末日迄ニハ上院ヲ通過スルコトニナルデアラウト云フ報告ハ受ケテ居ルノデアリマス、ソレカラ獨逸デアリマスガ、ドチラカ一方デモ批准書寄託ヲスレバ宜シイノデアリマスガ、獨逸モ御承知ノヤウナ狀態デ、昨年ノ四月議會ニ提出セラレタ手形法統一條約批准法案及手形法ノ改正案ハ、同國ノ議會ガ其後度々解散ニナリマシテ、其解散ノ爲ニ議了ヲ見ルコトガ出來ナカッタノデアリマス、只今斯ウ云フ狀態ニナッテ居ルノデアリマス

第二ノ小切手法ノコトデアリマスガ、小切手法ハ、今小切手法案ヲ政府ガ提出致シマシテモ、其實施ヲ見ルカドウカト云フ御尋デアリマスガ、是ハ手形法ト同樣ニ、此小切手法案ヲ制定致シマスルニ付テハ、各實業家方面ノ意見ヲモ徴シマシテ、何レモ現行法ニ優レルモノナリト云フ意見デアリマスノデ、遂ニ政府ハ研究ノ末ニ提案ヲ致シタ次第デアリマシテ、此趣旨ハ曩ニ手形法ヲ提案致シタ際ニ述ベテ置イタノデアリマスガ、小切手法モ同樣デアリマス、現行法ニ比シマシテ實務上極メテ便利デアリマスカラ、政府ト致シマシテハ、此小切手法ノ通過スルコトヲ希望スル次第デアリマス、唯中野君ヨリ第一ノ御尋、第二ノ御尋ヲ通ジテ、國際聯盟ノ關係ニ付テ御尋ガアリマシタ、是ハ御尤ナ御尋デアルト思ヒマスガ、我國ガ國際聯盟ヲ脫退スルカドウカト云フコトニ付テノ御答ハ、只今致シ兼ネルノデアリマスガ、假ニ脫退問題ガ起ッタト致シマシテモ、國際聯盟規約ニ依リマスト、脫退ハ二年ノ豫告ヲ以テ之ヲ爲スコトニナッテ居リマス、而シテ其條文ノ但書ニ依リマスト、脫退ヲ致シマシテモ、義務ハ負フコトニナッテ居ルヤウナ關係デ、意思表示ニ依ッテ直キニ脫退ハ出來ナイノデアリマスカラ、サウ云フ關係ヲ考ヘテ見マスト、此小切手法統一條約批准期限ハ、本年八月三十一日迄デアリマスカラ、假ニ常任理事國ガ脫退ノ通告ヲ爲スコトガアリマシテモ、他ノ理事國ノ方ニ於テ批准書ノ寄託ヲ致シマスト、聯盟常任理事國ヨリノ批准書ノ寄託ガアッタモノトシテ效果ヲ生ズルモノデアルト、斯ウ解シテ居ルノデアリマス、是ニテ御諒承ヲ願ッテ置キマス

○中野勇治郎君 簡單デアリマスカラ此席カラ申上ゲマス、只今司法大臣ノ御答辯ニ、私ハ聞エナカッタ所ガアリマスガ、是ハ豫測シテノ話デアリマスガ、若シ國際聯盟ヲ脫退致シマシタ際ニ於テハ、二年前ノ豫告ヲ要スルト云フコトデアリマスガ、其間ニ於テハ、此法律ハドウ云フ運命ニナルノデゴザイマセウカ、二年ヲ經過シテ此法律ハ效力ヲ失フコトニナルノデアリマスカ、實施セラレテ二年後ニ效力ヲ生ズルコトニナルノデアリマスカ、立法ノ基礎ガ國際聯盟ニ置イテアルノデアリマスカラ、法律ノ運命ニ當然影響スル虞ガアリハシナイカト思ヒマスカラ、モウ一度其點ヲ御伺致シマス

(國務大臣小山松吉君登壇)

○國務大臣(小山松吉君) 御答致シマス、只今申上ゲマシタノハ、脫退ハ二年ノ豫告ヲ要スルノデアリマスカラ、脫退ノ豫告ハ致シマシテモ、其間ニ條約ノ批准書寄託ノ條件ガ充タサレマスレバ效力ヲ發生スル、斯ウ云フ趣意ヲ申上ゲタノデアリマス

○議長(秋田淸君) 日程第二、右議案ノ審査ヲ付託スヘキ委員ノ選擧ヲ議題ト致シマス

第二 右議案ノ審査ヲ付託スヘキ委員ノ選擧

○上田孝吉君 本案ハ議長指名十八名ノ委員ニ付託セラレンコトヲ望ミマス

(「贊成」ト呼フ者アリ)

○議長(秋田淸君) 上田君ノ動議ニ御異議アリマセヌカ

(「異議ナシ」ト呼フ者アリ)

○議長(秋田淸君) 御異議ナシト認メマス、仍テ動議ノ如ク決シマシタ、日程第三、昭和七年法律第六號中改正法律案ノ第一讀會ヲ開キマス――大藏大臣高橋是淸君

VI　滿洲政策ニ關スル質問主意書
右成規ニ據リ提出候也
昭和八年一月二十六日
提出者　丸山浪彌

滿洲政策ニ關スル質問主意書

帝國ノ滿洲政策上之カ外交方針ハ國ヲ擧ケテ焦土ト化スルモ敢テ辭セスト言フ有史以來ノ一大決心ヲ有スルハ既ニ論ナキ所ナルモ彼ノ滿蒙ノ權益擁護カ實ニ帝國ノ生命線タル本質ニ鑑ミ政府ハ之カ對策上果シテ遺漏ナキヤ否ヤ予ハ今之カ質問ヲ試ミルニ當リ事外交ニ關スルカ故ニ共ノ波瀾スル所ノ偉大ナルヲ惟ヒ最慎重ニ之カ前後ト共ノ左右ニ考慮ヲ拂ヒ聊カ赤誠ヲ披瀝シ以テ簡明ニ政府ノ所見ヲ問ハムト欲ス言フ迄モナク「ジュネーブ」ノ前途ハ唯一アルノミ今更ニ縷述スノ要ナシ而シテ滿洲國ノ國防ト治安ハ我カ邦ノ責任ニ於テ之ヲ確保セサルヘカラサルハ言ヲ待タス然リ既ニ然リ列國ノ承認モ士賊ノ平定モ單ニ時期ノ問題タルノミ早晩所期ノ解決ヲ見ルヘシ若夫レ此ノ根本ノ解決ニ於テ萬カ一ニモ遺算ヲ來サムカ予ハ又何ヲカ言ハム否斯ル遺算ハ斷シテ絶無ナルヲ確信ス

茲ニ於テ予ハ政府カ來ルヘキ時期即チ士賊ノ平定列國ノ承認ヲ見タルノ將來我カ國カ滿洲ニ於ケル生命線即チ經濟戰ノ實質上共ノ進ムヘキ針路ニ向テ確乎タル政策アリヤ否ヤ予ノ寡聞ナル未タ之ニ接セス洵ニ憂惧ナキヲ得サルナリ若政府ニシテ之カ對策ナカラムカ焦土論ハ徒ニ大言壯語ニシテ畢竟一囈語タラムノミ共ノ愚ヤ及フヘカラス共ノ妄斷乎トシテ排スヘキナリ

帝國ノ滿蒙政策ハ過去三十年ニ於テ失敗ヲ演セリ徒ニ犧牲ノ大ナリシヲ知ルト共ニ此ノ大ナル犧牲ハ滿蒙ニ於テ彼ノ漢民族ノ發展ヲ助長セシメタルニ過キサルハ事實ノ雄辯ニ物語ル所ナリサレハ來ルヘキ將來平和安定後門戶開放機會均等ノ大旆ヲ翻セル滿洲國ノ前方ニ横ルハ何物ナルヤ實ニ今日ニ於テ深ク心セサルヘカラス眞ニ戒ムヘキハ此ノ點ニ存ス予ハ既往ノ經過ニ鑑ミ將來ノ情勢ヲ察シ平和後ノ滿洲ニ押シ寄セ來ル所ノ漢民族ハ洪水ノ夫レノ如ク洵ニ恐ルヘキヲ痛感セスムハ非サルナリ是レ予カ左ノ數項ヲ提ケテ敢テ政府ノ所信ヲ問ハムト欲スル所ナリ

一　政府ハ現有ノ滿洲人ヲシテ克ク王道政治ノ理解ヲ與ヘ彼人ヲシテ衷心ヨリ日本民族ト親善ナラシムヘク眞個ノ共存共榮政策ニ向テ何等ノ考慮ヲ有スルヤ

現在滿洲人ノ多クハ我カ軍ノ行動ニ向テ疑惧ノ念ニ襲ハレツツアルハ疑ナキ事實ナリ故ニ先ツ之カ理解ノ途ヲ講スルニ非スムハ徒ニ彼人ノ反感敵愾心ヲ唆ルノミニシテ政府若此ノ點ニ重心ヲ置クニ非スムハ李杜丁超馬占山蘇炳文王德林ノ徒輩ヲ將來續出セシムルノ怖アルヲ如何而シテ努力等ニ彼人ノ理解ヲ得タル後ニ於テモ日本民族カ容易ニ滿洲ニ移動ノ至難ナルハ論ナキ所ナルヲ以テ先ツ現有滿洲人ヲシテ眞個日滿親善共存共榮ノ信念ヲ涵ハシムルヲ以テ我カ生命線擁護ノ第一歩ニシテ最先ノ急務ナリト信ス

二　政府ハ滿洲現有ノ八十萬著農鮮人ニ向テ特別格段ナル保護ヲ與ヘ尙更ニ進ムテ農業鮮人ノ移住奬勵ニ向テ何等ノ考慮政策ヲ有スルヤ

日本民族內地本國人ノ移動ハ單純容易ノ業ニ非サルカ故ニ先ツ移動上ニ於ケル有利ノ條件ヲ有スル鮮農ノ移住保護奬勵ヲ以テ我カ生命線擁護解決ノ第一歩ナリト信ス聞クカ如クムハ政府ハ昭和八年度ニ於テモ昨年武裝移民五百一戶ヲ送リタル佳木斯ニ前年ト同樣ノ武裝移民ヲ爲スヘキ方針ニテ拓務省政務次官堤氏ノ視察報告亦然リト、眼孔何ソ狹小ナル若果シテ然リトセハ予ハ實ニ共ノ愚ヲ悲シマサルヲ得サルナリ年年歲歲莫大ノ國費ヲ投シテ天井ヨリノ眼藥恰モ雀涙ニ等シキ試驗移民ニ甘ムスルカ如クムハ不知何ノ時カ生命線擁護ノ實ヲ擧クルヲ得ム政府ハ須ラク活然眼孔ヲ大ニシ滿洲千七百町步ノ未墾地ニ著目スヘシ若今ノ如ク軍部萬能主義ノ下ニ軍人ニ非サレハ移民ノ能力ナキカ如キ方針ニ促ハレ依然大衆移民ノ途ニ進ムノ勇ナクムハ到底洪水的來襲ノ漢民族ニ備フル所以ニ非サルナリ否寧ロ無爲無策斷シテ排スヘキナリ

三　我カ國民ヲシテ滿洲ノ認識ヲ十分ナラシムルノ政策如何

惟フニ我カ日本民族ハ滿洲ノ生命線タル實質上ノ認識ニ缺クル所アリ單ニ突進軍ニ勝タサルヘカラサルノ決心ノ動カサルハ眞ニ慴フヘキモ平和後ノ經濟戰ニ對スル認識不足ヲ如何故ニ政府ハ國民ヲシテ今日ニ於テ總動員必死ノ覺悟ヲ以テ實業勞働戰ニ當ルノ自覺ヲ促ササルヘカラス政府若此ノ點ヲ閑却セハ焦土論モ生命線モ何等ノ意義ヲ爲サス

四　政府ハ將來日支ノ前途ニ於テ親善ヲ圖ル思慮如何

亞細亞「モンロー」主義ノ中心ハ我カ日本民族之ヲ荷フノ覺悟ヲ要ス予ハ此ノ意味ニ於テ今日敢テ多キヲ言ハス此ノ際單ニ政府ヨリ共ノ思慮ノ言明ヲ得レハ以テ足レリトス

右及質問候也

昭和八年二月二十一日
內閣總理大臣　子爵齋藤　實
衆議院議長秋田淸殿

衆議院議員丸山浪彌君提出滿洲政策ニ關スル質問ニ對シ別紙答辯書差進候

（別紙）

衆議院議員丸山浪彌君提出滿洲政策ニ關スル質問ニ對スル答辯書

一、帝國ノ對滿政策ハ日滿兩國間共存共榮ノ精神ニ基キ滿洲國ノ健實ナル發達ヲ助成シ依テ以テ東洋平和ノ確保ニ資スルニ在リ政府ハ右趣旨ニ依リ此ノ上共滿洲國政府ト提携シ兩國民ノ間ニ日滿親善共存共榮ノ信念ヲ益々深カラシメムコトヲ期ス

二、政府ハ在滿鮮人ノ保護撫育ニ關シテハ夙ニ意ヲ致シ教育、衛生、金融、産業等ニ關スル凡有施設ヲ爲シ殊ニ滿洲事變後ニ於ケル避難鮮農ニ關シテハ極力之カ救濟ニ努メツツアリ而シテ避難鮮農ノ生活ノ安定ヲ計ルハ緊要事ナルヲ以テ差當リ昭和八年度ニ於テ安全ナル土地ヲ選定シ鮮農ヲ集團的ニ收容シ將來自作農タラシムル目的ヲ以テ安全農村ヲ創設スルノ計畫ヲ樹立セリ尙ホ鮮農將來ノ移住ニ對スル方策ハ獨リ鮮人ノ利害ノミナラズ日滿親善ニモ關係スル所大ナル問題タルニ鑑ミ政府ハ此點ニ留意シテ萬全ノ方策ヲ樹立セムコトヲ期ス

三、政府ハ各般ノ關係ニ於テ日本國民ノ滿洲國ニ對スル認識ヲ愈々切實ナラシメムガ爲遺憾ナキヲ期ス

四、政府ハ窮極支那國民ガ同國亦滿洲國ニ對シ承認ヲ與ヘ日滿支三國相倚リ相助ケテ以テ東洋平和ノ確保ニ努ムルコト眞個日支ノ親善ヲ計ル所以ナルコトヲ了解スルニ至ルベキヲ確信スルモノニシテ右ノ如キ事態招來ノ爲メ施措遺漏ナキヲ期ス

右及答辯候也

昭和八年二月二十一日
外務大臣　伯爵內田康哉
陸軍大臣　荒木貞夫
拓務大臣　永井柳太郎

昭和八年二月二十二日

造幣局工場及其ノ附屬設備ノ新營費ニ關スル法律案外五件

第一讀會ノ續

報告書

一朝鮮事業公債法中改正法律案(政府提出)

右ハ本院ニ於テ可決スヘキモノト議決致候此段及報告候也

昭和八年二月二十日

委員長 金光庸夫

衆議院議長秋田清殿

報告書

一貨幣法中改正法律案(政府提出)

右ハ本院ニ於テ可決スヘキモノト議決致候此段及報告候也

昭和八年二月二十日

委員長 金光庸夫

衆議院議長秋田清殿

(金光庸夫君登壇)

○金光庸夫君 造幣局工場及其ノ附屬設備ノ新營費ニ關スル法律案ノ、委員會ニ於ケル審議ノ顛末ヲ御報告申上ゲマス、本案ハ造幣局工場及其附屬設備ノ新營ニ關スル法案デアリマシテ、造幣局ノ工場ハ、大部分明治初年ノ建造デアリマシテ、改築ヲ要スルモノガアリマス、又勳章工場ハ、倉庫ノ一部ニ假設備ヲシテ居ルノデアリマシテ、是等工場及其附屬設備ノ新營ノ計畫ヲ立テ、其財源ハ財政ノ計畫上、造幣局資金ノ一部ヲ一般會計ニ繰入レテ、之ニ充當シタイト云フノデアリマス、委員會ハ愼重審議ノ結果、全會一致可決シタ次第デアリマス

此段御報告申上ゲマス

次ニ日程第八ノ昭和八年度一般會計歳出ノ財源ニ充ツル爲公債發行ニ關スル法律案ノ、特別委員會ニ於ケル審議ノ顛末ヲ御報告申上ゲマス、本案ハ昭和八年度一般會計歳出ノ財源ニ充ツル爲ニ、昭和八年度一般會計ニ於テ既ニ成立シテ居リマス所ノ公債法ニ依ッテ公債ヲ募集スル金額ト、竝ニ滿洲事件ニ關スル經費支辦ノ爲メ發行ヲ要スル公債金額ノ外ニ、歳入ノ不足ヲ塡補スル爲メ六億五千九百四十餘万圓ノ公債ノ發行ヲ必要トスル、所謂赤字公債法案デアリマス尚ホ其内若干ノ金額ハ、例年ノ如ク翌年度ニ繰越サル、結果ニナルデアラウカト存ゼラレマスルガ、其繰越額ノ財源ハ、必シモ八年度内ニ起債スルコトヲ必要ト致シマセヌ、ソレデ翌年度ニ於テ募債スルコトノ出來ルヤウニシタイト云フノデアリマス、本案ノ審議ニ際シマシテハ、頗ル廣汎ニ、且ツ微ニ入リ細ニ亙リ、最モ適切ナル質問應答ガ重ネラレタノデアリマシタガ、假ニ其概要ノミヲ申上ゲルト致シマシテモ、頗ル長時間ヲ要スルノデアリマスカラ、總テ之ヲ省略致シタイト思フノデアリマスガ、大體ニ於テ質問ノ要點ハ、歳計收支ノ不均衡ヲ憂慮スルニアッタヤウデアリマス、之ニ對シテ藏相ノ答辯ノ要旨ハ、近來各國ノ例ニ見テモサウデアルガ、收支ト云フモノハ必シモ各年度毎ニ均衡ヲ得ネバナラヌト云フニモ及ブマイ、一定ノ年限ニ於テ均衡ヲ得ル見込ガ立テバソレデ宜イデハナイカ、尚ホ此際増税等ノ説モアルガ、財界疲弊ノ今日、却テ負擔ノ輕減ヲセネバナラヌト云フ時機ニ於ケル増税ハ、其時機デナイデハナイカ、低金利政策、其他既定ノ財政政策ヲ遂行スルコトニ依ッテ、逐々財界ハ回復シテ來ル、昭和十年度ノ豫算編成期、即チ昭和九年ノ秋頃ニナレバ、一般歳入モ漸次増加シテ、昭和七年度ニ於テ二億五六千万圓モ減少シテ居ル所ノ租税ヤ印紙收入、官業收入等モ、漸次回復ヲ見ルヤウニナルデアラウ、且ツ増税モ其頃ニナレバ可能性ガ出來ルト思フ、又一面ニハ軍事費ヤ、時局匡救費等ノ歳出ノ減少モ豫期サル、ノデアルカラ、收支ノ均衡ハ得ラル、見込デアルトノコトデアリマシタ、左樣ニ致シマシテ、委員會ハ愼重審議ヲ重ネマシタル結果、豫算案モ既ニ通過セル今日、已ムヲ得ザル法案ナリト認メマシテ、全會一致可決シタ次第デアリマス、此段御報告申上ゲマス

次ニ日程第九、大阪帝國大學工學部設置ニ付帝國大學特別會計及官立大學特別會計ノ關渉ニ關スル法律案ノ、委員會ニ於ケル經過竝ニ結果ヲ御報告申上ゲマス、大阪工業大學ハ、昭和八年度以降大阪帝國大學ニ移シマシテ、同帝國大學ニ工學部ヲ設置スルコト、相成リマシタ結果、昭和七年度末現在ノ官立大學資金デアッテ大阪工業大學ノ用ニ供スルモノハ、之ヲ帝國大學資金ニ組入レテ、大阪帝國大學ノ資金トスル等、帝國大學特別會計ト、官立大學特別會計トノ關渉ニ關スル規定ヲ設クル法案デアリマシテ、委員會ハ愼重審議ノ結果、當然ノ提案ナリト認メテ、全會一致可決致シタ次第デアリマス、此段御報告申上ゲマス

日程第十、朝鮮事業公債法中改正法律案ノ委員會ニ於ケル審議ノ顛末ヲ御報告申上ゲマス、本案ハ現行朝鮮事業公債法ニ於キマシテハ、朝鮮ニ於ケル事業費補助ニ要スル經費ヲ支辦スル爲ニ、公債ヲ發行スルコトガ出來ナイコトニナッテ居ルノデアリマス、昭和八年度ニ於ケル事業費補助ニ要スル經費ニ付テハ、朝鮮總督府特別會計ノ狀況ニ鑑ミマシテ、之ヲ公債財源ニ依ルノ外ハナイカラ、事業費補助ニ要スル經費ニ付テモ亦、公債財源ニ依ル得ルコトニシタイト云フノガ此案ノ趣旨デアリマシテ、幾多ノ質問應答ヲ重ネマシタガ、其主要ナル點ヲ擧ゲテ見マスレバ、木暮委員ヨリノ質問、即チ公債増加ノ傾向ガ著シイ今日、事業費ノ補助、殊ニ産米増殖ノ補助マデモ公債財源ニ依ルト云フコトハ不條理ノ嫌ヘナイカ、且ツ政府ノ米穀統制政策ト矛盾ハシナイカ、斯ウ云フ問ニ對シテ、永井拓相ハ斯樣ニ答ヘテ居ルノデアリマス、土地改良費四百六十六万圓ヲ全部普通財源ニ依ルト云フコトハ、收入激減ノ今日到底堪ヘ得ナイノデ、八十九万圓ダケハ公債ニ依ッテ募集スルコトニシマシタガ、普通ノ財源ノ收入ガ良好ニ向ヘバ、出來ルダケ早ク之ヲ廢メタイト云フ考デアル、又産米増殖計畫ハ繼續事業デアルカラ、之ヲ中止スル譯ニモ行カナイ、ソコデ最小限度ニ之ヲ繼續スルコトニ致シ、

共代リニ棉花ノ栽培ノ方ニ共失業者ヲ移ストニ云フ計畫ニ致シタノデアリマスト云フ答辯ヲ致サレマシタ、共他ノ委員諸君トノ間ニモ、此種類ノ質問應答ガアリマシタ、斯ク致シマシテ愼重審議ノ結果、全會一致可決シタ次第デアリマス、此段御報告申上ゲマス

日程第十一、樺太事業公債法中改正法律案ノ特別委員會ニ於ケル審議ノ顚末ヲ、御報告申上ゲマス、本案ハ昭和八年度以降ニ於テ、樺太ニ於ケル電信電話ノ擴張ト改良、道路ノ開鑿及改良、國有林事業經營其他ノ繼續事業ニ付テ、合計八百七十五万餘圓ノ經費ヲ要シマスノデ、是ガ財源トシテ公債ヲ發行スルコトヽシマシテ、現行ノ樺太事業公債法ニ於ケル起債法定額三千三百五十万圓ノ內、昭和七年度末起債餘力六十九万餘圓ヲ差引キマシタ不足額ノ、八百十万圓ノ追加增額ヲシタイト云フ案デアリマス、樺太ニ於ケル財政ノ現狀ニ鑑ミマシテ、是亦已ムヲ得ザルモノト認メマシテ、全會一致可決シタ次第デアリマス、此段御報告申上ゲマス

日程第十二、貨幣法中改正法律案ノ委員會ニ於ケル審議ノ顚末ヲ御報告申上ゲマス、本案ハ、從來十錢ト五錢ノ補助貨幣ハ、白銅ヲ以テ鑄造シテ居リマシタガ、此種ノ補助貨幣トシテハ純「ニッケル」貨幣ノ方ガ、共性能ニ於テ、白銅貨ヨリモ優ッテ居リマス、殊ニ僞造ヲ困難ナラシムルコトヲ得ルノ特長ヲ有シテ居ルノデアリマシテ、近年各國ニ於テ之ヲ採用スルモノガ次第ニ增加スル傾向ニ在リマス、從來ノ白銅貨ニ代ヘテ、新ニ「ニッケル」貨幣ノ制定ヲスルコト致シマシテ、尙ホ是ト同時ニ貨幣法中ノ量目ノ表示ハ、之ヲ「メートル」法ニ改メタイト云フノデアリマス、委員會ハ愼重審議ノ結果、適當ノ案ト認メマシテ、全會一致之ヲ可決シタ次第デアリマス、何卒御協贊アランコトヲ希望致シマス（拍手）

○議長（秋田清君） 先ヅ造幣局工場及共ノ附屬設備ノ新營費ニ關スル法律案ノ審議ニ入リマス、本案ノ第二讀會ヲ開クニ御異議アリマセヌカ

（「異議ナシ」ト呼ブ者アリ）

∨朝鮮事業公債法中改正法律案　第二讀會(確定議)
樺太事業公債法中改正法律案　第二讀會(確定議)

○議長(秋田清君)　別ニ御發議モアリマセヌ、第三讀會ヲ省略シテ、兩案トモ委員長報告通リ可決確定致シマシタ(拍手)――次ニ貨幣法中改正法律案ノ審議ニ入リマス、討論ノ通告ガアリマス、之ヲ許シマス――中村三之丞君

(中村三之丞君登壇)

○中村三之丞君　私ハ簡明ニ贊成ノ意思ヲ表明致シタイト存ジマス、現行貨幣法中ノ量目ノ表示ヲ「メートル」法ニ依テセラレタコトハ、同法實施ノ今日ニ於キマシテ妥當ト認ムベキデアリマス、白銅貨ニ代フルニ純「ニッケル」貨ニ改鑄セラルヽコトハ、只今委員長ノ御報告ノ如ク、其性能ニ於テ、僞造防止ノ點ニ於テ、英米ヲ除ク歐羅巴各國ニ採用サレテ居ルト云フ事實ニ則リマシテ、認ムベキ理由ハ存スルノデアリマス、又大藏省内ニ設置サレテアリマス貨幣委員會ハ、之ヲ認メテ居ルト云フコトデアリマス、唯吾人ノ觀察ヲ爲スベキ重點ハ「ニッケル」貨幣ノ鑄造費ガ、白銅貨ノ鑄造費ニ比較シテ高イト云フコトデアリマス、政府當局ノ御説明ニ依リマスルナラバ、一箇ニ付テ一錢餘ノ鑄造費ガ增加スルト云フノデアリマス、又現在白銅貨八千五百万圓ハ、十年間内ニ引上ゲル計畫デアルト云フコトデアリマスカラ、「ニッケル」貨鑄造ニ依リマシテ、每年造幣資金ニ於テ減少致シマスル金額、實ニ二百万圓ニ及ンデ居ルノデアリマス、更ニ進ンデ「ニッケル」ハ、我國ニ於キマシテ見ルベキ產出量ヲ有シテ居ラナイノデアル、斯ノ如キ經濟的見地ニ立チマスルナラバ、「ニッケル」貨ノ新鑄ハ相當考慮ノ餘地ヲ私共ハ發見スルノデアリマス、併ナガラ政府當局ノ御説明ニ依リマスルナラバ、經濟ヲ超越シタル國家的見地ヨリ、緊急已ムヲ得ナイ結果之ニ改メルト云フコトデアリマス、仍テ吾人ハ此國家的見地ニ立ッテ、此改鑄ニ贊成ノ意ヲ表スル所以デアリマス(拍手)

○議長(秋田清君)　本案ノ第二讀會ヲ開クニ御異議アリマセヌカ

(「異議ナシ」ト呼フ者アリ)

○議長(秋田清君)　御異議ナシト認メマス、本案ノ第二讀會ヲ開クニ決シマシタ

○上田孝吉君　直チニ本案ノ第二讀會ヲ開キ、第三讀會ヲ省略シテ委員長報告ノ通リ、可決セラレンコトヲ望ミマス

○議長(秋田清君)　上田君ノ動議ニ御異議アリマセヌカ

(「異議ナシ」ト呼フ者アリ)

○議長(秋田清君)　御異議ナシト認メマス、仍テ直チニ第二讀會ヲ開キ、議案全部ヲ議題ニ供シマス

外國爲替管理法案　第二讀會

○田中貢君　只今議題トナリマシタ外國爲替管理法案ニ關シ、次ノ希望條項ヲ述べテ委員長報告通リ贊成シ、野中君ノ修正ニ反對セントスル者デアリマス

一、政府ハ在外資産中業務上其他正當ナル理由ニ基キ有スルモノニ非サル外國證券及外貨資金ノ處置ニ關シ萬遺憾ナキヲ期スヘシ

二、政府ハ外國爲替取引ヲ日本銀行ニ集中スル以前ニ於テモ日本銀行ヲシテ外國爲替ニ關スル事務ノ監視勸告ヲナサシメ資本逃避ト爲替思惑トノ防遏ニ資スヘシ

三、政府ハ産金ニ關スル取締ヲナシ特ニ政府ノ奬勵ヲ受クル産金業者ニ對シ産金處分ノ取締ヲ嚴ニスルト共ニ時價ニ依リ産金ヲ買上ケ之ヲ國内ニ保有スヘシ

四、政府ハ邦貨ノ强制通用力ヲ有スル地域ニ於ケル通貨政策ヲ確立シ爲替相場ニ及ホス惡影響ヲ除去スヘシ

五、政府ハ臨時爲替管理部ヲ設ケ爲替事務ニ通曉スル實務家ヲモ特別任用シ本法ノ實施ニ遺憾ナキヲ期スヘシ

是等希望條項ニ關シテ聊カ其趣旨ヲ陳述致シタイト思ヒマス、爲替ノ動搖下落ガ經濟財政ニ惡影響ヲ及ボスコトハ、今更繰返ス必要ハアリマセヌ、爲替ノ低落ハ物價ノ均衡ヲ破壞致シマシテ、輸入品高、國内品安ノ結果ヲ招來シ、一部輸出業ノ殷賑ヲ見セマシタガ、國内産業ヲ多ク萎微衰退セシメマシタ、是ガ時局匡救策ト ナッタ所以デアリマスガ、時局匡救策ハ爲替ノ是レ以上ニ下ラヌト云フコトヲ前提トスルモノデナケレバナリマセヌ、何故ナラバ、時局匡救策ニ依ッテ國内物價ヲ高メタト致シマシテモ、爲替相場ガ更ニ下落シテ、輸入品ガ一層高クナルニ於テハ、物價ノ均衡ハ依然トシテ破壞セラレ、匡救策ノ目的ヲ達スルコトガ出來ヌカラデアリマス(拍手)

是ガ我黨ガ金ノ輸出再禁止以來、常ニ爲替ノ安定ヲ主張シ來リ、第六十二議會ニ於テ資本逃避防止法案ノ提出サレマシタ時ニモ、之ヲ爲替安定策トシテ取扱ハントシタ所以デアリ、第六十三議會ニ於キマシテモ爲替安定ノ必要ヲ力說シ、其後我黨ハ爲替安定ノ政策ヲ社會ニ公表スルト共ニ、政府ニ案ヲ具シテ進言致シマシタ所以ナノデアリマス(拍手)幸ニ政府ハ我黨ノ主張ヲ容レテ、玆ニ爲替管理法案ノ提出ヲ見、今將ニ衆議院ヲ通過セントスルニ至リマシタコトハ、我國經濟ノ安定回復ノ爲メ喜バシイコトデアルト共ニ、我黨ノ根本策ノ一ツデアリ、我黨ノミノ主張シ來ッタ此政策ヲ、現內閣ヲシテ實行セシメマシタコトハ、本懐ノ至リト言ハナケレバナラヌノデアリマス(拍手)併ナガラ對米爲替相場二十弗臺ハ、我ガ經濟ノ實勢ヲ反映スルモノデアリマセヌ、寧ロ實勢以下ニ低下シテ居リマス、之ヲ實勢ニ接近セシメマスコトハ今日ノ急務デアリ、況シテ現狀以下ニ下ルコトニ對シマシテハ、是ガ阻止方法ヲ執ラナケレバナリマセヌ、大藏大臣ハ吾々ト意見ヲ同ジクセラレマシテ、不自然ナ原因ニ基イテ現狀以下ニ低下スルニ於テハ、本法ヲ嚴重ニ適用シ、少クトモ資本逃避ト爲替ノ思惑、見越思惑輸入、無爲替輸出等ヲ取締ルト共ニ、一方財政上ヨリ來ル「インフレーション」ノ惡弊ヲ防止スルコトニ努メルコトヲ明言セラレマシタ、之ニ依リマシテ、本法ヲ實施致シマスナラバ、經濟ノ實勢ニ基カズシテ、異常ナ原因カラ爲替ノ低落スルコトハ、阻止セラレルモノト考ヘマスノデ、玆ニ初メテ我ガ財界ハ堅實ナ歩ミヲ取ルコトト考ヘルノデアリマス

併ナガラ爲替ガ實勢以下ニ下ッテ居リマス重大ナル原因ノ一ツハ、滿洲事件ト之ニ伴フ心理的影響デアリマス、ソコデ近ク滿洲事件ノ圓滿ナ解決ヲ見ルニ至リマスナラバ、爲替ガ急激ニ上ルコトヲ免レヌカモ知レマセヌ、又時局匡救策ガ進ムニ從ヒ、其實效ヲ收メルニ伴レマシテ、國内經濟界ガ活氣ヲ呈シマスナラバ、又亞米利加其他海外財界ノ不安ガ一層深刻ノ度ヲ加ヘマスナラバ、日本人ノ有スル在外資産ハ急激ニ日本ニ還ッテ來ルカモ知レマセヌ、若シサウ云フコトニナルナラバ、爲替ノ急激ナル騰貴ヲ免レヌカモ知レマセヌ、是ハ佛蘭西、獨逸、白耳義ノ先例ト、最近ノ英吉利ノ實例トガ明ニ之ヲ示シテ居ルノデアリマス、是ニ於キマシテ若シ急激ニ三弗、五弗ト回復致シマスナラバ、産業貿易ニ及ボス惡影響ハ恐ルベキモノデアリマス、隨テ假令騰貴スルニ致シマシテモ、徐々ニ騰貴セシメテ、漸次實勢ニ近付カシメルコトガ必要デアリマス、政府ノ發表ニ依リマスト、我國ハ昨年ノ九月一日現在ニ於テ、海外ニ外國證券三億七千三百万圓ト、外貨資金四億二千一百万圓トヲ有ッテ居リマス、是等ノ在外資産ニ付キマシテハ、私達ハ六十二議會以來、其中デ産業貿易金融業ノ正常ナル取引ニ必要ナモノト、サウデナイモノトヲ區別シテ、是ガ對策ヲ講ズベキコトヲ主張シ來リマシタガ、今日マデ其兩者ノ區別ノ調査ガアリマセヌ、ソコデ政府ハ速ニ之ヲ調査シテ、正常取引ノ爲メ必要ニ非ザル金額ノ急激ニ我國ニ還リ來タルコトニ付テ、相當防止ノ方策ヲ講ズルナリ——最近英吉利ガ好マシカラザル外國ノ短期資金ガ流レ入ルコトニ付キマシテ、執リマシタ類似ノ對策ヲ講ズル用意ヲスベキデアリマセウ、私ノ推定スル所ニ依リマスト、正常ナル取引ニ不必要ナル在外資産ハ、約五億圓 リマス、若シ之ヲ內地ニ取寄セマシテ、正貨準備ニ繰入レルトシマスナラバ、我ガ正貨準備ハ九億圓ヲ超エ、弗買逃避以前ノ狀態ニ還リマシテ、圓貨ノ對内信用ヲ高メテ、資本ノ逃避ヲ防止シ得ルト共ニ、圓貨ノ對外信用ヲ高メテ、圓貨ノ投機思惑ヲ阻止スルコトガ出來ルト考ヘマス、併ナガラ今日ノ實情ニシテ、假ニ之ヲ買上ゲルノ困難ナルモノガアリマスナラバ、在外資産ノ中デ必

要ナル額ト、不用ナル額トヲ區別シテ、正常取引ニ不必要ナル金額ノ處分ヲ、猛烈ニ嚴重ニ取締リマシテ、之ヲ纏譴ニシテ爲替市場ヨリ隔離シ、爲替相場ニ異常不自然ナル影響ノ及ブコトヲ避ケナケレバナラヌト考ヘマス、ノミナラズ在外不用資金ノ豐富ナルコトハ、見越思惑輸入ヲ容易ナラシムル原因ヲ爲シテ居リマス、昨年ノ上半期ト、今年現下ノ輸入ヲ增大シテ居ル原因ハ卽チソレデアリマス、爲替ガ低落スレバ輸入ヲ阻止スルコトガ出來ルト稱セラレナガラ、而モ輸入ガ減退致シマセヌノハ、在外資金ノ豐富ナルコトニ因ルコトモ亦忘レテヘナリマセヌ、是ニ於テ吾々ハ在外資產ノ中デ必要ナルモノト不用ナルモノトヲ分ケ、之ニ對シテ善處スベキコトヲ希望スルモノデアリマス、是ガ希望條項ノ第一ヲ附シタ所以デアリマス

次ニ苟モ爲替管理ヲ行フナラバ、日本銀行ヲシテ、唯一ノ爲替取引機關タラシメルト云フコトハ、六十三議會ニ於テ、私ノ質問ニ對シテ、大藏大臣ハ明確ニ答ヘテ居ラレマス、唯爲ニ爲替銀行ニ相當ノ影響ヲ及ボスノミナラズ、一行主義ヲ守ッテ、唯一ツノ銀行トノミ取引スル商人ニ、相當不便ヲ與ヘルコトヲ免レマセヌ、ケレドモ爲替管理ノ實施ニハ、先ヅ輸出入爲替ノ實情ヲ知ルコトガ必要デアリマス、隨テ爲替取引ヲ一ツノ銀行ニ集メテ、出入リノ實際ヲ知ルト云フコトハ、爲替管理政策ノ基調デナケレバナリマセヌ、又資本ノ逃避、爲替思惑ヲ禁壓シ、其他本法第一條各號ノ脫法行爲ヲ防ギマシテ、本法ヲ圓滑ニ運用致シマスニモ、爲替取引ヲ日本銀行ニ集中スルコトガ、望マシイノデアリマス、殊ニ爲替ガ下落步調ヲ取リマスナラバ、銀行モ會社モ個人モ輸出爲替ヲ手持チシテ、銀行間ノ取引ニ出シマセヌ、一方輸入業者ハ思惑輸入ヲ企テヽ、爲替ノ先約束ヲ致シマス、是ガ昨年秋ニ爲替相場ガ異常ナル暴落ヲ致シタ原因ナノデアリマス、此取締ヲ徹底致シマスニハ、爲替取引ヲ日本銀行ニ集中スルノガ、一番宜イノデアリマス、併ナガラ日本銀行ニ集中シマスレバ、爲替銀行ト商人トニ影響スル所ガ大キイカラ、日本銀行ニ集中スルトシテモ、尙ホ爲替事務ヲ從來同樣ニ、爲替銀行ニ委任シテ行ハシムベキデアリマセウ、尙ホ茲ニ至リマス前ニ於テモ、先ヅ日本銀行ヲシテ爲替取引ノ報告ヲ集メサス、サウシテ其取引ノ實際ヲ監視シテ、適當ナル勸告ヲ爲サシムルコトガ、妥當デアルト考ヘマス、是レ私達ガ希望條項ノ第二ヲ附シタル所以デアリマス(拍手)

尙ホ政府ハ金ノ輸出ヲ禁止シナガラ、金ノ國內取引ニ付テ何等ノ取締ヲ行ッテ居リマセヌ、政府ノ獎勵スル產金スラ、强制買上ヲ爲サズ、自由賣買ニ委ネテ居リマス、而モ時價ノ二割安ヲ以テ買上ゲマスコトハ、一方ニハ密輸出ガ行ハレ、他方ニハ金融サヘ付キサヘスレバ、金ヲ保有シテ爲替ノ値下リヲ待ツト云フ狀態デアリマス、彼ノ獨逸ハ爲替管理ノ實施ト共ニ、金ノ國內取引ニ付テ制限ヲ設ケマシタ、我國ニ於キマシテモ、單ニ輸出ヲ取締ルノミナラズ、國內取引ヲ取締リ、少クトモ政府ノ獎勵スル產金業者ニ對シテハ、其產金ノ自由賣買ヲ、制限スル一方、時價ニ依ッテ之ヲ買上ゲテ、國內ニ保有スルコトガ必要ダト考ヘマス、金ノ將來ニ付テハ種々問題ガアリ、殊ニ我國ノ如ク東南洋ノ取引ガ、銀貨ニ依ルト云フ國ニ付テハ、金本位制度ノ將來ニ相當ノ疑問ガアルトシテモ、尙ホ金ハ貨幣ノ本位トシテ重要デアリマスカラ、政府ハ之ニ善處サレンコトヲ望ム次第デアリマス(拍手)是ガ希望條項ノ第三ヲ付シタル所以デアリマス

又本法ヲ關東州ヘ適用スルニ當リマシテハ、從來關東州、滿鐵附屬地、滿洲國ヲ通ジマシテ、逃避、思惑ノ行ハレタ事實ニ鑑ミマシテ、是ガ取締ニ注意スルト共ニ、從來是等ノ地方ニ於テ通用致シテ居リマシタ銀票、銀粲安、朝鮮銀行券ノ他ニ、滿洲事件突發以來日本銀行兌換券モ、亦多少通用スルヤウニナリ、朝鮮銀行券ニ至ッテハ、其流通高ハ殆ト倍加シタト稱セラレテ居リマス、斯ノ如ク銀貨ノ通用スル所ヘ滿洲事件ガ起ッテ以來、急激ニ巨額ノ金圓ノ使用ガ增加シマシタコトハ、圓價下落ノ一原因デアルト見ラレルノデアリマス、ソコデ若シ日淸、日露戰役當時ト同ジク、銀票ヲ以テ事件費ヲ支辨シマスナラ、恐ラク圓價ノ下落ヲ阻止スルコトガ出來マセウ、併ナガラ今日ノ日滿兩國ノ關係カラ見レバ、問題ヲ簡單ニ取扱フコトガ出來マセヌカラ、政府ハ邦貨ノ强制通用力ヲ有スル地域ニ於テ、通貨政策ヲ確立シテ、爲替相場ニ及ボス惡影響ヲ除クコトニ努ムベキデアリマセウ、是ガ第四ノ希望條項ヲ附シタ所以デアリマス(拍手)

更ニ管理諮問機關ニ付テ見マスルニ、再禁止下ノ經濟界ヲ支配スル最モ大キイ原動力ハ、爲替相場ト通貨ノ數量トデアリマス、然ルニ本案ハ爲替管理ニ關シマシテ、極メテ廣汎ナル權限ヲ政府ニ與ヘントスルモノデアリマス、隨テ此法律ヲ峻嚴ニ適用致シマスナラバ、爲替相場ヲ釘付ニスルコトモ不可能デハアリマセヌ、況シテ寬嚴ノ程度ニ依リマシテハ、爲替相場ヲ或ル程度マデ左右スルコトガ出來マス、是ニ於テ此管理法ノ運用ヲ、擧ゲテ政府ニ一任シマスナラバ、或ハ我ガ爲替相場ハ屬僚ノ支配スル所トナル嫌ガナイデハアリマセヌ、若シサウナレバ屬僚ガ我ガ經濟界ノ鍵ヲ握ルコトニナリ、一步ヲ誤リマスナラバ、財界ニ取還ヘシ難キ惡影響ヲ及ボスカモ知レナイノデアリマス、是レ私達ガ眞ニ爲替ヲ解スル專門家ヲ集メタ、有力ナル委員會ヲ常設スルコトヲ希望シ、本案ヲ修正セントスル所以デアリマス、ノミナラズ本案ノ實施ニ際シテハ、管理機關ノ充實ヲ圖ラナケレバナリマセヌ、現行資本逃避防止法ノ下ニ於キマシテモ、報告ノ處理、檢査ノ實行ニ缺ケル所ガ少タアリマセヌ、又本法ノ取締ヲントスル逃避、思惑ノ事實ニ關シマシテ、我ガ小川、中島、中村ノ三委員ヨリ、詳細ナル實例ヲ

擧ゲテ取締ノ程度ヲ質シマシタガ、政府ハ之ニ答フル用意ガアリマセヌ、随テ現實ニ行ハレタ逃避、思惑スラ取締ラズ、逃シタモノガ少クナイト考ヘマス

斯ノ如キハ色々理由モアリマセウガ、特ニ管理機關ノ不十分ト云フコトニ基クモノニ外ナリマセヌ、是ニ於テ政府ハ其管理ニ關シ、臨時爲替管理部ヲ設ケテ、人員ヲ充實シテ欲シイ、殊ニ爲替ノ問題ハ素人ニハ分リ兼ネマスノデ、眞ニ爲替事務ニ通曉セル實務家ヲモ特別ニ任用致シマシテ、本法ノ運用ニ萬遺憾ナキヲ期シテ欲シイト思ヒマス、是ガ希望條項ノ第五ヲ付シタ所以デアリマス

之ヲ要シマスルニ、本法ノ施行ニ關シマシテ、政府ガ以上ノ諸點ニ注意ヲシテ運用致シマスニ於テハ、時局匡救策ト相俟ッテ、我ガ財界ハ健實ナル歩ミヲ取ルニ相違ナイト考ヘルノデアリマス、此政策ハ再禁止後直チニ行ハルベキモノデアリマシタガ、ソレガ行ハレナカッタ爲ニ、昨年上半期ノ不景氣ヲ招イタノデアリマス、六月ノ不況狀態ハ、再禁止前ニ勝ルモノデアリ、生絲ノ如キハ四百圓ヲ割ルト云フ慘澹サル狀態デアリマシタ、斯ノ如キハ再禁止ハシタモノノ、善後策ヲ爲スコトヲ忘レタコトニ甚クモノデアリマス、再禁止後ノ二大對策ハ、通貨政策ト爲替政策トニ在ルト思ヒマス、兩者ハ密接不離ノ關係ニ立ツモノデアリマシテ、爲替政策ヲ無視シタ時局匡救政策ハ、到底財界ノ眞ノ安定ヲ得ルコトハ出來マセヌ、幸ニ大藏大臣ハ思ヲ茲ニ致サレマシテ、本案ノ提出ヲ爲シ、將ニ其成立ヲ見ントスルコトハ、我ガ財界ノ眞ノ安定ノ爲ニ慶ブベキ事デアリマス(拍手)願クハ本法ノ實施ニ方リマシテ、周到ナル用意ヲ致サレマシテ、寛嚴宜シキヲ得テ、財界ノ安定回復ニ資セラレンコトヲ望ム次第デアリマス、即チ希望條件ノ趣旨ヲ述ベマシテ、委員長報告通リ賛成セントスル者デアリマス(拍手)

昭和八年三月五日

米穀統制法案外一件

第一讀會ノ續

第二　米穀統制法案（政府提出）
　第一讀會ノ續（委員長報告）

第三　米穀需給調節特別會計法中改正法律案（政府提出）
　第一讀會ノ續（委員長報告）

報告書

一米穀統制法案（政府提出）

右ハ本院ニ於テ可決スヘキモノト議決致候此段及報告候也

昭和八年三月三日

委員長　東　武

衆議院議長秋田淸殿

附帶決議

米穀統制ニ關シテハ更ニ調査研究ヲ爲シ米穀政策ノ徹底ヲ期スルヲ必要ト認ムルモ本法施行ニ關シテハ少クトモ政府ハ左記事項ヲ考慮スベシ

一本法第二條第二項ノ生産費中ノ租稅公課ノ中ニハ戶數割、水利費、部落費ヲ加算シ更ニ米ノ生産地ヨリ買上場所ニ至ル運賃諸掛リヲ加ヘラレタシ

一朝鮮米臺灣米ニ付テハ本法所期ノ目的ヲ達スル爲更ニ徹底的統制ノ方策ヲ講ズベシ

報告書

一米穀需給調節特別會計法中改正法律案（政府提出）

右ハ本院ニ於テ可決スヘキモノト議決致候此段及報告候也

昭和八年三月三日

委員長　東　武

衆議院議長秋田淸殿

（東武君登壇）

○東武君　米穀統制法案外一件ノ委員會ニ於ケル審議ノ經過及結果ヲ御報告致シマス、委員會ハ二月十六日ヨリ十回開會ヲ致シマシタ、委員會ニ於キマシテハ、各委員ヨリシテ微ニ入リ細ニ亙ッテ愼重審議ヲ重ネマシタ、又政府モ極メテ愼重ニ質疑ニ應答サレタノデアリマス、本法案ノ要旨ニ付テハ、諸君ガ既ニ御承知デアリマスカラシテ詳シク申シマセヌガ、第一ハ、政府ハ米穀ノ最低最高價格ヲ公定シ、此範圍內ニ於テ買上賣渡ヲ行ヒ、公定價格ノ維持ヲ圖ラントスルノデアリマス、第二ハ、政府ハ米穀ノ數量調節ノ爲メ米ノ出廻季節ニ於テ米ノ買上ヲ行ヒ、月別平均的ナラシムル爲メ數量ノ平準ヲ圖ルコト、第三ハ、米穀統制ノ目的ニ依リ、米穀ノ輸出入ニ付キ常時許可制度ヲ採ルト共ニ……（發言スル者アリ）一寸ヤカマシイ、少シ靜ニシテ下サイ――粟、高粱、黍ノ如キモノニ付テ、必要アル場合ハ輸出入ノ制限ヲ爲シ、輸入稅ノ增減ヲ爲スト云フノデアリマス、第四ハ、米價ノ公定價格ヲ維持スルニ必要ナル買入賣渡等ニ關聯シテ、貯藏、貸付、交換、加工及整理ノ爲メノ賣渡ト云フヤウナ、細目ニ亙ッテ居ルノデアリマス、第五ニハ、罰則ノ規定ガアルノデアリマス、第六ニ、需給調節特別會計法ノ改正ハ、諸君ノ御承知ノ如ク、現在ノ資金ノ總額四億八千万圓ヲ七億圓ニ擴張スルト云フノデアリマス、是等ノ要旨ニ對シマシテ、委員會ニ於テハ各種ノ質疑應答ガ重ネラレタノデアリマスガ、之ヲ一々茲ニ報告スルコトハ非常ニ廣汎ニ亙ルガ爲ニ、概要ダケヲ御說明申ス次第デアリマスルガ、委員會ヲ通ジテ終始問題ニナッタモノハ、第二條ノ第二項ノ中ニアル「前項ノ最低價格及最高價格ハ勅令ノ定ムル所ニ依リ米穀生産費、家計費及物價其他ノ經濟事情ヲ參酌シテ之ヲ定ム」此勅令規定ニナッテ居ルモノガ非常ニ問題ニナッタノデアリマス、故ニ委員會ニ於テハ、政府ガ勅令ノ內容ヲ示サナケレバ、審議ノ仕樣ガナイト云フコトデ、屢〻政府ニ此要項ノ提出ヲ要求サレタノデアリマス、即チ第二條ニ於テハ、最高最低價格ヲ定メルノニハ、米ノ生産費ニ付テ最低價格ヲ定メ、家計費其他ノ經濟事情ニ依ッテ最高價格ヲ定メル、斯ウ云フ事ガ即チ本案ノ骨子ニナッテ居ルノデアリマス、此第二條ノ規定ガ總テ勅令ノ範圍ニ讓ラレテ居ル爲ニ、審査上非常ニ不便ヲ感ジタ次第デアリマス、委員會ヲ通ジテ生産費ノ問題ニ付テ、終始議論ノ論點トナッタノデアリマスルガ、諸君ノ御承知ノ如ク、此生産費ノ問題ニ付キマシテハ、現行米穀法ニ關シテ昨六十三議會ニ於キマシテ、率勢米價ノ存廢ト云フ事ガ此議場ノ問題トナリマシテ、幾多ノ論戰ノ結果ニ於キマシテ、遂ニ現行米穀法ノ率勢米價ノ項目ハ削除ニナッタノデアリマス、是ガ貴族院ニ參リマシテ、最後ニ兩院協議會ヲ開カレマシテ、其兩院協議會ノ結果、率勢米價ノ適用ハ本年ノ十二月マデ中止スルコトニナッタノデアリマス、即チ生産費ガ率勢米價ニ代ッテ基準ニナッタト云フコトハ、各位ノ御承知ノ通リデアリマス

ソコデ生産費ヲ米價決定ノ基準ト爲スベ

シトノ問題ハ、多年ノ農業界ノ宿望デアル、又農業界ノ唯一ノ目的デアッタノデアリマス、生産費ガ基準トナレバ農業生産物ノ價格ハ、或ル程度マデハ維持サレ、又農業界ハ之ニ依ッテ經濟的ニ幾ラカ救ハレルモノト、斯様ニ考ヘタノデアリマシタガ、愈、此米穀法ノ昨年ノ改正ヲ實施スルニ方リマシテハ、是ガ全然裏切ラレマシテ、政府ノ米穀委員會ノ諸問ヲ經マシテ、決定セラレタ所ノ米穀生産費ナルモノハ、如何ニモ現状ニ即シナイ、即チ市場ノ價格ヨリモ却テ低落シテ居ルト云フヤウナ結果ヲ生ジ、又一般米價ハ是ガ爲ニ引摺ラレマシテ、サナキダニ農産物ノ低落シテ困ッテ居ル農村ノ窮状ニ、拍車ヲ掛ケルヤウナ結果ヲ生ジタノデアリマス、是ハドウ云フ譯デアルカト申シマスレバ、現行米穀法ノ中ノ施行令ニ於キマシテ、生産費ハ勞銀デアル、或ハ畜力費、肥料、農具、或ハ資本利子ト云フヤウナ風ノ項目ガ、勅令ニ依ッテハッキリ決メラレテ居ルノデアリマス、故ニ此勅令ヲ改廢スルニアラズンバ、此生産費ノ引上ハ米穀委員會ニ於テモ、或ハ政府ニ於テモ、是ガ自由ニナラナイノデアリマス、是ニ依ッテ昨年ノ生産費ヲ基準ニシマシタケレドモ、事實ニ於テハ生産費ト云フノハ諸君ノ御承知ノ如ク、二十圓五十八錢ト云フヤウナ、極メテ安イ生産費ニ置カレテ、是ガ結局此米價ノ即チ農産物ノ價格ヲ低落サセル因ヲ爲シテ居ルト云フヤウナ、結論ヲ生ジテ居ルノデアリマス、ソコデ委員會ハ此生産費ノ算定基礎項目ニ付テ種々論議サレタノデアリマシタガ、委員ノ大體質問ノ要旨ハ、第一ハ、此生産費ノ項目ノ中ニ戸數割ト云フモノガ入ッテ居ラヌ、第二ハ、水利費ト云フヤウナモノモ見テ居ラナイ、第三ハ、部落費或ハ協議費ト云フヤウナモノガ入ッテ居ラナイ、ソレカラ又モウ一ツ大キナ問題ハ、第四、運賃諸掛リト云フモノガ見ラレテ居ラヌ、運賃諸掛リト云フモノヲ見ルノガ當然デアルカ否ヤト云フコトハ、相當議論ガアルノデアリマスルガ、之ニ對シテハ專賣局長官ヲ呼ンデ、煙草ノ專賣、鹽ノ專賣、或ハ樟腦ノ專賣等ニ付テ、此運賃諸掛リヲ見テ居ルカドウカト云フコトヲ質問致シマシタガ、之ニ對シテハ煙草ニアッテモ、鹽ニアッテモ、樟腦ニアッテモ、運賃諸掛リト云フモノハ、是ハ生産費ノ中ニ見テ、サウシテ價格ノ公定ヲ致シテ居ルト云フ、斯ウ云フ御答辯ガアリマシタ、又北海道デ陸軍省ガ糧秣廠ニ於テ燕麥ヲ買フノハ、ドウ云フ風ニナッテ居ルカト云フコトヲ質問致シマシタガ、是モ陸軍政府委員ガ參リマシテ、矢張運賃諸掛リハ生産費ノ中ニ數ヘテアル、斯様ナ答辯ガアッタノデアリマス、然ラバ是等ノ項目ハ生産費ノ中ニ當然加算サルベキモノデアルト云フ論議ガ、委員全體ノ殆ド有力ナル質疑ノ問題デアッタノデアリマス、政府ハ之ニ對シテハ是等ノ項目ヲ生産費中ニ加フルコトニ付テ、大體其趣旨ニハ贊成デアル、贊成デアルガ、從來之ヲ入レナカッタト云フコトハドウ云フ譯デアルカト言ヒマスレバ、是等ヲ算定スルノニ非常ニ困難ナ點ガアル、故ニ今日マデ生産費ノ中ニ加算サレナカッタノデアルト云フノデアルガ、此統制案ヲ愈、實施スル場合ニ於テハ、十分考慮ヲ致スト云フ政府ノ答辯デアリマシタ

第二ノ問題トナッタノハ、朝鮮ト臺灣米ノ管理獨占ト云フコトデアリマス、是ハ米穀統制案ノ原案ニハ朝鮮ノ米、臺灣ノ米ハ政府ガ獨占管理スルト云フコトノ原理ニナッテ居ッタノデアル、是ハ誰ガ考ヘテ見マシテモ、日本ノ米穀政策ヲ樹テル上ニ於テ、外地米ト云フモノヲ此儘ニ放任シテ置イテ、幾ラ米穀法ヲ運用シテモ、大キナ袋ニ穴ガアッテ、其穴ヲ塞グコトガ出來ズシテ、此米穀統制ヲシヨウト云フコトハ、殆ド是ハ木ニ緣ッテ魚ヲ求ムルヨリ尚ホ難イモノガアル、若シモ此朝鮮臺灣ノ外地米ヲ統制スルコトガ出來タナラバ、毎年幾千万圓ノ損ヲスルト云フヤウナコトナクシテ、サウシテ極メテ調節ガ自由ニ出來ルノデアラウト、吾々ハ固ク信ジテ居ルノデアリマシタ、然ルニ今回ノ米穀統制案ニハ此重大ナル問題ガ、何時ノ間ニカ項目カラ消エ去ッテシマッテ居ル、サウシテ極メテ微溫的ナル所ノ——朝鮮臺灣等外地ニ對スル所ノ米ニ對シテハ、出廻期節ニ於テ買入レ、出廻期後ニ於テ賣渡ス、或ハ貯藏ヲ奬勵シテ月別平均デ移出スルト云フヤウナ、極メテ微溫的ナ統制ノ項目ニナッテ居ルノデアリマス、此統制ノ實ヲ如何ニシテ擧ゲルカト云フコトニ付テハ、植民地米ヲ此儘ニ放任スルコトハ全然出來ナイト云フコトデアリマシテ、屢、委員ノ中カラ此問題ガ論議サレタノデアッテ、拓務大臣、朝鮮總督府ノ政務總監、其他ガ出席致シマシテ、是等ニ付テ質問應答ヲ重ネラレタノデアリマシタガ、永井拓務大臣ハ、此事ニ付テハ反對カ贊成カト云フコトヲ質問致シマスルト云フト、朝鮮ト日本トハ一視同仁デアル、同ジク　天皇陛下ノ赤子デアッテ、一視同仁デアル、差別的待遇ヲスルト云フコトハ朝鮮統治ノ上ニ於テ大ナル不便ガアル、故ニ之ニ對シテハ内地同様ナ統制法ガ——現在ノ政府提案ノ統制法ガ極メテ適當デアルト、斯ウ云フ答辯デアリマシタ、而シテ又朝鮮ノ産米增殖計畫ト云フモノハ、ドレ迄ヤルノデアルカ、若シモ現在ニ於テデモ一千万石以上ノ米ガ内地ニ殺到シテ來ルノデアルガ、是ハ平均一段ニ付テ九斗位シカ穫ッテ居ラヌ、若シ現在ノ儘ニ置イテモ多少ノ改良ヲスレバ、優ニ二倍三倍ノ增殖ガ出來ルノデアルガ、是等ノ點ハドウスルノデアルカト云フコトノ質問ガアリマシタ、之ニ對シテ總督府ハ、朝鮮ニ於テノ産米增殖計畫ハ、失業者ヲ出サナイ程度ニ於テ縮小スル積リデアル、是ヨリ以上ニ擴張ヲスルト云フヤウナ考ハ有ッテ居ラヌ、又自治的統制ヲ爲ス諸般ノ施設ヲナス爲ニ、今豫算ノ要求ヲ致シテ居ル、又産米計畫ヲ縮小スル代リニ、朝鮮ニ於テハ小麥ノ奬勵ヲ致シ、綿ノ栽培ヲ致シテ、サウシテ一定ノ計畫ヲ

掛テルコトノ方針ガ定ッテ居ルト云フコトノ説明ガアッタノデアリマス

最後ニ政友會側ヲ代表シテ、土井權大君ヨリシテ、總括的質問ガ提議サレマシタ、本法ノ第二條第二項ノ生産費中ノ租税公課ノ中ニハ、戸數割、水利費、部落費ヲ加算シ、更ニ米ノ生産地ヨリ買上場所ニ至ル運賃諸掛リヲ加ヘラレタシト云フ、文書ニ依ッテノ質問デアリマス、後藤農林大臣ハ極メテ率直ニ、且ツ明白ニ、本法施行ニ當リ米穀生産費ノ項目中、現在調査シテ居ル費目ノ外ニ、戸數割、水利費及部落協議費ノ一部ヲ加ヘルコト、並ニ生産費ノ外運賃諸掛リノ點ヲ考慮スルコトニ付テハ十分攻究ノ上、出來得ル限リ御希望ニ副フヤウ致シタク存ジマスト、斯樣ナ答辯ト聲明ガアッタノデアリマス、討論ニ入リマシテ政友會側ヲ代表致シマシテ河野委員ヨリ、左ノ附帶條件ヲ述ベテ原案ヲ贊成スルト云フ意見ガアリマシタ

附帶決議

米穀統制ニ關シテハ更ニ調査研究ヲ爲シ米穀政策ノ徹底ヲ期スルヲ必要ト認ムルモ本法施行ニ關シテハ少クトモ政府ハ左記事項ヲ考慮スベシ

一本法第二條第二項生産費中ノ租税公課ノ中ニハ戸數割、水利費、部落費ヲ加算シ更ニ米ノ生産地ヨリ買上場所ニ至ル運賃諸掛リヲ加ヘラレタシ

一朝鮮米臺灣米ニ付テハ本法所期ノ目的ヲ達スル爲更ニ徹底的統制ノ方策ヲ講ズベシ

又八田委員ヨリハ一箇ノ希望條件ト致シマシテ

本法施行前ニ於ケル昭和七年度産米ニ付政府ハ適當ノ方法ヲ講ジ、其價格ノ維持ニ努ムベシ

是ハ統制法ガ今年ノ十一月カラデナイト施行ガ出來ナイノデ、昭和七年度米ヲドウスルカト云フコトニ付テ、八田委員カラノ希望條件ガ出テ、斯樣ナ案件ガ提出サレタノデアリマス、民政黨側ヲ代表致シマシテ、高田委員ヨリシテ二箇ノ希望條件ガ提出サレマシタ

一政府ハ本法運用ノ效果ヲ完カラシムル爲メ産業組合、農業倉庫等ヲ指導シ自治的統制ノ實ヲ擧グル施設ヲ講ズルコト

一米穀ニ關スル各般ノ統計調査ノ整備ヲ圖リ以テ本法發動ノ基調ヲ的確ナラシムルコト

國同側ヨリ由谷委員カラ本法案ニ對シテハ贊否ヲ保留シ、本會議ニ於テ意見ヲ發表スルト云フコトデアリマシタ、採擇ノ結果、河野委員ノ提出セル所ノ附帶決議ニ付テハ、滿場大多數ヲ以テ可決セラレタノデアリマス、他ノ委員ヨリシテ提出セラレタルモノハ、本案ノ贊成ノ希望意見ト認メテ、本會ニ委員長ヨリ報告スルト云フコトニ致シマシテ、民政黨側ヨリ提出サレ、八田委員ヨリ提出セラレタモノハ、採決ヲ致サナイデ、報告ニ留メルコトニ致シマシタ、最後ニ本法案二案トモ採決ノ結果、大多數ヲ以テ委員會ニ於テハ可決サレタモノデアリマス、右御報告ヲ申上ゲル次第デアリマス（拍手）

○議長（秋田清君） 現ニ審議中ノ兩案ノ中、米穀統制法案ニ對シマシテ、由谷義治君外一名ヨリ定規ニ依リ修正案ガ提出セラレテ居リマス、仍テ討論ハ便宜上第二讀會ニ於テ修正案ノ趣旨辯明ヲ聽キマシタル上、之ヲ許可致シタイト思ヒマス、兩案ノ第二讀會ヲ開クニ御異議アリマセヌカ

〔「異議ナシ」ト呼フ者アリ〕

○議長（秋田清君） 御異議ナシト認メマス、第二讀會ヲ開クニ決シマシタ

○上田孝吉君 直チニ兩案ノ第二讀會ヲ開カレンコトヲ望ミマス

○議長（秋田清君） 上田君ノ動議ニ御異議アリマセヌカ

〔「異議ナシ」ト呼フ者アリ〕

○議長（秋田清君） 御異議ナシト認メマス、仍テ直チニ兩案ノ第二讀會ヲ開キ、議案全部ヲ議題ト致シマス

昭和八年三月五日

米穀統制法案外一件

第二讀會

米穀統制法案　第二讀會

米穀需給調節特別會計法中改正法律案　第二讀會

○議長（秋田清君）　此際米穀統制法案ニ對スル修正案ノ趣旨辯明ヲ許シマス――由谷義治君

米穀統制法案ニ對スル修正案

右成規ニ據リ提出候也

昭和八年三月三日

提出者　由谷義治

外一名

米穀統制法案中左ノ通修正ス

第二條第二項中「米穀生産費、」ノ下ニ「相當利潤、」ヲ加フ

第十條中「米穀生産費、」ノ下ニ「相當利潤、」ヲ加フ

（由谷義治君登壇）

○由谷義治君　米穀統制案ニ對シマシテ、吾々國民同盟ハ修正意見ヲ提案シマシタカラ、私ハ其趣旨辯明ヲ致スノデアリマスガ、其趣旨辯明ノ議論ニ對シマシテハ、相當ノ時間ヲ拜借シタイノデアリマス、苟モ我國農村ノ重大問題デアリマス、御互ニ眞劍ニ之ヲ討議スルコトガ、吾々ガ農村ニ對スル唯一ノ手段デアルト考ヘルノデアリマス（拍手）

吾々ハ政府ノ提案シマシタ米穀統制法案ニ對シマシテ、幾多ノ不滿ヲ發見スルノデアリマス、其幾多ノ不滿ヲ綜合シテ、私共ハ一番大切ナ問題ニ對シテ修正意見ヲ提起シタノデアリマスガ、其一番大切ナ問題ヲ結論スル爲ニハ、其前提トシテノ幾多ノ不滿ヲ申上ゲマセヌト、吾々ノ議論ガ徹底シナイノデアリマス（拍手）吾々ハ米穀統制法ノ建前ガ、一方ニハ消費階級、一方ニハ生産階級、此二ツノ利害ノ相對立シタ觀念ノ上ニ立ッテ居ルガ爲ニ、生産者ニモ餘リ有難クナイ、消費者ニモ餘リ有難クナイ、斯ウ言ッタ不徹底ナ法案デアルコトヲ衷心カラ遺憾ト致シマス、若シ出來ルナラバ、米穀政策ハ農村バカリニ向ッテ發動シテ宜シイ、若シ米ノ相場ガ一石百圓ナラ百圓デモ宜シイ、其代リ米ヲ買ッテ食ベル消費階級ニ大キナ生活ノ脅威ガ來ルナラバ、是ハ別ノ社會立法ニ依テ整理シテ宜シイ、米穀統制法ガ現行ノ米穀法ノヤウニ、或ハ數量ノ調節トカ、或ハ價格ノ統制トカ、妙ナ所ニコダワッテ居ル、二元的ナ目的ニ立ツ所ノ、吾々ハ非常ナ缺陷ヲ發見スルノデアリマス、斯ウ云フ建前ニ致シマシタカラ、米穀統制法ノ内容ニ於テモ幾多ノ缺陷ガアル、其缺陷ノ一ツトシテ特ニ此法律ガ最モ重要ナル點ヲ、所謂勅令、所謂命令ニ悉ク委シテ居ルコトヲ指摘シタノデアリマス、先程日程ノ第一ニ於ケル爲替管理法案ニ於テモ、同樣ナ非難ガアッタヤウデアリマシタガ、米ノ生産費ヲ決メルノニモ、家計費ヲ決メルノニモ、サウシテ之ニ物價其他ノ經濟事情ヲ綜合斟酌シテ、最低米價、最高米價ヲ決メルノニモ悉ク其具體的方針ハ、日ク勅令デアリマス、吾々ハ日本ノ政治ガ形ハ議會政治デアッテモ、其實際ノ内容ニ於テハ今尙ホ昔ノ官僚主義ガ現ハレテ居ルコトヲ衷心カラ遺憾ト致シマス（拍手）官僚主義ハ卽チ反社會制デアリマス、吾々ノ議員ノ審議權ニ對シテ之ヲ無視セントスル傾向サヘアル、而モ今日官僚ノ諸君ガ傳統政治ニ加フルニ近世流行ノ新シイ衣ヲ無斷デ借用シテ着テ、官僚「ファッショ」ノ力強イ表現ガ勅令命令主義ニ在ルコトヲ衷心カラ遺憾ニ存ジマス、斯ウ云フ本法ノ建前カラ見マスルト、吾々ノ希望スル所、吾々ノ要求スル所、悉ク之ヲ勅令命令ヲ作ル所ノ官僚ノ城廓ニ委ネナケレバナラナイ、私共日本ノ政治ニ對シテ、大キナ煩悶ヲ有タザルヲ得ナイノデアリマスガ、是ハ別問題ト致シマシテ、唯斯ウ云フ建前カラ本法ガ立法サレテ居リマスノデ、私共ノ不安ハ益々多カラザルヲ得ナイ、例ヘバ本法第二條ニ言フ所ノ最低米價ノ問題デアリマス、最低米價サヘ決マルナラバ、農民ハ救ハレテ來ルト云フ考ガ通念デアリマス、而モ其最低米價ハ必シモ生産費ニ依ッテ決定シナイ、現ニ委員會ニ於テ農林大臣モハッキリ申シマシタガ、生産費ニ更ニ物價其他ノ經濟事情ヲ斟酌スルカラ、或ハ最低米價ガ生産費ヲ割ルカモ知レヌト言ッタ、若シサウ云フコトニナリマスナラバ、我國ノ農村ハ本法ノ施行ニ依ッテ非常ナ失望ニ陷ラザルヲ得ナイ、更ニ又其生産費ノ問題デアリマス、政府ガ全國ニ於テ千三十軒、更ニ本年度ニ於テハ二千軒ノ農家ニ就テト申シテ居リマスガ、此生産費ノ所謂中庸ト言ハルルモノ、政府ノ調査ヲ見マスト、中庸生産費ヲ算出スル所ノ一段ノ收穫量ハ實ニ二石四斗七升デアリマス、然ルニ我國ノ米作田地ノ平均一段ノ收穫量ハ、農林省ノ統計ヲ見マシテモ、僅ニ一石九斗弱デアリマス、惡イ田圃程高イ生産費ガ掛ルト云フ原則ヲ適用シマスルナラバ、政府ノ言フ中庸生産費ダケデハ、決シテ日本中ノ農民ノ徹底シタ救濟ハ得ラレナイ、是ハ卽チ全國ヲ均一生

産費デ當嵌メヨウトスル所ニ大キナ矛盾ガアル、是モ吾々ノ不滿ノ一ツデアリマス、更ニ又先刻東委員長カラ御報告ガアリマシタガ、所謂生産費其モノニ付テモ、戸數割、部落費、運賃、其他樣々ノ缺陷ヲ持ッテ居ル、更ニ又私ハ吾々ノ不滿ヲ最モ強ク申シタイノデアリマスガ、一體此米穀統制法ガ我國ノ農村ニ影響スル範圍ハ、果シテ全般的デアルカドウカノ問題デアリマス、言フ迄モナク米穀統制法ノ目標ハ、市場ニ出ル米ニ對スル價格ノ統制デアリマス、然ルニ我國ノ一箇年ノ生産額ハ、最近五箇年間ノ平均ヲ見マシテモ、約六千八十万石ニナッテ居リマス、然ルニ市場ニ出ル米ハ、其半分デアル三千三百万石ニ過ギナイ、アトノ約二千八百万石ハ自作農、小作農ノ直接生産者ガ、自家用飯米ニ潰シテシマフノデアリマス、サウシテ市場ニ出ル所ノ三千三百万石ヲ見マシテモ、其中ノ千二百万石ハ地主ノ階級ガ小作米トシテ取ッタモノヲ賣出スノデアリマス、然ルニ米穀統制法ノ最低米價ハ、生産費ヲ基礎ニシテ、少クトモ生産費ダケノ損ヲサセナイト云フ、一種ノ國家補償デアリマスガ、此國家補償ガ米穀統制法ヲ通ジテ、日本ノ農家ニ及ブ範圍ハ僅ニ自作農、小作農ガ地主ニ拂ッタ米ノ餘リ、自家用飯米ノ餘リヲ一戸々々ガ少シヅヽ賣リマシタ其總計タル、其累積タル二千百万石ニシカ及バナイ、日本中ノ米ノ生産高ノ三分ノ二ニ當ル大多數ノ四千万石ハ、生産費ハ幾ラ高カラウトモ、肥料ガドレ程騰シヤウトモ、税金ガ如何ニ高カラウトモ、此米穀統制法ノ保障スル最低米價ニ依ル生産費ニ對シテハ、全然放任無視サレテ居ルノデアリマス、私共此大キナ缺陷ハ獨リ米穀統制法ノミデハナイ、現行米穀法ニモ是ト同ジヤウナ缺陷ノアルコトヲ承知シテ居リマスガ、少クトモ日本ノ農民ガ、此米穀統制法ニ依ッテ自分達ノ米作ニ、少シデモ國家的恩惠ガアルト考ヘルナラバ、是ハ大キナ失望デアリマス、隨テ吾々ハ此米穀統制法ノ成立ヲ機會ニ、政府ガ何トカシテ農家ノ自家用ノ飯米ノ生産費、或ハ地主ニ納付スベキ小作米ノ生産費ニ、相當ナ國家補償ヲスル方法ヲ講ジナカッタコトヲ、衷心カラ遺憾トシテ居リマス(拍手)

更ニ米穀統制法ノ大キナ缺陷ノ一ツハ、政府ノ言フ最低、最高ノ値幅ニ於テ、其値幅ノ廣イコトデアリマス、是ハ廣イト申スノハ少シク語弊ガアリマスガ、吾々ハ政府ガ統制ト云フ限リニ於テハ、所謂政府ノ統制經濟ニ於テ、私ハ公定米價一本デアルト考ヘテ居ル、此事ハ原則デアラウト考ヘテ居ル、然ルニ農林大臣ハ場合々々デ答辯ニ多少ノ相違ガアリマス、農林大臣ハ斯ウ申シテ居ル、相當ナ幅ガ必要ト思フ、併シ又無暗ニ廣イノデハイケナイト思フ、斯ウ言ッタト思フト、別ノ機會ニ於キマシテハ、値幅ガ幾ラアルカト云フコトハ、ハッキリ言ヘナイ、生産費、家計費ノ數字ガ決定スル宿命的ナ問題ト言ッテ居リマス、結局吾々ハ米ノ値幅ノ問題ニ對シマシテハ、此法案ガ二月ノ中旬ニ衆議院ニ掛リマシタ時ニ、私相當論ジタノデアリマスガ、其論ノ反覆ハ致シマセヌ、唯吾々ハ出來ルダケ値幅ヲ狹クスルコトガ、米穀統制法ノ本當ノ筋道ダト主張スルノデアリマス(拍手)サウシテ値幅ヲ狹クスルコトハ、下ノ方ノ――最低米價ヲ成ベク高クスル、之ニ依ッテ生産者ヲ相當救濟シ得マスシ、上ノ方ノ値幅ハ成ベク縮メテ安クスル、之ニ依ッテ消費階級ノ脅威ヲ少シデモ緩和スルコトガ、米穀統制ノ大キナ目的デアルト思フノデアリマスガ、是スラ法案ハ期待シテ立法シテ居ラヌ

斯ノ如ク指摘シマスルト、吾々ヘ全國ノ農村ハ、今度ノ米穀統制案コソ吾々ヲ救フノデアラウト云フ、大キナ期待ヲ持ツデアラウニ拘ラズ、之ニ酬ユルニ甚ダ効果ノナイコトヲ衷心カラ遺憾ト致シマスガ、而モ其中デ私共最モ聲高ク主張シナケレバナラヌ問題ハ、農業利潤ノ問題ガ、此法案カラ全然脱却シテ居ル大醜體デアリマス(拍手)

私ハ此機會ニ吾々ノ修正案ヲ一應御紹介申シタイノデアリマスガ、第二條第二項中「米穀生産費」ノ下ニ「相當利潤」ト云フ四字ヲ加フルノデアリマス、更ニ第十條中「米穀生産費」ノ下ニ同ジク「相當利潤」ト云フ四字ヲ加ヘルノデアリマス、米穀統制法ノ立法精神ニ於キマシテ、私共農業利潤ノ關係ニ付テハ、委員會デ相當農林大臣ト應答質問致シタノデアリマス、然ルニ農林大臣ハ農業利潤ヲ此立法ノ精神ノ中ニハ認メナイト言フノデアリマス、吾々ハ斯ウ云フ問題ニ打突カリマシタカラ、同ジク統制ノ字句アル法律ヲ求メタ、商工大臣ノ主管スル重要産業統制法デアリマス、吾々商工大臣ヲ委員會ニ拉シテ參リマシテ、商工大臣ニ重要産業統制法ニ依ル利潤ノ觀念ヲ聞イタノデアリマス、商工大臣ハハッキリ申シマシタ、商工大臣ノ關スル限リハ、商品ガ「其生産費ノ基礎ガ所謂合理的ノモノデアッテ、其生産費ニ付テハ、從來何等不良債務ノ結果ニモアラズ、又當業者ガ經營ヲ誤ッタガ爲ニモアラズ、所謂合理的ノ生産費デアリマス限リハ、之ニ資本ニ對スル若干ノ利潤ヲ見マシテ、市價ヲ決定スルコトハ當然ダト信ズルノデアリマス」ト申サレタノデアリマス、而モ此問題ニ關聯シテ、農村經濟ノ大キナ題目デアル所ノ、硫安肥料ニ關スル相場ノ問題ニモ觸レテ參ッタノデアリマス、農林大臣ノ主張ハ生産費「プラス」利潤ガ市價デアッテ宜シイ、此觀念ノ肯定デアリマス、然ルニ米ノ問題ニ觸レテ參リマスルト、農林大臣ハサウ簡單ニハ申サナイ、私此機會ニ農林大臣ガ持ツ農業利潤ニ關スル思想ヲ紹介スルコトヲ極メテ光榮ト思フノデアリマス、農林大臣ハ斯ウ云フ意味デ申シテ居リマス、重要産業統制法ニ於キマシテ、自分達デ作ッタ品物ノ値段ヲ自分達デ決メル時ニ、利潤ノナイヤウナ唯「コスト」ダケデ、賣ラセルヤウニシナイト云フ意味デ、商工大臣ハ言ッタノデアラウト思フ、サウ云フ場合ニ於ケル利潤ヲ考ヘルト云フ觀念ト、米穀統制法デ生産費等ヲ標準ニシテ、公定價格ヲ定メルト云フ場合ノ考方トハ、大變モノガ違フノデアリマスカラ、片方ニ用ヒテ、片方ニ用ヒナイト云フ種類ノモノデハナイト思ヒマス、私共農林大臣ノ言フ、其違フモノト云フ觀念ガ分ラヌ、農林大臣ハ更ニ申シマス「農業者ガ自ラ賣出ス米ノ値段ナドヲ決メテ掛ルト云フヤウナ場合デアリマシタナラバ、是ハ相當ノ利潤ヲ認メナケレバナラヌ、其代リ相當ノ利潤ヲ認メタ以上ヘ、ソレ以上ニ賣ルコトハイケナイ、斯ウ云フコトニナル、統制ト云フノハサウ云フ觀念デアリマス、認メルコトハ認メルガ、其代リソレ以上ニハ賣ラセナイ」此農林大臣ノ思想ハ、農民ガ所謂自治的販賣デモスルナラバ、利潤ヲ認メルケレドモ、今ノヤウナバラ〳〵ノ状態

ニ於テハ、政府ハ根本原則トシテ、利潤ヲ認メナイト云フ言葉ニ變ルト思フノデアリマス、結局農林大臣ノ利潤觀念ガ最後ニ到達シマスト、「今日ノ我國ノ一般ノ經濟關係ニ於キマシテ、米ヲ自由商品デアル位置」—ニ置イテ「米ノ需要供給ノ一般ノ決定ノ中ニ政府ガ入リ込ンデ行ッテ、サウシテ最低最高ノ枠ヲ拵ヘテ、其中ニ米ノ値段ヲ織込マウ」斯ウ云フ仕組ガ米穀統制法案ト云フノデアリマス、此利潤ノ問題ヲ生産費ノ枠ノ中ニ入レルカ、生産費ト別ノ所ニ持ッテ來ルカト云フコトハ彼此レ申シマセヌ、枠ノ中ニ入ラウガ枠ノ中ニ入ルマイガ、結局最低米價ニ農業利潤ヲ認メザル所ニ、我國ノ農村經濟ノ大キナ缺陷ガアルコトヲ指摘スレバ宜シイノデアリマス(拍手)少クトモ生産費——生産原價「プラス」利潤ノ原則ヲ認メルカ認メナイカニ、此米穀統制法案ノ大キナ問題ガ殘ルノデアリマシテ、農林大臣ハ斯ウ中ス、最低米價ノ利潤ヲ認メナクテモ、米ノ相場ハ政府ノ決メル所ノ最高最低ノ間ニ置イテ居ル、特ニ米ノ相場ハ如何ナル場合デモ最低相場以上ニ上廻ッテ居ルノダカラ、其上廻ッタ一圓ナリ二圓ナリ三圓ナリガ、農家ノ利潤ニナルカラ、決メル必要ガナイト云フ觀念モ御持チノヤウデアリマス、成程是ハサウカモ知ラヌ、サウカモ知ラヌケレドモ、吾々ハ此處ニモ大キナ缺點ヲ指摘シ得ルノデアリマス、何故ナラバ自由經濟市場ニ放任シテ置イテ、米ノ相場ガ二十三圓ダラウト、二十四圓ダラウト、二十五圓ダラウト、ソレデ百姓ガ儲ケヲシテ行ケ、是位危險ナ米穀政策ハナイノデアリマス(拍手)

殊ニ最近ノ傾向ヲ見マスト、政府ガ米價ヲ決定致シマスト、實ハ米ノ相場ガ其最低米價カラ餘リ高クナラナイ、高クナラナイ所ニ實ハ從來ノ米穀法ノ非常ナ惱ミガアッタノデアリマス、現ニ政府ガ今度ノ法案ニ附隨シテ米穀資金ヲ二億二千万圓モ增加シテ、七億圓ノ巨大ナル國家資本ニ依ッテ、最低米價ノ維持ヲスルト云フ考方ハ、如何ナル場合ニ於テ最低米價ガ來ルカモ知レヌト云フ心配ヲ、政府自身ガ持ッテ居ル大キナ證據デアリマス(拍手)然ラバ此最低米價ニ於テ所謂最惡ノ場合ニ於テモ、農業ニ對スル相當利潤ガナクテハナラヌコトハ當然ノ道理デアリマシテ、此農業利潤ニ對シテ、政府ガ若シ無情冷酷ナ態度ヲ執ルナラバ、吾々ハ日本ノ農業ノ將來ニ對シテ、衷心カラ寒心ニ堪ヘナイノデアリマス(拍手)私ハ今政府ノ米穀統制法ヲ捉ヘテ來テ、所謂統制觀念ノ理論遊戲ヲシテ居ルノデハナイノデアリマス、問題ハ農民經濟ノ死活ノ緊急問題、此農民經濟ノ死活ノ緊急問題ニ對シテ、相場ノ上ニ浮動性ヲ有ツ所ノ、決マラヌ利益ヲ期待シロト云フ位、是位農民ニ對シテ冷淡至極ナ態度ハナイト信ズルノデアリマス、一方ニハ重要產業ニ向ッテ統制ヲ行ッテ、相當利潤ヲ認メテ居ル、我ガ國民ノ大半ヲ占ムル所ノ農民ニ向ッテハ何モシナイ、是ハ極端ナ商工主義偏重ノ政治的罪惡デアリマス、更ニ又農民ニ對シテハ驚クベキ失政ト言ハザルヲ得ナイ、勅令ヤ命令ノ研究ニ於テ農林大臣ガ御勉強ニナルコトハ御自由デアリマス、農林大臣ノ職務ヲ享樂スルコトハ御自由デアリマスケレドモ、斯ウ云フ不徹底ナモノニ對シテ、農民ガ若シ本當ニ期待ヲシテ居ルナラバ、其期待ノ破レル時ヲ吾々ハ心配シナケレバナラヌ、日本ノ農民ガ遲鈍ダト云フ議論モアル、併シ吾々ハ今日農村非常時カヲ來ル所ノ農民ノ寧ロ過敏性ニ對シテ、相當強イ心配ヲ有ツコトガ必要デアル、吾々ガ失望ノ次ニ來ルモノハ何カ、反抗ノ次ニ來ルモノハ何カヲ考ヘル所ニ、吾々ハ農村非常時ノ轉換ニ對シテ、斷ジテ政治的不感症デアッテハナラナイノデアリマス、殊ニ最低米價ノ基礎ガ何處マデモ農業利潤ヲ認メナイ所ノ、原價計算主義デアルナラバ、吾吾ハ眼前ノ問題ニ於テモ非常ナ矛盾ニ突當ラザルヲ得ヌ、所謂篤農家、所謂勉強農、斯ウ云フ諸君ガ非常ナ努力ヲシ、非常ナ勉強ヲシ、或ハ農事ノ改良、或ハ多收穫ノ工夫、樣々ナ事ヲシテ參リマシテモ、是ハ結局生産費ヲ安クスルコトナノデアル、生産費ヲ定クスルコトニ依ッテ農民經濟ノ打開ヲ圖ラウトスル時ニ、政府ノ謂フ最低米價ノ基礎デアル所ノ生産費ガ、原價主義デアルナラバ、我國ノ農村ニ篤農家ハ影ヲ潛メルニ相違ナイ、我國ノ農村ニ本當ニ眞劍ナ努力ハナクナルノデアリマス、而モ更ニ之ヲ將來ノ農村經濟ニ適用スルナラバ、農業ノ利潤ヲ認メナイト云フ立法精神ハ、露骨ニ申シマスナラバ、農村經濟ノ打開ニ對スル一種ノ宣戰布告デアリマス、吾々ハ斯ウ云フ觀念カラ日本ノ農村經濟ヲ考ヘルナラバ、我國ノ農村ハ未來永劫無間地獄ニ追放サレルモノデアルト思フ、農村經濟打開ノ基礎デハ決シテナイノデアリマス、此意味ニ於テ私共ハ、米穀統制法ノ基礎觀念ニ於テ、相當割合ノ農業利潤ヲ主張スルコトガ、一番今日ノ時期ニ適切有效ナル意見デアルコトヲ信ズルノデアリマス、殊ニ我國ノ重要產業、重要農產物ニ對シマシテハ、繭ニシテモ、麥ニシテモ、米ニシテモ、豆ニシテモ、其他有ユル問題ニ對シマシテ、重要產業、重要農產物ニ對スル價格ノ統制ハ必然ノ勢ニナッテ居ル、繭ノ統制ヲスルニモ、米ノ統制ヲスルニモ、今言ッタ風ナ農業利潤ヲ認メナイ原則ガ適用サレルナラバ、吾々日本ノ農村ノ將來ニ對シテ一層大ナル心配ヲ有タネバナラヌノデアリマス、此意味ニ於テ吾々ノ農村經濟打開ニ對スル新シキ指導精神ヲ樹立スル立場ニ於テ、是非共此米穀統制法ノ中ニ、法文ノ上ニ於テハッキリシタ農業利潤ノ原則ヲ認メシムルコトガ、一番此法案審議ニ當ッテ中心問題デアルコトヲ深ク信ズルノデアリマス(拍手)吾々ハ特ニ之ヲ勅令內容ニ對スル希望條件ニ止メズシテ、之ヲ直チニ條文ノ中ノ修正ニ持ッテ來テ、サウシテ之ヲ國家意思ノ原則ニ於テ承認セネバナラヌト云フ所ニ、吾々ノ強イ信念ノアルコトヲ幸ニ御諒承願ヒタイノデアリマス(拍手)本法ガ今將ニ本院ヲ通過セントシテ、農林大臣ハ非常ニ自慢シテ居ルヤウデアリマスシ、政民兩黨ノ諸君モ非常ニ注意深ク御心配ニナッテ居ルヤウデアリマスガ、是非共本法ノ通過ニ當ッテハ、御互ニ政黨政派ノ關係ヲ離レテ、御互ニ農村經濟ニ對シテ、一番眞劍ナ氣持ニ立歸ッテ、吾々ノ主張スル農業利潤ヲ原則トシテ認メ、此修正案ニ對シテ滿場一致御贊成アランコトヲ期待シ、又之ヲ希望シテ私ノ修正意見ノ趣旨辯明ニ代ヘル次第デアリマス

○議長(秋田清君) 是ヨリ討論ニ入リマス、通告順ニ依リ發言ヲ許シマス——宮崎一君

〔宮崎一君登壇〕

○宮崎一君 諸君、私ハ只今提案ニ相成ッテ居リマス所ノ、米穀統制法案竝ニ米穀需

給調節特別會計法中改正法律案ニ付キマシテ、委員長ノ報告ニ賛成ノ意ヲ表スルト共ニ、山谷君ノ御提案ニ係ル所ノ修正意見ニ反對ノ意ヲ表スル者デアリマス、其理由トスル所ヲ極メテ簡單ニ申述ベマス、米穀統制法案提出ノ理由トセラル、所ニ依リマスト云フト、結局現行ノ米穀法ニ代ヘテ、更ニ有力ナル統制制度ヲ樹立致シテ、米穀ノ數量及市價ノ調節上遺憾ナキヲ期スルト云フニアリマス、サウシテ是ガ事業資金ノ増額ヲ必要トスルコトヲ主タル理由トシテ、米穀需給調節特別會計法ノ改正ヲ要スルト云フコトニ相成ッテ居リマスノデ、随テ審議ノ要點ハ、米穀統制案ニアル譯デアリマス、ソレデ米穀統制案ノ主眼ト致シマス――目的ト致シマスル所ハ、先程委員長御報告ノ通リニ、米穀ノ數量又ハ市價ヲ調節致シテ、米穀ノ統制ヲ圖ル爲ニ、政府ガ米穀ノ買入及賣渡ヲ行ハントスル モノデアッテ、其手段方法ト致シテ、米穀生産費ト、物價ト、其他經濟事情ニ依ッテ最高ノ價格ヲ公定致シ、ソレカラ消費者ノ家計費及物價其他ノ經濟事情ニ依ッテ、最低價格ヲ決定セントスルモノデアルノデアリマスルガ故ニ、一面ニ於テハ此法律ハ農業政策上ノ立場ヨリ致シテ、米價ノ激變ヲ避ケマスルト共ニ、一面カラハ社會政策的ノ立場カラ致シテ、生産者ト消費者トノ利益ヲ考慮シ、是ガ調和ヲ圖ラントスルモノナノデアリマス、ソコデ委員長ガ此點ニ觸レテ居ラレマシタガ、更ニ簡單ニ申シマスルト云フト、本法案ノ内容ハ、要スルニ只今申上ゲマシタ、第一ニハ最低價格ニ依ル賣渡ノ申込ガアッタ場合ニ政府ガ之ヲ買入レ、最高價格ニ依ッテ政府ガ其所有スル所ノ米穀ヲ賣渡スト云フコト、第二ニハ、此季節的出廻ノ數量ノ調節ト云フコト、第三ニハ、只今申述ベタ第一及第二ノ政府ノ買入賣渡ニ關スル附隨ノ處理方法、第四ニハ、米穀ノ輸出入ニ關スル許可制度ノ採用其他ノコト、第五ニハ、米穀統制上必要ナル調査ニ關スル規定及罰則デアリマス、随テ米穀統制法案ノ主要ナル論點ハ、勿論第一ノ部分ニ存在スルノデアリマス、ソコデ先ヅ第一ニ米穀ノ數量及市價調節上、米穀法以上ノ有力ナル所ノ統制々度ヲ政府ハ樹立スル必要アリヤ否ヤト云フコトニ付キマシテハ、是ハ六十三議會ニ於テ既ニ確定致シテ居リマスノデ、其必要ハ之ヲ論ズルマデモナイノデアリマス

諸君、凡ソ一國ノ重要法制ガ決定致シマスルニハ、必ズ之ニ先ッテ其國ノ社會事情ガ、該法制ノ制定ヲ促進スル、或ハ促進セズンバ已マナイト云フヤウナ情勢ニ在ルコトヲ常ニ致スノデアリマス、昨昭和七年ニ、或ハ井上前藏相トカ、團琢磨氏トカ云フ暗殺事件ガ起ッテ、五月十五日ニ時ノ犬養總理大臣ガ、白晝公然首相官邸ニ於テ慘殺サル、ト云フヤウナ、大事件ガ起ッタ當時ノ農村ハ、御承知ノ通リニ連年ノ不況ニ遭ウテ、其生存ハ脅カサレテ、現實ノ生活ハ不安ヲ極メ、其前途ト云フモノハ暗雲ヲ以テ鎖サル、如キ狀態デアッタノデアリマス、斯ウ云フ境遇ノ農民ガ、連續シテ突發スル所ノ幾多ノ重大事變ノ爲ニ、其疲勞シテ居ル所ノ神經ヲ刺戟セラレテ、一面ニハ外ハ滿洲國ノ獨立ニ伴フ所ノ外交上ノ一大轉機ト云フモノト、茲ニ是等ノ問題ガ相混淆シテ、非常時ヲ出現シタノデアリマス、此間一面ニハ、昨年末檢擧ニ遭ヒタル所ノ多數ノ共産黨員ノ活躍ト云フモノガアッテ、昭和七年度ニ於テハ非常ナル社會不安ヲ發生シテ居ッタ、此社會不安ト農村極度ノ窮乏ト云フコトガ、去年ノ又ノ第六十二回帝國議會當時、日本ノ全農村ヲ擧ゲテ農村救濟要請ノ聲トナッテ、同議會ニ於テ滿場一致ノ時局匡救ノ決議ガ出來、更ニ第六十三議會ノ開會ト相成ッテ、此第六十三議會ノ開會ノ結果、所謂米穀法一部ノ提出トナリ、サウシテ米穀統制法案、此案提案ノ動機トナッタノデアリマス、ソコデ此出來上ッタ米穀統制法案ト云フモノハ、此形ヨリ見ルト云フト、社會ノ各般ノ利害ヲ考慮セラレタル、極メテ法案ソレ自體トシテハ、摑ミ所モナイヤウニ見エル所ノモノデアルニ拘ラズ、私共ハ斯ウ解釋スル、私共ハ此法案ヲ單ニ米價ノ激變防止ヲ目的トスルモノノミデハナイ、所謂汗ト涙ト多年ノ忍從ノ生活ニ對シテ、農村ノ人々ニ與ヘラレタル所ノ、農村救濟ノ最モ有力ナル法制ノ一ツト私共ハ考ヘルノデアリマス(拍手)又爾カアラシメネバナラナイト、吾々ハ茲ニ居ラル、同僚各位ト共ニ、一生懸命ニナッテ斯クセネバナラヌト信ズルモノデアリマス、ソコデ唯此法案自體ト致シマシテハ、只今山谷君仰セノ通リニ、重要ナル總テノ項目ヲ勅令ニ讓ッテ居ル、然ラバ政府ニハ勅令案ノ内容ノヤウナモノ、或ハ勅令案ト云フヤウナモノガアルカト尋ネタ所ガ、委員會ニ提示スベキモノデサヘモ無イト云フコトハ、是ハ事實デアル、随テ私共モ幾多ノ不安ヲ感ズルト云フコトハ、之ヲ否定スルコトハ致シマセヌ、併ナガラ一面カラ之ヲ見マスルト云フト、國家ガ相當多額ナル資金ヲ擁シテ、米價ガ米ノ生産費ヲ割ラントスルヤウナ場合ニハ、之ヲ生産費又ハソレ以上ニ之ヲ買上ゲントスル所ノ國家ノ意思ハ、本法案ノ趣旨並ニ立法ニ至ル迄ノ、所謂社會實情カラ之ヲ私ハ看取スルコトガ出來ルト思フノデアリマス、左様デアリマスルガ故ニ、幾多ノ論難ノ餘地アルニ拘ラズ、私ハ委員長ノ報告ニ賛成ノ意ヲ表スルモノナノデアリマス

尚又本法案ノ過去ヲ考ヘマスト云フト、大正十年ノ四月ニ米穀法ガ制定ノ當初ニ於キマシテハ、其法律ニ於テハ需給ノ調節ト云フコトダケガ、明示セラレタル目的デアッタノデアリマス、所ガ同十四年三月改正ニ當リマシテハ、數量及市價ノ調節ト云フコトガ其目的ト相成ッタノデ、茲ニ餘程進歩ヲ示シテ居ッタノデアリマスガ、本法案ノ提出ニ依リマシテ、米穀法ノ廢止トナリ、所謂準勢米價ト云フモノガ絶對的ニ解消セラレタル次第ナノデアリマス、勿論個々ノ生産カラ之ヲ申シマスルト云フト、本法案ガ平均生産費ヲ最低價格ノ標準トシタト云フヤウナ結果、非常ニ不利益ナル結果ヲ見ル場合モ多多アリ得ルノデアリマス、更ニ又政府ノ買上ニ應ズル手續ノ煩瑣ナル場合ニハ、統制價格以外ノ取引ニ、農民ガ不滿ヲ忍バネバナラヌト云フ場合モ、想像スルニ難クハナイノデアリマス、ソレカラ又先程委員長ヨリ御報告ガアリ、山谷君カラ御話ニナッタ通リノ、生産費ノ基礎デアル所ノ項目ガ、非常ニ此施行法ニ依ッテ制限サレテ、唯十種類ニ制限サレテ、特ニ租税其他ノ公課ノ項目中ニハ、戸數割、部落協議費、或ハ水利費等ヲ包含セシメテナイト云フガ如キハ、甚ダ其當ヲ失スルモノデアルト云フコトハ、私モ同感デアリマス、尚ホ又更ニ臺鮮米ニ關スル對策

ノ不徹底ナル結果、果シテ本法所期ノ目的ヲ達スルヤ否ヤト云フコトニ付テモ、多大ノ懸念ガアルノデアリマス、而モ尚ホ私共ガ此法案ニ贊成スル所以ハ、結局本法案ト云フモノハ、私共思フニ、是ハ過渡期ノ立法デアルト思フノデアリマス、更ニ約束セラレタル所ノ明日ガ、農民ノ上ニ來ルベキコトヲ私ハ確信スルガ故ニ、之ニ贊成セントスル者デアリマス(拍手)諸君、農民ノ多年翹望シテ居リマスル所ノ負債整理法案ト云フモノハ、本議會ノ會期既ニ盡キントシテ、未ダ其提案ヲ見ナイノデアリマス、政府ガ誇リトシテ居ラレル所ノ衆議院議員選擧法中改正法律案ハ、會期ノ三分ノ二ヲ過ギテ提案セラレタルニ拘ラズ、內容空疎ニシテ、唯政府ガ右ノ改正案ヲ形式上提出シタト云フ一事ヲ以テ、自ヲ慰メントシテ居ルヤウナ狀態ニアルノデアリマス、ソコデ斯ノ如キ政策遂行ニ關スル熱意ト信念ヲ有セザル此政府ニ、米穀統制案ノ如キ、重要且ツ至難ナル法案ニ關シテ、是レ以上ノ成案ヲ求メントスルノハ、是ハ非常ニ難キヲ強ユルコトデアッテ(拍手)今我ガ日本ハ餘リニ多忙ノ時機ニ際會シテ居ルト私ハ思フノデアリマス

ソコデ附帶決議デアリマスルガ、附帶決議ハ委員長御報告ノ通リデアリマスルガ、是ハ極メテ當然ノ事項デアリマス、生產費トシテ當然加フベキモノハ、戶數割、水利費、部落協議費ト運賃諸掛リトノ問題デアリマス、此運賃諸掛リノ問題ヲ、之ヲ生產費ニ加フルカ、或ハ生產費以外トシテ、物價其他ノ事情ヲ含メタ獨立ナル條項トスルカト云フコトニ付テハ、尚ホ議論ノ餘地ガアリマスガ、何レニ致シマシテモ、運賃諸掛リダケハ、是非共農民ノ手ニ返ルヤウニシテ戴カナケレバナラヌト私ハ思フノデアリマス、是ハ斯ウ云フコトナノデアリマス、例ヘバ本年ノ生產費ヲ二十四圓五十有餘錢ト致シマシテ、之ヲ以テ最低價格ガ決定サレタ、法律ノ建前カラ云フト、政府ハ最低價格デ米ヲ買ッテヤルト、斯ウ云フノデアリマス、所ガ政府ガ之ヲ買フノハ、深川正米市場トカ、一定ノ場所ニ於テ買上ゲルノデアリマスカラシテ、農民ノ方カラ申シマスルト云フト、庭先デ米ヲ賣ラネバナラヌト云フコトニナルト云フト、其生產者ノ庭先カラ正米市場ニ來ルマデノ間ニ掛ル運賃、其他ノ諸掛リト云フモノダケハ、深川ニ來テ、所謂最低相場ニナルノデアルカラシテ、農民ガ商人ニ賣ルナリ何ナリスル場合ニハ、商人ハ深川ニ來テ、最低相場ニ合フヤウニスルノデアリマスルカラ、ドウシテモソレダケノ價格ハ農民ハ安ク買ヘレルノデアリマス、サウ致シマスト、結局最低價格デ米價ヲ決定シナガラ、農民ノ計算カラ申シマスルト云フト、今此運賃諸掛リガ大體ニ於テ二圓三十五六錢ガ平均ノ勘定デアリマス、二十四圓ノ米デ二圓三十六錢引カレルト、農民ガ僅ナル生產費ト數ヘラレタルモノ、中カラ、共一割ヲ損ヲスルコトヲ法律ガ豫想スルト云フコトハ、是コソ洵ニ重大ナ問題デアリマス、由谷君ガ先程利潤ノ問題ヲ言ハレマシタケレドモ、今ハ利潤ノ問題ヲ叫ブ暇ガナイ、ソレヨリモ農民ハ何トカシテ本當ノ生產費ヲ欲シイト云フノガ、吾々眞ニ農民ノ實情ヲ知ル者ノ深ク感ズル所デアルコトヲ御承知置キヲヒタイ、勿顧論是等ノ點ニ付テハ、先程委員長御報告ノ通リニ、生產者ニ對シテ極メテ好意アル考慮ヲ拂フベキ旨ヲ、委員會ニ於ケル土井委員ト農林大臣ノ應答トニ依ッテ、私ハ之ヲ政府ガ必ズ實現スルデアラウト云フコトヲ確信スル者デアリマス、以上ノ外本法案ニ對スル缺陷疑義ハ、委員會ノ詳細ナル應答ノ速記錄ニ依ッテ、諸君ガ既ニ御諒承ノコトデアルト存ジマスルガ故ニ之ヲ申述ベマセヌ、尚ホ最高價格ノ決定ノ要素タル消費者ノ家計費ノコトニ付キマシテハ、政府ハ未ダ何等ノ信念ガナイノデアリマス、此點ハ委員會ノ應答ニ於テ幾度伺ッテモ、政府ニ於カレテハ此點ハ經驗ガ乏シイコトデ分ラヌト云フコトニ止ッテ居ル、此點ニ付テハ政府ハ更ニ十分ナ考慮ヲ拂ハレテ、本法適用ニ付テ過チナキヲ期セラレンコトヲ希望スルノデアリマス

ソレカラ臺鮮米ニ關スル問題ニ付キマシテハ、是亦委員長御報告ノ附帶決議自體ニ依ッテ、極メテ明白デアリマスガ、此點ハ最モ重要デアルト共ニ、非常ニ誤解ヲ生ジ易キ問題デアリマス故ニ、政府ハ十分此朝鮮竝ニ臺灣ノ同胞ニ對シテ、本法案ノ目的トスル所ヲ明ニシテ、植民地ノ生產者ニ對シテ、特ニ不利益ナ立法ヲスルモノデナイト云フコトヲ說示サレテ、若シ植民地官僚ノ中ニ、誤ッタ考ヲ持ッテ居ル者ガアレバ、十分之ニ對シテ訓戒ヲ加ヘラレンコトヲ希望スル者デアリマス

諸君、昨年來繭ノ値段ガ多少宜シカッタト云フコトヤ、或ハ非常ナ大騷ギヲヤッタ所ノ共產黨員ガ、非常ニ廣汎ナ範圍ニ於テ檢擧セラレタ、或ハ滿洲問題ヲ中心トスル聯盟ノ事件ガ、急激ナル變化ヲシタト云フコトノ爲ニ、國民ガ緊張シタト云フコトノ爲ニ、或ハ本年ノ狀態ハ、昨年ノ夏ノ所謂民心ノ不安トハ非常ニ違フカノ如クニ、國家非常時ガ去ッタカノ如クニ感ゼラレル者ガアルノデアリマスガ、客觀的事實カラ申シマスルト云フト、我國ノ非常時ト云フモノハ、今日ヨリシテ益〻深刻ノ度ヲ加ヘントシテ居ルノデアリマス、デ私共ノ子弟、私共ノ同胞ガ、或ハ熱河ノ地ニ匪賊掃討ノ激務ニ當ッテ居ラレル所ノ人々ノ中ニ、關テ我ガ故鄕ノ春ノ繭ノ値段ガ如何デアラウカトカ、米ノ値段ガドウデアラウカト云フコトヲ、心配シテ居ル者ガアルコトハ否認スルコトハ出來マセヌ、私共ハ心カラ此重大ナル時局ニ對シテ、農村生活ノ安定ヲ切望スルガ故ニ、農村救濟ノ一階段ヲ獲得スル手段トシテ、可ナリ多クノ缺點ヲ此法案ガ有スルニ拘ラズ、此缺點ヲ忍ンデ本法案ノ成立ヲ望ンデ委員長ノ報告ニ贊意ヲ表セントスル者デアリマス、私ハ此山谷君ノ御議論ニ付キマシテハ、私ノ申上ゲタル範圍ニ依ッテ山谷君ニ對スル辯明ハ盡キテ居ルト思フガ故ニ、之ヲ申述ベマセヌ、是非トモ各位ガ委員長ノ報告通リ原案ニ贊成セラレンコトヲ希望スル次第デアリマス(拍手)

○議長(秋田清君)　高橋守平君

(高橋守平君登壇)

○高橋守平君　諸君、私ハ只今上程サレテ居リマスル二ツノ法律案ニ對シマシテ、希望ヲ附シテ委員長ノ報告ノ通リ贊成シ、甚ダ相濟ミマセヌガ、山谷君ノ修正意見ニ反對スル者デアリマス、現行法ト只今上程サレテ居リマス米穀統制法案ノ違ヒノ大キナ點ハ、宮崎君ガ縷々述ベラレマシタ通リニ、第一ニ公定價格ヲ決定シテ、最低價格ノ場合ニ於テハ政府ハ之ヲ買入レ、最高價

格ノ場合ニ於テハ政府ハ賣渡スト云フコトノ強ミヲ加ヘタ點デアリマス、尚ホ其點ニ對シマシテ、委員長モ、宮崎君モ、率勢米價ガ影ヲ潜メタ、率勢米價ハ解消サレタト説明サレタノデアリマスルガ、率勢米價ト云フモノハ、御承知ノ通リ基準米價デハアリマセヌ、明治三十三年以後ノ物價指數ト米價指數トヲ算定致シマシテ、趨勢値ヲ見タ一ツノ對比デアリマシテ、本法ニ定メテアリマスル生産費、家計費、物價其他經濟事情、所謂生産費一本デモナケレバ、生計費一本デモナイ、物價其他經濟事情ヲ斟酌スルト云フ所ニ、物價ト米價ノ對比ノ精神ガ含マレテ居ルノデアリマシテ、何等解消サレタ事實ハナイノデアリマス(拍手)

ソレカラ第二點ニ、大キナ違ッテ居リマスル點ハ、移入米ノ數量ノ調節ヲスル爲ニ、月別平均ヲ保タンガ爲ニ、出廻期ニ於テ政府ハ時價ニ依ッテ三百万石ヲ買入レルト云フノデアリマス、サウシテ其出廻期ニ於キマシテ買上ゲタ米穀ハ、其米穀年度内ニ於テ賣拂フト云フノデアリマス

ソレカラ是等ノ現行法ト違ッタ爲ニ、自然現在ノ特別會計法デ許サレタ運用資金デハ不足ヲ生ズル、ソコデ四億八千万圓ヲ七億圓ニ増額ショウト云フノデアリマス、是等ノ改訂ハ本政策ヲ徹底セシムルモノ、即チ現米穀法ヲ強化セシムルモノデアリマシテ、其點ニ於キマシテ私共ハ賛成スル者デアリマス、大正十年ニ初メテ米穀法ガ制定サレタコトハ御承知ノ通リデアリマス、而モ此米穀法ノ制定ニ對シマシテハ、國民ノ中、就中農民ハ、此法律ニ依ッテ吾々ガ豫テ望ンデ居ッタ所ノ、農家ノ收入ノ首位ヲ占メル米價ガ安定サレル、サウシテ農家ノ收入ガ一箇ノ安定點ヲ見出シテ、農家經濟ノ安固ヲ期スルモノデアル、斯ウ考ヘテ、大キナ期待ヲ以テ此法律ニ臨ンダノデアリマス、所ガ大正十年以後、折角此米穀法ガ出來マシテモ、何等農民ガ期待スルヤウナ事實ガ現ハレナカッタノデアリマス、其理由ハ最初ニ於テ基準米價ガナカッタガ爲ニ、其發動ノ機ヲ誤リ、若クハ幾ラデ買ハレルノカ分ラヌト云フヤウナ色々ノ關係ト、經濟上、生活上、社會上ノ惡條件ガ、因トナリ果トナリマシテ、米價ノ下落ガ今日ニ及ンダノデアリマス、隨テ此米價ノ下落――農家收入ノ首位ヲ占ムル所ノ米價ノ下落ハ、農村ノ疲弊ニ對シテ有ユル他ノ惡條件ト共ニ拍車ヲ掛ケテ、今ノドン底ニ追込ンダノデアリマス、而モ此米穀法ガ一面ニ於キマシテ、所期ノ成績ヲ擧ゲナイ半面ニ於キマシテ、最初ニ於テ定メマシタ國費ノ負擔、即チ二億七千万圓ガ三億五千万圓ニナリ、ソレガ四億八千万圓ニナリ、今又七億圓ニ増加シナケレバナラヌト云フヤウナ所ニナッテ居ルノデアリマス、而シテ明ニ其資金ノ中デ、一億八千五百万圓ハ、損失ニナッテ居ルノデアリマス、隨テ私共ハ、此米穀法ト云フモノニ對シマシテ、前途ニ幾多ノ寒心ヲ有ツ者デアリマス、是モ先程宮崎君カラ述ベラレタノデアリマスガ、此改訂セラレタル統制案ヲ見マシテモ、本法ノ根幹ヲ爲ス所ノモノハ、總テ勅令ニ委ネラレテ居ルノデアリマス、全文十三箇條ノ中デ、八條項ニ互ッテ勅令ノ名ヲ見テ居ルノデアリマス、隨テ本法ノ活殺ノ鍵ハ全ク農林當局ノ掌中ニアルノデアリマス、隨テ私共ハ之ニ對シテ、委員會ニ於キマシテ質疑應答致シマシタコトハ、委員長並ニ宮崎君ノ仰セノ通リデアリマス、併ナガラ現在此非常時局ノ際ニ於キマシテ、農民ノ疲弊ガ益、深刻化セラレテ、藁ヲモ摑マントスル此時代ニ、少シデモ現行法ガ強化サレテ、米價ノ安定ヲ期スルト云フ爲ニハ、之ニ同意セザルヲ得ナイノデアリマス、併ナガラ農林當局ノ掌中ニ活殺ノ鍵ガ握ラレテ居ル限リニ於キマシテハ、農林當局ガ一歩其運用ヲ過チマスレバ、國家ヲ誤ルノミナラズ、農民ヲシテ政府ニ頼ルベカラズト、自暴自棄ニ陷ルノ危險ヲ考ヘナケレバナラナイノデアリマス(拍手)公定價格ノ決定ニ當リマシテモ、生産費ノ調査ハ中庸ヲ求メテ劃一的ニ行フノデアリマス、北海道ヨリ九州、距離ノ隔ッタ、氣候ノ相異ッタ所ノ生活費ガ、一本ノ生産費ニ依ッテ決定サレヤウト云フノデアリマス、即チ石十八圓ノ生産費ノ掛ッタ所ト、一石三十八圓ノ生産費ノ掛ッタ所ガアリマシテモ、結局政府ガ決メヤウトスル生産費ナルモノハ、其中庸デアリマス所ノ二十三圓ト云フ數字ヲ見ルノデアリマス、而モ假ニ二十三圓ト云フモノガ、ソレガ中庸デアルト致シマシテ、此生産費ニ物價其他ノ經濟事情ヲ斟酌シテ、最低價格ヲ決メルト致シマシテモ、此生産費ノ中庸ハ、結局半分ノ農民ハ救ハレテ、半分ノ農民ハ生産費ヲ割ルト云フ實狀ヲ呈スルノデアリマス(拍手)隨テ私共ハ此生産費決定ニ當リマシテ、幸ニ物價其他ノ經濟事情ヲ斟酌スルト云フ言葉ガアルノデアリマスカラ、此精神ニ對シテ十分ニ御努力ヲ願ヒタイト思フノデアリマス、家計費ノ問題ニ於キマシテ、家計米價ノ算出ノ歩合ハ決定サレテ居リマセヌ、命令ニ依ッテ決定サレルコトニナッテ居リマス、併ナガラ此家計米價ノ算出ニ對シマシテモ一年、二年ノ家計費ノ調査デハ、到底完全ナル家計米價ヲ算出スルコトハ出來得ナイノデアリマス、例ヘバ明治三十三年以降ニ於キマシテ、都市ニ於ケル勤勞收入ニ對スル米代ノ割合ノ統計ヲ繙ネテ見マスルト云フト、日露戰爭ノ當時デアリマシタ明治三十七八年、大正元二年及歐洲大戰當時ノ大正七八年、其時代ニハ何レモ收入ニ對シテ米ノ代金ハ三割以上ヲ占メテ居ッタノデアリマス、殊ニ明治三十七年ノ如キハ收入ノ三割七分ヲ米代ガ占メテ居ッタノデアリマス、年々其割合ガ縮小サレテ參リマシテ、大正十年以後ハ二割以下ニ米代ガナリマシテ、ソレガ今日ニ及ンデ居ルノチ、昭和六年ノ如キハ實ニ收入ノ一割四分ニシカ當ッテ居ナイノデアリマス、此都市ニ於ケル勞働者ノ收入ニ對シマシテノ米代ノ割合ガ、年々年々減退致シマシタル其反映ハ、直チニ農家ノ收入ノ減退ニナッテ、農村ガ疲弊致シマシタ理由モ、懸ッテ是等ノ點ニアルト思フノデアリマス(拍手)隨テ此家計米價ノ割合ヲ決定スル際ニ於キマシテモ、是等ノ點ニ十分ナル御注意ヲ喚起シタイト思フノデアリマス、此家計米價ニ對シテ、物價其他ノ經濟的事情ヲ斟酌シテ、最高公定價格ヲ決定スルト云フコトニ致シマスレバ、此最高價格ヨリモ米價ハ上ルコトガ考ヘラレナイノデアリマス、最低價格ガ決定サレテ、最高價格ガ決定サレルト云フコトニナリマスレバ、米ノ價格ト云フモノハ、其最高最低ノ間ニ追込マレタ形ニナルノデアリマス、隨テ其點ニ先程山谷君ガ申サレマシタ如ク、ドウシテモ吾々ハ農民ノ利潤ト云フモノモ考ヘナケレバナラヌノデアリマス、隨テ此最低

價格カラ最高價格ノ方ヘ米ガ移ッテ行ク所ニ、農民ノ利潤ヲ考ヘタイト思フ、サウ致シマスレバ此利潤ノ關係ガ、此最低價格、最高價格ヲ決定スル間ニ、非常ニ意味深ク含マレルノデアリマシテ、假ニ此最高價格ガ割合ニ安ク定メラレルト云フコトニナリマスレバ、結局値上リヲ抑ヘラレテ、農民ノ利潤ハ全ク無視サレタト云フ結果ヲ生ムノデアリマス(拍手)

ソレカラ本法案ノ第四條ノ季節的買上デアリマスルガ、此季節的買上ヲ仔細ニ考ヘテ見マスト、是モ先程由谷君ガ申サレマシタ六千万石ノ收穫ガアルト致シマシテ、其中ノ一千五百万石ハ地主ノ手ニ移ル、所謂小作米トシテ上納サレルノデアリマシテ、四千五百万石ハ、飯米トシテ百姓ノ手ニ殘ル、中農以下ノ百姓ノ手ニアリマスルノハ二千百万石ノ米デアリマシテ、是ガ市場ニ賣出サレルノデアリマス、而モ其二千百万石ノ中ノ約六割ガ、十一月、十二月、一月、二月ノ此四箇月間ニ賣拂ハレルノデアリマスカラ、此十一、十二、一、二月ノ間ニ政府ガ其出廻米ヲ買上ゲテ、價格ヲ調節ショウト云フコトハ、全ク中農以下ノ農民ヲ救フ所以デアリマシテ、私共ハ之ニ對シテハ贊意ヲ表シ、併セテ農林大臣ノ用意ノ周到ナルコトニ敬意ヲ拂フ者デアリマスガ、併ナガラ此出廻期ニ買上ゲル價格ガ時價デアル、斯ウ云フコトニナリマスレバ、一體時價ト云フノハ何處ガ相場カ、何處ガ價格カト云フコトニナルト、オ互ニ疑問ヲ有タザルヲ得ナイノデアリマス、隨テ此時價ヲ定メル、時價ヲ考ヘル場合ニ於キマシテ、農林當局ハ一ツノ標準ヲ定メテ、サウシテ此出廻期ノ買上ヲ考ヘナケレバナラナイ、サウデナケレバ却テ基準米價ヲ定メナカッタ、色々惡用サレタト非難サレルヤウナ、昔ノ米穀法ト同ジヤウナ結果ヲ生ムコトヲ恐レルノデアリマス、而モ其出廻期ニ三百万石ノ米ヲ買上ゲルト致シマシテ、之ヲ其年度内ニ賣拂クト云フコトニナリマスレバ、實際ハ三百万石政府ガ手ニ持ッテ居リマシテ、何時デモ此三百万石ヲ賣ルゾト云フ氣構ヲ見セルノデアリマスカラ、自然市場ニ於ケル米ノ値上リハ餘程壓迫ヲ受ケルノデアリマス、ソレハ丁度二十万梱ノ生絲ガアリマシタ爲ニ、日本ノ生絲ガ非常ニ値上リヲ壓迫サレルノダト云フノデ、昨年一億万圓近イ金ヲ掛ケテ處分シタコトハ御承知ノ通リデアリマス、是等ノ點ヲ私共ハ餘程考ヘテ見ナケレバナラヌト思フノデアリマス

ソレカラ又第十條ニアリマス生産費、家計費、穀物ノ生産高、現在高、移動及價格ノ調査、是等ノ最高最低、公定價格ヲ決メマスニ必要ナル統計ノ數字ハ、今迄ノ産業統計ナルモノニ私共ハ信ヲ置クコトガ出來得ナイノデアリマス、役場ノ片隅ノ老人ノ書記ガ作出ス所ノ數字ハ、何等信ヲ置クノ値打ガナイノデアリマス、ソコデ私共ハ農民ノ收入ノ大本ニ觸レル所ノ、此米價ヲ決定スル場合ノ統計數字ハ、出來ルダケノ努力ヲ拂ヒ、出來ルダケノ熱意ヲ以テ、其正鵠ヲ期サナケレバ相成ラヌト、斯ウ考ヘルノデアリマシテ、特ニ吾々ガ此第十條ニ對シマシテ希望ヲ附シタ所以ハ、其處ニアルノデアリマス(拍手)特別會計法中ニ於キマシテ、現在ノ損失ハ一億八千五百万圓アデルト政府ハ言明シテ居リマス、ソレカラ又昭和八年度ノ人件費、事業費ヲ見マスルト、二千四百万圓ヲ數フルノデアリマス、私共ハ此明ニ損失ニナッテ居リマス一億八千五百万圓ハ、出來得ル限リ速ニ一般會計ニ移シテ、資金ノ潤澤ヲ期スルト共ニ、此二千四百万圓ノ人件費ト事業費モ、併セテ一般會計ニ入レテ、此特別資金ハ單ニ米ヲ買上ゲル所ノ全部資金デアルト云フ風ニスルコトガ宜シイ、斯ウ考ヘルモノデアリマス(拍手)最後ニ吾々ガ希望條件ヲ附シマシタル米價ノ自治的統制ノ問題デアリマス、吾々ガ希望條件ヲ附シテ之ヲ高調スル所以ノモノハ、他ノ諸物價、即チ資本主義經濟ノ下ニ於テ自由商業ガ許サレテ、他ノ總テノ物價ガ自由ニ放任サレテ居ルノニ、獨リ米ノ價格ダケヲ公定致シマシテモ、其處ニ不自然ガ生ズルノデアリマス、私共ハ今農民ガ喘ギツヽアル際デアリマスカラ、此米穀統制法ニ贊意ヲ表スル者デハアリマスルガ、此米穀統制法一本デハ、到底今ノ此米穀政策ナルモノヲ完全ニ徹底セシムルコトガ出來得ナイ、斯ウ考ヘルノデアリマス、要ハ農民ノ自覺ニ俟ツ所ノ自治的統制、即チ産業組合、農業倉庫、斯ウ云フ風ナモノニ相當ノ指導ト援助トヲ政府ガ與ヘマシテ、過渡的ニアリマス所ノ米穀統制法ノ力ヨリモ、却テ國民自ラノ自治統制ノ力ニ依ッテ、米穀政策ノ徹底ヲ期サナケレバナラヌト、斯ウ私共ハ考ヘテ居ルノデアリマス(拍手)而モ此米穀政策ナルモノハ獨リ只今論ジラレテ居リマスル所ノ、米穀統制法案ニ織リ成サレテ居ル所ノ問題ダケデハアリマセヌ、嘗テハ人口食糧問題ガ叫バレタ時代ニ於キマシテモ、十分ニ此米穀政策ニ對シマシテハ、御互ハ研究シタ筈ダト思フノデアリマス、斯ウ云フ風ニ考ヘ來リマスルト云フト、私共ハ此法律案運用ニ對シマシテ、幾多ノ危惧ノ念ヲ懷ク者デアリマスルガ、冀クハ是等ノ諸點ニ出來得ル限リノ注意ト、出來得ル限リノ努力ヲ拂ヒマシテ、萬遺憾ナキコトヲ期セラレンコトヲ望ムモノデアリマス、此達成ニ若シモ農林當局ガ精進シナカッタナラバ、國費ノ七億ヲ失ヒ、農民ヲ驅ッテ奈落ニ追込ムトモ考ヘラレルノデアリマス、法律ハ無機物デアリマス、運用ノ人ニ依ッテ有機的ニ活躍シ得ラレルノデアリマス、農林當局ノ出來得ル限リノ最善ノ注意ニ依リマシテ、以上述ベマシタ所ノ諸點ニ、出來得ル限リノ研鑽ヲ積マレンコトヲ希ヒマシテ、私ノ贊成ノ意見ヲ終ル者デアリマス(拍手)

○議長(秋田清君) 討論ハ終局致シマシタ、是ヨリ採決ニ入リマスガ、其順序ハ先ヅ由谷義治君外一名提出ノ米穀統制法案ニ對スル修正案ニ付テ採決ヲ致シマス、次ニ本案ノ委員長報告ニ付テ採決ヲ致シマス、最後ニ米穀需給調節特別會計法中改正法律案ノ委員長報告ニ付テ採決致シマス、斯樣ナ順序デ運ビマス――由谷義治君外一名提出ノ修正案ニ贊成ノ諸君ノ起立ヲ求メマス

(贊成者起立)

○議長(秋田清君) 起立少數、修正案ハ否決セラレマシタ――次ニ本案ノ委員長報告ニ付テ採決致シマス、本案ノ委員長報告ニ贊成ノ諸君ノ起立ヲ求メマス

(贊成者起立)

○議長(秋田清君) 起立多數、本案ハ委員長報告ノ通リ可決致シマシタ(拍手)次ニ米穀需給調節特別會計法中改正法律案ノ委員長報告ニ御異議アリマセヌカ

(「異議ナシ」ト呼フ者アリ)

○議長（秋田清君） 御異議ナシト認メマス、仍テ本案ハ委員長報告通リ可決致シマシタ、是ニテ兩案ノ第二讀會ハ終リマシタ

○上田孝吉君 直チニ兩案ノ第三讀會ヲ開カレンコトヲ望ミマス

○議長（秋田清君） 上田君ノ動議ニ御異議アリマセヌカ

〔「異議ナシ」ト呼フ者アリ〕

○議長（秋田清君） 御異議ナシト認メマス、仍テ直チニ兩案ノ第三讀會ヲ開キ、議案全部ヲ議題ト致シマス

米穀統制法案　第三讀會

米穀需給調節特別會計法中改正法律案　第三讀會

○加藤鯛一君 簡單デゴザイマスルカラ自席カラ發言ノ御許シヲ願ヒマス

○議長（秋田清君） 許可致シマス

○加藤鯛一君 吾々ハ由谷君ノ提出致シマシタル修正案ヲ最善ノモノト致シマシテ、此案ノ成立ニ努メタノデアリマスルガ、既ニ破レマシタ以上次善ヲ選ブ意味ニ於キマシテ、委員長ノ報告、即チ原案ニ贊成ヲスル者デアリマス（拍手）

○議長（秋田清君） 採決致シマス、兩案ハ第二讀會議決ノ通リ御異議アリマセヌカ

〔「異議ナシ」ト呼フ者アリ〕

○議長（秋田清君） 御異議ナシト認メマス、仍テ兩案共可決確定致シマシタ（拍手）

○上田孝吉君 議事日程順序變更ノ動議ヲ提出致シマス、即チ此際日程第二十二乃至第百二十一ノ建議案ヲ上程シ、其審議ヲ進メラレンコトヲ望ミマス

○議長（秋田清君） 上田君ノ動議ニ御異議アリマセヌカ

〔「異議ナシ」ト呼フ者アリ〕

○議長（秋田清君） 御異議ナシト認メマス、仍テ日程ハ變更セラレマシタ、日程第二十二乃至第百二十一ハ建議委員ニ付託シタル議案ナルニ依リ、一括議題ト爲スニ御異議アリマセヌカ

〔「異議ナシ」ト呼フ者アリ〕

○議長（秋田清君） 御異議ナシト認メマス、仍テ日程第二十二、佐世保鹿島間國營自動車運輸開始ニ關スル建議案外九十九件ヲ議題ト致シマス、委員長ノ報告ヲ求メマス――建議委員長倉元要一君

昭和八年三月五日

佐世保鹿島間國營自動車運輸開始ニ關スル建議案

外九十九件

敦賀清津羅津又ハ雄基間聯絡特急航路開始ニ關スル建議案

　敦賀清津羅津又ハ雄基間聯絡特急航路開始ニ關スル建議

環海我カ國ノ如キハ航路ノ擴張及海陸聯絡設備ノ急要ナル固ヨリ論ヲ俟タス今ヤ滿洲國ハ獨立シテ吉會鐵道共ノ完成ヲ告ケムトスルニ當リ北滿ノ物資輸送上及歐露方面ヨリノ交通貿易上大陸ト本土トノ聯絡ヲ近接急速ナラシムルノ必要切ナリ而シテ清津羅津又ハ雄基敦賀間ノ航路ハ此ノ聯絡上最捷徑ニシテ殊ニ敦賀港ハ本土内ニ於テモ鐵道ニ依リ旅客竝物資ヲ京阪地方ハ勿論直ニ關東地方ニ運送スルニ至便ノ地ナリ斯ノ如ク右聯絡航路ハ交通貿易上及軍事外交上實ニ國運ノ發展上最急要ナル交通路ナリト認ム

現在北日本汽船會社ニ於テ清津敦賀間ヲ僅ニ月三回往復スル新高丸アリト雖將來ノ發展ニ資スルニ足ラス依テ政府ハ速ニ計畫ヲ樹テ國費ニヨリ少クモ五千噸級以上ノ船舶ヲ以テ毎週二三回宛敦賀清津羅津又ハ雄基間ノ特急航路ヲ開始セラレムコトヲ望ム

右建議ス

報告書

一敦賀清津羅津又ハ雄基間聯絡特急航路開始ニ關スル建議案（熊谷五右衛門君外一名提出）

右ハ本院ニ於テ可決スヘキモノト議決致候此段及報告候也

昭和八年二月十五日

建議委員長　倉元要一

衆議院議長秋田清殿

朝鮮ノ鐵道政策ニ關スル質問主意書

右成規ニ據リ提出候也

昭和八年二月十七日

提出者　牧山　耕藏

朝鮮ノ鐵道政策ニ關スル質問主意書

第一　東洋ノ平和ト帝國ノ安寧ヲ維持スル上ニ於テ如何ニ朝鮮カ重大ナル使命ヲ有スルカハ今更喋喋ノ要ナク滿洲國新興ノ今日更ニ朝鮮ノ産業開發上將又國防上交通ノ普及發達ノ必要ナルハ言ヲ須フルヲ要セサル所ニシテ現下世界大勢ノ推移ヨリシテ愈益共ノ必要ヲ痛感スルハ敢テ識者ヲ俟ツ迄モナキ所ナリ此ノ見地ヨリシテ第五十一回議會ニ貴族院及衆議院ニ提出セラレタル左記建議案ニ對シ政府ハ如何ナル考慮ヲ拂ヒ如何ナル研究ヲ爲シタルカ

一　大正十五年第五十一回議會貴族院ニ提出セラレタル建議案（本會議、滿場一致可決）

發議者

淺田　德則　男爵福原　俊丸
山之內一次　西久保弘道
佐竹　三吾

贊成者

公爵近衛　文麿　外三十七名

朝鮮ニ於ケル鐵道ノ普及促進ニ關スル建議

朝鮮ニ於ケル産業ノ振興文化ノ開發並國防及警備ノ爲更ニ一層鐵道ノ普及促進ヲ圖ルハ頗ル緊要ノ事タリ依テ政府ハ速ニ鐵道網ノ調査ヲ完了シ之カ敷設ノ計畫ヲ樹立スルト共ニ私設鐵道ノ助長發達ニ付適切有效ナル方策ヲ講セラレムコトヲ望ム

右建議ス

二　大正十五年第五十一回議會衆議院ニ提出セラレタル建議案（各派聯合提出、日程ニ上リタルモ議決ニ至ラス）

提出者

牧山　耕藏　箕浦　勝人
川原　茂輔　山本条太郎
松田　源治　松山常次郎
横山金太郎　西　英太郎
本多貞次郎　高木益太郎
野田　俊作　湯淺　凡平
佐藤　潤象　河崎助太郎
田中　譲

贊成者

元田　肇　外百四十五名

朝鮮ニ於ケル鐵道ノ普及促進ニ關スル建議

東洋現下ノ情勢ニ鑑ミ朝鮮ノ統治國防警備産業ノ振興文化ノ開發上朝鮮ニ於ケル鐵道ヲ普及促進セシムルノ要アリ政府ハ速ニ左記數項ヲ實行セラレムコトヲ望ム

一　朝鮮ニ於ケル樞要ナル鐵道ハ國有ト爲スノ根本方針ヲ樹立シ樞要ナル私設鐵道ハ漸次之ヲ買收スルコト

二　朝鮮ニ於ケル鐵道敷設ニ關スル法律ヲ制定シ豫算ノ確定セル既定計畫ノ外略二千哩ノ鐵道敷設ヲ今後十八年以內ニ完成スヘキ計畫ヲ確立スルコト

三　現行朝鮮私設鐵道補助法ノ八分補給ヲ改善シ未成線ノ速成ヲ圖ルコト

右建議ス

第二　然ルニ政府ハ以上ノ建議アリタルニ拘ラス議會ノ協賛ヲ經タル朝鮮國有鐵道ノ所謂十二年計畫ナルモノノ年度割二千五百萬圓ハ實施後幾何モナク半減セラレ昭和七年度ニ於テ僅ニ三百萬圓ヲ復活シ年額千五百五十萬圓ヲ計上シタルノミニテ爲ニ十二年計畫ノ根本ハ破壞セラレ滿洲國新興ノ今日尚依然トシテ姑息ナル建設ニ甘ムスルカ如キハ餘リニ朝鮮ヲ輕視シ日鮮併合ノ詔勅ノ御趣旨ニモ反スルモノト謂フヘキモノニシテ政府ハ斯ノ如キ狀況ヲ以テシテ尚且國防上及産業上遺憾ナシトスルカ如何

政府ハ或ハ十二年計畫ハ後年度ニ於テ年度割ヲ增加シ既定年度內ニ完成スヘシト謂フヘキモ這ハ一ノ詭辯ニシテ後年度ニ於テ朝鮮ノ鐵道建設費トシテ年額五千萬圓乃至六七千萬圓ヲ支出スルト謂フカ如キハ事實不可能事ナリト認ム

更ニ政府ハ昭和七年度ニ於テ約七億圓又本年度豫算ニ於テ約十億圓ノ公債ヲ發行シ非常救濟又ハ軍備整備ヲ斷行セムトスル今日僅僅一千萬圓乃至二千萬圓ノ支出ヲ吝ミ朝鮮ニ於ケル緊要ナル施設ヲ怠ルカ如キハ餘リニ首尾ニ專ラニシテ肝要ナル中央部ヲ無視スルモノナリ之ヲ人口ノ割合ヨリスルモ內地六千萬ニ對シ朝鮮二千萬ナルヲ以テ彼此權衡ヲ失スルモノト思ハサルカ之ニ對スル政府ノ所見如何

第三　政府ハ右兩院ノ主張ニ基キ朝鮮ノ私設鐵道中ノ全部又ハ一部ヲ買收スル意思アリヤ

朝鮮ニ於ケル私設鐵道ハ內地私鐵トハ趣ヲ異ニシ國有線代行ノ使命ヲ有スルモノナルヲ以テ政府ハ適當ノ時機ニ於テ之ヲ買收スヘキハ當然ノ措置ニシテ既ニ今日迄モ二三線路ノ買收ヲ實施シ來レリ蓋是レ共ノ根本方針ニ從フモノナルハ勿論更ニ年年八分ノ補助ハ五分若ハ夫レ以下ノ低利ナル交付公債ヲ以テ買收シ得ヘク政府ハ共ノ間三分若ハ夫レ以上ノ支出減ヲ爲シ得ルノミナラス産業上ヨリスレハ私鐵運賃ハ國有線ノ倍額以上ニシテ之ヲ國有ニ移スコトニ於テ運賃ハ半減セラルルノミナラス更ニ國有線ノ遠距離低減法ニ依リ一層低減シテ産業ノ開發ニ貢獻スルコト偉大ナルヘク更ニ又年年不足ヲ告クル虞アル法定ノ補助金不足ノ補充トモナルヘク所謂一擧三得ノ利アリ然ルニ政府ハ之ニ對シ未タ何等提案ナキ理由如何

第四　更ニ政府ハ第五十回議會ニ於ケル貴族院豫算委員會左記希望決議、第五十一回議會ニ貴衆兩院ニ提出セラレタル第一項ノ建議案末項、第五十二回議會衆議院ニ提出セラレタル左記法律案ニ付如何ナル考慮ヲ拂ヒ又ハ研究シタルコトアリヤ

一　大正十四年第五十回議會貴族院ニ於ケル大正十四年度豫算案ノ委員會希望決議

私設鐵道ノ發達普及ヲ圖ルハ朝鮮開發ノ爲極メテ緊要ナリ而シテ現行法ニ依ル補助ノ方法ヲ以テシテハ豫期ノ目的ヲ達スルコト困難ナリト認メラルルヲ以テ政府ハ更ニ調査ノ上適切ナル方法ヲ講セラレムコトヲ望ム

二　昭和二年第五十二回議會衆議院ニ提出セラレタル朝鮮私設鐵道補助法中改正法律案（政友會及民政黨ヨリ同一法律案提出、委員會兩案併合滿場一致可決、本會議審議未了）

提出者

本田　義成　秋田寅之介
松山常次郎

贊成者

志賀和多利　外四十七名

提出者

荒川　五郎　　高木益太郎
服部　英明　　大島　要三
大津淳一郎　　簾内米太郎
牧山　耕藏　　大関榮三郎
寺田　市正　　佐藤　潤象
湯淺　凡平

賛成者

斯波　貞吉　外百四十九名

朝鮮私設鐵道補助法中左ノ通改正ス

第一條ニ左ノ一項ヲ加フ

前項ノ場合ニ於テ拂込資本金ニ對スル益金ノ百分ノ二ヲ限度トシ會社ノ毎營業年度ニ於ケル益金ノ二分ノ一ハ之ヲ益金ヨリ控除ス

第五　以上ノ如ク朝鮮ノ鐵道問題ニ對シテハ第五十回議會以來第五十二回議會ニ渉ル三箇年間貴衆兩院ハ之ヲ重要問題トシテ歴決議又ハ建議ヲ爲シ其ノ方針ヲ瞭ニシ居レリ然ルニ當局者ハ全然之ニ耳ヲ藉サス机上ニ放擲シテ顧ミサルカ如キ實績アルハ院議ヲ無視シ輿論ヲ閑却シタルモノト謂フモ敢テ過言ニ非ス政府ノ所見如何

第六　朝鮮私設鐵道中ノ重ナル朝鮮鐵道、京南鐵道及金剛山電氣鐵道ノ三社ハ一二年後ニ補助期間滿了スト聞ク然ルニ政府ハ未タ議會ニ之カ改正案ヲ提出シ居ラス內地ノ私設鐵道ハ收益第一主義又ハ各地方地方ノ利害ニ依リ共ノ地方ノ人士カ主トナリ敷設セラレタルモノナレトモ朝鮮ノ私設鐵道ハ然ラス政府豫算ヲ以テシテハ急速ニ豫定ノ敷設ヲ爲シ能ハサルカ爲特ニ有利ナル條件ヲ以テ內地資本家ヲ勸誘シテ敷設セシメ所謂國有鐵道ノ代行者タラシメ將來漸次之ヲ買收スル目的ヲ以テ遂行シ來リタル所ナリ現ニ朝鮮ニ於ケル私設鐵道ノ實際ヲ見ルニ昭和七年十二月末ニ於ケル資本及株式ノ狀況ハ左ノ如シ

	朝鮮鐵道	京南鐵道	金剛山鐵道	南朝鮮鐵道
資本金	五四、五〇〇千圓	一〇、〇〇〇千圓	一二、〇〇〇千圓	二〇、〇〇〇千圓
株式總數	一、〇九〇、〇〇〇株	二〇〇、〇〇〇株	二四〇、〇〇〇株	四〇〇、〇〇〇株
株主數	五、三六一人	一、七九〇人	一、四〇三人	六九八人
內內地株式數	七七七、五二七株	一四七、七三八株	一七四、二三八株	三八二、〇〇〇株
右割合	七・一三割	七・三九割	七・二六割	九・〇五割
內地株主數	三、九八六人	一、四〇〇人	一、一一八人	四四二人
右割合	七・二五割	七・七七割	七・九七割	九・五五割
社債	一七、五〇〇千圓	六、五〇〇千圓	三、〇〇〇千圓	
借入金	七、一五五	四、〇〇〇	一、二五〇	二六、〇〇〇千圓

（右ノ內京南鐵道ノ株主九人此ノ株數五萬株ハ帳簿上ハ在鮮者ナレトモ事實ハ東京在住者ナリ）

以上ノ如ク株式總數合計百九十三萬株ニ對シ內地人所有株式ハ百四十八萬千五百三株即チ七割七分八厘約八割ハ內地株主ナルヲ見テモ如何ニ朝鮮ノ私鐵カ補助ヲ目的トシテ內地人カ應募シタルモノナルカヲ知ルニ足ル再言セハ朝鮮私鐵カ單ニ內地ノ夫レノ如ク地方的利害ニ依ルニ非ス將又鐵道夫レ自身ノ利害ヲ目的トシテ投資セラレタルモノニ非ス當局ノ慫慂ニ依リ補助ニ意ヲ安ムシテ投資シタルモノナルコトヲ窺知スルニ足ル況ヤ歷代ノ當局亦屢補助ヲ明言シ期間延長モ亦已ムナキモノナリトノ意見ヲ洩シ居ル所ナルニ拘ラス時期切迫ノ今日尙提案ノ模樣ナキハ如何ナル所見ニ基クカ

第七　政府ニ於テ若現行朝鮮私設鐵道補助法改正ノ意思アリトセハ共ノ滿期ニ對スル延長期間ハ凡ソ幾何トスル意ナルカ將又補助率又ハ補助方法等ニ付テ如何ナル意見ヲ有シ居ルヤ

內地ニ於テハ政府補助ノ外會社ハ自己ノ收益中百分ノ二迄ハ補助ニ加ヘテ配當ヲ爲スコトヲ得ト規定セラレ即チ七分ノ配當ヲ爲スコトヲ得北海道ニ於テハ大正九年八月法律第五十六號（北海道拓殖鐵道補助ニ關スル法律）及大正十一年四月勅令第百九十七號（昭和二年勅令第二百六十六號改正）ニ依リ左記ノ補助ヲ設ケ居レリ

大正十一年四月勅令第百九十七號

（北海道ニ於テ經營スル地方鐵道及軌道ノ補助ニ關スル件）

第一條　北海道ニ於テ經營スル地方鐵道又ハ軌道ノ毎營業年度ニ於ケル益金カ建設費ニ對シ年八分ノ割合ニ達セサルトキハ大正九年法律第五十六號ニ依リ共ノ不足額ヲ補給スルコトヲ得但シ補助金ハ建設費ニ對シ年九分ニ相當スル金額ヲ超ユルコトヲ得ス

即チ北海道ハ八分益金ト一分ノ缺損補助ト合セ九分ノ補給ヲ認メ居レリ然ルニ朝鮮ハ八分ノ釘付ニシテ若會社カ缺損シタル場合ハ八分以下トナルヘキコトアルモ八分以上トナルコトハ全然爲シ得サル規定ナリ政府ハ朝鮮ヲ以テ北海道ヨリ重要ナラスト見ルカ將又北海道以下ノ補助ニテ十分ナリト認ムルヤ如何

第八　朝鮮私鐵ノ補助ハ大正七年從來六分ナリシモノヲ七分ニ增加シ更ニ大正八年之ヲ八分ニ改正シタルモノニシテ共ノ主旨ハ一ニ朝鮮ノ開發即チ國有線ノ代行タラシメムト欲スルニ外ナラス補助法カ內地ノ夫レト異ル所以ノモノ蓋故ナキニアラス抑朝鮮ノ如キ必要ナル未開地ノ鐵道ヲ內地ト同一視シ單ニ共ノ收支狀況ノミヲ以テ云々スルカ如キコトアリトセハ認識ノ不足モ亦甚シキモノニシテ鐵道ニ依ル未墾地ノ開拓產業ノ發達生產ノ增加等ヲ參酌シテ以テ立論スヘキハ言ヲ俟タサル所ナリ

此ノ見地ヨリシテ朝鮮ノ私鐵ハ適當ノ時機ニ於テ順次買收シテ國有ニ移スヘキハ勿論ニシテ之カ補助ノ如キモ大ニ考慮ヲ加ヘサルヘカラサル所ナリ假ニ近キ將來ニ於テ低金利時代到來ノコトアリトシテ萬一八分ノ補助ヲ一擧ニ六分乃至五分ニ低下スルカ如キコトアラムカ由由敷大事ニシテ株式ノ市價ハ忽ニ暴落シ補助ヲ信賴シテ投資セル內地人ヲシテ一大損失ヲ被ラシムルノミナラス第六項中旣述シタル如ク社債、借入金合計四千二百餘萬圓ハ補助期限ノ切迫ト共ニ借替不能ニ陷ラシメ內地經濟界ニ一大衝動ヲ惹起セシムル虞尠カラス若政府ニシテ補助率變更ノ意思アリトセハ深ク此ノ點ヲ考慮シ八分ハ七分トシ經濟界ノ狀勢ニ應シ適正ナル條件ノ下ニ漸次改正スルノ途ニ出テサルヘカラス

獨リ之ニ止マラス貴衆兩院ノ主張ノ如ク補助率ノ變更ニ當リテハ之ヲ改善シ彈力性アル配當可能ノ途ニ出テサルヘカラス即チ內地及北海道ノ補助法ト同樣一定ノ步合ヲ限リ會社ノ益金ハ補助金ニ加ヘテ配當ヲ爲シ得ルコトトスル

ハ一ハ會社ヲシテ懸命努力ニ依リ收益ノ增加經費ノ節約ニ努力セシムル一助トモナリ一擧兩得ノ措置ナリト信ス右ニ對スル政府ノ所見如何

右及質問候也

本質問ニ對シ書面ヲ以テ明確ナル答辯アラムコトヲ望ム

昭和八年三月七日

内閣總理大臣 子爵齋藤 實

衆議院議長秋田清殿

衆議院議員牧山耕藏君提出朝鮮ノ鐵道政策ニ關スル質問ニ對シ別紙答辯書差進候

(別紙)

衆議院議員牧山耕藏君提出朝鮮ノ鐵道政策ニ關スル質問ニ對スル答辯書

第一 朝鮮ニ於ケル國有鐵道ノ建設ニ就テハ第五十二議會ニ十二ケ年間ニ約一、六〇〇粁ノ鐵道ヲ完成スベキ計畫案ヲ提出シ其ノ協贊ヲ經目下實施中ニシテ既ニ開業セルモノ四四五粁目下工事中ニ屬スルモノ約三三一粁アリ

私設鐵道ノ助成ニ就テハ從來ノ補助費最高年額ノ限度四百五十萬圓ニテハ不足ヲ告グルニ至レルヲ以テ第五十八議會ノ協贊ヲ經テ前記最高限度ヲ五百萬圓ニ增額シタリ而シテ補助法施行後卽チ大正十年度以降ニ於テ敷設セラレタル私設鐵道ハ其ノ延長一、二二三粁餘ニ達シ其ノ內約七三〇粁ハ昭和二年度以降ニ於テ敷設セラレタルモノナリ

尙私設鐵道ノ買收及私設鐵道補助法ノ改正ニ關シテハ後述スル所ノ如シ

第二 朝鮮國有鐵道延長十二年計畫ハ昭和十三年度ヲ以テ終了スベキ豫定ヲ以テ昭和二年度ヨリ着手セル處中途ニシテ偶々財界ノ變動ニ遭遇シ政府ノ財政ノ緊縮、特別會計公債半減等ノ方針ヲ執ルノ已ムナキニ至リ其ノ結果本計畫モ多少ノ繰延ヲ餘儀ナクセラレ昭和十五年度ニ於テ終了ノ豫定ニ變更シタルモノナリ、然レ共其ノ後ニ於テモ事情ノ許ス限リ速成ニ努メ昭和七年度ニ於テハ豫定年割額ニ對シ六十二議會ニ於テ三百萬圓、六十三議會ニ於テ更ニ百萬圓ヲ追加シ之ガ促進ヲ圖レリ、今後ニ於テモ四圍ノ狀況ヲ考慮シ速成ヲ期スル方針ナリ

第三 朝鮮ニ於ケル私設鐵道ニハ國營代行ノ特質ヲ有スルモノアルヲ以テ其ノ實情ニ鑑ミ之ヲ買收スベキモノト認メ曩ニ第五十二議會ノ協贊ヲ經テ昭和二年度ヨリ六年度ニ亙リ既ニ五線三三九粁六分（交付公債額面二六、〇四〇千圓）ノ私設鐵道ヲ買收シタルガ今後ニ於テモ此ノ方針ニ依リ事情ノ許ス限リ之ガ買收ヲ行ハムトスルモノナリ

第四、五、六、七、八 朝鮮ニ於ケル私設鐵道ノ主ナルモノハ交通上幹線ヲ爲スモノ多ク所謂國營代行ノ性質ヲ帶ブルモノト云フベク一般ノ地方鐵道トハ其ノ趣ヲ異ニセルモノアルヲ以テ之ガ助成發達ニ關シテモ亦從來特殊ノ方針ヲ採リ來リタルモノナリ而モ朝鮮ニ於ケル產業經濟ノ發達ハ未ダ顯著ナル域ニ達セズ從テ私設鐵道ノ收益モ極メテ僅少ナル實情ニ在リ故ニ今後ニ於テモ私設鐵道ニ對シテハ相當保護ヲ與フルノ必要ナルヲ認ムト雖其ノ方法等ニ就テハ改正ヲ要スベキ點アリト思惟ス而シテ私設鐵道中ニハ九年度ニ於テ補助期限滿了スルモノアルヲ以テ旁々諸般ノ事情ヲ考慮シ補助年限、補助方法竝ニ補助率等ニ關シ目下愼重調査中ニ屬スルモ之ガ改正ニ付テハ今期議會ニ提出ノ運ビニ至ラズ

右及答辯候

昭和八年三月七日

拓務大臣 永井柳太郎

昭和八年三月十五日

朝鮮私設鐵道ニ關スル質問主意書

右成規ニ據リ提出候也

昭和八年三月二日

提出者　綾部健太郎
外二名

朝鮮私設鐵道ニ關スル質問主意書

第一問

朝鮮ニハ鐵道國有法ノ施行ナキ爲從來國ニ於テ敷設ヲ要シタル鐵道モ政府財政ノ都合上便宜民營ニ委シ敷設經營サレタル結果トシテ現ニ營業セル私設鐵道ノ多クハ國鐵代用ニ非サレハ國鐵培養ノ機能的使命ヲ負ヒ形態上ハ民營ナルモ其ノ實國營代行ノ鐵道トシテ性質上內地ノ地方鐵道ト全然同一視スヘカラサルモノト認メラルルカ政府ニ於テモ其ノ保護政策上ヨリ朝鮮私鐵ノ特異性ヲ認メ居ラルルヤ所見如何

第二問

前段ノ如ク朝鮮ノ私設鐵道ハ國鐵代用ニ非サレハ完全ナル國鐵培養ノ鐵道ナルカ故ニ鐵道ノ根本經理ハ國私鐵道ヲ區別シテ計算スヘカラサル關係ニ置カレアルヲ以テ朝鮮ノ私鐵對策トシテハ國營代行ノ趣旨ニ基キ買收ニ依リ漸次國有化スルヲ原則トシ然ラサル場合ハ補助ヲ繼續シテ或程度ニ其ノ自立ヲ保證スルカ二者其ノ一ヲ擇ハサルヘカラサルハ朝鮮私鐵ノ特異性ヨリ來ル當然ノ歸結ナリト信スルカ政府ノ所見如何

第三問

現在施行サレ居ル朝鮮私設鐵道補助法ニ依レハ當該會社ノ毎營業年度ノ益金カ年八分ニ達セサルトキハ會社設立ノ日ヨリ十五年ヲ限リ其ノ不足額ヲ補助スルコトヲ得ト規定サレ一方ニ於テ補給スヘキ豫算ノ最高額ヲ五百萬圓ト限ラレ居ルモ元來補助法ハ言フ迄モナク朝鮮總督カ補助ヲ行フ準據法ナルヲ以テ當該會社ハ直接補助法ニ依リ補助ヲ受クルモノニ非ス一ニ總督ノ指令ニ基クモノニシテ其ノ補助率ハ六分ニ始マリ年ヲ追フテ七分八分ト順次增率サレ補助ノ年總額モ最高二百五十萬圓ヲ三百萬圓ニ增シ次テ四百五十萬圓ニ增加シ其ノ後線路ノ延長ニ伴ヒ更ニ今日ノ五百萬圓ニ增額シ補助期限ニ在リテモ當初十箇年ト定メタルモ更ニ五箇年ヲ延長シ現在ノ十五箇年ト爲セルカ如ク從來補助ヲ受クル會社ノ必要ニ應シ都度補助條件ヲ變更シ來リシ沿革的事實ニ顧ミ而モ其ノ補助年限十五箇年ノ內既ニ十三年以上ヲ經過シ居ル以上ハ現行補助法ニ依ル十五箇年八分ノ補助ハ最早理論ニ非ス確固タル既定ノ事實ト認ムルノ外ナシ政府ノ所見如何

第四問

若國家財政上ノ見地ヨリセハ自立性ニ乏シキ朝鮮ノ私設鐵道ニ對シ永年ニ亙リ高率ノ補助ヲ續クルヨリ之ヲ低利ノ事業公債ニ換價スルヲ得策ト考ヘラルルノミナラス朝鮮ニ於ケル私設鐵道ノ運賃率ハ國鐵ノ運賃率ニ倍スルヲ以テ國鐵ニ統一セハ一般民衆ノ福利ニモ合致スル故畢竟買收ハ政府財政ノ整理ト社會政策上ノ施設ヲ兼ネ且鐵道國有化ノ一般方針ニモ副フ實ニ一擧三得ノ良策ナリ唯時節柄考慮サルヘキハ公債ノ增發ナルモ此ノ點ニ付テモ會社ハ多クノ社債ヲ有シ居ルヲ以テ交付公債ヲ以テ社債ヲ償還セハ相殺サレテ憂フヘキ通貨ノ膨脹又ハ金融市場ノ壓迫ヲモ來ササルニ依リ結局朝鮮ノ私鐵對策トシテハ買收カ最效果的ナリト信セラル政府ノ所見如何

第五問

朝鮮私設鐵道ノ大部分ハ昭和九年度ニ於テ補助期限滿了ト爲ルモノナルカ前段ノ趣旨ニ基キ補助期限ノ延長ニ關シ補助法ノ改正案ヲ本期議會ニ提出サルル準備アルヤ否ヤ又補助期限ノ切迫ニ依ル懸念ノ爲株式市價ニ惡影響ヲ與ヘ延テ一般株主ハ勿論殊ニ多額ノ社債權者及金融業者ニ不安ヲ感セシメ當面其ノ借替ニ支障ヲ來シ居ル事情ノ如キハ政府ニ於テモ特ニ考慮セラレ此ノ際殆ト二百萬株ニ達スル之カ一般株主其ノ他利害關係者ニ安定ヲ與フル爲是非今期議會ニ改正案ヲ提出スルノ要アルモノト信ス猶念ノ爲承知シ置キタキハ補助法ノ改正ニ伴フ一般補助條件ニ付テハ從來ノ如ク朝鮮私鐵ノ特異性ニ鑑ミ內地地方鐵道ヨリモ比較的有利ニ定メラルヘキモノト信シテ可ナリヤ政府ノ所見如何

右及質問候也

本質問ニ對シテハ書面ヲ以テ答辯アラムコトヲ望ム

昭和八年三月十四日

內閣總理大臣　子爵齋藤　實

衆議院議長秋田清殿

衆議院議員綾部健太郎君外二名提出朝鮮私設鐵道ニ關スル質問ニ對シ別紙答辯書送進候

（別紙）

衆議院議員綾部健太郎君外二名提出朝鮮私設鐵道ニ關スル質問ニ對スル答辯書

一、朝鮮ニ於ケル私設鐵道ノ主ナルモノハ交通上幹線ヲ爲スモノ多ク所謂國營代行ノ性質ヲ帶ブルモノト謂フベク一般ノ地方鐵道トハ其ノ趣ヲ異ニセルモノアルヲ以テ之ガ助成發達ニ關シテモ亦從來特殊ノ方針ヲ採リ來レルモノトス

二、朝鮮ニ於ケル私設鐵道ハ前述ノ如キ特質ヲ有スルモノアルヲ以テ其ノ實情ニ鑑ミ漸次買收スルヲ得策ト認メ曩ニ議會ノ協贊ヲ經テ昭和二年度ヨリ同六年度ニ亙リ既ニ五線三三九粁六分（交付公債額面二六、〇四〇千圓）ヲ買收シタルガ將來ニ於テモ同樣ノ方針ニ依リ事情ノ許ス限リ主要鐵道線ノ買收ヲ行ハムトスルモノナリ補助ノ點ニ關シテハ後述スル所ノ如シ

三、朝鮮ニ於ケル私設鐵道ノ補助ニ就テハ大正三年度以降補助命令ノ形式ヲ以テ補助開始以來補助率ニ就テハ六分ヨリ七分、八分ト順次增率シ大正十年朝鮮私設鐵道補助法制定施行ニ方リテモ補助率ハ從來通リ八分トシ補助年限ヲ會社設立登記ノ日ヨリ十年、補助金年總額最高限度ヲ二百五十萬圓ト定メタルガ其ノ後會社ノ實情並ニ各般ノ狀勢ヲ考慮シ補助年限ヲ十五年ニ延長シ補助金年總額最高限度モ順次遞增シテ現行ノ五百萬圓ニ達セリ而シテ其ノ間右ノ範圍內ニ於テ事情ノ許ス限リ私設鐵道ノ發達助成ノ目的ヲ達スベク努メ來レルモノナリ

四、朝鮮ニ於ケル私設鐵道ノ買收ニ關シテハ第二項ニ於テ述ベタル通トス

五、朝鮮ニ於ケル私設鐵道ノ特質並ニ業績ニ鑑ミ將來ニ於テモ尚相當保護助成ノ方法ヲ講ズルノ必要ナルヲ認ム而シ

テ私設鐵道中ニハ昭和九年度ニ於テ補助期限滿了スルモノアルヲ以テ旁々諸般ノ事情ヲ考慮シ補助年限、補助率竝ニ補助方法等ニ關シ目下愼重調査中ニ屬スルヲ以テ之ガ改正ニ付テハ今期議會ニ提出ノ運ビニ至ラズ

右及答辯候也

昭和八年三月十四日

拓務大臣　永井柳太郎

昭和八年三月十九日

日程第一乃至第七ノ件

舊韓國起業資金貸付ノ爲發行シタル英貨興業債券ノ元利支拂爲替差損金補給ニ關スル法律案

第一條 政府ハ日本興業銀行ガ舊韓國起業資金貸付ノ爲發行シタル政府保證第十三回英貨興業債券ノ未償還額百三萬五千三百磅ノ償還又ハ其ノ昭和七年十二月二日以後ノ利子支拂ヲ爲ス場合ニ於テ之ニ要スル邦貨金額ガ其ノ償還社債ノ額面金額又ハ支拂利札ノ券面金額ヲ英貨一磅ニ付九圓七十六錢三厘ノ割合ヲ以テ換算シタル金額ニ比シ多額ナルトキハ其ノ超過額ニ相當スル金額ヲ限度トシ同行ニ對シ補給金ヲ交付スルコトヲ得

前項ノ補給金額ハ朝鮮總督之ヲ定ム

第二條 前條ノ補給金ハ國債證券ヲ以テ之ヲ交付スルコトヲ得

第三條 政府ハ前條ノ規定ニ依リ交付スル爲必要ナル額ヲ限度トシ公債ヲ發行スルコトヲ得

第四條 本法ニ依リ交付スル國債證券ノ交付價格ハ時價ヲ參酌シテ大藏大臣之ヲ定ム

附　則

本法ハ公布ノ日ヨリ之ヲ施行ス

〔國務大臣高橋是清君登壇〕

○國務大臣(高橋是清君) 只今議題トナリマシタ昭和八年法律第三號中改正法律案提出ノ理由ヲ說明致シマス、昭和八年度一般會計歲入不足ノ補塡ニ關シマシテハ、今期帝國議會ニ於テ、是ガ爲メ公債ヲ發行シ得ル法律ノ成立ヲ見タノデアリマスガ、別途提出致シマシタ昭和八年度歲入歲出總豫算追加、第一號ニ計上セル經費ノ財源トシテ、普通歲入三百十六万餘圓、借入金三千万圓及前年度剩餘金繰入千三百三十餘万圓、合計四千六百四十六万餘圓ノ外、千七百五十四万餘圓ハ、今日ノ場合之ヲ公債ニ依ルノ外アリマセヌ、是ガ爲メ昭和八年法律第三號中ノ公債發行限度ヲ擴張スル所ノ必要ガアリマシテ、本案ヲ提出シタ次第デアリマス、何卒御審議ノ上御協贊アランコトヲ希望致シマス

次ニ日程第三ノ海軍工廠資金臨時補足ニ關スル法律案提出ノ理由ヲ說明致シマス、海軍工廠資金ハ、現在ノ狀態ニ於テ、一時不足ヲ生ズルコトガアルト考ヘラレマス爲メ、三千万圓ヲ限リ、臨時之ヲ補足致サントスルノデアリマス、而シテ是ガ財源ハ借入金ニ依ルヲ適當ト認メマスノデ、本案ヲ提出シタ次第デアリマス、何卒御審議ノ上御協贊アランコトヲ希望致シマス

日程第五ノ舊韓國起業資金貸付ノ爲發行シタル英貨興業債券ノ元利支拂爲替差損金補給ニ關スル法律案提出ノ理由ヲ說明致シマス、日本興業銀行ハ明治四十一年ニ政府保證ノ下ニ、英國ト佛國ニ於テ英貨興業債券ヲ發行致シテ、其手取金ヲ以テ舊韓國政府ニ對シテ、起業資金ノ貸付ヲ爲シタノデアリマスガ、其後韓國併合ニ伴ヒ、貸付金ノ元利支拂義務ハ、同國政府カラ朝鮮總督府特別會計ニ移屬セラレテ今日ニ至ッタノデアリマス、右貸付金竝ニ其資源トシテ發行シタ英貨興業債券ノ償還期限ハ、昭和八年十二月一日ニ到來スルノデアリマスガ、元來本貸付金ニ關シテハ、日本興業銀行ハ事實上、單ニ資金ノ調達及融通ノ仲介機關タラシメラレタニ過ギナイノデアリマス、其事ハ當時ノ實情竝ニ貸付契約ノ趣旨ニ鑑ミ、明白デアルト認メラレマスカラ、本貸付金ニ關シ、日本興業銀行ヲ損失ヲ被ラシムルガ如キコトハ、之ヲ避ケネバナリマセヌ、隨テ本貸付金ノ資源タル英貨興業債券ノ現在額百三万五千三百磅ノ、今後ニ於ケル元利支拂ニ要スル爲替差損金ハ、之ヲ政府ヨリ同行ニ對シテ補給スルコトガ妥當デアルト考ヘマス、又右ノ補給金ハ、財源ノ都合上國債證券ヲ以テ交付スルコトガ適當デアルト認メラレマスカラ、是ガ爲ニ茲ニ本法律案ヲ提出致シタ次第デアリマス、何卒御審議ノ上御協贊ヲ與ヘラレンコトヲ希望致シマス(拍手)

○議長(秋田淸君) 日程第二、第四及第六ヲ一括シテ、右各案ノ審査ヲ付託スベキ委員ノ選擧ヲ議題ト致シマス

第二、四、六 右議案ノ審査ヲ付託スヘキ委員ノ選擧

○上田孝吉君 三案ハ一括シテ政府提出、守備港域軍事取締法案ノ委員ニ併セ付託シ、直チニ委員會ヲ開キ其審査ヲ進メラレンコトヲ望ミマス

○議長(秋田淸君) 上田君ノ動議ニ御異議アリマセヌカ

〔「異議ナシ」ト呼フ者アリ〕

○議長(秋田淸君) 御異議ナシト認メマス、仍テ動議ノ如ク決シマシタ、日程第七、擔保附社債信託法中改正法律案ノ第一讀會ヲ開キマス――司法大臣小山松吉君

請願特別報告第五二號

意見書

請願文書表第九七號

舊韓國將校竝相當官及准士官ニ扶助金下賜ノ請願　朝鮮京城府黃金町三丁目三百八番地ノ十八玄暎運外二百五十七名呈出（紹介議員朴春琴君）

右請願ノ要旨ハ舊韓國ノ法令ニ依リ終身官職ヲ保有シ俸祿ヲ享クヘク保障ヲ與ヘラレタル舊韓國陸軍將校ハ隆熙元年（明治四十年）軍隊解散ニ依リ官職ヲ失ヒ其ノ後日韓併合トナリタルモ何等ノ保護惠澤ニ浴スルヲ得ス爲ニ數十年間軍務ニ服シ一般世事ニ疎キ舊韓國軍人ハ容易ニ就職ノ途ヲ得難ク生活上甚シク困憊シツツアリ依テ右失職舊韓國時代ノ陸軍將校竝相當官及准士官ニ對シ其ノ生活ニ相當スル扶助金ヲ一時若ハ年金ヲ以テ支給セラレタシト謂フニ在リ

衆議院ハ其ノ趣旨ヲ至當ナリト認メ之ヲ採擇スヘキモノト議決セリ依テ議院法第六十五條ニ依リ別冊及御送付候也

請願特別報告第一八九號

意見書

請願文書表第七四二號

朝鮮ニ衆議院議員選擧法施行ノ請願　朝鮮京城府積善洞二百十二番地金明濬外十三名呈出（紹介議員朴春琴君）

右請願ノ要旨ハ日韓併合以來朝鮮ハ諸般制度ノ改善ニ伴ヒ文物ノ發達民衆ノ向上眞ニ驚クヘキモノアリテ最近地方自治制ノ實施ヲ見タルハ慶賀ニ堪ヘサル所ナリ而シテ進テ之ニ參政權ヲ附與スルハ最必要ナリト信ス依テ朝鮮ニ衆議院議員選擧法ヲ施行セラレタシト謂フニ在リ

衆議院ハ其ノ趣旨ヲ至當ナリト認メ之ヲ採擇スヘキモノト議決セリ依テ議院法第六十五條ニ依リ別冊及御送付候也

請願特別報告第二四五號

意見書

請願文書表第三四七號

朝鮮ニ參政權實施其ノ他經綸ニ關スル請願　佐賀縣西松浦郡松浦村大字中野原七百六十五番地農副島元市外三名呈出（紹介議員多木久米次郎君）

同　第三八八號

同上　兵庫縣宍粟郡城下村百七番地農松本千太郎外五名呈出（紹介議員多木久米次郎君）

同　第四五七號

同上　朝鮮全羅北道益山郡裡里邑裡里五百四十四番地農板井信藏外三名呈出（紹介議員多木久米次郎君）

右請願ノ要旨ハ近時朝鮮ハ社會百般ノ制度著シク舊態ヲ一新セルヲ以テ之ニ參政權ヲ附與スルハ最必要ナリト信ス依テ先ツ速ニ文化ノ程度比較的高キ都市ヨリ始メ漸次一般ニ參政權ヲ與ヘ且朝鮮總督ヲ內閣ニ列セシメラルル樣適當ニ內閣官制ヲ改正シ尙思想軍事其ノ他行政經濟產業等諸般ノ施設經綸ヲ行ハレタシト謂フニ在リ

衆議院ハ之ヲ分割シ其ノ趣旨中朝鮮ニ參政權實施ノ點ヲ至當ナリト認メ之ヲ採擇スヘキモノト議決セリ依テ議院法第六十五條ニ依リ別冊及御送付候也

昭和八年三月十九日

(特別報告第一號)金鵄勳章年金令改正竝殊勳者優遇ニ關スル請願外二百四十件

○請願書送付　今十八日本院ノ意見ヲ附シ政府ニ送付シタル請願書左ノ如シ

金鵄勳章年金令改正竝殊勳者優遇ニ關スル請願　一五通
屯田兵恩給受領者ニ對シ恩給法改正實施ニ至ル迄ノ恩給支給ノ請願　一七通
官幣大社霧島神宮御禮遇ニ關スル請願　一通
新田神社昇格竝復稱ニ關スル請願　一通
省令ニ依ル理髮營業取締規則發布促進ノ請願　一五通
御尊影取扱取締法制定ノ請願　一通
加古川治水工事續行ノ請願　二通
新宮川治水竝十津川砂防工事急施ノ請願　一通
猿拂村ニ船入澗築設ニ關スル請願　一通
多度津港灣改修ノ請願　一通
大根島渡村間通水路浚渫ニ關スル請願　一通
大山國立公園區域擴張ニ關スル請願　一通
柔道整復術取締法規改正ノ請願　一七通
就職少年保護法制定ニ關スル請願　八通
蠶業改良獎勵金增額ノ請願　二通
知覽町松ケ浦ニ船溜修築ノ請願　一通
口ノ永良部島ニ避難港設置ノ請願　一通
軍馬愛護ニ關スル請願　一通
大山村字田中ニ三等郵便局設置ノ請願　一通
上沼村字長根ニ三等郵便局設置ノ請願　一通
佐志村ニ郵便局設置ノ請願　一通
西栗栖村ニ無集配郵便局設置ノ請願　一通
長岡郵便局ニ集配事務開始ノ請願　一通
三財郵便局ニ集配事務開始ノ請願　一通
御祖郵便局ニ集配事務開始ノ請願　一通
橋津郵便取扱所昇格ノ請願　一通
富田郵便取扱所昇格ノ請願　一通
服部郵便取扱所昇格ノ請願　一通
海潟郵便取扱所昇格竝電信電話事務開始ノ請願　一通
江波郵便局ニ集配竝電信電話事務開始ノ請願　一通
御園郵便局ニ電信事務開始ノ請願　一通
笠砂村字野間池ニ公衆電話設置ノ請願　一通
口ノ永良部島ニ無線電信裝置ノ請願　一通
甑島航路國庫補助ニ關スル請願　一通
門倉崎ニ國立燈臺設置ノ請願　一通
口ノ永良部島ニ燈臺設置ノ請願　一通
舊韓國將校竝相當官及准士官ニ扶助金下賜ノ請願　一通
改名許可法制定ノ請願　一通
下川根村ニ區裁判所出張所設置ノ請願　一通
三笠村ニ區裁判所出張所設置ノ請願　一通
尾上村ニ區裁判所出張所設置ノ請願　一通
久保田村ニ區裁判所出張所設置ノ請願　一通
海老町ニ區裁判所出張所設置ノ請願　一通
小學校教員俸給全額國庫支辨ニ關スル請願　一五通
小學校長俸給國庫支辨ニ關スル請願　一通
大塚神社古墳調査ニ關スル請願　一通
今津小濱間ニ國營自動車運輸開始ノ請願　一通
敦賀今津間ニ國營自動車運輸開始ノ請願　二通
帖佐入來間ニ國營自動車竝「トレーラー」運輸開始ノ請願　一通
熊野中邊路國營自動車道建設ノ請願　一通
津山倉吉間ニ國營自動車運輸開始ノ請願　一通
帖佐入來間鐵道敷設ノ請願　一通
貴生川加茂間鐵道速成ニ關スル請願　一通
勝田上齋谷間鐵道速成ノ請願　一通
伊勢崎停車場擴張改築ニ關スル請願　一通
大越神保原驛間ニ停車場設置ノ請願　一通
鐵道共濟組合購買部託送貨物運賃八割引撤廢ノ請願　一通
營業收益稅法中改正ノ請願　一通
住宅建築資金償還延期ニ關スル請願　一通
本明川改修ノ請願　一通
長崎縣多比良村港灣指定ニ關スル請願　一通
鍼灸醫師法制定ノ請願　一通
血液循環治療法規制定ノ請願　一通
理容理髮結髮等ノ名稱統一ニ關スル請願　一通
本建築著手猶豫ニ關スル請願　二通
國立授職所設置ノ請願　一通
勞働賃銀支拂ニ關スル請願　一通
耕地整理組合國庫補助金其他ニ關スル請願　一通
國有林特賣ニ關スル請願　一通
西有家港改修ノ請願　一通
中南米地方賣藥販路擴張ニ關シ國費補助ノ請願　一通
西浦上村ニ三等郵便局設置ノ請願　一通
新治村ニ無集配郵便局設置ノ請願　一通
野澤村ニ郵便取扱所設置ノ請願　一通
小長井郵便局ニ集配事務開始ノ請願　一通
三根瀨郵便局ニ集配事務開始ノ請願　一通
岩手飯岡郵便局ニ集配事務開始ノ請願　一通
巖江郵便局ニ集配竝電信事務開始ノ請願　一通
熱田郵便局ニ集配竝ニ電話事務開始ノ請願　一通
鹿籠金山郵便局ニ電信事務開始ノ請願　一通
爲石郵便局ニ電話事務開始ノ請願　一通
多比良郵便局電報送受方法變更ノ請願　一通
佐世保平島間航路ニ郵便物取扱指定竝補助金下附ノ請願　一通
北海道青島間命令定期航路開設ノ請願　一通
北海道大連間命令定期航路開設ノ請願　一通
不動産登記法中一部改正ノ請願　一通
巢鴨刑務所移轉ニ關スル請願　一通
旭川市ニ官立高等工業學校建設ノ請願　一通
小郡萩間鐵道速成ノ請願　一通
岩國萩間鐵道敷設ニ關スル請願　一通
京若鐵道速成ノ請願　一通
德佐高森間鐵道敷設ノ請願　一通
大間港田名部驛間鐵道速成ノ請願　一通
金鵄勳章年金令改正竝殊勳者優遇ニ關スル請願　三通
各戰役殊勳者優遇ニ關スル請願　一通
屯田兵恩給受領者ニ對シ恩給法改正實施ニ至ル迄ノ恩給支給ノ請願　一通
省令ニ依ル理髮營業取締規則發布促進ノ請願　二通
貴生川加茂間鐵道速成ニ關スル請願　一通
勳章年金及恩給受給者救濟ニ關スル請願　一通
請願審査ノ爲常置委員設置ノ請願　一通
倶知安町ニ稅務署設置ノ請願　一通
南洋材及米松長丸太輸入關稅引上ノ請願　一通
染料輸入關稅改正ニ關スル請願　一五通
米國種葉煙草耕作地指定竝耕作增加ニ關スル請願　一通
國民禮實施ノ請願　一通
思想取締特別法制定ニ關スル請願　一通
江差岩內間准地方費道一部開鑿ニ關スル請願　一通
奈井江浦臼間石狩川架橋速成ノ請願　一通
結核豫防法施行規則中改正ノ請願　一通
都市計畫ニ依ル寺院境內地受益者負擔金免除ニ關スル請願　一通
市街地建築物法施行令ニ依ル猶豫期間延期ノ請願　一通
林業振興ノ爲低利資金融通ノ請願　一通
森林金融ノ改善ニ關スル請願　一通
漁業組合ノ整備充實ニ關スル請願　一通
水産物輸出增進ニ關スル請願　一通

水産物需給改善ニ關スル請願　一通
漁業用品配給統制ニ關スル請願　一通
漁村及漁家經濟調査ニ關スル請願　一通
水産會國庫補助增額ニ關スル請願　一通
國立原蠶種製造所設置ノ請願　一通
商工會法制定ノ請願　一通
血液循環治療法規制定ノ請願　二四通
敦賀今津間ニ國營自動車運輸開始ノ請願　一通
子吉村ニ無集配郵便局設置ノ請願　一通
飯地村ニ三等集配郵便局設置ノ請願　一通
知内村字小谷石ニ無集配郵便局設置ノ請願　一通
興北村ニ無集配郵便局設置ノ請願　一通
瀬戸瀬郵便局ニ集配事務開始ノ請願　一通
御所郵便局ニ集配事務開始ノ請願　一通
八橋郵便局ニ集配事務開始ノ請願　一通
片浦郵便局ニ集配事務開始ノ請願　一通
下大野郵便局ニ集配竝電信事務開始ノ請願　一通
切木郵便局ニ電信事務開始ノ請願　一通
高知江ノ口郵便局ニ電信電話開始ノ請願　一通
佐志村ノ一部ヲ電話特通區ニ編入ノ請願　一通
稚内利尻禮文間命令補助航路開始ノ請願　一通
海員審判制度改正ノ請願　一通
船舶法中改正ノ請願　一通
越前岬及小濱灣口ニ燈臺設置ノ請願　一通
朝鮮ニ衆議院議員選擧法施行ノ請願　一通
鹿屋町ニ刑務所支所設置ノ請願　一通
長萬部村ニ區裁判所出張所設置ノ請願　一通
刈谷町ニ區裁判所出張所設置ノ請願　一通
大樹村大樹市街ニ區裁判所出張所設置ノ請願　一通
思想善導ニ關スル請願　一通
孝子祭制定竝孝子追賞ニ關スル請願　一通
鹿屋町ニ國立氣象觀測所設置ノ請願　一通
龜草國營自動車支線開設ノ請願　一通
關一身田間國營自動車運輸開始ノ請願　一通

水産物運賃低減ニ關スル請願　一通
大樹浦河間鐵道敷設ノ請願　一通
咲内忠類間鐵道敷設ノ請願　一通
函館今谷田間鐵道速成竝延長ノ請願　一通
札沼線中小屋鑛泉場附近ニ停車場設置ノ請願　一通
清水川信號場ヲ停車場ニ變更ノ請願　一通
八橋濱驛ヲ簡易停車場ニ變更ノ請願　一通
船木鐵道買收ニ關スル請願　一通
宇部鐵道買收ニ關スル請願　一通
白棚鐵道買收ノ請願　三通
屯田兵ニ對シ特別服務料支給ノ請願　一通
帝室御料林設置ニ關スル請願　一通
帝國議會開院式ニ「君ケ代」奉唱奉奏ニ關スル請願　一通
粗製樟腦及樟腦油ニ對スル補償金增額ノ請願　一通
輸入支那杞柳ニ對シ保護關稅賦課ノ請願　一通
屯田兵恩給受領者ニ對シ恩給法改正實施ニ至ル迄ノ恩給支給ノ請願　一通
染料輸入關稅改正ニ關スル請願外一件　二通
血液循環治療法規制定ノ請願外十件　一一通
北海道大連間命令定期航路開設ノ請願　一通
中西郵便局ニ集配事務開始ノ請願　一通
佐多村字大泊ニ電信取扱郵便局設置ノ請願　一通
高知本山兩郵便局間電話回線增設ノ請願　一通
朝鮮ニ參政權實施其ノ他經綸ニ關スル請願　三通
刑法墮胎罪減刑ノ請願　一通
士幌村ニ區裁判所出張所設置ノ請願　一通
小學校舍增改築費國庫補助法制定ノ請願　一通
新國字研究ニ關スル請願　一通
國定教科書中ニ只浦十五青年殉難美談挿入ノ請願　一通
大隅半島ニ於ケル神代靈跡保存ニ關スル請願　一通
國立吃音矯正機關設置ニ關スル請願　一通

福光森本間國營自動車運輸開始ノ請願　一通
東京大礒間省線電車運轉開始ノ請願　一通
秋田鐵道買收ノ請願　一通
幾春別金山間鐵道敷設ノ請願　一通
宮津港ニ臨港線敷設ノ請願　一通
咲内忠類間鐵道敷設ノ請願　一通
旭川村大字落合ニ會津線停車場設置ノ請願　一通
京濱線子安驛設置ノ請願　一通
彌五島停車場ニ貨物取扱開始ノ請願　一通
貴族院伯子男爵議員選擧規則中改正ノ請願　三通
貴族院佛教各宗派管長議員互選規則制定ノ請願　二通
特殊銀行ニ對スル法規ノ改廢其ノ他ニ關スル請願　一通
凶作地竝水害地ノ營業收益稅所得稅減免ノ請願　一通
垂水町ニ煙草製造工場設置ノ請願　一通
鵜戸神社昇格ニ關スル請願　一通
十勝川治水工事區域延長ノ請願　一通
布施川改修ニ關スル請願　一通
阿內漁港修築速成ノ請願　一通
公務傷病ニ因ル退職警察官吏及家族優遇ノ請願　二通
僧侶及諸宗教師ノ政治結社加入ニ關スル請願　三通
假設自動車庫存置期限延長ノ請願　一通
治療師法規制定ノ請願　一通
國立「トラホーム」研究機關設置ノ請願　一通
鹿兒島縣ニ國立癩療養所設置ノ請願　一通
琴彈公園ヲ瀬戸內海國立公園地域ニ編入ノ請願　一通
大雪山國立公園施設ニ關スル請願　一通
失業救濟ニ關スル請願　一通
蠶業補助ニ關スル請願　一通
蠶業獎勵金交付ニ關スル請願　一通
元部分林內樟樹交付ニ關スル請願　一通
林道開設助成ニ關スル請願　一通
林野治水計畫ニ關スル請願　一通
大隅半島林道開設ニ關スル請願　一通
網走支廳管內ニ國有種馬所設置ノ請願　一通

屯田兵恩給受領者ニ對シ恩給法改正實施ニ至ル迄ノ恩給支給ノ請願　一〇通
都市計畫ニ依ル寺院境內地受益者負擔金免除ニ關スル請願　二通
千歳村ニ陸軍飛行場設置ノ請願　一通
高椋村大字板倉ニ郵便取扱所設置ノ請願　一通
面高村字太田和ニ郵便取扱所設置ノ請願　一通
合川村ニ郵便取扱所設置ノ請願　一通
大津村字生花苗ニ三等郵便局設置ノ請願　一通
新城郵便局ニ集配事務開始其ノ他ノ請願　一通
黑島郵便局ニ集配事務開始ノ請願　一通
塚口郵便局ニ集配事務開始ノ請願　一通
莊內郵便局ニ集配事務開始ノ請願　一通
花德郵便局ニ集配事務開始ノ請願　一通
母間郵便局ニ集配事務開始ノ請願　一通
木ノ崎琴平兩郵便局間電話料金ニ關スル請願　一通
航空輸送ニ關スル請願　一通
中川村字舉平ニ區裁判所出張所設置ノ請願　一通
遠輕村ニ區裁判所出張所設置ノ請願　一通
野付牛町ニ官立高等農林學校建設ノ請願　一通
鹿兒島高等農林學校演習林拂下ニ關スル請願　一通
能登鐵道買收ノ請願　一通
北海道鐵道買收ノ請願　一通
北海道鐵道沼ノ端邊富內間買收其他ノ請願　一通
龜山菰野間國營自動車運輸開始ノ請願　一通
穴水輪島間鐵道速成ノ請願　一通
白鳥城端間鐵道施設ノ請願　二通
岩見澤驛改築擴張ノ請願　一通
地久節ヲ奉祝日ト爲スノ請願　一通
國旗記念日ニ關スル請願　一通

昭和八年三月二十四日

昭和五年度歳入歳出總決算昭和五年度各特別會計歳入歳出決算外四件

第一 昭和五年度歳入歳出總決算
　　昭和五年度各特別會計歳入歳出決算
第二 昭和六年度歳入歳出總決算
　　昭和六年度各特別會計歳入歳出決算
第三 昭和五年度國有財產增減總計算書
第四 昭和六年度國有財產增減總計算書
第五 昭和七年三月三十一日現在國有財產現在額總計算書

報告書

一昭和五年度歳入歳出總決算、昭和五年度各特別會計歳入歳出決算

右ハ本院ニ於テ別紙ノ通議決スヘキモノト議決致候此段及報告候也

昭和八年三月十六日

決算委員長 山崎猛

衆議院議長秋田清殿

(別紙)

不法又ハ不當ナルモノ

昭和五年度歳入歳出總決算中
歳入ニ於テ
不當ナルモノ 二十一件
歳出ニ於テ
不法ナルモノ 一件
不當ナルモノ 七件
昭和五年度各特別會計歳入歳出決算中
歳入ニ於テ
不當ナルモノ 十二件
歳出ニ於テ
不當ナルモノ 十八件
官有物
不法ナルモノ 一件
不當ナルモノ 三件
合計 六十三件
既往年度(昭和二年度、昭和三年度及昭和四年度)
一般會計
歳入ニ於テ
不當ナルモノ 十四件
歳出ニ於テ
不當ナルモノ 二件
特別會計
歳入ニ於テ
不當ナルモノ 一件
歳出ニ於テ
不當ナルモノ 二件
合計 十九件
總計 八十二件

昭和五年度歳入歳出總決算及同特別會計歳入歳出決算中不法又ハ不當ナリト議決シタル事項左ノ如シ

不法ナルモノ
一般會計歳出ニ於テ
豫算目的外ノ支出ヲナシタルモノ 一件
官有物ニ於テ
官有地ノ處分宜シキヲ得サルモノ 一件
計 二件

不當ナルモノ
一般會計歳入ニ於テ
租税ノ賦課徴收ニ關シ措置其ノ宜シキヲ得サルモノ 五件
租税及租税外歳入ノ徴收ニ關シ監督其ノ宜シキヲ得サルモノ 七件
租税ノ徴收不足ニ屬スルモノ 四件
租税外歳入ノ徴收ニ關シ措置宜シキヲ得サルモノ 三件
其ノ他不當ナルモノ 二件
計 二十一件
一般會計歳出ニ於テ
豫算ノ使用其ノ宜シキヲ得サルモノ 五件
補助金ノ支給ニ關シ措置宜シキヲ得サルモノ 一件
豫算目的外ノ支出ヲ爲シタルモノ 一件
計 七件
特別會計歳入ニ於テ
租税外歳入ノ徴收ニ關シ措置宜シキヲ得サルモノ 二件
租税外歳入ノ徴收ニ關シ監督宜シキヲ得サルモノ 三件
租税ノ徴收不足ニ屬スルモノ 三件
木材ノ賣拂ニ當リ措置其ノ宜シキヲ得サルモノ 一件
土地ノ賣拂價格低廉ニ失シタルモノ 一件
土地ノ貸付料及賣拂價格低廉ニ失シタルモノ 一件
林木ノ拂下ニ當リ措置其ノ宜シキヲ得サルモノ 一件
計 十二件
特別會計歳出ニ於テ
豫算ノ使用其ノ宜シキヲ得サルモノ 八件
物件ノ購入ニ當リ措置其ノ宜シキヲ得サルモノ 二件
虛構ノ事實ニ對シ支拂ヲ爲シタルモノ 三件
補助金ノ支給ニ關シ措置宜シキヲ得サルモノ 一件
其ノ他不當ナルモノ 四件
計 十八件
官有物
國有地ノ交換ニ當リ措置宜シキヲ得サルモノ 一件
國有財產ノ管理其ノ宜シキヲ得サルモノ 一件
官有地ノ管理其ノ宜シキヲ得サルモノ 一件
計 三件
合計 六十三件
既往年度(昭和二年度、昭和三年度及昭和四年度)
一般會計歳入ニ於テ
租税ノ徴收不足ニ屬スルモノ 八件
租税ノ徴收過ニ屬スルモノ 三件
租税外歳入ノ徴收ニ關シ監督宜シキヲ得サルモノ 一件
租税ノ賦課徴收ニ關シ措置宜シキヲ得サルモノ 二件
一般會計歳出ニ於テ
虛構ノ事實ニ對シ支拂ヲ爲シタルモノ 二件
特別會計歳入ニ於テ
租税ノ徴收不足ニ屬スルモノ 一件
特別會計歳出ニ於テ
虛構ノ事實ニ對シ支拂ヲ爲シタルモノ 二件
合計 十九件
總計 八十二件

警告ヲ附シタル事項左ノ如シ

昭和五年度
一般會計歳出ニ於テ
物品ノ購入ニ當リ措置宜シキヲ得サルモノ 一件
新築工事其ノ他ノ費用支出宜シキヲ得サルモノ 一件
計 二件

特別會計歳入ニ於テ
租税外歳入ノ徴收ニ關シ措置宜シキヲ得サルモノ　一件
特別會計歳出ニ於テ
物品ノ購入ニ當リ措置宜シキヲ得サルモノ　二件
工事ノ變更ニ當リ措置宜シキヲ得ス國庫ニ損失ヲ及ホシタルモノ　一件
運賃割戻金ヲ以テ新線路ノ建設費ニ充當シタルモノ　一件
計　五件
合計　七件
注意事項左ノ如シ
昭和五年度
一般會計歳入ニ於テ
未開地ノ處分ニ當リ地上立木ノ算定宜シキヲ得サルモノ　一件
一般會計歳出ニ於テ
豫算目的外ノ支出ヲ爲シタルモノ　一件
物品ノ購入ニ當リ措置宜シキヲ得サルモノ　一件
計　三件
特別會計歳入ニ於テ
木材ノ賣拂ニ當リ措置宜シキヲ得サルモノ　一件
土地ノ貸付料及賣拂價格低廉ニ失シタルモノ　一件
特別會計歳出ニ於テ
物件ノ購入ニ當リ措置宜シキヲ得サルモノ　三件
鹽ノ回送ニ當リ措置宜シキヲ得サルモノ　一件
煙草購入價格ノ決定宜シキヲ得サルモノ　一件
貨物集配料金ノ決定宜シキヲ得サルモノ　一件
工事ノ設計變更ニ當リ宜シキヲ得サルモノ　一件
計　九件

既往年度（昭和四年度）
一般會計歳入ニ於テ
未開地ノ處分ニ當リ地上立木ノ算定共ノ宜シキヲ得サルモノ　一件
特別會計歳出ニ於テ
煙草購入價格ノ決定宜シキヲ得サルモノ　一件
計　二件
合計　十四件
昭和五年度歳入歳出總決算、昭和五年度各特別會計歳入歳出決算及既往年度未確定決算中左ノ如ク議決ス
一般會計
歳入經常部
第一款　租税
第一項　所得税
（一）神戸税務署ニ於テ收入未濟ニ屬スルモノ（會計檢査院報告一）
二〇〇、〇〇〇・〇〇〇円
右ハホンコン、エンド、シヤンハイ、バンキング、コーポレーシヨン神戸支店ノ事業年度分所得税ノ内未納ニ屬スル税額ニシテ本件ハ訴願ノ裁決ニ對シテハ再ヒ異議ヲ許ササル所ナルニ之ヲ事由トシ巨額ノ税金ニ對シ徴收ヲ爲ササルカ如キハ適法ノ措置ト認メ難シ依テ不當ナリトス
（二）函館税務署ノ收入ニ至ラサルモノ（會計檢査院報告二）
一四、五九四・四七〇
右ハ税務署屬高野某カ徴收簿共ノ他ノ關係書類ニ虚僞ノ記載ヲ爲シ共ノ取扱ニ係ル歳入金ヲ横領シタル總額ノ内ニシテ本件ハ監督共ノ宜シキヲ得サリシニ因ルモノニシテ不當ナリトス
（三）佐世保税務署ノ收入ニ至ラサルモノ（會計檢査院報告三）
一五、五一一・三七〇
右ハ税務署屬古場某カ徴收簿共ノ他ノ關係書類ニ虚僞ノ記載ヲ爲シ共ノ取扱ニ係ル歳入金ヲ横領シタル總額ノ内ニシテ本件ハ監督共ノ宜シキヲ得サリシニ因ルモノニシテ不當ナリトス
（四）宮崎税務署ニ於テ徴收過ニ屬スルモノ（會計檢査院報告四）
八、三七二・三五〇
右ハ株式會社日向中央銀行ニ合併シタル橘銀行ノ清算所得額及妻銀行ノ清算所得額ニ對シ税率百分ノ十ヲ適用セルニ因ルモノニシテ本件清算所得ハ兩銀行ノ最終事業年度ニ於ケル積立金及繰越金ノ範圍内ナルヲ以テ税率百分ノ五ヲ適用スヘキモノニシテ課税上税率ノ適用ヲ誤リ徴收過ヲ生セシメタルモノニシテ不當ナリトス
（五）神田橋税務署ニ於テ徴收不足ニ屬スルモノ（會計檢査院報告五）
三、六一六・五八〇
（六）伊丹税務署ニ於テ徴收不足ニ屬スルモノ（會計檢査院報告同上）
三、〇一五・五一〇
（七）小樽税務署ニ於テ徴收不足ニ屬スルモノ（會計檢査院報告同上）
二、五〇〇・四一〇
（八）横濱税務署ノ徴收不足ニ屬スルモノ（會計檢査院報告同上）
二、二〇九・二六〇
營業收益税ニ於テ同署ノ徴收不足ニ屬スルモノ　四三四・七〇〇
（九）神戸税務署ノ徴收ニ係ル（會計檢査院報告同上）
七、九七二・三九〇
右ハ孰モ取扱ノ過誤ニ因リ徴收不足ヲ生セシメタルモノニシテ不當ナリトス
第五項　相續税
（一〇）八幡税務署ノ徴收ニ係ル（會計檢査院報告六）
一八、三二九・〇〇〇円
右ハ滋賀縣蒲生郡北比都佐村鈴木某ノ相續税拾貳萬八千參百參圓ノ内本年度所屬年賦延納額トシテ徴收シタルモノニシテ本件ハ贈與ニ係ル營業ニ付遺産相續トシテ課税價格ノ決定上措置宜シキヲ得ス徴收不足ヲ生セシメタルモノニシテ不當ナリトス
第八項　酒税
（一一）厩橋税務署ニ於テ徴收ニ至ラサルモノ（會計檢査院報告七）
六、四九八・一〇〇円
右ハ合資會社大出本店カ酒精及酒精含有飲料税法ニ違反シ製造シタル葡萄酒「ウヰスキー」等ニ對スル税額ニシテ本件ハ税務署ニ於テ徒ニ裁判ノ確定ヲ俟チ税金ノ調定ヲ爲ササリシカ爲製造販賣ニ係ル酒精含有飲料ノ税金ニ付時效完成シ爾後ノ税金モ完納ヲ期スル能ハサルノ狀態ニ陥ラシメタルモノニシテ税金徴收上措置宜シキヲ得ス不當ナリトス
第二款　印紙收入
第一項　印紙收入
（一二）横濱區裁判所ニ於テ登録税トシテ印紙ヲ以テ納付セシメタルモノ（會計檢査院報告八）
二、〇〇〇・〇〇〇円
本件ハ裁判所書記長塚某カ各種登記申請書ニ貼付セル未消印收入印紙ヲ剝離シ横領セル總額ノ内ニシテ右ハ監督共ノ宜シキヲ得サリシニ因ルモノニシテ不當ナリトス
第三款　官業及官有財産收入
第一項　郵便電信及電話收入
（一三）熊本遞信局ニ於テ收入ニ至ラサルモノ（會計檢査院報告九）
九、八二四・〇四〇円
右ハ通信書記堤某カ電話設備費負擔金及約束郵便料等ノ出納事務ヲ援助スル

カ如ク裝ヒ直接納入ヨリ現金ヲ受領シ又ハ現金ノ取立ヲ爲シ横領費消シタル總額ノ内ニシテ本件ハ監督其ノ宜シキヲ得サリシニ因ルモノニシテ不當ナリトス

第四款　雜收入

第一項　免許及手數料

（一四）神奈川縣ニ於テ歳入ニ編入スヘキモノ（會計檢査院報告十一）

四五、三〇三・〇〇〇円

右ハ横濱倉庫株式會社ニ對シ免許シタル横濱市神奈川區地先横濱港北防波堤外公有水面ノ埋立免許料ノ内ニシテ本件ハ國庫ノ收入トスヘキ公有水面埋立免許料ヲ縣ニ歸屬セシメタルモノニシテ不當ナリトス

第二項　懲罰及沒收金

（一五）東京控訴院ニ於テ歳入ニ編入スヘキモノ（會計檢査院報告十二）

六、五二五・〇六五円

同控訴院ニ於テ歳入ニ編入スヘキモノ

三二一・二四一

右ハ東京區裁判所ニ於テ沒收ノ裁判確定又ハ被害者不明等ノ爲孰モ國庫ニ歸屬シタル刑事證據金ニシテ此等現金ハ事件ノ完結ニ從ヒ容易ニ歳入納付ノ手續ヲ爲シ得ヘキモノナルニ放置シタルモノ紛カラス孰モ其ノ措置怠慢ニ失ス依テ本件ハ不當ナリトス

（一六）豐原區裁判所ニ於テ歳入ニ編入スヘキモノ（會計檢査院報告十三）

二、二九一・四九〇

右ハ裁判所書記木村某カ沒收ノ裁判確定等ニ依リ國庫ニ歸屬セル刑事證據金及證據物品公賣代金ヲ横領費消セルモノニシテ本件ハ監督其ノ宜シキヲ得ス不當ナリトス

（一七）高松地方裁判所ニ於テ歳入ニ編入スヘキモノ（會計檢査院報告十四）

一、六一七・〇〇〇

右ハ裁判所書記池内某カ現金又ハ郵便爲替ヲ以テ受領セル罰金ヲ横領費消セルモノナリ本件ハ監督其ノ宜シキヲ得サリシニ因ルモノニシテ不當ナリトス

第五項　恩給法納金

（一八）東京府ニ於テ歳入ニ編入スヘキモノ（會計檢査院報告十五）

九、三九一・〇〇〇円

右ハ東京府屬青木某カ關係書類ニ虚僞ノ記載ヲ爲シ又ハ之ヲ破棄隱匿シ同府立各學校長等ヨリ送付シ來リタル教育職員納金ヲ國庫ニ納付セス横領費消シタル總額ノ内ニシテ本件ハ監督其ノ宜シキヲ得サリシニ因ルモノニシテ不當ナリトス

第十項　雜入

（一九）海軍省經理局ニ於テ收入未濟ニ屬スルモノ（會計檢査院報告十六）

一、四〇三、四三四・五二〇円

右ハ昭和二年度以降艦艇製造費補助艦艇製造費支辨ヲ以テ株式會社藤永田造船所ニ請負ハシメタル驅逐艦叢雲及棧波ノ建造費前金拂ノ内過渡ト爲リタル金額ニシテ返納ヲ命シタルモ收入ニ至ヲス本件ノ如キ多額ノ前金拂ヲ要スル工事ニ在リテハ之カ工事ノ請負又ハ代金ノ前金拂ニ際シ特ニ請負人ノ資産及信用狀態並工事遂行ノ見込確實ナリヤ否ヲ考慮スヘキモノニシテ棧波ノ如キ新ニ契約ヲ爲シ叢雲ノ分ト共ニ前金拂ヲ繼續シ過渡金ヲ生シ延イテ多額ノ未收入ヲ生セシメタルモノニシテ不當ナリトス

（二〇）東京控訴院及東京地方裁判所ニ於テ歳入ニ編入スヘキモノ（會計檢査院報告十七）

七、八九〇・〇〇〇

右ハ東京地方裁判所及同區裁判所ニ於テ刑事被告人等ヨリ納付セシメタル保釋保證金ニシテ裁判確定又ハ被告人ノ死亡後拂戻ノ請求ナク國庫ニ歸屬セルモノナルニ歳入ニ納付ノ手續ヲ爲サス其ノ儘出納官吏ニ於テ之ヲ保管シ居ルカ如キハ妥當ノ措置ト認ムルヲ得ス依テ本件ハ不當ナリトス

（二一）農林省ニ於テ收入未濟ニ屬スルモノ（會計檢査院報告十八）

四、三三二・〇〇〇

右ハ沖縄縣島尻郡港川漁業組合ニ交付シタル漁業共同施設奬勵金ニ對シ本年度ニ於テ返還ヲ命シタルモ年度内納入ニ至ラサリシモノニシテ本件ハ奬勵金ノ交付ニ關シ竣功出來形及組合ノ收支等ニ付調査十分ナラサリシカ爲遂ニ多額ノ奬勵金ヲ詐取セラレ之カ返還ヲ命スルモ納入ヲ受クルニ至ラサルモノニシテ不當ナリトス

內務省所管

歳出臨時部

第七款　北海道拓殖費

第一項　殖民費

（二二）北海道廳外十四箇所及其ノ他ノ支出ニ係ル（會計檢査院報告一）

三九六、〇二六・〇〇〇円

右ハ各廳所屬官吏ニ對シ賞與トシテ支給シタルモノナルモ其ノ支出總額中俸給殘餘ヲ以テシタルモノ僅ニ七萬五千六百餘圓ニ止リ參拾貳萬餘圓ハ事業費又ハ工事費ヲ流用シ支出シタルモノニシテ豫算ノ使用其ノ宜シキヲ得ス依テ本件ハ不當ナリトス

第三十一款　災害費

第七項　靜岡縣災害土木費補助

（二三）靜岡縣ノ支出ニ係ル（會計檢査院報告二）

八、七一〇・七六六円

右ハ靜岡縣ニ於テ施行ニ係ル災害復舊工事中玉機橋架設工事費ニ對スル補助相當額ノ内ニシテ本件ハ災害復舊ニ非サル改修工事ニ對シ補助ヲ爲シタルモノニシテ不當ナリトス

大藏省所管

歳出經常部

第二款　内閣

第二項　事務費

（二四）内閣及其ノ他ノ支出ニ係ル（會計檢査院報告一）

二三〇、九六九・〇〇〇円

右ハ官吏ニ對シ慰勞金トシテ支給シタルモノナルモ豫算ニ積算ナキニ之ヲ支給シ又ハ工事費ヲ事務費ニ流用セルモノ其ノ他多額ノ慰勞金ヲ支出シタルモノニシテ豫算ノ使用其ノ宜シキヲ得ス依テ本件ハ不當ナリトス

第八款　税關

第一項　俸給

（二五）大藏省、横濱税關及其ノ他ノ支出ニ係ル（會計檢査院報告二）

四三、三五八・二二〇円

右ハ大藏本省ニ勤務スル税關及税務監督局所屬職員ニ對シ俸給給料賞與及慰勞金トシテ支給シタル金額ニシテ本件ハ平素大藏本省ニ在勤シテ其ノ事務ニ從事シ税關又ハ税務監督局ニ勤務セサル者ニ對シ之カ俸給賞與等ヲ本費ノ支辨ト爲スハ延イテ豫算各項ノ金額ヲ流用スルノ結果ヲ招來シ豫算ノ使用其ノ宜シキヲ得ス依テ不當ナリトス

海軍省所管

歳出經常部

第二款　軍事費

第五項　造船造兵及修理費

(二六)　海軍省經理局其ノ他ノ支出ニ係ル(會計檢査院報告一)

五二四、二四六・八七〇円

右ハ一三式艦上攻撃機等ノ代價ニシテ館山海軍航空隊ノ初度設備ニ屬スルモノナルヲ以テ歳出臨時部水陸整備費、防備部隊設備費ヨリ支出スルヲ相當トシ本費ノ支辨ト爲スカ如キハ失當ノ措置ニシテ本件ハ本項豫算ノ目的外ニ屬シ不法ナリトス

司法省所管

歳出經常部

第二款　法務費

第二項　事務費

(二七)　司法省、大阪外二控訴院、水戸外四十地方裁判所及其ノ他ノ支出ニ係ル(會計檢査院報告一)

二二八、八六一・〇〇〇円

右ハ典獄、典獄補、裁判所書記、供託局書記、看守長ニ支給セル退官給與金ニシテ本項豫算中ニハ官吏ニ對スル此等給與ハ全然積算ナキモノナルヲ以テ此等經費ハ本費ヨリ支出スヘキモノニ非スト認メラルルモノニシテ不當ナリトス

農林省所管

歳出臨時部

第一款　産業奬勵費

第十四項　緬羊飼育奬勵費

(二八)　農林省、月寒外一種羊場及其ノ他ノ支出ニ係ル(會計檢査院報告一)

一四九、八四六・〇〇〇円

右ハ官吏ニ對シ賞與及慰勞金トシテ支給シタルモノナルモ(一)農村振興費事務費竝調査及研究費事業費ニ在リテハ豫算ニ積算ナキニ拘ラス支出シ(二)緬羊飼育奬勵費及公有林野官行造林費ニ在リテハ賞與トシテ支出シタル金額中俸給豫算ノ殘額ヲ以テシタルハ僅ニ止リ爾餘ハ他費目ヨリ流用シ支出シタルモノニシテ豫算ノ使用其ノ宜シキヲ得ス依テ本件ハ不當ナリトス

商工省所管

歳出經常部

第一款　商工本省

第五項　度量衡費

(二九)　商工省及其ノ他ノ支出ニ係ル(會計檢査院報告一)

七五、八一〇・〇〇〇円

右ハ官吏ニ對シ慰勞金トシテ支給シタルモノナルモ本項豫算ハ事業費等ヲ積算セルニ止リ官吏ニ對スル慰勞金ノ積算ナキニ拘ラス之カ支給ヲ爲セルカ如キハ不當ナリトス

特別會計

大藏省所管造幣局

歳出

第一款　造幣局作業費

第二項　事業費

(三〇)　造幣局ノ支出ニ係ル(會計檢査院報告一)

一二一、四〇八・二〇〇円

右ハ官吏以下ニ對シ慰勞金トシテ支給セルモノナルモ本項豫算中慰勞金トシテ積算セルハ參萬四千餘圓ナルニ對シ石炭礦買費消耗品費等ヨリ流用シ多額ノ慰勞金ノ支出ヲ爲セルカ如キハ豫算ノ使用其ノ宜シキヲ得ス依テ本件ハ不當ナリトス

大藏省所管印刷局

歳出

第一款　印刷局作業費

第二項　事業費

(三一)　内閣印刷局ノ支出ニ係ル(會計檢査院報告一)

六二六、二二四・〇〇〇円

右ハ官吏以下ニ對シ慰勞金トシテ支給セルモノナルモ本項豫算中慰勞金トシテ積算セルハ貳拾八萬四千餘圓ナルニ對シ多額ノ慰勞金ノ支出ヲ爲シ就中動力費及材料品費ヨリ流用セルカ如キハ豫算ノ使用上妥當ノ措置ニ非ス依テ本件ハ不當ナリトス

大藏省所管專賣局

歳出

第一款　專賣局作業費

第一項　俸給

(三二)　專賣局ノ支出ニ係ル(會計檢査院報告一)

三一、五八四・八〇〇円

右ハ大藏本省ニ勤務スル專賣局書記ニ對シ支給セル俸給及慰勞金竝大藏政務次官以下大藏本省所屬官吏ニ對シ支給セル慰勞金ニシテ此等官吏ハ專賣局事務ニ關與スルハ當然ノ職務ナルヲ以テ之カ爲特ニ本費ヨリ慰勞金ヲ支出スルカ如キハ不當ナリトス

大藏省所管預金部

歳出

第一款　大藏省預金部支出

第一項　事務費

(三三)　大藏省ノ支出ニ係ル(會計檢査院報告一)

二三、九三八・〇〇〇円

右ハ官吏以下ニ對シ慰勞金トシテ支給セルモノナルモ本項豫算中慰勞金トシテ積算セルハ僅ナルニ多額ノ慰勞金ノ支出ヲ爲セルハ妥當ナラサルノミナラス右ノ内官吏ニ對スル慰勞金ノ大部分ハ大藏本省内各部局官吏ニ對シ支給セルモノニシテ本件ハ不當ナリトス

大藏省所管賠償金

歳出

第一款　賠償金支出

第一項　事務費

(三四)　大藏省ノ支出ニ係ル(會計檢査院報告一)

二二、三八一・〇〇〇円

右ハ官吏以下ニ對シ慰勞金トシテ支給セルモノナルモ本項豫算中慰勞金トシテ積算セルハ僅ナルニ多額ノ慰勞金ノ支出ヲ爲セルハ妥當ナラサルノミナラス右ノ内官吏ニ對スル慰勞金ノ大部分ハ大藏本省内各部局官吏ニ對シ支給セルモノニシテ本件ハ不當ナリトス

海軍省所管海軍工廠資金

歳出

第一款　材料物品費

第一項　材料物品費

(三五)　佐世保海軍工廠ノ支出ニ係ル(會計檢査院報告一)

二六、一三七・三九〇円

右ハ日本特殊鋼合資會社ヨリ隨意契約ニ依リ購入シタル「タルビン」製素材不銹鋼ノ代價ニシテ本件ハ物品ノ購入ニ當リ措置其ノ宜シキヲ得ス國庫ニ不利ヲ及ホシタルモノニシテ不當ナリトス

文部省所管帝國大學

歳入經常部

第一款　東京帝國大學

第三項　諸收入

(三六)　東京帝國大學ニ於テ收入未濟ニ屬スルモノ(會計檢査院報告一)

一二、五七一・三八〇円

右ハ東京府西巣鴨町巖本某ニ貸付セル同町所在官有地ニ對スル貸付料總額ノ内滯納ニ屬スルモノニシテ本件ハ買收

上種々ノ事情アリトスルモ之カ爲本件貸付料ノ徴收ヲ猶豫スヘキ事由ナク又前所有者ヨリ借地人ニ對スル權利讓渡ノ通知書ハ既ニ發送濟ナルニ拘ラス買收後漸ク徴收ヲ開始シ而シテ多額ノ未收入ヲ生セシメタルカ如キハ歳入徴收上怠慢ノ甚シキモノニシテ不當ナリトス

(三七) 東京帝國大學ニ於テ歳入ニ編入スヘキモノ(會計檢査院報告一)

三、九〇〇・〇〇〇円

右ハ東京帝國大學書記矢野某カ學位論文關係事務擔任中審査手數料ヲ收受シ收入官吏ニ引繼ヲ爲スノ慣例ナリシヲ奇貨トシ收受シタル右手數料ノ引繼ヲ爲サス横領費消シタル總額ノ内ニシテ本件ハ監督其ノ宜シキヲ得サリシニ因ルモノニシテ不當ナリトス

第三款 東北帝國大學

第二項 諸收入

(三八) 東北帝國大學ニ於テ歳入ニ編入スヘキモノ(會計檢査院報告三)

六二〇・〇〇〇円

右ハ東北帝國大學書記徳江某カ事務擔當中學生生徒ヨリ收納シタル授業料研究料等横領費消セシニ因ルモノニシテ本件ハ監督其ノ宜シキヲ得サリシニ因ルモノニシテ不當ナリトス

商工省所管製鐵所

作業勘定

歳出

第一款 製鐵所作業費

第二項 事業費

(三九) 製鐵所ノ支出ニ係ル(會計檢査院報告二)

五一五、八一八・〇〇〇円

右ハ官吏ニ對シ慰勞手當トシテ支給シタルモノナルモ官吏ニ對スル慰勞手當ノ豫算額ハ拾五萬餘圓ニ過キサルニ多額ノ支出ヲ爲セルハ妥當ナラサルノミナラス且特別會計ヨリ慰勞手當ヲ支給スルカ如キハ豫算ノ使用其ノ宜シキヲ得ス依テ本件ハ不當ナリトス

鐵道省所管帝國鐵道

資本勘定

歳出

第一款 鐵道建設及改良費

第一項 建設費

(四〇) 鐵道省ノ支出ニ係ル(會計檢査院報告一)

三、三四二、一五一・〇九〇円

右ハ官吏以下一般從業員ニ對シ支給シタル定期賞與並退職特別賜金及同手當等ニシテ本件ハ豫算額ヲ超過シテ支給シ又特別賜金及手當等ノ支給額ハ各省一般官吏ニ比シ著シク均衡ヲ失シ豫算ノ使用其ノ宜シキヲ得ス依テ不當ナリトス

第二項 改良費

(四一) 鐵道省ノ支出ニ係ル(會計檢査院報告三)

一三〇、〇七三・九七〇円

右ハ幡生工場新設土工其ノ他豫定工事費ノ内ニシテ本件工事ハ山陽線幡生驛隣接地ニ工場新設ニ伴フ道路及水路ノ變更ニ當リ注意ノ周到ヲ缺キ其ノ結果之カ善後策ヲ講スルカ爲工事費ヲ支拂ヒタル儘久シキニ亙リ工事ノ中止ヲ爲スノ已ムナキニ至リ且都市計畫路線變更ノ爲要スヘキ工事費ヲ負擔セサルヘカラサルニ至リタルモノニシテ不當ナリトス

(四二) 鐵道省ノ支出ニ係ル(會計檢査院報告四)

七、八一六・二八〇円

右ハ大阪改良事務所所屬職員ノ俸給及給料ノ支拂ニ當リ妹尾某カ繰替拂出納官吏ヨリ騙取シタルモノニシテ本件ハ不當ナリトス

用品勘定

歳出

第一款 鐵道用品及工作費

第一項 用品及工作費

(四三) 鐵道省ノ支出ニ係ル(會計檢査院報告五)

六五四、二〇一・〇〇〇円

右ハ淺野小倉製鋼所外七會社ヨリ購入セル普通鋼材代價ニシテ本件ハ購入鋼材ニ對シ年度初頭ノ協定單價ヲ改定セス其ノ儘繼續シタルハ失當ニシテ鋼材ノ購入ニ當リ措置其ノ宜シキヲ得ス國庫ニ損失ヲ及ホシタルモノニシテ不當ナリトス

(四四) 鐵道省ノ支出ニ係ル(會計檢査院報告八)

一、八三三・〇〇〇円

右ハ工場技工及工手給料トシタルモ其ノ實門司鐵道局綾部某カ關係書類ヲ僞造シ騙取シタル總額ノ内ニシテ本件ハ虛構ノ事實ニ對シ支拂ヲ爲シタルモノニシテ不當ナリトス

拓務省所管朝鮮總督府

歳入經常部

第一款 租税

第三項 營業税

(四五) 京城府ニ於テ徴收不足ニ屬スルモノ(會計檢査院報告二)

一、二二一・五九〇円

右ハ株式會社京城徳力ノ物品販賣業課税標準ヲ決定スルニ當リ其ノ賣上金額ヲ賣上高ヨリ換算シタル一箇年賣上高ノ增額ヲ認メサルヲ得サルニ至リタルニ因ルモノニシテ不當ナリトス

第七項 官有物貸下料

(四六) 釜山府ニ於テ收入未濟ニ屬スルモノ(會計檢査院報告五)

一七、九九五・〇九〇円

右ハ釜山府本町一丁目所在官有地ヲ朝鮮水產輸出株式會社ニ貸付タル料金トシテ本年度ニ於テ調定ノ手續ヲ爲シタルモノナルモ本件會社ノ事業ハ公益事業ニ非サルヲ以テ土地ニ對シ有料貸付ノ手續ヲ爲スヘキモノニシテ長期ニ亙リ貸付料ノ決定ヲ爲ササリシカ如キハ措置緩慢ニ失ス依テ不當ナリトス

歳出臨時部

第六款 土木費

第三項 治水事業費

(四七) 全羅北道ノ支出ニ係ル(會計檢査院報告七)

一八、八二〇・二〇〇円

右ハ萬頃江改修用地トシテ全羅北道全州郡草浦面朴南圭ヨリ買收シタル同道金堤郡孔徳面楮山里ノ代金ニシテ本件ハ土地ノ買收ニ關シ監督其ノ宜シキヲ得ス國庫ニ損失ヲ及ホシタルモノニシテ不當ナリトス

第十三款 耕地改良及擴張費

第三項 助成費

(四八) 朝鮮總督府ノ支出ニ係ル(會計檢査院報告八)

一三六、八一〇・〇〇〇円

右ハ京畿道金浦郡金浦水利組合ニ對シ土地改良事業補助トシテ支給シタル金額ナルモ同組合ハ事業費總額百九拾壹萬五千餘圓ヲ以テ灌漑改善ヲ行ハムトスルモノニシテ五年度事業費ヲ查定シ之ニ對シ補助金ヲ支給シタルモ主タル工事ニ著手セス事業中止ノ狀態ニシテ全ク工事實施ノ計畫ナク隨テ本件補助金ノ交付ハ其ノ目的ニ副ハサルモノト認メラル依テ不當ナリトス

第三十一款　朝鮮師團對抗演習諸費

第一項　朝鮮師團對抗演習諸費

(四九)　朝鮮總督府遞信局ノ支出ニ係ル（會計檢査院報告九）

五五、一八二・四七〇円

右ハ師團對抗演習ニ關シ臨時通信上必要アリトシ施設シタル工事費ニシテ右ノ內永登浦水原間、京城廣州間及淮陽高城間ノ各區間ニ對シ豫定工事費ヲ以テ電柱建替工事ヲ演習終了後ニ於テ施行シタルハ妥當ナラス而シテ電線增架ノ結果永ク其ノ負荷ニ堪ヘサル爲恒久的施設ヲ爲スノ必要ニ出テタモノトセハ別途豫算ヲ以テ施行スルト相當トシ本費ノ支辨ト爲スヘキモノニ非ス本件ハ豫算ノ使用其ノ宜シキヲ得サルモノニシテ不當ナリトス

拓務省所管臺灣總督府

歲入經常部

第四款　雜收入

第二項　懲罰及沒收金

(五〇)　臺灣總督府ニ於テ收入ニ至ラサルモノ（會計檢査院報告二）

二、三七〇・〇〇〇円

右ハ臺灣總督府法院書記岡本某カ罰金科料トシテ領收セル現金ヲ橫領費消シタル總額ノ內ニシテ本件ハ監督其ノ宜シキヲ得サリシニ因ルモノニシテ不當ナリトス

歲出經常部

第九款　中央研究所

第二項　事業費

(五一)　臺灣總督府中央研究所ノ支出ニ係ル（會計檢査院報告三）

五七一・六〇〇円

右ハ中央研究所平鎭茶業試驗支所ニ於ケル事業用品購入代及人夫賃等トシタルモノナルモ共ノ實西鄕某カ關係書類ニ虛僞ノ記載ヲ爲シ騙取シタル總額ノ內ニシテ本件ハ虛構ノ事實ニ對シ支拂ヲ爲シタルモノニシテ不當ナリトス

第十六款　諸支出金

第一項　諸支出金

(五二)　臺灣總督府稅關ノ支出ニ係ル（會計檢査院報告四）

七、一三四・二六〇円

右ハ合名會社新合發材木商行代表者中野某ニ對シ拂戾シタル關稅ニシテ右會社ノ代理人カ仕入書ヲ僞造行使シテ關稅ノ差額ヲ逋脫シタルニ對シ前揭關稅ヲ追徵シタルモノナルニ再ヒ之カ拂戾ヲ爲シタルモノナリ尙右ノ外同樣ノモノアリ本件ハ關稅法規ノ解釋ヲ誤リ徵收濟ニ係ル關稅ノ拂戾ヲ爲シタルモノニシテ不當ナリトス

第四項　治水事業費

(五三)　高雄州ノ支出ニ係ル（會計檢査院報告六）

一二、五八二・一四〇円

右ハ下淡水溪治水工事ニ伴フ用地買收代金トシタルモノナルモ共ノ實田中某カ土地賣渡證其ノ他ノ關係書類ヲ僞造シ騙取シタル總額ノ內ニシテ本件ハ虛構ノ事實ニ對シ支拂ヲ爲シタルモノニシテ不當ナリトス

拓務省所管關東廳

歲入經常部

第一款　租稅

第三項　所得稅

(五四)　大連民政署ニ於テ徵收不足ニ屬スルモノ（會計檢査院報告一）

四、三九八・六五〇円

右ハ株式會社大連機械製作所事業年度分所得額ヲ決定スルニ當リ假受金中ニ包含スル當期ノ利益金ヲ脫漏シタルニ因ルモノニシテ本件ハ不當ナリトス

第二款　官業及官有財產收入

第三項　土地家屋貸下料

(五五)　大連民政署ノ徵收ニ係ル（會計檢査院報告二）

五、八七九・八四〇円

右ハ日華土地建物株式會社ニ對シ貸付シタル大連市新起街地外四筆宅地及王陽街地外一筆宅地計五千餘坪ノ本年度竝前年度貸付料中收入ニ係ルモノニシテ貸付料ハ未タ發展セサル時期ニ於テ之ヲ定メタルモノニ係リ既ニ相當繁榮ヲ來セル現狀ニ適應セサルモノナルヲ以テ料金ハ低廉ニ失スルモノト認メラル本件ハ土地貸付ニ關シ措置宜シキヲ得ス不當ナリトス

歲入經常部

第一款　官有物拂下代

第一項　官有物拂下代

(五六)　大連民政署ニ於テ收入未濟ニ屬スルモノ（會計檢査院報告三）

六三四、九一四・五〇〇円

右ハ大連中央土地株式會社外十名ニ賣渡シタル大連市所在宅地ノ代金年賦總額百六拾六萬餘圓ノ內ニシテ買受人ニ對シ孰モ土地ノ引渡ヲ了セルニ多年ニ亙リ收入ニ至ラサルモノアルカ如キハ歲入徵收上措置其ノ宜シキヲ得サルモノニシテ不當ナリトス

拓務省所管樺太廳

歲入經常部

第一款　租稅

第二項　所得稅

(五七)　樺太廳泊居支廳ニ於テ徵收不足ニ屬スルモノ（會計檢査院報告一）

三、五〇二・一七〇円

右ハ樺太工業株式會社事業年度ノ所得額ヲ決定スルニ當リ惠須取工場ニ於ケル製紙用「パルプ」製造業所得中六萬六千餘圓ニ對シ免稅シタルニ因ルモノニシテ該工場ノ設置ハ製紙用「パルプ」製造業ノ擴張ニ屬シ樺太所得稅令ニ所謂開業ト認メ難キヲ以テ免稅スヘキモノニ非ス依テ本件ハ不當ナリトス

第二款　官業及官有財產收入

第六項　森林收入

(五八)　樺太廳泊居支廳ノ徵收ニ係ル（會計檢査院報告二）

五三、三〇六・七二〇円

右ハ名好郡惠須取町佐藤某ニ對シ樺太國有森林原野產物特別處分令ニ依リ島外移出用材トシテ拂下ケタル鵜城事業區國有林所在椴松蝦夷松生立木同燒損木ノ代金ニシテ本件ハ當初調査ノ粗漏ニ基因スルモノト認メラルルモノニシテ林木ノ拂下ニ當リ措置其ノ宜シキヲ得ス依テ不當ナリトス

歲入臨時部

第一款　官有物拂下代

第一項　官有物拂下代

(五九)　樺太廳ノ徵收ニ係ル（會計檢査院報告三）

三、一二五八・五〇〇円

右ハ樺太製麻株式會社ニ對シ製麻工場用地トシテ賣拂ヒタル豐原郡豐原町大字南豐原區劃外國有未開地ノ代價ニシテ本件ハ土地ノ拂下ニ當リ價格ノ決定其ノ宜シキヲ得ス國庫ニ不利ヲ及ホシタルモノニシテ不當ナリトス

官有物

(六〇)　國有地交換ノ件（會計檢査院報告一）

東京府豐多摩郡大久保町所在鐵道省用地戶山ケ原操車場豫定敷地ノ內價格貳拾九萬餘圓ト同操車場豫定敷地ニ接續セル西武鐵道株式會社所有地價格貳拾參萬餘圓ト交換シ差金六萬餘圓ヲ徵收

スルト共ニ交換受地所在物件移轉料トシテ拾壹萬餘圓ヲ支拂ヒタルモノアリ右評價竝地上物件移轉料ノ支拂其ノ當ヲ得サルモノニシテ彼此權衡ヲ得タルモノト認ムルヲ得ス本件ハ土地交換ニ當リ措置其ノ宜シキヲ得ス國庫ニ損失ヲ及ホシタルモノニシテ不當ナリトス

（六一）　國有財産ノ管理ノ件（會計檢査院報告二）

東京鐵道局ニ於テ隅田川驛構内北部第二船渠附近荷役場二千八百餘坪及東横濱驛構内岸壁寄ノ一部ヲ石炭置場トシテ稻垣某外數名ニ無料使用セシメアルモノアリ右ハ相當料金ヲ徵收シ使用許可ヲ爲スヘキモノニシテ石炭著荷ニ從ヒ使用坪數ヲ增加シ無料使用ヲ爲サシムルカ如キハ國有財産ノ管理其ノ宜シキヲ得サルモノニシテ不當ナリトス

（六二）　官有地ノ管理ノ件（會計檢査院報告三）

臺中、臺南兩州ニ於テ濁水溪治水工事ニ因リ浮復シタル新生地臺中州管内臺南州管内合計七千八百餘甲アリ右ノ内千七百餘甲ハ臺中州ニ對シ貸付中ニ屬スルモ爾餘ノ地域ニ在リテハ隨所ニ無斷開墾行ハレ其ノ面積四千餘甲ニ上レル如キニ拘ラス多年ニ亙リ何等ノ措置ヲ講セサルハ官有地ノ管理其ノ宜シキヲ得サルモノトス其ノ處分如何ハ本島統治政策上重大ナル關係ヲ有シ根本的處分方針ヲ確立スルニ至ラサリシトスルモ本件ノ如キ大面積ニシテ開墾ニ適シ且周圍ノ事情無斷開墾容易ナルモノニ對シ取締ノ方法ヲ講セス永年ニ亙リ之ヲ放任シ何等機宜ノ措置ヲ爲ササリシカ如キハ官有地ノ管理其ノ宜シキヲ得サルモノニシテ不當ナリトス

（六三）　官有地處分ノ件（會計檢査院報告四）

樺太廳ニ於テ大泊町ニ對シ同町所在市街官有地三千餘坪此ノ推定價格七萬參千餘圓ヲ讓與シタルモノアリ同町ニ於テ成就シタリト爲ス店舗其ノ他百餘戶中町ニ於テ公設シ公共ノ用ニ供セルハ消防番屋及器具置場ニ過キス爾餘ハ素地ノ儘一般ニ有償轉貸シ之カ貸付料年額壹萬圓ヲ超過セルカ如キハ營利ヲ目的トセサル公共ノ利益ト爲ルヘキ事業ニ供スルモノト認ムルヲ得ス依テ本件ハ樺太官有財産管理規則ニ違背シタルモノニシテ不法ナリトス

既往年度

昭和二年度

一般會計

歳入經常部

第三款　官業及官有財産收入

第二項　森林收入

（一）　北海道廳釧路營林區署ニ於テ歳入ニ編入スヘキモノ（會計檢査院報告一）

一八、一一三・九八〇円

右ハ北海道廳森林主事岩間某カ關係書類ヲ僞造シ同署長ヲ欺キ賣拂處分ヲ爲サシメ又ハ不正ニ極印ヲ打記シテ盜伐セシメ若ハ盜伐ヲ默認シタル立木ノ價格貳萬餘圓ノ内ニシテ本件ハ監督其ノ宜シキヲ得サリシニ因ルモノニシテ不當ナリトス

特別會計

大藏省所管

臺灣總督府

歳入經常部

第一款　租税

第七項　所得税

（二）　高雄州ニ於テ徵收不足ニ屬スルモノ（會計檢査院報告二）

一六、〇九四・八三〇円

右ハ高雄市陳某及其ノ同居家族ノ所得額ヲ決定スルニ當リ新興製糖株式會社ヨリ陳某ニ支給シタルモノト認定シタル賞與ノ性質ヲ有スル給與ヲ脫漏シタルト所得額決定ノ際陳中和物産株式會社ヨリ同人ニ支給シタルモノト認定シタル賞與ノ性質ヲ有スル給與ヲ脫漏セルヲ以テ臺灣所得税令ニ依リ本年度ニ於テ追加決定スヘキモノナルニ之ヲ爲ササリシニ因ルモノニシテ不當ナリトス

昭和三年度

一般會計

歳入經常部

第一款　租税

第一項　所得税

（三）　栃木税務署ニ於テ徵收不足ニ屬スルモノ（會計檢査院報告三）

七、〇四九・三一〇円

（四）　品川、淀橋兩税務署ニ於テ徵收不足ニ屬スルモノ（會計檢査院報告同上）

六、三七二・三六〇

（五）　品川税務署ニ於テ徵收不足ニ屬スルモノ（會計檢査院報告同上）

三、八六三・〇〇〇

（六）　兩國橋税務署ノ徵收不足ニ屬スルモノ（會計檢査院報告同上）

二、七六〇・二四〇

同署ノ徵收不足ニ屬スルモノ

九二六・一四〇

（七）　京橋税務署ノ徵收過ニ屬スルモノ（會計檢査院報告同上）

二、七六一・三五〇

同署ノ徵收過ニ屬スルモノ

一、九八八・一七〇

右ハ孰モ取扱ノ過誤ニ因リ徵收上過不足ヲ生セシメタルモノニシテ不當ナリトス

陸軍省所管

歳出經常部

第二款　軍事費

第一項　俸給

（八）　第一師團經理部ノ支出ニ係ル（會計檢査院報告四）

一七、五七一・七六〇円

右ハ俸給賞與旅費雜費等トシタルモノナルモ其ノ實陸軍一等計手石橋某カ關係書類ヲ僞造シ騙取シタル總額ノ内ニシテ本件ハ虛構ノ事實ニ對シ支拂ヲ爲シタルモノニシテ不當ナリトス

昭和四年度

一般會計

歳入經常部

第一款　租税

第一項　所得税

（九）　兩國橋、上京兩税務署ノ徵收ニ係ル（會計檢査院報告五）

一四一、一八八・八四〇円

營業收益税ニ於テ兩國橋税務署ノ徵收ニ係ル

一四、五七六・九八〇

右ハ株式會社龍紋氷室ノ最終事業年度分所得税額及營業收益税額竝京都市上京區山田某ノ所得税額ニシテ本件ハ租税ノ賦課徵收上措置其ノ宜シキヲ得サルモノニシテ不當ナリトス

（一〇）　永代橋税務署ニ於テ徵收不足ニ屬スルモノ（會計檢査院報告六）

二七、四一五・二八〇

（一一）　南税務署ニ於テ徵收不足ニ屬スルモノ（會計檢査院報告同上）

四、八六八・三〇〇

（一二）　幸橋外十二税務署ニ於テ徵收不足ニ屬スルモノ（會計檢査院報告同上）

三、八五一・五二〇

（一三）永代橋税務署ノ徴收不足ニ屬スルモノ（會計檢査院報告同上）

二、一九六・三八〇

營業收益税ニ於テ同署ノ徴收不足ニ屬スルモノ

一九五・五六〇

（一四）横濱税務署ノ徴收過ニ屬スルモノ（會計檢査院報告同上）

二、七三九・〇六〇

營業收益税ニ於テ同署ノ徴收過ニ屬スルモノ

一、〇九五・六三〇

右ハ執モ取扱ノ過誤ニ因リ徴收上過不足ヲ生セシメタルモノニシテ不當ナリトス

第三項　營業收益税

（一五）神田橋税務署ニ於テ徴收過ニ屬スルモノ（會計檢査院報告七）

三、九一八・九四〇円

右ハ南朝鮮鐵道株式會社事業年度分營業純益額ヲ決定スルニ當リ税法施行地外ヨリ生スル純益拾萬九千餘圓ヲ税法施行地内ヨリ生シタルモノト誤認シタルニ因ルモノナリ依テ本件ハ不當ナリトス

第五項　相續税

（一六）上京税務署ニ於テ徴收ニ係ル（會計檢査院報告八）

二、二五六・七七〇円

右ハ京都市上京區山口某外四名ノ相續税課税價格參拾壹萬貳千餘圓ニ對スル税額壹萬五千餘圓ノ內本年度所屬年賦延納額トシテ徴收シタルモノナリ本件ハ課税價格ノ決定上措置其ノ宜シキヲ得ス徴收不足ヲ生セシメタルモノニシテ不當ナリトス

陸軍省所管

歳出經常部

第二款　軍事費

第一項　俸給

（一七）第一師團經理部ノ支出ニ係ル（會計檢査院報告）

一三、三一四・一五〇円

右ハ俸給旅費雜費等トシタルモノナルモ其ノ實陸軍一等計手石橋某カ關係書類ヲ僞造シ騙取シタル總額ノ內ニシテ本件ハ虛構ノ事實ニ對シ支拂ヲ爲シタルモノニシテ不當ナリトス

拓務省所管

朝鮮總督府

歳出經常部

第十六款　專賣局

第二項　事業費

（一八）朝鮮總督府專賣局ノ支出ニ係ル（會計檢査院報告十二）

六、四四二・三四〇円

右ハ鹽包裝用繩及叺購入代トシタルモノナルモ其ノ實同局鎭南浦出張所本田某カ書類ヲ僞造シ騙取シタルモノニシテ右ノ外同人カ現金ヲ騙取シタルモノアリ本件ハ虛構ノ事實ニ對シ支拂ヲ爲シタルモノニシテ不當ナリトス

臺灣總督府

歳出經常部

第九款　中央研究所

第二項　事業費

（一九）臺灣總督府中央研究所ノ支出ニ係ル（會計檢査院報告十三）

二、一四四・〇五〇円

右ハ中央研究所平鎭茶業試驗支所ニ於ケル事業用品購入代及人夫賃等トシタルモノナルモ其ノ實西鄕某カ騙取シタル總額ノ內ニシテ本件ハ虛構ノ事實ニ對シ支拂ヲ爲シタルモノニシテ不當ナリトス

警告

一般會計

遞信省所管

歳出臨時部

第五款　電話交換擴張費

第二項　事業費

（一）遞信省ノ支出ニ係ル（會計檢査院報告一）

二五四、三二三・九三〇円

右ハ大阪中央電話局南分局新築其ノ他工事竝附屬設備ニ要シタル費額貳拾九萬貳千餘圓ノ內ニシテ本件ハ本費支辨ト爲スヘキモノニアラス依テ警告ス

（二）遞信省ノ支出ニ係ル（會計檢査院報告二）

七六、七五四・二三〇

右ハ株式會社ヒーリング商會ヨリ隨意契約ニ依リ購入シタル鷹屋郵便局電話加入者增設用ＳＢ型自働交換裝置一千回線分ノ代金ニシテ本件ハ物品ノ購入ニ當リ措置其ノ宜キヲ得ス國庫ニ損失ヲ及ホシタルモノナリ依テ警告ス

特別會計

鐵道省所管帝國鐵道

資本勘定

歳出

第一款　鐵道建設費及改良費

第一項　建設費

（三）鐵道省ノ支出ニ係ル（會計檢査院報告二）　三七、一七〇・五〇〇円

右ハ株式合資會社西村組ニ請負ハシメタル札沼線沼田口第三工區土工其ノ他工事ニ於ケル築堤ノ工費八萬貳千餘圓ノ內ニシテ本件ハ工事ノ設計變更ニ當リ措置宜シキヲ得ス國庫ニ損失ヲ及ホシタルモノナリ依テ警告ス

（四）鐵道省ノ支出ニ係ル（會計檢査院報告六）　四九、二六一・五五〇

右ハ島根縣安來町並河某外四名ト契約シタル長枕木一萬五千餘挺ノ購入代價ニシテ本件ハ物品ノ購入ニ當リ單價ノ決定其ノ宜シキヲ得サルモノナリ依テ警告ス

（五）鐵道省ノ支出ニ係ル（會計檢査院報告七）　二五、七二〇・〇〇〇

右ハ名古屋鐵道局ニ於テ購入セル轍叉交換ニ伴フ信號線路變更工事用軌條絕緣日沙幸榮合同型及名鐵型ノ代價ニシテ本件ハ物品ノ購入ニ關シ措置其ノ宜シキヲ得ス國庫ニ損失ヲ及ホシタルモノナリ依テ警告ス

第三項　諸拂戾及立替金

（六）鐵道省ノ支出ニ係ル（會計檢査院報告十）

一二〇、一五三・六三〇円

右ハ大日本人造肥料株式會社外一會社ニ對シ東北本線王子支線ニ依ル託送貨物ノ運賃割戾金トシテ支拂ヒタル貳拾八萬餘圓ノ內ニシテ本件ハ運賃割戾金ヲ以テ其ノ實新線路ノ建設費ニ充當シタルモノナリ依テ警告ス

拓務省所管朝鮮總督府

歳入經常部

第三款　官業及官有財產收入

第三項　森林收入

（七）朝鮮總督府ノ徴收ニ係ル（會計檢査院報告四）

八、七七六・六〇〇円

右ハ朝鮮窒素肥料株式會社カ咸鏡南道新興郡東上面所在三水嶺國有林ニ於テ誤伐シタル朝鮮「カラマツ」ニ對スル賠償金トシテ納入セシメタルモノニシテ

本件ハ賠償金額ノ算定其ノ宜シキヲ得ス依テ警告ス

注意事項

一般會計

歲入經常部

第三款　官業及官有財產收入

第二項　森林收入

（一）北海道廳河西支廳ノ徵收ニ係ル（會計檢査院報告十）

一七、五一七・〇六〇円

右ハ北海道廳ニ於テ池田町ニ對シ共同薪炭備林トシテ植樹ノ目的ヲ以テ特賣シタル國有未開地及其ノ地上立木ノ代價貳萬七千餘圓ノ內ニシテ本件ハ國有未開地ノ處分ニ當リ地上立木ノ算定其ノ宜シキヲ得ス國庫ニ損失ヲ及ホシタルモノニシテ注意ヲ促ス

內務省所管

歲出臨時部

第四十四款　震災復舊費補助

第一項　震災土木費補助

（二）神奈川縣ノ支出ニ係ル（會計檢査院報告三）

三、一八八・三五〇円

右ハ神奈川縣ニ於テ施行ニ係ル同縣足柄下郡宮城野村木賀地先國道第二號外七十箇所ノ道路及護岸復舊工事費貳拾五萬九千餘圓ニ對シ交付セル國庫補助金貳拾貳萬餘圓ノ內ニシテ本件ハ本項豫算ノ目的外ニ屬スルノ嫌アリ依テ注意ヲ促ス

陸軍省所管

歲出臨時部

第十一款　地圖製造費

第一項　拂下地圖製造費

（三）第一師團經理部ノ支出ニ係ル（會計檢査院報告一）

八、八五八・〇〇〇円

右ハ陸地測量部ニ於テ拂下地圖製造用材料トシテ購入シタル三菱製特製地圖用紙ノ代價ニシテ本件ハ物品ノ購入ニ當リ其ノ宜シキヲ得ス依テ注意ヲ促ス

特別會計

大藏省所管印刷局

歲出

第一款　印刷局作業費

第三項　材料品費

（四）內閣印刷局ノ支出ニ係ル（會計檢査院報告二）

一三、五〇九・七四〇円

右ハ東洋インキ製造株式會社ト購入契約ヲ爲シ四年度末受入レタル護謨液「アラビヤ」護謨ノ代價ニシテ本件ハ物品ノ購入ニ當リ措置其ノ宜シキヲ得ス國庫ニ損失ヲ及ホシタルモノニシテ注意ヲ促ス

大藏省所管專賣局

歲出

第一款　專賣局作業費

第二項　事業費

（五）廣島外一地方專賣局ノ支出ニ係ル（會計檢査院報告二）

七七、五三八・六六〇円

右ハ日本食鹽回送株式會社ト締結シタル運送契約ニ依リ廣島地方專賣局管內瀨戶田、三田尻、竹原、尾道、松永、伯方、平生及坂出地方專賣局各收納官署ヨリ金澤地方專賣局及同局管內伏木、富山各販賣官署ニ回送シタル內地鹽千五百萬餘斤ニ對スル運賃ニシテ本件ハ內地鹽ノ回送ニ當リ措置其ノ宜シキヲ得サルモノニシテ注意ヲ促ス

第四項　專賣品賠償及購買費

（六）東京外一地方專賣局ノ支出ニ係ル（會計檢査院報告二）

四三八、九八四・〇四〇円

右ハ昭和五年度中東亞煙草株式會社ヨリ購入ニ係ル兩切紙卷煙草「ラチオ」八十九萬餘本「ロビン」八千九百六萬餘本「ハッピー」三千百八萬餘本ニ對スル代價ニシテ本件購入價格ノ決定其ノ宜シキヲ得サルモノニシテ注意ヲ促ス

商工省所管製鐵所

用品勘定

歲出

第一款　製鐵所用品及工作費

第二項　用品及工作費

（七）製鐵所東京出張所ノ支出ニ係ル（會計檢査院報告一）

三八三、一〇〇・〇〇〇円

右ハ三菱商事株式會社外一會社ヨリ購入セル十二瓲鑛石荷揚起重機機體四臺ノ代價ニシテ本件ハ物件ノ購入ニ當リ特ニ分割購入ヲ爲シ國庫ニ不利ヲ及ホシタルモノニシテ注意ヲ促ス

鐵道省所管

收益勘定

歲出

第一款　鐵道作業費

第一項　事業費

（八）鐵道省ノ支出ニ係ル（會計檢査院報告九）

七、〇五七、九三四・八六〇円

右ハ本年度中省線各驛ニ於テ取扱ニ係ル特別小口扱貨物ノ集貨配達料トシテ國際通運株式會社ニ支拂ヒタル請負料金ニシテ本件ハ特別小口扱貨物集配料金ノ決定其ノ宜シキヲ得ス國庫ニ損失ヲ及ホシタルモノニシテ注意ヲ促ス

拓務省所管朝鮮總督府

歲入經常部

第三款　官業及官有財產收入

第三項　森林收入

（九）朝鮮總督府ノ徵收ニ係ル（會計檢査院報告三）

三四、〇二九・四六〇円

右ハ大阪市港區北村某ニ賣却セル落葉松丸太一萬三千餘締ノ代價ニシテ本件ハ木材ノ賣却ニ當リ措置其ノ宜シキヲ得ス國庫ニ損失ヲ及ホシタルモノニシテ注意ヲ促ス

歲出經常部

第十九款　遞信費

第二項　遞信事業費

（一〇）朝鮮總督府遞信局ノ支出ニ係ル（會計檢査院報告六）

一一六、一五四・一五〇円

右ハ電信電話工事用「ケーブル」類ノ代金ニシテ外ニ朝鮮師團對抗演習諸費ニ於テ四千四百餘圓ヲ支出セルモノアリ本件ハ物品ノ購入ニ當リ措置其ノ宜シキヲ得ス國庫ニ損失ヲ及ホシタルモノニシテ注意ヲ促ス

拓務省所管臺灣總督府

歲入經常部

第二款　官業及官有財產收入

第十一項　官有物貸下料

（一一）臺中州ノ徵收ニ係ル（會計檢査院報告一）

四、四八〇・六二〇円

右ハ臺中州彰化郡顯興庄外一庄所在官有原野五百十一甲餘ヲ新高製糖株式會社ニ貸付セル料金ニシテ本件ハ官有原野ノ處分ニ當リ賣拂價格及貸付料ノ決定低廉ニ失シタルモノニシテ注意ヲ促ス

歲出臨時部

第一款　事業費

第二項　鐵道改良費

（一二）臺灣總督府交通局鐵道部ノ支出ニ係ル（會計檢査院報告五）

一二、九八八・一七〇円

右ハ臺北市加藥某ニ請負ハシメタル基隆驛擴張ニ伴フ高架公道橋新設工事費六萬七千餘圓ノ內ニシテ本件ハ設計變

更ニ當リ單價ノ協定妥當ヲ缺キ國庫ニ損失ヲ及ホシタルモノニシテ注意ヲ促ス

既往年度(昭和四年度)

一般會計

歳入經常部

第三款　官業及官有財産收入

第二項　森林收入

(一三)　北海道廳河西支廳ノ徴收ニ係ル(會計檢査院報告九)

五、〇〇〇・〇〇〇円

右ハ北海道廳ニ於テ池田町ニ對シ特賣シタル國有未開地及生立木「カツラ」外三種ノ代價貳萬七千餘圓ノ内ニシテ之カ拂下ニ當リ地上立木ノ算定其ノ宜シキヲ得ス國庫ニ損失ヲ及ホシタルモノニシテ注意ヲ促ス

特別會計

大藏省所管專賣局

歳出

第一款　專賣局作業費

第四項　專賣品賠償及購買費

(一四)　東京外一地方專賣局ノ支出ニ係ル(會計檢査院報告十一)

四九〇、一七九・五九〇円

右ハ東亞煙草株式會社ヨリ購入ニ係ル兩切紙卷煙草「ラヂオ」「ロビン」「ハツピー」ニ對スル代價ニシテ本件ハ製造煙草購入ニ當リ價格ノ決定其ノ宜シキヲ得ス國庫ニ損失ヲ及ホシタルモノニシテ注意ヲ促ス

政府ノ辯明ヲ認メタルモノ

特別會計

拓務省所管朝鮮總督府

報告五　朝鮮總督府ノ徴收ニ係ルモノ

報告書

一昭和六年度歳入歳出總決算、昭和六年度各特別會計歳入歳出決算

右ハ本院ニ於テ別紙ノ通議決スヘキモノト議決致候此段及報告候也

昭和八年三月十六日

決算委員長　山崎　猛

衆議院議長秋田清殿

(別紙)

不當ナルモノ

昭和六年度歳入歳出總決算中

歳入ニ於テ

不當ナルモノ　十七件

歳出ニ於テ

不當ナルモノ　十二件

昭和六年度各特別會計歳入歳出決算中

歳入ニ於テ

不當ナルモノ　五件

歳出ニ於テ

不當ナルモノ　十九件

合計　五十三件

既往年度(昭和二年度、昭和四年度及昭和五年度)

一般會計

歳入ニ於テ

不當ナルモノ　八件

特別會計

歳入ニ於テ

不當ナルモノ　二件

歳出ニ於テ

不當ナルモノ　二件

合計　十二件

總計　六十五件

昭和六年度歳入歳出總決算及同特別會計歳入歳出決算中不當ナリト議決シタル事項左ノ如シ

不當ナルモノ

一般會計歳入ニ於テ

租税及租税外歳入ノ徴收ニ關シ監督宜シキヲ得サルモノ　五件

租税ノ徴收不足ニ屬スルモノ　九件

租税ノ徴收過ニ屬スルモノ　二件

租税ノ賦課徴收ニ關シ措置宜シキヲ得サルモノ　一件

計　十七件

一般會計歳出ニ於テ

工事ノ施行ニ當リ措置宜シキヲ得サルモノ　二件

豫算ノ使用其ノ宜シキヲ得サルモノ　四件

物品ノ購入ニ當リ措置宜シキヲ得サルモノ　二件

補助金ノ支給ニ關シ措置其ノ宜シキヲ得サルモノ　二件

其ノ他不當ナルモノ　二件

計　十二件

特別會計歳入ニ於テ

租税外歳入ノ徴收ニ關シ監督宜シキヲ得サルモノ　二件

物件ノ賣拂ニ當リ措置其ノ宜シキヲ得サルモノ　一件

運賃ノ徴收ニ關シ措置其ノ宜シキヲ得サルモノ　一件

誤伐木ノ代金徴收上措置宜シキヲ得サルモノ　一件

計　五件

特別會計歳出ニ於テ

豫算ノ使用宜シキヲ得サルモノ　七件

鹽包裝請負單價ノ決定宜シキヲ得サルモノ　一件

物件ノ購入ニ當リ措置其ノ宜シキヲ得サルモノ　一件

虚構ノ事實ニ對シ支拂ヲ爲シタルモノ　三件

補助金ノ支給其ノ宜シキヲ得サルモノ　一件

物件ノ運送契約ニ當リ運賃ノ算定宜シキヲ得サルモノ　一件

其ノ他不當ナルモノ　五件

計　十九件

合計　五十三件

既往年度(昭和二年度、昭和四年度及昭和五年度)

一般會計歳入ニ於テ

租税ノ徴收不足ニ屬スルモノ　七件

租税ノ徴收過ニ屬スルモノ　一件

特別會計歳入ニ於テ

租税ノ徴收不足ニ屬スルモノ　二件

特別會計歳出ニ於テ

鹽包裝ノ請負單價決定宜シキヲ得サルモノ　一件

鹽ノ賣渡ニ當リ措置其ノ宜シキヲ得サルモノ　一件

合計　十二件

總計　六十五件

警告ヲ附シタル事項左ノ如シ

昭和六年度

一般會計歳出ニ於テ

物品ノ購入ニ當リ措置其ノ宜シキヲ得サルモノ　二件

契約ノ變更ニ當リ請負代金ノ決定宜シキヲ得サルモノ　一件

計　三件

特別會計歳入ニ於テ

國有財産ノ管理處分其ノ宜シキヲ得サルモノ　一件

木材ノ賣拂ニ當リ措置其ノ宜シキヲ得サルモノ　一件

立木ノ賣拂價格低廉ニ失スルモノ　一件

計　三件

特別會計歳出ニ於テ

制度廢止ニ伴フ給與金ノ交付宜シキヲ得サルモノ　一件

物件ノ購入及請負作業ノ單價決定其ノ宜シキヲ得サルモノ　一件

計　二件

官有物ニ於テ

官有地ノ貸付其ノ宜シキヲ得ス且貸付料金低廉ニ失スルモノ　一件

國有林ノ豫約賣渡ニ關シ措置宜シキヲ得サルモノ　一件

計　二件

既往年度(昭和五年度)

一般會計歳入ニ於テ

租税ノ賦課徴收ニ關シ措置宜シキヲ得サルモノ　一件

特別會計歳入ニ於テ
土地ノ賣拂ニ當リ價格ノ評定宜シキヲ得サルモノ　一件
計　二件
合計　十二件
注意事項左ノ如シ
昭和六年度
一般會計歳入ニ於テ
土地ノ賣拂ニ當リ措置宜シキヲ得サルモノ　一件
特別會計歳出ニ於テ
工事ノ施行ニ當リ措置宜シキヲ得サルモノ　一件
土地買收ニ當リ價格ノ評定宜シキヲ得サルモノ　一件
計　三件
既往年度(昭和五年度)
一般會計歳入ニ於テ
土地ノ賣拂ニ當リ措置宜シキヲ得サルモノ　一件
特別會計歳入ニ於テ
名ヲ未墾地ニ藉リ低廉ナル價格ヲ以テ處分シタルモノ　一件
計　二件
合計　五件

昭和六年度歳入歳出總決算、昭和六年度各特別會計歳入歳出決算及既往年度末確定決算中左ノ如ク議決ス

一般會計
歳入經常部
第一款　租税
第一項　所得税

(一) 大館税務署ノ收入ニ至ラサルモノ(會計檢査院報告一)
三一、四七二・一二〇円
右ハ税務署屬佐藤某カ關係書類ニ虚僞ノ記載ヲ爲シ國税其ノ他ノ歳入金貳萬六千餘圓酒税ノ滯納處分ニ因ル差押物件ノ公賣代金等四千餘圓ヲ横領シタルモノニシテ本件ハ監督其ノ宜シキヲ得サリシニ因ルモノニシテ不當ナリトス

(二) 志津川税務署ノ收入ニ至ラサルモノ(會計檢査院報告二)
七、四七一・四九〇
右ハ税務署屬櫻井某カ關係書類ニ虚僞ノ記載ヲ爲シ國税其ノ他ノ歳入金六千餘圓及鑛業税ノ滯納處分ニ因ル差押物件ノ公賣代金八百圓ヲ横領シタルモノニシテ本件ハ監督其ノ宜シキヲ得サリシニ因ルモノニシテ不當ナリトス

(三) 千葉、松戸兩税務署ノ收入ニ至ラサルモノ(會計檢査院報告三)
八五一・一二〇
右ハ税務署屬工藤某カ關係書類ニ虚僞ノ記載ヲ爲シ國税其ノ他ノ歳入金ヲ横領シタル總額千八百餘圓ノ内ニシテ本件ハ監督其ノ宜シキヲ得サリシニ因ルモノニシテ不當ナリトス

(四) 石卷税務署ニ於テ徴收不足ニ屬スルモノ(會計檢査院報告四)
四、九〇六・三二〇

(五) 淀川税務署ニ於テ徴收不足ニ屬スルモノ(會計檢査院報告同上)
三、四一二・七八〇

(六) 堺税務署ノ徴收不足ニ屬スルモノ(會計檢査院報告同上)
三、三七七・四〇〇
資本利子税ニ於テ同署ノ徴收不足ニ屬スルモノ　四九七・七六〇

(七) 東税務署ノ徴收不足ニ屬スルモノ(會計檢査院報告同上)
三、一一九・七九〇
資本利子税ニ於テ同署ノ徴收不足ニ屬スルモノ　四三二・〇〇〇

(八) 岸和田税務署ニ於テ徴收不足ニ屬スルモノ(會計檢査院報告同上)
三、〇五五・一二〇

(九) 茨木税務署ニ於テ徴收不足ニ屬スルモノ(會計檢査院報告同上)
二、八二四・三〇〇

(一〇) 一宮税務署ニ於テ徴收不足ニ屬スルモノ(會計檢査院報告同上)
二、四七八・一一〇

(一一) 福井税務署ノ徴收不足ニ屬スルモノ(會計檢査院報告同上)
一、八八九・九〇〇
資本利子税ニ於テ同署ノ徴收不足ニ屬スルモノ
二五三・八〇〇

(一二) 神戸税務署ノ徴收不足ニ屬スルモノ(會計檢査院報告同上)
一、八一九・四七〇
營業收益税ニ於テ同署ノ徴收不足ニ屬スルモノ
一、八〇〇・〇〇〇

(一三) 神戸税務署ノ徴收過ニ屬スルモノ(會計檢査院報告同上)
四、九六七・二七〇
營業收益税ニ於テ同署ノ徴收過ニ屬スルモノ
七九七・一六〇

(一四) 長岡税務署ノ徴收過ニ屬スルモノ(會計檢査院報告同上)
二、五五〇・四八〇
營業收益税ニ於テ同署ノ徴收過ニ屬スルモノ　七一二・八四〇
右ハ孰モ取扱ノ過誤ニ因リ徴收上過不足ヲ生セシメタルモノニシテ不當ナリトス

第十項　砂糖消費税

(一五) 龜戸外九税務署ノ徴收ニ係ル(會計檢査院報告五)
三二、〇三八、三一六・八二〇円
右ハ大日本、明治、臺灣、鹽水港、中央各製糖株式會社及東京精糖株式會社製造ノ砂糖及糖蜜ニ對シ査定標準率ニ依リ課税數量ヲ四種糖三億六千八百九十六萬餘斤糖蜜第二種甲二千三百一萬餘斤ト査定シ徴收シタル税額ナリ本税徴收ニ當リ税務ノ實際上査定標準率ヲ使用スルノ已ムヲ得サル事情アリトスルモ該標準率ヲ適用スル以上直ニ之ヲ實量ト看做サレ實際ノ引取數量カ之ニ超過スルモノハ消費税ヲ課セラレサルノ結果ト爲リ課税上重大ノ影響ヲ生スルモノナルヲ以テ標準率ノ決定ニ當リテハ本税カ元來實量ニ依リ課税スヘキ趣旨ナルニ照シ實際引取數量ニ對シ著シキ差異ナキヲ期セサルヘカラス而シテ本件査定標準率ハ之カ製造實績ヲ參酌スルヲ妥當トシ標準率ハ低キニ失スルモノト認メラルルモノニシテ尙關税ニ在リテモ横濱外四税關ニ於テ關税定率法ニ依リ輸入原料糖二億三千三百七十四萬餘斤ニ對シ輸入税ノ免除ヲ爲シタルモノアリ要スルニ本件ハ適切ナラサル査定標準率ニ依リ消費税ヲ徴收シタルモノニシテ不當ナリトス

第四款　雜收入
第二項　懲罰及沒收金

(一六) 札幌地方、區兩裁判所及其ノ他ニ於テ歳入ニ編入スヘキモノ(會計檢査院報告七)
三、六〇二・五〇〇円
右ハ裁判所書記藤岡某カ受領セル罰金科料等ヲ横領シタルモノニシテ本件ハ監督其ノ宜シキヲ得サリシニ因ルモノニシテ不當ナリトス

(一七) 岡山地方裁判所ニ於テ歳入ニ編入スヘキモノ(會計檢査院報告八)
一、一二七・七五〇
右ハ裁判所書記岡本某カ沒收ノ裁判確

定ニ依リ國庫ニ歸屬セル刑事證據金ヲ横領又ハ騙取セルモノナリ右ノ外金品ヲ横領又ハ騙取セルモノアリ本件ハ監督共ノ宜シキヲ得サリシニ因ルモノニシテ不當ナリトス

内務省所管

歳出臨時部

第三款　港灣改良費

第五項　清水港修築費

（一八）内務省横濱土木出張所ノ支出ニ係ル（會計檢査院報告一）

一〇六、三一七・二三四円

右ハ豆相地方ニ於ケル震災ニ因リ被害アリタル清水港岸壁物揚場及埋立ニ對スル復舊費中岸壁復舊費トシテ本年度迄ニ支出シタル拾壹萬貳千八百餘圓ノ内ニシテ外ニ材料價格四百餘圓ヲ使用セリ

清水港修築工事ハ總工費七百八拾貳萬千餘圓ヲ以テ繼續事業トシテ著著之カ工事ヲ進メ埋立岸壁護岸物揚場等ノ大部分ヲ完成セシ所震災ニ因リ既成岸壁護岸物揚場等多大ノ損害ヲ被リタルノ故ヲ以テ六年度ニ於テ之カ復舊費六拾貳萬圓ヲ本費豫算ニ追加計上シ完成年度ヲ九年度ト爲シ之カ復舊工事施行中ニ屬セリ前掲被害ハ幾分震動ノ影響アリタリトスルモ主トシテ當初ノ設計竝施工上注意ノ周到ヲ缺キタルニ基因スルモノニシテ被害箇所タル岸壁物揚等ハ其ノ調査十分ナラサルノミナラス基礎根掘、埋戻、裏込工事ヲ施行スルニ當リテハ最留意スヘキ所ナルニ其設計尚ニ對スル實績ハ概シテ不足セルモノ多ク又岸壁物揚場背後壁體基礎工事ノ如キハ注意ノ周到ヲ缺キタルモノアリ本件ハ畢竟工事ノ設計及施行共ノ宜シキヲ得サリシニ基因スルモノニシテ不當ナリトス

第七款　北海道拓殖費

・第一項　殖民費

（一九）北海道廳外十四箇所及其ノ他ノ支出ニ係ル（會計檢査院報告二）

二五〇、六九六・一三〇円

右ハ各廳所屬官吏ニ對シ賞與トシテ支給シタルモノナルモ本件ハ事業費又ハ工事費等ヲ流用シ支出シタルモノニシテ豫算ノ使用共ノ宜シキヲ得ス依テ不當ナリトス

大藏省所管

歳出經常部

第二款　内閣

第二項　事務費

（二〇）内閣及其ノ他ノ支出ニ係ル（會計檢査院報告一）

一、〇三三、八八九・〇〇〇円

右ハ各廳ニ於テ官吏ニ對シ支給シタル慰勞金ナルモ慰勞金ノ積算ナキニ之ヲ支給シ又ハ工事費等ヨリ豫算流用ヲ爲セルモノ及多額ノ支出ヲ官吏ニ對シ爲シタルモノニシテ豫算ノ使用共ノ宜シキヲ得サルモノト認メラル依テ本件ハ不當ナリトス

第十款　諸拂戻及補塡金

第一項　諸拂戻及補塡金

（二一）廣島税務監督局ノ支出ニ係ル（會計檢査院報告二）

三、七九一・〇七〇円

右ハ内國税拂戻金トシタルモノナルモ其ノ實税務署屬藤野某カ租税拂戻請求書ヲ僞造シ騙取シタル金額ナリ依テ本件ハ不當ナリトス

海軍省所管

歳出臨時部

第六款　營繕費

第六項　呉島小島揚炭設備費

（二二）呉海軍經理部ノ支出ニ係ル（會計檢査院報告二）

九二、八八一・四六九円

右ハ呉海軍建築部ニ於テ直營ニ係ル島小島揚炭設備中岸壁築造外四廠工事費拾八萬貳千餘圓ノ内ニシテ外ニ材料價格千貳百餘圓ヲ使用セリ而シテ岸壁築造箇所ノ選定ニ當リテハ基礎地質ノ適否ニ關シ十分檢討スヘキモノナルニ拘ラス尚最適ノ場所ニ非サルコト判明セルニ其ノ儘該位置ヲ選定シ築造スルカ如キ若強ヒテ該位置ニ施工スルノ要アリトセハ他ニ適當ノ工法ヲ選フヘク基礎工事ヲ略終了シタル後工事ノ續行不能ニ陷リ多額ノ工費ヲ無用ニ歸セシメタルカ如キハ失當ノ措置ニシテ注意ノ周到ヲ缺クモノト認メサルヲ得ス本件ハ工事ノ施行ニ當リ計畫其ノ宜シキヲ得ス國庫ニ損失ヲ及ホシタルモノニシテ不當ナリトス

文部省所管

歳出臨時部

第一款　營繕費

第三項　新營費

（二三）東京聾啞學校ノ支出ニ係ル（會計檢査院報告一）

三、八二五・〇〇〇円

右ハ工事費又ハ物品代等トシテ支拂ヒタル貳萬參千五百餘圓ノ内ニシテ本件ハ同校書記中村某カ工事ノ請負又ハ物品供給等ヲ爲サシムルニ當リ詐稱シ金額ヲ僞消シタルモノナリ依テ不當ナリトス

農林省所管

歳出臨時部

第一款　産業奬勵費

第十三項　緬羊飼育奬勵費

（二四）農林省、種羊場及其ノ他ノ支出ニ係ル（會計檢査院報告一）

一三三、一九三・三九〇円

右ハ官吏ニ對シ賞與及慰勞金トシテ支給シタルモノナルモ豫算上官吏ニ對スル慰勞金ノ積算ナキニ拘ラス金額ヲ支出シ其ノ他他費目ヨリ流用シ支出シタルモノニシテ豫算ノ使用共ノ宜シキヲ得ス依テ不當ナリトス

第六款　治水事業費

第三項　補助及補償費

（二五）農林省ノ支出ニ係ル（會計檢査院報告二）

七九、六九八・〇〇〇円

右ハ高知縣ノ荒廢地復舊事業費豫算額拾五萬五千餘圓ニ對シ國庫補助金トシテ交付シタル金額ナリ

同縣ニ於ケル荒廢地復舊補助事業ハ連年豫算額ニ對シ多額ノ使用未濟額ヲ生シ五年度末ニ於テハ拾四萬四千餘圓ニ達シ内後年度ニ於テ施行スヘキ事業ヲ豫定セス單ニ金額ノミヲ繰越シタルモノ計五萬四千餘圓ニ及ヘルニ後年度ニ於テ支出ノ義務アルモノトシ漫然補助金ヲ交付シタルカ爲六年度末ニ於テハ金額ノミヲ繰越シタルモノ八萬參千餘圓ニ達セルカ如キハ失當ノ措置ニシテ本件ハ國庫補助金ノ交付ニ當リ措置共ノ宜シキヲ得サルモノニシテ不當ナリトス

商工省所管

歳出經常部

第一款　商工本省

第五項　度量衡費

(二六)　商工省及其ノ他ノ支出ニ係ル（會計檢査院報告一）

一一三、六八四・〇〇〇円

右ハ官吏ニ對シ慰勞金トシテ支給シタルモノナルモ本項豫算中官吏ニ對スル慰勞金ノ積算ナキニ拘ラス多額ノ支出ヲ爲セルハ失當ノ措置ニシテ本件ハ不當ナリトス

歳出臨時部

第十二款　臨時産業合理局費

第三項　補助金

(二七)　臨時産業合理局ノ支出ニ係ル（會計檢査院報告二）

八、〇〇〇・〇〇〇円

右ハ國産品使用普及費補助トシテ日本商工會議所ニ對シ交付シタル金額ナリ同會議所ニ於テ展覽會講演會其ノ他國産品愛用宣傳等ニ要スル經費豫算壹萬貳千圓ニ對シ補助シタルモノニシテ同會議所ハ補助ノ目的タル事業ヲ其ノ計畫ノ如ク實施セス交付補助金ニ剩餘アルニ拘ラス漫然之ヲ放任セルカ如キハ妥當ノ措置ト認ムルヲ得ス右ノ外同會議所ニ對シ事業費ノ收支正確ナラサルモノアリ本件ハ不當ナリトス

遞信省所管

歳出臨時部

第二款　遞信費

第二項　遞信事業費

(二八)　大阪外四遞信局及其ノ他ノ支出ニ係ル（會計檢査院報告一）

一八、九五六・五六〇円

右ハ名古屋、大阪、廣島、熊本、札幌各遞信局ニ於テ東京市芝區桑田某外二名ト購入契約ヲ爲シタル電話「ケーブル」配線用端子函ノ代價ナリ右ハ執モ實用新案ニ係ル順信式、信利式或ハ野村式等ヲ指定ノ上購入契約ヲ爲シタルモノナルモ之ヲ東京遞信局ニ於テ購入契約ヲ爲セルモノニ比シ著シク高價ナルモノニシテ本件ハ物品ノ購買ニ當リ措置其ノ宜シキヲ得ス國庫ニ不利ヲ及ホシタルモノニシテ不當ナリトス

(二九)　仙臺遞信局ノ支出ニ係ル（會計檢査院報告二）

一四、七五〇・〇〇〇

右ハ增備用トシテ株式會社ドツドウエル商會ヨリ購入セル電信受信用「アンダーウツド」和文「タイプライター」五十臺ノ代金ニシテ米國製品ナルモ之ヲ同一用途ニ供セラルル國産品黒澤製ニ比シ著シク高價ニ當レリ隨テ此ノ種器械ヲ增備スルニ當リテハ低廉ナル國産品ヲ購入スルヲ妥當ト認メラルルニ却テ高價品ヲ購入增備スルカ如キハ失當ノ措置ト認メラル

本件ハ物品ノ增備ニ當リ措置其宜シキヲ得ス高價品ヲ購入シタルモノニシテ不當ナリトス

特別會計

內務省所管健康保險

歳入

第一款　健康保險收入

第一項　保險料收入

(三〇)　警視廳ノ收入ニ至ラサルモノ（會計檢査院報告一）

一二、六〇六・九〇〇円

右ハ川上某カ事務ニ從事中關係書類及帳簿ニ虛僞ノ記載ヲ爲シ横領シタル保險料等壹萬四千餘圓ノ內ニシテ本件ハ監督其ノ宜シキヲ得サリシニ因ルモノニシテ不當ナリトス

歳出

第一款　健康保險事業費

第四項　保健施設費

(三一)　社會局及警視廳外二十六箇所ノ支出ニ係ル（會計檢査院報告二）

一三、九三八・〇〇〇円

右ハ官吏ニ對シ慰勞金トシテ支給シタルモノナルモ本項豫算中ニハ慰勞金ノ積算ナキニ拘ラス之ヲ支出シタルモノニシテ豫算ノ使用其ノ宜シキヲ得ス依テ本件ハ不當ナリトス

大藏省所管造幣局

歳出

第一款　造幣局作業費

第二項　事業費

(三二)　造幣局ノ支出ニ係ル（會計檢査院報告一）

一四一、三〇〇・三〇〇円

右ハ官吏以下ニ對シ慰勞金トシテ支給セルモノナルモ本項豫算中慰勞金トシテ積算セルハ參萬千餘圓ナルニ對シ多額ノ支出ヲ爲シ就中石炭購買費ヨリ流用セルカ如キハ豫算ノ使用其ノ宜シキヲ得ス依テ本件ハ不當ナリトス

大藏省印刷局

歳出

第一款　印刷局作業費

第二項　事業費

(三三)　內閣印刷局ノ支出ニ係ル（會計檢査院報告一）

六三三、〇六四・〇〇〇円

右ハ官吏以下ニ對シ慰勞金トシテ支給セルモノナルモ本項豫算中慰勞金トシテ積算セルハ貳拾參萬九千餘圓ナルニ對シ多額ノ支出ヲ爲シ就中動力費及材料品費ヨリ流用セルカ如キハ豫算ノ使用其ノ宜シキヲ得サルモノト認メラルルニ依テ本件ハ不當ナリトス

大藏省所管專賣局

歳出

第一款　專賣局作業費

第二項　事業費

(三四)　東京地方專賣局ノ支出ニ係ル（會計檢査院報告二）

二〇六、一六〇・〇三〇円

右ハ同局及横濱出張所ニ於テ隨意契約ヲ以テ大日本鹽業株式會社ノ請負ニ付シタル移輸入鹽叺包裝出來高ニ對スル料金ナリ右契約單價ハ之カ産地ノ相場ハ低落シ本件單價決定當時運賃諸掛ヲ加算スルモ右査定ハ高價ニ失スルモノニシテ本件ハ鹽包裝請負單價ノ決定其ノ宜シキヲ得ス國庫ニ損失ヲ及ホシタルモノニシテ不當ナリトス

(三五)　專賣局ノ支出ニ係ル（會計檢査院報告三）　一九、一九五・〇〇〇

右ハ大藏本省所屬官吏ニ對シ支給セル慰勞金ナリ此等官吏カ職務上專賣局事務ニ關與スルノ故ヲ以テ特ニ本費ヨリ慰勞金ヲ支出スルカ如キハ豫算ノ使用其ノ宜シキヲ得ス依テ本件ハ不當ナリトス

(三六)　東京地方專賣局ノ支出ニ係ル（會計檢査院報告四）

五、五六三・五六〇

右ハ隨意契約ニ依リ國際通運株式會社ニ請負ハシメ同局淺草工場ヨリ北千住分工場ニ運搬シタル原搾截斷濟煙草ノ運賃ナリ契約單價ハ荷馬車運搬ニ依ル計算ニ依リ決定シタルモノナルモ市中ニ於ケル貨物自動車賃金ハ數年來漸落シ之ニ依ルヲ有利トスルノミナラス事實上自動車ニ依リ運搬シ居ルモノナルヲ以テ本件請負單價ノ決定妥當ナラス本件ハ物件ノ運送契約ニ當リ運賃ノ算

定共ノ宜シキヲ得ス國庫ニ損失ヲ及ホシタルモノニシテ不當ナリトス

大藏省所管大藏省預金部

歳出

第一款 大藏省預金部支出

第一項 事務費

（三七） 大藏省ノ支出ニ係ル（會計檢査院報告一）

一二、三五九・〇〇〇円

右ハ官吏以下ニ對シ慰勞金トシテ支給セルモノナルモ本項豫算中慰勞金トシテ積算セルハ僅ナルニ多額ノ支出ヲ爲セルハ妥當ナラサルノミナラス右ノ内官吏ニ對スル慰勞金ノ大部分ハ大藏本省内他部局官吏ニ對シ支給セルモノニシテ豫算ノ使用其ノ宜シキヲ得ス依テ本件ハ不當ナリトス

海軍省所管海軍工廠資金

歳出

第一款 材料物品費

第一項 材料物品費

（三八） 佐世保海軍工廠ノ支出ニ係ル（會計檢査院報告一）

二〇七、三一八・六五〇円

右ハ住友伸銅鋼管株式會社ヨリ納入シタル罐用鋼製目無管代價ニシテ本件ハ購入契約ヲ締結シ單價ハ五年度協定價格ニ依リ爲セルモ六年度協定價格ニ比シ一割餘高價ナルヲ以テ之ヲ六年四月一日以降ノ契約トスレハ廉價ト爲リシモノナルニ急遽年度末ニ於テ契約ヲ爲セシハ當ヲ得ス五年度註文豫定數量ニ屬セサル本品ヲ高價ナル協定價格ニ依リ五年度末ニ於テ契約スルカ如キハ失當ニシテ本件ハ物件ノ購入ニ當リ措置其ノ宜シキヲ得ス高價ノ購入ヲ爲シタルモノニシテ不當ナリトス

文部省所管學校及圖書館

歳出經常部

第一款 學校及圖書館

第二項 校舘費

（三九） 東京聾啞學校ノ支出ニ係ル（會計檢査院報告一）

八、四八五・七六〇円

右ハ工事費又ハ物品代等トシテ支拂ヒタル貳萬參千餘圓ノ内ニシテ同校書記中村某カ會計事務擔任中事實ニ副ハサル證明ヲ爲シ總額四千參百餘圓ヲ恣ニ費消シタルモノナリ依テ本件ハ不當ナリトス

（四〇） 東京聾啞學校ノ支出ニ係ル（會計檢査院報告二）

五、〇九三・〇〇〇

右ハ東京市本郷區福島某外二名ニ支拂ヒタル電氣設備修理外百六十餘廠ノ代金六千餘圓ノ内ニシテ同校ニ於テハ物件ノ購入、工事ノ施行等其ノ殆ト全部ヲ前記福島某外一名ニ供給又ハ請負ハシメ年度末支拂豫算ノ不足ニ對シテハ後年度ニ繰下ケ支拂ヲ爲スノ見込ヲ以テ支拂豫算ニ超過スル註文ヲ爲シ且事實ニ副ハサル證明ニ依リ數年ニ亙リ會計法規ヲ無視セル取扱ヲ續行シ來リタルカ如キハ失當ニシテ不當ナリトス

（四一） 高岡高等商業學校ノ支出ニ係ル（會計檢査院報告三）

三、〇六九・七二〇

本件ハ同校職員ノ出張旅費及運動場一部地均工事費トシタルモノナルモ右ノ内關係書類ヲ作爲シ旅費トシテ支出シ學友會負債償却資金等ニ充當シ又運動場盛土其ノ他工事費「プール」築造資金ノ一部等ニ充當シタルモノナリ依テ本件ハ不當ナリトス

商工省所管製鐵所

資本勘定

歳出

第一款 製鐵所改良及補充費

第一項 第一期改良費

（四二） 製鐵所ノ支出ニ係ル（會計檢査院報告一）

四三一、九九七・〇〇〇円

右ハ官吏ニ對シ年末等ノ慰勞手當トシテ支給シタルモノナルモ官吏ニ對スル慰勞手當ノ豫算額ニ對シ多額ノ支出ヲ爲スハ妥當ナラサルノミナラス右ノ内貳萬餘圓ハ製鐵所ノ事務ニ盡力シタリトノ事由ニ依リ商工次官以下本省官吏ニ特別會計ヨリ慰勞手當ヲ支給スルカ如キハ失當ノ措置ニシテ本件ハ豫算ノ使用其ノ宜シキヲ得サルモノニシテ不當ナリトス

作業勘定

歳入

第一款 製鐵所作業收入

第一項 作業收入

（四三） 製鐵所東京出張所ノ徴收ニ係ル（會計檢査院報告二）

五六六、九九三・三二〇円

右ハ昭和四、五兩年度中東京及大阪所在民間倉庫ニ留置キタル耳附鋼板三萬六千餘噸ノ内六年二月三菱商事、三井物産外五株式會社ニ對シ噸當參拾七圓ヲ以テ賣拂契約ヲ爲シタル一萬七千餘噸ノ代價六拾五萬餘圓ノ内ニシテ五萬餘圓ハ收入未濟ニ屬スルモノナリ而シテ先物契約ニ依ル耳附鋼板ノ引渡ニ際シ其ノ價格低落セルノ故ヲ以テ長期ニ亙リ製品ノ引取ヲ猶豫シ爾後價格ノ低落甚シキニ及ヒ其ノ大部分ヲ低價ナル新契約ノ引渡ニ充當セルハ異常ナル市價下落ノ爲契約履行ノ困難アリトスルモ之カ損失ヲ國庫ニ歸セシメタルハ當ヲ得ス本件ハ製品ノ賣却ニ當リ措置其ノ宜シキヲ得ス國庫ニ損失ヲ及ホシタルモノニシテ不當ナリトス

鐵道省所管帝國鐵道

資本勘定

歳出

第一款 鐵道建設及改良費

第一項 建設費

（四四） 鐵道省ノ支出ニ係ル（會計檢査院報告一）

三四、九五〇、六二四・五七〇円

右ハ官吏以下一般從業員ニ對シ支給シタル定期賞與並退職特別賜金及同手當等ナリ本件ハ鐵道作業費、用品及工作費ニ在リテ多額ノ支出ヲ爲シタルモノニシテ著シク豫算額ヲ超過シ内鐵道作業費其ノ他建設費等ヨリ官吏以下退官退職又ハ死亡ノ際特別賜金及同手當トシテ支給シタルモノニ係リ之カ支給額ハ從前ノ内規ニ依リ退官退職又ハ死亡當時ノ俸給又ハ給料ニ對シ勤續年數ニ應シ一定率ヲ乘スルモノニシテ從業員優遇ノ趣旨ニ出テタルモノナリトスルモ各省一般官吏ニ比シ著シク權衡ヲ失シ豫算ノ使用其ノ宜シキヲ得ス依テ本件ハ不當ナリトス

收益勘定

歳入

第一款 鐵道作業收入

第一項 運輸收入

（四五） 鐵道省ニ於テ徴收ニ至ラサルモノ（會計檢査院報告四）

七〇、五八八・〇八〇円

右ハ豫納扱ヲ爲セル多摩川砂利木材鐵道株式會社ノ砂利運賃精算額ノ内未納ニ屬スルモノナリ

本件ハ中央線立川驛所在同會社專用線ヨリ發送ニ係ル砂利運賃ニ對シ豫納取

扱ヲ爲スコトトシ毎月壹萬圓ヲ豫納セシメ來リタルニ會社ハ六年七月分以降毎月之カ納入ヲ怠リタル爲精算ノ結果尙七萬五百餘圓ノ收入未濟ヲ生スルニ至リシノミナラス別途會社ヨリ購入ニ係ル砂利代金ハ右運賃ニ充當スルコトナク全額支拂ヲ了セルヲ以テ妥當ノ措置ニ非ス本件ハ荷物運賃豫納ノ取扱ニ關シ措置其ノ宜シキヲ得ス多額ノ運賃ヲ徵收困難ニ陷ラシメタルモノニシテ不當ナリトス

拓務省所管朝鮮總督府

歲出經常部

第十款 税關

第二項 事務費

(四六) 新義州税關ノ支出ニ係ル（會計檢査院報告三）

一、八三一・六八〇円

右ハ雇員給料等トシタルモノナルモ共ノ實朝鮮總督府税關監吏安永某カ關係書類ニ虛僞ノ記載ヲ爲シ騙取シタル總額ノ內ニシテ本件ハ虛構ノ事實ニ對シ支拂ヲ爲シタルモノニシテ不當ナリトス

第十六款 專賣局

第二項 事業費

(四七) 朝鮮總督府專賣局ノ支出ニ係ル（會計檢査院報告四）

二〇、九四四・三〇〇円

右ハ同局廣梁灣出張所資金前渡官吏朝鮮總督府專賣局屬下村某ニ對シ交付セル前渡資金ノ內返納ニ至ラサルモノニシテ前記下村某カ關係書類ニ虛僞ノ記載ヲ爲シ前渡資金ヲ横領費消シ又ハ前渡資金請求計算書ヲ作成シ支出官ヨリノ資金ノ交付ヲ受ケ遞次差繰補塡シ遂ニ貳萬九百餘圓ノ缺損ヲ生セシメ返納ニ至ラス實際支拂ナキニ拘ラス本費ニ決算セラルルニ至リシモノニシテ本件ハ不當ナリトス

拓務省所管臺灣總督府

歲出經常部

第三款 地方廳

第二項 事務費

(四八) 花蓮港廳及其ノ他ノ支出ニ係ル（會計檢査院報告二一）

三一、九三七・〇六〇円

右ハ貓公警察官吏派出所新築其ノ他十數廳ノ工事請負代金及工事用材料事務用用紙類購入代又ハ運搬費等トシテ支拂ヒタル金額ニシテ本件ハ孰モ年度內工事ノ竣功、物品ノ納入又ハ運搬ヲ完了シタルモノノ如ク裝ヒ事實ニ反スル竣功檢査調書、檢收調書等ヲ作製シ契約履行前代金ノ支出ヲ爲シ職員ニ於テ濫ニ此等現金ヲ出納保管スルカ如キハ失當ノ措置ニシテ本件ハ不當ナリトス

第十五款 林務費

第二項 事業費

(四九) 臺灣總督府營林所ノ支出ニ係ル（會計檢査院報告三）

二、七〇六・〇〇〇円

右ハ營林所羅東出張所大平山派出所ニ於ケル胴判賃金トシタルモノナルモ共ノ實臺灣總督府非戶某カ關係書類ニ虛僞ノ記載ヲ爲シ騙取シタル總額ノ內ニシテ本件ハ虛構ノ事實ニ對シ支拂ヲ爲シタルモノニシテ不當ナリトス

歲出臨時部

第五款 補助費

第五項 傳染病豫防費補助

(五〇) 臺北州ノ支出ニ係ル（會計檢査院報告四）

一六八、八〇一・一七〇円

右ハ傳染病豫防ノ爲州地方費ヨリ支出シタル決算額ニ對シ交付シタル補助金中經費ノ全額ヲ補助スルコトト爲シタル拾七萬參千餘圓ノ內ニシテ臺灣ニ於テハ傳染病豫防法第二十五條ノ補助率ヲ公共團體支出額ノ三分ノ一乃至二分ノ一トシ更ニ同法施行規則ニ於テハ其ノ補助率ノ適用ニ關シ規定セルヲ以テ地方費支出額ノ二分ノ一ヲ超過シ補助ヲ爲スカ如キハ不當ナリトス

第十款 災害費

第五項 道路河川其他風水害應急及復舊費

(五一) 臺灣總督府交通局道路港灣課ノ支出ニ係ル（會計檢査院報告五）

六一四・一五〇円

右ハ蘇澳花蓮港道災害復舊工事ニ使役セル人夫賃トシタルモノナルモ共ノ實雇本村某及工夫伊佐某カ單獨又ハ共謀シ使役セサル人夫ヲ使役シタルモノノ如ク裝ヒ騙取シタル總額ノ內ニシテ尙本件ノ外同工事關係職員カ費消シタルモノアリ本件ハ虛構ノ事實ニ對シ支拂ヲ爲シタルモノニシテ不當ナリトス

拓務省所管樺太廳

歲出經常部

第二款 官業及官有財產收入

第五項 森林收入

(五二) 樺太廳ニ於テ徵收ニ至ラサルモノ（會計檢査院報告一）

八七、三四一・四二〇円

右ハ豐原町遠藤某ニ對シ名好郡名好村所在國有林椴、蝦夷松生立木百萬石ノ年期賣拂契約ヲ爲シタルモノノ內之カ引渡前伐採請負人北日本林業株式會社ノ社員タル金川某カ誤伐セル十萬餘石ニ對スル代金ニシテ該代金ハ拂下名義人タル遠藤某ヨリ徵收スヘキモノニシテ本件ハ樺太國有林原野產物賣拂規則ニ依ルモ伐採搬出又ハ採取ニ從事スル者ノ爲シタル行爲ハ買受人ニ於テ之カ責ニ任セサルヘカラサルハ當然ニシテ名義人タル遠藤某ニ於テ賣拂規則ニ基ク義務ヲ負擔スヘキモノニシテ本件ハ誤伐木ノ代金徵收上措置其ノ宜シキヲ得サルモノニシテ不當ナリトス

第五款 雜收入

第二項 辨償及違約金

(五三) 樺太廳恵須取林務署ニ於テ收入未濟ニ屬スルモノ（會計檢査院報告二）

一六、二一九・九〇〇円

右ハ樺太廳屬川島某カ小倉某外二名ヨリ提供セル椴、蝦夷松生立木ノ誤盜伐賠償金四萬六千餘圓ノ內數回ニ亙リ領飼シタルモノナリ本件ハ監督其ノ宜シキヲ得サリシニ因ルモノニシテ不當ナリトス

既往年度

昭和二年度

一般會計

歲入經常部

第一款 租税

第一項 所得税

(一) 永代橋税務署ニ於テ徵收不足ニ屬スルモノ（會計檢査院報告一）

七、四三六・八二〇円

右ハ東京市日本橋區林某ノ所得額ヲ決定スルニ當リ箱根土地株式會社ヨリ受ケタル貸金利子貳萬九千餘圓ヲ脫漏シタルト所得額決定ニ當リ脫漏シタル同會社ヨリ受ケタル貸金利子六千餘圓ヲ所得税法ニ依リ本年度ニ於テ追加決定スヘキモノナルニ之ヲ爲ササリシ等ニ因ルモノニシテ不當ナリトス

昭和四年度
一般會計
歳入經常部
第一款 租稅
第一項 所得稅
(二) 彦根稅務署ニ於テ徵收不足ニ屬スルモノ(會計檢査院報告二)
一二、七四八・六〇〇円
(三) 上京稅務署ニ於テ徵收不足ニ屬スルモノ(會計檢査院報告同上)
二、四七六・三八〇
(四) 石巻稅務署ニ於テ徵收不足ニ屬スルモノ(會計檢査院報告四)
三、七六一・九三〇
(五) 茨木稅務署ニ於テ徵收不足ニ屬スルモノ(會計檢査院報告同上)
三、四七五・一六〇
(六) 淀橋稅務署ニ於テ徵收不足ニ屬スルモノ(會計檢査院報告同上)
三、二七九・三二〇
(七) 上京稅務署ニ於テ徵收不足ニ屬スルモノ(會計檢査院報告同上)
二、九八二・八〇〇
(八) 神戸稅務署ノ徵收過ニ屬スルモノ(會計檢査院報告同上)
營業收益稅ニ於テ同署ノ徵收過ニ屬スルモノ
二、二六〇・二四〇
三三七・四〇〇
右ハ孰モ取扱ノ過誤ニ因リ徵收上過不足ヲ生セシメタルモノニシテ不當ナリトス
特別會計
大藏省所管
專賣局
歳 出
第一款 專賣局作業費
第二項 事業費
(九) 東京地方專賣局ノ支出ニ係ル(會計檢査院報告六)
一八〇、〇三七・九七〇円
右ハ同局及横濱出張所ニ於テ隨意契約ニ依リ大日本鹽業株式會社ノ請負ニ付シタル移輸入鹽百斤入叺包裝出來高五十六萬餘包ニ對スル料金ナリ右契約單價ハ著シク高價ナルノミナラス本契約單價ハ年度内包裝材料品ノ市價ニ著シキ變動ヲ生シタルトキハ請負單價ノ改定ヲ爲スヘキ約款アルモノニシテ契約締結後叺價格ハ漸次低落シ同年度下半期分ニ付テハ相當單價ノ引下ヲ爲スヲ妥當ト認メラルルニ何等改定ヲ爲サス而シテ基準價格ハ之ヨリ幾分低下セシムルヲ相當トスルニ却テ高價ニ決定セルモノニシテ本件ハ鹽包裝請負單價ノ決定共ノ宜シキヲ得ス國庫ニ損失ヲ及ホシタルモノニシテ不當ナリトス
(一〇) 大阪地方專賣局ノ支出ニ係ル(會計檢査院報告七)
四四、一六七・三八二
右ハ大阪市港區入江某ノ請負ニ付シ内地收納二等鹽ヲ更裝セシメタル出來高五十斤入叺二十四萬餘包ニ對スル料金ナリ而シテ送受入ニ係ル三千八百六十萬斤ノ内貯藏ノ爲叺ノ汚損甚シク販賣ニ適セストシ更裝シタルモノニシテ四年度ニ於テモ更裝シタルモノアリ然ルニ四年度ニ於テハ同等鹽二千七百六萬餘斤ノ回送受入ヲ爲シタルモノアルヲ以テ四、五兩年度ノ該鹽拂出ニ當リ三年度受入鹽中更裝ヲ要スルモノハ其ノ儘貯藏シ四年度受入鹽ヲ拂出スニ於テハ此ノ如ク多量ノ更裝ヲ要セサルモノニシテ本件ハ鹽ノ賣渡ニ當リ措置其ノ宜シキヲ得ス國庫ニ不利ヲ及ホシタルモノニシテ不當ナリトス
拓務省所管
樺太廳
歳入經常部
第一款 租 稅
第三項 營業收益稅
(一一) 樺太廳泊居支廳ニ於テ徵收不足ニ屬スルモノ(會計檢査院報告十)
九、六九一・三〇〇円
右ハ樺太工業株式會社事業年度分營業純益額ヲ決定スルニ當リ惠須取工場ニ於ケル製紙用「パルプ」製造益合計貳拾六萬九千貳百參圓ニ對シ該工場ヲ獨立ノ營業所トシテ新ニ製紙用「パルプ」製造業ヲ開業シタルモノト認メ課稅ヲ免除シタルモノナルモ同會社ノ製紙用「パルプ」製造業ハ大正十年以前ノ開業ナルヲ以テ右惠須取工場ノ增設ハ該事業ノ擴張ニ外ナラス隨テ樺太營業收益稅規則ニ所謂開業ト認メ之ヲ免稅スヘキモノニ非ス依テ本件ハ不當ナリトス
(一二) 樺太廳大泊支廳ニ於テ徵改不足ニ屬スルモノ(會計檢査院報告十一)
五、二〇七・七二〇
右ハ王子製紙株式會社事業年度分營業純益額ヲ決定スルニ當リ稅則施行地外ノ營業場タル北海道苫小牧工場ノ固定資產減價償却金拾四萬餘圓ヲ損金ニ計算シタルニ因ルモノナリ依テ本件ハ不當ナリトス
警告
一般會計
陸軍省所管
歳出經常部
第二款 軍事費
第四款 衣糧費
(一) 陸軍糧秣本廠及其ノ他ノ支出ニ係ル(會計檢査院報告一)
四三八、四一三・七五〇円
右ハ宇品陸軍糧秣支廠ニ於テ戰用糧食品罐詰肉製造用トシテ廣島市畜產組合外二十餘組合ヨリ購入シタル牝牛精肉ノ代價ニシテ本件ハ價格ノ算定適實ヲ缺キタルノ嫌アリ依テ警告ス
歳出臨時部
第二十四款 滿洲事件費
第一項 滿洲事件費
(二) 陸軍省經理局主計課ノ支出ニ係ル(會計檢査院報告二)
二〇、〇八七・九二〇円
右ハ陸軍衛生材料廠ニ於テ東京府中野町石地某ヨリ隨意契約ニ依リ購入シタル「クレオソート」丸代價ニシテ本件ハ物品ノ購買ニ當リ措置其ノ宜シキヲ得ス國庫ニ損失ヲ及ホシタルモノト認メラル依テ警告ス
海軍省所管
歳出臨時部
第一款 艦艇製造費
第一項 補助艦艇製造費
(三) 橫須賀海軍經理部ノ支出ニ係ル(會計檢査院報告一)
五七四、四三七・四四〇円
右ハ構成材料ヲ官給シ橫濱船渠株式會社ニ請負ハシメタル龍驤船體部建造請負代價百七拾參萬餘圓ノ内ニシテ本件ハ契約ノ變更ニ當リ措置其ノ宜シキヲ得ス國庫ニ損失ヲ及ホシタルモノト認メラル依テ警告ス
特別會計
大藏省所屬專賣局
歳 出
第一款 專賣局作業費
第二項 事業費
(四) 東京地方專賣局ノ支出ニ係ル(會計檢査院報告一)
二一〇、九七三・〇〇〇円
右ハ東京地方專賣局管内元煙草元賣捌

人大山某外九名ニ交付セル給與金ナルモ此等元賣拂人ハ孰モ元賣拂制度廢止ニ先チ任意廢業セル者ナルヲ以テ之ニ對シ本件給與金ヲ支給シタルハ妥當ナラス依テ警告ス

大藏省所管國有財產整理資金

歲入

第一款　國有財產整理資金收入

第一項　國有財產賣拂代

(五)　東京稅務監督局ノ徵收ニ係ル（會計檢查院報告一）

一六一、七五一・一五〇円

右ハ東京市深川區冬木町所在土地ヲ會計規則ニ依リ株式會社東京林產商會ニ賣拂ヒタル代價ニシテ本件ハ國有財產ノ管理處分其ノ宜シキヲ得ス國庫ニ損失ヲ及ホシタルモノト認メラルル依テ警告ス

鐵道省所管帝國鐵道

用品勘定

歲出

第一款　鐵道用品及工作費

第一項　用品及工作費

(六)鐵道省ノ支出ニ係ル（會計檢查院報告三）

四一一、〇五四・七五〇円

右ハ門司鐵道局廣島倉庫ノ檢收ニ係ル昭和六年度用「クレオソート」油注入竝枕木二十四萬九千六百七挺ニ對スル素材及「クレオソート」油ノ代價竝注入作業請負料金合計四拾參萬餘圓ノ內ニシテ本件ハ物品ノ購入及請負作業ヲ爲サシムルニ當リ單價ノ決定其ノ宜ツキヲ得スト認メラルル依テ警告ス

拓務省所管朝鮮總督府

歲入經常部

第三款　官業及官有財產收入

第三項　森林收入

(七)咸鏡北道明川郡ノ徵收ニ係ル（會計檢查院報告二）

一一、四二〇・七六〇円

右ハ宮城殖林株式會社ニ賣却シタル咸鏡北道明川郡所在國有林甘吐峰及氣雲峰地上立木「カラマツ」ノ代價ニシテ本件ハ立木ノ賣拂價格低廉ニ失シ國庫ニ損失ヲ及ホシタルモノト認メラルル依テ警告ス

拓務省所管臺灣總督府

歲入經常部

第二款　官業及官有財產收入

第四項　森林收入

(八)臺灣總督府營林所ノ徵收ニ係ル（會計檢查院報告一）

五八六、六七三・一七〇円

右ハ臺灣材友會ニ對シ拂下ケタル扁柏、紅檜等丸太ニ對スル代金八拾八萬六千餘圓ノ內ニシテ本件ハ木材ノ賣拂ニ當リ措置其ノ宜シキヲ得サルモノニシテ警告ス

官有物

(九)官有地ノ貸付ノ件（會計檢查院報告一）

右ハ朝鮮總督府ニ於テ京城府西四軒町所在田及林野ノ官有地ヲ國技館建設ノ目的ヲ以テ前橋市鈴木某ニ對シ年額料金四百九拾九圓餘ヲ以テ貸付中ノモノアリ本件ハ官有地ノ貸付其ノ宜シキヲ得ス且貸付料金低廉ニ失スルモノニシテ警告ス

(一〇)國有林ノ豫約賣渡ノ件（會計檢查院報告二）

右ハ臺灣總督府ニ於テ臺中州竹山郡竹山庄及鹿谷庄所在官有原野ヲ臺灣官有森林原野及物產特別處分令ニ依リ竹林ト爲スヲ條件トシ成功期間ヲ二箇年成功後賣渡ヲ爲スコトヲ豫約シ所在兩庄ニ無償貸付セルモノアリ本件ハ名ヲ未成林地ノ造林ニ藉リ成林地ヲ無償貸付シ且低廉ナル地代金ヲ以テ賣渡ヲ豫約シタルモノニシテ警告ス

既往年度

昭和五年度

一般會計

歲入經常部

第一款　租稅

第一項　所得稅

(一一)　大田原稅務署ノ徵收ニ係ル（會計檢查院報告三）

五、三八〇・六四〇円

營業收益稅ニ於テ同署ノ徵收ニ係ル

一、四六四・七六〇

右ハ那須溫泉土地株式會社事業年度ニ對スル稅額ニシテ本件ハ會社ノ所得額及營業純益額ヲ決定スルニ當リ經營地全部ニ對シ施工セル工事費及經營地內廢場道路等ノ用地代價ヲ當期ノ損金ト計算セルモノナルモ此等經費ノ全額ヲ當期損金ト爲スカ如キハ妥當ナル措置ニアラス依テ警告ス

特別會計

大藏省所管

國有財產整理資金

歲入

第一款　國有財產整理資金收入

第一項　財產賣拂代

(一二)　札幌稅務監督局ノ徵收ニ係ル（會計檢查院報告八）

二八、〇〇〇・〇〇〇円

右ハ函館市汐見町及昭町所在元函館控訴院官舍敷地ノ一部ヲ社團法人日本放送協會ニ隨意契約ヲ以テ賣拂ヒタル代價ニシテ本件ハ土地ノ賣拂ニ當リ價格ノ評定其ノ宜シキヲ得ス國庫ニ損失ヲ及ホシタルモノニシテ警告ス

注意事項

一般會計

歲入經常部

第三款　官業及官有財產收入

第二項　森林收入

(一)　北海道廳石狩支廳外五箇所ノ徵收ニ係ル（會計檢查院報告六）

一五六、九八四・八九〇円

右ハ北海道國有未開地處分法第二條後段ニ依リ賣拂ヒタル札幌外五市所在市街宅地雜用地等百二十七町餘ノ代金ニシテ之ヲ處分法ニ未開地ト看做シ處分スルハ妥當ナラス又未開地トシ處分スルトキハ地租及登錄稅ヲ免除セラルルコトトナリ其ノ措置當ヲ得タルモノニ非ス依テ將來ニ對シ注意ヲ促ス

特別會計

鐵道省所管帝國鐵道

資本勘定

歲出

第一款　鐵道建設及改良費

第一項　建設費

(二)　鐵道省ノ支出ニ係ル（會計檢查院報告二）

五〇、一一五・三一五円

右ハ上越線越後湯澤、土合間通信線架設工事費及之カ雪害ニ對スル應急工事費合計六萬八千餘圓ノ內ニシテ本件ハ工事ノ施行ニ當リ注意ノ周到ヲ缺キ國庫ニ不利ヲ及ホシタルモノニシテ將來ニ對シ注意ヲ促ス

拓務省所管朝鮮總督府

歲出臨時部

第五款　營繕費

第九項　新營及設備費

(三)　新義州營林署ノ支出ニ係ル（會計檢查院報告五）

四九、〇五四・五〇〇円

右ハ同署貯木場用地トシテ新義州府敏

浦洞ニ於テ新義州木材株式會社ヨリ水田及雜種地竝平壤府智某ヨリ水田及田ヲ買收シタル代價ニシテ本件ハ土地ノ買收ニ當リ價格ノ評定其ノ宜シキヲ得ス國庫ニ損失ヲ及ホシタルモノニシテ將來ニ對シテ注意ヲ促ス

既往年度

昭和五年度

一般會計

歲入經常部

第三款　官業及官有財産收入

第二項　森林收入

(四)　北海道廳石狩支廳外五箇所ノ徵收ニ係ル(會計檢査院報告五)

一八六、〇〇五・九二〇円

右ハ北海道國有未開地處分法第二條後段ニ依リ賣拂ヒタル市街宅地雜用地等四十九町六段餘此ノ代金拾九萬八千餘圓ノ內ニシテ本件ハ事實上開墾セラレタル市街宅地等ニ對シ未開地處分法ヲ適用シ之ヲ未開地トシテ處分シタルモノニシテ將來ニ對シ注意ヲ促ス

拓務省所管

臺灣總督府

歲入臨時部

第一款　官有物拂下代

第一項　官有物拂下代

(五)　花蓮港廳ノ徵收ニ係ル(會計檢査院報告九)　七、八八〇・六六〇円

右ハ昭和六年三月花蓮港廳研海區所在官有原野二百三十八甲餘ヲ廳地方費ニ對シ賣渡シタル地代金ニシテ本件ハ名ヲ未墾地ニ藉リ低廉ナル價格ヲ以テ處分ヲ爲シ國庫ニ損失ヲ及ホシタルモノニシテ將來ニ對シ注意ヲ促ス

政府ノ辯明ヲ認メタルモノ

特別會計

拓務省所管朝鮮總督府

報告一　京城ニ於テ徵收ニ至ラサルモノ

昭和八年三月二十六日

國祭日忠魂祭制定ニ關スル

建議案外百七十四件

新潟北鮮間直通定期命令航路開始ニ關スル建議案

新潟北鮮間直通定期命令航路開始ニ關スル建議

新潟港ハ本州ノ中部ニ位シ日本海ニ於ケル古キ開港場トシテ夙ニ名アリ殊ニ先年港灣修築工事ヲ施シ諸般ノ港灣設備ハ殆ト完備ノ域ニ達シ加フルニ陸運ニハ信越線、羽越線、磐越線、上越線、北陸線、越後線等各國有鐵道ニ通シ海陸運輸ノ連絡極メテ便ナリ昭和元年修築工事完成後數年ヲ出テスシテ輸移出入貨物ノ數量百萬噸ヲ超エ入港船舶百六十萬噸ヲ算シ日本海沿岸諸港中ノ首位ヲ占ム今ヤ滿洲國獨立シテ吉會鐵道ハ近ク之カ完成ヲ告ケムトスルニ際シ軍事、經濟、政治其ノ他國家的見地ヨリシテ滿洲國新京ト我カ帝都トノ連絡ニ想到セハ上越線開通ノ今日新潟港經由ハ其ノ距離及時間ヲ短縮シ得ル點ニ於テ諸港中其ノ一位ニ在ルハ動カスヘカラサル事實ニシテ其ノ他ノ諸條件ニ於テモ他港ニ比シ優ル所アルハ既ニ識者ノ認ムル所ナリ新潟縣ニ於テハ新潟港ト北鮮ノ雄基、淸津及元山諸港間航路ノ産業上極メテ緊要ナルヲ認メ朝鮮總督府及新潟市ト協力ノ下ニ昭和六年度ヨリ航路補助金ヲ交付シ毎月一回以上ノ定期命令航路ヲ開設シ資スル所少カラスト雖近ク如上吉會線開通ノ曉ハ本邦交通ノ體系ニ一新紀元ヲ劃スルニ至ルヘク之ニ伴ヒテ一層交通機能ヲ發揮シ本航路ノ重要ナル使命ヲ完ウスルノ途ヲ講スルコト最緊要ナリト認ム依テ政府ハ國防産業貿易ノ見地ヨリ速ニ計畫ヲ立テ北鮮諸港ト新潟間ニ政府ノ命令航路ヲ開設セラレムコトヲ望ム

右建議ス

報告書

一新潟北鮮間直通定期命令航路開始ニ關スル建議案(田邊熊一君外十四名提出)

右ハ本院ニ於テ可決スヘキモノト議決致候此段及報告候也

昭和八年三月二日

建議委員長　倉元　要一

衆議院議長秋田清殿

富山ヨリ東京大阪名古屋各地間及富山朝鮮滿洲間定期航空路開設ニ關スル建議案

富山ヨリ東京大阪名古屋各地間及富山朝鮮滿洲間定期航空路開設ニ關スル建議

政府ハ速ニ富山市郊外倉垣村飛行場ヨリ東京、大阪、名古屋ノ各都市ニ至ル間及同地ヨリ朝鮮、滿洲ニ至ル間ニ定期航空路ヲ開設セラレムコトヲ望ム

右建議ス

富山ヨリ東京大阪名古屋各地間及富山朝鮮滿洲間定期航空路開設ニ關スル建議案

富山ヨリ東京大阪名古屋各地間及富山朝鮮滿洲間定期航空路開設ニ關スル建議

政府ハ速ニ富山市郊外倉垣村飛行場ヨリ東京、大阪、名古屋ノ各都市ニ至ル間及同地ヨリ朝鮮、滿洲ニ至ル間ニ定期航空路ヲ開設セラレムコトヲ望ム

右建議ス

報告書

一富山ヨリ東京大阪名古屋各地間及富山朝鮮滿洲間定期航空路開設ニ關スル建議案(野村嘉六君提出)

一富山ヨリ東京大阪名古屋各地間及富山朝鮮滿洲間定期航空路開設ニ關スル建議案(高見之通君外二名提出)

右ハ本院ニ於テ兩案ヲ併合シ表題ヲ「富山ヨリ東京大阪名古屋各地間及富山朝鮮滿洲間定期航空路開設ニ關スル建議」トシ別紙ノ通修正スヘキモノト議決致候此段及報告候也

昭和八年三月十五日

建議委員長　倉元　要一

衆議院議長秋田清殿

(別紙)

富山ヨリ東京大阪名古屋各地間及富山朝鮮滿洲間定期航空路開設ニ關スル建議

政府ハ速ニ富山市郊外倉垣村飛行場ヨリ東京、大阪、名古屋ノ各都市ニ至ル間及同地ヨリ朝鮮、滿洲ニ至ル間ニ定期航空路ヲ開設セラレムコトヲ望ム

右建議ス

昭和八年三月二十六日

國祭日忠魂祭制定ニ關スル建議案外百七十四件

朝鮮ノ私設鐵道買收ニ關スル建議案

朝鮮ノ私設鐵道買收ニ關スル建議

政府ハ左ノ理由ニ基キ速ニ朝鮮私設鐵道ニ對シ之カ買收ニ關スル根本方策ヲ定メ漸次之ヲ實行セラレムコトヲ望ム

一 朝鮮ノ私設鐵道ハ主トシテ政府ノ指導補助ニ基キ國營代行ノ趣旨ヲ以テ敷設サレタル意義ニ於テ最能ク鐵道國有ノ根本方策ニ適合ス

二 朝鮮ノ私設鐵道ハ補助法ニ依リ十五箇年間年八分ノ補給ヲ受クルヲ以テ國家財政上ノ見地ヨリスルモ之ヲ低利ノ事業公債ニ換價スルヲ得策トス

三 朝鮮ニ於ケル私設鐵道ノ運賃率ハ國有鐵道ノ運賃率ニ倍スルヲ以テ私鐵ノ國有化ハ一般民衆ノ福利ニ合致シ社會政策上ノ效果ヲモ伴ハシム

右建議ス

報告書

一朝鮮ノ私設鐵道買收ニ關スル建議案(岡田忠彦君外二名提出)

右ハ本院ニ於テ可決スヘキモノト議決致候此段及報告候也

昭和八年三月二日

建議委員長 倉元 要一

衆議院議長秋田清殿

朝鮮ニ裁判所構成法及辯護士法實施ニ關スル建議案

朝鮮ニ裁判所構成法及辯護士法實施ニ關スル建議

朝鮮ニ裁判所構成法及辯護士法ヲ實施セラレタシ

右建議ス

報告書

一朝鮮ニ裁判所構成法及辯護士法實施ニ關スル建議案(一松定吉君外二十一名提出)

右ハ本院ニ於テ可決スヘキモノト議決致候此段及報告候也

昭和八年三月十五日

建議委員長 倉元 要一

衆議院議長秋田清殿

朝鮮ニ訴願法及行政裁判法實施ニ關スル建議案

朝鮮ニ訴願法及行政裁判法實施ニ關スル建議

朝鮮ニ訴願法及行政裁判法ヲ實施セラレタシ

右建議ス

報告書

一朝鮮ニ訴願法及行政裁判法實施ニ關スル建議案(廣瀨爲久君外二十二名提出)

右ハ本院ニ於テ可決スヘキモノト議決致候此段及報告候也

昭和八年三月十五日

建議委員長 倉元 要一

衆議院議長秋田清殿

棉花耕作奬勵ニ關スル建議案

棉花耕作奬勵ニ關スル建議

我カ國輸入品中其ノ主要ナル地位ヲ占ムル棉花ハ內地竝朝鮮ニ於テ十分耕作助成ヲ爲ストキハ多大ノ生產ヲ得ヘシ仍テ政府ハ速ニ耕作奬勵ノ方策ヲ實現セラレムコトヲ望ム

右建議ス

報告書

一棉花耕作奬勵ニ關スル建議案(佐藤庄太郎君提出)

右ハ本院ニ於テ別紙ノ通修正スヘキモノト議決致候此段及報告候也

昭和八年三月十七日

建議委員長 倉元 要一

衆議院議長秋田清殿

(別紙)

棉花耕作奬勵ニ關スル建議

我カ國輸入品中其ノ主要ナル地位ヲ占ムル棉花ハ朝鮮竝滿洲ニ於テ十分耕作助成ヲ爲ストキハ多大ノ生產ヲ得ヘシ仍テ政府ハ速ニ耕作奬勵ノ方策ヲ實現セラレムコトヲ望ム

右建議ス

昭和八年三月二十六日

（特別報告第二號、恩給法第八十五條

第一項改正ノ請願外二百五十六件

請願特別報告第五三號

意見書

請願文書表第二七〇號

朝鮮ニ於ケル產業組合法ノ改正竝百貨店取締法制定ノ請願　朝鮮京畿道水原郡水原邑山樓里百五十五番地商湯淺伊平外五十二名呈出（紹介議員中野寅吉君）

同　第二七一號

同上　朝鮮京城府南米倉町九十二番地商森川米吉外六百十一名呈出（紹介議員中野寅吉君）

右請願ノ要旨ハ朝鮮ニ於ケル官公吏其ノ他俸給生活者ヲ一丸トスル購買組合竝其ノ他ノ官營購買組合ノ存在ハ百貨店ノ進出ト相俟テ在鮮中小商工業者ノ生業ヲ奪ヒ漸ク芽萌期ニ入レル朝鮮經濟界ノ發達ヲ阻止シ延テハ多數ノ失業者ヲ出シ思想上ニ及ホス影響亦甚大ナリ依テ朝鮮ニ於ケル中小商工業者保護ノ爲朝鮮產業組合法ヲ改正シ產業ノ發達ヲ目的トセサル購買組合ノ撤廢產業組合法ニ依ラサル官營購買組合ノ禁止ヲ行ヒ百貨店ニ對スル取締法ヲ制定セラレタシト謂フニ在リ

衆議院ハ之ヲ分割シ其ノ趣旨中百貨店取締法制定ニ關スル點ヲ至當ナリト認メ之ヲ採擇スヘキモノト議決セリ依テ議院法第六十五條ニ依リ別冊及御送付候也

請願特別報告第三八〇號

意見書

請願文書表第一四二五號

日露戰役當時城津在留民被害救濟ノ請願　朝鮮元山府海岸通六丁目二十三番地横山喜太郎呈出（紹介議員高倉寛君外一名）

右請願ノ要旨ハ日露戰役當時韓國城津引揚ニ際シ城津在留民ノ被リタル損害ハ實ニ甚大ナリ然ルニ他ノ地方在留民ノ引揚ニ際シテハ海陸共ニ救恤ノ恩典ニ浴シタルニ拘ラス獨リ城津在留民カ三十年後ノ今日猶其ノ恩典ニ浴セサルハ甚タ遺憾ニ堪ヘス依テ前記城津在留民ニ救恤金ヲ下附セラレタシト謂フニ在リ

衆議院ハ其ノ趣旨ヲ至當ナリト認メ之ヲ採擇スヘキモノト議決セリ依テ議院法第六十五條ニ依リ別冊及御送付候也

請願特別報告第四三八號

意見書

請願文書表第一六五八號

新潟北鮮間直通命令航路開設ノ請願　新潟商工會議所會頭白勢量作外二名呈出（紹介議員松木弘君外十四名）

右請願ノ要旨ハ新潟港ハ日本海岸ニ於ケル對滿連絡港トシテ其ノ地理的關係最優秀ニシテ又港灣ノ施設完備シ且其ノ規模ノ雄大ナルコト日本海沿岸諸港中第一位ニ在リ依テ前記新潟港ノ港質及其ノ使命ノ重大ナルニ鑑ミ新潟港ト北鮮地方港灣トノ間ニ政府命令直通航路ヲ開設セラレタシト謂フニ在リ

衆議院ハ其ノ趣旨ヲ至當ナリト認メ之ヲ採擇スヘキモノト議決セリ依テ議院法第六十五條ニ依リ別冊及御送付候也

請願特別報告第四九二號

意見書

請願文書表第八八一號

清津港灣修築擴張ノ請願　朝鮮咸鏡北道清津商工會議所會頭小竹松太郎外四名呈出（紹介議員中野寅吉君外一名）

右請願ノ要旨ハ朝鮮咸鏡北道清津港ノ修築ハ昭和九年度完成ノ豫定ニテ現ニ實施中ニ屬スルモ同港灣ハ引續キ第二次修築ノ前提トシテ設計起工セラレタルモノニシテ第二次計畫ト不可分ノ關係ニ在リ然ルニ政府ハ隣港羅津ヲ綜合的終端港ト決定シ之ヲ修築シ清津ニ對シテハ第二次計畫ヲ打切ラルルヤニ仄聞ス然レトモ現在施工修築完成ノ儘之ヲ打切ラルルニ於テハ同港ノ價値ヲ根本的ニ覆シ既設計畫ノ機能ヲ發揮シ得サルニ至ルヘシ依テ現計畫修築完成ト同時ニ引續キ之ヲ擴張修築セラレタシト謂フニ在リ

衆議院ハ其ノ趣旨ヲ至當ナリト認メ之ヲ採擇スヘキモノト議決セリ依テ議院法第六十五條ニ依リ別冊及御送附候也

（特別報告第二號）恩給法第八十五條

第一項改正ノ請願外二百五十六件

朝鮮咸鏡北道清津府北星町二十二番地新聞社長岡本常次郎呈出（紹介議員佐藤庄太郎君）

右請願ノ要旨ハ朝鮮咸鏡北道清津港ノ修築ハ昭和九年度完成ノ豫定ニシテ今ヤ同港ハ北鮮ニ於ケル唯一ノ重要港トシテ將來ノ發展ヲ期待セラレツツアリ然ルニ政府ハ商港トシテ頗ル不適當ナル臨港羅津ヲ綜合的終端港ト決定シ之カ修築ヲ命スルニ至リタルハ甚タ遺憾ニ堪ヘス依テ國策上ノ見地ヨリシテ前記羅津港ノ綜合的修築ヲ中止セラレタシト謂フニアリ

衆議院ハ其ノ趣旨ヲ至當ナリト認メ之ヲ採擇スヘキモノト議決セリ依テ議院法第六十五條ニ依リ別冊及御送付候也

請願特別報告第四九三號

意見書

請願文書表第一七四六號

羅津港綜合的修築中止ニ關スル請願

請願特別報告第四九四號

意見書

請願文書表第一六五六號

雄基港修築擴張ノ請願　朝鮮咸鏡北道慶興郡雄基邑雄基洞二百八十六番地中村直三郎呈出（紹介議員庄晉太郎君）

右請願ノ要旨ハ今次大築港計畫中ニ在ル朝鮮咸鏡北道羅津港ハ近代的商港トシテ種種ノ缺陷アリ之ヲ補フ意味ニ於テ羅津ノ東北三里近ク既ニ二百萬圓ノ國費ヲ投シテ施工セラレ尚工費僅僅百萬圓内外ヲ以テ完成シ得ル雄基港ヲ擴張修築スルハ焦眉ノ急務ナリト信ス依テ政府ハ速ニ前記雄基港ヲ修築擴張セラレタシト謂フニアリ

衆議院ハ其ノ趣旨ヲ至當ナリト認メ之ヲ採擇スヘキモノト議決セリ依テ議院法第六十五條ニ依リ別冊及御送付候也

VI

請願特別報告第五四七號

意見書

請願文書表第二三一三號

朝鮮ニ於ケル綿花耕作ニ關スル請願

福島縣石城郡神谷村大字中神谷字瀬戸七十八番地農佐藤庄太郎呈出

（紹介議員佐藤庄太郎君）

右請願ノ要旨ハ我カ國主要輸入品タル綿花ハ毎年四億圓ヲ突破スルヲ以テ國内ニ於テ生産ヲ増加シ之カ自給自足ヲ圖ルハ産業政策上最必要ノ事ニ屬ス而シテ現在朝鮮ニ於テハ其ノ耕作ニ對シ奬勵助成ヲナスト雖未タ不充分ノ感ヲ免レス依テ政府ハ朝鮮綿花耕作ニ充分ナル奬勵助成ノ政策ヲ樹立シ且内地ニ於テモ耕作可能ナリヤ否ヤノ調査研究ヲ遂ケラレタシト謂フニ在リ

衆議院ハ其ノ趣旨ヲ至當ナリト認メ之ヲ採擇スヘキモノト議決セリ依テ議院法第六十五條ニ依リ別冊及御送付候也

昭和八年三月二十六日

議長ノ報告

法規ノ解釋統一ニ關スル質問主意書

右成規ニ據リ提出候也

昭和八年三月二十二日

提出者 牧山耕藏

外三名

法規ノ解釋統一ニ關スル質問主意書

第一 競爭入札ノ弊ニ堪ヘスシテ各請負人間ニ入札價格ノ協定ヲ爲シアル請負人ヲシテ此ノ協定價格ヲ以テ入札セシメ且現實ノ落札人ヲシテ他ノ指名請負人ニ所謂談合金ヲ供與セシメタル事件ニ關シ我カ大審院ト朝鮮總督府高等法院トハ全然反對ノ裁判ヲ爲シタリ今其ノ兩者ヲ比較セムニ

一 大審院判例（大正七年(れ)第二〇二九號濱村川太郎外七名詐欺被告事件大正八年二月二十七日判決）按スルニ工事ノ請負ヲ競爭入札ニ付シ最低額入札者ヲ落札者ト決定シ之ト請負契約ヲ締結スル場合ニ注文者ハ工事ノ內容ヲ知悉シ豫定價格ヲ附スルヲ常トスルヲ以テ注文者カ入札ニ依ル價格ヲ相當ト認メテ落札者ヲ定ムル以上ハ價格ノ點ニ何等ノ錯誤ナキモノト謂フヘク入札者ノ價格協定ノ有無ハ價格ニ關スル錯誤ト沒交涉ナリトス競技ノ懸賞ノ場合ノ如キハ優賞者ニ其優賞ヲ原因トシ特殊ノ利益ヲ與フルモノナルヲ以テ懸賞者ト約シテ競技ニ從事スル者ニ於テ眞實ノ勝敗ヲ決スルニアラスシテ相互ノ申合ニ依リ勝敗ノ結果ヲ豫定シ其結果ヲ實現セシメテ賞與ヲ請求スルトキハ詐欺罪ヲ構成セシムルコトアルヘシト雖モ競爭入札ノ場合ハ之レト異ナリ請負契約ニ依リ仕事ノ完成ニ對スル報酬ヲ與ヘルコトヲ外ニシテ特殊ノ利益ヲ與フルモノニ非ス蓋シ注文者ハ自己ノ利益ノ爲メ比較上最モ有利ナル條件ヲ以テ請負ヲ爲ス者ヲ選擇スルヲ趣旨トスルハ論ナシト雖モ之ニ對シ入札者ハ隨意ニ入札價格ヲ定ムル自由ヲ有シ入札者ノ連合ニ依ル協定入札ハ注文者ニ對シ價格ノ量定ヲ誤ラシムル手段ニアラスシテ入札者カ自己ニ利益ナル價格ヲ主張スル方法ナリト解スルヲ相當トスヘク從テ請負工事ニ關シ協定入札ヲ爲シタルコトハ詐欺罪ニ於ケル欺罔手段ノ施用トナラス入札者カ談合金ノ授受ヲ約セスシテ單ニ價格ノ協定ヲ爲ス場合ト談合金ノ授受ヲ約シテ其協定ヲ爲ス場合トハ詐欺罪ノ成立ニ關シ論斷ヲ異ニスルモノニアラス總入札者ノ價格ノ協定ヲ爲ス場合ト入札者ノ一部カ其協定ヲ爲ス場合若クハ入札セントスル一人カ他ノ者ト協定シテ入札ノ棄權ヲ爲サシムル場合トハ亦之レニ關スル論斷ヲ異ニスルモノニ非ス故ニ入札者カ入札價格ニ關シ協定又ハ談合ヲ爲シタル一事ハ詐欺罪ヲ構成スル理由トナラサルモノトス原判決ニハ該入札ノ本旨ニ從ヒ各獨立シテ決定セル價格ニテ入札ヲ爲ス モノノ如ク裝ヒ(中略)眞正ナル競爭入札ヲ爲スモノノ如ク欺罔シ云々ト說示シ又被告七助カ談合ニ先チ一萬二千五百圓ニテ入札スヘキコトヲ決定シ居リタルコトヲ認メテ之ニ基キ被告等ハ上田町ヲシテ正當ノ競爭入札行ハレタラントニハ當然得ヘカリシ最少額ト入札價格トノ差額ノ利益ヲ喪失セシメテ財產上ノ損害ヲ與ヘタルモノナルコトヲ說示セルモ前敍ノ事實ニ依レハ上田町ノ財產權ニハ侵害アリタルモノト認ムヘカラサルノミナラス被告等ハ工事請負ニ關シ談合入札ヲ爲シタルニ止マリ畢竟詐欺罪ノ構成ニ必要ナル欺罔手段ノ闕如セルニ拘ハラス原判決ニ於テ他ニ欺罔手段ノ施用ヲ認ムルニアラスシテ判示ノ理由ニ依リ不正ニ請負契約上ノ權利ヲ取得シタル旨ノ事實ヲ確定シタルハ違法ニシテ論旨理由アリ原判決ハ破毀ヲ免レスト判決シ

二 朝鮮總督府高等法院（岡本小三郎外三十一名詐欺等被告事件）ハ按スルニ朝鮮總督府又ハ其ノ所屬官署カ工事請負契約ヲ締結セントシ競爭ニ付スルニ際リテハ朝鮮總督府特別會計規則（明治四十三年勅令第四百七號）第十一條會計規則（大正十一年勅令第一號）ノ定ムル所ニ依リ總テ入札ノ方法ヲ以テ之ヲ行フヘク該入札制度ハ契約擔任者當該工事ノ價格ヲ豫定シテ之ヲ祕密ニシ入札期日ニ於テ各入札條件承諾ノ上單ニ各自獨立シテ決定シタル工事請負金ノ總計額ノミヲ申出テ入札ヲ爲シ契約擔任者ハ開札ノ上各其

ノ請負金額中工事ノ豫定價格以内ニ於ケル最低價格ノ入札者ヲ當然落札人ト爲スニ在リテ卽チ入札者ニ於テ注文者ノ定ムル入札條件及契約條件ヲ履行スヘキ前提ノ下ニ注文者ハ工事ノ豫定價格以内ニ於テ可及的低價ナル請負金額ヲ自己ニ有利ナル條件トシ各入札者ヲシテ其ノ最低價ヲ競爭セシメ現ニ最低價ノ申出ヲ爲シタル入札者ヲ落札人タラシムルヲ本質トスルモノニシテ工事及物品供給請負入札人心得書（明治四十四年官通牒第六十六號）第十一條ニ「入札ハ豫定價格以內最低價ノモノヲ以テ落札トスト」謂ヘルハ此ノ趣旨ヲ明示シタルニ外ナラスシテ毫モ右勅令ニ反セサルノミナラス何等入札制度ノ濫用ニ非サルモノトス蓋工事請負契約締結ノ爲ニスル入札ハ競爭ノ方法ニシテ會計規則第百六條ニ依レハ開札ノ場合ニ於テ各人ノ入札中豫定價格ノ制限ニ違シタルモノナキトキハ其ノ入札ハ終了スル旨規定シ同規則中他ニ何等競爭ニ付テノ條件ヲ規定セサルヲ以テ入札ハ各入札者ヲシテ工事ノ豫定價額以内ニ於テ專ラ請負金額ノ最低ヲ競爭セシムル趣旨ト解スヘキノミナラス更ニ朝鮮總督府及所屬官署會計事務章程（大正三年同府訓令第四十二號）第百十條前揭請負入札人心得書第三條第六條及請負人心得書（明治四十四年官通牒第六十六號）第二條ヲ照合考察スルモ工事ノ入札ニ際リテハ注文者ハ各入札希望者ヲシテ仕様書圖面契約條件請負人心得書等ヲ閲覽セシムルニ止メテ工事內譯明細書工程書等ハ之ヲ提出セシメス單ニ請負金ノ總計額ノミヲ入札書ニ記載セシメテ提出入札セシムルモノト解セサルヘカラス斯ノ如ク入札制度ハ入札者ヲシテ專ラ請負金額ノミニ付競爭ヲ爲サシムル趣旨ナルコト明瞭ニシテ斯ル場合ニ於テハ前揭請負人心得書第十一條ノ明文ナキモ他ニ之ニ反スル特別ノ規定ナキ限リ請負金額ノ最低ヲ競爭セシムル趣旨ト解スルヲ妥當トスヘク從テ最低價ノ申出ヲ爲シタル入札者落札人タルヘキハ寧ロ當然ニシテ契約擔任者其ノ最低ナルコトヲ認メタル以上其ノ價格カ客觀的ニ相當ナリヤ否等ニ付審査裁定ノ餘地毫モ之ナキモノト謂ハサルヘカラサレハナリ而シテ工事ノ注文者カ請負人ノ自由ナル競爭ヲ利用シ可及的自己ニ有利ナル條件ヲ以テスル請負人ヲ選擇シ以テ之ト契約ヲ締結スルコトハ現時ノ社會制度ノ下ニ於テハ之ヲ支配スル經濟ノ理法及契約自由ノ法理ニ照シ仍一般ニ支持セラルル所ニシテ特別ノ場合ヲ除クノ外請負其ノ他諸般ノ取引カ未タ適正ノ價格（相當ノ利益ヲ含ム）ニ非サレハ契約スルヲ得ストノ域ニ達セサルモノト解スルヲ妥當トスルカ故ニ前敍ノ如キ競爭入札ノ方法其レ自體ハ勿論之ニ依ル工事請負契約ノ締結亦毫モ公序良俗ニ反スルモノニ非サレハ其ハ不正不當トシテ非難セラルヘキモノニ非スト謂フヘシ競爭入札制度ノ本質以上ノ如クナルヲ以テ官廳ノ工事ニ付競爭入札ヲ行ハントスルトキハ契約擔任者ニ於テ各入札者カ互ニ競爭シ獨自ノ意見ニ依リ且秘密ニ可及的低價ナル請負金額ヲ申出ツヘキヲ期待スルハ自明ノ理ナリトス故ニ苟モ競爭ニ依リ一層低價ナル請負金額ノ申出アルヘキ可能ヲ排除スル趣旨ノ目的ヲ以テ入札者間ニ談合ヲ爲シ之ニ從テ入札ヲ爲スカ如キハ入札制度ノ本旨ニ逆行スルモノニシテ又契約擔任者ノ重要ナル期待ニ反スルモノト謂フヘク會計規則第九十七條第二號及工事請負入札人心得書第二條第二號ノ規定ニ徵スルモ毫モ疑ヲ容ルヘカラサル所トス卽チ敍上規則ニハ競爭ニ際シ不當ニ價額ヲ競上クル目的ヲ以テ連合ヲ爲シタリト認メタル者ヲ競爭ニ加ハラシメサルコトヲ得ル旨規定セリ是レ畢竟競爭ニ依ル價額ノ低下ヲ防止シ秘ニ入札金額ヲ協定スル等ノ方法ニ依リ請負金額ヲ高ムル目的ヲ以テスル談合ヲ許ササル趣旨ニ外ナラサルヘキハ前敍入札制度ノ本旨ニ照シ明瞭ナル所トス然レハ各入札者前敍契約擔任者期待ノ趣旨ヲ了知セルニ拘ハラス豫メ共謀ノ上或ハ一定ノ金額ヲ最低請負金額ト定メテ之カ入札者ヲ指定シ他ノ入札者ハ其ノ金額以上ノ金額ヲ以テ入札ヲ爲スカ如キ或ハ入札者各自秘密ニ獨立シテ決定シタル金額ニ之ニ對スル一定率ノ金額ヲ加算シ之ヲ請負金額トシテ入札ヲ爲スカ如キ競爭ニ依ル請負金額ノ低下ヲ防止スル談合ヲ爲シ之ニ基キテ入札シナカラ之ヲ秘シ恰モ各獨自ノ意見ニ依リ入札セルモノノ如ク裝フハ畢竟各入札者共同シテ契約擔任者ニ對シ其ノ重要ナル期待事項ニ付虛僞ノ事實ヲ眞實ナルモノノ如ク表示スルモノト謂フヘシ而シテ契約擔任者ハ前敍ノ如ク入札ニ係ル各請負金額中工事ノ豫定價格以內ニ於テ最低ノモノヲ申出テタル入札者ヲ當然落札人ト爲スヘク入札ニ係ル請負金額ニ付何等ノ審査裁定ノ權ヲ有セサル

モノナルヲ以テ右欺罔ハ最低入札金額ヲ申出テタル入札者ヲ落札人タラシムルノ手段タル關係ニ在ルモノト謂フヘク斯ノ如クニシテ落札人ト爲リタル者ハ又當然契約擔任者ト請負契約ヲ締結スルコトヲ得ヘク入札者亦之ヲ豫期セル所ナルヲ以テ其ノ契約成立スルニ至ルトキハ之ト各入札者ノ前敍欺罔手段トノ間ニ相當因果關係ノ存スルコト多言ヲ要セス而モ落札人ハ請負契約ノ成立ニ因リ之ト同時ニ落札金額ト同額ノ報酬金ヲ受クヘキ債權ヲ取得スルニ至ルモノナリ固ヨリ該債權ノ行使ハ工事完成シテ引渡スコトヲ前提トスルモノナレトモ其ノ權利自體既ニ經濟的價値ヲ有シ財産上ノ利益タルハ疑ヲ容レサルト共ニ他面之カ債務ノ負擔ハ注文者ノ財産上ノ損害ナリト謂フヲ妨ケス而シテ此財産上ノ利益ノ取得ハ前敍欺罔手段施用ノ結果ニシテ毫モ他ニ適法ナル原因ノ存スルアリテ取得シタルモノニ非サルカ故ニ其カ不法ノ利益ノ取得ナルコト亦論ヲ俟タサル所ナリトス是ヲ要スルニ競爭入札即チ法令又ハ契約ニ依リ談合行爲ヲ禁シタル場合ノ入札ニ際シ各入札者共謀シテ豫メ競爭ニ依ル請負金額ノ低下ヲ防止スル目的ヲ以テ入札方法ノ談合ヲ爲シ之ニ基キテ入札ヲ爲シナカラ恰モ競爭入札ノ本旨ニ從ヒ各自獨立シテ決定シタル請負金額ヲ申出テテ入札ヲ爲スモノノ如ク裝フハ注文者（官廳ナル場合契約擔任者）ノ重要ナル期待事項ニ付注文者ヲ欺罔スルモノニ外ナラスシテ因テ請負契約ヲ締結シ請負人タル地位ヲ取得シタルトキハ注文者ノ損害ニ於テ財産上不法ノ利益ヲ得タルモノト謂フヘクシテ刑法第二百四十六條第二項ニ規定スル詐欺罪ノ構成要件ヲ充實スルモノトス而シテ警察犯處罰規則第一條第十一號ニハ入札者通謀シテ競爭入札ノ趣旨ニ反スル行爲ヲ爲シタル者モ處罰スル旨規定スレトモ該規則ハ刑法ノ罰條ニ對シ補充的性質ヲ有スルノミニシテ而モ朝鮮總督府令ニ過キサルヲ以テ其ノ適用ノ餘地ナキモノトス

敍上ノ如ク競爭入札制度ハ注文者カ工事ノ豫定價格以內ニ於テ可及的低價ナル請負金額ノ申出アルコトヲ以テ自己ニ有利ナル條件トシ各入札者ヲシテ其ノ最低ヲ競爭セシムルヲ本旨トスルモノナルカ故ニ所謂談合行爲ハ常ニ許スヘカラサルモノノ如キモ必スシモ然ラス凡ソ請負業者モ營業權ニ伴フ自存ニ必要ナル行爲ハ許サルヘキヲ以テ請負業者タル各入札者入札ヲ爲スニ際リ單ニ營業上適正ナル請負價額ヲ維持スル趣旨ノミノ談合ヲ爲シ之ニ基キテ入札ヲ爲スカ如キハ別段ノ弊害ノ伴フモノナク且注文者モ適正價額ノ入札ナル以上ハ之ヲ認容スルヲ相當ト認ムヘキカ故ニ斯ル談合ハ請負業者ノ營業權ノ範圍內ニ於テ許サレタル行爲ト認ムルヲ妥當トスヘク從テ公序良俗ニ反セス刑法第三十五條ノ認ムル正當行爲ナリト謂フヲ得ヘシ然レトモ談合ニシテ苟モ落札人タルヘキ入札者ヨリ他ノ入札者ニ對シテ自己ノ經濟的不利益ヲ來スヘキ金品其ノ他人ノ需要ヲ滿足セシムヘキ利益ヲ投與スヘキ約定ヲ包含スルニ於テハ適正價格以外ニ談合利益ヲ見積リタル其レ自體不當ノ約束ニ基ク入札ヲ爲スニ非サル限リハ落札人ト爲リタル入札者ハ該利益ノ喪失ニ因リ當然經濟上不利益ナル影響ヲ被リ請負契約ニ基キ請負人トシテ工事ヲ施行スルニ際シ其ノ不利益ナル影響ヲ考慮シテ工事ニ關スル費用ヲ節減セサルヲ得サルニ至ルヘキハ人情ノ免レサル所ニシテ其ノ結果或ハ材料ノ品質或ハ從業者其ノ他ノ手當等ニ惡影響ヲ來シ率テ有形又ハ無形ニ請負契約ノ本旨ニ反スル工事ヲ施行スヘキ危險存スルカ故ニ該約定ハ結局斯ル危險ヲ釀成スル內容ヲ有スルモノニシテ其ノ談合ハ其レ自體公序良俗ニ反スル事項ヲ目的トスルモノト謂フヘク警察犯處罰規則第一條第十號末段ニ所謂「落札人ヨリ故ナク之ヲ受ケタル者」ヲ處罰スルノ趣旨又之ニ外ナラス或ハ落札金額カ客觀的ニ適正ノ價額ナル以上ハ其ノ報酬金ノ一部ヲ他ノ入札者ニ贈與スルモ是レ落札人ノ自由ニ非スヤトノ見解ナキニ非ス固ヨリ請負業者カ自己ノ財産ヲ他人ニ贈與スルコトヲ得ルハ勿論其ノ業務ニ關シテ或ハ組合ヲ設立シ或ハ相互救濟機關ヲ設置シ以テ其ノ費用トシテ定時又ハ不定時ニ金品ヲ醵出スルカ如キモ毫モ之ヲ妨ケス寧ロ必要ナル限度ニ於テハ一般請負業務ニ付テノ利潤率ニ加算スヘキモノナルヘシト雖モ苟モ個個ノ請負工事ニ關シテ請負人相互間ニ金錢其ノ他ノ利益授受ノ約定ヲ包含スル談合ヲ爲スハ敍上説明ノ理由ニ依リ公序良俗ニ反シ從テ斯ル談合ニ基ク入札亦公序良俗ニ反シ注文者ニ對抗スル手段トシテ社會ノ常規ニ背馳シ最早正當ナル營業權ノ範圍外ニ逸脫スルモノト謂フヘシ故ニ落札人タルヘキ入札者ヨリ他ノ入札者ニ利益ヲ投與スヘキ約定

ヲ包含スル談合ニ基キ為シタル入札ヘ到底刑法第三十五條ノ認ムル行為ノ違法性ヲ阻却スヘキ正當行為ナリト謂フヲ得サルモノトスト說示セリ

斯ノ如ク内地ニ於ケル大審院ノ判例ト朝鮮ニ於ケル裁判トハ一ハ無罪ノ判決ナルモ他ハ有罪ノ裁判ニシテ兩者全然相反スル裁判ナリトス

明治四十年法律第四十五號ヲ以テ内地ニ實施セラレタル刑法ハ明治四十四年法律第三十號同四十五年制令第十一號朝鮮刑事令ニ依リ朝鮮ニモ實施セラレ兩者共ノ内容ニ於テ同一ナリトス同一法律カ同趣旨ノ事實ニ對シ朝鮮ニ於テ適用セラルルトキハ有罪トナリ内地ニ於テ適用セラルルトキハ無罪トナリ朝鮮ニ於テ判示ノ如キ行為ヲ為ストキハ刑罰ヲ受クル違法行為トナリ内地ニ於テ之ヲ行フトキハ法ノ保護ヲ受クル適法行為トナルカ如キハ明ニ法規解釋ノ不統一ニシテ法ノ威信ヲ害スル事頗ル大ナリト謂ハサルヘカラス

朝鮮ニ於ケル判決ハ眞ノ競爭入札ヲ為ササルヘカラサルニ拘ラス之ヲ為サスシテ却テ請負人相互間ニ於テ價格ノ協定ヲ為シ所謂談合入札ヲ為シ恰モ眞ノ競爭入札ヲ為スモノノ如ク裝ヒ請負權ヲ獲得シタルカ為之ヲ詐欺罪ナリト認定シタルモノノ如シ

詐欺罪ハ人ヲ欺罔シテ財物ヲ騙取シ相手方ニ損害ヲ生セシメタル場合ニ成立スル犯罪ナルコトハ言ヲ俟タス而シテ欺罔トハ虛僞ノ事實ヲ主張シテ相手方ヲ錯誤ニ陷ラシムルコトヲ要ス高等法院判決ハ請負人カ入札ヲ為スニ際シ現ニ價格ノ協定ヲ為シタルニ拘ラス斯ル協定ヲ為サス眞ニ競爭入札ヲ為スモノノ如ク裝ヒ注文者ヲ欺罔シタルモノノ如ク說示スト雖斯ル主張ハ所謂欺罔ノ要素タル虛僞ノ主張ニ非ス抑虛僞ノ主張ハ法規之ヲ認メス慣習之ヲ許ササル性質ノモノニ限ル眞ニ物品ヲ買入ルル意志ナク代金支拂ノ意志ナキニ拘ラス代金ヲ支拂ヒテ物品ヲ買入ルルモノノ如ク裝ヒ或ハ眞ニ返濟ノ意志ナキニ拘ラス借用名義ヲ假用シ金員ヲ騙取スルカ如キ場合ニ於テ始メテ法ノ所謂虛僞ノ主張ト謂フヘク商人カ商品ヲ賣却スルニ當リ原價ニ相當ノ利益ヲ加算シテ定價ト為セルニ拘ラス原價ヲ以テ賣却スルモノノ如ク申向クルカ如キ法ノ所謂虛僞ノ主張ニ非サルナリ蓋前者ハ相手方ノ方面ニ財產權ノ侵害アルト同時ニ法規之ヲ禁シ慣習之ヲ認メサル虛僞ノ主張ニシテ後者ハ買受人ニ何等財產權ノ侵害ナキト同時ニ法規之ヲ許容シ慣習之ヲ容認スル虛僞ノ主張ナレハナリ而シテ本事案ニ於テ判決ノ所謂虛僞ノ主張トハ請負人相互間ニ於テ價格ノ協定ヲ為シ談合入札ヲ為シタルニ拘ラス價格ノ協定ヲ為サス所謂競走入札ヲ為スモノノ如ク假裝シタルヲ指示スルモノノ如シト雖相手方タル注文者ニ於テハ熟練ナル技術者ニ依リ工事明細書又ハ設計書等工事ニ關スル詳細ナル說明書ヲ作成シ材料ノ選擇工事ノ精粗等之ニ要スル費用ノ精密ナル計算ヲ遂ケ豫定價格ヲ設ケ其ノ價格以内ニ於テ工事ノ完成ヲ告クルトキハ注文者ニ於テ何等損失ナキモノト思惟シ入札ヲ命シ入札者亦右豫定額以内ニ於テ入札ヲ為シ居レルカ故ニ其ノ間何等財產權ノ侵害ト認ムヘキモノ存在セス假ニ入札者ニ於テ相互價格ヲ協定シ何等協定セサルモノノ如ク假裝シタリトスルモ該假裝タルヤ法ノ禁スル虛僞ノ主張ニ非サルナリ蓋之ニ依リ相手方タル注文者ニ於テ何等財產權ノ侵害存在セサルコト上述說明シタル如クナレハナリ

高等法院判決ハ工事ノ入札ニ際リテハ注文者ハ各入札希望者ヲシテ仕樣書圖面契約條件請負人心得書等ヲ閱覽セシムルニ止メテ工事内譯明細書工程書等ハ之ヲ提出セシメス單ニ請負金ノ總計額ノミヲ入札書ニ記載セシメテ提出入札セシムルモノト解セサルヘカラス斯ノ如ク入札制度ハ入札者ヲシテ專ラ請負金額ノミニ付競走ヲ為サシムル趣旨ナルコト明瞭ニシテ斯ル場合ニ於テハ前揭請負人入札心得書第十一條ノ明文ナキモ他ニ之ニ反スル特殊ノ規定ナキ限リ請負金額ノ最低ヲ競爭セシムル趣旨ト解スルヲ安當トスヘク從テ最低價ノ申出ヲ為シタル入札者落札人タルヘキハ寧ロ當然ニシテ契約擔任者其ノ最低ナルコトヲ認メタル以上其ノ價格カ客觀的ニ相當ナリヤ否等ニ付審査裁定ノ餘地毫モ之ナキモノト謂ハサルヘカラサレハナリト說示セリト雖朝鮮總督府特別會計規則會計規則工事請負人心得書等ニハ當該注文者ハ最低入札人ト請負契約ヲ締結セサルヘカラサル旨ノ規定毫モ存スルコトナシ從テ注文者ハ最低入札者ト請負契約ヲ締結スル義務ヲ負擔スルモノニ非ス又最低入札ヲ為シタル事自體ハ同時ニ契約ノ締結其ノモノニモ非サルコトハ朝鮮總督府及所屬官署會計事務章程第百十八條ニ依リ極メテ明瞭ナリ故ニ注文者ハ請負人ノ提出シタル諸般ノ材料等ヲ精査シ果シテ最低入札請負人ハ該入札價格ニ依リ該工事ヲ完成スルコトヲ得ルヤ否ヤヲ審査シ其ノ安當性ヲ認ムルニ及ヒテ始メテ右最低入札者ト請負契約ヲ締結スルヲ得ヘシ若敍上判決ノ示スカ如ク注文者ハ請負人ヲシテ工事ノ最低價ヲ競爭セシメ其ノ最低入札

人ノ爲シタル最低入札ニ拘束ヲ受ケ之ト請負契約ヲ締結セサルヘカラサルモノナルトキハ何ヲ苦シムテ諸般ノ材料ヲ提出セシムル必要アラムヤ然ルニ工事及物品供給請負入札人心得書第三條ハ入札人ハ仕樣書內譯書繪圖面見本等ヲ差出スヘキ旨ヲ規定シ入札人ヲシテ之ヲ差出スヘキ義務ヲ負擔セシメタリ此ノ提出義務ヲ認メタルハ是等材料ヲ精査シ之ヲ妥當ナリト認メタルトキハ其ノ爲シタル入札價格ト相比照シ始メテ契約ヲ締結スヘキ趣旨ニシテ單ニ入札價格ノミヲ標準ト爲シ其ノ價格最低ナリト言フ故ヲ以テ契約ヲ締結セサルヘカラサル趣旨ニ非サルヤ明ナリ若設示ノ如ク入札價格最低ナリトノ理由ヲ以テ契約ヲ締結スヘキモノトスルトキハ例ヘハ百萬圓ノ豫定價格アル工事ニ對シ僅ニ十萬圓ノ入札ヲ爲シタル場合換言セハ到底工事ノ完成不可能ナル事極メテ明瞭ナル場合ニ於テモ尙之ト契約ヲ締結セサルヘカラサル不合理ニ陷ルヘシ

以上ノ所述ニ依リ高等法院ノ判決ハ根本ニ於テ誤謬アリ從テ結論ノ正當ニ非サルコト極メテ明瞭ナリト謂フヘシ

尙高等法院判決ハ競爭ニ依リ一層低價ナル請負金額ノ申出アルヘキ可能ヲ排除スル目的ヲ以テ入札者間ニ談合ヲ爲スカ如キハ入札制度ノ本旨ニ逆行スルモノニシテ又契約擔任者ノ緊要ナル期待ニ反スルモノト謂フヘク會計規則第九十七條第二號及工事請負入札人心得書第二條第二號ノ規定ニ徵スルモ苟モ疑ヲ容レサル所ナリトスト言ヒ是レ畢竟競爭ニ依ル價格ノ低下ヲ防止シ秘ニ入札金額ヲ協定スル等ノ方法ニ依リ請負金額ヲ高ムル目的ヲ以テスル談合ヲ許サル趣旨ニ外ナラスト設示スト雖會計規則第九十七條第二號ハ競爭ニ際シ不當ニ價格ヲ競下クル目的ヲ以テ連合ヲ爲シタル者ヲ競爭入札ニ加ヘラサヲ・ムル趣旨ニシテ單ニ競上クル場合ノミヲ豫想シタルモノニ非ス思フニ競上クル行爲ハ相當價格以上ニ價格ヲ昂騰セシムル行爲ニシテ競下クル行爲ハ相當價格以下ニ價格ヲ低下セシムル行爲ナリト言フヲ得ヘク而シテ談合ハ工事相當ノ價格ヲ協定スル妥當行爲ニシテ特ニ競上クル目的ヲ以テ爲ス不合法行爲ニ非ス寧ロ不當ニ競下クル行爲ヲ防止セムトスル合法行爲ナリトス法カ競下ヲ禁シタル所以ノモノハ不當ニ低廉ナル價格ヲ以テ落札スルモ一面ニ於テハ請負人ヲシテ損失セシメ他方ニ於テ請負工事ノ完成不可能ニ終ルコトナキニ非サルヤヲ憂慮シタルモノニシテ本件ノ談合ハ不當ニ價格ノ競下ヲ防止シ以テ競上ノ弊ヲ除去セムトスルモノナルカ故ニ却テ競上法規ノ精神ニ合致スルモノト言ハサルヘカラス

若判決ノ謂フカ如ク注文者ハ入札人ノ爲シタル最低價格ニ拘束セラレ何等自由裁量ノ餘地ヲ殘ササルモノナルトキハ當然ノ結論トシテ事情ノ如何ニ拘ラス注文者ハ之ト契約ヲ締結セサルヘカラサルヘク殊ニ判決設示ノ如ク右談合行爲カ不合法ナルニ於テハ入札人ハ必然的ニ注文者ヲ欺罔シタリト言フヲ得ヘク法ノ要求スル要素ノ一ヲ充實シタリト言フヲ得ヘシト雖注文者ハ入札金額ノ正當ナリヤ否ヤ入札人ノ正當ナリヤ否ヤヲ審査スル權限ヲ有シ其ノ自由裁量ニ依リ是等ヲ決定スルヲ得ルカ故ニ錯誤ニ陷ルヘキ餘地ヲ有セス入札者カ談合ニ依リテ入札ヲ爲スト談合ヲ爲サス各自入札價格ヲ默秘シテ入札ヲ爲ストノ間注文者ニ於テ何等利害ヲ異ニスヘキ道理ナシ殊ニ談合行爲ヲ爲ス事自體ハ注文者ニ對シ價格ノ決定ヲ誤ラシムル手段ト爲ラサルニ於テヲヤ

果然判決モ其ノ後段ニ於テ凡ソ請負業者モ營業權ニ伴フ自存ニ必要ナル行爲ハ許サルヘキヲ以テ請負業者タル各入札者入札ヲ爲スニ際リ單ニ營業上適正ナル請負價格ヲ維持スル趣旨ノミノ談合ヲ爲シ之ニ基キテ入札ヲ爲スカ如キハ……請負業者ノ營業權ノ範圍內ニ於テ許サレタル行爲ト認ムルヲ妥當トスヘク從テ公序良俗ニ反セス刑法第三十五條ノ認ムル正當行爲ナリト謂フヲ得ヘシト設示シ談合行爲ヲ以テ合法行爲ナリト斷スルニ至レリ果シテ然リトセハ詐欺罪ノ一要素タル欺罔手段ト爲ラサルコトモ亦自明ノ理ナリトス

次ニ大審院ノ判例ハ詐欺罪ハ財產罪ナルカ故ニ財產上ノ損害ナカラサルヘカラス損害ノ發生ハ詐欺罪ノ要件ナリト主張セリ本事案ニ於テ果シテ損害ノ發生アリヤ若各請負業者ニシテ其ノ入札價格ヲ默秘シ入札ヲ爲シタルトキハ或ハ談合ノ結果入札ヲ爲ス場合ニ比シ多少安價ニ落札スヘキコトナキニ非サルヘシ之ニ依リ生スヘキ價格ハ卽チ注文者ノ受クヘキ損害ニハ非サルカノ疑ナキニ非ス併シ乍ラ斯ノ如キハ卽チ單ナル希望ニ過キスシテ的確ナル損害ナリト認ムヘキモノニ非ス而シテ詐欺罪ノ要件ハ單ナル希望ノミニテハ不十分ニシテ確的現實ナル損害ナラサルヘカラス此ノ點ヨリ見ルモ詐欺罪ヲ構成スル限ニ在ラス然ルニ高等法院判決ハ落札人ハ請負契約ノ成立ニ依リ之ト同時ニ落札金額ト同額ノ報酬金ヲ受クヘキ債權ヲ取得スルニ至ルモノナリ固ヨリ該債權ノ行使ハ工事完成シテ引渡スコトヲ

前提トスルモノナレトモ其ノ權利自體既ニ經濟的價値ヲ有シ財産上ノ利益タルハ疑ヲ容レサルト同時ニ他面之カ債務ノ負擔ハ注文者ノ財産上ノ損害ナリト謂フヲ妨ケスト說示シ恰モ落札人カ請負契約ヲ締結シ請負人ト爲ル事自體ヲ不法ノ利益ヲ得タルモノト爲シ同時ニ注文者ハ財産上ノ損害ヲ受ケタルコトト爲セリ

凡ソ工事請負契約ハ請負人ニ於テ請負工事ヲ完成スル義務ヲ負擔シ其ノ工事完成ノ曉ニ於テ請負金額ヲ受領スル權利ヲ有スルモノナリ故ニ注文者カ第一ニ獲得スルモノハ權利ニ非スシテ義務ナリ乃至條件附權利ナリ同時ニ注文者ハ請負人カ工事ヲ完成シ引渡ヲ爲シタルトキハ代金支拂ノ義務ヲ負擔スルモノナルカ故ニ條件附義務ナリト謂フヲ得ヘシ斯ル條件附權利義務ハ常ニ利得又ハ損失ト言フヲ得ス若請負人ノ負擔義務過重ニシテ工事完成ニ至ル迄ニ要シタル工事費ニシテ請負金額ヲ超過スルトキハ請負人ハ利益ヲ得ルニ非スシテ却テ損失ヲ來スト言フヲ得ヘク之ニ反シテ注文者ハ請負金額以上ノ工事ノ引渡ヲ受クルカ故ニ却テ利得スルニ至ルヘシ故ニ請負人ト爲リタル事自體ハ必スシモ利益ヲ得タリト言フヲ得サルト同時ニ注文者モ亦直ニ損失ヲ受ケタリト言フヲ得ス敍上判決ノ此ノ點ニ關スル結論ハ正當ナリト謂フヲ得ス

社會ハ自由競爭ニ依リテ進歩シ今日ノ發達ヲ遂ケタルコトハ疑ヲ容ルル餘地ヲ有セス併シ乍ラ自由競爭ヨリ生スル弊害モ亦尠シトセス競爭入札ノ場合ニ於テ殊ニ然リトス不當ナル安價乃至工事完成不能ノ價格ヲ以テ入札ヲ爲シ工事ヲ請負ヒ工事未タ成就セサルニ先チ逃走シテ其ノ居所ヲ不明ニシ職人其ノ他ニ賃金ヲ仕拂ハスシテ多數人ニ迷惑ヲ掛ケ或ハ不備不完全ナル工事ヲ完全ナルモノノ如ク裝ヒテ其ノ引渡ヲ爲シ或ハ當路者ニ贈賄シテ以テ不正檢査ヲ爲サシムルカ如キ假ニ自己ノ業務上ノ地位ニ鑑ミ世間ノ思惑ヲ考慮シ將來業務ノ妨害ト爲ラムコトヲ虞レ注文ノ趣旨ニ適ヒタル完全ナル工事ヲ爲シ之カ引渡ヲ了シタリトスルモ之カ爲ニ請負人ハ全財産ヲ蕩盡シ再ヒ請負業者トシテ起ツ能ハサル痛手ヲ受クルニ至ルヘシ

是等競爭入札ノ弊害ヲ除去セムカ爲ニハ不當ニ安低ナル價格ヲ以テ入札スルコトヲ避ケ工事相當ノ價格ヲ以テ入札ヲ爲ササルヘカラス又妥當價格ヲ以テ入札セムトセハ無謀ノ競爭ヲ避ケ價格ノ協定ヲ爲シ妥當價格ヲ決定セサルヘカラス所謂談合ヲ爲ササルヘカラス故ニ談合行爲ハ獨リ請負業者ヲ保護スルノミナラス亦以テ注文者ヲ保護スルヲ得ヘシ

凡ソ請負業者ハ刑法第三十五條ノ正當業務行爲ニシテ入札行爲ハ該業務ヲ遂行スル方法ナリトス而シテ競爭入札ヲ爲スニ際シ請負業者相互間ニ妥當ナル價格ノ協定ヲ爲シ所謂談合行爲ヲ爲スモ該談合行爲ニシテ違法ナラサル限リ右入札行爲カ違法ニ歸スルモノニ非ス蓋競爭入札ヲ爲スニ際シ相互價格ヲ默祕スルハ各入札者ノ利益ヲ保護スル爲ニシテ注文者ノ利害ト沒交渉ナルカ故ニ請負業者ニシテ右利益ヲ抛棄シ各自談合ヲ爲スハ其ノ自由行爲ノ範圍ニ屬スルモノナレハナリ殊ニ又競爭入札ノ要件トシテハ各請負業者カ其ノ入札價格ヲ祕密ニ付セサルヘカラサルモノニ非ス或ハ他ノ一人ニ入札價格ヲ洩シ又ハ他ノ數人ニ其ノ價格ヲ告クルモ前述ノ如キ驅上、驅下ノ目的以外ニ於テハ法ニ何等禁止規定ナキヲ以テ競爭入札トシテハ有效ナリトス或ハ落札シタル請負業者ヨリ落札セサル請負業者ニ對シ所謂談合金ナルモノヲ分與スルヲ以テ常例ト爲スモノナルカ此ノ談合金ハ結局請負價格中ヨリ捻出スルモノナルヲ以テ其ノ金額ニ相當スル金員ハ工事完成ニ使用セラレサルモノニ屬シ其ノ部分丈不完全ナル工事ヲ爲ス事ニ歸著スルカ故ニ結局注文者ノ損失ニ歸スヘシト論スルモノアルモ是レ大ナル誤ナリ右談合金ハ落札者カ工事ニ依リテ得タル利益ノ幾分ニ相當シ落札者ハ其ノ得タル利益ヲ分與スルモノナルカ故ニ之カ爲注文者ニ何等ノ損害ヲ與フルモノニ非ス

飜テ落札セサル請負者ノ方面ヲ顧ルトキハ斯ル請負業者ト雖一應材料ノ調査ヲ爲シ其ノ價格ヲ算出シ職人人夫ノ賃金等ヨリ工事費ヲ計算シテ請負價格ヲ算定スル等ニ相當ノ努力ト費用トヲ費シ居レルノミナラス保證金ヲ調達スルニ就テモ亦相當利息ヲ支拂ハサルヘカラス若自ラ落札者ト爲ラサルトキハ是等ノ費用ハ遂ニ之カ回收ヲ爲ス道ナキニ至ルヘシ所謂談合金ヲ是等落札セサル請負業者ニ分配スルハ是等ノ人ヲシテ右損害ヲ補償セシムル意味ニ於テモ最有意義ノ行爲ナリト言ハサルヘカラス故ニ談合金ノ分配ハ斯ル談合行爲ニ違法性ヲ付與シタルモノニ非サルハ勿論却テ相互補助ナル社會適應性ヲ附加スルモノト言フヲ得ヘシ

自由競爭ハ一面ニ於テ社會ノ進歩ヲ促シタル功績アリト雖又他ノ一面ニ於テハ敍上ノ如キ弊害ヲ醸成セルカ故ニ今

日ニ於テハ之ニ合理的協調ヲ加味スル傾向ヲ生スルニ至レリ物價ニシテ非合理的ニ下落スル時代ニ於テハ同業者間ニ於テ價格ヲ協定シ其ノ下落ヲ防キ物品過剩ナルカ爲物價ノ下落スル時ニ於テハ操業短縮ヲ爲シテ物品ノ過剩ヲ豫防シ以テ物價ノ下落ヲ豫防ス是等ノ行爲ハ其ノ協調狀勢ノ一端ヲ閃シタルモノニ外ナラス價格ノ協調ヲ爲セハトテ其ノ業務行爲カ不正業務ニ化スルモノニ非ス操業短縮ヲ爲セハトテ其ノ業務ニ違法性ヲ付與スルモノニ非サルコトハ社會通念ノ認ムル所ナリ請負業者ニシテ請負價格ノ協調ヲ爲シタレハトテ其ノ業務行爲タル入札行爲カ違法性ヲ具有スルニ至ルモノニ非サルト同時ニ其ノ行爲カ不正業務ノ色彩ヲ帶フルモノニ非サルナリ

要スルニ談合入札ハ注文者ニ何等損害ヲ與フルコトナク落札者竝非落札者ヲ保護スル相互保護制度ニシテ正當業務行爲ノ適法ナル內容ヲ爲スモノナリト言フヘク何等違法性ヲ具有スルモノニ非ス然ルニ朝鮮總督府法院ハ之ヲ不適法ナル行爲ト爲シ刑法第二百四十六條ノ詐欺罪ナリト決定セリ

右ニ對スル政府ノ所見如何

第二、朝鮮總督府高等法院ハ叙上ノ如ク其ノ判決ニ於テ「但シ入札人相互間ニ於テ何等利益授受ノ約束ナク單ニ營業上適正ナル請負價格ヲ維持スル趣旨ノ談合ヲ爲シ之ニ基キ入札ヲ爲シタルモノハ刑法第三十五條ノ規定ニ依リ犯罪ノ成立ヲ阻却スルモノトス」ト明示シ無條件談合ノ適法ナルコトヲ確認セリ

然ルニ右判決確定一年後昭和七年八月十日附政務總監通達トシテ工事入札請負ニ關スル取扱內達ヲ改正シタルカ右規定ニハ前記高等法院判示中最重要ナル無條件談合即チ適正ナル請負價格ノ維持ニ關シ指示ヲ缺キ居ル爲當業者ハ適從スル所ヲ知ラスシテ營業上非常ノ不安ヲ感シ居レリ依テ政府ハ左ノ二點ニツキ明確ナル答辯アラムコトヲ望ム

（イ） 工事入札請負ニ於テ無條件談合ヲ適法ナリト確認シタル司法部ノ見解ハ行政部ニ於テモ亦之ヲ確認セラルヘキモノナリト信ス政府ノ所見如何

（ロ） 當業者ハ業務安定ノ爲朝鮮總督府高等法院ニ於テ確認サレタル適正ナル請負價額ヲ維持シ營業改善ヲ行フヘキモノナリト信ス政府ノ所見如何

第三、法規ノ解釋ハ全國的ニ統一サレサルヘカラス同一事實ニ對シ日本內地ニ於テハ犯罪ヲ構成セスト斷シ日本帝國ノ一部ナル朝鮮ニ於テハ犯罪ノ成立ヲ肯定シ單ニ法域ヲ異ニスル爲ニ一國內ニ於テ法規ノ解釋ノ一致セサルハ法治國ノ恥辱ニシテ法治國民トシテ忍フ能ハサル所斯ノ如キハ裁判ノ神聖ト尊嚴トニ絕對ノ信賴ヲ拂ヘル新附二千萬民ヲシテ偶疑ヲ挾マシメ延テ思想上ニ惡影響ヲ及ホシ朝鮮統治上ニ恐ルヘキ結果ヲ齎スニ至ルヘキヲ憂慮セサルヲ得ス僅ニ一衣帶水ノ朝鮮海峽ヲ隔テテ同一法規ニ對シ異リタル解釋ヲ下セルハ實ニ制度ノ罪ニシテ是レ一ニ裁判所構成法カ朝鮮ニ施行サレサル結果ニシテ日本內地ト朝鮮ト法權ヲ一ニスヘキ事ハ法曹界ノ定論ニシテ之カ實現ハ實ニ國家ノ喫緊事ニ屬スト信ス之ニ對スル政府ノ所見如何

右各項ニ付文書ヲ以テ內閣總理大臣、拓務大臣、司法大臣ノ明確ナル答辯ヲ求ム

右及質問候也

昭和八年三月二十五日

內閣總理大臣 子爵齋藤 實

衆議院議長秋田清殿

衆議院議員牧山耕藏君外三名提出法規ノ解釋統一ニ關スル質問ニ對シ別紙答辯書送進候

〔別紙〕

衆議院議員牧山耕藏君外三名提出法規ノ解釋統一ニ關スル質問ニ對スル答辯書

第一

本質問ノ要領ハ請負工事ノ競爭入札ヲ爲スニ際シ入札者間ニ行ハルル談合行爲ニ對スル法律ノ適用ニ付大審院ノ判例ト朝鮮總督府高等法院ノ決定トガ全然相反スルコトヲ指摘論難シ之ニ對スル政府ノ所見如何ト謂フニ在ルモノト認ム

法令ノ解釋ハ最高裁判所ノ判例ニ依リテ之ヲ統一スルコトヲ得ルモ現在內地及朝鮮ニ於テハ各自獨立ノ司法機關ヲ有スルヲ以テ偶、不幸ニシテ兩者ノ解釋ニ一致ヲ缺ク所アルモ現行制度ノ下ニ於テハ眞ニ已ムヲ得ザル所ナリトス

第二

（イ）本質問ノ要領ハ工事入札請負ニ於テ無條件談合ヲ違法ニ非ズト爲シタル朝鮮總督府司法部ノ見解ハ行政部ニ於テモ之ヲ確認セラルベキモノナリト信ズルガ之ニ對スル政府ノ所見如何ト謂フニ在ルモノト認ム

工事入札請負ニ關シ司法部ノ採レル見解ハ行政部ニ於テモ之ヲ採用シ居レリ

（ロ）當業者ハ業務安定ノ爲適正ナル請負價額ヲ維持シ營業改善ヲ行フベキモノナリト信ズルガ之ニ對スル政府ノ所見如何ト謂フニ在ルモノト認ム

當業者ガ不法不當ト認メラレザル範圍ニ於テ營業ノ改善ヲ行フハ當業者ノ自由ニ屬スル所ナリトス

第三

法令ノ解釋ハ全國的ニ統一スベキモノナルニ拘ラズ同一又ハ同一内容ノ法令ノ解釋ニ關シ内地及朝鮮ノ裁判所ハ各其ノ見解ヲ異ニシ居レリ是レ畢竟裁判所構成法ガ朝鮮ニ施行セラレザル結果ナリ仍テ速カニ内外地ニ於ケル司法權ノ統一ヲ圖ルノ必要アルモノト信ズルガ之ニ對スル政府ノ所見如何ト謂フニ在ルモノト認ム

法令ノ解釋統一ニ關スル制度確立ニ付テハ愼重考慮セザルベカラザル問題ナルヲ以テ今後尙研究スベシ

右及答辯候也

昭和八年三月二十五日

内閣總理大臣　子爵齋藤　實

司法大臣　小山　松吉

拓務大臣　永井柳太郎

昭和八年三月二十六日

議長ノ報告

○請願書送付　二十五日本院ノ意見ヲ附シ
政府ニ送付シタル請願書左ノ如シ
朝鮮ニ於ケル産業組合法ノ改正並百貨店取締法制定ノ請願　二通
朝鮮人訴訟代理業者ニ辯護士資格附與並訴訟代理業公認ノ請願　一通
朝鮮ニ參政權實施其ノ他經綸ニ關スル請願中(其ノ他經綸ニ關スル事項)　四通

昭和九年一月二十四日

齋藤國務大臣ノ演說

國務大臣ノ演說

（國務大臣子爵齋藤實君登壇）

○**國務大臣（子爵齋藤實君）**　諸君、茲ニ第六十五回帝國議會ノ開會ニ方リ、諸君ト相見エテ施政ノ方針ニ付キ政府ノ所見ヲ陳述致シマスコトハ、私ノ光榮トスル所デアリマス

昨年ノ末、畏クモ皇太子殿下ノ御降誕ヲ拜シマシタコトハ、皇室ノ御繁榮、天壤ト與ニ窮リ無ク、國家ノ基礎愈〻鞏固ヲ加ヘタル無上ノ吉祥トシテ歡喜踴躍全國民ト共ニ慶賀措ク能ハザル所デアリマス（拍手）

帝國外交ノ方針ハ、曩ニ國際聯盟脫退ノ通告ヲ爲スニ當ッテ煥發セラレマシタ詔書ノ御趣旨ヲ奉體シ、新興滿洲國ノ發達ヲ促進シテ、東洋ノ平和ヲ確保シ、延イテハ世界ノ平和ニ寄與セントスルモノデアリマス、滿洲國ニ於キマシテハ、同國官民ノ努力ト、帝國ノ援助トニ依ッテ、治安ノ維持ハ愈〻確實トナリ、財政、金融、交通、通信ヘ何レモ次第ニ整備シ、產業ハ益〻振興シテ面目頓ニ一新シ、着々トシテ健全ナル發達ヲ遂ゲ、日滿共存共榮ノ實ヲ擧ゲツヽアルコトハ、眞ニ同慶ノ至リニ堪ヘマセヌ、又列國トノ交誼ハ愈〻敦厚ヲ加ヘテ、何等渝ル所ナク、隣邦諸國トノ關係又漸次改善ノ跡ヲ認メ得ルコトハ、邦家ノ爲メ深ク喜ビニ堪ヘナイ所デアリマス

昭和九年度ノ豫算ニ付キマシテハ、大藏大臣ヨリ詳細ナル說明ヲ致ス筈デアリマスガ、其編成ニ當リマシテハ、我國財政ノ將來ニ關シテ愼重ナル考慮ヲ加ヘ、務メテ緊縮ヲ旨トシマシタケレドモ、國際情勢ノ現狀ニ稽ヘ、陸海軍ノ國防費ニ多額ノ增加ヲ必要トシ、又滿洲事件費、時局匡救費、及爲替相場ノ變動ニ基ク經費等ハ、昭和八年度ニ引續キマシテ、相當多額ヲ計上スルノ餘儀ナキ狀態ニアリマスガ爲ニ、一般會計歲出豫算ノ總額ハ二十一億一千二百餘萬圓ニ達シテ居リマス、之ニ對シテ歲入ハ、經濟界ノ恢復ニ伴ヒ、相當額ノ自然增收ヲ見込ミ得タノデアリマスケレドモ、未ダ增稅其他ノ增收計畫ヲ樹立スルノ時期ニ到達致シマセヌノデ、歲入不足額ハ昭和八年度同樣、公債ノ財源ニ依ルコトヽ致シタノデアリマス

政府ハ金融ノ梗塞ヲ打開シ、低利產業資金ノ供給ヲ容易ナラシメテ、財界ノ更生ヲ圖ルト共ニ、之ニ竝行シテ、全國各地ニ時局匡救事業ヲ起シマシタガ、是等諸政策ハ輸出貿易ノ活況ト相俟ッテ、漸次其效果ヲ現ハシ、昨年來、產業界ノ恢復ハ頗ル顯著デアリマシテ、我ガ財界ハ漸ク景氣好轉ノ兆ヲ示スニ至リマシタコトハ、眞ニ喜バシイ次第デアリマス、併ナガラ都市農村ヲ通ジテ、普ク景氣ガ恢復スル迄ニハ、尙ホ前途非常ノ努力ヲ要スルノミナラズ、現下世界ヲ擧ゲテノ經濟不安ノ裡ニ在ッテ、我國ノミ獨リ好景氣ヲ望ムコトハ容易ナコトデハアリマセヌカラ、此經濟難局ヲ打開スルガ爲ニハ、全國民更ニ一段ノ緊張ト努力トヲ要スルコト、信ズルノデアリマス

國民思想ノ動搖ハ最モ憂慮スベキ所デアリマシテ、政府ハ不穩思想ノ豫防鎭壓ニ力ヲ盡シ來ッタノデアリマスガ、前議會ニ於キマシテ、思想對策ニ關スル決議ノ次第モアリマシタノデ、會議直後、思想對策協議委員ヲ內閣ニ設置シ、調査審議ヲ盡サシメマシタル結果、或ハ日本精神ヲ普及徹底セシメテ、國民精神ヲ作興セントスル思想善導ノ方策、或ハ不穩思想ノ取締ヲ嚴ニシテ、是ガ防衞鎭壓ヲ全ウスベキ思想取締ノ方策、或ハ不穩思想醸成ニ與ッテ力アルベキ諸原因ニ對應シテ、之ニ匡救ヲ加フベキ社會改善方策ノ一部等ニ付テ成案ヲ得マシタノデ、關係官廳ニ於テソレ〳〵是ガ實現ヲ期スルコトニ努メテ居リマス、政府ハ更ニ對策ヲ立ツルニ鋭意力ヲ致シ、遺憾ナキヲ期スルモノデアリマス

教育ノ制度及內容ノ刷新ヲ斷行スベキコトハ、政府ノ夙ニ其必要ヲ認メテ居ル所デアリ、且又思想ノ對策トシテモ、喫緊ノ要務ト認メマスガ、殊ニ前議會ニ於ケル建議ノ次第モアリマスノデ、文部省ニ教育調査部ヲ特設シテ、調査ヲ進メテ居ルノデアリマス、而シテ先ヅ師範教育ノ方針ヲ新ニシ、人格識見共ニ高キ國民教育者ヲ養成スルコト最モ急務ナリト認メマシタノデ、目下是ガ改善案ノ審議ヲ重ネツヽアル次第デアリマス

最近ニ於ケル失業應急事業其他各種事業ノ遂行ト、軍需工業竝ニ輸出工業ノ好況トニ依ッテ、漸次勞働ノ需要ヲ增進シ、失業狀況モ自ラ緩和セラレタヤウデアリマスガ、更ニ昭和九年度ニ於キマシテモ、失業問題ノ推移、及其對策ニ注意ヲ怠ラズ、一層失業ノ防止及救濟ノ徹底ヲ期スル所存デアリマス、又今回勞働者其他一般小額所得勤勞者階級ノ疾病負傷ニ因ル生活不安ヲ一掃シ、其保護救濟ノ實ヲ擧グルガ爲ニ、健康保險制度ヲ改善致スコトニシタノデアリマス、軍人及其遺族、殊ニ傷痍軍人ノ保護ヲ普遍ナラシムルガ爲メ、癈兵院制度ノ改正ヲ企テマシタ所以ノモノモ、皆以テ生活不安ノ緩和ヲ期スルノ一助タラシムル考デアリマス

農山漁村ノ疲弊困憊ヲ匡救シ、以テ其生活ノ安定ヲ圖ルコトハ、政府ノ鋭意努力シ來ッタ所デアリマスガ、幸ニ政府諸般ノ施設ト、國民自力更生ノ精神ト相俟ッテ、其成績ノ見ルベキモノアルニ至ッタノハ喜バシキコトデアリマス、米穀ノ對策ト致シマシテハ、前議會ニ於テ協贊ヲ經マシタ米穀統制法ヲ根幹トシ、之ニ依ッテ極力米穀ノ數量及價格ノ調節ニ力ヲ盡シツヽ、アル次第デアリマスガ、本米穀年度ニ於ケル米穀供給ノ數量ニ考ヘ、米穀統制法ノ運用ト相俟ッテ、地方ノ實情ニ應ジ、農家ヲシテ自治的ニ籾ノ貯藏ヲ行ハシムルコトヲ緊要ト認メ、籾ノ貯藏ニ依ッテ需給ノ調和ヲ圖リ、以テ米價ノ調節ニ資セントスル次第デアリマス、又蠶絲ノ對策ト致シマシテハ、現況ニ甚キマシテ、是ガ根本的改革ヲ圖ルノ必要緊切ナルヲ認メ、各方面ニ亙ッテ具體的方策ヲ研究シ、是ガ實施ヲ期シテ居リマス、尙ホ農家負擔ニ關スル問題ニ付キマシテハ、其均衡ヲ適正ナラシムルガ爲メ、特ニ審議ノ機關ヲ設ケテ調査ニ着手スルコト、シ、農村負擔調査會ヲ內閣ニ設置シマシテ、目下愼重考究ヲ重ネツヽ、アル次第デアリマス、更ニ政府ハ農民精神ノ作興ニ務メ、農村協同組織ノ普及徹底ヲ期シ、重要肥料ノ統制ヲ圖リ、其他農村對策ニ付キマシテモ引續キ考究ノ上、速ニ是ガ成案ヲ得ンコトヲ期シテ居ル次第デアリマス

中小商工業者ノ匡救ニ付キマシテハ、政府施設ノ進行ト、輸出貿易ノ增進トニ依リ

マシテ、其窮況モ漸次緩和セラレタルノ感ガアリマスケレドモ、政府ハ更ニ一層是ガ改善振興ノ施設ヲ講ズルノ緊要ナルヲ認メ、組合制度ヲ活用シ、其共同事業ヲ助成シテ當業者ノ自力更正ニ資シ、進ンデ金融ノ改善、統制ノ促進ニ力ヲ致シ、以テ中小商工業者匡救ノ實ヲ擧ゲンコトヲ期シテ居リマス、産業ノ統制ハ雜然タル我國産業ノ改善振興上缺クベカラザル所デアリマスカラ、政府ハ從來重要産業統制法、各種組合法ヲ制定シ、統制ノ促進ニ努メ來ッタノデアリマスガ、最近内外ニ於ケル經濟情勢ハ益〻其強化ヲ緊要トスルモノガアリマスノデ、今後更ニ是等諸制度ノ運用ニ依リ産業統制ノ普及徹底ヲ圖リ、以テ國民經濟ノ健全ナル發達ヲ期シタイト思フノデアリマス、尚ホ製鐵事業ニ付キマシテハ、近ク日本製鐵株式會社ノ設立ヲ見ル筈デアリマスノデ、政府ハ是ガ指導監督ニ遺憾ナキヲ期シ其完全ナル統制ト、堅實ナル資力トニ依リ、斯業ノ合理化ヲ十分ナラシメ、以テ我國製鐵事業ノ確立ヲ期セントスル次第デアリマス

海外移植民ノ保護奬勵ハ、我國ノ實狀ニ顧ミ最モ肝要ナリト信ジマシテ、從來政府ハ移植民竝ニ海外拓殖兩事業ニ對シテ鋭意保護奬勵ヲ加ヘマシタ結果、近時著シク是等事業ノ進展ヲ見ルニ至リマシタノデ、今後益〻助成ノ方途ヲ講ジ、以テ其伸暢ニ資スル考デアリマス

世界的不況ニ際シマシテ、主要産業國ノ貿易ガ概シテ萎微不振ニ陷リタルニ拘ラズ、我國ノ貿易ハ前年ニ比シテ著シク増進ヲ見ルニ至リマシタ、是レ固ヨリ圓價ノ低落ニ依リ、輸出貿易上利便ヲ加ヘタコトニ基ク所少クナイノデハアリマスルガ、畢竟我ガ國民ガ多年ノ苦難ニ堪ヘ、精勵能ク事業ノ整理、技術ノ改善其他産業ノ合理化ヲ圖ッタ結果ニ因ルモノト謂フベキデアリマス、然ルニ近時海外諸國ニ於テ高率ナル關税、輸入ノ割當、其他各種ノ通商障壁ヲ設ケテ、他國品ノ輸入ヲ防遏セントスルモノ多ク、殊ニ最近我國商品ノ海外進出ニ刺戟セラレテ、是等ノ趨勢ハ一層顯著トナリツツアルノデアリマス、政府ハ從來是ガ豫防緩和ノ爲メ、當業者ヲ指導シテ輸出ノ統制ヲ圖ルト共ニ、海外市場ニ於ケル情勢ニ周到ナル注意ヲ拂ヒ、必要ニ應ジ或ハ直接ニ諸外國政府ト協商ヲ進ムル等、機宜ノ措置ヲ講ジ來ッタノデアリマスガ、此際更ニ輸出ノ統制其他貿易調整ノ徹底ヲ圖ルニ適切ナル方策ヲ樹立シ、我國外國貿易ノ維持進展ニ遺憾ナキヲ期シタイト思フノデアリマス

選擧法ノ改正ハ豫テヨリ懸案トナッテ居リマスルガ、政府ハ更ニ研究ヲ進メマシタノデ、適當ナル改正案ヲ提出スル積リデアリマス、之ニ依リ選擧ノ自由公正ヲ確保シ、選擧ニ關スル宿弊ヲ改メテ、憲政ノ圓滿ナル發達ニ資センコトヲ期シテ居リマス

朝鮮、臺灣其他外地ニ於ケル統治ノ狀況ヲ觀マスルノニ、治安、文化、産業其他各般ノ方面ニ於テ、治績年ト共ニ擧リ、住民齊シク聖代ノ惠澤ニ浴シツヽアルヲ認メ得マスルコトハ、同慶ノ至リニ堪ヘマセヌ、殊ニ内地外地ノ聯繫ヲ密ニシ、相俱ニ國運ノ隆興民福ノ増進ニ寄與スルノ要ハ、益〻緊切ナルヲ覺ユルノデアリマス、政府ハ外地ノ統治ニ關シテ深ク意ヲ用ヒ、是ガ完璧ヲ期シタイト思フノデアリマス

之ヲ要スルニ我國ハ内外共ニ多事ヲ極メ、依然トシテ尙ホ非常時ノ實狀ニ在ルノデアリマス、併ナガラ非常時トシテ現ハルル所ノモノハ、實ハ國家躍進ノ姿ト見ルベク、此時期コソ寧ロ國民試練ノ秋デアリマス、擧國的ナル協力一致ノ下ニ、非常時局ノ打開ニ當ラナケレバナリマセヌ、國際ノ情勢ニ照シ、國内ノ局面ヲ顧ミ、愈〻多事多難ナルベキ此時ニ於テ、皇太子殿下御降誕ノ國家的御慶事ニ際會シ、皇室中心ノ我ガ國體ガ益〻其精華ヲ發揚スル時ニ當リマシテ、我ガ國民ハ愈〻國民精神ノ作興ニ務メ、建國ノ理想實現ト、帝國ノ使命達成トニ力ヲ致サネバナラヌト思フノデアリマス、而シテ此場合國際聯盟脱退ニ關スル詔書ニ於カセラレ「文武互ニ其ノ職分ニ恪循シ衆庶各其ノ業務ニ淬勵シ嚮フ所正ヲ履ミ行フ所中ヲ執リ協戮邁往以テ此ノ世局ニ處シ」ト仰セラレタル聖旨ニ副ヒ奉ルコトコソ、總テノ根本ナリト信ズルノデアリマス、此擧國振張ノ秋ニ於キマシテ、政府ハ鋭意力ヲ國運ノ進展ニ傾倒シ、大義ヲ宇内ニ顯揚センコトヲ期シテ居リマス

以上ノ所見ニ基キマシテ、昭和九年度ノ豫算ヲ編成シ、各般ノ法律案ヲ提出致シタノデアリマス、何卒政府ノ意ノアル所ヲ諒トセラレ、現下ノ要務ニ對シ、速ニ協贊ヲ與ヘラレンコトヲ希望シテ已マナイノデアリマス(拍手)

○議長(秋田清君)　外務大臣廣田弘毅君

(國務大臣廣田弘毅君登壇)

○國務大臣(廣田弘毅君)　私ハ、昨年九月圖ラズモ外務ノ重責ヲ負フコトヽナリマシテ、今日茲ニ帝國ノ對外關係ニ付キ所見ヲ開陳スルヲ得ルハ、私ノ光榮トスル所デアリマス

滿洲事變及滿洲國問題ニ關シ、帝國ト國際聯盟トハ、東亞ニ於ケル平和維持ノ根本義ニ付キ、不幸ニシテ大ナル意見ノ相違ガアリマシタ爲メ、帝國政府ハ遂ニ昨年三月二十七日ヲ以テ脱退ヲ通告スルノ已ムヲ得ザルニ至ッタノデアリマス、此重大ナル決定ヲ致シマシタ際、畏クモ　天皇陛下ニハ詔書ヲ、煥發セラレマシテ、我ガ帝國ノ向フベキ進路ヲ明確ニ宣示遊バサレタノデアリマス、卽チ「今次滿洲國ノ新興ニ當リ帝國ハ其ノ獨立ヲ尊重シ健全ナル發達ヲ促スヲ以テ東亞ノ禍根ヲ除キ世界ノ平和ヲ保ツノ基ナリト爲ス」ト宣ハセ給ヒ、更ニ「然リト雖國際平和ノ確立ハ朕常ニ之ヲ冀求シテ止マス是ヲ以テ平和各般ノ企圖ハ向後亦協力シテ渝ルナシ今ヤ聯盟ト手ヲ分チ帝國ノ所信ニ是レ從フト雖固ヨリ東亞ニ偏シテ友邦ノ誼ヲ疎カニスルモノニアラス愈信ヲ國際ニ篤クシ大義ヲ宇内ニ顯揚スルハ夙夜朕カ念トスル所ナリ」ト仰セラレテ居ルノデアリマス、我ガ國民ニシテ今後益〻協力一致、以テ聖旨ニ副ヒ奉ルコトニ努力致シマスニ於キマシテハ、帝國ノ公明正大ナル態度ハ、必ズヤ世界隅々ニ徹底スルニ至リマシテ、帝國ノ前途ハ實ニ光輝ニ滿ツルコトヽ確信スルノデアリマス、私ト致シマシテモ我ガ對外關係ノ處理ニ當リマシテ、右聖旨ヲ體シ「世界平和ヲ念トシ外交手段ニ依リ我方針ノ貫徹ヲ圖ル」コトニ渾身ノ努力ヲ致シタイト思フノデアリマス

幸ニ帝國ト友好各國トノ關係ハ、聯盟脱退後ニ於キマシテモ、外交上ハ勿論、通商貿易上モ一層密接トナリマシテ、親善ヲ加ヘツヽアルコトハ同慶ノ至リデアリマス、今私ハ其内、帝國ト隣接ノ關係ヲ有シテ居

リマス諸國ニ付キマシテ、最近ノ外交關係ヲ少シク述ベタイト思フノデアリマス

先ヅ帝國ト緊密且ツ特別ノ關係ニ在リマスル滿洲國ニ於キマシテハ、建國以來英邁ナル溥儀執政閣下初メ、同國政府當局ノ倦ムコトナキ努力ト、日滿議定書ノ精神ニ基ク帝國ノ全幅ノ援助トニ依リマシテ、著々ト其建設ノ歩ヲ進メ、諸般ノ施設漸次其緒ニ就キマシテ、殊ニ治安ノ維持、産業交通ノ發達、財政ノ確立及文教ノ進展等ニ付キマシテ、顯著ナル成績ヲ擧グルニ至リマシタノミナラズ、同國朝野ノ翹望スル帝政問題モ近ク實現セラレ、新興獨立國トシテノ國礎モ愈〻固キヲ加フルノ運ビニ至ラントシテ居リマスコトハ、獨リ滿洲國ノ爲ノミナラズ、東洋ノ平和、延テ世界平和ノ爲ニ慶賀ニ堪ヘヌ次第デアリマス、吾人ハ今後共能ク聖旨ノ在ル所ヲ奉體致シマシテ、官民相携ヘテ同國發展ノ爲ニ極力寄與セネバナラヌト考ヘテ居ルノデアリマス

次ニ帝國政府ハ東亞ニ於ケル平和ノ維持ニ付キ、重大ナル責任ヲ感ジ、且ツ確固タル決意ヲ有スルモノデアリマスガ、是ガ爲ニハ先ヅ支那自體ノ安定ガ最モ肝要ナリト思フノデアリマス、隨ヒマシテ支那ガ速ニ其治安ト繁榮トヲ回復シマスコトハ、帝國政府ノ衷心ヨリ希望スル所デアリマシテ、兩國ガ常ニ善隣互助ノ關係ヲ保チマシテ、以テ東亞ノ平和及發達ニ貢獻スルコトハ、當然ノ使命ト謂ハナケレバナラヌノデアリマス、然ルニ支那ノ政局ヲ見マスト、未ダ斯ノ如キ希望ヲ現實ニ現ハスニハ遠ザカッテ居ルヤウナ次第デアリマスノハ、誠ニ遺憾デアリマス、近來ニ至リマシテ支那政府ハ、其從前執リ來リマシタ抗日政策ノ非ナルヲ悟リマシテ、日支關係打開ノ方針ヲ決定シテ居ルヤノ情報モアリマスケレドモ、今日迄ノ所デハ、未ダ右情報ヲ裏書スベキ具體的ノ事實ハ認メ得ザル狀態デアリマス、若シ支那ニシテ帝國ノ眞意ヲ諒解シ、誠意ヲ現實ニ示シテ參リマシタナラバ、帝國ト致シマシテモ之ニ順應シテ、十分好意的態度ヲ以テ之ニ報ユルニ吝ナラザル次第デアリマス、目下北支地方デハ、政務整理委員會ノ統制ノ下ニ、比較的平穩ナル狀態ヲ維持シテ居リマスコトハ、誠ニ喜ベシイコトデアリマス、帝國政府ト致シマシテハ、滿洲國ト同地方トノ接壤關係竝ニ北支停戰協定維持ノ見地等ニ顧ミマシテ、其治安維持ニ付キマシテハ、特別ノ關心ヲ持ッテ居ルモノデアリマシテ、苟モ同地方ノ治安ヲ亂スガ如キ事態ノ發現セザランコトヲ期待シテ居ルノデアリマス

又同時ニ支那ニ於ケル共產黨ノ活動及共產軍跳梁ノ狀況ニ付キマシテハ、帝國政府トシテモ深甚ナル關心ヲ以テ注意ヲ拂ウテ居ル次第デアリマス

帝國ト「ソ」聯邦トノ國交關係ヲ顧ミマスニ、大正十四年北京基本條約ノ成立以來、兩國ハ正常ナル接觸ヲ續ケテ來マシタ、滿洲事變發生ニ於キマシテモ、善ク相互ノ立場ヲ諒解シマシテ、其間難問題ノ發生ヲ見ナカッタノデアリマス、然ルニ近來「ソ」聯邦ノ我國ニ對シマスル態度ニハ、若干ノ變調ヲ呈シテ居ルヤノ觀ガアルノデアリマス、「ソ」聯邦ハ頻リニ新聞通信等ニ依リマシテ、內外ニ向ッテ我國ニ對スル非難ノ聲ヲ放ッテ居リマス、或ハ殊更事態ノ惡化ヲ吹聽シテ、其內治外交上ニ之ヲ利用スルヤウナ感ガアリマスノハ洵ニ意外ニ感ジ、且ツ遺憾トスル次第デアリマス、由來帝國政府ノ「ソ」聯邦ニ對シマスル公正ナル態度ト云フモノハ、滿洲事變ノ以前ト以後トヲ問ハズ、終始一貫シテ居ルノデアリマシテ、國體思想等ニ於キマシテハ、根本的ニ相容レザルモノガアルニ拘ラズ、常ニ善隣ノ關係ヲ持續シマシテ、且ツ平和手段ヲ以テ案件ノ解決ニ努メテ來タノデアリマス、特ニ滿洲國成立ノ後ニ於キマシテハ、直接境ヲ接スル日、滿、「ソ」三國間ノ國交關係ヲ調整スルト云フコトガ、東亞平和ノ爲ニ極メテ必要デアルト云フ信念ニ基キマシテ、帝國政府ハ常ニ是ガ爲メ努力ヲ續ケテ居ル次第デアリマス、現ニ「ソ」聯邦側ノ宣傳ニ拘ラズ、我ガ日本軍ハ實際滿、「ソ」國境ニ於キマシテ、何等新ナル軍事的施設ヲシテ居ラナイコトハ勿論、昨年六月以來北滿鐵道ノ讓渡交涉ニ付キマシテモ、帝國政府ガ此滿、「ソ」兩國ノ間ニ仲介斡旋ノ勞ヲ執リ來リマシタコトモ、亦右方針ヲ實行スルノ趣旨ニ外ナラナイノデアリマス、事態斯ノ如クデアリマシテ、「ソ」聯邦ニ於キマシテモ、必ズヤ遠カラズ我ガ誠意ヲ十分諒解スルニ至ルベキコトヲ確信シテ居ルノデアリマス、而シテ北滿鐵道讓渡ノ交涉ハ、不幸目下停頓ノ狀態ニナッテハ居リマスガ、右交涉モ遠カラズ再開ニ至ランコトヲ翼望シテ居ル次第デアリマス

次ニ帝國ト北米合衆國トノ關係ヲ觀察致シマスルノニ、本來兩國ノ間ニハ、根本的ニ解決困難ナル問題ハ存在セズト言ヒ得ルノデアリマス、抑〻帝國ハ米國ニ對シマシテ、常ニ衷心ヨリ善隣ノ關係ヲ希望シテ居ルノデアリマシテ、進ンデ事ヲ構ヘントスルガ如キコトノナイノハ勿論デアリマスガ、同時ニ米國ニ於キマシテモ、東亞ニ於ケル帝國ノ地位ヲ正當ニ諒解スルニ吝ナラザルコトヲ信ズルノデアリマス、唯滿洲事變發生以來、米國ノ對日輿論ハ一時惡化致シマシテ、爲ニ兩國民間ニ幾分感情ノ疎隔ヲ生ジタヤウナ觀ヲ呈シテ居リマシタガ、固ヨリ帝國ト致シマシテハ、東亞百年ノ平和ヲ樹立セントスル外ニ、何等他意ナイ次第デアリマスカラ、米國ニ於キマシテモ此複雜ニシテ特異ナル東洋ノ事態ヲ十分認識致シマシテ、我國ガ東亞平和ノ安定力デアルト云フ所以ヲ、諒解致シマシテ行キマシタナラバ、兩國間ノ感情ノ緊張ト云フモノモ、自ラ緩和セラレルダラウト信ジテ居ルノデアリマス、依テ彼我兩國ハ、其通商貿易上ノ重要ナル關係ニモ鑑ミマシテ、今後相互ニ益〻諒解ヲ深メマシテ、歷史的親善關係ヲ增進シ、太平洋ヲ距テ、居ル二大隣邦ノ間ニ、名實共ニ太平ノ氣ヲ漂ハスニ至ランコトヲ翼望シテ已マヌ次第デアリマス

又帝國ト英帝國トノ傳統的親交關係ハ、今日ト雖モ何等動搖致シマセヌ、洋ノ東西ニ於キマシテ類似ノ地理的位置ニ在ル此兩帝國ガ、世界各方面ニ於キマシテ、互ニ其立場ヲ理解シ、協力ヲ爲シテ行クト居フコトガ世界平和ノ爲ニ貢獻スル所以ダト思ッテ居ルノデアリマス、此意味ニ於キマシテ、英帝國トノ間ニ通商貿易ノ問題ニ付キマシテ、其利害ノ調節ヲ計リ、以テ更ニ兩國ノ親交關係ノ增進ヲ期セントスルノデアリマス、英帝國ノ重要ナル一員デアル印度トノ間ニ於キマシテハ、困難ナル通商問題ノ交涉ガ大體結了ヲ見ルヤウニナリマシタコトハ、雙方全局ノ爲ニ慶賀スベキコト、思ッテ居リマス

顧テ輓近世界ノ狀勢ヲ通觀致シマスニ、政治上ノ不安、經濟上ノ動搖、思想上ノ混亂等ノ爲ニ、國際關係ハ動モスレバ平調ヲ失ハントスル感ガアリマシテ、世界各國民間ニ相互信賴ノ念ガ薄クナッタヤウニ考ヘラレマスノハ、洵ニ遺憾トスル所デアリマス、若シ各國ガ互ニ其誠意ヲ披瀝シマシテ、相互ノ立場ヲ正解シ、以テ萬邦協和ノ大精神ヲ發揮スルニ於キマシテハ、如何ナル問題ニ於キマシテモ、其解決ヲ計ルコトハ必シモ至難デハナイヤウニ思フノデアリマス、要ハ各國ガ、無用ナル猜疑排他ノ風ヲ改メマシテ、互ニ信賴協力ノ念ヲ益、高クスルニ在リト信ズルノデアリマス、然ルニ通商貿易ノ方面ニ於キマシテハ、之ニ對スル障碍ハ何等緩和ノ跡ヲ認メマセヌ、却テ増加スルノ傾向デアリマシテ、曩ニ開カレマシタ「ロンドン」經濟會議モ、遂ニ其所期ノ成果ヲ擧グルコトガナクシテ休會シタヤウナ次第デアリマス、而シテ近時我國ノ産業ハ著シク發達致シマシタ結果、對外貿易モ亦大ニ進展ヲ見ルニ至リマシタガ、諸外國中ニハ一般的通商制限ノ傾向ト相俟チマシテ、我ガ商品ノ海外進出ニ對シマシテ各種ノ障碍ヲ設クルモノガ續出スルヤウナ形勢デアリマスカラ、帝國政府ハ之ニ對シマシテ、鋭意機宜ノ對策ヲ講ジツヽアル次第デアリマス、他方國際間ノ理解ヲ進メマス爲ニハ、各國相互ニ其獨自ノ文化ヲ諒解セシムルコトガ與ッテ力アル譯デアリマスカラ、政府ハ此方面ニ於キマシテ、朝野相應ジ、內外ニ於ケル適切ナル施設ヲ爲サントスルモノデアリマス

以上說明申上ゲマシタ所ニ依リマシテモ、我ガ對外關係ハ現在ニ於キマシテモ、將又將來ニ於キマシテモ、種々多事デアルコトハ否マレマセヌ、併ナガラ凡ソ國勢ノ向上スル場合ニハ、其遭遇スベキ事端ト云フモノハ多々アルモノデアリマスカラ、我ガ國民ニシテ協力一致シ、如何ナル難局ニ遭遇シテモ、少シモ動ゼザル覺悟ト準備トヲ怠ラザルト同時ニ、冷靜ニ且ツ著實ニ「擲フ所正ヲ履ミ行フ所中ヲ執リ」以テ事ニ當ッテ參リマシタナラバ、帝國ノ將來ニ付キマシテ何等不安ヲ感ズルノ要ガナイノミナラズ、前途寔ニ洋々タルモノデアルト思フノデアリマス(拍手)之ヲ要シマスルノニ、帝國ハ東亞ニ於ケル平和維持ノ唯一ノ礎ト致シマシテ、其全責任ヲ荷フモノデアリマスカラ、吾人ハ一日モ此意識ヲ忘レテハナラヌト思フノデアリマス(拍手)我ガ外交モ亦國防モ、固ヨリ帝國ノ有スル此重大ナル地位及責任ヨリ發スルモノデアリマシテ、我ガ國防ハ既ニ其性質自體ニ於キマシテ、全然防禦的デアリ、自衞的デアルト共ニ、我ガ外交モ亦帝國ノ使命ニ基ク正當且ツ合理的主張ヲ貫徹セント期スルモノデアリマス、我ガ帝國ノ此自然且ツ現實ノ地位ガ、世界各國ニ依リテモ明々白々ニ理解サレルデアラウト云フコトハ、當然ノコトデアルト私ハ信ジテ居ルノデアリマス(拍手)

○議長(秋田清君) 大藏大臣高橋是清君

(國務大臣高橋是清君登壇)

○國務大臣(高橋是清君) 諸君、私ハ茲ニ昭和九年度歳入歳出總豫算ノ大要ヲ述ベ、併セテ經濟界ノ近狀ヲ說明スルノ光榮ヲ有シマス

昭和九年度歳入歳出總豫算ノ金額ハ、歳入歳出共ニ二十一億千二百餘万圓デアリマスガ、歳入豫算ハ經常部十二億四千八百餘万圓、臨時部八億六千三百餘万圓デアリマシテ、歳出豫算ハ經常部十二億四千七百餘万圓、臨時部八億六千四百餘万圓デアリマス、之ヲ前年度豫算額ト比較致シマスルニ、歳入經常部ニ於テ四千二百餘万圓、同臨時部ニ於テ一億五千四百餘万圓、歳入合計ニ於テ一億九千七百餘万圓ヲ減少シ、又歳出經常部ニ於テ一億千七百餘万圓、同臨時部ニ於テ七千九百餘万圓、歳出合計ニ於テ一億九千七百餘万圓ヲ減少致シテ居リマス

併ナガラ昭和九年度ヨリ通信事業特別會計ノ制度ヲ實施致シマスルニ依リ、通信事業ノ收支ハ之ヲ同特別會計ニ計上シ、一般會計ニ計上致シマセヌ爲メ、單ニ形式的ニ昭和八年度豫算額ト昭和九年度豫算額トヲ比較致シマスルコトハ實際上其當ヲ得テ居リマセヌ、故ニ昭和八年度ニ於テ通信事業ニ關スル歳入歳出ガ一般會計ニ計上セラレザリシモノト假定シ、其數字ヲ計算シ、假ニ之ヲ八年度改算豫算額ト稱シ、昭和九年度豫算額ヲ是ト比較シマスル時ハ、歳入經常部ニ於テ一億三千百餘万圓ヲ増加シ、同臨時部ニ於テ一億四千万餘圓ヲ減少シ、歳入合計ニ於テ八百餘万圓ヲ減少致シテ居リマス、又歳出經常部ニ於テ四千五百餘万圓ヲ増加シ、同臨時部ニ於テ五千三百餘万圓ヲ減少シ、歳出合計ニ於テ八百餘万圓ヲ減少致シテ居リマス

昭和九年度歳入ニ關シテ、其大要ヲ八年度改算豫算額ニ比較シマスレバ、租税收入ニ於テハ、所得税二千六百九十餘万圓、營業收益税八百十万餘圓、相續税二百七十餘万圓、酒税三千八百十餘万圓、取引所税五百五十餘万圓ヲ始トシ、資本利子税ヲ除クノ外ハ、各税共ニ皆増收トナリマスノデ、租税全體ニ於テ八千三百二十餘万圓ヲ増加致シテ居リマス、印紙收入ニ於テハ六百二十餘万圓ヲ増加シ、官業及官有財産收入ニ於テハ森林收入三百九十万餘圓、專賣局益金千四百八十餘万圓、配當金收入千六百八十餘万圓ヲ増加スル等ノ爲メ、三千七百餘万圓ノ増收トナリ、其他日本銀行納付金、雜收入等ノ増減ヲ加除シテ、結局歳入經常部ニ於テ一億三千百六十餘万圓ノ増加トナッテ居リマス、尙ホ通信事業特別會計納付金トシテハ七千八百万圓ヲ計上シテアリマス

歳入臨時部中普通歳入ニ於テハ、製鐵所特別會計ノ廢止ニ伴フ其資金殘額七百万圓ノ繰入其他ノ増減ヲ加除シ、結局二百六十万餘圓ヲ増加シ經常部臨時部ヲ合計シテ普通歳入ニ於テ一億三千四百二十餘万圓ヲ増加シテ居リマス

右申述ベマシタ數字中ニハ、日本製鐵株式會社配當金千三十餘万圓ノ如キ、計畫上ノ増加又ハ新規歳出ノ伴フ増收等モ含ンデ居リマスガ、大體ニ於テ經濟界ノ回復ニ伴フ歳入ノ自然増加ガ主要ナル部分ヲ占メテ居ルノデアリマス

次ニ歳出豫算ノ大體ヲ說明致シマス、昭和九年度ニ於ケル歳入ノ狀況ハ右ノ如ク相當改善ヲ示シテ居リマスガ滿洲事件費、時局匡救費及爲替相場ノ變動ニ基ク經費ハ、前年度ニ引續キ相當多額ヲ計上セザルヲ得ズ、且ツ國際情勢ノ現狀ハ陸海軍ノ國防費ニ多額ノ増加ヲ必要トシ、是等諸經費ノ増加ニ對シテハ、普通歳入ノ増加ヲ以テシテハ到底之ニ應ジ得ザル狀況ニアルノミナラズ、將來ノ國庫歳計竝ニ公債政策ノ前途ニ鑑ミル時ハ、以上四項目ノ經費ニ付テモ、出來得ルタケ節約ノ趣旨ヲ以テ其金額ノ減

少ニ努メ、其他ノ諸經費ニ至ッテハ、所謂義務費ニ屬スルモノ、外ハ殆ド是ガ增加計上ヲ見合サザルヲ得ナカッタ次第デアリマス

滿洲事件費ハ、豫算編成當時ノ狀況ニ鑑ミ、昭和九年度一箇年分ヲ計上致シマシタガ、大體ニ於テ八年度ヨリ減少致シテ居リマス、而シテ同經費ハ一般會計ニ於テ、外務省所管三百八十餘万圓、陸軍省所管一億三千三百八十餘万圓、海軍省所管千百六十餘万圓、大藏省所管ニ於テ豫備費トシテ千万圓、合計一億五千九百三十餘万圓デアリマシテ、之ニ朝鮮總督府及關東廳特別會計ノ分四百三十餘万圓ヲ加フル時ハ、總額一億六千三百六十餘万圓トナリマス

陸海軍ノ兵備改善ニ關スル經費ハ、前年度ニ於テ既ニ本年度分ヲ豫定シタル額、各省所管ヲ通ジテ三千五十餘万圓、新規增加額、陸軍省所管ニ於テ經常部二百七十餘万圓、臨時部一億六百八十餘万圓、海軍省所管ニ於テ經常部千百七十餘万圓、臨時部一億七千九百四十餘万圓、陸海軍兩省所管新規增加額合計三億八十餘万圓、總計三億三千百三十餘万圓デアリマス、右ノ外國防費ノ增加中主要ナルモノトシテハ、海軍省所管經常部ニ於テ新艦船ノ維持費千二百八十餘万圓等ガアリマス

次ニ時局匡救ニ關スル經費ハ、既定ノ方針ニ基キ前年度額ヨリ相當減額ノ上計上スルコト、致シマシタ、其金額ハ一般會計ニ於テ、前年度ニ於テ既ニ本年度分ヲ豫定シタル額四千五百三十万餘圓、新規增加額七千九百四十餘万圓、計一億二千四百七十餘万圓デアリマス、之ニ伴ヒ地方團體等ニ於テ負擔スル經費ハ七千六百三十万餘圓デアリマシテ、大體內地ニ於ケル昭和九年度ノ時局匡救ニ關スル、中央及地方ノ經費總額ハ二億百餘万圓ニ上ルノ計算トナリマス、其他特別會計ニ於テハ朝鮮總督府、臺灣總督府及樺太廳ヲ通ジテ四百五十餘万圓ヲ計上シテアリマス

尙右ノ外兵備改善等ニ關スル經費等ノ內、時局匡救ニ資スル經費ト看做シ得ベキモノ、陸軍省所管ニ於テ一億千九百三十餘万圓、海軍省所管ニ於テ一億五千三百四十万餘圓、計二億七千二百七十餘万圓ガアリマス

外國爲替相場ノ變動ニ基イテ要スル經費ハ、一般會計ニ於テ國債元利拂ニ關スル貨幣交換差減五千九百餘万圓、其他ノ貨幣交換差減四百二十餘万圓、在勤俸其他臨時增給及物件費等ノ增加千六百三十餘万圓、計七千九百六十餘万圓デアリマス

尙本年度豫算ニ於テハ滿洲事件ニ關スル行賞賜金三百九十餘万圓ガ計上シテアリマス、行賞賜金ノ總額ハ五千四百六十餘万圓、內陸軍省三千九百九十餘万圓、海軍省千八十餘万圓、其他三百七十餘万圓デアリマシテ、其內公債ヲ以テ交付スルモノ四千八百七十餘万圓、公債端金等現金ヲ以テ交付スルモノ五百八十餘万圓ノ豫定デアリマス、公債ヲ以テ交付スルモノニ付テハ、別途之ガ起債ノ法律ニ付キ協贊ヲ經ルコト、致シタイト考ヘマス

以上ノ次第ニシテ結局歲出總額ハ二十一億千二百餘万圓ニ上リ、普通歲入ヲ以テシテハ巨額ノ不足ヲ生ズルノデアリマスガ、經濟界ノ現狀ハ今尙增稅其他ノ增收計畫ヲ樹立スル時期ニ非ズト考ヘラレマスカラ、歲入ノ不足スル分ハ前年度通リ公債財源ニ依ルコト、致シタノデアリマス、昭和九年度ニ於テ一般會計歲出ノ財源タルベキ公債ハ、震災善後公債千二百三十万餘圓、道路公債六百五十餘万圓、滿洲事件公債一億五千九百三十餘万圓、歲入補塡公債六億六百八十餘万圓、合計七億八千五百餘万圓、同ジク特別會計ノ分ハ大體所謂事業公債ニ屬スルモノデアリマシテ、朝鮮總督府二千九百四十餘万圓、樺太廳三百五十万圓、帝國鐵道四千八百万圓、通信事業千五百万圓、合計九千五百九十餘万圓、一般及特別會計ノ合計額ハ八億八千百餘万圓デアリマシテ、前年度ニ比較シ一億三千七十餘万圓ヲ減少致シテ居リマス

是等ノ公債ノ發行方法ニ付テハ前例ノ通リ一應日本銀行ヲシテ之ヲ引受ケシメ、金融市場ノ狀況ニ從ヒ正當ニ處理セシムル方針デアリマス、而シテ我國ノ經濟狀態ハ後ニモ述ブルガ如ク、漸次好轉致シマシテ、昭和九年度ニ於テハ相當多額ノ自然增收ヲ計上スルコトヲ得、此勢ヲ繼續スレバ昭和三四年頃ノ歲入狀態ニ復歸スルモ遠カラザルコト、考ヘラレマス、併ナガラ歲入ノ不足ハ現ニ巨額ニ上ルノミナラズ、我ガ財政ノ前途ニ對シ深甚ノ考慮ヲ要スルモノアリ、從テ公債ノ發行額ニ對シテ極力之ガ減少ヲ圖ルノ必要ガアルノデアリマス、故ニ緊急已ムヲ得ザル國防費等ニ於テモ努メテ節約ノ趣旨ニ依リ其金額ヲ計畫スルハ固ヨリ、其他ノ經費ニ至リテハ意ノ如ク計上スルヲ得ザリシハ、蓋シ已ムヲ得ザル所デアリマス、今後我ガ財政ノ前途ニ就テハ歲入歲出ノ兩方面ニ對シテ國民ハ忍ビ難キヲ忍ビ、奮勵努力官民一致シテ其打開ヲ圖ラナケレバナラヌノデアリマス

次ニ一般經濟界ノ情勢ニ付テ申述ベマス、政府ハ財界ノ甦生ヲ圖ルニハ金融ノ梗塞ヲ打開シ、低利產業資金ノ供給ヲ潤澤ナラシムルコトヲ以テ最先ノ急務ト認メ、一昨年郵便貯金利率ノ大幅引下ヲ始メ、其他必要ナル諸般ノ施設ヲ行ヒ來ッタノデアリマスガ、是等ノ諸政策ハ、他方時局匡救事業ノ進行ト相俟ッテ漸次其效果ヲ現ハシ、昨年來特ニ顯著ナル實績ヲ擧ゲツ、アルノデアリマス、卽チ一般物價ハ大體ニ於テ其騰勢ヲ維持シ、對外貿易モ亦活況ヲ呈シ、政府放出資金ガ各方面ニ逐次浸潤スルニ連レテ、國民ノ購買力及貯蓄力モ次第ニ回復シ、銀行預金ハ昨年中ニ七億一千餘万圓ヲ增加シ、郵便貯金及金錢信託ノ如キモ同期間ニソレゾレ一億圓及一億六千餘万圓ヲ增加シタノデアリマス、而シテ一般金融界ハ頗ル平穩ノ狀態ヲ呈スルニ至リ、經濟取引モ漸次回復致シマシタコトハ、昨年中ノ全國手形交換高ガ其前年ニ比シ百六十餘億圓、卽チ三割強ヲ增加シ、昨年下期ニ於ケル日本銀行券ノ各月ノ平均發行高ガ、一昨年ノ同期ニ比シ大體一億圓內外ノ增加ヲ示シ、十二月末ニ於ケル補助貨流通高ハ前年同期ニ比シ三千百餘万圓ヲ增加シ、又鐵道運賃收入ノ顯著ナル增加ヲ來シタル事實等ニ依テ之ヲ知ルコトガ出來ルノデアリマス

次ニ政府ノ意ヲ用ヒタル低金利ノ趨勢ハ各方面ニ馴致セラレマシテ、日本銀行公定割引步合ハ、昨年七月ニ於テ現內閣成立以來第三次ノ引下ヲ行ヒ、實ニ同行開設以來未曾有ノ低利ヲ現出スルニ至リタルノミナラズ、一般ノ銀行預金利率ニ於テモ、東京及大阪ノ組合銀行ヲ首メトシテ、各地方共漸次之ニ倣ヒ、全國的ニ之ガ引下ヲ見

ルニ至リマシタ、而シテ長期資金ノ金利モ同樣ノ趨勢ヲ辿リ、爲ニ有價證券ノ利廻低下ヲ來シ、公債社債ノ低利借換ガ頻リニ行ハル、ニ至リ、昨年中ニ於ケル地方債及社債ノ低利借換額ハソレ〳〵六億七千餘万圓及十一億九千餘万圓ノ巨額ニ上ッタノデアリマス、他面日本勸業銀行其他ノ不動產銀行モ右ノ情勢ニ伴ヒ、其債務資金原價ノ引下ニ努力スルト共ニ、數次ニ亙リ其貸付利率ヲ引下ゲ、仍テ以テ地方、殊ニ農村產業資金ノ負擔ヲ輕減セシメマシタ、斯ノ如ク各方面ニ亙リ低金利ノ大勢動カスベカラザルニ至リマシタ結果、昨年秋ニ於テハ遂ニ四分利國債ノ發行ヲ實現シ得ルニ至ッタノデアリマス

次ニ外國貿易ノ狀況ヲ見マスルニ、昨年中ニ於ケル我國ノ對外貿易ハ、輸出十九億三千餘万圓、輸入二十億一千餘万圓、合計三十九億四千餘万圓デアリマシテ、之ヲ前年ニ比スレバ、輸出ハ三割二分六厘ヲ、輸入ハ三割二分三厘ヲ增加シ、輸出入合計ニ於テ九億六千餘万圓、即チ三割二分五厘ヲ增加シ、輸入超過ハ前年ニ比シ一千八百餘万圓ヲ增加致シマシタガ、貿易總額ヨリ見マスレバ、金額ニ於テ多大ノ增加ヲ示シテ居ルノミナラズ、其數量ノ上ニ於テモ相當ノ增加ヲ示シテ居ルノデアリマス、而シテ昨年中輸出入共ニ增加シタル原因ノ主ナルモノハ、原料品ノ輸入增加ト、製品ノ輸出ガ旺盛デアッタコトニ基クモノニシテ、其事實ハ驟テ我ガ國內生產事業ノ活況ヲ指示スルト共ニ、一面我ガ國民ガ其不撓ノ精神ト、最善ノ努力トヲ以テ內ニ於テハ生產ノ合理化ヲ圖リ、外ニ於テハ現下各國ノ自衞主義ニ基ク輸入品防遏ノ壓迫ニ拘ラズ、世界ノ各地ニ新販路ヲ開拓シタルガ爲ニ外ナラナイノデアリマス、サリナガラ各國共ニ輸入防遏ノ手段ヲ講ズルコト益々甚シカラントスル現狀デアリマスカラ、貿易ニ從事スル我ガ商工業者ハ特ニ事態ノ推移ニ留意シテ戒心ヲ怠ッテハナリマセヌ、尙ホ我ガ輸出貿易ノ進展竝ニ貿易外收支ノ好轉ト、一昨年以來ノ資本移動ノ取締トニ依リ、我ガ國際貸借モ著シク改善セラレ、昭和七年ノ國債貸借尻ハ近年ニ見ザル少額ノ支拂超過デアリマシタガ、昭和八年ニ於テモ貿易ニ於テ多少ノ入超增加ガアリマシテモ、全體トシテ國債貸借ハ依然好調ヲ持續セルモノト考ヘラレマス

次ニ第六十四議會ノ協賛ヲ經タル外國爲替管理法竝ニ之ニ基ク大藏省令ハ、昨年五月一日ヨリ施行セラレタノデアリマスガ、其後實際取引ノ便宜ヲモ參酌シテ數次ノ改正ヲ加ヘテ今日ニ至リマシタ、而シテ本法實施ノ當初ニ於テハ民間當業者ノ諒解ニモ幾分徹底ヲ缺イタ嫌モアリマシタガ、其後法ノ精神竝ニ解釋ニ關スル理解モ漸次行キ亙リ、今日ニ於テハ本法ノ運用ハ圓滑ニ行ハレ、所期ノ目的ヲ達シツヽ、アルモノト信ジラレマス、尙ホ國際爲替市場ノ狀況ヲ見マスルニ、各國ソレ〳〵獨自ノ立場ニ基キ、其政策ハ屢々變化シテ參リマスルノデ、依然トシテ混沌タル狀態ヲ脫シ得ナイノデアリマス、此間ニ處シ邦貨ノ對外價值安定ヲ圖ルコトハ頗ル困難ナ業デアリマスガ、一昨年十一月以來圓爲替相場ニ著シキ動搖無ク、其安定ヲ保チ得タコトハ欣幸トスル所デアリマス、尤モ昨年米國ノ金本位制離脫以來對米爲替相場ハ可ナリ大幅ノ騰落ヲ見ルニ至リマシタガ、是ハ偏ニ弗ノ動搖ニ基クモノデアルコトハ申ス迄モアリマセヌ

次ニ世界經濟ノ大勢ヲ觀マスルニ、昨年六月倫敦ニ於テ開催セラレマシタ國際經濟會議ハ、主要國間ニ意見ノ一致ヲ見ザル爲メ所期ノ效果ヲ收メ得ズシテ、七月ニ至リ一先ヅ休會シ、他日適當ノ時期ニ於テ之ヲ再開スルコト、ナリマシタ、元來同會議ハ現下ノ世界的不況ヲ克服スル爲メ各國互ニ協調シテ、一面ニ於テハ通貨ノ安定及資本ノ國際的移動再開ヲ圖ルト共ニ、他面各種通商上ノ障害ヲ除去シ、生產ヲ統制シ、仍テ以テ國際經濟ノ圓滿ナル運行ト、發達トヲ期スルヲ以テ其使命トシテ居ッタノデアリマスルガ、會議ノ結果ガ右ノ如クナリマシタ爲ニ、差當リ國際的協調ニ依ル不況打開ハ之ヲ期待シ得ザルニ至リマシタノデアリマス、ソコデ各國ハ休會後益々其自衞策ヲ强調シ、內ニ於テハ國民經濟ノ自給自足主義ノ徹底ヲ圖ルト共ニ、外ニ對シテハ通商ノ障壁ヲ愈々高カラシムルニ至リ、從前ノ如ク國際通商上衡平ナル待遇ヲ主義トスル國ハ極メテ少數トナリ、密接ナル利害關係ヲ有スル二國間、又ハ數國間ニ於テ特殊ノ協定ヲ取極メントスル傾向ガ頗ル顯著デアリマス、又我國ト緊密ナル經濟關係ヲ有スル米國ハ、昨年三月ノ恐慌以來一意景氣ノ回復及物價ノ引上ヲ企圖シ、之ニ關スル各種ノ對策ヲ講ジテ居リマスガ、同國モ亦其通貨爲替等ノ諸政策ニ付キ、未ダ英佛等ノ諸國ト協調聯携ヲ採リ得ルニ至ラズ、只管自國民ノ經濟生活ノ安定ト、國內經濟政策ノ建直シトヲ以テ焦眉ノ急務トシ、此立場ヨリ各般ノ施設ヲ行ヒツヽアルノデアリマス、以上ノ如ク世界經濟界ノ現狀ハ依然トシテ混沌タル狀態ニ在リマシテ、未ダ不況打開ノ曙光ヲ認ムル能ハザルノミナラズ、將來ニ於ケル情勢モ容易ニ逆睹シ難キモノガアリマス

而シテ此間ニ處シ、我國經濟界ハ幸ニシテ各方面ニ好轉ノ兆見ルベキモノアリトハ申スモノ、未ダ不況克服ニ數步ヲ進メ得タト謂フニ止マリ、此情勢ヲ促進シテ以テ全般的景氣回復ノ域ニ達セシムルニハ、今後一層國民ノ努力ヲ必要トスルノデアリマス、而モ國際經濟ノ情勢ガ前述ベマシタ如クナル以上、是ガ達成ハ眞ニ容易ナラザルコトデアリマス、同時ニ我ガ財政ノ前途ニ付テモ將來深甚ナル考慮ヲ要スルモノアルコトハ既ニ述ベタ通リデアリマス、故ニ國民ハ此內外ニ於ケル財政及經濟ノ重大性ヲ的確ニ認識シ、不斷ノ用意ヲ以テ時勢ノ推移ヲ洞察シ、協心一致シテ各々奉公ノ至誠ヲ竭シ、私利小我ヲ却ケテ、専ラ國家公共ノ福祉ニ貢獻シ由テ以テ當面ノ非常時局ヲ克服シ、併セテ我ガ帝國永遠ノ盛運ヲ翼成セラレンコトヲ望ンデ止マザル次第デアリマス

終リニ臨ミ本豫算案ニ對シ、何卒協賛ヲ與ヘラレンコトヲ希望致シマス（拍手）

昭和九年一月二十四日

國務大臣ノ演說ニ對スル質疑

後藤國務大臣ノ答辯

永井國務大臣ノ答辯

○東武君　私ハ質問ヲ農村問題ニ限局ヲ致シマシテ、總理大臣竝關係各大臣ニ質問ヲ致サウト考ヘテ居リマス

第一ニ私ガ伺ッテ見タイノハ、政府ハ米穀問題ニ對シマシテ、現行統制法ニ付キマシテ不備缺點ガアルモノト看做スカ、ナイモノト看做シテ居ルノデアリマスルカ、若シ缺點ガアリト致シマシタナラバ、今期議會ニ改正法デモ提出ヲ致ス考デアルカト云フコトガ、先ヅ第一問デアリマス、諸君ノ御承知アラセラレル如ク、昭和八年度ハ未曾有ノ大豐作デアリマシタ、最近米ノ生産額ハ平均致シマスルト云フト、一箇年ニ六千万石デアリマルスガ、昭和三年カラ七年ニ至ルマデノ五箇年ノ平均ガ、一箇年六千四百万石ト云フモノニナッテ居リマス、然ルニ昨年ノ生産ハ、マダ、ハッキリ致シテ居リマセヌガ、十一月ノ政府ノ發表ニ依リマスルト云フト、六千五百九十六万三千石、ザット六千六百万石ニナッテ居ルノデアリマス、毎年翌年度ニ持越ス米ガドレダケアルカト申シマスルト云フト、大體昨今ハ翌年ノ過剩米トシテ持越スモノハ、五百万石ヲ理想ニ致シテ居ルノデアリマスルガ、本年ノ持越高ハ一千二百万石以上ニ達スル狀況デアルノデアリマス、是ニ於キマシテ私共ガ六十四議會ニ於テ米穀統制法ニ協贊ヲ與ヘタノデアリマス、其當時ニ政府ニ對シマシテ各委員カラシテ各種ノ質問應答ガ重ネラレテアッタノデアリマスルガ、政府ガ其時ニ吾々委員ニ對シテ提供致シマシタ需給推算ノ材料ト云フモノガ出テ居ルノデアリマス、其材料ニ依リマスルト云フト、實施第一年ニ內地ノ生産額ガ六千二百万石トナッテ居ルノデアリマス、朝鮮カラノ移入ガ六百九十万石、臺灣カラノ移入ガ三百万石、是ガ即チ統制法ヲ吾々ガ審議シタ所ノ政府ノ需給ノ基礎材料ニナッテ居ルノデアリマス、サウ致シマシテ、翌年度ニ持越ス所ノ米ハ、是ハ昨年ノモノデアリマシタガ、本年即チ統制法施行ノ第一年ニ持越ス所ノ米ガ六百五十万石、斯ウ云フ推算デアッタノデアリマス、即チ統制法審議ノ基礎的材料ニ非常ナ錯誤ト違算ガアッタト云フコトハ、此事實デ明カニナッテ居ルノデアリマス、本年ノ生産額デ五百万石、持越高デ五百五十万石、實ニ千五十万石ト云フ大違算ガ生ジタノデアリマス、此點カラ申シマスルト云フト、吾々議員ガ統制法ニ對シテ一致ノ態度ヲ以テ決議ヲ致シ、協贊ヲ與ヘタト云フコトニ付テハ、吾々議員ニ於テモ、多少ノ責任ナシトハ致サヌノデアリマスガ、政府ノ說明ト政府ノ基礎材料ニ吾々ガ信用ヲ置イテ、サウシテ此統制法ト云フモノヲ協贊シテ議會ノ決定ヲシタ、斯ウ云フコトニナッタノデアリマスルガ、サウ致シマスルト云フト、政府ハ此統制法ノ制定ノ時非常ニ需給推算ヲ誤ッテ大豐況ニ出會ッタ爲ニ、斯ノ如キ統制法ニ重大ナル問題ガ生ジタト云フノデアリマスルガ、或ハ政府ノ責任ハ氣候ト天惠ノ關係デアッタト言ヘバ先ヅソレ迄デアリマスルガ、大體左樣ナコトガ誤リノ原因ニナッテ居ル、斯樣ニ考ヘテ居ル、ソコデ統制法ハ諸君ノ御存ジノ如ク、統制法第二條ニ依リマシテ、毎年ノ最高價格ト最低價格トヲ公定致シマシテ、其範圍ニ於テ米價ヲ定メテ、若シ最低米價ヲ下廻ル時ハ、政府ハ賣渡ノ申込アル時ハ之ヲ買上ゲル所ノ義務ヲ有シテ居ル、米價ガ最高價格ニ達シナイ場合ニハ之ヲ賣却スルコトガ出來ナイト云フノガ、即チ此統制法ノ實質內容デアルコトハ諸君御承知ノ通リデアリマス、然ラバ統制法ノ實施後ノ經過ハドウナッテ居ルカト申シマスルト云フト、昨年十二月十六日米穀統制委員會ガ開カレマシテ、委員會ノ議ヲ經マシテ、米價ノ最高ハ三十圓五十錢、最低ガ二十三圓三十錢ト云フコトニ決定ヲシテ、今日是ガ施行サレテ居ルノデアリマス、其後ノ經過ヲ見マスルト云フト、米價ハ一時最低價格、即チ公定價格ヲ下廻ルコトガ一、二圓デ、サウシテ折角公定米價ヲ定メマシタケレドモ、公定米價通リニ米ガ賣買ヲサレテ居ナカッタト云フ事情ガ多分ニアッタノデアリマス、サウシテ商人ハ無智ノ農民ヲ煽動致シマシテ、地方ノ出廻リノ米ヲ農家カラ安ク買叩キ、之ヲ政府ニ賣込ム、鞘稼ギト云フ一ツノ職業ガ出來テ、鞘稼ギヲシテ政府ニ賣込ンデ鞘ヲ儲ケルト云フ職業ガ出來タト云フノガ今日迄ノ狀態デアリマス、是ガ爲ニ一時統制法ノ權威ト實效ニハ著シキ不安ガ生ジタノデアリマス、是ハ種々ノ原因ガアリマスルガ、必シモ政府ノ責任バカリデハアリマセヌ、第一統制法ノ趣意ガ國民全般ニ普及ヲシナカッタト云フコトガ一ツ、ソレカラ第二ハ政府ノ手續ガ非常ニ煩瑣デアッタ、政府ニ米ヲ賣込マウト致シマシテモ、保證金ヲ提供致ストカ、或ハ倉入レノ檢査證ヲ受ケルトカ、米穀證券ノ割引ヲスルトカ、容易ナラザル書類等ノ手續ヲ要シタ爲ニ、農家ハ寧ロ二十錢乃至五十錢安クテモ商人ニ賣ッテ、サウシテ現金ヲ懷ロニシタ方ガ面倒ガナクテ宜イト云フコトノ爲ニ、折角公定米價ヲ定メタノデアリマスケレドモ、此公定米價ニ副ハナカッタト云フコトガ、統制法實施以來昨今迄ノ狀況デアッタノデアリマス、併ナガラ此事實ハ其後漸次緩和サレマシテ、各地方ノ産業組合、農會等ニ於テモ其趣意ガ分リ、其手續デモ最初ニハ政府ニ手紙ヲ出シテ、政府カラ願書ヲ貰ッテ其書面往復ニ十五六回モ費サナケレバナラヌト云フヤウデアッタガ、漸次其手數ヲ省クコトニナリマ

シテ、今日ハ大體農家ガ政府ニ賣ルト云フコトニナリ稍、順調ニ進行致シテ居ルト思フノデアリマス、併ナガラ玆ニ非常ニ重大ナル問題ガアルノハ、統制法ハ公定價格ヲ假ニ維持スルト致シマシテモ、賣渡ノ申込ニ對シテハ無限ニ買入レナケレバナラヌ、又最近ノ狀況デハ既ニ新聞ニ報ゼラル、通リニ、五百五十万石ト云フ大量ヲ政府ハ買上ゲルト云フヤウナ狀況ニナッテ居リマス、而シテ是カラ後デモ幾何ノ米ヲ政府ガ買ッテ宜イカト云フコトニナリマスガ、今日マデ出廻ッタ米ハ大抵關東、東北、北海道ト云フ方面カラ出タ軟質米トカ云フノデアリマスガ、此地方カラノ出廻リガ多イノデアリマス、收穫時ノ比較的遲イ中國、關西、九州方面カラハ政府ニ賣渡ノ申込ガ少イノデアリマス、デアリマスカラ是カラドレダケ政府ニ賣渡ノ申込ガアルカト言ヘバ、當局者ノ觀測デモ、吾々ノ觀測カラ行キマシテモ約八百万石ニハ達スルノデアリマス、是カラマダ二百万石、三百万石モ買ハナケレバナラヌ、惡クスレバ一千万石モ買フト云フヤウナ狀況ガ起ルカモ知レナイ、最近ノ狀況ヲ見マスト、舊臘以來關東カラ東北地方ノ各停車場ニハ殆ド米ノ山ヲ築イテ居ルノデアリマス、鐵道デハ貨車ガ十分ニ出廻ラナイ爲ニ輸送ガ困難デアル、各地方ノ倉庫ト云フ倉庫ハ悉ク米ヲ入レテシマッテ、倉庫ガ非常ニ不足デ、東京デモ三菱トカ、三井等ニ話ヲシテ、新規ニ大倉庫ヲ造ッテ、辛ウジテ其米ヲ收容スルト云フヤウナ狀況デアル、農業倉庫デモ、或ハ地方ノ指定倉庫デモ米デ殆ドハチ切レテ居ルト云フ有樣ニナッテ居ル、私ハ斯ウ云フ舊幕時代ノ話ヲ聽キマシタ、幕府ガ矢張米價ガ安イ時ニ、大阪ノ堂島ノ商人ニ百八十万兩ト云フ御用金ヲ出シテ廻米ヲ堂島デ買占メサセタコトガアル、其時分ニ大阪ノ淀川ノ兩岸ニハ米ノ土手ヲ築イタ、サウシテ米ガ中國、或ハ關西、或ハ酒田方面カラ買ヘバ集リ、買ヘバ集リシテ米ノ土手ヲ築イテ、遂ニ已ムヲ得ズ天保山沖デ米ヲ投入レタト云フ、斯樣ナ不思議ナ事實ガ幕府時代ニアッタガ、今ノ統制法運用ノ狀況ハ是ト同樣デアル、東京ヘ倉庫ト云フ倉庫ハ米デ殆ド一杯横濱モ一杯、地方モ一杯、米デハチ切レルト云フヤウナ狀況ニ今ナッテ居ル、而シテ此政府ノ有ッテ居ル米ハドウナルノカト云フト、米穀統制法ノ命ズル所ニ依リマシテ三十圓五十錢ニナラナケレバ之ヲ賣ルコトガ出來ナイ、サウシテ是ハ何時マデモ有ッテ居ラナケレバナラヌ、二年デモ三年デモ三十圓五十錢マデ行カナケレバ賣レナイト云フコトニナルト、ソコニ米ノ傷ミガ出來テ來ル、或ハ目減リガスル、サウシテ倉敷料、金利ト云フモノガ掛ッテ來ル、サウナリマスト云フト非常ニ國庫ガ重大ナ負擔ヲ負ハナケレバナラヌ、本年ダケデモ約二億万圓ノ金ハ是ガ爲ニ投ジナケレバナラヌト云フ今日ノ狀況デアルノデアリマス、實ニ吾々ハ此狀況ヲ思ヘバ、此米穀統制法ノ運命ハドウナルカ、實ニ膚ニ栗スルノ感ヲ有ツノデアリマス、此非常時ト銘打ッタ此時代ニ於キマシテ、此米ノ問題ノミヲ見テモ、此米ノ問題ノミニ限局致シマシテモ、私ハ實ニ一種ノ經濟國難デハナカラウカト思フ(拍手)故ニ政府ハ此點ニ於テ此統制法ヲドウ云フ風ニ考ヘテ居ルカ、此儘ニ此統制法ヲ運用シテ行クノデアルカ、ドウデアルカト云フ大體ノ質問デアリマス

ソレカラ次ノ問題ハ、私ハ統制法制定當時ノ特別委員長ヲ命ゼラレタノデアリマシタガ、此統制法ヲ制定スル時ニハ委員ニ於テハ、此事アルベキコトハ豫期致シタ、此事アルベキコトヲ豫期致シテ、統制法ノ審議ノ際ニハ殆ド十餘日間、吾々ガ今日此壇上ニ言ハントスルコトヲ委員會ニ於テハ言ウタノデアリマス、其統制法ノ委員會ノ附帶決議ト云フモノガアルノデアリマスルガ、衆議院ノ附帶決議、貴族院ノ附帶決議、統制法ガ議院ニ出ル迄ノ米穀統制調査會ノ此希望決議、此三ツノ決議ハ既ニ今日ヲ豫想シテ決議ヲ附帶的ニ付ケタ、此附帶決議ニ對シテハ政府ハドウ云フヤウナ答辯デアッタカト言ヘバ――附帶決議ヲ一寸朗讀致シマス、御許シヲ願ヒマス、衆議院ノ附帶決議ハ

米穀統制ニ關シテハ更ニ調査研究ヲ爲シ米穀政策ノ徹底ヲ期スルヲ必要ト認ムルモ本法施行ニ關シテハ少クトモ政府ハ左記事項ヲ考慮スベシ

一、本法第二條第二項ノ生産費中ノ租税公課ノ中ニハ戸數割水利費部落費ヲ加算シ更ニ米ノ生産地ヨリ買上場所ニ至ル運賃諸掛リヲ加ヘラレタシ

是ハ政府モ大體此趣意ヲ容レテ今日ノ生産費ヲ計算ヲ致シテ居ルノデアリマスルガ、此點ニ付テ私ハ今餘リ論議ヲスル必要ハナイ、次ニ

朝鮮米臺灣米ニ付テハ本法所期ノ目的ヲ達スル爲更ニ徹底的統制ノ方法ヲ講ズベシ

是ガ詰リ米穀統制調査會、所謂總理大臣ガ會長ニナッテ調査會ヲ開イタ時ニモ此問題ガ終始一貫シテ議論ニナッタ、衆議院デモ此問題、朝鮮臺灣ノ外地米ヲドウスルカト云フコトハ一番ノ議論ノ要點デアッタ、然ルニ政府ハ之ニ對シテ斯樣ナ答辯ヲ致シテ居ル、是ハ法制ノ上ニ於テハ、最初ニ立法ノ時ニハ、此朝鮮、臺灣米ヲ統制スルト云フコトノ案ガ織込マレテ立法サレテ居ッタ、是ハ朝鮮、臺灣、或ハ拓務省等ニ於テ異論ガアッタ、異論ガアッタ爲ニ遂ニ是ハ削除サレタト云フコトガ實際ノ內容ニナッテ居ルノデアリマス、議會ニ際シテハ、是ハ行政命令ト、行政監督ニ依ッテ此不備缺陷ハ十分是正スルコトガ出來ル、政府ヲ信頼シテ、サウシテ是ハ統制ヲ圖ルヤウニドウカ御願ヲ致ス、立法ノ趣意ハ十分分ッテ居ルト云フコトノ議論デ、政府ヲ信頼セヨト云フコトデ、此問題ハ衆議院ノ附帶決議トナッテ通過致シタ、貴族院モ亦同樣デアル、民政黨ノ希望等モアリマス、產業組合、農會ヲ通ジテ自治的統制ヲシナケレバナラヌ、或ハ統計ノ基礎調査ヲシナケレバナラヌト云フヤウナコトモアリマシタガ、是ハ餘リ關係ガアリマセヌ、大體外地米ノ統制ト云フコトニ論點ガ置カレテ居ッタ、然ルニ其後ノ狀況ヲ見マスルト云フト、此統制法ハ洵ニ其當時カラ不備缺陷ノ點ガ議院ニ於テ指摘サレテ居ッタノデアリマスガ、政府ガ統制法以外ニ行政的ノ統制ヲ期待スルノデアリ、又政府ノ爲ス所ヲ吾々ハ今日マデ見テ居ッタノデアリマシタガ、其後幾度カ外地ノ官吏、或ハ拓務省、農林省等關係各省ノ會議ヲ開キ、協議ヲ致シテモ、何レノ場合デモ何等纏ッタモノガナイ、各省角突合セテ殆ド何モ纏ッタ案ガ今日ナイ、是ハ實ニ不可思議千萬デアルノデアリマスガ、各省割據、ヤルコトハ左支右吾、幾度協議會ヲ開イテモ、何等成案ガ

今日マデ出ナイ、サウシテ調査會ノ誓約モ、議院ノ決議ニ關シテモ、殆ド忘レタルモノ、如キ狀況デアル、其結果統制法ノ不備缺陷ガ茲ニ赤裸々ニ現ハレテ參ッタ、サウシテ巨額ノ金ヲ消費シテ、今ヤ收拾スベカラザル運命ニ陷ッタノデアリマス、此點ハ政府ガ極メテ重大ナ責任ガアルト私ハ考ヘテ居ルノデアリマス（拍手）統制法其モノガ決シテ惡イノデハアリマセヌ、必シモ惡イトハ言ハナイノデアルガ、之ヲ運用スル者ガ其人ヲ得ナイ、即チ法ノ罪ニ非ズシテ、是ハ人ノ罪デアル、此一事ヲ以テ見テモ現內閣ハ無爲無能デアル、不統一デアルト云フコトダケハ明ニ申上ゲテ差支ナイト思フ（拍手）

ソコデ當時臺鮮米ノ統制ニ付キマシテハ議會ノ委員會、或ハ本會ニ於テ、屢々重大ナル問題トシテ議論サレタノデアリマスルガ、其當時拓務大臣ハ議會ノ委員會ニ數回出席致シマシテ、ドウ云フコトヲ議會ニ約束ヲ致シタカ、私ハ個人的ニ永井君ニ決シテ感情ヲ惡クスル譯デハナイ、平素最モ尊敬ヲシテ居ル一人デアリマスルガ、永井拓相ハ議會ニ於テ屢々言明ヲシテ居ル、私チョット諸君ノ御參考ノ爲ニ朗讀ヲ御許シヲ願ヒタイ、永井拓相ノ議會ニ於ケル言明、是ハ速記錄デアリマス

（イ）內地農村ノ生活ノ苦痛ニ對シマシテハ私共十分理解ヲ有ッテ居リマス、又救濟ヲシナケレバナラヌト思ヒマス、同時ニ
陛下ノ赤子デアル朝鮮臺灣ノ農村モ非常ナル生活ノ苦痛ニ襲ハレテ居ル、此米ノ生產供給ニ付キマシテハ色々ナ方策ヲ立テナケレバナラヌ、唯內地ト朝鮮、臺灣ヲ差別待遇スルト云フコトハ大ニ考物ダト思ヒマス

（ロ）朝鮮總督府ガ中心トナリ、農林省トモ協力シテ、自治的ニ朝鮮ノ米ハ出來ルダケ統制シ、累ヲ內地ニ及ボサヌヤウ、又臺灣ニ於キマシテモ亦同ジ方針デアリマス、臺灣米ヲ統制シ、サウシテ內地ノ農村ニ苦痛ヲ與ヘナイヤウニ、其數量ナドノ點ニ付テモ農林省ト十分協力シテ其統制ノ目的ヲ遂ゲタイ、斯樣ニ考ヘテ居ルノデアリマス

（ハ）朝鮮米ノ多量ナル過剩米ノ移入ハ內地ノ米ヲ賣崩ス危險ガアルト思ヒマス、內地デ缺乏ヲ感ジテ居ル程度ノモノヲ補フト云フダケデアルナラ內地ノ農民ニ打擊ヲ與ヘナイ程度ニシカ輸入ヲシナイ、其程度ハ、移入ヲ調節シテ行クト云フコトハ農林省ト協議ヲ遂ゲツヽ、之ヲ行ツテ行ク譯デス、內地ノ農村ニ缺乏ヲ感ズルダケノモノハ內地ニ入レテ差支ナイト思フガ、是ハ農林省ト能ク協議ヲシテヤリマス

ト斯ウ云フコトヲ議會デ言ハレテ居リマス、

（ニ）朝鮮ノ米ガ內地ノ米ト競爭スルヤウナコトガアツテハナラヌ、生產費ノ安イ米ヲ以テ比較的高イ內地ノモノト競爭サセルト云フコトニナッテハ非常ナ打擊ヲ與ヘマスカラ、競爭スルコトノナイヤウニ統制スルコトガ必要ダ、唯缺乏ヲ補ハシムル程度ニ之ヲ調節シテ行クヤウニ、斯樣ニ私ハ考ヘテ居リマス

（ホ）朝鮮ニ厖大ナル產米計畫ヲ致シテ居ルコトハ是ハドウデアルカト云フコトノ質問ニ對シマシテハ、是ハ今日ニ於テハ其產米計畫ヲ其儘遂行スルト云フコトハ時代ニ適應シナイ、是ハ失業者ヲ出サヾル程度ニ於テ縮小ヲ致シ、サウシテ棉花ノ栽培ヲ獎勵スル計畫ナドモ致シテ居リマス

（ヘ）林ト云フ朝鮮總督府ノ政府委員ガ朝鮮デハ米ノ增產計畫ヲスルト云フコトハ內地ニ脅威ヲ及ボスカラシテ、朝鮮デハ第一期棉ノ增產計畫ヲ樹ッテ居リマスルガ、其計畫ハ十箇年ヲ期シマシテ實綿ノ三億斤ヲ得ル爲メデアル、面積ハ二十五万町步ニ棉ヲ栽培シタイ計畫ニナッテ居ル、其結果ニ依リマシテ引續キ五十万町步產額六億万斤ヲ得ル計畫デ、豫算ハ二十二万圓ノ經費ノ增加ヲ願ッテ居ル次第デアリマス

斯ウ云フ說明ガアル、是ハ植民地關係拓務大臣ノ議會ニ於テ責任ヲ帶ビタ答辯デアルノデアリマス、斯樣ナ永井拓相ハ嚴格ナル聲明ヲ爲シテ居ッタノデアルガ、今私ハ事實ヲ申上ゲレバ、全然其事實ハ裏切ラレテ居ル、朝鮮デハ何等此統制ハ付ケテ居ラヌ、サウシテ唯籾貯藏ト云フヤウナ計畫ガ進行シテ居ルヤウデアリマスガ、少シモ統制ノ實ト云フモノハ擧ッテ居ラナイノデアリマス、即チ是等ノ點ニ付テハ永井拓相ニドウ云フ御考デアルカト云フコトヲ質問ヲ致シタイノデアリマスルガ、政府ノ本年ノ移入豫想高ハ六百七十万石デアリマシテ、臺灣ガ三百五十万石ノ移入デアリマスルガ、實際ノ成績ハ本年朝鮮カラ移入スルモノハ約八百万石カラ八百五十万石ニ上ルノデアリマス、サウシテ臺灣カラハ四百万石乃至四百五十万石ト云フモノガ入ッテ來ルノデアリマス、大正九年米穀法施行ノ當時ニ於キマシテハ、僅ニ百六十万石シカ朝鮮カラ米ハ入ッテ來ナカッタ、昭和ニ入ッテ五百万石、最近五箇年ノ平均ガ六百万石デアリマシタガ、近年移入ガ著シク增加致シマシテ、昨年末ニ於テハ既ニ八百万石ニ達シテ居ルノデアル、臺灣ハ三、四年此方非常ニ產米增產計畫ガ起リマシテ、サウシテ砂糖畠ヲ米ニ換ヘルト云フコトモ續々起ッテ居ルノデアリマスガ、大正十一年ニハ百万石シカ入ッテ來ナカッタ、昭和二年ニ入ッテカラ二百万石、昭和三年頃ニ漸ク三百万石デアッタガ、今日ハ四百万石カラ四百五十万石ヲ突破スルト云フヤウナ情勢ニ迄進ンデ參ッテ居ルノデアリマス、內地ノ米ノ狀況カラ申シマスルト云フト、內地ノ各縣ノ米ノ移動ガ其地方デ自給自足ヲスル食糧ヲ差引イテ、縣外ニ移出シテ商品トナッテ販賣サレル米ガ日本デハ千三百万石デアル、千三百万石ト云フモノガ宮城縣カラ三十万石、栃木縣カラ五十万石ト云フ風ニ出ル、朝鮮カラ入ッテ來ルモノハ內地ノ縣外ニ移動スルモノト同樣ニ入ッテ來テ居ル、是ガ即チ此統制法ガ惡イノデハナイガ、恰モ籠ノ底ニ穴ノ開イテ居ルノニ水ヲ盛ルト同樣デアッテ、幾ラ內地デ統制ヲシテモ此方面ノ統制ヲ付ケナカッタラ、籠ニ水ヲ盛ルト同樣デ、幾ラデモ尻カラ拔ケテ來ルヤウナ狀況ニ立到ルト云フコトハ極メテ明瞭デアッテ、統制法制定ノ當時カラ此議論ガ非常ニ盛デアッタ、此點ニ付テ拓務省及政府ハドウ云フ御考ヲ有ッテ居ルノデアルカ、尙ホ此儘ニシテ、統制法ト云フモノハ缺陷不備ガナクシテヤッテ行クト云フナラバ、其御說明ヲ承リタイト思ッテ居ルノデアリマス、ソレカラモウ一ツ此處デ拓務省ト朝鮮總督府ニ聽キタイノハ、昨今朝鮮ノ平安南道デハ昭和水利ト云フ水利組合ヲ作ッテ、而モ是ハ三万町

歩ノ水利組合デアル、三万町歩ノ水利組合デ金額ニ致シマスト云フト千六百万圓掛ル工事デアル、總督府ガ三百万圓ノ金ヲ補助シテ、サウシテ六百万圓ノ低利資金ヲ以テ此昭和水利組合ト云フモノヲ今計畫シテ居ル、サウシテ大藏省ニ豫算ヲ要求致シテ、大藏省デハ將ニ之ヲ許可スル方針ニナッテ居ルト云フコトヲ承ッテ居ル、私ノ所ニモ屢〻電報ガ來マスガ、反對運動ガ之ニ起ッテ居ル、千六百人ガ反對運動ニ調印シテ私ノ所ニ申込ンデ來テ居リマス、此昭和水利組合ノ狀況ヲ聞キマスト、此組合一ツヤッテモ百万石ハ一擧ニシテ增産スル計畫ニナッテ居ル、農民ガソレデ助カルカト云フト、一段歩ニ付テ六十八圓ノ水利費ヲ掛ケテ、ソレガ工事ガ完成シテ段當リニ付テ漸ク十八錢シカ儲カラヌト云フ、斯ノ如キ不急ノ土木ヲ起スト云フコトハ反對ダ、地主ノ負擔ガ多クナッテ、遂ニ祖先傳來ノ田畑ガ組合ノ費用負擔ノ爲ニ賣ラナケレバナラヌト云フヤウナコトヘ、既ニ朝鮮ニヘ水利組合ガ百六十幾ツモアルガ、悉クサウ云フ風ナ狀況ヲ呈シテ居ル、ダカラ斯ウ云フ大キナ計畫ヲ樹テ、産米增殖ト云フヤウナコトヲ、此米ノ過剩生産ト云フ場合ニヤッテ貰ッチハ困ルト言ッタ反對運動ノ電報ナドモ來テ居ルノデアルガ、是ハ朝鮮總督府ハ許可スル方針デアルカ、而モ此水利組合ニ付テハ既ニ調査スルトカ色〻ナコトデ過去五六箇年ノ間ニ殆ド百万圓近クノ金ヲ使ッテ居ル、サウシテ組合長ニナッテ居ル者ハ總督府ノ元知事ヲシテ居ッタ者デアル、ソレデ此組合會ニ於テ豫算ヲ通過スル時分ニハ、反對者ヲ抑留ヲシテ、サウシテヤッテ居ルト云フコトヲ言ッテ居リマス、私ハ事實ノ眞僞ハ知リマセヌ、サウシテ調印ヲ取ラウトスルト、調印ヲ取ル者ハ警察官ガ行ッテ之ニ壓迫ヲ加ヘテ調印ヲサセナイ、反對ヲ阻止シテ居ルト云フヤウナコトモ聞イテ居ル、或ハ斯樣ナコトハ齊東野人ノ言デアルカモ知レマセヌ、ケレドモ非常ニ國策トハ反對ナ行方ヲ致シテ居ルト云フコトハ事實デアルト思ヒマスガ、之ニ對シテ永井拓相ガ何等カノ御說明ガアルナラバ伺ヒタイト考ヘテ居ル者デアリマス(拍手)私ハ大體此統制法ニ付テ昨年ノ議會ニ於テ政府ガ言明シタ如ク、朝鮮ノ産米計畫ヲ或ル程度ニ擴張スルト云フヤウナコトヲ中止致シ、サウシテ米ノ月別平均デ內地ニ殺到スルコトヲ防グト云フ統制ガ付イタナラバ、內地ノ米穀統制デ何億万圓ト云フ金ヲ使フコトハ要ラナイ、殆ド內地ニハ統制スル必要ガナイ內地ニハ産米ガ不足シテ居ル、需要供給ノ上ニ於テモ、內地ノ産米ハ不足致シテ居ルノデアリマスルカラシテ、此朝鮮、臺灣ノ産米ノ統制計畫ヲ立テサヘスレバ、是ハモウ大部分米價問題ト云フモノハ解消サレルモノト斯樣ニ考ヘテ居ル、米ノ生産費ハ諸君モ御承知ノ通リニ、內地ハ二十四、五圓デアリ、朝鮮ハ是ハハッキリシタ數字ハ中上ゲラレマセヌガ、昭和六年ニ朝鮮總督府ガ議會ニ提出シ說明シタ材料ニ依リマスルト、石ガ十六圓三十錢ト云フコトデアル、昭和六年、一昨年デアリマス、十六圓三十錢トナッテ居ルノデアルガ、內地ノ米ト朝鮮ノ米トハ一石十圓ノ開キガアル、之ヲ同一ニ取扱フト云フコトハドウシテモ不合理デアル、若シ此儘ニ統制法ヲ運用シテ行キ、朝鮮總督府モ今ノ態度デ、拓務省モ今マデノ態度デ行クナラバ、統制法ハ寧ロ外地ノ産米增殖獎勵案ト云フモノニ終ルト、斯樣ニ考ヘテ居ルノデアリマス(拍手)ソレデ此不合理ハ皆能クドナタモ分ッテ居ルコトデアリマスルケレドモ、是ガ議會ニ於キマシテ永井拓相ノ說明ニ依レバ　陛下ノ赤子デアル、或ハ差別待遇ヲスルコトハ宜クナイ、是ハ固ヨリ私共左樣ニ考ヘテ居リマス、屢〻左樣ナ言明ガアッタノデアリマスルガ、私共ハ是ハドウシテモ朝鮮モ內地モ共存共榮ト云フコトガ矢張根柢ノ基調ヲ爲サナケレバナラヌモノト、斯樣ニ考ヘテ居リマス、差別的待遇トカ云フコトハ非常ニ刺戟ヲスル言葉デアリマスルガ、差別的待遇ト云フコトガ、外地ト母國トガ同ジ水準ニ居ルモノヲ差別的ニ待遇スルト云フコトナラ是ハ宜クナイケレドモ、水準ノ違ッタモノニ或ル程度ノ差別的待遇ヲスルト云フコトハ、是ハ當然デアラウト思フ、若シ私ノ言フコトガ間違ッテ居レバ訂正ヲシテ敎ヲ乞フ積リデアリマスルガ、朝鮮デハ第一人間ニ於テモ重大ナル問題ガアルノデアリマス、人間デモ朝鮮デハ官吏ハ朝鮮人ト日本人トハ差別的待遇ヲシテ居ル、人ニ差別的待遇ヲシテ居ッテ、物ニ差別的待遇ヲシナイト云フ理由ガナイ、官吏登用ニ於テモサウ云フ差別的待遇ヲ現ニシテ居ル、ソレカラシテ公租公課ノ上ニ於テモ、國防費ノ負擔、國稅ノ負擔モ違ッテ居ル、之ヲ同一ニスルト云フコトガ、是ハ差別待遇デ怪シカラヌ、斯ウ云フコトハドウモ不合理ナ點ガソコニアルノデハナカラウカ、母國ノ農民ガ寧ロ此點カラ云ヘバ差別的待遇ヲ受ケタト言ッテ宜イ、米問題ニ限ッテ母國ノ農村ガ差別的待遇ヲ受ケルト、斯ウ云フ反對理由ガ起ッテ來ルト思フ、又朝鮮ガ　陛下ノ赤子デアルナラバ、內地ノ赤子ヲドウスルカ、是モヤハリ一視同仁ノ道德觀念カラ言フナラバ、臺灣或ハ朝鮮ノ同胞モ赤子デアルシ、內地ノ農村モ赤子デアルガ、同ジ一視同仁ノ意味ナラバ、此平準ヲ得ナイモノヲ合理的ニスルト云フコトデ初メテ論理ガ成立ツノデアッテ、母國ノ赤子ヲ赤子ト思ハザル一視同仁ハ、是ハ一視同仁デハナイ、又道德觀念ニモ反スルモノト私ハ斯樣ニ考ヘル、又朝鮮ノ官吏ハヤハリ國家ノ官吏デアル、拓務大臣ハヤハリ　陛下ノ輔弼ノ大臣デアル、母國ト外地ト云フモノハ飽迄モ共存共榮ヲ本旨ト致シマシテ、母國ノ繁榮ト共ニ外地ノ繁榮ヲ圖ラナケレバナラヌ、朝鮮モサウデアル、滿蒙モ亦然リデアル、後日日滿統制ト云フコトハ益〻必要ガ起ッテ來ルト考ヘル、若シ此統制ガ十分ニ付カナカッタナラバ、內地ノ生産事業ハ滿蒙開發ト共ニ全部破滅ヲスルト云フヤウナ運命ガ各所ニ起ッテ參ラウ、斯樣ニ考ヘテ居ルノデアリマスルガ、此點ニ於テ永井拓相ノ御答辯ヲ煩シタイト考ヘテ居リマス

我黨ハ昨年統制法制定以來、米價ノ維持ニハ極力盡力ヲ致シテ參ッテ來タ、是ハ世間周知ノ事デアリマスルガ、我國ノ景氣恢復シ、不況克服ト云フコトニ付テハ、私共ハ別ニ他ニ方法ヲ講ズル必要ハ殆ドナイト思フ、唯米價ト蠶絲問題――此蠶絲對策トヲ根幹ト致シマシテ、徹底的ニ確乎不動ノ政策ヲ立テルナラバ、殆ド萬事ハ解決スルト思フ、後ハ枝葉末節デアル、例ヘバ時局匡救ノ費用ナドガ、昨年モ二億圓程度ノ金ヲ出シ、本年モ八千万圓カ一億圓ノ時局匡救ノ費用ガ出テ居ル、ケレドモ是ハ「カンフル」注射デ、道路ヲ造ルノ、或ハ道路ニ砂

利ヲ敷クトカ、橋ヲ造ルト云フコトハ、畢竟ハヤメテシマヘバ又元ノ默阿彌ニナッテシマフノデス、デアルカラ或ル程度ニ米ノ價格ヲ引上ゲルト云フ事ト、蠶絲業ニ對シテ一定ノ國策ヲ立テル、此二ツノ根幹ヲ柱ト致シマシテ、之ニ付テ生產ノ統制ヲシ、或ハ販賣ノ統制ヲ完成ヲスルト云フコトニナッタナラバ、農村ノ負債ノ問題モ、或ハ租稅ノ均衡モ、斯樣ナ問題ハ總テ解決スルモノト斯樣ニ私ハ考ヘテ居ルノデアリマス(拍手)要ハ今世界各國ヲ通ジテ物價ヲ或ル水準ニ引上ゲル、水準ニ引上ゲテ、サウシテ通貨ヲ膨脹サセテ、サウシテ低金利政策ヲ行ッテ「インフレ」景氣ヲ振興サセル、ソレニ依ッテ此不況ヲ克服スルト、斯ウ云フコトガ世界一般ノ今日ノ行キ方デアリマスルガ、結局ハ國民ノ所得ヲ增スト云フコトニナル、サウシテ全面的ノ購買力ヲ起スト云フコトデアル、此二ツノ外ニハ途ハナイノデアリマス、他ニ不況克服ノ途ハ絕對ニ無イ、サウシテ國民ノ所得ヲ增加シテ、全面的ノ購買力ヲ刺戟スルト云フコトハ、米ノ價格ガ安イト云フコト、、繭ノ前途ガ不安デアルト云フコトナラバ、如何ニ時局匡救ヲヤッテモ效果無シト私ハ斯樣ニ考ヘル者デアリマス(拍手)米ノ安イト云フコトニ付テハ、私共ハ昔ハ農村トカ、農村ノ人間カラ能ク聞イタノデアリマスガ、今日ハ都會ノ人カラ聞ク、或ヘ地方ニ參リマシテモ、五百戶、七百戶ト云フヤウナ農村都會、或ヘ大都市モ同ジデアルガ、小賣商人、中小商工業以下ノ人ガ、モウ少シ米穀ガ高クナケレバ吾々ノ商賣ガ出來ヌト云フコトヲ、寧ロ都會ノ商人カラ承ルコトガ多イ、ダカラ農產物ヲ或ル程度ニ引上ゲテ行クト云フコトハ、是ハ私ハ我國經濟ノ建直シノ上ニ於テハ、當然必要デアルト、斯樣ニ不肖考ヘテ居ルノデアリマスルガ、大體我ガ米價ノ趨勢ヲ見マシテモ、高イ時ニハ五十圓、大正七八年ノ頃ニハ五十圓以上致シテ居ッタガ、其後農產物ガ漸次下落ハ致シマシタガ、大正七八年カラ大正十五年、昭和元年頃迄ハ三十七八圓シテ居ッタ、金解禁ノ前迄ハ三十一、二圓シテ居ッタ、若シ此戰前ノ物價ニ引直スト云フコトナラバ、三十一、二圓ト云フコトニナラナケレバナラヌ、工業生產物ガ約四割上ッテ居ルト云フノデアリマスガ、工業生產物ハ飛躍的ニ非常ニ價格ハ上ッテ居リマスルガ、農產物ハ上ラヌ、上ッテ居ナイ爲ニ全面的ニ不況デアルノデアリマスルガ、非常ニ高ク引上ゲルト云フヤウナコト、高ク相場ヲ置クト云フコトハ、消費者ニ脅威ヲ與ヘルカラ、イケマセヌガ、或ル程度ニ米價ヲ維持スルト云フコトハ、非常ニ國策トシテ必要デナカラウカ、サウシテ昭和ノ四年五年頃迄ハ矢張三十一圓程度ニアッタ爲ニ、ソレガ總テノ農村ノ經濟施設ノ基準ニナッテ居ッタ、例ヘバ灌漑用水デアラウトモ、開墾助成デアラウトモ、低利資金ノ運用ヲスルノデモ、大體米ガ三十圓程度ハスルダラウト云フコトヲ、ソレヲ資料トシ、サウシテ各種ノ施設ヲ行ッテ居ッタ、ソレガ此金解禁ト云フコトカラシテ、民政黨ノ緊縮政策カラシテ、農產物ハ一躍五分ノ一トカ三分ノ一トカ云フモノニ暴落シタ、ソレガ十七八圓ト云フコトニナッテ、非常ニ暴落ヲシタ、是ハ事實デアル、ソレガ今日マデ來テ居ル

（「暴論々々」ト呼ヒ其他發言スル者多シ）

○議長(秋田清君) 靜肅ニ――靜肅ニ

○東武君(續) ソレガ暴論デアルト言フナラバ、アナタ方ノ民政黨內閣ノ時ニ、世ノ中ニ評判ニナッタ率勢米價ノ時ニ十七圓八十六錢ト云フモノニナッテ居ル、是デ日本ノ米價ノ基準ヲ定メタノデアリマス、此率勢米價ノ十七圓八十六錢ト云フコトノ基準デ、米價ガ一躍暴落シタ、是ト緊縮政策ヲセラレタト云フコト、兩々相加ヘテ農產物ノ暴落シタト云フコトハ當然ノコトデアル(拍手)何モ諸君ト議論スル必要ハナイケレドモ、事實ヲ申上ゲルノデアル、私共ガ率勢米價ノ廢止ノ時ニハ、アナタ方ハ此率勢米價ノ維持デ非常ニ私共ニ反對ヲシタ、是モ事實デアル、是ハ一昨年六十三議會ノ此壇上ニ於テヾアリマスカラ、諸君ガ御忘レニナル氣遣ハナイ、私ハ何モ諸君ト議論ヲスル必要ハナイガ、アナタ方ガ暴論ダト言フカラサウ言フノデス(拍手)率勢米價ヲ廢スル爲ニ吾々ハ六十三議會以來今日マデ奮鬪努力シタガ、其時ニハ後藤農相モ矢張率勢米價ノ維持論者デ、吾々トハ意見ガ異ッタ、民政黨ノ諸君モ意見ガ異ッタ、サウシテ屢、此壇上デ議論ノ應酬ヲ致シタト云フコトハ、極メテ新シイ事實デアルカラ、アナタ方ハ御忘レニナル氣遣ハナイ(拍手)若シモ其當時ノ事情ヲ回顧シテ見タナラバ、アノ兩院協議會ニ於テ率勢米價ノ協定ガ成ラズ、率勢米價ヲ維持シテ居ッタトシタナラバ、今日ハドンナニナッテ居ルカ、十四圓カ十五圓ニナッテ居ッタラウト思フ、是ハ議論ガナイト思フ、ソレデ率勢米價カラ見レバ、統制法ト云フモノハ農村ノ爲ニハ非常ニ幸福ヲ齎シテ居ル、統制法デハ二十三圓三十錢ト云フモノニナルガ、率勢米價ニナレバ矢張十五六圓ニナル、サウスルト率勢米價カラ較ベルト非常ニ違ヒヲ生ズルノデアルガ、率勢米價ヲ廢シテ、十二月末日マデ此率勢米價ノ效用ヲ中止スルト云フコトガ、兩院協議會ノ成立シタ條件デアッタノデアリマス、ソレデ生產費ニ代ハル統制法ヲ現內閣デ作ッタ、此統制法ヲ作ッタト云フコトニ付テハ、現內閣ノ唯一ノ誇リデアリ、又後藤農相ナドモ非常ナ御自慢デアル一ツノ事實デアルガ、併シ率勢米價ヲ廢シテ、生產費ニ代ヘル所ノ統制法ト云フ新法ヲ拵ヘナケレバナラヌコトニ至ッタト云フコトハ、即チ吾々ガ率勢米價ノ廢止ニ努力シタ其結果ガ此統制法ニ乘リ移ッタノデアル、ソレデ統制法デ非常ニ農村トシテハ救ハレテ居ル、今日ハ十四五圓ニモナルモノガ、兎ニ角二十三圓ト云フ底ヲ維持シテ居ルト云フコトハ、統制法ノ力ガアル、國家ノ巨額ノ資本ヲ出シテ、此資本ガ財政上ノ見地カラドウナルカト云フコトハ暫ク別問題トシテ、統制法其モノカラ言フナラバ、今日ノ値段ヲ維持シテ居ルト云フコトハ統制法ノ力デアル、若シ假ニ私ハ反對黨トシテハ――今日反對黨ハナイ譯デアルガ(笑聲)農村ハ何ヲ幾ラヤッテモ是デ滿足シタト云フコトハ言ハヌ、マダ足リナイマダ足リナイト申シマスガ、率勢米價ヲ廢シテ統制法ニナッテ、サウシテ今日二十三圓三十錢ニシタト云フコトヲ、若シ舊法ノ儘ニシテ置イタナラバ、米價ハ石ニ付テ六圓違ッテ居ル、サウ致シマスト六千万石デ三億万圓ト云フ統制法ノ力ニ依ッテ農民ノ收入ト所得ヲ增シタト云フコトハ、明カナ事實ニナッテ居ルノデアリマス(拍

手)

ソコデ政府ニモウ一ツ伺ヒタイノハ、米穀ノ需給特別會計、是ハ米穀資金ガ今ハ七億万圓ニナッテ居リマスガ、固定シテ居ルモノガアルカラシテ、融通資金ハ四億三千万圓ト云フコトガ、此統制法ノ立法ノ時ノ説明デアッタ、四億万圓ト見レバ差支ナイノデアリマスガ、此最高七億万圓デアリマスガ、固定資金ト損失ヲ控除致シマスルト四億万圓、此四億万圓ガ本年假ニ八百万石新ニ買入レルト致シマシタナラバ、此代金ダケガ一億八千六百万圓掛ル、更ニ倉庫ノ建築、金利、倉敷、事務費、之ヲ加算スルト本年度ダケデ優ニ二億万圓ト云フ金ガ飛ンデシマフ譯ニナル、更ニ八年度ノ八百万石ヲ買入レタモノト、政府ガ從來所有シタモノガ三百万石、之ヲ合セルト政府ノ手持米ガ一千百万石、此維持費ガ三千五六百万圓掛カル、サウ云フ計算ニナッテ居ルガ、ドウ低ク見マシテモ、本年九年度ノ米穀年度ノ終末迄ニハ二億三千万圓バカリノモノハ免ニ角無クナッテシマフ、更ニ本年ノ米作ガ普通作デアルカ、豐作デアルカ、若シ豐作デアルトスレバ、又之ヲ繰返サナケレバナラヌ、若シ本年假ニ一千万石モ購入シナケレバナラヌト云フコトニナッタナラバ、此特別會計ノ資金ト云フモノハ、今年ト明年ノ運命シカナイト云フコトニナルノデアルガ、其時ニハ政府ハドウスルカ、僅カ一兩年ト言ヒマスルカ、兩三年トモ言ヒタイガ、此統制法ノ運命ノ特別資金會計ト云フモノハ、今年ト明年ニ依ッテ運命ガ定マルコトニナルガ、其時ニハ資金會計ヲ增加スル積リデアルカ、之ニハ貴族院カラ非常ニ嚴シイ注意ヲ受ケテ、此統制法ノ決議ノ際ニ質問ヲ取ラレテ居ル、是レ以上ハ擴張シナイト云フコトヲ言明シテ、約七億万圓ト云フ米穀資金會計ガ增額サレタノデアルカラ、若シ斯フ云フ儚ナイ棉花一朝ノ夢デ法律ガ危ナイト云フコトニナッタナラバ、法ノ威力モナクナッテ、商人カラ見透カサレル、サウ云フコトニナッタナラバ、更ニ市場デ競爭ヲサシテ、投機思惑ガ起ッテ來ルト云フコトニナッテ、賣惜ミモ買占モ行ハレルヤウニナッタナラバ、此結果ハ收拾スベカラザルモノガ起ルト思ヒマスガ、此點ニ對シテ政府ハドウ云フ御考ヲ有ッテ居ルカ、サウ云フ來年、再來年ノコトハ豫想ガ出來ヌト言ヘバソレ迄デアルガ、苟モ政治ヲヤル以上ハ、此重大ナ問題ニ對シテ一定ノ見透シガナケレバナラヌト思ヒマスガ、之ニ對シテ政府ハ如何ナル御考ヲ持ッテ居リマスカ、是ハ大藏大臣デモ宜シウゴザイマスシ、又總理大臣デモ結構デアリマスガ、左樣ナ私ノ質問ニ對シテ御答辯下サルナラバ、洵ニ仕合セデアルト斯樣ニ考ヘテ居リマス

ソレカラ次ニハ蠶絲問題デアリマスガ、此蠶絲問題ニ對シマシテモ、私ハ米穀ト同樣ナ運命ヲ有ツモノデハナカラウカト云フコトヲ非常ニ危ンデ居ル、此非常時内閣ノ出來ル時分ニハ、農村匡救ト云フコトガ一番問題トナッテ、不安ノ氣分ガ全國ニ漲ッタ爲ニ、此非常時内閣ハ出來タ、所ガ今ノ米穀ノ狀況ヲ見マシテモ、養蠶生絲ノ狀況ヲ見マシテモ、決シテ天下泰平デハナイト思フ、國民經濟ト云フモノハヨリ以上ニ不安ノ氣分ガ多イト思ハレル、例ヘバ蠶絲對策ニ致シマシテモ、吾輩ハ大體我國ノ蠶絲業ト云フモノニ對シテハ悲觀ヲ致シテ居ル者デアリマスケレドモ、此處ニ悲觀ノ議論ハ申上ゲマセヌ、影響スル所ガ重大デアルト思ヒマスカラ差控ヘマスケレドモ、今日ノ行詰ヲ生ジタニモ拘ラズ、政府ガ晏然袖ヲ手ニシテ傍觀スルヤウデハ、非常ニ誤ッテ居ルト思フノデアリマス、今日袖手傍觀シテ、手ヲ拱イテ居ルト云フコトニナッタナラバ、又ドンナ非常時ガ起ラナイトモ限ラナイ、總理大臣ハ先程ノ御演説ニ於キマシテ、蠶絲業ニ付テハ具體的ノ方針ヲ定メテ著々實施シテ居ルト云フコトノ御演説デアリマシタ、私不敏ニシテ豫算ヲ見マシテモ、亦今日マデ政府ガ爲シテ居ルコトヲ見ルト云フト、何モ具體的ノ方針モ定ッテ居ラヌト考ヘマス、又著々實施シテ居ルト言フガ、何ヲ實施シテ居ルカ、殆ド實施シテ居ルモノガナイト私ハ見マス(拍手)日本ノ生絲ノ將來ハドウ云フ風ノ狀態デアルカト申シマスト、私ハ甚ダ不祥ナコトデアルケレドモ、此儘ニシテ居ッタナラバ唯滅亡ノ一途ヲ辿ルヨリ外ハナイト云フヤウナコトヲ申上ゲタイト思フ、ソレハドウ云フ譯カト申シマスト、最近米國カラ生絲業ノ視察ヲシテ歸ッタ我黨ノ人モアリマスガ、我黨以外ノ當業者ナトデ實際米國ニ行ッテ歸ッタ者ノ話ナドヲ承ルト、如何ニモ悲觀スベキ事實ガアル、ソレハドウ云フ譯デアルカト云ヘバ、大體人絹ノ爲ニ亞米利加ノドノ工場デモ天然絹絲ノ機織工場ハドン〳〵打壞ハサレテ、人絹工場ニ變ッテ居ル、人絹機臺ヲ据付ケテ居ル、今日ノ人絹ハ品質ガ改善サレテ、高級品ニナルト色澤モ手觸リモ殆ド天然絹絲ト變リガナイ程マデニ進歩致シテ居ル、ソレデ從來天然絹絲ノ獨占デアッタ所ノ廣幅織物、或ハ「ドレス」或ハ靴下ト云フヤウナ品物ガ、皆人絹ニ領域ヲ奪ハレツヽアル、人造絹絲ノ世界的飛躍ハ實ニ驚クベキモノガアル、殊ニ亞米利加ノ有力ナ人絹會社ハ總テ資本ガ豐富デアリ、皆協定致シテ、原料品ヲ買フノデモ價格ノ變動ノナキヤウニシテ、三箇月間ハ先資ヲシテ、公定相場ヲ定メテサウシテ機場ニ賣渡ス、斯ウ云フヤウナコトヲ著著ヤッテ居ル、宣傳ニ努メテ居ル、亞米利加ノ絹織物業者ハ日本ノ生絲ノ値段ガ高イ安イト云フコトヨリハ、價格ノ變動ガアルト云フコトガ一番商賣ニ差支ヘル、之ヲ訂正シテ何トカナラヌカト云フコトヲ日本人ニ度々言フ、吾々モソレハ聞イテ居ル、米國ニ於テ織物業ニ於テ最モ勢力ガアルト云フ絹織物工場ヲ視察シタ人ノ話ヲ聞キマスト「ランキャスター」ト云フ一番勢力ノアル工場ガ、其人ガ觀ニ行ッタ時ニハ、天然絹絲ヲ使ッテ居ル機場ヲ全部取壞シテ人絹工場ニシテシマッタ、ソレヲ見テ涙ガ出テ身ヲ切ラレルヤウナ感ジガシタト云フコトヲ語ッテ居リマス、是ガ世界ノ人絹進出ノ狀況デアル、斯樣ナ狀況ヲ今此儘ニシテ、サウシテ我國ダケ天下泰平デ、亞米利加ノ景氣ガ直ッタナラバ非常ニ價格ガ好クナッテ來テ、又往年ノヤウナ生絲産業ノ王國ガ出來ルト思ッタナラバ非常ニ間違デハナカラウカ、昨年ノ十二月ノ調ヲ見ルト、亞米利加ニハ九万七千俵ノ滯貨ガアル、サウシテ從來毎月ノ消費量ハ約五万俵ガ平均ニナッテ居ル、昨年ノ十二月ニ亞米利加ノ消費ガ僅ニ二万六千俵デアル、三分ノ一シカ消費シテ居ラヌ、是ハ色々ノ關係デアッテ、亞米利加ガ不景氣デアル、或ハ工場ニ同盟罷工ガアッタト云フヤウナコトヲ言ヒマスケレドモ、事實ハ矢張人絹ガ之ニ代ッテ居ルト云フコトガ多分ノ原因デアルト思フ

ソコデ吾々ハ漫然亞米利加ノ景氣ガ囘復シタリ、又生絲產業ガ囘復スルダラウト云フヤウナコトヲ唯一ノ頼ミトスルコトハ甚ダ無爲無策デハナカラウカ、餘リニ世界ノ大勢ニ對スル認識ガ不足デハナイカト云フコトヲ多分ニ考ヘル者デアルノデアリマス、私ガ申上ゲルコトハ生絲產業ニ對シテ甚ダ悲觀的ノ議論ノヤウデアリマスルガ、今ニシテ輸出業者モ、問屋モ、或ハ製絲家モ、蠶業家モ、皆一致協力シテ此對策ヲ講ズル必要ガアルト思ヒマス、日本ノ貿易ノ大宗トシテ、國家ノ最モ重大ナル蠶業政策ト云フモノガ、若シモ私ガ今申上ゲルヤウナ非常ナ狀態ニ陷ルト云フヤウナコトニナッタナラバ、國家經濟ノ根本ガ茲ニ破壞サル、運命ガアルト私ハ深ク憂慮スル一人デアルノデアリマス（拍手）ソレハ生絲產業ニ對スル永遠ノ私ノ觀察デアリマスルガ、現在本年ノ秋ノ繭ヲドウスルノカ、昨年ノ繭ハ一俵ガ八百圓モシタ、サウシテ繭ノ一貫目ハ六圓ト云フヤウニ非常ナ價額デアッタ爲ニ、農村ハ稍、潤ヒヲ生ジタノデアリマスガ、是ハ今日ハ漸次低落致シマシテ、一俵ガ五百圓内外トナッタ、繭ハ將ニ殆ド三圓以下ニ落チントスルヤウナ狀況ニナッタ、サウ云フコトニナリマスルト今年ノ繭ハ過剩生產トナリ、亞米利加ノ「ストック」生絲ノ滯貨ニ依ッテ又昭和六年ノヤウニ十万梱モ滯貨シテ、一億万圓モ金ヲ掛ケテ、サウシテ又滯貨繼續處分ニデモシナケレバナラヌト云フヤウナ狀態ガ來ルデハナカラウカト云フコトノ不安ヲ有ッテ居ル、ソレデアルカラシテ此滯貨ニ對スル應急策トシテ政府ハ是等ニ對シテ何カ御考ヲ有ッテ居ルカ、先ヅ其時ハ其時ノ成行ダト云フヤウナ御考デアルナラバ、是ハ飛ンデモナイ事ガ出來ハシナイカ、斯樣ナ考ヲ以テ此問題ニ付テノ御質問ヲ申上ゲル次第デアリマス、同時ニ此蠶業政策ト致シマシテハ、時間ガ餘リ長クナリマスカラ申上ゲマセヌガ、徹底的ニ生產制限ヲスルト云フコトガ必要ダト思フ、ソレニハ不良ノ桑園ガ三十万町歩アルガ、ソレヲ拔取ッテシマッテ、補償金ヲヤル、一方思切ッテ生產制限ヲヤルト同時ニ、一方デハ市價ヲ安定サセル、亞米利加人絹ノ相場ノヤウニ變動ガ無暗ニナイト云フコトデ、市價ノ安定ヲ行フト云フコト、ソレカラシテ海外ニ宣傳ヲスル、人絹會社ノヤウニ歐羅巴デモ何處ヘデモ行ッテ、靴下或ハ模樣、何デモドン〳〵ヤルト云フヤウニ、宣傳擴張スルコトガ出來テ居ナイガ、是等ハ大ニ努力ヲ要スルコトデアルト思フ、ソレカラ内地ニ於テモ矢張需要增進、卽チ徹底的ニ消費ノ增進ヲスルト云フコトニ盡力ヲ致シテ、内地デモ人絹ニ代ッテ絹織物ノ帽子デアルトカ洋服デアルトカ云フモノヲ研究シテヤルト云フコトガ非常ニ必要デアルト思フ、是等ノ方法ヲ執ルト同時ニ、高橋大藏大臣ガ多年唱ヘテ居ラレル所ノ生繭ノ取引一切ヲ中止スル、サウシテ乾繭倉庫ヲ普及スル、ドウシテモ生繭デハ今日ノ世界的ノ貿易ニ對應スルコトガ出來ナイ、デアルカラ生繭取引ヲ一切中止スルト云フコトガ非常ニ國策トシテ必要ダト考ヘテ居リマス、其他蠶種ノ國營管理ト云フヤウナコトモアリマス、是等ノコトヲ考ヘテ見テ直グヤラナケレバナラヌト云フコトガ澤山アルト思ヒマス、ドウモ此件ニ付テハ政府ガ一向何モヤッテ居ラヌ、總理大臣ガ具體的ノ方法ヲ考ヘテ著々ヤッテ居ルト申シマスケレドモ、ソレ等ハ一向私ハ不敏ニシテ知ルコトガ出來ナイ、多少ノコトハヤッテ居ルデアリマセウ、今原蠶種ノ國營管理ヲヤルト云フコトデアリマスガ、是ハ七十万圓ノ豫算ガ出テ居リマス、ケレドモ四箇年カ五箇年後デナケレバ效果ヲ發揮シナイ、ソレハ統制ニ何等ノ力ヲ有ッテ居ラヌト思フ、今日七十万圓ノ豫算デ蠶種ノ國營ヲヤル、ソレハ原々蠶種ノ國營ニ過ギナイノデアリマスカラ、是デハ大シタ效果ハナイト思ヒマスルガ、ソレヨリ今カラ來ルベキ危機ヲ救フ應急對策ト、將來ノ永遠ノ國策ト云フモノニ對シテハドウシテモ何トカシナケレバナラヌ、滯貨處分ハ今日マデ既ニ四囘モヤッテ居ル、之ヲ又繰返スト云フヤウナコトハ國家ハ到底堪ヘラレナイ、サウ致シマスナラバ、茲ニ生產制限ヲスルトカ、或ハ特殊ノ方法ヲ講ジテ、根本的ノ、詰リ此制度ノ確立ヲスルト云フコトハ極メテ必要デアリ、重大ナ國策デアル、斯樣ニ考ヘテ居ル次第デアリマス

ソレカラ明年度ノ豫算ト農村問題、私ハ此豫算ヲ見ルノニ、農村ノ各種ノ施設ト云フモノハ大部分ハ削除セラレ、何一ツ見ルベキモノハナイ、今ヤ農村問題ハ世界的ニ極メテ重要視サレテ居ルノデアリマス、政治的ノ改革ハ農村ヲ中心トシテ何時デモ出發ヲシテ居ル、露西亞モサウデアルシ、伊太利モサウデアリ、獨逸、亞米利加モサウデアリマス、農村復興ニ關シテ眞劍ニ是等各國トモ努力致シテ居ルノデアリマス、古來ヨリノ歷史ヲ見マスルノニ、世界ノ革命ト云フモノハ大體此土地問題カラ出發致シテ居リマス、土地ト農村問題カラ出發シテ居ル、歐羅巴ノ獨裁國ト云フヤウナモノモ十七箇國ノ中、九箇國――「チェッコスロバキヤ」トカ、或ハ伊太利、獨逸ト云フヤウナ農民ノ多數居ル處ガ各、革命ナドデモ詭激ナ改革ナルモノガ行ハレテ居ル、我國ニ於テモ五・一五事件ト云フモノハ農村問題ヲ出發トシテア、云フ不安ナ事件ガ起ッタノデアル、農村問題ガ動機デアッテ、世界ハ何時モ革新ノ氣運ガ動イテ居ル、明治維新ノ時デモ、或ハ建武ノ中興デモ、大化ノ革新デモ、皆土地問題カラ出發シテ來テ居ル、土地問題ト云フモノハ矢張リ思想ト伴ッテ來ル、農村問題ト云フモノヲ閑却スルト云フコトハ非常ニ國家ノ基礎ニ於テ憂慮スベキ事實ガアルト思フ（拍手）此事實ニ鑑ミマシテ私ハ現内閣ガ農村ニドレダケノ認識ヲ持ッテ居ルカト云フコトヲ多分ニ疑フノデアリマス（拍手）最近獨逸ナドノ「ナチス」ノ遣方ナドヲ見マスルノニ、第一「ナチス」ハ獨逸ノ新農業政策ト云フモノヲ今定メテ、最モ新シキ施設ヲヤッテ居リマス、例ヘバ獨逸デハ國粹社會主義ノ現レト致シマシテ、重要穀物ニ對シテ公定相場ヲ定メテ居ル、是ハ丁度米穀統制法ト同ジデアッテ、公定相場ヲ定メテ、其公定價格ニ依ッテ重要穀物ニ對スル公定價格ハ、例ヘバ裸麥ハ一瓲ニ付テ十八馬克デアルトカ、小麥ハ十三馬克ト云フヤウナ公定價格ヲ定メテ居ル、萬一公定價格ヲ割ッテ賣買ヲスル時ニハ、十年以下ノ禁錮十万馬克以下ノ罰金、商業權ノ剝奪ト云フヤウナコトヲヤッテ、徹底的ニ處分致シテ居ル、日本ハ公定米價ナドヲ下廻ッテモ凉シイ顏ヲシテ眺メテ居ルト云フコトデアルガ、獨逸ニ於テハ罰金十万馬克ヲ取ッテ居リ、禁錮刑ニ處スルト云フヤウナ重大ナ政策ヲヤッテ居ルノデア

ル、サウシテ、農民保護ノ爲ニハ農村ノ耕作地ニ對シテ世襲權ト云フモノヲ與ヘテ、強制執行ヲヤラヌ、擔保ニ取ッテモ競賣ハヤラナイ、耕作地ノ世襲權ヲ設定シテ租稅ヲ免除スルト云フヤウナ特典スラ與ヘテ居ル、亞米利加デモサウデアリマス、亞米利加ノ「ルーズヴエルト」大統領ノ昨今ノ施設ヲ見ルニ、ヤハリ最低賃銀ノ保障ト云フ事ト農產物ノ價格ヲ維持スル、此二ツガ詰リ「ルーズヴエルト」ノ不景氣克服ノ最大眼目デアル、サウシテ農業復興法ト云フヤウナモノデ、恐ロシク大キナ十億弗トカ云フヤウナ金ヲ使ッテヤッテ居ル、是ハ或ハ效果ヲ奏スルカ奏シナイカ分ラナイガ、次カラ次、重ネ〳〵、是デモカ〳〵ト云フ風ニ效果ノ現レルコトヲ期待シテ居ル、亞米利加ノヤウナ國ハ農民ト市街民――商工業者トノ比較ヲスルト、二割三分シカ亞米利加ニハ農民ガナイ、其國デモ斯樣ナ徹底的ノ政策ヲヤッテ居ル英吉利アタリデモ都市ノ商工業一般カラ見ルト、農業ノ割合ハ四割位デアル、佛蘭西モ三割カ四割デアリマスルガ、日本ハ兎ニ角六割ハ詰リ農村ヲ根據ニシ、農村生活ト云フモノガ國民生活ノ基礎ヲ成シテ居ル、此農村ト云フモノニ對シテ現內閣ノヤウナ認識不足デアッタナラバ、是ハ恐ラク私ハ他日ニ於テ非常ナ大ナル禍根ヲ生ズルモノデハナカラウカト云フコトヲ特ニ憂フル者デアリマス(拍手)

本年ノ豫算ヲ大體通覽ヲ致シマスルト云フト、二十一億一千二百万圓ト云フ巨額ナ金デアリマスルガ、是ハ我國ガ非常時ト云フ銘ヲ打ツ爲ノ國防豫算デアリ、軍事豫算デアルコトハ私共モ承認ヲ致ス、又國防豫算、軍事豫算ニ對シテ吾々ハ何等此支出ヲ吝ム者デハアリマセヌ、ケレドモ此國防費ノ豫算ノ中デ國費ノ大體カラ見ルト云フト、四割四分八厘ト云フモノニナッテ居リマスルガ、其外ニ恩給トカ或ハ軍事ニ直接關係ノ無イ費用ヲ入レルト云フト、恐ラク本年ノ軍事國防費ト云フモノニ屬スル金ハ五割五分位ニナルト私ハ考ヘテ居ル、サウスルト其外ニ公債ノ利拂ト云フモノヤ、爲替ノ差損金等ノ當然ノ政府ノ法律ニ依ル義務費、是ガ五億六七千万圓アル、恩給年金、公債利拂、或ハ爲替差損金ト云フ義務費ガ合セテ五億六七千万圓アル、之ヲ二十一億二千万圓カラシテ差引ト云フト、行政費ト云フモノハ殆ド僅カシカナイ、而モ十一省ノ中デ陸軍ト海軍ガ約五割五分以上ノ豫算ヲ取ッテ、アト九省デ殘ッタモノカラシテ義務費ヲ引イタモノヲ振分ケルト云フト、殘ル所ハ五億一千万圓ガ九省ノ行政費ニナッテ居ル、國民ノ生活ヲ支配シテ、サウシテ一般國民ノ利害休戚ニ最モ重大ノ關係アルモノニ對シテ九省ハ五億万圓ヲ振分ケヲシテ居ルト云フコトニナルト思フ、今日大衆ノ生活ト云フモノニ付テ非常ニ樂觀的ノ御話モアリマシタガ、私共ハ必シモ樂觀ハ致シマセヌ、今ヤ大衆ノ生活、特ニ農村等ニ於テハ矢張疲弊沈衰ノ域ヲマダ脫シテ居リマセヌ、ソレハ軍需工業品等ニ付テ、或ル特殊ノ部分ニ於テハ此ノ恩惠ヲ多分ニ受ケタ處ガアリマス、ケレドモ此軍需工業ニ關係ノ無イ處ハ矢張疲弊困憊、租稅ガ拂ヘナイ、村長ニ給料モ出セナイト云フヤウナ町村ガ全國ニハ多々アルノデアリマス、山村ナドニ行ケバ悉クトハ申シマセヌケレドモ、非常ニ行詰ッテ居ル事情ハ未ダ決シテ脫出ハシテ居リマセヌ、サウシテ此豫算ノ中、國防費ト普通行政費トノ按配ハドノ程度デアルカト云フコトヘ、是ハ各國ノ事情ニ依ッテ違ヒマセウ、違ヒマセウガ、一般ノ大衆ノ生活ニ直接必要ナルモノニ向ッテ餘リ費用ヲ吝ンデヤルト云フコトハ、是ハ爲政ノ大本ト致シマシテハドウデアラウカ、特ニ此農村ナドニ對シテハ後藤農相ナドハ連日奮鬪ナスッテ、內政會議ナドト云フ事ヲシテ、五回モ六回モ開イテ、農村ノ爲ニ有ユル奮鬪努力ヲ繼續サレテ居ルコトハ、是ハ私共新聞ニ依ッテ承知致シテ居ル、極メテ眞面目デアリマシテ、又非常ニ努力ヲ致シテ居ルト云フコトモ能ク分ッテ居ルノデアリマス、ケレドモ大體後藤農相モ何故此追加豫算ナント云フコトデオ茶ヲ濁サウトシテ今內政會議ヲ開クノデアルカ、農村ニ必要ナル費額デアルナラバ、是ハ當然本豫算ニ入ルベキモノデアル(拍手)本豫算ガ濟ンデシマッテカラ、彼ノ額ガ立タヌデアラウ、此額ガ濟レルデアラウ、マア此處デ一ツ相談ヲシテ何トカシヨウト云フコトデ、三回モ、或ハ四回モ、五回モ內政會議ナドヲ開イテ、新聞ニハ其都度非常ニ謳ハレテ居ル、如何ニモ御同情ハ申上ゲマスルケレドモ、斯樣ナ必要ノ費額デ、當然要求スルモノヲ追加豫算デ出スト云フヤウナコトハ、全ク豫算編成ノ方針ヲ誤ッテ居ルト思フ、唯申譯ダケニ斯樣ナコトヲヤッテ居ルトシカ考ヘラレナイノデアル(拍手)ソレカラ又後藤農相ハ私ハ平素極メテ尊敬ヲ致シテ居ル者デアリマスルガ、自分ノ志ガ行ハレナケレバ堂々ト所信ヲ披瀝シ、ソレデ容レラレヌト云フコトナレバ進退ヲ賭スルガ宜シイ(拍手)ソレデコソ始メテ今日ノ非常時ヲ打開スルコトガ出來ルト思フ(ヒヤ〳〵)ソレガ便々トシテ、內政會議デ幾ラカノ振分ケヲ貰ッテ、サウシテ面目ヲ維持スルナドト云フコトハ餘リ不甲斐ナイコトデアルト思フ、私ハ此國防豫算ノ爲ニ農村、其他ノ施設ガ全部犧牲ニナッタト世間デ言ヒマスルガ、左樣ナコトハ私ハ申上ゲマセヌ、今農林大臣ガ要求シテ居ル農村ノ費用ハ全部豫算ニ削除サレテ、殆ド見ル影ガナイ迄ニ削除サレタト云フヤウナコトガ問題ニナッテ居ルノデアリマスルガ、是モ大藏大臣ノ主張モアルシ、又農林大臣ニモ相當ノ主張ガアルコト、考ヘテ居リマス、私共ハ農林大臣ノ十大項目ト云フモノガ豫算ニ出タト云フケレドモ、ドウモ能クハッキリシナイ、例ヘバ土木匡救事業ノ費用ガ非常ニ減ッテ困ルトカ、或ハ蠶絲ノ施設費ガ非常ニ困ル、共同精神ヲ作興スルトカ、或ハ又其他ニ色々ノ問題ヲ提供シテ居ルガ、ア、ザラニ出シテ並ベタノデハドレヲ捉ヘテヤルノカ、是ガ一番ノ必要、焦眉ノ急務デアルカト云フヤウナコトハ一寸判斷ガ付カヌデアラウト思フ、世間ノ言葉デ言ヘバ役所ニ三年モ五年モ前カラ棚曝シニ抽斗ノ中ニ在ッテ、芥ダラケニナッテ居タモノヲ、今非常時ノ名前ヲ打ッテ並ベタノダ、ソレデアルカラ大藏大臣ノ一蹴ヲ喰フコトハ已ムヲ得ヌノダ、サウ云フコトヲ世間デハ言フノデアリマスケレドモ、後藤農林大臣ノ主張ハ相當ノ根據ノアル主張デ、又今日ノ行詰ッタ農村ヲ彌ガ上ニモ救濟ヲシヨウト云フ誠心誠意ガ籠ッテ居ルト云フコトヘ、私モ承知ヲ致シテ居ルノデアリマスルガ、或ハ是等ノコトニ對シマシテ、大藏大臣ハ赤字豫算ト云フヤウナモノヲ三箇年間ニ二十五億万圓モ出シテ居ル、毎年七億八億ノ赤字公債ヲ出シテ居ル、眞ニ緊急已ムヲ得ザルモノト云フナラバ、大藏大臣ノ雅量ニ依ッテ二千万圓ヤ三千万圓ノ金ヲ出スト云フコトハサウ難事デハナカラウト思フ、唯根本ガ何處ニアルカ、根幹ガ何處ニアルカ、信念ガ何處ニアルカ、之ニ依ッテ國家ガ救ハレルト云フモノヲ持ッテ行キサヘスレバ、大藏大臣モ諒承スルノデハナカラウカト思フノデアリマスガ、此點ガ今日ノ內政會議ヲ必要トシテ、數回ノ相談ヲシナケレバナラヌト云フコトニナッテ居ルノデハナカラウカ、斯ウ云フ風ニ考ヘテ居ル、是ハ私ノ推論デアリマスルガ、併シ私ハ此處デ非常ニ憂フベキ事實ガアルト思フノハ、後藤農相ノ一個人ノ腰ガ强イトカ弱イト云フコトハ、是ハ國家ノ爲メ、農村ノ爲ニ左程ノ影響ガアルモノトハ私ハ考ヘナイ、考ヘナイケレドモ、全國五百万戶ノ農家、一万六千ノ農村ト云フモノハ、豫算ノ上ニ於テ細微ナ金モ認メラレヌ、例ヘバ時局匡救ノ金デ昭和七年度カラ三箇年計畫ヲ樹テテヤッテ居ル、或ハ下水排水ナドヲヤッテ居ルガ、一箇年二箇年ヤッテ、モウ九年度ニハ完成スルト云フヤウナモノガアル、或ハ耕地整理ヲヤッテ、サウシテ七分通リハ出來タガ、モウ三分出來ナイ、三分出來ナケレバ全部ガ使ハレナイ、例ヘバ農村ニ於テノ時局匡救ノ土木事業デ川排水トカ、灌漑デアルトカ、開墾助成トカ、總テサウ云フモノガ八分通リ出來タケレドモ、水ヲ引クダケノ隧道ガ一ツ出來ヌト云フモノガ方々ニアル、斯ウ云フモノニ對スル僅ノ金ヲ打切ッテシマフト云フコトニナルト、是ハ思想ノ上ニ非常ナ重大ナ影響ガアル、ソレデ時局匡救ノ費用モ或ル程度ニハ之ヲ認メテヤラナケレバナラヌ、マサカソレヲ止メテシマハナケレバナラヌト云フコトニハ致スマイト思ヒマスガ、私共ガ聞キ得ル範圍ニ於テハサウ云フ所ガ相當アル、サウ云フモノハドウシテモヤラナケレバナラヌト思フ

又農民ノ精神ニ影響スルコトハ、農村ガ僅ナ金デアッテモ斯樣ナヤリ掛ケタ仕事ヲ止メナケレバナラヌ、是ハ總テ國防ノ爲ニ犧牲ニナッタノデアル、吾々ノ今迄ヤッテ居ッタ三箇年ノ計畫ト云フモノガ一年デ打切ラナケレバナラヌ、是デハ今迄農村ニ入レタ金ハ無駄ニナルト云フヤウナコト、是等ガ全國的ニ響イテ、現ニ農會デアルトカ、產業組合ノ人々ガ多數上京シテ、大藏大臣ヤ農林大臣ニ陳情ニ行ク、大藏大臣ナドハア、云フ事ヲスルノハ非常ニ宜クナイト云フノデアルガ、陳情ナドヲシナケレバ巳ムヲ得ナイ所ガアルト思フ、是ガ殆ド今日ノ狀況デ、サウ云フ些末ナ金モ容レラレナイト云フコトニナルト、全國ノ農村ニ非常ニ思想上ノ影響ヲ及ボスコトハ、是ハ金錢ノ數字ヨリ以上ニ大ナルモノガアルト私ハ考ヘテ居ル

大藏大臣ハ自力更生ニ依ッテヤレバ宜イ、農村ハ自力更生ト云フ自治的精神ガ旺盛デナケレバ救ハレナイト言ハレル、是ハ洵ニ御尤デアル、私共モソレニ付テハ全ク滿腔ノ賛意ヲ表スル者デアリマス、何モ彼モ官憲萬能デ政府ニ依賴スルト云フコトデハ、今日ノ農村ハ救ハレナイト思ヒマスガ、併ナガラモウ藥ヲヤッテモ息ガ止マルト云フヤウナ所ガアル、自力デハ動カヌト云フヤウナ所ガ多々アル、是ハ租稅ガ拂ヘナイ、町村ノ町村稅ガ拂ヘナイデ、現ニ村長ノ給料ガ拂ヘナイ、役場ノ吏員ハ辭職ヲシテシマフト云フヤウナ所モ此近クノ群馬縣邊リニモアル、栃木縣邊リニモアル、北海道邊リニモアル、サウ云フ所ニ自力更生ヲ說イテモ仕方ガナイ、玆ニ名醫ガアッテ榮養ヲ與ヘテ起死回生ノ術ガアレバ格別デアルガ、オ前等ハ榮養ヲ攝ラナイデモ宜シイ、唯自力更生デ生キ延ビナケレバナラヌト云フコトハ、是ハ全面的ニハサウ云フ風ニ參ラヌ、サウ云フコトハドウシテモ此政治上ニ於テ相當ノ施設ヲシテ、之ヲ相當ニ緩和スルコトガ、是ガ政治ノ大道デアリ、要道デアル、斯樣ニ私共ハ考ヘテ居ルノデアリマス、例ヘバ現內閣ノ一枚看板デ、全國ニ自力更生ヲヤレト云フコトヲ言ッテ居ル、成程全國中ニハ自力更生ノ實ノ擧ッタ所モアリマセウケレドモ、二宮尊德ノヤウナ人トカ、佐藤信淵ノヤウナ人ノ居ル所ハ自力更生モ出來マスケレドモ、農村ニハ指導ト云フモノガナケレバナラヌ、サウシテ農村ノ經濟更生ヲ指導シテ行ク「リーダー」ト云フモノガナケレバナラヌ、所ガ之ニ對シテ今農村ノ統制經濟ノ中心ニナッテ居ルノハ何デアルカト云フト、農會ノ町村技術員デアル、此町村技術員ハ全國ニ約八千人アル、此町村技術員ハ大抵昔ハ宜イ加減ナモノデアッタガ、今ハ農學校、農業大學ト云フモノヲ皆出テ居ル、サウ云フ者ガ中心ニナッテ、農村ノ更生運動ニ從事シテ居ル、是等ノ者ハ朝早クカラ草鞋ヲ穿イテ、自轉車ニ乘ッテ各戶ヲ經廻ッテ、農村經濟ノ復興、自力更生、負債整理、サウ云フ政府ノ趣意ヲ盛ニ宣傳シ、指導シテ居ル、所ガ此農村技術員ナルモノガ給料ハ何處カラ出ルカト云フト、町村デハ給料ガ出セナイ、縣農會デモ矢張町村技術員ニ給料ヲ出セナイ、地方ニ依ッテハ縣費デ出シテ居ル所モアル、或ハ役場デ出スト云フテモ十分ニ出セナイト云フノデ、此技術員ハ今給料ガ出ナイカラ給料ヲ取ラナイデ、無給デ働イテ居ル者モアル、サウシテヤッテ毎日々々農家ヲ經廻ッテ農家ヲ指導シ、敎養ヲ富マシテ居ル、所ガ是ガ衆議院ニ建議案ヲ三回出シタ、是等ノ者ガ實際ノ更生運動ニ役立ツノデアル、是等ガ先頭ニ立ツ、第一線ニ立ツ人間デアル、第一線ニ立ツ是等ノ人間ガ働カナケレバ、更生ノ結果ヲ得ルコトハ出來ヌト云フノデ、衆議院ハ三回建議案ガ通過シテ、此技術員ノ補助ヲ幾分デモヤル、農林省ニ於テ約三百万圓ノ豫算ヲ計上スルコトニシタイト云フコトハ、是ハ每年非常ナ熱烈ナ運動ガアル、ケレドモドウシテモ是ガ計上サレナイ、斯ウ云フヤウナコトハモウ金額、數字ノ問題デハナイ、政府ガ一枚看板デ更生運動ヲヤル、其運動ノ中心ニナル技術員、農村ヲ指導スル人間、是ガ、俸給ガ取レナイ、自分等ノ位置ガ不安ダト云フノデハイケナイ、是等ヲ幾分デモ國家ガ認識シテ、オ前ハモウ一層勉强シロト云フコトデ、サウ云フモノヲ奬勵シ、督勵スルト云フコトデ初メテ更生運動ハ出來ルノデアルガ、此三百万圓スラモ豫算ニ計上サレヌト云フヤウナコトデハ、是ハ若シ斯ウ云フ狀態ヲ續ケレバ幾ヲ更生運動ヲ政府ガ說イテモ、是ハ殆ド木ニ緣ッテ魚ヲ求ムル如ク、決シテ效果ハ擧ラヌト思フ（拍手）故ニ私ハ此技術員ノ問題ナドモ――ソレハ議論ヲ致シマスレバ、サウ云フモノヲヤリ掛ケレバ際限ハナイト言フカモ知レナイガ、技術員ガマサカ無暗ニ政府ニ國庫補助ヲ與レトモ言ヘナイ、實際必要デアルカラ言フノデアルカラ、斯ウ云フモノハ多少眼ヲ開イテ見テヤルト云フコトガ、此更生運動ノ急務デハナ

カラウカ、斯樣ニ考ヘテ居ルノデアリマスルガ、此點ニ付テモ私ハ、全國八千ノ農業技術員ナント云フモノハ、今將ニ惡化セントシテ居ル、惡化シツヽアル、思想上ニ及ボスコトガ極メテ重大デアルト考ヘルノデアリマスルガ、政府閣僚諸君ニ於テモ是ハ御一考ヲ煩シタイ考デアリマス、ドウカ若シ私ノ質問ニ對シテ御返事ガアルナラバ承リタイト、斯樣ニ考ヘテ居リマス

大體私ノ申上ゲルコトハ是デ終ッテ居ルノデアリマスルガ、私ハ今期議會ニ對シテ尙ホ申上ゲタイコトモ多々アルノデアリマスルガ、餘リ時間ヲ長ク、又餘リ諸君ヲ御煩シ申スコトハ恐縮千萬デアリマスルカラ、何レ殘ッタモノハ豫算委員會、其他ノ機會ニ於テ更ニ質問致ス考デアリマス（拍手）

○議長（秋田清君）　後藤農林大臣

〔國務大臣後藤文夫君登壇〕

○國務大臣（後藤文夫君）　東君ノ御質問ニ御答ヲ致シマス、東君ハ最初ニ米穀問題ト農村問題、此二ツヲ捉ヘテ御質問ガアリマシタ、御話ノ如ク是ハ我國ノ農村問題ノ中デ當面ノ緊急ナ問題デアリ、且ツ恒久ノ根本的ノ問題デアル二大問題デアリマス、之ニ付テ深刻ナ御考慮ヲサレテ、種々御議論ト共ニ御質問ノアリマシタコトニ付テハ、其根本ノ點ニ於テ憂ヲ同ジウスルト云フコトヲ、玆ニ先ヅ申上ゲタイト思フノデゴザイマス

第一ノ米穀問題ニ付キマシテハ、昨年ノ議會ニ於テ統制法ガ兩院ノ御協贊ヲ得マシテ、是マデノ米穀法トハ餘程趣ヲ異ニシタ有力ナル統制ノ制度ヲ採ルコトニ相成ッタノデアリマス、今年ノ十一月カラ初メテ實施ヲ致シマシテ、時ハ偶、異常ノ大豐作ニ遭遇致シタノデアリマス、此事情ハ東君ガ今大體御述ニナッタヤウナ次第デアリマス、政府ニ於キマシテハ、大凡平年ヲ見マシテ色々需給推算ノ數字ヲ立テ、、昨年ノ統制法ヲ審議ノ際ニ御覽ニモ入レマシタ、併ナガラ是ト同時ニ、特別會計ハ或ル場合ニ於テハ來年カラモ、詰リ去年カラ申シテ昨年ノ暮、來ルベキ統制法實施ノ際カラモ、相當ナ大キナ豐作ト云フモノガ來ルカモ知レヌト云フコトハ豫想致シテ居ッタノデアリマス、ソレニ對シテノ心構ヘヲ致シテ準備ヲシタ譯デアリマス、併ナガラ今年ノ豐作ハ稀有ノ大豐作デアリマシタ、随テ米價ガ下落スルデアラウト云フヤウナ懸念ヲ著シク九月十月ノ交ニ抱カシタノデアリマスルガ、幸ニ統制法ニ依リマシテ、先ヅ米價ガ今日ノヤウナ狀況ニ維持サレテ居リマス、昨年ノ暮ノ端境期ニ於キマスル米ノ持越ノ大體ノ推算ハ九百數十万石、約一千万石デアリマス、正常持越ト云フモノヲ差引イテ約五百万石ニ近イ持越ヲ今年ニ致シタノデアリマス、是ノ數字ニハ、昨年ノ八月ニ於ケル米穀現在高ノ調ト云フモノガ、過去數年ノ同ジヤウナ調査ニ較ベテ、急ニ三百万石ノ増加ヲシテ居ルト云フヤウナ數字ガ這入ッテ來テ居リマス、是ハ調査方法ノ變化ガ主タル原因デアッタノデアリマス、昨年調査方法ヲ變ヘマシタ、是マデノ推算デ申シマスルト、昨年ノ端境期ニハ五百万石ノ正常持越ヲ差引イテ、サウ澤山ナ多クノ持越ヲシナイ見込デアッタモノガ、更ニ斯ウ云フ現在高ノ調カラ來タ數字ヲモ加ヘテ約一千万石ノ持越、五百万石ノ過剩ノ持越ト云フモノヲ豫想シタノデアリマス、更ニ之ニ昨年ノ豐作ガ加ハリマシテ、先程東君ノ言ハレタヤウニ、今年ノ端境期ニ於テハ約千三百万石程ノ過剩米ヲ持ツト云フヤウナ形ガ現ハレテ參ッタノデアリマス、正常持越ヲ差引マシテモ、今年ノ所謂米穀年度ト稱スル間ニ於テハ、マア彼此レ大キク申セバ千万石ト云ッタヤウナ米ノ餘リヲ抱イテ進行スルノデアル、此大キナ米ガ今年ノ初頭、詰リ此十一月カラ十二月一月二月ヲ歷スルト云フヤウナ狀態デ參ッタノデアリマス、之ニ對シテ只今米穀統制法デ立向ッテ參ッテ居ルノデアリマス、随テ色々ナ關係カラ、先程東君ノ仰セラレタヤウナ公定値段ト、地方ノ相場トノ値開キヲ生ジタリ、ソレガ廣マッタリ又狹マッタリ、色々ナ事情ヲ經テハ居リマスルケレドモ、今日ノ所先ヅ大體順當ナ順序ニ進ンデ參ッテ行キツヽアル有樣ナノデアリマス、此米穀ノ過剩ノ狀態ニ對シテ、尙ホ私共ハ統制法ノ命ズル所ニ從ッテ、公定値デ買ラウト云フ米ガアルナラバ、幾ラデモ買フト云フ腹ヲ持ッテ居ルノデアリマス、今年是ガ爲ニ何等窮スル所ハナイ考デ居リマス、唯東君ノ御心配ハ、斯ウ云フ狀況デ進ンダナラバ、米穀統制法ノ特別會計ハ今年ハ宜イトシテモ、モウ一年ノ翌年ヲ同ジヤウナ狀態デ進ンダナラバ行詰ルデハナイカト云フ御心配デアルヤウデアリマス、是ハ御尤ナ御心配ト思ヒマス、併ナガラ今年ハ既ニ非常ナ異常ナ狀態ナノデアリマス、來年モ亦同ジヤウナ、或ハソレニ近イ異常ナ狀態ヲ繰返スモノデアルカ、ドウカト云フコトハ、マダ今日カラハ無論豫測ノ出來ナイコトデアリマス、尙ホ今日米穀統制法ノ實施以來、二三箇月ノ進行ヲ見タニ過ギマセヌ、今後ノ情勢ノ推移ヲモ吾々ハ篤ト見ナケレバナリマセヌ、今直チニ米穀統制法ヲ改正スル、或ハ之ニ何處カ修正ヲ加ヘルト云フヤウナ意思ハ有ッテ居リマセヌ、併ナガラ何分ニモ可ナリ是迄ノ米穀法等トハ違ッタ力ト働キヲ有ツ制度デアリマスル、是ノ運用ノ實績ニ顧ミテ、諸種ノ事柄ヲ吾々ハ十分研究考慮致シタイト考ヘテ居リマスル、今僅ニ數箇月ヲ經タ場合ニマダ直グ是ノ何處ヲドウ變ヘルト云フヤウナ考ヲ立テ、ハ居リマセヌケレドモ、實情ニ即シナガラ細カニ研究ト調査トヲ續ケテ、今後ニ適當ニ善處致シタイト考ヘテ居ルノデアリマス

附帶決議ガ昨年ノ統制法ノ制定ノ際ニ附イテ居ル、其内容ノ實施ニ付テノ御質問ガゴザイマシタ、拓務大臣ニモ御尋ガアリマシタガ、尙ホ私カラモ御答ヲ致シテ置キマス、朝鮮米及臺灣米ノ統制ニ付テ考ヘルコトガドウシテモ此米穀統制法ト相竝ンデ必要ナコトデハナイカト云フ問題デアリマス、之ニ付テハ吾々モ爾來考究ヲ續ケテ居リマス、又關係當局ノ間ニ於テモ、色々ト是マデ打合セヲ致シテ居リマスルガ、マダ實行可能ノ成案ニ到達ヲ致シテ居リマセヌ、尙又朝鮮臺灣等ニ於キマシテ、東君ノ御話ノアリマシタヤウニ自主的ノ統制、其他各般ノ方策及政府ガ統制法デ行フ季節的調節、斯ウ言ッタモノヲ實施シテ、事實的ニ此統制ノ效果ヲ出來ル限リ擧ゲテ見ヨウト云フ試ミヲ昨年來續ケテ參ッテ居ルノデアリマス、此實績モ篤ト吾々ハ見ナケレバナラヌト考ヘテ居リマスル、只今ハ左樣ナ次第ニ相成ッテ居リマス

ソレカラ特別會計ノ將來ガ危イデハナイカ、之ニ對シテ政府ハ如何ナル所見ヲ有ツカト云フコトデアリマス、ソレハ先ニモチ

ヨッテソレニ觸レテ申上ゲマシタガ、最悪ノ場合ヲ二年モ續ケテ參ルト致シマスレバ、特別會計ノ資金ハ枯渇スルニ至ルデアラウト云フコトハ其通リデゴザイマス、併ナガラ吾々ハ米穀統制法ガ實施サレテ、今日公定シタ値段デ買ヒマシタ米ガ五百五十万石ニ上ッテ居リマスルガ、尚ホ今後モ數百万石ノ買上ハアルカモ知レヌト云フコトヲ覺悟モシ、豫期モ致シテ向フノデアリマス、併ナガラ實際ノ結果ガ如何ニ相成リマスルカハ、今日マダ豫測ガ付キマセヌ、殊ニ今年ノ米ノ出來方ガドウナルカト云フコトモ、マダ今日カラ、無論豫測スルコトノ出來ナイ事柄デアリマスル、此特別會計ノ問題ハ今直チニ考慮ヲシナケレバナラヌ問題デハナイト考ヘテ居リマス、又政府ガ持チマシタ米ヲ出來ル限リ適當ナ方法デ、其全部デハナクトモ、一部デモ處置ヲ致シテ參リマシテ、此特別會計ノ荷ヲ輕クシ、懷口ヲ緩カニスルト云フコトモ方法ガアリ得ルノデアリマシテ、是ハ極力努メル積リナノデゴザイマス、サウ言ッタヤウナコトヲ考ヘテ參リマスルト云フト、特別會計ノ將來ニ付テハ最悪ノ場合ガ必ズ來ルト考ヘナイ限リ、今日迄ノ米穀統制法ノ實施ノ狀況、米穀統制法デ持チマス米ノ今後ノ處置ノ研究、其他朝鮮、臺灣ノ米ニ關スル是マデ努力ヲ致シテ參ッテ居ル色々ナ自主的統制、其他ノ方法ト言ッタヤウナコトガ行ハレルコトニ依ッテ、成行ガ如何ニナルカト云フコトヲ俟ッテ、更ニ考ヘテ遲クナイ問題デアルト思ッテ居リマス

ソレカラ蠶絲問題ニ付テ又色々ト御意見ト共ニ御質問ガアリマシタ、是ハ御說ノ通リ米穀問題ト相竝ンデ極メテ重要ナ大問題デゴザイマス、殊ニ蠶絲業ノ問題ハ外國貿易ニ重大ノ關係ヲ持ッテ居リマス、是ノ盛衰消長ガ我國ノ農村ノ根幹ヲ動カスモノデアルト云フコトモ御話ノ通リト存ジマス、吾吾モ是ハ一日モ忽セニセズニ、鋭意實行シ得ル方策カラ著々實行シテ、根本的解決ノ歩ヲ進メテ行カナケレバナラヌト考ヘテ居リマス、此爲ニ原蠶種國家管理ノ制度ヲモ樹立シタイ積リデ豫算ハ既ニ計上ヲ致シテ居リマシテ、遠カラズ之ニ關スル法案ヲ提出致シタイト考ヘテ居リマス、尚ホ只今御話ノアリマシタ新規ノ用途ノ擴張、需要ノ增進、其他生產費ノ低下ノ問題、或ハ全體ノ生絲市場ノ安定ヲ圖ル、絲價安定ノ問題ト言ッタヤウナコトニ付テモ著々研究ヲ進メテ參ッテ居リマス、只今輸出生絲ノ販賣統制ニ付テモ調査會ヲ開イテ審議ヲ急イデ居ルヤウナ譯デアリマス、尚ホ此外ニ當面ノ蠶絲對策トシテ、殊ニ來ルベキ春ノ繭ニ應ズル對策ト云フモノニ付テノ御懸念ノ御話ガゴザイマシタ、之ニ付テモ吾々ハ深ク今考究ヲ致シテ居リマスガ、マダ今後ノ見据ヘヲ如何ニ付ケルカト云フコトニ付テ今直チニ判斷ヲ下ス譯ニ參リマセヌ、具體的ノ成案ヲ今茲ニ樹立スルヤウナ域ニマデ至ッテ居ラナイノデアリマスガ、吾々ハ十分ナ研究ヲ著々進メテ參リツヽアルト云フコトヲ申上ゲテ置クニ止メタイト思フノデアリマス

ソレカラ農村ノ豫算ノコトニ付テ御尋ガゴザイマシタ、農村關係ノ豫算ハ一般豫算ニ相當ナ金額ガ計上セラレテ居リマスガ、尚ホ緊切ナ已ムヲ得ザル必要ノアル事柄ニ付テハ只今モ尚ホ調査考究ヲ致シテ居ル譯デアリマス、左樣御承知ヲ願ヒタイト思ヒマス

〔國務大臣永井柳太郎君登壇〕

○國務大臣（永井柳太郎君）　東君ノ米穀政策ニ關スル御質問ハ、多大ノ敬意ヲ以テ謹聽致シタノデアリマスガ、其中デ外地米ニ關スル部分ニ付キマシテ簡單ニ御答致シタイト思ヒマス、東君ハ前議會ニ於テ私ノ答辯致シマシタモノヲ御讀上ゲニナリマシテ、今日尚ホ其方針デ居ルカドウカト云フコトニ付テ御質問ニナッタノデアリマスガ、其當時私ガ答辯致シマシタ方針ト、今日採ッテ居リマスル所トハ同ジデアルノデゴザイマス、現ニ外地米ニ對シマシテ、其當時申上ゲマシタヤウニ、出來ルダケ外地自身ニ於テ自治的ニ統制ヲ圖ラシメテ、其實績ヲ見テ尚ホ方法ヲ講ジタイト云フ方針ヲ有ッテ居ルノデアリマス、大體ニ於キマシテ內地ノ農村ヲ救濟スルガ爲ニ、外地ノ農村ヲ傷ツクルコトナク、外地ノ農村ヲ救濟スル爲ニ內地ノ農村ヲ苦シメルコトナク、全領土ヲ通ジテ、全國民ノ共存共榮ヲ圖リタイト云フ所ニ、根本ノ方針ヲ置イテ居ル次第デアリマス、朝鮮米ニ對シマシテハ、從來ノ通リ朝鮮米ガ一時ニ內地ニ殺到シナイヤウニ、出廻期ニ於テ調節ヲ致シテ居リマスル外ニ、更ニ昨年ハ豫算ニ於テ御協贊ヲ得マシタ方針ニ則リマシテ、朝鮮自體ニ於テ玄米百五十万石ノ貯藏ヲ致シ、尚ホ其外ニ今年度ニ於テ幸ニ豫算ノ御協贊ヲ得マシテ、更ニ朝鮮自體ニ於テ籾三百万石ノ貯藏ヲ致シタイト云フ考デゴザイマス、尚ホ其外前議會ニ林政府委員ガ御答致シマシタ通リ、棉作ヲ獎勵致シマシテ、他方ニ於ケル產米增殖ノ計畫ハ、必要以上ニ擴大シナイヤウニ、之ヲ抑制スル方針ヲ採ッテ居ルニ相違ナイノデゴザイマス、林政府委員ガ申シマシタ通リニ、第一期ノ十年間ニ於キマシテ、三億斤ノ棉花ヲ生產スル、第二期ノ十年間ニ於テ、又ソレト同額ノ棉花ヲ生產スルト云フ方針デアリマシテ、二十年間ニ六億斤ノ棉花ヲ生產シ、約六十万町歩ノ土地ヲ其爲ニ利用スルト云フ方針デアッタノデアリマスガ、其方針モ今日ノ事態ニ顧ミマシテ之ヲ促進シテ、出來ルダケ速ニ其實現ヲ期シタイト云フ方針デアリマシテ、ソレニ關聯致シマシテノ豫算ノ御審議モ願ッテ居ル次第デゴザイマス

ソレカラ最後ニ、昭和水利組合ニ付キマシテ御質問ニナリマシタガ、御存ジノ通リ此事業ハ、昭和二年頃カラ歷代ノ內閣ヲ通ジマシテ種々研究サレテ居リマシテ、數回其計畫モ練リ直シテ、頗ル大規模ノモノデアリマスルガ、今日ノ米ノ供給ノ事態ニ顧ミマシテ、斯ノ如キ大規模ノモノヲ實現スルト云フコトニ付キマシテハ、其時機ヲ得テ居ナイヤウニ思ヒマスノデ、ソコデ此事業ヲ促進スル意味ニ於キマシテノ豫算ノ如キハ、之ヲ今年度ノ豫算ニ於テハ、請求スルコトヲ差控エタヤウナ次第デゴザイマス、斯ノ如ク朝鮮ニ於キマシテハ、出來ルダケ朝鮮自體ニ於テ米穀ノ生產ヲ制限スルヤウニ努力致シテ居リマスノミナラズ、尚ホ將來ニ於キマシテモ、米ノ各種ノ代作ヘ出來ルダケ獎勵シタイト考ヘテ居ルノデアリマスシ、又米食ヲ獎勵シテ、朝鮮ニ於ケル消費ヲ增加セシムルト云フコトニ付キマシテモ、色々工夫ヲ致シテ居リマス、又米ノ利用法ニ付キマシテモ、十分ノ研究ヲ致シテ居ル次第デアリマス、同時ニ臺灣ニ於キマシテモ亦同樣ノ方針ニ依リマシテ、出來ルダケ臺灣自體ニ於テ米ノ供給ヲ制限セシムルヤウニ努力致シマシテ——臺灣ノ方ハ、是ハ米ノ性質ガ長期貯藏ニ適シナイコトハ御存ジノ通リデアリマスノデ、臺灣ノ方ハ幸ニ豫算ノ御協贊ヲ得マシテ、各種ノ代作物ヲ獎勵致シマシテ、米ノ生產ヲ幾ラカ減ジタイノデアリマス、若シ御協贊ヲ得マスレバ、初年度ニ於テハ八十万石程ノ生產ノ制限ト

ナル次第デアリマスガ、斯ノ如ク朝鮮ニ於テモ、又臺灣ニ於キマシテモ、外地米ヲ內地ニ過剩ニ供給スルコトニ依ッテ、內地ノ米價ヲ實崩シ、其爲ニ內地ノ農村ニ不當ノ打擊ヲ與ヘルコトノナイヤウニ、十分努力致ス積リデアリマシテ、其方針ニ依リマシテ、政府ト致シマシテハ最善ノ努力ヲ致シテ居ル次第デアリマス、此實績ヲ見マシテ、尙ホソレ以上ニ十分有效適切ナル方法ヲ講ズル必要ガアリマスレバ、政府ハ其方法ヲ講ズル點ニ於テ決シテ吝カナラザルモノデアルコトヲ申上ゲテ置キタイノデアリマス(拍手)

(東武君登壇)

○東武君 一寸御斷リ致シマスガ、私ガ先程ノ質問演說中ニ、――――ト內地ト言ッタ言葉ガアックサウデアリマスガ、是ハ外地ト取消シテ置キマス、內地ト外地ト斯ウ取消シテ置キマス、――――ト云フコトハ少シ穩カデナイト云フコトヲ感ジタ次第デアリマス

只今農林大臣カラ巨細ナル御答辯ヲ承リマシタ、私ハ此統制法ノ將來、現行法ヲ改正スル意思ナキヤト云フコトハ、是ハ統制法ノ補强工事ヲスルト云フノデ、既ニ農林大臣ハ減反案ト云フモノヲ出シテ居ル、是ハ議會ノ問題ニハナリマセヌガ、兎ニ角朝鮮ト內地トニ對シテ五十万町步ノ減反ヲシヨウト云フ計畫ヲシテ一時新聞等ニモ傳ハッタ、ソレカラ減反案ナルモノヲヤッタ、籾貯藏デ六百万石ノ貯藏獎勵ヲヤッテ居ル、是モ私ハ承知致シテ居ル、是ハ此統制法ノ不備缺陷ヲ補フ補强工事トシテ、已ムヲ得ズ斯樣ナ計畫ヲ致シタモノト考ヘテ居ルノデアリマスガ、減反案ハ遂ニ世間カラ非難囂囂トシテ成案ニハナラナカッタ、籾貯藏ノ方ハ、今著々進行致シテ居ルト云フコトハ承知シテ居リマス、此補强工事、卽チ生產ヲ制限スルマデニ行カナケレバ、統制法ハ國家ノ爲ニ非常ナ累ヲ貽ス、米穀法ノ時ニハ、一箇年三千七百万圓程ノ損失ヲ來シテ居ル、統制法ハ之ニ輪ヲ掛ケテ、尙ホ損失ガ偉大ニナルト思フ、斯樣ナコトヲ永續的ニヤッテ行クト云フコトハ、國家ノ財政上容サヌコトデアルト考ヘル、ソコデ私ノ質問ハ補强工事ヲヤル爲ニ、今統制法トシテ、朝鮮臺灣ノ外地米ト云フモノニ對シテ、徹底的ノ統制ヲスルト云フコトハ、急務中ノ急務デアル、ソレデ少クトモ朝鮮臺灣デ生產スル所ノ米ニ對シテハ、移出ヲ制限ヲスル、ソレカラ政府ガ朝鮮臺灣ノ米ハ管理スル、斯ウ云フヤウナ制度ヲ作ラヌ限リニ於テハ、此統制法ト云フモノハ最早國家ノ爲ニ不利益ナ案デアルト、斯樣ニ考ヘテ居ル、故ニ此質問ヲ致シタ譯デアル、生產制限ヲスル、若クハ管理ヲスル、移出制限ヲスルマデニ行カナケレバ、統制法ハ全ウスルコトハ出來ナイ、恐ラク此衆議院ニハ、今年中ニドノ黨派カラカ斯樣ナ案ガ必ズ提案サレルコト、考ヘテ居リマス、此朝鮮臺灣ノ外地米ノ移出制限ヲシ、サウシテ一步進ンデ之ヲ政府ガ管理スルト云フマデニ行ケバ、初メテ此統制法ハ完備スルト思ヒマス、若シ此朝鮮臺灣ノ外地米ノ管理統制ヲスルコトガ出來ナカッタナラバ、此統制法ノ運命ハ、僅カ一兩年ノ中ニ、國家ニ非常ナ累ヲ貽シ、サウシテ遂ニ放棄シナケレバナラヌコトノ運命ニ立到ルコト、斯樣ニ考ヘル、又私ガ此處デ自分ノ說ヲ主張スルコトハ恐縮デアリマスガ、結局ハ此米ノ問題ハ、日本ノ國民ノ非常ナ累デアル、三百年以前カラ斯樣ナコトヲ繰返シテ居ルノデアルガ、此國家ノ累ヒ、國民ニ取ッテノ米ノ累ヲ取去ルト云フコトハ非常ニ必要デアル、ソレヲ取去ル方法ハ、專賣ヨリ外ニハナイト考ヘテ居ル論者デアル(拍手)專賣ノ一事ヲヤル過程ト致シマシテ、朝鮮臺灣ノ外地米ノ統制管理ヲ徹底的ニ法律デヤル、ソレデモ行カナケレバ最早專賣ヨリ外ハナイ、斯樣ナ結論ヲ自分ハ抱イテ居ル爲ニ、只今御質問ヲ致シタノデアリマスルガ、最後ノ點ニ付テ、私ノ專賣ニ付テノ御答辯ハ要シマセヌガ、農林大臣ハ此儘デ行ケル、或ル程度マデハ行ケルト云フ觀察ヲ致シテ居ルヤウデアリマスルガ、本年二億万圓ヲ使ッテ、來年若シ豐饒デアッテ、更ニ二億万圓使ッタナラバ、殆ド統制法ト云フモノハ、數億圓ノ國帑ヲ濫費シテ、遂ニ農民モ悅バズ、消費者モ歡バズ、何ノ效モナクシテ巨額ノ金ヲ泥溝ニ棄テナケレバナラヌト云フコトヲ憂慮スル爲ニ、此質問ヲ致シタノデアリマス

ソレカラ永井拓相ニ對シマシテハ、永井拓相ハ如何ニモ雄辯ニ私ノ質問ニ對シテ答辯セラレマシタ、內地ガ困ラナイ程度ニ於テ、米ヲ內地ニ移入スルコトヲ制限スルコトハ、今日モヤッテ、居ルト云フコトデアリマスガ、ソレハ事實全然ナイ、唯內地ニ入ッテ來タ米ガ前年度ヨリ幾ラカ少クナッタト云フ丈ガ二三日前ニ出テ居リマス、是ハ或ハ出テ居ルカモ知ラヌ、去年同期ニハ入ッタノト較ベテ、今年度ハ內地ニ殺到スル米ガ幾ラカ減ジタト云フ丈ガ出テ居ル、是ハホンノ議會ノ答辯ヲスル爲ニ、天下ヲ瞞化スル一ツノ手段デアリマス、何故ナラバ、是ハ朝鮮總督府ガ決シテ統制ヲシタノデハナイ、農林省ガ昨年ハ三十万石ノ米ヲ買ッタ本年ハ七十万石ノ米ヲ買ッタ、朝鮮デ籾ヲ七十万石買ッタ、是ハ金ハ農林省ガヤハリ米穀會計ニ依ッテ朝鮮ニ行ッテ季節出廻リニ於テ七十万石買ッタ、ソレガ爲ニ內地ニ殺到スルノガ幾ラカ少クナッタト言フ、決シテ拓務大臣、拓務省、或ハ朝鮮總督府ガ米ノ統制ヲシタト云フ事實ハ少シモナイ、棉花ノ栽培ヲ幾ラカヤッテ居ルト云フコトデアルガ、棉花ノ栽培ヲヤッテ居ルト云フコト、、米ガ增產シテ內地ニ移入スルト云フコト、ハ、是ハ關係ガナイ、棉花ノコトハ代用作物トシテヤル、是ハ當然デアルガ、私共ガ現實ニ朝鮮デ豫想シタ六百二十万石ト云フ米ノ生產ガ八百万石ニ達シタ、此二百万石ノ事實ヲドウスルノカ、之ヲ幾分デモ生產制限ヲ致シタカ、總理大臣ハ朝鮮總督府、或ハ臺灣總督府ノ植民地――植民地ト云フト語弊ガアリマスガ、外地ニ對シテ非常ニ權威ノアル總理大臣デアルカラ、行政命令ニ依ッテ斯樣ナコトヲ致スト云フコトヲ議會ニ約束シタ、吾々ハ總理大臣ニ信賴ヲ致シテ居ッタガ、何等其事實ハナイ、協議スルト云フコト、農林省ノ言フコト、拓務省ノ言フコト、ハ悉ク角突合ヒデ、一ツモ纒ッタ所ハナイノデアル、是ハ事實デアル、永井拓相ガ此事實ヲ若シ知ラナケレバ、御調ベニナレバ能ク分ルガ、吾々ノ問ハントスル所ハ永井拓相ハ昨春ノ議會ニ於テ、內地ノ不足分ヲ補フ爲ニ朝鮮デ增殖スルコトハ結構ダガ、其以外ニハ、朝鮮ノ增產ノ爲ニ非常ニ內地ガ迷惑スルト云フヤウナ事ハ、是ハ致サヌヤウナ方法ヲ執リマスト云フコトヲ議會デ昨春申シタ、明白ニ何回モ申シテ居ルノデアリマスガ、事實ハ全然裏切ラレテ居ルノデアリマスカラ、此點ハ永井拓相ハ、モウ一度速記錄デモ御覽ニナッテ、サウシテ自分ノ言ッタ責任ヲ政治家ノ責任トシテ重ンズルナラバ、何カ適當ノ方法ヲ講ズル義務ガアルト私ハ考ヘルノデアリマス(拍手)

サウ云フ意味ニ於テ、私ハ農林大臣ニモ質問ヲ致シマス、拓務大臣ニモ質問ヲ致スノデアリマスガ、是ハ非常ナ重大問題デアルト思フ、今日ノ狀態カラ申シマシテ、此儘ニ置クコトノ出來ナイ有樣デアル、サウシテ又米ヲ來年ハ千万石、ソレニ今年ノ政府ノ所有米ノ一千二百万石ト合セテ、二千二三百万石ヲ持ツ、政府ガ之ヲ持ッテ居ルト云フコトハ、非常ニ費用ガ掛ル、少クト

モ一石十圓位ノ損失ハ品減リ、目減リデモ損ガ行クノデアル、サウシテ米ノ榮養價値モナクナル、榮養價値ハ玄米デ六箇月保存スレバ「ヴイタミン」ト云フモノガナクナルト云フコトハ、大原研究所邊リデ研究シテ居ル、サウシテ一年經ツト云フト、最早米ノ質ト云フモノハナイ、唯澱粉質ガ殘ルノミデアル、ダカラ斯ウ云フヤウナ狀態デ、米ヲ罐詰ニシテ長ク置クト云フコトハ、國家ノ爲ニ非常ナ累ヲ爲スモノト考ヘル、又國民ノ榮養ノ上カラ言ツテモ、今東京ニ廻ツテ來テ居ル米ガ劣惡米ガ來テ居ル、吾々ノ食ツテ居ル米ハ、朝鮮米ト內地ノ劣惡ナ米ガ來テ居ツテ、良イ米ハ皆政府ノ倉ノ中ニ入ツテ居ル、サウシテ倉デ罐詰ニシテ居ル、榮養價値ガナクナルト云フコトハ、是ハ國家ノ損失ハ偉大デアル、デアルカラ生產制限モセヌデ統制ナント云フコトハ決シテ出來ナイ、ソレデ農林大臣ハ減反案マデモ提唱シタ、是ハ米價政策ヲヤラウト云フ者ナラバ、茲ニ思ヲ致スト云フコトハ當然デアル、減反、制限ト云フコトハ非常ナ不評判、農民精神ニ違背スルト云フコトデ、非常ナ不評判デアルガ、兎ニ角統制ト云フコトハ、卽チ生產ヲ制限シテ初メテ消費ノ方面、分配ノ方面モ出來ルノデアルガ、生產ヲ制限シナイデ、サウシテ消費ヲ統制スルト云フヤウナコトハ、決シテ是ハ出來ナイ、故ニ此生產制限モ出來ズ、今ノ儘デ行ケバ既ニ先程モ申シマシタガ、昭和水利ハヤラヌト云フコトデアリマシタガ、ソレハ能ク分リマセヌガ、朝鮮總督府ハ既ニ此豫算ヲ出シテ、最早ヤ許可スルバカリニナツテ居ルト云フコトデアリマス、事實ハドウカ知リマセヌガ、サウヤラナケレバ結構デアルガ、百万石ノ增產計畫ハアレ一ツデ出來ル、サウシテ朝鮮ノ米ハ平均一石ニ達シテ居ラナイ、九斗何升ト云フモノデアルガ、現在朝鮮ノ耕地面積ガ百六十万町歩デ、肥料ヲヤツテ改良ヲスルダケデ今ノ倍額ニナル傾向ニアル、往年山梨總督ノ時代ニ產米ト、人口ト、食糧問題ノ時ニ、朝鮮デ幾ラ米ガ產出出來ルカト云フコトヲ聞キマシタガ、三千万石ハ出來ルト言ツタ、默ツテ今ノ儘デモ一千五百万石ハ取レル譯デアル、ソレヲ改良スレバ倍額ニナル、之ヲ措イテ米價統制ヲヤルト云フコトハ、マルデ袋ノ破レタ所ニ水ヲ入レルノト同樣ナモノデ、決シテ效果ハ擧ラナイト思フ、故ニ斯樣ナ事ヲヤツテ居ルト云フノハ、國費ヲ濫費シテ居ルト言ハナケレバナラヌノデアリマス、少クトモ是等ノ生產制限ヲスルト云フコトハ、是ハドウシテモ米ノ專賣ヲヤルヨリ外ハナイ、米ノ專賣ヲシテ初テ生產ヲ統制シ、消費ノ方面モ初テ徹底的ニ出來ル、今ノヤウナ跛行的デ、跛ノヤウナ二人三脚主義ト同ジデ、統制主義デモナイ、其中間ヲ歩イテ行クカラ損失ヲシテ行クノデアル、徹底的ニ統制ヲスルナラ統制ヲスル、或ハ自由放任主義ナラ徹底的ニ自由放任主義ニシテ、米穀統制法モ止メテシマフ、已ムヲ得ザレバ統制經濟ニ移シテ、サウシテ鞏固ニスルト云フコトニナレバ宜シイノデアルガ、其中間ノ跛行主義デアル、自由放任主義デモナイ、統制主義デモナイト云ツタ所謂跛ノ跛行制度デアルガ爲ニ此運命ニ陷ツテ居ル、故ニ私共ハ米穀法ヲ若シ今後持續スルト云フナラバ、專賣ニ行クヨリ仕方ガナイ、其代リ專賣主義ニ行クト云フコトガ嫌ナラバ需要供給ノ自然ニ任スヨリ外ナイ、其中間ノ所ヲ歩イテ居ルカラ國家ニ禍ヲシ、國民ニ迷惑ヲ掛ケルト云フ結論ニナル、此點ニ於テ後藤農林大臣ニモ御伺致シタノデアリマスガ、此儘デ漫然行クト云フコトハ唯一場ノ御答辯ナラバ宜シイガ、眞ニ國家ヲ憂フルモノデアルトシタナラバ、百尺竿頭一歩ヲ進メテモウ少シ眞面目ニ、モウ少シ眞劍ニ御考ヘアランコトヲ特ニ切望スル次第デアリマス(拍手)

(「答辯ハナイカ」ト呼フ者アリ)

昭和九年二月四日

治安維持法改正法律案

第一　治安維持法改正法律案（政府提出）　第一讀會

治安維持法改正法律案

治安維持法

第一章　通則

第一條　本法ノ罪ヲ犯シタル者ニ付テハ刑事手續其ノ他ニ關シ本法ニ別段ノ規定アル場合ヲ除クノ外一般ノ例ニ依ル

第二條　本法ハ何人ヲ問ハズ本法施行區域外ニ於テ罪ヲ犯シタル者ニ亦之ヲ適用ス

第二章　罪

第三條　國體ヲ變革スルコトヲ目的トシテ結社ヲ組織シタル者又ハ結社ノ役員其ノ他指導者タル任務ニ從事シタル者ハ死刑又ハ無期若ハ七年以上ノ懲役ニ處シ情ヲ知リテ結社ニ加入シタル者又ハ結社ノ目的遂行ノ爲ニスル行爲ヲ爲シタル者ハ三年以上ノ有期懲役ニ處ス

第四條　前條ノ結社ヲ支援スルコトヲ目的トシテ結社ヲ組織シタル者又ハ結社ノ役員其ノ他指導者タル任務ニ從事シタル者ハ無期又ハ五年以上ノ懲役ニ處シ情ヲ知リテ結社ニ加入シタル者又ハ結社ノ目的遂行ノ爲ニスル行爲ヲ爲シタル者ハ二年以上ノ有期懲役ニ處ス

第五條　第三條ノ目的ヲ以テ其ノ目的タル事項ノ實行ニ關シ協議ヲ爲シ又ハ其ノ目的タル事項ノ實行ヲ煽動シタル者ハ一年以上七年以下ノ懲役ニ處ス

第三條ノ目的ヲ以テ其ノ目的タル事項ヲ宣傳シタル者ハ六月以上五年以下ノ懲役ニ處ス

第六條　第三條ノ目的ヲ以テ騷擾、暴行其ノ他生命、身體又ハ財產ニ害ヲ加フベキ犯罪ヲ煽動シタル者ハ一年以上十年以下ノ懲役ニ處ス

第七條　前四條ノ罪ヲ犯サシムルコトヲ目的トシテ金品ヲ供與シ若ハ其ノ他ノ方法ヲ以テ便宜ヲ與ヘタル者又ハ情ヲ知リテ之ヲ受ケタル者ハ五年以下ノ懲役ニ處ス

第八條　私有財產制度ヲ否認スルコトヲ目的トシテ結社ヲ組織シタル者又ハ情ヲ知リテ結社ニ加入シタル者若ハ結社ノ目的遂行ノ爲ニスル行爲ヲ爲シタル者ハ十年以下ノ懲役又ハ禁錮ニ處ス

第九條　前條ノ目的ヲ以テ其ノ目的タル事項ノ實行ニ關シ協議ヲ爲シ又ハ其ノ目的タル事項ノ實行ヲ煽動シタル者ハ五年以下ノ懲役又ハ禁錮ニ處ス

第十條　第八條ノ目的ヲ以テ騷擾、暴行其ノ他生命、身體又ハ財產ニ害ヲ加フベキ犯罪ヲ煽動シタル者ハ七年以下ノ懲役又ハ禁錮ニ處ス

第十一條　前三條ノ罪ヲ犯サシムルコトヲ目的トシテ金品ヲ供與シ若ハ其ノ他ノ方法ヲ以テ便宜ヲ與ヘタル者又ハ情ヲ知リテ之ヲ受ケタル者ハ三年以下ノ懲役又ハ禁錮ニ處ス

第十二條　第三條、第四條及第八條ノ未遂罪ハ之ヲ罰ス

第十三條　本章ノ罪ヲ犯シタル者自首シタルトキハ其ノ刑ヲ減輕又ハ免除ス

第三章　刑事手續

第十四條　第三條、第四條及第八條ノ罪ニ該ル被疑事件ニ付被疑者左ノ各號ノ一ニ該當スル場合ニ於テ搜査上必要アリト思料スルトキハ地方裁判所ノ檢事ハ直ニ被疑者ヲ勾引スルコトヲ得

一　被疑者定リタル住居ヲ有セザルトキ

二　被疑者罪證ヲ湮滅スル虞アルトキ

三　被疑者逃亡シタルトキ又ハ逃亡スル虞アルトキ

四　被疑者變名又ハ僞名ヲ使用スル疑アルトキ

第十五條　勾引シタル被疑者ハ指定ノ場所ニ引致シタル時ヨリ四十八時間內ニ之ヲ訊問スベシ其ノ時間內ニ勾留狀ヲ發セザルトキハ被疑者ヲ釋放スベシ

第十六條　第十四條ノ規定ニ依リ被疑者ヲ勾引スルコトヲ得ベキ原由アルトキハ之ヲ勾留スルコトヲ得

被疑者ノ勾留ハ前條ノ規定ニ依リ被疑者ヲ訊問シタル後ニ非ザレバ之ヲ爲スコトヲ得ズ但シ被疑者逃亡シタル場合ハ此ノ限ニ在ラズ

第十七條　前條ノ規定ニ依リ勾留シタル被疑者ハ檢事特ニ必要アリト思料スル場合ニ限リ之ヲ訊問スルコトヲ得

第十八條　勾留ノ期間ハ二月トス特ニ繼續ノ必要アル場合ニ於テハ一回限之ヲ更新スルコトヲ得

第十九條　勾留ノ原由消滅シ其ノ他勾留ヲ繼續スルノ必要ナシト思料スルトキハ速ニ被疑者ヲ釋放スベシ

第二十條　刑事訴訟法中被告人ノ勾引及勾留ニ關スル規定ハ別段ノ規定アル場合ヲ除クノ外本法ノ勾引及勾留ニ付之ヲ準用ス但シ保釋、責付及執行停止ニ關スル規定ハ此ノ限ニ在ラズ

第二十一條　本法ノ罪ヲ犯シタル者ニ對スル被告事件公判ニ付セラレタル場合ニ於テ檢事必要アリト認ムルトキハ事件ノ繫屬スル裁判所及移轉先裁判所ニ共通スル直近上級裁判所ニ管轄移轉ノ請求ヲ爲スコトヲ得但シ第一回公判期日ノ指定アリタル後ハ此ノ限ニ在ラズ

前項ノ請求アリタルトキハ決定アル迄訴訟手續ヲ停止スベシ

第四章　保護觀察

第二十二條　本法ノ罪ヲ犯シタル者ニ對シ刑ノ執行猶豫ノ言渡アリタル場合又ハ刑事訴訟法第二百七十九條ノ規定ニ依リ公訴ヲ提起セザル場合ニ於テ檢事必要アリト認ムルトキハ本人ヲ保護觀察ニ付スルコトヲ得

第二十三條　保護觀察ハ本人ヲ司法保護委員ノ觀察ニ付シ、保護者ニ引渡シ又

ハ寺院、教會、保護團體、病院若ハ適當ナル者ニ委託若ハ送致シテ之ヲ爲スベシ

第二十四條　保護觀察ヲ行フニハ本人ノ更ニ罪ヲ犯スノ危險ヲ防止シ且本人ヲシテ正業ニ從事セシムルコトニ留意スベシ

第二十五條　司法保護委員及保護觀察ニ關シ必要ナル事項ハ勅令ヲ以テ之ヲ定ム

第五章　豫防拘禁

第二十六條　第三條又ハ第四條ノ罪ヲ犯シ刑ニ處セラレタル者其ノ執行ヲ終リ釋放セラルベキ場合ニ於テ釋放後ニ於テ更ニ第三條又ハ第四條ノ罪ヲ犯スノ虞アルコト顯著ナルトキハ裁判所ハ檢事ノ請求ニ因リ本人ヲ豫防拘禁ニ付ス

第二十七條　前條ノ規定ニ依ル豫防拘禁ノ請求ハ本人ノ現在地ヲ管轄スル地方裁判所ノ檢事刑務委員會ノ議ヲ經書面ヲ以テ其ノ裁判所ニ之ヲ爲スベシ

前項ノ請求アリタルトキハ裁判所ハ本人ノ陳述ヲ聽キ決定ヲ爲スベシ

第二十八條　豫防拘禁ニ付スル旨ノ決定ニ對シテハ本人ヨリ即時抗告ヲ爲スコトヲ得此ノ抗告ハ裁判ノ執行ヲ停止スル效力ヲ有セズ

第二十九條　刑事訴訟法中決定及即時抗告ニ關スル規定ハ第二十七條第二項ノ決定及前條ノ即時抗告ニ付之ヲ準用ス

第三十條　豫防拘禁ニ付セラレタル者ハ監獄內ノ特ニ分界ヲ設ケタル場所ニ之ヲ收容シ改悛セシムル爲必要ナル處置ヲ爲スベシ

第三十一條　豫防拘禁ノ期間ハ二年トス特ニ必要アル場合ニ於テハ裁判所ハ之ヲ更新スルコトヲ得

第二十七條乃至第二十九條ノ規定ハ前項ノ更新ノ場合ニ之ヲ準用ス

第三十二條　豫防拘禁ハ刑ノ執行終了後引續キ之ヲ執行ス

刑事訴訟法中裁判ノ執行指揮ニ關スル規定ハ前項ノ執行ニ付之ヲ準用ス

第三十三條　豫防拘禁ニ付セラレタル者其ノ執行ニ因リ著シク健康ヲ害スル虞アルトキ其ノ他重大ナル事由アルトキハ豫防拘禁ノ決定ヲ爲シタル裁判所ノ檢事又ハ本人ノ現在地ヲ管轄スル地方裁判所ノ檢事ノ指揮ニ依リ豫防拘禁ノ執行ヲ停止スルコトヲ得

第三十四條　豫防拘禁ニ付セラレタル者逃亡シタルトキハ檢事ハ直ニ逮捕狀ヲ發シ又ハ司法警察官ヲシテ之ヲ發セシムルコトヲ得

刑事訴訟法中逮捕狀ニ關スル規定ハ前項ノ逮捕狀ニ付之ヲ準用ス

第三十五條　豫防拘禁ニ付セラレタル者收容後其ノ必要ナキニ至リタルトキハ行政官廳ノ處分ヲ以テ退所セシムベシ

前項ノ處分ヲ爲スニハ刑務委員會ノ議ヲ經ベシ

第三十六條　刑務委員會及豫防拘禁ニ關シ必要ナル事項ハ勅令ヲ以テ之ヲ定ム

附　則

第三十七條　本法施行ノ期日ハ勅令ヲ以テ之ヲ定ム

第三十八條　本法ハ本法施行前從前ノ規定ニ定メタル罪ヲ犯シタル者ニ亦之ヲ適用ス但シ改正規定ニ定ムル刑ガ從前ノ規定ニ定メタル刑ヨリ重キトキハ從前ノ規定ニ定メタル刑ニ依リ處斷ス

豫防拘禁ニ關スル規定ハ從前ノ第一條第一項ノ罪ニ付本法施行前刑ニ處セラレタル者ニ亦之ヲ適用ス

第三十九條　本法ニ於テ地方裁判所ノ檢事トアルハ朝鮮ニ於テハ地方法院ノ檢事トス

（國務大臣小山松吉君登壇）

○國務大臣（小山松吉君）　只今上程ニ相成リマシタ治安維持法改正法律案ヲ、提出スルニ至リマシタ理由ヲ御說明申上ゲマス、御承知ノ通リ治安維持法違反事件ニ對シマシテハ、政府ハ昭和三年以來鋭意是ガ檢擧ヲ續行致シタルニモ拘ラズ、共產主義者ノ運動ハ實ニ執拗ヲ極メマシテ、幾度カ檢擧ニ依リ其結社ノ組織ガ潰滅ニ至リマシテモ、又更ニ其再建ヲ企テツヽアリマシテ、今日ニ至ルモ尙ホ之ヲ剿滅スルコトノ出來ナイ情況ニ在リマスルコトハ、洵ニ遺憾ノ次第デアリマス

顧テ我ガ國情ヲ考ヘマスルニ、今ヤ內外共ニ實ニ重大ナル時局ニ際會シテ居ルノデアリマス、今ニシテ速ニ是等不逞兇惡ノ思想運動ヲ根絕致シマセヌケレバ、帝國ノ前途洵ニ憂慮ニ堪ヘザルモノアルコトヲ痛感スルノデアリマス、而シテ是ガ對策ト致シマシテハ、勿論敎育其他ノ方面ニ於ケル新ナル施設計畫ヲ、必要ト致スノデアリマシテ、啻ニ刑罰ノミヲ以テ是ガ根絕ヲ期スルコトハ至難ノ業デアリマスルガ、苟モ國體ヲ變革致シマシテ、勞農階級ノ獨裁政治ヲ企畫スルガ如キ、兇惡極リナキ思想運動者ガ潛行的ニ活躍スル今日ニ在リマシテハ、先ヅ之ニ對シ徹底的ニ彈壓ヲ加ヘ、彼等ヲシテ蠢動ノ餘地ナカラシムルコトハ、現下ノ急務デアルト信ズルノデアリマス

然ルニ現行治安維持法ハ、施行以來其實績ニ徵シマスルニ、如上ノ目的ヲ達スル上ニ於キマシテ、其規定ニ不備ノ點ガ尠カラズ存スルノデアリマス、殊ニ共產黨ノ所謂外廓團體ニ對スル取締ノ上ニ、不備ノ點ノアルコトヲ認メタノデアリマス、曩ニ申シマシタ如ク、共產主義者ガ幾度カ黨ノ再建運動ヲ爲スニ至リマシタノモ、全ク是等外廓團體ガ存在致シテ居リマシテ、隱密ニ活躍致シタ爲デアリマス、隨テ政府ハ是等ノ者ニ對シ、特別ノ取締規定ヲ設クル必要ヲ認メタ次第デアリマス

次ニ治安維持法違反事件ハ、御承知ノ如ク組織的デアリマシテ、且ツ大衆的ノ犯罪デアリマス、故ニ現行刑事訴訟法ニ依ル搜査手續ノ豫想セザリシ犯罪現象ヲ、呈シテ居ルノデアリマスルカラ、其檢擧ヲ爲スニ當リマシテ、手續上ノ特例ヲ設クルノ必要ヲ認メタノデアリマス、隨テ改正案ニ於キ

マシテハ、罪ト刑ヲ定メマスル實體法ノ規定ノ外ニ、手續法規ヲモ之ニ加ヘタノデアリマス、更ニ犯罪者ノ實情ニ鑑ミマシテ、犯罪ノ豫防ト鎭壓ノ效果トヲ完璧ナラシメンガ爲ニ、保護觀察ノ制度ト豫防拘禁ノ制度トヲ創設致シタ次第デアリマス

　更ニ本改正案ノ主要ノ事項ニ付キマシテ、少シク具體的ニ御說明ヲ申上ゲマスレバ、第一ニ、國體ヲ變革スルコトヲ目的トスル犯罪ト、私有財產制度ヲ否認スルコトヲ目的トスル犯罪トノ規定ヲ、全ク別條ニ規定致シタコトデアリマス、第二ハ、所謂外廓團體ニ對スル處罰規定ヲ設ケタコトデアリマス、第三ハ、宣傳行爲ヲ處罰スル規定ヲ設ケタコトデアリマス、第四ハ、本法第三條、第四條及ビ第八條ノ犯罪ニ限リマシテ――是ハ國體ノ變革及ビ私有財產制度ヲ否認スル犯罪デアリマス、特別ノ場合ニ於キマシテ、地方裁判所檢事ガ被疑者ニ對シテ勾留狀ヲ發スルコトヲ得ル規定ヲ設ケタコトデアリマス、次ニ本法ノ罪ヲ犯シマシタ被告事件ニ致シマシテ、必要ノアル場合ニ於テ管轄ヲ移轉スルコトノ出來ル規定ヲ設ケタコトデアリマス、第五ハ、刑ノ執行猶豫ノ言渡ヲ受ケマシタ者、又ハ檢事ガ不起訴ノ處分ヲ爲シタ者ニ對シマシテ、本人ヲ保護觀察ニ付スル規定ヲ設ケタコトデアリマス、第六ハ、只今申シマシタ第三條又ハ第四條ノ犯罪ニ依リ、刑ニ處セラレタル者ニ對シマシテ、保安處分トシテ豫防拘禁ノ制度ヲ設ケタコト等デゴザイマス、詳細ハ委員會ニ於テ御說明申上ゲル機會ガアラウト思フノデアリマス、何卒愼重御審議ノ上、御協贊アランコトヲ希望致シマス（拍手）

○議長（秋田淸君）　質疑ノ通告ガ相當多數アリマス、通告順ニ依リ順次其發言ヲ許シマス――高見之通君

（高見之通君登壇）

○高見之通君　本案ノ審議ニ當リマシテ、國家ノ爲メ是非一二當局ノ御辯明ヲ承リタイコトガアルノデアリマス、特ニ總理大臣及ビ提案ノ說明者タル當局司法大臣ノ御辯明ヲ承リタイト思ヒマス、私ハ質問ハ出來得ルダケ簡單ニ致シマスルケレドモ、本問題ハ非常ニ重要デアリマスルカラ、政府ニ於カレマシテハ親切丁寧ニ御辯明アランコトヲ願フノデアリマス

　第一ハ、我ガ日本帝國ノ世界無比ノ國體ニ對シテ、苟モ疑ヲ懷ク者ガアルナラバ、斷乎タル處分ヲ爲スト云フコトニ付キマシテハ、毫モ異存ヲ持チマセヌ、サリナガラ單ニ法ヲ嚴重ニスル、ソレダケデ思想問題ノ解決ガ足レリトスルノデアルカ、斷ジテサウデハアリマセヌ、罪ヲ犯サヾルニ先ッテ、思想問題ノ解決ヲ圖ルコトガ最モ大切デアルト考ヘルノデアリマス、苟モ日本臣民デアルト云フ以上ニ於テハ、我ガ日本帝國ノ國體觀念ニ付テハ、一點ノ疑ヲ挾ム餘地ガナイト云フ程ニ、第一義的ニ此思想對策ヲ講ズルノガ大切デアルト思フノデアリマス、勿論當局ヲ初メ全國民ヘ一致結合ヲシテ、是ガ對策ニ當ッテ居ラルル努力ノ點ニ付テハ、十分之ヲ認メテ居ルノデアリマス、所ガ今日一方共產黨ノ重要役割ヲ務メテ居ッタ者ガ、漸次轉向ノ傾ヲ持ッテ居ルト云フ狀況ヲモ呈シテ居ルノデアリマスルガ、他ノ一方ニ於キマシテハ、相當ノ家柄デアル、生活ノ裕カナル人ノ子弟、或ハ敎育ニ從事シテ居ル人ノ間ニ、共產思想ヲ懷ク者ガ相當ニアルノミナラズ、共產黨ニ關スル記事ハ、新聞紙上ニ於テ日日現ハレテ居ルノデアリマス、斯樣ニ共產黨加入ノ原因ヲ少シク調ベテ見マスルト云フト、單ニ生活難ガ原因デアッテ、而シテ自暴自棄ニ陷ッテ共產黨ニ入ル、或ハ日本ノ此國ヲ世界ノ他ノ國ト比較シテ價値ガ少イ、デアルガ故ニ共產黨ニ入ルト云フヤウナ者ニ對シマシテハ、社會政策ノ確立ト共ニ、十分ノ取締ヲスルノガ途デアリマセウ、サウデハナクテ、生活ニモ苦シマナイ、又日本帝國ハ他ノ國ト比較シテ價値少シトモ考ヘテ居ラナイ、唯共產主義ノ共理論ニ共鳴シテ、共產黨ニ入ラウト云フ者ガアル、此理論上ヨリ共產主義ニ共鳴ヲスルト云フ者ハ、最モ重大ニ之ヲ取扱ハネバナラナイ、是ハ最モ殘念ナコトデアル、斯ウ云フ者ニ對スル所ノ對策ハ之ヲドウスル

　或者ガ云フニハ、共產主義ト云フモノハ、少クモ一箇ノ理論ヲ成シテ居ルノデアル、ソレ故ニ之ニ對スル對策ハ、唯嚴重ナル取締ノ外ニハナイト云フヤウナ悲觀論者モアル、又或者曰ク、共產黨ノ主義ハ、日本ノ帝國ノ根本ト立場ヲ異ニシテ居ルノデアル、ソレ故ニ端的ニ言ヘバ一箇ノ黴菌デアル、是ガ入ラナイヤウニ防グ外ニ途ガナイ、斯樣ニ論ズルヤウナ人モ居ルノデアル、ケレドモ此共產主義ニ對立シテ、我ガ日本帝國ノ國體ヲ擁護シテ行クト云フコトノ根本理論觀念、此理論觀念ガ確立シナクチヤナラナイ、政府ハ此理論觀念ヲドウ云ウヤウニ御考ニナッテ居ルカト云フコトヲ、私ハ承リタイノデアル、而シテ理論ガ統一サレテ、共統一サレタル理論ニ依ッテ共產主義ニ對抗シ、或ハ精神文化研究所、其他有ユル敎化運動ニ指導方針ヲ示シ、國民全體ガ一致シテ惡思想ヲ一歩モ日本ノ國ニ入レナイト努力シナクチヤナラナイ、此理論根據ガ國民ニハッキリシテ居リマセヌカラシテ、往々青年若クハ敎育家ガ、毒酒ニ醉フヤウニ思違ヒヲスル者ガ出テ來ルノデアラウト思フノデアリマス、故ニ政府ハ此理論根據ヲドウ云フヤウニ御考ニナッテ居ルカト云フコトヲ承リタイノデアル

　私ハ近時思想ノ狀勢ヲ見マシテ、眞ニ憂慮ニ堪ヘズ、彼等共產黨ノ理論ヲ聞キ、或ハ見、深ク之ヲ憂ヘマシテ、色々ト考ヘマシテ苦慮ノ結果、私自身茲ニ愚見ノ一部ヲ申上ゲテ見タイ、而シテ政府ハ如何樣ニ御考ニナッテ居ルカト云フ、政府ノ御所見ヲ伺ヒタイノデアリマス、私ハ共產主義ノ思想ト云フモノハ、外國ハ卒ザ知ラズ、我ガ日本帝國ノ國體ニ對シテハ、大木ニ一匹ノ蚊ガ止ッタ程ニモ値打ノナイ、實ニ詰ラナイ理

論デアルト共産主義ヲ見テ居ルノデアル、ソレニモ拘ラズ彼等青年ガ迷フノハ何デアルカ、彼等ノ共産主義ノ理論的根據ヲ何處ニ求メテ居ルノデアルカ、卽チ端的ニ申シマシタナラバ「マルクス」ニ依ッテ說カレテ、而シテ彼等ハ各方面ニ之ヲ唱道シ、唯一ノ虎ノ卷トシテ居ル所ノ唯物史觀辨證法、是ガ共產主義ノ理論的根據デアル、吾々ハ此唯物史觀辨證法ヲ見テ、斯ノ如キ議論ハ我ガ帝國ノ國體ニ於テハ、半錢一厘ノ値打ノナイモノデアルト云フコトハ信ジテ疑ハヌ、何ヲ以テ斯樣ニ云フカ、唯物史觀辨證法トハ何ヲ云フカ、諸君、「マルクス」ハ一個ノ哲學者トシテ、彼ハ此議論ヲ哲理ノ上ニ求メタ、哲學トハ何デアルカ、認識論デアル、認識論ヲ以テ出發シ、認識論ヲ以テ終ルノハ哲學ノ本來ノ面目デアル、而シテ認識論ニハ二大區別ガアル、曰ク唯物觀、曰ク觀念論、總テヲ物トシテ出發スルノト、總テヲ觀念的ニ、吾々人類ハ一切ノ理論ヲ解決シ得ル先天的ノ能力アリトシテノ觀念論、此二大理論ガアルノデアリマス、而シテ唯物觀、一切ノ物ヨリ出發スル所ノ唯物觀、之ヲ彼等ハ議論ノ根據トシテ用ヒテ來タ、而シテ此唯物觀念ヨリ出發シテ今日社會存立ノ根本ヲ批判シテ、社會成立ノ眞相ハ何處ニ在ルカ、唯物觀念ヨリ見テ經濟生活ニ在リト彼等ハ見タ、經濟生活ノ出發ハ何處ニ在ルカ、生產ニ在ルノデアル、生產手段ヨリ見テ經濟社會ヲ資本ト勞働ノ二大階級ニ大別シタ、而シテ幾百年ノ惰性ニ依ッテ資本主義ハ橫暴ヲ極メ、腐敗ヲ極メ、勞働者ハ徒ニ苦シンデ居ル、此二大階級ハ一體ドウナル、ソレガ辨證法ニ依ッテ解決サルルト云フノデアル、辨證法トハ何ゾ、希臘以來ノ理論鬪爭ノ手段方法デアル、二ツノ物ガ互ニ論ズレバ必ズ第三ノ結論ニ到達スル、甲乙二ツノ議論ヨリ以上ノ丙ガ出來ル、此爭ハ常ニ絕エズ續キ、絕エズ鬪ヒ、絕エズ新シキ物ヲ生ズル、故ニ資本ト勞働トノ二大階級ハ相鬪爭シテ第三ノ世界ニ達スルト云フノデアル、共世界ハ資本勞働ノ上ニ超越シ、國境ヲ超越シテ居ルト云フノデアル、露西亞ハ今共道程ニアリ、彼等ノ目下ノ生活ハ不幸デアルケレドモ、結局ハ理想ノ生活ニ到達スルト云フノデアル、此夢物語ニ青年ハ迷フノデアル

而シテ日本國體ハ之ニ對シテ如何ナル堅固サヲ持ッテ居ルノデアルカ、日本精神トハ何デアルカ、日本國體ヲ擁護スル精神ヲ日本精神ト謂フノデアル、日本國體トハ如何ナルモノカ、日本帝國君主國體トハ如何ナルモノデアルカ、憲法第一條「大日本帝國ハ萬世一系ノ天皇之ヲ統治ス」是ニ盡キテ居リマス(「ヒヤ〱」)然ラバ日本國體ノ內容ハ如何ナルモノデアルカ、皇祖國ヲ肇メラレテ以來、永遠ニ盡キザル君德デアリマス、君德ノ內容ハ如何ナルモノカ、天地自然ノ大道デアリマス、天地自然ノ大道トハ如何ナルモノデアルカ、一切生物ノ根本生存ノ基礎デアル所ノ、親ガ子ヲ愛スルト云フ所ニ出發シテ居ルノデアル、親ガ子ヲ愛スルト云フコト、之ヲ名ケテ仁ト云フ、君ニ忠、親ニ孝、吾々ハ省ミテ愧シイノデアル――吾吾ハ省ミテ愧シイノデアリマスガ、不孝ノ子デアル、吾々モ子ヲ愛スルト云フ所ノ純情ニ至ッテハ變リハアリマセヌ、親ガ子ヲ愛スルト云フ所ノ情ハ純ノ純ナルモノデアリマス、二人ノ子供ニ對スル親ノ愛モ、六人ノ子供ニ對スル親ノ愛モ同ジデアル、例ヘバ太陽ガ三本ノ樹ヲ照ス時モ、十本ノ樹ヲ照ス時モ、其處ニ何等ノ變リガナク、萬遍デアッテ純情デアル、此親ノ子ヲ愛スル情ノ無限ニ擴大サレタルモノヲ名ケテ、私ハ之ヲ君德デアルト申上ゲタイノデアリマス、明治二十三年ノ敎育ノ御勅語ノ「朕惟フニ我皇祖皇宗國ヲ肇ムルコト宏遠ニ德ヲ樹ツルコト深厚ナリ我臣民克ク忠ニ克ク孝ニ億兆心ヲ一ニシテ世々厥ノ美ヲ濟セルハ此レ我カ國體ノ精華ニシテ」ト云フ、其中ノ「德ヲ樹ツルコト深厚ナリ」ハ、是ハ君德ヲ指スモノデアリマシテ、國體ノ本質ヲ明カニセラレタルモノデアリマス、國體ノ本質ノ上ニ、忠ト孝ノ華ガ咲キ實ヲ結ビマス、之ヲ國體ノ精華ト申ス、是レ國體ヲ守ル卽チ日本精神デアリマス、此華、此實、此日本精神ヲ、之ヲ大和魂ト謂ヒ、武士道ト申スノデアリマス

日本帝國　天皇陛下ハ御卽位ト共ニ此君德ガ備ハリ、天壤無窮ノ國體ヲ御表現ナサルノデアリマス、斯ノ如ク天地自然ノ大道ヲ本質トセル所ノ帝國ノ國體ハ、全世界ニ唯一ツ日本帝國アルノミデアル、日本ノ我ガ先祖ヲ以テ一ニ博物學者ノ議論ニ依ッテ南洋渡來ノ如ク考ヘルナドハ、未熟ナル學者ノ短見デアリマス、我ガ日本帝國々體ノ表現デアル皇室ハ、正ニ蒼天ヨリ御降臨サレタルモノデアリマス、故ニ天壤無窮デアリマス、吾々國民ハ深ク之ヲ信ジナケレバナリマセヌ、之ヲ自ラ信ズル事ヲ以テ國民ノ信念ト申スノデアリマス(拍手)

諸君、信念トハ我ヲ信ズルコトナリ、此信念ハ神ヲ信ジ、佛ヲ奉ズル所ノ宗敎的信仰ニ依ッテ一層明確ニ養成セラレルト信ズルノデアリマス、信仰トハ何ゾ、神ヲ信ジ、佛ヲ尊ブモノデアル、而シテ共奇蹟ヲモ共ニ信ズルモノガ信仰デアリマス、一例ヲ申上ゲマスレバ、基督ガ十字架ヨリ降ッテ三日ニシテ蘇リ、天ニ昇ッタ事ヲ信ズルノハ、是ハ基督敎徒ノ信仰デアル、斯ノ如キ信仰スラ基督敎徒ハ之ヲ持ツ、我ガ日本國民ハ、天孫降臨ノ大原理ヲ信ズルニ何ノ妨ゲガアリマスカ(「ヒヤ〱」拍手)

諸君、斯樣ニシテ我ガ國體ハ親ガ子ヲ愛スル仁ノ絕大ナルモノデアリマス、玆ニ親ト子トノ間ノ關係、此親子ノ關係ニ對シテ、資本ト勞働ノ關係ヲ以テ如何ニ解決ガ出來マスカ、親ハ子ニ對シテノ資本家デモアリマセヌ、子ハ親ニ對シテノ勞働者デモゴザイマセヌ、資本ト勞働トノ二大階級ヲ超越スル精神ノ連結デアリマス、勞資ノ關係ヲ以テ解決ハ出來ナイノミナラズ、之ヲ擴充シテ、敎育勅語ノ「兄弟ニ友ニ夫婦相和シ朋友相信シ」ト云フ關係モ、勞資關係

ヲ以テ解決ハ出來マセヌ、彼等唯物史觀論者ノ此理論ハ、日本帝國ノ國體、此國體ノ基礎デアル親子ノ關係ヨリ出發スル、夫婦朋友總テノ關係ニ於キマシテハ、唯物史觀辨證法ニ依ル勞資關係ハ全ク無關係デアリ、且ツ沒交渉デアル、此議論ニ迷ハサル、者ハ、例ヘバ曇ッタ日、若クハ雪ノ日、青年ハ天地ノ甚ダ低キモノデアルト考ヘルガ如キモノデアッテ、實ニ蒼天千萬里、茫々タル天地ガ其上ニ輝イテ居ルコトヲ知ラザルモノト同樣デアリマス、斯樣ニ私ハ我ガ日本帝國ノ國體ノ貴キモノニシテ、彼等共產主義理論ノ我ガ國體ノ前ニ於テハ、半錢一厘ノ價値ナキモノナリト深ク信ズル者デアリマスルガ、政府當局ハ如何ニ御考ニナッテ居ルノデアルカヲ承ッテ見タイノデアリマス

而シテ第二點ト致シマシテ、斯ノ如キ貴キ國體デアル我ガ日本帝國ノ此趣意ヲ十分ニ闡明シ、十分ニ内外ニ之ヲ闡明シテ、外ニ於キマシテハ我ガ日本帝國ノ斯ノ如ク立派ナル國體ノ前ニ於テ、彼等ノ思想ハ入ル餘地ガナイ、故ニ斯ノ如キ者ノ妄動ハ寧ロ打切ッテシマフ方ガ宜イト云フコトノ趣意ヲ明ニシ、國内ニ於キマシテモ、益、愛國ノ精神ヲ發揚シナクテハナラナイト思フノデアリマス、然ルニ今回現内閣ノ此問題ニ對セラル、所ノ政策ノ現ハル、所ヲ見マスルト云フト、文部省ニ於キマシテハ、思想善導ノ方策ニ關スル所ノ經費ヲ御見積ニナリ、又司法省ニ於キマシテモ、治安維持法ノ改正ニ伴フ所ノ經費及ビ其他ノモノヲ御考ニナッテ居ルノデアリマシテ、今日軍部豫算ノ爲ニ種々各方面ガ犧牲ニナッテ居ル時ニ當ッテ、多少ノ御努力ノ點ハ認ムルケレドモ、今日ノ重大ナル此思想問題ノ對策ニ於テハ、モット突進シダル所ノ方案ヲ講ゼラルベキ必要ガアルト思フノデアリマス、元來思想問題ニ關シマシテハ、内務省モ其局ニ御當リニナッテ居ル、司法省ニ於テモ、司法省本省及ビ裁判所、各、御努力ニナッテ居リマスルガ、裁判所ハ事件ト云フコトニ大體其範圍ガ限ラレテ居ル、司法省ハ大體當刑的ニ限ラレテ居リマス、内務省ハ取締ノ方面ニ限ラレテ居ル、文部省ハ學生思想問題ヲ中心トシテ居ル、而シテ外務省等ニ於キマシテモ、是等ノ相當ノ情報ヲ御持チニナッテ居リ、陸軍海軍等ニ於キマシテモ、思想問題ニ對スル種々ノ材料ヲ御持チニナッテ居ルコトヲ見テ居ルノデアル、斯ノ如クソレ〲ノ材料ヲ其儘統一サレズニ置クト云フコトハ、如何ニモ殘念デゴザイマスルカラシテ、是等ノ全體ヲ統一スル所ノ機關ヲ設立シ、例ヘバ社會省ノ如キモノヲ設ケマシテ、一方ニ於テハ社會政策ノ對策ヲ講ズルト共ニ、一方ニ於テ思想善導ニ關スル一切ノ對策ヲ講ズル所ノ、一大機關ヲ設立サル、ノ意氣込ニナキヤ否ヤヲ伺ヒタイト思フノデアリマス、其他マダ大切ナル點ニ於テ承リタイ事ガアリマスルケレドモ、他ノ同僚ニ之ヲ讓リマシテ、私ハ此二大質問ニ限ッテ政府ノ親切ナル御答辯ヲ要求シテ、私ノ質問ト致シマス（拍手）

〔國務大臣小山松吉君登壇〕

○國務大臣（小山松吉君） 高見君ノ御質疑ニ御答致シマス、最初ニ御述ニナリマシタ我ガ國體ニ對シテ、共國體ノ精華ヲ疑フヤウナ者ガアル筈ガナイト云フヤウナ御趣意デアリマシテ、是ハ私モ御同感デアリマスルガ、奈何セン現今ノ狀態ハ、我ガ國體ヲ理解セザル青年ガ尠カラズ多イノデアリマス、御意見ノ如ク我ガ國體ノ上カラ申シマスレバ、斯ノ如キ治安維持法ノ規定ヲ置キマスルコトハ差控ヘタイノデアリマス、現ニ我國ニ共產主義ガ可ナリ蔓延致シテ參リマシタ頃、大正十年頃ニモ、政府ハ常ニ研究ヲ致シテハ居リマシタガ、國體ヲ變革スルト云フヤウナ法文ヲ作リマスコト、共規定ヲ致シマスコトニハ、大分考慮ヲ費シタノデアリマシタガ、遂ニ取締ノ爲メ已ムコトヲ得ズシテ、國體ヲ變革スルコトヲ目的トシ、又ハ私有財產制度ヲ否認スルコトヲ目的トスル結社ニ對スル取締ノ規定ヲ置イタノデアリマス、是ガ第一ノ治安維持法ノ規定デゴザイマス、サウ云フ次第デアリマスルカラ、近年ノ我國ノ狀況ハ、遺憾ナガラ國體ノ變革ヲ企圖スルヤウナ者ニ對スル嚴重ナル取締ヲシナケレバナラナイ狀況デアルト云フコトハ、御諒察ヲ願ヒタイノデアリマス、其他樣、御述ニナリマシタ御意見ハ御尤デアリマシテ、御同感ノ意ヲ表シマス

第一ノ御尋ノ、理論上ヨリ共產主義ニ入ッタ者ニ對シテ、如何ナル對策ヲ講ジテ居ルカト云フ御尋デアリマス、是ハ御尤ナル御尋デアリマシテ、司法當局ハ此理論上ヨリ共產主義ヲ信奉スルニ至リマシタ者ニ對シテ、非常ニ苦心ヲ致シテ居ルノデアリマス、是ガ單ニ共產主義ヲ信奉スルト云フダケノコトヲ申シタ者ニ對シ、共思想ガ治安維持法ニ觸レルコトガ明瞭ナル場合ニ於テ、之ヲ處罰スルダケノコトデアリマスルナラバ、事ハ極メテ容易デアリマス、併ナガラ理論上ヨリ寧ロ三段論法ノ結果、國體ノ變革ヲ考フル不逞ノ思想ニナリマシタ者ハ、是ハ又更ニ一面ヲ考ヘテ見マスルト、是レ以上ノ理論ヲ此者ニ示シテ、之ヲ說諭シタナラバ、共間違ッタ理論ヲ拋棄スルノデハナイカト云フ、此方ニ希望ガアルノデアリマス、ソレデアリマスカラ、司法當局ハ、詰リ檢察ノ局ニ當リマスル者ハ、斯ノ如キ者ニ對シテ取調ヲ致シマスル際ニハ、必シモ此者ニ刑ヲ科スルト云フコトノミヲ念頭ニ置イテ居ナイノデアリマス、若モ或ル理論ヲ示サレ、又ハ自ラ或ル理論ヲ發見シテ、自己ノ抱懷シテ居ル理論ガ誤ッテ居ルト云フコトヲ知ッテ、所謂轉向ヲ致シタト致シマシタ場合、而モ其轉向ハ信ヲ置クベキニ足ル轉向ナリト見タ場合ニ於テハ、是ハ暫クノ間起訴留保ノ處置ヲ執ル、又ハ起訴猶豫ノ處置ヲ執ッテ居ルノデアリマス、唯吾々司法當局ノ最モ取扱ヒ艱イノハ、宗教的ニ共產主義ヲ信仰シテ居ル者デアリマス、是ハ如何ナル理論ヲ以テ行キマシテモ、御說明ノアリマシタ唯物史觀辨證法ノ誤ッテ居ルコトヲ如何

ニ說明致シマシテモ、頭ニ受入レナイ者ガアルノデアリマス、之ニ對シテハ實ハ少カラズ檢察當局ハ苦ンデ居ルノデアリマス、第一ノ御尋ハ此位ニ申上ゲタラ御諒解ヲ得ルデアラウト思フノデアリマス

第二ノ御尋ハ、聽取リニクカッタノデアリマスルガ、共產主義ニ對スル理論觀念如何ト云フ御尋デアリマシタガ、是ハ高見君御自身ノ御說明デ能ク分ッタト思ヒマス、私モ御意見通リ矢張日本主義ト云フモノヲ以テ理論トシテ、對策ヲ立テル考デ居ルノデアリマス、理論觀念ハ日本主義、古イ言葉デ言ヘバ大和魂ト申上ゲテ宜カラウト思フノデアリマス、日本精神トハ何ゾヤ、大和魂トハ何ゾヤト云フコトニナルト、少シ學校ノ講義メイタコトニナルノデアリマスカラ、是ハ是デ御諒承ヲ願ッテ置キマス

最後ニ內務、司法、文部ノ統計ガ各別ニ在ッテ、而シテ共統一ガ出來テ居ナイヤウデアルト云フ御言葉ガゴザイマシタガ、サウ云フコトハゴザイマセヌ、近年ハ學生ニ關スル犯罪ハ文部、內務、司法ノ當局ノ人々ガ常ニ集ッテ相談ヲシテ居リマス、處分ニ付テモ協議ヲ致シテ居リマス、學生ニ關係ナイ他ノ靑年若クハ勞働者ニ對シマシテハ、內務、司法檢察當局ハ、其關係當局ト常ニ協議ヲ致シマシテ、其者ノ前途ヲ考ヘ、處罰スベキカ、或ハ處罰ヲ爲サズニ置クベキカト云フコトニ付テハ、協議致シテ居ルノデアリマシテ、今日政府ノ此取締ヲ爲シテ居ル狀態ニ於キマシテハ、御意見ノヤウナ文部、司法、內務、此機關ヲ統一スル一大機關ヲ設ケルヤウナ必要ハナイト私ハ考ヘテ居リマス、之ヲ以テ御答ト致シマス(拍手)

○高見之通君 齋藤總理カラノ御答辯ハアリマセヌデスカ

○議長(秋田淸君) 總理大臣ハ御答辯ゴザイマスカ――齋藤內閣總理大臣

(國務大臣子爵齋藤實君登壇)

○國務大臣(子爵齋藤實君) 只今司法大臣ヨリ御答アリマシタ所ヲ以テ、私モ同意致シテ居ルノデアリマス(拍手)

○高見之通君 簡單デアリマスカラ此席ヨリ御許シヲ願ヒマス

○議長(秋田淸君) 宜シウゴザイマス

○高見之通君 尙ホ申上ゲテ見タイコトモ多々アリマスケレドモ、他ノ同僚諸君ニ御讓リヲ致シマシテ、他日ノ機會ヲ待チ、私ノ質問ハ之ヲ以テ終了致シマス

○議長(秋田淸君) 小林錡君

(小林錡君登壇)

○小林錡君 私モ本改正案ニ付キマシテ數點ノ質疑ヲ致シタイト思フノデアリマス、只今同僚高見君ヨリ、洵ニ良キ御質疑ガアリマシタカラ、出來得ルダケ重複ヲ避ケテ、直截ニ御尋ヲ致シタイト思フノデアリマス

諸君、我ガ金甌無缺ノ國體ヲ變革シヨウトスル所ノ共產黨運動ニ付テハ、吾々同僚ハ固ヨリ、國民共ニ深憂措ク能ハザル所デアリマス、而モ齋藤首相ハ今議會ノ劈頭ニ當リマシテ、共施政演說ノ一部ニ斯ウ云フコトヲ言ッテ居ラレマス、前議會ニ於ケル決議モアリマスノデ、吾々ハ此點ヲ非常ニ憂ヘテ、思想對策協議委員ト云フモノヲ內閣ノ中ニ設ケ、調査審議ヲ盡シ今ヤ成案成ッテ、各關係官廳ニ其實現ヲサセルコトニ努力シツヽアルト云フコトヲ申サレテ居ルノデアリマス、吾々ハ斯ク此共產黨ノ運動ヲ憂ヘテ居ルノデアリマスルノニ、總理大臣ハ本議會開カレテ以來、未ダ吾等ニ何等此運動ニ付キ、最近マデノ狀態ヲ報告シテ居ラレナイノデアリマス、而モ各種ノ成案ガ成ッテ、今ヤ各關係官廳ニ實現ヲサセツヽアルト言ッテ居ラレルノデアルガ、果シテ如何ナルコトヲ實現シヤウトサレツヽアルノデアルカ、此改正法案ノ如キハ共一ツデハアリマセウケレドモ、尙ホ幾多ノ施設ガナケレバナラヌノデアリマス、是等ニ付テハ總理大臣ハ此席ニ於テ詳細ニ、具體的ニ、共施設ノ方針ヲ示サレンコトヲ特ニ御願スルノデアリマス

私ハ是ヨリ司法大臣ニ對シマシテ、本改正案ノ要點ニ付テ數點ノ質疑ヲ致シマス、先ヅ第一ハ、此改正案ト刑法トノ關係如何ト云フコトデアリマス、刑法ノ改正ハ今ヤ目前ニ迫ッテ居ル、新聞紙ノ傳フル所ニ依リマスルナラバ、次ノ議會ニハ提出サレルト云フコトデアリマス、然ルニ何故ニ此治安維持法、而モ相當非難ヲ受ケテ居ル所ノ現行治安維持法ニ向ッテ、斯ク急イデ改正サレル所ノ必要アリヤ否ヤト云フコトデアリマス、更ニ詳シク申シマスルナラバ、現行治安維持法ハ共先䮕タル所ノ過激社會運動取締法案ノ時代ニ於テハ、果シテ是ガ法定犯デアルカ、刑事犯デアルカト云フコトハ、學者ノ間ニ議論ノアル所デアリマシタ、併ナガラ現行ノ治安維持法ヲ見マスレバ、共構成ノ上カラ見マシテ、刑事犯デアルト云フコトハ專門家ノ間ニ議論ノ餘地ノナイ所デアリマス、而シテ新シク改正サレル所ノ刑法、之ニ對シテ今日茲ニ出サレテアル所ノ法律案、之ヲ將來モ對立シテ、特別法トシテ維持サレルモノデアルカ否カ、現行刑法ハ、敎唆罪ノ外ニ煽動ヲ處罰スル所ノ規定ヲ缺イテ居リマス、又不法ナル結社ヲ處罰スル所ノ規定ヲ缺イテ居リマス、是等ノ點カラ刑法ノ規定ニ依ッテ處罰スルコトハ出來ナイカラ、茲ニ治安維持法ト云フモノガ出來タノデアリマス、新シク置カルベキ刑法ニハ煽動罪、卽チ煽動犯罪並ニ不法結社ノ處罰ニ關スル規定ハ、必ズ置カレナケレバナラヌコトハ、世界各國ノ刑法法典ニ依ッテ明カナ所デアリマス、然ラバ何ガ故ニ次ノ議會ニ出サルベキ所ノ刑法ノ中ニ、現在持ッテ居ラレル所ノ此意見ヲ加ヘテ改正サレナイノデアルカ、卽チ何故ニ取急イデ、倉皇トシテ社會ニ非難ノアル所ノ此改正案ノ提出ヲサレタノデアルカ、此點デアリマス、現行治安維持法ハ既ニ相當ノ重刑ヲ科シ、又相當警戒ヲ嚴重ニシテ居ル所ノ法律デアリマス、成程此法案ヲ見マスルト云フト、刑事手續ニ於テ或ハ保護觀察ニ於テ、豫防拘禁等ニ於テ、新シキ試ミガ出テ居ラナイノデハナイケレドモ、强ヒテ求ムレバ

豫防拘禁ダケデアッテ、其他ノモノハ今日司法當局、警察當局ガ實際ニヤリツヽアル所ノモノデアリマス、卽チ判事ノ勾引狀ガナクテモ、共產黨ノ被告デアレバ――疑ヲ持ッタト云フコトニナレバ、警察官ハ直チニ之ヲ勾留シテ、長イノハ一年モ二年モ警察ニ置カレテ居ルノガ今日ノ實狀デアリマス、若シ之ヲ法律ノ嚴格ナル解釋ニ依レバ、是等ノ官吏ハ明カニ人權ヲ蹂躙シテ居ルノデアルケレドモ、今日平然トシテ行ハレ、社會モ非常時デアルカラシテ之ヲ看過シテ居ルノデアリマス、私ハ之ヲ見マスルト云フト、現在司法警察ニ於テ、或ハ檢察當局ニ於テヤリツヽアル所ノモノヲ、法文ニ書直シタニ過ギナイト考ヘテ居ル、今日マデヤッテ居ッタナラバ、將來モ是ハ續ケラレテ、サウシテ新シク茲ニ刑法ノ改正ガアル時ニ、刑法ノ中ヘ之ヲ織込メバ宜イト云フコトガ、如何ナル方面カラ見テモ理論的デアルト、私ハ考ヘルノデアリマス、然ルニ何故ニ之ヲ急ガレルカ、若シ此維持法ダケデ十分デナイト云フコトデ急ガレルナラバ、モット私ハ急グベキ事柄ガ非常ニ多イト思フ

此頃時々私ハ聞キマス、現在ノ制度組織狀態ニ反感ヲ懷イテ、憲法ヲ停止シテ新シキ政治ノ形態ヲ生出サウト云フ運動ガアルト云フコトデアリマス、ソレガ眞ナリヤ否ヤハ私ハ知リマセヌケレドモ、御承知ノ如ク憲法ハ勅命ニ依ッテノミ改正ガ出來ル國家最高ノ法典デアリマス、然ルニ臣民ガ憲法ヲ停止シテ新シキ政治形式ヲ實現スルト云フコトハ、是レ明カニ憲法破壞、朝憲ヲ紊亂スル所ノ重大ナル事項ト言ハナケレバナラヌ、今日在ル所ノ治安維持法デハ取締ニ困ルト言ッテ、是程一生懸命ニ改正ニ努力サレルナラバ、何故斯ノ如キ破モ眼ノ前ニ現ハレテ居ル所ノ極右ノ行動ニ對スル所ノ維持法ヲ作ラレナイノデアルカ、是ガ私ノ問ハントスル第一點デアリマス

第二點ハ、私有財產制度ノ否認ト云フモノヲ第八條ニ規定シテ居リマスガ、果シテ此私有財產制度否認ノ條項ハ尙ホ存置スベキヤ否ヤ、私ハ非常ナル疑ヲ有ッテ居ルノデアリマス、私有財產制度ハ一體何デアルカ、是ハ過激運動取締法案ノ議會ニ出タ當時ヨリ、第二期、第三期、第四期ト、今日ノ治安維持法ガ出來ルニ至ルマデ、議會ノ委員會ニ於テ常ニ質疑應答ガ續ケラレテ居ル、而モ政府委員ノ御答ヲ見ルト、私有財產制度ト云フコトノ觀念ハ解釋ガムヅカシイモノダ、人ニ依ッテ區々デアルト云フヤウナ御答ニ歸著シテ居ルノデアル、諸君、私有財產制度ノ基本ハ、所有權ノ觀念デアリマス、所有權ガ絕對デアルカ否ヤト云フ問題ハ、世間ニ論ゼラルヽ所デアリマス、或者ハ所有權ト云フモノハ絕對デアル、何人モ之ヲ侵スコトガ出來ナイト云フノデアリマス、又他ノ一說ニ於テハ、所有權ハ決シテ絕對的ノモノデナイ、如何ナルコトニ於テモ社會全般ノ爲ニハ、所有權ト云フモノヲ侵シ得ルノデアルト云フ說ガアルノデアリマス、此二ツノ說ノ間ニ幾ツカノ中間的ノ考ガ起ッテ居ル、我ガ憲法ニ於テハ第二十七條ニ「日本臣民ハ其ノ所有權ヲ侵サルルコトナシ公益ノ爲必要ナル處分ハ法律ノ定ムル所ニ依ル」卽チ公益上ノ制限ヲ受ケテ居ルノデアル、又民法ノ第二百六條ニハ、所有權ハ法令ノ制限內ニ於テ自由ニ使用收益、處分シ得ル權利デアルト云フコトヲ書イテ居ル、卽チ法令ノ範圍內ニ於テノミ所有權ノ行動ヲ許サレルト云フコトヲ規定シテ居ルノデアリマス、公益ノ考ヲ擴充スル所ニ社會的立法ガ行ハレルノデアリマス、法令ノ精神ヲ按ズル所ニ權利ノ濫用ト無過失責任論ガ起ッテ來ルノデアル、近來ノ思想ノ傾向ト云フモノハ、稍ヤカニ確ニ所有權ノ對立性ヲ溶カシテ、社會性ヲ高調セントスル所ニ存スルト私ハ考ヘルノデアル、所有權ハ義務ヲ包含スルト云フコトハ學界ノ「モットー」デアリマス、卽チ社會一般ノ人々ノ生活ノ爲ニ、或ル點マデ制限サルベキモノガ所有權ノ本質デナケレバナラヌノデアル、如何ニ政府ガ頑冥デアラウトモ、土地國有ヲ唱ヘタカラト云フテ、直チニ私有財產否認ノ第八條ノ適用ヲ受ケルトハ申サレマイ、國體コソ實ニ尊嚴デアリマス、併ナガラ私有財產制度ハ之ニ比スレバ極メテ微々タルモノデアル、固ヨリ今日ノ私有財產制度ヲ直チニ改メルト云フコトハ、決シテ宜シキコトデハアリマセヌケレドモ、今日ノ私有財產制度ト云フモノハ、或ル程度マデ改正ヲ加ヘラレナケレバナラヌノデアル、所謂資本主義制度ノ是正ト云フコトガ叫バレルノモ、亦當然ト言ハナケレバナラヌト私ハ思フノデアル、國體ノ尊嚴ヲ維持センガ爲ニハ時ニ私有財產制度ヲ變替スルコト亦已ムヲ得ナイノデアリマス、然ルニ此私有財產制度ノ否認ト云フコトヲ、國體變革ノ重大ナ事項ト並ベテ此法律ニ規定スルト云フコトガ抑〻今日マデ不合理デアッタト言ハナケレバナラヌ(拍手)殊ニ最モ私ノ說ヲ證據立テルモノハ、實際家ニ聞イテ見マシテモ、私有財產制度否認ニ依ッテ處罰セラレタ所ノ事件ハ一件シカナイト云フコトデアリマス、或ハ一件モナイカモ知レヌノデアリマス、而モ私有財產制度ノ否認ト云フコトデ處罰サレル規定デアルガ爲ニ、段々ト私有財產制度ト云フモノヲ突詰メテ――此否認ヲ突詰メテ行クト、眞ニ畏レ多イコトデアリマスケレドモ、皇室ノ御財產ト云フ所ヘ持ッテ行ク、其爲ニ私有財產制度ノ否認ト云フモノト、國體變革ニ關スル所ノ犯罪ト云フモノガ、常ニ關聯シテ一體ヲ成シテ居ルト云フノガ、今日マデ起ッタ事件ノ實際デアリマス、私ハ昨年ノ議會ニ於テ小山司法大臣ニ御伺ヲシタ、此國體變革ノ犯罪ト、私有財產制度否認ノ犯罪ト云フモノハ、常ニ一緒ニナッテ居ルノデハアリマセヌカ、斯ウ申上ゲルト、司法大臣ハ二ツヲ分ケルコトハ出來ナイ、何時モ一緒ニ牽連シテ現ハレル、斯ウ御答ニナッタノデアリマス、然ラバ私有財產制度否認ト云フ此條項ヲ置タガ爲ニ、却テ國體變革ト

云フ所ノ第三條ノ違反ヲ惹起スル原因ニナルノデアル、好キ效果ヲ現ハスニアラズシテ、却テ重キ犯罪ヲ起ス所ノ誘因トナル此第八條ノ如キハ、此際斷然除カレルコトガ國家ノ爲メ有益デアルト私ハ信ズルノデアリマス(拍手)若シ私有財產制度ノ否認ト云フコトヲ、斯ノ如ク重要ニ考ヘラレルナラバ、徵兵制度ノ紛淆、納稅制度ノ紛淆ト云フモノヲ何故ニ加ヘラレナイノデアルカ、判例ハ徵兵制度ノ紛淆ヲ朝憲紊亂ノ行爲ナリト云フ斷定ヲ下シテ居リマス、私ハ以上申上ゲタヤウナ關係カラ、此條項ハ寧ロ此際此法律ヨリ取除カレルノガ正當デアルト云フコトヲ考ヘルノデアリマスガ、政府ノ御所見ハ如何デアリマスカ、若シ置クナラバ、私有財產制度否認ト云フコトハ、悉クハ朝憲紊亂ノ行爲ニハナラヌノデアル、唯或ル手段ニ依ッテ否認スル場合ガ朝憲紊亂ニナルノデアルカラ、朝憲ヲ紊亂スル程度ノ私有財產否認ト云フコトヲ、規定シテ置ケバ足ルト考ヘルノデアリマスガ、司法大臣ノ御考ハ如何デアリマスカ

第三ハ、外廓運動、外廓團體ニ對スル處罰規定デアリマス、此前昭和四年ノ緊急勅令事後承諾案ニ關スル件ノ當時ニ、議會ニ於テハ、刑ヲ重クサレタト云フコトガ、非常ニ問題ニナッタノデアリマスケレドモ、ソレヨリモ重大ナル性質ヲ有ッテ居ル所ノ、結社ノ目的遂行ノ爲ニスル所ノ行爲、此問題ガ非常ナル重要性ヲ知ラズニ居タヤウデアリマス、從テ共產黨ノ出シテ居ル雜誌ヲ讀ムト云フヤウナ簡單ナコトモ、目的遂行ノ爲ニスル行爲トサレテ、是ガ相當重キ刑ニ處セラレテ居ルノデアリマス、然ルニ此度ハ此條文カラ見マスルト、或ハ私ノ解釋ノ違ヒデアルカモ知レマセヌガ、目的遂行ノ爲ニスル行爲ト云フ方ニハ「情ヲ知リテ」ト云フ言葉ガアル、然ルニ支援行爲ノ方ニ對シテハ「情ヲ知リテ」云々ト云フ言葉ガナイカラ、此解釋ノ取方ニ依リマシテハ、其支援サレル所ノ結社ガ如何ナル行爲ヲ目的トスルカト云フコトモ知ラナイ場合デモ、處罰ガ出來ルヤウニ考ヘラレルノデアリマス、即チ共產黨ト云フ黨ハ、如何ナルコトヲ計畫スルノデアルカト云フ內容ヲ知ラナイデ、アレハ唯善イ事ヲスルモノダサウダカラ、少シ金ヲ出シテヤラウト云フヤウナ行爲マデ、矢張此支援行爲トシテ處罰サレルヤウナ、條文ノ解釋ニナリハシナイカト私ハ思フノデアル、若シサウデナイナラバ安ンジテ可ナリデアリマスケレドモ、サウデアルト云フコトデアルナラバ、是コソ非常ナル危險ナ規定ト言ハナケレバナラヌノデアリマス、吾々ハ斯ノ如キ不逞ノ思想ヲ持ツ所ノ者ヲ國家カラ排擊スルニハ、如何ナル努力ヲ執ルコトモ吝デハアリマセヌケレドモ、誤ッテサウデナイノニ、サウデアルトサレル所ノ、無辜ノ民ヲ生ズルヤウナラバ、洵ニ臍ヲ噬ムモ及バナイ結果ヲ生ズルデハナイカト云フコトヲ憂ヘルガ故ニ、此點ニ付テ特ニ御答ヲ願フ次第デアリマス

第四ハ、不定期刑ヲ何故ニ採用セザリシカト云フ問題デアリマス、諸君、此法案ヲ見マスルト、豫防拘禁ト云フモノヲ置イテアルコトガ特ニ目立チマス、恐ラク司法省モ是ガ非常ナル御得意デアラウト思フ、併カガラ仔細ニ此條文總テヲ考察シマスル時ニ、如何ニ是ガ意義ノ無キ規定デアルカト云フコトニ、想ヒヲ及ボサヾルヲ得ナイノデアリマス、是ハ所謂刑法上ニ於ケル所ノ保安處分デアリマシテ、各國ノ刑法草案ニ規定セル所ノ保安處分ハ別ト致シマシテ、從來行ハレタル所ノ英吉利ノ豫防拘禁ト云フ制度ヲ、此處ヘ持ッテ來タヤウデアリマス、併ナガラ英吉利ノ豫防拘禁ノ制度ノ缺陷ヲ見マシテモ、次第ニ其力ノ無キコトガ示サレテ、今ヤ衰退ノ機運ニアルノデアリマス、而モ此法案カラ見マスレバ、悉ク定期刑ガ科シテアル、即チ二年以上又ハ五年以上ト云フヤウナ重イ定期刑ガ科シテアルノデアリマスガ、豫防拘禁ハ例ヘバ五年ナラバ五年ト云フ刑ノ言渡ヲ受ケテ、刑ノ執行ヲサレテ監獄ヲ出ル時ニ、尙ホ改過遷善ノ效果ガナイト云フ時ニ、豫防拘禁ヲスルノデアリマス、即チ二年ノ豫防拘禁ヲシ、更ニ更新スルコトガ出來ルトシテアルノダガ、諸君、刑ノ執行ヲ終了シ、尙其思想ヲ持ツヤウナ確信犯人、即チ確信ヲ放棄セザル犯人ニ、更ニ二年ヤ三年豫防拘禁ヲシテ如何ナル效果ガ現ハレルノデアルカ、私ハ司法省ノ此點ニ對スル御考ヲ甚ダ疑ハザルヲ得ナイノデアル、此制度ヲ不可ナリトスルナラバ、不定期刑ヲ採用スルヨリ外ハナイ、政府ハ何故ニ不定期刑ト云フ制度ヲ採ラレナイノデアルカ、不定期刑ト云フノハ、囚人ガ善良ナル人間ニナルマデ監獄ニ置クト云フノデアルケレドモ、直ッタナラバ一日モ早ク之ヲ釋放スルト云フ制度デアリマス、諸君、來ルベキ議會ニ出ルト噂サレテ居ル刑法草案ノ中ニハ、立派ニ不定期刑ヲ採用サレテ居ル、現行法ニ於テモ、少年保護法ニハ不定期刑ガ採用サレテ居ルノデアル、然ルニ從來ノ定期刑ヲ用ヒ、更ニ直ラナイ者ヲ監獄カラ直グニ豫防拘禁スルト云フノデアリマスガ、是ハ保安處分トハ申セ、明カニ今マデ科セラレタ所ノ刑罰ヲ延長スルニ過ギナイノデアル、即チ敎育目的ト云フモノハ餘リニ出ナイデ、社會カラ隔離スル所ノ目的ト云フモノガ主動致シテ居ルノデアリマス、私ハ英國ガ既ニ誤ッテ此制度ヲ採用シテ、今日衰退ニ及ンデ居ル此實例ヲ見ナガラ、不定期刑ト云フ如キ善キ刑罰ガアルノニ之ヲ科サナイト云フ、政府ノ御意見ガ奈邊ニアルカ、此點ニ關スル御意見モ御聽キシテ置カナケレバナラヌノデアリマス

更ニ一點申上ゲタキコトハ、政府ハ刑罰ヲ重クサヘスレバ、犯人ヲ次第ニ減スコトガ出來ルト考ヘテ居ルヤウデアリマスケレドモ、是ハ洵ニ誤ッタ見解デアルト私ハ思フノデアリマス、凡ソ刑罰ト云フモノハ、刑罰ヲ受ケタ者ニ效果ガ止マルノガ常デアリマス、若シ或人ガ重イ刑ニ處セラレタコ

ト二依リ、常ニ他人ニマデ廣ク一般豫防ヲ及ボスト云フナラバ、原敬氏ヲ殺シタ中岡艮一ガアノ無期懲役ト云フ刑ヲ科セラレテ居ルノニ、何故ニ佐鄕屋ガ濱口首相ヲ殺シタノデアリマスカ、犯罪ハ決シテ刑罰ヲ重クスルコトノミヲ以テ防ギ得ルモノデハナイ、卽チ犯罪防遏ハ重刑ニアラデ、犯罪搜査ノ十分ト云フコトニアル、如何ナル犯罪モ昭々トシテ天日ガ照ス、遁レルコトガ出來ヌト云フ態度ヲ國民ニ示スナラバ、犯罪ハ次第ニ減ルノデアリマス、併ナガラ偶、捕ヘタ者ヲ重罰ニ處シテ個人ヲ膺懲スルト雖モ、一般ニ及ブ所ノ力ト云フモノハ洵ニ微弱デアルト云フコトハ、刑事政策學者ノ常ニ唱ヘテ居ル所デアリマス(拍手)故ニ若シ斯ノ如ク刑ヲ重クスルコトニ依ッテ國民ヲ威嚇シテ、斯ル詭激ノ思想ヲ懐カナイヤウニスルコトガ出來ルト云フナラバ、是ハ檢擧ノ無力ヲ蔽ハンガ爲ニ法規ヲ嚴格ニスルモノダト非難サレ、罵ラレテモ、何等御辯解ノ辭ハナイデアラウト考ヘルノデアリマス、殊ニ近來ノ共產黨ノ被告ハ、先程高見君ノ御話ニモアリマシタケレドモ、從來ノ如ク勞働者階級ノミニ止ッテ居ラヌ、言葉ハ正當デナイカ知ヲヌケレドモ、比較的上層ノ階級ニ育テラレ、眞面目ナ考ヲ以テ社會制度、國家制度ヲ考ヘル若キ人々ニ多イト云フコトハ、吾々ガ深ク考ヘナケレバナラヌ點デアルト云フコトヲ、特ニ申上ゲテ置カナケレバナラヌノデアリマス、卽チ斯ノ如キ確信犯人、自己ノ信念ヲ飽迄確信シテ之ヲ實現スルト云フ所ノ被告ニ向ッテハ、出來ルダケ轉向セシメ、改過遷善スルノ途ヲ執ルナラバ、決シテ改善ハ困難デハナイノデアリマス、故ニ刑ヲ重クスルナラバ、少クトモ假釋放ノ制度ヲ改メナケレバナラヌ、現在ハ刑期ノ三分ノ一以上ニ達セザレバ假釋放ハ許サレヌノデアルガ、斯ノ如ク刑ヲ重クシタナラバ、更ニ五分ノ一デアルトカ、六分ノ一ト云フ風ニ、假釋放ノ期間ヲ短縮シテ、是等ノ人間ガ何時デモ改過遷善スレバ出所シ得ルト云フ途ヲ講ズルコトガ、斯ノ如キ思想ヲ根絶スル上ニ特ニ考ヘナケレバナラヌ點デアルト私ハ考ヘルノデアリマス、以上數點ニ付キマシテ、述ブル所ヤ極メテ簡或ハ要領ヲ得ラレナカッタデアラウト思ヒマスケレドモ、何卒司法大臣ヨリ親切ナル御答辯アランコトヲ、御願スル次第デアリマス

(國務大臣子爵齋藤實君登壇)

○國務大臣(子爵齋藤實君) 只今私ニ對シマシテ御尋ノ點ガゴザイマシタカラ申上ゲマスガ、思想對策ト致シマシテ、治安維持法ノ改正ニ依リ取締ノ周到ヲ期スルノ外、思想ノ善導ニ力ヲ盡シテ、日本精神ノ徹底ヲ圖リ、或ハ教育ノ改善ヲ期シ、國民精神文化研究所ノ擴充等ニ依リ、又社會改善ノ方策ヲ講ズル等、各般ノ施設ヲ致シマシテ、萬遺漏ナキヲ期シテ居ル次第デアリマス

(國務大臣小山松吉君登壇)

○國務大臣(小山松吉君) 小林君ノ御質疑ニ御答致シマス、私ニ對スル第一ノ御質疑ハ、治安維特法ト刑法トノ關係如何ト云フ御尋デアリマシタ、御承知ノ通リ今司法省ニ於テ調査中デアリマスル刑法改正草案ハ、略、形ハ出來テ居ルヤウデアリマスガ、是ハ現行刑法ヲ根本的ニ改正スル重大ナル改正ノ內容ヲ有ッテ居リマシテ、果シテ何時頃成案ヲ得マスルカ、確ニ申上ゲルコトノ出來ナイ事情ニナッテ居リマス、一面近頃ノ治安維持法違反ノ犯罪者ニ對シマシテハ、御承知ノ一昨年來大分彼等ノ運動ガ狂暴性ヲ帶ビテ參リマシテ、ソレト同時ニ先刻申上ゲマシタ全協其他ノ外廓運動ニ對シテ、至急檢擧ヲシナケレバナラナイ狀態ニナッテ居ルノデアリマス、サウ云フ關係上、是ハ十分御承知ト思フノデアリマスガ、此治安維持法ハ改正ヲ必要トシ、又當分ノ間ハ特別刑法トシテ存在セシメル趣意デアリマス

第二ノ私有財產制度否認ノコトデアリマスガ、是ハ御疑ノアルノハ御尤デアリマスカラ、少シク御說明ヲ申上ゲマス、私有財產制度ヲ否認スルコトヲ目的トスル結社ト中シマスルノハ、我國デハ從來ヨリ主トシテ社會主義的思想ヲ有スル結社ト云フコトニ、解釋ガ決ッテ居ルノデアリマス、私有財產制度ヲ否認スルト云フ言葉ハ、大正十四年ノ法律第四十六號、治安維持法ノ第一條ニ、此趣旨ニ於キマシテ「國體ヲ變革シ又ハ私有財產制度ヲ否認スルコトヲ目的トシテ結社ヲ組織シ」云々ト規定シタノデアリマス、國體ヲ變革シ又ハ私有財產制度ヲ否認スル、此規定ガ法律トシテ成立致シマシタ趣意ヲ考ヘマシテモ、私有財產制度ノ否認ト云フコトハ、只今御話ガアッタヤウナ所有權ノ一部ノ問題ニ付テ論議スルヤウナ、サウ云フ輕イモノデハナイノデアリマス、然ルニ此法律ハ昭和三年以來檢擧ヲ致シマシタ結果、時ノ政府ニ於テ改正ズル必要ヲ認メタノデアリマス、ソレハ當時刑ガ十年以下デアリマシテ、十年以下デハ處罰ノ目的ヲ達シ、犯罪防遏ヲ完全ニスルコトガ出來ナイト云フ趣旨カラ、昭和三年ノ六月二十九日ニ緊急勅令ヲ以チマシテ、此第一條ノ一項ノ中ノ「國體ヲ變革スルコトヲ目的トスル結社」ト云フダケヲ分ケマシテ、之ヲ重ク規定シタノデアリマス、此時分ニ第一項ニ對シテハ死刑又ハ無期刑ト云フ刑ヲ適用スルコトニシタノデアリマス、只今刑ヲ重クスルコトニ付テノ御論議ガ、最後ノ御質問事項ニアリマシタガ、刑ヲ重クシタノハ此時カラ致シタノデアリマス、特ニ今度ノ案ニ於テ死刑ヲ採用シタ譯デハナイノデアリマス

ソレカラ第二項ニ私有財產制度ヲ否認スルト云フノヲ分ケテ置キマシタガ、併シ是ハ第一條ノ中ニ一項二項ト分レタダケデアリマス、此昭和三年ノ改正ハ、要スルニ我國ヲ共產主義的國家ニ變革シヨウトスルコトヲ標榜スル結社ヲ、嚴罰スルト云フガ爲ニ分ケタノデアリマスガ、サウカト言ッテ私有財產制度ヲ否認スルト云フコトヲ輕ク取扱フ趣意デハナイノデアリマス、刑ハ初メノ治安維持法ノ規定ト同ジ十年以

下ノ刑ニナッテ居ルノデモ是ハ明瞭デアリマス、私有財産制度ヲ否認スルト云フ言葉ガ、社會主義的ノモノデアルト云フコトハ、私ガ此處デ御説明ヲ申上ゲマセヌデモ、モウ歐羅巴ノ古イ學説ニ於テ是ハ決ッテ居ル、今日ハ社會主義ト云フモノニ、講壇社會主義ガアリ、進化社會主義ガアッテ、色々ナル議論ガ、混雜シテ來マシタガ、元來社會主義ト云フモノガ發達致シマシテ形ヲ拵ヘマシタ當時、形態ノ備リマシタ當時ニ於テハ、社會主義トハ生産手段ニ於ケル私有財産ノ廢止ヲ希望スル國家經濟ノ傾向デアル理論トモ言ヒマスガ、英國ノ學者モ獨逸ノ學者モ、御承知ノヤウニ「テンデンシー」――「リスツング」ト云フ字ヲ使ッテ居ル、理論ト言ヘバ理論デアリマスガ、傾向デアリマス、國民經濟ノ傾向デアルト言ッテ居ル、要スルニ此生産手段ノ共有ヲ目的トシ、サウシテ私有財産制度ヲ廢止シテシマフト云フコトニ、社會主義ガ存在スルノデアリマス、此廣キ意味ノ社會主義ノ中ノ共産主義ガ發達シタノデアリマシテ、詰リ共産主義ハ此生産手段ニ於ケル私有財産ノ廢止ヲ希望スルノミナラズ、消費手段ヲモ廢止シテ、之ヲ公有トスルト云フ點ニ於テ違ヒガアルノデアリマスガ、露西亞ニ於テ「レーニン」以來實行致シマシタガ、到底實行出來ナイカラ、今日ノ露西亞ハ理論的ニ言ヘバ純然タル共産主義デハナイト言ハンケレバナラヌノデアリマス、要スルニ――學説ヲ講釋スルヤウデ恐縮デアリマスガ、私有財産制度ノ否認ト申シマスノハ、根本的ニ此私有財産制度ヲ廢滅ショウ、破壞ショウト云フ思想デアリマシテ、單一不可分ノ觀念デアリマス、私有財産制度ト云フノハ、現在ノ社會組織、經濟生活ノ根幹ヲ爲スモノデアリマシテ、思想的ニ申シマスレバ、歴史的、國民的ニ拔クベカラザル信念ノ存スル、國民共存共榮ノ律則ヲ包含スルモノダト解スベキデアルト思フノデアリマス、私有財産制度ヲ否認スルコトヲ主張スル論者ヨリ申シマスト、現今ノ我ガ國家ノ組織ニ動搖ヲ及ボスヤウナコトノアルノハ、當然ト言ハナケレバナラヌノデアリマス、私有財産制度ヲ根本的ニ破壞スル思想ヲ名ケテ、私有財産制度否認ト申スノデアリマスカラ、此觀念ヨリ申シマスルト、鐵道國有論、或ハ土地ノ或ルモノ、國有論、財産一部ニ付テノ所有權ノ移動ヲ論ズルヤウナモノハ、玆ニ所謂私有財産制度ノ否認ト云フコトニハナラナイノデアルト、御承知ヲ願ヒタイノデアリマス、何レ機會ガアリマシタナラバ、委員會ニ於テ尚ホ申上ゲルコトガ出來ヨウト思フノデアリマス

其次ハ私ニ對スル質問ノ第三、外廓團體ノ期刑デアリマス、是ハ小林君御承知ノ通リ、情ヲ知ラナイデ居ル者ニ對シテ處罰ヲスルト云フコトハ、到底出來ナイノデアリマス、情ヲ知ルト云フ字ガアリマセヌデモ「前條ノ結社ヲ支援スルコトヲ目的トシテ」ト云フコトガアリマスカラ、立派ナモノデアルト思ッテ支援シタナラバ、ソレハ犯罪ニハナリマセヌ

第四ハ、不定期刑ヲ採用セザル理由、是モ小林君ノ御質疑ノ言葉デ大概分ルコト、思ヒマスガ、司法省デモ論議ヲ致シマシタ、不定期論者ト豫防拘禁論者トアッタノデアリマスガ、段々研究シテ見マスト、御承知ノ歐羅巴アタリノ法制デモ、死刑、無期刑ナドノ刑ヲ科シテ居ルモノニ、不定期刑ヲ採用シテ居ル國ハ一寸ナイヤウデアリマス、現行刑法デモ、現行ノ少年法デモ、十五年以下ノ場合デアリマス、ソレカラ御引用ニナッタ刑法草案ノ今調査中ノモノデモ、餘リ重イ刑ニハ不定期刑ト云フモノハ採用シナイ方ガ宜イト云フ議論ガアルノデアリマス、詰リ三年間刑務所ニ置クベキモノヲ、二年以上十年トシテ置イテ、本人ガ遷善改過シタナラバ、一年半カ二年デ出サウト云フノガ不定期刑ノ目的デアリマス、此法案ノヤウニ死刑、無期、或ハ十年ト云フヤウナ刑ヲ科スルモノニ不定期刑ヲ置キマシタ所ガ、適用スベキ範圍ハ極メテ少イノデアリマス、サウ云フ點ニ付テ段々考ヘテ見マシテ、御話ノアリマシタ如キ英吉利ノ豫防拘禁制度ヲ採用シテ見ヨウ、是ノ方ガ效果ガ宜カラウト云フコトガ、多數ノ意見ニナッタ譯デアリマス

ソレカラ最後ノ刑ヲ重クシタノハ間違ッテ居ハシナイカト云フコトハ、初メノ治安維持法ヲ緊急勅令デ分ケテ、刑ヲ重クシタ理由ト同ジ理由デアリマス、改メテ今度刑ヲ重クシタノデハナイノデアリマス、唯、一二箇所、二年ヲ三年ニシタリ、或ハ僅カ延ベシタノモアリマスガ、是ハ立法技術ノ上ニ於テ少シク重クシタヾケノ違ヒデアリマス(拍手)

○小林錡君　簡單デアリマスカラ、此席ヨリ御許シヲ願ヒマス

○議長(秋田清君)　宜シウゴザイマス

○小林錡君　只今總理大臣ノ御答ヲ伺ッテ見マスト、曾テ總理大臣ガ此議會ノ劈頭ニ爲サッタ、施政方針ニ關スル演説ノ中ヲ、其儘モウ一遍御讀ミニナッタニ過ギマセヌ、文句マデ其通リデアリマス、私ハ更ニサウ云フ施設ハ何デアルカト云フコトヲ御聽キシタイノデアリマスガ、御答ガ出來ナケレバ已ムヲ得マセヌ、司法大臣ノ御答ニ對シテハマダ滿足致シマセヌ、異議モ隨分アリマスガ、事餘リ細カクナリマスカラ、又ノ機會ヲ利用致シマシテ、是デ私ノ質問ヲ打切リマス

○議長(秋田清君)　比佐昌平君

(比佐昌平君登壇)

○比佐昌平君　私ハ二三ノ點ニ付テ、司法大臣ノ御答辯ヲ求メルノデアリマス、御承知ノ通リ、抑〻此治安維持法ハ五十議會ニ提案サレタモノデアリマス、又只今司法大臣ノ説明ノ如ク、改正案ガ五十五議會ニ提案サレタノデアリマスルガ、審議未了トナッテ、是ガ緊急勅令トナリマシテ、事後承諾案トシテ五十六議會ニ提案サレタモノデアリマス、抑〻、私ハ治安維持法ノ問題ノ提案サレタ時モ、第二回ノ修正案ノ時モ、委員

トシテ審議ニ與ッタ一人デアリマス、今回三回目ノ改正案ニ付キマシテ、遺憾ナガラ私ハ總理大臣ニ伺ヒタイノデアリマスガ、(「居ナイ〳〵」ト呼フ者アリ)司法大臣ニ專ラ御伺シタイ點ノミニ付テ、申上ゲタイト思フノデアリマス

初ニ本案ノ提案サレタ場合ハ、御承知ノ如ク其原案ハ、國體又ハ政體ヲ變革シ私有財産制度ヲ否認スル目的ヲ以テ結社ヲ結ンダモノ云々ト云フノデアリマス、吾々ガ委員會ニ於テ審議シテ居ル最中ニ、政府自ラ原案ヲ修正致シマシテ、政體ナル文字ヲ削除シテ參ッタノデアリマス、勿論或ル學者ノ説ニ依リマスト、國體ト政體トノ區別ヲ嚴格ニシ得ナイト云フ學説モアルノデアリマス、政體ノ文字ガ洵ニ曖昧デアルト云フ意味ニ於テ、政府自ラ修正ヲ出シタモノト思フノデアリマスルガ、ソレ等ノ點ニ付キマシテ、治安維持法ノ内容ノ含ム解釋ノ範圍ニ付キマシテ、第一回ノ提案者ノ政府責任者モ、第二回ノ政府責任者モ、洵ニ其解釋ノ範圍ニ付テ不徹底極マッタモノデアリマシテ、遺憾ナガラ私ハ未ダニ幾多ノ疑問ヲ有ッテ居ル一人デアリマス、此點ニ付テ、第一國體ノ變革ナル問題ニ向ッテハ、今更申上ゲル必要ハアリマセヌガ、我ガ日本ハ世界ニ類例ノナイ所ノ國體デアル、即チ憲法ノ第一條ニ依リマシテ、天皇ガ我國ヲ統治サレルト云フ、此根本ノ國體ノ變革ニ向ッテハ、斷ジテ吾々ハ擁護シナケレバナラヌノハ勿論デアリマス、要スルニ國體ノ變革ト云フコトヲ法律的ニ考ヘルナラバ、天皇ト統治關係トノ連絡ヲ斷絶スルト云フコトデアルト思フノデアリマス、卽チ我ガ日本ノ天皇ト我國ノ統治權トノ關係ヲ破壞スルト云フコトガ國體ノ變革デアッテ、斷ジテ是ハ許スベキモノデナイノハ勿論デアリマス、併シ一歩進ンデ私ガ御伺致シタイノハ、法ノ解釋ノ範圍ヲ、是ヨリ多數ノ裁判官ニ依ッテ解釋サル、爲ニ、弊害ノ生ズルコトヲ憂フル爲ニ、例ヘバ一言聞イテ置キタイノデアリマスガ、勿論天皇ハ統治權ヲ有セラレテ居リ、憲法ニ列記サレタル所ノ所謂天皇ノ大權ガアルノデアリマス、若シ或者ガ天皇ノ大權ノ縮小ヲ主張シ、此目的ノ爲ニ結社ヲシ、天皇ノ大權、之ヲ制限シ、或ハ天皇ノ大權ノ一部ヲ變更セントスル意見ヲ以テ協議ヲシ、結社ヲスルト云フヤウナ場合ニハ、國體變革ノ條項ノ中ニ入ッテ、本法律ノ適用ニ依ッテ罰セラレルヤ否ヤヲ御伺致シタイノデアリマス、例ヘバ憲法ノ第十一條ノ統帥權、第十二條ノ編制權、十三條ノ宣戰、講和、條約締結權、進ンデハ十四條ノ戒嚴令ノ問題ニ付テモ、斯樣ナル天皇ノ有セラレテ居ル所ノ權限ノ一部ヲ、不合理ノ手段ニ依ルハ許スベキモノデハアリマセヌケレドモ、若シ合法ノ手段ニ依ッテ、斯樣ナル天皇ノ大權ノ一部ニ變更ヲ來スト云フコトヲ主張スル、是ガ國體變革ト云フ範圍ニ適用サル、ヤ否ヤ、御伺致シタイノデアリマス、例ヘバ條約ノ締結權ハ、天皇陛下ノ有セラル、所デアルガ、今後合法的ニ憲法改正ニ依ッテ條約ノ締結ヲ、帝國議會ノ承認ヲ得ルト云フヤウナコトニスレバ、明ニ現在ノ天皇ノ大權ノ、一部ノ内容ノ變更ニナルノデアリマス、之ヲ以テ本法ガ適用サル、範圍ニアリヤ否ヤヲ、御説明願ヒタイノデアリマス、若シ又或ル社會運動ガアッテ、憲法ハ時代ノ變遷ニ依ッテ變更サル、ベキモノデアル、憲法自體ニ於テ所謂憲法ノ七十三條ニ依ッテ、憲法改正ガ豫想サレテ居ルノデアリマス、憲法改正ト云フ合法的ノ手段ニ依ッテ、議會ヲ通ジテ憲法ノ大變更ヲスルト云フ意見ヲ以テ、或ヘ結社シ協議シタ場合ニ於テモ、國體變革ノ中ニ入ルヤ否ヤ、若シ入ルトスルナラバ、憲法變更ノ場合ニ於テ、ドノ程度迄ハ國體變革ノ中ニ入ッテ、ソレ以外ハ國體變革ニ入ラナイト云フ、其限界ヲ御示シ願ヒタイノデアリマス

第二ハ只今司法大臣ガ御説明ニナリマシタ私有財産ノ問題ニ付テモ、是ハ第一回、第二回ノ委員會於テモ、非常ニ論議ザレタル問題デアッテ、中々困難ナルモノデアルコトハ承知致シテ居リマスルガ、只今司法大臣モ御説明ノ中ニ、土地ノ國有ハ宜シイ、生産機關ノ國有モ是ハ認メルト云フヤウナ御意見デアッタガ、斯樣ナル事ヲ言ハル、根本ノ法ノ精神ノアル所ヲ、一言御伺ヲ致シテ見タイノデアリマス

諸君、勿論是ハ五十議會ニ於キマシテ、提案ノ時ニモ、其當時ノ司法大臣ハ小川平吉氏デアッタノデアリマス、政府委員トシテハ山岡氏デアッタノデアリマス、是等ノ人ノ説明ニ依リマシテモ、生産機關ノ國有ヲ主張シテモ宜シイ、生産資本ノ國有ヲ主張シテモ宜シイ、土地ノ國有ヲ主張シテモ、本法ノ敢テ罰スル所ニ非ズト云フコトハ、明言サレテ居ッタノデアリマス、併シ私有財産制度其モノヲ否認スルト云フコトハ、此法律ノ眼目デアル、土地國有モ宜シイ、生産機關國有モ宜シイ、生産資本ノ共有モ宜シイト云フコトニナレバ、所謂私有財産制度ノ觀念ハ何處ニアルノデアルカドウカ、其時ノ司法大臣ノ説明ニ曰ク、土地ヲ國有ニスルコトモ宜シイガ、國有ニスル場合ニ於テ、有償デ之ヲ微發スルコトハ宜シイガ、無償ニ依ッテ國有ニスルコトヲ許サヌト云ッタ、所謂有名ナル賠償論ガソコデ起キテ來タノデアリマス、併シ有償論必シモ私有財産制度ノ根柢ヲ認メルト云フ根本ノ觀念ニハナラヌノデアリマス、先刻モ申サレタ通リ、我ガ日本ニ於キマシテ、所謂私有財産制度ナルモノハ、憲法ノ上ニ於キマシテ、憲法二十七條ノ規定ハ「日本臣民ハ其ノ所有權ヲ侵サル、コトナシ」ト言ヒマスケレドモ「公益ノ爲必要ナル處分ハ法律ノ定ムル所ニ依ル」言葉ヲ換ヘテ言フナラバ、日本ノ所有權ハ法律ノ範圍内ニ於テノミ使用、收益、處分ノ權利ガアルニ過ギナイノデアル、法律ノ改正ニ依リマシテヘ、所謂公益ナル問題ガ、今迄ノヤウニ狹イ範圍ノ解釋デアル時代ハイザ知ラズ、今後ノ社會進歩ニ依リマシテハ、公益ナル文字ハ非常ニ廣ク解釋サル、傾向デアルコト

ハ、是ハ學說上定論ノアル所デアリマシテ、言葉ヲ換ヘテ言フナラバ、公益ノ爲ナラバ、法律ト云フ合法手段ニ依ルナラバ、如何ナル所有權モ制限出來得ルト云フ條文デアリマス、帝國議會ハ立法權ガアリ、帝國議會ハ議會ヲ通ジテ、合法的ニ所有權ヲ制限スルト云フ法律ヲ拵ヘテ、進ンデハ所有權ヲ否認スルヤウナ法律ヲ拵ヘタナラバ、如何ニナルベキモノデアルカト云フコトモ、是ハ重大ナル問題ガ殘サレテ居ルト言ハナケレバナラヌノデアリマス、此意味ニ於キマシテ、政府ハ第一土地國有モ宜シイ、生產機關ノ國有モ宜シイト云フ結果、如何ナル社會主義ト雖モ、共產主義ト雖モ、全部個人ノ私有ヲ認メナイト云フ狀態ハアリマセヌ、御承知ノ通リ、露西亞ニ於テサヘ僅カナル財產、所謂私有財產制度ハ認メテ居ルノデアリマス、併シ國家ノ根本方針トシテ、生產機關デアルトカ、或ハ土地デアルトカ、斯樣ナルモノヲ全部私有ヲ認メナイト云フノハ、是ハ共產主義ノ眼目デアリマス、然ルニ土地國有モ宜シイ、生產機關ノ國有モ宜シイト云フ結果、所謂殆ド共產主義ノ實行ト同樣トナリ、之ヲ防ガントスル此法律ノ眼目何レニアリヤト、私ハ其根本觀念ニ付テ御伺ヲ致サネバナラヌノデアリマス、其他種々ナル問題ニ付テモアリマスルガ、最後ニ簡單ニ一言、是ハ司法大臣ニ御伺ヲシテモ、或ハ一寸ムヅカシイカモ知レマセヌケレドモ、議員ノ權限ニ付テ一寸簡單ニ御伺ヲ致シテ置クノデアリマス

諸君、或ル政府委員ノ說明ニ曰ク、議員ガ立法ニ參與スルコトハ、當然ノ權限デアリマス、併シ議員ガ此議場ニ於テ提案サレタル問題ヲ審議シテ、自由ノ意見ヲ吐キ、贊否ヲ決スルノハ是ハ議員ノ自由ノ權限デアルガ、議員ガ此議場以外ニ於テ政黨事務所ニ於テ、或ル議案ヲ是カラ審議ショウト云フ場合ニ之ヲ協議シテ、議場ニ提案スル準備行爲ハ、是ハ議員ノ行爲トハ認メナイ、個人ノ行爲ト認メルト、前政府委員ハ說明サレタ者モアルノデアリマス、吾々カラ以テスルナラバ、議案提案ノ豫備行爲デアル政黨本部ノ吾々ノ行爲ハ、當然是ハ議員行爲ノ範圍ナリト考ヘテ居ルノデアリマスルガ、之ニ關シテ果シテ如何ナル見解ヲ御採リニナッテ居ルカドウカ、之ヲ聽ク一ツノ理由ハ、只今ノ私有財產制度ノ問題ト云ヒ、又憲法改革、或ハ憲法ノ內部ノ變更問題ニ對シマシテモ、吾々ガ議院ノ權限トシテ持ッテ居ル上奏權、此上奏權ニ依ッテハ、憲法ノ變更ヲ要求スル希望ヲ以テスル上奏案モ出來ルノデアリマス、私有財產制度ノ否認、或ハ私有財產制度ヲ制限スル法律ヲ提案スルコトモ、吾々當然ノ權限デアリマス、然ラバ矢張此法律ノ所謂徹底的解釋ト、適用ノ範圍ト、吾々議員ノ職分トノ間ニ於テモ、多少齟齬ヲ來ス感ナキニシモアラズデアリマスカラ、斯樣ナ問題ニ付テモ司法大臣ノ明確ナル御說明ヲ、御伺致ス次第デアリマス(拍手)

〔國務大臣小山松吉君登壇〕

○國務大臣(小山松吉君) 比佐君ノ御質疑ニ御答致シマス、第一ノ御尋ハ大權ノ變更ヲ望ム結社ト云フヤウナ御言葉デアリマシタガ、御承知ノ通リ憲法ノ改正ヲスル場合ハ、勅命ヲ以テ帝國議會ノ議ニ付スベシト云フコトニナッテ居リマス、尙ホ憲法發布ノ勅語ヲ拜讀致シマスルト「將來若此ノ憲法ノ或ル條章ヲ改定スルノ必要ナル時宜ヲ見ルニ至ラバ朕及朕カ繼統ノ子孫ハ發議ノ權ヲ執リ」云々トアルノデアリマシテ、大權ノ變更ヲ希望スル、又ハ研究ヲスル結社ト云フ御言葉ガアッタノデスガ、ドウモソレニ對シマシテハ、私ハ只今御答ヲ控ヘタイト思フノデアリマス、ソレカラ第二ノ私有財產制度ノ否認ノコトデアリマスガ、是ハ先刻申上ゲマシタ如ク、治安維持法施行以來、大審院ノ判例ハ、私有財產制度ヲ否認スルト云フノハ、私有財產制度ヲ根本的ニ破壞スルコトヲ目的トスルモノダト云フコトヲ、度々判決ノ上ニ現ハシテ居リマシテ、根本的ニ私有財產制度ト云フモノヲ無クスルト云フコトガイケナイノデアリマスカラ、生產機關ノ一部、土地ノ一部ノ國有、或ハ鐵道ノ國有ト云フコトノ論議マデ、絕對ニ禁止スル意味デハナイノデアリマス、ソレカラ第三ノ議員ノ權限ノコトハ、ドウモ私ヨリハ御答致シ兼ネルノデアリマスカラ、是ハ他日機會ガアリマシタラ、御答致スコトガアラウカト思ヒマス

〔比佐昌平君登壇〕

○比佐昌平君 是レ以上ノ事ニ付キマシテハ、私モ委員會ニ於テ政府委員ノ意見ヲ質シタイト思ヒマスルガ、只今ノ御答ノ中ニ——私ハ寧ロ御答ガナカッタヤウニ思ヒマスガ、憲法內ニ於ケル天皇ノ大權事項ノ一部ノ變更ヲ主張スルト云フコトハ、國體變革ノ內ニ入ルト云フ意見ト、治安維持法ノ取締ル所ニアラズト云フ、二ツノ意見ガアルノデアリマス、例ヘバ第一回ノ山岡氏ノ意見ハ、大權事項ノ一部ヲ變更シテ、他ノ機關ニ委ネルト云フコトハ、是ハ大權事項ノ大權行使ノ形式ノ變更デアッテ、國體變革ト云フモノニハ解釋ヲ致サヌト云フ御意見デアリマス、所謂天皇ニハ御親裁ニナル國務ト、御親裁ニナラザル國務ガアリマス、直接御親裁ノ大權ノ一部ヲ、之ヲ他ノ機關ニ委ネテモ、憲法第一條ノ天皇之ヲ統治スト云フコトニナッテ、間接統治ノ意味ニ於テ、是ハ統治權ノ侵犯ニハナラヌト云フノデアリマス、然ルニ第二回ノ政府委員トシテノ泉二博士ノ說明ニ依ルト、私ガ斯樣ナルコトヲ質問シタ時ニ、明ニソレハ矢張國體ノ變革、又ハ方法ニ依リマシテハ內亂罪等ニ入ルト思ヒマス、只今御話ニナッタヤウナコトハ、國體ノ變革ト云フ中ニ入ルモノト、廣ク是ハ解釋スルモノト信ズルモノデアリマス、君主政體ト云フコトニナッテ居リマシテモ、名有ルモ實無キモノニナッテシマッタナラバ、是ハ矢張非常ナ國體ノ變革、天皇ガ統治セラレルト云フ名義ダケデナク、實質ガ憲法ニ認メラレテ居ル、其實質ヲ變更スルコトハ、斯ヤハリ國體變革ノ中ニ入ルモノト思フ、

ウ云フ工合ニ、相互ニ相矛盾シタル答辯ヲナサレテ居ルノデアッテ、所謂此法ノ精神ノ內容モ、未ダハッキリ解釋ガ付イテ居ラナイモノト私ハ思フノデアリマス、之ヲ以テ私ノ質問ヲ一先ヅ打切ル次第デアリマス（拍手）

○議長（秋田清君） 久山知之君

（久山知之君登壇）

○久山知之君 私ハ此機會ヲ以チマシテ、只今御提案ニ相成ッテ居リマスル治安維持法改正法律案ノ、未ダ同僚諸君ヨリ御尋ノナカッタ方面ニ對シマシテ御伺ヲ致シタイノデアリマス、本日ハ恰カモ民間ニ於ケル五・一五事件ノ判決ヲサレマシタ日デアリマシテ、而モ此重大ナル意義ノ有ル公判ノ判決ヲナサレタ日ニ本案ガ上程サレタト云フコトハ、私ハ洵ニ奇シキ因緣ヲ持ツモノデアルト、斯樣ニ考ヘルノデアリマス、此治安維持法案ハ、既ニ前質問者ニ依リマシテ御述ベニナリマシタ通リ、政友會田中內閣當時ニ初メテ成案ト相成ッタノデアリマシテ、當時ハ共産黨ニ對スル彈壓ノ政策、所謂極左ノ團體ニ對スル法律トシテ、之ヲ制定サレタノデアリマス、而モ田中內閣當時ニ於キマシテハ、本案ヲ成立致サシメル爲ニハ、殆ド內閣ノ運命ヲ賭シタト云フ重大ナル法案デアル、今日ノ議場ノ空氣カラ見マシテ、私ハ實ニ感慨無量ノモノガアルノデアリマス、サウシテ只今司法大臣ノ提案ノ御說明ノ內容ヲ拜聽致シマスルト、此治安維持法ノ改正ハ、共産黨ノ彈壓ノ爲ニ更ニ共範圍ヲ擴大シタノデアルト云フ御說明ガアッタノデアリマスルガ、私ハ共産黨ノ行動ニ對シマシテ、固ヨリ之ニ共鳴スルモノデハナイ、此共産黨ノ彈壓ヲヤルト云フコトハ、國家ヲ永遠ニ存續セシムル立場ニ於キマシテモ、最モ必要ナルコトヲ痛感致スノデアリマスルガ、司法大臣ハ此提案ノ御說明ノ中ニ、一言半句、極右ノ團體ノ行動ニ對シマシテ、御說明ノナカッタコトヲ私ハ甚ダ遺憾ニ考ヘル、御承知デモアリマセウガ、共産黨ノ行動ハ所謂地下ニ潜ッテ、最モ祕密ノ中ニ行ハレルノデアル、隨テ是ガ檢擧ニ當リマシテハ、當局ノ御苦心ニ對シマシテ、私ハ萬腔ノ敬意ト感謝ノ意ヲ表スルモノデアリマス、然ルニ此右翼ノ團體ハ忠君愛國ト云フ看板ヲ揭ゲテ、此看板ノ蔭ニ隱レテ共實、行ハントスル所ノモノハ、殆ド共産黨ト同一ノ事ヲシテ居ル、唯極端ナル右翼ノ主張ト、共産黨ノ主張ト相違致シマスル點ハ、洵ニ畏レ多イ話デアリマスガ、皇室ヲ認メルカ、國體ヲ認メルカ、或ハ之ヲ認メナイカト云フ、此一點ニ繫ッテ居ルコトハ、司法大臣モ能ク御承知ダラウト思フ、而モ此極右ノ團體ノ行動ガ、今日非常ニ猛烈ニナッテ參リマシテ、或ル者ハ日本ノ政治機構ヲ變革シ「ファッショ」ノ政治ヲ實行セントスルノ一大陰謀ヲ有ッテ居ルコトハ、是ハ苟モ政治ニ關係ヲ持テ居ル吾々ノ國家將來ノ爲ニ、非常ニ深憂ヲ禁ズルコトガ出來ナイ問題デアル、サウシテ、此極端ナル獨裁專制ノ政治ヲ實行セント致シテ居ル彼等ノ行動ガ、現モスルト軍部ニ呼掛ケテ居ル、或ハ純眞ナル青年ニ呼掛ケテ居ル、私ハ近來或ル意味ニ於テ言論ノ自由ガ束縛サレテ居ル、吾々ガ演說會ニ於キマシテ、一度軍部ニ對スル問題ヲ論議致シマスルト、共翌日カ、或ハ數日後ニハ憲兵ガ自宅ヲ訪問スル、此好マシカラザル訪問者ニ對シテハ、吾々同僚頗ル迷惑ヲ致スノデアリマスガ、政治家ノ言動ニ對シテ敏感ナル今日ノ軍部ノ諸君ガ、共裏面ニ於テ、極端ナル獨裁專制ノ政治ヲ實行セントシテ居ル一部ノ人達、青年將校ニ對シテ呼掛ケテ居ル、此問題ヲ御承知ニナラヌ筈ハ私ハアルマイト思フ――陸軍大臣ハ豫算總會ノ席ニ御出席ニナッテ居リマシテ、此席ニ御出デニナルコトノ出來ナイノハ甚ダ遺憾ニ考ヘマスガ、私ハ後ノ機會ニ於キマシテ、此點ハ陸軍大臣カラハッキリト御答辯ヲ願ヒタイ、私ハ最近現ハレマシタ所ノ極端ナル極右ノ思想ヲ有ッテ居ル人達ガ、私カニ、或ハ堂々ト、軍部ニ呼掛ケタ所ノ一ツノ文書ヲ持ッテ居ル、此文書ハ恐ラク全國師團或ハ聯隊所在ノ方面ニ、散布サレタコトヲ推測シ得ルノデアリマスガ、此文書ノ全部ヲ此處デ申上ゲマスコトハ、私ハ國家ノ爲ニ差控ヘタイ、隨テ斷片的ニ申上ゲテハ、或ハ私ノ申上ゲル點ガ判明シナイカモ存ジマセヌガ、議長ノ御許ヲ得マシテ、私ハ重要ナ點ダケヲ數項此席上ニ於テ申述ベテ見タイノデアル、此文書ハ「昭和維新工作ノ要諦」ト題スルモノデアリマシテ、サウシテ第一頁ニ「檄、滿天下ノ青年將校、愛國團體ヨ、時機ハ既ニ迫レリ徒ラニ蝸牛角上ノ爭ヲナス勿レ小異ヲ捨テ大同團結シテコソ維新工作ハ完成スベシ五・一五ハ局部的破壞ガ急速ナル維新建設ニ導キ得ザルヲ教ヘタルニ非ズヤ、最早論議ノ時機ニ非ズ唯團結アルノミ皇道日本ノ確立ハ吾人ガ死ヲ賭シテ得ントスル大目標ニ非ズヤ」ト云フ洵ニ極端ニシテ、而モ過激ナル檄文ガ認メラレテ居ル、更ニ此「昭和維新工作ノ要諦」ノ所謂準備工作ニ對シマシテハ「將校以下ノ團結、皇道日本建設ノ外私心ナキ青壯年將校同志ハ其ノ陸海ヲ論ゼズ出身別ヲ問ヘズ速ニ其ノ愛撫スル部下ヲ提ゲテ各地方毎ニ建識ナル先輩ノ下ニ馳セ參ズベシ」ト云フ一項ガアル、更ニ愛國團體ノ統一ニ對シマシテハ「愛國團體ノ役割ハ滿洲國ノ協和會、蘇ノ「ゲ・ペ・ウ、」、蔣介石ノ藍衣社乃至國民黨、獨伊等ノソレノ如ク一部ニ於テ突然參加スルモ主タルモノハ國民ノ啓蒙非國民ノ摘發監視機關タルヲ適當トス是レ統一訓練ノ不十分ナルト武器ヲ得ルノ途ニ難關アルト、現下ノ神經衰弱的警察官ニ直接束縛監視セラル、等ノ不利アレバナリ」ト云フコトガ認メラレテ居ル、更ニ秩序ノ維持ニ對シマシテハ「破壞工作ト同時ニ帝國全土ヲ戒嚴令下ニ置キ且、戰時警備ノ方法ヲ講ズ、戒嚴令ノ奏請ハ同首腦部ノ自發ニ待ツモ已ムヲ得ザレバ強要ノ方法ニ依ル、各衞戍司令官ハ獨斷ヲ以テ戒嚴ヲ命ズルヲ要ス、國內諸機關ノ業務ハ戒嚴ノ必要ニ基クモノ、外之ヲ停止セズ、唯財閥政黨員官僚等ニシテ逃走ノ虞レアル者ハ之ヲ捕獲シ其ノ擔任業務ヲ一時代理者ヲ以テ代行セシム」、建設ノ順序ニ付キマシテハ「建設ノ目的ハ皇道日本ノ確立ニアリ、速ニ憲法ノ一部停止及改訂ヲ奏請ス」、經濟機構ニ對スル意見トシマシテハ「自由資本主義ヲ排撃シ國家社會主義的統制經濟組織ニ改變スルヲ大目的トス」サウシテ其一部ノ主張ニハ「今日ノ難局ニ立タシメタル財界有力者ノ財産ノ如キハ其ノ一家一門ニ亙リ悉ク之ヲ沒收シ建設工作ノ國費ニ充當ス、土地ハ總テ私有ヲ許サズ國家ニ於テ之ヲ管理シ期限ヲ付シテ賃貸ス」、「國民生活ニ密接ナル關係ヲ有スル金融保險、交通、米麥、燃料、肥料、醫療等ハ悉ク之ヲ國營ニ依ル」是ガ即チ今日ノ最モ極端ナル、所謂忠君愛國ノ看板ノ下ニ働イテ居ル團體ノ主張デアルコトヲ、私ハ先以テ當局ニ御牢記ヲ願ヒタイ、今日ノ共産主義ノ運動ハ、幸ニシテ當局ノ異常ナル御勞苦ノ結果、或ル場合ニハ一命ヲ棄テ、彼等ヲ捕縛シタト云フ警察美談ヲモ生ムヤウナ、涙グマシキ御活動ニ依ッテ段々鎭壓ヲサレツヽアル、若クハ地下ノ潜行運動ニ移リツヽアルノデアリマスガ、一方ニ於テハ堂々トシテ、此大看板ノ下ニ働イテ居ル共産黨ト、殆ド同一ノ主張ヲ有ッテ居ル團體ノアルコトヲ、私ハ國家ノ爲ニ甚ダ遺憾ニ考ヘル、斯ク申上ゲマシテモ、私ハ總テノ愛國團體ガ悉ク此「テーゼ」ノ下ニ動イテ居ルトハ申上ゲナイ、中ニハ多年ノ歴史ヲ有チ、吾々ノ常ニ尊敬ヲ吝マナイ所ノ立派ナル團體ノアルコトハ、是ハ私ガ確信ヲ致シテ居ルノデアリマスガ、偶、非常時ト云フ此言葉ヲ利用シ、或ハ千九百三十年五、三十六年ノ國家ノ危機ヲ好機會ト致シテ、此國民思想混亂ノ時機ニ乘ジテ、一擧暴力ニ依ル革命ニ依ッテ、國家ノ政治機構ヲ變革セントスル此團體ニ對シテ、司法大臣ハ果シテ如何ナル御考ヲ御有チニナッテ居リマスカ、而シテ本日御提案ニ相成リマシタ治安維持法ノ發動ニ對シマシテ、彼等ガ忠君愛國ト云フ看板ヲ掛ケテ居ルカラ、共産黨ト同一ニ之ヲ扱フコトハ出來ナイト云フ思召デアリマスカドウカ、比點ヲ私ハ御伺ヲ申上ゲタイノデアリマス

更ニ内務大臣ニ私ハ御伺ヲ致シマスルガ、曩ニ大阪市ニ於キマシテ、御承知ノ「ゴー・ストップ」事件ト云フ、洵ニ忌ハシキ事件ガ突發ヲ致シタ、之ヲ契機ト致シマシテ或ハ福山市ニ於テ、或ハ青森市ニ於テ、若クハ東京市中ニ於テ、頻々トシテ此統帥權ノ干犯ニ對スル事件ガ起ッテ參ッタノデアリマス、私ハ嚴格ナル意味ニ於キマシテ、ソレガ統帥權ノ干犯デアッタカドウカト云フコトハ、今日此席上ニ於テ申上ゲルコトヲ差控ヘタイト存ジマスルガ、此忌ムベキ事件ガ終ニ發展ヲ致シテ、陸軍ト警察部トガ兩々意見ヲ對峙致シマシタ結果、遂ニハ裁判問題ニモナラントシテ居ル、幸ヒ各、其非ヲ悟ラレマシタ結果、事件ハ中途ニ於テ取下ゲラレタノデアリマス、是ハ國家ノ爲ニ私ハ甚ダ喜ブベキコト、考ヘテ居リマスルガ、アレ以來兎モスルト警官ト軍部ト申シマスカ、若クハ憲兵隊ト申シマスカ、反リノ合ハナイヤウナ、空氣ガ醸成サレテ居ル、現ニ東京ノ警視廳ニ於キマシテ新選組ナル、謂ハヾ決死隊ヲ御作リニナッテ居ル、其邊ニ棒ヲ下ゲテ立ッテ居ラレル警官ノ方ハ——何ノ必要ガアッテ新選組ナル、一ツノ任務ヲ與ヘラレタル警官ヲ御作リニナッタカ、私ハソコニ重大ナル疑義ヲ持ッテ居ルノデアリマスガ、更ニ翻テ考ヘテ見マスト、世相ハ頗ル險惡デアル、五・一五事件ノ當時、アノ陸海軍ノ公判廷ニ於テ、各、ノ被告ガ自己ノ行動ニ對シテ赤裸々ニ、而モ率直ニ告白ヲ致シ、此被告ノ告白ガ殆ド片言隻句殘ス所ナク天下ニ發表サレタ、サウシテ其辯護ノ任ニ當ラレマシタ辯護人諸君ガ、更ニ輪ヲ掛ケテ此事件ヲ天下ニ發表ヲ致シテ、國民ノ神經ヲ刺戟ヲ致シタ、私ハ其事柄ノ可否ニ對シテ彼此レ論議スルノデハナイケレドモ、此刺戟ニ依ッテ、爾來幾多ノ事件ガ頻々トシテ天下ニ現ハレテ參ッタヂヤアリマセヌカ（「ソンナコトハナイ」ト呼フ者アリ）例ヘバ神兵隊ノ事件ハドウデアリマスカ、若槻民政黨總裁モ上野ノ驛頭ニ於テ襲撃サレント致シタ、我黨ノ鈴木總裁モ危ク是等誤ッタル、所謂愛國團體ノ一部ト言ハレル人ノ爲ニ、暗殺ノ計畫ヲ受ケタト云フ、此事實ヲ私共ハ忘レルコトガ出來ナイ、斯ク考ヘテ參リマスト、今日ハ單ニ共産黨ヲ檢擧シテ、之ヲ彈壓スルダケガ、司法檢察官ノ唯一ノ途デヤナイト思フ（拍手）ソレト同時ニ何故此誤ッタル主張ヲ持ッテ居ル、而モ忠君愛國ノ看板ノ下ニ隱レテ、國家ノ政治機構ヲ變革セントシ、或ハ一擧ニシテ今日ノ議會制度ヲ覆ヘシ、我國ニ獨裁專制ノ政治ヲ布カントシテ居ル此一部ノ人達ニ對シテ、何故今少シ徹底的ニ彈壓ノ手段ヲ御考ヘニナラナイノデアルカ（拍手）私ハ是等ノ諸點ニ對シマシテ、司法大臣竝ニ内務大臣、更ニ陸軍大臣ノ御答辯ヲ要求致シタイノデアリマス（拍手）

（國務大臣小山松吉君登壇）

○國務大臣（小山松吉君）　久山君ノ御質疑ニ御答致シマス、第一ノ御尋ハ、極右團體ニ對シテノ取締及ビ檢擧ガ緩漫デアル、寧ロ檢擧ヲシナイノハドウ云フ譯ダト云フ御趣意ノヤウデアリマス、御話ノ極右團體ト云フノハ、ドウ云フ團體ヲ指シテ仰シャルノデアルカ、ソレハ能ク分リマセヌガ……（「分ルヂヤナイカ」ト呼フ者アリ）一寸御待チナサイ、御言葉ニ依リマスト……

（「何ガ分ラヌ」ト呼ヒ其他發言スル者多シ）

○議長（秋田清君）　靜肅ニ

○國務大臣（小山松吉君）（續）　御言葉ニ依リマスト、忠君愛國ノ看板ヲ掛ケテ居ルモノ、斯ウ云フノデアリマスカラ、或ル團體ヲ指シテ仰シャルノデアラウト思フノデアリマス、所ガ或ル團體ガ、皇室中心主義又ハ愛國主義ヲ標榜シテ、ソレヲ主義綱領ト致シテ居リマス場合ニ於テハ、之ヲ治安維持法ノ上デドウ云フ規定ヲスルカト云フコ

トハ、立法上困難デアリマス、詰リ其愛國團體ガ、表面ニ掲ゲテ居ルコト以外ニ或ル行爲ヲ致シマシタナラバ、ソレハ刑罰法規ニ依ッテ之ヲ處分スルコトガ出來ルノデアリマス、ソレカラモウ一ツ御留意願ヒタイノハ、愛國團體ガ愛國團體其モノ、名前デ、或ル兇暴行爲ヲシタト云フ場合ハ極メテ少イノデアリマス、多クハ或ル團體ノ二、三ガ一方カラ出ル、一方カラ又或ル者ガ出ル、サウシテ或ル犯罪團體ガ出來ルノデアリマス、其點ハ立法技術ノ上ニ於キマシテ、初カラ此看板ハ――標榜シテ居ルノハ嘘デアルト云フコトガ明瞭デアリマスルナラバ、ソレハ治安維持法ニ依リ處分スルコトハ出來ルノデアリマス、ソレカラ「昭和維新工作ノ要諦」トカ云フモノヲ御讀ミニナッタヤウデアリマスガ、斯ウ云フモノガ何處カラ出テ居ッタノデアルカト云フコトヲ明瞭ニ致シマセヌト、之ニ對シテ檢擧ヲスルト云フコトモ出來難イノデアリマス、尙ホ併シ斯ウ云フモノハ……（發言スル者アリ）一寸暫ク御待チヲ願ヒマス、斯ウ云フモノハ大分注意ヘシテ居リマス、現ニ斯ウ云フ文書ヲ私カニ拵ヘル人モ亦アルノデアリマス、是ハ惡イ事デアリマスガ、斯ウ云フ一種ノ「パンフレット」ヲ、拵ヘル人モ亦アルト云フコトヲ、ドウゾ御承知ヲ願ヒタイ、尙ホ其次ニ内務大臣ニ御尋ニナルコトノ後ニ、私ニ共産主義ノ檢擧バカリヲヤッテ居ルノハ、甚ダ宜シクナイト云フヤウナ御言葉デアリマシタガ、是ハ甚ダ迷惑ナ譯デアリマス、實ハ東京ノ若イ檢事ナドハ、或ル方面ニ於テ大分努力シテ居リマス、決シテ共産主義ノ――共産黨ノ檢擧バカリシテ居ルノデハナイノデアリマシテ、相當ニ他ノ方面ニモ檢擧ノ手ヲ仲バシテ居リマス、ソレダケ御答致シマス

（國務大臣男爵山本達雄君登壇）

○國務大臣（男爵山本達雄君） 只今御質問ノ内務ニ屬スルコトデアリマスガ、其第一ハ、一昨年ニ相成リマスカ、大阪ニ於テ「ゴー・ストップ」關係ヨリ、陸軍ト警察官ノ間ニ多少ノ衝突ガ起キマシテ、續キマシテ今御話ニナリマシタ如ク、彼方此方ニ於テ憂フベキ事情ガアッタノデゴザイマス、固ヨリ私等ハヒドク心配シテ、ドウカ圓滿ニ行クコトヲト欲シタノデアリマスガ、幸ニ致シマシテ、陸軍ト警察ノ間ニ圓滿ナル解決ガ整ヒマシテ、其後ニ至リマシテハ、此兩省ノ間ニ、圓滿ニ總テノ事ガ運行ヲ致シマシテ、却テ今日デ見マスト、雨降ッテ地固マルト云フヤウナコトデ、餘程前ヨリモ圓滑ニナッタト言ッテ、其邊ニ付テハ互ニ喜ンデ居ル程デアリマス、ソレカラ第二ノ、警視廳ニ於テ警備隊ヲ作リマシタコトハ、御承知ノ如ク此頃色々ナ團體ガ起キテ參リマシテ、此方ヲ取締ル必要ヲ感ジマシテ設立致シタル次第デゴザイマス（拍手）

（政府委員山岡重厚君登壇）

○政府委員（山岡重厚君） 只今ノ御尋ニ對シマシテ、軍ハ部外ノ行動ニ對シマシテハ、極力部内ノ者ヲ能ク指導致シマシテ、最善ノ努力ヲ拂ヒツヽアリマス（拍手）

○久山知之君 簡單デアリマスカラ自席カラ御許シヲ願ヒマス

○議長（秋田清君） 宜シウゴザイマス

○久山知之君 只今司法大臣カラ、極右團體ガ如何ナルモノデアルカ、自分ハ能ク知ラナイト云フ風ナ御答辯ガアッタ、私ハ實ニ驚入ッタ話デハナイカト思フ、私ハ極右團體ノ主張ヲ明確ニスル爲ニ、彼等ノ頒布致シタ「パンフレット」ノ文句ヲモ朗讀ヲ致シタ、隨テ機右團體ガ如何ナル主張ヲ有ッテ居ルカ、如何ナル計畫ヲ有ッテ居ルカト云フコトハ、是ダケ御聽ニナッタヾケデモ、御分リチヤナカラウカト思フ、サウ云フ認識ノ不足シタ司法大臣デハ、私ハ此重大ナル時期ニ當リ餘リニ心細イ、餘リニ賴ミ少イ大臣デアルト云フコトヲ申サナケレバナラヌ、アナタハ曾テハ部下カラ共産黨ノ判事ヲ御出シニナリ、廣大無邊ナル聖恩ニ依ッテ、一度陛下ニ捧呈サレタ辭表ヲ御下渡シニナッタト云フ、此恩命ニ對シマシテモ、今少シ眞面目ニ、今少シ御努力アランコトヲ、私ハ希望シテ已マナイ次第デアリマス、内務大臣ノ春風駘蕩タル御答辯ガアリマシタノニハ、私ハ此處デ重ネテ御尋申上ゲルノ勇氣ヲ實ハ有タナイノデアリマス、山岡軍務局長ノ簡單ニシテ明瞭ナル御答辯ニ對シテハ、私ハマダ色々御伺申上ゲタイ點モアルノデアリマスルガ、他ニ多數ノ同僚諸君ガ質問ヲ御殘シニナッテ居リマスル場合デアルカラ、何レ他日ノ機會ニ於テ其點ノ詳細ナル御尋ヲ致シタイト思ヒマス（拍手）

○議長（秋田清君） 松谷與二郎君

（松谷與二郎君登壇）

○松谷與二郎君 國體ノ變革ヲ目的トスルガ如キ共産黨ニ對シマシテハ、私ハ根本的ニ之ヲ絶滅シナケレバイカナイト云フコトハ、政府當路ト全ク所見ヲ同ジウスル所デアリマス、最近ノ司法省ノ統計ニ依リマスト、昭和三年カラ七年マデノ間ニ共産黨トシテ檢擧セラレタ所ノ者ハ、驚ク勿レ三万人、サウシテ之ヲ一年ニ割ッテ見ルト、毎年約六千人ノ共産黨員ガ檢擧セラレテ居ル次第デゴザイマス、之ヲ地域的ニ考ヘテ見マシテモ、内地ノ津々浦々ハ勿論、現ニ佐渡ノ如キ交通不便ニシテ、醇朴其モノデアルガ如ク考ヘラレテ居ッタ所ニスラモ、共産黨ガ根ヲ張ッテ、全島ヲ赤化シツヽアルト云フ情勢デアリマス、臺灣、樺太、朝鮮ハ勿論、滿洲ニ於テモ大連、旅順、撫順、奉天ト云フヤウニ、各地ニ赤化作用ガ行ハレテ居ル、又太平洋上ニ於キマシテモ、海上共産黨ナルモノガ組織セラレマシテ、桑港ト連絡ヲ取リマシテ、サウシテ日本、支那、及ビ東洋各國ノ赤化ノ連絡ヲ取リツヽアル、將ニ我國ノ共産黨ハ國際化サレテ居ルガ如キ情景ニ置カレテ居ル、之ヲ又階級的ニ見ルナラバ、勞働者、農民、小市民ハ勿論（「簡單簡單」ト呼フ者アリ）甚シキハ富豪名門マデモ此共産黨ニ入ッテ所謂資本家ト勞働者自身スラモ赤化セラレテ居ル、職業別ニ見ルナラバ、大學敎授、司法官、小學校敎員、

軍人、或ハ又華族、文士、俳優、醫師、有ユル職業ニ亙ッテ居ル、是程廣汎ニシテ、サウシテ地域的ニモ階級的ニモ職業的ニモ、共産黨ガ傳播セラレテ居ルト云フコトハ、各國ニ其例ヲ見ナイノデアリマス、無論歐米ニ於テモ、或ハ獨、佛ニ於テモ、共産黨ハ相當ニ根ヲ張ッテ居リマスガ、其範圍ト云フモノハ各、限局セラレテ居ッテ、我國ノ如ク斯ノ如キ廣範圍ニ亙ッテノ、所謂組織ナルモノヲ有タヌノデアリマス、ソコデ私ハ政府當局ニ御尋ヲシタイノハ、現在ノ如ク此治安維持法ヲ出サレルコトニ依ッテ、共産黨ヲ根本的ニ撲滅シ得ルヤ否ヤト云フコトヲ御考ニナッテ居ルカドウカト云フコトヲ御尋シタイ、共産黨ノ斯ノ如ク多數發タッ所ノ原因ヲ今一應再檢討セラル、御考ガナイノデアラウカ、是ハ皆様モ御承知デゴザイマセウガ、我國ニ於ケル所ノ共産黨ナルモノハ、一番最初ハ大正十年八月ニ「曉民共産黨事件ガ起リマシテ、檢擧セラレタモノガ十名、其後大正十二年三月ニ第一次共産黨ナルモノガ檢擧セラレテ、其時ノ檢擧數ハ二十三名、然ルニドウデゴザイマセウ、治安維持法ガ改正セラレマシテ、死刑ノ極刑ヲ科セラレルト、俄然其數ヲ增シマシテ、昭和三年ニハ二千七百三十一人ノ檢擧ヲ見、昭和四年ニハ三千五百十五人、昭和五年ニハ四千六百二十九人、昭和六年ニハ七千六百十一人、昭和七年ニハ一万二百五十三人、曉民共産黨、第一次共産黨時代ニハ共産黨ヲ組織シタダケデハ罪ニナラヌ、秘密結社ニ依ッテ處分セラレタ時分ニハ、僅ニ十名乃至二十三名、ソレガ一旦治安維持法ガ制定セラレテ刑ガ重ク、死刑ノ極刑マデ科セラレルニ至ッテ、俄然激增致シマシテ、此多數ヲ見ルニ至ッタコトハ、法律ハ如何ニ重クシテモ共産黨ハ撲滅ガ出來ヌト云フコトヲ、雄辯ニ物語ッテ居ルノヂヤナカラウカト云フコトヲ私ハ申上ゲタイ（「ノー〱」）私ハ斯ウ云フ考ヲ持ッテ居ル、決シテ此重イ罰ヲ科スルダケデハイケナイ、寧ロ之ヲ善導スル所ノ或ル機關ガ必要ナノデハナカラウカ、サウ云フ機關ガ果シテ政府ニ於テ設ケラレテ居ルノデゴザイマセウカ、私ハ未ダ寡聞ニシテ――政府ガ思想ニハ思想ヲ以テ對抗スルガ如キ立案ガナイト云フコトハ、政府自身ノ怠慢デハナカラウカト言ハザルヲ得ナイ

（拍手）

私ハ更ニ之ニ關聯シテ申上ゲタイノハ、彼ノ小林多喜二ノ問題デアリマス、――

――――

――――

――私ハ此處デ合法論者デアルト云フコトヲ一應申上ゲタイ、此小林多喜二ノ問題ノ如キハ、其母親ガ死體引取ニ行キマシテ――

――――

――――

（「天罰ダ」ト呼フ者アリ）諸君、私ハ天罰ナル言葉ハ或ハ最モ適當シテ居ルカ知レマセヌガ、其天罰其モノハ裁判所ニ於テ死刑ニ處スノガ眞ノ天罰ナリト私ハ心得テ居ル（拍手）近時警察ガ「ギャング」化サレマシテ（笑聲）有ユル暴行ガ警察ニ於テ行ハレル、私ハ實ニ此點ニ付キマシテハ深憂ニ堪ヘナイ次第デゴザイマシテ、昨年モ清瀨代議士カラシテ記錄ニ基イテ當席ニ於テ言ハレマシタガ、今少シク此警察ヲ改善スルノ御考ガナイノデアラウカ、御承知デモゴザイマセウガ、私ハ斯ノ如キ彈壓其モノガ一層共産黨ヲ增スノデハナカラウカ、玆ニ最モ明確ニシテ動カスコトノ出來ナイ一ツノ證據ヲ讀上ゲマス、ソレハ難波大助ノ調書デアリマシテ、難波大助ガ沼豫審判事ノ御取調ニ對シマシテ、「問、才前ハ共産主義ヲ奉ズルニ至ッタ動機ハ何カ」ト聞カレテ居ル、彼ハ答ヘテ曰ク、「答、夫レハ受驗生時代ニ新聞配達ヲシテ居リマシタガ、其時如何ニ貧乏人ノ生活ト云フモノガ慘メナモノデアルカト云フコトガ痛切ニ感ゼラレ、夫レカラ雜誌ヤ書物ヲ讀ミ、社會問題ノ講演會、勞働問題ノ演說會ニ行ッテ見ルト、如何ニ警官ガ横暴ヲ極メテ居ルカヲ見テ、無産者ガ如何ニ虐ゲラレテ居ルカト云フコトガ骨身ニ徹シタカラデス」ト、斯ウ言ッテ居ルデハゴザイマセヌカ、諸君、難波大助ヲ共産主義ニ追込ンダノハ――

沼豫審判事ノ取調ニ依ッテ極メテ明瞭デハゴザイマセヌカ、更ニ難波大助ハ大審院檢事事務取扱東京地方裁判所檢事正南谷知悌ノ取調ニ對シテ、斯ウ云フコトヲ言ッテ居ル、是ハ全文ハ讀ミマセヌガ、――

――煩ヲ避ケテ途中カラ讀ミマス、「――」、私ハ今迄種々ノ事件ニ依リ觀察シタ經驗ニヨリ、龜戸署ノ發表ヲ信ズルコトガ出來ナイノデアリマス、――之ハ專制ノ程度ヲ超エタ暴虐ノ所爲デアリマシテ、是等ガ今回ノ決行ノ動機ノ一部トナッタノデアリマス」斯ウ言ッテ居ル、畏クモ時ノ　皇太子殿下ニ對シテ、申上ゲルモ畏多イ所ノ行動ヲ取ッタト云フノハ――

――ソレデ自分ハ決行シタノデアルト云フコトヲ、彼自身ガ言ッテ居ルデハゴザイマセヌカ、今日多數ノ共産黨ガ出來タノハ――此處デ斷言シテモ憚ラヌト私ハ考ヘテ居ルノデアリマス（「ノー〱」ト呼ヒ發言スル者多シ）如何ニ諸君等ガ言ハレマシテモ、此調書自身ヲ否認スルコトガ出來ルデゴザイマセウカ（「サウ云フ煽動的ナ事ヲ言フカライケナイノダ」ト呼フ者アリ）此調書自身ガ何ヲ物語ッテ居ルノデゴザイマセウカ、是ハ少クトモ豫審判事ノ作ッタ調書デアリマス、私ハ政府當局ガ彈壓スルコトニ依ッテ、彼等ガ反撥スルモノデアルト思フ、彈壓ノ結果、彼等ガ地下ニ潛リ、其運動ト云フモノガ尖銳化スルノデアル、尖銳化シタ結果、更ニ彈壓スレバ彼等ノ信仰ナルモノガ深刻化スルノデハナカラウカ（「放任シテ置ケト言フノカ」ト呼フ者アリ）決シテサウデハアリマセヌ、私ハ斯ノ如キ者ニ對シテハ、唯彈壓ノミデハイケナイノデアル（「ソレナラ宜イ」ト呼フ者アリ）少ク

トモ現在ノ法律ニ基イテ、警官ガ裁判所ニ於テ正々堂々ト其罪ヲ糺シタラドンナモノデゴザイマセウ――一層イケヌノデハナカラウカト私ハ考ヘザルヲ得ナイ、御承知デモアリマセウガ、思想ハ餘リ彈壓スルコトニ因ッテ反撥性ヲ持ツト云フコトハ、宗教ガ我國ニ渡來シタ當時ニ於テ、餘リ彈壓シタ結果、遂ニ日本全國ニ瀰漫シタデハアリマセヌカ、耶蘇教然リ、又日蓮宗ノ如キモ、日蓮ニ非常ナ彈壓妨害ヲ加ヘタ爲ニ、日本ニアレダケノ發展ヲ見タノデハアリマセヌカ、私ハ斯ノ如キ場合ニ於テハ、宜シク彼等ヲシテ反省セシムルニハ、彈壓ノミデハイケナイ、寧ロ彈壓ニ代ルベキ所ノ檢事最近ノ行動ハ私ハ大ニ宜シカラウトモ考ヘテ居ル、私ハ彈壓ノミニ依ラズ、思想ハ宜シク思想ヲ以テ對抗スルヤウニ、今少シク大學ノ教授ノ如キモ再檢討スル必要ガアルノデハナカラウカ、此點ニ付キマシテ、當局ノ明確ナル御答辯ガ願ヒタイノデアリマス

更ニ私ガ御聽キシタイノハ、昭和三年四月ヨリ昭和八年三月マデノ五箇年間ニ、學生ノ起訴セラレタル者約三千五百名、其中デ官立學校ガ二千二百二十一人、公立學校ガ三百五十一人、私立學校ガ七百六十二人デアリマス、ソコデ私ハ政府當局及ビ文部大臣ニ御尋シタイノデアリマスガ、今マデ私ハ思想犯人ヲ出シテ居ル學校ハ、官立ヨリモ私立ガ多イト云フ概念ヲ有ッテ居ッタノデゴザイマスガ、愈〻此統計ニ依ッテ見マスト、ドウデアリマセウカ、是ガアベコベデ、官立公立ヲ併セテ私立學校ノ約四倍ニ達シテ居ル次第デゴザイマス、御承知デモゴザイマセウガ、官立學校ノ教育方針ト云フモノハ、大體ニ劃一主義、强制主義、干渉主義デアルノニ反シマシテ、私立學校ハ自由主義、放任主義、不干渉主義ノヤウニ大體概念トシテ心得テ居ルノデアリマス、諸君、果シテ然ラバ官立學校ノ劃一主義、强制主義、干渉主義ガ比較的左黨ノ學生――不穩思想ヲ有ッテ居ル學生ヲ多ク出スト云フノナラバ、政府ハ宜シク此學制改革ヲ行ッテ、今少シク官立學校ニモ自由主義、放任主義、不干渉主義ヲ採ルノ必要ガナカラウカ、最近私ノ手許ニ入ッタ所ノ書類ニ依リマスト、文部省ガ昨年ノ思想方針大改革ノ方針書ニ依リマスト、思想對策ニ關シマシテ、斯ウ云フコトガ書イテアリマス、第一トシマシテ、私立學校ニ對スル行政監督ノ强化ト云フコトガ載ッテ居ルノデアリマス、是ハ寧ロ官立學校監督强化ノ誤リデハナカラウカトサヘ思ハレル位デアル、寧ロ是ハアベコベデハナカラウカ(「ヒヤ〳〵」)四倍モ官立學校ガ多クノ思想犯人ヲ出シテ居ル、之ニ對シテ何等監督强化ガ叫バレテ居ラヌノニ拘ラズ、私立學校ニ對シテハ監督ヲ强化スル、斯ノ如キ極メテ明瞭ナル事自身ニスラ、何等ノ意ヲ用ヒラレナイ所ノ文部大臣ノ下ニ於テ、斯ノ如ク思想ノ惡化スルノハ是ハ當然ノ結果デハナカラウカ(拍手)更ニ私申上ゲタイノハ、此二千五百名ノ内デ、高等教育ヲ受ケタ學生ガ八百二十六人、中等教育ヲ受ケタ者ガ五百三十七人、初等教育ヲ受ケタ者ガ千百三十六人、諸君、此初等教育ヲ受ケタ者千百三十六人ニシテ、高等教育ヲ受ケタ者ガ八百二十六人デアルト云フナラバ、此數カラノミ計算ヲシテ行キマスナラバ、初等教育ヲ受ケタ者ガ多イノデゴザイマスケレドモ、初等教育ヲ受ケタ者千人ニ對シテ、高等教育ヲ受ケタ者ガ一人ノ比例トスレバ、結局高等教育ヲ受ケタ者ノ思想犯人八百人ニ對シテハ、初等教育ヲ受ケタ者一人ト云フ數字ガ出ルノデゴザイマス、茲デ私ノ申上ゲタイノハ、學校教育ヲ施スコトニ依ッテ、ヨリ一層左傾思想ヲ持ッテ居ルモノヲ出スト云フナラバ――現在ノ教育ヲ施スコトニ依ッテ一層左傾犯人ヲ出スト云フナラバ、ソレハ教育ノ方針ガ全ク間違ッテ居ルモノト言ハザルヲ得ナイ(拍手)私ハ此點ニ於キマシテ先程モ申上ゲタ如ク、思想ハ宜シク思想ヲ以テ對抗スベキモノデアッテ、文部當局ハ我ガ國情ニ即シタル所ノ經濟原理ヲ研究立論セラレマシテ、之ニ對抗スル所ノ御考ガナイト云フノデアラウカドウカ、若シ學理上「マルキシズム」ト對抗スルダケノ學理ヲ發見スルコトガ出來ナカッタナラバ、總テ現在ノ糜爛セル所ノ資本主義經濟ニ一大修正ヲ加フル考ヲ持ッテ居ラレナイカドウカ、我ガ國民同盟ハ經濟統制ヲ立論致シテ居リマスガ、此點ニ付キマシテ、政府ハ學理的ニ今少シク研究セラレマシテ、「マルキシズム」ニ對抗スルダケノ御考ガアッテ然ルベシダト考ヘテ居ル(拍手)此點ニ對スル政府ノ御所見ヲ伺ヒタイ

次ニ今一ツ私ハ申上ゲマスガ、先年ノ政府ノ思想對策協議會デ發表セラレタ所ニ依レバ、政府ハ現在ノ思想對策ト致シマシテ、人格教育ニ重キヲ置クコト、德育ノ重視、歴史教育ヲ重ンズルコト、色々ナ御題目ヲ並ベテ居ラレマスガ、人格教育ノ重視バカリデ、果シテ宜イノデアラウカ、德育ノ重視ハ勿論ノ事ト思ヒマスガ、其德育ヲ施スベキ所ノ小學校ノ教員ノ椅子ノ賣買ハ何事デゴザイマセウ、彼ノ校長ノ椅子ノ賣買ハ何事デゴザイマセウ、本屋ト結託ヲスル、斯ノ如キモノヲ、取締ラルヽコト自身ガ、却テ思想善導ノ所以デハナカラウカ、(拍手)

次ニ私ハ敢テ文部大臣ニ御尋ヲスル、文部大臣自身ハ、現ニ脫税問題デ新聞ニ十數万圓ノ脫税ヲセラレタト書カレテ居ル、又番町會ノ所謂財閥ト結託シテ、サウシテ疑獄ヲ捲起サレテ居ル、斯ウ云フコトヲ一掃スルコトニ依ッテ、却テ思想ガ善導セラレルノデハナカラウカ、私ハ少クトモ現在ノ濁レル政界ニ對シマシテ、今少シク文部大臣、內務大臣ニ於テ反省セラレテハ如何カト考ヘル(拍手)

次ニ私ハ長野縣ノ教員赤化問題ニ付テ一言申上ゲテ見タイ、昨年長野縣下ニ於テ、共產黨ノ外廓運動タル全協ノ一般使用人組合ノ教育勞働班ナルモノガ組織セラレテ、長

野縣ニ支部ヲ結成シタノデアリマス、其時ニ是等ノ人達ハ日本「アルプス」ニ秘密會ヲ以チマシテ、其結果全縣下ヲ六區ニ分ッテ、五十二校ニ對シテ「フラクション」ヲ設ケテ、「メンバー」ノ獲得ニ努メタノデゴザイマス、其結果女教員六名ヲ加ヘマシテ、六十八名ノ多數ノ赤化教員ヲ出シタノデアリマス、私ハ唯教員ガ赤化シタト云フダケナラバ、強ヒテ此處デ問題ニハ致サナイノデゴザイマスガ、一年有半ニ亙ッテ、是等ノ赤化教員ガ神ノ如キ純眞ナ兒童ニ對シマシテ、赤化思想ヲ植付ケマシテ、小サイ良心ヲ蝕ンダノデゴザイマス、如何ナル方法デ小サイ此良心ヲ蝕ンダカト申シマスルニ、是ニハ此教育班ノ本部カラ指令ヲ發シテ居ル、其指令ハ修身教科書使用ニ付テト云フ指令ノ下ニ、全協ノ教育分散班カラ出タノデアリマス、簡單ニ私ハ之ヲ一二項讀ンデ見マスガ、其指令ニ依ルト、斯ウ云フコトガ書イテアリマス、「各科ノ内容ヲ檢討スルニ、其儘吾々ニ於テ利スベキ點或ハ逆用スベキモノハ殆ド皆無デアル、蓋シソレハ極メテ當然ノコトデアラウ、吾々ノ教科書ニ對スル根本態度ハ、教科書絶對排擊デアル、實際ニ於テ教科書或ハ其各科内容ト離レテ吾々ハ積極的ニ働キ掛ケネバナラナイ、斯ル時ト雖モ敵ニ對スル不斷ノ用意トシテ、教科書ハ兒童ノ前ニ開カレテ置イテ宜カラウ」斯ウ云フ指令デアリマス、兒童ニ對シテ修身ノ教育ヲスル場合ニ於テハ、之ヲ利用シナケレバイケナイ、利用價値ハ餘リナイガ、極力之ヲ利用シナケレバイケナイ、ガ利用スルニ付テモ全然之ヲ顧ミナイ場合ニハ疑ヲ起スカラシテ、兒童ニ對スル教科書ハ敵ニ對スル用意トシテ、之ヲ机ノ上ニ置イテ置ケ、斯ウ云フ指令デアリマス、更ニ一般兒童ニハ恰モ其科全般ノ教授ヲ受ケタルガ如ク思ハシメルヤウニスベキデアルカラ、要ハ教科書ヲ使用シナイ、或ハ各科内容ト全然掛ケ離レテ話ヲスルト云フ疑問ヲ懷カセナイヤウニスル技術上ノ注意ヲ要スル、次ニ彼等ハ教科書ノ尊嚴態度ノ破壞デアル、教科書ノ尊嚴ト云フモノヲ認メテハイケナイカラシテ、之ヲ破壞スルヤウニ努メナケレバイケナイト言ッテ居ル、サウシテ教科書ニ對シテ如何ニ利用スベキカト云フコトニ付テ、彼等ハ論ジテ居ル、其中ノ一二ノ例ヲ擧ゲルナラバ、尋常一年ノ修身ノ教科書ノ忠義ト云フ題目ニ對シマシテ、彼等ハ斯ウ云フ指令ヲ發シテ居ル、「――」所謂愛國心、大和魂等ガ日本ノ重寶品ニアラザルコトヲ實例ヲ以テ示セ」ト云フ指令ヲ發シテ居ル、彼等ハ尋常一年ノ教科書ノ忠義ト云フ題目ノアル所ニ、「――」愛國心大和魂ト云フモノハ日本ノ重寶品ニアラザルコトヲ暴露セヨト云フコトヲ言ッテ居ル、サウシテ「――」ト云フコトニ付テ論ジテ、サウシテ小サイ所ノ神ノ如キ童心ヲ蝕ンデ居ルノデアリマス、更ニ驚クベキコトハ、尋常四年ノ教科書ニ　明治天皇ト云フ題目ガアルノデアリマス、其　明治天皇ト云フ題目ノ所ニ如何ナルコトヲ彼等ガ教ヘテ居ルカト云フナラバ、「――」（「何ヲ言フカ」「議長、御注意ヲ願ヒマス」其他發言スル者多シ）私ハ寔ニ恐多イコトデアルガ、日本ノ　天皇陛下　明治天皇ニ對シマシテ斯ノ如キ恐ルベキ思想ヲ植付テ居ッタトスルナラバ、諸君、一年半ノ間ト云フモノハ、斯ウ云フ教育ガ長野縣ニ於テ平氣デ行ハレテ居ッタト云フコトヲ御考ヲ願ヒタイ、一年半ノ間ト云フモノハ長野縣デ、　明治天皇ニ對シテ斯ノ如キ誹謗ノ教育ヲ公然ト行ヒツヽアッタコトハ、實ニ私ハ憂フベキ現象ダト考ヘザルヲ得ナイ、（拍手「議長々々」「質問デハナイ」ト呼フ者アリ）諸君、更ニ勉強ト云フ題目ニ於テ、何故金持ニナッタカ……

（「議長注意スベシ」其他發言スル者多シ）

○議長（秋田清君）　松谷君ニ一寸御注意致シマス、成ベク質疑ノ範圍ヲ脱シナイヤウニ簡單ニ……（「ヒヤ〳〵」）

○松谷與二郎君（續）　要スルニ一年半ト云フモノハ、斯ノ如キ恐ルベキ教育ヲ施シテ居ッタニ拘ラズ、文部大臣ハ此何万ト云フ兒童ニ對シテ、此恐ルベキ指令ヲ發シ、此恐ルベキ教育ヲ施シテ居ッタニ拘ラズ、全然之ヲ關知セラレナカッタコトハ、文部大臣ノ責任デハナイカト云フコトヲ私ハ御尋シタイ（拍手）諸君等ハ、先年小山司法大臣ガ、判事ノ中カラ赤化セラレタ共産黨員ヲ出シタト云フノデ彈劾ヲセラレテ、遂ニ小山司法大臣ハ辭職マデセラレタノデアリマス、私ハ此處デ諸君等ニ御尋ヲシタイノハ、成程小山司法大臣ハ……

（「ソンナ質問ガアルカ」「議長注意シナイカ」ト呼フ者アリ）

○議長（秋田清君）　松谷君――松谷君、質問ノ範圍ヲ脱シナイヤウニ、重ネテ注意シマス

○松谷與二郎君（續）　モウスグ濟ミマス……

（發言スル者多シ）

○議長（秋田清君）　靜肅ニ――靜肅ニ

○松谷與二郎君（續）　小山司法大臣ガ所謂赤化判事ヲ出サレタト云フコトハ、其判事自身ハ決シテ職務ノ上ニ於テ赤化行爲ヲ行ハナカッタ（「ノー〳〵」）然ルニモ拘ラズ、ドウデゴザイマセウ、此小學校教員ハ職務ノ上ニ完全ニ赤化作用ヲ行ウテ、サウシテ神ノ如キ童心ニ赤化思想ヲ植付ケタト云フナラバ、是ハ明ニ私ハ小山司法大臣ノ場合ヨリモ、一層文部大臣ノ方ガ責任ガ重クハナカラウカト言ハザルヲ得ナイ（拍手）然ルニモ拘ラズ、一言半句諸君等ハ此問題ニ對シテ追窮セラレナイノハ如何ナル理由デアラウカ（拍手）私共ハ斯ウ云フ點ハ姑ク措キマシテモ、斯ノ如キ赤化教員ヲ出シ、小サイ童心ヲ蝕ムノミナラズ、其小學校ノ生徒ノ答案ナルモノヲ見ルト、如何ニ赤化セラレタカト云フコトガ分ル、斯ウ云フ事ヲ書イテアル、永明小學校ノ尋常六年生ノ言フ所ニ依ルト、「――」（「宣傳ヲスルナ」「ソレガ質問カ」ト呼フ者アリ）斯ウ云フ恐シイ教育ヲ施シタ結果、斯ウ云フ

赤化ノ兒童ガ出タト云フコトヲ申上ゲルノデアル……（「質問ニ名ヲ藉リテ主義ノ宣傳ヲシテ居ル」「議長注意スベシ」「赤化宣傳ヂヤナイカ」其他發言スル者多シ）少クトモ私ハ衷心カラ國家ヲ思フ一念デ、玆ニ申述ベルト云フコトヲ申上ゲテ置ク（拍手）斯ノ如キ赤化教員ヲ出シタノハ、文部大臣ノ責任デアルト云フ、其責任ヲ糺彈シテ居ルノデアル……

（「餘計ナコトヲ言フナ」「委員會デヤレ」「議長注意シナイカ」其他發言スル者多シ）

○議長（秋田清君） 靜肅ニ――松谷君、質問ノ範圍ヲ出ナイヤウニ、重ネテ注意致シマス

○松谷與二郎君（續） 私ハ治安維持法ヲ改正セラレルニ方リマシテ、唯徒ニ法律ヲ以テ刑ヲ重クシテ、是ノミヲ以テハ彈壓ガ出來ナイ、斯ウ云フ小學校教員ニ對スル糺彈等ニ付テハ徹底的ニヤルノモ宜シイガ、其首班大臣ハ斯ノ如キ事ガアッタナラバ、宜シク辭任ヲスルト云フコトモ、私ハ赤化ノ防遏ノ一大手段デアルト云フコトヲ信ジテ疑ハナイノデアル（拍手）私ハ斯ウ云フ意味カラシテ、徒ニ法律ヲ重クスルバカリデハイケナイト云フコトヲ申上ゲテ、文部大臣ノ御答辯ガ承リタイ、私ハ尚ホ多數申上ゲタイコトモアリマスガ、此點ヲ申上ゲテ文部大臣、内務大臣、司法大臣、各大臣ノ御答辯ヲ要求シマス（拍手）

○議長（秋田清君） 此場合松谷君ニ御交渉致シマス、アナタノ只今ノ御演説ノ冒頭ノ部分ニ於テ、今日共産黨ノ發生ハ――斷定的ノ御言葉ガアッタヤウニ議長ハ承ッタノデアリマス（「ヒヤ〳〵」）是ハ確カナラズト考ヘマス（「ヒヤ〳〵」「取消セ」ト呼フ者アリ）全國警察官ノ名譽ノ爲ニモ、此場合アナタガ率直ニ御取消ニ相成ルコトヲ議長ハ希望致シマス

○松谷與二郎君 私ハ、私ノ意見ト云フヨリモ寧ロ難波大助ノ取調ニ於テ述ベテ居ルコトヲ引用シテ言ウタノミデアリマシテ……

（發言スル者多シ）

○議長（秋田清君） 靜肅ニ

○松谷與二郎君（續） 私自身ハ決シテ――ト言ッタ譯デハアリマセヌカラ、其點デ誤解ガアルナラバ潔ク取消シマス

（「詭辯ダ」「素直ニ取消セ」ト呼フ者アリ）

（國務大臣小山松吉君登壇）

○國務大臣（小山松吉君） 松谷君ノ御質疑ニ對シテ御答致シマス、松谷君ハ共産黨ノ蔓延スルノハ、刑罰ヲ重クシタノミデハ之ヲ防止スルコトガ出來ナイト云フ御趣意ノ御説明デゴザイマシタガ、私ガ治安維持法改正案ノ提案ノ理由ヲ述ベマスル際ニ、其事ハ申シテ居ルノデアリマス、是ハ教育其他ノ新ナル施設ヲ講ズルコトモ必要デアルガ、兎ニ角今ノ場合デハ法律ヲ改正シテ、刑罰ヲ以テ臨ムヨリ外ニハ方法ガナイト云フコトヲ申シテ居ルノデアリマスカラ、單ニ刑ヲ重クスルノミヲ以テ、共産主義者ノ絶滅ヲ期シ得ルトハ考ヘテ居ナイノデアリマス（「ヒヤ〳〵」）ソレカラ次ニ此種ノ犯罪者ニ對スル對策ハドウデアルカト云フ御言葉ガアリマシタガ、是モ司法部ト致シマシテハ、保護團體ニ對シテ相當ノ保護或ハ轉向ナドヲスル場合ニ於ケル、相談相手トナッテ居ル者ガアルノデアリマス、是ハ内務省關係ノ保護團體デモサウ云フコトニ努力シテ居リマス、或ハ刑務所ニ於テ、釋放者ニ對シテ刑務所ノ關係吏員ガ、相當ニ保護ヲシテ居ル場合モアルノデアリマス、今度ノ法案デハ、此點ニ於テ保護觀察ノ制度ヲ必要トシタ譯デアリマス、私ハ御答致シマスノハ是ダケデアルト思ヒマス、――ト云フコトニ付キマシテハ、私モ司法警察官ノ監督ノ立場ニ居リマスルカラ、申上ゲヨウト思ッタノデアリマスガ、御取消シニナリマシタカラ、其點ニ付テハ御答ハ致シマセヌ（拍手）

（政府委員東郷實君登壇）

○政府委員（東郷實君） 文部大臣ハ豫算總會ヘ行ッテ居リマスカラ（「文部大臣ハ來テ居ルヨ」ト呼フ者アリ）ソレデハ私カラ代ッテ御答致シマス、思想犯學生ハ私立ヨリモ官公立ニ多イノダガ、是ハ現在ノ官公立學校ガ劃一主義デアル、干渉主義デアル、斯ウ思ヘハナイカ、隨テ之ヲ改メル意思ハナイカト云フノガ第一ノ御尋デアッタト思ヒマス、私ハ今此處ニハッキリシタ統計ヲ持チマセヌカラ、數字的ニハ申上ゲ兼ネマスルケレドモ、最近ニ於テハ官立公立ノ學生々徒ノ方ガ多イヤウニ記憶致シテ居リマス、從來ハ私立ノ大學等ガ比較的多カッタノデアリマス、是等ハ學校ノ教育ノ方針其モノガ原因ヲシテ居ルト云フヨリハ、寧ロ外カラ働キ掛ケル其分量ニ依ッテ影響シテ居ルヤウニ思ハルヽノデアリマス、即チ從來私立學校ニ働キ掛ケテ居ッタモノガ、今日主トシテ官立乃至公立ノ學校ニ働キ掛ケテ來タ、隨テ其處ニサウ云ッタヤウナ事犯ヲ多ク官公立ニ於テ出スンデアルト、斯ウ私ハ解釋スルノガ實際ノ現狀デアルト存ジマス、ソレカラ第二ノ御尋ハ、學校ガ上ノ方ニナレバナル程思想ニ關スル犯罪ノ率ガ多イト云フ御話デアリマシタガ、是モ大體ニ於テ御説ノ通リデアリマス、是ハ學問ガ進ミ、思想ガ進ンデ行ッタ關係カラ、比較的學問ノ低イ者ヨリモ、斯ウ云フ思想ニカブレル者ガ多イ結果デアルト考ヘマス、隨テ其處ニ一ツノ救濟ノ策ヲ講ジナケレバナラヌノデゴザイマスガ、學校ガ進メバ、教育ガ進メバ、斯ウ云フ犯罪ガ多イカラト云ッテ、ドウモ國民ヲ無學ニスル譯ニハ行カナイト思ヒマス、隨テ其處ニ弊害ガアルナラバ、其弊害ヲ除却スルコトガ當面ノ對策デナクテハナリマセヌ、詰リ之ヲ考ヘレバ、今日或ハ外來ノ思

想、學問等ニ禍サレテ、國家觀念或ハ日本精神ノ認識ガ薄ライデ來タト云ッタヤウナコトガ一ツノ原因ヲ成シテ居ルモノト存ジマスカラ、各學校ニ於テ斯ウ云ッタヤウナ方面ノ訓練ヲ徹底的ニヤル、學問ナドニ於テモサウ云フ方面ニ力ヲ盡スト云フコトガ必要デアリマスカラ、サウ云フ方針デ進メテ居リマス、モウ一ツハ、一昨年ノ八月ニ新設シマシタ國民精神文化研究所ニ於キマシテ、サウ云フ根本ノ對策ヲ研究シ、之ヲ普及シテ、以テ是等ノ弊害ヲ除却スルコトニ努メテ居ル次第デアリマスカラ、左樣御承知ヲ願ヒマス、ソレカラ長野縣ニ於ケル小學校教員ノ赤化事件デアリマスガ、是ハ申上ゲル迄モナク、洵ニ國家ノ一ツノ不祥事ダト存ジマス、是等ハ文部當局トシテモ、無論恐縮シテ居ル譯デスガ、併ナガラ之ニ對シマシテハ、色々ノ點ニ付テ既ニ善後策ヲ講ジ、縣當局ニ於テモ、再ビ斯ノ如キ事ノナイヤウニ努力致シテ居リマスルシ、又學校ニ於キマシテモ、兒童ニ對スル矯正教育ヲ行ッテ居リ、共結果ガ頗ル有效ニ現ハレテ來テ居ル今日デアリマスルカラ、益々斯ウ云フ點ニ力ヲ盡シテ、將來斯ノ如キ事ノ再ビ出ナイヤウニ努力スル積リデ居リマス、共外ハ私ハ答辯スルコトガナイト思ヒマスカラ、是デ失禮シマス(拍手)

〇**松谷與二郎君**　簡單デアリマスカラ、自席カラ發言ノ御許シヲ願ヒタウゴザイマス

〇**議長(秋田淸君)**　許シマス

〇**松谷與二郎君**　先程小山司法大臣ノ御答辯ニ對シテ、不滿足ナ點ガ多々アリマス、――ヲ剌戟シタ云云ニ付テハ、取消シタト言ハレマスケレドモ、私ハ共取消ハ私ガ斷定的ニサウデアルト言ッタト云フ取消ノ意味ニ非ズシテ、私ハサウ云フ思想、詰リ――共產黨ヲ多數輩出シタト云フコトヲ認メラル丶カドウカト云フコトヲ御尋シテ居ルノデアリマス、現ニ私ハ難波大助ノ記錄ヲ讀ンダ、當時小山司法大臣ハ共時ノ係檢事デアラセラレタ、隨テ記錄全部ヲ御讀ニナリ、今尙ホ御記憶ニマザマザトシタ所ガアルダラウト考ヘマス、共難波大助ガ――私ヲシテ共產主義者タラシメタ(「共產黨ノ宣傳ヲスルナ」ト呼フ者アリ)ソレカラ又アノ叛逆ヲ行フタノハ――共原因ノ一ヲ成シテ居ルト現ニ述ベテ居ルノデアリマス(「ソレガイカヌノダ」ト呼フ者アリ)サウ云フコトガ少クトモ思想惡化ノ原因ヲ爲スノヂヤナカラウカ、現在ニ於ケル所ノ警察ノ取扱ガ斯ノ如ク一年ニ六千人、五年間ニ三万人ト云フ多數ノ共產黨員ヲ生ンダト云フコトハ、ソレモ重大ナル原因ノ一ツデアルンヂヤナカラウカ、共點ニ付テ政府當局、司法大臣、內務大臣ノ御意見如何ト云フコトヲ御尋シタノデアリマス、私ノ御尋ハ、是ハ申上ゲタコトハ質問デアリマスカラシテ、質問ヲ取消シタ譯ヂヤゴザイマセヌカラシテ、誤解ノナイヤウニ願ッテ置キマス

(國務大臣男爵山本達雄君登壇)

〇**國務大臣(男爵山本達雄君)**　御答ヲ致シマス、今御質問デト云フコトデアリマスガ、警視廳ニ於キマシテハ共產黨ヲ初トシテ、國家ヲ害スルヤウナル處置ニ付テハ、十分ナル力ヲ費ヤシテ今日努力シテ居ル次第デゴザイマス、併シ御言葉ノ中デ何カ――此犯人ガ多クナッテ來タ、共――ノ下ニ殖エルト云フコトデゴザイマスルガ、ソレハ決シテ無イト確信ヲシテ居リマス、此頃ノ如ク、實ニ共產黨ニ付テ、之ニ進ム者ハ隨分多イノデアリマスルカラシテ、警察デソレヲ捕ヘマシテ行ク間ニ、又大ニ轉向ヲスル者モ相當アルノデゴザイマシテ、內務ニ於キマシテハ――ノ爲ニ殖エルト云フコトハ、少シモ考ヘテ居リマセヌ、又無イモノト確信シテ居リマス(拍手)

〇**議長(秋田淸君)**　此際一言致シマス、松谷君ノ只今ノ質疑演說ノ末段ニ於キマシテ、長野縣ニ於ケル教員赤化事件ニ言及セラレ、共產黨本部ヨリノ指令及ビ其他ニ關シテ何カ文書樣ノモノヲ御朗讀ニナリマシタガ、共中ニハ共筋ノ發行禁止、又發賣禁止ニ觸レテ居ル事項ガアッタヤニ承ルノデアリマス、若シ取調ノ結果左樣ノモノガアリマシタナラバ、速記錄ヨリ之ヲ削除スルコトニ致シマス、是ハ御諒承ヲ乞ウテ置キマス

(拍手起ル)

〇**議長(秋田淸君)**　龜井貫一郞君

〇**龜井貫一郞君**　二三用語其他ニ付キマシテ政府ニ御質シヲ致シマス爲ニ、自席ヨリ發言ヲ許シテ戴キタイト思ヒマス、然ル後質疑ノ續行ヲ御許シアランコトヲ望ミマス

〇**議長(秋田淸君)**　自席ノ御發言ハ簡單デアリマスカ

〇**龜井貫一郞君**　簡單デアリマス

〇**議長(秋田淸君)**　極メテ簡單ト云フ條件ノ下ニ許シマス

〇**龜井貫一郞君**　司法大臣ニ御尋ヲ致シテ置キマス、本議場ニ於テ安藤議員、或ハ小川議員カラ、資本主義修正ナル御言葉ガアリ、之ニ對シテ何等御諒辨ノ上デ應答ガ繼

續セラレマシタガ、資本主義修正ト、特ニ所有權ノ關係ニ付テ、一言明確ナル御答案ヲ御伺シテ置キマス、陸軍ノ政府委員ニ對シマシテハ、本治安維持法ガ考ヘルガ如ク政治犯ハ増加シマス、將來軍部ニ共産黨事件ノ起ルガ如キ不祥ナルコトハ考ヘマセヌガ、私有財産ノ問題ガゴザイマスルカラ、之ニ關スルコトハアリ得マス、陸軍大臣ハ陸軍部内ノ檢察官ノ統督ニ當ラレマスル關係上、憲法六十條特別裁判所ノ意味ニ顧ミテ、特ニ軍紀軍律ニ關スル點ニ重點ヲ置カレテ居ル點ニ鑑ミ、將來例ヘバ五・一五事件ノ如キ同一政治事犯ニ對シテハ、檢察權ノ行使ニ關シ、他ノ檢察官廳ヲ統督セラレル司法大臣或ハ總理大臣ト十分御合議ノ上、司法裁判所ノ判決デハゴザイマセヌ、裁判所ノ職務遂行、檢察權ノ行使等、大臣監督權ノ範圍ニ關シテ十分ナル御打合セヲ遂ゲラレテ、輔弼ノ責任ヲ全ウセラレルノ御意思デアルヤ否ヤ、是ガ第一、其次ハ五・一五事件陸軍公判ニ於キマシテ、陸軍特別辯護人タル士官學校ノ教官ノ辯護辯論ノ中ニ、動モスレバ國防豫算ニ對スル議會ノ協賛權ヲ排撃セントスルガ如キ言論ガゴザイマシタガ之ニ對シ部內統督上戒告致シタリヤ、或ハ部內ノ檢察官タル檢事ヲシテ裁判論告ニ於テ之ヲ訂正セシメタルノ事實アリヤ、是ダケ御伺致シテ置キマス

○議長（秋田淸君） 政府ハ何カ御答ニナリマスカ――司法大臣小山松吉君

（國務大臣小山松吉君登壇）

○國務大臣（小山松吉君） 龜井君ノ御質疑ニ御答ヲ致シマス、第一ノ御尋ハ、資本主義修正ト云フコトデアリマスガ、此資本主義修正ト云フコトハ、私ニハドウ云フ御趣意デアルカ諒解シ兼ネルノデアリマス、共內容ヲ承ッタ上デ、是ハ御答ヲ致シタイト思フノデアリマス、第二ノ點ハ、檢察當局ト致シマシテハ、此事件ノ御尋ノ、五・一五事件ノ初ニ當ッテ打合セヲ相當ニシタノデアリマス、是ハ司法大臣ト致シマシテ、軍法會議ノ裁判ヲスルコトニ關シマシテハ、何等ノ之ニ關シテ喙ヲ容レル權限ハ持ッテ居ナイ譯デアリマス、法規ノ上デ出來ルダケノ打合セヲ檢察當局ガ致シテ居ルト云フコトハ承ッテ居リマス、甚ダ失禮デスガ、第三ノハ一寸聽落シマシタガ、第三ノ御尋ハドウ云フコトデアッタノデセウカ

○龜井貫一郞君 陸軍デス

○國務大臣（小山松吉君） ア、サウデスカ、ソレデハ……

（政府委員山岡重厚君登壇）

○政府委員（山岡重厚君） 龜井君ノ御尋ニ對シマシテ御答ヲ致シマス、第一ノ御尋ハ、軍ニ起リマシタ事柄モ、將來司法官憲ト能ク協調ヲシテ行クヤウニト云フ御尋デアッタヤウニ思ヒマスガ、是ハ今マデモ協調ノ出來ル範圍ニハヤッテ居リマス、併シ軍ノ盛衰ハ、軍紀ノ振張弛緩ニ關リマスノデ、軍紀ノ維持、卽チ指揮權ノ不羈獨立ト云フコトカラ考ヘマシテ、指揮權ヲ有スルモノガ軍紀維持ヲスルト云フ必要ガゴザイマスノデ、之ヲ全部ヲ協定ニスル譯ニハ行カヌノデゴザイマス、此點ハ御斷リシテ置キマス、第二ニハ國防豫算ニ對スル五・一五事件ノ被告ガ辯護人ニ對シテ彼此レ言ウタト云フヤウナ事デアリマシタガ、ソレハドウ云フコトデゴザイマセウカ

（「違フ〱」ト呼フ者アリ）

○龜井貫一郞君 辯護人ニ付テヾス

○政府委員（山岡重厚君） 辯護人ニ付テドウ云フ事デス

○議長（秋田淸君） 私語ヲシテハイケマセヌ――私語ヲシテハイケマセヌ

○政府委員（山岡重厚君） モウ一度言ッテ戴キタウゴザイマス

○龜井貫一郞君 今言ヒマシタ、御解リニナラナケレバ後デ申上ゲマス

○政府委員（山岡重厚君） 能クモウ一度御願致シマス

○議長（秋田淸君） 直接私語ハイケマセヌ

（龜井貫一郞君登壇）

○龜井貫一郞君 提案ヲ致サレマシタ治安維持法改正法律案ニ付テ若干ノ質疑ヲ致シマス、御承知ノ如ク治安維持法ノ問題ハ五十議會、五十五議會、五十六議會ニ、衆議院ニ於キマシテ當時ノ衆議院議員諸君カラ十分質疑ガアリ應答アッタコトデゴザイマシタノミナラズ、法律問題ニ付キマシテハ小林議員カラ既ニ色々ノ御尋ガゴザイマシタノデ、私ハ政治常識上ヨリ見テ、若干ノ御質問ヲ致シタイト思フノデアリマス、御答辯ノ御都合ノ爲ニ要綱ダケヲ申上ゲマスルト、第一ハ本案ニ云フガ如キ政治事犯ニ關シマシテ只今御答辯モゴザイマシタケレドモ、將來ニ方リマシテハ更ニ檢察行政ノ統一ヲモウ少シ強調サレルノ必要ガアリハシナイカ、例ヘバ共産黨ノ檢擧ニ當リマシテ、憲兵及ビ警察ガソレ〱功ヲ競ヒマシテ、檢擧ノ功ヲ逸シタル事實モ是アルヤニ拜聞致シテ居ルノデアリマス、ソレガ第一デアリマス、第二ハ先程小林議員ノ御質問ノ意味ト重リマスガ、第八條以下十一條マデノ三箇條ヲ寧ロ御削除ニナル意思ハナイカ、法

律的ノ問題ニ付キマシテハ小林議員カラ御話ガゴザイマシタガ、私ハ政治的影響ノ意味デアリマス、ソレヲ御答願ヒタイ要旨ハ、第一ニハ無用デアルカ或ハ有害デアルト考ヘルガ如何、第二ハ一體無理ダト考ヘテ居リマスガ如何ト云フコトデス、私有財産制度否認ノ問題ト、國體ノ問題ト、之ヲ一ツノ法律ノ中ニ定メテ居ラッシャルコトガ元來無理ヂャナイカ、第三ニハ是モ小林議員ガ言及サレマシタガ、第三條ノ目的ヲ達シマスル爲ニハ――苟モ國體變革ノ運動ニ對シマシテ、之ヲ嚴重ニ取締ルベキコトハ、單ニ思想ハ思想ヲ以テ取締ルト云フ程度ノコトデハ行カヌコトハ、明瞭デアリマスルガ、サウ云フ國體變革ノ重大問題ヲ將來ニ豫防スル爲ニハ、其爲ニハ却テ第八條ノ規定ガ邪魔ニナルノデハナイカデアリマス、却ッテ第三條ノ目的ニ惡影響ヲ及ボスノデハナイカ、第四ハ只今ノ社會情勢ノ動向カラ見テヾアリマス、只今司法大臣カラ私有財産制度ノ否認ト云フ言葉ハ、大審院ノ判例ニ於テ明カデアルト云フ御答デアリマシタ、成程此點ハ裁判所ニ行ケバ明カニナルデアリマセウ、ダガ實際ノ運用ニ當リ、檢察當局ノ判斷ニ於テ程度ガ甚ダ曖昧ナノデアリマス、ソコデ社會情勢ノ動向ガ今日ノ日本ノ打開、日本ノ更生ノ姿ヲ打出スベキ傾向ハドウデアリマセウ、或ハ政友會ニ於カレテ安藤議員ガ資本主義ノ修正ト叫バレタ、民政黨ノ小川議員モサウ言ハレル、國民同盟デハ統制經濟ト呼バレル、其動向ハ其處ニアルノデハナイカ、其處ニアリトスレバ其動向ニ寧ロ矛盾シタコトニナリマス、ソコデ第八條カラ第十一條マデヲ削除スル御意思ニハナラレナイカ、之ヲ御答辯願ヒタイト云フノデアリマス、

其次ハ先程小林議員カラモ言及サレマシタガ、私ハ他ノ意味ニ於テ一寸申上ゲマス、第十四條以下ノ所謂檢事ノ勾引ノ問題デアリマス、豫審判事ニアラズシテ檢事ガ勾引シ得ルヤウニナッタ點ニ付テ御尋ネ致シマス、其次ハ豫防拘禁ノ問題デアリマス、其次ハ受刑終了者、釋放者ニ對スル只今ノ御施設ハアレデ十分デアルカドウカ、私共ハ十分デナイト考ヘマス、議長ニ御願ヒ致シマスガ、若シ豫算委員會ノ御都合ガ付キマスレバ總理大臣ニ御出席ノ上御答ヲ願ヒタイノデゴザイマスガ、小山司法大臣カラデモ已ヲ得マセヌ、曾テ昭和三年四月十日三・一五事件ノ新聞記事ノ解禁ニ當リマシテ、小山司法大臣ハ、單ニ取締ノミデハイケナイ、刑罰ヲ重クスルト云フコトハ、是ハ固ヨリデアリマスガ、社會制度ニ共産黨ニ乘ゼラレル缺陷ガアル、之ヲドウカシナケレバ、飯ノ上ノ蠅ヲ逐フヤウナモノダト云フコトヲ檢事總長トシテ御發表ニナッテ居リマス、此檢事總長ガ今日臺閣ニ列シテ居ラレル、林陸軍大臣ハ豫算總會ニ於テ八田宗吉君ノ御質問ニ對シテ、今日陸海軍ノ軍人ハ色々ノ刺戟ヲ受ケテ居ル、日清、日露戰爭時代トハ違フ、共産黨事件ノ如キ國體ノ變革ヲ圖ル運動等ハ日清、日露戰爭時代ニハナカッタ、ソレ故ニ軍紀ニ付テ軍ノ方ハ取締ヲスル、軍ノ方ハ取締ハスルケレドモ、サウ云フ枝葉末節ヲヤルダケデナク、アナタ方モ今日ノ情勢ニ於テハ十分朗カナ社會ノ打開ニ向ッテ――ト云フ意味デゴザイマセウ、一寸速記ヲ持ッテ居リマセヌガ、御努力願ヒタイト結ンデ居ラレル、之ニ對シテモ後ニ陸軍當局カラ御答ヲ願ヒタイト存ジマス、要スルニ社會改造ヲ必要トスルノダ、此點實ハ總理大臣ニ御尋シタイノデアリマスガ、御出席ガナイトスレバ長老ノ故ヲ以チマシテ、內務大臣デモ結構デアリマス、眞ニ治安ヲ維持スベキ社會改造ノ方策ハ何等政府ニ施設ガ無イチヤナイカ、アルノカ、無イノカ、ヤルノカ、ヤラナイノカ、ヤレナイノカ、ヤラヌノカ、事志ト違フノカ、志事ト違フノカ、其處ヲハッキリ伺ヒタイト思ヒマス、第一ノ問題ハ先程大體御答辯ガゴザイマシタガ、私ハ成ベク本議事ヲ睽離ニ進行致スル意味ニ於キマシテ、強ヒテ深入ハ致シマセヌ、デハゴザイマスガ、司法大臣ハ御承知ノ通リ檢察官ノ指揮命令權ヲ有ッテ居ラレ、尚ホ憲法第六十條、軍法會議法等特別裁判ノ規定ニ基ク裁判ニ陸海軍大臣ハ部內ノ檢察官ニノ指揮命令權ヲ持ッテ居ラレマス、斯ル三ツノ檢察權ガ同一事犯ニ對シテ將來發動シ得ベキコトハ、五・一五事件ノ事例ニ徵シテモ敢テ無シトハ保シ難イノデアル、之ニ關シ先程協調ヲ保ツト云フ御話デゴザイマシタガ、大臣ガ持タレル所ノ檢察行政ノ指揮命令權ノ範圍ニ於キマシテモ、裁判所職務遂行上ノ監督權ノ範圍ニ付キマシテモ、軍部大臣司法大臣ガ眞ニ協調ヲ遂ゲラレテ、五・一五事件ノ公判ガ巧ニ竝行シテ行クヤウナ御配慮ガ足リナイ、其點ニ付テ檢察行政ノ統一ト云フコトニ於キマシテ私ハ少クトモ輔弼ノ責任ニ於テ缺クルコトナキヤヲ憂フルノデアリマス、更ニ私共ガ此事ヲ憂ヒマスル一ツノ理由ハ、海軍ノ公判論告ニ於キマシテ、海軍檢察官、海軍大臣指揮ノ下ニ在ル所ノ檢察官ガ、記事解禁ニナッテ居リマセヌカラ吾々

ハ何ダカ知ラナイ所ノ三月事件トカ、十月事件ト云フコトヲ言ッテ居ラレル、是ハ國民ハマダ何ダカヲ知ラナイ、又只今モ久山議員ガ御言及ニナリマシタ某政黨首領ニ對スル昨年末ノ事件ノ如キモ、國民未ダ之ヲ知ラナイ、道途傳フル所ニ依レバ、共ニ矢張軍人軍屬關係ノコトデアル、斯樣ナコトガアル、之等モ司法大臣ノ檢察權ト、陸海軍大臣所屬ノ檢察權トノ統一ガ取レテ居ナイ結果ガ、未ダニ記事解禁ニ至ル程度ニ達セザルノデハナイカト、世人之ヲ惑フノデアリマス、此點ニ付キマシテ十分御努力ヲ願ヒタイト同時ニ、此點ノ御答辯ヲ願ヒタイ、尙ホ特別裁判ニ軍律ヲ强調セラル、陸軍ノ御答辯ハ御尤ノコトデアリマス、デハアリマスルガ、同一政治犯ガ民間ト軍人軍屬ニ亘ルコトハ從來ノ軍法會議法、或ハ裁判所構成法等ニ於テハ豫想サレテ居ラナカッタノデゴザリマスカラ、將來斯ル法規ニ付キマシテ、今少シ連絡ノ取レルヤウナ法律改正ノ御意思ハナイカ、ソレガ第一點デアリマス

第八條以下第十一條、卽チ私有財產制度否認ニ關スル處罰規定ヲ本法ヨリ取除カレル方ガ宜イデハナイカ、私有財產制度ト云フコトハ御承知ノ通リ非常ニ誤解ガゴザイマシテ、憲法二十七條ノ所有權トノ關聯ニ於キマシテモ、從來ノ本院ノ質疑ニ於テスラ甚ダ明瞭ニナッテ居ラヌノデアリマス、大審院ノ判決ガ私有財產制度ノ根本的否認ト云フ言葉ヲ使ヒ單一不可分ノ觀念デアルト非常ニ明瞭ニ觀念的ニハ見エマスガ、ソレト所有權ノ問題ハ一體ドウナルノカ、甚ダ不明瞭ナノデアリマス、是ハ政府委員ノ議會答辯ノ從來ノ例デモ分ッテ居リマス當時ノ若槻總理大臣ハ、現行財產制度ノ根本的否認ダ、財產制度ノコトデスト言ッテ、言葉ヲ濁シテ居ラレル、更ニ當時ノ山岡政府委員ニ至リマシテハ、法律家ニ似合ハズ議會ノ御答辯ニ於テ、私有財產制度、所有權ノ制度ヲ破壞スルコトハ許サレナイカラデアリマスト言ッテ一口ニ言ッテ居ラレル、私有財產制度ノ否認ハ所有權ノ否認ト同ジラシクモアルシ、違フラシクモアル、ソコハ甚ダ不明瞭ナ御答辯ヲシテ居ルノデアリマス、是ハ甚ダ困ル、此私有財產制度ノ問題ニ付キマシテハ、既ニ五十議會ニ於ケル清瀨、星島、兩氏カラ詳シク述ベラレタ速記錄ガアルノデゴザリマスルカラ略シマスガ、第一私共ハ、國體ノ變革ト私有財產制度ノ否認ヲ一緒ニシテ置クコトハ無理ヂヤナイカト思ヒマス、私共ハ能ク法律ヲ知リマセヌ、知ラナイケレドモ政治常識上少クトモ本議院ニ議席ヲ有スル者トシテノ政治通念カラ考ヘテモ無理ヂヤナイカ、第一コンナコトハ司法大臣ニ申上ゲル必要ハナイコトナノデアル、數千年ヲ貫ク吾々ノ國體、ソレノ尊嚴ト、私有財產制度ノ歷史的價値ハ一體提燈ニ釣鐘ドコロデハナイ(拍手)片一方ハ率直簡明ニ言ヘバ是ハ舶來物デアル、私有財產制度ソレ自身ノ觀念ガ歐羅巴ニ於テスラ變遷シテ居ルモノデアル、御承知ノ通リ「カトリック」敎時代ニハ、私有財產制度ハ認メラレテ居ラナイ、神樣カラ「トラスト」サレタ託サレタモノデアリ、之ヲ人ガ管理シテ居ルモノデアル、管理權デアル、ソレガ資本主義、個人主義制度ノ發展ト共ニ、歐米ニ私有財產制度ナルモノ、社會體系ガ出來上ッタ、ソレヲ日本ガ封建時代カラ商工立國ニ移リマシタ時ニ、商工業ニ發展スル必要ノ餘リニソレヲ採入レタカラ、私有財產制度ト云フモノヲ社會體制トシテ取入ルヽニ至ッタ、吾々ヲシテ言ハシムルナラバ之ハ外國デモ變ル所ノモノデアル、ソレヲ日本ガ借入レテ來テ居ル、言ハヾ借入レ物デアルト私ハ斷言シテ憚ラナイ、此二ツノ歷史的價値ハ違フ、之ヲ同一ニ規定スルノハ意味ガナイ、其證據ハアル、第三條ト第八條ノ問題ガ立法ノ沿革ガ段々違ッテ來テ居ル、是ハモウ共處ニ無理ガアルカラダト推察セザルヲ得ナイ、本案ガ何時ノ議會デアリマシタカ、若槻內閣ノ時デアリマシタカ、其時ノ案文ハ此二ツヲ項ヲ分ケズシテ、國體ノ變革私有財產制度ノ否認ト云フコトガ書イテアル、所ガ、御承知ノ通リ五十六議會ニ於キマシテノ提案デハ、第一條ニ一項、二項トヲ分ケマシテ、一項ガ國體ノ變革、二項ガ私有財產制度トナリマシタ所ガ、今度ハ愈、第三條ト第八條ニ分レテ來タ、一體現內閣ハ非常時內閣デアル、サウナラバ、初ハクッ付イテ、後デ分レタ、此處マデ來タナラバモウ共處ニ根本的ナ無理ガアルコトガ御分リデアル以上、此處等デ一ツハッキリ別ニ御決メニナルコトガ本當ノ非常時內閣デハナイカト私ハ思フノデアリマス、政府ノ說明デスラ無理ノアルコトハ分ッテ居リマス、初メ若槻總理大臣ハ何ト議會ノ委員會デ御答ニナッテ居ラレルカ、國體ノ變革トハ、無政府主義運動ヲ取締ルノデアル、私有財產制度ハ共產主義ヲ取締ルコトデアルト云フ御答辯デアル、所ガ其次ノ議會ニ至リマシテ、原國務大臣ノ御答辯ハ、是ハ內ケ崎委員ニ對スル御答辯ダト思ヒマスガ、是ハ一項ト二項ハ大體ノ場合ニ於テ關聯シテ居ル、サ

ウシテ重キニ從ッテ處斷ヲシテ居ル有樣デアルト云ッテ居ラレル、是ハ當リ前デアル、共產主義運動ト云フモノハ、資本主義私有財產制度ノ否認ト共ニ、同時ニ國體ノ變革ト云フコトガ含マレテ居ル、之ノ含マレテ居ナイ共產主義運動ト云フモノハナイ、國體ノ變革ノアル所ニ重大ナコト、ナルノデアル、只今伺ヒマスレバ司法大臣ノ御說明ニ於テ、單純ニ共產黨取締ノコトガ明瞭ニナッテ、國體ヲ變革シテ勞働者ノ獨裁政治ヲ布ク共產主義ヲ取締ルノデアルト云フ御說明ヲシテ居ラレル、ダカラ政府當局ノ說明スルヲ從來ト變ッテ居ル、是ハ違ッテ來テ居ルト云フコトハ無理ガアッタ證據デアリマス、第一ニ性質上カラ見マシテモ、國體ヲ變革スルト云フコトハ、共產黨主義運動以外ニハナイ、無政府主義ノ勢力ト云フモノハ凋落シテ居ル、又共產黨自體ノ性質カラ申シマシテモ、今申上ゲマシタ通リ國體ノ變革ヲ基礎トセザル共產黨主義運動者ハ世界何レノ國ニ在リヤ、又論理的ニ見マスルト、第一第三條ト第八條ガ同ジモノヂアルナラバ、刑罰ガコンナ提燈ト釣鐘ノヤウニ違フ筈ガナイ、ノミナラズ若シソレガ本當ニ同一ニ規定シナケレバナライモノデアルナラバ、何故ニ豫防拘禁ノ條項ヲ私有財產制度ノ否認ノ運動者ニ御加ヘニナラナイカ、本案カラ、第八條カラ第十一條ヲ引イテモ後ニ何ノ支障モナイ、スルリト行ク、簡單ニ言ヘバ是ハマルデ性質ノ違ッタモノ——羊羹ノ上ニ煎餅ヲクッ付ケテ置イタノデアル、羊羹ダケデ濟ムモノヲ、煎餅ヲドウシテクッ付ケタカ、私ハ不幸ニシテ其內情ハ知ラナイガ、司法當局ニ於テモ眞面目ナ官吏ノ方々ハ之ヲクッ付ケナイコトヲ主張サレタ、聞ク所ニ依レバ、上ノ方ニ行ッテ煎餅ガクッ付イタト云フコトデアル、ダカラ無理ガアルト云フノハ共處ナノダ、私ハ是ハ將來ニ於テ本當ニ分ケタイト思フ、共意味ニ於テ一ツ出來ルダケ御親切ナル御批判ヲ願ヒタイト思ヒマス、共次ニ無用ヂヤナイカト云フコトデアリマス、無用ニアラザレバ有害デハナイカト云フコトデス、ナゼ無用カ、大審院ノ判決ニ於テハ私有財產制度ノ根本的否認ト云フコトハ、明瞭ダト言ハレル、是ハ觀念デス、言葉トシテハ分ッテ居リマス、ケレドモソレヲ逆ニ具體的ノ事實ニシテ見ルナラバ、私有財產制度ノ根本的否認ト云フコトハ、憲法二十七條ノ所有權ノ否認ナノダ、所ガ若シサウ云フ解釋ヲ致シテ參リマスルナラバ、所有權否認ヲ目的トスル政治結社ガ世界何處ニゴザイマスカ、狹イ意味ニ解釋スレバ、サウ云フ運動ハアリハシナイ、將來出テ來タラバ、是ハ單行法デ御取締ニナレバ宜シイノデアル、更ニ廣ク解釋ヲシテ見ル、私有財產制度ト云フモノヲ根幹ニシテ、今日ノ資本主義經濟ト云フモノガ出テ居ル、此資本主義經濟ノ弊害ト云フモノハ、高橋大藏大臣ガ本議場ニ於テ言ハレルヤウニ、小川鄉太郎氏モ言ハレルヤウニ、安藤正純氏モ言ハレルヤウニアルノデアル、共制度ノ根幹ハ私有財產制度ニアル、之ニ斧鉞ヲ加ヘルト云フ思想運動ハ、今日常識デアッテ詳シク申上ゲル必要ハナイ、吾々ハ日本ノ國情ニ即シ、國體ノ尊貴ニ於テ資本主義ノ打倒ヲ叫ンデ參リマシタ、當時ハ曠野ニ於ケル叫ビデアッタガ、幸ニシテ今日ニ於テハ殆ド輿論ニナッテ居ル、例ヘバ五・一五事件、血盟團ノ事件デスラ、共根幹ニハ此思想ガ入ッテ居ル、サウ云フモノニ今マデ御適用ニナラナカッタノダガ、適用シヨウトスレバ、ドウニデモナルノデアリマス、ソコデ先刻ノ御言葉ニ依レバ、資本主義修正モ能クハ分ラナイガ、私有財產制度ノ根幹ヲ一擧ニ覆ヘストイフノデナケレバ宜イ、詰リ其標準ハ合法的運動カ、非合法運動カデ區別ヲスルノデアルト云フ御答辯ガアルカモ知レマセヌ、司法省デハ轉向者ノ定義ヲ斯ウシテ居ラッシヤルヤウデアリマス、轉向者ト云フ者ハ、革命思想ヲ抛棄シタ者、社會運動カラ離脫シタ者、第二種類ハ革命思想ヲ抛棄シ、合法的社會運動ニ進出セントスル者等ヲ轉向者デアルトシテ居ラッシヤル、ダカラ恐ラク其邊ニ基準ガアルノヂヤナイカト思ヒマス、所ガソコデハッキリシナケレバナラナイノハ、一體非合法、合法ト云フノハ何デ御決メニナルカ、私有財產制度ノ否認ト云フモノハ、ソレ自體ガ八條ニ於テ非合法トナッテ居ル、サウシテ共程度ガ曖昧デアル、ソレヲ合法、非合法デ判斷ヲナサラウトスルノハ是ハ「トートロジー」デアル蛇[illegible]デアル、目的ノ合法ナリヤ手段ノ合法ナリヤ不明デアル、目的ノ合法ト云フコトニナレバ、是ハ非常ニ曖昧ニナッテ來ル、從來ノ政府ノ御說明モ曖昧デス、例ヘバ山岡サンデスラモ前ノ議會ニ於キマシテ、ドノ程度ガ私有財產制度ノ否認ニナルノカ、ナラナイノカ、ソレハ時代ノ妥當性ニ依ルノダト言ッテ居ラレル、五十年百年デ變ルノダト仰シヤル、即チソレハ輿論ト力ト時代トノ關係ナンダ、更ニ若槻サンハ斯ウ言ッテ居ラレル、個々ノ鐵道ヤ電氣ヲ國有ニシヨウト云フノハ、私有財產制度否認デハナイガ、ソレガ綜合サレテ來ルト、私有財産制度否認ニナルカモ知レナイト言ッテ居ラレル、サウシテ更ニ議會以外ニ於テ、私有財産制度ヲ否認スル結社ハ、是デ皆取締ルノダト山岡サンハ言ッテ居ラレル、假ニ合法性ノ標準ヲ目的ニ置クトスレバ、是ハ曖昧デス、更ニ手段ニ置クトスルナラバ、一體今日ノ運動ノ實情デ、共産黨デスラ、目的トシテノ非合法ハ國體ノ變革デ明カデアリマスガ、手段トシテノ非合法ノ例ハ、大森ノ「ギヤング」事件、出版法違反ノ「ビラ」撒キ、或ハ高々川崎ニアッタヤウナ、所謂所在散發的武裝蜂起ニ過ギナイ、之ニ對シテハ「チヤント、刑罰法規ガゴザイマス、サウヂヤナクテ、全面的ニ一擧ニ、例ヘバ革命手段デヤルト云フノガ非合法ダト仰シヤルナラバ、是モ觀念的デアル、斯ルコトガ突然恰モ大地カラ湧出ヅルガ如ク出テ來ルト云フコトハ有リ得ナイノデアリマス、私ガ無用カ、有害カト云フノハ此點ナンデアル、全ク本條文ノ必要ガナキカ、或ハアレバ有害デアル、皆空文ニナルノダ、之ヲ活カサウトスレバ大變ナコトニナルト云フコトデアリマス

其次ハ第三條ノ國體變革運動豫防ノ目的ニ、第八條ガ却テ有害デハナイカ、是ハ五十議會ニ於テ星島議員ガ特ニ若槻總理大臣ニ質サレタ所デアリマス、若槻總理大臣ハ國體ヲ重ンジ、私有財産制度ヲ否認シナイ勞働運動ナンカヲ決シテ彈壓スル意思ハナイ、斯ウ云フコトヲ繰返シ々々釋明サレタノデゴザイマス、併シ其後ノ一般ノ印象ヲ率直ニ私ガ申上ゲルナラバ、ソレカラ後ノ政治時代ト云フモノハ、御承知ノ通リ財閥ノ力ト云フモノガ、著シク政治ニ影響ヲシタ時代デアリマス、サウシテ又各政黨ニ於カレマシテモ、正論ガ伸ビナカッタ時代デアリマス、デゴザイマスルカラ一般ノ印象ヲ率直ニ申上グルナラバ、恰モ是レ國體ノ變革ト「ブルジョアー」ノ私有財産トヲ一緒ニシ「ブルジョアー」ヲシテ袞龍ノ袖ニ隱レシムルモノデアルト云フ印象ヲ與ヘタト云フコトハ事實デアルト私ハ考ヘル、外ニ於テ共産黨ハ其處ヲ掴ヘテ口實ヲ作ッテ來テ居ル、國内ニ對シテモ國體ニ於ケル皇室ノ尊貴ト、資本主義制度ガ私有財産制度ヲ根幹トスル以上、此二ツヲ一緒ニスルトハ動モスレバ資本家擁護、斯ウ云フ觀念ヲ此立法ニ於テ與ヘルト云フコトハ私ハ宜クナイト思フ、政治的有害デハナイカト思フノデアリマス

更ニ進ミマシテ同ジ意味デアリマスガ、社會情勢上今日社會改造ノ動向ハ何方ニアルカト言ヘバ、是ハ本議場デ度々言明サレタ通リ、少クトモ資本主義ノ修正デアル、資本主義ノ修正ト言ヘバ、資本主義ノ特色ノドレカヲ修正シナケレバナラナイ、資本主義ノ營利主義ヲ修正スルノカ、自由競爭主義ヲ修正スルノカ、其搾取ヲ修正スルノカ、獨占企業ニ取締ヲ加ヘルノカ、蓄積利潤ノ處分ニモット國家ノ干渉ヲシテ行クノカ、何處カニ修正ガ出テ來ナケレバナラナイ、一體此制度ハ先程申上ゲマシタヤウニ、矢張舶來物デセウ、ダカラ今後ノ日本經濟ノ行キ途ハ、日本ノ國民的歷史性ト、ソレニ基イタル國民協同經濟ノ目標ニ向ッテ、現在ノ資本主義制度ヲ鑄直スコトガ動向デアルト云フコトハ明カデアル、今日統制經濟ト云ヒ、或ハ資本主義ノ修正ト云ヒ、吾々ガ唱ヘル所ノモノハ皆其動向ニアル、若モ假ニ檢察權ノ運用不完全ニシテ、之ニ觸レルナラバ皆觸レテシマフ、觸レルノデハナイ、吾々ハ觸レント欲スル、寧ロ政府ハ斯ル運動御助長ニ相成ラナケレバナラナイト私ハ考ヘル、司法部内ノ若イ方々ノ議論ガ、第八條、第十一條ヲ取レト言ヘレタ所ノモノモ亦其處ニアルノヂヤナイノデスカ、轉向者ヲ考ヘテ見マセウ、轉向者ハ何ガ一番多イカ、司法大臣ハ御存知ダ、轉向者ノ中デ一番多イノハ家族ノ愛ニ生キル者——本當ノ家庭ノ愛ニ生キル者ガ轉向者ノ中デ一番多イ、ソシテ家庭ノ愛ガ健全デ清新デアルナラバ必ズ轉向スル、是ハ事實ニ於テ御承知デアリマセウ、其家族制度ヲ破壞シテ居ル力ハ何デアリマスカ、資本主義經濟デハアリマセヌカ、其資本主義經濟ガ現下ノ日本ノ少クトモ家族精神ヲ破壞シテ居ル（「ノー〳〵」）斯ウ云フ所カラ見マシテ、今日ノ社會情勢ノ動向上、却ッテ有害デハナイカ、私ハ法律的デハナクテ其政治的影響ヲ考ヘルノデアリマス

次ニ伺ヒタイノハ豫審判事ガ直チニ勾引シ得ルコトデアリマスルガ、是ハ前ニ御話ガゴザリマシタカラ略シマス、是ハ動モスレバヤハリ人權蹂躙ニ陷ル弊ハナイノカト云フ點デアリマス、其次ハ二十六條以下ノ豫防拘禁ノ問題デアリマスルガ、是ハ一寸難カシイ問題デス、小林議員カラ御話ガ出マシタガ、或ル意味ニ於テハ是ハ判決ガ修正サレルコトニナルンヂヤアリマセヌカ、簡單ニ言ヘバ或ル事犯ニ對シテ何年ノ刑罰ヲ科スル、出テ見ルト、其刑罰ダケデハ十分轉向或ハ改心シテ居ラナイ、サウシテ豫防拘禁ヲスルト云フ、實質上刑期ガ延長スルトカ何トカ云フ修正ニナルノデハナイ

デスカ、此邊モ伺ヒタイ、更ニモウ一ツハ、國體ノ變革ヲ目的トスル結社ニ入ッテ居レバ、是ハ必ズ犯罪事實デアル、所ガ共產黨ト云フモノハ、共產黨員ガ日本ノ警察ニ向ッテ轉向シタカラト言ッテ、向フデ除名スルカシナイカ分ラナイ、本人ガ轉向スルト言ッタ所デ除名サレナイデ黨籍ガアッタラドウスル、ヤハリ是ハ續イテ新シイ犯罪事實ガ繼續スルモノデアリマス、此事ハ私共ハ法律家デナイカラ分ラナイケレドモ、一寸變デアル、何故變デアルカト云フコトヲ、常識的ニ言ッテ見ルト、共產黨ノ在籍如何ト云フコトハ、國際共產黨ガ決メル、其決定ニ從ッテ共產黨ノ在籍或ハ非在籍ニナルノデアル、ソレニ依ッテ日本ノ刑事政策ガ引摺ラレルヤウナ印象ヲ持ツノハ私ハ甚ダ不愉快デアルト思フ

其次ニハ先程久山議員ノ御質疑ガアリマシタカラ省キマス、豫防拘禁或ハ保護觀察等ニ於キマシテハ、是ハモウ少シ親切ナル轉向ノ御指導竝ニソレニ必要ナル豫算ガ今日以上ニ必要デハナイカト考ヘルノデアリマス、更ニ受刑終了者、釋放者ノ轉向ト云フモノヲ考ヘテ見マス、受刑終了者ニ於テハ轉向ガ少イノハ事實デス、司法省デオ出シニナッテ居リマス數字ニ依リマシテモ、受刑終了者、釋放者二百五名ノ中、轉向シタ者ガ三十名、準轉向ガ八十四名、全然轉向セザル者ガ二百五名ノ中ノ約半分九十一名デアル、是ハ何處ニ一ツ原因ガアルノカ、先刻松谷君ノ御質問ハ、多少表現ニ誤解ガアッタノデ甚ダ遺憾デアリマシタガ、動モスレバ受刑終了者或ハ釋放者ニ對シテ、折角職ヲ受ケルト直チニ警察ガ――善意、惡意、ソレハ問ハズ、――警察ガソレニ對シテ、多クノ地方民衆ニ對シテ或ハ注意シ、或ハ戒告ヲ與ヘル、其結果ガ、本人ノ職ヲ奪フト云フ例ガ多イノデアリマス、此事ハ轉向、非轉向ノ問題ニ拘リマセズ、十分御考ヲ願ヒタイノデアリマスルガ、ソレニ對スル豫算モ私ハ不足デアルト考ヘテ居ルノデゴザイマス

最後ニ司法大臣ニ御伺ヲ致シタイノハ、總理大臣御出席ガゴザイマセヌカラ、司法大臣ノ責任ヲ重ンデ、今日ノ政府ノ政策ヲ何ト御考ヘニナルカ、伺ッテ見タイノデアリマス、昭和三年四月十一日ノ當時ノ檢事總長デアラレタ只今ノ司法大臣ガ、新聞談トシテ斯ウ云フコトヲ言ッテ居ラレマス「檢事當局ハ只國家存立ノ大所高所カラ見テソレヲ目指シテヤッタノデアル、今日ノ事件ニ就テ感ズル事ハ、檢擧サレタモノ、中ニハ單ナル思想カブレシタモノデナク、眞ニ無產者ノ爲ヲ思フ熱情カラ加盟シテ居ルモノモアル、コンナ所カラ見テモ、コレハ社會制度ニ乘ゼラル可キ缺陷ガアル事ニ違ヒナイ、コノコトニ就テハ官民共ニ眞面目ニ研究シナケレバナラヌ問題デアル、コノ事ナシニハイクラ檢擧ヲ行ッテモ何ニモナラナイ、飯ノ上ノ蠅ヲ追フニ等シイ」ト仰シヤッテ居ラレマス、今ヤ小山司法大臣ハ臺閣ニ列セラレマシテ、經綸ヲ行ヒ得ル地位ニ居ラレルノデゴザイマス、私共ハ內容ハ存ジマセヌガ、新聞、道途傳フル所ニ依レバ、相當閣內ニ於テモ此際進ンダル社會改造ノ案ヲ練ラウト云フ御意見モアルヤニ拜聞スルノデアリマス、殊ニ林陸軍大臣ハ、過般ノ豫算總會ニ於キマシテ、ドウシテモ此方ノ方ニ行カナケレバナラヌト云フ道ヲ暗示セラレテ居ルノデアリマス、私ガ考ヘテ見レバ、ドウシテモ根柢的ナ社會改造ヲヤラナケレバ拔本塞源的ナ共產黨ノ彈壓ト云フモノハ出來ナイト思ヒマス、無論共產黨ニ對シマシテハ、思想犯デアルカラト言ウテ、單ニ思想ダケデ對立スルコトハ是ハ出來マセヌ、是ハ彈壓シナケレバナラヌ、ケレドモ彈壓ト共ニ寬嚴宜シキヲ得ルト共ニ、根本ノ問題ハ、是ハ社會制度ノ改善ト云フコトニ一ツノ實ガ擧ッテ行カナケレバイケナイデヤアリマセヌカ、所ガ豫算總會ノ空氣ヲ觀テ見ルト、要スルニ豫算ガ無イ、金ガ無イト云フ話デアル、所ガ其中ニハドウモ先程ノ高見サンノ御話モゴザイマシタガ、唯物史觀デアルトカ、唯物論デアルトカ、或ハ唯物主義ト云フコトノ唯物ト云フコトガ色々誤解ヲサレテ居ルヤウデアリマス、入黨者ニハ、先程司法大臣モ認メラレタヤウニ、理論ノ外ニ――司法大臣ハハッキリ言ッテ居ラレル、理論的ニ來タ者ハ更ニ高度ノ理論デ指導スル、理論的デハナイ、宗教的ノ者ガアルト仰シヤッタノデアリマスガ、其宗教的ニナリマシタ動機ハ、青年ノ有スル人道的人格主義カラ、尠クトモ感情的要素カラ宗教的信念ニ入ッタ者ガアルノデアリマス、此事ハ司法當局モ御認メナノデアリマス、ダカラ單ニ貧富ノ懸隔ヲ少クスルト云フコト――分配ガ公平ナラソレハソレ程宜イコトハナイケレドモ――ソレ以外ニ何モ金ヲ掛ケナクテモ、此非常時ニ於テ政府ガオヤリニナリ得ルコトハ澤山アルデハアリマセヌカ、是ハ總理大臣ガ居ラレナイカラ、私ハ甚ダ拍子拔ケガシテ居ルノデアリマス、ドウゾ一ツ御出席ノ大臣カラ御傳ヘヲ願ッテ、一ツウント鞭撻ヲシテ貰ハナケレバ吾々ハ困ル、農林

省ノ案ノ中ニハ耕作權法ガアルケレドモ今出テ居ラナイ、勞働者ノ爲メノ工場憲法ハ出テ居ラナイ、教育ノ方デモサウデアリマス、斯ウ云フ陰鬱ナ空氣ヲ尠クトモ一掃シテ轂カナケレバ、如何ニ外ニ外交工作デ空氣轉換ヲ行ハウトモ、私ハ駄目ダト思フ、私共ハ私共ノ勝手ノ所論ヲ申上ゲル譯デハナイ、此空氣ヲ一新シテ行クコトニ付キマシテハ、尠クトモ外、外國ニ對シテモ内、國内ノ國策ニ對シテモ、度々政友會ノ諸君ガ雜誌セラレテ居リマスヤウニ、無理想、無國策デアル、一體社會改造ヲ何處ヘ持ッテ行ク、此點ヲハッキリスルコトガ共産黨關係ノ重大問題ダト私ハ考ヘル、床次氏ノ質問ニ於テ、現内閣ハ「スロー・モーション」ダト言ハレタ、所ガソレニ對シテ「洵ニ御同感デアリマシテ、何等異議ヲ申上ゲル所ハナイト言ハレタ、是ハ「スロー・モーション」ト云フコトヲ自ラ承認サレテ居ル、豫算總會デ風見代議士ハ、齋藤内閣ハ「スロー」デナク「アイドル」デアルト言ハレタ、之ニハ異議ヲ言ハレタ、齋藤サンハ「スロー」ノ積リデ居ラレルラシイ、ソレデモ宜シイノデアルガ、先刻議事進行ニ付テ、加藤君ノ議論ヲ伺ヒマシタガ、ハッキリト「スロー・モーション」デモ斷乎トシタ肚ガアルカラ安心ヲシテ居レト言ヘバ、國民ハ安心ヲシテ居リマス、所ガチットモサウ云フ斷乎トシタ決意モナイノデセウ、私ハソレガ本案關係トシテハ重大ダト考ヘルカラ申上ゲルノデス、豫算ガ掛ラズシテ社會改造ヲヤレルコトガアル、ソレヲヤラズシテ、單ナル「スロー・モーション」デヤッテ行カレルト云フコトハ、決シテ本治安維持法改正案ヲ出サレマシテモ、本當ノ所期ノ目的ヲ達セラレルノデハナイト思フ、マダ議會ハ會期ガ餘ス所ガアルノデアリマスカラ、齋藤内閣ニ對シテ吾々ノ批判ハ他日ニ留保シテ置キマスガ、少クトモ之ニ對シ内閣ニ列セラレ、經綸ヲ行ハレ得ル小山法相ガ、檢事總長時代ノ言責ニ鑑ミ、何處マデヤルカト云フコトノ、ハッキリシタ御辯明ヲ得タイト考ヘマス、是等ノ點ニ付テ御回答ヲ煩シタイト思ヒマス

（國務大臣小山松吉君登壇）

○國務大臣（小山松吉君）　龜井君ノ御質疑ニ對シテ御答致シマス、第一ノ御尋ハ、檢察行政ノコトデアリマスガ、檢察行政ノコトニ付キマシテハ、出來ルダケ御趣意ニ從フヤウニ努力シテ居ッタノデアリマス、五・一五事件ノコトヲ御引用ニナリマシタガ、五・一五事件ノ際ニ於テノ檢察官ハ、通常裁判所ノ檢事モ、軍法會議ノ方ノ檢察官モ、相當ニ協調ヲ保ツ手續ヲシテ居ッタノデアリマス、併ナガラ御承知ノ通リ軍法會議ノ方ニ對シマシテハ、軍部大臣モ意見ヲ述ベテ干渉ガマシイコトヲスルコトハ出來ナイノデアリマス、是ハ丁度司法大臣ガ通常裁判所ニ對シテ、裁判權ノ獨立ヲ保障セラレテ居ル判事ニ對シ、干渉ガマシイ意見ヲ述ベルコトガ出來ナイノト同ジコトデアリマス、五・一五事件ニ於テ通常裁判所ト軍法會議トノ間ニ判決ノ相違ノアルコトヲ御述ニナッタヤウニ伺ヒマシタガ……

（龜井貫一郎君「論告デアリマス」ト呼フ）

○國務大臣（小山松吉君）（續）　論告ハ只今申ス通リ協調ヲ保ッタノデアリマス、是モ意見ハ各、違フ所ガアリマスカラ、之ヲ必ズ合一セシムルト云フコトハ、今ノ制度デハ出來兼ネルノデアリマス、此法律ヲ改正スル意思ガアルカドウカト云フ御話デアリマスガ、今日ハ此制度ノ改正ヲスルト云フコトハマダ考ヘテハ居リマセヌ、ソレカラ治安維持法第八條以下第十一條ヲ削除スル意思ナキヤ、隨テ次ノ二三ノ續ク御質疑モ同ジヤウナ事柄ニナッテ居リマスカラ、併セテ御答致シマスガ、第八條以下第十一條マデヲ削除スル意思ハナイノデアリマス、簡單ニ申上ゲマスルト、私有財産制度ヲ否認スルト云フコトノ結社ニ對シ、又ハ之ヲ支援スル者ニ對スル罰則ノ必要デアルト申シマスコトハ、度々御引用ニナッタ轉向者ノ場合ヲ考ヘルト分ルノデアリマス、今日轉向者ノ或者ハ色々考ヘテ見タ、日本ノ歴史ヲ見、日本ノ國民性ヲ調ベテ見タ所ガ、自分ハ轉向スル、日本ノ國體ノ尊嚴ヲ認ムル、日本國民ノ優良性ハ認ムル、併ナガラ自分ハ共産主義ハ捨テナイ、飽迄日本ニ於テ共産主義ヲ實行スル運動ヲスルト、斯ウ云フコトヲ申シテ居ル者ガアルノデアリマス、此主義、國體變革ヲ希望スルト云フコトヲ言ハズシテ、而シテ私有財産制度ノ否認ヲ爲ス所ノ所謂社會主義、或ハ共産主義、廣キ意味ノ社會主義ヲ包含セル無政府主義、之ヲ宜傳シ、此宜傳ヲスル爲ノ結社ヲ組織致シタ者ニ對シテハ、若シ第八條ヲ削リマスト、是ハ罰スル途ハナイノデアリマス、斯ウ云フ者ヲ處罰スルコトノ必要デアルト云フコトハ、龜井君モ共御論旨ニ依ルト御認メニナッテ居ルト思フノデアリマス、私有財産制度ト云フモノハ分ラナイト云フ御言葉モアリマシタガ、是ハ先刻小林君ニ對スル御答ノ際ニ申上ゲテ置イタ積リデアリマ

ス

ソレカラ次ニ檢事ガ勾引ヲ致シマシテ、次ニ勾留狀ヲ發スル問題デアリマス、此點ニ付テ人權蹂躙ニナルヤウナコトハナイカト云フ御尋デアリマスガ、是ハ人權蹂躙ノヤウナコトヲ決シテサセナイヤウニ十分監督モ致シマス、又是ハ御承知デアリマセウガ、此檢事ノ勾留狀ヲ出スト云フコトガ、寧ロ人權ヲ保障スル爲ニ必要デアルカラ、斯ウ云フ規定ヲ置イタ譯デアリマス、之ニ依ッテ幾分カ今日警察署ニ居リマスル者ガ――無令狀ノ狀態デ二三日間、或ハ數日間居リマスル者ガ、所謂合法的ノ勾留ト云フコトニナルコトガ出來ヨウト思フノデアリマス、豫防拘禁ハ判決ノ修正ニアラズヤト云フ御尋デアリマスガ、是ハ餘リ詳シク申上ゲルノハ失禮デアリマスガ、元々判決ハ、五年ノ刑ヲ言渡ス場合ハ、五年經テバ改過遷善スルト云フコトヲ豫期シテ居ッタ譯デアリマス、所ガ此場合ハ、五年經ッテ釋放サレル場合ニ、尙ホ共産主義ヲ何處迄モ主張スル、或ハ何處迄モ國體變革ノ運動ヲスルト云フ場合ニ於キマシテハ、其儘之ヲ釋放スルコトハ宜シクナイト云フ立場カラ、更ニ決定ヲ以テ、保安處分トシテ豫防拘禁ヲスルコトニナッタ譯デアリマス、釋放者ニ對スル保護觀察ニ付テハ、御意見ノ通リ十分努力スル積リデゴザイマシテ、十分デハアリマセヌガ、此度ハ少シ豫算ヲ要求シテ居ル次第デアリマス

最後ニ私ガ檢事總長時代、昭和三年ノ四月デアリマスカ、新聞記者ニ話ヲ致シマシタコトヲ御引用デアリマシタガ、言葉ハ少シ違ッテ居リマス、言葉ハ少シ違ッテ居リマスガ、私ハ其當時今御引用ニナッタト同ジヤウナ、ドウモ斯ウ云フ犯罪者ガ出ルノハ、社會ノ一部ニ缺陷ガ存在スルノデハナイカト云フコトヲ申シマシタ、社會制度トハ言ヘナカッタ、是ハ如何ニ檢察當局ガ處罰シテモ、斯ウ云フ狀態デハ困ル、是ハ根本的ニ教育制度、或ハ其他ノ方法カラシテ、適當ナル施設ヲシテ、サウシテ社會ノ朝野ノ人ガ覺醒シナケレバイカヌ、其時私ガ感ジマシタノハ、丁度御言葉ガアリマシタヤウニ、金持ノ子弟ハ貧民窟ニ行ッテ見テ共産主義者ニナッタ、貧乏人ハ、自分ハ金ガ無イカラ、學資ガ無イカラ、ソレデ共産主義者ニナッタト云フヤウナコトヲ言ッテ居ルノデアリマス、ソレデアリマスカラ貧富何レノ靑年達モ共産主義者ニナッテ、ナッタ者ハ熱烈ニ主義ノ爲ニ働イテ居ル、是ハ憂フベキ狀態デアル、靑年ヲシテ斯ノ如キ境遇タラシメルト云フコトハ、朝野有識者モ考ヘナケレバナラヌト云フコトヲ部内ノ者ニ申シマシテ、其一端ヲ新聞記者ニ已ムヲ得ズ語ルヤウナコトニナッタ譯デアリマス、此考ハ只今モ決シテ變ッテ居リマセヌノデ、是ハドウシテモ刑罰ヲ以テ處罰スル必要ノアルコトハ無論デアリマスガ、他ノ社會ノ施設ニ於テ、此犯罪ノ發生シナイヤウニ努力シナケレバナラヌト云フコトハ、是ハ今日モ私ハ考ヘテ居ルノデアリマシテ、閣僚モ皆此點ハ同意見デアリマス、思想對策委員會ニ於テ色々審議サレテ居リマス所モ、要スルニ此趣意ニ於テ、何處迄モ共産主義ノ絶滅ヲ期シタイト考ヘテ居ル次第デアリマス

○龜井貫一郞君　後ハ委員會ニ讓リマシテ、司法大臣ノ誤解ダケ訂正シテ置キマス、削除トハ別ニ單行法ガ宜シカラウト申上ゲタノデアリマス

○議長（秋田淸君）　質疑ハ終局致シマシタ、本案ノ審査ヲ付託スベキ委員ノ選擧ニ付テ御諮リ致シマス

○靑木當三郞君　本案ハ議長指名二十七名ノ委員ニ付託セラレンコトヲ望ミマス

（「贊成」ト呼フ者アリ）

○議長（秋田淸君）　靑木君ノ動議ニ御異議アリマセヌカ

（「異議ナシ」ト呼フ者アリ）

○議長（秋田淸君）　御異議ナシト認メマス、仍テ動議ノ如ク決シマシタ――日程第二及ビ第三ハ便宜上一括議題ト爲スニ御異議アリマセヌカ

（「異議ナシ」ト呼フ者アリ）

○議長（秋田淸君）　御異議ナシト認メマス、仍テ日程第二、臺灣事業公債法中改正法律案、日程第三、臺灣官設鐵道用品資金會計法中改正法律案、右兩案ヲ一括シテ議題ト爲シ、玆ニ其第一讀會ヲ開キマス――

政府委員大藏政務次官堀切善兵衞君

昭和九年二月十八日

朝鮮事業公債法中改正法律案

第三　朝鮮事業公債法中改正法律案　第一讀會

(政府提出)

朝鮮事業公債法中左ノ通改正ス

第一條中「六億三百七十萬圓」ヲ「六億六百二十萬圓」ニ改ム

附　則

本法ハ昭和九年四月一日ヨリ之ヲ施行ス

(政府委員堀切善兵衛君登壇)

○政府委員(堀切善兵衛君)　只今議題トナリマシタ朝鮮事業公債法中改正法律案提出ノ理由ヲ說明致シマス、昭和九年度朝鮮總督府特別會計ニ於ケル鐵道建設及改良費ノ追加額、砂防事業費、鹽田築造費及北鮮開拓事業費ノ總額四百九十五万餘圓ト、土木費ノ内七百五十八万餘圓トノ合計額千二百五十四万餘圓ハ、同特別會計ノ歲計ノ現狀ニ徵シマシテ、之ガ財源ハ公債ニ依ルノ外アリマセヌ、而シテ現行朝鮮事業公債法ニ於ケル起債法定額ノ餘力ハ、千八万餘圓デアリマスルノデ、差引不足額二百五十万圓ヲ現行法定額ニ追加スルノ必要ガアリマス、是ガ爲メ本法律案ヲ提出シタル次第デアリマス、何卒御審議ノ上御協贊ヲ與ヘラレンコトヲ希望致シマス(拍手)

○議長(秋田清君)　質疑ヲ許シマス――野中徹也君

(野中徹也君登壇)

○野中徹也君　極メテ簡單ニ、朝鮮事業公債法ニ關シマシテ、此事業法ノ公債額ガ、本年度ニ於キマシテハ、六億六百二十万圓ニ改ッタノデゴザイマスルガ、私ハ此總額ニ關シマシテ、一應朝鮮總督府及ビ拓務大臣ニ御質問申上ゲタイト考ヘマス、ソレハ朝鮮事業ガ收入減ニ依リマシテ、二百五十万圓特別ノ公債財源ニ依ッテ補塡シナケレバナラヌト云フコトハ、只今大藏省ノ說明ニ依リマシテ諒解致シマシタ、私ハ此六億六百二十万圓ノ公債額ガ、更ニ增額スルコトガアルノデアルカ、或ハナイノデアルカ、言葉ヲ換ヘテ言フナラバ、拓務省卽チ朝鮮總督府ニ於キマシテハ、此六億六百二十万圓ニ附加ヘマシテ、公債ヲ增額スベク更ニ追加豫算案ヲ提出スル意思ガナイカ、更ニ詳言致シマスルナラバ、朝鮮ニ關シマシテ、現在最モ重要視サレテ居リマスルモノハ、所謂朝鮮米ノ統制ノ問題デアリマス、此朝鮮米ノ統制ニ關シマシテ、朝鮮總督府卽チ拓務省ニ於キマシテハ、朝鮮總督府特別會計ト致シマシテ、更ニ公債增發ノ計畫アリヤ否ヤ、永井拓務大臣ハ一昨日、昨日ノ貴族院ニ於ケル質問ニ答ヘラレマシテ、朝鮮ニ於キマス所ノ米穀統制法ト云フモノハ、マダ十分ニ出來上ッテ居ナイト云フコトヲ言ハレテ居リマス、併ナガラ私ハ此拓務大臣ノ意思ト云フモノハ、拓務大臣ノ意見ト云フモノハ、卽チ朝鮮ニ於キマスル統制方法、或ハ統制委員會、斯ウ云フヤウナ具體的ナ内容ガ、マダ十分ニ完備シナイノデアッテ、實ハ大體根本的ニ於テハ出來上ッテ居ルノデハナイカト考ヘル、何トナレバ今月ノ十日ニ、所謂五相會議ト云フモノガ開カレタ、總理大臣、大藏大臣、鐵道大臣或ハ拓務大臣、農林大臣――是ハ代理デアリマスルガ、其五相會議ガ開カレタ其後ニ於テ、日本ノ新聞紙ト云フモノハ、大體ニ於テ朝鮮米ノ統制ト云フモノハ、單一ナル米穀需給特別會計ニ依ッテ、統一セラルヽモノデアルト云フヤウナコトヲ報ジテ居ル、今マデ拓務省ハ、臺灣或ハ朝鮮ニ於キマシテハ、獨自ノ會計ニ於テ、獨立ノ統制ヲスルヤウナ意思ヲ有ッテ居ッタヤウニ聞イテ居ル、農林省ニ於キマシテハ、是ハ單一統制方法ニ依ルト云フコトヲ、從來主張シテ居リマシタガ、拓務省ノ意見ハ違ッテ居ッタ、其違ッテ居リマスノニ拘ラズ、十日ノ此五相會議ノ後ニナッテ、斯樣ナル所ノ特別會計ノ公債募集ノ法律案ヲ出シマシタコトハ、要スルニ大體ニ於キマシテハ、拓務省ガ農林省ノ案デアル所ノ米穀需給特別會計ノ單一制度ト云フモノヲ御認メニナッタノデハナカラウカ、若夫レ果シテ然リトスルナラバ、私共ハ所謂朝鮮統治ノ上ニ於テ、朝鮮米ノ價格維持ノ上ニ於キマシテ、聊カ不安ヲ懷カザルヲ得ナイノデアル、現ニ朝鮮ノ内部ニ於キマシテハ、此統制方法ニ不安ヲ懷イタ爲カ、或ハ統制方法ノ内容ガ不明ナルニ基イテカ、幾多ノ電信ガ或ハ農會ヨリ、或ハ道ヨリ、或ハ面ヨリ、私共ノ手許ニ來テ居リマスルコトハ、吾々ノ同僚諸君ノ十分御承知ノコトデアラウト思フ、ソレ等ノ事柄カラ考ヘテ見ル時ニ於テ、單一ナル統制方法ニ依リマシタ場合ニ於テ、此朝鮮ノ方々ガ今不安ニ戰イテ居ル通リ、朝鮮米ノ價格ト云フモノニ對シテノ幾分ノ不安ノ念ガ、其處ニ存在シテ居ルノデハナカラウカト私ハ考ヘル、何トナレバ單一委員會ノ制度デアリマスレバ、大體委員ト云フモノハ東京或ハ東京附近ニ居リマス、否少クトモ内地ニ居リマス、ソレデアリマスカラ、朝鮮ノ米穀事情ト云フモノハ十分ニ分リマセヌ、隨テ此米穀ノ統制ニ關シマシテ、朝鮮米ヲ幾分カ疎カニスルト云フヤウナ工合ニ思ハル、不安ガアルノデアリマス、ソレデアリマスカラ、朝鮮ニ於キマシテ、今不安ニ戰イテ居ルノデアリマスカラ、政府ハ須ク今自分ハ斯ウ云フヤウナ意見ヲ有ッテ居ル者デアル、而モ此意見ニ基イテ、朝鮮米ノ價格統制ニ關シマシテハ、絕對ニ不安ハナイノデアルト云フコトヲ、一日モ早ク本議場カラ朝鮮ニ向ッテ御知ラセニナルコトガ適當デハナイカト私ハ考ヘマス、此意味合ニ於キマシテ、拓務省ニ於キマシテハ、此朝鮮米統制ニ關シテ、如何ナル御意見ヲ有ッテ居リマスルカ、今迄ニ決マリマシタ意見ヲ、大體ニ於テ御發表ヲ願ヒタイト思フ、卽チ私ハ今日此公債法ノ提出ヲ見マシタ爲ニ、或ハ朝鮮ノ米穀統制ト云フモノガ、單一ナル制度ノ下ニ統制セラレルノデハナカラウカト云フコトヲ虞レテ居リマスルガ故ニ、一應御質問ヲ申上ゲル次第デアリマス、現ニ其事實ト致シマシテ、朝鮮ニ於キマスル不安ノ事實ト致シマシテハ、電報ニ於テ吾々ガ知悉スルベカリデハナクシテ、其具體的材料モアリマス、卽チ朝鮮內地ニ於キマシテハ、此統制ニ依ル內地移出ト云フモノガ、或ハ不可ナルモノデハナイカト云フコトヲ心配致シマシテ、從來ノ朝鮮鐵道ニ於キマシテハ、平均六千噸前後ノ朝鮮米ガ內地ニ移出セラレタモノデアリマスガ、去ル十三日ニ於キマシテハ、實ニ八千八百八十八噸ト云フ、約三割ニ近イ所ノ增加ヲ致シテ居リマス、斯ウ云フヤウナ情勢ハ、朝鮮ニ於キマシテ、如何ニ朝鮮ノ方々ガ不安ニ戰イテ居ルカト云フコトヲ例證スル一ツデアルト共ニ、又朝鮮內部ニ於キマシテハ、丁度一月前後ニ於キマシテ、內地ノ米ハ統制價格ヨリモ下落ヲシテ、所謂小生產者ト云フモノガ奸商ニ乘ゼラレタ、アノ狀態ト同ジヤウナ狀態ガ、現在ノ朝鮮ニアルノデハナカラウカト、私ハ洵ニ不安ニ堪ヘナイ次第デアリマス、ソレデアリマスカラ、前ニ申シマシタ通リ、一日モ早ク此不安ヲ除クベク、朝鮮總督府ハ議場ヲ通ジテ、朝鮮ニ安心セヨト云フコトヲ言フ義務ガアルノデハナカラウカト私ハ信ズル

續イテ私ハ公債ノ增額ニ關シマシテ、更ニモウ一ツノ事ガアルノデハナカラウカト云フコトヲ御伺致シマス、ソレハ卽チ水產政策デアリマス、此水產政策ニ關シマシテ、朝鮮總督府ニ於キマシテハ、尙ホ增加ノ意思アリヤ否ヤ、今日ノ朝鮮總督府ノ水產政策ニ關シマシテハ、非常ナル僅少ナ額シカ出サレテ居リマセヌ、例ヘバ水產組合補助ニ對シテハ四万九千圓、海苔牡蠣增殖獎勵補助ニ對シマシテハ三万三千圓ト云フ、此大事ナル所ノ水產事業ヲ獎勵スルガ爲ニ、僅ニ八万二千圓ト云フ金シカ計上シテアリマセヌ、思フニ水產事業ハ內地ニ於テ重大デアルベカリデハナク、朝鮮內地ニ於キマシテモ、亦重大デアルト云フコトハ論ヲ俟チマセヌ、朝鮮ノ北方、所謂露領ニ幾多ノ漁區ガアル、或ハ黃海、或ハ支那海ニ於テ幾多ノ漁場ガアル、斯ウ云フヤウナモノハ宜シク朝鮮ノ水產業ヲ發達セシメ、或ハ漁船ニ補助スル形式ヲ執リマシテ水產業ヲ發達セシメテ、而シテ所謂海ノ富ヲ獲得スルコトガ、朝鮮統治上ニ於テ、朝鮮人ノ生活向上ニ對シマシテモ、重大ナル意義ヲ有ッテ居ルノデハナイカト信ズル、此意味合ニ於キマシテ、朝鮮總督府ハ水產政策ニ對シマシテ、尙ホ追加豫算ヲ提出スル意思アリヤ否ヤ

更ニ私ハ朝鮮ニ於キマスル水產ノ方法ニ付キマシテ、朝鮮總督府ニ伺フ、現在朝鮮ニ於キマスル漁場、或ハ漁船、斯ウ云フヤウナモノハ大體內地人ト朝鮮人トニ許サレテ居リマスルガ、內地人ニ許サレテ居ル所ノ數ト云フモノハ、朝鮮ヨリモ或ハ三割、四割、五割ト云フヤウナ澤山ノ數字ヲ現ハシテ居リマス、朝鮮ノ水產業ハ、私共ニ言ハスナラバ、宜シク朝鮮人ヲシテ行ハシムルコトガ、最モ內鮮融和ノ重大ナル所ノ事柄デアラウト信ジマスルガ、今日ニ於ケル朝鮮ノ水產業ハ、尙ホ內地人ニ於テ六割、七割ノ多數ヲ占メテ居ル實情デアル、故ニ私ハ此場合ニ於テ、朝鮮總督府竝ニ拓務省ニ御伺スル、果シテ朝鮮總督府ハ將來ニ於テ此漁船ノ許可方針ニ對シテ如何ナル方法ヲ執ルカ、是等ノ事柄ヲ申上ゲマスルノハ、要ハ私ハ朝鮮ノ今日不安ニ戰イテ居ル所ノ、アノ不安ヲ除去シ、又朝鮮人ノ生活ヲ向上セシムルコトガ、朝鮮統治ノ上ニ於テ最モ必要デアルト信ジマスルガ故ニ、朝鮮總督府ノ猛奮ヲ促スト共ニ、其經綸ノ一端ヲ御伺スル次第デアリマス（拍手）

（政府委員堤康次郞君登壇）

○政府委員（堤康次郞君） 只今ノ野中君ノ御質問ニ對シテ御答ヲ致シマス、第一ハ公債ノ總額ヲ將來增額スル意思アリヤ否ヤト云フ御質問デアリマシタガ、只今ノ所、此六億六百二十万圓ニ御改正ヲ願ヒマスレバ、差當ッテ是レ以上增額スルト云フ考ヲ有ッテ居リマセヌ、ソレカラ米穀對策ニ付テ、差別待遇ヲ與ヘルヤウナコトガ無イカドウカト云フ御尋デアリマスガ、是ハ最モ重要ナコトデアリマシテ、申ス迄モナク我國ハ朝鮮、臺灣ノ如キ外地ヲ抱イテ、滿洲ヲ連レテ將來發展シナケレバナラナイノデアリマスルカラ、若シ朝鮮ニ差別待遇ヲ與ヘルヤウナコトニナリマスルト云フト、我國ハ朝鮮スラ抱イテ行クコトガ出來ナイノヂヤナイカト云フヤウナ感ジヲ、外國カラ持タレルト、將來滿洲ニ對シテ、日本ハ或ハ投出スヤウナコトガアリハシナイカト云フヤウナ感ジヲ持タレル、是ハ我ガ對外政策上洵ニ取ラナイコトデアリマスルガ故ニ、朝鮮ノ農家ヲ壓迫スルガ如キ、卽チ差別待遇ヲ與ヘルト云フヤウナ考ハ毛頭有ッテ居リマセヌ、併ナガラ又朝鮮ノ農家ノミニ重キヲ置イテ、內地ノ農家ヲ壓迫スルト云フコトモ、是亦宜クナイ事デアリマスルカラ、要スルニ內地外地ノ調和ヲ保ッテ、差別待遇ヲスルヤウナ考ハ毛頭ナイト云フコトヲ、此議場ヲ通ジテハッキリ申上ゲテ置キタイト思ヒマス、ソレカラ水產政策ニ付テノアリマスルガ、只今野中君ノ御述ニナリマシタノハ、水產ノ施設ハ八万二千圓デ、是ハ少ナイヂヤナイカト云フ御質問デアリマシタガ、朝鮮ハ三面環ラスニ海ヲ以テ致シテ居リマス、將來水產業ハ十分發達ヲサセナケレバナラナイノデアリマスルカラ、相當ノ施設ヲ致スコトニナリマシテ、豫算面ニ於キマシテモ、第一漁港ノ修築ニ、國費共他デ二百五十万圓ヲ投ズルコトニシテアルノデアリマス、ソレカラ各種漁業補助獎勵費竝ニ水產試驗場費ト致シマシテ、三十五万圓ヲ計上スルコトニナッテ居リマス、ソレカラ漁獲物ノ處理ニ關シマシテハ、鰯油ノ販賣統制ヲ圖リ、漁業者ノ利益ヲ確保スルコトニモ努メテ居ルノデアリマス、更ニ遠洋漁業ニ付キマシテハ、露領沿海州及ビ黃海方面ガ、最モ重要デアリマスルカラ、此方面ノ漁獲物ノ調査竝ニ研究ヲ重ネテ居ルノデアリマス、尙ホ又漁業ニ付テ、內地人ガ從事シテ居ル者ガ多イ、成ベク朝鮮人ニ從事サセル方ガ宜カラウト云フ御議論ハ至極御尤ニ存ジマス、朝鮮人ニシテ漁業ニ從事シタイト云フ出願ガアリマシタナラバ、十分好意ヲ以テ許可スル方針デ居リマス大要御答ヲ申上ゲマス（拍手）

○野中徹也君 米穀問題ニ關スル政府ノ御意見ヲ承リマシタガ、具體的ニ……

○議長（秋田淸君） 野中君、御發言ハ簡單デアリマスカ

○野中徹也君 簡單デアリマスカラ議席カラ御許シヲ願ヒマス

○議長（秋田淸君） 極メテ簡單ニ願ヒマス

○野中徹也君 朝鮮米ニ對スル政府ノ意思ハ、大體ニ於テ諒承致シマシタ、又其方法モ大體ハ諒承ヲシマシタガ、併シマダ不安ニ戰イテ居ル朝鮮ニ、具體的ニ明カナル方法ヲ一日モ早ク案出セラレマシテ、アノ不安ヲ一日モ早ク除去セラレンコトヲ切望シマス、之ヲ以テ質問ヲ打切リマス

○議長（秋田淸君） 本案ノ審査ヲ付託スベキ委員ノ選擧ニ付テ御諮リ致シマス

○靑木雷三郞君 本案ハ政府提出、臺灣事業公債法中改正法律案外一件ノ委員ニ併セ付託セラレンコトヲ望ミマス

○議長（秋田淸君） 靑木君ノ動議ニ御異議アリマセヌカ

（「異議ナシ」ト呼フ者アリ）

○議長（秋田淸君） 御異議ナシト認メマス、仍テ動議ノ如ク決シマシタ――日程第四、旭川市舊土人保護地處分法案ノ第一讀會ヲ開キマス――內務大臣山本達雄君

昭和九年三月二日

大正九年法律第十二號中改正法律案

（所得税法ノ施行ニ關スル件）外四件

大正九年法律第十二號中改正法律案

大正九年法律第十二號中左ノ通改正ス

第三條ノ二　法人ガ朝鮮、臺灣又ハ樺太ニ於ケル法令ニ依リ納付シタル第二種ノ所得ニ對スル所得税額ニ付テハ所得税法第二十一條第二項乃至第四項ノ規定ヲ準用ス

信託會社ガ其ノ引受ケタル貸付信託ノ信託財産ニ付朝鮮、臺灣又ハ樺太ニ於ケル法令ニ依リ納付シタル第二種ノ所得ニ對スル所得税額ニ付テハ所得税法第二十二條第二項及第三項ノ規定ヲ準用ス

第四條、第五條及第六條中「臺灣又ハ樺太」ヲ「朝鮮、臺灣又ハ樺太」ニ改ム

第八條　相續税法施行地ヨリ朝鮮ニ住所又ハ船籍ヲ轉シタルモノニ付テハ相續税法第二條第四項ノ規定ヲ適用セス

第九條　相續税法第三條第一項ノ規定ニ依リ課税價格ヲ定ムル場合ニ於テ控除スヘキ金額中左ノ金額アルトキハ之ヲ控除セス

一　朝鮮ニ在ル財産ニ係ル公課

二　朝鮮ニ在ル財産ヲ目的トスル留置權、特別ノ先取特權、質權、抵當權又ハ典當權ヲ以テ擔保セラルル債務

三　朝鮮ニ在ル財産ニ關スル贈與ノ義務

第十條　朝鮮ニ於ケル法令ニ依リ相續税ヲ課セラレタル後五年又ハ七年以内ニ於テ更ニ相續開始シタルトキハ命令ノ定ムル所ニ依リ相續税法ニ依ル相續税ノ全部又ハ一部ヲ免除ス

附　則

本法ハ公布ノ日ヨリ之ヲ施行ス但シ第八條乃至第十條ノ改正規定ハ昭和九年七月一日ヨリ之ヲ施行ス

第三種ノ所得ニ付テハ昭和九年分所得税ヨリ本法ヲ適用ス

昭和九年七月一日前開始シタル相續ニ關シテハ仍從前ノ例ニ依ル

明治四十一年法律第三十七號第三條第四項中「所得税法第二十一條第二項」ノ下ニ「若ハ第四項又ハ大正九年法律第十二號第三條ノ二第一項」ヲ加フ

昭和九年三月四日

議員岡本一巳君ノ發言ニ關スル事實調査ノ件

○野田文一郎君（續） 岡本君ガ議員ノ一員トシテ、茲ニ一ツノ綱紀問題ガ發生ヲシテ、之ニ對シテ疑惑ヲ抱キマシタカラ、此疑惑ヲ抱イタコトヲ政府當局ニ質疑ヲ致シタ、故ニ岡本君ガ議員ノ一員トシテ疑惑ヲ抱イテ、政府ニ對シテ質疑ヲスルダケノ程度ノ確信アリシヤ否ヤト云フコトガ、吾々ノ調査スベキ限度範圍デアルト云フコトヲ信ズル（拍手）新聞ノ傳フル所ニ依レバ、此綱紀問題ニ包含セラレテ居リマスル臺灣銀行ノ頭取島田氏ニ對シテハ、檢察當局ニ告發ヲシテアルト云フコトヲ聞キマシタ、若シソレガ事實デアルトスルナラバ、檢事ガ出來得ル範圍ニ於テ搜査ヲ致シマシタナラバ、此事件ノ眞相ガ本當ニ分ルデアリマセウ、吾々ハサウ云フコトハ必要ト致シマセヌカラ、唯岡本君ガ之ヲ疑フニ足ル材料アリヤ否ヤト云フコトノ限度ニ於テ之ヲ調査スベキモノデアル、此考ノ下ニ私ノ意見ヲ申上ゲタイノデアリマス

臺灣銀行ノ、帝人株及ビ神戸製鋼所ノ株ノ處分ノ問題ハ、私ノ信ズル所ニ依レバ、寧ロ岡本君ノ主張以外ノ事實モ相當ニアルノデハナイカト云フコトヲ、疑ヘザルヲ得ザルコトガアリマス、先程モ大久保銀行局長ニ聽クニ及バナイデハナイカ、本會議ニ於テ銀行局長ハ答辯シテ居ルト云フコトデアリマシタ、此銀行局長ノ答辯ニ依レバ、何モ事ガナゲデアリマスケレドモ、併シ帝國人絹會社ト云ヒ、神戸製鋼所ト云ヒ、共ニ其營業狀態ハ非常ニ良イノデアリマス、人絹會社ナドハ尚ホ岡本君ノ申スヨリハ、宜シイ、昨年ノ上半期ノ營業狀態ハ、殆ド五割ノ利益ヲ擧ゲテ居ルト云フコトニナッテ居リマスルケレドモ、實際ハ六割三分ニモナッテ居リマス、五百二十何万圓ノ利益ト云フノガ、實ハ六百何十万圓ノ利益デアリマスルカラ、其利率ハ六割三分ニ當ルノデアル、而シテ此人絹會社ノ基礎ハ益々鞏固ニナリマシテ、御承知ノ通リ日本ニ於ケル人絹會社ノ第一位ヲ占メテ居ル會社デアッテ、海外ニモ廣ク市場ヲ有ッテ居リマスルカラ、磐石ノ如キモノデアル、而モ其會社ハ、利益ハ左樣ニアリマスルノミナラズ、新株ヲ募集スルト云フコトノ計畫スラモアル、サウ致シマスルト、臺灣銀行ハ、何レハ株ヲ處分シテ之ヲ資金化シテ、銀行本來ノ仕事ヲスベキモノデアリマスルケレドモ、之ヲ處分スルニ當ッテハ、適當ナ時期ニ相當ナ値段ニ於テ、又何人カラモ疑ヲ容レザル手續ニ於テ、公正ナル處分ヲ致サナケレバナラヌト云フコトハ當然デアリマス（拍手）此事ハ銀行ハ勿論ノコト、大藏當局モ之ヲ知ラナイ譯ニハ參リマセヌ、大久保銀行局長ハ、株ノ處分ヲスルニ付テハ、監督官廳ノ許可ヲ必要トモシナイ、勝手ニ處分ヲシテモ宜イノダト云フコトデアリマシタケレドモ、吾々ノ常識ニ依レバ、臺灣銀行ハ御承知ノ如ク國家ノ特別ノ保護ヲ受ケテ居ル銀行デアッテ、國民ニ多大ノ迷惑ヲ掛ケテ居ルノデアル、ソコデ此銀行ガ帝國人絹會社ノ株ノ如キ、神戸製鋼所株ノ如キ、有力ナル株ヲ持ッテ居リマシテ、之ヲ手放スト云フコトニ付テハ、假令法規ノ明文ナシト雖モ、監督官廳タル大藏當局ハ十分ニ監督ヲシテ、不都合ナカラシムルト云フコトヲ期スベキモノデアル、是ガ行政官廳ノ誠實ノ義務デアルト常識ヲ以テ考ヘテ居リマス（拍手）併シ大藏當局ハ甚ダ冷然タル態度デアリマシタケレドモ、調査委員會ニ於テ提出セラレタル特別銀行監理官處務規程ト云フモノニ依リマスレバ、私共ノ常識ガチヤント此規定上ニ現ハレテ居ルト云フコトヲ發見ヲ致シタ、即チ日本銀行監理官、橫濱正金銀行監理官、日本勸業銀行監理官、北海道拓殖銀行監理官、日本興業銀行監理官、臺灣銀行監理官及ビ朝鮮銀行監理官、是ダケニ適用スル規程デアリマスルガ、此第二條ニ依レバ「監理官ハ少クトモ每週一回其ノ所監銀行ニ臨ミ其ノ銀行諸般ノ業務ヲ別ニ定ムル所ニ依リ監査シ少クトモ每月一回其ノ要領ヲ大藏大臣ニ報告スヘシ」トナッテ居ル、一週間ニ一遍ハ銀行ヘ行ッテ調査スルノデアリマス、而シテ「所監銀行ノ業務又ハ財產ノ狀況ニ關シ特ニ注意ヲ要スル事項アリト認ムルトキハ速ニ大藏大臣ニ具申スヘシ」尙ホ第五條ニハ「監理官ハ其ノ所監銀行ノ重役會、株主總會等ニ出席スヘシ此ノ場合ニ於テハ意見ヲ陳述スルコトヲ得」トアリマスカラ、監理官ハ其銀行ノ重役ト全然同一ノ立場ニ置カレテ居ルト云フコトガハッキリ致シテ居リマス（拍手）又第六條ニハ「監理官ハ其ノ所監銀行ガ條例、法律、命令若ハ定款ニ背戾シ又ハ」是カラガ注意ヲ要スル點デアリマス、「公益ヲ害スル行爲アリト認ムルトキ速ニ大藏大臣ニ具申シ其ノ指揮ヲ請フヘシ」ソレカラ其次ニハ「監理官ハ其ノ所監銀行ノ業務ニ付之レヲ制止シ又ハ制限スルノ必要アリト認ムルトキハ速カニ大藏大臣ニ具申シ其ノ指揮ヲ請フヘシ」斯樣ニナッテ居リマスカラ、此帝人株竝ニ神鋼株ニ付テ、臺灣銀行ガ持ッテ居リマシタモノヲドウ云フ風ニ處分スレバ宜シイカ、現在臺銀ノ持株タル此會社ハ、如何ナル營業狀態デアルカト云フコトハ、大藏省ニ於テハハッキリト分ッテ居ル筈デアリマス、斯樣ニ分ッテ居ルトスレバ、帝人會社ニ付テハ六割三分モ利益ガアリ、六百何十万圓ノ利益ヲ擧ゲテ居ルト云フコトモ無論大藏省ハ承知ノ筈デアル、又神戸製鋼所ノ株ニ付テ申シマシテモ、是ハ近頃ハ主トシテ軍需品ノ註文ガアリマスケレドモ、軍需品ヲ拔キニ致シマシテモ、多種多樣ノ機械ヲ製造致シマスカラ、縱シ軍需品ノ註文ガナクナリマシテモ、他ノ工業ニ依リ十分ニ成績ヲ擧ゲルコトガ出來ルコトニナッテ居ル、サウシテ又其利益ハ近年莫大ナル利益ヲ得テ居ッテ、營業狀態ハ頗ル宜シイト云フコトハ「ダイヤモンド」或ハ東洋經濟、是等ノ經濟雜誌ヲ見マシテモ、詳シク其營業狀態ヲ載セテアリマス、斯樣ナ有利ナ株ヲ臺銀ガ持ッテ居ルノデアリマスカラ、此有利ナ株ニシテ、而モ其金額ハ頗ル大キイノデアルカラ、之ヲ處分スルニ當ッテハ、島田頭取ガ獨斷ヲ以テヤルト云フコトハ恐ヲクハナイデアラウ（拍手）斯樣ニ見ルコトハ常識上當然ノコトデアリマス、銀行

局長ハ勿論ノコト、又事務次官タル黒田氏ノ名前ガ出テ居リマスカラ、恐ラクハ黒田次官ノ了解ナシニ島田頭取ガ勝手ニヤルコトハナイノデハナカラウカト云フ疑ヲ持ツト云フコトハ、是ハ無理ナ疑デハナクシテ、常識アル者ノ當然ノ疑デアルト私ハ信ジマス(拍手)併シ又大藏次官ダケデヤレタデアラウカ、モウ一ツ有力ナル力ヲ必要トスルノデハナカラウカト云フコトガ一ツノ問題トナルノデアリマス、處分ヲセラレタ後ガ公正ナル處分ニナッテ居レバ異論ハアリマセヌケレドモ、少々大膽ナ遣リ方デアリマスルカラ、餘程有力ナ人ガ背後ニ見テ居ルノデナケレバ、ソレダケノコトハ出來ナイノデハナカラウカ(拍手)斯樣ニ考ヘザルヲ得ナイ、試ニ臺灣銀行ト引受代表者タル河合良成トノ間ニ取替シタ人絹株ノ賣買契約書ヲ見マスルト、斯ウ云フ風ニナッテ居リマス、是迄ハ十一万株ト云フコトニナッテ居リマシタガ、此契約書ヲ見レバ十万株ニナッテ居ル、一万株ハ恐ラクハ別ニ處分ヲセラレタモノデアルト見エマス(拍手)此十万株ニ付テ五十圓ノ拂込ヲ百二十五圓デ賣ッテ居ル、而モ百二十五圓ノ内一圓ハ手數料トシテ拂フト云フノデアリマスルカラ、臺銀ノ取高ハ結局百二十四圓ニナリマス、サウシテ上半期ノ利益ハ當然臺銀ノ收得スベキモノデアルト云フコトハ申ス迄モアリマセヌガ、此契約書ニ依レバ、上半期ノ配當金ハ、引受團ノ所得トスルト云フコトニナッテ居ル、ソレカラ增資ノ新株ノ割當ヲ爲シタル時モ、矢張引受團ノ所得トスルト云フコトニナッテ居リマス、尙ホ此契約書ニハ配當ハ一割五分デアルト云フコトニ決メテ居リマスカラ、是ダケハ絶對安全デアル、サウシテ尙ホ此株ノ相場ヲ上ゲル爲ニハ、取引所ノ場ニ上スト云フコトガ一ツノ條件ニナッテ居リマシテ「帝人株式ヲ東京及大阪兩株式市場ニ建株トシテ上場ノ手續ヲ執ルコト」斯樣ニナッテ居リマスルカラ、世間ニ分リマセヌケレドモ、契約當事者ノ間ニ於テハ頗ル有利ナル保證ガアルノデアル、尙ホ不思議ナコトハ「第一條株式受渡後直チニ帝人ヲシテ增資ノ手續ヲ執ラシメ五月三十一日現在株主ニ對シ舊株式參株ニ對シ新株式貳株ヲ割當ルコト」斯ウ云フ風ニナッテ居リマス、詰リ配當率ハ一割五分デアルト云フコトヲ契約ニ保證ヲシテ居ルシ、其株ハ取引所ノ場ニ上ルノデアルト云フコトモ分ッテ居ル、尙ホ增資ヲシタ株ハ三株ニ對シテ二株ヲ割當テルト云フコトニモナッテ居ルノデアルカラ、是程結構ナコトハアリマセヌ、併シ之ヲヤルノニハ受渡ノ期限ハ昭和八年ノ六月十日デアリマスケレドモ、六月ノ十日ニ名義書換ヲシタノデハ、ソコニ支障ヲ生ジマスカラ、前月ニ遡ッテ五月ニ名義書換ヲシテ居ルト云フガ如キコトハ、何トシテモ此間ニ正シカラザル行動ノアルト云フコトヲ推測シナケレバナラヌ、此點ハ恐ラク何人モ辯解ハ出來ナイデアラウト存ジマス(「關係ガナイヂヤナイカ」ト呼フ者アリ)關係ガアルカナイカ能ク聽イテ居ルト分リマス、神戶製鋼所ノ株ハ昨年ノ十二月ノ二十七日ノ契約ニナッテ居リマス、此會社ノ有望ナルコトハ疑ニ申シタ通リデアリマスガ、十二月ノ二十七日ト云フ押迫ッタ時ニ此契約ガ取結バレテ、此株ハ漸次上リマシテ八十圓ニモ間ナシニナッテ居リマス、聞ク所ニ依レバ一株五十五圓ト云フコトニナッテ居ルガ、最初ハ四十一圓デ賣買ヲスルト云フコトニ一旦取極メガ出來タ、然ルニ山一證券ト云フモノガ玆ニ現ハレテ來テ、手數料モ宜シイ、値段モ高ク買ハウ、斯ウ云フコトガ現ハレテ來マシタカラ、四十一圓ガ十四圓モ一遍ニ飛上ッテ五十五圓ニナッタト云フコトデアル、若シ果シテサウナラバ、二十二万株ニ付キマシテハ三百何万圓ト云フ差額ヲ生ズルノデアリマス、隨分荒ッポイ商賣ヲスルモノデアル、十二月ノ二十七日ニ押迫ッテ契約ヲシテ、此履行期ハ何時デアルカト云フト一月ノ八日デアリマス、正月ノ休ミヲ中ニ挾ンデ、一月ノ八日ニ取引ヲシタノデアル、天下多數ノ人ハ、年ノ瀨ガ越セルカ越セナイカト云フコトデ懊惱シテ居ル時代ニ、此關係者ダケハ好イ正月ヲシタト云フコトヲ想像ガ出來ル、斯ウ云フコトガ一體銀行ノ當事者タル島田ダケデ出來マセウカ、又黒田次官ガ承知シテ居ルコトハ想像ニ難カラヌノデアルガ、モウ少シ世間ノ噂ノ通リ何者カアルノデハナカラウカト云フコトヲ申サヾルヲ得ヌノデアリマス(拍手)

是カラ以下ハ私モ實ハ甚ダ申上ゲ惡イ……

(發言スル者アリ)

○國務大臣（高橋是清君）　小笠原君ヨリ洽洽十箇條ハカリニ付テノ御質疑ガアリマシタガ、中ニハ隨分同意ノ點ガ澤山アリマシタ、併シ其根本ニ於テ御斷リヲシテ置キタイノハ、兎角米國ノ今日ノ内外ノ經濟狀態ノ激變ノアル際ニ於テ、米國ガ執リツヽアル所ノ國策ヲ根基トシテ、サウシテ我國ニ於テモサウ云フコトヲシタラドウカト云フ御考ガアルヤウニ承ハル、ソレ故ニ當局ノ考トハ違フ點モアルカモ知レナイ、先ヅ大體申シテ置キマスガ、米國ノヤリ來ッタコトヲ能ク御調ニナッテ居リマセウガ、悉ク今日マデハ皆之ヲ試驗的ニヤッテ居ル、幸ニ「ルーズベルト」大統領ハ非常ナ勇氣ガアリ、又強イ信念ガアッテ、之ニ加フルニ未ダ曾テ米國大統領ノ得タコトノナイ廣汎ナル政治上ノ權能ヲ議會カラ與ヘラレテ居ル、而シテ何十億ト云フ巨額ノ金マデ、自由ニ使フコトノ出來ルヤウナ權能ヲ貰ッテ居ル、而シテ就任以來種々ナ政策ヲ行ッテ居リマスルガ、未ダ其目的ヲ達シナイノデアル、併ナガラ國民ハ之ニ對シテ決シテ叱言ハ言ハヌ、兎ニ角誠心誠意、非常ナ勇氣ヲ以テ國家ノ爲ニ盡シテ居ルノダカラ、先ヅ之ニヤラセルガ宜イト云フコトデ、ソレ故ニ此政策ヲヤッテ、其目的ガ達セラレナケレバ、忽チソレヲ變ヘテ又別ノ政策ヲ樹テル、一番初ハ通貨ヲ殖シテ、何事ヲ措イテモ物價ヲ騰貴サセルト云フコトガ第一ノ目的デアッタ、今日以テ未ダ其目的ハ達セラレテ居ラヌノデス、元々私ナドガ考ヘマスト、唯通貨ヲ殖ヤシ、一方ニ於テハ勞働ノ時間ヲ縮メ、サウシテ勞働ノ時間ヲ縮メルノミデハナイ、其賃銀マデモ割合ニ殖ヤシテヤル、サウシテ失業者ヲ無クナサントシタノデスガ、是ガ將來ドウナリマスカ、一方ニ於テ心配スル人達ハ、賃銀ヲ餘計取ラシテ、働ク時間ヲ減シテ、サウシテ失業者ヲ無クナサウト云フ政策ハ、是ハ一方カラ言ヘバ、非常ニ非難攻擊ガアルノデス、成程今マデ五人デシテ居ッタ仕事ヲ、時間ヲ減ラシテ、一人分ソコニ餘裕ヲ生ジテ六人ニ使フ、サウシテ一方ニ於テハ反對ニ其賃銀ヲ――最低賃銀ヲ決メテ殖ヤシテヤル、ソレハ一時ハ職工ハ宜イカモ知レナイガ、其結果ガ經濟界ニ物價ヲ高メテ、サウシテ不景氣ヲ回復スルト云フコトニハ、ドウモ行カナイト云フノデアリマス、近頃ハソレ故ニ、一方ニ於テハ非常ニ「インフレーション」ヲ奬メル人モアルガ、ソレハイカヌト云フコトヲ、最早大統領モ十分ニ承知シテ居ルノデアル、又例ヘバ銀ノ問題デ御話ガアリマシタガ、是ハ御承知デアリマセウガ、民主黨ノ政府デアリマス、而シテ米國中ノ最モ銀ノ産出ノ多イ七箇國ト云フモノハ、是ハ民主黨デアル、是等ノ投票ヲ得テ民主黨ガ今日天下ヲ取ッタノデアル、而モ從來銀ノ値ト云フモノガ非常ニ下ッタ爲ニ、銀ヲ主トシテ産出スル國々ノ、銀ノ鑛山業ト云フモノハ非常ニ衰微シタ、資本家モ非常ニ困ッテ居ル、ソレ故ニ民主黨政府ニナルト、忽チ銀ノ値ヲ高メヨト云フ要求ガ、一方ニ於テハ非常ニ強イ、サウ云フ關係ガアッテ、亞米利加ハ亞米利加トシテ、相當ナ事情ノ下ニ時々政策ヲ樹テ、行クノデアリマスルカラシテ、未ダ結果モ十分ニ現ハレナイノヲ取ッテ、我國ガソレヲ御手本トスル譯ニハ行カナイ、又亞米利加ノ通貨デモサウデス、今日ソレナラバ、亞米利加ノ弗ガ切下ゲラレテ、アレデ續クカ、マダ大統領ハ更ニ一割、金ノ含有量ヲ減ラスダケノ權能ヲ有ッテ居ル、是ガ歐羅巴邊リデ今日矢張心配デアル、米國ハ兎ニ角最初ハ世界ヲ指導シテ平和ノ世界ニスル、軍備モ十分ニ縮小シテ、サウシテ國民ノ負擔ヲ輕クシテ、米國ノ貸シタ戰債ナドヘ、十分ニ取レルヤウニシタイト云フノガ願デアル、併ナガラ今日ハ、モウサウ云フコトハ、米國ガ指導シテ他國ヲ誘フト云フ譯ニハ行カナクナッタ、故ニ自國ノコトヲ先ヅヤラナケレバナラヌ、自給主義ヲ執ラナケレバナラヌヤウニナッテ來タ、大體サウ云フコトデアリマスカラシテ、必ズ米國ト――或ハ英國モ其通リ、何等彼等ノ執ッタ財政政策ヲ、直チニ我國ガアレヲ執ッタラ宜カラウト云フコトハ、私ハ承服ハ出來ナイ、殊ニ英國ノ如キハ、金塊ノ市場ト云フモノハ、世界中ノ市場トシテ倫敦ガアル、米國ノ如キハ、マダアレダケノ國デアルケレドモ、世界的ニ金ノ市場ト云フモノハ開設サレテ居ラナイ、サウ云フ事情ヲモ考ヘテ、我國ノ爲替相場ニ關スルコトモ研究シナケレバナラヌ、金ノ保有ノコトニ付テモ研究シナケレバナラヌ、我國ハ我國ノ特殊ノ事情ニ適應シタ考ヲ以テ、此政策ヲ樹テナケレバナラヌ、是ハ私ト小笠原君ト意見ノ違フ所ガアルカモ知レヌガ、ソレハ根本ニ於テ今ノヤウナコトガアルガ爲ニ違フデアラウト云フコトヲ、先ヅ大體申上ゲテ置ク

第一ニ亞米利加ノヤウニ、金ノ國家管理ヲスル考ハ私ハ有ッテ居リマセヌ、ソレカラソレニ付テ、將來國際間ノ收支ヲ決算スル爲メ――清算スル爲ニ使ハレル通貨ト云フモノハ金ニ決ッテ居ル、サウ云フ御意見デアリマス、ソレハ私モサウ考ヘテ居ル、將來國際間ノ通用金トシテ定マル所ノモノハ金デアラウ、或ハ若シ亞米利加ノヤウナ說ガ聽入ラレルナラバ、或ハ金銀兩方ニナルカモ知レヌ、兎ニ角是ハ世界中各國共ニソレデ一致シナケレバ――同意シナケレバ、一國デ世界共通ノ通貨ヲ定メルト云フコトハ出來ルモノヂヤナイ、ソレカラ金ノ此度ノ買入値段標準ハ何處ニ置クノカ、此標準ヲ何處ニ置クノカト云フ意味ハ、或ハ各國トノ關係ノ爲替相場、サウ云フ爲替相場ニ關係ナク、日本ハ日本デ自主的ニ金ノ相場ヲ定メタラ宜カラウ、斯ウ云フ意味カモ知レナイ、サウモ取レタケレドモ、サウ云フコトハ我國トシテハ出來ナイ、今日ハ亞米利加ハ三十五弗、ソレデモマダ世界ノ人ハ皆疑ッテ居ル、前申ス通リ、更ニ一割ノ切下ノ權能ヲ持ッテ居ルノダカラ、今切下ゲタ金弗デ尚ホ外國トノ爲替ノ上ニ於テ十分ニ效ヲ奏サナイ、亞米利加ノ弗ガヤハリ依然トシテ他所ノ國ニ對シテ、

稍、高キ價ヲ維持シテ居ルト云フコトナラバ、更ニ金ノ分量ヲ一割減ラスカモ知レナイト云フコトヲ、皆懸念シテ居ル位デアル、ソレ故ニ我國トシテハ、自國デ以テ自守的ニ金ノ價ヲ定メルト云フコトハ出來ナイノデアリマスルカラ、金ヲ今日保有スル爲ニ買上ゲルト云フコトニ付テハ、何處ニ共標準ヲ置クカト云ヘバ、比較的我國ノ爲替相場ト、餘リ變化ヲ多クシナイ所ノ國ノ爲替相場ニ依ッテ、先ヅ之ヲ標準トシテ行クヨリ外ニ仕方ガナイ、今日ノ所デハソレ故ニ磅英貨デス、幸ニシテ我國ノ爲替相場ハ磅ニ對スル爲替相場ハ、餘リニ變化ガナイノデス、先ヅ之ニ依ッテ金ヲ買入レヽバ、卒ザ金ノ要ルト云フ時ニハ、ソレヲ倫敦ニ持ッテ行ケバ、彼處ガ先刻申ス通リ世界的ノ金ノ市場デアル、何時デモ賣レルノデアル、外ニ持ッテ行ッテハサウハ行カナイ、ソコデ金ノ公開市場ト云フヤウナ御話ガアッタガ、日本ハマダ世界ニ對シテ金ヲ引受ケ、或ハ自國デ生ズル金ヲ本ニシテ、世界中ニ向ッテ金ノ賣買ヲスルヤウナ、自由ナ市場ガ我國ニアルト云フコトハ――サウ云フ位置ニナレバ結構ダガ、マダ日本デサウ云フコトヲ聲明シタッテ、誰モソンナコトヲ信ジヤシナイ

第三ニハ、今度ノ金ノ買入ヲスル眞ノ目的ハ奈邊ニアルカト云フヤウナ、御尋ラシカッタ、是ハ即チ金本位ニ復歸スルト云フコトヲ、目的トシテ居ルノデアルカト云フ御尋デアル、是ハ理想トシテハ、早ク世界中皆金本位ニ復歸シテ、爲替相場ガ安定シテ、サウシテ互ニ此貿易、有無相通ズル途ノ自由ニ開ケルコトヲ望ムト云フコトハ、我國ノ從來執ッテ來タ所ノ政策ノ方針デアル、早ク世界ガサウナッテ呉レヽバ宜イト思フガ、自ラ指導者トナッテ之ヲ導ク位置ニハ、日本ハマダ立ッテ居ラヌノデアル、早ク世界中ガサウ云フコトニナッテ呉レヽバ宜イト云フコトハ希望シテ居ル、故ニ金本位ノ復歸ト云フコトハ、理想トシテハ希望シテ居ルノデアリマス、所ガソレニ付テ此法案ノ中ニ、政府ハ必要ナ時ニハ、日本銀行ヲシテ買ハシメタ所ノ金ヲ、又元値デ買戻スト云フコトガアル、ソレハ即チ我國ノ爲替相場ノ暴落ヲ防グ爲ニ、サウ云フコトヲスルノデアラウ、斯ウ考ヘテ、ソレハマア宜シクナイト云フ意味ノ御尋デアル、是ハ今我國トシテハ、爲替相場ガ下ルカラ、之ヲ下ラヌヤウニ喰止メル、或ハ高過ギルカラ之ヲ下ゲナケレバナラヌト云フ所作ヲ取ル方法ハ、殆ド無イノデアリマス、唯併シ此爲替相場ガ、昨年アタリハ下リ出シテ來ルト云フト、或ハ何處マデ下ルカモ知レヌト云フヤウナ、恐怖ノ念ガ財界ニ生ズル、不安ノ念ヲ生ズル、餘リ急激ニ下落シテモ困ルノデアル、其當時幾ラカ政府ガ爲替ヲ經テ公債ノ利拂等――海外ノ支拂ヲ爲替ニ依ッテスルコトヲセズシテ、買入レタ金ヲ輸出シタト云フコトハ、急激ニ爲替相場ノ下落スルト云フ共勢ヲ、幾ラカ挫イタヾケノ利益ハアルノデアリマス、併ナガラ今日日本銀行ヲシテ金ヲ買ハシムルト雖モ、爲替相場ノ騰落ヲ調節スル爲ニ、此金ヲ用ヒルト云フコトハ、今ノ所デハ考ヘテ居ラナイ、唯爲替相場ノ上ニ於テ一番注意シナケレバナラヌコトハ、貿易ノ輸出入ノ關係、貿易以外ニ海外カラ受取ルモノ、又海外ニ支拂フモノ、此關係ガ一番大切ナンデアル、若シ我國ガ輸出スルモノヨリハ――輸出品ノ代金ヨリハ、餘計ナ輸入品ヲ取入レルト云フコトニナレバ、勢ヒ我國ノ爲替相場ハ下落スル、ノミナラズ何トシテモ之ヲ支拂ハナケレバナラヌ、支拂フノニハ、外國ニソレダケノ品物ヲ賣ッテ支拂ヘバ宜イケレドモ、御承知ノ通リニ、中々他所ノ國ハ皆自給主義ヲ執ッテ居ル今日デアリマスカラ、如何ニ我國ノ品物ガ良ク出來テモ、値段ガ安クテモ、自由ニ彼等ノ市場ニソレヲ持込ムコトノ出來ナイト云フヤウナ情勢デアルコトハ、申ス迄モナイノデアリマス、シテ見レバ常ニ此貿易及ビ貿易以外ノ海外トノ取引上ニ於テ、成ベク均衡ヲ保ツヤウニ注意ヲシナケレバナラヌ、若シ貿易上ニ於テ、ドウシテモ輸出ヨリモ輸入ガ超過スル、而シテ共勢ガ中々已マナイ、或ハ今足リナイ所ノ我ガ金貨マデモ持出シテ決濟ヲシナケレバナラヌカ、或ハ又非常ナ高利ナ外債デモ更ニ借リテ、決濟デモシナケレバナラヌト云フヤウナ破目ニナルト云フコトハ、何トシテモ是ハ防ガナケレバナラヌ、共場合ニ於テハ、今日迄ハ爲替管理法ニ依ッテ、多少貿易ノ制限モ出來ルコトニナッテ居ルガ、尙ホソレデハ十分デナイカラシテ、外國ノ變化ニ應ズル爲ニ、適當ナ處置ヲ取ル爲ニ、今日此法ヲ立テ、今考究ヲ致シテ居ル譯デアリマス、ソレ故ニ現在ノ所デハ、正貨ノ移動ニ依ッテ國際ノ收支ノ權衡ヲ維持スルト云フコトハ、出來ナイ狀態ニアルノデアル、買フモノヲ控ヘルカ、何トシテモ餘計賣ルコトニ努メルカ、品物ニ依ッテ調節スルヨリ外ニ途ハナイノデアリマス

ソレカラ爲替平衡資金ヲ設置スル考ガアルカト云フ御尋デアリマス、是ハ若シ他日平價ノ切下デモシタナラバ、即チソレデ金本位ニ復歸スルト云フコトニナル、金本位ニ復歸セズニ、唯徒ニ平價ヲ切下ゲタッテ意味ハナサヌノデアル、平價ノ切下ヲスルト云フコトハ、之ニ由ッテ金本位ニ復歸シテ、自由ニ金ノ出入ヲ許スト云フコトニナッテ、初メテ共效果ガアルノデアル、共甲斐ガアルノデアル、而シテ共場合ニ於テ矢張貿易ニ負ケル、或ハ貿易以外ノ收支ノ計算ニ於テ、我ニ不利益ナル場合ニ於テ、一時ニ爲替相場ガ下ル、或ハ共國ノ金貨ノ價ガ下ルト云フ場合ニ、之ヲ防グガ爲ニ衡平資金ト云フモノヲ使用スルノデアリマス、マダサウ云フ世界ノ形勢デアル時ニ於テ、我國ハ金本位ニ復歸スル、平價ノ切下ヲスルト云フコトヲ斷行スル時期デハナイト思フ、サウ云フ位置ニ我國ハ進ンデ居ラヌノデアル、各國共ニ國際間決濟ノ通貨ガ一定シ、爲替相場モ安定シテ、サウシテ貿易モ稍ヽ自由ニナルト云フ形勢ガ共處ニ現ハレタ時、初メテ我國ハ進ンデ共仲間入リヲスルコトガ出來ルノデアル

ソレカラ第五ニハ、民間ニ保有シテ居ル金ヲ、政府ニ於テ之ヲ引上ゲル考ガアルカ、啻ニ民間バカリデハナイ、臺灣銀行或ハ朝鮮銀行ニ於テ、準備トシテ 持ッテ居ル所ノ此金貨ヲ政府ハ引上ゲル、サウ云フ考ガアルカト云フコトデアル、臺灣銀行、朝鮮銀行ノ金貨準備ト云フモノハ、金貨共モノニ非ズシテ、日本銀行ノ兌換券ガ共準備ニナッテ居ルノデアリマス、ソレカラ民間保有ノ金ヲ引上ゲルト云フヤウナ考ヘ、今日私ハ有ッテ居リマセヌ、若シ民間ニシテ、只今仰セラレタ通リ、澤山ニ金デモ仕舞ヒ込ンデ居ッテ、輸出ハ出來ナイノデスカラシテ、運用ノ仕方ガナイカラ、金ノ棒ナリ金塊ヲ

持ッテ居ル人ハ、唯土藏ニデモ仕舞ッテ置クヨリ仕方ガナイ、幸ヒサウ云フモノガ澤山アリマスルナラバ、是ハ今日之ヲ引上ゲル時期デハナカラウ、國家一朝事デモアッタ場合ニハ、ソレハ引上ゲルコトハ宜シウゴザイマセウ

偖テ今回海外ヘ、從來ノ通リ買入レタ金ヲ輸出スルコトヲセズニ、國內ニ保有スルト云フコトニナッタ以上ハ、何カ通貨政策ニ付テ明確ナ政策ガアルノカト云フ御尋デアリマスルガ、今般此金ヲ內國ニ保有スルコトニナッタト云フコトニ付テ、差當リ是ガ爲ニ通貨ノ上ニ付テ、ドウ云フ政策ト云フコトハナイノデス、通貨ノ數量ニ付テ、サウ云フ御考ガアルノデアリマセウガ、是ハ質疑者モ洵ニ穩健ナ御考デ、經濟界ノ狀態ニ適當シタ通貨ノ分量ヲ維持スルコトガ、必要ダト云フ意味ノヤウニ聞エマシタガ、全ク其通リデ、今日迄政府ノ執ッテ居ル所ノ政策ハ、初カラ申ス通リ、商工業ノ取引ニ於テ必要ナ通貨ハ供給スル、或ハ投機ニ走ッタリ、不必要ナ通貨ヲ世間ニハ出サナイ積リデアル、即チ統制ノ通貨デアル、今日ハ其通リヤッテ居ルノデアリマス、ソレ故初メハ政府ガ七億カ八億ノ、十億足ラズノ公債ヲ募集シテ、ソレヲ使ッタ日ニハ洵ニ「インフレーション」ニナッテ、大變ニナルト云フ杞憂ヲ抱イタ人モ澤山アル、偖テ今日二箇年バカリ經ッテ、ドウ云フ有樣デアルカ、決シテ其弊害ヲ認メナイ、サウシテ物價モ徐々ト騰貴シテ行ク、ソレデスカラ物價ニモ急激ナ變化ヲ與ヘズ、投機思惑ヲ助長スルヤウナコトモナイヤウニ注意シテ、通貨ノ統制ヲ圖ッテ、自然ニ少シヅヽ物價ガ騰ガル、自然ニ少シヅヽ物價ガ騰ガルト云フコトハ、豫テ屢〻申ス通リ、國民ノ勞務ノ値ガ高マッテ行クノデアリマス

又其次ニ平價ノ切下ヲ將來ニ於テ豫想シテ居ル以上ハ、其程度ト時期ハドウデアルカト云フ御尋デアル、是ハ御尋ナサッタ小笠原君モ、多分明ニハ答辯出來ニクカラウト云フ御推察ノ通リ、其時期程度ト云フコトハ、今茲ニ明言スル限リデハナカラウ、又サウ云フコトハ言ヘナイシ、今ハ言ヘル譯ノモノデナイ、ソレ故ニ小笠原君自身、今時期デハナカラウ、今後ヤルニシテ見タ所ガ、慌テヽサウ云フコトヲスベキモノデナイト言ヘレル、洵ニ其通リデ私モサウ考ヘテ居ル

又第七ニハ、國內ニ金ヲ保有スル、ソレガ爲ニハ外國カラデモ金ヲ買ウニ付テ、積極的ニドウシテ金ノ保有高ヲ殖スカト云フ御尋デアル、其御心配ノ、國家有事ノ時ニ於テ、イマ日本銀行ガ所有シテ居ルヤウナ金ノ數量デハ、如何ニモ憂慮ニ堪ヘヌト云フコトハ、成程其通リ御考ニナルノモ無理ハナイ、國家有事ノ時ニ、僅ニ四億足ラズノ金保有シカ我國ニナイト云フコトニナレバ、洵ニ心細イ、併シ能ク考ヘテ見マスレバ、今日國家有事ト云フコトハ、何レ外國トノ戰爭ト云フコトヲ想像サレルノデアラウ、今日世界ノ情勢ハドウデアルカ、萬一サウ云フコトデモアレバ、果シテ金ガアッタカラト云ッテ軍需品ガ自由ニ買ヘルカ、恐ラクムヅカシカラウ、況ヤ今日ハ吾々ノ考デハ、出來ルダケ國家有事ト云フ所謂戰爭等ハ、外交ノ工作ニ依ッテ避ケネバナラヌ

ソレカラ第八ニハ獨リ金ノミナラズ、銀ニ付テノ考ハドウダト云フ、是ハ先程初メニ申上ゲタ通リ「ルーズヴェルト」大統領ノ銀ニ對スル關係ハ、是ハ亞米利加ノ特殊ノ國情、今ノ民主黨ノ大關係ノアル銀產地ノ議員ノ請求其產地ノ人々ノ請求ガ餘程強イノデアッテ、是ハ捨テヽ置ケナイノデアル、我國ニハ不幸ニシテ金モ銀モ世界ノ市場トナリ、世界ノ市場ニ持ッテ行クト云フ程ノ、多量ノモノハ未ダ出テ居ラヌ、銀ノ事ニ付テハ、ソレ故ニ私ハマダ何トモ考ヘテ居ラヌノデス

ソレカラ第九ニハ、此度ノ金買入ニ付テノ政策ヲ執ル以上ハ、金ガ海外ヘ出ナクナルノダカラ、爲替相場ガ益〻下落スルデアラウ、爲替相場ガ下落スレバ、今日既ニ外國デハ日本ノ品物ガ爲替相場ガ下ッテ居ルガ爲ニ海外ヘ安ク出テ、吾々ノ產業ヲ妨ゲルト云フ非難攻擊ノ的ニナッテ居ル、此我國ノ爲替相場ガ益〻下ッテ來ル、サウスレバ貿易ニ非常ニ妨ゲニナルデハナイカ、ソレ故ニ日本ハ日本トシテ爲替相場ヲ公定シタラ宜カラウト云フ御趣意デアル、洵ニ日本自身ガ總テノ國ニ對シテ、日本ノ爲替相場ト云フモノヲ安定スルコトガ出來タナラバ、ソレ程仕合ナ事ハナイケレドモ、ソレハアノ強力ナル亞米利加ニシテスラ出來ズ、英國ニシテスラ出來ズ、佛國ニシテモ出來ナイデ、今日ドウデアラウカト心配ヲシテ居ル位デアル、迚モ我國ニ於テ自主的ニ、爲替相場ヲ海外諸國ニ向ッテ安定スルナド、云フコトハ、是ハ出來ナイ相談デス

以上大概御質疑ニ對シテハ、御答ヲ致シタ積リデアリマス、併シ大體御質疑ノ中ニ色々御意見ノアッタ所、御誠意ノ在ル所ニ付テハ、私ト少シモ變ラヌ所ガ多カッタヤウニ考ヘマス、其點ニ付テハ私ハ大ニ喜ンデ居ルノデアリマス(拍手)

昭和九年三月十一日

衆議院議事速記錄第二十一號

請願特別報告第一五四號

意見書

請願文書表第九七一號

日露戰役當時城津在留民被害救濟ノ請願　朝鮮元山府海岸通六丁目二十三番地漁横山喜太郎呈出（紹介議員牧山耕藏君外二名）

右請願ノ要旨ハ日露戰役當時韓國城津引揚ニ際シ城津在留民ノ被リタル損害ハ實ニ甚大ナリ然ルニ他ノ地方在留民ノ引揚ニ際シテハ海陸共ニ救恤ノ恩典ニ浴シタルニ拘ラス獨リ城津在留民カ三十年後ノ今日猶其ノ恩典ニ浴セサルハ甚タ遺憾ニ堪ヘス依テ前記城津在留民ニ救恤金ヲ下附セラレタシト謂フニ在リ

衆議院ハ其ノ趣旨ヲ至當ナリト認メ之ヲ採擇スヘキモノト議決セリ依テ議院法第六十五條ニ依リ別冊及御送付候也

昭和九年三月十一日

衆議院議事速記錄第二十一號

請願特別報告第二三三號

意見書

請願文書表第一二七四號

北海道北鮮諸港間命令定期航路開設ノ請願　函館市長坂本森一外四名呈出（紹介議員林儀作君外二名）

右請願ノ要旨ハ新興滿洲國ノ急激ナル發展ヲ爲セルニ當リ近距離且有利ナル北鮮諸港ヲ階梯トシテ滿蒙ニ商歩ヲ進ムルハ北海道ノ對滿貿易策トシテ寔ニ時宜ヲ得タルモノト信ス而シテ函館市ハ夙ニ北滿地方ニ著目シ函館北鮮線指定航路ヲ開設シ物貨運送ニ努力シ來リタルモ是レ永ク一市ノ施設ニノミ委スヘキモノニ非ラス依テ北海道北鮮諸港間ニ國費ニ依ル政府命令線トシテ定期航路ヲ確立シ以テ本道ノ對滿貿易進展ニ資セラレタシト謂フニ在リ

衆議院ハ其ノ趣旨ヲ至當ナリト認メ之ヲ採擇スヘキモノト議決セリ依テ議院法第六十五條ニ依リ別冊及御送付候也

臨時米穀移入調節法案

臨時米穀移入調節法

第一條　政府ハ朝鮮米及臺灣米ノ內地移入數量ヲ調節スル爲本法ニ依リ昭和十年三月三十一日迄朝鮮米及臺灣米ノ買入ヲ行フコトヲ得

第二條　前條ノ規定ニ依リ買入ルル米穀ノ價格ハ勅令ノ定ムル一定價格以內ニ於テ時價ニ準據シテ之ヲ定ム

第三條　政府ハ勅令ノ定ムル所ニ依リ第一條ノ規定ニ依リ買入レタル米穀ノ賣渡、貯藏及加工ヲ爲スコトヲ得

第四條　前條ノ規定ニ依ル賣渡ノ價格ハ時價ニ準據シテ之ヲ定ム

第五條　本法ニ依ル朝鮮米及臺灣米ノ買入、賣渡、貯藏又ハ加工ニ關スル一切ノ歲入歲出ハ米穀需給調節特別會計ニ屬セシム

附　則

本法施行ノ期日ハ勅令ヲ以テ之ヲ定ム

政府所有米穀特別處理法案

政府所有米穀特別處理法

第一條　政府ハ米穀ノ新規利用ニ關スル試驗研究ノ用ニ供スルトキ又ハ米穀ノ新規用途ノ開拓ノ爲必要アルトキニシテ米穀ノ市價ニ影響ヲ及ボサザル場合ニ限リ勅令ノ定ムル所ニ依リ米穀需給調節特別會計ニ屬スル米穀ヲ處分スルコトヲ得

第二條　前條ノ規定ニ依ル米穀ノ處分ニ關スル重要事項ハ農林大臣米穀處理委員會ニ諮問シテ之ヲ定ム

米穀處理委員會ノ組織ハ勅令ヲ以テ之ヲ定ム

第三條　第一條ノ規定ニ依ル米穀ノ處分ニ關スル一切ノ歲入歲出ハ米穀需給調節特別會計ニ屬セシム

附　則

本法施行ノ期日ハ勅令ヲ以テ之ヲ定ム

米穀需給調節特別會計法中改正法律案

米穀需給調節特別會計法中左ノ通改正ス

第四條ノ三中「七億圓」ヲ「八億五千萬圓」ニ改ム

第六條ノ二　米穀ノ數量又ハ市價ノ變動ニ基ク買入數量ノ增加其ノ他避クベカラザル事由ニ因リ生ジタル豫算ノ不足ヲ補フ爲歲出豫算ニ豫備費ヲ設クルコトヲ得

附　則

本法ハ昭和九年度ヨリ之ヲ施行ス

政府ハ當分ノ內必要アリト認ムルトキハ勅令ヲ以テ第四條ノ三ニ定ムル證券及借入金ノ額ヲ通ズル最高金額ヲ三億圓ノ範圍內ニ於テ增額スルコトヲ得

（國務大臣後藤文夫君登壇）

○國務大臣（後藤文夫君）　只今議題トナリマシタ三案ヲ總メテ御說明申上ゲタイト思ヒマス、第一ニ臨時米穀移入調節法案ノ提案理由カラ申上ゲマス、昭和九米穀年度、即チ昨年ノ十一月カラ今年ノ十月末日ニ至リマスル此期間ニ於ケル內地ノ米穀ノ生產額ハ七千万石ヲ超エマシテ、洵ニ未曾有ノ大豐作ヲ現出致シタノデアリマス、之ニ加ヘマシテ年々增加シテ參リマシタ朝鮮米及ビ臺灣米ノ內地ニ移入セラレル數量モ、本米穀年度ニ於キマシテハ千二三百万石ヲ豫想セラル、ノデアリマス、且ツ前米穀年度カラノ持越高モ多量ニ存在致シマスノデ、內地ニ於キマスル米穀ノ需給關係ハ著シク供給過剩ノ狀態ヲ呈シテ居ルノデアリマス、然ルニ曩ニ御協贊ヲ得マシタ米穀統制法ガ、昨年ノ十一月カラ實施セラレマシテ、同法ニ依ル公定價格ノ買上ガ引續キ實行セラレマシタノデ、政府買入米ノ數量モ、季節調節ノ買入ト併セマシテ既ニ一千万石ヲ超ユルノ狀況デアリマス、籾ノ貯藏獎勵ノ施設ト相俟ッテ、斯ノ如キ供給過剩ノ情勢ニモ拘ラズ、米價ハ現在ノ狀態ニ維持セラレテ居ルノデアリマス、併ナガラ近年ノ如キ米穀ノ供給ガ過剩ナル狀態ニ於キマシテ、朝鮮米及ビ臺灣米ガ多量ニ內地ニ移入セラレマス時ハ、特ニ米價ヲ著シク壓迫スルコトハ申ス迄モナイコトデアリマス、之ヲ適當ニ調節スルコトハ頗ル緊要デアルト存ズルノデアリマス、仍テ朝鮮米及ビ臺灣米ノ內地移入數量ヲ、單ニ季節調節ニ止ラズ、稍、長期ニ亙ッテ調節スル爲ニ、內地ニ移入セラレル朝鮮米及ビ臺灣米ヲ政府ニ於テ特ニ買入レ得ルコトニ致シマシテ、別ニ朝鮮臺灣ニ於テ現ニ行ヘレテ居リマス籾ノ貯藏獎勵、籾ノ長期貯藏獎勵、粟其他雜穀ノ輸入調節等、移出減少ノ爲メ必要ナル諸施設ヲ併セ行ヒマシテ、差當リ朝鮮米、臺灣米ノ移入ノ調節ヲ期セントスルノデアリマス、尤モ右ハ臨時應急ノ施設デアリマスカラ、政府ハ引續キ朝鮮米、臺灣米ニ對スル根本對策ヲモ考究シ、速ニ成案ヲ得ルコトニ努メルコト、致シタイ、隨テ本制度ニ依ル買入モ本會計年度末迄ト致シタ譯デアリマス、以上ガ米穀移入調節法案ノ提案ノ理由及ビ其內容ノ要旨デアリマス

次ニ米穀需給調節特別會計法中改正法律案提出ノ理由ヲ御說明申上ゲマス、只今御說明致シマシタ米穀移入調節法竝ニ現行米穀統制法ノ圓滑ナル施行ヲ圖ラントスル爲ニハ、米穀需給調節事業資金ヲ相當增額スルコトヲ必要ト致シマス、又最近ノ米穀事情ヨリ考察致シマス時ハ、該事業資金ノ範圍內ニ於テハ、或ハ十分ニ目的ヲ達シ得ザル場合ヲモ想像シ得ラル、ノデアリマス、若シ斯ル場合ヲ生ジマシタ時ニ於テハ、更ニ其事業資金ヲ增額シ得ルノ途ヲ、豫メ議會ノ御協贊ヲ得テ置キタイト存ズルノデアリマス、仍テ米穀統制ノ遂行上、該資金ノ不足スルコトナキヤウニ致シタイト考ヘマス、尙ホ米穀統制上ノ必要ニ基ク米穀ノ買入數量等ハ、米ノ作柄ノ豐凶等ニ依リ著シク相違致シマスノデ、事業費等モ大體普通ノ場合ニ於ケル買入米穀ノ數量見込ニ依ッテ豫算ヲ致シマス、ソレ以上ノ必要ヲ生ジマシタ場合ニ於キマシテ、之ヲ補充增額スルコトガ適當デアラウト認メマシタノデ、本會計歲出豫算ニ豫備費ヲ設ケルコトニ致シタイト存ズルノデアリマス、以上ガ米穀

需給調節特別會計法ノ改正案ノ理由竝ニ要旨デゴザイマス

次ニ政府所有米穀特別處理法案提出ノ理由ヲ御說明申上ゲマス、我國ニ於ケル米穀ノ事情ハ今マデ申シタヤウナ譯デ、供給過剩ト云フ狀況デアリマスカラ、米穀需給ノ均衡ヲ得セシムル爲ニ、新規ノ用途ヲ開拓シ、需要ヲ增進スルコトガ必要デアルト考ヘラレルノデアリマス、之ガ爲ニ政府所有米穀ヲ新規利用ニ關スル試驗研究及ビ米穀ノ新規用途ノ開拓ノ爲ニ、米穀ノ市價ニ影響ヲ及ボサザル場合ニ限ッテ、特別ニ處分スルノ途ヲ開キタイト考ヘルノデアリマス、是ガ本案ヲ提出致シマシタ所以デアリマス、以上三案何卒御審議ノ上、速ニ御協贊アランコトヲ切望致シマス（拍手）

○**議長（秋田清君）** 質疑ノ通告ガアリマス、順次ニ之ヲ許シマス――三善信房君

（三善信房君登壇）

○**三善信房君** 私ハ只今付議セラレテアリマスル諸法案ニ對シマシテ、政府當局ニ質問ヲ致シタイト思フノデアリマス、先ヅ米穀對策ニ付キマシテハ、曩ニ豫算委員會ニ於テ齋藤總理ハ「朝鮮臺灣ニ米穀需給調節特別會計ヲ設置致シ、臺灣過剩米ノ買上ヲナス等、外地米調節ノ方法ヲ講ズルコト」又「米穀特別會計ノ借入限度ヲ擴張シ得ルノ方法ヲ設クルコト」「政府所有米ノ特別處理方法ヲ設クルコト」此三點ヲ述べラレマシテ、サウシテ之ヲ不日提案スルト云フコトヲ申サレタノデアリマス、吾々ハ齋藤總理ノ此言明ニ信賴致シマシテ、今回ハ此言明ノ趣旨ニ基キタル法案ノ御提出ガアルコト、信ジテ居ッタノデアリマス、然ルニ法案ノ內容ヲ親ッテ見マスルト、齋藤總理ノ言明ニ副ハナイ點ガ非常ニ多イノデアリマス、而モ第一ニ、臺灣朝鮮ニ米穀需給特別會計ヲ設置スルト云フ、其根本方針ガ既ニ違ッテ居リマシテ、唯今回ノ提案ハ內地ノ米穀調節資金ノ增額ニ止メラレタニ過ギヌノデアリマス、此點ガ齋藤總理ノ言明ト非常ナル相違ヲ來シテ居ルノデアリマス（「總理大臣ガ居ラヌ」ト呼フ者アリ）總理大臣ガ居ラレヌノデアリマスルガ故ニ、此事ハ總理大臣ニ改メテ質問ヲ致スコトニ致シマスルガ、斯樣ニ總理大臣ノ言明ト本日ノ提案トガ違ヒマシテハ――齋藤總理ガ此言明ト全ク相違シタコトヲスルト云フコトハ、政治道德上吾々ハ許スコトガ出來ナイト信ズルノデアリマス（拍手）斯樣ナコトヲ致シマシテハ、將來總理ノ言葉ニ信賴スルコトガ出來ナイヤウナコトヲ招來シハシナイカト信ズルノデアリマス（拍手）齋藤總理ノ御出席ガナイノデアリマスルガ故ニ、此點ハ總理ノ意見ヲ求メルコトガ出來ナイノヲ遺憾トスルモノデアリマスルガ、改メテ委員會等ニ於キマシテ、總理ノ御所見ヲ伺ッテ見タイト思フノデアリマス、此點ハソレニ止メテ置キマス

曩ニ米穀統制法制定セラレマシテ、之ニ依リマシテ最低價格ガ決定シ、政府ハ農民ノ希望ニ應ジマシテ、米ヲ買上ゲルノ途ヲ講ゼラレテ居ルノデアリマスルケレドモ、今日ノ米價ハ政府ノ期待ヲ裏切リマシテ、常ニ最低價格以下ニ廻ッテ居ルヤウナ狀態デアリマス、其原因ヲ調ベテ見マスルト、第一政府買上米ノ煩瑣ナ手數ガアリ、又倉庫ノ不足ヲ想ヘ、其根本ニ於テ米ガ過剩デアルト云フコトガ、農民ヲ刺戟致シマシク結果、今日ノ米價ガ常ニ最低價格ノ下廻リヲ致シテ居ル現狀デアリマス、特ニ外地米ノ移入ニ依リマシテ、內地米ヲ壓迫致シテ居ルト云フコトハ、爭ハレナイ事實デアルト私ハ信ズルノデアリマス（拍手）吾々ハ現在ノ米價ニ滿足スルモノデハアリマセヌ、農村ノ收支ガ相償ッテ居ナイト云フコトハ、私ガ申上ゲル迄モナク、既ニ御承知ノ通リデアルト思フノデアリマス、此米價ニ相當ノ利潤ヲ加ヘテコソ始メテ負債ノ整理モ出來、農村ノ振興モ期シ得ラレルト思フノデアリマス（拍手）此米價ノ維持、又價格ノ向上ヲナス爲ニハ、ドウシテモ外地米ノ移入統制ヨリ外、途ハナイト私ハ深ク信ズルノデアリマス（拍手）然ルニ動モシマスレバ外地米ノ移入統制ヲ爲サントスレバ直チニ朝鮮ニ對シテ差別待遇ヲ爲スト云フヤウナ御意見ガアルノデアリマス、私ハ必ズ外地ト內地ト同一ナル政策ヲ施スコトガ、一視同仁デナイト思フノデアリマス、即チ適地適應ノ政治ヲ爲シテ、其結果ニ於テ同樣ノ恩惠ヲ受ケルコトニ依ッテ、外地ト內地ノ共存共榮ノ實ヲ擧ゲルコトガ出來ルト思フノデアリマス（拍手）一般內地ト外地トハ氣候風土ノ關係ニ於キマシテ、或ハ地理的事情ニ於キマシテ、農業經營ガ非常ニ異ッテ居リマス、或ハ生活ノ狀態ガ違ッテ居リマス、假ニ茲ニ經濟調査ニ基キマス所ノ生活狀態ヲ申シテ見マスルト、朝鮮ノ最近數年ノ農家ノ收入ガ、一戶平均三十五圓ノ收入減、所謂收入不足ニナッテ居リマスガ、內地ハ一戶平均八十圓ノ收入不足ニナッテ居ルノデアリマシテ、此見地カラ考ヘマシテモ、如何ニ內地ノ農民ガ悲慘ナ狀態ニアルカト云フコトガ、立證出來ルト思フノデアリマス、（拍手）而モ生產費ガ內地ト外地ハ非常ニ違ッテ居ルノデアリマス、此生產費ノ違フモノヲ、同一ニ取扱フト云フコトガ、抑、矛盾撞著ナリト私ハ信ズルノデアリマス、（拍手）曩ニ政府ガ發表セラレマシタ所ノ朝鮮ノ生產費ハ、二十圓九十八錢デアリ、內地ノ生產費ハ二十二圓十七錢デアリマス、其差額ハ僅ニ一石一圓十九錢ノ差額デアルノデアリマシテ、是ハ吾々ガ常識カラ考ヘマシテモ、此外地ノ生產費ハ餘リニ高キニ失シハシナイカト云フ感シヲ持ツノデアリマス、私ハ此生產費ノ調査ヲ爲サント致シマシテ、政府ニ其生產費ノ根本トナルベキ資料ノ御提出ヲ求メテ置キマシタケレドモ、今ニ其資料ノ御提出ガナイノデ、私共ハ十分檢討スルコトガ出來ナイノヲ遺憾トスルノデアリマス、併シ常識カラ之ヲ考ヘテ見マスルト、朝鮮ニ於ケル肥料ノ一年ノ消費高ハ、水田ト畑地ト

ヲ平均致シマシテ、實ニ一箇年僅ニ一段歩四十九錢デアリマス、我ガ內地ノ金肥ノ消費高ハ四圓五十錢デアリマシテ、約十分ノ一ニ相當スルノデアリマス、其十分ノ一ニ相當スルニ拘ラズ、今回政府提出ノ金肥ノ使用高ハ、殆ド內地ト匹敵致シテ居ルヤウナ感ヲ有ツノデアリマシテ、玆ニ非常ニ矛盾ガアルト私ハ思フノデアリマス(拍手)殊ニ朝鮮ノ公租公課ノ如キ、內地ノ三分ノ一デアルト云フコトハ、是ハ朝鮮總督府ノ發行シタル所ノ書籍ニ明ニ記載シテアルノデアリマス、殊ニ資本利子ノ如キモ、朝鮮ノ上田ト中田ト下田ト、之ヲ調ベテ見マスルト、上田ガ一反百五十圓、中田ガ百圓、下田ガ七十圓、是ハ朝鮮ノ統計ニ明ニナッテ居ルノデアリマス、然ルニ拘ラズ、今回發表サレタル此資本利子ノ基準トナルベキ所ノ田地ヲ一反百五十圓トシテ、上田ヲ計上シテアル所ニ、玆ニ其粗漏ガアルト私ハ信ズル者デアリマス、又勞賃ノ如キ、其他ニ於テ詳細點檢致シマスレバ、此生産費ニ對シテ吾々ハ十分眞ヲ置クコトガ出來ナイノデアリマス、此生産費ヲ基礎トシテ內地、外地ノ米ノ問題ヲ解決スルコトハ、非常ニ吾々ノ困難トスル所デアリマシテ、生産費ノ點ニ付キマシテハ、他日機會ヲ得テ尚ホ檢討致シタイト思フノデアリマス、私ガ政府ニ質問致サント致シマスノハ、本法案ニ依リマスレバ、政府ハ朝鮮、臺灣ニ於テ米ヲ時價デ買上ゲ、或ハ時價デ賣渡スト、斯ウ云フコトニナッテ居ルノデアリマス、若シ此朝鮮ノ米ヲ時價デ買上ゲラレルト云フコトニナリマスレバ、最近五箇年ノ平均ニ依リマスト、內地ノ米價ト朝鮮ノ米價トハ、其市場ノ價格ニ於テ一石ニ付キ實ニ六圓三十六錢ノ開キガアルノデアリマス、ソレダケ朝鮮ノ米ハ、朝鮮ニ於テ安クナッテ居ルノデアリマス、其安イ時價デ若シ御買上ニナルト云フコトニナレバ、朝鮮ノ農民、或ハ移出業者ハ此安イ價格ニ應ジナイデ、內地ヘドン／＼移入セラレテ、ソレガ內地ノ米ヲ壓迫シナイカト云フ疑點ガアルノデアリマス、此點ヲ政府ハ如何ニ考ヘルノデアリマスカ

第二ニ、內地ノ米ヲ最低價格ヲ以テ買入レラレテ居ルノデアリマスガ、朝鮮、臺灣ノ米ハ時價ヲ以テ買上ゲラレル、是ハ非常ニ取扱ニ矛盾ガアル、常ニ政府ハ一視同仁、或ハ差別待遇ハセヌト云フコトヲ言ハレマスガ、內地ノ米ハ最低價格ヲ以テ買上ゲ、外地ノ米ハ時價ヲ以テ買上ゲルト云フコトハ、ソレハ抑〻矛盾デアルト私ハ信ズルノデアリマス

又第三ニ、外地デ買入レタ所ノ米ヲ、之ヲ時價ヲ以テ販賣セラレルコトニナルノデアリマスガ、其時價ハ內地ノ米ガ最高價格以上ニナッタ時ニ販賣セラレルノデアルカ、ソレトモ亦朝鮮ノ市場ノミヲ以テ販賣セラレルノデアルカ、無暗ニ買ッタ米ヲ販賣セラレルコトニナリマスレバ、其米ハ再ビ內地ニ移入スルコトニ依ッテ、內地米ヲ壓迫スルコトニナリマスガ、此點ハ如何樣ナル見解ヲ有ッテ居ラレルノデアルカ

第四ニ、外地米ノ今日ノ移入ハ現在四百万石ヲ計上致シテ居ルノデアリマスガ、尚ホ移入餘力トモ云フベキモノハ五百万石內外アルト思フノデアリマス、此五百万石內外ノ米ヲ御買上ニナラナケレバ、內地米ヲ壓迫スルコトニナルノデアリマス、此五百万石ノ米ヲ御買上ニナルノニ、縱シ一石二十二圓ト假定致シマシテモ、一億一千万圓ヲ要スルノデアリマス、然ラバ此米穀年度ハ是デ濟ムカモ知レマセヌケレドモ、昭和九年度ノ米穀年度、所謂新米出廻期ニ對シテ資金ノ不足ヲ生ジハセヌカ、斯樣ナ場合ニハ如何ナル考ヲ有ッテ居ルカ、此點ヲ伺ッテ見タイト思ヒマス、又朝鮮ノ米ヲ買入レラレルト言ハルヽノデアリマスガ、私ノ調査ニ依リマスレバ、朝鮮ノ道府縣ノ農業倉庫ハ今日八千五百七十坪デアリ、又移出米穀業者ノ持ッテ居ル米穀倉庫ハ、二万七千五百七十三坪デアリマシテ、道府縣ノ農業倉庫ノ收容力ハ三十四万二千石、又移出米穀業者ノ持ッテ居ル倉庫ノ收容力ハ、百十万一千石デアル、然ラバ政府ガ五百万石朝鮮ノ米ヲ御買上ニナラナケレバ、米穀ノ調節ガ出來ヌト云フコトニナルニ拘ラズ、此收容力ヲ以テシテハ、今直チニ御買上ニナリマシテモ收容スル場所ガナイデハナイカ、之ヲ如何ニセラルルカト云フコトガ私ノ疑點ノ一ツデアリノス

尚ホ臺灣ノ米ヲ御買上ニナルト云フノデアリマスガ、臺灣ハ先般拓務大臣モ中サレタ通リニ、臺灣ノ米ヲ買ッテモ貯藏スルニ困難デアルト云フコトヲ言明致シテ居ラレルノデアリマスガ、此貯藏困難ノ臺灣ノ米ヲ御買上ニナッテ、如何ニシテ貯藏保管ノ實ヲ擧ゲラレル意思ガアルノデアリマスカ、又私ハ米ノ問題ニ付キマシテ、根本策ガナイノヲ洵ニ遺憾トスルノデアリマス、只今提案セラレテ居ル所ノモノハ、殆ド應急ノ對策デアリマシテ、米穀ニ對スル根本方策ガ一ツモ立ッテ居ナイヤウデアリマス、米ノ需給推算ニ於キマシテ、米ノ過剩ヲ生ジテ居ルト云フコトハ、政府自身ガ御承知ノコトデアリマス、殊ニ本年ハ其過剩米ガ千八百万石ト稱セラレテ居ルノデアリマス、此千八百万石カラ理想持越トモ云フベキ五百万石ヲ差引致シマシテモ、千三百万石ノ過剩米ガアルノデアリマス、此過剩米ヲ如何ニ處理スルカト云フコトガ、今日ノ目今ノ急務デアルト私ハ信ズルノデアリマス、之ニ對スル所ノ根本ノ對策ガ政府ニ無イノハ、洵ニ遺憾トスル所デアリマス、僅ニ米穀ノ處理方法トシテ、或ハ試驗研究ノ爲ニ若干ノ米ヲ費シテ、新用途ヲ開拓スルカモ知レナイト云フヤウナル處理方法ハアルノデアリマスルケレドモ、之ニ由ッテ此今日アル所ノ千三百万石ノ滯貨ヲ處分スルト云フコトハ、絶對ニ不可能デアリマスルガ故ニ　此根本策ヲ研究セラルル必要ガアルト思ヒマスルガ、之ニ對シテ如何ナル御考ヲ有ッテ居ラレルノデアリマスルカ、又米ガ毎年增産ニナッテ參リマスルコトハ、是ハ既ニ御承知ノ通リデアリマシ

テ、一面現在ノ過剰米ヲ處理スルト共ニ、此毎年增產ニナル所ノ米ヲ如何ニシテ按排スルカト云フコトガ、政府自ラ御考ヘニナラナケレバナラヌコトデアルト思フノデアリマス、然ルニ此米ノ將來ノ生產ニ向ッテハ、何等ノ考究ヲ爲シテ居ラレナイヤウデアリマス、而モ私ガ今日朝鮮ノ事情ヲ申シテ見マスレバ、朝鮮ガ唯今日ノ儘ト致シマシテモ、自然增加ト云フノガ三百万石アルト云フ、朝鮮ノ農林局ノ發表ニナッテ居ルノデアリマス、之ニ或ハ種子ノ改良、或ハ開墾其他ノコトヲ致シマスレバ、八百万石ノ增加ヲ爲スコトガ容易デアル、此朝鮮ノ增加スル所ノ米ニ向ッテ、如何ナル御考ヲ有ッテ居ラレルノデアルカ、私ハ拓務大臣ガ居ラレナイカラ御尋スルコトハ出來ナイノデアリマスルガ、拓務大臣ガ先般議場ニ於テ屢〻朝鮮ニ於テハ――外地ニ於テハ消費ヲ增加スルノ方法ヲ講ズル、或ハ產米計畫ヲ變更シテ、サウシテ產米增產ニナルノヲ、之ヲ棉ニ栽培替ヘヲスル、斯ウ云フヤウナコトヲ言ッテ、如何ニモ朝鮮ノ消費ヲ增進シ、或ハ產米ニ多少ノ制限ヲ加ヘテ、サウシテ內地米ヲ壓迫セナイヤウニシタイト云フヤウナコトヲ、屢〻言明致シテ居ラレルノデアリマスルガ、朝鮮ノ總督府ガ發表シタル所ノ其農業經營ノ指導方針トモ云フベキモノガアルノデアリマス、之ヲ御參考ニ私ガ讀ンデ見マスレバ、直チニ如何ニ拓務大臣ノ言ッテ居ラレルコト〻、朝鮮總督府ガ執ッテ居ル所ノ指導方針トガ、矛盾シテ居ルカト云フコトガ明ニナルト思フノデアリマス、昭和八年十二月一日、總督府農林局ノ發表デアリマス「朝鮮ノ農業」ト云フコトニ付テ、朝鮮ノ農業經營ノ指導方針ガ掲ゲラレテアリマス、ソレハ第一、食糧品ノ生產ヲ增加スルコト、第二ハ、輸移入農產物ニ對シテハ出來得ル限リ自給ヲ圖ルコト、第三、內地及隣接國ニ對シ輸移出ノ見込アル產物ハ、勉メテ生產ノ改良ヲ計リ、一面鮮內ノ消費ヲ節約シ、輸移出ノ增加ヲ圖ルコト」斯ウ云フコトガ書イテアリマス、又次ニハ品種ノ改良、肥料ノ增施ヲスルコト、其次ハ水利灌漑ノ設備ヲ改善スルコト、未開墾地ノ利用增進ヲ圖ルコト、最後ニ勞力豐富、勞銀ノ低廉、公課、其他生產ニ要スル費用低キニ依リ、內地ヨリ經營ガ有利デアル故ニ、內地ニ於テ供給不足セル米、小麥、大豆ノ生產力ヲ擴張シ、內地ニ供給スルコト、斯ウ云フヤウナコトガ朝鮮ノ指導方針デアリマス、之ニ依ッテ見マスト、朝鮮ハ兎角內地ニ米ガ不足スルカラ、今朝鮮ニ米ヲ作ッテ內地ニ移出シナケレバナラヌト云フノガ、朝鮮ノ指導方針デアリマシテ、此拓務大臣ノ言ハレル所ノ朝鮮ノ增產計畫ヲ變更スルトカ、或ハ消費節約ヲスルト云フコト〻、全ク矛盾撞著ノ缺陷ガアルト私ハ信ズルノデアリマス、此一點ヲ考ヘマシテモ、朝鮮ノ生產米ハ將來恐ルベキ增加ノ傾向ヲ生ジテ居ルノデアリマスルガ故ニ、之ニ對シテ如何ナル對策ヲ有ッテ居ラレルノデアリマスルカ、是ハ寧ロ拓務大臣ニ御尋スルコトガ適當ト思ヒマスルケレドモ、拓務大臣ガ居ラレヌノデアリマスガ故ニ、農林大臣ハ之ニ對シテ如何ナル感ジヲ御有チニナルノデアルカ、今朝鮮及ビ內地米ノ最近五箇年間ノ消費狀況ヲ申上ゲテ見マスルト、內地ハ六十五万九千石ノ每年消費ノ增加ニナリマス、臺灣ハ六万八千石ノ增加ニナリマス、朝鮮ハ獨リ十八万五千石ノ消費減退ニナッテ居リマス、此消費減退ガ、前ニ掲ゲテアリマスル所ノ消費ヲ少クシテ、內地ニ移出セヨト云フコトガ徹底シタ結果、斯樣ニナッテ居ルト私ハ思フノデアリマス、是ニ於テドウシテモ內地ノ米ト朝鮮ノ米トヲ同樣ニ取扱フコトガ、矛盾デアルト云フコトノ結論ニ到達スルト思フノデアリマス、今回ノ米ノ臨時法ニ於キマシテハ、米ノ臨時應急ノ施設ダケデアリマシテ、根本對策ガナイノデアリマス、此根本對策ヲ御考ニナラナケレバ、何時マデ經ッテモ米ノ今日ノ問題ハ解決ガ出來マセヌ、今日ノ米ノ問題、農村ノ惱ミハ米ノ價格ガ安イコト、或ハ繭ノ價格ガ安イコト、此二點ダケ解決シ、併セテ肥料ノ問題ヲ考ヘレバ、農村ノ今日ノ現狀ヲ打開スルコトハ、決シテ困難デナイト私ハ信ズルノデアリマス、然ルニ拘ラズ唯應急策ヲ以テ一時ヲ糊塗セントシテ、恆久策ガナイコトハ、政府ニ果シテ農村ヲ救フ所ノ眞意アリヤ如何、之ヲ私ハ疑フ者デアリマス、モウ少シ農林大臣ガ農村ニ對シテ眞劍ニ、職ヲ賭シテマデモ之ヲ解決スルノ勇氣ト熱心トガアリマシタナラバ、此問題ヲ解決スルコトハ決シテ困難デナイト考ヘル（拍手）此點ニ對シマシテ農林大臣ハ少シク、其熱意ノ足ラナイコトヲ、私ハ遺憾トスル者デアリマスルガ、以上數點ニ對シマシテ、農林大臣ノ所見ヲ伺ッテ見タイト思フノデアリマス

（國務大臣後藤文夫君登壇）

○國務大臣（後藤文夫君）　三善君ノ御質問ニ御答致シマス、第一ニ今回ノ法案ニ於テ、朝鮮、臺灣米ノ買上ヲスルノダ、時價ノ買上ト云フコトニナッテ居ル、時價ノ買上ニ依ッテヤルコト〻、內地ノ買上ガ最低價格ト云フモノヲ決メテ買フト云フコト〻、遣方ガ違フデハナイカト云フコトデアリマス、是ハ其通リデアリマス、內地ノ只今ノ買上ハ季節調節ノ場合ヲ除キマスルト、最低價格ト最高價格ヲ定メマシテ、最低價格ナラバ申込ニ應ジテ幾ラデモ買フト云フ政府ハ態度ヲ執ルコトニ依ッテ、最低價格ヲ出來ルダケ維持シテ參ラウト云フノデアリマス、朝鮮ノ米、臺灣ノ米ノ今回ノ法案ニ依ル買上ハ、朝鮮、臺灣カラ內地ニ多量ノ米ガ入ッテ參リマス、其壓迫ヲ除クガ爲ニ、朝鮮、臺灣米ノ入ッテ來ルモノ〻一部分ヲ、買ハウトスルノデアリマス、是ガ爲ニハ相當ニ買上ノ出來ル値ヲ以テ買上ヲ致サナケレバナラヌノデアリマス、併ナガラ政府ニ於キマシテハ、勅令ノ定ムル所ニ依リマシテ、一定ノ最高額ヲ定メテ、ソレ以下ノ範圍內ニ於テ、時價ニ準據シテ買上ヲ致サウトスルノデアリマス、此際ニ於ケル臨時應急ノ

施設トシテ、朝鮮米ノ內地ニ來ル壓迫ヲ除ク爲ノ働ニ效果アラシムル爲ニハ、左樣ナ買上モ亦已ムヲ得ナイト考ヘルノデアリマス、併ナガラ是ハ臨時應急ノ施設デ、長ク實施ショウトスルモノデハナイノデアリマス

ソレカラ販賣ノ場合ハ、矢張時價デ賣ルノカト云フコトデアリマス、販賣ノ場合モ、此法案ニ依ッテ買入レタ米ハ、時價デ賣ル積リデアリマス、併ナガラ內地ノ最低價格維持ニ妨ゲヲ生ズルヤウナ場合ニハ、賣ラナイ積リデアリマス、隨テ季節調節ナド、遣ヒマシテ、一年ノ中ニ初メ之ヲ買ウテ、後デダラ〳〵必ズ賣拂ッテシマフト云フノデハアリマセヌ、內地ノ米價調節ニ效果アラシメルヤウニ、之ヲ始末シテ參ラウト云フノデアリマスカラ、賣ルコトガ不都合デアル場合ニハ、賣ラナイ積リデアリマス(「農林大臣ソレハ出鱈目デス」ト呼フ者アリ)法律案ハ左樣ニ相成ッテ居ルノデアリマス、內地ノ米價ノ最低ヲ維持スルノニ不都合ノナイ際ニハ、市場ヲ妨ゲナイヤウナ方法ニ依ッテ、賣ッテ參ルト云フコトニ致ス積リデアリマス

ソレカラ尙ホ臺鮮米ノ昭和八年度產ノモノデ、內地ニ入ッテ來ルモノガ五百万石以上アルデアラウ、之ヲ若シ買フコトニスレバ、今回ノ特別會計ノ增加ヲ以テシテモ、モウ昭和九年ノ產米ニ對シテハ、處置ガ出來ヌヤウニナルノデハナイカト云フ御疑念デアリマス、是ハ左樣デハナイノデアリマシテ、昭和八年度ノ臺鮮米ニ對スル買上ハ、左樣ナ多量ヲ今日行フ積リハアリマセヌ、又其必要モナイノデアリマス、相當ナ數量ハ、此法案ガ通過致シマスレバ、此米穀年度內ニ於テモ買上ハ致シタイ積リデアリマスガ、大部分ハ昭和九年ノ產米ノ處置ニ之ヲ振向ケルコトニ相成ルノデアリマス、ソレハ今年既ニ米穀統制法ニ依リマシテ、多量ノ內地米ノ買上モ致シテ居リマスノデ、需給ノ關係カラ申シマシテ、今回御協贊ヲ得マシタ臨時法ニ依ッテ、特別會計ノ增額ト共ニ實施致シマスル臺鮮米ノ買上ハ、昭和八年產米カラ昭和九年產米ニ亙リマシテ、寧ロ多量ニ昭和九年ノ產米ニ振向ケル豫定デアリマス、併ナガラ昭和九年ノ產米狀況ハ、內地及ビ朝鮮、臺灣ヲ通ジマシテ如何樣ニ相成リマスカ、豐凶ノ所ハ今カラ豫想ハ出來マセヌ、若シ平年デ參リマスナラバ、內地ノ米穀需給特別會計ヲ、今回ノ臺鮮米買入ノ爲ノ增額ノ上ニ、更ニ增額スルノ必要ナシニ經過シ得ルカモ知レマセヌガ、若シ相當ナ多量ノ豐作ヲ見ルヤウナコトガアリマスレバ、ソレデハ內地ノ米價維持ヲ統制法ニ依ッテヤル上ニ、支障ヲ生ズル場合ガナイトモ限ラナイノデアリマス、隨テ三億圓ヲ最高限度トスル必要ナ場合ニ於ケル資金增額ノ御協贊ヲ、得テ置カウト云フ準備ヲ致シタ譯ナノデアリマス

朝鮮デ米ヲ買フ場合ニ、收容倉庫ノ關係ハドウデアルカ、臺灣ノ米ハ貯藏ニ堪ヘナイカラシテ、是ガ買上ニ付テハ、ドウ云フ風ナ始末ヲスルカト云フコトニ付テノ御疑念ガアリマシタ、此收容倉庫ノ問題ハ、吾々モ相當ニ考慮致シテ居ル所デアリマスガ、此買上ヲ一時ニヤリマスカ、又買ッタ米ヲ朝鮮ノミニ置キマスカ、內地ヘ移シマスカ、ソレ等ノコトハ實際ノ場合ニ於テ、適當ノ處置ヲ致シテ參リタイノデアリマシテ、今日マデ季節調節ニ於キマシテ、朝鮮米ノ相當ナ數量ヲ買ッタ經驗ヲ有ッテ居リマスノデ、今回ノ臨時法デ始末ヲスル上ニ於キマシテハ、相當ナ始末ガ出來ル積リデアリマス、隨テ臺灣米ニマデ果シテ大キク手ヲ伸バスカドウカト云フコトハ、吾々ハ今ノ所デハ考慮スベキ問題ダト思ッテ居リマス、臺灣米ニ付テ絕對ニ手ヲ著ケナイト申スノデハアリマセヌケレドモ、內地米、朝鮮米、臺灣米ヲ通ジテ、寧ロ適切ナル方法ヲ講ジマシテ、內地ノ米價ノ維持ニ效果アラシメルヤウニ、働イテ參リタイト考ヘテ居ルノデアリマス、尙ホ過剩米ガ今日非常ニ多イノデアルガ、之ニ對スル處置對策ヲ考ヘナケレバイカヌデハナイカ、是ハ御說ノ通リデアリマス、唯過剩米ノ處置對策ト申シマシテモ、是ガ新シイ消費ノ用途ヲ求メルコトハ、吾々トシテハ今後是非努メナケレバナラヌコト、思ッテ、努力ヲ續ケテ參ル積デアリマス、ソレガ爲ニ別途法案ノ御協贊ヲ願ッテ居ル譯デアリマスガ、尙ホ進ンデ或ハ之ヲ內地外ノ土地、海外等ニ始末ヲシ、或ハ海外ノ販路ニ之ヲ振向ケルト云フヤウナコトハ、吾々モ我國ノ對外貿易ノ關係ニ於テ、惡イ影響ノ來ナイ方法ニ於テ、極力講ジテモ見クイト考ヘテ居ルヤウナコトデアリマス、併ナガラ更ニ進ンデ御話ノアリマシタ生產統制ノ問題ニマデ入ッテ、我國ノ米穀對策ヲ考ヘルト云フコトハ、是ハ無論必要ナル事デアルト存ジマス、唯生產統制ニマデ入ッテ米穀對策ヲ講ジマスルコトハ、只今生ジテ居ルヤウナ、此近年ノ米穀過剩ノ狀態、或ハ今後多少此壓迫ガ續クデアラウト考ヘラレマス近年ノ狀態ニ、卽時ニ對應スル譯ニハ參ラナイノデアリマス、是非此生產ノ統制問題ハ、內地外地ヲ通ジテ考究致サナケレバナラヌ問題デアルコトハ、勿論デアルト考ヘテ居リマス、朝鮮ニ於ケル產米增殖ノ計畫、又消費增加ノコト、內地ニ移入スル米ガ成ベク少クナルヤウニ、朝鮮ニ於テ色々ナ施設ヲ講ズルト云フコト、是ハ先年來朝鮮總督府ニ於テモ極力力ヲ致シテ居ラル、所デアリマスガ、今後更ニ進ンダ方法ヲ講ジテ、斯ウ云フ手段ヲモ尙ホ有力ニ效果アラシメルヤウニスルト云フコトニ付テハ、今折角拓務省、總督府等ニ於テモ、考究ヲ續ケテ居ラル、問題デアルノデアリマス、具體的ノコトニ付テハ、又他ノ機會ニ其方面カラ御答スルコトデアラウト存ジマス

（三善信房君登壇）

○三善信房君　只今農林大臣ノ御答辯ヲ聽キマスニ、私ノ質問ノ要項ニ觸レテ居ナイ點ガ多數アルノデアリマス（「ヒヤ〳〵」）農林大臣ハ、今回ノ資金ハ九年度ノ米ニ成ベク向ケルヤウニスル、本年度ハ少ク使ッテ

宜シイト云フヤウナコトヲ言ハレタノデアリマスガ、私ガ先ニ申シマシタ外地米ニ於テハ、五百万石ノマダ移出ノ餘力ガアル、共餘力ノアル所ノ米ヲ處理セナケレバ、之ヲ買上ゲルトカ何トカセナケレバ、内地米ヲ壓迫スルノデアリマスガ故ニ、少クトモ五百万石ダケノ米ニ付キマシテヘ、相當考慮セラレンケレバナラヌ、少クトモ之ヲ買上ゲルトカ、何等カノ方法ヲセラレンケレバ内地米ヲ壓迫スル、此點ニ對シテ唯九年度ノ米ニ多ク使用スル積リダト云フコトデハ、如何ニモ私共ノ考ト非常ナ相違ヲ來シテ居ルト思フノデアリマスガ故ニ、此點ハモウ一回綿密ニ御檢討下サッテ、御答辯ヲ願ヒタイト思フノデアリマス、私ガ臺鮮ニ對シテ買上米ヲ收容スル所ノ倉庫ニ不足ヲ愬ヘハシナイカ、斯ウ云フコトヲ申シテ見マシタガ、之ニ對シテ農林大臣ハ倉庫ハ少ナイケレドモ、何トカ都合ヲシテ支障ノナイヤウニショウ、一時ニ買上ゲルノデナイト言ハレルノデアリマスケレドモ、少クトモ五百万石内外ノ米ヲ買上ゲラル、ニ付キマシテハ、之ニ相當スル、或ハ是ノ半分位ヲ收容スルダケノ餘地ガナケレバナラヌト思フノデアリマス、私ガ先ニ申上ゲマシタ點ニ依リマスレバ、僅ニ百万石内外ノ米ヲ收容スルダケノ餘力ガアリマシテ、是レ以上ノ餘力ハナイ、之ニ向ッテ何トカ考ヘラレナケレバ、唯此法案ガ通過致シマシテモ、米ヲ買フコトハ出來ヌト云フ結論ニナルノデアリマスガ故ニ、此點ヲ明瞭ニサレナケレバナラヌト思フノデアリマス、又臺灣米ハ成ベク買ハナイ積リダ、斯フ云フコトヲ言ハレマスケレドモ、然ラバ臺灣米ノ行先ハ何處ヘ持ッテ行クカ、買ハナイト云フコトニナレバ、結局臺灣ノ安イ米ガ内地ヘ流レテ來テ、是ガ内地米ヲ壓迫スルコトニナルノデアリマスガ故ニ、此點ハ更ニ御研究ガ必要ダト私ハ思フノデアリマス、生産ノ統制ト云フコトニ付キマシテハ、大臣モ私ノ意見ニ贊成シテ居ラレルヤウデアリマスガ、是ハ十分調査研究ヲ致サナケレバナラヌ、而モ今年、去年ノ米ノ生産ヲ以テ、直チニ之ニ對應スルコトハ出來ナイト言ハレマスガ、勿論其通リデアリマス、私ノ言ヒマスル所ノ米ノ過剩ダ、或ハ生産ノ増加ダト云フコトハ、昨年度ト今年度トヲ以テ論ズルモノデハアリマセヌ、既往五箇年間、或ハ十年間ノ平均ヲ取リマシテモ、需給推算ニ於テ當然剩ルト云フコトガ明ニナッテ參ッテ居ル今日、此根本策ヲ講ゼヌト云フコトデハ、如何ニモ米問題ニ對スル研究ガ足リヌト思フノデアリマス(拍手)尚ホ朝鮮カラ内地ニ來ル所ノ移入米ニ付キマシテハ、相當ニ考究スルト云フコトヲ言ッテ居ラレマスルガ、此事ハ先ニ私ガ言ッタ通リ、拓務大臣ハ或ハ消費ヲ成ベク増進シ、或ハ生産ヲ他ノ方面ニ振向ケテ、内地ノ米ヲ壓迫シナイヤウニスルト云フコトヲ言明シナガラ、朝鮮總督府ハ消費ヲ少クセヨ、内地ノ米ガ足ラヌカラ、ウント作ッテ内地ニ移入セヨ、斯ウ云フコトヲ言ッテ居リマスナラバ、果シテ拓務大臣ノ[illegible]ガ徹底シテ居ルカドウカ、即チ拓務大臣ノ言ハレル所ト、朝鮮總督府ノ執ッテ居ル所ノ施設方針トハ矛盾ヲ來シテ居ルガ故ニ、此點ヲ拓務大臣ハ明ニセラレル必要ガアルト私ハ思フノデアリマス、固ヨリ私ハ茲ニ内地外地ト申シマスノハ、共存共榮ノ意味ヲ有ツモノデアリマシテ、決シテ外地ニ對シテ差別待遇ヲナスト云フガ如キコトハ、毛頭考ヘナイノデアリマシテ、一視同仁ノ趣旨ニ立脚シテ此議ヲナスノデアリマスガ故ニ、此點ハ十分御了承ヲ願ヒタイノデアリマス

(國務大臣後藤文夫君登壇)

○**國務大臣(後藤文夫君)** 三善君ヨリ重ネテ御質問ノアリマシタ一二ノ點ニ付テ御答致シタイト思ヒマス、五百万石ノ移入米ヲ更ニ買上ゲナケレバナラヌデハナイカト云フ御疑念デアリマスガ、是ハ他ノ機會ニ於ラ尚ホ詳細ニ申上ゲルコトガ宜シイカト思ヒマスルガ、今日ノ米穀統制法ニ依ル米ノ買上、季節調節ノ買上ト云フヤウナ、今ノ數量ノコトヲ考ヘテ見マシテ、臺灣、朝鮮カラ既ニ入リマシタ米ノ數量ヲ考ヘテ、今年入ルモノト豫想サレル臺灣、朝鮮カラノ米ヲ、今年度ニ付テ考ヘテ見マスト、今年度ニ於キマシテハ、五百万石ト云フ程ノモノヲ買ハナケレバナラヌト云フ譯デモナイノデアリマス、隨テ此増額ハ九年度ノ米ニ相當ニ振向ケルコトガ出來ルト云フコトガ、吾々ノ大體ノ豫定ナノデアリマス、是ハ尚ホ細カニ外ノ機會ニ申上ゲタ方ガ宜シイカト存ジマス、ソレカラ收容倉庫ノコトニ付テノ御疑念デアリマスガ、是ハ此臨時法ヲ實行シマスル限リニ於キマシテハ、直チニ收容倉庫ニ非常ニ困ルガ爲ニ行ヒ難クナルト云フ程ノ懸念ハ、吾々ハ有ッテ居リマセヌ、併シ今日十分完全ナ倉庫ノ準備ガアルト云フ譯デハアリマセヌケレドモ、是迄ノ買上ノ經驗等モアリマスノデ、間ニ合セテ參ルダケノコトハ出來ル積リデ居リマス、ソレカラ臺灣米ハ絶對ニ買ハヌト云フノデハアリマセヌ、此臺灣米ヲ買フト云フ問題ト、朝鮮米ヲ買フト云フ問題、内地ニ於ケル色々ナ米穀統制法ノ運用ト云フコト、、併セテ適切ニ行ッテ行キタイ、臺灣米ノ性質ハ御話ノ通リデアリマスノデ、之ヲ無暗ニ多量ニ買フノガ宜イカドウカハ、其時ノ米穀事情ニ應ジテ考ヘテ見ナケレバナラヌト思ッテ居ルノデアリマス

(國務大臣永井柳太郎君登壇)

○**國務大臣(永井柳太郎君)** 米穀ノ調節ノ問題ニ付キマシテハ、朝鮮總督府ハ内地ト全然變ヲ共ニシテ居ルノデアリマス、朝鮮ノ産米ノ統制ト云フコトニ付キマシテモ、出來ルダケ内地ノ要求ニ合致スルヤウニ效果ヲ擧ゲタイト云フ考デ、現ニ朝鮮總督府ニ於テモ各種ノ研究ヲ致シテ居ルノデアリマス、又米穀ノ用途轉換ト云フコトニ付キマシテモ、朝鮮總督府ニ於キマシテハ、内地ノ官廳ト協力シテ效果ヲ擧ゲタイト云フコトヲ申シテ居ルノデアリマシテ、朝鮮總督府ト内地トノ間ニ於テ、何等方針ニ矛盾ハナイノデアリマシテ(「アルカラ心[illegible]シ[illegible]

居ルノダ」ト呼フ者アリ）協力スルト云フコトニナッテ居ルノデアリマスカラ、其點ハ御安心ヲ願ヒタイト思ヒマス

（拍手「安心出來マセヌ」ト呼フ者アリ）

○三善信房君　簡單デアリマスカラ、自席ヨリ御許シヲ願ヒマス――私ノ質問ニ對スル農林大臣ノ答辯ニハ、私マダ滿足致サヌノデアリマスケレドモ、委員會等ニ於キマシテ十分御意見ヲ承ッテ見タイト思ヒマス、拓務大臣ノ只今ノ御答辯ノ、內地ト外地ト相俟ッテ、此米穀問題ノ解決ヲシナケレバナラヌト云フヤウナコトハ、洵ニ言葉ハ立派デアリマスガ、實際ハサウデハナイ、又拓務大臣ガ左樣ニ考ヘテ居ラレルナラバ、何故ニ朝鮮總督府ハ米ノ消費ヲ節約セヨ、サウシテ此際內地ノ米ガ足ラヌカラ、ウントウント作ッテ內地ニ移出シナケレバナラヌト云フヤウナ指導方針ヲ御出シニナッタカ、是ガ根本ニ於テ矛盾致シテ居ル、拓務大臣ハ此點ヲ明瞭ニサレナケレバ、內地ト外地トノ米ノ根本策ハ解決出來ナイノデアリマス、是ハ拓務大臣モ恐ラク御考ヲ御遂ヘニナッテ居ル、實際ノ肚ノ裡ニ於テハ、此際朝鮮ニウントヤレト云フヤウナ御考ヲ御有チニナッテ居ッテモ、此議場ニ於テハ、內地ト一致協力シテ米ノ問題ノ解決ニ當ルト云フヤウニ言ハレルノデアリマスガ、眞ニ拓務大臣ガ、內地ト提携シテ米ノ問題ノ解決ヲ付ケルト云フ御考ヲ有ッテ居ラレルナラバ、朝鮮總督府ガ此米ニ對シテ成ベク消費ヲ節約セヨ、或ハ內地ニ米ガ足ラヌカラ移出セヨト云フ此方針ハ、拓務大臣ノ方デ變更セラレナケレバナラヌト思フノデアリマス、私ハ拓務大臣ガ米問題ノ解決ニ付テ執ラルベキ途ハ幾多アルト思ヒマス、或ハ棉ノ栽培ノ如キ、今日我國ニ於テ四億四千万圓ノ多額ノ費用ヲ以テ外國カラ購入シテ居ル、此棉ノ如キモ代用作トシテ奬勵ナサルナラバ、米問題ノ解決ニハ大シタ困難ナコトデハナイ、之ニ付テハ眞劍ニ此問題ニ當ッテ貰ハナケレバナラヌノデアリマスカラ、唯此議場ニ於テ、私ノ質問ニ對シテ言葉巧ミニ御答辯ニナラヌデ、モウ少シ誠心誠意御答辯ナサラナケレバナラヌト思フノデアリマス、是レ以上ハ申上ゲマセヌ、委員會等ニ於テ十分質問スル積リデアリマス

○議長（秋田清君）　河野一郎君

（河野一郎君登壇）

○河野一郎君　私ハ只今議題ニナッテ居リマスル米穀關係法案ニ付キマシテ、主トシテ農林大臣ニ御尋致シタイノデアリマス、三善君ヨリ主ナル點ニ付テ、重要ナル質疑ガ交サレタ際デアリマスルカラ、成ルベク重複ヲ避ケマシテ、法案ノ內容ニ付テ御尋シテ見タイト思ヒマス、其質問ニ入ルニ先チマシテ、此機會ニ農林大臣、拓務大臣ニ所見ヲ質シテ見タイト思フノデアリマス

諸君、今ヤ我國ニ於ケル全國農民ヘ、此農村非常時ニ當ッテ、米穀問題ノ根本的解決ヲ望ンデ已マナイモノガアルノデアリマス、而シテ其米穀事情タルヤ、今更私ガ玆ニ申上ゲルマデモナク、昨年度ニ於ケル所ノ大豐作ニ次グニ、外地米大豐作ヲ加ヘマシテ、千七、八百万石ノ過剩米ヲ見テ、此持越米ニ次グニ持越米ヲ以テシタナラバ、將來永久ニ米價ノ昂騰ヲ見テ農家經濟ノ確立ヲ期スルコトハ絕對ニ不可能ト云フ立場ニ立チマスカラシテ、米穀問題ノ速ニ解決セラレンコトヲ望ンデ已マナイモノガアルノデアリマス、而モ此希望ハ、全國的要望トナリマシテ、其雰圍氣ノ間ニ立ッテ解決スルニ非ズンバ、多年吾々ノ先覺ガ唱ヘラレマシタ所ノ、外地米ノ統制管理ノ問題ニ致シマシテモ、米ノ專賣ノ問題ニ致シマシテモ、此機會ヲ逸スルコトニ依ッテ、總テ農家ハ失望落膽ノ淵ニ落サレルモノト私ハ思フノデアリマス（拍手）而モ此雰圍氣ノ間ニ於テ、後藤農林大臣ニ對スル全農民ノ期待ハ、甚ダ重且ツ大ナルモノガアッタノデアリマス、而モ此間ニアッテ後藤農林大臣ハ、吾々政民兩黨ニ屬スル所ノ農村關係代議士ノ切ナ要望期待ヲ裏切ッテ、本日玆ニ最モ拙劣、拙惡ナル所ノ提案ヲナサレマシタニ付テハ、心中頗ル御不快ナルモノガアルダラウト私ハ思フノデアリマス、何故斯ル法案ヲ提出セラレナケレバナラナクナッタカ、更ニ進ンデ拓務大臣ニ對シテ御所見ヲ承ッテ見タイト思フ、今回ノ提案ガ、豫算委員會ニ於テ、我黨先輩ノ質疑ニ對シテ、總理大臣ヨリ、米穀對策ニ對シテ徹底的ニ外地米調節ノ案ヲ提案スルト云フ御答辯ガアリマシテカラ、今日マデ既ニ一箇月餘ヲ經過シテ、漸ク生レタノガ此法案デアリマス、由來吾々ハ前質問者モ言ハレマシタ如ク、決シテ內地外地兩米穀對策ノ間ニ、不公平ヲ要求スル者デモナケレバ、內地外地ニ對シテ一視同仁ナラザル如キ、政策ヲ要求スル者デモ斷ジテナイノデアリマス、唯拓務大臣ノ執ラレル態度如何ニ依ッテハ、思ハザル所ノ誤解ヲ外地住民ニ與ヘシメテ、朝鮮、臺灣ノ領土ニ於ケル所ノ農民ニ、思ハザルノ誤解ヲ生マシメテ、恰モ吾々同僚ガ要求スル所ノ外地米管理統制ノ政策ガ、朝鮮、臺灣ニ於ケル農民ヲ壓迫スルガ如キ誤解ヲ生マシメル、其責任ハ全部拓務大臣ガ負ハナケレバ斷ジテナラヌト私ハ思フノデアリマス（「ヒヤ〳〵」拍手）若モ拓務大臣ノ指導宜シキヲ得レバ、是等農民ニ對シテ、內地外地ニ於ケル所ノ生產要素ノ根本的差異ヲ明確ニ指摘シテ、十分ナル諒解ヲ得セシメテ、內地外地兩農民手ヲ携ヘテ、我國農村政策ノ上ニ立ッテ、之ニ向ッテ愉快ニ進ムコトガ出來得ベキ問題ヲ拓務大臣ガ其行政監督宜シキヲ得ザル結果、斯ノ如ク外地米ニ對シテ、恰モ差別的政策ヲ行ヒ、差別的政策ヲ吾々政民兩黨ニ屬スル農村關係代議士ガ要求シテ居ルカノ如ク思ハシメルコトハ、不愉快ニ堪ヘヌ所デアリマス、此點ニ對シテ拓務大臣ノ明確ナル御答辯ヲ要求致シマス

次ニ本法案ノ內容ヲ仔細ニ檢討致シマスルト、本法案ハ大正十年原內閣當時、高橋大藏大臣、山本農商務大臣ニ依ッテ立案セラレ、制定セラレマシタル所ノ、現在既

ニ廢案ニナッテ居リマスル米穀法案其儘ナノデアリマス、米穀法案其儘ノ條文ヲ、今回政府ハ十數年後ノ今日、民政黨內閣ニ依ッテ、此米穀法案ヲ以テシテハ非常ニ危險ガ多イ、米穀政策上宜シクナイト云フノデ、率勢米價ヲ加味スルコトニ依ッテ改正セラレタ、其改正前ノ法案ヲ、本日此議場ニ御提案ニナッテ居ルノデアリマス、而モ此大正十年ニ作ッタ法案ヲ以テ、現在ノ朝鮮、臺灣米ニ對シテ之ヲ統制シヤウトナサルノデアリマスルカラ、私ハ高橋大藏大臣、山本內務大臣ハ、甚ダ思ヒ半バニ過ギルモノガ御アリダラウト思フノデアリマス、自分達ガ今カラ十數年前ニ作ッタ米穀法案ヲ、今頃又持出サナケレバナラヌ程、現在ノ政府ニ氣ノ利イタ農林關係當局ガ居ラナイノカト云フヤウナコトヲ、定メテ御考ヘニナルダラウト私ハ思フノデアリマス、果シテ斯ノ如キ米穀法案ヲ以テシテ、政府ガ御希望ニナッテ居ルヤウナ、外地米ニ對スル移入ノ月別平均ガ期セラレルヤ否ヤ、若モ今回提出サレタル本案ヲ以テ、完全ナル法案トナサルナラバ、何ノ必要ガアッテ此法案ヲ現行米穀統制法ニ變ヘル必要ガアッタカ、後藤農林大臣ハ、農林大臣御就任以來、昭和七年十一月ニ米穀統制調查會ナルモノヲ御作リニナッテ、鋭意御研究ニナッタ結果既ニ廢案ニナリマシタ、而モ今回御提案ニナリマシタ米穀法ヲ以テシテハ、不十分ナリ、不完全ナリトシテ、米穀統制法案ヲ御作リニナッタ、サウシテ今回又再ビ前ノ法案ヲ之ニ附加ヘテ、而モ兩々相俟ッテ御ヤリニナルト云フコトハ、御止メニナッタ方ガ宜シイナラバ、其案一本デ御ヤリニナッタ方ガ宜イト思フ、而モ、米穀統制法案ト此法案トノ違ヒマス點ハ、買上、賣渡、其時期ニ對スル條件ノ違ヒガ主ナル違ヒナンデアリマス、而モ政府ガ今回御提案ニナリマシタル此法案ニ依リマスルト、買上ノ時期ハ第二條ニ依リマシテ「前條ノ規定ニ依リ買入ルル米穀ノ價格ハ勅令ノ定ムル一定價格以內ニ於テ時價ニ準據シテ之ヲ定ム」トシテアリマス、由來現內閣ハ官僚內閣、超然內閣ノ建立ト致シマシテ、總テノ法律案ノ內容ヲ勅令ニ讓ル癖ガアル、法律案ノ骨子ハ總テ勅令ニ讓ッテ、後カラ自分達ダケデ都合ノ好イヤウナモノヲ作ル癖ガアル、前議會ニ於テ決定致シマシタル所ノ米穀統制法ニ於キマシテモ、其法案ノ骨子デアル所ノ生產費決定ノ條件ハ、之ヲ勅令ニ讓ッテ、遂ニ本議會、衆議院ニ勅令ノ內容ヲ示サナカッタノデアリマス、再ビ此案ノ提出ニ當ッテ、其買上ノ最モ重要ナル要點ヲ勅令ニ讓ッテ居ルノデアリマス、之ニ付キマシテハ、何レ委員會ニ於テ明確ニ其勅令ノ內容ヲ質サナケレバナラヌト思ヒマスルガ、若シ此機會ニ勅令ノ內容ガ決定シテ居ルナラバ、此議場ヲ通ジテ、全農民ニ御知セニナル必要ガアルダラウト思ヒマスノデ、敢テ此質問ヲ致ス次第デアリマス

次ニ御尋致シタイノハ、而モ買上ノ條件ガ斯ノ如クデゴザイマシテ、其賣渡、拂下ノ條件ニ至リマシテハ、法案ノ何處ヲ見テモ全然書イテナイノデアリマス、法案ノ何レノ點ヲ見マシテモ、買上ハ勅令ニ讓ッテアル、賣渡ニ付テハ、値段ガ幾ラニナッタラ賣ルノカ、何處デ賣ルノカ、何等ノ規定モナケレバ何等ノ定メモナイ、斯ノ如クシテハ朝鮮、臺灣デ買ッテ貯ッタ米ガ、何時內地ヘ持ッテ來テ、ドウブチ撒カレルカ分ラヌカラ、常ニ米價ハ昂騰スルコトハ出來ナイ、常ニ米價ハ最低安値ニ釘付ケニナルト云フ農民ニ取リマシテハ頗ル不利益ナル法案ト私ハ考ヘルノデアリマスガ、之ニ對スル明確ナル御答辯ヲ承リタイト思フノデアリマス

次ニ御尋致シタイノハ、政府ハ只今農林大臣ノ御說明中ニモアリマシタヤウニ、此法案ハ明年三月迄ノ短期間ノ立法デアル、而モ其間ニ於テ適當ナル調查研究ヲ遂ゲテ、根本策ヲ定メルト云フ御說明デアリマシタガ、既ニ我國ニ於キマシテハ、米穀對策研究ノ爲ニ、昭和四年五月、田中內閣當時ニ、米穀調查會ヲ設ケマシテ、總理大臣會長トナリ、各關係閣僚、知識經驗者ヲ網羅シテ、米穀對策ニ付テ根本的ノ研究ヲ始メタノデアリマス、爾來濱口內閣ガ繼承致シマシテ、濱口內閣當時ニ於キマシテ、率勢米價ヲ基準ト致シマスル所ノ米穀對策ヲ作リ、更ニ現內閣ニ至リマシテ、昭和七年十一月、米穀統制調查會ナルモノヲ設立致シマシテ、是モ同時ニ總理大臣ノ下ニ大々的ナ調查研究ヲ遂ゲタノデアリマス、而モ斯ノ如ク致シマシテ、其間我黨ニ於キマシテハ、既ニ有志ノ間ニ於キマシテハ、專賣法以外ニハ米穀對策ノ根本的施設ナシト云フ結論ガ確定致シテ居ルノデアリマス、民政黨ノ方々ノ中ニモ、高田先輩ノ如キハ、此米穀專賣案ニ對シテ、滿腔ノ賛意ヲ御持チニナッテ居ルト云フコトヲ私ハ伺ッテ居リマス、斯ノ如ク此議場ヲ通ジマシテモ、議員ノ大多數ハソレ〳〵米穀對策ニ對スル根本的施設ヲ皆持合セテ居ルノデアリマス、政府部內ニ於テモ唯之ヲ農林大臣、其他總理大臣ガ、斷ノ一字ヲ以テ行フト否トノ岐路ニ立ッテ居ルノデアリマス、何等調查研究ノ必要モナク、既ニ總テノ場合、總テノ條件ヲ調查研究濟ミデアッテ、唯之ヲ後藤農林大臣ガ斷行スルコトガ出來ルカ否カト云フ問題ガ殘サレテ居ルダケデアリマス、隨テ後藤農林大臣ガ研究調查ニ名ヲ藉ッテ、明年三月マデ、來議會マデ此對策ヲ放任シテ、來議會ニ、マア來年マデ自分達ガヤッテ居ルナラ何トカ、ト云フヤウナ態度デ、而モ其間ニハ此財政難ノ折柄、多額ノ國帑ヲ米穀對策ノ爲ニ、六七千万圓カラ一億圓ノ國帑ヲ要スル此問題ヲ、唯自己ノ力足ラズシテ、其解決案ヲ得ルコト出來ズ、逡巡ト一箇年間ヲ經過ナサルコトハ、甚ダ後藤農林大臣ノ爲ニ私ハ取ラザルモノト信ズルモノデアリマス、此機會ニ後藤農林大臣ヘ、現在農林當局ガ御持合セニナッテ居ル處ノ米穀對策ヲ以テ、臨時議會マデ開イテ、堂々ト臨時議會ニ所信ヲ明ニナサレル勇氣アリ

ヤ否ヤト云フ點ヲ御尋致シテ降壇致シマス(拍手)

(國務大臣後藤文夫君登壇)

○國務大臣(後藤文夫君) 河野君ノ御質問ニ御答ヲ致シマス、先程提案ノ理由ニモ申シマシタ如ク、異常ノ豐作ニ際會ヲ致シマシテ、米穀對策トシテ何等カノ處置ヲ講ジテ、統制法ノ效力ヲ一層發揮スルコトニ致シタイト云フ考デ、吾々ハ色々攻究ヲ續ケタノデアリマス、殊ニ先年來臺灣、朝鮮米ノ統制ニ關スル事ガ問題トナリ、是ガ米穀統制法ト相俟ッテ攻究セラレナケレバナラヌト云フコトガ、議會ニ於キマシテモ、亦其前ノ統制調査會等ニ於キマシテモ、決議ト相成ッテ居ッタヤウナ譯デアリマス、吾々トシテハ折角此臺鮮米ノ問題ニ付テ攻究ヲ遂ゲタノデアリマス、併シマダ今後ニ殘サレタ攻究問題ガ多々アリマス、取敢ズ今回ノ法案ヲ以テ、此會計年度内ニ應ズルノ處置ヲ講ジヨウト致シタ譯デアリマス、今回ノ法案ガ恰モ過去ニ於ケル米穀法ノ如キモノデアル、統制法ト云フモノヲ一方ニ作ッテアルノニ、斯ウ云フモノヲ又附加ヘルト云フノハ、ヲカシイヂヤナイカト云フ御尋デアリマス、是ハ成程過去ノ米穀法ニ似タ法案デアリマス、併ナガラ申上ゲテ居リマスル通リニ、是ハ臨時ノ臺鮮米對策デアリマス、隨テ統制法ノ如キ有力ナ、内地ノ米價安定ノ基本法トハ建前ガ違ッテ居ルノデアリマス、臨時ノ對策ヲ講ジテ置イテ、其間ニ更ニ進ンダ考ヲ付ケタイト云フ積リデ居ルノデアリマス、買上ノ事ニ付テ、勅令ノ規定ニ讓ッテアルノハドウカト云フコトデアリマスルガ、是ハ何レ他ノ機會ニ、勅令ニ規定セントスル事ニ付テ、詳シク申上ゲルコトモアラウト思ヒマスルガ、大體ニ於キマシテハ、内地ノ公定價格ト、向フノ米ノ價トノ工合ヲ考ヘマシテ、餘リ高イ値デ朝鮮ノ米ヲ買ハナケレバナラヌト云フコトヲスル必要モアルマイト云フ考慮カラ來テ居リマス、先程モ申シタヤウニ、凡ソノ數量ヲ買上ゲテ調節ヲ致サウトスルノデアリマスカラシテ、時價ニ準據スルト云フコトガ建前ニナルノデアリマス、唯内地ノ米價ノ事情ガ、最低價格以上ニ上ッテ居ッテ、格別ノ調節ヲ要セナイト云フ時デアレバ、強ヒテ買ハナケレバナラヌト云フコトモナイ譯デアリマスルガ、其點ニ付テ最高限ト云フヤウナモノヲ定メヨウト云フノガ、此勅令ノ趣旨ナノデアリマス、ソレカラ賣渡ノ時モ、是ハ矢張勅令デ賣渡ノ事ヲ規定スルコトニ致シテ居ルノデアリマス、價ハ時價ニ依リマスケレドモ、賣渡モ亦内地ノ凡ソ最低價格ヲ基準ニ致シマシテ、最低價格ヨリ安イヤウナ事態ノ場合ニハ、無論此米ヲ賣ルノデハアリマセヌ、最低價格ヨリ相當米價ガ上ニアル時ニ、賣ルト云フコトニ致シタイ積リデ居ルノデアリマス、ソレカラ米穀對策ニ付テハ、既ニ色々ナ根本對策ガ攻究サレテ居ルモノガアルノデハナイカト云フ御話デアリマスガ、米穀統制法ハ御承知ノ通リ、昨年ノ議會ニ於テ御協贊ヲ得マシテ制定ヲ致シタノデアリマス、之ヲ實施シテカラ、マダ半歳ヲ出ナイノデアリマスノニ、稀有ノ大豐作ニ遭遇シマシタ爲ニ、相當ニ大キナ買上ヲ實行シナケレバナラヌコトニナリマシタケレドモ、併シ私ハ此統制法ガ米價維持ノ上ニハ、米價安定ノ上ニハ、可ナリ大キナ力ヲ持ッテ居ルモノデアルト云フコトヲ信ジテ居リマス、一時斯ウ云フ事情ニ面シタカラト申シマシテ、更ニ非常ナ根本策ト云フモノヲ、今直チニ考ヘナケレバナラヌト云フ風ニハ考ヘテ居ラナイノデアリマス、併ナガラ我國ノ米穀問題ハ、非常ニ重要ナ問題デアルコトハ申スマデモアリマセヌ、當局ニ於テモ、米穀問題ノ現在及ビ近キ將來ノコト、及ビ遠イ將來ニ亙ッテノ、色々ナ根本策ヲ攻究シテ、置クコトハ、忽セニシテハナラヌト考ヘテ居リマシテ、之ニ付テハ絶エズ攻究ヲ怠ラナイノデアリマス、最後ニ御尋ニナリマシタ、米穀對策ノ爲ニ臨時議會ヲ開クヤウナ考ヘナイカト云フコトデアリマスガ、今回ノ法案ニ依リマシテ、明年ノ議會マデノ間ノ臨時ノ處置ハ相當ニ付ク積リデアリマスノデ、今臨時議會ヲ開クト云フヤウナ考ヘ有ッテ居リマセヌ

(國務大臣永井柳太郎君登壇)

○國務大臣(永井柳太郎君) 私ハ政府モ議會モ共ニ、啻ニ米穀問題ノミデナク、各種ノ問題ヲ研究致シマスル時ニ、常ニ内外地ヲ通ズル全國民ノ共存共榮ヲ考慮スルコトヲ忘ル、モノデナイト云フコトヲ、外地ニ知ラシムル爲ニハ十分ナル努力ヲ致シテ居ルノデアリマス、又此度ノ米穀問題ニ關シマシテモ、内地ノ農民ガ米穀ノ供給過剩ノ爲ニ、如何ニ苦境ニ在ルカト云フコトヲ、十分外地ニ理解セシムル爲ニ努力ヲ致シタノデアリマス、先程三善君モ御引用ニナリマシタガ、アレハ多分數年前ノモノデハナイカト存ジマスガ(「ノー〳〵」)例ヘバ内地ニ於キマシテ、米穀ノ供給ガ缺乏シテ居ルヤウナ時代ニ於キマシテハ、出來ルダケ朝鮮ニ於テ之ヲ補ハシムルガ爲ニ、產米增殖計畫ノ如キモノヲ、奬勵致シタノデアリマス、又今日ハ產米增殖計畫ヲ中途ニ變更致シマシテ、之ヲ棉花ノ生產ヲ目的トスル、產棉增殖計畫ニ變更スルヤウナ方針ヲ立テテ居ルノデアリマス、又臺灣ノ方ニ於キマシテモ―― 先程三善君モ御話ニナリマシタガ、私共モ全然同感デアリマス――出來ルダケ代作ヲ獎勵シ得ルモノハ代作ヲ獎勵致シマシテ、此度御審議ヲ願ヒマシタ豫算ニ依リマシテ、米作ノ代リニ甘蔗トカ、麻トカ云フモノヲ生產サセルコトニ依ッテ、籾百万石内外ノ生產ヲ節減スルト云フヤウナ案モ立テ、居ルノデアリマス、出來ルダケ外地ヲシテ、内地ノ要求ニ應ゼシムルヤウニ、又外地ノ要求ニ對シテ内地モ亦之ニ應ジテ、兩者共存共榮スルコトヲ目的トシテ居ルト云フ方針ヲ、十分ニ理解セシムル爲ニ努力致シテ居ル次第デゴザイマス(拍手)

○議長(秋田清君) 河野一郎君

(河野一郎君登壇)

○河野一郎君　農林大臣ノ御答辯中ニハ、米穀統制法ハ其運用宜シキヲ得テ、現在相當ノ效果ヲ擧ゲテ居ルカラ、今回提案ノ三法案ハ、明年三月迄ノ間、之ヲ補ッテ行クノデアル、而モ其間ニ於テ統制法ノ根本ヲ變ヘル必要ハナイガ、適當ナル補強的施設ニ付テ研究スルノデアルト云フヤウナ御答辯ト私ハ承ッタノデアリマス、サウ致シマスト、米穀統制法ヲ政府ガ御實施ニナリマシタノハ、昨年ノ十一月デアリマス、而モ昨年ノ十一月ニ於テハ、既ニ昭和八年度産米ノ大豐作ハ、ソレ〳〵ノ機會ニ於テ、政府ノ第一回作柄調査、第二回調査、實收調査、其他ノ調査ニ依リマシテ、大體大豐作デアッテ、一千數百万石ノ過剩米ガ出テ、此儘デハイカヌト云フコトハ――政府部内ニ於カレマシテモ、既ニ統制法一本ヲ以テシテハ、其政策運用ノ妙ヲ得ルコト困難ナリトセラレマシテ、之ニ加フルニ籾ノ貯藏ヲ以テセラレ、而モ農林大臣ノ如キハ、減反案ノヤウナ、世ノ中ノ物笑ニナルヤウナ施設マデモ加ヘテ、施設セラレヤウトシタデハアリマセヌカ、其時ニ於テ、既ニ米穀統制法一本ヲ以テシテハ、今後ニ於ケル米穀對策不十分ナリト云フコトハ、ハッキリ分ッテ居ッタ筈デアル、而モ今回ノ豫算總會ニ於テ、吾々同僚ヨリ米穀政策ニ付テ缺クル所ナキヤ如何ト追窮ヲ致シテカラ、初メテ米穀統制法一本デハイカヌ、ドウモ不十分ノヤウニ思フト云フヤウナ調子デ騷ギ出シテ、アレヤ是ヤト騷イデ、餘リニ慌テ過ギテ、齋藤總理カラ、何モ縺ッテモ居ラヌト言明マデシテ、二枚舌問題マデ起スヤウニナッタデハアリマセヌカ、若モモウ少シ眞劍ニ、モウ少シ愼重ニ農民ノ立場ヲ御考ニナッタナラバ、米穀政策ノ如キハ、泥棒ヲ捕ヘテ繩ヲ綯フヤウナ態度ヲナサラズ、明ケテモ暮レテモ、全國農民ヲ救フノハ、米ト繭ト肥料ノ此三ツサヘ考ヘテ居レバ、農民ハ救ハレルノデアル(拍手)之ニ付テ考ガ足ラズ、肥料ニ付テハ肥料屋ニ委セル、繭ヤ生絲ニ付テハ、當業者ガ三割減産ト云フヤウナコトヲ言ッテ參レバ、直グソレデ宜シイト云フヤウナコトデ贊成ニナル、本當ノ農林大臣ノ頭ハドウダ、如何ナル需給推算ノ上ニ立ッテ、大臣ハ御決メニナッタカト云フコトヲ申シマスレバ、大シタ數字的根據サヘモナイ、米穀政策ニ於テモ、今頃ニナッテ來年ノ三月迄ノ、五箇月ヤ八箇月ノ臨時施設ノ法律ヲ取出シテ、後十日カ一週間位ノ此議會ニ提案シテ、何トカ此急場ノ繋ギヲヤッテ置イテ呉レト云フヤウナコトヲ此處ヘ頼ンデ來ル、此無責任ニ至ッテハ、私ハ斷ジテ許ス譯ニ行カヌト思フノデアリマス、農林大臣ハモウ少シ眞劍ニ、米穀政策ニ付テ吾々ト共ニ御研究願ヒタイト思フノデアリマス、デ此機會ニ御尋致シタイノハ、農林大臣ハ本法案ガ若シモ兩院ヲ通過セザル時ニハ、現在ノ米穀統制法ダケデ、明年三月迄ニ於ケル米穀政策ノ運用ヲ、農林大臣ノ職責ニ於テ責任ヲ負フコトガ出來ルヤ否ヤト云フ點ヲ御尋シテ置キマス

次ニ拓務大臣ニ申上ゲマス、拓務大臣ハ只今同僚三善君ノ先程ノ質問ニ對シテ、數年前ノモノダラウト云フヤウナ、頗ル不謹愼ナル御言辭ガアリマシタガ、吾々ハ斯ル不眞面目ナル質問ヲ致シテ居ルノデハナイノデアリマス、ソレダカラ朝鮮農民ニ對シテ誤解ヲ招クト吾々ハ申上ゲルノデアル、少クトモ吾々ハ總テ質問ヲ爲ス場合ニハ、確乎タル計數、確乎タル事實ノ上ニ立タナケレバ、斷ジテ不謹愼ナル言ハ弄サヌノデアリマス、先程三善君ノ御引用ニナリマシタノハ、昭和八年十一月朝鮮ノ農林局ニ於テ御作リニナッタモノ、中ニ、明確ニ記シテアル材料ニ依ッテ御質問ニナッテ居ルノデアリマス、拓務大臣ハ今後ニ於カレマシテモ巧ミナル言辭ヨリモ、一ツノ確乎タル數字的基礎ノ上ニ立ッテノ御答辯ガ、吾々ノ望ム所デアリマスカラ、此機會ニ於テ一言申上ゲテ置キマス(拍手)

○議長(秋田清君)　後藤農林大臣

(國務大臣後藤文夫君登壇)

○國務大臣(後藤文夫君)　米穀對策ノ重要ナコトニ付テハ、私何人ニモ劣ラナイ熱意ト眞劍サヲ以テ之ニ對シテ參ッテ居ル積リデアリマス、今回米穀統制法ノ實施ノ後ニ於ケル狀況ニ鑑ミマシテ、色々ナ考究ヲ致シタノデアリマス、殊ニ議會ヤ統制調査會等ニ於ケル要望ニ從ッテノ對策モ、是非立テタイト考ヘテ、苦心ヲ致シタノデアリマス、斯ノ如クシテ考究ノ結果ガ、只今茲ニ提案シテ居リマスルモノヲ以テ、此際ノ差當リノ處置ト致シマシテ、尙ホ進ンデ眞劍ニ考究ヲ續ケタイ、斯ウ云フコトヲ申上ゲテ居ルヤウナ譯デアリマス、若シ此法案ガ通過シナイヤウナコトガアッタラバ、ドウスルカト云フヤウナコトニ付テ、其對策ハ今此處デ私何トモ申上ゲル譯ニモ參リ兼ネマスルガ、吾々トシテハ是非此法案ニ對シ、皆樣ノ協贊ヲ速ニ得タイコトヲ熱望シテ已マナイノデゴザイマス

○議長(秋田清君)　河野君、御濟ミニナリマシタカ

○河野一郎君　濟ミマシク

○議長(秋田清君)　高田耘平君

(高田耘平君登壇)

○高田耘平君　私只今上程サレテ居ル三案ニ付テ、二三政府ニ質問シタイト思フノデアリマス、先ヅ總理大臣ガ去月十二日豫算總會ニ於テ聲明セラレタル、其聲明ヲ實行シ得ズシテ、極メテ姑息的ナル本案ヲ提出シタ、其經過等ニ付テ承リタイト思フノデゴザイマスルガ、私共出席ヲ要求シテアリマシタガ、今尙ホ出席ニナリマセヌカラ、已ムヲ得ズ唯非常ニ遺憾デアッタ、總理大臣ガ聲明ヲ裏切ッテ、斯ノ如キ不徹底ナル案ヲ御提出ニナッタコトハ、極メテ遺憾デアルト云フコトヲ、茲ニ前以テ申上ゲテ置ク次第デアリマス

米穀ノ問題ハ申ス迄モナク非常ニ重大デゴザイマス、財政上ノ關係ヨリシテハ、勿論デゴザイマスケレドモ、殊ニ農村問題解

決ノ上ヨリ、此米ノ問題ヲ根本的ニ解決シナケレバナラナイト云フコトヲ、私共ハ痛感致シテ居ルモノデアリマス、何故サウデアルカト云ヘバ、例ヘバ今度追加豫算ガ出テ居ル、此二千万圓ノ追加豫算ノ中、千五百万圓ハ籾貯藏ニ關スル費用デアリマス、而シテ根本問題解決ニハ少シモ手ヲ觸レナイ、デ大藏當局ニ言ハシテ見レバ、是ハ大體ニ於テ皆農村ノ爲デアル、籾貯藏モ農村ノ爲デアル、斯ウ言フノデアリマス、而シテ一面ニハ本年ノ一月迄ニ既ニ二億二三千万圓ノ缺損ヲ來シ、更ニ最低公定基準價格ニ依ル買上ガ、若シ千万石ニ達スレバ、恐ラクハ今後一年間ニハ彼此レ一億万圓近クノ缺損ヲ來スノデハナイカト思フ狀態ニ陷レタノデアリマスカラ、非常ニ財政上重大ナ問題デアルト同時ニ、此米ノ問題アルガ爲ニ、此方面ノミニ國費ノ大部分ガ使ハレテ、他ノ農村根本問題ノ解決ガ出來ナイト云フコトハ、極メテ遺憾デアリマスカラ、一日モ早ク、此米ノ問題ニ付テノ根本的解決ヲシナケレバナラヌト云フコトヲ、私共ハ信ジテ居ルノデアリマス、ソコデ私共今回ノ御提案ヲ見マシテ、甚ダ遺憾ニ感ズル點ハ、第一ニ、先程古イ米穀法ヲ其儘出シタノデアルト云フヤウナ御話モアリマシタガ、或ハサウ云フ批評モアルカモ知レマセヌ、臨時處理法ハサウ云フ非難モスレバ出來マス、而シテ如何ニモ不徹底デ、僅ニ一年間ヲドウスルカト云フ案ヲ御立テニナッタニ過ギナイ、但シ只今農林大臣ハ、一年ノ間ニ調査研究ヲシテ、根本的ノ案ヲ立テルト云フ說明デアリマシタガ、ドウ云フ程度ニ於テノ根本的對策ヲ立テントスルノデアルカヲ伺ッテ置キタイノデアル

今回此案ガ出ル前ニ、關係ノ諸君ガ意見ヲ異ニシタヤウニ承ル、即チ朝鮮、臺灣ヨリ移入スル米ヲ法律ニ依ッテ規定シテ、或ル程度以上ノ移入ハ絕對ニ許サナイコトニスルト云フコトガ、農林當局ノ主張デアッテ、是ガ大體ニ於テ內地ノ農民側ノ要求デアリマス、所ガ拓務省ノ方ハ、ソレハイカヌ、サウスレバ差別待遇ニナルカライカヌト云フコトデ、結局或ル程度ノ制限ハスルガ、法律ニ依ッテ規定スルコトハ全然イカナイト云フコトデ、此意見ノ對立ヲ、總理大臣ガ纏メルコトガ出來ズシテ、此案ニナッタノデアラウト私ハ思ヒマス、即チ一時的便法ガ出來タノデアラウト思ヒマス、然ラバ根本的對策トハドウ云フヤウニ考ヘテ進ムノデアルカト云フコトヲ、能ク考ヘナケレバナラヌノデアリマス、私ハ斯ウ云フコトヲ考ヘル、例ヘバ此間農林當局ガ主張シタ、外地移入米ヲ法律ヲ以テ規定スルコトガ出來タト假ニ致シマシテモ、是ハ決シテ根本的解決デハナイト私ハ思フノデアリマス、何トナレバ、例ヘバ朝鮮ヨリ八百万石、臺灣ヨリ四百万石、約千二百万石以上ハ、今日ノ米穀事情ニ於テ移入スルコトヲ認メナイト云フコトヲ法律デ規定スレバ、ソレガ爲ニ內地ノ米價ハ相當ニ維持セラレマセウ、隨テ米穀統制法ノ運用モ極メテ樂ニナルト思ヒマス、是ハ確ニ其通リニナリマス、サウスレバ朝鮮、臺灣ハドウナル、近々十年間ノ趨勢ヲ見マスト、非常ナル勢ヲ以テ移入米ハ增加シテ居ルノデゴザイマス、大正十三年ノ朝鮮、臺灣ヨリノ移入米ノ總額ハ五百十万石デアッテ、昭和八年ニハ千百七十四万石デ、十年間ニ倍額以上ニ達シテ居ル實情デゴザイマスルカラ、即チ朝鮮、臺灣ノ生產米ガ、斯ル勢ヲ以テ、大體ニ於テ增加スルモノト見ナケレバナリマセヌ、大體ニ於テ增加スルモノト見ナケレバナラヌ、十年間ニ倍ニナッテ居ル、然ラバ今後ドウナルカト云フコトヲ色々考ヘテ見マスルト、臺灣ノ農業ニ於キマシテ、例ヘバ耕地ノ擴張ヲ止メタニシタ所ガ、各方面ヨリ耕作ノ改良、施肥ノ改善等ヲ致シマスレバ、現在ヨリ更ニ數百万石ヲ增スコトハ極メテ易々タルコトデアルト、吾々ハ常識的ニ考ヘラレマス、朝鮮ニ於テモ其通リデアリマス、朝鮮ノ土壤ノ性質等ヨリ見マシテ、耕作ニ相當ノ注意ヲ加ヘレバ、一反步ニ於テ二石平均位マデニ達スルコトハアリ得ルト私ハ思フ、即チ外地ノ米ノ增殖ト云フモノハ、年々進ムコトハ明デゴザイマスルカラ、內地ニ入ル數量ヲ千二百万石ナラ千二百万石ト限定スレバ、朝鮮、臺灣ノ方ガ非常ニ困ルノデアリマス、困ルカラ例ヘバ餘ッタ米ヲ特別會計ヲ作ッテ買ッタト致シマシタ所ガ、數百万石買ッタ所ガ之ヲ賣ル コトガ出來マセヌ、丁度內地ノ特別會計ニ於テ、十數年來米ヲ買ッテ〳〵買ッテ居ルガ、賣ルコトガ出來ナイヤウナ狀態ヲ、朝鮮、臺灣ニ於テ再ビ繰返スト同ジ結果ニ相成ルト思ヒマスガ故ニ、千二百万石ナラ千二百万石ノ制限ヲ致スコトガ出來タ所ガ、二年ナリ三年ノ後ニハ朝鮮、臺灣ノ農民ガ非常ニ困ッテ、其結果ハ、又何等カノ方策ヲ立テナケレバ、全領土ヲ通ジテノ米穀政策ヲ全ウスルコトハ絕對ニ出來ナイト私ハ思フノデアリマス

先程農林大臣ノ御說明ノ一端ニハ、朝鮮、臺灣ニ對シテ何カ特ニ根本的對策ヲ立テルト云フヤウナル御說明ガアッタヤウデゴザイマシタケレドモ、私ハ朝鮮、臺灣ノミナラズ、內地ヲモ通ジテノ、所謂全領土ヲ通ジテ根本的對策ヲ立テルニ非ザレバ、到底米穀問題ノ永久ノ解決ハ出來ナイト信ズルノデゴザイマス、但シ其方法ト致シマシテハ、或ハ全領土ヲ通ジテノ生產制限ノ必要モゴザイマセウ、或ハ又專賣ガ宜イト言フ人モゴザイマス、或ハ又朝鮮、臺灣ノミノ專賣ヲ實行スルコトニ依ッテ救ヘレルト申ス人モアリマス、位シ茲ニ專賣論ヲ主張シナガラ、減反案ニ反對スル者モアリマスルケレドモ、是ハ一寸私ハ了解シ兼ネルノデアリマス、專賣トナレバ、減反ヲシナケレバ專賣ハ出來ナイノデゴザイマスルガ、此點ハ意見ノ相違ニナルノデアリマスカラ、申上ゲル必要モナイノデゴザイマスガ、兎ニ角專賣論ニハ減反ガ伴フト私共ハ見テ居ルノデアリマス、ソコデ政府ガ調查シテ根本的ノ案ヲ立テルト云フノハ、單ニ此間拓務省ト農林省ガ對立シタ如キ、所謂朝鮮、臺

濟ニ對シテノ、或ル程度ノ移入制限ヲ法律的ニ試ミントスル意味ニ於テノ調査ナリヤ、是デハ不十分デアリマス、私ハソレデハ滿足致シマセヌ、更ニ一歩進ンデ、ソレヨリモ只今申上ゲタ意味ノ根本的解決ヲナサラナケレバナラヌト思フガ、政府ガ調査研究セントスル方針ハ、其點迄進ンデ解決セントスルノデアルヤ否ヤト云フコトヲ伺ヒタイト思フノデアリマス

更ニ第二ノ質問ハ、河野君ノ質問ト同ジ意味ニ相成ルノデアリマス、卽チ政府ハ調査研究ヲ一日モ早ク遂ゲテ、是ガ成案ヲ得テ、尠クトモ端境期頃迄ニ臨時議會ヲ開クノ意思アリヤ否ヤト云フコトデアリマス、是ハ實ハ總理大臣ニ伺ヒタイノデアリマスケレドモ、總理大臣ガ居リマセヌカラ、巳ムヲ得ズ農林大臣ノ御答デモ宜シイノデス、何故私ガ左樣ナコトヲ申上ゲルカト云ヒマスト、從來調査會ト云フモノガ再々開カレテ居ッタガ、ドウシテモ根本問題ガ解決サレマセヌデシタ、私ハ今日迄ノヤウナ調査會デハ、中々容易デナイト思フ、要スルニ非常ナル強イ意味ニ於テノ調査會デナケレバナラヌ、尠クトモ各方面ノ、マア民政黨デモ、政友會デモ、本當ニ領袖株ノ人ヲ揃ヘテヤラネバナラヌ、問題ガ大體決ッテ居ルノデス、唯斷ノ一字デアルト私ハ思フ、故ニ此調査會ノ爲ニ一年モ費ス必要ハナイ、端境期ノ十月迄ニハ、四、五、六、七、八、九、マダ六箇月アル、此間ニ解決サレナイヤウデハ、一年掛ッテモ私ハ解決出來ナイト思フ、尠クトモ三月ヤ四月掛レバ大抵ノ大問題ハ解決出來ル、三月、四月デ解決サレナイヤウデハ一年掛ッテモ私ハ解決出來ナイト思ヒマス、デアルカラ政府ハ――私ガ特ニ端境期迄ニト申上ゲタ理由ハ、申上ゲル迄モアリマセヌガ、端境期以後ニナッテ、新米穀年度ニナッテ、政策ガ立タナイヤウデハ、生産者モ消費者モ、亦特別會計維持ニ當ル所ノ政府モ、非常ニ困ルノデアリマスルカラ、是非端境期迄ニ解決スル必要ガアルノデゴザイマス、故ニ政府ハ先程私ガ申上ゲタ意味ノ根本方針ヲ以テ調査スル心算デアルカ、或ハ又單ニ朝鮮、臺灣ニ對スル移入制限ノミニ付テノ案ヲ御研究ニナル心算デアルヤ否ヤト云フコトヲ伺ヒマス、大體ニ於テ私ノ希望トシテハ、ドウシテモ根本的解決トスレバ、全領土ヲ通ジテノ米穀政策デナケレバナラヌノデアリマスルカラシテ、其點ニ付テ伺フト同時ニ、端境期迄ニ尠クトモ調査研究ヲ遂ゲテ、サウシテ成案ヲ得テ、臨時議會ヲ開クベシト云フコトニ付テノ、政府ノ意見ハ如何デアルカト云フコトヲ伺ヒマス、是ハ實ハ農林大臣デナク、御相談ノ上一ツ總理大臣ヨリ御答ヲ願ヒタイト思ヒマス

第三ハ、米穀需給特別會計法中ノ此內容ノ問題デゴザイマス、卽チ一億五千万圓ヲ第四條ニ增額シ、更ニ三億万圓ヲ豫備費トシテ之ヲ附則ニ認メントスル案デゴザイマス、質問ノ要點ハ、何故三億万圓ヲ要スルト云フコトデアリマス、玆ニ事實ノ問題ヲ申上ゲテ見ルト、今日マデ政府ノ持ッテ居ル米ヲ一切先ヅ賣ラナイモノトシ、尙ホ最低公定基準價格ニ依ル買上總量ヲ一千万石ト假定致シマス、或ハモット超エルカモ知レマセヌガ、サウ假定致シマス、端境期ニ持越ス所ノ所謂金額ガ幾ラアルカト云ヘバ、大體ニ於テ私ノ算定デハ一億一千万圓ハ殘ルト思ヒマス、利子、倉敷ヲ差引イテ一億一千万圓ハ殘ル筈デアリマス、但シ是ガ百万石殖エレバ二千三百万圓バカリ又減リマスケレドモ、大體ニ於テ千万石トスレバ一億一千万圓ダケ端境期ニ金ガアル譯ニナリマス、其外ニ一億五千万圓ヲ法第四條ニ於テ增加スル、サウスルト是ガ二億六千万圓、其外ニ政府ガ端境期マデニ賣ラナケレバナラヌ米ガ何程アルヤト云フコトハ、是ハ私共無論能ク分リマセヌガ、所謂整理賣却ヲシナケレバナラヌ米ガ、昭和六年度ノ米、七年度ノ米、八年度ノ米、相當ニ私ハ八年度ノ米ノ中ニモ、今度ハ餘程所謂乾燥ノ惡イ米ナドガ入ッテ居ル筈デゴザイマスルカラ、相當ノ數量ヲ整理賣却トシテ賣ラナケレバナラヌト思ヒマス、若シ其金額ヲ、大體ニ於テ四百万石程度ト假定致シマスレバ、チョット高イカ知レマセヌガ、一石二十圓ニ見積ルト、是ガ八千万圓デアリマス、サウスレバ一億五千万圓ノ今度ノ法律ニ依ル增加資金、一億一千万圓ノ殘餘ノ金、更ニ整理米ヲ四百万石賣ッタ共八千万圓ト、之ヲ含マセレバ三億四千万圓トナルノデゴザイマスルカラシテ、假令臨時議會ヲ、吾人ノ希望スル通リニ端境期マデニ開イテ、根本問題ヲ解決スルコト能ハズトシテモ、三億四千万圓ノ資金ガアレバ、內地外地ヲ通ジテ相當ノ數量ヲ買ヒ得ルコトニ依ッテ、私ハ不安ガナイト思フノデゴザイマス、卽チ事實ノ上ヨリ三億万圓ト云フ豫備費ヲ設ケル必要ガナイト思ヒマス、更ニ若シ必要ガアリトノ御見込ナラバ、何故豫備費ナド、云フ名前ニ致シマシタカ、一億五千万圓增スノヲ大膽ニ四億五千万圓增ストスル方ガ、正當デハナイカト思ヒマス、必要ナイモノナラバ置ク必要ナシ、必要ガ萬一アルト云フ御見込ナラバ、是ハ一億五千万圓ヲ增スニ非ズシテ、四億五千万圓ヲ增シタ方ガ私ハ適當デアルト思フ、更ニ又此法律ノ「米穀ノ數量又ハ市價ノ變動ニ基ク買入數量ノ增加其ノ他避クベカラザル事由ニ因リ」トアルガ、ドウ云フコトヲ「避クベカラザル事由」ト申スカハ知リマセヌガ、要スルニ豐作ノ場合ニ買ハナケレバナラヌト云フコトヂヤナイカト私ハ思フノデアリマス、兎ニ角豐作ノ場合ニ買フト云フコトデアリマスレバ、私共ノ考デハ、必要ガソレ程アルト思ヘバ、議會ノ權能ヲ第二ニシテ、行政官ガ三億万圓ノ豫備費ヲ自分ノ自由裁量ニ於テ支出スルト云フ、斯ノ如キ重大ナル問題ニ付テ、議會ノ權能ヲ無視スルノ必要ガアリマセヌカラシテ、是ハ若シ必要ガアルト思ヘバ、須ラク私ノ見ル所デハ、四億五千万圓ノ增加トシテ宜シイト思フ、私ハコ、デ斯ウ云フ疑問ヲ有ッテ居リマスガ、如何デス

カ、此三億万圓ト云フノハ、實ハマダ拓務省ト農林省トノ意見ガ岐レマセヌ内ニ、一致スルモノト思ッテ、所謂移入米ノ統制ガ法律的ニ完全ニ實行出來ル場合ヲ豫想シテ、サウシテ外地ニハ一億五千万圓、内地ニハ三億万圓ノ豫備費同様ナモノヲ置クト云フコトガ新聞ニ出マシタガ、其通リヲ實行シタノデアリマス、即チ半永久的ナ、要スルニ外地米ニ對スル相當ノ移入統制ガ出來ルコトヲ前提トシテ、外地ニ一億五千万圓、内地ニ三億万圓ノ豫備費同様ノモノヲ置クト云フコトヲ新聞ニ發表サレマシタガ、ソレヲ其儘一年限リノ問題ニ於テモ實行スルトシテ、茲ニ私ハ掲ゲタモノニ非ズヤトノ疑念モアルノデアリマス、是ハ想像デスカラハッキリ分リマセヌガ、ドウモサウモ言ヒ得ル、一年限リト致シマスレバ、私ハ三億圓ノ豫備費ヲ置ク必要ハ更ニナイト思フノデアリマスケレドモ、之ニ對スル政府ノ御意見ハ如何デアリマスカ、之ヲ御伺ヒタイト思フノデアリマス

先程三善君ヨリ質疑ガアッテ、農林大臣ガ御答ニナッタ問題デアリマスガ、ソレハ内地ト外地トノ所謂米ノ買入ノ基準ニ付テノ問題デアリマス、勿論今ノ立法ニ於キマシテモ、季節的買收ノ場合ニ於テハ、朝鮮モ臺灣モ、即チ内地モ外地モ時價デ買フコトニナッテ居ルノデゴザイマス、季節買收ハ時價デ買フト云フコトニナッテ居ル、所ガ今度ハ季節的買收ニ非ズシテ、朝鮮、臺灣ト云ヒマシテモ、先ヅ主トシテ朝鮮ニ於テ――臺灣デハ買ハヌデセウ、朝鮮ニ於テ米ヲ買フ場合ニ於テ、内地デハ生産費ヲ基礎トシ、物價其他ノ狀況ヲ加味シテ、最低基準價格デ買フノデアル、朝鮮デハ然ラズシテ時價デ買フノデアルト云フ、此不公平ノ問題、是ハ如何ニモ受取レナイ、差別的待遇ト云フコトガ若シアリトスレバ、是ハ確ニ差別的デアル、但シ其間ニ於テ判斷シ兼ネル事柄ハ、私ハ生産費ノ問題ニ付テ疑ガアリマス、其疑ヲ質サナイカラ、茲ニ常識的ニ申スヨリ外アリマセヌケレドモ、大體ニ於テ朝鮮ト内地トノ米ノ生産費ハ、一石ニ付テ五六圓ノ差ガナケレバナラヌト私ハ思フ、今迄ハアッタノデアリマス、今度ハナイガ、今迄ハアッタ、ソコデ生産費ヲ基礎トシテ、内地同様ニ公定基準價格ヲ決メテ買フト云フコトニスルト云フコトハ、私ハ其事ヲ爲スコトニ付テノ困難ナル事情ハ御察シ申シマス、御察シハ申シマスガ、併ナガラ道理カラ云ヘバ、内地デハ生産費ヲ基礎トスル最低公定基準價格デ買ヒ、朝鮮デハ時價デ買フト云フコトニナルト、大體ニ於テ朝鮮ノ時價ト云フモノガ、内地ノ最低公定基準ニ引摺ラレテ居ルカラシテ、生産費以上數等超エタモノガ時價ニナッテ居ルニ違ヒナイト私ハ思フ、サウスレバ内地ニ於テハ最低公定基準價格デ買フガ、朝鮮ニ於テハ時價デ買フト云フコトニナルト、此不公平ハ私ハ何トシマシテモ見遁シ難イ、是ハ差別待遇デアルト私ハ思フ、デアリマスルカラシテ、或ル一定ノ數量ヲ政府ガ買フ必要ヲ認メタナラバ、所謂朝鮮ニ於テ最低公定基準ヲ内地ト同様ニ作ラシテ、之ニ依ッテ強制的ニ三百万石ナリ、四百万石ナリ買フト云フコトデナケレバ、私ハ非常ナル差別待遇ト思フガ、此點ニ對スル農林大臣ノ意見ハ如何デアリマスカ、尚ホ事務的ニ二三伺ヒタイ點ガゴザイマスケレドモ、後日ニ讓リマシテ、只今申上ゲマシタ點ニ付テ政府ノ所見ヲ伺フ次第デアリマス（拍手）

（國務大臣後藤文夫君登壇）

○國務大臣（後藤文夫君） 高田君ノ御質問ニ御答致シマス、第一ニ、尚ホ根本策ニ付テハ續イテ考究ヲスルト云フコトデアルガ、其根本策ト云フノハドウ云フコトヲ含ンデ居ルノカ、内地、外地ヲ通ジテノ米穀ノ問題ヲモ含ンデ居ルノデアルカ、ドウカト云フ御尋デアリマシタ、私ハ提案ノ理由ニモ御説明申上ゲマシタヤウニ、今回ノ移入米穀ノ調節ノ法案ハ、臺鮮米ノ移入ノ調節ニ關スルコトデアリマス、之ニ即シテ臺鮮米ノ移入調節ニ關スル更ニ是レ以上ノ方策ニ付テ、政府モ考究ヲシテ成案ヲ得ルコトニ努メル積リデアルノダト云フコトヲ申上ゲタノデアリマス、尚ホ併シ在來懸案トナッテ居リマスル一般的ノ生産ノ統制ト云ッタヤウナ問題ハ、無論根本策ノ一ツトシテ今日マデモ考究シテ參ッテ居ル所デアリマスガ、今後ニ於テモ考究シナケレバナラヌコト、考ヘテ居リマス、臺鮮米ノ問題ニ付テ、單純ナル移入スルモノ、數量ノ調節ノミナラズ、更ニ根本ニ入ッテノ問題ガアルノデハナイカト云フ高田君ノ御尋ハ、ソレ等ノ點ニ關シテノコトデアラウト思ヒマス、生産ノ下ニ入ッテマデ全領土ヲ通ジテノ米穀對策ト云フモノヲ講ズルコトハ、無論必要デアリ、今後考究サレナケレバナラヌ問題ト考ヘテ居リマス、是等ノ問題モ考究致シタイト思フノデアリマスガ、唯此問題ヲ直チニ效果ヲ擧ゲルヤウナ成案ヲ得ルコトハ中々困難デアル、永遠ノ方策トシテ多少年月ヲ要スル方策トシテ、茲ニ方針ヲ立テナケレバナラヌ問題デアルト云フコトハ御承知ノ通リデアラウト思ヒマス

臨時議會ヲ開ク積リガアルカドウカト云フ御尋デアリマス、是ハ先程河野君ニモ御答致シマシタヤウニ、只今臨時議會ヲ開クト云フ考ハ有ッテ居リマセヌ、ソレカラ何故三億ト云フヤウナ豫備的ナ資金ノ準備ヲシテ置クノカ、是ハ要ラナイノデハナイカ、此色々數字ニ依ル計算ノコトハ、外ノ機會ニ申上ゲタ方ガ宜シイカト存ジマスガ、只今御推算ノ御話ノアッタノトハ、少シ吾々ノ見解ハ違ッテモ居リマスルガ、此三億ト云フノヲ政府ガ權能ヲ得テ置カウト申シマスルノハ、想像シ得ベキ最大ノ場合ヲモ豫想シテ置カナケレバナラヌ、今年ノ米穀年度ニ於ケル昨年ノ大豊作ト云フモノハ、殆ド何人モ豫想シ得ザル所デアリマシタケレドモ、斯様ナ豐作ガ參ッタノデアリマスカラ、再ビ是ガ續イテ參ルデアラウト云フコトハ、多クノ人ガ是ハ豫想シナイコトデアリマス、併ナガラ絶對ニ來ナイトハ何人モ言

ヒ得ナイノデアリマス、ソレニ應ズルダケノコトハシテ置キタイ、併ナガラ是ガ爲ニ直チニ米穀資金ヲ今增額シテシマフノダト云フコトマデ行カナクテモ、增額ヲスルト云フコトノ權能ヲ戴イテ置イテ、其時ノ事情ニ應ジテ必要ナ程度ダケ政府ガ增額スルト云フコトガ、却テ斯ウ云フ資金ノ運用ヲ嚴正ニシ、國家財政ノ見地カラ見マシテモ、ソレノ方ガ適切デハナイカト考ヘルノデアリマス、サウ云フ趣旨デ是ハ多クノ米穀資金ノ增額ノ權能ヲ、一方一億五千万圓ノ增額ノ外ニ戴イテ置キタイト云フ譯デアリマス、左樣御承知ヲ願ヒタイト思ヒマス

　尙ホ最後ニ米ノ買入價格ノコトヲ、三善君ノ御尋ト同ジヤウナコトニ付テ御尋ガアリマシタ、是ハ御承知ノ如ク統制法ノ最低價格、最高價格ヲ維持スルト云フ建前ノ買入デハナイノデアリマス、朝鮮デノ最低價格ノ維持ト云ッタ意味デハナイノデアリマシテ、內地ヘノ移入ヲ調節スル爲ノ買入デアリマスカラ、此買入ノ建値ノ仕方ガ兩方ノ遣方ガ違フト云フコトニハナラナイノデアリマス、併ナガラ此買方ト云フモノガ、將來ニ影響ヲ有ツノデハナイカト云フコトヲ御懸念デアラウト思ヒマスガ、是ハ餘程考究ヲシテ掛ラナケレバナラヌ問題デアルト考ヘテ居ルノデアリマス

○**議長**(**秋田淸君**)　由谷義治君

　(由谷義治君登壇)

○**由谷義治君**　出來ルダケ簡潔ニ質問ノ要旨ヲ盡シマス、農林大臣ニ御尋シマスガ、外地米ノ統制ニ關シテ、農林省ニ法律化スル原案ガアッタ筈ト思ヒマス、是ハ昨年米穀統制法ノ決議當時ニモ附帶條件デアリマシタシ、殊ニ最近米穀問題ノ中心問題デアリマシタカラ、其移入法制化ノ原案ノ御說明ヲ願ヒマス

　質問ノ第二點ハ、此度暫定的ナ法案デ朝鮮米ノ移入管理ヲヤルト云フノデアリマスガ、買上ノ價格及ビ買上數量ノ具體的豫想ガアラウト思ヒマス、此御發表ヲ願ヒタイノデアリマス、內地ニ移入ヲ防グ爲ニ外米地ノ買上ヲスルコトハ、結局時價以上ニ買ハナイト、政府ノ買上ヲ要求スル者ガナイト考ヘマス、隨テ安イ生產費ノ米ヲ高ク買フ結果ニナリマスカラ、結局米作ノ獎勵デアリマス、或ハ外地ノ地主、米穀商人等ハ非常ニ喜ブデアリマセウケレドモ、結果ガ米作ノ增產助長計畫、絕對的ニ供給過剩ノ政策ナリト考ヘマスカラ、買上價格ヲ聞クノデアリマス、同時ニ外地米ノ過剩ノ算定ガ間違ッテ居リマスト、移入防止ニナリマセヌ、隨テ外地米ノ買上數量ノ豫想ヲ御發表願ヒマス

　同時ニ質問ノ第三ハ、此法案ヲ暫定的ニ出シテ、サウシテ根本對策ハ審議會ノ成立ニ依ッテ決定スルト云フノデアリマスガ、齋藤內閣ニ來年度ノ米ヲ心配スルマデノ力ガアルカドウカ、唯單ニ農林省ト拓務省ノ確執、對立ヲ宜イ加減ニ胡麻化ス意味ニ於テ、此度ノ法案ヲ出シタケレドモ、將來ノ問題ニ對シテ、餘リ此內閣ガ大キナ約束ヲスルコトハ吾々信用出來ナイノデアリマス(拍手)隨テ審議會ニ對スル政府ノ所信ト、並ニ其責任觀念ヲ聽キタイ、拓務大臣ニ二ツ質問ヲ致シタイノデアリマスガ、拓務大臣ガ居リマセヌカラ、私甚ダ遺憾デアリマスケレドモ、此機會ニ一言シテ置キマス、拓務省方面デ事毎ニ共存共榮主義トカ、或ハ一視同仁トカ、今度ノ米ノ問題ヲ繞リマシテ屢ゝ吾々ガ奇怪ナル言動ヲ見タノデアリマス、一體今度ノ問題ハ、之ヲ此儘ニ放任シテ置クト、結局內地農民ノ負擔ニ於テ、外地ノ農民ヲ補償スルト同ジヤウナ結果ニナッテ來ルノデアリマス、拓務省ハ寧ロ輕率不謹愼ナル一視同仁主義ノ煽動ノヤウナコトヲセズニ、或ハサウ云フ言葉ニ依ッテ齋藤內閣ノ內輪ヲ脅迫セズニ、寧ロ進ンデ日本內地ノ米穀對策ニ對シテ、拓務省或ハ外地ノ監督官廳自ラガ適當ナル調節方法、移入統制ニ關スル方法ヲ講ズルコトガ、拓務省ノ最モ正シキ政治デナケレバナラヌト、吾々ハ信ズルノデアリマス、然ルニ拓務省ハサウ云フコトヲシナイ、極メテ觀念的ナル、拓務大臣ノ言ヲ以テスレバ、全人類ノ共存共榮トカ、或ハ全國民ノ一視同仁トカ、洵ニ結構ナ言葉デアルケレドモ、サウ云フ觀念的ナ言葉ハ決シテ政治ノ解決デハナイ、私此點ニ付テ別ノ機會ニ拓務大臣ノ答辯ヲ要求シマシテ、根本的ノ質問ハ後ニ殘シテ、唯今申シマシタ點ニ對シテ、農林大臣ノ答辯ダケヲ要求シテ置キマス

　(國務大臣後藤文夫君登壇)

○**國務大臣**(**後藤文夫君**)　今回ノ案ヲ提出スル迄ニ於テ、當局ノ間デ色々準備調査ヲ致シタ際ノ事柄ハ、此際私申上ゲル限リデナイト思ヒマス

　次ニ買上ノ價格ノコトデアリマスガ、是ハ屢ゝ前ノ御質問ノ方カラモ御尋ガアッタコトデアリマス、時價ニ依ッテ買上ゲルコトニ相成ッテ居リマス、唯單純ニ時價ト云フノデ、何時デモ買ッテ宜イコトニ致サズニ、最高ノ限度ト云フモノハ決メテ置キタイト考ヘテ居リマス、ソレカラ買上數量ハ、是ハ今日ノ米穀ノ需給狀況デノ數量ト、ソレカラ愈ゝ昭和九年ノ產米ノ豫想狀況ヲ見テノ豫測ト合セテ、ナケレバ、ハッキリシテ數ヲ申上ゲル譯ニハ參リマセヌ、一億五千万圓ト云フ數字ガ一杯ニ達シマスナラバ、六七百万石位ヲ豫想サレル譯デアリマスケレドモ、是ハ其全部ヲ必ズ買上ニ充テルモノト豫想致シテ、計算ヲシテハ居ラヌノデアリマス、今ハッキリ此處デ數字ヲ申上ゲル譯ニハ參リ兼ネマス

　最後ニ今後ノ調査ノコトニ付テノ御尋ガアリマシタガ、是ハ吾々出來ル限リ色々ノ點ニ觸レテ、十分ノ調査ヲ致シタイト云フ考デ居ルト云フコトヲ申上ゲルニ止メタイト思ヒマス

○**由谷義治君**　農林大臣ノ御答辯ハ、私ノ質問ニ對シテ皆喰違ッテ居リマス、是ハ別ノ機會ニ質問應答ヲ致スコトニ致シマス

○**議長**(**秋田淸君**)　質疑終局、各案ノ審査ヲ付託スベキ委員ノ選擧ニ付テ御諮リ致シ

マス―

○靑木雷三郎君　三案ヲ一括シテ議長指名二十七名ノ委員ニ付託サレンコトヲ望ミマス

○議長(秋田淸君)　靑木君ノ動議ニ御異議アリマセヌカ

(「異議ナシ」ト呼フ者アリ)

○議長(秋田淸君)　御異議ナシト認メマス、仍テ動議ノ如ク決シマシタ、是ヨリ質問ニ入ルノデアリマスガ、之ニ先チ諸君ニ御諮リ致シタイコトガアリマス、此質問、即チ所謂火曜日ニ於ケル質問デアリマスルガ、是ハ成ベク多數ノ質問者ノ要望ヲ滿サシムベク、演說時間ノ制限ヲ爲ス必要アリト考ヘマス、仍テ今後各質問演說ハ二十分間以內トスルコト、但シ議長ニ於テ特別ノ事情アリト認ムルモノニ限リ、三十分間マデ之ヲ許容スルコトニ致シタイト思ヒマス、之ニ御異議アリマセヌカ

(「異議ナシ」ト呼フ者アリ)

○議長(秋田淸君)　御異議ナシト認メマス、仍テ其通リニ決シマシタ――本日ノ日程ニ揭ゲマシタ質問ノ六及ビ八ヘ、何レモ政府ヨリ答辯書ヲ受領致シマシタ、仍テ日程ヨリ之ヲ省キマス――只今靑木雷三郎君ヨリ成規ニ依ル、質問五、宮脇長吉君提出、軍民一致ニ關スル質問ヲ、質問一ノ前ニ繰上ゲ許可スベシトノ動議ガ提出サレマシタ、此靑木君ノ動議ニ御異議アリマセヌカ

(「異議ナシ」ト呼フ者アリ)

昭和九年三月十六日

昭和九年度歳入歳出總豫算追加案外二件

報告書

一(第一號)昭和九年度歳入歳出總豫算追加案

右ハ本院ニ於テ可決スヘキモノト議決致候此段及報告候也

昭和九年三月十三日

豫算委員長　前田　米藏

衆議院議長秋田淸殿

報告書

一(特第一號)昭和九年度各特別會計歳入歳出豫算追加案

右ハ本院ニ於テ可決スヘキモノト議決致候此段及報告候也

昭和九年三月十三日

豫算委員長　前田　米藏

衆議院議長秋田淸殿

報告書

一(追第一號)豫算外國庫ノ負擔トナルヘキ契約ヲ爲スヲ要スル件

右ハ本院ニ於テ可決スヘキモノト議決致候此段及報告候也

昭和九年三月十三日

豫算委員長　前田　米藏

衆議院議長秋田淸殿

(前田米藏君登壇)

○前田米藏君　只今議題ニ相成リマシタ追加豫算案ニ付キマシテ、豫算委員會ノ經過竝ニ結果ヲ御報告申上ゲマス、此三案ハ何レモ現下ノ農村對策ニ關スルモノデアリマス、而シテ其歳出ハ二千九十餘万圓デアリマシテ、此金額ヲ以チマシテヤラレル事業ノ箇々ニ付キマシテ申上ゲテ置キマス、即チ籾貯藏奬勵ニ關スル經費、農業土木事業ニ關スル經費ノ增加、繭共同保管施設助成ニ關スル經費ノ增加、蠶絲新規利用研究費、町村及ビ農林、漁業團體活動促進ニ關スル經費、農村中堅人物養成ニ關スル經費等デアリマス、此合計二千九十餘万圓ノ財源ハ、千六百七十餘万圓ガ公債支辨ニナッテ居ルノデアリマス、殘額四百二十餘万圓ハ、特別會計ノ製鐵所資金ノ繰入、及ビ政府ガ所有致シテ居リマスル所ノ生絲ノ拂下代金ヲ以テ充當スルコトニ相成ッテ居ルノデアリマス、此委員會ニ於ケル質疑應答ハ、本豫算ノ豫算委員會以上トモ申シテ宜イ程、非常ニ各般ノ事項ニ付キマシテ、質疑應答ガ重ネラレタノデアリマス、即チ農村土木事業ニ付キマシテ、又米ノ問題ニ付キマシテハ外地米、殊ニ朝鮮米ノ生産費ノ問題ニ付キマシテ、詳細ニ質疑應答ガ重ネラレタノデアリマス、其他肥料ノ問題、或ハ農村ニ直接關係ハアリマセヌケレドモ、新議事堂建築ニ伴ヒマシテ、附屬會館ノ建築、即チ議員ノ事務室及ビ新聞會館等ヲ建築致シマシテ、新議事堂ガ利用出來ル時ニ、同時ニ附屬會館モ利用出來ルヤウナ、施設ヲシテ貰ヒタイト云フ質問ガアッタノデアリマス、斯ウ云フ點ニ付キマシテ、質疑應答ガ重ネラレタノデアリマス、又三陸海嘯ノ復舊ノ事業、及ビ旱害地若クハ離島ニ關スル點等ニ付キマシテモ質疑應答ガアリマシタ、詳細ハ速記錄ニ依ッテ、御覽ヲ願ヒタイト存ジマス

討論ニ入リマシテ、砂田重政君ハ政友會同志ヲ代表セラレマシテ、此追加豫算案ハ國民ノ期待ニ副ハザル點ガ多イ、隨テ不滿足デハアルガ、增額修正ノ出來ナイ以上ハ、忍ンデ本案ニ贊成ヲスルト云フコトデアリマシタ、又此豫算案ニ付キマシテ、希望若クハ附帶條件ヲ附ケナイノハ、近日相當ノ時ニ別箇ノ方法ヲ以テ、同志ノ意思ヲ表明スル機會ガアルカラ、其際ニ讓ルト云フコトデアリマシタ、民政黨ヲ代表シマシテ工藤君ヨリ、本豫算案ハ不滿足デアルガ贊成ヲスル、其詳細ノ理由ハ本會議ニ讓ルト云フコトデアリマシタ、國同ヲ代表シテ山谷君ハ、本追加豫算案ハ反對デアル、其理由ハ本會議ニ於テ之ヲ申述ブルト云フコトデアリマシタ、討論ヲ終局致シマシテ、採決ノ結果、三案共多數ヲ以テ可決ヲ致シタ次第デアリマス、此段御報告ヲ申上ゲマス(拍手)

昭和九年三月十六日

朝鮮私設鐵道補助法中改正法律案外一件

朝鮮私設鐵道補助法中改正法律案

朝鮮私設鐵道補助法中左ノ通改正ス

第一條　朝鮮總督ハ朝鮮ニ於テ公衆ノ用ニ供スル爲經營スル私設鐵道ニ對シ該鐵道營業開始ノ日ヨリ十五年ヲ限リ補助金ヲ交付スルコトヲ得

朝鮮總督ハ必要アリト認ムルトキハ更ニ五年ヲ限リ前項ノ期間ヲ伸長スルコトヲ得

第二條　前條ノ補助金ハ左ノ各號ニ依ル金額ヲ限度トス

一　前條第一項ノ期間中ハ毎營業年度ニ於ケル建設費ニ對シ年六分ノ割合ニ相當スル金額但シ毎營業年度ニ於ケル益金カ建設費ニ對シ年一分ノ割合ニ相當スル金額ヲ超ユルトキハ其ノ超過額ハ之ヲ補助金額ヨリ控除ス

二　前條第二項ノ期間中ハ毎營業年度ニ於ケル建設費ニ對シ年五分ノ割合ニ相當スル金額但シ毎營業年度ニ於ケル益金カ建設費ニ對シ年一分五厘ノ割合ニ相當スル金額ヲ超ユルトキハ其ノ超過額ハ之ヲ補助金額ヨリ控除ス

第三條　朝鮮總督ハ必要アリト認ムルトキハ一經營者ノ經營スル鐵道ヲ數區ニ分チ各區ニ付前二條ノ規定ニ準シ補助ヲ爲スコトヲ得

第四條中「前三條ノ規定ニ依ル益金、拂込資本金額、社債及借入金」ヲ「前二條ノ規定ニ依ル建設費及益金」ニ改ム

第七條中「補助ヲ受クル會社」ヲ「補助ヲ受クル鐵道ノ管理者」ニ改ム

第八條　削除

第十條中「前二條」ヲ「前條」ニ改ム

附　則

本法ハ昭和九年四月一日ヨリ之ヲ施行ス

但シ本法施行ノ際現ニ補助ヲ受クル鐵道ニ對スル補助ニ付テハ會社設立登記ノ日ヨリ十五年ノ期間滿了ノ日（朝鮮鐵道株式會社ニ在リテハ昭和九年十二月十四日）ヲ含ム營業年度ノ末日迄ハ改正規定ニ拘ラズ仍從前ノ例ニ依ル

本法施行ノ際現ニ補助ヲ受クル鐵道ニ對スル補助ノ期間ニ付テハ該鐵道ノ建設費ニ充テタル資金ニ對シ初メテ補助ヲ爲シタル日ヲ以テ第一條第一項ノ營業開始ノ日ト看做ス

臺灣私設鐵道補助法中改正法律案

臺灣私設鐵道補助法中左ノ通改正ス

第一條　臺灣總督ハ臺灣ニ於テ公衆ノ用ニ供スル爲經營スル私設鐵道ニ對シ該鐵道營業開始ノ日ヨリ十五年ヲ限リ補助金ヲ交付スルコトヲ得

前項ノ補助金ハ毎營業年度ニ於ケル建設費ニ對シ年六分ノ割合ニ相當スル金額ヲ限度トス但シ毎營業年度ニ於ケル益金カ建設費ニ對シ年一分ノ割合ニ相當スル金額ヲ超ユルトキハ其ノ超過額ハ之ヲ補助金額ヨリ控除ス

附　則

本法ハ昭和九年四月一日ヨリ之ヲ施行ス

但シ本法施行ノ際現ニ補助ヲ受クル鐵道ニ對スル補助金計算ニ付テハ昭和九年三月三十一日ヲ含ム營業年度ノ末日迄ハ仍從前ノ例ニ依ル

（國務大臣永井柳太郎君登壇）

○國務大臣（永井柳太郎君）　只今議題トナリマシタ朝鮮私設鐵道補助法中改正法律案、及ビ臺灣私設鐵道補助法中改正法律案提出ノ理由ヲ説明致シタイト存ジマス、朝鮮及ビ臺灣ニ於ケル補助私設鐵道ハ、何レモ其營業成績未ダ良好デナイノデアリマシテ、將來人口ノ增加、生活ノ向上、及ビ産業ノ發展等ヲ考慮ニ入レマシテモ、尙ホ當分補助ヲ離レテ自立シ得ルコトハ困難ノ狀態ニ在ルノデアリマス、隨テ是ガ補助期間ヲ延長スル爲、朝鮮ニ於テハ現行ノ十五年ヲ、必要ニ應ジテ更ニ五年ヲ限リ延長シ得ルコトニ改メ、臺灣ニ於テハ、現行ノ十年ヲ十五年ニ改ムルノ必要ヲ認メタノデゴザイマス、加之補助方法及ビ補助率ニ付キマシテモ、私設鐵道助成上ノ從來ノ實績ニ照シ、且ツ金利ノ著シク低下致シマシタ近時經濟界ノ趨勢等ニ鑑ミマシテ、現行補助方法及ビ補助率ハ適當デナイト認メラレマスノデ、內地地方鐵道ノ補助率等トノ均衡モ考慮致シマシテ、之ヲ改正スルコトニ致シタノデゴザイマス、即チ朝鮮ニ於テハ現在ノ拂込資本金又ハ社債借入金ニ對シ、年八分ノ割合ニ相當スル金額ヲ限度トシ、其利益不足額又ハ利息相當額ヲ補給スルコト、ナッテ居リマスノヲ、今回ハ建設費ニ對シテ年六分ノ割合ニ相當スル金額ヲ補助スルコトニ改メ、同時ニ利益金中建設費ニ對シ年一分ノ割合ニ相當スル金額マデノ留保ヲ認メ、經營者ヲシテ自主的ニ且ツ自發的ニ益金ノ增加ニ努力セシメルコト、致シタノデゴザイマス、尤モ右補助率及ビ益金留保率ハ、營業開始後十五年ヲ經過シナイ鐵道ニ對スルモノデアリマシテ、十五年ヲ超エタモノニ付キマシテハ、更ニ自助ノ範圍ヲ擴大スルコトヲ適當ト認メマシテ、其補助率ヲ年五分、益金留保率ヲ年一分五厘ト致シタノデアリマス、又臺灣ニアリテモ、現在建設費ニ對シ年八分ノ割合ニ相當スル金額ヲ限度トシ、其益金不足額ヲ補給スルコト

トナッテ居リマスノヲ、朝鮮ト同様ノ趣旨ニ基キマシテ、建設費ニ對シ年六分ノ割合ニ相當スル金額ヲ補助スルコトヽシ、同時ニ利益金中建設費ニ對シ年一分ノ割合ニ相當スル金額マデノ留保ヲ、認メルコトニ改メタ次第デゴザイマス、何卒御審議ノ上御協賛アランコトヲ希望致シマス（拍手）

○議長（秋田清君） 各案ノ審査ヲ付託スベキ委員ノ選擧ニ付テ御諮リ致シマス

○青木雷三郎君 日程第四及ビ第五ノ兩案ヘ一括シテ政府提出、臺灣事業公債法中改正法律案外一件ノ委員ニ併セ付託セラレンコトヲ望ミマス

○議長（秋田清君） 青木君ノ動議ニ御異議アリマセヌカ

〔「異議ナシ」ト呼フ者アリ〕

○議長（秋田清君） 御異議ナシト認メマス、仍テ動議ノ如ク決シマシタ――日程第六、鑛業法中改正法律案ノ第一讀會ヲ開キマス――商工大臣松本烝治君

昭和九年三月十七日

治安維持法改正法律案

第七　治安維持法改正法律案（政府提出）　第一讀會ノ續（委員長報告）

報告書

一治安維持法改正法律案（政府提出）

右ハ本院ニ於テ別紙ノ通修正スヘキモノト議決致候此段及報告候也

昭和九年三月十五日

委員長　宮古啓三郎

衆議院議長秋田清殿

（小字及━━ハ委員會修正）

治安維持法改正法律案中左ノ通修正ス

第十四條　第三條、第四條及第八條ノ罪ニ該ル被疑事件ニ付被疑者左ノ各號ノ一ニ該當スル場合ニ於テ
急速ヲ要シ判
捜査上必要ア
事ノ勾引狀ヲ求ムルコト能ハザルトキハ
リト思料スルトキハ地方裁判所ノ檢事ハ直ニ被疑者ヲ勾引スルコトヲ得

一　被疑者定リタル住居ヲ有セザルトキ

二　被疑者罪證ヲ湮滅スル虞アルトキ

三　被疑者逃亡シタルトキ又ハ逃亡スル虞アルトキ

四　被疑者變名又ハ僞名ヲ使用スル疑アルトキ

第十六條　第十四條ノ規定ニ依リ被疑者
場合ニ於テ急速ヲ要シ判事ノ勾留狀ヲ求ム
ヲ勾引スルコトヲ得ベキ原由アルトキハ
ルコト能ハザルトキハ地方裁判所ノ檢事ハ
之ヲ勾留スルコトヲ得

被疑者ノ勾留ハ前條ノ規定ニ依リ被疑者ヲ訊問シタル後ニ非ザレバ之ヲ爲スコトヲ得ズ但シ被疑者逃亡シタル場合ハ此ノ限ニ在ラズ

第二十七條　前條ノ規定ニ依ル豫防拘禁ノ請求ハ本人ノ現在地ヲ管轄スル地方裁判所ノ檢事刑務委員會ノ議ヲ經書面ヲ以テ其ノ裁判所ニ之ヲ爲スベシ

前項ノ請求アリタルトキハ裁判所ハ本
本人ハ辯護
人ヲ選任スルコトヲ得
人ノ陳述ヲ聽キ決定ヲ爲スベシ
裁判所ハ本人及辯護人ノ意見ヲ聽キ決定ヲ爲スベシ

第三十條　豫防拘禁ニ付セラレタル者ハ
適當ナル施設
監獄内ノ特ニ分界ヲ設ケタル場所ニ之ヲ收容シ改悛セシムル爲必要ナル處置ヲ爲スベシ

第三十一條　豫防拘禁ノ期間ハ二年。以内。トス特ニ必要アル場合ニ於テハ裁判所ハ之ヲ更新スルコトヲ得

第二十七條乃至第二十九條ノ規定ハ前項ノ更新ノ場合ニ之ヲ準用ス

第三十九條　豫防拘禁ニ付セラレタル者ハ當分ノ間監獄内ノ特ニ分界ヲ設ケタル場所ニ之ヲ收容スルコトヲ得

四十
第三十九條　本法ニ於テ地方裁判所ノ檢事トアルハ朝鮮ニ於テハ地方法院ノ檢事トス

希望條項

現時ノ世相ニ鑑ミ政府ハ宜シク朝憲ヲ紊亂セムトスル暴力行爲ヲ嚴重ニ取締リ且之ニ關スル適當ノ制裁法規ヲ立案シテ速ニ帝國議會ニ提出スヘシ

昭和九年三月十八日

朝鮮ニ裁判所構成法及辯護士法實施ニ關スル建議案

朝鮮ニ裁判所構成法及辯護士法實施ニ關スル建議

朝鮮ニ裁判所構成法及辯護士法ヲ實施セラレムコトヲ望ム

右建議ス

報告書

一朝鮮ニ裁判所構成法及辯護士法實施ニ關スル建議案（俵孫一君外十一名提出）

右ハ本院ニ於テ可決スヘキモノト議決致候此段及報告候也

昭和九年三月十三日

建議委員長　星島　二郎

衆議院議長秋田清殿

朝鮮ニ訴願法及行政裁判法實施ニ關スル建議案

朝鮮ニ訴願法及行政裁判法實施ニ關スル建議

朝鮮ニ訴願法及行政裁判法ヲ實施セラレムコトヲ望ム

右建議ス

報告書

一朝鮮ニ訴願法及行政裁判法實施ニ關スル建議案（木下成太郎君外十一名提出）

右ハ本院ニ於テ可決スヘキモノト議決致候此段及報告候也

昭和九年三月十三日

建議委員長　星島　二郎

衆議院議長秋田清殿

朝鮮事業公債法中改正法律案（政府提出）　第一讀會ノ續（委員長報告）

報告書

一朝鮮事業公債法中改正法律案（政府提出）

右ハ本院ニ於テ可決スヘキモノト議決致候此段及報告候也

昭和九年三月十七日

委員長　山下　谷次

衆議院議長秋田清殿

附帶決議

一政府ハ內地朝鮮滿洲ノ交通ノ實狀ニ鑑ミ朝鮮鐵道中日滿交通主要幹線ト滿鐵經營線トノ聯絡統制ニ付更ニ適切有效ナル方策ヲ講究シ是レカ實現ヲ計ルヘシ

一政府ハ外地鹽業ノ發達竝其ノ統制ニ留意シ一日モ速ニ鹽業國策ノ確立ニ努力スヘシ

（山下谷次君登壇）

○山下谷次君　朝鮮事業公債法中改正法律案ノ委員會ノ經過竝ニ結果ヲ御報告致シマス、但シ其詳細ニ至リマシテハ會議錄ニ讓リマス、唯此法律ハ公債法中ノ第一條ノ「六億三百七十万圓」トアルノヲ「六億六百二十万圓」即チ二百五十万圓增加スルト云フ、極ク簡單ナル法律デアルノデアリマス、併シ事ガ朝鮮ニ關スルコトデアリマスカラ、委員會ニ於キマシテハ拓殖問題、殊ニ北韓ノ拓殖問題、或ハ鐵道、或ハ港灣、或ハ庄等ノ問題ニ付キマシテ、九日間ニ亙リマシテ質疑應答ガ重ネラレタノデアリマス、而シテ昨日質問ヲ打切リマシテ、本日午後二時ヨリ會議ヲ開キ、討論ニ入リマシテ、葉梨君ヨリ次ニ述ベマスヤウナ附帶決議ヲ添ヘマシテ贊意ヲ表サレ、牧山耕藏君ヨリモ贊成ノ意ヲ表サレタノデアリマス、即チ葉梨君ヨリ出シマシタ所ノ附帶決議ニハ、第一ニハ「政府ハ內地朝鮮滿洲ノ交通ノ實狀ニ鑑ミ朝鮮鐵道中日滿交通主要幹線ト滿鐵經營線トノ聯絡統制ニ付更ニ適切有效ナル方策ヲ講究シ是レカ實現ヲ計ルヘシ」「政府ハ外地鹽業ノ發達竝其ノ統制ニ留意シ一日モ速ニ鹽業國策ノ確立ニ努力スヘシ」此樣ナ附帶決議ヲ附シマシテ、贊意ヲ表サレタノデアリマス、而シテ原案ニ付キマシテ贊否ヲ諮ヒマシタ所、滿場一致ヲ以チマシテ政府原案ハ可決セラレ、次デ此附帶決議ヲ採決致シマシタ所、是亦滿場一致デ可決セラレタ譯デアリマス、右御報告申上ゲマス（拍手）

○議長（秋田清君）　本案ノ第二讀會ヲ開クニ御異議アリマセヌカ

（「異議ナシ」ト呼フ者アリ）

○議長（秋田清君）　本案ノ第二讀會ヲ開クニ決シマシタ

○靑木留三郎君　直チニ本案ノ第二讀會ヲ開キ、第三讀會ヲ省略シテ、委員長報告通リ可決セラレンコトヲ望ミマス

○議長（秋田清君）　靑木君ノ動議ニ御異議アリマセヌカ

（「異議ナシ」ト呼フ者アリ）

○議長（秋田清君）　御異議ナシト認メマス、仍テ直チニ第二讀會ヲ開キ、議案全部ヲ議題ト致シマス

朝鮮事業公債法中改正法律案　第二讀會（確定議）

○議長（秋田清君）　別ニ御發議モアリマセヌ、第三讀會ヲ省略シテ委員長報告通リ、可決確定致シマシタ（拍手）――政府提出、大正九年法律第十二號中改正法律案、寺田市正君外四名提出、鄕又ハ町村稅高ニ對スル公債證券給與ニ關スル法律案、大口喜六君外一名提出、所得稅法中改正法律案、以上三案ハ同一委員ニ付託シタル議案ナルニ依リ、一括議題トナスニ御異議アリマセヌカ

（「異議ナシ」ト呼フ者アリ）

○議長（秋田清君）　御異議ナシト認メマス、仍テ三案ヲ一括シテ第一讀會ノ續ヲ開キマス、委員長ノ報告ヲ求メマス――小笠原三九郎君

昭和九年三月十八日

大正九年法律第十二號中改正法律案外二件

大正九年法律第十二號中改正法律案（所得稅法ノ施行ニ關スル件）（政府提出）　第一讀會ノ續（委員長報告）

郷又ハ町村祿高ニ對スル公債證書給與ニ關スル法律案（寺田市正君外四名提出）　第一讀會ノ續（委員長報告）

所得稅法中改正法律案（大口喜六君外一名提出）　第一讀會ノ續（委員長報告）

報告書

一大正九年法律第十二號中改正法律案（政府提出）

右ハ本院ニ於テ可決スヘキモノト議決致候此段及報告候也

昭和九年三月十七日

理事　小笠原三九郎

衆議院議長秋田清殿

附帶決議

本案ニ關聯シテ朝鮮ニ於ケル稅制ノ改正ハ其ノ關係スル所極メテ重要ナルモノアリ特ニ改定稅率ニ就テハ頗ル注意ヲ要スルモノアリト認ム政府ハ宜シク夫レカ實行ニ方リ愼重ナル考慮ヲ拂ハレムコトヲ望ム

報告書

一郷又ハ町村祿高ニ對スル公債證書給與ニ關スル法律案（寺田市正君外四名提出）

右ハ本院ニ於テ可決スヘキモノト議決致候此段及報告候也

昭和九年三月十七日

理事　小笠原三九郎

衆議院議長秋田清殿

報告書

一所得稅法中改正法律案（大口喜六君外一名提出）

右ハ本院ニ於テ可決スヘキモノト議決致候此段及報告候也

昭和九年三月十七日

理事　小笠原三九郎

衆議院議長秋田清殿

（小笠原三九郎君登壇）

○小笠原三九郎君　只今議題トナリマシタ大正九年法律第十二號中改正法律案ニ付キマシテ、先ヅ簡單ニ委員會ノ經過竝ニ結果ヲ御報告申上ゲマス、大正九年法律第十二號ハ、御承知ノ如クニ內地ノ所得稅ト、外地卽チ朝鮮臺灣樺太トノ所得稅ニ付キマシテ、所謂二重課稅ヲ避クルコト、、內地外地間ノ課稅上ノ連絡ヲ定メタ法律デアルノデアリマスルガ、今回朝鮮ニ於キマシテ、在來ノ法人ニ對スル所得稅ノ外、新ニ公債、社債及ビ銀行利子等ニ對シマシテ第二種ノ所得稅、個人ノ所得ニ對シマシテ第三種ノ所得稅ヲ創設スルコトニ相成リマシタノデ、內地ト朝鮮トノ間ニ課稅上ノ連絡ヲ圖ル必要ガアリ、又新ニ朝鮮ニ於キマシテ、相續稅制度ヲ實行スルコト、相成リマシタノデ、是亦內地朝鮮間ノ連絡ヲ取ル必要ガアル所ヨリ、本改正案ノ提出ヲ見ルニ至ッタ次第デアリマス、本案ハ一見スル所、極メテ簡單デアリマスガ、其背後ニ於キマシテハ、朝鮮ニ於ケル稅制整理ヲ伴ッテ居ルノデアリマシテ、所得稅ニ對シテ新ニ第二種及ビ第三種ノ所得稅ヲ創設スル外、相續稅竝ニ清涼飮料稅ヲ創設シ、又酒ノ稅率ヲ引上ゲ、地租ノ輕減ヲ圖ル等、重大ナル問題ヲ含ンデ居リマスルノデ、自然朝鮮ノ稅制、財政、一般會計ヨリノ補給金其他ニ關シマシテ、極メテ重要且ツ適切ナル所ノ質問應答ガアッタノデアリマスルガ、是等ノ詳細ハ、之ヲ速記錄ニ就テ御覽ヲ願ヒタイト存ズルノデアリマス、本日討論ニ入リマシテ、政友會ノ大口喜六君ヨリ、本案ニ贊成ノ意ヲ表スルト共ニ、本案ハ如何ニモ關聯セル所ノ事項ガ重大デアリ、特ニ改定稅率ト云フコトハ、實行上頗ル注意ヲ要スルモノガアルカラ、政府ハ是ガ實行ニ際シテハ、愼重ナル考慮ヲ拂ヒ、萬遺算ナキヲ期セラレンコトヲ望ムト云フコトデ、左記ノ如キ附帶決議ヲ提出セラレタノデアリマス、今其文句ヲ朗讀致シマス「本案ニ關聯シテ朝鮮ニ於ケル稅制ノ改正ハ其ノ關係スル所極メテ重要ナルモノアリ特ニ改定稅率ニ就テハ頗ル注意ヲ要スルモノアリト認ム政府ハ宜シク夫レガ實行ニ方リ愼重ナル考慮ヲ拂ハレムコトヲ望ム」ト云フコトデアリマシタ

次デ民政黨ノ牧山耕藏君ヨリモ、本改正案竝ニ大口君提出ノ附帶決議ニ贊成ヲセラレルト共ニ、朝鮮ノ實情ヨリ見テ、稅制ノ改正ハ頗ル重大ナル事柄デアリ、特ニ稅率決定ノ場合ニハ、例ヘバ朝鮮人ノ嗜好ニナル所ノ濁酒ノ如キ、假令其稅率ノ引上ハ僅ニ一石三十錢ニ止マルト雖モ、其民心ニ及ボス影響ハ、非常ニ重大ナルモノガアルカラ、政府ニ於テモ其點ヲ篤ト御注意セラレンコトヲ望ムト云フコトノ、意見ヲ陳述セラレタノデアリマス、採決ニ入リマシテ、原案竝ニ附帶決議共、滿場一致之ヲ可決致シタ次第デアリマス

議題ノ第二ニナッテ居リマスル郷又ハ町村祿高ニ對スル公債證書給與ニ關スル法律案ハ、曩ニ本院ヲ通過シテ、目下貴族院デ審議サレテ居リマスル、家祿賞典祿給與未濟ニ關スル法律案ト同一趣旨ノモノデアリマス

又議題第三トナッテ居リマスル所得稅法中改正法律案ハ、所謂法人ノ超過所得ニ關スルモノデアリマス、此兩案トモ委員會ニ於キマシテハ、愼重審議、滿場一致之ヲ可決致シタ次第デアリマス、右御報告申上ゲマス（拍手）

○議長（秋田清君）　先ヅ政府提出、大正九年法律第十二號中改正法律案ノ審議ニ入リマス、本案ノ第二讀會ヲ開クニ御異議アリマセヌカ

〔「異議ナシ」ト呼フ者アリ〕

○議長（秋田清君） 御異議ナシト認メマス、本案ノ第二讀會ヲ開クニ決シマシタ

○靑木留三郎君 直チニ本案ノ第二讀會ヲ開キ、第三讀會ヲ省略シテ、委員長報告通リ可決サレンコトヲ望ミマス

○議長（秋田清君） 靑木君ノ動議ニ御異議アリマセヌカ

〔「異議ナシ」ト呼フ者アリ〕

○議長（秋田清君） 御異議ナシト認メマス、仍テ直チニ第二讀會ヲ開キ、議案全部ヲ議題ト致シマス

昭和九年三月二十一日

議長ノ報告

大演習時ノ御警衛共ノ他ニ關スル質問主意書

右成規ニ據リ提出候也

昭和九年三月三日

提出者　中山　福藏

大演習時ノ御警衛共ノ他ニ關スル質問主意書

一　大演習時ニ於ケル　陛下御警衛ニ關シ守則確立ノ必要ナキヤ（陸軍大臣）

二　兵役免除者税ヲ設ケ軍人家族ノ救護費ニ當ツルノ意ナキヤ（陸軍大臣）

三　蘭領東印度邦品輸入制限竝醫師開業ニ關スル件ニ付政府ノ所見如何（外務大臣）

四　朝鮮及臺灣人ニ對シ內地人同樣ノ姓名ニ變更スル際戶籍法上何等カノ便法ヲ講スルノ意思ナキヤ（司法大臣、拓務大臣）

右及質問候也

昭和九年三月二十日

內閣總理大臣　子爵齋藤　實

衆議院議長秋田淸殿

衆議院議員中山福藏君提出大演習時ノ御警衛共ノ他ニ關スル質問ニ對シ別紙答辯書差進候

（別紙）

衆議院議員中山福藏君提出大演習時ノ御警衛共ノ他ニ關スル質問ニ對スル答辯書

一、特ニ現行御警衛ニ關スル守則ヲ變更スルノ要ヲ認メス昭和七年特別大演習ノ際天機奉伺ノ貴衆兩議員ノ參入ニ對シ步哨カ拒絕シタルハ守則ノ內容ノ適否ニ非スシテ參入者ノ許可書ヲ携帶セラレサリシト關係各方面トノ連絡等ノ行違ヨリ生シタルモノニシテ將來之等ノ點ニ就テハ斯ル事件ノ惹起セサル樣一層注意ヲ拂フ考ヘナリ

二、兵役免除者税ニ關シテハ左記理由ニ依リ同意シ難キ處ナリ

1、納税ハ服役ノ代償トナリ神聖ナル兵役義務ノ意義ヲ沒却スルニ至ル

2、服役ニ依リ幾何ノ損失アリヤ共判定ハ極メテ困難ナリ

然レトモ兵役義務者ノ經濟的負擔ノ大ナルコトハ大ニ省察スルノ要アリ故ニ軍人家族ノ救護ニ關シテハ兵役義務者及癈兵待遇審議ニ於テ決定シタル事項ヲ財政ノ許ス範圍ニ於テ著々實現方努力中ナリ

三、最近蘭領東印度ノ本邦品輸出防遏手段ト共ノ對策

1、蘭領東印度政府ハ蘭印產業ノ保護竝蘭本國ノ利益ヲ擁護スル爲昭和八年九月非常時輸入制限令ヲ設定シ今日迄ノ處「セメント」、麥酒、「サロン」類及晒綿布ノ輸入ヲ制限スルニ至レリ

2、右ニ對シ政府トシテハ我商權維持ノ爲對手國政府トノ間ニ引續キ交涉シ居レリ

3、尙蘭本國及蘭印政府ハ日蘭印ノ不均衡ナル貿易關係調整ノ爲（昭和八年度ニ於ケル我對蘭印輸出額ハ一億五千七百万圓ニ達シ之ニ反シ蘭印ヨリノ輸入額五千五百万圓ニテ一億圓以上ノ輸出超過ヲ示セリ）、日蘭會商ヲ爪哇ニ開催シテ日本蘭印間貿易ヲ全面的ニ協議シ度キ旨昨年末蘭本國ヨリ提案アリ

右ニ對シ目下關係省及當業者ト協議中ナリ

蘭領東印度ニ於ケル醫師開業ニ關スル件

蘭領東印度ニ於ケル邦人發展ノ狀況ニ照ラシ日蘭醫師開業互認協定ヲ締結スルコトノ有利ナルハ素ヨリ言ヲ俟タス依テ政府ハ夙ニ大正五年蘭國政府ニ對シ之カ交涉ヲ試ムル處アリタル結果互認協定ノ目的ハ之ヲ達スルコトヲ得サリシモ同國政府ハ醫療機關缺乏セル地ニ於テ多數ノ邦人在留スル場合ニハ日本人ニ限リ治療ニ從事スル條件ノ下ニ邦人醫師ノ開業ヲ許可スル特例ヲ認メタリ

然レトモ同領ニ於テ邦人ノ多數在留スル地方ニハ現ニ蘭國共ノ他ノ開業醫アリテ醫療機關缺乏地方トハ謂ヒ難ク右特例ハ僅少ノ地方ニ局限セラレ結局同領ニ於テ醫師開業セントスル邦人ハ和蘭本國ノ醫師トシテノ有資格者又ハ蘭領東印度ニ於テ特定ノ試驗ニ合格セル者ニ限ラルルノ實狀ニアリ

仍テ政府ハ一面適當ノ機會ニ於テ開業資格互認協定ノ締結方ヲ期スルト共ニ他面差向ノ方針トシテ邦人醫師ノ開業資格獲得ニ付能フ限リノ便宜ヲ供與シツツアリ

四、朝鮮人及臺灣人ノ姓名變更ニ付テハ現在明治四十四年朝鮮總督府令第百二十四號（朝鮮人ノ姓名改稱ニ關スル件）及戶口規則（明治三十八年臺灣總督府令第九十三號）第十一條ノ規定ニ依リ夫々管轄地方長官ノ許可又ハ認可ヲ受クルコトヲ要シ姓名變更ノ申請アリタルトキハ當該地方長官ハ共ノ改稱ノ理由等ニ付詳細調查審議ノ上之カ許否ヲ決定スルモノニシテ實行制度ノ適當ナル運用ニ因リ充分ナリト思料セラル（拓務省）

朝鮮人及臺灣人ノミノ戶籍ニ付テハ戶籍法ハ共儘適用ナシ（司法省）

右及答辯候也

昭和九年三月二十日

拓務大臣　永井柳太郎
司法大臣　小山　松吉
外務大臣　廣田　弘毅
陸軍大臣　林　銑十郎

昭和九年三月二十三日

朝鮮私設鐵道補助法中改正法律案外一件

朝鮮私設鐵道補助法中改正法律案（政府提出） 第一讀會ノ續（委員長報告）

臺灣私設鐵道補助法中改正法律案（政府提出） 第一讀會ノ續（委員長報告）

報告書

一朝鮮私設鐵道補助法中改正法律案（政府提出）

右ハ本院ニ於テ可決スヘキモノト議決致候此段及報告候也

昭和九年三月二十二日

委員長 山下 谷次

衆議院議長秋田清殿

報告書

一臺灣私設鐵道補助法中改正法律案（政府提出）

右ハ本院ニ於テ可決スヘキモノト議決致候此段及報告候也

昭和九年三月二十二日

委員長 山下 谷次

衆議院議長秋田清殿

（山下谷次君登壇）

○山下谷次君 朝鮮私設鐵道補助法中改正法律案、竝ニ臺灣私設鐵道補助法中改正法律案ノ兩案ニ付キマシテノ、委員會ノ經過竝ニ結果ヲ御報告致シマス、今度ノ改正案ノ主ナル所ハ、補助ノ年限ノ改正デアリマスノト、補助ノ基準ノ改正デアルノト、補助ノ種類ト、此三ツガ主ナルモノデアリマス、即チ從來ハ朝鮮ハ補助ハ十五年デアッタノヲ、十五年滿期ノ時ハ五年間延期スルト云フコトニナッタノデアリマス、臺灣ハ十年ノ期限ヲ、今回ハ十五年ニ致シタノデアリマス、別ニ之ニ付キマシテハ、大シタ質問モゴザイマセナカッタガ、其次ノ補助ノ基準、即チ從來ハ資本ニ對シテノ補助デアッタノデアリマスガ、今回ハ建設費ニ對シテノ補助ニナッタノデアリマス、之ニ對シテ質問ガアリマシタ所、政府ハ内地同様ニ建設費ニ對シテ補助スルコトニナッタト云フ答辯デアリマス、補助ノ種類ハ從來ハ八分デアッタノデアリマスガ、今回ハ十五年滿期ニナリマシテ、其上ニ補助ヲスルモノハ、即チ五分ノ補助ヲスルト云フコトニナッタノデアリマス、即チ十五年滿期ノ後ニ、尚ホ五年間繼續スルモノニ對シテハ五分ノ補助ヲスル、ソレカラ是カラ新設致シマスモノハ、六朱ノ補助ヲスルト云フコトニナッタノデアリマス、而シテ補助ノ中途ニアルモノ、即チ十五年ノ補助ノ期間中デ、假ニ五年過ギタナラバ後十年、サウ云フ補助ノ中途ニアルモノニ對シマシテハ、矢張元通リ八分ノ補助ヲスルト云フコトニナッタノデアリマス、之ニ對シマシテハ色々質問應答ヲ續ケタノデアリマスガ、詳細ハ速記錄ニ讓リマスガ、大體主ナル政府ノ答辯ハ、滿期ニナッタモノニ對シテ五分ノ補助ヲスルト云フコトハ、利益ヲ一分五厘マデ認メテアルカラ、是ハ結局八分ノ補助ニナルノデアル、而シテ新設致シマスモノハ六分ノ補助デアルガ、一分ノ利益ヲ保留致シテアリマスカラ、結局是ハ矢張八分ノ補助ト同ジコトニナルノデアルト云フ答辯デアリマシタ、ソレデ質問應答ハ終リマシテ、本日午後二時ヨリ討論ニ入リマシタ所、藥袋君ヨリハ、是ハ所謂國營ノ代行デアルノデアルカラシテ、其性質上政府ハ至急ニ買收セヨ、而シテ四分バカリノ公債デ買收スレバ、政府ニ於テモ非常ナ利益ガアルデハナイカ、尚ホ公債ヲ以テ鐵道ヲ買收スルト云フコトハ、赤字公債ノ喧シイ時デアルカラ、政府モ躊躇スルノカモ知ラヌケレドモ、決シテ赤字公債デハナイ、是ハ生産公債デアルカラシテ、政府ハ思切ッテ公債ヲ以テ買收セヨト云フ希望ヲ附シマシテ、本案ニ賛成セラレタノデアリマス

次ニ林君ハ色々意見ヲ述ベラレタ末ニ、北海道ノ私設鐵道ニ對シマシテハ、今回補助ヲ減ズルヤウナ御話ガアルノデアル、ソレハ内地デアル北海道ニ於テ餘リ不均衡デアル、非常ニ是ハ惡イコトデアルカラシテ、此北海道ノ私設鐵道ニ對シマシテモ、外地ニアル鐵道同樣ノ方法ニヤッテ貰ヒタイト云フ希望ヲ附シマシテ、本案ニ賛成セラレタノデアリマス、次ニハ牧山君ハ、本案ニ對シテハマダ〱質疑ヲ致シタイ所モアルケレドモ、會期切迫ノ場合、萬々一此法案ガ不成立ニ終レバ、滿期ガ目睫ニアル所ノ私設鐵道ハ、遂ニ補助ヲ受ケル所ノ資格ガ無クナルノデアルカラシテ、已ムヲ得ズ本案ニ賛成スル、併ナガラ政府ハ至急ニ之ヲ買收シテ、サウシテ運賃ヲ値下ヲシテ、産業ノ爲ニ貢獻セラレンコトヲ望ムト云フ意味ヲ以チマシテ、賛成セラレタノデアリマス、次ニ手代木君ハ、林君ノ北海道ノ私設鐵道ニ對スル補助ヲ、内地同様ニセヨ、或ハ外地同様ニセヨト云フコトノ希望ニ賛成ヲ表シマシテ、本案ニ賛成セラレタノデアリマス、次ニ上野君ハ全體ニ對シマシテ賛意ヲ表セラレ、ソコデ討論ハ終結致シマシテ、之ヲ採決致シマシタ所、全員總起立デアリマシテ、政府原案ノ通リ兩案トモ可決致シタ譯デアリマス、ドウゾ御審議ノ上御協賛アランコトヲ御願致シマス

（拍手）

○議長（秋田清君） 兩案ノ第二讀會ヲ開クニ御異議アリマセヌカ

（「異議ナシ」ト呼フ者アリ）

○議長（秋田清君） 御異議ナシト認メマス、兩案ノ第二讀會ヲ開クニ決シマシタ

○青木雷三郎君 直チニ兩案ノ第二讀會ヲ開キ、第三讀會ヲ省略シテ、委員長報告ノ通リ可決セラレンコトヲ望ミマス

○議長（秋田清君） 青木君ノ動議ニ御異議アリマセヌカ

（「異議ナシ」ト呼フ者アリ）

○議長（秋田清君） 御異議ナシト認メマス、直チニ兩案ノ第二讀會ヲ開キ、議案全部

ヲ議題ト致シマス

朝鮮私設鐵道補助法中改正法律案

第二讀會(確定議)

臺灣私設鐵道補助法中改正法律案

第二讀會(確定議)

○議長(秋田清君) 別ニ御發議モアリマセヌ、第三讀會ヲ省略シテ、委員長報告通リ可決確定致シマシタ(拍手)

臨時米穀移入調節法案　第二讀會
政府所有米穀特別處理法案　第二讀會
米穀需給調節特別會計法中改正法律案　第二讀會

○議長（秋田淸君）　此際修正案ノ趣旨辯明ヲ許スノデアリマスルガ、提出者ヨリ趣旨辯明省略ノ申出ガアリマス、尚修正案ハ配付未濟デアリマスカラ、書記官ヲシテ玆ニ朗讀セシメマス

（書記官朗讀）

臨時米穀移入調節法案ニ對スル修正案（小山谷藏君外一名提出）

臨時米穀移入調節法案中左ノ通修正ス

第一條　朝鮮米及臺灣米ノ内地移入數量ハ勅令ノ定ムル所ニ依リ政府之ヲ管理ス

第二條　朝鮮又ハ臺灣ニ於ケル過剩米穀ハ政府之ヲ買上ク

前項ノ規定ニ依ル米穀買上ノ價格ハ勅令ノ定ムル所ニ依リ生産費其ノ他ノ經濟事情ヲ參酌シテ之ヲ定ム

第三條中「第一條」ヲ「前條」ニ改ム

第五條中「米穀需給調節特別會計」ヲ「朝鮮米穀需給調節特別會計及臺灣米穀需給調節特別會計」ニ改ム

○議長（秋田淸君）　是ヨリ討論ニ入リマス、通告順ニ依ッテ發言ヲ許シマス――小山谷藏君

（小山谷藏君登壇）

○小山谷藏君　只今上程ニナリマシタ三案ノ修正案ヲ提出致シマシタ其理由ヲ、極メテ簡單ニ説明致シ、之ヲ修正セナケレバナラヌ理由ヲ明カニ致シタイト存ズルノデアリマス、申上グル迄モナク、此度政府カラ提案サレマシタ米穀關係ノ三案ハ、極メテ重大ナル法案デアリマス、曩ニ米穀統制法案ヲ發布致シマシタ、米穀ノ需給ノ調節竝ニ價格ノ維持ヲ目的ト致シマシタ大法案ヲ、制定致シタノデアリマシタケレドモ、昨年即チ昭和八年度、異常ナル大豐作ノ爲ニ米ノ大洪水デ、而シテアノ統制法案ヲ以テ致シマシテモ、米價ノ維持ハ頗ル困難ナル状態ニ陷リマシテ、政府ノ此度此法案ヲ提出シナケレバナラヌ其苦衷ハ、萬々吾々御察シ申上ゲルノデアリマス、併ナガラ政府ガ斯ノ如キ法案ヲ提出スルニ至リマシタ、又提出セナケレバナラヌ其態度ニ付キマシテハ、頗ル吾々ニ了解ノ出來ナイ所ガ多イノデアリマス、申上ゲルマデモナク、米穀統制法案ハ、我國從來ノ經濟制度ヲ根本的ニ改革致シマシテ、米穀ニ關スル限リ自由主義經濟組織、資本主義ノ組織ヲ、根本カラ政府ノ權力ヲ以テ之ヲ統制シ、即チ傳統ノ我國經濟政策ヲ改メント云フ大ナル決意ガナケレバ、統制法案ハ運用出來ルモノデハアリマセヌ、否、若シ此決心ガ無カッタナラバ、斯ノ如キ法律案ヲ提出スルト云フコトハ、斷ジテ許スコトノ出來ナイ案デアリマス、而シテ政府ハ其決意ヲ以テ、アノ法律案ヲ作リ、之ヲ實行スルコト僅カ六箇月ヲ出デルカ出デヌ間ニ、所謂米穀ノ大洪水トナッテ、今度ノ重大法案ヲ出サネバナラヌト云フコトニナッタノデアリマスガ、成程昭和八年度ハ、天候ニ惠マレタ非常ナ大豐作デアッタト云フコトハ、吾々モ固ヨリ之ヲ承認スルノデアリマスケレドモ、併ナガラ若シ政府ニ其決心ガアッタナラバ、ソレ程周章狼狽スル必要ハナカッタト信ズルノデアリマス、即チアノ米穀統制法案ヲ提出スルト云フ時ニハ、少クトモ外地米ノ内地ニ移入ト云フコトニ關シテ、如何ナル政策ヲ執ルカト云フ、十分ナル用意ガナケレバナリマセヌ、若シ此用意ガアリマシタナラバ、ソレ程周章狼狽スル必要ハナイノデアリマス、申ス迄モナク米穀統制法案ハ、經濟自然ノ原則ヲ無視シテ、政府ノ權力ヲ以テ、米價ヲ或ル程度ニ吊上ゲル、或ハ或ル程度以上之ヲ上騰セシメナイト云フ、即チ國家ノ權力ヲ以テ物價ヲ左右スルト云フ法律案デアリマス、故ニ此法律ヲ實行スル以上ハ、必ズヤ米穀ノ生産ノ大奬勵ヲスルト云フコトヲ、豫メ覺悟致サネバナリマセヌ、而シテ此生産奬勵ノ法律ヲ出ス以上、最モ大ナル恩澤ヲ受ケル者ハ、申ス迄モナク、内地ヨリハ比較的ニ生産費ノ低廉ナル外地ノ農民デアリマス、換言スレバ、米穀統制法案ヲ發布致シマシタ以上ハ、外地ニ於テ米穀ノ大生産增加ガ來ルモノデアルト云フコトハ、最初ヨリ明瞭デアルト言ハナケレバナリマセヌ（拍手）而シテ昨年度ハ、之ニ加フルニ天候ニ惠マレテ、大生産ノ過剩トナリマシテ、今日ノヤウナ事態ヲ惹起スルニ至ッタノデアリマス、既ニ事此ニ至リマシタ以上ハ、政府ノ今回ノ、假令ソレガ臨時的ノ、一時的ノ處分デアリト致シマシテモ、蓋シ現在ノ事情カラ見マスレバ、已ムヲ得ザル次第デアルト信ジマス、併ナガラ此一時的ノ、前途ニ對スル何等ノ確信ヲ持タナイ臨時的ノ處分ノ爲ニ、七億圓ト云フ、アノ巨大ナ米穀特別會計ノ資金ヲ以テシテ、尚ホ不十分デアル、更ニ四億五千万圓モ大キナ豫算ヲ組ンデ、之ニ用意ヲシナケレバナラヌト云フニ至ッテハ、財政上實ニ由々シキ大問題デアルト言ハナケレバナリマセヌ、吾々ハ此大ナル財政的ノ關係カラ考慮致シマシテ、假令是ガ一時的ノ臨時法案デアルト致シマシテモ、斯ル大ナル國民ノ負擔ヲ、其儘無條件ニ鵜呑ミニスルト云フコトハ、斷ジテ忍ビナイノデアリマス（拍手）即チ已ムヲ得ズ修正案ヲ提出シタ所以デアリマス

私ガ申上グル迄モナク、此度ノ所謂米穀對策ニ付キマシテハ、曩ニ豫算總會ニ於テ政友會ノ諸君カラ、此米穀ニ對スル政府ノ態度ヲ明ニセザル限リ、豫算案ノ審議ハ出來ヌト云フ强硬ナル政府ニ對スル質問ニ答ヘテ、齋藤總理大臣ハ、豫算總會ニ於テ重大ナ聲明ヲサレタコトハ、天下國民ノ悉ク記憶ニ新タナル所デアリマス、齋藤總理大臣ハ其時ニ、私ガ其聲明ヲ朗讀致シマセヌデモ、諸君ノ御記憶ノ通リ、第一ニ、所謂外地米穀ニ特別會計ヲ設ケテ、適當ナル管理ヲスルト云フコト、第二ニハ、政府所有米ノ特別處理法ヲ講ズルト云フコト、第三ニハ、米穀特別會計ノ資金ヲ增額致シマシ

テ、更ニ補強工事ヲ加ヘルト云フ、此三項ノ聲明ヲサレタノデアリマス、政友會ノ諸君竝ニ私共モ、政府ヲ代表サレタ總理大臣ノ此聲明ニ信頼ヲサレテ、諸君ハ所謂アノ重大ナ豫算案ヲ通過サセタコトハ、天下ノ齊シク認メタ所デアリマス、總理大臣ハ此聲明ニ基イテ適當ナル米穀對策ヲ、ドウシテモ議會ニ提案サレナケレバナラヌト云フ羽目ニナリマシテ、御承知ノ通リ所謂五相會議ヲ内閣ノ中ニ開イタ、一箇月ニ餘ッテ、所謂此提案ヲ練リニ練ッタ揚句、先ノ聲明ヲ裏切ッテ、即チ第一項ノ聲明中ノ眼目トモ云フベキ、臺灣朝鮮ニ於ケル特別會計ヲ全ク拋棄サレタ、即チ骨拔同樣ノ提案ヲ以テ、此度議會ニ臨マレタノデアリマス、即チ此骨拔案ニ對シテ、委員會ニ於テ、只今委員長ノ報告ニアリマシタ通リ、第一、外地米ノ統制移入ノ制限ト云フコトニ對シテ、痛烈ナル質問ガ政民兩黨ノ諸君ヨリ發セラレタコトハ、是ハ尤至極ノコトデアルト、私共ハ拜聽シタノデアリマス、第二ノ生産制限ニ關聯致シマシテモ、政府ニ何等ノ用意ガナイデハナイカト云フ此質問モ、亦當然ノ御質問デアッタト拜聽シタノデアリマス、即チ政府ハ何トシテモ、政府自己ノ聲明ニ基キマシテモ、亦米穀對策ト致シマシテモ、外地米ニ關スル相當ノ提案ガナケレバナラヌ筈デアッタノニモ拘ラズ、自ヲ其聲明ヲ裏切リ、骨拔同樣ノ案ヲ以テ議會ニ臨マレタト云フ所ニ、議會滿腔ノ不滿ガ現レタノハ、是レ當然ノ結論デアリマス(拍手)私ハ總理大臣ニ御尋致シタイ、何故政府ハ政府自ラノ聲明ヲ裏切ラナケレバナラヌヤウナ狀態ニナッタノデアリマスルカ、是ハ申上グル迄モナク、極メテ簡單明瞭デアル、政府ニ斷ノ一字ヲ缺イテ居ルト云フコトニ歸著スルノデアル、先程申シタ通リ、米穀統制案ヲ眞ニ實行ショウト云フ決意ガナカッタナラバ、國家ノ權力ヲ以テ斷乎タル決意ガナカッタナラバ、此重大ナル法律案ヲ實行スルコトノ出來ナイコトハ言フマデモナイ、而シテ此法案ヲ實行ショウト云フ時ニハ、外地米ノ統制ト云フ事ヨリ外ニ名案ガナイト云フコトハ、政府自ラ認メテ、而シテ其重大ナ聲明ヲシタノデアル、然ルニ偖テ之ヲ實行ショウト云フ時ニ當ッテハ、外地官憲ノ反對ニ遭ウテ、斯ノ如キ是レ齊シク日本帝國ノ國民ヂヤナイカ、ソレニ對シテソンナ差別待遇ノヤウナ事ヲヤッテ、ドウシテ外地ノ統治ガ出來ルカ、一視同仁ノ政ヲトウスルカト云フ、一部官憲ノ反對ニ遭ウテ、總理大臣ノ腰ガ碎ケテシマッタト云フコトガ、此不徹底極マル狀態ニナッタ次第デアリマス(拍手)

　政民兩黨ノ諸君ニ於カレマシテモ、此問題ノ解決ハ、我黨ノ修正案ヨリ外ニ名案ハナイト云フコトハ、既ニ先程ノ委員長ノ報告ニ依リマシテモ、亦委員會ニ於ケル質疑應答ノ形勢カラ見マシテモ、明瞭ニ看取スルコトガ出來テ居ルノニモ拘ラズ、諸君ハ此度所謂附帶決議ヲ附シテ、之ヲ通過セシメヨウト言フ、私ハアノ兩大政黨諸君ノ其心事ニ對シテ、甚ダ疑ナキヲ得ナイノデアリマス(拍手)諸君ハ諸君ノ要求ニ依ッテ、豫算總會ニ於テ總理ニ其聲明ヲサセ、其聲明ト交換條件トハ申シマセヌガ、交換條件同樣ノ意味ニ於テ豫算案ヲ通過サセテ、而シテ諸君ヲ欺イテ、政府自ラ自己ノ聲明ヲ裏切リ、即チ天下國民ヲ欺イテ、サウシテ今日斯ノ如キ不徹底極マル法案ヲ出シテ、ソレニ對シテ附帶決議トハ何事デアリマス(拍手)諸君ハ何故ニ敢然ト所信ニ邁進スル所ノ決斷ト勇氣ヲ御持チニナラナイノデアリマス(拍手)サナキダニ今日議會ノ信用ハ疑ハレ、所謂政黨不信ノ聲天下ニ滿チテ居ル時ニ、斯ノ如キ態度ヲ執ラレルト云フコトソレ自身ガ、即チ議會ノ權威ヲ自ラ傷ケ、政黨ノ信用ヲ失墜セシメル所以デアルト云フコトニ、御氣付ニナラナイノデアリマスルカ、私ハ國家ノ爲メ實ニ慨嘆ノ至リニ堪ヘマセヌ(拍手)

　更ニ特ニ政府ニ一言御警告ヲ申上ゲナケレバナラヌ事ガアルノデアリマス、ソレハ過日委員會ニ於テ總理大臣ニモ質問ヲ申上ゲ、更ニ今後ノ調査會ニ於ケル態度ニ付テ御警告ヲ申上ゲテ置イタ一點デアリマスルガ、此度政府ガ御提案ニナリマシタ此案ハ、先程申上ゲタ所謂一視同仁ノ政治ヲ爲サンガ爲ニ、抑テ一視同仁ヲ裏切ルコト、最モ甚シイ結論ニ至ッテ居ルト云フコトヲ知ラナケレバナリマセヌ、此政府ノ御提案ニナリマシタ法案ヲ實行スルコトニ依ッテ、日本國民ハ既ニ米穀特別會計ニ於ケル七億万圓、之ニ此度ノ法案ニ依ッテ四億五千万圓ト云フ、合計十一億五千万圓ト云フ、此大キナ金ヲ溝ニ抛リ込ムト同樣ノ結論ニ至ルト云フコトハ、火ヲ睹ルヨリモ明カデアリマス、此大ナル所謂米穀關係ノ損耗、是ハ總テ特別會計ニ轉嫁サレ、日本國民ノ負擔トナラナケレバナラヌ運命ニ置カレテ居ルノデアリマスルガ、此負擔ハ一體誰ガスルノカ、朝鮮臺灣ノ、此政府ノ米穀買上ニ依ッテ、多大ノ利益ヲ受ケル外地ノ農民ハ、一文ダッテ其負擔ヲスルノデハアリマセヌ、其負擔ハ全部擧ゲテ吾々内地國民ノ負擔トナリ、日本農民ハ其負擔ヲ免レルコトハ出來マセヌ、換言スレバ此大ナル國民ノ負擔ハ、内地農民ノ負擔ニ於テ外地農民ヲ救濟スルト云フ、矛盾極マッタ法案トナッテ現レタト云フコトヲ考ヘナケレバナリマセヌ、吾々ハ國民ノ代表トシテ、此不徹底極マル、而シテ斯ノ如キ差別待遇ヲ含ンダ、此政府案ニ斷ジテ贊成スルコトハ出來マセヌ、是レ我黨ノ修正案ヲ提出致シマシタ理由デアリマス、ドウゾ滿堂諸君ノ御贊同ヲ得マシテ、此修正案ノ通過スルコトヲ切望致シテ置キマス(拍手)

○議長(秋田清君)　東武君

(東武君登壇)

○東武君　時間モ段々切迫致シマスノデ、極ク肝要ノ點ダケヲ申上ゲテ、委員長報告ニ贊成ノ意見ヲ述ベタイト考ヘマス

　第一ニ、本案ハ朝鮮及ビ臺灣米ノ内地移入ニ關シ、昭和十年三月三十一日迄、朝鮮臺灣米ノ買上ヲ行フト云フ、是ガ即チ一時的米穀事情ニ鑑ミテ、政府ハ臨時便法ヲ玆ニ作成シテ、協贊ヲ求メラレタ案ト思ヒマス、サウシテ法案ノ第二ノ骨子ハ、需給特別會計法ヲ改正致シマシテ、法文第四條ノ米穀資金七億万圓ヲ八億五千万圓ニ增加スルト云フコト、第三ノ骨子ハ、政府ハ當分ノ内必要アリト認メル時ハ、米穀證券及ビ借入金ノ額ヲ、最高三億圓ヲ委任立法ノ形式ニ於テ、政府ニ此權限ヲ委ネヨウト云フ案デアリマス、此案ハ委員長ノ報告ノ通リ、只今小山君ノ御演説ノ通リ、極メテ重大ナ案ト考ヘテ居リマス、故ニ私共ハ此案ニ贊成ヲスルト云フコトニ付テハ、十分ノ理由ガアルノデアリマス、何故ナラバ只今

(發言スル者多シ)

○議長（秋田清君）　簡潔ニ

○東武君（續）　小山君ノ御演説ニモアッタ通リデアリマスガ、移入ヲ制限スルト云フコトハ、成程論理的ハ論理的デアルヤウデアリマスケレドモ、是ハヤハリ一時便法ニナルノデアリマス、此法案ハ十年ノ三月三十一日迄ト云フ期限ヲ限ラレテ、サウシテ此過剩ノ朝鮮米、臺灣米ヲ買上ゲル、斯ウ云フ便法デアルノデアリマスルガ、假ニ勅令ニ依ッテ移入ヲ制限スルト致シマシテモ、朝鮮ト臺灣ノ米ハ買ハナケレバナラズ、又米穀年度ノ來年度ニ至リマスレバ、本年ノヤウナ豐作ノアッタ場合ニハ同ジ狀況ヲ來ス、是ハ卽チ一時的、昭和十年ノ三月三十一日迄ト云フコトノ立法ニナッテ居ルノデアリマスガ、若シ小山君ノ說ノ如ク修正ヲシテ、移入ヲ制限スルト云フコトニシテモ、事實ニ於テハ帝國內ニ於ケル過剩米ト云フモノハ、ヨリ以上ニ殺到スルト云フコトハ、極メテ明瞭ナコトデアル、然ラバ之ヲ二年延バシ、三年延バシテ移入ヲ制限シテモ、何等根本政策ニハ觸レナイト云フ、ソコニ缺點ガアルノデアリマス、故ニ吾々ハ此案ニ對シテハ、十分ナル根本政策ニ觸レテ居ルモノトハ考ヘマセヌケレドモ、一時的便法トシテ洵ニ已ムヲ得ナイモノガアルト考ヘテ居ルノデアリマス、又政府ニ於キマシテハ、豫算案ヲ通過スル時、日ニチハ忘レマシタガ、多分二月十四日デアッタト存ジマスルガ、總理大臣ハ豫算通過ノ際ニ、此米穀問題ハ刻下重要ナ問題デアル、我國ノ國防ト同樣ニ、內政的ニ於テハ非常ナ重大ナ問題デアルカラ、是等ニ對シテ何等カノ對策ヲ講ズルノデアルカト云フ、特ニ政友會ヲ代表致シテ、吾ガ同僚砂田重政君ヨリ質問ヲ致ジマシタ、總理ハ之ニ對シテ二ツノ聲明ヲ致シタノデアリマスルガ、第一ハ、米穀問題トシテ外地米ノ移入ヲ調節スルコト、第二ハ、右米穀ノ移入調節ノ爲メ朝鮮及ビ臺灣ニ各特別會計ヲ設置スル、此事ヲ天下ニ聲明ヲ致シタ次第デアリマス、然ルニ右ノ聲明ガアッテ以來、吾々ハ此齋藤總理ノ聲明ニ信賴ヲ致シテ、必ズ根本的、徹底的ノ成案ガ、近ク提案サレルモノト期待致シタノデアリマシタガ、會期三分ノ二ヲ經過スル今日ニ於テ、突如トシテ今回ノ提案ヲ爲サレタノデアリマス、之ニ對シマシテハ內閣ハ非常ナ重大ナ責任ガアルト思フノデス、移入ヲ適當ニ調節シテ、根本策ヲ樹テルト言ヒナガラ、特別會計ヲ朝鮮、臺灣ニ設ケルト云フコトハ全然裏切ラレテ、唯金ダケデ、餘ッタモノヲ已ムヲ得ズシテ買フト云フ跛ノ案ガ、玆ニ提出サレタノデアリマスガ、世間ニ申ス羊頭ヲ懸ケテ狗肉ヲ賣ルト云フ言葉ガアリマスガ、眞ニ羊頭ヲ懸ケテ狗肉ヲ賣ッタニ類スルモノト思フノデアリマス、然ルニ吾々ガ本案ヲ徹底的ニ修正ヲ爲スト云フコトニナレバ、是ハ本院ノ權限ニ於テ、御互ニ如何ナル法案ヲ作成スルコトモ、或ハ出來ナイコトハナイト考ヘルノデアリマスガ、併シ此根本政策ヲ樹ツルト云フコトハ、外地ト內地ヲ通ジテノ、一種ノ生產的制限ヲスルニ非ズンバ、此癌腫ヲ除去スルト云フコトハ到底出來ナイノデアリマス、然ラバ之ニ豫算ガ伴ハナケレバ、玆ニ幾ラ法文ニ書イテ、一時的ニ朝鮮カラ入ル米ヲ驅逐スルトシテモ、朝鮮ガ非常ニ困ル、困レバ政府ガ買フト云フ、此買フト云フコトハ、已ムヲ得ナイコトニナルノデアリマスカラシテ、寧ロ此修正ヲシテモ、修正案ハ極メテ不徹底ノモノガ出來上ルノデアル、豫算ノ伴ハナイ、根本策ニ觸レナイモノヲ、此法文ニ徒ニヤッテモ、純理ヲ以テ進メバ、理想ヲ說クノナラバ宜シイケレドモ、吾々ハ實際政治ヲヤッテ居ル、現實政治ニ當ッテ行カナケレバナラヌノデアリマスガ、本案ノ重大性質ニ鑑ミテ、若シ是ガ廢棄ヲスル、廢案ニナルト云フコトニナレバ、政府モ重大ノ責任ガアルト同時ニ、我ガ國家ノ農業界、農村ノ現在ニ於テモ、非常ナ行詰ッテ居ル狀況ニ、更ニ今回統制法ガ威力ヲ失シテ、米價ノ狀況ノ見据ガ付カヌト云フヤウナコトニナッタナラバ、此不安ト此影響ハ極メテ重大ナモノガアルト私共ハ考ヘテ居ルノデアリマス（拍手）故ニ今回ノ提案ハ、吾々ハ衷心カラ甚ダ遺憾デアル、遺憾千萬デアルケレドモ、已ムヲ得ズ之ニ贊成シナケレバナラヌ點ガ一ツデアリマス

次ニ此臨時三億万圓ノ權限擴張ヲ、委任立法ニ依ッテ政府ニ委ネルト云フコトヘ、議院ノ審議權ヲ縮小致シマシテ、甚ダ是モ前例ノナイ、面白クナイ案デアリマスガ、段々之ヲ政府ニ質シテ見マスルト云フト、若シ此米穀事情ニ依ッテ一億五千万圓ダケナラバ、今後朝鮮、臺灣、內地ヲ通ジテ、五月一日以後七百万石ノ米ヲ買ハナケレバナラヌ、併シ是ハ十年度ノ米穀事情ト合セテ七百万石ノ米ヲ買フノデアル、サウスルト七百万石買ヘバ、一億五千万圓ト云フモノハ消エテシマウ、今殘ッテ居ル金ガ幾ラアルカト云ヘバ、九千三百万圓、之ニ依ッテ有ユル利子ト、現在ノ手持ノ米ト、是等ノモノヲ計算シテ行クト云フト、此現在ノ七億圓ノ餘力ト云フモノハ殆ドナイ、僅カシカナイ、サウシテ此衆院ヲ通ジテノ希望デアル所ノ、外地ノ過剩米ヲ吸取ル方法ヲ講ゼヨト云フノデアルガ、之ヲ講ズレバ一億五千万ノ金ハ無クナッテ、玆ニ三億圓ト云フモノハ、豫備金ノ形デアリマスガ、實ハ國庫ノ義務契約ニ屬スル、國庫負擔ノ、アノ契約ト同樣ノ趣意ニ於テ、大藏省ニ於テハ此袋ヲ握ッテ居ッテ、必要ガアッタ場合ニ、來年度ガ非常ナ大豐作デアッタ場合ニハ此金ヲ使ッテ、一時三月三十一日迄ヲ彌縫シテ、此對策ヲ講ズルト云フ臨時ノ豫備費トシテ之ヲ取ッテアル、サウシテ之ヲ農林大臣ガ勝手ニ使フ「ルーズ」ニ使ッソト云フ意味デナイト云フコトヲ、ハッキリ致シテ居ル、是ハ所謂傳家ノ寶刀トシテ、米穀統制ノ威力ヲ具ヘル爲ニ備ヘタ所ノ、是モ一ツノ臨時立法デアル、斯樣ニ考ヘテ居リマス、而シテ斯樣ナ政府ノ趣意ニ依リ、吾々ガ此本案ヲ縱横ニ審議シタ結果ト致シマシテ、如何ニモ重大デアル、重大デアルガ、政府ハ斯樣ナコトヲ流レ渡リニヤルト云フコトヘ、旣ニ豫算總會ニ於テ聲明ヲ裏切ッテ居ル、吾々ガ信賴シテ居ルニ拘ラズ、裏切ッテ、遂々トシテ會期切迫ノ、三分ノ二ヲ經過シタル今日ニ出スト云フヤウナコトハ、洵ニ不誠意極マルモノデアル、故ニ此根本策ヲ樹ツルト唯言ハレタノミデハ、吾々ハ信賴ハ出來ナイ、同時ニ又來ルベキ十年度ニ於テ、ドウ云フ天候ノ關係デ豐作ニ惠マレルカモ分ラナイ、サウ云フ場合ニハ、一層我ガ米穀事情ト云フモノハ、行詰ッテ來ルノデアリマスカラシテ、若シ政府ガ眞ニ誠意ガアルナラバ、臨時議會ヲ開イテ、サウシテ此根本策ヲ樹ツルト云フコトハ、國防ト同樣ニ重大ナ意味ガアルト云フノデ、本院ハ此希望決議ヲ致シタノデアリ

マス（拍手）而シテ又此理由ニ依ッテ、吾々ハ政府ヲ信頼シテ、必ズ根本政策ヲ樹ツルモノト信ジテ居ル、又齋藤總理モ屢々ノ聲明ト言明ニ依リマシテ、誠意ノ認ムベキモノガアルト考ヘマス、若モ此誠意ヲ裏切ルト云フコトニナルナラバ、齋藤内閣ハ極メテ重大ナル責任ヲ取ラナケレバナラヌト云フコトハ、玆ニ豫メ申上ゲテ置ク次第デアリマス（拍手）

而シテ尙ホモウ一言附加ヘテ申上ゲタイコトハ、本院ニ於テ、此全國三千万ノ農民ノ實生活ノ利害休戚ニ關係ノアル、此大問題――法案ヲ審議スルニ當リマシテ、從來ノ有ユル感情ヲ抛ッテ、總テノ政策、總テノ感情ヲ超越シテ、政民兩黨トモ、殆ド擧國一致ノ精神ヲ以テ、政黨政派ヲ超越シテ、此議院全院ノ決議トモアルベキ所ノ、此決議案ニ對シテハ、恐ラク齋藤總理モ之ヲ裏切ルト云フコトハ斷ジテナイト云フコトヲ、私ハ斷言シテ置ク者デアリマス（拍手）故ニ私ハ此政府ノ誠意ヲ信ジ、臨時議會ヲ要求ヲ致シマシテ、サウシテ來ルベキ米穀年度、卽チ十月内外マデニ成案ヲ立テマシテ、サウシテ我國ノ極メテ重大ナル、此行詰ッタ米穀事情ノ解決ヲスルコトニ、邁進スルト云フコトヲ信ジテ、本案ニ贊成ヲシ、同時ニ委員長ノ報告ニ贊成ヲスル所以デアリマス

（拍手）

○議長（秋田清君）　川崎克君

〔川崎克君登壇〕

○川崎克君　私ハ只今議題ニナッテ居リマスル、此臨時米穀移入調節ニ關シマスル法案外二件ノ問題ニ付キマシテ、委員長報告ニ贊成ヲ致シ、又ソレニ附加ヘマシタ附帶決議ニ對シマシテ贊成ヲ致ス者デアリマス、小山君ノ修正ニナリマシタ案ニ對シマシテハ、遺憾ナガラ御同意ヲ申兼ネルノデアリマス、其所以ハ此米穀法ヲ根本トシ、之ヲ基本トシテノ區々タル修正案ヲ提出致スガ如キコトデハ、此米穀問題ノ根本ヲ解決スルコトノ出來ナイコトヲ、私ハ信ズルカラデアリマス（拍手）私ハ斯樣ナ意味ニ於テ、本案ハ認メマスケレドモ、本案ヲ認メル所以ハ、臨時議會ヲ召集シテ、成ダケ本案ノ實行ヲ阻止スル意味ニ於テ本案ヲ認メルノデアリマシテ、本案ヲシテ成ダケ實行セシメナイ意味ニ於テ、本年ノ端境期マデニ少クトモ對案ガ出來マスナラバ、幾分カ此法律案ノ實行ヲ阻止スルコトガ出來ルト云フ意味ニ於テ、其重大ナル意味ニ於テノ附帶決議ヲ私共ハ贊成致スノデアリマス

偖テ之ニ對シマスル私共ノ、ドウシテモ臨時議會ヲ開カナケレバナラナイト云フ理由ハ、一ツハ財政經濟上ノ建前カラデアリ、又一ツハ米穀對策ノ點カラ見マシテ、極メテ重要ナル關係ガアルト云フコトニ論據ヲ置イテ居ルノデアリマス、一體此米穀ノ買入資金ノ調達方法ト云フモノハ、諸君モ御承知ノ通リ、一時ハ年度ヲ限ッテ米穀證券ニ依ッテ借入ヲスルノデアリマスルガ、短期證券ノ發行ヲ致シテ、或ハ三箇月、或ハ六箇月ト云フガ如キ、短期證券ノ發行ヲ致シテ、或ハ之ヲ日本銀行ニ引受ケシメ、或ハ民間ニ於テ之ヲ引受ケルノデアリマスルガ、此法案ヲ假ニ實施ヲ致ストスルナラバ、玆ニ四億五千万圓ノ短期證券ヲ發行シナケレバナラヌコトニナルノデアリマス、吾々ハ一般會計及ビ特別會計ニ於テ、本年度ノ豫算ニ協贊ヲ與フル場合ニ於テ、十億六千万圓ト云フ所ノ公債ノ發行ヲ認メナケレバナラヌ狀態ニ在ルノデアリマス、此十億六千万圓ノ中ニ、交付公債ハ僅ニ六千万圓デ、約十億ノ公債ヲ發行スルノデアリマスガ、ソレハ大部分一時ハ日本銀行引受トナルノデアル、日本銀行ノ引受トナッテ、通貨膨脹ノ虞ガアルカラシテ、之ヲ民間ニ買ハシメルノデアリマスルケレドモ、此處ヘ持ッテ來テ、玆ニ四億五千万圓ノ米穀證券ノ發行ヲ見ルト云フコトニナリマシタナラバ、此證券ヲ消化スル方面ハ何處デアルカト云ヘバ、引受ハ日本銀行カ民間カ、ドチラカデナケレバナラヌガ、之ヲ悉ク日本銀行ニ於テ引受ケルト云フコトニナルナラバ、通貨膨脹ハ避ケザラント欲スルモ能ハナイ狀態ニ置カル、ノデアッテ、經濟上ノ洵ニ由々シキ一大事デアルト言ハナケレバナラヌノデアリマス（拍手）此點ニ付テハ私共ハ、斯樣ナ短期證券ノ發行ヲ認メナケレバナラヌト云フコトハ、經濟上ノ建前カラシテ、是ダケハ成タケ避ケタイ、之ヲ避ケル方法ハドウスレバ宜イカト言ヘバ、臨時議會ヲ開イテ、斯樣ナ資金ノ要ラナイヤウニスルコトガ一番大切ナ要點デアル、私共ハ斯樣ニ思フノデアリマス、又此證券ハ年度ガ終リマスレバ、或ハ預金部ニ於テ引受ケラレルコトニナルデアリマセウガ、トヾノ詰リハ何處ニ行クノデアルカト言ヘバ、最後ハ一般會計デ何トカ始末ヲ付ケナケレバナラヌコトニナル、一般會計ニ於テ始末ヲ付ケナケレバナラヌト云フコトニナレバ、公債ノ發行ハ免レナイコトデアリ、是ガ國民負擔トナッテ、ドウシテモ吾々ハ耐ユベカラザル負擔ヲ負ヘナケレバナラヌコトニナルノデアリマスカラ、此點ニ付テモ、是ハ又非常ニ重大ナル意義ヲ有ッテ居ル、現内閣ハ、本年ノ豫算ノ編成ニ當ッテ、成タケ經費ヲ節約スルト云フ建前カラシテ、現ニ農林省ノ所管ノ豫算ニ致シマシテモ、昨年度ト比較致シマシテ、三千六百有餘万圓ト云フモノハ、臨時ニ於テ、匡救事業ニ於テ削ッテ居ル、是ダケノ節約ヲシテ居ル、然ルニ玆ニ四億五千万圓ノ特別會計ニ於ケル所ノ、斯ウ云フ借入金ヲ認メルト云フコトニナッテ、赤字公債ノ增發ヲ助長スルコトニナリ、他日ハ一般會計ニ累ヲ及ボス基トナルト云フガ如キ事ヲ爲サルコトハ、洵ニ矛盾シタ政策デアルト思フノデアッテ、是ハドウシテモ今日避ケラレナイモノデアラウケレドモ、吾々ハ避ケテ貰ヒタイ、避ケテ貰ヒタイト云フ意味ニ於テハ、臨時議會ヲ開イテ、斯樣ナ費用ノ要ラナイヤウニ、政府ニ於テ生產制限ヲヤルナリ、其他ノ方法ニ依ッテ、之ヲ調節スルコトガ必要デアルト云フノガ、私共ノ財政上ドウシテモ臨時議會ヲ開カナケレバナラナイト云フ理由ノ第二點デアリマス

第三ニハ實際此法案ニ依ッテ、此儘米穀法ノ運用ニ依ッテ參リマスナラバ、ドウ云フ結果ガ來ルカト申シマスルト、今日政府ノ貯藏米ガ、農林省ノ報告ニ依リマシテモ千二百七十九万石ト言ッテ居ルノデアリマスガ、約千三百万石デアル、其上ヘ以テ來テ、今度ノ買入ヲシマスル米ノ高ハ幾ラカト申セバ、朝鮮臺灣米ハ七百万石、ソレカラ内地米ガ千百六十万石ト云フコトニナルノデアリマシテ、此法律實行ノ結果ハ、玆ニ三千有餘万石ノ米ヲ買入レルノデアリマス、三千有餘万石ノ米ヲ買入レルノデアリマスル上ニ、臨時議會モ開カズニ通常議會マデ之ヲ引ズッテ參リマシタ場合ニハ、愈、通常議會ニ於テ根本對策ガ假

ニ立テラレタト致シマシテモ、昭和十年度ノ米ノ作付及ビ肥料ヲ施シタ程度カラ考ヘテ、モウ生産制限ナント云フコトハ出來ナイ狀態ニアッテ、昭和十年度ノ産米ハ本年ノヤウナ増産ヲ見ルト云フコトヲ假定シマスルナラバ、約四千四五百万石ノ米ノ買入ヲ三年間通ジテ行ハナケレバナラヌト云フヤウナ狀態ニ立到ルコトハ、推算上明ナル結論デアルト言ハナケレバナラヌノデアリマシテ、此點ニ付テハ吾々ハドウシテモ米穀對策上臨時議會ヲ急イデ開カナケレバナラヌト云フ理由アル所以デアリマス

第四ノ理由ハ愈〻斯ノ如ク致シマシテ、米ノ買入ヲ爲シマシタ結果ガ、實際是ハ日本ノ現在ノ倉庫ニ於テ、是ガ收容力ガアルカ否カト云フコトニナリマスルト云フト、是ハ非常ナ疑ガアル、現ニ都會ト云フ都會ハ、今日ハ米ガ倉庫ニ充滿致シテ居ルコトハ皆サンモ御承知ノ通リデアリ、朝鮮臺灣ニ於テ、米ノ貯藏力ノナイコトモ明デアリ、此上ハ持ッテ來テ、本年千七八百万石ノ米ヲ貯藏スルト云フコトニナリマシタ時ニハ、ドレダケノ倉庫ガ要ルカト言ヘバ、追加豫算ニ倉庫ノ要求ヲ致シテ居リマスルガ、一坪當リ四十石シカ米ガ貯藏出來ナイト云フ計算ニナッテ居ルノデアリマスルカラ今日此千八百万石ノ米ヲ貯藏致サウトスルナラバ、四十五万坪ノ倉庫ガ建設セラレナケレバ出來ナイノデアッテ、斯樣ナコトハ此法案ニ依ッテ實行不可能ナルモノデアルト謂ハナケレバナラヌノデアリマスルカラ、何レノ點カラ考ヘマシテモ、臨時議會ヲ召集シテ、是等經濟上、米穀對策上ノ諸事情ヲ、成タケ根本的ニ除去シテ行ク、根本的ニ除去シテ行クノニハ、現在ノ米穀法ニ依ラナイデ、彈力アル所ノ需給對策ヲ講ジテ、サウシテ米ノ根本問題ヲ解決スルコトガ必要デアルト云フノガ、吾々ノ附帶決議ヲ致シテ居ル重要ナル點デアルノデアリマス、此點ニ基キマシテ、此議場ノ空氣ヲ見マシテモ、大多數御贊成ガアッテ、是ハ殆ド院議ノ形――院議トナリマシタ以上ハ、政府ニ於テドウシテモ此重大ナル院議ヲ尊重シテ、必ズ臨時議會ヲ開カナケレバナラヌ(「簡單」ト呼フ者アリ)臨時議會ヲ開ク手段トシテハ、審議會ヲ開イテ、臨時議會ニ急イデ提案ヲシテ、米穀對策ノ根本ヲ立テル所ノ責任ハ政府ニ在リト私共ハ信ズルノデアリマス(拍手)此意味ニ於キマシテ、ドウカ齋藤内閣ハ吾々ノ要求ヲ容レテ、此重大ナル所ノ米穀對策ニ善處スベク急イデ審議會ヲ開キ、共成案ヲ得ルコトニ努メ、臨時議會ヲ召集シテ、對案ヲ提出セラレンコトヲ希望シテ本案ニ贊成ヲ致スノデアリマス(拍手)

○議長(秋田清君) 討論終局――採決致シマス、先ヅ臨時米穀移入調節法案ニ對スル小山谷藏君外一名提出ノ修正案ニ付キ採決致シマス――小山君外一名提出ノ修正案ニ贊成ノ諸君ノ起立ヲ求メマス

(贊成者起立)

○議長(秋田清君) 起立少數――修正案ハ否決サレマシタ――次ニ臨時米穀移入調節法案ノ委員長報告ニ付キ採決致シマス、本案ノ委員長報告ニ贊成ノ諸君ノ起立ヲ求メマス

(贊成者起立)

○議長(秋田清君) 起立多數――本案ハ委員長報告ノ通リ可決致シマシタ(拍手)――次ニ政府所有米穀特別處理法案及ビ米穀需給調節特別會計法中改正法律案ノ兩案ハ、委員長報告通リ御異議アリマセヌカ

(「異議ナシ」ト呼フ者アリ)

○議長(秋田清君) 御異議ナシト認メマス、仍テ右兩案ハ委員長報告ノ通リ決シマシタ――是ニテ三案ノ第二讀會ハ終了致シマシタ

○靑木雷三郎君 直チニ三案ノ第三讀會ヲ開カレンコトヲ望ミマス

○議長(秋田清君) 靑木君ノ動議ニ御異議アリマセヌカ

(「異議ナシ」ト呼フ者アリ)

○議長(秋田清君) 御異議ナシト認メマス、仍テ直チニ三案ノ第三讀會ヲ開キ、議案全部ヲ議題ト致シマス

臨時米穀移入調節法案　第三讀會
政府所有米穀特別處理法案　第三讀會
米穀需給調節特別會計法中改正法律案　第三讀會

○議長(秋田清君) 別ニ御發議モアリマセヌ、三案ハ第二讀會議決ノ通リ議決スルニ御異議アリマセヌカ

(「異議ナシ」ト呼フ者アリ)

○議長(秋田清君) 御異議ナシト認メマス、三案ハ第二讀會議決ノ通リ確定致シマシタ(拍手)

○靑木雷三郎君 殘餘ノ日程ヲ延期シ、散會セラレンコトヲ望ミマス

○議長(秋田清君) 靑木君提出ノ動議ニ御異議アリマセヌカ

(「異議ナシ」ト呼フ者アリ)

○議長(秋田清君) 御異議ナシト認メマス、仍テ動議ノ如ク決シマシタ――明二十三日ハ定刻ヨリ本會議ヲ開キマス、議事日程ハ公報ヲ以テ御通知致シマス、本日ハ是ニテ散會

午後七時二分散會

拓務省所管朝鮮總督府

歳入經常部

第三款　官業及官有財産收入

第八項　刑務所收入

（二八）　開城少年刑務所ニ於テ收入ニ至ラサルモノ（會計檢査院報告二二）

二、七三五・四四〇円

右ハ京城府小山某ニ對シ交付シタル荷札及運送用印刷物ノ代金ニシテ五年度ニ於テ調定シタルモ收入ニ至ラス其ノ催繰越ニ係ル五千餘圓ノ內未納ニ屬スルモノニシテ元來本件官司業ニ屬スル製品ノ賣拂ニ當リテハ其ノ代金ヲ前納セシムヘキカ又ハ豫納金ヲ納付セシムル等徴收確保ノ途ヲ講スヘキモノナルニ註文者ニ對シ製作品ヲ交付シ今尚收入スルニ至ラサルカ如キハ妥當ナラス本件ハ租税外歳入ノ徴收ニ關シ措置宜シキヲ得ス不當ナリトス

拓務省所管

朝鮮總督府

歳入經常部

第三款　官業及官有財産收入

第八項　刑務所收入

（五一）　咸興刑務所ニ於テ歳入ニ編入スヘキモノ（會計檢査院報告十三）

三、七四六・七一〇円

右ハ朝鮮總督府看守長藤原某外數名カ咸興刑務所元山支所ニ勤務中正規ノ手續ヲ爲サス横領シタル製作品賣却代壹萬貳千餘圓ノ內ニシテ尚本件ノ外購入物品ノ價格ヲ恣ニ高價ニ改メ又ハ物品ヲ購入セサルニ拘ラス購入シタルモノノ如ク裝ヒ騙取シタルモノアリ本件ハ監督其ノ宜シキヲ得サリシニ因ルモノニシテ不當ナリトス

拓務省所管

朝鮮總督府

歳出臨時部

第四款　補助費

第六項　私設鐵道補助

（一五）　朝鮮總督府鐵道局ノ支出ニ係ル（會計檢査院報告十四）

九、九一九・一〇〇円

右ハ朝鮮京南鐵道株式會社事業年度ノ私設鐵道補助金六拾九萬四千餘圓ノ內過拂ニ屬スル金額ニシテ本件ハ私設鐵道補助金ノ支給ニ當リ措置其ノ宜シキヲ得ス依テ將來ニ對シ警告ス

（一六）國債

昭和七年二月國債整理基金特別會計法第五條ニ依リ横濱正金銀行ヨリ借入ニ係ル二分利付臨時國庫證券整理借入金七千貳拾八萬八千餘圓ノ借換トシテ同行引受ノ形式ヲ以テ五分利公債額面貳千六百拾九萬圓ヲ發行セルモノアリ右五分利公債ハ發行價格總額貳千貳百七拾九萬八千餘圓トシ之カ收入金ヲ以テ同行ヨリ借入ニ係ル二分利付臨時國庫證券整理借入金七千貳拾八萬餘圓ノ債務全額ニ付償還ヲ完了スルコトト爲シタルモノニシテ之レニ對シ會計檢査院ノ批難ノ要旨ハ横濱正金銀行ヨリ借入ニ係ル臨時國庫證券整理借入金ハ舊露國政府ニ對シ民間當業者カ賣却セル軍需品代金決濟ノ爲大正七年乃至九年度中臨時國庫證券收入金特別會計ニ於テ二分利付臨時國庫證券額面七千貳拾八萬八千餘圓ヲ發行シ民間當業者ニ交付スルト共ニ横濱正金銀行ヲシテ同行カ有スル露國政府二分利付通知預金ノ元利金ヲ引當トシ總額六千七百四拾八萬九千餘圓ヲ以テ之ヲ買取ラシメ昭和二年六月臨時國庫證券ノ償還期限到來

ノ際之ヲ七年六月一日ヲ期限トスル借入金ニ借換ヘタルモノニ係リ此ノ如ク民間當業者ノ軍需品賣却代金ニ對シ舊露國政府覆滅後タル大正七年度乃至九年度ニ於テ國庫ノ負擔ニ依リ前記二分利付臨時國庫證券ヲ發行シ決濟ヲ爲スニ至リタルハ畢竟正金銀行カ有スル舊露國政府預金ヲ引當ト爲シタルニ因ルモノニシテ正金銀行ヲシテ該臨時國庫證券ヲ買取ラシメタルモ亦同行カ右預金ヲ有スル以上之カ爲同行ニ損失ヲ被ラシムルノ虞ナカリシニ因ルモノナリ而シテ日本政府ニ於テハ露國大藏省證券其ノ他對露債權約三億圓ヲ未決ノ儘引續キ保有シ居ルヲ以テ該預金ト對露債權竝本件借入金トハ緊切ナル關係ヲ有スルハ明ナリ故ニ其ノ預金處理ニ對シテハ最善ノ注意ト國庫ノ利益ヲ擁護シ適當ノ措置ヲ講セサル可ラス然ルニ昭和七年横濱正金銀行ニ於テ右預金約五千八百五拾萬圓ノ拂戻義務ヲ免レタルモノトシテ處理セルニ際シ政府ハ之カ利益ヲ同行ニ歸屬セシメ之ヲ引當トセル本件臨時國庫證券整理借入金ニ對シテハ之カ借換ヲ名義トシテ五分利公債ヲ發行シ同行ニ交付スルニ至レルハ措置妥當ナラスト云フニアリ

之レニ對シ當局者ハ露國政府ニ對スル軍需品代金決濟ノ爲發行シタル國庫證券ヲ横濱正金銀行ヲシテ買入レ保有セシメタルハ同銀行ニ露國政府ノ預入シタル通知預金ヲ引當ト爲シタルト雖政府カ正金銀行ニ有スル債務ト正金銀行カ露國政府ニ對スル預金債務ハ全然別箇ノ關係ニシテ正金銀行カ預金拂戻ノ義務ヲ免レタリトスルモ日本政府ノ正金銀行ニ對スル債務ハ消滅スヘキモノニ非ス然レ共同行カ露國政府ノ預金ノ拂戻ヲ爲ス必要ナキニ至リタルトキハ此機ニ於テ最有利ナル條件ヲ以テ國庫證券整理借入金ノ處理ヲ爲スコトハ勿論ニシテ從テ本件ノ如ク處理シタルハ適當ナル措置ナリト辯明セリ

本件ニ關シ決算委員會ニ於テ愼重審査ノ結果會計檢査院ノ見解ハ問題ヲ正金銀行ニ對スル借入金ニ局限シテ之レヲ觀レバ至當ナルガ如キモ當局者ハ寧ロ我國ノ對露債權ヲ保持スルト同時ニ出來得ル限リ有利ノ條件ヲ以テ借入金ノ處理ヲ爲シ以テ國庫ノ利益ヲ擁護セムトセルモノニシテ即チ借換處分ニヨリ何等對露債權ニ影響ヲ及ホスコトナク事實借入金ノ債務全額ニ相當スル程度ノ減額ヲ爲シ得タルハ其ノ處理亦諒トスベキ點アリ要スルニ「ゼノア」會議ニ於ケル對露通牒及其ノ後ニ於ケル北京會商等ニ依リ我對露債權ニ對スル我國ノ主張ハ明白ナルモ其債權ノ確保ニ當リテハ尚今後ノ交渉ニ俟ツヘキモノニシテ本件正金銀行ニ對スル政府借入金ノ處理ニ付キ對露債權ニ對シ直ニ法律上ノ引當ヲ云々スルハ妥當ナリト云フヲ得ス仍テ政府ハ將來對露債權ノ處理ニ關シテハ飽迄國庫ノ利益ヲ保持スヘク最善ノ注意ヲ拂ヒ適當ナル機會ヲ捉ヘ適法剴切ナル措置ヲ講シ萬遺漏ナキヲ期スルト共ニ正金銀行ニ對シテ交付セル五分利公債貳千六百餘萬圓ニ對シテヘ出來ル限リ速ニ有利ノ條件ニ借換フル等更ニ深甚ノ考慮ト適當ナル措置ニ出ツルコトヲ要ス

右警告ス

○福田關次郎君（續） 故ニ是等ノコトニ付テ、私ハ數回ニ亙ッテ政府當局ニ質シテ居リマスルガ、之ヲ御答辯ニナラナイト同時ニ、鐵道大臣ガ御出席ニナラヌト云フ事實ガアル、三月十二日カラ六月二十二日マデ、約三箇月間ニ亙リマスル所ノ請負金額ハ、三百餘万圓デアリマス、此回數ガ八回デアル、入札ハ一回ニ七人乃至八人ヲ「グループ」トシテ行ハレテ居リマス、若シ數人ト致シマスルナラバ、其八回ノ中ニ入ル請負師ノ合計ハ、數十人ニナラナケレバナリマセヌガ、八回ニ集ッタ所ノ請負人ノ顏振ヲ見マスルト――讀上ゲテモ宜シイガ、時間ガアリマセヌカラ省略致シマス、此八回ノ入札ニ對シテ二十四人デアリマス、ソレデアルカラ同ジ請負師ガグル〳〵廻リニ、皆請負ノ「グループ」ノ中ニ入ッテ、甲乙丙丁ト盥廻シニ工事請負ヲ取ッテ居ルノデアリマス、八回ノ入札ニ於テ、此二十四人ニ請負ガ何遍廻ッテ來テ居ルカト云フト、請負ヲ取ッタ者ガ二十四人ノ「グループ」ノ中デ、前田榮次郎ガ一回、順々ニ盥廻シニ取ッテ居ルカラ、旨ク分配サレテ居ル、ソレカラ中根組、ソレカラ西松組、ソレカラ阪神工業、ソレカラ藤原槌松、鐵道工業、加島組、是等ノ者ガヅット一人モダブル者ガナイ、悉ク盥廻シテ皆當ッテ來ルコトニナル、サウシテ其何割ハドウナルカト云フト、第一、百万圓ノ工事ナレバ、三割ヲ差引ク、此金ヲ以テ或ハ官吏、或ハ政商、政黨ト、中ニ含マレテ居ル是等ノ者ニ分配セラレル コトニナッテ居ル、中ニハ金筋ト云ッテ、サウ云フ不正ナ入札ヲ致シマス者ニ對シテ、之ヲ穴ヲ知ッテ恐喝スル者ガアル、是等ノ者ニハ其中ノ一割ヲ分配シテヤラナケレバナラヌ、諸君ハ日本ノ工事ニ於テ百万圓ノ金ノ中デ三割ガ天引サレル、其殘リヲ以テ國家ノ事業ガ行ハレル、アルト云フコトハ、何ト御考ニ相成リマスルカ、是ハ帝國議會ガ愼重ニ考慮ヲシナケレバナラヌ重大性ヲ有スルモノデアル、又本決議案ノ中ニ、最モ強キ意味ノ含蓄致シテ居ル點ハ、斯ル點ト申サナケレバ相成ラヌト存ズルノデアリマス、是ハ昭和七年ノ決算ニ現ハレタル事實デアリマス、斯ノ如ク私共ハ、昭和七年ノ三月カラ六月マデノ三箇月間ニ於テノ不正ダケヲ調ベテモ斯ク〳〵デアル、談合ノ事實ハ認メマセヌト政府委員ガ言フカラ、然ラバ茲ニ其事實ヲ讀上ゲルカラ心得ナサイト申シテ讀上ゲルト、今度ハ言ヲ左右ニシテ、此帝國會計法及ビ鐵道建設規則違反ヲ默認セントスルノ態度ニ出ルト云フコトハ、今日ノ鐵道省ノ一大伏魔殿デアルコトヲ立證スルモノト言ハナケレバナリマセヌ、此間ニ於ケル事情ハ皆様ノ御推定ニ愬ヘマスガ、若シ談合ノ事實ノ日時ト、場所ト、集ッタ者ノ名ヲ言ヘト仰シヤレバ皆申上ゲマスガ、是ハ省略致シマス

斯ル不正、不義ヲ致シテ居ルノデアリマスカラ、本員等ガ言ヲ大ニ致シマシテ、此帝國議會ノ七年度ノ決算審議ニ於キマシテモ、日夜ヲ分タズシテ、有ユル方面ノ研究ト、討究ヲシナケレバ、其結論ニハ到達ヘ

致シマセヌ、斯ク私共ハ、鐵道省ニ對シマスル所ノ此不滿、不正、不當ト認ムベキモノハ、實ニ算フルニ暇ナキ程ノ現狀ニアルノヲ、遺憾ト致ス者デアリマス、談合ノ事實ハ斯ノ如キモノデアリマスルガ、吾々ノ最モ此處デ重キヲ置カナケレバナラヌト思フコトハ、勿論尙ホ澤山アリマスガ、時間ノ關係上、私ハ之ヲ申上ゲマセヌケレドモ、鐵道省ニ對シマシテハ、本員等ハ固キ意味ノ言ヲ以テ、茲ニ警告ヲシテ置カナケレバナリマセヌ、ソレハ鐵道省ニ對シテ、委員會ハ斯カル意向ヲ有ッテ居リマスガ、議會ハ多數政治デゴザイマシテ、本員ノ言フ通リニモ參リマセヌガ、此審査ヲ致シマスル本員ノ根本精神ガ、此處ニアルコトダケヲ申上ゲテ置キタイノデアリマス、サウシテ鐵道大臣其者ニ對シマシテ、爾今ニ於ケル猛省ヲ促シテ置キタイ、鐵道ニ對スル警告トシテ、今特ニ高調シタイト存ジマスルノハ、一、今後豫算ノ不正、不當ナル濫費ヲ愼ムコト、次ニハ事業上ニ付荷物運送上ニハ不當ナル搾取機關ヲ速ニ廢止シ、物品購入、工事請負ニハ之ヲ一般公入札ニ改メ、萬已ムヲ得ザル場合ノ工事請負ニハ、鐵道省認可資格請負人ノ全部ヲ之ニ指名スルコト、又政府ハ近キ將來ニ鐵道省特別會計ヲ廢シ、一般會計トナシ、財政行政ノ整理、綱紀ノ徹底的廓正ヲ斷行シ、益金中一年間一千万圓乃至二千万圓ヲ、毎年一般會計ニ繰入レルコト、斯ク致シマシテ、鐵道省ニ喰入ル惡弊ヲ一掃スルコトガ出來ルモノト信ズルノデアリマス以上、此事ハ今ノ決議案ニハアリマセヌガ、本員等ノ鐵道省關係ニ於キマスル審議ノ根本精神ノ所在ヲ明ニ致シマシテ、此決議案ノ內部ニモ、斯ル意味ノ伏在スルコトヲ強調シテ置キタイト存ジマス

次ニ決算委員會ノ最後ノ委員會ニ於キマシテ、私共ガ數年間ニ亙ッテ、約百億万圓ノ歲出歲入ニ付テ論議討究ヲシマシテ、時ノ政府ノ反省ヲ促スコトニ努力致シマシタ結果、稍々之ニ依ッテ反省ヲサレタト云フコトハ、此處ニモ居ラレマスルガ、大藏省ノ政府委員堀切サンモ、過グル委員會ニ於テ斯樣ニ述ベテ居ラレマス、卽チ數年間ニ亙ッテ黑田サンノ御努力、御注意ニ依ッテ、是等ノモノニ付テハ、飽迄政府ハ今日之ヲ改メテ、以テ今後二年間スルナラバ、斯樣ナコトハ餘程尠クナルデアリマセウト云フ、政府委員ノ御答辯ガアル、此處マデ御反省ニ相成ッタト云フコトニ付テハ、私共洵ニ政府委員ノ意ヲ多ト致ス者デアリマス、實際ニ於テ今マデノ決算委員會ト云フモノハ、甚ダ失禮デアリマスガ、ヤリッ放シトナッテ居ッタノデハナイカト思フ、本員ハ五箇年間ニ亙ル決算ニ付キ之ヲ追窮致シマシテ、一昨年ノ事項ハドウナッテ居ルカ、此處ハドウナッタカ、其結末ハドウナッタカト云フコトヲ、一々私ハ追窮致シタノデアリマス、之ヲ追窮スルノガ決算委員會ニ於ケル――議會ノ審議ノ根本精神ナリト信ズルカラデアリマス、而シテ政府委員ヨリ答辯ヲ得マシタ例ハ澤山アルノデアリマスガ、其中デ一二ノ例ヲ申上ゲテ見タイト思ヒマス、先ヅ反省サレタ事實ノ一例トシテ大藏省專賣局ガ煙草元賣捌人ノ所有土地家屋ヲ買收致サレヤウトシテ、數十万圓ノ豫算ヲ御取リニナリマシタ、併ナガラ是ハ不必要買フベカラザルモノデアルト、本員等ハ決算委員會デ強調致シタノデアリマス、サウシテ本年度ハ結局豫算ヲ取ッタカラ、政府ハ買ハナケレバナラヌト主張サレ、私共ハ買ッテハナラヌト言ッタノデアリマスガ、結局本年ハ幾ラデ買ッタカト質問致シマシタ所、大藏省ノ政府委員ハ遂ニ買收シナカッタト云フコトデ、遂ニソレヲ御止メニナッタ、決算委員會ニ於ケル事實ノ效果ハ澤山アリマスルガ、是ハ其一ツノ事象デアリマス、又海軍省ノ舞鶴要港部ノ重要ナル土地二千餘坪ヲ、昭和四年度以降向フ三十箇年間無償デ、此國有財產ヲ水交社ニ御貸シニナッテ居ラレル、是ハ本員等カラ見マスレバ、國有財產處分上不當トシ、抑、水交社ナルモノハ、海軍々人ノ集リデハアリマスルガ、明ニ官制ノ上ニ認メラレテ居ル所ノ團體デハアリマセヌ、謂ハヾ私ノ團體ニ過ギマセヌ、其私ノ團體ノ如キ水交社ニ國有財產ヲ、而モ舞鶴要港部ノ重要ナル土地二千餘坪ヲ無償デ、向フ三十箇年間モ貸ストハ抑、何事デアルカ、是ガ無償デアルナラバ、平穩無事ニ二十五年以上占有スルナラバ、其者ノ私有トナリマス、斯ノ如ク國家ノ財產ヲ不正ニ使用スルト云フコトハ、帝國議會ノ默認スルコトノ出來ナイ所デアルト私ガ言ッタノハ、一昨年ノ事デアリマス、本年ニ至ッテ其結果ガドウナッタカト云フコトヲ、海軍當局ニ質問致シマシタ所、此舞鶴要港部ノ土地ノコトハ、洵ニ遺憾デアリマシタノデ、此二千餘坪ト云フモノハ、今後貸借關係ニ改メマシテ、一坪五錢ヅツ徵收シ、其財產ハ海軍省ヨリ悉ク大藏省ニ移管シ、大藏省ノ將來ノ收入ニナルコトニ決定致シマシタト云フコトノ御答辯ヲ得マシタ、之ニ依ッテ見ルモ、決算委員會ト云フモノガ、如何ニ疎カニスルコトノ出來ナイ任務ヲ有ッテ居ルカ、豫算委員會以上ニ重要性ノアルモノデアルカト云フコトガ分ルト思ヒマス、又海軍省ガ豫算ノ餘ルニ從ヒマシテ、軍艦ノ製造ニ當リマシテ、ソレニハ驅逐艦ナドノ製造ニ當リマシテ、藤永田株式會社ニ對シテ百六十餘万圓ノ不當貸付ニナリ、回收出來ナイ狀態ニ陷リ、斯ルコトハ豫算ノ運用上宜シキモノデハナイ、如何ニシテ海軍省ハ之ニ善處セントスルカヲ追窮致シマシタ、ソレハ確カ一昨年ノコト、思ッテ居リマス、而シテ本年其結果ヲ海軍當局ニ質問致シマシタ所ガ、是ハ遂ニ藤永田ノ百六十餘万圓ノ不當貸付ハ、之ヲ年賦デ返還セシメルコトニ致シマシテ、海軍省ノ手ヨリ大藏省ニ移管シ、年々六万圓、モウ少シ年限ガ經テバ十万圓、十五万圓ヅヽ年々償還サセル途ヲ立テマシタト云フコトヲ明言サレタ、是レ卽チ決算委員會ニ於キマスル、國務遂行上事實ヲ摘發シ、以テ其效果ヲ現ハシマス一ツノ事象ト致サナケレバナリマセヌ、尙ホ驚キマスノハ、拓務省管內朝鮮總督府ノ度量衡ノ問題デアリマス、是ハ當時重大ナル問題ト致シマシテ、本員ハ之ニ重

大ナル決意ヲ以テ、時ノ政府ニ內濟致シタノデアリマスガ、其後本件ハドウナッタカ、朝鮮デハ度量衡ハ專賣制度デアリマス、隨ヒマシテ其度量衡ハ、悉ク總督府カラ渡スノデアリマス、渡シマスルガ、賣捌人ハ總督府カラ品物ヲ買フダケデ、六箇年ト云フモノハ、驚ク勿レ一厘モ拂ッテ居ナイ、實ニ驚クコトデハアリマセヌカ、日本ノ煙草專賣局ガ左樣ニナッタナラバ、國ハ遠カラズ財政經濟上ノ破產國トナラナケレバナラヌ、今ノ永井拓務大臣ノ時代デハアリマセヌケレドモ、其モノヲ六箇年間モ政府カラ與ヘテ居ルガ、其代金ヲ一厘モ拂ハズニ居ル、是ガ協同シテヤッテ居ル、是等ノモノハドウナッタカト政府ニ質問ヲ致シマシタ結果、遂ニ朝鮮總督府デハ、是ハ一大事ト思ヒマシテ、サウシテ是ガ回收ノ方法ヲ立テ、之ニ應ゼザル者ハ專賣權ヲ悉ク剝奪スルニ決定致シマシタト云フコトノ明言ヲ得タノデアル、斯ク致シマシテ、國家政務ノ上ニ不正不義ト認ムベキモノハ、斷々乎トシテ改マリマスルノガ、此決算委員會ノ眞價デアリ本務デアルト言ハナケレバナリマセヌカラ、吾々ハ帝國議會中ニ於キマシテ、豫算ニ次デ決算委員會ハ國務ヲ完成シ、改革ナサシムル上ニ於テハ、重大性ヲ帶ビルコトヲ玆ニ高調シ、而モ斯樣ナ方法ニ取リ改ムルコトガ、此決議案ノ中ニ存在シテ居ルコトヲ御諒承願ヒタイノデアリマス

昭和九年三月二十五日

富山ヨリ東京大阪名古屋仙臺青森ノ各地間及富山朝鮮滿洲帝國間定期航空路開設ニ關スル建議案

富山ヨリ東京大阪名古屋仙臺青森ノ各地間及富山朝鮮滿洲帝國間定期航空路開設ニ關スル建議

政府ハ速ニ富山市郊外富山飛行場ヨリ東京大阪名古屋仙臺青森ノ各都市ニ至ル間及同地ヨリ朝鮮滿洲帝國ニ至ル間ニ定期航空路ヲ開設セラレムコトヲ望ム

右建議ス

（特別報告第一五號）

請願特別報告第三二四號

意見書

請願文書表第二一七〇號

東北地方滿鮮間聯絡航路開設ニ關スル請願　東京市小石川區關口町四十九番地菅原通敬外二十三名呈出（紹介議員高橋熊次郎君外七名）

右請願ノ要旨ハ東北地方ハ滿鮮地方ト共ノ距離近ク本邦ト大陸間連絡上最便利ノ地位ニ在リ而シテ東北地方ト北鮮滿洲トノ商取引ヲ促進スルハ東北地方產業振興上海外交易發展上最緊要トスル所ナルモ未タ一ノ連絡航路ヲ有セサルハ大ナル缺陷ニシテ洵ニ遺憾ニ堪ヘス依テ同地方適當ノ地ヲ擇ヒ北鮮トノ連絡航路ヲ開設セラレタシト謂フニ在リ

衆議院ハ其ノ趣旨ヲ至當ナリト認メ之ヲ採擇スヘキモノト議決セリ依テ議院法第六十五條ニ依リ別册及御送付候也

請願特別報告第四一六號

意見書

請願文書表第二二八六號

德佐、高森間鐵道敷設ノ請願　山口縣玖珂郡高森町長三戸熊太外六名呈出（紹介議員西村茂生君）

右請願ノ要旨ハ山口縣阿武郡德佐村山口線德佐驛ヨリ岩國、德山間ノ鐵道未成線中山口縣玖珂郡高森町ニ於テ該未成線ニ連絡スル鐵道ハ萩元山間及萩濟津間ノ連絡ニ資シ本土ト朝鮮滿蒙トヲ連絡スルニ必要ナル路線ナリト信ス依テ政府ハ速ニ前記德佐、高森間ノ鐵道ヲ敷設セラレタシト謂フニ在リ

衆議院ハ其ノ趣旨ヲ至當ナリト認メ之ヲ採擇スヘキモノト議決セリ依テ議院法第六十五條ニ依リ別册及御送付候也

昭和九年三月二十六日

議長ノ報告

米穀統制政策ニ關スル質問主意書

右成規ニ據リ提出候也

昭和九年三月十六日

提出者　伊禮　肇

米穀統制政策ニ關スル質問主意書

政府カ農村ノ疲弊困憊セル窮狀ニ大ナル關心ヲ持チ米穀統制法實施其ノ他農村產業保護ニ關シ諸種ノ施設ヲ斷行セムトスルコトハ最時宜ニ適シタルモノトシテ贊意ヲ表スルニ吝ナルモノニ非サルモ沖繩縣竝鹿兒島縣大島郡地方ノ如ク砂糖ノ生產ヲ主要產業トシテ米ヲ生產セサル結果日常食料竝酒造原料トシテ年年多量ノ外米臺鮮米ヲ輸移入シ來リタル農村民ハ逆ニ非常ナル窮境ニ陷ルコトハ火ヲ睹ルヨリモ明ナリ

斯ノ如ク米生產地農村民保護ノ政策ハ米ヲ產セサル地方ヲ非常ニ壓迫スル結果トナルカ政府ハ是等米ヲ生產セサル地方ニ對シ特別ノ考慮ヲ拂フ用意アリヤ

右及質問候也

本質問ニ對シテハ速ニ書面ヲ以テ答辯アラムコトヲ求ム

昭和九年三月二十三日

内閣總理大臣　子爵齋藤　實

衆議院議長秋田清殿

衆議院議員伊禮肇君提出米穀統制政策ニ關スル質問ニ對シ別紙答辯書差進候

（別紙）

衆議院議員伊禮肇君提出米穀統制政策ニ關スル質問ニ對スル答辯書

政府ハ米穀ノ生產ヲ主業トセザル地方農村ニシテ特別ノ事情アリト認ムル場合ニ於テハ法規ノ許ス範圍内ニ於テ政府所有米穀ノ拂下等ヲ實行シツツアリ尙將來ニ付テモ出來得ル限リ特別ノ事情アル地方ニ對シテハ充分ノ注意ヲ拂ヒ適當ノ處置ヲ講スヘシ

右及答辯候也

昭和九年三月二十三日

農林大臣　後藤　文夫

昭和九年三月二十六日

議長ノ報告

朝鮮産原木ノ滿洲國輸出禁止ニ關スル質問主意書

右成規ニ據リ提出候也

昭和九年三月八日

提出者　中村不二男

外二名

朝鮮産原木ノ滿洲國輸出禁止ニ關スル質問主意書

一　東洋平和ノ確立ト帝國國策ノ遂行上最有意義ノ滿洲國ノ建國ハ帝國朝野ヲ擧ケテ歡迎シ其ノ建設ニハ帝國ノ國力ヲ賭シテ援助ヲ爲シ其ノ完成ノ速ナルヲ待望シツツアリ而シテ昨年滿洲國內林地ニ於テ匪賊ノ跳梁甚シク治安工作不備ノ爲木材ノ伐出激減シ建設用木材ノ不足ヲ告ケタルヲ以テ朝鮮ヨリ關東軍兵營建設用材トシテ朝鮮總督府營林署ヨリ製材ニテ約二十五萬石及滿洲國國都其ノ他ノ建設用材トシテ朝鮮民間原木材約二十五萬石ヲ滿洲ニ輸出シテ木材ノ需給ト價格ノ調節トニ資シタリシニ何故ニヤ朝鮮總督府農林局營林署ハ昨年十月末ニ至リ突如鴨綠江上流伐採業者ニ左記ノ如キ通達ヲ發シ九年度出材民間原木ノ滿洲向ケ輸出禁止ヲ當業者ニ强要セリ此ノ表面ノ理由ハ左記通達文カ示スカ如ク主トシテ鮮內ノ需要調節ヲ目的トセルカ如キモ裏面ニ何等カノ事情伏在シ居ルヤノ疑アリ其ノ眞相如何

通達文寫

1　拂下物件ハ鮮內ニ於ケル木材ノ需要ヲ目的トスルモノナルヲ以テ直接タルト第三者ヲ介スルトヲ問ハス絕對ニ原木ノ儘滿洲國ニ輸出セサルモノトス

2　若前項ニ違反シタル場合ハ今後營林署所管ノ國有林ヨリ絕對ニ林產物ノ拂下ヲ爲サス且營林署占有河川其ノ他工作物ノ使用ハ之ヲ承認セサルモ異議ナキコト、第三者ニ於テ原木ノ儘輸出セシ場合亦同シ

（以下省略）

二　國產物ノ輸出禁止ヲ法令ニ依ラスシテ單ナル總督府所屬一官廳タル營林署ノ通達ニ依リタルハ如何ナル理由ニ基クヤ又斯ル處置ハ徒ニ通商ノ自由ヲ束縛シ將來地方民業ヲ壓迫シ惡影響ヲ與フルコトト爲ラサルヤ且前項ノ通達カ第三者ノ行爲ニ迄伐採業者ノ責任ヲ追及セルハ法規上失當ナラスヤ

三　緊密ナルヘキ日滿國際關係ニ於テ特ニ接壤區域ニアル朝鮮總督府カ朝鮮產原木ノ滿洲國向ケ輸出禁止ノ態度ハ日滿國交上甚シク通商信義ノ上ニ惡影響ヲ與ヘ日滿議定書ノ精神ニ反スルモノニ非スヤ

四　朝鮮ノ滿洲向ケ木材輸出禁止ハ近時農林省及民間業者間ニ於テ高調シツツアル日滿木材統制ノ方針ニ背馳スルモノニ非スヤ

五　現ニ滿洲國營口ニ於テハ朝鮮ノ木材輸出禁止ヲ見越シ露西亞材米材ヲ資材トスル製材工場數箇所ノ建設ニ着手シ大量ノ外國材ヲ輸入シテ滿洲國ノ需要ニ充テムトスル者アリ斯ル結果ハ經濟的特殊關係ニ在ル滿洲國ト共ニ外國材ニ對スル我カ國策ニ反スルモノニ非スヤ

六　不合理ナル木材輸出禁止ノ通達ニ對シ伐採業者ハ非常ナル反對ノ意思ヲ表示シ朝鮮總督府當局ニ考慮ヲ求メタルハ勿論現ニ國務大臣ニ對シテ伐採業者ノ一團體タル江界原木組合ハ「總督府農林局ノ原木滿洲輸出禁止政策ハ民業ヲ壓迫シ國境二百里ニ亙ル數萬ノ原木關係者ヲ死地ニ陷ラシムルモノニシテ何レノ方面ヨリ討究スルモ不合理極マルモノト認ム之カ撤廢ニ關シ各地ヨリ陳情シタルモ何等具體的解決案ヲ示サレス通牒前ニ遡リテ請書提出ヲ命セラレ應セサレハ爾後ノ拂下ヲ許サスト强要セラレツツアリ原木業者ノ窮狀ヲ御賢察下サレ吾等ヲ死地ヨリ御救出アラムコトヲ謹ムテ悃願ス」ト發電セルカ斯ノ如キ請願電報ハ關係各地伐採業團體ヨリ國務大臣宛數次發信シ居ルノ事實ヨリ見テ跡ニ民業ヲ壓迫シ國境通商貿易ノ阻害ヲ爲スモノト思ヘル政府ノ所見如何

七　最近朝鮮總督府ハ伐採業者ノ猛烈ナル反對ニ會ヒ滿洲向ケ木材輸出禁止ノ非ヲ悟リ「滿洲ハ木材市價カ高イカラ立木拂下價格ノ增納ヲ爲セハ輸出ノ許可ヲ與ヘテモ良シ」ト業者ノ一部ニ提言セルノ事實アリトモ聞ク然リトセハ當初通達ノ主旨ニ反スルモノト思ハルルカ如何且朝鮮總督府ハ昨年立木拂下ニ當リ前年ニ比シ拂下價格ヲ五割乃至八割引上ケタルヲ以テ其ノ上ニ滿洲向ケニ限リ價格ノ增徵ヲ爲スカ如キハ不合理ト思ハルルカ如何尙今後必ス滿洲カ朝鮮ヨリモ木材價カ高シト斷定シ得ルヤ朝鮮總督府カ果シテ滿洲國諸般ノ建設ニ寄與スルノ意思ナラハ軍用材ヲ市價ヨリ三割安ニテ供給スル點ヨリ見テ寧ロ立木拂下價格ノ引下ヲ爲シ增伐ヲ行ヒ輸出ヲ奬勵スヘキモノト思ハルルカ如何

八　朝鮮總督府ハ何故ニ昨年度立木拂下許可以前ニ輸出禁止ノ條件ヲ附セサリシヤ坊間傳フル所ニ依レハ民業ヲ壓迫スヘキ官營工場ノ大擴張ヲ行ヒ關東軍用建築材ノ一手引受ヲ爲シ爲ニ從來民間ニ拂下ケタル官行伐採ノ原木ノ民間製材所ニ對スル拂下數量ノ減少ヲ來シ自然民間製材工場ハ資材薄ト引受注文難ノ爲民業壓迫ノ物議ヲ釀セルヲ聞キ民間業者ノ感情融和ノ爲御機嫌取リ政策トシテ原木輸出禁止ノ擧ニ出テタリトノ說アリ其ノ間何等不純ナル動機ヲ含ミ居ラサルヤ

九　鴨綠江方面ニ於テ製材事業ニ從事スル者ハ其ノ數二千人ニ充タス伐採事業ニ從事スル者ハ十數萬人ト認メラルル

カ施政上產業保護ノ精神ヨリ見レハ民業ニ影響多キ伐採事業ノ保護ヲ第一義トシ製材事業ノ保護ヲ第二義トスルヲ適當ナリト思ハルルカ如何尙木材輸出禁止ニ伴フ製材及伐採兩事業ニ與フル影響如何

十　內地ニ於テハ官營製材工場ハ民業ノ發達ニ伴ヒ共ノ存置不必要ヲ認メ大正六七年ノ頃殆ト廢止サレタルニ獨リ朝鮮總督府ハ鮮內木材工業ノ發達セル今日今尙工場ノ擴張ヲ行ヒ東洋一ノ大工場ト爲シ甚シク鴨綠江方面民間製材工業ニ壓迫ヲ加ヘ共ノ發達ヲ阻害シツツアルハ多年民間製材業者ノ官業廢止ノ聲ノ高マルヲ見且工場資材ノ如キモ官營工場ノ資材ニハ年年增伐ヲ行ヒ民間資材ニ對シテハ一定量ノ伐採ヨリ許可セサルノ事實ヨリ見テモ瞭ナリ昨年新義州ニ於ケル製材業ノ一般ヲ見ルニ官營工場ハ昨年度ノ大半晝夜兼業ヲ續行シ民間ハ漸ク八步作業ヲ繼續シタルニ止マリ或ル拓務局技師ハ此ノ奇現象ヲ目擊シ朝鮮總督府營林當局ニ對シ「關東軍用材ノ大口ノ引受ハ色々事情モアリテ止ムヲ得マイガ何モ不經濟ナル官業ノ夜業迄シテヤル必要モナク晝間作業ニテ間ニ合ハザルトキハ原木ヲ民間工場ニ供給シテ下請ヲ爲サシメレバ良イヂヤアナイカ然スレバ民間ノ作業モ緩和サレ不平モ無クナッテ一擧兩得ナラズヤ」ト注意セルノ事實アリ朝鮮總督府ハ民間工場ノ發達セル今日民業ヲ壓迫シテ迄工場ヲ存續シ或ハ擴張ヲ行フモノナリヤ或ハ近キ將來ニ於テ之ヲ廢止シ又ハ民業ニ移スノ意思ヲ有スルモノナリヤ

十一　朝鮮總督府當局ハ滿洲ノ過度的需要ニ對シ之ヲ援助スルノ意味ヲ以テ民間ヘノ立木拂下ノ增伐ヲ許可シ輸出ノ奬勵ヲ爲シ一面多年不況ニ惱メル伐採業者ヲ救濟シ一面國境林業ノ發達ヲ計ルノ意思ヲ有セサルヤ朝鮮總督府當局ノ主張セル鮮內木材需給ノ調節ハ年年朝鮮外ヨリ七十萬石乃至百五十萬石ノ輸移入材ニ依リ維持サレツツアルモノニシテ甚シク之ニ介意スルノ必要ヲ認メスト思惟ス殊ニ現下內地木材市場ハ樺太材ヲ除キ甚シキ不況ニシテ內地木材主要市場タル大阪、名古屋ヨリハ昨年大量ノ製材ヲ朝鮮ニ移出シ而モ休業工場頻出ノ苦境ニアリ國家經濟ノ見地ニ準據シテ單ナル朝鮮ノ鎖國經濟觀念ヲ捨テ內鮮木材市場ノ振興ニ資スルノ意思ヲ有セサルヤ滿洲國ニハ日本內地森林蓄積ノ三倍トモ稱スヘキ六十億石ノ木材蓄積アリテ將來日滿木材統制策ヲ樹立シ朝鮮ニ於ケル木材ノ不足ハ滿洲材ノ輸入ニ依リ調節ヲ計ルハ良策タリト信スルカ所見如何且外地產米統制ノ論議セラルルノ際半農半林ヲ業トセル鴨綠江方面內鮮人十數萬人ニ林業ノ壓迫ヲ與フルハ當ヲ得サルモノト思料セラルルカ如何

十二　朝鮮總督府カ木材ノ輸出制限ヲ原木ニ限リ製材ニ及ホササル理由及輸出目的地ヲ滿洲國ト限定シ對支其ノ他ノ輸出ヲ制限セサル理由如何

十三　朝鮮總督府當局ノ木材對策ハ過去十數年來一定ノ方針ヲ缺キ大正九年朝鮮內ニ於ケル木材ノ不足ヲ緩和スル爲ニ制定セル木材輸入關稅ノ無稅特例ヲ昭和二年ニ至リ完全ナル木材ノ自給自足ヲ理由トシテ廢止スヘク之カ法案ヲ同年ノ議會ニ提出シ昭和六年ニハ日本木材國策上輸入阻止ノ爲ニ高率ナル關稅ヲ露西亞材ニ附加シタルノ際保稅工場ヲ許可シテ露西亞材ノ朝鮮輸入ヲ助長シタルカ如キ又還般ノ滿洲向ケ原木輸出禁止ノ如キ朝鮮當局ハ常ニ一定ノ木材對策ヲ樹立シ居ラサル證據ニシテ速ニ共ノ確立ヲ欲スルモノナリ所見如何更ニ朝鮮ニ於ケル山材ノ總蓄積量ハ何程ニシテ如何ナル施業案ヲ立テ實行シツツアリヤ明示アリタシ尙昭和二年ノ頃立案シ實施シツツアル增伐計畫ハ豫定ノ進行ヲ見ツツアリヤ且當時聲明セシ如ク朝鮮ノ木材自給自足ハ完全ニ行ハレツツアリヤ如何

十四　朝鮮農林當局ハ滿洲向ケ木材輸出禁止問題ニ關シテハ當業者トノ間ニ十分ノ了解成立シ居レリト稱スルカ事實ハ然ラスシテ當業者ハ官權ノ不法壓迫ヲ叫ヒ國務大臣及朝鮮總督府政務總監ニ宛テ悲痛ナル陳情電報ヲ發シ委員ヲ東上セシメ問題ノ解決ニ努力シ居ルノ事實ヲ否定シ得ルヤ且本問題ノ解決如何ニ依リ利害關係ヲ生スヘキ滿洲國在住邦人木材同業組合聯合會ハ理事長ヲ代表トシテ上京セシメ鮮材輸出禁止解除ニ付關係當局ニ陳情セルノ事實アリ朝鮮當局ハ速ニ不合理ナル禁止通達ヲ取消シ無條件解決ノ意思ヲ有セサルヤ

十五　將來ニ於ケル日滿木材統制ニ關スル所見如何

十六　滿洲ニ於ケル昨年來ノ木材供給不足ハ匪賊ノ跳梁甚シク治安工作ノ不備ニ起因シ且大量ナル北滿軍事鐵道枕木ノ急激ナル需要等ノ爲一般建築用材ノ伐出ニ制限ヲ加ヘラレタル結果ニシテ昨年ノ出材量ノ如キハ滿洲全體ヲ通シ平年出材量ノ七割ニ滿タサリシ模樣ナリ滿洲國ノ國防ヲ支持セル關東軍當局ハ軍用材調達ノ關係モアリ林地ノ治安維持ニ今一段ノ努力ヲ與ヘ伐採事業ヲ保護スルノ餘裕ナキヤ

十七　朝鮮總督府ハ常ニ滿洲國ノ木材關稅ハ不合理ナリト稱シ還般ノ原木輸出禁止ノ一理由トモ爲シ居レル樣ナルカ關係當局ニ於テ滿洲國ニ對シ共ノ改正ヲ要望シタルノ事實アリヤアリトセハ滿洲國ノ主張ハ如何ナルモノナリヤ

十八　朝鮮總督府森林行政ニ關シ技術出身者ヲ以テ衝ニ當ラシムル爲森林行政ノ要諦ヲ缺クヤノ感アリ總督府ハ事務官ヲシテ本行政ニ當ラシムルヲ適當ナリト信スルカ所見如何

右各事項ニ付內閣總理大臣、拓務大臣、外務大臣、陸軍大臣及農林大臣ヨリ明確ナル答辯アラムコトヲ要求ス

右及質問候也

本質問ニ對シテハ書面ヲ以テ速ニ答辯アラムコトヲ望ム

昭和九年三月二十三日

內閣總理大臣　子爵齋藤　實

衆議院議長秋田清殿

衆議院議員中村不二男君外二名提出朝鮮產原木ノ滿洲國輸出禁止ニ關スル質問ニ對シ別紙答辯書差進候

〔別紙〕

衆議院議員中村不二男君外二名提出朝鮮產原木ノ滿洲國輸出禁止ニ關スル質問ニ對スル答辯書

一、朝鮮產原木ノ滿洲國輸出ニ對シ朝鮮總督府營林署カ執リタル措置ハ輸出禁止ニ非スシテ一ニ鮮內木材ノ需給調節ヲ計ルニアリ此カ經過ノ大要ヲ述フレハ

昭和七年以來滿洲國建國ニ伴フ木材ノ需要ノ激增ヲ豫測シ八年度ニ出材セラルヘキ立木賣却及官行斫伐ニ於テ現施設共ノ他能フ限リ共ノ量ヲ增加シ以テ急激ナル滿洲國ノ需要ニ備ヘタリ

然ルニ八年度ニ於ケル滿洲國ノ木材市價ハ異常ノ昂騰ヲ來シ爲ニ朝鮮ニ於テハ著シキ數量ノ原木ノ對滿輸出ヲ促進

セラレ此ノ結果朝鮮ハ甚タシキ木材ノ缺乏ト市價ノ昂騰ヲ招來シ一般民衆ノ需要ヲ脅スニ至レリ依ッテ總督府當局ハ之カ圓滿ナル需給ノ調節ヲ計ル爲九年度出材量ノ增加ヲ計ル一方立木賣却ニ當リ滿洲仕向ト鮮內仕向トヲ區分出願セシメ鮮內仕向ヲ目的トスルモノハ出願者ヨリ請書ヲ徵シ以テ需給計畫ノ確立ヲ期シタルモノナリ但シ枕木、杭木、電柱等及民有林ヨリ產出セラルルモノニ對シテハ總テ從前ト何等異ナルコトナシ

以上ノ如ク專ラ鮮內需給ノ圓滑ヲ企圖セル外質問書第一項ノ如キ何等事情伏在スルコトナシ

二、木材ノ調節方法ニ關シテハ前項說明ノ如ク拂下ノ際ノ許可條件ニ代リテ請書ノ形式ニ依リタルモノナルヲ以テ法規上何等失當ノ處置ニアラス又前項記述ノ如ク仕向地ヲ定メタル後出願スルコトナレハ懸念セラルル如キ自由ヲ束縛スルコトトナラス又何等地方民業ヲ壓迫スル等ノコトナシ

三、朝鮮總督府當局ハ鮮內ノ需給ヲ紊ササル範圍ニ於テハ運搬施設及勞働者等ノ許ス最大限度ニ於テ官行斫伐及立木拂下ニ依リ增伐ヲ爲シ現ニ軍用材ヲ供給シ以テ滿洲國內需要ノ一助トシタル外枕木、電柱、杭木及小經木タル製紙原料等及民有林伐出材ヲ相當多量ニ滿洲國ヘ供給シツツアリテ日滿親善ノ主旨ニ反スルコトナシ

四、朝鮮總督府ハ既ニ述ヘタル如ク木材輸出禁止ノ事實ナク統制ノ方針ニ背馳スルモノト認メス

五、滿洲國森林ノ偏在的所在ト其ノ開發ノ不振トハ木材ノ遠距離輸送ニ對シ過大ノ負擔ヲ荷重スルカ故ニ近次增加セル滿洲國殊ニ南西部方面ノ需要ヲ充タスヘクモ非ス從ッテ我國ヨリモ相當量ノ輸出ヲナシツツアルモ尚不足ヲ告クルノ狀況ナルカ故ニ他國ノ輸入材ヲ以テ之カ對策ヲ講スルコトモ亦止ムヲ得ザル措置ナリト思料ス

六、現在國有林ニ於テハ出來得ル限リノ增伐ヲ爲シ居ルヲ以テ森林勞働者ノ大拂底ヲ來シ人夫賃金ノ如キ其ノ地方ニ依リ異ナルモ一割五步乃至六割程度昂騰シ原木業ニ就テモ出願希望者簇出シ國境林業地帶ハ未曾有ノ殷盛ヲ呈シ居ル現況ニ付何等懸念スヘキ事項ナシ

七、「朝鮮總督府當局ハ伐採業者ノ猛烈ナル反對ニ依リ輸出禁止ノ非ヲ悟リ云々」トアルモ斯カル事實ナシ又立木價格ハ拂下當時ノ木材市價ヲ基準トシテ算定スルヲ原則トスルモノニシテ之カ算定ニ當リ根據ナク引上ケ又ハ引下ケヲ爲シ得ラルヘキ筋合ニアラス尚滿洲仕向材カ更ニ高價トナルハ同地ノ高價ナル市價ニ依ルモノナリ

目下ノ國境ニ於ケル運材施設ト勞働者ノ不足ハ直チニヨリ以上ノ增伐ヲ許ササル現狀ナルヲ以テ現在以上ノ輸出ハ困難ナリ尚今後ノ滿洲ニ於ケル木材ノ市價ニ對シテハ豫測スルコト困難ナリ

八、滿洲國ノ木材需要ニ對シ朝鮮總督府當局ハ豫テヨリ大增伐ヲ敢行シテ出來得ル限リノ援助ニ努メ居ルハ既述ノ通ニシテ之カ爲ニハ一部鮮內木材ノ供給不足ヲモ隱忍シ來リシモ終ニ鮮內ノ木材需給關係極度ニ攪亂セラルルニ至リタルヲ以テ之カ調節ノ必要上已ムナク過般ノ擧措ニ出テタルモノニシテ要ハ全ク鮮內木材需給ノ調節ニアリ此ノ間他ニ何等ノ事情存在スルコトナシ

九、第六項ニ於テ說明セル如ク山地從業員ヲ脅カスコトナク朝鮮總督府ノ採リタル措置ハ鮮內需給ノ調節ニアリテ伐採製材何レノ事業ニモ偏重スルモノニ非サルモ終局ニ於テ製材及伐採兩事業者ヲ益スルモノト認メラル

十、朝鮮ニ於ケル林業ハ特種事情ニ立ツヲ以テ當分官營工場廢止ノ意思ナシ官營工場カ民間事業ヲ壓迫シタル事實ナク八年度民間工場ノ作業量尠ナカリシハ特ニ滿洲ニ原木カ流出シタル結果ナリ尚營林署工場カ繁忙ヲ來シタルハ關東軍ノ用材供給ニ因ルモノニシテ右ハ非常時ニ於ケル軍ノ作戰器材計畫上特ニ官營工場ニ依賴スルノ外ナキ實情ニアリタルヲ以テ國策遂行上已ムヲ得サルモノト認メ其ノ要望ヲ容レ便宜ヲ計リタルモノナリ

十一、滿洲ノ過渡的需要ニ對シテハ屢、述ヘタル如ク極力之ヲ援助スル意味ニ於テ現ニ出來得ル限リノ立木拂下ヲ爲シツ、アリ又伐採業者及從業勞働者ニ付テハ第六項ニ於テ述ヘタル通

朝鮮ノ林政方針ハ鮮內木材需給ノ安定ヲ主眼トスルモノニシテ漸次好調ニ向ヒツ、アリタル處滿洲國需要激增ノ爲需要供給ニ著シキ變調ヲ生シ居レルモ此ノ過渡的現象ニ基キ朝鮮本來ノ需要關係ノ根底ニ變革ヲ招來スルカ如キ處置ニ出ツルハ妥當ナラスト認ム

十二、木材輸出ノ統制ヲ製材ニ及ホササリシハ事實ニ於テ製品ノ輸出セラレタルモノナク又對支其ノ他ノ輸出ハ不可能ナル現狀ニアルヲ以テ目下ノ處共ニ其ノ必要ヲ認メス

十三、朝鮮ノ營林事業ハ鮮內需要ノ圓滑ナル供給遂行ヲ目的トシ著々進行シテ今日ニテハ殆ント其ノ域ニ達シタルモノト認メラルルヲ以テ保稅工場ノ如キモ年限ノ到達ト共ニ整理シツツアリ朝鮮ノ山林總蓄積ハ

針葉樹	一五五、〇一七、八〇四	立方米
濶葉樹	九〇、八四〇、三三四	〃
計	二四五、八五八、一三八	〃

ニシテ內國有林ハ

針葉樹	八七、七四八、四六七	立方米
濶葉樹	七二、〇三一、六七二	〃
計	一五九、七八〇、一三九	〃

ヲ有ス

國有林ニ對シテハ其過半施業案編成濟ニシテ右ハ林地ノ合理的更新ニ依ル收穫ノ保續ヲ原則トスルモ一方老齡過熟ノ林分ニ對シテハ整理期ヲ用ヒテ之カ速カナル利用ヲ計ルコトトシ年次增伐シテ著々豫期ニ近キ成果ヲ收メツツアリ

十四、屢說セル如ク一面鮮內ノ需給ノ圓滑ヲ計リ且滿洲ニ對シテハ出來得ル限リ需要ニ應スルヤウ努メツツアルヲ以テ現在ノ狀勢ニ於テハ最善ヲ盡シツツアルモノナリ

十五、日滿木材統制ニ關シテハ有無相通スル趣旨ニ依ルヘキモノナリ而シテ我國木材需給上將來モ可ナリ長期間外材ヲ輸入スルノ已ムヲ得サル事情ニアルヲ以テ日滿共存共榮ノ趣旨ニ基キ我國林業事情ヲ充分ニ考慮シ兩國林業上ノ利害ヲ調整スルヲ適切ナリト思料ス

十六、滿洲ニ於ケル關東軍ノ治安工作ハ匪賊ノ勦絕ヲ第一目的トシアリ之カ爲現在ハ其根據地ヲ探知シテ討伐スルノ方法ヲ採用シアリ而シテ此方法ト滿洲國側ノ施策トニ依リ同國內ノ治安ノ安定ヲ期シツツアリ從テ中樞的交通事業以外ノ特定事業ヲ保護スル爲ニ故ラ兵力ヲ配置スルノ方針ヲ採用シアラス

十七、滿洲國木材關稅ニ關シテハ何等交涉シタルコトナシ

十八、人事ノ詮衡ハ常ニ適材適所ノ見地ニ基キ愼重ニ處理シツツアリ

右及答辯候也

昭和九年三月二十三日

內閣總理大臣　子爵齋藤　實

拓務大臣　永井柳太郎

農林大臣　後藤　文夫

外務大臣　廣田　弘毅

陸軍大臣　林　銑十郎

昭和九年十二月五日

議長ノ報告

滿洲國所要勞働者ニ對スル我カ政府ノ處置ニ關スル質問主意書

右成規ニ據リ提出候也

昭和九年十一月二十九日

提出者 栗原彦三郎外三十名

滿洲國所要勞働者ニ對スル我カ政府ノ處置ニ關スル質問主意書

滿洲國經濟不安ノ主因タル資本逃避ノ最大原因ハ在滿支那勞働者ノ本國送金年額數千萬圓ノ多キニ達スルニ在リ且支那勞働者ノ多數入國ハ治安維持上ニ於テモ遺憾ノ點多キヲ以テ日滿共通經濟ノ同一「ブロック」内ニアル鮮人勞働者ヲ之ニ代ハラシムルハ滿洲國ノ經濟上治安上最必要ノ事項ニ屬ス依テ滿洲國政府及關東軍ハ熱心ニ其ノ實現ヲ期シ日本國民亦大ニ之ヲ要望セリ

從來滿洲ニ於テ年々必要トスル季節的外地勞働者ハ農業勞働者凡ソ三十五萬人、土木建築勞働者凡ソ五六萬人、工場用半季節的勞働者凡ソ五六萬人ニシテ合計四十五萬乃至五十萬人ナリシモ滿洲國建國以來土木建築事業急激ニ勃興シ之カ爲ニ新ニ十五萬乃至二十萬人ノ勞働者ヲ必要トスルニ至レリ即チ昭和八年度ニ於ケル新規土木建築事業總工費ハ一億三百萬圓ニシテ其ノ使役勞働者數ハ一日平均十二萬五千人、最高使役數ハ實ニ一日十五萬六千人ニ達シタリ滿洲國政府調査民族別使用統計左ノ如シ

種別	使役人員 鐵道工事	使役人員 其ノ他一般	使役人員 計	延人員 鐵道工事	延人員 其ノ他一般	延人員 計
內地人	二、三〇一	一、一五〇	三、四五一	三三四、三五一	一六七、一七五	五〇一、五二六
朝鮮人	九、〇六一	四、五三〇	一三、五九一	一、三二二、〇〇〇	六六一、〇〇〇	一、九八三、〇〇〇
滿洲人	四八、五七〇	二四、二八五	七二、八五五	六、〇三一、八一三	三、〇一五、九五六	九、〇四七、七六九
支那人	四四、三三六	二二、〇一八	六六、三五四	七、〇七七、八四七	三、五三八、九二三	一〇、六一六、七七〇
露西亞人	二五八	一二九	三八七	二七、六四〇	一三、八二〇	四一、四六〇
計	一〇四、五二六	五二、一一二	一五六、六三八	一四、七九三、六五一	七、三九六、八七四	二二、一九〇、五二五

此ノ土木建築用勞働者ニ對スル大ナル需要ハ遂ニ滿洲國農業勞働者ノ不足ヲ誘致シ之カ爲ニ昨年滿洲國ニ於テハ勞働者ノ不足ニ因ル農作物不仕付地百五十萬町歩ニ達シ滿洲ノ農村不況ヲ一層甚シカラシムルノ事態ヲ現出セリ

本年度滿洲國內ニ施行セラルヘキ土木建築工事費ノ總額ハ一億三千五百萬圓ト目サレ昨年度ノ工事費一億三百萬圓ヲ突破スルコト三千二百萬圓ナルヲ以テ本年度ニ於テハ此ノ所要勞働者一日平均二十萬人ニ及フヘキハ想定スルニ難カラス依テ本員ハ前議會ニ質問書ヲ提出シ鮮人勞働者ノ多數移入ヲ斷行シ一面滿洲國ノ資本逃避及治安上ノ不安ヲ除去スルト共ニ日滿共通經濟ノ圓滑ナル進展ニ資セムコトヲ要望シ當時ノ拓務大臣永井柳太郎氏亦善ク此ノ事態ヲ諒察シ其ノ主旨ニ同意ノ旨ヲ言明セラレタリ然ルニ爾後我カ政府ノ處置ハ滿洲國及關東軍ノ希望竝我カ國民ノ要望ニ添ハサルモノアルノミナラス却テ之ニ背馳スルノ觀アルハ遺憾至極ナリ即チ滿洲國及關東軍ニ於テハ資本逃避ノ防止及治安上ノ見地ヨリ本年度ニ於テハ支那勞働者絶對入國拒止ノ方針ヲ以テ營口、大連、安東等ノ各上陸港ニ於テ入國許可證ナキ者ハ絶對ニ上陸ヲ阻止シ山海關、錦州等ノ陸行要地ニ於テモ同樣ノ方法ヲ採ル・コトトナリ關東軍ハ誠實ニ之ヲ實行シツツアリ然ルニ在滿ノ土木請負業者ヨリ成ル滿洲土木建築協會ハ勞働者ノ不足ニ因ル業務施行ノ困難ヲ訴ヘシヲ以テ飛島組外二十一請負業者ニ對シテ合計四萬五百六十人ヲ山東、天津ニ於テ募集スルコトヲ許可シ滿洲土木建築協會發行ノ木鑑ヲ査證トシテ入國ヲ許可スルコトトシ此ノ以外ノ所要勞働者ハ成ルヘク多數ノ鮮人ヲ使用セシムヘキ意圖ヲ以テ工事仕樣書中ニ一條項トシテ鮮人勞働者使用數ヲ明記セシムルニ至レリ而モ請負業者及之ヲ支持スル資本家カ支那勞働者ノ使用ヲ喜ヒ日鮮人勞働者ヲ嫌フ所以ハ其ノ勞働賃銀ニ多大ノ差アルニ原由スルモノニシテ昨年中ノ滿洲各地ノ平均勞働賃銀ハ內地人二圓十五錢、支那人七十三錢、鮮人九十五錢ナリシ事實ニ徴シテ之ヲ知ルヘク現ニ各工事ノ工事費中ノ見積賃銀ハ內地人、鮮人、滿洲人ヲ混合使用スルニ十分ナル樣計算シアリ我カ政府ニシテ其ノ實現ニ力ムルトキハ實行必スシモ困難ナルモノニ非サルハ專門家ノ言明スル所ナリ

然ルニ本年度ニ於ケル勞働者移動ノ實跡ヲ調査スルニ大連ニ於ケル支那勞働者ノ上陸者數ハ（滿洲國月別調査統計ニ據ル、月別ハ略ス）一月ヨリ六月末日迄ノ總數二十五萬六千八百二十三人ニシテ大連港ニ於ケル一月ヨリ六月末日迄ノ乘船者數ハ（同上調査ニ據ル）十萬一千八百九十七人ニシテ乘船數ト上陸數トノ差十五萬五千人トナリ滿洲國カ募集ヲ許可セル總數ヲ超過スルコト實ニ十一萬四千人以上

ナリ斯クテ在滿洲ノ支那勞働者ノ増加數ハ實ニ本年上半期ニ於テ十五萬五千ノ多數ニシテ、下半期モ之ト略、同數ノ増加アルヘキハ想像スルニ難カラス此ノ大激増ハ一ニ大連其ノ他ニ於ケル支那勞働者ノ上陸取締ヲ徹底セシメサル我カ官憲ノ態度ニ起因スルコト明白ナルノミナラス更ニ此ノ取締不徹底ノ爲大連以外ニ於テ上陸入國セル勞働者數亦相當多數ニ達シタルハ蔽フヘカラサル事實ナリ現ニ滿洲國ノ調査ニ依レハ本年一月以來ノ在滿支那勞働者ノ増加ハ三十萬以上ニシテ之カ爲土木勞働者ノ過剩ヲ來シ勞働賃銀ノ暴落トナリ愈、內地人、朝鮮人、滿洲人ノ土木勞働者ノ就職ヲ困難ナラシムルノ結果ヲ招來セリ斯クテ本年度滿洲ニ於テ新ニ使用セル鮮人勞働者ハ朝鮮總督府ノ盡力ニ依リ圖們方面ノ工事ニ於テ使用シタル僅々千人內外ニ過キサルノ狀態ナリ政府ハ前議會ニ於ケル言明ヲ裏切リ滿洲國ニ鮮人勞働者ヲ大量移入スルコトニ關シ何等實際的積極的ノ盡力ヲ爲ササルノミナラス却テ請負業者ノ意ニ迎合シ暗ニ出先官憲ヲシテ支那勞働者ノ激増ヲ默許セシムルノ觀アルハ奇怪至極ナリ政府ノ所見如何

右及質問候也

昭和九年十二月四日

内閣總理大臣　岡田　啓介

衆議院議長秋田淸殿

衆議院議員栗原彥三郎君提出滿洲國所要勞働者ニ對スル我カ政府ノ處置ニ關スル質問ニ對シ別紙答辯書送進候

〔別紙〕

衆議院議員栗原彥三郎君提出ノ「滿洲國所要勞働者ニ對スル我政府ノ處置ニ關スル質問」ニ對スル答辯書

朝鮮人勞働者ニ關シテハ關係方面ト協議シ統制アル組織的移入ヲ行フヘク研究中ニシテ滿洲國政府トモ聯絡シ其ノ圓滿ナル實施ヲ期スル考ナリ

支那人勞働者ノ移入ニ關シテハ滿洲國政府自體ニ於テ各般ノ狀況ヲ顧慮シテ措置セラレアルコトト信ス

右及答辯候也

昭和九年十二月四日

外務大臣　廣田　弘毅

陸軍大臣　林　銑十郎

拓務大臣　伯爵兒玉　秀雄

○栗原彥三郎君　私ハ滿洲國ノ所要勞働者ニ對スル我ガ政府ノ處置ニ關シテ質問書ヲ提出致シタノデアリマスルガ、政府ノ之ニ對スル答辯ガ甚ダ不完全デアリ、見當違ヒデアリマスルガ故ニ、一言之ニ關スル意見ヲ申述ベテ置キタイト存ズルノデアリマス、成ベク時間ヲ省略致シマスル爲ニ、只今議長ノ御許ヲ得マシテ、私ノ質問書ト政府ノ答辯書トヲ朗讀致シマシテ、其後ニ簡單ニ意見ヲ陳述致シタイト思ヒマス、暫時御清聽ヲ御願致シマス

滿洲國所要勞働者ニ對スル我カ政府ノ處置ニ關スル質問主意書

滿洲國經濟不安ノ主因タル資本逃避ノ最大原因ハ在滿支那勞働者ノ本國送金年額數千万圓ノ多キニ達スルニ在リ且支那勞働者ノ多數入國ハ治安維持上ニ於テモ遺憾ノ點多キヲ以テ日滿共通經濟ノ同一「ブロック」內ニアル鮮人勞働者ヲ之ニ代ヘラシムルハ滿洲國ノ經濟上治安上最必要ノ事項ニ屬ス依テ滿洲國政府及關東軍ハ熱心ニ其ノ實現ヲ期シ日本國民亦大ニ之ヲ要望セリ

從來滿洲ニ於テ年々必要トスル季節的外地勞働者ハ農業勞働者凡ソ三十五万人、土木建築勞働者凡ソ五六万人、工場用半季節的勞働者凡ソ五六万人ニシテ合計四十五万乃至五十万人ナリシモ滿洲國建國以來土木建築事業急激ニ勃興シ之カ爲ニ新ニ十五万乃至二十万人ノ勞働者ヲ必要トスルニ至レリ卽チ昭和八年度ニ於ケル新規土木建築事業總工費ハ一億三百万圓ニシテ其ノ使役勞働者數ハ一日平均十二万五千人、最高使役數ハ實ニ一日十五万六千人ニ達シタリ滿洲國政府調査民族別使用統計左ノ如シ此統計表ハ略シマス

此ノ土木建築用勞働者ニ對スル大ナル需要ハ遂ニ滿洲國農業勞働者ノ不足ヲ誘致シ之カ爲ニ昨年滿洲國ニ於テハ勞働者ノ不足ニ因ル農作物不仕付地百五十万町步ニ達シ滿洲ノ農村不況ヲ一層甚シカラシムルノ事態ヲ現出セリ

本年度滿洲國內ニ施行セラルヘキ土木建築工事費ノ總額ハ一億三千五百万圓ト目サレ昨年度ノ工事費一億三百万圓ヲ突破スルコト三千二百万圓ナルヲ以テ本年度ニ於テハ此ノ所要勞働者一日平均二十万人ニ及フヘキハ想定スルニ難カラス依テ本員ハ前議會ニ質問書ヲ提出シ鮮人勞働者ノ多數移入ヲ斷行シ一面滿洲國ノ資本逃避及治安上ノ不安ヲ除去スルト共ニ日滿共通經濟ノ圓滑ナル進展ニ資セムコトヲ要望シ當時ノ拓務大臣永井柳太郞氏亦善ク此ノ事態ヲ諒察シ其ノ主旨ニ同意ノ旨ヲ言明セラレタリ然ルニ爾後我カ政府ノ處置ハ滿洲國及關東軍ノ希望並我カ國民ノ要望ニ添ハサルモノアルノミナラス却テ之ニ背馳スルノ觀アルハ遺憾至極ナリ卽チ滿洲國及關東軍ニ於テハ資本逃避ノ防止及治安上ノ見地ヨリ本年度ニ於テハ支那勞働者絕對入國拒止ノ方針ヲ以テ營口、大連、安東等ノ各上陸港ニ於テ入國許可證ナキ者ハ絕對ニ上陸ヲ阻止シ山海關、錦州等ノ陸行要地ニ於テモ同樣ノ方法ヲ採ルコトトナリ關東軍ハ誠實ニ之ヲ實行シツヽアリ然ルニ在滿ノ土木請負業者ヨリ成ル滿洲土木建築協會ハ勞働者ノ不足ニ因ル業務施行ノ困難ヲ訴ヘシヲ以テ飛島組外二十一請負業者ニ對シテ合計四万五百六十人ヲ山東、天津ニ於テ募集スルコトヲ許可シ滿洲土木建築協會發行ノ木鑑ヲ査證トシテ入國ヲ許可スルコト、シ此ノ以外ノ所要勞働者ハ成ルヘク多數ノ鮮人ヲ使用セシムヘキ意圖ヲ以テ工事仕樣書中ニ一條項トシテ鮮人勞働者使用數ヲ明記セシムルニ至レリ而モ請負業者及之ヲ支持スル資本家カ支那勞働者ノ使用ヲ喜ヒ日鮮人勞働者ヲ嫌フ所以ハ其ノ勞働賃銀ニ多大ノ差アルニ原由スルモノニシテ昨年中ノ滿洲各地ノ平均勞働賃銀ハ內地人二圓五十錢、支那人七十三錢、鮮人九十五錢ナリシ事實ニ徵シテ之ヲ知ルヘク現ニ各工事ノ工事費中ノ見積賃銀ハ內地人、鮮人、滿洲人ヲ混合使用スルニ十分ナル樣計算シアリ我カ政府ニシテ其ノ實現ニ力ムルトキハ實行必スシモ困難ナルモノニ非サルハ專門家ノ言明スル所ナリ然ルニ本年度ニ於ケル勞働者移動ノ實跡ヲ調査スルニ大連ニ於ケル支那勞働者ノ上陸者數ハ一月ヨリ六月末日迄ノ總數二十五万六千八百二十三人ニシテ大連港ニ於ケル一月ヨリ六月末日迄ノ乘船者數ハ十万一千八百九十七人ニシテ乘船數ト上陸數トノ差十五万五千人トナリ滿洲國カ募集ヲ許可セル總數ヲ超過スルコト實ニ十一万四千人以上ナリ斯クテ在滿洲ノ支那勞働者ノ增加數ハ……

○議長（秋田清君）　栗原君、ソレハ官報ノ號外ニ全部載ッテ居リマス

○栗原彥三郎君（續）　モウ五六行デスカラ御辛抱願ヒマス

實ニ本年上半期ニ於テ十五万五千ノ多數ニシテ下半期モ之ト略々同數ノ增加アルヘキハ想像スルニ難カラス此ノ大激增ハ一ニ大連其ノ他ニ於ケル支那勞働者ノ上陸取締ヲ徹底セシメサル我カ官憲ノ態度ニ起因スルコト明白ナルノミナラス更ニ此ノ取締不徹底ノ爲大連以外ニ於テ上陸入國セル勞働者數亦相當多數ニ達シタルハ蔽フヘカラサル事實ナリ現ニ滿洲國ノ調査ニ依レハ本年一月以來ノ在滿支那勞働者ノ增加ハ三十万以上ニシテ之カ爲土木勞働者ノ過剩ヲ來シ勞働賃銀ノ暴落トナリ愈々內地人、朝鮮人、滿洲人ノ土木勞働者ノ就職ヲ困難ナラシムルノ結果ヲ招來セリ斯クテ本年度滿洲ニ於テ新ニ使用セル鮮人勞働者ハ朝鮮總督府ノ盡力ニ依リ圖們方面ノ工事ニ於テ使用シタル僅々千人內外ニ過キサルノ狀態ナリ政府ハ前議會ニ於ケル言明ヲ裏切リ滿洲國ニ鮮人勞働者ヲ大量移入スルコトニ關シ何等實際的積極的ノ盡力ヲ爲サヽルノミナラス却テ請負業者ノ意ニ迎合シ暗ニ出先官憲ヲシテ支那勞働者ノ激增ヲ默許セシムルノ觀アルハ奇怪至極ナリ政府ノ所見如何

是ガ私ノ質問ノ主意デアリマス、之ニ對シマシテ政府ノ答辯ハ至極簡單デアリマスカラ、之ヲ朗讀致シマス

○議長（秋田清君）　栗原君、官報號外ニ載ッテ居リマスカラ、朗讀ハ禁ジマス

○栗原彥三郎君（續）　朗讀ハ致シマセヌ、政府ノ之ニ對スル答辯ハ如何ナルコトデアルカト言ヘバ、鮮人勞働者ニ關シテハ關係方面ト協力シテ、別ニ組織アル移入ノ方法

ヲ講ズルコトニスルト云フコトデ、私ノ所謂此土木建築ニ要スル所ノ勞働者ヲ用ヒロト云フコトヽハ全然趣旨ヲ異ニシテ居リマス、更ニモウ一ツ「支那人勞働者ノ移入ニ關シテハ滿洲國政府自體ニ於テ各般ノ狀況ヲ顧慮シテ措置セラレアルコトト信ス」ト云フノデアリマスルガ、何ト云フ不埒至極ナ答辯デアリマセウ、政府自ラガ滿洲國竝ニ我ガ軍部ガ樹テタ所ノ國策ヲ蹂躙シ、出先官憲ヲシテ鑑札モナイ者ヲ自由自在ニ入國セシメテ居ルト云フニ至ッテハ、實ニ言語道斷ナリト言ハナケレバナリマセヌガ　其結果ハ諸君ドウナルノデアリマスカ、諸君、日本ト一心同體ノ關係ニアル滿洲國ノ榮枯盛衰ハ、直チニ大日本帝國ノ榮枯盛衰ニ重大ナル關係ガアルモノデアリマシテ、私共ハ滿洲國ノ利害ナルガ故ニ、之ヲ敢テ顧ミナイト云フヤウナコトハ、斷ジテ出來ナイノデアリマス、然ラバドウ云フ結果ニナルカ、之ヲ簡單ニ申上ゲテ見ナケレバナラナイノデアリマス、諸君、滿洲ニ於ケル現在ノ憂ハ何デアルカト云ヘバ、支那ニ對スル資本ノ逃避ト、治安未ダ全ク完全ニ行ハレザル此二點デアリマス、而シテ支那ニ對シテドノ位ノ資本ガ逃避シタカト申シマスレバ、昭和六年九月十八日以來、我ガ帝國ノ軍隊ガ使用致シマシタ所ノ軍事費モ、相當額ニ上ッテ居ルニモ拘ラズ、各方面カラ滿洲國ニ入リマシタ我國ノ資本ノ數モ、相當デアルノニ拘ラズ、現在滿洲國ノ國民經濟狀態ガ果シテアレダケノ資金ガ流レ込ンダヤケニ、豐カナ經濟デアルカドウカト申シマスレバ、僅ニ新京、奉天或ハ哈爾賓、大連等ノ小都會ヲ除クノ外ハ（「大都會ダ」ト呼フ者アリ）奧ノ地方ニ於ケル所ノ經濟狀態ハ非常ニ逼迫シテ居ルノデアリマス、是ハ何ノ爲デアルカト言ヘバ、資本ガ逃避シテシマッタ結果デアル、一體支那ト滿洲トノ經濟關係ハ非常ニ密接ナモノデアリマシテ、滿洲ニ於ケル大連、或ハ奉天、或ハ新京、哈爾賓、營口等ニ於ケル大キナ粮散、即チ五穀ヲ賣買スル所ノ店、或ハ「デパート」等ノ資本ハ、從來大體支那カラ參ッテ居ッタノデアリマス、滿洲事件ノ結果、是等ノ資本ガ續々支那ニ回收セラレマシタガ爲ニ、非常ナ資本逃避ガアリマシタガ、是等ハ段段減少シテ來タ、然ルニ現在ニ於テ少シモ資本ノ逃避ガ減ッテ行カナイノハ何デアルカト言ヘバ、昨年中鐵道ニハ（「簡單々々」ト呼フ者アリ）簡單ニハ申サレマセヌ、モウ少シ聽イテ下サイ、事極メテ重大ナ問題デアル、苟モ國家ノ選良タル諸君ハ、之ニハ餘程丁寧ニ聽イテ戴カナケレバ、ドウシテ容易ナラヌ事柄デアル

○議長（秋田淸君）　栗原君、御演說中デスガ、成ベク簡單ニ御進行下サラント、定足數ヲ缺ク虞レガアリマスカラ……

○栗原彥三郞君（續）　宜シウゴザイマス――兎ニ角昨年中鐵道工事ニ用ヒタ勞働者ノ延人員デスラモ、二千二百十何万ト云フ者ヲ使ッテ居ル、是等ノ支那勞働者ガ、一日七十錢ナリ八十錢ナリノ金ヲ取リマスガ、彼等ハ一日十錢カ十五錢デ暮シテ居ルノデ、其餘ノ金ハ全部本國ニ送ルモノデアリマスルガ故ニ、ドウシテモ一年ニ二千万圓三千万圓、或ハ四千万圓ト云フ金ガ支那ニ逃避シテシマフノデス、此現狀ニ於テハ如何ニ滿洲ニ資本ヲ投ジテモ、ドン〳〵籠拔ケニ拔ケテ行ッテシマフノデアリマシテ、之ヲ止メナケレバイケナイ、之ヲ止メナケレバ、滿洲國ノ國民經濟ヲ完全ニシテヤル、安定セシメテヤルナド、云フコトハ、絕對ニ出來ナイト思ヒマス、又一面ニ於テ諸君モ御承知デゴザイマセウガ、無數ニ支那勞働者ヲ入レル、其中ニハ匪賊トナルノヲ目的トシテ態々滿洲ニ入ッテ來ル者ガアル、殊ニ本年五月以來我ガ軍ノ土匪討伐ニ於テハ、常ニ將校ダケガ多ク戰死スルト云フコトハ、此送リ込マレル苦力ノ中ニ、射擊ニ巧ミナ者ガ澤山入ッテ來テ、匪賊ノ中ニ加ッタノデアルト云フコトハ、軍部ノ人々ガ明言シテ居ル所デアリマス、斯樣ナ次第デゴザイマスカラ、此勞働者ヲ制限シ、之ニ代フルニ朝鮮人勞働者ヲ以テスルト云フコトハ、大抵ナ馬鹿デモ是ガ一番必要デアルト云フコトヘ分ラナケレバナリマセヌ筈デアルニモ拘ラズ、本年ニ於テ既ニ三十万ノ支那勞働者ガ增加シテ、朝鮮人ノ勞働者ハ大林組ガ豆滿江方面デ僅ニ千人內外使ッタダケデ、アトハ、皆支那勞働者ヲ使ッテ居ル、何タルフザケ切ッタコトデゴザイマセウ、是デハ如何ニ滿洲國ト日本トガ立派ナ國策ヲ樹テヽモ、出先ノ官憲ガドン〳〵打壞シテシマッテハ、ドウニモナラナイノデアリマス、之ヲ取締ッテ貰ヒタイ、帝國國策ヲ出先官憲ノ爲ニ破壞セラレルコトノナキヤウニシテ貰ヒタイト云フノガ、私ノ質問ノ主意デアリマス（拍手）而シテ此答辯ノ中ニ、何ノ必要アッテカ、外務大臣ノ名ガ加ッテ居リ、陸軍大臣ノ名ガ加ッテ居リマスカラ、外務大臣竝ニ陸軍大臣ニ對シテ、一言是ガ非デモ敎ヘテ置カナケレバナラナイコトガアル、外務省ノ連中ガ、支那人ノ勞働者ガ滿洲ニ來ルコトヲ阻止スルコトハ、支那ニ對シテ惡イコトダト思ッテ遠慮シテ居ルノハ、何ト云フ認識不足デアリマセウ、支那デハ滿洲ニ勞働者ノ行クコトヲ非常ニ嫌ッテ居ルノデアル、何故カト申シマスレバ、支那ノ山東ノ奧地、或ハ河北ノ奧地等モ、世界共通ノ農村不況ニ洩レマセヌデ、非常ナ不況ノ結果、支那內地ニ於ケル農業勞働者ガ續々他ヘ出タガッテ居ルノデアリマス、支那ニ於テハ御承知ノ通リ長江沿岸ニ非常ナ水害ガアッテ、此方面ノ復舊ニモ多數ノ勞働者ヲ要スルノデアリマスガ、支那ニ於テハ賃銀ガ安イ、現在デモ山東ノ奧地竝ニ河北ノ奧地ニ於ケル農業勞働者ノ賃銀ハ、一年ニ僅カ何圓ト云フノデアリマスカラ、外ニ出ルコトガ有利デアルト云フコトヲ聞イテ、ドシ〳〵外ヘ出テ參ルノデアリマス、其結果ト致シマシテ、現在山東省ノ奧地竝ニ河北ノ奧地ニハ、農作物ヲ仕付ケルコトノ出來ナイ所ガ非常ニ多クナリマシタ、其結果トシテ地主ノ土地ヲ拋棄スル者ガ非常ニ多クナッタノデアッテ、御承知ノ通リ支那ハ大體ニ於テ鹽稅ト阿片ト地租トニ依ッテ、地方ノ經濟或ハ中央ノ經濟ガ持テ、居ルノデアリマスガ、其最モ根幹ヲ成シテ居ル地租ト云フモノガ、此農業勞働者ガ不足ニナルガ爲ニ、耕地ヲ拋棄スル者ガ澤山出ル結果ト致シマシテ、地租ガ拂ヘナイ、之ヲ非常ニ心配シテ居ルノデアリマスルカラ、支那ガ、極力農業勞働者ノ他ニ出ルコトヲ止メテ居ルノデアリマス、止メテ居ルモノヲ日本ガ止メルニ何ノ遠慮ガアル、外務省ノ人達ガ如何ニ知識ガナイト云ッタッテ、少シ考ヘテ貰ヒタイノデアリマス、又林陸軍大臣モ、コンナ間ノ拔ケタ答辯ニ麗々ト名ヲ書イテアラレルガ、陸軍大臣ハモウ少シ確カリシテ戴キタイ　ドウモ近來陸軍大臣ノ態度ヲ見ル

ト、大キナ豫算ヲ出シテ居ッテ、氣ノ毒ダトカ何トカ思フノカモ知レナイガ、何モ陸軍ハ國防上必要ナル豫算ヲ要求スルノデアルカラ、堂々タル態度ニ出テ少シモ差支ナイ、何ノ遠慮會釋モナク、織ッ子ガソコラニ出タヤウナ態度ヲ執ルノ必要ハナイ、何ダカ馬鹿ニ變ナ態度ヲ執ッテ居ル、滿洲國ニ於テハ關東軍ガ支那苦力勞働者ノ移入ヲ非常ニ嫌ッテ居ルノニ拘ラズ、コンナ答辯書ノ中ニ御名前ヲ書イテ居ルナド、云フコトハ、ドウモ呆レ返ッテシマフ、モウ少シ陸軍大臣ハ腰ニ「サーベル」ヲ差シテ居ル手前、立派ナ態度ヲ執ッテ、本當ニ國防ヲ背負ッテ居ルノダト云フ態度ヲ執ッテ貰ヒタイ、更ニ支那勞働者ノ滿洲ニ入リマスコトヲ段々ニ止メテ、鮮人ヲ多ク之ニ使ハナケレバナラナイト云フコトモ、申ス迄モナイコトデアリマスカラ、之ニ向ッテ拓務省ハ一段ノ努力ヲシテ欲シイ、又當然此努力ヲ爲スベキガ、日本國民ノ要望デアリマスルガ故ニ、國民ノ要望ヲ容レ、日滿兩國ノ國策ヲ認メテ、是ガ爲ニ努力アランコトヲ希望致シマシテ、此意見ノ陳述ヲ終リマス(拍手)

○靑木當三郎君　殘餘ノ日程ヲ延期シ、本日ハ是ニテ散會セラレンコトヲ望ミマス

○議長(秋田淸君)　靑木君ノ動議ニ御異議アリマセヌカ

(「異議ナシ」ト呼フ者アリ)

○議長(秋田淸君)　御異議ナシト認メマス、仍テ動議ノ如ク決シマシタ、次會ノ議事日程ハ公報ヲ以テ御通知致シマス、本日ハ是ニテ散會致シマス

午後四時四十二分散會

昭和十年一月二十六日

國務大臣ノ演說ニ對スル山道君ノ質疑

一 國務大臣ノ演說ニ對スル質疑 (前會ノ續)

(山道襄一君登壇)

○山道襄一君 本日國務大臣ノ施政方針ノ御演說ニ關シマスル質疑ヲ致ス機會ヲ得マシタ、私國民ノ代表者ノ一人ト致シマシテ、又吾々ノ同志ヲ代表致シマシテ質疑ヲ致シマスニ付キマシテ、何故ニ私ガ本日此壇上ニ立ッテ政府ニ向ッテ質疑ヲ致スカト云フコトノ概念ニ付テ、總理大臣ヲ初メ各國務大臣ニ一言申上ゲテ置キタイト思ヒマス

私共ハ大體政治的ノ立場ヲ有シマスニ付キマシテ、日本建國ノ精神ヲ擴充致シマシテ、內外ノ諸政ノ革新ヲ斷行シテ、此重大時局ニ際シマシテ、國運ノ振興ニ貢獻セントスルノガ吾々ノ建前デアリマス、隨テ此意味以外ニ於テ、私共ハ議政壇上ニ於キマシテ、他ノ意思ヲ以テ彼此レノ言議ヲ用フルコトハ致シマセヌ、殊ニ現內閣ト吾々ハ何等ノ直接ノ交渉ヲ有チマセヌ、私共ノ建前カラ致シマスレバ、此內閣ノ執ル所ノ方針ニ對シマシテ、全面的ニ之ヲ支持セナケレバナラヌ吾々ハ何等ノ因緣ヲ有シナイノデアリマス、併シ又今吾々ノ申シマスル政治上ノ建前カラ申シマスレバ、此內閣ノ爲スコトニ對シマシテ、其是ナル所ヲ是トスルコトハ言フマデモナイ、吾々ハ眞ニ國家國民ノ全階級、全國民ノ幸福ノ爲ニ政治ノ檢討ヲ致シタイト思フノデアリマス、別ニ今日ノ場合ニ於テ、國民モ吾々モ亦各政黨ノ諸君モ、內閣ノ形式ニ付テ彼此レノ言議ハ本日致サヽルコトニ總テ相成ッテ居リマス、內閣ニ對シマスル贊否ハ、其政策ト、其施設ノ實際ニ就テ其是非ヲ調ベテ、其內閣ニ對スル態度ヲ決定スルコトニナッテ居リマス、明治ノ時代ヲ經過致シマシテ、大正ノ中葉カラ昭和ノ初葉ニ掛ケマシテ、自由主義ノ最モ華ヤカナリシ時代ニハ、先ヅ其內閣ノ爲ス所ノ政策ノ檢討ヲ致スヨリモ、先以テ內閣ノ形式ニ依ッテ、之ニ贊否ノ決定ヲ致シタモノデアリマスガ、今申シマス如ク、今日ハ時代ヲ異ニシ、民心ガ相異ッテ居リマシテ、政策及施政ノ內容ニ付テノ檢討ヲ致スコトニ重キヲ置クコトニ、各政黨、各政治家トモ心ヲ用ヒテ居ラレマス、私共ハ今日此樣ナ立場ニ於キマシテ、各種ノ方面ニ亙ッテ御伺ヲ致シマスガ、私ハ數字ノ端ヲ捉ヘ、議論ノ端ヲ捉ヘテ、其答辯ヲ願ヒタイト思フノデハアリマセヌ

私ガ本日御伺ヲ致スコトハ、今申ス如ク全面的ニ內閣破壞ノ趣旨ノ下ニ、之ヲ糾彈シヨウト云フモノデモナケレバ、知ラザルコトニ對シテ生徒ガ先生ニ敎ヘヲ乞フ如キ意味合デ質問ヲ致スモノデアリマセヌ、私共ハ政策竝ニ施政ヲ細カニ檢討致シマシテ、其結論トシテ此內閣ガ政治ニ對スル根本ノ方針、指導精神ノ如何ナルモノヲ有セラルヽヤ、之ヲ私ハ今日得タイノデアリマス、私ノ得タイト云フ所ハ、卽チ此內閣ノ政治ヲナサレマス根本ノ方針、其指導精神ヲ今日掴ミタイ、指導方針ヲ有セザルモノニ幾ラノ金ヲ託シタ所デ、如何ナル政策ヲ持合セタ所デ、ソレハ無意味デアリマス(拍手)多少政策ニ不完全ナル所アリト雖モ、多少其金ノ足ラザル所アリト雖モ、根本ニ於テ確乎タル信念ノ上ニ立ッタル、一定ノ指導方針ヲ有スル政治ガ出來マスナラバ、多少ノソコニ錯誤ガアリ、多少ノ失敗ガアルト致シマシテモ、此重大時局ヲ託スルニ足ルト私ハ考ヘルノデアリマス(拍手)此意味合カラ致シマシテ私ノ今日ノ質疑ヲ進メタイト思ヒマス、或ハ多少小サナル問題ニ立至ル場合ガアルカモ知レマセヌガ、私ノ問ハントスル所ハ、捉ヘタル問題自體ハ小ナリト雖モ、ソレニ含マレタル其精神ハ、極メテ此內閣及帝國ノ將來ニ對シテ、重大ナル關係ヲ有スルノデアリマスカラ、願クハ總理大臣ヲ初メ各國務大臣ノ御答辯ヲ聽キマス際ニハ、此意味ニ於テ眞面目ナル御答辯ヲ御願致シタイコトヲ、一言私申上ゲテ置キマス

我國ノ現在ノ內閣ノ官制ハ明治十八年ノ創定ニ係ハリマス、爾來今日ニ至リマスル迄五十餘年ヲ經過致シテ居ルノデアリマス、甚ダ烏滸ガマシイコトヲ申スヤウデアリマスガ、最近ノ歷代內閣ノ有樣ヲ見テ居リマスルト、各省ノ大臣ハ各省ノ行政大臣デアッテ、而モ曾テ支那ニ於テ言ハレタル督軍ノ如ク、自己ノ管內ニ於ケル行政權ノ擴大ニノミ專念致シマシテ、徒ラニ豫算ノ分取ヲ事トスルノ弊風アルコトハ、總テノ人ガ之ヲ承認シテ居ル所デアル(拍手)隨テ毫モ國家ノ大方針ニ基イテ國政ヲ審議スルト云フガ如キ跡ガ見エズシテ、失禮ナ申分デアリマスガ、屬僚ノ見解ヲ以テ國務ヲ見テ居ラルヽコト多キヲ憾ムノデアリマス、其爲ニ行政及財政等ガ著シク低下シ、或ハ紊亂致シマシタ、吾々ハ之ヲ憂ヒマシテ、吾々同志結盟ニ際シマシテ、此弊風ヲ一掃シ、國政ノ改革ヲ斷行致シマス爲ニハ、政府ノ外ニ國務院ヲ置キマシテ、之ニ經濟參謀本部トモ稱スベキモノヲ繋屬セシメマシテ、以テ今日ノ時勢ニ適應シタル政治ヲ行ハネバナラヌト云フコトノ聲明ヲ、天下ニ致シテ居ルノデアリマス(拍手)今回政府ガ新設セラレントスルト言ッテ居ラレマスル國策審議會、是ガ若シ從來ノ有觸レタル調査會デアルトカ、審議會デアルトカ云フガ如キモ

ノ、ヤウナルモノデアリマスナラバ、私今日最早何事ヲモ御勸スル必要ハアリマセヌ、併ナガラ承ル所ニ依リマスレバ、私共賛否ヲ未ダ確メマセヌガ、内閣ノ御方針トシテハ、此審議會竝ニ調査局ニ對シマシテ永續性ヲ有セシメテ、頻繁ニ更迭セラレマスル政府ニ超越ヲシテ重要國策ヲ樹立セシメ、國家ノ中樞機關ノ刷新ヲ圖ルコトヲ目的トシテオ出デニナルヤニ、新聞紙上ヲ通ジテ承ッテ居リマス、若シ此私ノ承ッタコトガ事實ナリト致シマスレバ、私ハ今日ノ時代ニ對シテ機宜ノ御創設デアルト考ヘマス、併ナガラ假令是ガ左樣ナル性質ノモノデアルト致シマシテモ、其效果ヲ實際ニ擧ゲ得ルヤ否ヤト云フコトハ、一ニ之ヲ構成致シマスル人物ニ繋ッテ存スルノデアリマス、若シ國策審議會竝ニ調査局ニ選バレマスル所ノ人達ガ、其委員タリ局員タルベキ人達ガ、政治經濟機構ノ現狀ヲ維持スル所ノ老大家デアリ、之ヲ維持スル所ノ練達堪能ノ人デアリマスナラバ、如何ニソレガ老大家デアリ、如何ニソレ等ガ練達堪能ノ士デアルト雖モ、今日ノ重大時局ヲ處理シ、眞ニ國家百年ノ大計ヲ樹ツル國策ヲ求メ得テ之ヲ遂行致シマスノニハ、甚ダ副ハザルモノ多キヲ考ヘテ、折角ノ御計畫モ無意味ニナルコト、私ハ信ジマス、吾々ガ御提出ニナルデアリマセウ共豫算ニ對シマシテ、施政方針ニ關スル御演説中ニモ含マレテ居リマシタル、重要ナル一項ト認メテ居リマスルガ故ニ、之ニ賛否ヲ決スル上ニ重大ナル關係ヲ有スルガ故ニ、此點ニ付テ政府ノ御所見ヲ承ッテ置キタイノデアリマス

次ニ新聞紙ノ報道スル所ニ依リマスレバ、過般行ハレマシタル所謂三黨首ノ會合、其席上ニ於テ總理大臣ハ議會尊重ノ御意見ヲ御述ベニナッタヤニ傳ヘラレテアリマス、私ハ其賛否ヲ固ヨリ承知致シマセヌ、ガ併ナガラソレガ事實デアリシヤ否ヤニ拘ラズ、憲法政治ノ下ニ於ケル總理大臣ト致シマシテハ、私ハ當然左樣ニアルベキコト、信ジマス、勿論現在ノ議會ニ對シ、世間デハ色々ナ非難ヲ加フル人ガアリマス、色々ナル攻擊ヲ致シテ居ル人ガアリマス、私必シモ之ヲ否定スル者デハアリマセヌ、併ナガラ現在ノ議會ニ、現在ノ政黨ニ缺陷アリト稱シテ、是ガ爲ニ　明治大帝ノ賜ッタル議會其モノヲ否認スルト云フコトハ、許サルベキ事デハナイト私ハ信ズルノデアリマス(拍手)之ヲ無視スルコトハ許サレマセヌ、併シ今日ノ議會ニ對シ、攻擊サレ非難サルベキ點ガアリマス、ト云フコトニ付テハ色々理由ガアリマセウケレドモ、私ヲシテ言ハシメマスナラバ、世間ガ此非難ヲ加ヘマスル最モ重要ナル事柄ノ一ツハ、議會ガ國策ニ對シマシテ建設的ノ寄與ニ乏シイト云フコトガ一ツデアリマス、而シテ此議會ヲ構成致シテ居リマスル所ノ議員ガ、眞面目ニ國政ヲ審議シナイ、國政審議ニ向ッテ眞劍味ヲ缺イテ居ル、斯ウ云フ事ガ今日非難サレ攻擊サレル重點ダト私ハ信ジマス、世間ノ此非難ハ當否トシテ、唯此處ニ存在セルコトヲ認メルノ外ハアリマセヌガ、此原因ヲ考ヘテ見マスレバ、第一私ヲシテ言ハシムレバ、今日ノ議會ニ於テ國政ニ建設的寄與スルコトガ乏シイ、眞劍ニ審議スルコトガナイヤウデアルト云フコトハ、畢竟スルニ議會ノ會期ガ餘リニ短カイ、帝國議會ノ開設セラレマシタ當時ト今日ヲ較ベテ見マスレバ、時勢ハ甚シク變轉ヲ來シテ居リマス、到底今日ノ此複雜ナル、煩多ナル國情ニ於キマシテ、從來ノ如キ會期ニ於テ十分ニ眞面目ニ能率ヲ發揮スルコトハ到底不可能デアルト私ハ信ズル、又多數ノ議員ガ――四百五百ニ近キヤウナル多數ノ議員ガ相集ッテ議論ヲ致シマス場合ニハ、動モスレバ評議ニ墮スルト云フガ如キコトハ已ムヲ得ザル事デアリマス、世間カラ申シマスレバ議會ニ對スル非難モアリマセウガ、議會自身カラ申シマスレバ、其非難ニ對シテハ又相當ナル理由ガアルコトヲ、私ハ述ベナケレバナリマセヌ、故ニ此場合世間ノ議會ニ對シマスル非難ニ對シテ吾々ガ此非難ヲ打消ス爲ニハ、會期ガ短カイトスルナラバ會期ノ延長ヲセネバナリマセヌガ、斯ノ如キ事ハ憲法ヲ改正スルニアラザレバ爲シ能ハザルコトデアリマス、憲法改正ハ濫リニ手ヲ著クベキコトデハアリマセヌ、私共考ヘマス所デハ、今日憲法ノ改正ト云フガ如キ重大事ヲ致サズトモ、私ハ是等ノ缺陷ヲ補ヒ得ル方法ハ幾多モアリ得ルト信ジマスルガ、先ヅ議會ヲシテ最モ權威アラシメヨウト致シマスナラバ、帝國議會――衆議院ヲ立法府ノ本然ノ立場ニ還ラシムルコトヲ私ハ必要ト考ヘマス(拍手)其立法府タルノ本領ヲ發揮セシムルコトガ出來ルコトニ依ッテ、眞ノ民意暢達ガ行ハル、ノデアルト考ヘマス、眞ノ本領ヲ發揮スルコトノ出來ザルガ如キ議會ニ、民意ノ暢達ヲ求ムルコトハ無意味デアリ、無駄デアルト私ハ信ズル(拍手)故ニ眞ニ此立法府タル所ノ本領ヲ發揮セシメ、議會ノ能率ヲ向上セシメント致シマスナラバ、今申上ゲマシタ如ク憲法改正ト云フガ如キコトニ手ヲ著ケズトモ、茲ニ常設委員ノ制度ヲ設置致シマシテ、少數ノ人達ヲシテ、一年中國政ニ對スル不斷ノ努力ト、不斷ノ貢獻ヲ爲サシムルコトガ出來マシタナラバ、今日世間カラ受ケテ居ル非難攻擊ハ、自カラ私ハ減退スルコトガ出來ルト考ヘマス(拍手)私共ハ此事ヲ吾々同志ノ政綱ノ一ツトシテ提唱シ來ッタノデアリマス、衆議院ニ於キマシテハ、之ニ對シテ滿場一致ノ決議ヲ以テ、此事ノ常設委員ノ設置ヲ可決致シタルコトガ近年デアリマス、一部ノ人達ハ此衆議院ノ大多數ノ決議ニ對シマシテ、常設委員ノ制度ノ設置ハ、憲法違反デアルト云フガ如キ議論ヲ致サル、方ガアリマス、私共ハ衆議院ニ常設委員ヲ設置致シマスルコトガ、是ガ憲法違反デアルト云フガ如キ議論ガ出テ參リマスナラバ、政黨内閣論モ憲法違反デアラネバナラヌ、議院法ニ於テ繼續委員制ヲ置イテ居ルコトモ、亦憲法違反デアラネバナラヌト私ハ考ヘマス(拍手)斯樣ナ事柄ハ、唯反

對ヲセンガ爲ニ、議論ヲセンガ爲ニ立テラレタル議論デアッテ、私ハ議論トシテハ成立スル必要ハナイト考ヘマス(拍手)今日行政方面ニ於テ、國策審議會ヲ作ッテ、國政ノ刷新ニ寄與セントセラル、內閣ハ是ト相俟ッテ――行政府ニ於ケル所ノ國策審議會ト相俟ッテ、立法府ニ於ケル常設委員ノ制度ヲ設ケ、兩々相俟ッテ、此眞ニ時代ニ適應シタル國政刷新ニ寄與サスベキ御考ヲ、政府ハ御有チニナッテハ居ラヌカ、現內閣ノ閣僚諸公ハ、曾テハ政黨內閣ニ席ヲ置カレタ方々モ多クアリマス、現在議員トシテノ席ヲ有シテ居ラル、方モアリマス、政黨員タルノ方モアリマス、又タリシ人モアリマス、斯樣ニ議會政治ニ對シ、立憲政治ニ對シテハ、十分ナル理解ヲ有シテ居ラレル方々ガ、現內閣ニハ多數ニ御出デニナルノデアリマス、此御方々ガ此內閣ニ居ラレテ、此問題ニ付テ何等ノ考慮ヲ拂ハレズシテ、漫然トシテ議會尊重ヲ御唱ヘニナラウト云フコトハナイト考ヘルガ故ニ、私ハ此事ヲ一應御尋ヲシテ置キタイノデアリマス(拍手)

財政並ニ經濟ノ問題ニ付キマシテハ、私ノ同僚ヨリ或ハ本質疑ノ他ノ機會ニ於テ、又ハ豫算委員會ニ於キマシテ、十分ニ質問ヲ致スコト、相成ッテ居リマスルカラ、私ハ此場合是等ニ付テハ多ク御尋ハ致シマセヌ、唯常識的ノ二三ノ事柄ヲ、私ハ政治家ノ建前トシテ、御伺ヲ致シテ置キタイノデアリマス

第一ニ昭和十年度ノ豫算ニ於キマシテ、一般ノ豫算カラ見マスルト云フト、國防費ハ十億餘圓ニ上ッテ居リマス、總豫算ノ四割七分ニ達シテ居リマス、產業費ハ總豫算ノ約一割六分ニ相當シテ、三億四千七百万圓デアリマス、此均衡ガ甚シク當ヲ失シテ居ルト云フコトハ、臨時議會ノ當時ニ極論セラレ、昨日ノ議場マデ、本議會ニ於テモ喧シク論議セラレテ居ル所デアリマス、唯此論議ハ致サレテ居リマスガ、然ラバ國防費ト產業費トノ割合ガ、如何ナル比率ノ程度ニシタラバ宜シイノデアルカト云フコトヘ、何人モ肯ヒ得ル事デモナケレバ、又何人モ之ヲ申シタル人ハナイノデアリマス、唯常識的ニ國防費ガ多ク、產業費ガ少イト云フコトヲ論ジテ居ルノデアリマス、此點ハ私共ガ何等ノ他ノ知識ヲ有セズシテ、豫算面ノ上ダケヲ見マシタ常識的ナ判斷ヲ致シマシテモ左樣ニ考ヘル、併シ又此處ニハ私ハ國民トシテ、オ互ニ考ヘ得ベキ一ツノ事柄モアラウト思ヒマス、今私ノ申シマシタ數字ハ、一般豫算ニ付テノ數字デアリマス、昭和十年度ノ豫算ノ全部ヲ檢討致シマス場合ニ、特別會計ヲ之ニ入レマスナラバ、何ト申シマシテモ大世帶ヲ有ッテ居ル鐵道ノ費目ノ中ニ於キマシテモ、運輸交通ト申シマスガ、交通ノ問題ハ自カラ別ト致ストモ、運輸ニ關シマスル費用ノ如キハ、是ハ產業ニ關係スル少クトモ經濟關係ノ費用ト見ルコトガ出來ル、朝鮮總督府、臺灣總督府、或ハ關東州、或ハ南洋、是等ノ方面ニ於キマスル豫算ノ中ニモ、相當ナ產業費ガ見積ラレテアル、更ニ海陸軍ノ軍需品ノ中ヲ檢討致シマスト、此軍需工業ニ要シマスル金ハ、假定的ノモノデハアリマスケレドモ、之ヲ全然產業ト切離シテ見ルコトハ出來ナイト私ハ考ヘル、左樣致シマスルト豫算全部ノ上カラ檢討致シマスレバ、モウ少シ只今私ガ申シタルヨリハ違ッタ――モウ少シデハアリマセヌ、相當ナ開キノアル數字ガ其處ニ現レテ來ルノデアリマス、併シ先ニ申上ゲタ如ク、私ハ斯樣ナル數字ヤ、斯樣ナル所ノコトヲ論議ヲ致シテ、サウシテ玆ニ彼此レノ時間ヲ費サウトハ考ヘマセヌ、是等ノ點ハ政府ノ諸公モ、吾々モ、國民モ、冷靜ニ愼重ニ考ヘテ發言ヲセナケレバナラヌ事デアリマス、唯私ハ玆ニ二ツノ御尋ヲ政府ニ致シテ置キタイ

其一ツハ、國防費ハ申上ゲル迄モナク相對的ノ關係ヲ有シテ居リマス、絕對ノモノデハアリマセヌ、故ニ明年、明後年、明後々年、將來ノ事ニ向ッテ、今日國防費ガ幾何デアリ得ルト云フコトハ、豫言スルコトハ出來ナイ、私ハ必シモ假想的國防ヲ彼此レ致スト云フノデハアリマセヌガ、兎ニ角國防費ハ絕對ノモノデハナイ、相對的ノモノデアリマス、ケレドモ私ハ敢テ未來ニ起リ來ル事ニ付テ、彼此レ申サウト思フノデハナイ、假ニ現狀ニ於テ、客觀情勢ノ現在ニ於テ、其現在ノ情勢ノ建前カラ判斷ヲ致シマシテ、近キ將來ニ國防費ガ現在ヨリモ減縮サル、可能性ガアリマスカドウカ、能ク申上ゲテ置キマス、未來ノ事ヲ私ハ想像ヲシ、假想シテ申スノデハナイ、現在ノ國防ニ關シマスル客觀情勢ノ現狀ノ立場ニ立ッテ判斷ヲシテ、近キ將來ニ於テ國防費ハ減縮サルベキ可能性ガアリヤ否ヤ、若シ減縮サルベキ可能性ガアリト致シマスナラバ、其得來レル所ノ財源ハ、之ヲ產業經濟方面ニ振向ケルコトガ出來ルノデアルカドウカ、ソレガ一ツ、第二ハ若シ國防費ガ減縮サル、ドコロデハナイ、漸次漸增スルモノト云フ御見當ガ若シ付クト致シマスナラバ、政府ハ其財源ヲ更ニ產業費ノ中ヨリ節約ヲシテ御充テニナル積リデアルカ、或ハ他ニ財源ヲ御求メニナル積リデアルカ、私ハ重ネテ申上ゲテ置キマス、徒ラニ將來ノ事ヲ彼此レ假想シテ、御答辯ガ願ヒタイト申スノデハナイ、現狀ノ上ニ立ッテ、今ノ私ノ二ツノ質問ノドチラニ、政府ノ御見込ガ付クカドウカヲ私ハ承ッテ置キタイ、是ハ單ニ私ガ財政經濟ノ建前ノ上カラ、之ヲ私ハ要求致スノデハアリマセヌ、私共ガ政治的ノ建前ニ於キマシテ、國政ノ審議ヲ致ス上ニ於テ重大ナル參考資料トナリ、重大ナル吾々ガ考慮ノ中ニ入レナケレバナラヌ問題デアルガ故ニ、私ハ之ヲ御尋スルノデアリマスカラ、其意味デ御答ヲ願ヒタイ

尙ホ之ニ關聯致シマシテ私ハ政府ニ考慮ヲ求メテ置キタイ、私是マデノ此政府ノ執ラレマシタル豫算ニ就テ見マスルト、甚ダ今日ノ場合不謹愼ナルコトヲ申スヤウデアリマスガ、各種ノ產業ニ對シマスル補助費デアルトカ、奬勵費デアルトカ云フガ如キ

モノハ、全國的ニ濫費セラレテ居ル傾ガ澤山ニアルノデアリマス、此事實カラ致シマスルナラバ、今日ノ少額ナル產業資金ノ中カラモ、尙ホ査定ヲスル餘地ガアルト云フコトヲ、如實ニ物語ッテ居ルノデアリマス、徒ニ產業費ガ少イ〳〵ト云フダケデハナク、今日マデノ情勢ヨリ、實際ノ狀態カラ申シマスレバ、今日ノ如キ少イ產業費ノ中ニモ、尙ホ增スベキ必要ノアルモノハアルケレドモ、査定ヲ爲スベキ可能性ガアルト云フコトヲ私ハ申上ゲテ置ク、同時ニ是ハ單ニ產業費ダケデハアリマセヌ、國防費ノ中ニモ相當ニ査定ヲサルベキモノガアルノデハナイカト云フコトハ、國民ハ大ニ之ヲ注目致シテ居ルコトヲ私ハ重ネテ申上ゲテ置キマス、是ハ今日非常時局ニ際シマシテ、國民ニ向ッテ血稅ヲ強ヒテ居ル時代デアリマス、國民ノ膏血ヲ搾ッタト申シテハ甚ダ不謹愼ナ言葉デアリマスケレドモ、國民ノ膏血ニ依ッテ成リタル其金ヲ、國費トシテ之ヲ濫費スルガ如キコトガアリマスナラバ、是レ實ニ重大ナル罪惡デアルト私ハ考ヘル、此點ニ付テハ政府ハ十分ナル御考慮ヲ拂ヘレテ、之ニ付テノ十分ノ御決心ヲ致サレンコトヲ御願ヒ致スノデアリマス

次ニ政府ノ提案ニ係リマスル臨時利得稅ヘ、吾々ガ年來唱ヘ來リマシタ非常時利得稅ト等シキモノデアリマスケレドモ、今日ノ日本ハ、今ヤ百億ノ公債ヲ擁シ、一箇年ニ二十一億ノ豫算ヲ消化シテ居ル狀態デアル、而モ此非常時局、重大時局ハ曠古ノ重大時局デアルト言ッテモ宜シイヤウナ重大時局デアル、此時ニ際シテ僅ニ三千万圓ノ增稅計畫ヲ立テ得タト云フコトヘ、聊カ私ハ滑稽ノ感ナキ能ハズト思フノデアリマス、サレバ政府ニ於テモ國策審議會ニ對シテ、根本的ノ稅制整理ヲ提案スルトノ御言葉ガアッタヤウニ私ハ承ッテ居リマス、若シ國策審議會ニ其提案ヲナサル御意思ガアリマスナラバ、其大綱ニ付テ私ハ此席ニ於テ承ッテ置キタイ、大體私共ハ從來國民經濟政策ノ確立ト相俟チマシテ、國家財政ノ基礎ヲ鞏固ニシ、財政ノ信用ヲ高メンガ爲ニ、現在國民所得ヲ再吟味シテ、擔稅力ヲ增加セル階級ニハ增稅ヲ行ヒ、擔稅力ノ減少又ハ喪失セル階級ニハ減免稅ヲ施シテ、以テ國民負擔ノ均衡ヲ圖リマスナラバ、資本ノ發動トナリ、失業者ノ就職トナリ、大衆所得ノ全面的蘇生トナリ、社會的購買力ノ總括的增大トナリマシテ、其結果スル所ハ產業ノ振興トナリ、國庫收入增トナッテ、赤字一掃ノ原因トナルト、私共ハ考ヘテ主張シテ來ッタノデアリマス、政府ハ之ニ對シテ如何樣ニ御考ニナルカ、重ネテ私ハ御伺致シテ置キマス、國策審議會ガ若シ私共ノ言フガ如ク國務院デアリマスナラバ、政府ハ之ニ向ッテ根本的ノ稅制整理ノ立案ヲ命ゼラレマセウ、併ナガラ總理大臣ノ仰セノ如ク、是ガ諮問機關トナルノデアリマスナラバ、政府ガ之ニ向ッテ案ノ御提議ヲナサルベキ筈デアル、今日國策審議會ノ提案ニ付テ、施政ノ方針ノ演說中ニ之ヲ加ヘテ居ラレマス以上ハ、此會ノ設置ガ既ニ間近ニ迫ッテ居ルナラバ、之ニ御提出ニナリマスル根本的ノ稅制整理、根本的ノ赤字克服ノ政策ヲ、御持チニナラネバナラヌコト丶私ハ考ヘル、此點ハ詳細ナルコトヲ私ハ玆ニ御求メヲ致スノデハアリマセヌ、其大綱デ宜シイ、其大體ノ方針デ宜シイ、苟モ國策審議會ヲ設置セラレントシ、之ヲ諮問機關トシテ之ニ諮問セラレントスル計畫ノアル以上ハ、其大要ヲ御持チデアラウト信ジマスカラ、願クバ此場合國民ガ色々ナル考ヲ持ッテ居ル場合ニ、宜シク政府ハ此議場ヲ通シテ、私ノ質問ヲ通ジテ、國民ニ何程カノ安心ヲ與ヘ、國民ニ幾ラカノ光明ヲ御與ヘ下サランコトヲ御願致スノデアリマス(拍手)

又此豫算案ノ中ニハ、所謂時局匡救費ガ打切ラレテアリマス、時局匡救費ハ打切ラレテアリマスルガ、地方自治體ニ於ケル匡救費ハ、今年度ニ於テモ組入レガ出來テ居ルヤウデアル、此點ハ如何樣ナル理由デアルノカ、中央ノ方針ト地方自治體ノ方針トハ、別々ニ相爲サレテ居ル其理由ヲ私ハ承リタイ、同時ニ又此國家ノ豫算ヨリ時局匡救費ヲ御削リニナッタト云フコトニ付テハ、モウ既ニ今日地方ノ匡救ノ必要ハナクナッタト御考ニナッテ、此事ヲ斷行セラレマシタカ、或ハ必要トハ認メルケレドモ、其財源ガナキガ爲ニ之ヲ打切ラレマシタカ、或ハ時局匡救費ハ利益ヨリモ弊害ガ甚ダ大キイコトヲ認メラレタガ爲ニ之ヲ打切ラレマシタカ、或ハ其他ニ何等カノ理由アッテ之ヲ打切ラレマシタカ、何レノ理由デアルカヲ、此場合ニ明確ニ承ッテ置キタイノデアリマス(拍手)

更ニ過去二箇年間ニ於ケル時局匡救費ノ成績ハ、ドウ云フ成績ヲ示シテ居ルカ、而モ其成績ノミナラズ、是ガ地方自治體ニ與ヘタ、地方民ニ與ヘタル結果影響ハ如何ナルモノデアルト御考ニナッテ居ルカ、此點ヲ私ハハッキリ今日承ッテ置クコトノ必要ヲ感ズルノデアリマス、私共ハ此費用ガ提案セラレマシタ際ニ、政府ニ警告ヲ發シテ居リマス、吾々ガ此案ニ贊成ヲ致シマシタ理由ハ、此案ガ實ニ時局ヲ匡救シ得ル名案デアルトシテ贊成シタノデハナイ、疲弊困憊ノ極ニ達シテ居リマスル其地方民ヲ救濟スル爲ニ、無イヨリハマシデアラウト云フ、無キニ勝ルノ理由ヲ以テ吾々ハ之ニ贊成致シタノデアリマス、何故ニ吾々ガ無キニ勝ルト云フコトヲ申シタカト云フナラバ、實ハ之ニ贊成ヲスベキモノデハナイト私共ハ信ズル、斯樣ナモノヲ御出シニナッタ所デ、決シテ時局匡救ノ目的ハ達セラレルモノデハナイ、何トナレバ政府ノ計畫セラレタル時局匡救事業ノ如キモノヲ見マスレバ、多額ノ國帑ヲ支出致シマスケレドモ、其費用ノ大部分、少クトモ半分、多クアッタナラバ三分ノ二ハ、何レノ所ニ此金ガ落チルカト云フナラバ、多クハ救濟ヲ必要トセザル社會ノ階級ニ向ッテ、此金ガ落チルノデアリマス(「ヒヤ〳〵」「其通リ」ト呼フ者アリ)實際ノ此匡救ヲ必要トシマスルヤウナ社會

ニ對シテハ、僅ニ三分ノ一位ナ金シカ落チナイデアラウ、而モソレガ爲ニ、地方ニ向ッテ地方民ニ及ボス影響ハ恐ルベキモノガアルト吾々ハ信ズルカラ、左様ナコトヲ致スヨリモ、寧ロ地方ノ財政整理ノ爲ニ交付金制度ヲ採用シテ、ソレヲ爲サル、ナラバ、何等ノ弊害モナク、政府ノ出ス、國庫ノ出ス金額ガ全部地方ニ向ッテ配付サレテ、是ガ爲ニ眞ニ時局匡救ノ目的ガ達セラレルデアラウ（拍手）何故ニ此交付金制度ヲ御採リニナラヌカ、是ハアナタノ内閣デハアリマセヌ、之ヲ提案セラレタル内閣ニ向ッテ、私等ハ此要求ヲ當時致シタノデアリマス、具體的ニ吾々ハ其案ヲ樹テ、要求ヲ致シマシタ、併ナガラ吾々ノ其要求ハ容レラレナカッタ、遂ニ三年後ノ今日ノ實情ハ如何デアリマスカ、今日迄ノ御述ニナッタ方々ハアルヤウデアリマスケレドモ、念ノ爲メ私ハ大切ナコトデアリマスカラ、政府ノ諸公ニ簡單ニ一二言ヲ捧ゲテ置キタイ、政府ト地方トガ連帶支辨ヲシテ居リマス所ノ地方自治體ノ此匡救事業ハ、補助額ハ二割五分、或ハ五割ト相成ッテ居リマス、隨テ地方ガ負擔致シマス金ガ五割乃至七割五分トナッテ居リマスケレドモ、事實ハ事業熱ニ浮サレテ、地方ハソレドコロデハアリマセヌ、非常ナ多額ノ金ヲ支出致シテ居リマス、極端ナ例ハ、一ツノ溜池ノ爲ニ、此時局匡救費ニ依ッテ造ラレタル溜池ノ爲ニ、其溜池ヲ築造シタ爲ニ、田地一段歩當リ百圓ニ近キガ如キ所ノ負擔ヲ致サネバナラヌト云フヤウナ實情ヲ呈シテ居ルノデアル、思フニ時局匡救費ノ爲ニ國家ノ失ッタ所ハ多大ノ國費デアリマス、而モ地方自治體ハ何物ヲ得タカト申スナラバ、唯地方財政ノ紊亂デアリマス、不急ナル土木事業ノ擴張デアリマス、是ガ維持修繕費ノ將來ノ恒久ノ負擔デアリマス、更ニ一方ニハ國民ニ向ッテ非常ナル依頼心ヲ增長セシメテ居ル、官紀ノ紊亂、綱紀ノ弛廢ニ基キマス大小ノ疑獄ハ、恐ク是カラ起ッテ來テ居ルノデアリマス、時局匡救費ハ、町村窮民ヲ救濟スルガ爲ニ支出セラレタモノデアッタニ拘ラズ、極端ニ申上ゲレバ、一種ノ官吏ノ救濟案トナッテ居ルカノ感ガ十分ニアルノデアリマス、最近聞ク所ニ依リマスレバ、時局匡救費ノ事業ノ行ハレテ以來ハ、曾テ行政整理ノ爲ニ容易ナラザル苦心ヲ致シテ郡役所ノ廢止ヲ致シタガ、今日デハ郡役所廢止當時ヨリモ更ニ多數ノ官吏ガ存在シテ居ル狀態ニ相成ッテ居ルト云フコトデアリマス、恐ラクハ全國ヲ通ジテ斯様ナ現象ヲ示シテ居ルト思ヒマス、私ガ官吏ノ救濟案タリシ感ガアルト言フノハ、即チ此事ヲ意味スルノデアリマス、其增員セラレタル官吏ノ中、不心得ナ者ハ町村吏員ヲ强要ヲ致シ、或ハ町村吏員ト馴合ヒ致シ、或ハ地方ノ有志家、政治家ト云フガ如キ者ト結託ヲ致シテ、今申上ゲタ如ク大小ノ疑獄事件ガ全國的ニ惹起サレテ居リマス、今ヤ地方民ハ、私ハ率直ニ申上ゲル、地方民ノ言ヒ能ハザルコトヲ率直ニ申上ゲル、地方民ハ今官吏ニ對シマスル恐怖時代ニ入ッテ居ルト申シテ差支ナイト思フノデアリマス（拍手）此時局匡救費ノ爲ニ、此困窮セル人達ヲ救フガ爲ニ、國費ヲ出シテ起サレタ事業ノ監督ニ來ル役人達ヲ、全國ノ各町村ハ最寄ノ停車場迄自動車ヲ以テ之ヲ迎ヘ、多額ノ酒食ヲ之ニ供スルニ非ザレバ、事業ハ進捗シナイノデアル、甚シキニ至ッテハ、其匡救事業ノ設計書ヲ町村ガ提出スルニ當ッテ、之ニ來リマシタ官吏ハ幾度モ之ニ再出願ヲ喰ハス、已ムヲ得ズシテ監督ニ來ッタ官吏自身ニ向ッテ、技術官ニ向ッテ設計ヲ依頼スル、是ニ於テ一回ニ於テ其案ハ通過スル、再出願ヲシテ是ガ通過シタナラバ、其官吏ヨリ借金ノ申込ヲ受ケル、人情トシテ之ヲ拒絶スルコトガ出來ズシテ、之ニ金錢ヲ貸與ヘタ、今日ノ地方ノ疑獄事件ノ多クハ、之ニ依ッテ起ッテ居ルノデアリマス、實ニ驚クベキコトデアリマス、東海道ノ或ル大縣ノ田舍デハ、千五百圓ノ匡救補助ヲ貰ヒマスガ爲ニ、七百五十圓ノ運動費ヲ支出シテ居ル、是ハ併シ普通デアリマス、甚シキニ至ッテハ千圓ノ匡救費ヲ得ルガ爲ニ八百圓ノ運動費ヲ支出シテ居ル町村ガアルノデアリマス、若シ正義剛直ナル町村長ガ居ッテ、斯ノ如キコトヲ致サナカッタナラバ、其町村ハ斷ジテ事業ヲ經營シテ貰フコトハ出來ナイ、ソレガ爲ニ町村長ハ無能呼ハリヲセラレル、町村吏員ハ村民ヨリ不信任ヲ受ケル、遂ニ其職ヲ罷メナケレバナラヌコトニ相成ルノデアリマス、斯ノ如キ事ガ、實ニ今日ノ地方ヲ毒シテ居ルコトハ、中央ニ御出デニナル大臣トシテハ、斯様ナコトハ御分リニナルマイト私ハ信ジテ居ル、若シ御分リニナラナケレバ速ニ此實情ヲ――官ノ手ヲ通スニアラズ、他ノ方法ニ依ッテ此實情ヲ御調査ニナッテ、之ヲ根本的ニ改メル方法ヲ御講ジニナラナケレバナラヌ、政黨人ガ墮落シタトカ、政黨ガ腐敗シタトカ矢鱈ニ仰シヤルケレドモ、恐ラクハ政黨人ヨリモ、政黨ヨリモ、今日ハ官僚ガ最モ墮落シテ居ルコトヲ私ハ確信スル者デアリマス、私ハ敢テ政黨ニ加擔シ、官吏ガアレコレスルト申スノデハナイ、國家ノ大局ヨリ觀テ斯ノ如キ事ハ眞ニ非常時ノ重大時局ノ今日ニ照シテ見テ、洵ニ憂慮スベキ事柄デアルト考ヘマス、殊ニ官吏達ハ徒ラナル所ノ濫費ヲ地方ニ强ヒテ居ルコトハ、徒ニ會合ヲ催サシメ、徒ニ人ヲ派遣シテ、甚シキ町村ニ至リマシテハ、二十日間ニ是等ノ出張、是等ノ會合ノ爲ニ、二十日ノ間ニ二十三通ノ紹介狀ヲ受取ッテ居ルト云フ町村スラアル、所謂送迎ニ日モ維レ足ラズト云フノハ此事デアリマス（拍手）斯ノ如キコトヲ致シテ町村ニ自力更生ヲセヨトカ、時局匡救ノ金ヲ出シタト云フガ如キコトハ、全ク是ハ口先ダケノコトデアリマシテ、實ニ是ガ爲ニドレ程全國ノ自治ガ蠧毒セラレ、ドレ程全國ノ國民ハ迷惑ヲ蒙ッテ居ルカ分リマセヌ（「ヒヤ〳〵」）此際私ノ申上ゲルコトヲ御疑ニナルナラ兎ニ角、御疑ニナラヌナラ、私ガ申ス如ク速ニ御調査アランコトヲ願ヒマス、而シテ此事實ハ疑獄事件トナッテ現レテ居ル以上ハ、全然御承知ナイコトハナイト考ヘル、斯ノ如キ事ハ唯東海道ノ或ル一縣ノ狀態デハアリマセヌ、文敎上カラ申シテモ、司法上カラ申シテモ、實ニ看過スベカラザル重大ナ事デアリマスガ、政府ハ之ニ對シテ如何ナル御考ヲ御有チニナルカヲ私ハ此場合承ッテ置キタイ

大體此地方救濟ノ事業ハ、地方財政ト密接ナル關係ヲ有シテ居ルノデアリマス、是等ニ對シマシテハ、殊ニ內務大臣トシテハ特別ナル御考慮ヲ私ハ願ヒタイ、殊ニ地方ニ於キマシテハ、地租ニ對シテ非常ナル課稅ヲセラレテ居リマス、地租ノ附加率ノ如キハ所得稅ノ附加率、營業收益稅ノ附加率等ニ較ベマスレバ、實ニ話ニモナラザル所ノ多額ノモノガ徵收サレツ、アルノデアリマス、之ヲ根本的ニ御改革ニナルニハ、相當ナ日時モ要シマスルシ、相當ナ手續モ要シマセウガ、兎ニ角今日時局匡救費ハ打切ラレマシタケレドモ、今日ノ地方町村、地方ノ農漁山村、或ハ小中商工業者ニ對シテハ、之ヲ救濟シナケレバナラヌト云フコトハ、私ガ申上ゲル迄モナイ事デアリマス、私ハ此事ニ付テハ先ニ申シマシタガ如ク、交付金制度其他ノ方法ヲ速ニ御採リニナルコトガ、刻下ノ急務デアルト申シテ置キマシタガ、此事ニ付テハ前ノ臨時議會ニ於キマシテ、私ノ同僚タル中村君カラ詳細ニ申上ゲテアリマスノデ、私ハ重ネテ茲ニ之ヲ詳論シテ御考慮ヲ求ムルコトハ避ケマス、唯私ハ之ニ付テ中村君ノ前議會ニ於テ述ベマシタ事ヲ重ネテ引用シテ、唯今議長ノ御許シヲ得マシテ、簡單デアリマスカラ、之ヲ再ビ茲ニ要領ダケヲ朗讀シテ、政府諸公ノ反省ヲ求メ、御考慮ヲ求メタイト思フノデアリマス「農民及中小商工業者ノ疲弊困憊ハ、其根本原因ト致シマシテハ、今日ノ經濟機構ノ缺陷ニ基イテ居ルコトハ爭フベカラザル事實デアリマス、其根本對策ト致シマシテ、現在ノ經濟機構ヨリ生ズル弊害ノ除去ニ邁進スルコトニアルコト勿論デアリマス、農村及中小商工業者ノ現下ノ窮狀ニ對シマシテハ、焦眉ノ急ニ應ズルガ爲ニ、臨牀的施設ヲ即時ニ立案實行シナケレバナリマセヌ、而モ其施設タルヤ無計畫ニシテ、漫然其日暮シノ赤字濫發ニ墮シテハナラヌノデアリマス、私ハ內閣ノ諸公ニ申上ゲテ置キマス、漫然トシテ其日暮シノ政治ヲ行ッテハナヲヌノデアリマスト云フ事ヲ私ハ申上ゲテ置キマス(拍手)卽チ一定ノ計畫ノ下ニ、農村及中小商工業者匡救ノ爲メ特別會計ヲ設ケテ、地方振興公債ヲ發行スルコトガ、眼前ノ必要事項デアリマス、思フニ經常ノ歲入ヲ以テ經常ノ歲出ヲ支辨スベキハ、國家平常ノ場合ニ於ケル財政政策ノ根本義デハアリマスケレドモ、空前ノ非常時ニ際シマシテハ、之ニ對應スベキ異常ノ財政政策ヲ講ジナケレバナリマセヌ、而シテ目下國防豫算ハ非常時ノ必要ニ迫ラレテ、既ニ異常ナル財政政策ノ下ニ、其大部分ハ公債ニ依ッテ支辨セラレテ居ルノデアリマス、果シテ然ラバ、非常時中ノ非常時タル國家原動力ノ沒落ヲ意味スル、國民中樞ノ疲弊困憊匡救ノ爲メ、異常ノ財政策ヲ執ルベキコトハ、極メテ當然ニシテ、且必要ナリト言ハナケレバナリマセヌ、茲ニ卽チ吾々ハ國內的非常時克服ノ爲ニ、地方振興公債ヲ發行シテ、之ヲ特別會計トセンコトヲ主張致シマス、其特別會計ノ期間ハ、豫メ之ヲ三年間ト致シマシテ、其間ニ中堅階級ノ匡救ト振興トヲ圖リ、以テ平常時ニ復センコトヲ提議スルノデアリマス、其地方振興公債ノ金額及用途ニ付キマシテハ、地方財政調整交付金ガ一箇年七千万圓、耕作地地租半減、竝ニ其地租附加稅ノ半減、是ガ一箇年五千四百万圓デアリマス、小學校敎員俸給全額ニ相當シマスル國庫負擔金ガ一箇年八千五百万圓デアリマス、商業動産信用ノ金融機關ノ設置ニ對スル政府ノ資金ヲ五千万圓ト致シマス、是等ノモノハ、今日ノ場合最モ有效ニシテ最モ適切ニシテ、之ニ依ッテ致シマスナラバ、時局匡救費ノモノ、如キ、弊害ノ伴フ憂ハ少シモ其處ニハ存在シテ居ラヌノデアリマス(拍手)政府ハ之ニ對シマシテ特ニ私ハ御考慮ガ願ヒタイ、尙ホ是等ノ外ニ、地方財政ニ關スルコトニ致シマシテハ、國道改修費ヲ府縣ニ負擔セシムルト云フコトモ、是モ改メルコトガ必要デアリマセウ、地方行政ニ屬スル經濟ハ別トシテ、地方行政ニ屬セザル司法警察ニ屬スル費用モ、國家ガ持ツコトガ當然デアリマセウ、小學校敎員ヲ養成致シマスル所ノ機關ヲ、國家ニ移管スルコトモ決シテ不合理ナ事デハアリマセヌ」斯樣ナ事柄ハ理論トシテハ如何樣ニモ考ヘラレル事デアル、之ヲ實行致スコトニ依ッテ、サシテ困難ナ事デハナクシテ、而モ有益ナル事デアリマスカラ、此點ニ於テハ特ニ私ハ御考慮ガ願ヒタイ、特ニ私承ッテ置キタイ事ハ、今私ノ申上ゲマシタ事柄ハ、單ニ吾々ノミノ主張デハアリマセヌ、民政黨ノ諸君モ、數年來之ニ等シキ主張ヲ有ッテ居ラレマス、昨年ノ臨時議會ニ提出セラレマシタ政友會ノ勸議ノ中ニモ、之ニ類スル金額ガ含マレテ居リマス、今日ヨリ見マスルナラバ、今私ガ申述ベタコトハ、恐ラク殆ド衆議院ニ於テノ一致ノ意見デアルト私ハ考ヘテ居ル（拍手）政府ハ衆議院殆ド一致ノ意見ニ對シテ、如何ニ之ヲ御取扱ニナリマスカ、ドレ程之ヲ御尊重ナサルカ、此點ニ付テ私ハ政府ノ明ナル御辯明ヲ御願致シテ置キマス

更ニ私茲ニ一言經濟問題ニ付テ附加ヘテ置キタイ、歐羅巴大戰爭ノ際ニハ非常ナル好景氣ヲ呈シマシタ、然ルニ大正九年三月十四日ノ朝、突然是ガ轉落ヲ致シマシテ、爾來十餘年ニ亙リマシテ、日本國民ハ不景氣ノ裡ニ喘ギ來ッタノデアリマス、此十幾年ノ間ニ更リ迭リマシタ所ノ歷代ノ內閣、又其間ニ存在ヲ致シテ居リマスル各政黨モ、此國民ノ疲弊困憊、不安ノ生活ニ對シマシテ、是ガ救濟ヲスル爲ニ全力ヲ擧ゲテ努力致シタノデアリマス、十幾年間景氣ノ回復セザリシコトハ、政黨ガ

努力セザリシニモアラズ、內閣ガ之ヲ等閑ニ附シテ居ッタノデモアリマセヌ、歷代ノ內閣、總テノ政黨、政黨員諸君ハ、非常ナル力ヲ以ッテ之ニ當ラレタ、政策ノ上カラ申シマスナラバ、或ハ生產制限ノ方法ヲヤッテ見ヨウ、或ハ積極政策ヲ行ッテ見ヨウ、或ハ緊縮整理ノ政策ヲ行ッテ見ヨウ、或ハ產業ノ合理化ヲ行ッテ見ヨウ、或ハ「インフレ」ノ政策、或ハ「デフレ」ノ政策、或ハ金輸出ノ解禁、或ハ金ノ輸出ノ再禁止、有ユル政策ヲ試ミテ見タノデアリマス、此政策ガ一ツトシテ成功シテ、此不景氣ヲ回復スルコトハ出來ナカッタノデアリマス、洵ニ不可思議千萬デアリマス、政府ノ內ニモ、政黨ノ內ニモ、學者モアリ、經驗家モアリ、手腕家モ多數ニ居ラレル、然ルニモ拘ラズ此有ユル政策ヲ實行シテ見テ、一向ニ不景氣ヲ挽回スルコトガ出來ナイ、此不景氣ノ匡救ヲスルコト、國民ノ窮乏ヲ救フコトハ出來ナイ、洵ニ不可思議千萬ナコトデアリマスガ、何カラ是ガ來タノデアルカト云フコトヲ考ヘテ見ルト、決シテ學問ヤ知識ノ不足カラ來タノデハナイ、政策ノ實質ガ間違ッテ居ッタノデハナイ、ドノ政策モ、以テ用ヒルニ足ル政策デアッタ、相當ナ學問、知識ヲ有スル人達ガ居ラレル、併ナガラ是ガ出來ナカッタコトヲ一口ニ言フナラバ、其實行ガ雜ニシテ、根本ノ問題ニ對スル認識ヲ間違ヘテ居ッタ爲デアルト私ハ信ジテ居ル、歐羅巴大戰爭ノ後ニ來リマシタ所ノ不景氣ハ何カラ來タノデアルカ、昨今ニ至ッテ漸ク各方面ノ人ニ分ッタノデアル、昨今ハ學者ト言ハズ、政黨ト言ハズ、政治家ト言ハズ、實業家ト言ハズ、總テノ人達ガ、言葉ハ之ヲ統制經濟政策ト言ヒ、或ハ綜合的產業政策ト言ヒ、或ハ資本主義ノ是正ト言ヒ、或ハ資本主義ノ修正ト言ヒ、是等ノ言葉ハ其用ヒ方ハ變ッテ居リマスケレドモ、總テノ政黨、總テノ政治家、總テノ實業家、學者ガ色々斯樣ナ文字、斯樣ナ言葉ヲ、斯樣ナ行爲ヲ、近來行ハレルヤウニナッタ、是ハ何デアルカト申シマスナラバ、歐羅巴大戰爭後ノ不景氣ハ、何ガ根本ノ原因デアルカト言ヘバ、自由主義ノ政治經濟ノ缺陷乃至行詰リデアッタコトデアルノデアリマス（拍手）然ルニ此事ヲ認識セズシテ、自由主義ノ學說ヲ用ヒ、自由主義ノ政治經濟ノ下ニ經驗ヲ積ミ、手腕ヲ磨イタ人達ニ依ッテ不景氣ヲ回復セントシタカラ、百年河淸ヲ待ツ如ク、木ニ緣テ魚ヲ求ムル如キ狀態デアッタノデアリマス（拍手）私共ハ左樣ニ信ジマス、政府ハ之ニ對シテ如何ニ御考デアルカ、此點ニ對シテ政府ノ此經濟政策ニ對シマス根本ノ所謂指導精神ヲ私ハ承リタイ、若シ今日ノ經濟界ニ對シテドレ程ノ御努力ヲ爲サッテモ、指導精神ガ認識ヲ誤ラザルニアラザレバ、確乎タル信念ノ上ニ立テタ所ノ政策ニアルニアラザレバ、ドレ程ノ金ヲ增シテモ、ドレダケノ事業ヲ御計畫ニナリマシテモ、歐羅巴大戰爭ノ大正九年三月十四日以來十幾年繼續シタ不景氣ハ、復茲ニ再ビ繰返サレルコトヲ私ハ斷言シテ、反省ヲ求メテ置クノデアリマス（拍手）

尙ホ私共申上ゲテ置キタイコトハ、近時敎育ガ進步致シ、敎育ガ普及致シマシテ、國民ハ實ニ負擔ノ輕カラザルモノガアリマス、然ルニ敎育ハ進步シテ、敎育ハ普及シタニ拘ラズ、其生產品ハ甚ダ粗雜ナモノデアリ、而モ高價ナモノニ相成ッテ居ル、國民生活ハ年ト共ニ、敎育ノ普及發達ト共ニ脅威サレツヽアルノデアリマス、何ノ爲ニ敎育ヲ盛ニシ、何ノ爲ニ敎育ヲ發達セシメタカ、甚ダ不思議千萬ニ思ハレルノデアリマス、又今日法律ハ非常ニ完備ヲ致シテ居ル、或ハ警察官ノ素質ハ非常ニ向上致シテ居ル、共人數ハ非常ニ增加致シテ居ル、之ニ要スル費用ハ非常ニ國民ガ多額ニ負擔ヲ致シテ居ル、然ルニ年々犯罪ノ數ガ增加致シマシテ、而モ其犯罪ノ性質ハ愈々辛辣、惡辣ヲ極メルニ至ッテ、寧ロ法律ノ不完全ナリシ、寧ロ警察官ノ低能ナリシ、低級ナリシ當時ノ方ガ、遙ニ吾々ハ安心ヲシテ居ッタヤウナ狀態ニ相成ッテ居ル、而モ今日ノ大キナ犯罪ハ何人ニ依ッテヤラレテ居ルカト言ヘバ、社會上ノ地位ヲ有シ、財產ヲ有シ、名譽ヲ有シ、敎育ヲ有スル人達ニ依ッテ、多クノ大犯罪ガ行ハレツヽアルノデアリマス（拍手）洵ニ矛盾撞著ノ甚シキ現象ヲ呈シテ居リマス、是ハ私ノ議論デハナイ、私ノ觀念デハナイ、私ノ臆測デハナイ、事實デアリマス、今日ノ新聞ヲ見、今日ノ雜誌ヲ見、今日ノ社會狀態ヲ觀ルナラバ、是ハ事實デアリマス、洵ニ不可思議デアル、學問敎育ガ進步シ、普及シ、法律ガ完備シ、警察官ノ能率ガ上リ、素質ガ上ッテ居ル時ニハ、早ク犯罪ハ未然ニ防ガレ、而シテ犯罪ヲ爲ス者ハ少クナル、苟モ地位アリ、名譽アリ、敎育アリ、財產アル者ハ、惡事ヲ爲サヾル者デアルニ拘ラズ、反對ノ方向ヲ今日示シテ居リマシテ、洵ニ不可思議千萬ナル世相ガ茲ニ現ハレテ居リマス、政府ハ之ニ對シテ如何ニ御考ニナッテ居ルカ、私ヲシテ此事ニ付テ率直ナル意見ヲ申上ゲシメラルヽナラバ、如何ニモ敎育ハ普及シ發達シテ居ル、併ナガラ文部大臣モオ出デニナルガ、學校ニ於テハ修身科ノ如キモノガアルケレドモ、倫理學ノ講義ヲ致シナガラ人間ノ履ムベキ道、人間ノ步ムベキ所ノ道ヲ敎ヘルニ非ズシテ、唯學問ノ末節ニ拘泥ヲ致シテ、今日ノ精神修養ノ足ラザル敎育ニナッテ居リマス、日本ノ國ニ於キマシテハ、古今ヲ通ジテ謬ラザル、中外ニ施シテ悖ラザル大道ガアルニ拘ラズ、而モ之ヲ知ラザル如クニシテ、徒ニ學問ノ末ヲ追ヒ、徒ラニ學問ノ末ニ走ルコトヲ以テ敎育デアルト心得、法律ノ條文ヲ整備スルコトニ依ッテ、法治國家ノ體面ガ維持セラレタト信ズルガ如キコトガ、私ハ事茲ニ至ッテ居ルト考ヘマス（拍手）殊ニ私甚ダ遺憾ニ考ヘテ居ルコトハ、近時ノ議會ニ於ケル言論ヲ拜聽致シマシテモ、亦世間ノ議論ヲ聽キマシテモ、何カト言ヘバ國防ガドウデアルトカ、產業ガドウデアルトカ、直チニ金ノ問題デアル、ヤレ國防費ガ多イトカ、產業費ガ少イトカ、勿論私ハ金ヲ無視スル者デハナイ、金ヲ無視シテ國防ノ完備ハ圖ヲレマスマイシ、金ヲ無視シテ産業ノ振興モ圖ルコトハ出來マスマイ、是ハ私否認スル者デハアリマセヌ、併ナガラ何カト言ヘバ國防、産業、教育ト言ヒ、警察ト言ヘバ必ズ金ガ之ニ伴フ、唯金ノ事ノミガ論ゼラレテ居ル、豫算ヲ論ズルニ當リマシテモ、ドノ金ガ多イトカ少イトカ、直チニ金ガ論ゼラレル、私ヲシテ言ハシムルナラバ、今日眞ニ國防ノ根本ヲ完成致シ、眞ニ産業振興ノ根本ヲ片付ケテ、日本ノ國防ヲシテ泰山ノ安キニ置キ、不安ノ狀態ヨリ日本ノ産業ヲシテ、世界ヲ風靡スルダケノモノニシヨウトスルナラバ、金モ必要デアリマセウケレドモ、私ハ其根本ハ學問ノ發達ト、國民思想ノ善導トノ外ニ俟ツコトハ出來ナイト信ズルノデアリマス（拍手）學問ノ發達ヲ度外視シテ、思想ノ善導ヲ度外視シテ、徒ラニ幾何カノ金ヲ支出シタ所デ、産業ガ眞ニ振興スル筈ハアリマセヌ、眞ニ國防ガ完成スル筈ハアリマセヌ、私ハ今日此事ヲ思フニ當リマシテ、本年度ノ豫算ヲ一瞥致シマシタ時ニ學問ノ奬勵、思想善導ニ對シマスル施設ニ付テ、文部大臣ハ如何樣ナル、又内務大臣ハ如何樣ナル之ニ對スル施設ヲシテ居ラル丶カヲ、玆ニ御示シ下サランコトヲ御願致シマス

更ニ私ハ外交ニ付テ少シク申述ベテ見タイノデアリマス、總理大臣ノ御演説ヲ承リ、外務大臣ノ御演説ヲ承リマスレバ、國際關係ハ極メテ圓滑ニ進捗シツヽアルヤウデアリマス、又私此事實ノ幾分ヲ認メマス、之ニ對シマシテハ總理大臣、外務大臣ノ容易ナラザル御努力ニ對シ、私ハ深キ敬意ト感謝トヲ表シマス、併ナガラ對支外交ノ如キ、或ハ色々ナル國際間ノ會商ノ如キモノヲ見マスル時ニ、只今ノ御言葉ヲ無條件ニ、無批判ニ受入レルコトノ出來ナイコトヲ私ハ甚ダ遺憾トスルノデアリマス、此際私ハ外務大臣ニ一言申上ゲテ置キタイノデアリマス、凡ソ世界恒久ノ平和ハ人類ノ理想トスル所デアルコトハ勿論デアリマス、吾々ハ世界ノ各國ト協和シテ、世界ノ各國ト協調シテ、其理想ヲ實現スルコトニ努力シナケレバナラヌコトハ勿論デアリマス、併ナガラ信念ノナイ、正義ニ立脚セザル所ノ一時的ノ平和ハ假裝デアリマス、虚僞デアリマス、斯ノ如キモノガ常ニ國家ニ危險ヲ持チ來スノデアリマス、私ハ廣田外務大臣ニ申上ゲル、外務大臣御自身ノコトヲ指スノデハナイ、從來ノ日本ノ外交ハ、所謂外交辭令ト稱スル口舌擬裝ノ外交ガ行ハレテ居ッタ、ソレガ爲ニ法衣ノ下ニ鎧ヲ著ケナケレバナラヌヤウナ國防外交ガ行ハレタノデアリマス（拍手）此法衣ノ下ニ鎧ヲ著ケテ居ラナケレバナラヌガ如キ國防外交ガ、是ガ今日ノ世界ヲシテ平和ヲ亂スヤウニナッタル根本ノ原因ダト私ハ考ヘマス（拍手）是程危險ナ外交ハナイノデアリマス、今日迄ノ世界ノ各國ガ締結ヲシマシタ條約ヲ見マスレバ、其條約ハ、表面ニ於テハ平和ヲ趣旨トシタル所ノ條約デアリマスケレドモ、實ハ締約國ノ背後ノ實力ノ重壓ニ因リマシテ、是ガ歪メラレテシマッテ居ルノデアリマス、吾々ハ是ガ爲ニ、既存ノ條約ノ全部ニ對スル再檢討ヲシナケレバナラヌコトヲ主張シ來ッタノデアリマス（拍手）譬ヘテ申上ゲマスナラバ、國際聯盟ノ規約第一條ニ於テ、亞米利加ノ「モンロー」主義ヲ認メテ居リナガラ、日本ノ歴史的ノ、地理的ノ、經濟的ノ關係ハ一切之ヲ無視シテ居ル、又不戰條約ノ如キモノハ、亞米利加「モンロー・ドクトリン」ヲ認メマスケレドモ、英國ノ特殊地域ノ自衞權ヲ肯定シテ居リマスケレドモ、他國ノ一切ノ是等ヲ否認シテ居ルノデハアリマセヌカ、華盛頓條約ハ九箇國條約トナリ、海軍ノ條約ト相成リマシテ、日英同盟ノ廢棄ヲ致シ、山東ノ還付ヲスル、石井「ランシング」協約ノ廢棄ヲスル、主力艦ノ制限ヲスル、海軍不平等條約ヲ締結スル、斯樣ナコトニ依ッテ、世界ノ平和ハ確保セラレルト彼等ハ稱シタノデアリマス、斯樣ニ稱シナガラ、英吉利ト亞米利加トハ相協力シテ、極東ヲ抑壓シ、其極東ノ發展ヲ阻害スルコトノ取極ヲ致シテ居ルノデハアリマセヌカ、是ガ日本ヲシテ滿蒙ニ於テ東洋平和ノ爲ニ、自衞權ノ行使ヲスルノ已ムナキニ至ラシメタモノデアリマス、又滿蒙三千萬ノ民衆ハ、自ラ活キンガ爲ニ獨立建國ノ宣言ヲ爲スノ餘儀ナキニ至ッタノモ即チ是デアリマス、即チ既存條約ハ、平和ノ確保ノ爲ニ取結バレタト稱シマスケレドモ、滿洲國ノ獨立ヲ承認シナイト云フガ如キ、却テ平和ノ攪亂ヲ爲スト云フヤウナ如キ言動ヲ敢テシタノガ、是迄ノ列國ノ常態デアルノデアリマス（拍手）是ガ今日迄ノ所謂協和外交デアリ、協調外交デアリ、平和外交デアッタノデアリマス、故ニ日本ハ率直ニ國際聯盟カラ脱退ヲ致シタノデアリマス、華盛頓條約ノ廢棄ヲ通告致シタノデアリマス、滿洲國ノ獨立ノ聲明ヲ致シタノデアリマス、日滿經濟「ブロック」ノ形成ヲ致シタノデアリマス、之ヲ現ニ具現シ、具現シツヽアルノデアリマス、私ハ外交ニ關スルコトデアリマスルカラ言議ハ愼ミマス、多クハ申シマセヌ、政府ニ私要求ヲ致シマスコトハ、ドウカ口舌擬裝ノ外交ニ非ズシテ、眞ニ外交ニ關係致シマスルコトヲ、モウ少シ率直ニ、露骨ニ、國民ニ示シテ戴キタイ、而シテ日本帝國ノ國民ヲシテ不斷ヨリ、平素ヨリ國防ニ對シ、外交ニ對シ、相當ノ信念ト相當ノ覺悟トヲ持タセテ貰ヒタイノデアリマス、此口舌擬裝ノ外交ガ、動モスレバ國民ヲシテ泥縄式ノ愛國心ニ右往左往セシムルガ如キコトヲ爲スニ至ルデアラウコトヲ、私ハ玆ニ申上ゲテ置キタイノデアリマス（拍手）私ハ此事ニ付テハ、餘リ多ク申上ゲルコトヲ差控ヘナケレバナラヌト考ヘテ居リマスケレドモ、願クハ率直ニ、露骨ニ、此外交知識ヲ國民ニ與ヘテ、平素ヨリ國民ヲシテ大國民タルノ態度ヲ持セシムルヤウニスルコトガ、政府ノ重大ナル責任デアルト考ヘテ、私ハ此事ヲ申上ゲマス（「ヒヤヒ

ヤ」（拍手）

尙ホ私ハ昨今ノ新聞ヲ見マシテ、外務大臣ハ自ラ對支外交ニ向ッテ乘出サレル意氣ヲ示サレテ居ルト云フコトヲ承リマシタ、是ガ事實デアリマスレバ、洵ニ近來ノ痛快事デアル（拍手）實ニ外務大臣トシテハ大決心デアルト私ハ考ヘル、其事實如何ハ知リマセヌガ、願クハ此報道ニアリシガ如クニ外務大臣ノ努力セラレンコトヲ私ハ希望致シマス、同時ニ單ニ是ハ對支外交ダケデハアリマセヌ、總テノ外交ニ對シ、外務大臣自ラ乘込ムダケノ氣魄ヲ以テ、此外交ノ衝ニ當ッテ、廣田外相ヲ限リトシテ、日本帝國ノ外交ニ自主的ノ、而シテ世界ニ協力スル所ノ大國民的態度ヲ、國民ニ平素ヨリ持セシムル所ノ外交ニ改メテ戴クコトニ、御努力ヲ下サレンコトヲ私ハ切ニ御願致シマス、外務大臣ハ果シテ其御用意ヲ有セラルヤ否ヤヲ、私ハ此場合承ッテ置キタイ

最後ニ私ハ滿洲問題ニ付テ、一二承ッテ置キタイノデアリマス、滿洲問題ニ付テハ、私ハ極メテ多クヲ承リタイ事ガアリマスケレドモ、他日ノ機會ヲ得ルコト、致シマシテ、單ニ一二ノ事實ニ止メマス、先般ノ施政ノ方針ノ御演說、總理大臣ノ御演說、外務大臣ノ御演說ヲ承リマスレバ、內閣ノ方針トシテハ、日滿ノ關係ニ於テハ、將來ノ對滿政策ニ付テハ、經濟政策ニ最モ重キヲ置クコトニ御演說ガ一致シテ居リマス、洵ニ私ハ適切ナル御考デアリ、內閣ノ方針デアルコトヲ私ハ認メマス、殊ニ先般ノ新聞紙上デ高橋大藏大臣ハ、滿洲モ外國デアルカラシテ、資本ノ逃避ニ付テハ我國ノ朝野ノ人達ニ注意ヲシテ貰ヒタイト御注意ヲ促ガサレテ居ルト云フコトデアリマス、是レ若シ事實デアリマスレバ、私ハ非常ナル含蓄ノアル、意味深遠ナル御發言デアッテ、流石ニ老練ナル高橋大藏大臣ノ御發言デアルコトニ私ハ感心致シマシタ、私ハ色々ナ方ニ滿洲ニ對スル色々ナ發言ヲ承リマシタガ、併ナガラ只今ノ大藏大臣ノ發言ノ如キ、最モ適切ナル、最モ重要ノ言葉ヲ承ッタノハ、私ハ今回ガ初メテデアリマス、是ハ單ニ日滿ノ金融關係ノミデハアリマセヌ、政治、經濟、軍事、總テガ此意味ニ重心ヲ置イテ畫策セラレンコトヲ私ハ希望致シマス、之ニ付テ私御伺致シテ置キタイコトハ、總理大臣ガ、對滿政策ノ將來ノ大方針ヲ、主トシテ經濟方面ニ置クト云フ御言葉デアリ、高橋大藏大臣ノ今私ノ申シタ言葉ト考ヘテ見マスト、經濟ノ根本ノ使命ヲ果シマスノハ貨幣制度デアリマス、此制度ニ付テハ非常ナル考慮ヲ拂ヘナケレバ、折角ノ日滿經濟「ブロック」モ、遂ニ無意味ニ終ルコト多キヲ私ハ心配ヲ致スノデアリマス、若シ是ガ私、杞憂ニ終リマスレバ、幸デアルト考ヘマスガ、私ノ所見ヲ玆ニ申述ベテ見タイ

從來關東州及鐵道附屬地ノミガ日本ノ行政權內デアリマシタ當時ト、今日ノ如ク滿洲國ト日本トガ最モ密接ナル關係ヲ有シテ居リマスルヤウニ至リマシタ此獨立國ノ出來タ今日トハ、非常ナル其處ニ差ガアラネバナリマセヌ、而モ今日日本ト滿洲トノ經濟關係ヲ見マスレバ、滿洲ノ貿易額ノ六割乃至七割ハ日本ノ國ガ之ヲ行ッテ居リマス、日本人ニ依ッテ行ハレテ居リマス、滿洲國ノ最大ノ收入デアリマス所ノ關稅ハ、殆ド大部分ガ日本人ニ依ッテ支拂ハレテ居リマス、滿洲國內ノ企業、——滿洲ノ產業ノ開發ハ、殆ド日本人一手ニ依ッテ之ヲ行ヒ、又日本人ノ手ニ依ルニ非ザレバ、是ガ不可能ドサレテ居リマス、今日ノ日滿ノ經濟關係ハ、國防上ノ攻守同盟ヨリモ更ニ一層緊密ナル狀態ニ置カレテアルト言ヘナケレバナリマセヌ、殊ニ日本人ノ主ナル交涉ニ從事致シマス者ハ、滿洲國內ノ所在ニ今日ハ住居ヲ致シテ居ルノデアリマス、而モ滿洲國ノ幣制ヲ確立スル爲ニハ、其實施ニハ悉ク日本ノ厄介トナリ、悉ク日本人ノ厄介ニナラナケレバ成立シ能ハナカッタノデアリマス、今日日滿兩國ノ經濟關係ハ、殆ド一國圏內ニアルガ如キモノデアリ、又サウアラネバナラヌノデアリマス、然ル時ニ此經濟ノ根本ノ媒介役デアリ、物資交換ノ根本ノ媒介ヲ爲シマス所ノ貨幣ノ建前ガ、日本ト滿洲トハ全然相反シタル立場ニナッテ居ル、其滿洲國トハ政治的ニハ勿論反對ノ立場デアリ、貿易ノ上カラ申シマスナラバ、二割內外ニ過ギザルガ如キ關係ニナッテ居ル其支那ト、滿洲國トガ同一建前ニアッテ、支那人ニ無限ノ利益ヲ與ヘ、而モ山海關ヲ經テ山東ヨリ入リ來ル支那ノ苦力ガ、年々支那本國ニ持出ス正貨ハ實ニ若大ナルモノガアルコトハ、私ガ申スマデモナイノデアリマス（拍手）日本ガ此滿洲ノ經濟ニ付テ、滿洲ノ金融ニ付テ絕大ノ助力ヲ與ヘ、殆ド自家ノモノ、如ク助力ヲ與ヘテ居リマスル日本帝國ハ、今日ハ兌換ハ停止ノ狀態デアリマス、其日本ノ援助ニ依ッテ正貨ノ準備ヲ致シテ居ル其滿洲國ノ貨幣ガ、支那ト共通ノ貨幣デアリ——共通デハナイガ、同一ナル建前デアル、是ガ數限リモナク支那ニ向ッテ送リ還サレテアルガ如キコトハ、洵ニ私ハ憂慮スベキ日滿關係ノ將來デアラネバナラヌト思フノデアリマス（拍手）大體支那ノ南京政府デスラ、昭和四年ニハ支那ニ向ッテノ金本位ヲ採用スルノ案ヲ採納致シマシテ、先ヅ滿洲ノ土地ガ一番金本位ノ實施ヲ試ミルコトガ出來ルカラト云フノデ、南京政府デスラ滿洲ニ於テ、昭和四年ニハ金本位ノ實施ヲ致スコトノ決議ヲ致シ、而モ支那ノ關稅ヲ、從來ノ銀ヲ改メテ金本位ニスルコトニマデモ致シタデハアリマセヌカ、支那人スラ左様ニ致シテ居ル時ニ、何ガ故ニ日本ト滿洲ト云フ、此密接ナル關係ニアル兩國ノ幣制ヲ別々ニセラレテ、支那人スラセザルト云フガ如キ銀建ノ建前ニ滿洲ヲ置カネバナラヌカヲ、私ハ御說明ガ願ヒタイノデアリマス、滿洲人ガ銀ノ使用ニ慣レテ居ルト云フ論者ガアリマスケレドモ、最近ノ幣制ノ整理ニ至リマスルマデニ、滿洲國ニ於テ通用セラレテ居ッタ銀貨ハ幾ラアッタカ、小洋、大洋、鎭平銀ヲ合セテ約二千

万圓ニ過ギザルモノデアリマス、他ノ一億三千万圓ハ悉ク不換紙幣ガ通用シテ居ッタノデアリマス、支那人ハ利益ニナリサヘスレバ金モ通用致シマス、銀モ通用致シマス、官ノ命令デアレバ紙片デモ之ヲ通用シテ、所謂東北政權ノ如キモノモ、紙片ヤ反古同様ナル不換紙幣デモ喜ンデ、甘ンジテ一億三千万圓ヲ通用致シテ居ッタデハアリマセヌカ、日露戰爭ノ際ニハ日本ノ軍票ヲ、日露戰爭ノ前ニハ露西亞ノ軍票、金票ヲ、而モ朝鮮銀行ノ金票モ、悉ク之ヲ滿洲人ハ使ヒコナス力ヲ持ッテ居ル、若シ日滿經濟「ブロック」ヲ眞ニ建設シナケレバナラヌト考ヘルナラバ、其根本ヲ成ス金融ニ付テモ、重大ナル考慮ヲ拂ハルベキコトガ正當デアラウト私ハ考ヘル、然ルニ其絶好ノ機會ヲ逸セラレ、其絶好ノ機會ヲ遁サレテ、再ビ元ノ銀ノ建前ニセラレテ、日本帝國ノ國民ヲシテ企業ニ、商賣ニ、生活ニ非常ナ不便ヲ與ヘ、又滿洲國ヲシテ其不便ヲ共ニセシメルト云フガ如キコトヲスルコトハ、私ハ甚ダ滿洲國ニ對シテ親切ナル日本帝國ノ態度デハナカッタノデハナイカト云フコトヲ、疑ハザルヲ得ナイノデアリマス(拍手)

更ニ私ハモウ一度滿洲國ノ事柄ニ付キマシテ御伺ヲ致シテ置キタイ、在滿機構ノ改革ニ付キマシテハ、色々論議ガアルヤウデアリマス、私ハ過去ノコトヲ論議致シテ、彼此レ其責任ヲドウデアルトカ、過去ノ事柄ヲドウデアルト云フ、ソレヲ問ハントスル者デハアリマセヌ、大體關東廳及我ガ外務省ノ警察官、職掌柄ト致シマシテ、滿洲國カラ申シマスレバ外國デアル日本ノ行政官吏デアリ、日本帝國ノ官廳ノ官吏デアリマス、故ニ關東廳及外務省ノ警察官ハ、關東州竝ニ鐵道附屬地以外ニハ一歩モ其職務ヲ行フコトガ出來ナイコトハ申スマデモナイ事デアリマス、是ハ私ガ申上ゲルマデモナイ、然ルニ先ニモ申シタ如ク、滿洲國ニハ鐵道附屬地以上ニモ、關東州以外ニモ、多數ノ日本人ハ居住ヲ致シテ居ルノデアリマス、然ルニ是等ノ人達ノ其生命財產ノ安固ヲ圖リ、是等ノ者ノ取締ヲスルト云フコトガ、此日本行政官廳ノ官吏ヲ以テシテハ、他國ノ行政地域內ニ入レヌ關係上出來マセヌカラ、此點ニ付テハ甚シキ不信ヲ最近ハ感ジタノデアリマス、此不便ヲ感ジタノミナラズ、假ニ是等ノ人達ガ行キ得ル所アリトシテモ、同ジ所ノ治安維持ノ行動ヲ爲スニ當ッテ、警察官ト憲兵トガ二通リノ命令ノ下ニ、同一事項ニ對シテ出動スルコトハ甚ダ不都合デアリ、甚ダ不利益デアリマス、故ニ是等ヲ統一スルコトハ是ハ當然ナコトト私ハ考ヘル、此憲兵、警察ノ統一ハ、今日ノ狀態デ當然デアル、統一ヲシマスナラバ、然ラバ何レカラ此命令ヲ出スカト言フナラバ、文官ガ武官ニ向ッテ命令ヲ出スコトハ出來マスマイ、是ハ今日許サレテ居リマセヌ、然ラバ之ヲ統一スル以上ハ、何ト致シテモ此憲兵ヲシテ其命令ヲ出サセルヨリ外ニハナイ、此憲兵ノ下ニ命令ヲ統一スルヨリ致方ハナイノデアリマス、ノミナラズ滿洲ニ旅行セラレタル方々ハ、誰デモ御承知ノコトデアリマセウ、關東州ノ中心ノ都市デアル大連ヲ出發スル汽車ニ、武裝シタル警察官、武裝シタル兵士トヲ乘込マサナケレバ鐵道ノ安全、旅客貨物ノ安全ガ保テナイ、關東州ノ停車場ノ中ニスラ土嚢ヲ築キ、壘壁ヲ築イテ置カナケレバ、卒ザト云フ時ニ間ニ合ハヌト云フコトデアル、滿洲ニ於ケル普通警察官ガ從「ゲートル」ヲシ、鐵砲ヲ持チ、「ピストル」ヲ持チ、警察署ニハ機關銃ヲ用意シ、爆彈ヲ用意シ、飛行機サヘモ少數デアルケレドモ、借入レテ用意シテ置カナケレバナラヌト云フヤウナ、謂ハヾ滿洲ハ、關東州ノ大連ノ端ニ至リマスマデガ戰時狀態デアル、少クモ半鐵砲ノ時代デアル、此時代ニ純粹ナ文官タル警察官ヲシテ滿洲ノ治安ヲ維持セシムルト云フコトノ斷ジテ出來得ザルコトハ、何人デモ是ハ御承知ノコトデアリマセウ、是ハ私ガ申上ゲルマデモナイ、故ニ私ハ滿洲ノ機構ヲ統一シ、滿洲ノ機構ヲ改革シテ、サウシテ憲兵、警察ノ統一ヲ圖ル場合ニハ、日本ノ今ノ法制ノ建前カラシテ、日本ノ今日ノ政治ノ根本方針ヨリ致シマシテ、之ヲ憲兵ノ命令ノ下ニ從ハスコトハ、已ムヲ得ナイノミナラズ、憲兵ハ日滿攻守同盟ノ議定書ニ依リマシテ、滿洲何レノ所ニ於テモ治安維持ノ責任ノ任ニ當ルコトガ出來ルノデアル、此命令ノ下ニ服スルコトニ依ッテ、滿洲何レノ地ニ於テモ治安維持ノ任ニ當ルコトガ出來ル、是等ノコトヲ考ヘマスニ、私ハ滿洲機構改革ニ付テ政府ノ執ラレタ所ノアノ案ハ完全ナルモノデアッテ、今日アレ以外ニ途ハナイト私ハ信ズル、ケレドモ玆ニ一應私ハ申上ゲテ置キタイコトハ、私ハ此改革案ニハ贊成デアル、斯ウナクテハナラヌト私ハ信ジテ居ル、併ナガラ此事ハ國防ニ關スル日滿議定書ガ出來テ、滿洲ノ治安維持ニ日本ノ國ガ當ルコトノ出來ル時ニナッタ其際ニ於テ、直チニ之ヲ實行サレベキモノデアッタト私ハ考ヘル、ソレヲ一兩年間之ヲ放任シテ置イタト云フノハ――少シ冒瀆ガ恐イカ知レマセヌガ、放任シテ置カレテ、突如トシテ昨年ニ至ッテ此案ヲ出サレタ、玆ニ誤解ノ根本ガアッタノデアリマス、玆ニ色々ナ行違ガアッタノデアリマス、私ハ之ヲ此內閣、アナタ方ノ怠慢ト申上ゲルノデハナイ、現內閣ノ怠慢ト申上ゲルノデハナイ、ケレドモ現內閣ノ怠慢トモ私ハ申サナケレバ、單ニ軍部ノ怠慢トモ申サナイ、政治家諸君ニモ此罪ハ相當ニアラウト考ヘル、アノ際ニ政治家達ハ飛込ンデ、此事ニ向ッテハ相當ナル努力ヲ拂ヘナケレバナラナカッタノダ、謂ハヾ政治家モ之ヲ傍觀シテ居ッタ態度カラ申スナラバ、責任アリトスルナラバ、時ノ政府ニモアリ、軍部ニモ、政治家ニモアル、私ハ是等ノ責任ヲ彼此レ言フノデハアリマセヌ、斯ノ如キ事柄ガ、斯樣ナ怠慢、斯樣ナ事柄ガ、卽チ誤解ヲ招イデ先般ノ如キ不祥ナ事態ヲ惹起シタノデアリマス、此事ヲモウ一ツ私ガ進ンデ申スナラバ、其起ッタ根本ノ原因ハ何デアルカト申シマスルナラバ、滿洲ニ於テノ政治ノヤリ方ガ、滿洲ノ土地ヲ治メル所ノヤリ方ガ、法律ト、技術ト、制度ト、武力ト、此四ツガアリサヘスレバ完全ニ滿洲ヲ治メテ行クコトガ出來ルノダト考ヘタ、此處ニ根本ノ間違ガアルノデアリマス、私ハ此點ヲ十分ニ御諒解ガ願ヒタイ、此點ヲ十分ニ御考ヘ下サラヌケレバ、將來私ハ恐ルベキコトヲ惹起スト考ヘマス、大體政治ニ對スル所ノ認識ヲ誤ッテ居ラレタ、之ヲ極端ニ申スナラバ、政治ヲ無視シテ政治ヲシヨウト云フ考ガ私ハ根本ノ誤リデアッタト考ヘル(拍手)政治ノ要諦ハ、政治ノ妙味ハ、人間ノ心ヲ掴ム所ニアルノデアリマス(拍手)ドレ程法律ガ完全シテモ、ドレ程制度ガ完全シテモ、ドレ程軍備ガ完全ヲシテモ、民心ヲ掴ムコトガ出來ナカッタナラバ、斷ジテ國家ハ治ッテ行クモノデハナイト云フコトヲ私ハ申上ゲテ置クノデアリマス(拍手)私ヲシテ不祥ナル例ヲ引クコトヲ御許シ願ヒタイ、世間デハ色々言ヘレマスガ、寺內總督ガ朝鮮ニ於ケル施政ハ誤ッテ居ナカッタト私ハ信ジテ居ル、其寺內總督ノ善政八年ノ間ニ、山ハ青クナリ、道ハ完全ニナリ、警察制度ガ改善ヲセラレ、裁判制度ガ改善ヲセラレ、有ユル施設ハ完全ヲ告ゲタノデアリマス、然ルニモ拘ラズ、寺內總督八年ノ後ニ、全朝鮮半島ニ萬歳騷ガ起ッタデハアリマセヌカ、行政ガ完備シ、法律ガ完備シ、山ガ青クナッテ、道ガ良クナッテ、稅金ガ安クナッタ、ソレダケデ國ガ治ッテ行クコトガ出來ルナラバ、ソレナラバ世ヲ治メテ行クコトハ何デモナイ、困難ノコトデハアリマセヌ、世ノ中ニ思想ノ惡化ニ惱ミ、民心ノ混亂ニ惱ンダモノハアルベキ筈ハナイニモ拘ラズ、東西古今幾多ノ實例ガアルト云フコトハ、現ニ朝鮮ニ於テモソレデアル、而モ此朝鮮ノ民心ガ昭和六年ノ九月十八日ノ北大營ニ於ケル一發ノ砲聲ト共ニ、朝鮮全半島ノ民心ハピタリト治ッテ、今日ノ現狀ヲ來シテ居ルデハアリマセヌカ、此朝鮮全半島ニ寺內總督ノ善政アルニモ拘ラズ、八年ニシテ萬歳騷ガ起リ、北大營一發ノ砲聲ト共ニ朝鮮全半島ノ民心ガ平靜ニ歸シタト云フコトハ何ヲ物語ッテ居ルノデアルカ、此間ノ呼吸ガ分ラズシテ、政治ヲ行フト云フガ如キコトハ、斷ジテ誤マレルコトデアルト私ハ信ジマス(拍手)若シ將來滿洲ニ對スル對策ノ上ニ政治ナキ法律、政治ナキ行政、政治ナキ武力ヲ以テシテ、對滿政策ヲ遂行セントセラレマスナラバ、木ニ緣ッテ魚ヲ求ムルガ如キモノデアッテ、朝鮮ノ萬歳騷ギ、旣往ノ改革ニ於ケル不祥事件ハ、遠カラズシテ私ハ滿洲ノ地ニ起ルコトヲ憂フルノデアリマス、是ハ私ノ衷心ノ心配デアル、私ノ衷心ノ憂デアリマス、私ハ故ニ是レ以上多クノ言議ハ要シマセヌ、私ノ言葉ニ於テ十分ニ政府諸公ハ御吟味下サッテ、私ハ國ヲ愛シ、國民ヲ愛シ、滿洲ヲ愛スレバコソ、東洋ノ平和ヲ愛スレバコソ、私ハ此言ヲ致スノデアリマス、何卒私ノ此言ニ十分ナル御考慮ヲ拂ヘレンコトヲ願ヒマス、私ハ此警告ヲ與ヘ、此考慮ヲ求メマシテ私ノ今日ノ質問ヲ打切リマス、何卒私ガ先キニ申上ゲマシタ如キ、其意味ニ於テノ御親切ナル御答辯ヲ戴キマシテ、根本ニ觸レタ御答辯ヲ戴キマシテ、今日ノ國民ヲシテ安心セシメ、岡田內閣ガ其日限リノ政治ヲシテ居ナイ、固キ決心ノ下ニ、一定ノ指導精神ノ下ニ政治ヲ爲シツヽアルト云フコトヲ、ハッキリ國民ニ認識サセテ下サランコトヲ切ニ國家ノ爲ニ御願ヲ致ス次第デアリマス(拍手)

第一　臨時利得税法案(政府提出)

第一讀會(前會ノ續)

(中島彌團次君登壇)

○中島彌團次君　私ハ只今提案サレマシタ所ノ臨時利得税ニ付キマシテ、總理大臣、大藏大臣、商工大臣及陸軍大臣ニ向ッテ質問致シテ見タイト考ヘル次第デアリマス、此日本ノ今日ノ税制ノ制度カラ考ヘテ見マシタナラバ、不勞利得ニ對シテ課税スル所ノ制度ハ極メテ貧弱デアリマシテ、僅カ相續税ト法人ノ超過所得税ト、二ツアルバカシデアリマス、而シテ大正七年ヨリ實施サレマシタ所ノ戰時利得税ガアリマシタケレドモ、是ハ現在ノ超過所得税ニ變形サレマシテ、此中ニ織込マレテ來マシタカラ、此二ツノミガ不勞利得ニ對スル所ノ、日本ノ現在ノ課税制度デアリマス、顧ミテ見マスナラバ、現在ノ日本ノ國ニ在リマシテハ、御承知ノ通リ資本主義經濟組織デアリマシテ、富メル者ハ益々富ミ、貧シキ者ハ益々貧シクナルト云フヤウナ狀態デアリマシテ、殊ニ昨年ノ災害ガアッテ以來、農村ト都會ニ於ケル所ノ富ノ横衡ハ、著シク破壞サレマシテ、一方ニ於キマシテハ軍需景氣、爲替安ニ依ル所ノ輸出貿易ニ依ッテ利得ヲ得タ所ノ人々、其外金山其他ノ鑛業ノ發展ニ伴フヤウナ、斯ノ如キ所ノ景氣ニ依リマシテ、非常ニ利得ヲ得テ居ル者ガ他ノ一方ニアリマス、他ノ一方ニ於キマシテハ、其日ノ生活ニ困ルヤウナ狀態デアリマシテ、斯ノ如キ社會狀態ト云フモノハ、之ヲ革命的手段ニ依ッテ是正スルト云フナラバ、別問題デアリマスルケレドモ、立法的ノ手段ニ依ルト云フコトニ致シマスナラバ、租税制度ニ依ッテ之ヲ、富ノ分配ノ平均ヲシテ行クト云フコト、不公平ヲ直シテ行クト云フコトガ、私ハ最モ時宜ニ適スル所ノ手段デアルト云フコトヲ考ヘル次第デアリマス、(拍手)加之是等ノ問題ニ付キマシテハ、晋ニ現在ノ日本ノ國ニ於キマシテ、税制ノ要求バカシデハナク、即チ税制ニ依ッテ富ノ分配ト云フコトヲ、公平ニシテ行クト云フコトノ理由バカシデモナク、一方ニ於キマシテハ赤字ガ益々澤山出テ參リマシテ、此議場ニ於キマシテモ屢々論ゼラレマシタ如クニ、如何ニシテ公債ノ增發ヲ止メテ行クカ、或ハ財源ヲ得テ行クカト云フコトハ、又公債ノ將來ガドウ云フヤウニナッテ行クカト云フコトニ付キマシテハ、屢々此議場ニ於テモ論ゼラレマシタ所デアリマス、斯ノ如ク歲入多々益々辨ズル時ニ當リマシテ、本臨時利得税ヲ起スト云フコトニ付キマシテハ、私共ハ雙手ヲ擧ゲテ贊成スル所ノ一人デアリマス、而シテ贊成スルト云フ所ノ理由ハ何處ニ在ルカ、贊成スルニ致シマシテモ、政府ガドウ云フ考ニ依ッテ之ヲ作ラレタノデアルカ、又此税率ノ盛リ方其他ノ點ニ付キマシテ、政府ノヤリ方ガドンナ考ヲ有ットルカト云フコトニ付キマシテハ、十分私共ハ質問ヲシテ行ッテ見タイ

今日ノ景氣ヲ考ヘテ見マスルト云フト、屢々申サレマシタ如クニ、跛行的景氣デアリマス、即チ軍需品、軍需工業ノ景氣、爲替安ノ景氣、是等ノ景氣ガ主タルモノニナッテ居リマスルガ、ドノ程度ニ於テ景氣ガ起ッテ來テ居ルカ、ソコニ又ドレダケノ點ニ於テ利得ガアルカト云フコトニ付テハ、是ハ詳シク研究シテ見ナケレバナラナイ、景氣ヲ測定致シマスル所ノ係數カラ考ヘテ見マスレバ、金利ノ點カラモ論ゼラレマス、通貨ノ點カラモ論ゼラレマス、會社ノ資本ノ新設、增設計畫カラモ論ゼラレマス、東京取引所ニ於ケル所ノ株式ノ取引高ニ依ッテモ亦論ゼラレマス、手形交換高ニ依ッテモ論ゼラレマス、爲替ノ點ニ於テモ論ゼラレマス、是等ノ七點若クハ八點ニ亙ル所ノ經濟界ノ景氣ノ趨勢カラ達觀致シテ見マスナラバ、昭和九年ノ景氣ハ何年前ニ於ケル所ノ景氣ニ當ッテ居ルカト云フコトヲ考ヘテ見マシタナラバ、數字ノ上カラ見テ見マシタナラバ、大正六年ノ景氣ヨリモ餘程宜シクッテ、大正七年ノ景氣ニ對シテハ少シ足ラナイト云フヤウナ數字ノ點ニ落付イテ居ルノデアリマス、併ナガラ是等ノ細カシイ點ニ付キマシテ申上ゲルト云フコトハ煩雜デアルカラ、私ハ申上ゲマセヌガ、今申上ゲマシタ通貨トカ、新設、增設、貿易、株式取引高、手形交換高ト云フヤウナ是等ノ點カラ觀察シテ見マスルト云フト、相當ニ昭和九年ノ景氣ハ出テ參ッテ居リマス、殊ニ法人ノ所得ニ至リマシテハ、昭和八年ハ十億ニ達セント云フヤウナ狀態デアリマシテ、昭和七年ノ八億ヨリモ更ニ二億ダケ多イヤウナ狀態デアリマス、サウシテ一方カラ申上ゲマスナラバ、製造工業家ガドレ位ノ利得ヲ得テ居ルカト申シマスナラバ、昭和五年及六年ニ於キマシテハ、資本ニ對スル所ノ利廻ガ僅ニ四分乃至五分ト云フヤウナ程度デアリマシタガ、昭和九年ノ下半期ノ統計ヲ見テ見マスナラバ、此統計ヘ或ル大手筋カラ手ニ入レマシタ極メテ正確ナル統計デアリマスルガ、製造工業デハ資本ニ對スル利益率ガ、約一割五分ニナッテ居リマス、全産業ヲ平均致シマスナラバ、一割七厘ト云フヤウナ程度ニナッテ居リマシテ、本税ヲ課ケラレル所ノ核心ガ何處ニアルカト言ッタナラバ、此製造工業デアリマスト、製造工業ハ一割五分ノ資本ニ對スル收益率デアリマスルカラ、昭和五年若クハ六年ニ對シマシテハ、約三倍ダケノ收益率ガアルト言ウテ宜シイ、果シテ然ラバ茲ニ三倍ニ相當スル所ノ不勞利得ガアルト言ウテ宜シイ、固ヨリ是ハ勞セズシテ取ッタ所ノ利得バカシデハアリマセヌ、實業家ガ努力奮鬪シテ得タル所ノ利得ニハ相違アリマセヌガ、時局ノ好影響即チ政府ノ政策及世界的ノ色々ナル變動、其他ノ原因ニ依リマシテ、此利得ガ生ジタト申シマスナラバ、不勞利得ノ分子ガ之ニ加ハッテ居ルト云フコトハ、是ハ當然ノ結果デアルト言ウテ私ハ宜シイト考ヘマス、此意味カラ致シマスナラバ、之ニ向ッテ課税ヲスルト云フコトハ、是ハ當然ノコトデアリマシテ、政府ガ今日之ヲ提出スルコトガ遲イト言ウテモ、私共ハ宜イヤウナ狀況デアルト考ヘル、前ノ齋藤內閣ニ於テモ之ヲヤルベキデアッタト私共ハ考ヘマス、然ルニ拘ラズ第六十五議會ニ於キマシテ、我黨ノ川崎克君カラ、軍需景氣ニ依ッテ金ヲ儲ケタ人ガアッタナラバ、其點ニ付テ課税シタナラバ宜シイデハナイカト云フ所ノ質問ガアリマシタニ對シマシテ、高橋大藏大臣ハ、儲ケタ時ニ課ケルナラバ、損ヲ致シタ時ニハ減税ヲシテヤラニヤナラヌト云フコトノ御答辯ガアッタ、此點ニ關シマシテ、本案ハ固ヨリ高橋大藏大臣ノ立案デハアリマセヌ、前藤井大藏大臣ノ立案デアリマスルガ、責任ヲ以テ此議會ニ提出サレタ以上ハ、高橋大藏大臣ハ之ニ贊成致シ、之ヲ遂行スル所ノ義務ガアル、尚且ツ藤井前藏相ハ、所謂高橋財政ヲ繼グト云フ點ニ於キマシテ、

高橋サンノ精神ヲ承ケテヤラレタト考ヘマス、果シテ然ラバ、高橋大藏大臣ハ、第六十五議會ニ於ケル我黨ノ川崎克君ノ質問ニ對スル所ノ答辯ニ付キマシテ、其時ノ心境ト今日ハ御變リニナッタノデアリマセウカ、此點ニ付キマシテ高橋大藏大臣ノ明快ナル御答辯ヲ煩ス次第デアリマス

　更ニ斯ノ如ク致シマシテ本税ハ不勞利得ガ玆ニ生ジテ居ル、兎モ角モ昭和五年、六年ニ對シテ儲ガアルト致シマスナラバ、之ニ課税スルコトガ當然ノ結果デアルト云フコトヲ私共ハ考ヘルノデアリマスガ、本税ハ政府ニ於キマシテハ、斯ノ如ク不勞利得ニ課スルト云フ意味ヲ以テ立案シタノデアルカ、不勞利得ニ課スルト云フ意味以外ニ、更ニ歳入ノ必要ニ依ッテ之ヲ課セントスルモノデアルカ、此點ニ付キマシテモ十分ナル御答辯ヲ戴キタイ、而シテ前大藏大臣ハ、公債漸減ノ方策ヲ執ラレテ居ッタノデアリマス、本税ハ三千万圓若クハ四千万圓ト云フ所ノ少額デアリマスルケレドモ、公債漸減ノ方針ノ一端トシテ之ヲ課スル御考デアルカ、更ニ前大藏大臣ハ財政審議會ト云フモノヲ作リマシテ、豫算ニ見積ッテアリマシタ、今ハ削除シテアリマスルガ、更ニ是カラ財政、行政、殊ニ税制ノ根本的整理ヲ行ハントスル其端緒ト致シテ、第一歩ト致シテ、本税ヲ立案シタモノデアリマセウカ、高橋大藏大臣モ亦之ニ從ッテ、其方針デ將來税制ノ整理ヲ行フト云フ御考デアリマセウカ、此點ニ付キマシテモ、國民ノ一部ニ於キマシテハ疑ッテ居ル次第デアリマス、總理大臣ハ曾テ增税ヲシナイト言ウテ置イテ、增税ヲ計畫シタト云フコトヲ、政友會ノ人々カラ咎メラレタコトガアリマス、此壇上ニ於キマシテ、松村君及其他ノ人々カラモ論ゼラレタノデアリマスルガ、總理大臣ハ此點ニ付キマシテ、内政審議會ナルモノヲ設ケラレテ、此審議會ニ於キマシテ、第一ニ增税ヲスルト云フ事ニ付テ審議スルヤ否ヤ、税制整理ノ點ニ付キマシテモ亦其問題ト爲スヤ否ヤト云フコトニ付キマシテ、此壇上ニ於テ明言セラレンコトヲ希望致シマス

　而シテ此案ガ昨年十一月發表サレマシタ時ニ於キマシテハ、非常ニ世間ニ不人氣デアッタノデアリマス、其不人氣デアッタ理由ハ何デアルカト申シマシタナラバ、此案自體ガ惡カッタノデハナクシテ、大藏當局ガ此取扱ヲ誤ッタノデアル、總理大臣ハ增税ヲシナイト云フ所ノ明言ガアッテ、而シテ此增税ガ現レタト云フコトノ結果ガアッタ、世間ハ之ヲ評シテ總理大臣ガ食言ヲシタト言ウテ居ル、併ナガラ總理大臣ノ答辯ニ依リマスルト、昨年ノ風水害ガアッタカラ、已ムヲ得ズ斯ノ如キ增税ヲシナケレバナラナカッタト、斯ウ言ハレタ、是等ノ點カラ致シマシテ、增税シナイト云フコトヲ言ウテ置イテ、後カラ增税スルコトニナッタカラ、世間ガ非常ニ驚イタノト、モウ一ツハ大藏當局ガ斯ノ如キ增税案ヲ提案スルト致シマシタナラバ、先ヅ輿論ニ訴ヘル必要ガアッタト私ハ考ヘル、即チ突如トシテ、豫算閣議ノ始マラントスル前ニ於テ、昨年十一月頃ニ發表スルヨリモ、九月カ十月頃ニ發表致シマシテ、世間ニ訴ヘテ置イタナラバ、斯ノ如キ非難ハナカッタト考ヘマス、實業家ニ於キマシテハ、斯ノ如キ少額ノ税額ナラバ、課ケラレテモ構ハヌト云フ決心ヲシテ居ルコトハ、私共各地ヲ調査シテ參リマシテ承ッタ所ニ依リマスト、十分ニ其決心ガ付イテ居ルノデ、是ダケノ税金ナラバ、決シテ現在ノ産業ノ發達ヲ障碍スルモノデアルトカ、或ハ産業ノ將ニ芽生エントスル點ヲ摘取スルモノデアルトカ云フヤウナ非難ハ、當ヲヌモノデアルト考ヘル、寧ロ私共ハ此税ガ輕キニ失シハセヌカト云フコトヲ考ヘル次第デアリマス、此點ニ付キマシテ、數項ニ亙ッテ政府ニ向ッテ質問ヲシテ見タイノデアリマス

　第一、本税ハ世間一般ニ於キマシテハ之ヲ誤解シテ居ル人ガアル、昭和五年、六年ト云フヤウナ世界的不景氣ニ遭ウタ其時ノ、少シモ利得ノナイ零ト、サウシテ現在ノヤウナ一割五分モ二割モ利得ノアルヤウナ狀態トヲ比較シテ、サウシテ其利得ニ課ケルノデアルカラ酷デアルト云フノデアリマスガ、零ニ對スル所ノ一割五分若クハ二割、三割ト云フヤウナ比較デハナイ、七分ト云フモノガ根本トナッテ居リマシテ、昭和五年、六年ニ於キマスル所ノ法人ノ利得ニ對シマシテハ、七分以下デアッテモ七分ト見テアル、一口ニ申上ゲマスナラバ七分ガ標準デアル、サウシテ是カラ將來取ルベキ所ノ利得、ソレガ一割ナラ、一割ト七分ヲ比較シ、二割ナラバ二割ト七分ヲ比較スルノデアリマシテ、餘程寛大ニ是ハ見積ッテ居ルト私ハ考ヘル、三分若クハ四分カ五分シカ取レナカッタモノヲ、七分ノ儲ガアルト見テアルノデアリマスカラ、此間ニ二三分ノ餘裕ヲ見テアル點カラ云ヒマシテモ、餘程寛大ニ私ハ取扱ッテ居ルト考ヘマス、殊ニ彼ノ戰時利得税ニ於キマシテハ、大正六年ニ立案サレ、七年ニ施行サレタノデアリマスルガ、此時ニ於キマシテハ、僅ニ九分シカ利得ガナカッタモノ迄モ一割ノ利得ニ見テアリマシテ、一分シカ開キヲ見テナイ、今度ハ四五分ノモノヲ七分ニ見テアリマスカラ、二三分ノ開キヲ多ク見テアル點カラ考ヘマシタナラバ、戰時利得税ニ較ベマシテ、今度ノ臨時利得税ト云フモノハ、餘程寛大ニ取扱ハレテ居ルト言ウテ宜シイノデアリマス、斯ノ如ク實際ニ於テノ法文ノ形式ニ於キマシテハ、昭和五年六年ノ事業成績ト、昭和十年、ソレ以降ノ事業成績トノ比較デアリマスケレドモ、適用ニ於キマシテハ七分ヲ其礎ト致シマシテ、此七分ニ適用スルト同ジコトニナッテ居ル、斯ウ申シ參リマスルナラバ、第一ニ、松村君モ申サレマシタガ、超過所得税ト是ガ重複スル所ノ虞ナキヤ否ヤ、日本ノ所得税法ノ中ニハ超過所得税ガアリマシテ、御承知ノ通リ法人ノ資本ニ對シマシテ一割以上ノ儲ガアリマシタナラバ、四分乃至二割迄ノ累進税率ヲ課ケルコト、ナッテ居リマス、七分ト云フ點ヲ標準トシテ參リマスト云フト、此法人ノ超過所得税ト重複シテ參リマスルガ、此點ハ政府ハドウ云フヤウニ御考ニナッテ居ルノデアリマセウカ、超過所得税ハ法人ダケデアリマスルカラ、個人ニハナイデハナイカト云フ議論モ立ッテ來マス、然ラバ超過所得税ノ税率ヲ改正ヲ致シ、サウシテ個人ニ於ケル所ノ營業收益六千圓以上ノ者ニ對シテ、此税ト同ジヤウナ税率ヲ課ケルコトニ致シマシタナラバ、即チ個人ノ營業收益税ト法人ノ超過所得税ノ改正ニ依ッテ、此臨時利得税ト同ジヤウナ目的ガ、達セラレルノヂヤナイカト私共ハ考ヘル、觀念上ニ於テモ重複スル點ガアリマスルガ、其點ハ政府ハドウ云フヤウニ御

考ニナッテ居ルノデアリマセウカ、此點ヲ明確ニシテ戴キタイ

第二ノ點ト致シマシテハ、臨時利得税ト戰時利得税ト云フモノヲ比較研究致シマシタナラバ、本案ノ内容ガ能ク浮ンデ參リマシテ、私共ノ疑問トスル點ガ澤山アルノデアリマス、第一ニ臨時利得税ニ於キマシテハ戰時利得税ト異リマシテ、法人及個人ニ付テ利得ノ意義及範圍ガ違ッテ居ルノデアリマス、戰時利得税ニアリマシテハ、法人ニ於テハ、法人ノ利得税ト云フ點ニ付テハ、臨時利得税ト同ジヤウナ意義ヲ有ッテ居リマスルガ、個人ニ於キマシテハ、所得税ヲ課スベキ第三種ノ所得中、勤勞所得ガ除ケラレタ利得ガ戰時利得税ニ於キマシテハ課セラレテ居ルノデアリマシテ、船舶又ハ鑛山ニ關スル權利、若クハ設備ノ賣却ニ關スル點モ亦戰時利得税ニハアリマスルガ、本利得税ニハナイ、本税ニハアリマセヌデ、本税ニ於キマシテハ、唯法人モ個人モ共ニ營業ノ利得ダケニ限ッテ居ル、隨テ玆ニ除ケラレテ來ルモノハ配當ノ所得デアリマス、配當ノ所得ノ如キハ、本臨時利得税ニ付キマシテハ、課税ノ範圍外ニナッテ居ルノデアリマスルガ、御承知ノ通リニ昭和五年六年ニ較べテ、昭和十年ニ於ケル所ノ、若クハ昭和九年ニ於キマシテモ、有ユル配當ガ非常ニ增加シテ居ルコトハ、是ハ確カデアリマス、配當ノ所得ヲ何故ニ此課税ノ範圍カラ除イタノデアルカ、營利即チ營業税ニ課セラルベキ營利利得ノミニ之ヲ限ッタノデアルカ、此點ニ付テ吾々ハ頗ル疑問トシテ居リマス、固ヨリ配當所得ト致シマシテハ、株ハ轉換性ガアッテ、之ヲ調査スルノハ課税技術上カラ困難デアルト云フコトモ一ツノ理由デアリマス、又一方カラ考ヘマシタナラバ、配當ハ一旦法人ノ利益トシテ課セラレテ居リマスカラ、課スル必要ガナイト云フ理由ガ立ッテ參リマセウケレドモ、吾々ハ一方ニ於キマシテ、非常ニ儲ケテ、配當デ利得ヲ得テ居ル者ガアルニモ拘ラズ、他ノ方面ニ於キマシテハ、生活ニ困難シ、農村ノ救濟ガ叫バレテ居ルト云フ今日ニ於キマシテ、配當金ヲ除外スルガ如キハ社會通念上、私ハ許スベカラザルコトデアルト云フコトヲ考ヘル(拍手)單ニ之ヲ以テ課税技術上ノ點カラ困難デアルト云フヤウナ理由ノ下ニ、配當利得ヲ本税カラ除外スルト云フコトハ、私共ハ斷ジテ承服ガ出來ナイ所ノ一點デアリマス

更ニ第二ノ點ニ於キマシテハ、税率ノ點デアリマスルガ、税率ニ付キマシテ、戰時利得税ニアッテハ法人ニ對シテ二割、個人ニ對シマシテハ一割、本利得税ニアリマシテハ、法人個人共ニ税率ガ一割宛ニナッテ居リマスルガ、何故ニ法人ト個人トヲ税率ヲ同ジヤウニシタカト云フコトガ私共ハ分ラナイ、戰時利得税ノ方ガ此立法カラ行キマシタナラバ、臨時利得税ヨリモ私ハ進ンデ居ルト考ヘル、法人ガ個人ヨリモ經濟力ガ強クテ、擔税力ガ旺盛デアッテ、而シテ危險ニ對スル所ノ負擔能力ガ強イト云フコトモ、不景氣ノ時ニ於ケル對抗力ガ強イト云フコトモ、亦是ハ明デアリマスルカラ、戰時利得税ノ方ニ於キマシテハ、法人ガ二割ニナッテ、個人ガ一割ノ税率ニナッテ居ルノデアリマス、本税ニ於キマシテハ法人モ個人モ共ニ一割ニシテアル、其點ニ付テ何故ニ法人ト個人トノ税率ヲ區別シナカッタカ、少クトモ個人ヲ一割ニスレバ、法人ハ一割五分ト云フ程度ニスベキガ私ハ當然デハナイカト考ヘマス、殊ニ同ジ法人デアリマシテモ、今度ハ凸凹景氣デアリマシテ、儲ケテナイ法人モ多イ、一方ニ於テハ非常ニ利得ヲ得テ居ル法人ガアル、其點ニ付キマシテモ何等ノ參酌ヲシテ居ナイ、是ハ課税技術上非常ニ困難デアリマセウカラ、全體ノ法人ヲ一律一體ニ同ジ税率ヲ盛ルト云フコトモ、是ハ已ムヲ得ナイデアリマセウガ、少クトモ個人トハ別ノ税率ニ致シ、個人ノ倍ニスルカ、少クトモ五割增位ノ程度ニ法人ノ税率ヲ多クスルト云フコトガ、當然デナイカト私共ハ考ヘルノデアリマス、而シテ超過所得税ニ對シマシテハ、累進税率ヲ盛ッテアリマスルガ、本税ニ對シテハ比例税ニナッテ、一律一體ニ一割ノ税ヲ課スルコトニナッテ居リマス、獨逸ノ戰時利得税ノ立法ヲ繙イテ見マスルニ、斯ノ如キ超過利得税若クハ戰時利得税的ノモノニ於キマシテハ、累進税率ヲ盛ッテアルノデアリマスルガ、是ハ小ナル法人ト大ナル法人ト、即チ資本ノ大キイ法人ト、資本ノ小サイ法人トニ付キマシテハ、負擔能力ガ違ヒ、經濟能力ガ違フト云フ點カラ見マシテ、累進税率ニナッテ居リマス、此點ニ於キマシテモ、法人ニ付テ資本ノ大キナ法人ト、資本ノ小ナル法人トニ付テ、累進税率ヲ設ケタヲ如何デアルカ、或ハ税率ヲ異ニシタラ如何デアルカト云フコトニ付キマシテ、外國ノ立法例カラ參酌致シマシテモ、非常ニ是ハ意義ガアルコトデアリマスルガ、是等ノ點ニ付テ政府ハ如何ニ御考ニナルノデアリマセウカ、最近ニ於キマシテ資本課税ノ觀念ガ入ッテ參リマシテ、亞米利加ニ於キマシテハ「エヌ・アール・エー」運動ノ資本金ヲ得ンガ爲ニ、政府ハ昨年一箇年ニ限ッテ、法人ノ資本ノ千分ノ一ヲ其資本ニ對シテ課税ヲシテ居ルノデアリマス、資本課税ノ觀念ガ今日ノ立法、即チ租税立法ノ精神ノ中ニ餘程入ッテ來テ居ルヤウナ時勢ト致シマシタナラバ、小ナル資本ノ法人ト、大ナル資本ノ法人トニ付キマシテハ、是等ノ點ニ付テ十分ニ區別シ、參酌スルト云フコトガ當然デナイカト私共ハ考ヘルノデアリマス

更ニ其次ニ於キマシテハ免税點ノ點ニ付キマシテ、質問ヲ致シテ見タイ、此法律案ニ於キマシテハ、個人モ法人モ共ニ二千圓ダケガ、免税點ニナッテ居ルノデアリマス、二千圓ダケヲ個人モ法人モ控除スルコトニナッテ居リマス、戰時利得税ニ於キマシテハ平時所得ノ二割ヲ控除スルト云フコトニナッテ居リマシテ、換言致シマスナラバ、戰時利得税ニ於キマシテハ、定率控除主義ヲ採ッテ居ル、本税ニ於キマシテハ、定額控除主義ヲ採ッテ居ル、戰時利得税ガ定率控除主義ヲ採ッテ居ルニモ拘ラズ、何故ニ本税ニ於キマシテハ定額控除主義ヲ採ッタノデアルカ、此點ニ付テ大藏大臣ヨリ明確ナル答辯ヲ戴キタイ、二千圓ヲ控除スルト云フ點ニ付キマシテハ、洵ニ私共ハ一律一體ニ二千圓ヲ控除スルト云フコトハ、無意義ナヤウニ考ヘマス、何故ナレバ百万圓ノ利得ガアッタ者ニ對シテモ二千圓ヲ引クト云フコトハ、是ハ無意義ダ、六千圓ノ利得ガアッタ者ニ對シテ二千圓ヲ引クト云フコトハ、是ハ非常ニ有意義ダ、此點ニ鑑ミマシテ、一万圓以上ノ所得ガアッタ者ニ對シテハ二千圓ヲ引キマシテ、一万圓以下ノ者ニ對シテ二千圓ヲ引カヌト云フヤウナ工合ニ、即チ大ナル者ヲ多ク取リ、小ナル者ヲ保護スルト云フ、比較的小所得者ヲ保護スル意味カラ致シマシテ、一律一

位ニ二千圓ヲ引クト云フコトハ、是ハ殆ド意味ヲ成サナイト私共ハ考ヘマスルガ、此點ニ付テ如何ニ御考ニナッテ居ルノデアリマセウカ、サウシテ戰時利得税ハ一割引クトナッテ居リマス、百万圓儲ケタラ二割、即チ二十万圓引カレル、一万圓儲ケタラ二千圓ヲ引カレルコトニナッテ、定率主義デ行ッテ居リマシタガ、今度ハ百万圓儲ケタ者デモ二十圓引キ、而シテ六千圓儲ケタ者デモ二千圓引ク、共二千圓ノ百万圓ニ對スル所ノ限界效用ト、二千圓ノ一万圓ニ對スル限界效用トハ、非常ナ私ハ違ヒヲ有ッテ居ルト考ヘル、何故ニ定額主義ト云フモノヲ採ッテ定率主義ト云フモノニ反對シタノデアルカ、此點ヲ明ニシテ戴キタイ

更ニ法人ノ控除額ニ付キマシテ、非常ニ戰時利得税ト違ッテ居ル所ガアリマス、戰時利得税ハ一割ヲ引クコトニナッテ居リマス、サウシテ今度ノ利得税ニ付キマシテハ、七分ヲ引クト云フコトニナッテ居リマス、是亦此間ニ大ナル差異ガアリマスルガ、兎モ角モ戰時利得税當時ニ於キマシテハ非常ニ儲ケガ多カッタ、今度ヨリズット儲ケガ多カッタカラ一割引ク、今度ハ儲ケガ少イカラ七分引クト云フコトデアルカモ知レマセヌガ、此七分ト云フ意味ニ付キマシテ、何處ヲ標準トシテ七分ト算定シタノデアルカ、先ニ申シマシタ如クニ、昭和五年、六年ニ於ケル所ノ法人ノ平均ノ營業利得ト云フモノハ、是ハ五分デアリマス、大體五分デアリマス、私ハ此處ニ約千以上ノ法人ニ付テ計算ヲシタ所ノ利益ヲ持ッテ居リマスルガ、資本ニ對シテ大體四分乃至五分ト見タラ宜シイ、其四分乃至五分ニ對シマシテ二分ダケノ即ナ二三分ノ「マージン」ヲ見テアル、サウシテ一方ニ於キマシテハ戰時利得税ノ時ニハ九分ノ儲ケガアッタモノヲ、平均之ヲ一割ノ儲ケニ見テ居ル、此間一分ホカ開キヲ見テ居ナイ、戰時利得税ノ時程今日ハ景氣ガ出テ居ナイカラ「マージン」ヲ餘計見ナケレバナラヌト云フ理由ナラ、七分ニシタ理由ガ立派ニ立チマスガ、ソコニ於テ問題トナリマスル點ハドノ點デアルカト申シマシタナラバ、同ジヤウニ非常ニ儲ケタ法人ト儲ケナイ法人ガアル、試ニ擧ゲテ見マスルナラバ、硝子製造工業ノ如キハ三割九分ノ平均ノ儲ケヲ有ッテ居リマス、サウシテ其他ニ於キマシテモ、一割七分カラ二割五六分カラノモノモアレバ、九分カラ七八分ノモノモアル、甚シイモノハ四割以上ニ上ッテ居ルモノモアルノデアリマス、是等ノ點ヲ一律一體ニ七分控除スルト云フコトニ付キマシテハ、私ハ意味ヲ成サヌト考ヘル、此點ニ付キマシテハ少クトモ大ナル資本ノ法人ニ付テハ五分ダケヲ控除シ、小ナル資本ノ法人ニ付テハ七分ダケヲ控除スルト云フガ如クニ、是亦資本課税ノ觀念ヲ入レマシテ、玆ニ控除率ニ付テ差異ヲ設ケルト云フコトガ、立法上適當デナイカト私ハ考ヘル、ソレカラ個人ニ付キマシテハ三千圓ヲ控除スルト云フコトニナッテ居リマスルガ、其個人ノ控除ノ三千圓ハ、是亦戰時利得税ニ對シマシテ非常ニ違ッタ點デアリマス、戰時利得税ハ二分ノ一ヲ控除スルト云フコトニナッテ居リマス、是カラ考ヘテ見マスルナラバ、此税ト云フモノハ何時モ定額主義ヲ採ッテ居リマシテ、戰時利得税ハ定率主義ヲ採ッテ居リマス、定率主義ト定額主義トノ利害得失如何、何故ニ本税ニ限ッテ定額主義ヲ終始一貫御採リニナッタノデアルカ、定率主義ヲ排斥サレタノデアルカト云フ點ニ付キマシテ御答辯ヲ戴キタイ、此個人ニ付テ三千圓ヲ控除スルト云フ所ノ理由如何、個人ノ營業收益税ヲ、課セラルベキ所得ガ大體平均致シマシテ、二千五百圓乃至三千圓位ニナッテ居ルト云フ點ヲ御採リニナッタカモ知レマセヌガ、三千圓ノ根據ハ私共解スルニ苦ミマス、此點ニ付キマシテモ御答辯ヲ戴キタイ

更ニ免税點ノ件デアリマスガ、戰時利得税ニ付キマシテハ、免税點ガ三千圓ニナッテ居ルノデアリマス、即チ個人ノ利得ノ戰時利得ト平時利得トノ差引殘額ガ三千圓ナル時ニハ、戰時利得税ニ於テハ税金ヲ課ケナイコトニナッテ居リマス、本税ニ於キマシテハ個人ノ利得ガ六千圓ヲ以テ免税點トシテ居リマシテ、六千圓以上ノ利得ノナイモノハ、絶對ニ是ハ課ケナイ方針デアル、六千圓以上ノモノニ向ヒマシテ此税金ヲ課スルコトニナッテ居リマスルガ、戰時利得税ノ時ト建前ガ違ッテ居ル、戰時利得税ノ時ニハ戰時利得カラ平時利得ヲ差引イタ殘ッタモノガ足ヲナケレバ、之ニ税金ヲ課ケナイト云フ方針ニナッテ居リマスルガ、本税ハ頭カラ六千圓以下ノモノハ、之ニ税金ヲ課ケナイト云フ所ノ方針ニナッテ居リマスルガ、何故ニ六千圓ヲ標準トシタカ、此六千圓ヘ非常ニ意味ガアリマス、恩給法ニ於キマシテモ六千圓ヲ以テ一ツノ限界ト爲シテ居ル、更ニ所得税法第十五條ニ於キマシテモ、六千圓以下ノ所得ノ時ニハ、勤勞所得ニアッテハ二割ヲ差引クト云フコトニシテ居リマシテ、六千圓ト云フ點ニ付テハ立法上先例ガ多イノデアリマス、斯ウ云フ先例ヲ追ッテ作ッタノデアルカ、又中商工業者ノ所得ノ上カラ如何ニ見タノデアルカト云フコトヲ私共聽キタイ、中商工業ノ一般ノ利得ヲ、政府ハ六千圓ト見タモノデアルカ、若シ六千圓ト見タモノナラバ、六千圓ニ課スルト云フコトハ、是ハ中商工業ノ私ノ壓迫トナルト思フガ、サウデナクテ三千圓若クハ二千圓位ノ程度ノモノヲ中小工業ト見マシタナラバ、此六千圓ハ高キニ失シテ、免税點ガ五千圓デモ宜ケレバ、四千圓デモ宜イカモ知レマセヌ、之ニ付テ中商工業ニ付テノ利得如何、其利得ノ標準ヲナンボニ見タカト云フコトニ付キマシテ、中商工業者ニ對スル保護政策ヲ、政府ハドウ云フヤウニ考ヘテ居ルカト云フ所ノコトヲ、私ハ明ニサレタイト考ヘマス、六千圓ヲ以テ中商工業トスルノデアルカ、ソレ以下ヲ以テ中商工業ト取扱ッタノデアルカ、ソレ以上ヲ以テ中商工業トシテ、其點ヲ以テ境目トシタノデアルカ、此點ニ付キマシテ政府ハ中商工業者ニ對スル利得ノ最高限度ヲ、ドウ云フヤウニ見タカト云フコトニ付テ伺ッテ見タイ

更ニ其次ニ於キマシテハ是等ノ點カラ觀察致シマスルト云フト、本税ノ歳入ノ見込デス、此歳入ノ見込ニ付テハ私共ノ算盤ヲ以テ歳入ノ見込ヲ致シマスナラバ、此歳入ノ見込ヲ平年度ニ於ケル所ノ四千万圓、十年度三千万圓ト云フノハ、是ハ此歳入見込ト云フモノガ私ハ少額ニ失シハシマイカト考ヘル、少ナ過ギル、取リ方ニ依リマシタナラバ、何千万圓ト云フ、金額ハ私ハ申シマセヌ、又ソレハ想像ニ當リ、推算ニナルノデアリマシテ、私ノ算盤シタ事ハ不正確カ知レマセヌガ、色々ノ點カラ之ヲ立論致シマシタナラバ、初年度三千万圓、平年度四千万圓ト云フコトハ、少シク低イ、何故

低イカト申シマシタナラバ、前ニ申シマシタヤウナ工合ニ、本年、昭和九年ノ景氣ト云フモノハ、大正六年ノ下半期カラ大正七年ノ下半期ノ景氣ト同ジ數字ガ出テ居ル、同ジ數字ガ出テ居ルカラ、同ジ景氣ト云フ譯ニモ參リマスマイ、景氣不景氣ニ付キマシテハ、此數字ノ外ニ感ジト云フモノガアリマス、大正元年、二年カラ、ドカット出タ彼ノ大正七年八年ノ景氣ト云フモノハ、國民ガ痛烈ナ大キナ景氣ニ遭ッタヤウニ考ヘタ、併ナガラ昭和五年六年カラ段々景氣ガ出テ來テ、本年度ノ景氣ニナッタコトニ付キマシテハ、餘程景氣ハ出テ居ルケレドモ、國民ハ左程感ジナイ、ソレハ七年八年九年ト、ジク〳〵起ッテ來タ景氣デアルカラデ、前ニ申上ゲマシタヤウニ通貨ノ膨脹、會社ノ新設、株式取引高、手形交換高ト云フ、是等ノ經濟界ノ推定ノ「バロメーター」ノ點カラ較ベテ見マシタナラバ、餘程出テ居ルノデアリマス、相當ノ景氣ハ出ルベキ方面ニハ出テ居ル　殊ニ金利ガ安イト云フコトハ不景氣ヲ意味スル、金利ガ高イ時ハ景氣ガ好イ、併ナガラ金利ガ低クテ、而モ是ダケノ利得ガアルト云フコトハ、安イ金利ヲ使ッテ儲ケル人ハ非常ニ儲ケテ居ルト云フ意味デアル、一般ノ金利ノ低イト云フコトハ、卽チ此景氣ガ惡イト云フコトノ推定デアリマスケレドモ、個人々々ヲ考ヘテ見レバ金利ガ安クテ儲ケテ居ルト云フコトハ、金利ノ高カッタ時ノ儲ヨリ多イト云ッテ宜シイノデアリマス、物價ノ點ニ付キマシテハ、大正五年六年ノ平均シタモノガ現在ト大體同樣ノ物價ニナッテ居リマス、物價ハ餘リ騰ッテ居リマセヌ、卽チ外國カラ輸入シタモノハ騰ッテ居リマスケレドモ、平均シタモノハ非常ニ騰リ方ガ少イ、隨テ貨幣價値ノ變動ハ一割ソコ〳〵シカ變動シナイ、大シタ變動ハシテ居ナイ、是等ノ點カラ考ヘテ、此歲入見積ガ多イカ少イカト言ッタナラバ、非常ニ少イ、歲入ハ是ヨリモズット取レルト考ヘル、何故カト云フト、第一ニ戰時利得稅ガ起ッタ時ニ於キマシテハ、政府ノ見積ハ初年度ニ於テタッタ千八百万圓デアッタ、驚イタデス、提出ノ豫算ガ大正六年ニ於キマシテハ、タッタ千八百万圓、ソレガ決算ニ於テドレ位取レタカト云フト、八千百万圓取レテ居ル、是程見込ガ違フ、斯ウ云フ歲入ノ見積方モ恐ラク例ガナカラウト考ヘルノデアリマス、當時ノ大藏當局ハ誰デアッタカ私ハ忘レマシタガ、八千百万圓取レテ居ルモノヲ、千八百万圓シカ見積ッテ居ナイ、此點カラ考ヘマスルト驚クベキ數字ノ見込違デアル、更ニ大正八年ガ五千二百万圓ノ豫算デアッタモノガ、驚ク勿レ一億六千二百万圓取レテ居ル、五千二百万圓ニ對シテ一億六千二百万圓デアルカラ、三倍以上ノ收入ガ取レテ居リマス、ソレハ大正九年ニ於キマシテモ、二千八百万圓見積ッタモノガ、三千四百万圓取レテ居ル、サウシテ大正十年ニ戰時利得稅ハ廢止サレマシタガ、十年ニ廢止サレテ以來、十二年ニ至リマスマデ、十年ガ五百万圓、十一年ガ九百万圓、十二年モ十三万四千圓ト云フ工合ニ、合計致シマスト、二億四百万圓ノ豫算ニ對シマシテ二億八千七百万圓取レテ居ル、七割以上餘計取レテ居ル、七割ダケ大キク取レテ居ルヤウナ狀況デアリマシテ、甚シキ時ニ至リマシテハ、三倍モ取レテ居ル年モアル、是カラ考ヘマスルナラバ　此本稅ガ三、四千万圓デハ納マリハシナイ、是ハ少クトモ平年度ニ於キマシテ六千万圓、ウッカリスルト七千万圓マデ行クカモ知レナイ、私ハ斷言致シマセヌガ、ソコニ一ツノ、昨年度カラ今年度ヘ掛ケマシテ、大藏當局ガ歲入見積ニ付テ寬大デアッテ、而モ相當ニ是ガ增加スベキ根據ノアル數字ヲ私ハ持ッテ居リマス、卽チ此超過所得稅ニ付キマシテモ、六百万圓程昭和五年ニ取レタモノガ、昭和八年ニナリマシタナラバ、一千一百万圓超過所得稅ガ取レテ居ル、此程度カラ、此上リ工合カラ見テ見ルナラバ、本稅ト同ジヤウナ主義、性質ヲ有ッタ超過所得稅ト云フモノガ、六百万圓取レタモノガ、現今ハ一千一百万圓、殆ド二倍取レテ居ル、是カラ考ヘマスト、先々ノ歲入見積カラ考ヘテモ、本稅ノ實績ハモット大キクナッテ來ルノデハナイカト考ヘル、更ニ法人ノ所得カラ考ヘテ論ジテ見ルナラバ、法人ノ所得ガ昭和六年ニ於キマシテハ七億デアリマス、昭和六年ガ七億デアッテ、昭和八年ハ十億デアッテ、昭和九年ハ何ボカ、私共ノ推算デハ恐ラク十二億トナリマス、假令十億ト致シマシタ所ガ、昭和六年ノ七億ト、昭和八年ノ十億ト差引イタラ、三億アルカラ、其三億ノ一割取ッタラ三千万圓ト云フ見當ガ政府ノ見積リダラウト私ハ考ヘマスルガ、十年ニ於キマシテハ、恐ラク十二億圓位ニ上ッテ來ルノデハナイカト考ヘル　假ニ十二億ト致シマシタナラバ　昭和六年ノ七億ト差引致シマスト、五億ダケ法人ノ所得ガ多クナッテ來ルノデス、其一割ヲ取ッタラ五千万圓ハ、是ハ取レテ來ルト云フコトニナッテ居ル、少クトモ三四千万圓以上ト云フコトハ是ハ確カデアリマス、更ニモウ一ツハ課稅技術ト云フモノガ非常ニ發達シマシテ、御承知ノ通リニ大正七年、八年ノ頃ノ課稅技術ヨリ非常ニ發達致シマシテ、苛斂誅求、巧妙ヲ極メルヤウニナッテ居ル、是カラ考ヘテ見マシタナラバ、本稅ノ見積ノ平年度四千万圓、初年度三千万圓ト云フモノハ、是ハ低キニ失スルノデアッテ、此點カラ考ヘテ見マスト、本稅ハ少クトモ平年度六七千万圓、初年度四五千万圓ニ行クノデハナイカト云フ所ノ私共ハ觀察ヲ下ス次第デアリマス、尙ホ此點ニ付キマシテハ、詳細ナル數字ノ根據ヲ持ッテ居リマスルガ、此處ニ發表スルコトノ出來ナイノヲ遺憾トスル次第デアリマス

　而シテ其次ニ於キマシテハ、本稅ノ一ツノ功績ト云フベキハ何デアルカト申シマスルナラバ、製鐵業ノ如キ莫大ナル利益ヲ貪ッテ、此景氣ノ中ノ最モ好イ景氣ノ會社ニ數ヘラレテ居ル所ノ製鐵業ニ對シマシテ、今迄ハ營業收益稅及所得稅ガ免ゼラレテ居リマスルガ、本稅ニ限ッテ之ニ課スルコトニナッタト云フコトハ、寔ニ結構ナコトデアリマス、更ニ公債ノ利子ニ付キマシテモ、本稅ニ付キマシテハ控除シナイ、金融資本家ニ對シテ媚ビ諂ハナイト云フ所ノ、斷乎トシテ之ヲ彈壓スル大藏當局ノ意氣ハ此點ニ於テ私ハ買ッテヤラナケレバナラナイト考ヘル、此二ツノ點ハ此本稅ノ大出來デアルト考ヘル

　町田商工大臣ニ御尋申上ゲマスルガ、現在ニ於キマシテ製鐵業ハ非常ニ盛ニナリ、銑鐵ハ御承知ノ通リニ「スチール」ニ對シテ半分ト云フノガ普通ノ値段デアリマスルガ、世界的軍需景氣ノ旺盛ナルニ伴ヒマシテ、大變ニ此「スチール」ノ方ガ騰貴シテ居リマシテ、銑鐵ニ對スル所ノ倍ト

云フノガ是ガ普通ノ採算デアリマスガ、ソレ以上ニ騰貴致シ、銑鐵ト云フモノ、需要ガ非常ニ多クナッテ、製鐵業ノ利得ト云フモノガ、一割五分カラ二割以上ニ達スルヤウナ會社モアルヤウナ狀態ニナッテ居リマス、此狀態ニ對シマシテ、從來之ニ對シテ製鐵奬勵法ヲ拵ヘ、營業收益稅ト所得稅ヲ免除シテアリマシタガ、此營業收益稅、所得稅ヲ免除セズニ課稅スル所ノ、所謂製鐵奬勵法ニ付テ免除規定ヲ廢止スル所ノ御意見アリヤ否ヤ

更ニ銑鐵ノ不足ハ大變ナモノデアリマシテ、今日之ニ付キマシテノ數字ハ煩雜ニ亙リマスカラ止メマスガ、關稅改正ノ意思アリヤ否ヤ、即チ關稅ヲ引下ゲル所ノ意思アリヤ否ヤ、此點ニ付キマシテ町田商工大臣ニ御尋スル次第デアリマス

更ニ本稅ノ施行期ノ問題デアリマスルガ、施行ノ期間ニ付テハ本法ハ明記シテナイ、戰時利得稅ニアリマシテハ、講和條約締結ノ時限リトアリマシテ、講和條約ガ締結サレマシタナラバ、直チニ本稅ハ廢止サレルコトニナッテ居リマシタガ、此稅ニ付キマシテハ臨時利得稅ト書イテアル位ダカラ、全體ノ法文ヲ讀ンデ見マシタナラバ、臨時ト云フコトガ明確デアリマセヌ、隨テ臨時ト云フモノハ二年續クカ、三年續クカ、四年續クカ分ラナイ、此點ニ付キマシテ政府當局ハ凡ソ何箇年間ヲ豫定シテ居ルノデアルカ、臨時ト云フ意味ハ、次ノ財政經濟及、殊ニ稅制ノ整理ノ時マデヲ意味シテ居ルノデアルカ、或ハ今日ノ政策、即チ「インフレ」政策、殊ニ軍需景氣、此點ニ付テ陸海軍ノ豫算ガ現在ノ程度ヲ維持シ、而シテ爲替ガ現在ノ程度若クハ是ヨリ懸落シテ、輸出貿易ト云フモノガ阻害サレズニ順調ニ發達シテ行クト云フコト、是等ノ點ニ付キマシテ、現在ノ政策ト現在ノ經濟狀態ト云フモノヲ豫想シテ、是ガ續ク限リヤヲレルノデアルヤ否ヤ、此點ニ付キマシテ施行期間ニ付テ凡ソドレ位ノ所ヲ著眼セラレテ居ルノデアルカ

更ニ臨時デアリマスルカラ、經常的ノモノデアリマセヌ、是ガ廢止サレタ時ニ於キマシテハ、超過所得稅ノ中ニ再ビ織込マレテ、而シテ超過所得稅ノ稅率ヲ增加シ、或ハ個人ノ場合ハ營業收益稅ニ付キマシテ、營業收益稅ノ累進的稅率ノモノ、中ニデモ之ヲ織込ンデ行クノデアルカ、法人ノ場合ハ超過所得稅ノ中ニ織込ンデ行クノデアルカ、即チ戰時利得稅ガ超過所得稅ニ織込マレテ行ッタ如キ運命ヲ本稅ガ辿ルノデアルカ否ヤ、此點ニ付キマシテ政府ノ御觀測ヲ承リタイ

而シテ本稅ノ施行區域ノ問題デアリマスルガ、是ハ內地ハ固ヨリ臺灣、關東州及朝鮮ニ於テ施行サレルコトニナッテ居リマス、朝鮮ニ於キマシテハ法人ノ場合ニ於テ施行致シ、個人ノ場合ニ於テハ施行ガナイ、其理由ハ朝鮮ニ於テハ個人ノ所得稅及營業收益稅ガ昭和五、六年ニナカッタカラ、標準ガナイト云フ理由デアリマスルガ、何等カ茲ニ標準ヲ設ケテ課スル所ノ必要ガアラウト思ヒマスガ、朝鮮ニ於キマスル是等ノ點ニ付テ如何ニ御考ニナルカ、茲ニ南洋ニ於キマシテハ此稅ガ施行サレヌコトニナッテ居リマス、隨テ此時局ノ莫大ナル利益ヲ得タ所ノ南洋興發株式會社ト云フモノガ本稅カラ除外サレルコトニナリマス、是等ノ點ニ付キマシテモ、一會社ノ問題デアリマスルケレドモ、兔ニ角大ナル儲ノアル會社ガ除外サレルト云フコトハ、是ハ所謂他ノ會社ニ對スル公平ノ上カラ考ヘマシテモ、南洋ニ對シテ何等カノ方法ヲ以テ本稅施行ノ方法ヲ講ズルノ意思アリヤ否ヤ、是等ノ點ニ付テ御答シテ戴キタイ

更ニ最後ニ陸軍大臣ニ質問致シタイノデアリマス、陸軍ノ豫算ヲ見テ見マスルニ、作戰資材、即チ國防充備費ノ昭和十年度ニ於キマスル所ノ豫算ガ、一億一千六百万圓ト云フ所ノ莫大ナ豫算ヲ計上サレテ居リマス、更ニソレガ昭和十一年度ニ於キマシテハ、僅ニ一千七百万圓、一億一千六百万圓ガ一千七百万圓ニ減少スルヤウナコトニナッテ居リマス、僅カ一割ソコ〱ト云フヤウナコトニナッテ居リマスルガ、一億一千六百万圓ガ一千七百万圓ニ減少サレマシタ時ニ當リマシテ、本稅ニ謂ユル利益ヲ得ル所ノ會社ハ何デアルカト云ッタナラバ、大部分軍需工業ノ會社デアリマス、此豫算ヲ以テ致シマスナレバ、即チ一億一千六百万圓ガ一千七百万圓ニ下ッタトスルナラバ、軍需工業ノ大動搖トナリ、而シテ軍需工業界ニ於ケル所ノ利得ノ減少トナッテ、本稅ノ豫期スル所ノ利得ハ得ラレナイカモ知レナイ、斯ル點ニ付キマシテ陸軍大臣ハ民間工業能力ノ維持發達ノ點ニ付テ、而シテ本稅トノ關係ニ付テ如何ナル政策、如何ナル考ヲ有スルヤ、此點ニ付キマシテ陸軍大臣ノ明快ナル答辯ヲ要求スル次第デアリマス

最後ニ此本稅ハ御承知ノ通リ此內閣ガ出サレマシタ唯一ノ重大ナル政策デアリマシテ、之ヲ契機ト致シマシテ、稅制整理ガ行ハレルカ、增稅ガ行ハレルカト云フ所ノ重大ナル問題ノ是ハ出發點デアリマス、此意味カラ考ヘマシテ、此法案ト云フモノハ本議會ニ於テハ重大ナル意義ヲ有ッテ居リマス、而シテ此法案ガ若シ握リ潰サレルカ、或ハ否決サレマシタ時ニ於キマシテハ、政府ハ如何ナル態度ヲ採ルカ、換言スレバ衆議院ヲ解散致シ、斷乎トシテ國民ニ問フ所ノ意思アリヤ否ヤ、之ヲ總理大臣ニ對シテ質問致シタイノデアリマス(拍手)

(國務大臣岡田啓介君登壇)

○國務大臣(岡田啓介君) 中島君ノ御質問ニ御答致シマス、私ハ國民負擔ノ均衡ヲ得セシメル爲メ稅制整理ヲ致シタイト考ヘテ居リマス、稅制整理ヲ致ス場合ニハ、此臨時利得稅ハ同時ニ考ヘナケレバナラヌ問題ト考ヘテ居リマス、只今一般的增稅ヲ爲ス意思ハ有ッテ居リマセヌ、又此臨時利得稅法案ハ必ズ御協贊ヲ得ルコトガ出來ルモノト固ク信ジテ居リマス

○議長(濱田國松君) 大藏大臣ハ只今用便中デアリマスガ、商工大臣、此場合御答ニナリマスカ、如何デアリマスカ

○國務大臣(町田忠治君) 大藏大臣ノ答辯ニ關聯シテ居リマスカラ、大藏大臣ニ先ニ願ヒマス

(「大藏大臣ハドウシタ」ト呼フ者アリ)

○議長(濱田國松君) 今直キニ大藏大臣ハ見エマス

(國務大臣高橋是淸君登壇)

○國務大臣(高橋是淸君) 中島君カラ數箇條ニ亙ッテノ御質疑デアリマス、之ニ對シテ一應御答ヲ致シマス、最初ニ私ガ嘗テ六十五議會ノ豫算委員會ニ於テ、川崎君ノ御尋ニ對シテ御答ヲ致シタコトガアル、其答辯ヲ引イテ、今日ハ私ノ考ガ變ッタノカト云フ御尋デアリマスガ、其當時ハ不景氣ガ

段々直リ掛ッテ、僅カアノ時ノ例ニ取リマシタノハ鋼管會社ノ事ダト記憶シテ居マスガ、此會社ハ骨テ鋼鉄業ニ付テ國策ヲ立テントシテ研究ヲシタ當時カラ、此製鐵事業ニハ大關係ノアル會社ト見テ居ッタ一ツデアリマシタ、然ルニ段々打撃ヲ受ケテ、一般經濟界ノ不景氣ニ逆レテ、或ハ減資ヲシタリ、サウシテ相當ナ有價證券トシテ、多クノ人ガ安心シテ持ッテ居ッタモノガ、殆ド無價値同様ニマデ下ッタト云フコトヲ、其時分ニ記憶シテ居リマシテ、斯様ナ場合ニ於テ、是ハ國家トシテ有益ナ産業デアルカラシテ、國ガ何カ補助デモスルトカ云フコトデモスレバ、ソレガ回復シタ時ニ、直チニ課税スルモ宜カラウケレドモ、隨分其事業ニ關係シテ居ッタ株主ト云フモノハ、損ニ損ヲ重ネテ來テ、漸ク此一年バカリ稍、見直サンカトスル所ニ來テ居ルノニ、ソレニ直チニ税ヲ課スルト云フノハ、如何ニモ慘イ話デ、且ツ折角伸ビントスルモノヲ沮喪サセルヤウナコトニナルカラシテ、是ハ直チニ今直グ課税スルト云フ考ハ有ッテ居ラヌ、特別ノ課税ヲ今直グニスルト云フコトハ、餘程考モノデアルト考ヘテ、其積リデ御答ヲシテ居ッタノデアリマス、然ルニ今日デハ其以來益、繁昌シテ、今日ノ姿ニナッテ居ルノデアリマスルカラシテ、此六十五議會ニ於テ御答辯ヲシタ當時ト今日トハ、大層有様ガ變ッテ居ルト云フコトデアリマスノデ、今日デハ私ハ特別ノ税ヲ課スルト云フコトニ付テ、何等異存ハ有タヌノデスソレダケヲ御答シテ置キマス

ソレカラ不勞所得ト云フヤウナコトマデ色色論ジラレマシタガ、申ス迄モナク此度ノ臨時利得税ハ、一般ノ税制ヲ是カラ整理スルト云フ、其第一歩トシテ踏出シタモノデハナイノデアリマス、ソレ故ニ之ニ續行シテ税制整理ノ考ガアルカト云フ御尋デアッタヤウデスガ、税制整理ノ一般的ノ改正ハ、是ハ屢、申シテ居ル通リ、其時機來レバ宜シキ方法ヲ選ンデヤラネバナラヌト云フコトハ屢、申シテ居ル、今日未ダ其時機ニ到ラズト云フコトモ申シテ居ルノデアリマス、此臨時利得税ガ、即チ今謂フ所ノ一般的税制整理ニ一歩ヲ踏出シタモノダト、斯ウ御了解ナサレルノハ、此税ヲ設ケタ政府ノ考トハ少シ違ヒマス、税制整理ト云フモノハ、時ガ來タナラバ然ルベキ方法ニ依ッテ一般的ニスルト云フコトハ、屢、政府ノ聲明シテ居ル通リデアリマス

ソレデ今度ノ臨時利得税ヲ創設シタ所ノ理由ニ付テ申上ゲマスルガ、此理由ハ、今時局ノ好影響ヲ受ケマシテ一部ノ産業ガ活況ヲ呈シテ居ルノデアリマス、而シテ其利益モ隨分多ク擧ゲテ居ルヤウデアリマス、ソレ故ニ其特別ナ事情ノ下ニ惠マレテ、今日利益ヲ擧ゲテ居ル者ノ、其利益ノ一部ヲ納税セシメテ、サウシテ之ヲ國庫ノ收入ニショウ、斯ウ云フ考ニ外ナラヌノデアリマス、又財政ノ健全ナルト云フコトハ、是ハ何人モ希望スル所デアル、是ハ屢、私モ明言シテ居ル問題デアリマス、ソレ故ニ此臨時利得税モ、幾ラカ其國庫ノ收入ヲ殖ヤスニハ違ヒナイ、ケレドモ内外ノ今日ノ情勢ニ依ッテ、此財政上ノ收支ノ均衡、即チ平衡ヲ速ニ實現セントスルコトハ、極メテ困難ナ問題デアリマス、故ニ此利得税ヲ以テ此困難ナル問題ヲ解決スルト云フ目的デ起シタモノデハナイ、故ニ健全財政ノ策ヲ立ツルノ第一歩ナリト御覽下サルト云フト、私共ノ考トハソコニ相違ガ起ッテ來ルノデアリマス

ソレカラ其次ニハ、法人ニ付テハ、寧ロ現ニ行ハレテ居ル所ノ超過所得税ノ改正ヲシタ方ガ宜クハナイカト云フ御尋デアリマス、法人ノ超過所得税ハ、何業ニ拘ラズ法人ノ利益ガ一定ノ資本ノ利廻ヲ超エタル場合ニ、一般的ニ是ハ課税スルモノデアリマスルガ、本税即チ此一時ノ利得税ハ、時局ノ影響ニ依リマシテ、増加シタル、其利益ニ課税スルモノデアリマシテ、課税ノ根本觀念ガ違ッテ居ルノデアリマス、即チ超過所得税ノ納税者ノ中ニハ、時局ニ依ル所ノ増益ヲ受ケル者モアリマセウシ、又受ケナイ者モアル、或ハ利益ノ却テ減ッテ居ル者モアリマセウ、斯ウ云フ者ニ對シテ一般的ニ超過所得税ノ増徴ヲ爲スト云フコトハ、ドウモ適當デナイノデアリマス、畢竟税ノ本質ヲ異ニシテ居ルノデアリマスルカラ、決シテ是ガ重複課税トハナラヌノデアリマス

第四ニハ、何故個人ノ配當所得ヲ除外シタカト云フ御尋デアル、個人ノ配當所得ハ時局ノ影響ニ依ッテ増加シタノモアリマセウ、併ナガラ此個人ノ配當所得ヲ、本税ノ課税ノ對象ト致シマスルト、負擔ノ實情ニ副ハザルモノガ起ッテ來ルノデアリマス、且ツ是等ノ所得ハ、法人ノ利益トシテ課税ヲ受クルガ故ニ、法人、個人ヲ通ジテ之ヲ見マスレバ、相當ノ負擔トナルベク、ソレ故ニ之ヲ除外スルト云フコトヲ、最モ適當ト認メタノデアリマス、戰時利得税ノ例ヲ御引キニナリマスルガ、戰時利得税ノ當時ニ於キマシテハ、所得税ニ於テ其配當ヲ個人ニ綜合課税スルト云フコトニハナッテ居ラナカッタ、其當時ニ於テモ、個人ニハ課税ヲ戰時利得税ニ於テハシナカッタノデアリマス

第五ニハ、法人ハ個人ニ較ベレバ擔税力ニ富ンデ居ルニモ拘ラズ、法人、個人ニ税率ヲ同ジヤウニシタト云フノハドウ云フ譯カ、法人ニ付テモ矢張大資本ニ重ク税ヲ課スルノガ適當デヤナイカ、斯ウ云フ御趣意ノヤウデス、併シ法人ハ個人ニ較ベテ擔税力ガ必シモ大ナリト云フ譯ニモ行カナイ、而シテ此性質ガ臨時税デアル、此本税ニ於テ特ニ此法人、個人、兩者ノ税率ヲ區分スルト云フ必要ヲ認メナイノデアリマス、又法人ニ對シマス累進税率ノ適用ニ付キマシテハ、現在既ニ超過所得ニ對シテ累進税率ヲ適用シテ居リマス、ソレ故ニ其負擔ヲモ考ヘマシテ、本税ノ臨時税タル性質ニ鑑ミテ之ヲ課ケナイノデアリマス

第六ハ、控除額ヲ法人、個人共ニ區別ナク二千圓トシタノハドウ云フ譯カ、大利得者ニ對シテモ二千圓ヲ控除スルハ、殆ド意味ヲ爲サヌヂヤナイカト云フヤウナ御考デアリマス、此二千圓ヲ控除致シマスルノハ、主トシテ少額利得者ノ負擔ヲ緩和スルト云フ其目的ニ出テ居ル、モウ一ツハ臨時税ノコトデアリマスカラシテ、税務ノ實際上ニ於テ、官民相互ノ煩瑣ヲ避ケルト云フノモ一ツノ考デアリマス、ソレ故法人ニ付テモ一様ニ之ヲ二千圓ダケヲ控除スルト云フコトニ致シタノデアリマス、元々小利得者ノ爲ニ設ケラレタモノデアリマスガ、併ナガラソレガ爲ニ大利得者ニハ之ヲ引カナイデ宜イト云フ譯ニハ行キマセヌカラ、矢張之ヲ除外セズニ差引クコトニ致シタノデアリマス

第七ニハ、昭和五年、六年、此平均利率ガ標準ニナッテ居リマス、對象物ニナッテ居

リマス、是ハ昭和五年、六年ノ平均利益ト云フモノハ、少額ニ過ギルノデアリマス、不景氣ノ時デアリマシタカラ、ケレドモ法人ニ對シマシテ其金額ヲ基準トシテ課税利得ヲ算出致シマスルト、如何ニモ負擔ガ過重ニナルノデアリマス、其惧ガアルノデアリマス、ソレ故ニ資本金額ノ一定割合ヲ平均利益ト看做スコト、シタノデアリマス、即チ此資本ハ積立金一切、サウ云フモノヲ含ンダ資本、而シテ其當時事業界ノ平均利率ハ御話ノ通リ先ヅ大抵五分位デアッタヲウ、四五分デアッタラウ、ソレデハ甚ダ少イ利益デアリマスカラ、ソレヲ參酌シマシテ尚ホ當時ノ利益ハ好景氣ニナレバ、モウ少シ利益ガアルベキ筈ノモノデアリマスカラ、其負擔ニ於テ幾分ノ餘裕ヲ存セシメテ、大體先ヅ七分ノ利益ガアルモノト假定シマシテ、サウシテ對象物トシタノデアリマス、サウ云フ譯デアリマスカラ、資本ノ大小ニ依ッテ差別ヲ付ケルト云フコトハ、ドウモ適當デナイト考ヘマス

第八ノ御質問ハ、個人ニ付テ昭和六年以前二箇年ノ平均利益ト看做シタル理由ヲ申上ゲマスガ、不景氣ノ當時デアリマスルカラ、若シ個人ノ平均利益ガ少イ場合ニ於テハ、其金額ヲ基準トシテ課税シマスルト云フト、其負擔ガ非常ニ重クナルノデアリマス、ソレ故ニ其金額ハ大體先ヅ三千圓ト云フモノヲ相當ト認メマシテ、サウシテ定メタモノデアリマスルガ、其詳細ニ至リ一シテハ又委員會ニ於テ、詳シク事務的ニ御說明ヲ致ス機會ガアラウト思フノデアリマス

又第九ニハ個人ノ免税點ヲ六千圓ト爲シタルコトニ付テ、政府ハ中小商工業者ノ利益ヲドウ見ルカト云フ御問ノヤウデス、個人營業者ノ全部ヲ課税ノ對象トスルコトハ、本税ノ趣旨ヨリ見マシテ適當デナイモノガアルノデアリマス、故ニ個人ノ營業者ノ中、利益ノ大ナラザルモノニハ此税ヲ課ケナイノデアリマス、而シテ中小商工業者トハ、ドノ程度マデヲ中小商工業者ト見ルカト云ヒマスト、是ハ中々正確ニ數字ヲ以テ言フ譯ニハ行カナイノデアリマス、ソレ故ニ先ヅ凡ソ六千圓、其以下ノ者ニハ此税ヲ課ケナイト云フコトガ、穏當デアラウト認メタノデアリマス、ソレカラ又臨時利得税ノ收入ノ見積ガ過小デアル、之ニ付テ段々ト戰時利得税ノ時ナドノ、増税ノ初メテ行ハレタ時ノ收入ノ豫想ト、實收入トハ大變ナ違ヒガアッテ、何時デモ實收入ガ多イト云フ御說明デ御質問ニナリマシタガ、收入ノ見積ヲ立テマスノハ、是ハ中々當局者トシマシテハ困難ナ問題デアリマシテ、殊ニ新税ニ付テハサウデアリマス、ソレデハドウシテ此見積ヲ立テルカト申シマスト、先ヅ全國ノ税務署ヲシマシテ調査セシムルノデアリマス、其調査シタルモノニ依ッテ、尚ホ今後經濟界ノ推移ヲ達觀シマシテ、幾分増加ヲ見積ッテ、是ナラ宜カラウト云フ所デ積ッタモノデアリマシテ、唯漫然ト目當ナシニ積ッタモノデハアリマセヌ、決シテ殊更ニ收入ヲ過小ニ見積ッタト云フ譯デハナイノデアリマス、併シ今後ノ經濟界ノ盛衰如何ニ依ッテハ、固ヨリ先ヅ豫想ヨリハ多クナル方ニ近カラウト思ッテ居リマス、ケレドモ何分此新税ニ依ッテ、收入ガ幾ヲアルト云フコトヲ豫算ニハ積ッテ出サナケレバナリマセヌカラシテ、今日ニ於テハ出來得ルグケ最善ノ方法ニ依ッテ認メタモノデアリマス、從來税ノ收入ノ見積ニ於テハ、必シモ何時デモ見積ヨリ實收ガ多カッタトハ限ッテ居ヲヌ、時ニ依ルト云フト減ルコトモアルノデアリマス、之ヲ又主管ノ省ニナッテ見マスト云フト、見積ヲ見積ッテソレダケノ收入ガナカッタト云フト、是ハ申譯ナイト云フヤウナ觀念ガ中々强イノデアリマス、故ニ多少用心深イト云フコトモナイトハ申シ上ゲ兼ネル

ソレカラ第十一ニハ、臨時利得税ヲ臨時税ト爲シタル理由、度々申ス通リ臨時利得税ハ、此時局ノ影響ニ依ッテ景氣好轉シツヽアル營業ニ對シテ、課税セントスルモノデアリマス、要スルニ現在ノ經濟界ノ跛行的情勢ニナッテ居ルコトハ免レヌノデアリマス、ソレナラ跛行的ニナッテ居ルカラシテ、之ヲ其均衡ヲ得ル爲ニヤッタノカト云フト、決シテソレハサウデハナイノデアリマス、故ニ將來ノ經濟界ノ情勢如何ニ依リマシテハ、或ハ之ヲ多少形ヲ變ヘテ、永續スルコトノ必要ガ起ルカモ知レマセヌ、或ハ臨時税トシテ、他ノ一般税制ヲ考ヘル時ニ於テ、是ハ廢メルコトニナルカモ知レマセヌ、故ニ臨時税トシテ唯當分之ヲ實行スルヲ適當ト認メタノデアリマス、而シテ其當分ト云フコトハ、ドウ云フ意味カト云フヤウナ御尋ガアッタヤウデアリマスガ、當分ト云フコトヲ年月ヲ限ッテ言フト云フコトハ、是ハ出來ナイコトデアリマス、矢張當分ト御承知ヲ願ヒタイ、又度々戰時利得税ト本税トヲ比較シテ、色々御意見ガアリマシタケレドモ、戰時利得税ヲ課シタ時代ノ財界ノ狀態ト、今日ノ經濟界トハ色々ナ點ニ於テ趣ヲ異ニシテ居ルノデアリマス、隨テ今日ノ經濟界ノ景氣ノ好轉シタ其原因、又其金利、物價ノ騰貴ノ程度等、サウ云フコトニ於テ餘程違ガアルノデアリマス、隨テ戰時利得税ト本税トハ一樣ニ行カヌ、趣ヲ異ニスルコトガアルト云フコトハ、是ハ當然ノコトデ、兩者ヲ比較スルト云フコトハ、今日出來ナイコトデアラウト考ヘマス、併ナガラ色々ノ御意見ハ、畢竟一般的税制整理ノ御考カラシテ、種々御述ベニナッタ中島君ノ御意見ハ、一般的税制整理ヲ考慮スル場合ニ於テハ、非常ニ有益ナ「ヒント」ヲ與ヘラレタルコトト考ヘマス、左樣御承知ヲ願ヒマス（拍手）

（國務大臣伯爵兒玉秀雄君登壇）

○**國務大臣（伯爵兒玉秀雄君）** 臨時利得税ニ關係致シマシテ、特別會計デアル外地ニ、如何ニ施行スルカト云フコトニ對シマスル、中島君ノ御質問ニ對シテ御答申上ゲマス、臨時利得税ハ臺灣、樺太ニハ、法人、個人トモ施行スル積リデアリマス、而シテ臺灣ニ於キマシテハ律令ニ依リ、樺太ニ對シマシテハ法律ノ委任ニ依リマシテ、之ヲ施行スル積リデアリマス、朝鮮ニ於キマシテハ、法人ノミニ施行スル積リデ居リマス、而シテ朝鮮ニ於キマシテハ制令ニ依リマシテ之ヲ施行スルコトニナリマス、南洋ニ付キマシテハ、今回ハ之ヲ施行セザルコトニナッテ居リマス、而シテ南洋ニ施行セザル所以ノモノハ、御承知ノ通リ帝國ガ委任統治ヲ受ケマシテカラ、今日マデ僅ニ十二年デアリマス、其産業開發ノ中途ニアルノデアリマス、保護助成ヲ要スベキ時代ニアルノデアリマス、隨ヒマシテ現在ニ於キマシテ、營業ニ關シマスル課税ノ制度モナク、又收益ニ對スル所得税ノ施行モナイノデアリマス、斯ノ如キ理由ヲ以チマシテ、南洋ニハ之ヲ施行セザルコトニ致スノデアリマス、隨テ御尋ニナリマシタ南洋興發會社ニ對シ

テモ、此意味ノ課税ハ受ケナイコトニ相成ルノデアリマスルガ、御承知ノ通リニ、南洋興發ノ南洋ニ於キマスル事業ノ最モ重要性ヲ有ッテ居リマスル砂糖ニ對シテハ、可ナリ大ナル負擔ヲ出港税ト致シテ受ケテ居ルヤウナコトニナッテ居リ、且ツ内地ニ於キマスル資産營業ニ付テハ、課税サレルコトハ勿論デアリマス、朝鮮ニ於キマシテ此臨時利得税ノ課税ノ基礎デアリマスル昭和五六年ニ於キマシテハ、個人ニ關スル所得税ノ施行ガナイノデアリマス、又營業税ハゴザイマスルケレドモ、内地ノ營業收益税トハ稍、趣ヲ異ニシテ居ルヤウナ事情ニナッテ居リマス、前年施行サレマシタル戰時利得税ニ於キマシテノ先例モアリマスルコトデ、今回ハ法人ノミニ止メマシテ、個人ノ所得ハ暫ク之ヲ見合ハスコトニ致シテ居リマス、殊ニ朝鮮ニ於キマシテハ昨年、昭和九年ニ於テ初メテ個人所得ヲ施行シタノデアリマス、負擔ノ輕減ヲ圖リマスル爲ニ、昨年ニ於キマシテハ其半額ヲ徴收スルコトニ致シマシテ、今年即チ昭和十年度ニ於テ、初メテ全額ヲ負擔スルト云フ事態ニナッテ居ルノデアリマス、本年度ニ於キマシテ、初メテ個人所得ガ全額徴收サレル朝鮮ニ於キマシテ、之ニ直チニ臨時利得税ヲ課スルト云フ事柄ハ、如何ニモ朝鮮ノ事情ニ適シナイト認メテ居ルノデアリマス、此理由ヲ以チマシテ差當リ朝鮮ニハ、個人ニ對スル臨時利得税ヲ施行セズト云フコトニ致シテ居ルノデアリマス、大體此説明デ御諒解ガ願ヘルコト、思ッテ居リマス（拍手）

昭和十年二月一日

國際文化事業ニ關スル經費支辨ニ關スル法律案

第二　國際文化事業ニ關スル經費支辨ニ關スル法律案（政府提出）　第一讀會

國際文化事業ニ關スル經費支辨ニ關スル法律案

國際文化事業ニ關シ必要ナル經費ヲ支辨スル爲政府ハ當分ノ內每年度該經費ノ豫算定額ニ相當スル金額ヲ限リ大正十二年法律第三十六號ニ依ル特別會計ニ屬スル資金ヲ操替使用スルコトヲ得

附　則

本法ハ昭和十年度ヨリ之ヲ施行ス

（國務大臣廣田弘毅君登壇）

○國務大臣（廣田弘毅君）　只今議題トナリマシタ國際文化事業ニ關スル經費支辨ニ關スル法律案提出ノ理由ヲ御說明致シマス、國際間ノ理解ヲ進ムル爲ニハ、各國相互ニ其獨自ノ文化ヲ了解セシムルコトガ與ッテ力アリマスノミナラズ、諸外國ニ於キマシテモ、我國ノ文化ヲ知ラントスル風潮ガ起ッテ參リマシタノデアリマスノデ、政府ハ昨年以來朝野相應ジ、日本文化海外宣傳ノ施設ニ著手シテ居ッタノデアリマスガ、國際聯盟脫退後ノ形勢ハ、益〻此種ノ施設ノ必要ヲ痛感致シマスノデ、今回昭和十年度ノ豫算ニ於キマシテモ、之ニ關スル經費百万圓ヲ計上シタノデアリマス、而シテ是ガ經費ノ支辨ニ付キマシテハ、大正十二年法律第三十六號ニ依ル特別會計ニ屬スル資金ヲ、其情況ニ鑑ミマシテ、當分ノ中繰替使用スルコトヲ適當ト認メマシタノデ、本法律案ヲ提出シタ次第デアリマス、何卒御審議ノ上御協贊アランコトヲ希望致シマス（拍手）

○議長（濱田國松君）　質疑ノ通告ガアリマス、順次之ヲ許シマス――中村嘉壽君

（中村嘉壽君登壇）

○中村嘉壽君　只今議題ニ付セラレマシタ國際文化事業ニ關スル經費支辨ニ關スル法律案ニ付キマシテ、私ハ政府ノ所信ヲ御伺致シタイノデアリマス、國際文化事業ヲ世界各國ガ盛ニ行ッテ居リマスコト、竝ニ近來東洋ノ文化、特ニ日本ノ文化ヲ知ラント欲シテ居ルガ故ニ、斯樣ナ施設ガ必要デアルト云フ御說明ハ、只今外務大臣ノ御話ニ依ッテ、其片鱗ヲ知ルコトガ出來マシタガ、此施設ノ行ハレルニ付キマシテハ、政府ガ果シテドノ程度ノ信念ヲ有ッテオヤリニナルカ、又是ガ實行ノ方法ニ付テハ、如何ナル計算ヲ有ッテ御出デヽアルカト云フコトニ付テ、御聽キシタイノデアリマス、唯獨リ外務大臣ノミナラズ、此問題ニ付キマシテハ、各省ノ大臣竝ニ其屬僚迄ガ是ト相協力シ、調和ヲ保ツコトデナケレバ、決シテ此目的ヲ達スルコトガ出來ナイノデアリマスカラ、成ベク此處ニ御出デノ他ノ大臣方モ、私ノ質問ノ中ニ其所管ニ關スルコトガアリマシタナラバ、是非御答辯ヲ御願申シタイノデアリマス

由來此文化事業ニ對シマシテ、我ガ日本ノ外務省竝ニ朝野各方面ガ、今日マデ無關心デアッタト云フコトヲ、私ハ甚ダ遺憾ニ考ヘテ居ルヤウナ次第デアリマス、僅ニ昨年頃カラ二十万圓ノ支出ヲ致シ、今年ニナリマシテカラ百万圓ノ支出ヲシヨウト云フコトデゴザイマスガ、各國ノ例ヲ見マスルト云フト、之ニ對シマシテハ頗ル多額ノ費用ヲ使ッテ居リマス、例ヘバ獨逸ガ七百六十万圓、佛蘭西ガ八百四十二万圓ヲ使ッテ、伊太利ガ八百三十万圓ヲ、西班牙ノ如キハ小サナ國デモ二百万圓ヲ使ッテ居ルト云フ狀態デアリマス、ソレニモ拘ラズ今マデ無關心デアッタト云フコトハ、外務當局ガ甚ダ怠慢デアッタト私ハ存ズル次第デアリマス（拍手）此事ニ付キマシテハ私自ラガ非常ニ痛切ニ感ジテ居リマシテ、過去數十年ノ私ノ生活ニ於テ、常ニ我ガ日本ヲ各國ニ理解サセナケレバナラヌト云フコトニ、力ヲ盡シテ居ッタノデアリマス、殊ニ最近私ハ此文化事業ニ付テ頗ル努力ヲシテ居ルノデゴザイマスガ、初メ私共ガ斯樣ナ計畫ヲスル時ニハ、外務當局ノ一部分ニ於テハ寧ロ之ヲセセラ笑ッテ居ッタモノデアル、是ガ如何ニ效果ガアルト云フコトヲ知ラナイダケデハナイ、或時ニハ之ニ妨害ヲ加ヘタコトスラアッタノデアリマス、私ハ今更之ヲ彼此レ咎メ立テヲスルコトハ致シマセヌガ、遲シト雖モ昨年來之ニ何カショウト云フ御考ガ出タコトヲ以テ、私ハ滿足シナケレバナラヌト存ジテ居リマスガ、私共ノ文化外交トデモ申シマスカ、此施設ニ付テ考ヘテ居リマスコトハ、非常ニ根柢ノ深イモノガアルノデアリマス、得テ政府ノ行ヒマスコトハ唯表面ヲ作ッテ、文化外交ト云フ言葉ガ盛ニ行ハレルカラ、玆ニ文化局ヲ作ラウトカ、文化振興會ヲ作ラウトカ、何カ少シバカリ御化粧ヲ付ケテ、是デオ茶ヲ濁サウト云フヤリ方ガ多イ、今日ノ廣田外務大臣ハ左樣ナ淺薄ナ御考デハアリマスマイガ、多ク左樣ナ例ガアルノデアリマス、故ニ私ハ特ニ玆ニ認識ヲ深メテ戴キ、信念ヲ强メテ戴イテ、我ガ當局ノミナラズ國民一般、又各當局ガ「コーオペレート」シテ戴キタイト思フノデアリマス、私ノ見解ヲ以テシマスルト云フト、實ハ各國ノ理解ヲ最モ良クスルニハ、オ互ノ違ッタ考ヲ合一サセナケレバナラヌノデアル、今我ガ日本人ニ對シ、東洋人ニ對シマシテ世界各國ノ人々ガ偏見ヲ有ッテ居ルコトハ、皆サン方ガ御承知ノ通リデアル、世界ノ各國ハ恰モ白人ガ獨占スルカノ如キ考ヲ有ッテ居ル、近來ハ稍〻違ッテ參リツ、ハゴザイマスケレドモ、白人デナケレバ人間デナイカノ如ク考ヘ、基督教信者デケレバ人間デナイカノ如ク考ヘテ居ッタ

時代ガアリマシタガ、斯様ナ見解ヲ是正シテ、人ハ神様ノ前ニハ總テ平等デアルト云フ考ヲ有タシメナクチヤナラヌ、而シテ吾々モ生キルコトガ必要デアル如ク、彼等モ生キルコトガ必要デアルガ如ク、皆ガ平等ダト云フ觀念ヲ有タセルコトガ、此文化事業ノ最後ノ目的デナケレバナラヌト私ハ思フノデアリマス、考ヘヤウニ依リマシテハ文化事業、或ハ文化工作ト云フコトハ、國防ノ先驅トモ申スベキモノダト思フノデアリマス、國防ニ對シテ金ガ不足デアルトカ、多過ギルトカ云フヤウナコトガ、屢〻此議場ニ於テ論議サレテ居ルノデアリマスルガ、唯吾々ノ觀念ニアル國防ダケガ國防ヂヤナイ、成ベク經濟的ニスル爲ニハ、世界ノ各國ガ吾々ヲ理解シテ呉レテ、吾々ヲ差別待遇ヲセナイト云フヤウナ所マデ持ッテ行カナケレバナラヌノデアリマス、然ルニ今日マデ國民モ當局モ、此點ニ力ヲ盡サナカッタ、皆サン方一度海外ニ足ヲ御入レニナリマスト云フト、吾々ト彼等ノ考方ノ相違ヲ直チニ發見ナサルデアリマセウ、非常ナ相違ガアル、此相違ニ依ッテ色々ナ誤解ガ出來ルノデアル、人ト人トノ關係モ、國家ト國家トノ關係モ、少シモ變ッタコトハナイ、個人ト個人トノ間ノ交際ノ上手ナ人ナラバ、國家ト國家ノ間ノ交際モ亦好クシ得ルノデアリマス、所ガ其根本ニ偏レタ考方ヲシナイ、私ハ屢〻之ヲ例ニスルノデゴザイマスガ、吾々ガ分リ易イヤウナ極メテ手近ナ例ヲ申上ゲマスルナラバ、吾々ガ物ヲ勘定スルニ拇指ノ頭カラ勘定スル、彼等ヘ小指ノ頭カラ勘定スル、吾々ハ人ヲ麾クノニ、掌ヲ下ニシテ麾クガ、彼等ハ其反對ニ掌ヲ上ニシテ麾ク、吾々ハ右カラ字ヲ書クガ、彼等ハ左カラ字ヲ書ク、吾々ハ自分ノ子供ヲ評スルニ豚兒ト言ヒ、自分ノ妻ヲ稱ヘルノニ愚妻ト云フ言葉ヲ用ヒルガ、左様ナコトヲ申シマシテモ、彼等ハ之ヲ理解シ得ナイノデアル、何ガ爲ニ愚妻ト言ヒ、豚兒ト言フノカ理解シ得ナイ、彼等ハ自分ノ子供ガ利口デアルト信ズルナラバ、之ヲ利口デアルト言フノデアル、自分ノ妻ガ美シイナラバ、自分ノ妻ハ世界第一ノ美人デアルト云フコトヲ平氣デ言フノデアル、自分ノ欲スル所ノモノハ之ヲ露骨ニ現ハス、然ルニ我ガ日本ノ習慣ト致シマシテ、東洋ノ道徳ト致シマシテハ、持ッテ居ルモノハ成ルベク知ラセナイデ置カウ、知ラセナイデ置カウト云フコトハ詰リ自分カラ見セビラカシヲショウトカ、自分ノ知識ヲ世間ニ發表シテ、自己宣傳ヲヤラウト云フヤウナコトヲ不徳ナリトシテ居ルノデアリマス、玆ニ非常ナ相違ガアルノデアル、彼等ガ言フガ如ク、自分ノ家内ガドウデアルノ、自分ノ子供ガドウデアルノト言フナラバ、日本デハ直チニ親馬鹿チヤンリンダノ、或ハ妻ノロト云フヤウナ惡罵ヲ浴セラレルノデアル、日々ノ生活ニ左様ナ非常ニ相違ガアルノデアリマス、私ガ今擧ゲマシタ少數ノ例デモ御分リニナルヤウニ、彼等ト吾々トハ總テノ考方ニ於テ左様ナ相違ガアル、此相違ヲ知ルコトナクシテ交際ヲヤッタリ、交渉ヲヤッタリ致シマスト、吾々ガ常ニ敗ケヲ取ルノデアル

御承知ノ通リ白色人種トデモ申シマスカ「コーカサス」人種ノ人々ハ極メテ物質的ニハ敏イ考ヲ有ッテ居ル、若シ自分ガ欲スルナラバ、此領土ガ欲シイ、此物ガ欲シイ、此金ガ欲シイト云フコトヲ露骨ニ説明ヲスル、何カ交渉ヲスルナラバ是ハドウシテ呉レルノダト云フコトガ彼等ノ言ヒ分デアル、然ルニ我ガ日本人ノ考カラ見マスルナラバ、俺ハ要求ヲシナクテモ相手ガ之ヲ與ヘテ呉レルデアラウト云フヤウナコトヲ豫期シテ居ル、謎デ言ッテ居ル、諷勸デ言ッテ居ル、吾々御互ノ間ナラソレデ出來ルノデス、諷勸ニ依ッテ、一寸シタ「ヒント」ヲ與ヘルコトニ依ッテ、自分ノ欲スル所ヲ得ルノデゴザイマスケレドモ、彼等ハ其方面ニ於テハサウ鋭敏デハナイ、甚ダ鈍感ナノデアリマス、吾々ガ禮儀トスル所ヲ彼等ハ禮儀ト思ハナイ所ガアリ、彼等ノ禮儀トスル所ヲ吾々ハ禮儀トセナイト云フヤウナ所ガ非常ニ澤山アリマス、之ヲオ互ガ徹底的ニ知リマシタナラバ、色々ナ爭ト云フモノガ非常ニ少クナルダラウト私ハ思フノデアリマス、是ハ獨リ西洋各國トノ間ダケデハナイ、日本ガ朝鮮ヲ治メルニ於テ、或ハ又滿洲國トノ國交ヲ爲スニ於テ、支那トノ國交ニ於テ、臺灣領有ノ時ニ於テ、色々ナ爭ノ出來タト云フコトハ、即チ彼等ノ制度、習慣、文物ト云フモノヲ知ラナカッタコトニ依ッテ、非常ニ故障ノ起ッタコトハ、皆様方ガ疾ニ御承知ノコトデアラウト思フノデアリマス、斯様ナコトヲオ互ガ知リ合フト云フコトガ必要デアル、外務當局殊ニ外務省ニ職ヲ奉ジテ居ル人々ハ、斯様ナコトヲ專ラ能ク御研究相成ラナケレバナラヌノデゴザイマスルガ、遺憾ナガラソコマデ徹底スルヤウナ制度モ出來テ居ナケレバ、ソコマデ徹底シテ日本ノ國家ニ盡サウ、或ハ國際關係ニ貢獻ショウト云フヤウナ考ノ人ガ、非常ニ少イト私ハ思ッテ居ルノデアリマス、一昨年我ガ日本ガ國際聯盟ヲ脱退致シマシテカラヘ、特ニ廣田外相ガ言ヘレマシタヤウニ、各國トノ間ニ各〻獨特ノ交渉ヲ開キ、而シテ國際聯盟ノ當時ヨリモ、ヨリ大キナ效果ヲ擧ゲヨウト云フコトガ、御趣旨デアラウト思ヒマスルガ、サウデアルナラバ、此文化事業ニ依ッテ特ニ御努力相成ルコトガ、私ハ必要デハナイカト存ズルノデアリマス、私ハ常ニ考ヘテ居リマスコトハ、若シ斯ノ如クニシテ諒解ニ努メマシタナラバ、必シモ日本ハ孤立ノ狀態デハナイノデアル、能ク世間デハ日本ハ各國カラ孤立ニサレテ居ルト云フヤウナコトヲ申シマスケレドモ、必シモ私ハサウ信ジマセヌ、人々ニ依ッテハ、惡意ヲ以テ日本ヲ孤立無援ニ爲サウト云フ人モアルカモ知レナイ、ケレドモ人々ニ依リマシテハ、日本ト成ベク交際ヲ好クシテ、日本ノ力ヲ借ラウ、是ト交際ヲショウト云フヤウナ國々ガ、非常ニ澤山アルト思フノデアリマス、謂ハヾ快クナイ者モ半

分アルカ知ラヌガ、怏イ所ノ者モ亦半分アルノデアリマスカラ、日本ノ政府當局、國民ノ考方ガソコニ及ンデ、協力一致致シマシタナラバ、世界ノ各國ヲバ皆味方ニ爲シ得ルモンダト私ハ信ジテ居リマス、例ヘバ吾々ハ米國ヲ見マスト云フト、直チニ米國ハ日本ト戰フ考ヲ有ッテ居ルンダノ、或ハ又日本ヲ輕蔑スルンダノト云フヤウナコトヲ申シマスケレドモ、是モ彼等ニ理解ヲセシメルコトヲ考ヘマシタナラバ、必シモサウデハナイト思フ、例ヘバ一ツノ米國ニ付テ考ヘマシテモ、吾々ハ條約ニ依ッテ與ヘラレタル所ノ權利ヲ主張スルコトニ落度ガアッタ、此議會デ、私ハ一昨年デアリマシタカ、申上ゲタコトガゴザイマシタガ、移民ノ制限ヲ行ハレテ居ルノデアリマスルガ、移民ノ制限ガ行ハレテ居リマシテモ、若シ從來ノ通商貿易條約ト云フモノヲ完全ニ行フコトニ政府當局ガ忠實デアリ、之ヲ行使スルコトニ在外ノ使臣ガ若シ丹念デアリマシタナラバ、今亞米利加ニ多數ノ人々ハ行キ得ナイノデアリマスケレドモ、本當ハアノ「トレード」即チ商賣ニ從事シテ居ルト云フヤウナ條項ノ下ニ、年ニ千人ヤ二千人送レナイコトハナイ、是ハ私ハ屢々力說シタノデゴザイマスルガ――又斯樣ナ條項ニ依ッテ支那ハ能ク之ヲ利用致シマシテ、相當ニ多數ノ人間ヲ入レテ居ル、斯ウ云フヤウナコトガ習ヒニナリマシテ、今マデ入レナカッタト云フコトガ、非常ナ缺陷ニナッテ居リマス、斯樣ナ風ニ既ニ出來テ居ル所ノ條約、出來テ居ル所ノ色々ナ要素ト云フモノヲ、完全ニ働カセルト云フコトガ出來マシタナラバ、此點ニ於テ相當ニ活路ガ拓ケルデアラウト思フノデアリマス

一昨年ノ議場ニ於テ、日本ノ外交官ハ支那ノ外交官程活動ヲセナイト云フコトヲ、私ガ例ヲ擧ゲテ申シマシタ所ガ、內田――當時ノ外相ハ色ヲ赤ク爲シテ、非常ニ憤慨サレタノデゴザイマスルガ、私ハ今日ニ於テモ矢張左樣ナ感ジガスル、一昨年、一昨昨年デアリマシタカ、柳條溝事件ガ起リマシタ時ニ、私ハ加州ニ居ッタ、其當時支那ノ使臣ノ人々、支那ノ實業家達ハ盛ニ日本ノ惡宣傳ヲ行ッテ居ル、情報モドシ／＼ヤッテ來マスケレドモ、日本ノ外交官ハ少シモ之ヲ爲サナイ、四日ノ後ニ外務省カラ情報ガヤッテ來テ、之ヲ外ニ出シテ見ルト、其時ハ「ニユース」價値ガナイト云フコトデ、新聞ガ少シモ用ヒナカッタ、昨日ノ豫算委員會ニ於キマシテ、島田俊雄君ノ言ハレマシタコトモ其通リデ、一ツノ例デアルト思ヒマス、例ヘバ此間アノ熱河方面ニ起ッテ居ルコトヲ、各國デハ之ヲ惡材料ニ使ッテ居リマスケレドモ、若シ日本ノ當局ナリ、或ハ其他ノ機關ニ於キマシテ、逸早ク其情報ヲ出シテ居リマシタナラバ、惡宣傳ヲサセル前ニ於テ、我ガ日本ノ立場ト云フモノガ明瞭ニナッタラウト思フノデアリマス、斯ノ如ク各國ニ出テ居ル所ノ使臣達ガ、本當ニ自分ノ職務ト云フモノニ忠實デアリ、自分ノ駐在シテ居ル所ノ人心ヲ讀ムコトニ忠實デアリマシタナラバ、日本ノ立場ヲ惡クスルコトナクシテ、盛ニ我ガ日本ト云フモノヲ知ラシメ、認識セシムルコトガ出來ルト私ハ思フノデアリマス、左樣ナ所ニ非常ニ缺陷ガ現ハレテ居リマス、私ハ今米國ノ例ヲ引キマシタガ、英吉利ト雖モ其通リデアル、一部ニ於テハ英吉利ヲ憎ム人々ガアル、長イ間ノ歷史ヲ有ッテ居リ、長イ間外交的ニハ色々ナ手練手管モ覺エテ居リマセウケレドモ、吾々共カラ見マスト――狹イ所モアルカモ知レナイケレドモ、彼等ハ昔ハ日英同盟ヲ拵ヘテ、サウシテ自ラモ利シ、日本ニ對シテモ何カヲ與ヘヨウト云フヤウナ考ヲ有ッテ、二期ノ間日英同盟ト云フモノガ行ハレテ、其間ニ處シマシテ日露戰爭ガ行ハレタリ、我ガ日本モ相當ニ此利益ヲ蒙ッテ居ルト私ハ信ジテ居リマス、斯樣ナ風ノコトガ、今ニモ彼等ノ頭ニハ殘ッテ居ル、私ヘ昨年モ申上ゲマシタガ「カンタベリー」ノ大僧正ナンカヘ、濠洲ノ一部分ヲ日本ニ與ヘテ、此日本ノ移民問題ヲ何トカ解決スルガ宜イヂヤナイカト云フヤウナコトヲ言ッテ居ル、是ハ「カンタベリー」ノ大僧正ダケデハナイ、他ニモ澤山アル、私ハ加奈陀ニ行ッテ、或ル勞働黨ノ首領ト會ッテ見マスト、彼ハ斯ノ如ク言ッテ居ル、日本ノ今日ノ行惱ミト云フモノハ何カト云フト人口問題ダ、此人口問題ヲバ日本ダケノ問題デアルト考ヘル所ニ病根ガアル、日本デ若シ人口問題デ行詰リガ生ズルナラバ、是ハ獨リ日本ダケノ行詰リデハナイ、世界ノ行詰リデアルカラ、日本ノ人口問題ト云フコトハ、各國ガ寄ッテ集ッテ解決シテヤラナケレバナラヌ、遊ンデ居ル土地ガアルナラバ、之ヲ日本ニ開放スルガ宜シイデハナイカト云フコトヲ、盛ニ勞働黨ノ首領ガ左樣ナコトヲ私ニ言ッテ居ッタノデアリマスガ、左樣ナ空氣ハ決シテ一部分ダケヂヤナイ、世界到ル所ノ人々ニ此日本ノ生活困難ノ事情、又人口問題ノ行詰ッテ居ルコトヲ了解セシメマシタナラバ――彼等ノ生キルコトガ必要デアルト同時ニ、吾吾モ亦生存スル權利ヲ有ッテ居ルノデアル、之ヲ彼等ニ分ラシメマシタナラバ、彼等ハ必ズ了解シテ呉レルダラウト私ハ思フノデアリマス、最近蘭領印度ニ行ッテ見タノデゴザイマスルガ、アノ方面ニ致シマシテモ、吾々ノ行クベキ途ハ幾ラデモアルノデアリマス、又濠洲ノ方面ニモ澤山行クベキ途ガアルノデアリマス、私共ハ若シ交涉ノ宜シキヲ得マシタナラバ、濠洲ノヤウナ所ニ日本ノ人口問題解決ノ爲ニ、或ハ貿易ヲ盛ニスルト云フ爲ニ、斯ウ云フ所ヲ開放スルナラバ、日英同盟ヲ復活スルノモ亦少シモ差支ナイデハナイカト私ハ考ヘテ居ル、佛蘭西ニ就テ見マスト云フト、東洋ノ方面ニハ佛領印度ト云フモノヲ有ッテ居ル、是モ亦必シモ日本ト喧嘩シヨウト云フ考ハ持タナイ、日佛ノ間ニ「アンタント」ヲ作ルト云フコトモ決シテ困難ナコトデハナイダラウト私ハ思フノデアリマス、況ヤ其他ノ國々ニ於キマシテハ、好ンデ日本ト喧嘩ヲショウトカ戰ヲショウト云フ考ヲ有ッテ居ルモノヂヤ

ナイ、今日日本ガ孤立無援ニナッタト云フコトハ、彼等ノ態度ニ良クナイ所モアリマシタラウケレドモ、我ガ日本ノ人々ガ自ラ垣根ヲ結ハシメツヽアッタト云フコトニ氣付カナケレバナラヌノデアリマス

先程カラ申上ゲマスヤウニ、彼等ハ積極的ニ自ラ進ムベキ所、求ムベキ所ヲ摑ムト云フ考ヲ有ッテ之ヲ實行シテ居リマスケレドモ、日本ノ人々ハ舊來ノ道德ノ缺陷デアリマス、習慣デアリマス――成ベクハ言ハナイデ居ッテ、人ニ與ヘサセヨウト云フヤウナ謎ト、ソレカラ諷勸デ行カウト致シマスカラ、之ヲ理解スル東洋人ナラバ宜シイガ、理解シナイ所ノ人々ニ謎ト諷勸ヲ以テ政治ヲヤラウトカ、外交ヲヤラウトスル所ニ間違ガアルト私ハ思フノデアリマス、斯樣ナ點ヲ是正スルヤウニ、國家總動員ヲ爲サル必要ガアル、私共外務省一部ノミ批評スルノデハナイ、外務省一部ヲ見マシテモ其通リデアル、廣田外相ハ外交工作ヲヤリ、平和工作デナケレバナラヌト云フコトヲ頻ニ強調シテ居ラレマスルガ、又部下ノ人々モ其通リデアリマセウガ、吾々ガ岡目八目デ見マスト云フト、廣田外相ノ御考ガ、必シモ行ハレテ居ナイ所ガアル、何カ良イ仕事ガ出來ヨウトスルナラバ、內輪ノ方カラ、意識ガアッテカナイカ知リマセヌケレドモ、兎モ角ソコニ支障ガ起ッテ來ルト云フコトガ屢〻アル、斯樣ナ所ヲ私ハ是正サレル必要ガアルト存ジマス、又外務大臣ガ何カ良イ事ヲショウト思ヒマシテモ、內務關係ノ警視廳ノ人々ガ、外國人ヲ取扱フノニ無禮ナコトヲシテ見タリ、或ハ又是ハ意識ガアッテカナイカハ知リマセヌガ、知識ガアッテカ無クテカ知ラナイガ、兎モ角之ニ依ッテ感情ヲ損ッテ、折角良イ關係ノ出來ルモノヲ打壞スト云フコトモアル、文部大臣ニシマシテモ其通リデアル、文部省ノ所管ニ於キマシテ、若シ海外ノ人々ヲ取扱フト云フコトニ付テ、一種ノ本當ニ何カ正シイ見方、正シイ訓練ノ方法ガアリマシタナラバ、私ハ非常ナ助ケヲスルダラウト思ヒマス、松田文部大臣ハ「ママ」「パパ」ト云フ言葉ガ惡イト御話ヲサレマシタガ、私モ其通リデアルト思フ、吾々ノ持タナイモノナラバ「ランプ」デアラウガ何デアラウガ、外國ノモノモ必要デアラウガ、父母ト云フ言葉ガアルノニ「パパ」トカ「ママ」トカ云フ氣障ナ言葉ヲ持ッテ來ルコトハ、私ハ少クトモ宜クナイト思ッテ居リマシテ、其點ハ非常ニ合致スルノデアリマスガ、同時ニ他面ヲ見テ戴キタイ、動トモ致シマスト、學校ノ敎育ニ依リマシテ、外國人ヲ待遇スルコトニ甚ダ行キ足ラヌ所ガアル、其習慣カラ「此毛唐ガ」ト言ッテ見タリ「此チヤンコロガ」ト言ッテ見タリスルヤウナコトガ往々出テ來ル、斯樣ナ小サナ日々ノコトカラ、私ハ改メテ行カヌトイケナイト思フノデアリマス(拍手)

若シ此各國ノ關係ヲ見マシタナラバ、大キナ戰サヲシタカラ是ガ永久ニ仲ガ惡イト云フモノデハナイ、支那ト日本ハ戰サヲシマシタケレドモ、必シモ永久ニ仲ガ惡イト云フモノデハナイト思フ、露西亞ト日本トモ戰サヲシマシタケレドモ、必シモ是ガ永久ニ敵同士デハナカラウト思フ、一番何ガ影響スルカト云フト、日々ノ行動一ツデアリマス、オ互ノ間デモ其通リデアル、彼奴ガ俺ヲ侮辱シテ居ルトカ、彼奴ハ禮儀ヲ知ラナイトカ云フコトガ一番ノ害ヲ爲スガ如ク、支那ノ人々ガ日本ニ反感ヲ有ツト云フコトハ何カト云フト、此邊ノ下宿屋ニ居ルト「アノ支那人サン」トカ「アノチヤンコロガ」トカ言ッタリ、又下宿屋ニ行クト暗イ所ニ入レテ見タリ、或ハ髮床屋ヤ蕎麥屋ニ行クト後ニ廻サレル、斯樣ナ小サナコトガ非常ナ害ヲ爲スノデアリマス(拍手)亞米利加トノ間ニ於テモ其通リ、吾々ハ吾々自ラ考ヘテ見マスト、亞米利加ト戰サヲシタコトモナケレバ、大キナ喧嘩ヲシタコトモアリマセヌケレドモ、亞米利加ガタッタ僅ニ百二三十名ノ日本ノ移民ヲ入レルト云フコトニ對シマシテ、世界ノ各國ト不平等ナ移民規則ヲ作ッタ、此反感、百人ヤ二百人亞米利加ニ入レヨウガ入レマイガ、左樣ナコトハ大シタ問題デハナイ、ケレドモ彼等ガ斯樣ナ差別待遇ヲスル爲ニ、日本人ノ面目ヲ傷ツケルト云フコトガ吾々ノ頭ニ殘ッテ居ル、是ガ卽チ大キナ軍備ノ必要ニナッテ來ルコトニナル、是ガ卽チ色々ナ方面ニ金ヲバ餘計使ハナクチヤナラヌ、感情ノ疎隔ヲ來スト云フコトニナッテ來ルノデアル、彼等ガ吾々ニ對スル「ジヤップ」ト云フ言葉ガ、如何ニ吾々ノ耳障リニナッテ、如何ニ是ガ反撃ヲ加ヘタクナリ、反感ヲ增ス所以デアルカト云フコトヲ考ヘル時ニ、極メテ小サナ日常ノ生活カラ改メテ行カナクチヤナラヌト思フ、私ハ西洋カブレヲセヨト言フノデハナイ、唯世界ノ人々ト吾々ノ習慣トガ違フノデアルカラ、國民全體ガ左樣ニナラナクトモ、少クトモ外務當局ニ居ル人々、或ハ政府ノ局ニ在ル人々ハ、斯樣ナ各國ノ心理狀態ヲ學ビ、而シテ各國ニ害ヲ爲シ、或ハ侮辱ヲ與ヘルト云フヤウナコトヲセナイ方ガ宜イ、自分ガ侮辱ヲ欲シナイナラバ、各國ニ對シテモ侮辱ヲ與ヘナイ方ガ私ハ好イト思フ、此意味ニ於キマシテ往年日本ニ來テ、各國ノ人々ガ寫眞ヲ撮ッタ、是ガ直チニ「スパイ」デアッタト云フヤウナコト、是ガ害ヲ爲シタコトハ非常ニ多イノデアリマス、サウ云フヤウナコトハ若シ過チガアッタナラバ、撤回スルト云フヤウナコトヲサレルガ宜シイ、私ハ總テノ方面ニ於キマシテ斯樣ナ「コーオペレーション」ガナケレバナラヌト思ヒマスカラ、單ニ外務大臣ノミナラズ、內務大臣モ、文部大臣モ、商工大臣モ、色々ナコトニ協力ヲナサル必要ガアルト思ヒマス

更ニ私ハ此仕事ニ對シマシテ、政府ハ各省トノ協力ト云フコトニ付テ、相當ニ力ヲ入レラレテ居リマスカドウデスカ、文化事業ハ極メテ大事ナコトデアリマスガ、外務省ダケデハイケナイ、外務省ニ致シマシテモ情報部ト云フモノト、ソレカラ今度出來マス文化事業ノ仕事ト云フモノハ、略〻相

似寄ッタモノデアル、ドッチガドッチカ分ラナイヤウナモノデアル、謂ハヾ日本ヲ各國ニ紹介ショウト云フ宣傳機關デアル、同時ニ世界ノ色々ナ事情ヲ玆ニ吸收シテ、日本ニパラ撒カウト云フ宣傳機關ダト私ハ思ヒマスガ、是ニハ文化事業部ダケデハイケナイ、情報部モ一緒ニナルガ宜シイ、鐵道省ノ觀光局モ一緒ニナルガ宜シイ、鐵道省ノ觀光局ナド、云フモノハ、最モ是ト協力シナケレバナラヌ所デアル、然ルニ是等ガバラ〳〵ニナッテ居リマシテ、僅カバカリノ金ヲ以テ、サウシテ無益ナ方面ニ使ッテ見タリ、或ハ間違ッタ方面ニ使ッテ見タリ、其局ニ當ッテ居ル人々ハ、唯觀光客ガ御座レト言ッテ形ヲ作ッテ居ルノミデアッテ、本當ノ仕事ヲセナイト云フヤウナコトガ澤山アル、之ニ付テハ後日私ハ其當局ニ向ッテ、質ス所モアルト思ッテ居リマスガ、今日ハ是デ此點ハ省略シテ置キマスケレドモ、兎モ角斯様ナ所ガ協力一致シテ行クト云フコトヲサレナケレバイカヌ、果シテ政府ハ左様ナ見地カラ、各省ガ一致シ、大キナ機關ニシテ、本當ニ間違ノナイ、今日ノヤウナ財政窮迫シタ時代ニ於キマシテハ、一文ノ金ハ一文ニ使フヤウニシナケレバナラヌ、凡ソ金ノ使ヒ方ヲ知ラナイヤウナ、又敵ノ陣營ヲ知ラナイヤウナコトデハ、戰サモ出來ナケレバ、事業モ出來ナイノデアル、私ハ名醫ト云フモノハ何カト言ウタナラバ、高イ藥ヲ盛ルノガ名醫デヤナイ、正シイ診察ガ出來ル人デアル、何病デアルト云フ病根ヲ發見スル人ガ、非常ナ名醫デアラウト私ハ思ッテ居リマス、日本ノ柔道ノヤウナモノデアル、柔道ガ何處ヲ突ケバ敵ノ力ヲバ自分デ利用スルコトガ出來ルカト云フ所ニ柔道ノ强味ガアル、ソレヲ知ラナイデ何モ出來ルモノデハナイ、陸軍海軍ニ於テ戰サヲスル時ニハ、敵ノ將軍ハ勿論ノコト、下士卒ニ至ルマデノ人間ノ「サイコロジー」カラ、習慣カラ、色々ノコトヲ學ンデ、此敵ニハ之ヲ當テレバ宜シイ、アノ敵ニハアレヲ當テレバ宜シイト云フ所マデ研究シテ居ルト私ハ信ジテ居リマス、ソレ故ニ戰サニハ强イノデアル、所ガ多クノ役所ニ於テハ、左様ナコトヂヤナイコトガ非常ニ多イ、特ニ私ガ能ク知ッテ居ル外務省ヲ見マスト云フト、金ノ足ラヌト云フコトモアリマセウ、人ノ足ラヌト云フコトモアリマセウガ、左様ナコトハ金ヲ餘計取レバ宜シイ、大藏大臣ハ此爲ニ必要トアルナラバ、能ク金ヲ使フコトヲ知ッタ政府ナラバ、幾ラデモ金ヲ出スト云フコトヲ言ッテ居ラレルノデアル、是モ取レバ宜シイ、昨年ノ議會ニ於テ大藏省カラ金ヲ取ルダケノ外交手腕ノナイ人ハ、決シテ立派ナ外交官デナイト云フコトヲ私ハ言ッタノデアリマスガ、其通リデアル、外國ノ人々トハ尙更ニ交渉ガムヅカシイト私ハ思フ、サウ云フヤウナコトデ此協力ヲサレル御考ガアルカドウカ、ドウシテモ斯様ナ機關ト云フモノハ一ツノ省ニシテヾモ宜シイカラ、日本ノ文化ヲ世界ニ知ラセヨウト云フコトニ、御努力ニナル必要ガアルト私ハ思フノデアル、左様ナコトデ私ハ玆ニ例ヲ擧ゲテ見マスルガ、戰サニ日本ガ强イト云フコトハ誰デモ知ッテ居ル、誰デモ世界ノ各國ハ日本ガ戰サニ强イト云フコトハ知ッテ居リマスケレドモ、日本ガ立派ナ「サイエンス」ヲ有ッテ居ル、日本ガ立派ナ文化ヲ有ッテ居ル、立派ナ精神ヲ有ッテ居ルト云フコトニ極メテ疎イノデアリマス、御承知ノ通リ野口英世ト云フ學者デ、私共ノ友人ガ紐育ニ居ッタ、此野口英世君ガ一人生レテ、アノ研究ヲシタ爲ニ、一ツノ戰サヲシタヨリモ、ヨリ大キナ日本認識ノ材料ニナッタト私ハ信ジテ居リマス(拍手)世界ノ人々ガ日本ノ人道ト云フモノヲ知ッテ呉レタノハ、赤十字ノ方ニ日本ガ關係スルヤウニナッタ一番大キナ原因ヲ爲シタガ、ソレハ何デアッタカト云フト、アノ朝鮮征伐ノ後ニ島津義弘公ガ、敵味方ノ墓ヲ高野山ニ造ラレタト云フ、此一ツノ事件ニ依ッテ彼等ガ日本ノ道德觀念、人道主義ト云フコトヲ分ッテ呉レタノデアリマス、斯様ナ方面ニ力ヲ盡シマシタナラバ、マダ〳〵幾ラデモサウ云フヤウナコトガアラウト思フノデゴザイマスカラ、斯ウ云フ方面ニ、一ツ御努力ヲナサル御考ガアルノカドウカ、サウシテ之ヲ徹底セシメテ戴キタイ、百万圓ナント云フ金デハ碌スッポナコトハ出來ナイト思ヒマス、ケレドモ昨年二十万圓出シテ、今年百万圓出スト云フコトニ付テハ、或ハ人モ揃ヒマスマイカラ、斯ウ云フヤウナ人々ヲ揃ヘタリ、其他準備モアリマセウカラ、今ハ百万圓デ宜イカモ知レナイガ、人ヲ揃ヘラレタナラバ、世界各國ガ使ッテ居ルガ如クウント活動サセテ、民間、政府當局、其他色々ナ人ガ綜合シタ力ヲ、此問題ノ上ニ現ハサレルト云フコトガ、必要デアラウト思ヒマスカラ、私ハ之ヲ一千万圓ニナサルモ宜シイト思フ、二千万圓ニナサルト云フコトモ亦宜カラウト思フ、但シ斯様ナ金ガ本當ニ、完全ニ働ケルヤウニシテ戴キタイ、ソレニハ外務省ニシマシテモ、鐵道省ニシマシテモ、或ハ其他各部門ニ於キマシテモ、協力一致スルヤウナ組織ニシテ戴キタイ、人選ヲ能クシテ戴キタイ

此際特ニ私ハ外務大臣ニ又御伺ヲシテ見タイト思ヒマスコトハ、外務省ノ人事ニ付テ、先程私ハ不滿足ナ所ガアルコトヲ申上ゲマシタガ、毎年々々試驗ニ依ッテ外務省ノ人ヲ選バレル、一年ニ十二人カ十三人採ルト云フ爲ニ、何百名ト云フ志願者ガアルト云フコトデアリマスルガ、此十數名ノ人々ハ、成程立派ナ、優秀ナ人々ニ違ヒハナイ、大學ヲ出テ一番良イ人達ガ來ルガ、偖テ是ガ外務省ニ入ッテ外ヘ出マスト、十數名ノ人達ハ、餘程間抜ケナ者デナケレバ、皆大使マデハ成リ得ル、今日デハ日本ノ大使館ガ九ツカ十アル、十三名入ッタナラバ其中三四名ハ死ンデシマフカラ、後ノ者ハ皆大使ニ成レルト云フ勘定ニナッテ居リマス、各省ハサウ云フモノヂヤナイ、内務省ニシテモ其他ニシマシテモ、文官試驗ヲ受ケテ入ッタ人達ハ、段々是ガ精選サレ、競爭ガ起ッテ、サウシテ良キモノニナッテ行キマスケレドモ、

外務省ノ人々ハ、最初入ッテカラ訓練モ乏シイシ、競爭モ少イ、外國ニ行ッテ日本內地ノ事情ヲ知ラナイ、斯ウ云フヤウナ狀態ニナッテ居リマスカラ、入ッタ時ノ素質ハ良イケレドモ、訓練ガ出來ナイ爲ニ、或ハ日本ト云フ事情ヲ知ラナイ爲ニ、彼等ノ與ヘラレタル天職ニ忠實ニ働キ得ナイト云フコトガアルノデアリマス、斯ウ云フモノハ資格試驗ヲサレマシテ、十二三名採ルナラバ、五十名モ八十名モ御採リニナッテ、其中カラ外務省ニ入ル人モ、其他ニ入ル人モアルト云フヤウナ風ニ、試驗制度ノ改革ヲナサル御考ガアルカドウカ、サウ云フコトヲ私ハ御伺シタイノデアリマス

更ニ外務大臣ニ御伺シタイト思ヒマスコトハ、此事業ハドウシテモ民間ヲ動サナイトイケナイ、外務省ガ自ラ仕事ヲシマスト云フト、ソコニハ非常ナ過チガ生ジテ來ル、手モ足ラナイ、專門的ノ知識ヲ有ッタ人モナイ、惡イ言葉カ知レマセヌケレドモ、少シノ政府ノ手助ニ依リマシテ、民間ノ人々ヲ煽テヽ働カセマスト、全國ノ人々ガ國際文化事業ト云フコトニ自ラ金ヲ投ジ、時間ヲ無駄ニシテモ働ク人ガアル、我ガ日本ニモ決シテ人間ガ少イノヂヤナイ、之ヲ外務省ガ喜ビ、世間ガ喜ビ、日本ト各國トノ間ガ好クナルト云フコトノ認識ガ出來マシタナラバ、恐ラク翕然トシテ之ヲ援ケル人ガ出テ來ヤウト思ヒマスケレドモ、外務省ダケガ、何カ一ツノ仕事ヲヤラウト云フヤウナコトデハ、決シテ滿足ナ仕事ハ出來ナイト私ハ思フノデアリマスガ、此點ニ付テハ恐ラク私ト同ジヤウナ御考ダラウト思ヒマスルガ、外務省ハ果シテ私共ノ考ヘルガ如ク、日本ノ全國民ヲ總動員スルダケノ御考ガアルカドウカ、斯ウ云フ點ヲ御伺シテ見タイト思フノデアリマス、先ヅ是ダケヲ御伺致シマシテ、更ニ此問題ニ付キマシテハ、他ノ機會ニ於テ御尋スルコトモアラウト思ヒマスルガ、先ヅ是ダケヲ一ツ御伺致シマス

昭和十年二月六日

國務大臣ノ演説ニ對スル朴君ノ質疑

政府委員ノ答辯

○議長（濱田國松君）　アリマセヌカ――次ノ通告者朴春琴君

（朴春琴君登壇）

○朴春琴君　私ハ第六十七帝國議會ニ於キマシテ、此壇上ニ登リマシタコトハ、政友會、民政黨、國民同盟、第一控室ノ御盡力ニ依ルモノト思ヒマスルガ故ニ、茲ニ各黨ニ對シテ厚ク御禮ヲ申上ゲル次第デアリマス（拍手）

私ハ內地ト朝鮮、臺灣問題ニ對シテ、國家ノ一大問題デアルト思フガ故ニ、各國務大臣ニ忌憚ナク自分ノ意見ヲ申上ゲマシテ、誠意アル御意見ヲ承リタイト思フノデアリマス、國務大臣ニ對スル質疑ニ入ル前ニ、一言申上ゲテ置キタイト思フノデアリマス、議會ノ中デ有ユル議員ノ方々ノ言ハレルコトヲ聽キマスト、此內地、朝鮮、臺灣問題ニ對シテ、斯ウ云フコトヲ言ッテ居ラル、人ガ多イノデアル、日本人朝鮮人、日本人臺灣人ト言フ、同ジ國內デアリ、同ジ國民デアル、ソレニモ拘ラズ日本人朝鮮人、日本人臺灣人ト云フコトヲ聞クト云フト、何ダカ斯ウ國ガ二ツモ三ツモアル如クニ聞エル、ソレデアリマスカラシテ、私ハ內地、朝鮮、臺灣、樺太、南洋ト云フ風ニ、言ッテ貰ヒタイト思フノデアリマス（拍手）

是カラ國務大臣ニ御質疑致シタイコトハ、朝鮮、臺灣、樺太、南洋ノ問題デアリマスガ、第一內地、朝鮮ト云フコトニ付テ申上ゲテ、自分ハ質疑ヲ致シタイト思フノデアリマス、其前ニ此間政友會ノ或ル議員ダト思フノデアリマスガ、其質疑ニ、朝鮮ト內地ト併合シテ、サウシテ朝鮮ハ遙ニ良クナッテ居ル筈デアル、山モ青クナッテ居ル、有ユル實力モ良クナッテ居ル、朝鮮ニ何ガ故ニ不平ガアルカト或人ハ言フタガ、ソレアルガ爲ニ大正八年ノ萬歳騷動ガ起ッタノヂヤナイカ、ダカラソレヲ一ツノ前提トシテ、今後ノ滿蒙問題ハ研究シナケレバナラヌヂヤナイカト、斯ウ言ッタヤウナ質問ヲセラレタヤウニ記憶スルノデアリマス、如何ニモ或人ノ言フ如ク、成程併合セラレテカラノ朝鮮ハ良クナッテ居ル、ソレハ事實デアリマス、併シ是ハ私ハ此處デ餘程研究スル餘地モアリ、又內地デ生レタ皆サンモ、餘程考ヘナクテハ相成ラヌコトガアルト思フノデアリマス、總テ表面カラ見タ時ハ良ク ナッテ居ルコトハ事實デアリマス、併シ內部ニ入ッテ見ルト種々ノ不滿ガアル、此不滿ノ原因ハ何レニ在ルカト云フコトヲ私共ハ考ヘル時ニ、畏多クモ　明治大帝ハ、韓國皇帝ト日韓併合ヲ行ハセラレク際ニ、朝鮮デ生レタ日本人二千万人ニ對シテ、一視同仁ト云フコトヲ仰セラレテ居ル、此有難イ御言葉、總テ一視同仁ト云フコトデ政治ガ行ハレルナラバ、不平ガナイ筈デアル、ソレガ行ハレナイカラシテ不平ガアル、幾ヲ表向キニ立派ニシテモ、此精神的ノ滿足ヲ與ヘナケレバ、當然私ハ人間トシテ不平ガアルベキモノト信ジテ居リマス、其一端トシテ私ハ朝鮮總督政治ノヤリ方ヲ皆サンニ御話申上ゲマシテ、御參考ニシタイト思フノデアリマス、或人ハ寺內ガ朝鮮デ武斷政治ヲヤッタ、武斷政治ヲ行ッタ爲ニ、二千万ノ新附ノ日本人ノ感情ヲ害シタ、ソレガ爲ニ大正八年ノ萬歳騷動ガ起ッタノデハナイカ、斯ウ云ッタ議論ヲ爲ス人ガ多イノデアリマス、私ハ寺內ト云フ人ノ政治ハ善イ所ガアルト思ヒマス、寺內政治自身ハ善イノデアリマスガ、併シ寺內政治ヲ利用シテ、地方ニ於ケル小役人ガ新附ノ民二千 万人ニ對シテ行ッタコトニ、甚ダ遺憾ニ思フコトガ澤山アルノデアリマス、例ヘバ其當時ハ憲兵制度デアリマシテ、地方到ル處デオ役人ハドウ云フコトヲヤッテ居ルカ、田舍ノ人ハ雞ヲ持ッテ居ルガ、其持ッテ居ル雞ヤ豚ヲ、細長イ「ステッキ」ヲ持ッテ歩イテ足ヲ叩キ折ッテ、取ッテ行ッテ食ッタリ、ソレカラ濁酒ヲ賣ッテ居ル所ヘ行ッテ、酒ハ飲ンダワ金ハヤラナイ、金ヲ要求スルト云フト斧竹ヲ喰ハス、更ニ言葉遣ヒハドウカト云フト、此「ヨボ」、「ヨボ」ト言ッテ、人々ヲ捕ヘテ引ッ叩ク、足ガ段々弱ッテ行ク、ソレカラ又何レノ國デモ遠イ處ヘ行ク人ハ、總テ精神ノ善クナイ人ガ能ク行ク、例ヘバ朝鮮デ生レタ日本人ガ此方ニ來ルノデモ、餘リ善イ人バカリ來ルノデハナイ、又內地デ生レタ日本人デ朝鮮ヘ渡ル人モ、餘リ善イ人ハ渡ッテ居ナイ、唯何デモ彼デモ金サヘ儲ケレバ宜イト云フヤウナ、サウ云フ人ガ多ク行ッテ居ル、ソレデアルカラシテ、詰リ此方デ言ヘバ、品行ノ宜シクナイ人ガ彼方ニ渡リ、サウシテ金貸シヲヤル、百圓ノ畑ヲ抵當ニ十圓位貸ス、所ガ期日ガ經ッテ其人ガ金ヲ持ッテ來テモ、其日ダケハ居留守ヲ使フ、翌日行クト云フト、何某ノ畑ト云フ棒杭ヲ其抵當ノ土地ニ打チ立テ、居ル、斯ウ云フコトガ段々累ナッタ爲ニ、大正八年ノアノ萬歳騷動ガ起ッタンヂヤナイカト思フノデアリマス

併シモウ一ツ私共有難イト思フコトハ、大正八年ノ萬歳騷動ガ起ッタ後ニ　大正天皇ハ齋藤朝鮮總督ニ對シテ、斯ウ云フ有難イ御言葉ヲ賜ッタ、朝鮮ノ總督政治ハ改革シナクチヤナラヌ、其總督政治ノ改革ハ、所謂一視同仁デナケレバナラナイ、ソレ故ニ朝鮮ハ文化政治ヲ行ハナクチヤナラヌト云フ意味カラ、サウ云フコトヲ齋藤朝鮮總督ニ命ジラレタノデアリマス、ソレデ憲兵制度ヲ廢止シテ、ソコデ初メテ文化政治ト云フモノニナッタノダト思フノデアリマス、重ネテ畏多クモ　陛下ハ內地デ生レタ日本人モ、朝鮮デ生レタ日本人モ　陛下ノ御心持ハ一ツモ變リガナイヤウニ、吾々ハ信ジテ居ルノデアリマス（拍手）此　陛下ノ有難イ御心持、是ハ內地デ生レタ日本人モ、朝鮮デ生レタ日本人モ、此　明治大帝、大正天皇ノ御心持ニ相反スル政治ヲヤルト云フコトハ、私ハ正シイ政治デナイト信ジテ

居ルノデアリマス

ソコデ私ハ此有難イ御心持ニ從ッテ、總理大臣ト内務大臣ニ質疑ヲ致シタイト思フノデアリマス、吾々ハ日本國民トシテ權利義務ヲ總テ共ニスルト云フコトハ、日本國民デアル所以デアリマス、然ルニ朝鮮ト日本ト併合シテ二十六年ニナッタト思フノデアリマスガ、二十六年ニナッテ居ル日本人ニ對シテ、マダ參政權ガ無イノデアリマス、此參政權ニ付テハ、私ハ第六十三臨時議會ニ於キマシテ、此參政權ヲ私ハ要求致シマシタ、其前ニ併合當時ニ朝鮮デ出來マシタ所謂政治的ノ國體ニ、國民協會ト云フ會ガアルノデアリマス、是ハ有名ナル親日頭目タル閔元植、此人ガ年々帝國議會ガアル度ニ、陳情書ヲ出シタコトガアルノデアリマス、陳情ハ出シテ居リマスケレドモ、總テ握潰シデアル、ソコデ其時ニ又參政權運動ノ爲ニ内地ヘ參リマシテ「ステーション・ホテル」デ不良分子ノ爲ニ刺サレタノデアリマス、引續イテ國民協會ガ此參政權運動ヲヤッテ居ルノデアリマス、ソコデ私ハ丁度議員トナリマシテ、第六十三臨時議會ニ於キマシテ――國民協會ガ又參政權ト云フモノヲ陳情シテ參ッテ居ッタノデアリマス、其當時ノ拓務大臣ハ永井サンダッタト思ヒマスガ、歴、此參政權問題ヲ論ジタノデアリマス、サウシテ其時ニ、朝鮮ニ參政權ヲ與ヘルト云フコトハ適當デアルト云フコトデ、請願委員會ニ於テ採擇ニ相成ッタノデアリマス、然ルニ今日マデマダ朝鮮ノ參政權ト云フモノハ實現シテナイ、併シ朝鮮ニ對シテ參政權ヲ與ヘルト云フコトハ、私ハ日本ノ大陸的ノ發展上、是レ以上良イコトハナイト思フノデアリマス、今ノ内地ハ各方面カラ議員ガ出ラレマシテ、有ユル方面ノコトヲ言ッテ居ラレマスガ、朝鮮ニモサウ云フヤウニ帝國議會ヘ來テ、總テノコトヲ言ヒタイト云フ人ハアリマスケレドモ、參政權ガナイ爲ニ、ソレヲ言フコトガ出來ナイ、出來ナイ爲ニ所謂内地側カラ見レバ、同ジ國内デアリナガラ朝鮮ニ對シテハ、所謂他國ノヤウニ、歐米ノヤウニ考ヘテ居ル人ガ多イノデアリマス、ソコデ私ハ朝鮮ニ對シテ參政權ヲ與ヘルト云フコトハ、日本ノ大陸的見地カラ言ッテモ然リデスガ、又同一國民トシテ、權利モ義務モ總テ共ニシテコソ、初メテ私ハ同一國民デハナイカト思フノデアリマス、ダカラ此同一國民ニ對シテ其權利ヲ與ヘルコトガ出來ルカ、出來ナイカト云フコトヲ、總理大臣、内務大臣ニ誠意アル御答辯ヲ御願シタイト思フノデアリマス

ソレカラ高橋大藏大臣ニ私ハ承リタイト思フノデアリマス、私ガ朝鮮内地ノ問題ヲ論ズル時、國務大臣ガ一人モ居ラヌト云フコトハ甚ダ遺憾ニ思ヒマスガ、已ムヲ得マセヌカラ政府委員ヨリ、誠意アル御答辯ヲ願ヒタイト思フノデアリマス、第一番ニ斯ウ云フ所ニ缺陷ガアル、此大藏大臣ニ承リタイト云フ問題ハ、朝鮮ノ紙幣統一問題デアリマス、此紙幣統一問題ハ、内鮮人ノ間ニ於テ非常ニ不便ヲ與ヘル、例ヘバ朝鮮銀行デ發行シテ居ル札ガ、朝鮮及滿洲デハ通用ガ出來ル、詰リ日本國内ニハ通用ガ出來ナイモノヲ、他國デハ通用ガ出來ル、ソコデ朝鮮カラ内地ニ持ッテ來ル時ハ、下關デ取換ヘナケレバ、内地デハ通用ガ出來ナイ、誠ニ不都合デアル、既ニ同ジ國内、同ジ國民デアリナガラ、同ジ國内デ發行シテ居ル紙幣ガ、内地デハ通用ガ出來ナイノニ、滿洲デハ通用ガ出來ルト云フコトハ、是レ既ニ私ハ差別デナイカト思フ、是ガ爲ニドレ位朝鮮デ生レタ人ト、内地デ生レタ日本人トガ不便ヲ感ジテ居ルカ分ラナイ、此紙幣ノ統一ガ出來ルカ出來ナイカト云フ點ヲ、大藏大臣ニ承リタイト思フノデアリマス

ソレカラ外務大臣ニ承リタイ、ソレハ此在滿鮮人ノ問題デアリマスガ、日本ノ人口問題ト食糧問題ト云フモノヲ、私ハ斯ウ考ヘテ居ルノデアリマス、此間政友會ノ或ル議員カラ外務大臣ニ人口問題、食糧問題ノ質問ガアッタ時ニ、是ハ南米、伯剌西爾ノ移民問題デ外務大臣ノ答辯ヲ聽キマシタ、成已ムヲ得ナイト言フ――私モアレハ南米トカ伯剌西爾方面ニ、日本ノ移民ハヤリタクナイケレドモ、仕方ガナイカラ今日ヤルヤウナコトヲシテ居ル、詰リ私ノ聞ク所ニ依レバ、ヤリタクハナイケレドモ、移民ノ行クベキ土地ガナイ爲ニ、已ムヲ得ズニアッチノ方面ニ向ケルノダト云フヤウニ聞エルノデアリマス、併シ私ハ日本國内ニ、マダ〱日本デ生レタ日本人ガ、一千万ヤ一千五百万、二千万位ハ住ムコトガ出來ルト考ヘテ居ルノデアリマス、ト云フノハ日本國内朝鮮、日本國内臺灣、日本國内南洋、斯ウ云ッタヤウナ所ニ、私ハ日本人ガ自由ニ住ムコトガ出來ルト云フコトヲ考ヘテ居ルノデアリマス、今日ハ併合後二十六年、尚又統監時代ノ約十年間ヲ經過致シマシタガ、更ニ遡ッテ考ヘマスレバ朝鮮ト日本トハ神武天皇以來、極メテ密接ナ關係ガアルト言ッテモ差支ヘナイ、併シ同ジ國トナッテ二十六年、今日ノ日本ニ生レタ日本人ガ然ラバ朝鮮ヘ幾ラ行ッテ居ルカ、約五十何万人シカ現在行ッテナイ、サウシテ朝鮮デ生レタ日本人デ、内地ニ來テ居ルモノハ六十万以上ヲ突破シテ居ル、ソコデ内地デ生レタ日本人ガ、何ガ故ニ朝鮮ニ殖エテナイカ、是ハ政治ニ缺陷ガアルカラデアル、ト云フノハ總テ日本デ生レタ日本人ガ、同ジ國内ノ朝鮮、此處ニ渡ル時ニ、下關マデハ自分ノ國ト思ッテ居ルカモ知ラヌケレドモ、下關カラ今度釜山ニ渡ル時ハ、歐米ヘデモ行クヤウナ感ジヲ懷カセル、ソレガ爲ニ所謂朝鮮ニ日本人ガ殖エナイ、ソコデ此總テノ日本人ノ食糧問題、人口問題ハ今カラ七八年前ニハ朝鮮ニ依ルニアラザレバ解決ガ出來ナイト云フ事カラ、産米增殖ヲヤラナケレバナラヌ、朝鮮デドン〱米ヲ作ラナケレバナラヌ、米ヲ作ルニハ十二年間計畫デ、内地カラ莫大ナ豫算ヲ取ッテ、朝鮮ニ投ジナケレバナラヌト云フコトデ、慥カ民政黨内閣ノ時ト私ハ思フノデアリマス、其時朝鮮ノ産米增殖ト云フモノヲ、此前ノ内閣ノ齋藤總理ガ朝鮮ニ總督ヲシテ居ラレタ時ニ、是レ一ツヲ誇リ的ニ、自慢的ニ、所謂朝鮮ノ産米增殖ト云フモノヲ奬勵シタ譯デアル、約八年間強制的ニ是ハ奬勵シタ、何デモ彼デモ米ヲ作レト云フ位ニ、強制的ニヤラシテ置イタ、所ガ内地デハ丁度三年間ト云フモノ豐年デアル、朝鮮モ亦三年間ト云フモノハ豐年デアル、ソコデ米ガ少シ穫レ過ギルト云フコトニナリ、朝鮮ノ米ガ内地ヘ來ルコトニナレバ、内地ノ農村ヲ脅ス虞ガアルカラシテ、是ハ移入制限ヲシナケレバナラヌ、許可制度ニシナケレバナラヌト言フ、直グ目先ノ事ヲ考ヘテ――是ハ六十五議會ニ於キマシテ、恐ラク此問題ト云フモノハ、齋藤内閣ノ中心トシテ、所謂騷イダ問題デアル、ソコニ私ハ此同ジ國内デ出來ル穀物ニ對シテ、

移入制限ヲスルトカ、許可制度ヲヤルトカ云フコトガ、私ハ既ニ其言フ人ノ心持ガ分ヲナイ（拍手）一時日本ガ食糧問題デ困ッテ居ル時ハ、ヤレ〳〵ト言ウテヤラシテ置イテ、少シ豐年デ米ガ餘計出來ルト云フト、イキナリ移入制限トカ、許可制度トカ云フモノヲ設ケルト云フ、其所謂根性ガ卑シイト言ヒマスカ、之ヲ考ヘル時ニ、朝鮮デ生レタ日本人ハドッチヘ行ッタラ本當カ分ラナイ、一時ハヤラシテ置イテ、サウシテ今度少シ好クナルト云フト、オ前ノ物ハ要ラナイト言フ、丸切リ內地デ生レタ日本人ノスル事ガ、ドッチガ本當カ分ラナイ、自分ノ懐ロ、所謂利害關係ガ少シ悪クナルト云フト、何モ彼ニモ構ッタコトヘナイ、朝鮮ニ對シテ强制的ニ侮辱的ニ、總テノコトヲ抑ヘ付ケルト云フヤウナ遣方ヲヤッテ居ルト云フコトハ、果シテ日本ノ所謂大陸的見地カラ穩當デアルカドウカ

　ソコデ朝鮮ハ移入制限トカ、許可制度トカ、盛ンニ言ウテ居リナガラ、日滿經濟「ブロック」ヲ作ラナケレバナラヌ、日滿經濟「ブロック」ト云フコトヲ盛ンニ言ウテ居ル、同ジ國內ニ於テ移入制限ヲセヨト云フコトヲ言ウテ居ル人ガ、他ノ國ト日滿經濟「ブロック」ヲ作ルト云フコトハ、鈴木サンノ文句デヤナイガ、チヤンチヤラ可笑シクテ仕様ガナイ（笑聲）米ノ如キモサウダ、昭和八年ノ時ニ七千八十三万九千百七十石內地デ穫レタ、ソレカラ又昭和九年度ハ五千百八十三万九千六百二十九石ニナッテ居ルノデアリマス、ソコデ朝鮮ハドウカト云フト、昭和八年八千八百十九万二千七百二十石穫レタ、今度昭和九年度ハ千六百五十五万四千五十九石穫レタ、是ハ內鮮併セテ二千六十二万八千二百二石ヲ減ジテ居ルノデアリマス、斯ウナッテ來ルト云フト、此天氣ノ模樣ハ分ラナイ、神樣チヤナイノダカラ――ソコデ日本國民ハ豐作ニナルコトヲ天ノ神樣ニ祈ッテ居ル、ソレデ米ガ餘計出來ルカラ困ルト云フヤウナ馬鹿ナコトハ僕ハナイト思フ、玆デ結局ダ、今日此六十七議會ニ於テハ、六十五議會ノ時ノヤウニ米ノコトハ餘リ言ウテナイ、ソコデドウカト云フト、此前內地ト朝鮮ト臺灣ヲ入レマシテ、米穀審議會ト云フ會議ヲ作ッテ、サウシテ各委員ガ出タ、其各委員ノ最後ニ決定シタト云フコトヲ見ルト云フト、內地ガ三割五分、ソレカラ朝鮮臺灣ハ六割五分ト、斯ウ云フコトヲ小委員デ決定シタト云フ、過剩米ニ對シテ三割五分、或ハ六割五分ト云フコトヲ決定シタサウデアリマスガ、此過剩米ニ對シテ三割五分、六割五分ト云フコトカラ吾々算盤ヲ割出シテ見ルト云フト、僅カ年ニ六百万圓カ七百万圓ト云フ問題デハナイカト思フノデアリマス、此六百万圓ヤ七百万圓ノ爲ニ、朝鮮デ生レタ日本國民二千万、臺灣デ生レタ日本國民ノ五百万、此二千五百万人ニ對シテ、所謂人心ヲ失フト言ヒマスカ、悪イ影響ヲ與ヘルト云フコトヘ、ドノ位大日本ノ爲ニ不利益デアルカト云フコトヲ考ヘズニ、唯目先ノ事バカリ考ヘテ左樣ナ事ヲヤルト云フコトヘ、私ハ穩カデナイト思フノデアル（拍手）一事ガ萬事デアッテ、何モ彼モ左樣ナ事ヲ考ヘテヤッテ居ルト云フコトヘ、私ハ日本ノ政治ノ缺陷デアッテ、之ヲ直サナイト云フコトニナルト、日本ノ人口問題ト云フモノニ大ニ影響スルコト丶思フノデアリマス

　ソコデ私ハ外務大臣ト拓務大臣ニ承リタイト思フノハ、日本デ生レタ日本人ガ、或ハ滿洲トカ、ソレカラ又南米トカ、伯剌西爾方面ニ移民ヲスルト云フコトヘ、是ハ何レハ行カナクチヤナラヌダラウケレドモ、私ハマダ早イト思フ、殊ニ滿蒙移民ニ對シテハ、私共ハ、長イ間政府ヲ鞭撻シ、又之ヲシナケレバ日本ハ成功ガ出來ナイト云フコトノ「パンフレット」ヲ出シタコトモアルノデアリマス、第一滿蒙移民問題デアリマスガ、內地ノ政治家ハ、滿洲移民ニ對シテ、ドウ云フ地方ノ人ガ適スルデアラウカト云フコトヲ考ヘタ結果、東北ノ人ガ適當デアル、東北ヘドウカト云フト、寒サヘ酷イ、ソレカラ滿洲モ寒サノ酷イ處デアルカラシテ、東北ノ人ヲ移民トシテ持ッテ行ケバ、滿洲デハ忽チ成功スルダラウ、斯ウ云フ譯デ東北ノ移民ヲ國家ガ補助シテ出シタノハ私ハ宜イト思フ、所ガ豈圖ランヤ行ッテカラ、先ヅ私ノ聞ク所ニ依ルト、八割マデ歸ッテ來テシマッタ、是ハ歸ッテ來ルノガ當リ前ダ、此氣候ノ好イ處ニ生レタ日本人、ソレカラ又有ユル方面カラ言ッテモ、日本人ガ今日ノ滿洲ニ行ッテ、サウシテ集團部落ヲ作ッテ、是ダケノ土地ヲ十年、十五年開拓スレバ、何段歩位ノ土地ガオ前ノ物ニナルカラ辛抱セヨト云フコトヲ言ッタ所ガ、今日ノ氣ノ短イ日本人ナラ私ハシマイト思フ、ソレカラ又第一番ニ生活程度ガ段違ヒデアッテ、氣候ハ御承知ノ通リ、酷寒零下四十度、夏ハ百度以上デ水ガ沸クト云フ位ノ暑サデアル、又滿洲人ノ生活ノ程度ハ、一日働イテ、得ル日當ガ三十五錢カラ三十八錢、三十五錢カラ三十八錢ト云フ金ヲヤリサヘスレバ、朝ノ六時カラ晩ノ六時マデ一生懸命ニ働イテ居ル、ソレカラ彼等ノ一日ノ生活費用ハ幾ラ要ルカト云フト、一日ノ生活費用ト云フモノハ先ヅ六錢カラ七錢、是ダケアレバ彼等ノ生活ヲ滿足ニヤルコトガ出來ル、斯ウ云ッタヤウナ民族ト――兎ニ角日本ノ國內デハ今日八十錢ヤ一圓ノ仕事ハ有難ク思ヘナイ人ガ澤山居ルノデアリマス、此人々ト、アノ生活程度ノ低イ民族ト肩ヲ列ベテ、サウシテ危險ヲ冒シテヤル、夜ニナルト何處カラ馬賊ガヤッテ來ルヤラ分ラヌ、何處カラ匪賊ガヤッテ來ルヤラ分ラヌ、今デモ日本ノ安政時代ト同ジク、種油ヲ使ッテ居ル、夜ニナッテ一寸燈シテ消シテシマフト、殆ド眞黒ケノケダ、二里行ケバ部落ガアルカ、三里行ケバ部落ガアルカ分ラヌ處ニ、此生活程度ノ低イ民族ト肩ヲ列ベテ、滿蒙ヲ開拓セヨト云フコトヲ言ッタ所ガ、是ハ不可能デアル、不成功デアル、ソコデ何レハ行カナクチヤナラヌケレドモ、私ハマダ早イト思フ、所ガ朝鮮デ生レタ日本人ハ、生活程度モソレト能ク似テ居ル、又地理カラ云ッテモ隣リ同志デアル、歷史上カラ云ッテモ、滿洲ハ朝鮮デ生レタ日本人ノ所謂祖先ノ墳墓ノ地デアル、又數カラ云ッテモ、今日ノ百數十万ト云フ人ハ滿蒙ヘ行キマシテ、所謂滿蒙開拓ノ恩人デアル、此尊イ日本人ガアルノデアルカラ、此人々ノ手ニ依ッテ滿蒙開拓ヲシテ、後カラ日本デ生レタ日本人ガ行クノガ私ハ筋道デヤナイカト思フシ、又成功スル所以デヤナイカト思フ（拍手）然ルニ朝鮮ニ於テハ、日本人ノ千万、千五百万、二千万ト云フ人ガ行ッテモ一向差支ナイ面積ヲ有ッテ居ル、現在ノ內地ト朝鮮トハ、面積カラ云ヘバ、內地ハ北海道ダケ朝鮮ヨリ多イト信ジテ居ルノデアリマス、ソコデ內地デハ七千万ト云フ人

ガ今日住ンデ居ル、朝鮮デハ二千万ト云フ人ガ居ル、此二千万人ノ中デ、全部ガ此處ニ住ンデ居ルノデハナイ、二三百万、或ハ三四百万ト云フ人ハ殆ド世界ニ散在シテ居ル、是ダケ豐富ナ面積ヲ有ッテ居ル朝鮮ニ於テ、政治ガ惡イ爲ニ、朝鮮ニ所謂日本デ生レタ日本人ヲ植付ケルコトガ出來ナイ、例ヘバ鐵道ヲ調ベテ見テモ、今ノ國有鐵道ハ北海道ヨリ少イ、國有鐵道ト私設鐵道ト合セレバ丁度北海道位デアル、兎ニ角日本人ガ朝鮮ニ行ッテ居ルコトガ出來ナイ、ソコデ日本ノ人口問題ノ解決ト云フコトハ、私ガ言ヘナクテモ、年々百万ノ人口ガ殖エテ居リ、此間ノ委員會ニ於テ、中氏ヨリ内相、總理ニ對シ、産兒制限ト云フ質問ガアッタノデアリマスガ、血アリ涙アル日本人トシテハ、産兒制限ト云フコトハ私ハ出來ナイト思フ、サウスレバ此人口ヲ如何ニスルカト云フト、結論トシテハ朝鮮及滿洲方面ニ行カナクチヤナラヌ、其順序トシテモ所謂水ノ低キニ流レルト云フ如ク、又地理上カラ云ッテモ然リデス、ソコデ内地ト朝鮮ノ政治ガ改マラナイトイカヌ、此處デ今ノ外務大臣ノ言フコト、拓務大臣ノ考ヘテ居ルコトハ私ハ違フノヂヤナイカト思フ、伯剌西爾トカ、南米トカ云フ方面ノ移民ヨリ、先決問題トシテハ、自分ノ國内開發ヲスルト云フコトヲ考ヘテ置カナクチヤナラナイ、大體日本ノ政治ハ喉元過ギレバ熱サヲ忘ルル政治ヲヤッテ居ル、併合スル當時ノ日本人ノ心持ト云フモノヲ總テ忘レテシマッテ、當時ハドウカト云フト、日本國内デハ所謂朝鮮ニ對シテ、其存在ヲ認メナイヤウナ、忘レタヤウナ考ヲ有ッテ、或ハ滿洲ヘ視察ニ行ク時ハ朝鮮ヲ素通リシテシマフ、又今度ハ獨リ滿洲問題ダケニ沒頭シテ、朝鮮ノ事ト云フモノハ殆ド忘レタヤウナ今日ノ氣持ニナッテ居ル、サウ云フコトカラ、常ニ私ハ此日本ノ人口問題或ハ食糧問題ニ對シテ、内地同樣ニ朝鮮ノコトモ考ヘテ貰ヘナクチヤナラヌト思フノデアリマス、ソコデ私ハ内地人ガ滿洲問題ヲ盛ニ論ズル時、滿蒙ハ日本ノ生命線デアルトカ、何トカ云フコトヲ能ク申シテ居リマスガ、滿蒙ハ日本ノ生命線デアルト云フコトヲ考ヘル時ニ、私ハ斯ウ考ヘテ居ルノデアリマス、日本ガ頭デアリ、朝鮮ハ腹デアル、滿蒙ハ足デアル、幾ラ頭ガ良クテモ、腹ガ腐ッテ居ッテハ私ハ相成ラヌト思フ、滿洲問題ヲ論ズル時ハ、頭ハ日本デ、腹ハ朝鮮デアリ、足ハ滿洲デアルト云フコトヲ前提トシテ、頭モ良ク、腹モ良ケレバ、足モ自由ニ動ク、斯ウ云フコトヲ考ヘズニ、頭ガ良ケレバ腹ハドウデモ宜イト云フヤウナ考デ、滿蒙問題ヲ論ズル人ハ、私ハ悉ク失敗ニ終ルノデハナイカト思フノデアリマス(拍手)

ソコデ今ノ人口問題デアリマスガ、是ハ政治ノ缺陷デアリマス、今ノ差別待遇問題デモ、先ヅ位置ヲ換ヘテ、アベコベニナッテ考ヘテ御覽ナサイ、不滿不平ヲ持ツノガ當リ前デアリマセヌカ、表向キハ差別ハシナイヨ、一視同仁ハ結構ダ、斯ウ云フコトヲ言ヒナガラ、内部ニ入ッテハ既ニ差別ダ、同ジ國内デ出來タ穀物デモ、オ前ハ移入制限ヲセイ、許可制度ヲヤレト言フ、是ハ差別デハナイカドウダ、又今各方面ニ農村問題ガ盛ニ論ジラレテ居リマスガ、米價ヲ吊上ゲテ農村ヲ救濟スルト云フコトハ、僕等ニハ分ラナイ、既ニ内地デ百姓ガ米ヲ作ッテモ、其自分デ作ッタ物ヲ自分ガ食ベルノデナクシテ、收穫時期ガ過ギルト、モウ買ッテ食ベナケレバナラヌヤウナ始末デアル、私共ハ寧ロ日本デドン〳〵米ガ出來テ、サウシテ一般國民ニ對シテ安イ物ヲ食ベサセル、又日本ノ製品ガ總テ安ク出來上ッテ、之ヲ外國ニ供給スルト云フコトガ、國家的見地カラ言ッテ本當デハナイカト僕ハ思フ(拍手)朝鮮デ出來ル米ガ餘計ダカラト言ッテ、内地ノ農村ヲ脅シテ居ルト云フコトハ、ドウモ僕等ニハ分ラナイ、ソコデ假ニ年々朝鮮カラ五百万石、六百万石ノ米ガ内地ニ來ルトシテモ、是ハ僅ナモノデアリマス、此僅ノモノヲ以テ、内鮮間ニ於テ差別的ノ待遇ヲスルト云フコトハ、僕ハ相成ラヌト思フ、能ク此演壇デ、日本精神日本精神ト云フコトヲ言ッテ居ル人ガアリマスガ、吾々日本人トシテ、日本精神ト云フモノガナクチヤナラナイ、朝鮮デ生レタ朴春琴、私ニシテモ、「日本精神ト云フモノハ持ッテ居ル積リデアリマス(拍手)此日本精神ト云フモノハ、強イ者ニ向ッテハ鬪フベシ、強イ者ハ之ヲ屈スベシ、弱イ者ハ之ヲ助ケテヤルト云フノガ、私ハ日本ノ大和民族ノ精神ヂヤナイカト思フノデアリマス(拍手)然ルニ自分ノ兄弟ニナッタ者ノ頭ヲ打叩イテ、日本精神ヲ論ズルト云フコトハ、此日本精神ニ相反シテ居ル ト思フノデアリマス、此問題ニ對スル政府ノ誠意アル答辯ヲ承リタイト思フ、表向キニハ唯胡麻化シ的ニ、ソレハ君ノ言フコトハ間違ッテ居ル、ソレハ全ク一視同仁デアルカラシテ、差別ハシナイヨト云フヤウナコトヲ言ッテ居ル、私ハ朝鮮デ生レタ朴春琴デアリマスカラ、朝鮮二千万民ノ利益ノ爲ニ言フノヂヤアリマセヌ、吾々ハ寧ロ朝鮮人ト言ヘレルコトガ心外デ堪ラナイ、殊ニ朝鮮ト内地ト併合シタ當時、所謂朝鮮ハ小サイ國デアリ、各國カラ窘メラレ、朝鮮ノ舊韓國ノ政治ガ惡カッタ爲ニ、國民ト云フモノハ、裕カナ生活ガ出來ナイデ、脅カサレル、ソコデ東洋平和ノ基礎ノ爲ニ、内地モ宜シイ、朝鮮モ宜シイ、是ハ東洋平和ノ柱トナルト云フコトカラ、日本ト朝鮮トガ併合シタノヂヤナイカ、此併合スル當時ノ吾々二千万ノ喜ハドノ位デアッタカ、所謂其當時ハ支那カラ窘メラレ、今申上ゲルヤウニ韓國ノ政府ガ惡カッタ爲ニ、働イテ働イテ幾ラ儲ケテモ役人ニ取上ゲラレル、コンナコトヲヤッテ居リマシタカラシテ、文明國タル日本ト一緒ニナルナラバ、國民ガ安心シテ生活ガ出來ルト云フ意味カラ、朝鮮デ生レタ人カラ日韓併合ヲ持出シタ、ソコデ日本ト併合シタ、又日本カラ言ヘセレバ、朝鮮ハ弱イ國デアリ、又他ノ國ニ取ラレタ場合ニハ、例ヘバ隣ニ立派ナ新シイ家ト古イ家ガアッテ、若モ古イ家ニ火ガ付イタ場合ニハ、新シイ家ニ燃移ル虞ガアル、若モ朝鮮ガ他ノ國ト併合スルトカ、他ノ國ニ取ラレタ場合ニハ、日本ニ對シテドノ位影響ヲ及ボス虞ガアルカ分ラナイ、ソレデアルカラ昔ニ遡ッテ考ヘルナラバ、一ツノ親、一ツノ兄弟デアル所謂朝鮮ト日本ヲ、一日モ早ク併合シテ、大亞細亞ノ基礎トシテ、東洋平和ノ爲ニ盡サナクチヤナラヌト云フ大目的デ、朝鮮ト日本トガ併合シタト云フコトハ、是ハ明カヂヤナイカト吾々ハ思フノデアリマス(拍手)ソレ故ニ朝鮮ニ對シテ、表向キハ立派デアリマスケレドモ、私カラ考ヘルナラバ、政治的併合ヤ國際的併合ヨリモ、寧ロ私ハ内地デ生レタ日本人ト、朝鮮デ生レタ日本人トノ精神的ノ併合ガ行ハレナケレバナラヌト思フノデアリマス、其精神的ノ併合ヲ行フト云フコトニハ、政治ノ缺陷ガ改マラナイト云フト、私ハ行クマイト思フ、ソコデ私共ハ第一番ニ、此移民問題ニ對シテ今ノ外務大臣、拓務大臣ハドウ考ヘテ居ラレマスカ、誠意アル御答辯ヲ承リタイト思フノデアリマス

ソレカラ次ニ陸軍大臣ト海軍大臣ニ私ハ承リタイト思フノデアリマス、ソレハ兵役義務ノ問題デアリマス、吾々モ日本人ニナッテ二十六年ニモナッテ居リマスカラシテ、朝鮮デ生レタ日本人トシテ、大日本帝國ノ國家ノ軍人トシテ、國ノ爲ニ一潟盡シテ見タイト云フ氣持カラ、此兵役義務ヲ私ハ要求致シタイト思フノデアリマス(拍手)吾々ハ唯此權利ダケ强ク要求スルモノデハアリマセヌ、朝鮮デ生レタ日本國民トシテ義務ヲ果サナクチヤナラヌ、此義務ヲ果スニハ、貴キ兵役義務ト云フモノガ先決問題デアルト思フノデアリマス、此兵役義務ヲ朝鮮デ生レタ日本人ニ對シテ與ヘルコトガ出來ルカ出來ナイカト云フコトヲ、私ハ陸海軍大臣ニ承リタイト思フ、滿洲事變ノ時ハ、實ニ朝鮮デ生レタ日本人ノ色々ナ美談ガアリマス、其當時私ハ奉天ヘ行キマシテ、本庄司令官カラ承リマシタ、又私ノ意見モ先方ニ申上ゲマシタ、其時ニ本庄司令官ガ斯ウ云フコトヲ言ッテ居ル、朴君、滿洲事變以來朝鮮デ生レタ日本人ニ對シテハ感謝ニ堪ヘナイ、吾々ハ滿洲事變ニ對シテ、所謂不良鮮人ガ居ッテ妨害スルモノト思ッタ所ガ、來テ見ルト、朝鮮デ生レタ日本人ガ、吾々ト一身同體トナッテ能ク働イテ呉レル、例ヘバ斯ウ云フ美ハシイ事ガアル、吾々ハ軍籍ガナイ爲ニ、國家ノ軍人トシテ日本ニ對シテ盡ス譯ニハ行カナイガ、自分達ガ覺エテ居ル——所謂運轉手デアル、此運轉手ハ匪賊討伐トカ、或ハ馬賊討伐トカ云フ場合ニヘ、日本ノ軍人ヲ乘ッケテ、吾々運轉手ガ先ニ立ツノデアルカラシテ、運轉シテ萬分ノ一デモ日本ノ國ノ爲ニ盡シタイカラ、ドウカ軍隊デ使ッテ貰ヒタイト云フ申込ガ澤山アル、斯ウ云ッタヤウナ美談モ澤山アルノデアリマスカラシテ、今度ハ朝鮮デ生レタ日本人ニ對シテ兵役義務ヲ與ヘナクチヤナラナイト云フコトヲ、私ト論ジタコトガアルノデアリマス、デアルカラシテ朝鮮デ生レタ人ニ對シテ、兵役義務ヲ與ヘルコトガ出來ルカ出來ナイカ、併シ此際一般ノ兵役義務ヲ與ヘルト云フコトハ、國防ノ關係デ私モ無理ナ要求ト思フノデアリマス、ソレデアリマスカラシテ、一般ノ兵役義務ヲ與ヘル前提トシテ、所謂朝鮮デ生レタ日本人ニ對シテ、志願兵ヲ許スト云フコトガ宜シイ、兎ニ角此志願兵制度ヲ設ケル所ノ意思ガアルカナイカト云フコトヲ、陸海軍大臣ニ承リタイト思フノデアリマス

次ニ農林大臣ニ伺ヒマス、先刻申上ゲタ米ノ問題、此米ノ問題ハ、私ハ前申上ゲタ通リ、内鮮人間ニ於テ僅カノ過剩米ノ問題デ、内地ガ三割五分、外地ガ六割五分、此問題ハ私ハ小委員會デドウ云フ人ガ之ヲ決メタカ分リマセヌガ、コンナ僅カナコトヲ考ヘマシテ、此新附二千万ノ人ノ感情ヲ害スルト云フコトハ、國家ノ爲ニ私ハ相成ラヌコト、思フ、デアリマスカラシテ、農林大臣ハ内鮮米ニ對シテ、ドウ云フコトヲ考ヘテ居ルカト云フコトヲ、私ハ承リタイト思フノデアリマス

尙ホ此内地ト朝鮮問題ノコトデアリマスガ、私ガ熟々考ヘマシタコトハ、私ハ議員ニナリマシテ、此帝國議會ニ參リマシテ、自分ノ議席ノ所ニ坐ッテ聽イテ居ルト云フト、アレハ一昨年デアッタト思ヒマスガ、日本國民ハ七千万、七千万ト云フコトヲ盛ンニ言ッテ居ル、ソコデ又松岡全權ハ、國際聯盟デ日本國民六千五百万ト言フ、七千万ト言ッタリ、六千五百万ト言ッタリスル、ソコデ私ハ其當時自分ガ發言權ヲ得マシタ時ニ、一體日本國民七千万ト云フコトヲ言ッテ居リマスガ、吾々日本國民二千万ト云フモノ、存在ヲ認メナイカ、或ハ又忘レタカ、百ヤ二百ナラ忘レルカモ知レナイケレドモ、二千万ノ日本國民ヲ忘レルト云フコトハ、私ハ相成ラヌト思フト云フコトヲ申シマシタ(拍手)ソレカラ後ハ皆九千万、九千万ト言フヤウニナリマシタ、次ニ又植民地問題ト云フコトヲ盛ニ言ッテ居リマスガ、言フ人ヘ惡意ハアリマセヌガ、朝鮮デ生レタ日本人ヘ、植民地ト言ヘレルコトヲ一番嫌ッテ居ル、又植民地ヂヤナイ、植民地的ナ頭ヲ以テヤッテ居ルカラシテ、二千万ノ人ノ感情ヲ害シテ居ル、ソコデ私ガ植民地デハナイ、朝鮮ト日本ト合併シタ意味ハ、斯ウ云フ意味デアルト云フコトヲ申上ゲタ爲ニ、今度ハ植民地ガ變更シテ、内地、外地ト、斯ウ言フヤウニナッタ、併シ此内地、外地ト云フ言葉ガ既ニ私ハイケマイト思フ、同ジ日本國内デ、外國見タヤウニ外地ト言フ、外地ト言フノハ、外國ノ意味ノ言葉デハナイカト私ハ思フ、ソレデ此内地、外地ト云フ言葉ハ、今後成ベク使ハナイヤウニシテ貰ヒタイ、詰リ内地、朝鮮、臺灣、樺太、斯ウ云フコトナラバ私ハ非常ニ宜イト思フ、言フ人ハ何デモナイケレドモ、要ラヌコトヲ言ウテ、國家ノ爲ニ不利益ナコトハ、成ベク政治家ガ愼マナケレバ相成ラヌト私ハ思フ(拍手)

デアリマスカラ私ハモウ一ツ質問ヲ申上ゲタイ、私ハ朝鮮ノコトバカリ言ウテ——私ガ出タノハ東京第四區カラ出マシタカラ一言申上ゲタイ、一體農村カラ出タ議員ガ多イノカ、少ナイノカ私ハ知リマセヌガ、先ヅ農村問題ヲ何レノ議會デモ中心トシテヤッテ居リマスカラ、恐ラク農村カラ出タ議員ガ多イト思ッテ居ル、併シ私共ガ此都市ノ人ノコトヲ考ヘルト——是ハ私ハ内務大臣ニ承リタイト思フノデスガ、所謂都市ノ勞働者デアリマス、殊ニ私ノ選擧區アタリハ、一日二日續イテ雨ガ降レバ、全ク其日ハ食フコトガ出來ナイ、路頭ニ迷フ人ガ多イノデス、ソコデ例ヘバ工場ノ如キモ、所謂軍需品ヲヤッテ居ル工場ハ盛デアリマスケレドモ、其外ノ工場ハ仕事ガナクテ困ッテ居ルト云フ所ガ多イノデアリマス、所ガ此勞働者ニ對シテ救濟スルト云フコトノ、政府ガ適當ナ案ガアルカナイカト云フコトモ、私ハ承リタイト思フノデアリマス、是ハ私共ハ朝晩見テ居ル、殆ド阿鼻叫喚、生地獄見タイデアリマス、其日ニ雨ガ降ッタラ富川町附近ハ、殆ド食ヘズニ我慢シテ居ル勞働者ガ幾ラデモアル、是ハ社會施設ガ惡イ結果ダト私ハ思フ、之ヲ徹底的ニ救濟シナイト云フコトニナルト、日本ノ思想ハ善良ニナルコトハ出來ナイト思フ、是モ内務大臣ノ所管ヂヤナイカト思フガ故ニ、私ハ承リタイ

最後ニ今ノヤウナ内鮮間ニ於ケル差別待遇ハ絶對ニナイヤウニ、所謂日本ノ國家的見地ヨリ、些細ナル目先ノコトヲ考ヘズニ、

吾々日本人ガ是カラ大陸ニ伸ビヨウト云フ今日ニ於テ――明治維新當時ノ日本チヤアリマセヌ、今日ハ大亞細亞ノ柱トナッテ、亞細亞民族ヲ指導シ、大亞細亞ノ先覺者トナッテ、サウシテ歐米諸國ト闘ハナケレバナラヌヤウナ大ナル使命ヲ有ッテ居ル日本ニ於テ、同ジ兄弟ニナッテ居ル内地朝鮮ハ、食物ヲ奪ヒ取ルヤウナ吝タレナ考ヲ持タズニ、大和民族ノ精神ヲ忘レズシテ、今後國務大臣ハ總テ其精神ニ基イテ、先ニ申シタ通リ

明治大帝ノ有難イ御聖旨　大正天皇ノ有難イ御詔ニ對シ奉リ、背カナイヤウニ、吾吾九千万ガ一團ニナッテ、サウシテ大亞細亞ノ建設ト同時ニ、日本ノ非常時ヲ突破スルニハ、九千万ノ國民ガ一ツニナラナケレバ私ハ相成ラヌト思フ、此意味合カラシテ誠意アル御答辯ヲ、ハッキリ願ヒタイト思フノデアリマス(拍手)

(政府委員金森德次郎君登壇)

○政府委員(金森德次郎君)　朴春琴君ヨリ内閣總理大臣ニ對シテ、朝鮮ニ生レヲレタル同胞ニ對スル參政權ノ賦與如何ト云フコトヲ御尋ニナリマシタ、今日甚ダ遺憾デハアリマスルガ、總理大臣ハ豫算總會ニ出席シテ居ラレマスル爲ニ、此處ニ出席ガ出來マセヌノデ、其意ヲ承ケマシテ私ヨリシテ御答申上ゲマス、朝鮮ニ於テ生レラレタル我ガ同胞ニ對シマシテヘ、一視同仁ノ御聖旨ニ從ヒマシテ、民福ヲ增進シ、以テ共ニ倶ニ東洋平和ノ確保ヲ維持スルト云フ方針ニ付キマシテハ、何等變ル所ハナイ、何人モ之ニ對シテ疑ヲ持ツ者ハナカラウト思フノデアリマス、殊ニ近時朝鮮生レノ同胞ノ方々ガ、段々各種ノ方面ニ發展ヲセラレマシテ、例ヘバ文化ノ方面ニ於キマシテモ、高等試驗ナドヲ年々受ケテ合格セラレマシテ、或ハ辯護士トナリ、或ハ司法官トナリ、或ハ行政官トナラレル資格ヲ有スル方ノ殖エマスルヤウナコトハ、衷心ヨリシテ喜ビニ堪ヘナイ所デアリマス、御尋ニナリマシタ所ノ參政權ヲ賦與スルト云フ問題ニ付テ考ヘテ見マスルニ、物ニハ各々順序ガアリマシテ、全體ノ制度ヲ貫一的ニ設ケマスルコトガ、果シテ好キ結果ヲ得ルデアラウカドウカ、是ハ國家全局ノ上カラ能ク愼重ニ研究ヲシナケレバナラヌト思フノデアリマス、現在ノ實情ニ就テ考ヘテ見マスルニ、教育ノ程度ノ普及如何、或ハ政治ニ對スル基礎ノ考方ガ、果シテ全般的ニ行亙ッテ居ルカドウカト云フヤウナ點ヲ中心ト致シマシテ、各種ノ點ヨリ考察致シマスルト、今日俄ニ參政權ヲ賦與スルコトハ未ダ其時機ニ非ズト考ヘラル、次第デアリマス、是ダケヲ御答致シマス

(政府委員櫻井兵五郎君登壇)

○政府委員(櫻井兵五郎君)　朴君ノ御質疑ニ對シマシテ、拓務大臣ガ親シク御答ヲ申上ゲタイト考ヘテ居ルト思ヒマスガ、折惡シク豫算委員會ノ方デ答辯ヲ控ヘテ居リマスノデ、一應私カラ御答申上ゲ、他ノ機會ニ於テ大臣カラ御答辯ヲ致スコト、致シマス、質問ノ第一點ニ於キマシテ、現在内地外地ト往々稱セラル、此事柄ハ、朝鮮ト内地トノ間ニ區別的ノ考ヲ持タセル虞ガアル、此呼ビ方ハ宜クナイデハナイカ、斯ウ云フ御趣旨デアッタト思フノデアリマス、此點ハ全ク朴君ト同樣ニ考ヘテ居リマス、以前ニハ動モスレバ植民地ト云フ言葉ヲ遣ッタト思ヒマスルガ、此言葉ハ甚ダ宜シクナイ、ソコデ色々考ヘタ結果、内地外地ト云フ言葉ヲ使フコトニナッタト思フノデアリマスガ、何トカ是モ適當ノ言葉ガアレバ改メタイト思フノデアリマス、併シ嚴格ニ申セバ本島、四國、九州、北海道、朝鮮、臺灣、樺太、南洋群島、斯ウ云フ風ニナラナケレバ嚴格ニナラヌノデハナイカ、ソコデ現在外地ト言ハレテ居リマス所ノ朝鮮、樺太、臺灣、南洋ヲ別々ニ呼ブ場合ハ差支アリマセヌガ、之ヲ一括シテ呼ビタイ場合ニ於テ、如何ニモ言葉ガナクナルト云フ所ガ、少シク困難ノアル點デハナイカト思ヒマスルガ、併シ御趣旨ニハ全然同感デアリマスルガ故ニ、是ハ一ツ十分ニ研究ヲ致シタイト思フノデアリマス、第二點ハ、幣制統一ノ問題デアッタト思ヒマスルガ、是ハ朴君ハ大藏大臣ニ聞カレテ居ルノデアリマスルカヲ、大藏大臣ノ方カラ御答ガアラウト思ヒマスルケレドモ、拓務省ノ側カラ致シマシテ、一言考ヲ述ベテ置キタイト思フノデアリマス、此問題ハ内地朝鮮ノ間ニ於キマシテ、變ッタ紙幣ヲ用ヒテ居ルト云フコトハ如何ニモ不便デアル、此點ハ全ク朴君ト同感デアリマス、併ナガラ之ヲ日本銀行ニ統一致シマシテ、日本銀行ノ兌換券ヲ以テ共通致シマスレバ其不便ハ除カレマスケレドモ、其代リニ現在ノ朝鮮ニ於ケル發券銀行ガ廢サレテ、日本銀行支店位ノ所ニナリハシナイカ、尤モ別ニ考慮スレバ他ニ方法ハアラウトハ考ヘマスケレドモ、左樣ナ日本銀行ノ一支店トシテ扱ハレマスルコトハ、拓務省ノ見地カラ致シマシテ同意致シ兼ネルノデアリマス、何トナレバ朝鮮ノ産業經濟ト云フモノヲ重ク視マスルガ爲ニ、少クトモ從來ノ如ク、此處ニ發券銀行ヲ置イテ、特殊事情ニ基ク所ノ經濟政策ヲ敏活ニ行ヒタイト云フ趣旨ヨリ致シマシテ、單ニ兌換券ヲ共通ニスルト云フダケノ方法ニ於テノ改革ハ、拓務省ノ見地ヨリ致シマシテ同意ヲ致シ兼ル、斯樣ニ考ヘテ居リマス、第三ハ米穀統制ノ問題デアッタト思ヒマス、米穀問題ガ我國ノ人口問題ト併セテ、食糧問題トシテ非常ニ重大ニ考ヘラレ、大正六年頃ヨリ非常ニヤカマシイ問題トナリマシテ、一時ハ一方ニ於テ斯ノ如クニ人口ガ增加スル、然ルニ其割合ヲ以テ食糧ガ增加サレナイ、正シク此點ニ於テ我國ノ前途ハ行詰ルノデハナイカ、斯樣ナ論議ガ貴衆兩院ニ於テ行ハレマシタコトハ申上ゲルマデモナイコトデアリマス、而シテ前ノ加藤内閣デアッタト思ヒマスガ、産米增殖計畫ガ朝鮮ニ於テ樹テラレマシテ、十二箇年三十五万町歩ノ計畫ヲ樹テテ、現在既ニ其實績トシテ十六万町歩足ラズノ開拓ヲ致シ、尚ホ著手中ノモノモアリ、著手中以外ノ計畫ハ、今日ノ事情ニ基キマシテ、暫ク之ヲ中止スルト云フ過程ヲ經テ居リマスコトハ、朴君ノ仰セラレタ通リデアリマス、ソコデ此米穀問題ハ、全ク是ハ何レカト申セバ一時足リナイト思ッテ居リマシタノガ逆ニ多クナッタ、ソコデ此對策ニ付キマシテハ議論ガ中々一定シナイ、謂ハバ一ノ新問題トシテ考ヘラレルト云フ譯デアリマシテ、今日ニ至ル迄ノ過程ニ於テハ、朴君ノ感ゼラレル如キ經過ガアッテ、朝鮮ノ爲ニ遺憾ニ感ゼラレタ點モアッタラウト思フ、併ナガラ今日ハ相當ニ檢討ヲ致サレマシテ、米穀對策調査會ニ於テ現レタル議論ニ依リマシテモ、大體ニ於テ之ヲ察知スルコトガ出來ルト思ヒマスガ、兔ニ角現在政府ノ考トシテハ、内鮮米穀問題ニ付テ公平無差別ノ方針ヲ以テ行クト云フコトハ、既

ニ確定シタル政府ノ考トナッテ居ルノデアリマス、尤モ事情ガ違ヒマスレバ、多少形ノ上ニ於テ何等カ違ッタ事ガ起ルカモ知レマセヌガ、併ナガラ絶對ニ差別シナイト云フ精神ニ依ッテ、貫カレタル所ノ制度ヲ見ルコトニナラウト思フ、尙ホ此問題ニ關シマスル所ノ詳細ナ點ハ、案ヲ具シテ他日政府ガ御審議ヲ願フ機會ガアルカモ知レヌト思フノデアリマシテ、詳細ナ事柄ハ其時ノ機會ニ讓リタイト思フノデアリマス、次ノ一點ハ人口增加ノ現狀ヨリ致シマシテ、卽チ人口問題ヨリ致シマシテ、移民問題ヲ外務大臣、拓務大臣ハ如何ニ考ヘテ居ルカ、南洋、南洋ト世界ニ向ッテノ考方モアラウガ、ソレハマダ實ハ尙早デハナイカ――是ハ若シ私ガ間違ッテ聽イテ居リマシタラ、後デ訂正致シマスガ、又滿洲ニ對シテ內地人ヲ送ルト云フ計畫モアルガ、是ハ氣候其他ノ關係ヨリ今直チニ之ヲ行フト云フコトハ早過ギハシナイカ、ソレヨリハ滿洲ト密接ナ關係ニアル朝鮮ニ生レタ同胞ヲ以テ、眞先ニ送ルカガ適當デハナイカ、斯ウ云フ御趣旨ノ御質疑デアッタヤウニ私ハ思フノデアリマス、果シテサウト致シマスレバ、是等ノ諸點ニ關シマスル考ヲ申述ベタイト思フノデアリマス、人口問題ニ關シマシテハ、啻ニ現在ノ人口ガ過剩デアルノミナラズ、此增加ノ趨勢ニ對シテ如何ニ之ヲ考フルカト云フコトハ、一ツノ國策上ノ重大問題ニナッテ居ルト思フノデアリマス、現ニソレヲ認メテ、今日總テ移民ノ政策ガ行ハレツヽアルト思ヒマスルガ、今日ノ程度デハ無論是ハ過少デアルト云フコトモ、亦同時ニ考ヘヲル、ト思フノデアリマス、人口問題ヲドウ考ヘルカト云フ御答ニ對シマシテハ、殊ニ拓務省ノ見地ト致シマシテ、現在既ニ非常ナル過剩デアル、其弊害ガ政治、經濟、社會各部面ニ現ハレツヽアルト、斯樣ニ御答ヲ申上ゲタイト思フノデアリマス、農村ノ今日ノ不況ヲ突破致シマスニ付テ、政府ハ現ニ農村ヲ工業化ショウト云フ案ヲ考ヘテ居ルノデアリマス、農業ヲ幾ラカデモ機械化シ、又工業化致シマシテ、サウシテ耕地段別ノ割當デモ殖ヤシテ、農家經濟ノ收入ヲ殖ヤサウト云フコトガ一ツノ根本ノ考ト思ヒマスルガ、左樣ニ致シマスレバ、現在ノ農村以上ニ又農村人口過剩ト云フ問題ガ茲ニ起ルノデアリマス、收入ヲ殖ヤス爲ノ計畫ガ其計畫ガ終ッタ曉ニ於テ、茲ニ農村人口過剩ト云フ問題ヲ起スダラウト思フノデアリマス、現在ノ商工業ノ間ニ於テ、殊ニ中小商工業ニ於キマシテ、軒ヲ竝ベテ小サナ競爭ヲ致シテ居ルコトハ何ヲ物語ルデアリマセウ、正シク是ハ人口過剩ノ一面ヲ物語ルモノデハナイカ、其他有爲ノ靑年ガ、相當ノ專門教育若クハ高等敎育ヲ受ケマシテモ、直チニ就職ヲ致スコトガ出來ナイト云フ、其現狀ハ何ヲ物語ルカ、而シテソレニ加フルニ年々百万ニ近キ所ノ人口ガ殖エテ行クノデアリマシテ、人口問題ハ正シク現在ニ於キマシテ、政治、經濟、社會、有ユル部面ニ於ケル所ノ全ク重大ナル先決問題デアルト考ヘラルヽノデアリマス、隨テ此問題ハドウシテモ解決ヲ致サナケレバナラヌノデアリマスルガ、南米或ハ南洋等、其他滿蒙ニ對スル計畫ハ尙早デハナイカト云フヤウナ御意見ニ對シマシテハ、少シク同意ヲ致シ兼ネルノデアリマシテ、南米ハ伯剌西爾ハ勿論ノコト、南洋ニ對シマシテモ、滿蒙ニ對シマシテモ、相當ノ計畫ヲ樹テ、政府ハ進ミタイト考ヘルノデアリマス、此點ハ朴君ノ御考ト些カ異ルカモ知レマセヌガ、併ナガラ朝鮮ニ生レマシタル所ノ我ガ同胞ヲ、滿洲ニヨリ多ク送ルト云フ一點ニ於キマシテハ、全ク同感デアリマス、朴君ノ言ハルヽガ如ク歷史上カラ之ヲ見マスルナラバ、滿鮮間ノ民族移動――或ハ滿洲ニ行キ、或ハ滿洲カラ朝鮮ニ下リ、人口移動ガ極メテ頻繁ニ、而モ大量ニ行ハレタ時代モアッタデアラウト思ヒマス、又或ハ祖先ノ地デアルト言ハレマスルガ、ソレ等ノ點モ固ヨリノコトデアラウト思ヒマス、ソレノミナラズ生活狀態、其他地理的關係ニ於テ、全ク移動シ易イノデアリマスルカラ、之ヲ相當ノ計畫ヲ樹テ、十分ノ保護ヲ加ヘテ、此處ニ移動セシメルト云フ點ニ於キマシテハ全ク同感デアリマス、是ハ朝鮮總督府ニ於テモ相當ノ調査研究、計畫ガアラウト思ヒマスルガ、適當ノ機會ニ於テ是等ノ事モ亦御審議ヲ願フ機會ガアラウト思フノデアリマス、其點ハ全ク同樣ニ考ヘテ居リマス、先ヅ大體是ダケノ事ヲ以テ御答辯ト致シタイト思ヒマス（拍手）

（政府委員男爵大森佳一君登壇）

○政府委員（男爵大森佳一君） 朴君ヨリ內務大臣ニ對シマシテ、御質問デゴザリマスルガ、支障ノ爲ニ代リテ私御返事ヲ申上ゲマス、朝鮮人ノ參政權ニ付テノ御尋デゴザリマスルガ、是ハ內務省ノ所管外ノ事デゴザリマスルガ、國務大臣トシテノ後藤內務大臣ハ、只今總理大臣ノ代理トシテ述ベラレマシタル法制局長官ノ話ト同樣ナル所見デアルト云フコトヲ御承知願ヒタイト思ヒマス、都會地ニ於キマスル勞働者ノ失業救濟ノ施設ガ、如何ナル、狀況ニアルカト云フコトニ付テノ御質問ニ對シマシテハ、大體御承知ノコト、存ジマスガ、數年前ヨリ失業救濟施設ト致シマシテ、略〻四百万圓乃至三百万圓位ナ所ノ經費ヲ支出致シマシテ、主ナル大都會地ニ於ケル失業狀況ノ激甚ナル地方ニ對シマシテ、大體二分ノ一位ナ補助ヲ出シ、サウシテ公共團體其他ノ團體ガ致シマスル所ノ、授職ノ事業ヲ奬勵致シテ居リマスルノト、一面預金部低利資金ノ供給ニ依リマシテ、相當ノ實績ヲ擧ゲテ居ル狀況デゴザイマス、失業ノ救濟ノ必要ナルコトハ御話ノ通リデゴザリマシテ、尙ホ今日以後、相當ノ施設ヲ講ズルコトガ必要ト認メヲレマシテ、十年度ニ於キマシテモ、具體的ニハ一寸私ハ覺エテ居リマセヌガ、約三百万圓位ノ經費ヲ設ケマシテ、從前ノ效果ヲ奏シテ居リマスル狀況ヲ、更ニ繼續シテ行キタイト云フ豫算ノ編成ヲ致シテゴザリマス、細カイ事ニ付キマシテハ、或ハ又段々ト御話ヲ申上ゲテモ宜シイノデアリマス、大體左樣ナ狀況ニナッテ居リマス

（政府委員子爵土岐章君登壇）

○政府委員（子爵土岐章君） 只今朴君ノ御質問ガゴザイマシタニ付キマシテ、兩軍部大臣ハ豫算總會ニ出席致シテ居リマスルノデ、私カラ御答ヲ申上ゲマス、只今ノ御質問ハ、軍部ニ於テ、兵役制度ヲ內地人同樣朝鮮人ニ對シテモ實施スル意思ガアルカドウカト云フ御質問ノヤウデゴザイマス、此問題ニ付キマシテハ、只今朴君ノ仰シヤイマス通リ、今日ハ東洋平和ノ爲ニ、吾々ハ御奉公ヲシナケレバナラヌト云フコトハ仰セノ如クデゴザイマス、此問題ニ付テハ、目下各般ノ事情ニ於キマシテ、內地同樣朝鮮ニ於テ之ヲ實施スルト云フ程度ニ至ッテ居

リマセヌ、隨ヒマシテ只今特ニ御質問ニナリマシタ志願兵制度ニ於テモ同様デゴザイマス、左様御承知ヲ願ヒマス

(政府委員男爵矢吹省三君登壇)

○政府委員(男爵矢吹省三君) 只今朴春琴君ノ御質問ハ、敬意ヲ以テ拜聽致シマシタガ、生憎ト大藏大臣ガ出席致シテ居リマセヌノデ、私ガ代ッテ御答申上ゲマス、先程承リマスルト、内鮮間ノ兌換券ノ統一ニ付テ不便ヲ愬ヘヲレ、且ツソレガ何ヤラ差別觀念カラ來テ居ルヤウニ御質問デアリマシタガ、決シテ左様デハナイノデアリマシテ、朝鮮ニ於ケル經濟事情カラ、矢張朝鮮ニ一ツノ發券銀行ヲ設ケテ置クコトガ必要デアリ、是ガ便利ダト考ヘテ居ルノデアリマス、尚又御承知ノ如ク、朝鮮銀行券ハ相當長イ間流通シテ居リマスノデ、之ヲ廢止スルト云フコトニ付テモ、大ニ考ヘナケレバナラヌ點モゴザイマスルノデ、只今直チニ御希望ノヤウニ取計ヒヲ、政府トシテスルコトハ困難カト考ヘマス、併シ御説ノ點ニ付テハ十分今後ニ於テ考慮致ス積リデアリマス

(政府委員守屋榮夫君登壇)

○政府委員(守屋榮夫君) 朴春琴君ノ農林大臣ニ對スル御質問ハ、朝鮮米、臺灣米ニ對スル取扱ノ問題デゴザイマシタ、生憎大臣ガ御出デゴザイマセヌカラ、御許シヲ得マシテ私カラ取敢ヘズ御答ヲ致シマス、内地ト朝鮮、臺灣トノ間ニ差別ヲ設クルコトナク、國民ニ對シ均シク一視同仁ノ取扱ヲ致シマシテ、政治ノ惠澤ニ浴セシメルト云フコトハ、我國ノ從來カラ定ッテ居ル國是デゴザイマス、此點ニ付キマシテハ、此壇上ニ於テ朴君ガ熱心ニ御主張ニナッタ通リデゴザイマス、米穀ノ取扱ニ關シマシテモ、政府ハ此國是ノ精神ニ基キマシテ、遺憾ナキ措置ヲ講ジテ參ッタ次第デゴザイマス、昨年ノ議會ニ於テ協贊ヲ得マシタ臨時米穀移入調節法ノ趣旨モ、此精神カラ出テ居ッタノデアリマス、又此度米穀對策調査會ノ答申ニ基キマシテ、現ニ政府ニ於テ立案中デアリマスル米穀統制法ノ改正ニ關シマシテモ、全然内地、臺灣、朝鮮ト云フモノ、間ニ、差別ヲ設ケルコトヲ爲サズ、一貫シタ方針ノ下ニ案ヲ立テタノデアリマス、卽チ諸般ノ米穀事情及財政上ノ影響ヲ考慮致シマシテ、米穀統制上適切ナル施設ヲ講ジテ居ル次第デゴザイマス、朴君ハ過剩米ノ統制ニ關シマシテ、内地三割五分、朝鮮、臺灣六割五分ノ計數ヲ擧ゲラレマシテ、是ガ差別デナイカト仰セラレテ居リマスルガ、是ハ全國ヲ一貫シテ過剩米ヲ統制スル方針トシテ、管外移出米ノ增加趨勢ヲ規準トシタ結果、斯ウナッタノデアリマシテ、決シテ差別ヲ爲スノ趣旨デハナイノデアリマス、此事ニ付キマシテハ何レ案ヲ具シテ協贊ヲ得マスル時ニ詳細申上ゲマシテ、差別デナイコトノ御諒承ヲ乞ヒタイ考デゴザイマス、兎ニ角政府ト致シマシテハ、米穀ノ取扱ニ付テハ全國ヲ一貫シテ、無差別平等ノ方針ヲ樹テタイト云フ考ヲ有ッテ居リマスカラ、朝鮮、臺灣米ニ對シテ差別ヲ爲ス考ヘハ毛頭無イコトヲ申上ゲマシテ、御答ト致シマス(拍手)

(政府委員松本忠雄君登壇)

○政府委員(松本忠雄君) 朴春琴君カヲ外務大臣ニ御尋ノアッタ移民ノ問題ニ付テ、私カラ御答申上ゲタイト思ヒマス、我國ノ現狀ハ御承知ノ如ク、國民ガ世界ノ各地ニ活動ノ天地ヲ求メテ、發展ヲ致シテ行クコトヲ必要トスル現狀ニゴザイマス、隨テ外務省ト致シマシテハ、伯剌西爾其他南米各地ヘノ日本人ノ移住ニ付テハ保護奬勵ヲ與ヘマス、併シソレ故ニ滿洲各地ヘノ移民ヲ、決シテ疎カニスル譯デハナク、内地生レデアルト朝鮮生レデアルトヲ問ハズ、苟モ日本人ガ滿洲ノ各地ニ移住スルコトハ、最モ必要ノコト、存ジマシテ、其心持ヲ以テ處理致シテ居ル次第デアリマス、之ヲ以テ御諒承ヲ願ヒマス(拍手)

(朴春琴君登壇)

○朴春琴君 各政務次官ノ御答辯ヲ承リマシテ、私ハ不平滿々デアリマス、第一番ニ、或ル一部分ハ朴春琴ノ言フコトヲ諒トシテ居ルト云フコトデアリマスガ、今ノ外務參與官ノ御答辯ハ、私ハ承服出來ナイト思フ、何モ私ハ、日本デ生レタ人ハ全世界ノ何レノ國ニモ行ッテ宜シイト云フコト ニ反對スルモノデハナイ、ソレハ無論行カナクチャナラナイ、併シ順序トシテ我ガ國内ノ基礎ヲ固メ、然ル後ニ行クベキヂヤナイカ、斯ウ云フノデアリマス、併シ適當デナイ移民ヲ保護シテ、唯徒ニ移民スル 必要ハナイヂヤナイカ、先ヅ適任者ヲ先ニヤッテ開拓サシテ、其後カラ一般ノ日本人ガ行クヤウニスベキデハナイカ、其順序ヲ誤ッテ居ルデハナイカト云フコトヲ私ハ言ッタノデアリマス、何モ日本人ガ南米ヘ行クナト云フヤウナコトヲ言ッタノデハナイ、先ヅ順序トシテ適任者ヲ先ニ出シテヤッテ、後カラ吾々一般ノ日本人ガ行クベキヂヤナイカ、斯ウ云フノデアリマス、ソレデアリマスカラ、其意味ニ於テモウ一遍御答辯ヲ願ヒタイ

ソレカラ今ノ拓務政務次官ナリ、或ハ大藏政務次官ヨリ御答辯ガアッタガ、此紙幣統一問題ハ、私ハ直グ今日明日ニモ撤廢シテ貰ヒタイト言フノヂヤナイ、併シ同ジ國内デ何故ニサウ云フ不便ナコトヲ設ケテ居ルカ、ソレガ差別ヂヤナイカ、今ソレガ朝鮮ノ爲チヤナイカト言ハレタガ、ソンナコトハ大日本帝國ヲ中心トシテ論ズル者ガ、オ前ノ爲メトカ、俺ノ爲トカ言ッテ論ズベキモノヂヤナイ、是ハ日本銀行ノ支店デモ宜イヂヤナイカ、朝鮮ガ既ニ日本ノ支店ヂヤナイカ、日本内地ガ本國デ、向フガ新シイ土地ダ、其處ニ支店ヲ置クト云フコトハ、何モ不便ナコトハナイト思フ、デアルカラ第一番ニ、同ジ日本國内デアリナガラ、内地人ガ朝鮮ヘ渡ッテ、内地ヘ歸ル時、金ヲ持ッテ居リナガラ、日本内地ニ於テソレガ取換ヘルコトガ出來ナイ、日本ノ内地ニ通用ガ出來ナイト云フヤウナコトハ、ドウ考ヘテモコンナ理窟ハ私ハナイト思フ、ダカラ朝鮮、臺灣、樺太、南洋ガ日本ノ國ニナッタ以上ハ、ソレハ多少先方ノ不便ナコトモアルダラウケレドモ、日本ガ打ッテ一丸トナッタノデアリマスカラ、日本ノ所謂統制ニ依ッテ朝鮮、臺灣、樺太、南洋ニ、統一シタル幣制ヲ施行スルト云フコトハ、何モ不便ナコトハナイト思フ、ソレガ出來ナイト云フコトハ、所謂シミッタレナ政治家ノ考ヘテ居ル 意見ヂヤナイカト私ハ思フ(笑聲、拍手)ダカラソレヲ私ハ言フ、何時迄モ内地、朝鮮、臺灣ガ、コンナコトニナッテ居ルト云フト、結局大日本帝國ノ發展上、外國トノ競爭上妨ゲニナルコトデアルカラ、吾々國民トシテハジットシテ居ル譯ニモ行カナイ(「ヒヤ〳〵」)ソレニ付テ私ハ各政府委員ノ御答辯ヲ願ヒクイ、ソレカラモウ一ツ、私ハ忌憚ナク申上ゲマスト云フト――是ハ外務參與官ニ對シテモウ一ツ御答辯ヲ求メタイ、在滿鮮人ガ百數十万人現在居ルノデアリマス、其百數十万ニ對スル八割マデハ、現在國籍ガナイヂヤナイカ、國籍ガナイト云フコトガ、アナタ分ルカ、國籍ガナイ、日本人デアリナガラ國籍ガナイト云フコトハ、日本ノ國ノ恥ダト私ハ思フ、現在國籍ガナイ原因ハ何處ニアルカト云フト、數十年前カラ朝鮮ノ國籍ト云フモノガナイ爲ニ、朝鮮デ生レテ滿洲ニ渡ッタ者ハ國籍ガ現在ナイ、ソレデアルカラ日本ト併合シタカラト云ッテ、現在ノ朝鮮ノ國籍ノナイ者ガ日本ノ國籍ノアル譯ヘナイ、ソコヲ以テ滿洲ノ鮮人ニハ國籍ガ

ナイ、ソレカラ百數十万ノ中デ八割ノ者ガ物ヲ一ツ買ッテモ、役場ノ手續ガ出來ナイ爲ニ、今日ドノ位不便ヲ感ジテ居ルカ、アナタ分ッテ居ルカ、ダカラ此問題モサウデアルガ、大體私ハ外務省ノヤリ方デ、モウ一ツ氣ニ喰ヘナイコトガアル、今內地デ生レタ日本人モ、朝鮮デ生レタ日本人モ、吾々內鮮間ニ於テハ同ジ兄弟トシテ居ル、併シ意見ノ相違ト云フモノハ是ハ仕方ガナイ、總テハ所謂兄弟トシテ相交ッテオ互ニ意見ヲ交換スレバ、總テ分ル時機モアルダラウ、ケレドモ他國ニ向ッテ――例ヘバ朝鮮デ生レタ日本人ガ何レノ國ヘモ行ッテ居ル、此他ノ國ニ向ッテハ、內地デ生レタ日本人同樣ニ取扱ヲシテ貰フト云フヤウニ、世界中ニハッキリ認識ヲ與ヘナクテハ私ハイカヌト思フ(「ヒヤ〳〵」拍手)他國ニ向ッテ現在日本國民ガ――アナタハ良心アル人ナラ私ハ分ッテ居ルト思フガ、內地デ生レタ日本人ニ對シテハ、滿洲人デアラウガ、支那人デアラウガ、歐米人デアラウガ屈服スル、是ト云フノハ日本ノ國體ト云フモノガ強イカラダ、同ジ日本國民デアル朝鮮デ生レタ人ニハ、彼等ハ一段モ二段モ三段モ侮辱スル、彼奴朝鮮人ダ、「ヨボ」ダ、コンナコトヲ言ハスコトハ、外務大臣ノ責任ト言ハナクテハナラヌト思フ(拍手)是ハハッキリ世界中ニ、日本國民デアル、若モ此國民ニ對シテ侮辱シタナラバ、我ガ日本ハ承知シナイト云フコトヲ、世界中ニ認識ヲ與ヘルト云フコトガ私ハ必要ダト思フ(拍手)此國籍法ヲ如何ニスルカ、ソレカラ拓務政務次官、大藏政務次官ニモウ一ツ御答辯ヲ願ヒタイ、一體アナタ方ハ差別シナイ、差別シナイト言フ、ソレハ事ニ依ッタラ、マダ內地ト一緒ニナルト云フコトハ、ソレハ出來ナイコトモアルダラウ、ソレハ私モ能ク承知シテ居リマス、ケレドモ今言フヤウニ兵役制度ヲ設定スルナリ、或ハ志願兵制度ヲ採ッテ貰ヒタイト云フコトハ、是ハ朝鮮デ生レタ日本人ガ嫌ダト言ウテモ、內地デ生レタ日本人ガ之ヲ指導シナクテハナラヌ、是デ以テ朝鮮ノ二千万ノ人ガ獨立ヲ希望スルノヂヤナイ、詰リ內地人ト同樣ニ取扱ッテ貰ヒタイト云フコトノ要求ハ、內地デ生レタ日本人ガ大ニ是ハ買ッテヤラナクテハイカヌト私ハ思フ、ダカラ此意味合カラ在滿鮮人ニ對シテ、今ノ國籍問題ヲ如何ニスルカト云フコト、ソレカラ又農林省ノ方デモ、米ニ付テ差別シナイ、サウシテ三割五分トカ六割五分ト云フノハ、過剩米ニ對シテ三割五分、六割五分ト云フ差別ダト私ハ思フ、併シアノ六十五議會ニ於テ、アレ程朝鮮ノ米ノ移入制限ヲヤレト言ッタ時ニ、永井拓務大臣ハ、恐ラク各方面カラノ脅迫ヲ受ケテモ、國ノ爲ニ相成ラヌト思ッテ頑張ッタ、殊ニ又高橋大藏大臣ハ、政友會ノ河野君ノ質問ノ時ニドウ云フコトヲ言ッタカ、オ前ノ言フコトハ分ラナイ、日本ハ天皇政治デアッテ、政黨政治チヤナイ、ソンナ自分達勝手ナコトヲ言フナ、日本ガヤラシテ置イテ今嫌ダト言フ、ソンナ勝手ナコトヲ言フナ、私ハアレヲ聽イタ時ニ、流石高橋大藏大臣ハ國寶ダト思ッタ、アレヲ聽イタ時ニ、二千万ノ人ガドノ位喜ンダカ分ラナイ、此唯一言デモ日本ニ取ッテハ、所謂全世界ニ對スル大キナ光アル言葉ダト思ッテ、吾々ハ高橋大藏大臣ヲ尊敬シテ居ル、ダカラ誠意アル答辯ヲシテ貰ヒタイ、表向ニハ差別シナイ、裏ニ潜ッテハ差別スルト云フノデハイカヌ、是ハ私ハ朝鮮ノ爲ニ言フノデハナイ、大日本帝國ノ見地カラ要求スルモノデアリマスカラ、之ヲ實現セシメント云フヤウナ肚ガアルカナイカト云フコトヲ、モウ一遍承リタイ(拍手)

(政府委員松本忠雄君登壇)

○政府委員(松本忠雄君) 移民ノ問題ニ付テノ私ノ御答ガ、言葉ノ不充分ノ爲ニ大變御不滿ヲ買ッタコトハ、洵ニ私ノ遺憾トスル所デアリマス、外務省ト致シマシテ、滿洲ニ適シタ移民ガ多數行クト云フコトハ、最モ希望スル所デゴザイマシテ、現ニ事實モサウナッテ居ルト考ヘテ居リマス、益々之ヲ助長スル方針デ進ムコトハ勿論デゴザイマス、更ニ改メテ御尋ニナリマシタ國籍ノ事デゴザイマス、滿洲ニ相當多數ノ國籍ヲ有タナイ朝鮮生レノ日本人ノアルコトハ事實デゴザイマス、併シ是等ノ國籍ヲ有タナイ國民ニ對シマシテモ、外務省ト致シテヘ、勿論國籍ヲ有ッテ居ル國民ト同ジヤウナ取扱ヲ致シテ居リマス、同ジヤウニ保護ヲ加ヘテ居リマス、現ニ事實ノ問題ヲ申セバ、是等ノ國民ニ對シテ、滿洲國側カラ或ル臨機ノ特別ノ取扱ヲシタイナド、云フ申出モアリマス、併シソレニ對シテハ、差別的ノ待遇ナドハ勿論許スベキデハナイト云フ建前ヲ以テ、今日迄取扱ッテ居リマス、其國籍ノ無イ國民ヲドウスル カト 云フ コト ニ付テハ、勿論國籍ヲ明ニ取得サシテ、合法的ニ居住、營業、其他職業ニ從事スルコトノ出來ルヤウニ致シタイト考ヘテ居リマス、又外國ニ於キマシテ、朝鮮デ生レタ日本人ガ、或ル差別的ノ待遇ヲ受ケルナド、云フコトハ、洵ニ遺憾ナコトデゴザイマシテ、左樣ナ事態ノナイヤウニ、努メテ之ヲ是正スルコトニ、全力ヲ致ス考デゴザイマス

(政府委員櫻井兵五郎君登壇)

○政府委員(櫻井兵五郎君) 重ネテ朴君ニ御答ヲ申上ゲマス、移民ノ問題ニ付キマシテハ、南米其他ニ送ルト云フコトニ反對デハナイノデアッテ、足場ヲ固メテ適當ナ方法デ行ケト云フ趣旨ダ、斯ウ云フコトデアリマス、サウ致シマスレバ、ソレハ方法ノ問題デアリマシテ、十分御趣旨ハ諒解ヲ致シマシタ、吾々モ能ク其方法ニ付テハ研究ヲ致シタイト思フノデアリマス、次ニ幣制統一ノ問題デアリマスガ、是ハ一ツ誤解ノナイヤウニ御聽取リヲ願ヒタイト思フノデアリマスガ、私ノ考ヘマスルノニハ、差別的待遇ヲスルニ爲斯樣ナ制度、即チ朝鮮銀行ト云フ發券銀行ガ出來テ居ルト、斯ウハ考ヘテ居ラヌノデアリマス、臺灣竝ニ南方ノ經濟中樞機關トシテハ臺灣銀行ヲ設ケルト同樣ニ、朝鮮ノ經濟開發ノ爲ニハ、日本銀行ノ支店ヲ以テ劃一的ノ窮屈ナ方法ノ下ニ於テハ經濟開發ガ出來ナイト云フコトガ、最初ノ出發點デハナイカト私ハ思フノデアリマス、併ナガラ此幣制上ノ不便ヲ除クト云フ一點ニ於テハ全然同感デアリマシテ、是ハドウシテモ何等カノ方法ヲ考ヘナケレバナラヌ、サウシテ朝鮮ノ經濟開發ノ爲ニ、亦經濟中樞機關トシテ何等ノ支障ヲ來サヌノミナラズ、否更ニ一層便宜ナ方法ガ得ラレル狀態ノ下ニ於テ、幣制ノ不便モ除カナケレバナラヌ、斯樣ニ考ヘテ居リマスカラ、是等ノ點ハ尙ホ十分ニ研究ヲ致シタイト思フノデアリマス(拍手)

○朴春琴君 簡單デアリマスカラ、モウ一口此處カラ述ベサシテ戴キタイ

○議長(濱田國松君) 簡單ナラ宜イデセウ

○朴春琴君 私ハ今日各國務大臣ニ、全ク眞劍ニ內地ト朝鮮、臺灣ノ問題ニ付テ質問ヲ致シタイト思ヒマシタガ、併シ今ノ拓サンノ御答辯ヘ、私トシテハ多少不滿ガアリマスケレドモ、是ハ急ニハイカナイト思ヒマスカラ、ソコデ又後日私ノ發言權ヲ得ラレル場合ニハ、大ニ之ヲ論ジタイト思フノデアリマス、唯餘程私ハ內地デ生レタ日本人ガ考ヘナクチヤナラヌト云フノハ、現在ノ朝鮮デハ、今ノ產金獎勵ノ問題デ、昨年アタリノ總督府ノ發表デハ、四千何百万圓カト思フノデアリマスガ、併シ私ハ一億圓以上突破シテ居ルト思フ、大藏省ノ金買上値ガ惡イ爲ニ、殆ド密輸出ヲシテ居ルヤウナ始末デアリマスガ、日本ノ國ニナケレバナラヌ此鑛物ガ、今日朝鮮ニハ澤山出テ居

ル、併シ斯ウ言ッタヤウナ事ヲ考ヘルナラバ、ドウシテモ日本ノ國トシテハ朝鮮ハ大切ナ國デアル、又日本ノ國防上朝鮮ハ無クテハナラナイ、斯ウ云フ大切ナ朝鮮ニ對シテ、チッポケナ、シミッタレノ考ヲシナイデ、大ニ日本ノ人口問題解決ノ爲ニハ、朝鮮ニ行ッテ居ル日本人ニ對シテ不便ナ感ジヲ與ヘズニ、ドン／＼朝鮮ニ行ッテ開發シテ貰フ、ソレニハドウシテモ日本ノ今ノヤリ方ヲ叩キ壞ハサナケレバナラヌト思フ、叩キ壞ハスニハ、ドウシテモアナタ方ハ選擧地盤ノミヲ考ヘズニ、日本ノ大目的ノ事ヲ考ヘテ貰フト云フコトヲ願ッテ、私ノ發言ハ是デ打切リタイト思ッテ居リマス（拍手）

○議長（濱田國松君）　國務大臣ノ演説ニ對スル質疑ハ、之ヲ以テ終局致シマシタ

○靑木雷三郎君　質問ヲ延期シ、本日ハ是ニテ散會セラレンコトヲ望ミマス

○議長（濱田國松君）　靑木君ノ動議ニ御異議アリマセヌカ

（「異議ナシ」ト呼フ者アリ）

○議長（濱田國松君）　御異議ナシト認メマス、仍テ動議ノ如ク決シマシタ、次會ノ議事日程ハ公報ヲ以テ御通知申上ゲマス、本日ハ是ニテ散會致シマス

午後三時五十八分散會

昭和十年二月十日

朝鮮銀行法中改正法律案外一件

第一　朝鮮銀行法中改正法律案（政府提出）　第一讀會

第二　臺灣銀行法中改正法律案（政府提出）　第一讀會

朝鮮銀行法中改正法律案

朝鮮銀行法中左ノ通改正ス

第二十二條第三項中「百分ノ五」ヲ「百分ノ三」ニ改ム

附　則

本法施行ノ期日ハ勅令ヲ以テ之ヲ定ム

臺灣銀行法中改正法律案

臺灣銀行法中左ノ通改正ス

第九條第三項中「百分ノ五」ヲ「百分ノ三」ニ改ム

附　則

本法施行ノ期日ハ勅令ヲ以テ之ヲ定ム

（政府委員男爵矢吹省三君登壇）

○政府委員（男爵矢吹省三君）　只今議題トナリマシタ朝鮮銀行法中改正法律案及臺灣銀行法中改正法律案ニ付テ說明致シマス、現行ノ朝鮮銀行法及臺灣銀行法ニ依リマスレバ、兩行銀行券ノ制限外發行ニ對シテハ、年五分ヲ下ラザル稅率ヲ以テ發行稅ヲ課スルコトヽナッテ居リマス、然ル所最近ニ於テハ、朝鮮及臺灣ニ於テモ、金利低下ノ跡著シキモノアリ、爲ニ現行ノ稅率ヲ以テシテハ、兩行ノ銀行券ノ發行ヲ過度ニ抑制スル結果トナリ、又將來兩地ニ於ケル金利低下ノ障碍トモナル虞ガアリマスノデ、右稅率ヲ引下ゲ、之ヲ年三分ヲ下ラザル割合トナスヲ適當ト認メマシテ、本改正案ヲ提出シタ次第デアリマス、御審議ノ上御協贊アランコトヲ望ミマス（拍手）

○議長（濱田國松君）　各案ノ審査ヲ付託スベキ委員ノ選擧ニ付テ御諮リヲ致シマス

○靑木雷三郎君　日程第一及第二ノ兩案ヲ一括シテ、政府提出、昭和十年度一般會計歲出ノ財源ニ充ツル爲公債發行ニ關スル法律案外一件委員ニ併セ付託セラレンコトヲ望ミマス

○議長（濱田國松君）　靑木君ノ動議ニ御異議アリマセヌカ

（「異議ナシ」ト呼フ者アリ）

○議長（濱田國松君）　御異議ナシト認メマス、仍テ動議ノ如ク決シマシタ、日程第三、政府貸付金處理ニ關スル法律案ノ第一讀會ヲ開キマス——大藏政務次官矢吹省三君

昭和十年二月十五日

昭和十年度歳入歳出總豫算案竝昭和十年度各特別會計歳入歳出豫算案外一件

○木暮武太夫君　私ハ只今上程サレテ居リマスル政府提出ニ係ル豫算關係諸案ニ付キマシテ、委員長報告ニ贊成致シマシテ、此豫算案ハ協贊スベシト云フ意見ヲ有ッテ居ル者デアリマス

現内閣ガ昨秋本豫算編成ニ當リマシテ、公債漸減ノ鐵則ヲ固守スルト云フ、觀念ノ遊戲ニ囚ハレマシタ結果、夢幻ノ妄想ハ遂ニ昭和十年度ノ豫算ヲシテ、洵ニ國費ノ分配ニ於テ不均衡ノモノタラシメ、災害地ニ於ケル死ニ面セル所ノ多クノ人々ヲ救フニ足リナイコトハ勿論デアリ、多年不況ニ呻吟シテ居ル所ノ農村ノ經濟ノ打開ニモ、聊カノ曙光モ與ヘナカッタ、加フルニ軍部當局ノ言フ廣義國防ノ意味カラ見テモ、頗ル遺憾ノ點ガ多カッタト云フコトハ、本會議竝ニ豫算委員會ヲ通ジマシテ、各派ノ總テノ委員ガ之ヲ指摘シテ多大ノ不滿ヲ表明シタコトハ、私ガ茲ニ喋々申上ゲルマデモナイノデアリマス、斯ノ如ク多大ノ不滿ガアリ、殆ド各派ノ議員ノ人々カラ其缺陷ヲ指摘致サレマシタ所ノ本豫算ヲ、何ガ故ニ協贊スベシト致シマスルノデアルカ、端的ニ申シマスルナラバ、刻下ノ微妙ナル國際關係ニ深キ考慮ヲ及ボシタ結果デアルノデアリマス

御承知ノ通リ滿洲事變勃發以來、滿洲國育成ノ大任ヲ負フテ居ル所ノ我ガ帝國ノ、東洋ニ於ケル所ノ使命ト云フモノハ益々重大ヲ加ヘマシテ、加フルニ國際聯盟脱退ノ今ヤ效力發生ノ時期ノ到來ガ目睫ノ間ニ迫ッテ居ル、又本年中ニハ軍縮會議ヲ開カナケレバナラヌト云フヤウナ、實ニ國際間ノ事情ト云フモノハ洵ニ多岐複雜デアリマシテ、且ツ洵ニ切迫致シテ居リマスル今日、此豫算ガ二十一億九千三百万圓ト云フ厖大デアリナガラ、其中ノ五割ニ近イ十億二千万圓ガ、陸海軍ノ費用ニ依ッテ充クサレテ、或ル意味カラ言ヘバ今回ノ豫算ハ國防豫算デアルト言ハレテ居ル、此豫算、此複雜多岐ナ國際間ノ時局ニ際シテ、重要ナル此國防費ヲ大部分含ンデ居ル所ノ豫算、之ヲ若モ不成立ニ終ラシムルガ如キコトガアリマシタナラバ、ソレガ如何ニ微妙ナル國際間ニ影響ヲ及ボスデアラウカ、ドウ云フ結果ヲ招來スルデアラウカト云フコトヲ深ク國家ノ大局ノ上カラ、國家ノ利害ノ上カラ愼重ニ考慮シテ、私共ハ産業的ニハ不滿ナル本豫算ニ對シテモ、斷然トシテ協贊スベシト云フ態度ヲ執ッタノデアリマス（拍手）唯茲ニ一言申上ゲテ置キマスルコトハ、先程豫算委員長カラモ御話ガアリマシタ通リニ、本豫算中法律案ニ關係スルモノガアリ、現ニ關係スル法律案ガ委員會ニ繋屬セラレテ審議セラレテ居ルモノガアルノデアリマス、法律案ノ成否ノ結果ト云フモノガ豫算案ニ當然影響スベキコトヘ、豫メ御斷リ申上ゲテ置キタイノデアリマス

ソコデ私ハ進ンデ本豫算ノ何處ニ缺陷ガアルカ、本豫算ニ對シテ吾々ガ何處ニ多大ノ不滿ヲ有ッテ居ルカト云フコトヲ、論及シテ見タイノデアリマス、吾々ガ本豫算ニ對シテ多大ノ不滿ヲ有チ、缺陷アリト指摘致シマスル所ノ點ハ、農村其他ノ不況竝ニ災害ノ對策ニ對スル費用ト云フモノガ、前年度、前々年度ニ比較致シマシテ非常ニ減額サレテ居ルコトデアリマス、例ヘテ申シマスルナラバ農林、内務兩省ノ經費ヲ見マスルノニ、吾々ガ曩ニ臨時議會ニ於テ協贊ヲ與ヘマシタ災害費ノ年度割ヲ除イテ見マスルナラバ、本年ノ農林、内務兩省ノ豫算ノ合計ト云フモノハ、災害費ヲ除イタ場合ニハ昭和八年ニ比シマシテ、驚クベシ其半額ニモ達シナイト云フヤウナ狀態デアルノデアリマス、更ニ又所謂時局匡救費ハドウナッテ居ルカ、昭和七年、八年ト年々二億圓ヲ超エ、昨九年度ニ於テモ一億四千五百万圓ノ多額ヲ放出致シマシタ所ノ此時局匡救費ト云フモノハ、匡救ノ目的モ未ダ達セラレズ、又並進スベキ所ノ恆久的産業政策ノ樹立見ルニ到ラザルニ、唯初メノ約束デアッタト云フ單ナル口實的理由ノ下ニ、是ガ打切ラレタト云フガ如キハ、何人ト雖モ遺憾千萬デアルト考ヘテ居ルノデアリマス、而シテ然ラバ農村ノ實情ハ、斯ノ如キ産業關係ノ經費ガ激減サレテモ差支ナイヤウニ本年ハナッテ居ルデアリマセウカ、農村ノ不況ヲ調ベテ見マスルト、昭和七年八年ニ比較致シマシテ、九年ハ可ナリ酷カッタノデアリマス、爲替關係或ハ軍需「インフレ」ノ關係ニ依ッテ、農村ノ賣ル所ノ品物ハ安ク、農村ノ買フ所ノ品物ハ高イ、此結果農家ノ經濟ト云フモノハ段々段々赤字ヲ殖ヤシテ居ルノデアリマス、曩ニ臨時議會ノ當時、此演壇カラ私ガ申上ゲマシタカラ多クヲ御説明申上ゲマセヌガ、農家經濟、五百万戸ノ農家ノ赤字ヲ調ベタ推計ニ依リマスルト、昭和七年ニ於テ十二億圓デアッタモノガ、昭和九年ノ推計ト云フモノハ、十五億二千八百万圓ト云フ多キニ達シテ居ルヤウナ狀態デアルノデアリマス、斯ノ如ク農村其他ガ益々窮乏ニ次グニ窮乏ヲ以テ致シマシテ、疲弊困憊ノ底ニ沈淪シテ居ル時ニ、恰モ惡シ昨年全國ヲ襲ヒマシタ所ノ旱害、冷害、風水害ノ災害ガ、是等ノ窮乏ニダジロイデ居ル所ノ農村、其他ノ地方一般ヲ見舞ッタト云フ事實ガ茲ニアルノデアリマス、斯ノ如ク不況ガマダ治ラヌ爲メ、窮乏ガ段々激シクナラウト云フ時ニ、

其全國ヲ襲ウタ所ノ災害ガ之ニ加重サレタト云フ此事實、然ルニ是ガ對策トシテ本年度豫算ニ計上サレテ居ル所ノ不況竝ニ災害對策豫算ノ合計ハ、昭和九年昭和八年ニ較ベマスト僅ニ三分ノ一ニ過ギナイノデアリマス、窮乏ガ益〻激シクシテ、全國的ニ幾多ノ災害ヲ受ケテ、農村其他ノ悲境ハ形容ニ言葉無キ狀態デアルニモ拘リマセズ、災害ノ無カッタ當時ノ其費用ノ三分ノ一ヲ以テシテ、對策猶ホ十分ナリト云フガ如キハ、聊カ數字ヲ理解シ居ル者カラ致シマスレバ、斷ジテ是ハ容認スルコトノ出來ナイ豫算デアルト私ハ考ヘラレタノデアリマス(拍手)丁度譬ヘテ見マスルナラバ、今迄卵ヤ粥ヤ牛乳デ養ハレテ居ッタ所ノ大病人ガ益〻衰ヘテ來テ、衰ヘタバカリデハナイ、大怪我ヲシタ、スルト其看護人ガ何ヲ思ッタカオ粥ト牛乳ヲ取上ゲテ、今度ハ卵ダケデ宜カラウト云フノデ、今迄其病人ガ三ツノモノヲ飮ンデ居タノニ、其病人ガ衰弱シテ大怪我ヲシタノニ、今度ハ一ツノ卵ダケデ差支ナイト云フ如キ、洵ニ不道理ナル、洵ニ冷酷ナル事ヲヤッテ居ルノデアリマス、若シ政府ガ一般ノ不況ガ甚シク、加フルニ昨年災害ニ依ッテ打拉ガレタト云フ事實ヲ認メナガラ、尚凡ツ前年度、前々年度ニ比シマシテ三分ノ一ノ經費ヲ以テ、是等ノ對策ニ充テ得ベシト云フヤウナコトヲ強辯スル如キハ、全ク耳ヲ掩テ鈴ヲ盜ムヤウナ不信デアルト云フコトヲ攻擊サレテモ、辯解ノ言葉ハ事實ノ上カラナカラウト考ヘルノデアリマス、特ニ吾々ガ茲ニ強調致シタイト思ヒマスルコトハ、窮乏町村ニ關シテノ事デゴザイマス、今日ノ政治ニ依ッテハ窮乏町村ト云フモノハ何等ノ惠澤ヲ受ケテ居ラナイ、唯政治ニ依ッテ窮乏町村ト云フモノハ、虐ゲラレテ居ルト云フヤウナ感ジヲ窮乏町村ノ町村民ハ受ケテ、町村ヲ呪ッテ居ルヤウナ今日ノ狀態デアリマス、例ヘテ見ルナラバ起債能力ノ無イ所ノ貧乏ナ窮乏町村ニ取リマシテハ、如何ニ立派ナ負債整理組合ヲ作リマシテモ、負債整理組合法ト云フモノハ三文ノ値打モナイ、或ハ匡救事業、災害善後施設ト云フモノガアッテモ、地元負擔ノ力無キ窮乏町村ト云フモノハ、是亦何等政治ノ恩惠ト云フモノヲ受ケナイ、或ハ保護トカ、補助トカ云フヤウナ色々ノ施設ガアッテモ、自ラ負擔ヲ爲スコト能ハザル所ノ貧弱ナ窮乏町村ニ於テハ、是等ハ遠クノ方デ畫ニ描イタ牡丹餠トシテ眺メルト云フダケデ、政治ノ惠澤ト云フモノニハ浴サナイノデアリマス、斯ウ云フ工合デ、窮乏町村ト云フモノハ、政治的ニ見ルト何等ノ茲ニ惠澤ニ浴スコト能ハザル狀態ニ今日ハナッテ居ルノデアリマスルガ、然ラバ斯ノ如キ窮乏セル町村ト云フモノハ、我ガ帝國ニ稀デアルカト云フト、決シテサウデハナイノデアリマス、今日資本主義經濟ノ機構ノ下ニ於テ、好ムト好マザルトニ拘ラズ、避ケ難キ自然ノ勢ヲ以テ、富ト事業ガ都會ニ段々ト集中致シマシテ、租税負擔ノ力ト云フ モノ ガ都鄙各〻其力ヲ異ニ致シテ、斯クシテ租税ノ負擔力ト云フモノハ偏在致シマシテ、都會地ノ財力ハ益〻高マルニ、却テ地方町村ノ富力ハ段々少クナッテ來ルノデアリマス、斯ウ云フ時ニ當ッテ政府ハ色々ノ施設ヲスル、役人ヲ殖ヤス、而モ政府ノ爲サル施設、仕事ト云フモノハ、多クハ地方町村ノ協力ナクシテハ出來難イ所ノ仕事デアリマス、政府ハ之ニ構ハズニ、唯自分ノ官吏ダケ殖ヤスガ、其仕事ハ概ネ町村ノ協力ナクシテ能ハザル所ノ仕事ヲヤリナガラ、町村財政經理ニ付テハ何等考慮セズ、此結果ト云フモノハ委任事務ノ累増累加トナリマシテ、サウシテ負擔能力ト云フモノガ偏在シテ居ル此地方ノ町村ト云フモノヲ、段々ト窮乏ノ底ニ沈淪セシムルヤウナ狀態ニ立到ッテ居ルノデアリマス、ソコデ此結果ト致シマシテ、地方ニ於テハドウ云フコトガ出來テ居ルカト云フト、學校ノ教員ヤ或ハ吏員ニ對スル給料ノ支拂ガ中々困難デアルトカ、或ハ財政上學校ヲ廢合スルト云フヤウナコト、カ、或ハ又滯納ガ段々ト殖エテ行ク、昭和八年ニ於ケル所ノ徵税ノ成績ヲ見マスルト、調定濟額ニ對シテ徵税濟額ト云フモノハ八割二分以上ニ上ッテ居ッタ、然ルニ昭和九年ノ九月迄ノ上半期ダケデアリマスルケレドモ、徵税ノ成績ヲ見ルト驚ク勿レ、調定濟額ニ對シテ徵收濟額ハ六割ニ減ッテ居ルト云フヤウナ狀態デアルノデアリマス、サウシテ町村ニ於テ有力ナル負擔ノ力ノアル人ハ、成ベク負擔ノ少イ都市ノ方ヘ段々逃避致シマスル結果トシテ、地方ヲ構成スル一番堅實ナル分子デアル所ノ中産階級ノ多數ノ上ニ、負擔ガ段々ト加重スルト云フ所ノ、洵ニ忌ハシイ結果ヲ今日ヘ來シテ居ルノデアリマス、然ラバ斯ノ如キ地方窮乏町村ヲ如何ニシテ救濟スルカト云フコトニナリマスルト、私ハ唯所謂地方財政調整交付金ヨリ外ナイト考ヘルノデアリマス、今日ノ如ク、好ムト好マザルトニ拘ラズ、自然ノ勢デ避ケ難キ所ノ駸々乎タル所ノ勢ヲ以テ、都市ニ富ト事業ガ集ッテ參リマスル結果ト シテ起ル所ノ、租税負擔力ノ偏在ト云フモノニ基因シテノ窮乏町村ノ存在ト云フモノヘ、ドウシテモ一度國家ノ手ニ收納シタモノヲ町村事情ヲ能ク調ベテ、之ヲ地方ニ交付スル所ノ交付金制度ヨリ外ニハ途ハナイノデアリマス、既ニ内務省ガ昭和七年ニ交付金制度ヲ調ベラレテ、昭和七年以來度々財務當局ニ對シテ、此地方財政調整交付金ノ實現ヲ迫ッテ居ル事實ハ、滿場ノ諸君ノ御存ジノ通リデアリマシテ、今更或ヘ之ヲ何カデ調ベテ實現ショウト云フガ如キハ、俊敏ナル内務省ノ事務當局ト云フ者ノ不信任トナルノデハナカラウカト、私ハ御警告ヲ申上ゲテ置キタイノデアリマス(拍手)

吾々ガ斯ノ如ク地方財政調整交付金制度ト云フモノヲ新ニ創設シテ、サウシテ止處モナク陷ッテ行ク所ノ地方貧弱町村ノ窮乏ノ狀態ヲ救ハウト云フコトヲ提議致シマスル理由ハ、二ツアルノデアリマス、一ツハ所謂我ガ帝國ニ於ケル自治體ノ擁護デアル、一ツハ我ガ帝國ノ社會ニ於ケル中堅階級デアル中産階級ノ維持ト云フコトニ深キ思ヲ致シテ居ルノデアリマス、私共ハ常ニ思ツノニ、政治ノ大本ハ全ク地方ノ自治體ノ強化擴充ト云フモノニ在ル、我ガ地方制度ノ根幹ト云フモノハ、地方自治體ト云フモノヲ我ガ帝國ノ脚トシテ居ルト云フコトニ存在致シテ居ルノデアリマシテ、地方ノ自治體ガ強化スレバ、災害ガ起ツタ場合ニ、サウ國家ニ頼ル必要ガ段々トナクナルノデアリマス、從來ノ政府ノ如クニ、一人々々ノ地方ノ窮民ノミヲ救濟スルコトニ目ヲ呉レテ居ッテ、サウシテ此團體デアル地方自治體ト云フモノ、強化ヲ如何ニスベキカト云フコトヲ考ヘナカツタコトニ、是ハ一ツノ重大ナル缺陷ガアルヤウニ考ヘテ居ルノデアリマス(拍手)、次ニ所謂中産階級ノ維持デアリマスルガ、御承知ノ通リ、農村其他地方ノ町村ニ於ケル人ハ、農ト言ハズ、商工ト言ハズ、全ク今日ハ日ニ〳〵窮乏ノドン底ニ顚落セントシテ居ル所ノ狀態デアリマス、其大部分ノ理由ト云フモノハ、負擔ノ重壓ト負債ノ桎梏ニ惱マサレテ居ルノデアリマス、現内閣ガ負債整理ニ對シテ洵ニ微溫的デアリ、不徹底デアルト云フコトニ對シマシテハ、私ハ他日ノ機會ニ十分ニ是ハ論議シテ見タイト思ヒマスルガ、此處デ政府諸公ニ特ニ御留意ヲ願ヒタイト思ヒマスルコトハ、地方負擔ノ重壓ニ苦ンデ居ル所ノ、所謂中產階級ヲ救フノニハ、ドウシテモ此交付金ト云フモノヲ早ク設定スルコトガ一番デアル、少シク負擔能力ノアル人ハ、負擔ノ少イ所ノ都市ヘ逃ゲテ行キ、大部分ノ負擔ヲシテ居ル所ノ中産階級ノ上ニ、益々地方稅ノ重壓ガ掛ッテ來テ、サウシテ此中産階級ト云フモノガ顚落シテ、下層階級ニ落チントシテ居ルヤウナコトハ、啻ニ經濟上ノ問題バカリデナク、日本帝國ノ健全ナル此國礎ヲ脅カスモノトシテ、十分ニ政府ハ御注意下サランコトヲ私ハ望ムノデアリマス(拍手)

斯ノ如ク總テノ點カラ見マシテ、洵ニ農村其他地方ハ非常時デアルニ拘リマセズ、卽チ斯ノ如ク農村其他ガ窮乏ノ時代デアルニ拘リマセズ、斯ノ如キ不徹底ナル——國費ノ配分不均衡ニシテ、農村其他ノ窮迫セル人達ヲ救フコト能ハザルヤウナ、洵ニ不徹底ナル豫算ガ出來上ッタト云フコトノ根源ヲ、私共ハ再ビ此處デ檢討致シマシテ、サウシテ再ビ斯ウ云フコトガ今後ニ於テナイヤウニト云フコトヲ、特ニ私共ハ注意致シタイト思フノデアリマス

抑々赤字公債ヲ段々ト減ラシテ、サウシテ收支ノ均衡ヲ恢復シテ、所謂健全財政ノ確立ニ努ムルト云フコトハ、主義ト致シマシテハ何人モ是ハ異議ノナイ所デアリマセウ、併ナガラ斯ノ如キ、觀念ノ遊戲ニ耽ッテ居ルコトヲ、内外非常時ノ我ガ帝國ニ之ヲ許スヤ否ヤト云フコトガ、現實ノ問題トシテ私ハ殘ッテ居ルト思フ(拍手)斯ノ如キ遊戲ニ耽ッテ居ル間ニ、帝國至高ノ國策遂行ト云フモノヲ妨害シテ、悔ヲ百年ニ貽スヤウナコトガアッテハ、是ハ大變デアルノデアリマス、斯ウ云フ例ハ前ニモアル、嘗テハ公債亡國論ヲ唱ヘ、或ハ健全通貨維持論ヲ唱ヘテ、多數ノ產業ヲ支離滅裂ニ陷ラシメ、民衆ニ塗炭ノ苦ミヲ嘗メサセタ所ノ苦キ新シキ所ノ記憶ガ、マダ諸君ノ頭ニ殘ッテ居ルノデアリマス、又々健全財政ト云フガ如キ美名ニ藉口致シマシテ、今ヤ滿洲ヲ扶掖シナケレバナラナイ日本ノ東洋ニ於ケル所ノ地位ハ、非常ニ重大ニナッテ來テ、從來トハ經濟ノ範圍モ變ッテ居ル時ニ、唯此收支ノ適合ト云フ、財政技術ノ一點ニノミ囚ハレタ所ノ健全財政論ノ美名ニ依ッテ、此刻下ノ大國策ヲ打立テルト云フコトニ付テ誤リガアッテハ大變デアルカラト思ッテ、私ハ今後ノコトヲ申上ゲタイト思フノデアリマス(拍手)一部ノ人達ハ常ニ能ク斯ウ言フ、日本ノ財界デハ公債ノ消化餘力ガモウナイ、此儘デハ惡性ノ「インフレーション」ト云フモノニ導カル、ノ虞ガ十分ニアルト云フコトヲ、此人達ハ御議論ヲ爲サルノデアリマス、日本ノ財界ガ此人達ノ言フガ如ク、彈力ガナク、決シテ公債ノ消化餘力ト云フモノガ、是レ以上ナイト云フモノデナイコトハ、高橋大藏大臣ガ有ユル機會ニ於テ御言明ニナッタ所ニ依ッテ十分ニ私共ハ了解致シマス、且ツ幾多ノ參考資料ニ依リマシテ、郵便貯金或ハ信託預金、其他ノ銀行預金ノ增加ノ趨勢、其數字ニ依ッテ明ニ致シマシタモノハ、決シテ彼等一派ノ言フガ如ク日本ノ財政ガ彈力ガナク、恐ルベキモノデナイト云フコトハ、何人モ是ハ諒解致スノデアリマス、殊ニ我ガ帝國ノ經濟界ニ恰モ直チニ惡性「インフレ」ガ襲來スルガ如キコトヲ言フト云フコトハ、全ク是ハ事實ニ卽サヾル所ノ鬼面人ヲ嚇カス所ノ類デアルト言ハナクテハナラヌノデアリマス(拍手)所謂惡性「インフレ」ト云フモノハ、生產ノ過程ニ於テ物ノ出來ル速度ヨリモ、其以上ノ速度ヲ以テ紙幣ノ增發ヲ伴フ所ノ、所謂財政ノ失費ト云フモノガ多クナッテ、其特色トシテハ物價ガ騰騰シ、金利ガ騰騰スルト云フノガ、所謂彼等ノ言フ惡性「インフレ」デアリマセウ、統計ノ上カラ、事實ノ上カラ日本ノ最近ニ於ケル經濟界ノ事情ヲ冷靜ニ御判斷ニナッタ諸君ハ、恐ク此論ニハ御加擔ハ出來ナイト思フノデアリマス、兌換券ガ僅バカリ今年度膨脹ヲ致シタヤウニ見エル、太田君ガ豫算委員會デ此事實ヲ仔細ニ說明致シマシタ通リ、膨脹シタ所ノ兌換券ハ朝鮮銀行券ノ準備トナッテ、朝鮮銀行券ヲ倍ニ增額セシメテ、滿洲ト朝鮮ヲ潤シテ居ルト云フ事實カラ見ルト、輕々シク兌換券ノ膨脹ト云フコトヲ內地ニ於テ云々スルコトハ、是ハ數字ノ上カラ斷ジテ私ハ出來マイト思フ、物價ノ趨勢ニ於キマシテモドウデス、昭和四年ニ二百二十デアッタ日本銀行ノ卸賣物價指數ハ「リフレーション」ガ宜イ、打壞サレタ價格體系ヲ元ニ戾シテヤラナケレバ、經濟界ハ直ラヌゾト色々ノコトヲ言フテモ、昭和四年二百二十デアッタ日本銀行ノ卸賣物價指數ト云フモノハ、漸ク最近百八十ニナッテ居ルニ過ギナイノデアリマス、然ルニ生產指數ハドウカ、十二品目ニ就テ調

ベテ見ルト、昭和二年ニ百デアッタ生産指數ガ最近ニ於キマシテハ百六十六、即チ兌換券ノ増發モナイシ、物價モ上ラナイ、金利ハ段々低下シテ居ルノニ、生産指數ト云フモノダケハ、昭和二年ニ比較致シマシテ六割六分ノ多キニ達シテ居ル此事實ヲ見タナラバ、日本ニ少シ位ノ公債ノ増發ニ依ッテ、惡性「インフレ」ガ來ルト云フガ如キコトハ、餘リニ鬼面人ヲ嚇カスノ類デアルト非難致サレテモ恐ラク辯解ノ言葉ハナカラウト思フ(拍手)ソコデ更ニ私ハ是等ノ人々ガ能ク公債ヲ増發シテハイカヌト云フ議論ノ根柢トシテ、財政經理ニ於テハ一會計年度デ收支ヲドウシテモ均衡セシメナナケレバラヌト云フヤウナコトヲ言ヒ、公債ノ募集ト云フモノハ、市場ニ於ケル所ノ生産資金ヲ吸收スルモノダカラ、成ベク公債ヲ募集シナイ方ガ宜イ、或ハ公債ハ國家ノ食込ミ的ノ借金デアルカラ避クベシト云フ、此三ツノコトヲ申シテ、矢張健全財政論者ハ金科玉條トシテ守ッテ居ラレルヤウデアリマスガ、今日ノ我ガ國情ニ照シマシテ、斯ウ云フヤウナ財政原則ト云フモノハ一變シナイマデモ、少シハ補整スル位ノコトハ必要ガアルノデハナカラウカ、巷ニ溢ル、所ノ多數ノ失業者、或ハ學校ヲ出テモ、就職ノ出來ナイ多數ノ人達、或ハ農業、工業、商業ノ破産ノ狀態ト云フモノハ、唯、今マデノヤウナ資本家ヤ、企業家ノ營利衝動ニノミ委シテ果シテ救ヘルモノデアラウカ、國家ガ或ル場合ニハ一ツノ役割ヲ演ジテ、サウシテ遊ンデ居ル所ノ資源、或ハ生産設備、勞力ヲ利用致シマシテ、斯ウ云フ經濟的ノ窮乏ヲ打開スル云フヤウナ今日ハ必要ニ迫ラレテ居ルノデハナカラウカ、斯ウ云フ時代ニ唯所謂財政技術ノ末節ニノミ囚ハレ、一會計年度デ收支ノ均衡ヲ得ルコトニノミ汲々トシテ居ル所ノ財政原則ト云フモノヲ、長ク補整スルコトナシニ維持シテ行クト云フコトハ、本當ノ帝國ノ國策ノ上ニ執ルベキモノデアルカドウカト云フコトハ、嚴重ニ私ハ吟味スル必要ガアルト考ヘルノデアリマス、私共ハ斯ノ如キ所謂健全財政ト云フヤウナ議論ニノミ囚ハレルコトナクシテ、モット視野ヲ廣クシテ、サウシテ長イ間ニ國策ヲ樹立シテ國民ノ經濟ヲ豐ニシテ、國民ノ所得ヲ増シテ、サウシテ國庫收入ニソレガ自然増收ノ激増トナッテ反映スルヤウナ意味ニ於ケル所ノ健康ナル財政ヲ打樹テルト云フコトガ、日本ノ現狀ニ於テ極メテ必要デアルコトヲ私共ハ痛感シテ居ルノデアリマス(拍手)

ソコデ私ハ申シマスガ、私ハ我ガ帝國ノ國民ト共ニ高橋現藏相ノ御意見ト云フモノガ、本豫算編成當時ノ偏狹ナル財政方針ト著シク異ッタモノガアルコトヲ確信シテ疑ヘナイ一人デアリマス、一體十年度豫算ト云フモノハ、高橋大藏大臣カラ御覽ニナレバ、是ハ御自身ノ御著物デナク、借著デアリ「レデイーメイド」ノ洋服デアルト云フコトヲ申上ゲテモ私ハ差支ナイト思フ、昨日豫算委員會ニ於ケル我黨島田氏ノ質問ニ對シマシテ、岡田首相ハ御言明ヲ爲スッテ、サウシテ其言葉ヲ解釋致シテ見マスト、政府自ラモ亦十年度豫算デ滿足シテ居ル、是デ十分デアルト云フヤウナコトニハ御考ニナッテ居ルノデハナイノデナカラウカ、今後色々ノ問題ニ付テハ政府ノ有ユル力ヲ動員シテ、全能力ヲ發揮シテ、サウシテ農村其他ノ不況ヲ匡救セントシテ居ルト云フ誠意ガアリアリト見エルノデアリマス、ソレヲ實際如何ニ具體化スルカト云フコトハ、今後ニ徵スルノ必要ガアリマスケレドモ、少クモ此今上程サレテ居ル所ノ豫算ガ編成セラレル時ノ、其内閣ノ財政方針ナドカラ見マスルト、昨秋此豫算ガ編成サレル時ニ御考ニナッテ居ッタ岡田サンノ農村其他不況地ニ對スル認識ト、僅カ四箇月デアリマスガ、今日農村其他災害地、不況地ニ對スル御認識ト云フモノニハ、格段ト申上ゲナイガ、徐々デハアルガ、一段ノ進歩ガアルヤウニ私ハ認メテ居ル、此認識ガ幾分デモ深マッタト云フコトハ面目問題デハナイ、本當ニ國家、農村、民生ノ爲ニ私ハ深ク喜ブノデアル、心カラ歡迎致シテ居ルノデアリマス

而シテ最後ニ一言私ハ此豫算討論ヲ終ルニ當リマシテ、陸軍大臣竝海軍大臣ニ特ニ御願ヲシ、御傾聽ヲ願ヒ、深キ御留意ヲ願ヒタイ一事ガアルノデアリマス、本年度ノ豫算ハ殆ド半分ハ陸軍費、海軍費デアリマス、人或ハ之ヲ指シテ國防豫算ト言ウテ居ルガ、洵ニ當ヲ得テ居ルト考ヘラル、ノデアリマス、而シテ國防費十億二千万圓ノ一錢一厘ノ末ニ至ルマデモ、只今私ガ詳細ニ御說明申上ゲマシタ通リ、不況ト災害ニ打拉ガレタ所ノ吾々同胞ノ汗ト脂ト血ノ結晶ノ一ツ一ツデアルト云フコトヲ、十分ニ是ハ御認識ヲ私ハ願ヒタイト思フ、ドウゾ部下ノ人々ニ色々金ノ使方ニ付テハ噂ガアリマスル今日ニ於テ、特ニ軍部大臣ハ部下ヲ監督致サレテ、不況ニ沈淪シ、災害ニ拉ガレタ人達カラ收納シタ所ノ稅金ノ此十億二千万圓ト云フモノヲ極メテ有效ニ、極メテ節約的ニ、經濟的ニ御使ヒ下サランコトヲ特ニ切望シテ私ノ演說ヲ終リマス(拍手)

昭和十年二月二十日

議長ノ報告

治鮮政策ニ關スル質問主意書

右成規ニ據リ提出候也

昭和十年一月二十五日

提出者　朴　春　琴

治鮮政策ニ關スル質問主意書

一　朝鮮ニ於ケル參政權ノ施行ハ半島住民多年ノ熱望ナリ內閣總理大臣ハ卽時之カ施行ノ意思アリヤ

二　朝鮮ニ於ケル紙幣ハ內地ト共通タルヘク速ニ統一サルヘキモノト信ス大藏大臣ハ之ヲ改正スル意思アリヤ

三　門司釜山ニ稅關ヲ設ケ課稅スルカ如キハ極メテ不合理ナリト信ス大藏大臣並拓務大臣ノ所見如何

四　滿洲國在住ノ朝鮮人中國籍ヲ有セサル者多數アリ之ニ對スル外務大臣ノ所見如何

五　朝鮮人ニ對シ徵兵ノ義務ヲ課セラルル意思ナキヤ陸軍大臣ノ所見如何

六　朝鮮米ニ對シ差別的取扱ヲ爲スハ半島統治上由々シキ大問題ナリト信ス農林大臣ノ所見如何

七　昨年度ノ不作ニ因ル朝鮮農民ノ悲慘ナル狀況ハ目ヲ蔽フヘキ實情ニアリ拓務大臣並農林大臣ハ之ヲ救濟スルノ意思アリヤ

八　在滿朝鮮人ニ對スル邪擬物扱ノ態度ヲ履「目踏ス斯ノ如キハ赦スヘカラサル所ナリ之ニ對シ徹底的ナル治安保護機關ヲ設ケラレタシ內閣總理大臣ノ所見如何

右及質問候也

昭和十年二月十九日

內閣總理大臣　岡田　啓介

衆議院議長濱田國松殿

衆議院議員朴春琴君提出治鮮政策ニ關スル質問ニ對シ別紙答辯書送進候

（別紙）

朴春琴君提出治鮮政策ニ關スル質問ニ對スル答辯書

一　朝鮮統治ノ根本方針ハ一視同仁ノ聖旨ニ遵ヒ民衆ノ福利ヲ增進シ東洋ノ平和ヲ確保スルニ在ルハ論ヲ俟タザル所ナルガ參政權賦與ノ如キハ之ヲ文化ニ徵シ民力ニ致ヘ又一般政治的訓練ノ程度ヲ量リ其ノ他諸般ノ事情ニ鑑ミ以テ其ノ適否ヲ決スベク今直ニ之ヲ施行スルハ不適當ト認ム。

二　朝鮮銀行券ヲ日本銀行兌換券ニ統一スルコトハ外地ニ於ケル特殊經濟事情モアリ又朝鮮銀行券カ長ク流通セル慣習モアルヲ以テ今日之ヲ遂行スルハ其ノ時期ニ非スト考フルモ今後攻究ヲ要スル問題ナリト認ム。

三　內鮮間ニ於ケル課稅ニ關シ出港稅ニ付テハ內鮮間ノ消費稅率ノ相異ヨリ其ノ存在ハ當然ニシテ、移入稅撤廢ノ問題ニ付テハ政府モ其ノ方針ニ付キテハ勿論異存ナキモ朝鮮總督府ノ財政上今直ニ之ヲ撤廢スル能ハザル事情ニ在リ將來適當ノ機會ニ於テ考慮スベシ

四　舊韓國「民籍法」施行前海外ニ渡航シタル者又ハ其ノ子孫ニシテ未ダ朝鮮ニ籍ヲ有セザル者アリ殊ニ滿洲ニ於テ相當多數ノ無籍者アリト聞ク是等無籍者ハ公私ノ生活上自他共ニ不利不便多キノミナラス之ヲ政治的ニ見ルモ甚タ遺憾ナルニ付政府ハ出先官憲ヲシテ常ニ是等朝鮮人ニ對シ至急就籍方ヲ慫慂指導セシメツツアリ而シテ就籍ハ現行法令上（朝鮮戶籍令第一二一條乃至第一二四條）朝鮮總督府裁判所ノ許可ヲ得テ之ヲ爲スコトトナリ居レリ尙在滿朝鮮人ノ就籍ヲ一層便宜ナラシムル方法ニ付テハ目下硏究中ナリ

五　帝國ノ國防ニ內鮮人ノ區別ナク一致之ニ當ラントスルノ主旨ハ大ニ歡迎スル所ニシテ我朝鮮統治ノ方針亦一視同仁差別ヲ設ケザル處ナルモ諸般ノ狀況ニ於テ內地ト同ジカラザルモノアル朝鮮ニ對シ內地同樣ニ兵役制度ヲ實施セントスルハ未ダ其時期ニ達セズト考ヘアリ。

六　米穀對策ニ關シテハ米穀對策調査會ニ於テ內地、朝鮮及臺灣ヲ通ジ一貫セル米穀對策ノ答申アリタルヲ以テ右答申ニ基キ目下立案中ナリ從テ朝鮮米ニ對シ差別待遇ヲ爲スコトハ固ヨリ不可ト認ム。

七　昨年度ノ不作ニ因ル朝鮮農民ノ窮狀ニ對シテハ直接ノ救濟措置トシテ食料ノ補給、種穀ノ給與等ヲ行ヒタルガ生活ノ資ヲ得セシムル爲ニハ各種ノ救濟土木工事ヲ起シ更ニ滿洲、北鮮方面ヘノ移住奬勵ヲモ行ヘリ之ガ昭和九年度ニ於ケル費用ハ第二豫備金ノ支出又ハ第六十六回臨時議會ノ協贊ヲ得タル追加豫算ニ依レリ而シテ彼等ノ物心兩面ニ於ケル生活安定ヲ圖ル爲先年ヨリ實施セル農村振興運動ヲ一層強化シ自力ヲ以テスル經濟更生ノ促進ヲ計ルト共ニ又各般ノ土木工事、砂防工事等ニ因ル勞銀ノ撒布ニ依リ救濟ノ實ヲ擧グベク昭和十年度豫算ニ於テモ充分此等ノ點ヲ考慮シ相當巨額ノ經費ヲ計上セリ。

八　政府ハ滿洲國ニ在住スル朝鮮人ニ關シテハ同地在住ノ他ノ同胞ト同樣ニ正當ナル處遇ヲ受クベキコトヲ根本方針トシ在滿帝國諸機關竝ニ朝鮮、關東州等ノ官廳ヲシテ之ガ保護ニ遺憾ナカラシメンコトヲ期シツツアリ。

右及答辯候

昭和十年二月十九日

內閣總理大臣　岡田　啓介

大藏大臣　高橋　是清

外務大臣　廣田　弘毅

陸軍大臣　林　銑十郎

農林大臣　山崎達之輔
拓務大臣　伯爵兒玉　秀雄

第十三　大正九年法律第五十六號中改正法律案（北海道拓殖鐵道補助ニ關スル件）（山本厚三君外四名提出）

第一讀會

大正九年法律第五十六號中改正法律案

大正九年法律第五十六號中左ノ通改正ス

同法ニ左ノ一項ヲ加フ

政府ハ必要アリト認ムルトキハ前項ノ期間ノ外更ニ五年ヲ限リ勅令ノ定ムル所ニ依リ北海道拓殖費ヨリ補助ヲ爲スコトヲ得

附則

本法ハ昭和十年四月一日ヨリ之ヲ施行ス

本法施行ノ際營業開始ノ日ヨリ十五年ヲ經過シタルモノニ付テハ營業開始ノ日ヨリ二十年ニ達スル迄本法施行ノ日ヨリ改正規定ニ依リ更ニ補助ヲ爲スコトヲ得

大正九年法律第五十六號中改正法律案

大正九年法律第五十六號中左ノ通改正ス

同法ニ左ノ一項ヲ加フ

政府ハ必要アリト認ムルトキハ前項ノ期間ノ外更ニ五年ヲ限リ勅令ノ定ムル所ニ依リ北海道拓殖費ヨリ補助ヲ爲スコトヲ得

附則

本法ハ昭和十年四月一日ヨリ之ヲ施行ス

本法施行ノ際營業開始ノ日ヨリ十五年ヲ經過シタルモノニ付テハ營業開始ノ日ヨリ二十年ニ達スル迄本法施行ノ日ヨリ改正規定ニ依リ更ニ補助ヲ爲スコトヲ得

〔松尾孝之君登壇〕

○松尾孝之君　只今上程ニナリマシタ大正九年法律第五十六號、北海道拓殖鐵道補助法中改正法律案ノ趣旨ヲ簡單ニ説明致シマス、本案ノ要旨ハ、現行法ニ於ケル補助年限十五年ヲ二十年ニ延長セントスルノデアリマス、其理由ハ、現在北海道ニハ私設鐵道及軌道會社ガ二十七社アリマシテ、其中補助ヲ受ケテ居ルモノガ二十二社アリマス、何レモ開業後相當ノ年數ヲ經テ居リマスガ、收支辛ウジテ償フモノハ二三ニ過ギナイノデ、他ノ二十社ハ悉ク著シキ缺損ヲシテ居ル實情デアリマス、其缺損ノ割合ハ一分以上ガ四社、二分以上モ四社、三分以上ガ二社、四分以上二社、五分以上一社、六分以上二社ト云フヤウナ慘狀デ、是等ノ缺損ハ補助アルガ故ニ辛ウジテ償ヒ得ルモノデアリマスガ、借入金ノ利子ノ支拂ニ不足ヲ生ズルモノモ稀デナイノデアリマス、隨テ補助ヲ受ケナガラモ無配當、又ハ無配ニ等シイヤウナ少額ノ配當ヲシテ居ルモノモ多數アルノデアリマス、斯樣ナ譯デスカラ、補助年限ガ切レタナラバ維持經營至難ノ爲ニ、破産者若クハ廢業ノ已ムナキノ結果ニ至ルモノガ決シテ少クナイノデアリマス、現ニ補助年限ガ滿期ニナリマシテ、氣息奄々タル會社及滿期ニナラントスルモノデ、經營困難ナルモノヲ救濟シ、併セテ全然現在マデ補助ヲ受ケテ居ラナイ新線ニ對シ公平ニ補助ヲシテ、助長發達セシメンガ爲ニ、此際更ニ五箇年ノ延長ヲ必要トスルノデアリマス、北海道ノ私設鐵道ノ經營ガ斯樣ニ振ハナイト云フ原因ハ、開道以來既ニ六十年ヲ經過シテ居リマスガ、政府ノ爲ス拓殖事業ガ遲々トシテ進マナイコトガ第一ノ原因デアリマシテ、ソレニ加ヘテ天惠ニ惠マレテ居ラナイカラデアリマス、隨テ人口ガ稀薄デ、一平方粁當リノ密度ガ、内地府縣二百十八人、臺灣百二十八人、朝鮮九十五人ニ對シ北海道ハ僅ニ二十八人ニ過ギナイノデアリマス、ソレニ比例シテ産業ガ内地及外地ヨリ振ハズ、加フルニ冬季ノ除雪期間ガ長イ爲ニ、除雪ニ莫大ナ費用ガ要ルノデアリマス、ソレデアリマスカラ北海道ノ私設鐵道ハ、新設後少クトモ十數年間ト云フモノハ赤字デ、北海道ノ拓殖促進ノ爲ニ多大ノ犧牲ヲ拂ッテ御奉公ヲシテ居ルヤウナ狀態デアリマス、近時北海道ノ拓殖促進ニ關シマシテ、政府竝ニ一般ガ相當ノ關心ヲ有ツ所トナリマシテ、最近北海道拓殖調査會ガ政府部内ニ設置セラレルコトトナリマシタコトハ、吾々ノ非常ニ喜ンデ居ル次第デアリマスガ、其拓地植民促進上ノ先驅トナルベキモノハ、先ヅ第一ニ鐵道軌道ノ普及デアリマス、之ヲ以テ政府ハ特ニ北海道ノ私鐵軌道ノ速成奬勵ノ爲ニ、大正九年ニ特別補助法ヲ制定セラレタノデアリマス、又政府ハ啻ニ北海道私設鐵道ノ奬勵バカリデハナクシテ、鐵道省ニ於テモ昭和二年以來今日マデ、北海道拓殖費ニ於テ拓殖公債利子ナルモノヲ負擔シテ、北海道内ニ於ケル省線ノ速成ヲ期シツヽアルニ徵シマシテモ、北海道ノ鐵道速成ガ拓殖政策遂行上、重要ナル事項デアルコトガ分ルノデアリマス、斯ノ如ク政府ノ特別奬勵ガ效果ヲ奏シ、現在マデ十箇年ノ間ニ約二十數社ガ新設セラレマシテ、其投資價額ガ約四千五百万圓、延長線ガ七百五十粁ニ達シ、省線ノ二千九百粁ノ四分ノ一ニ過ギマセヌガ、省線ノ培養線トナリ、且ツ拓殖促進上ニ貢獻スル所頗ル大ナルモノガアルノデアリマス、此場合御參考マデニ北海道ト他府縣及樺太、臺灣、朝鮮等ノ外地ニ於ケル鐵道補助トヲ比較シテ見マスルト、樺太ニハ二會社アッテ、一昨年補助年限ガ切レントスル際ニ五年延長シ、臺灣ニモ二社アリマシテ、昨年ノ議會デ十年ヲ十五年ニ延長シ、朝鮮ハ六社アッテ、最初ハ補助年限ガ十年デアッタノヲ、大正十二年ニ五年延長シ、更ニ昨年ノ議會デ五年延長シテ、現在ハ二十年ニ改正サレテ居ルノデアリマス、而シテ以上各地方ノ營業成績ハドウカト云フト、樺太ヲ除キマスト各府縣ハ勿論ノコト、臺灣、朝鮮等何レモ好成績ヲ擧ゲテ、相當ノ利益配當ヲシテ居リマス、是ハ畢竟府縣及臺灣、朝鮮ハ北海道ニ較ベテ能ク開ケ、人口ノ密度ガ厚ク、産業ガ振興シ、加フルニ冬季間ノ除雪ノ如キ經費ガ少ク、又全然不要ナル等、其條件、即チ天惠ガ著シク多イカラデアリマス、ソレデアリマスカラ是等地方ノ鐵道ノ補助ト云フモノハ、利益ノ補償ニナッテ居リマスガ、北海道ノ鐵道補助ハ損失ノ補塡トナルノデアリマス、要スルニ經營條件ガ好ク、營業成績優良ナル朝鮮、臺灣ニ對シテスラ、前述ベタヤウニ數回延長致シテ、國家ノ仁慈的方策ヲ經營條件トシテ居ルノデアルカラ、其經營條件ノ最惡ナル北海道ノ私設鐵道軌道ニ、同一ノ補助政策ヲ採リテ恩典ヲ與フルト云フコトハ、當然過ギル程當然デアルト信ズル者デアリマス、故ニ本案ノ如キモノハ政府自ラガ進ンデ提案スベキモノデアラウト思フノデアリマス、然ルニ政府ガ提案シナイノデ之ヲ甚ダ遺憾ニ思ヒマシテ、吾々ガ茲ニ本案ヲ提出シタ次第デアリマス、而シテ補助年限延長ノ結果トシテ、金額ハ現在一箇年百二十八万圓デアリマスガ、本法施行ノ曉ハ昭和十年度ガ約八万圓、十一年度、十二年度ハ約十七八万圓デ、結局最後マデニハ總額九百二三十万圓ヲ支出スルコトニナル見込デアリマス、何卒北海道ノ爲メ特段ノ御同情ヲ願ヒマシテ、御協贊アランコトヲ御願スル次第デアリマス(拍手)

○議長(濱田國松君) 日程第十三、提出者手代木隆吉君

○手代木隆吉君 簡單デアリマスカラ自席カラ發言スルコトヲ御許シヲ願ヒマス

○議長(濱田國松君) 許可致シマス

○手代木隆吉君 日程第十三ノ法律案ハ第十二ノ法律案ト全ク同一趣旨ノ法律案デアリマス、其理由ニ付キマシテモ全ク同一デアリマシテ、只今松尾君ヨリ説明セラレタル通リノ事情ニアル譯デアリマス、何卒本案ニ對シマシテモ速ニ協贊ヲ與ヘラレマシテ、北海道開拓ノ爲ニ十分ナル援助ヲ與ヘラレンコトヲ希望致ス次第デアリマス(拍手)

○議長(濱田國松君) 各案ニ對スル質疑ノ通告ハアリマセヌ

○青木雷三郎君 日程第十二及第十三ノ兩案ヲ一括シテ、議長指名九名ノ委員ニ付託セラレンコトヲ望ミマス

○議長(濱田國松君) 青木君ノ動議ニ御異議アリマセヌカ

(「異議ナシ」ト呼フ者アリ)

○議長(濱田國松君) 御異議ナシト認メマス、仍テ動議ノ如ク決シマシタ——日程第十四、自動車交通事業法中改正法律案ノ第一讀會ヲ開キマス、提出者ノ趣旨辯明ヲ許シマス——提出者上田孝吉君

○福田關次郎君　只今日程ニ上サレマシタ競爭入札ノ取締等ニ關スル法律案ノ提案者ト致シマシテ、其理由ヲ簡單ニ述ベタイト存ジマス、法文ヲ御覽下サレマスレバ御分リデアリマスルガ、本案ハ國家ノ税務並ニ地方自治行政ノ執行ノ上ニ於キマスル今日マデノ缺點ヲ矯正致シマシテ、是等ヲ改革致シマスル所ノ廣汎ナル意味ヲ含ム法案デアルノデアリマス、時勢ノ推移ト社會ノ複雜化ト相俟チマシテ、國民生活ノ不安ハ日ト共ニ甚シクナッテ參ルノデアリマス、爲ニ中央地方ノ別ナク財政上ノ危機ヲ招來致シマシテ、一面ニハ又綱紀ノ頽廢ハ全ク限リナキ情勢ニアリマスルト共ニ、民心ノ惡化モ亦底止スル所ヲ知ラザル情勢ニアルノデアリマス、隨ヒマシテ智能的脱法行爲モ亦日ト共ニ募リテ、國家ノ統制將ニ危フカラントスルハ、吾々ノ常ニ遺憾ト致シマスル所デアリマス、現ニ政府ガ行ヒツヽアリマスル各種ノ事業、物品ノ購入並ニ財産處分、續イテ徴税法ノ上ニ於キマスル所ノ不正不義ニ基ク損害ハ、蓋シ莫大ナルモノデアルノデアリマス、又續イテ地方道府縣市町村ニ起リツヽアリマスル疑獄事件ノ如キモ、是等ヲ完全ニ取締ルベキ法ノ不備ニ基カザルモノハナイノデアリマス、此秋ニ當リマシテ國費ノ巨額ナル濫費、及ビ地方費ノ不正不義ニ基ク巨額ノ濫費ヲ防止致シマスルト同時ニ、當然徴收スベキ徴税ノ基礎ヲ確立致シマシテ、我國ノ財政ノ危機ヲ救ヒ、國民擔税ノ公平若クハ輕減ニ資シマスルト共ニ、國家及地方産業開發ノ財源ヲ得ルト云フコトヲ、主ナル目的ト致シタイト存ズルノデアリマス、又續キマシテ綱紀官紀ノ肅正ヲ致シマシテ、國家百年ノ基礎ヲ確立致シマスコトハ、現下ニ於キマスル最モ急ヲ要スルモノナリト存ズルノデアリマス、蓋シ近來起リツヽアリマス、御承知ノ通リノ不正不義ナル疑獄事件ノ如キハ、恐ク玆ニ胚胎スルモノアルヲ信ズルガ爲デアリマス、是レ本案ヲ提出致シマシタ所以デアリマス

尙ホ本案ノ適用サレマスル一二ノ例ヲ申上ゲマシテ、本案ヲ御審議下サレマスル上ニ於テノ參考資料ト致シテ置キタイト存ジマス、例ヘバ本案ヲ以チマシテ、唯政府地方自治體ノ行ヒマスル工事請負等ノ取締ヲスルノデアルト云フガ如ク、狹義ニ御解釋ニナッテ居ル方ガ多イノデアリマスガ、法文ニ示シテアリマスルヤウニ、左様ナモノデハアリマセヌ、工事ノ請負ヲ取締ルト云フガ如キハ、本法ノ百分ノ一ニモ値セザル寥々タルモノデアリマシテ、本法ノ目的ハ國家政務及ビ地方自治行政執行ノ上ニ於キマス缺陷ノ總テヲ含ムノデアリマス、玆ニ其例ヲ申上ゲマスレバ、法文ノ不備ニ基キマシテ、税務署ガ一ツノ財閥ヨリ三十三万六千圓ト云フ脱税ヲ助長シタ所ノ事實ガアリマス、又續イテ同ジ税務署管内デ、矢張リ一箇所デ五十五万九千圓ト云フ脱税ヲ助長致シテ居リマスガ、法ノ不備ニ因リマシテ、斯ウ云フ罪惡ヲ致シマシテモ、今日取締ル法律ガナイ、又鐵道省ガ虛構ノ事實ニ物品ノ不正購入ヲ致シマシテ、三千三百四十三万圓ヲ國庫ニ損害ヲ與ヘテ居リマスガ、是亦之ヲ取締ル法律ガナイ、續キマシテ政府ガ阿片ノ賠償ト稱シテ、毎年八十九万七千餘圓ノ不當支出ヲ致シテ居リマスガ、是亦今日マデ之ヲ取締ルベキ法ガナイノデアリマス、海軍省ガ豫算超過及豫算外目的ニ使用致シマスル四百八十五万圓ノ不當支出ヲ致シテ居リマスル事件、又海軍省ガ會計法勅令違反ヲ致シマシテ、百六十万圓ト云フ金ヲ、藤永田造船所ニ貸與シタト云フ名目ニ於テ、數年間之ヲ放置シテ置キマシテ、ソレヲ吾々ガ決算ニ於テ、本議會ニ於テ審議シテ初メテ生キテ來タ、其金ハ事實吾々ノ推定デハ分ケテ取ッタノデアラウト思ヒマス、併シ是ガ議會ノ糺彈ヲ受ケタノデ、遂ニ年賦デ償還スルト云フヤウニナッタ、是等ノ如キモ、我ガ日本ノ法律ノ不備ニ依リマシテ取締ル所ノ基礎ガナカッタノデアル、同時ニ大藏省ガ國有財産處分ニ、時價一坪九十八圓ノモノヲ三十一圓ト云フ所ノ廉價ヲ以テ、數万坪ト云フモノヲ拂下ゲテ、國家ニ莫大ナル損害ヲ與ヘテ居ル事實ガアリマスルガ、是亦法ノ不備ノ爲ニ取締ル途ガナイノデアリマス、又地方費補助ト稱シマシテ、關東廳ガ百万圓ノ不當支出ヲ致シテ居リマス、是亦如何トモスルコト能ハズシテ、帝國議會ナカリセバ、斯ル不正不義ヲ摘發スルコトガ出來得ナカッタノデアリマス、又一面大藏省ノ事業費中ニ於キマシテ、一箇年間食鹽廻漕費ト稱シテ、三百万圓ト云フ損害ヲ年々國庫ニ與ヘツヽ、アルノデアリマス、是等ニ對シマシテモ、今日マデ帝國議會ニ於キマスル論議ニ多クサレテ居リマセヌガ、事重大ナルモノデハゴザイマスマイカ、又農林省ガ九州ノ八重山郡ニ於キマスル、千年斧鉞ヲ加ヘザル國寶的要存置林數十町歩、約四十万立方米ノ林木ヲ、開墾ニ名ヲ藉リテ之ヲ無償ニ等シク拂下ゲテシマッタト云フ事實、實ニ我ガ日本ノ現代ニ於キマシテ、斯様ナ事ガ行ヘレツヽ、アルコトハ、恐ルベキ結果ヲ來スモノデハゴザイマスマイカ、又鐵道省ガ貨物ノ集荷運賃割戻ト稱シマシテ、不當ノ支出ヲ致シテ、ソレガ一箇年間ニ於テハ、七百六十六万八千圓ノ損害ヲ國庫ニ與ヘテ居ルノデアリマス、又樺太鐵道ガ鐵道改良費ト稱シマシテ、七十七万八千圓ノ不正支出ヲ爲シテ、國家ニ是ガ損害ヲ與ヘテ居ルノデアリマス、臺灣軍經理部ガ土地不當ノ拂下ヲ致シマシテ、國庫ニ數十万圓ノ損害ヲ與ヘタル事實ガアリマス、尙ホ驚クノハ、朝鮮總督府ガ度量衡專賣法ヲ行ヒマシテ、度量衡器ヲ總督府ガ之ヲ販賣人ニ賣渡シマシタ、其賣渡シタ賣上代金ヲ、聯合シテ六箇年間總督府ニハ一文モ納メテハ居リマセヌ、斯様ナ恐ルベキコトガ日本ノ現狀ニ於テ法律アリト雖モ行ハレテ居ル、斯ル不正不義、綱紀紊亂ノ事實ハ、何ヲ以テ吾々ハ處置スベキデアルカ、今日ノ帝國議會ニ於キマスル所ノ眞ノ意義ヲ明ニシ、其本分ヲ全ウセントスルノニハ、此點ニ留意ヲシナケレバナリマセヌ、又大藏省ガ煙草直營ニ際シマシテ、政府ガ既ニ與フベカラズト決定シテ居ルモノニ、期日ヲ經過シテ此者ニ莫大ナル金ヲ與ヘタト云フ事實、是亦斯様ナモノヲ取締ラナケレバナリマセヌ、内閣印刷局ガ物品購入ニ

際シマシテ、何等價値ナキコトヲ知リナガラ、六十三万九千圓ト云フモノヲ出シマシテ、不用ノ土地ト物品トヲ購入シテ、其儘放置サレテアリマス、次ハ製鐵所ノ物品ノ不當購入、豫算ヲ惡用致シマシテ、八十九万九千圓ヲ國庫ニ損害ヲ與ヘマシタ事實、當然徴スベキ金額ヲ徴收セズシテ未濟ニ終ラシメタル、大連民政署ノ六十三万四千餘圓ノ損害ヲ與ヘマシタ事實、最近各製糖會社ニ對シマスル所ノ、税額不當認定三千百三万八千餘圓ノ國庫ニ與ヘタル損害ノ例デアリマストカ、樺太廳ガ林木ヲ、一億八十万石ト云フ巨額ノ不正拂下ヲ致シマシテ、國家ニ數千万圓ノ損害ヲ與ヘマシタ事實、東京神田一ツ橋ニ於キマスル土地數千坪ヲ、共立女子職業學校長鳩山春子ニ不當拂下ヲ致シマシテ、數十万圓ノ損害ヲ國家ニ與ヘマシタ所ノ事實、農林省ガ旭「シルク」株式會社ト要償契約ヲ締結致シマシテ、驚クベシ一千六百十七万圓ト云フ金ヲ國家ガ徴收シナケレバナラヌノヲ、其儘私立會社ヨリ之ヲ徴收セズ、今日ニ放置致シマシテ、其間ニハ恐ルベキ國家ノ綱紀紊亂ノ事實ガアリマス、諸君、過般來帝國議會ノ問題トナッテ居リマスル所ノ、一千五百万圓ノ第二豫備金ノ問題ハ、兩院ヲ通ジテ今日尚ホ議論ノ中心ヲ爲シテ居ルノデアリマス、千五百万圓ノ僅ノ金ヲ以テ農村ヲ救濟セントスルニ、斯ル如キ重大ナル論議ヲ喚起シテ居ル、然ルニ一私立會社ト政府トガ契約シテ、一千六百十七万圓ト云フ巨額ノモノヲ、當然徴收スベキコトニナッテ居ルノニ拘ハラズ、之ヲ不問ニ付シテ居リ、其間ニ於テ不正手段ニ依リ之ヲ免除シテヤラントスル如キ結果ヲ見ルニ至リマシテハ、國家ノ由々シキ大事件デハゴザイマスマイカ、尚ホ遞信省ガ不用品ト分リナガラ、之ヲ購入致シマシテ、八十八万四千餘圓ト云フモノヲ國庫ニ損害ヲ與ヘマシタ事實、陸軍省ガ衣糧費ノ項目ニ於キマシテ、四十三万七千圓ノ不當支出ヲ致シテ、國庫ニ損害ヲ與ヘテ居リマスル事實ガアリマス、內務省ガ東京深川ノ官有土地ヲ、同潤會ニ數千坪ヲ不當ニ拂下ゲマシテ、是亦國庫ニ數十万圓ノ損害ヲ與ヘテ居リマス、又信濃川水力電氣發電工事請負ニ於キマシテ、工事請負ノ人間ヲ選定シテ限度ヲ決メルト云フノデ、人數ヲ少クスル其代償トシテ、一人當リノ工事指名料トシテ十万圓宛取リ、合計七十万圓ヲ此處デ掠メテ居ル事實ガアリマス、以上述ベマシタコトハ、本員ノ調査致シマシタ所ノ百分ノ一ニモ足ラザル例ヲ申上ゲマシテ、本法ノ如何ナル點ヲ取締ルベキカノ例ヲ示シタニ過ギナイノデアリマスケレドモ、顧ミマシテ我ガ日本現代ニ於キマスル中央地方ヲ通ジテノ不正不義ハ、驚クベキ結果ヲ招來スルコトヲ感知シナケレバナリマセヌ、是レ悉ク不正不義ヲ致シマシテモ取締ルベキ法律ガナイ、此競爭入札取締ニ關スル法律案ハ、斯ル恐ルベキ弊害ヲ除去致シマシテ、國家ノ基礎ヲ確立シ、國民擔税ノ輕減公平ヲ期セン爲ニ、本案ヲ提出シタ所以デアルノデアリマス、何卒愼重審議速ニ成文法トナリマスルヤウニ、御協贊アランコトヲ御願致シマス

昭和十年二月二十四日

敦賀清津羅津又ハ雄基間聯絡特急航路開始ニ關スル建議案外十九件

敦賀清津羅津又ハ雄基間聯絡特急航路開始ニ關スル建議案

敦賀清津羅津又ハ雄基間聯絡特急航路開始ニ關スル建議

環海我カ國ノ如キハ航路ノ擴張及海陸聯絡設備ノ急要ナル固ヨリ論ヲ俟タス今ヤ滿洲國ハ獨立シテ吉會鐵道其ノ完成ヲ告ケ北滿ノ物資輸送上及歐露方面ヨリノ交通貿易上大陸ト本土トノ聯絡ヲ近接急速ナラシムルノ必要切ナリ而シテ清津羅津又ハ雄基敦賀間ノ航路ハ此ノ聯絡上最捷徑ニシテ殊ニ敦賀港ハ本土内ニ於テモ鐵道ニ依リ旅客竝物資ヲ京阪地方ハ勿論直ニ關東地方ニ運送スルニ至便ノ地ナリ斯ノ如ク右聯絡航路ハ交通貿易上及軍事外交上實ニ國運發展ノ爲最急要ナル交通路ナリト認ム

現在北日本汽船會社ニ於テ清津敦賀間ヲ僅ニ月三回往復スル新高丸アリト雖將來ノ發展ニ資スルニ足ラス依テ政府ハ速ニ計畫ヲ樹テ國費ニ依リ少クモ五千噸級以上ノ船舶ヲ以テ毎週二三回宛敦賀清津羅津又ハ雄基間ノ特急航路ヲ開始セラレムコトヲ望ム

右建議ス

報告書

一敦賀清津羅津又ハ雄基間聯絡特急航路開始ニ關スル建議案（熊谷五右衛門君提出）

右ハ本院ニ於テ可決スヘキモノト議決致候此段及報告候也

昭和十年二月九日

建議委員長　田中萬四郎

衆議院議長濱田國松殿

昭和十年二月二十七日

朝鮮銀行法中改正法律案

報告書

一朝鮮銀行法中改正法律案(政府提出)

右ハ本院ニ於テ可決スヘキモノト議決致候此段及報告候也

昭和十年二月二十五日

委員長　岡田忠彦

衆議院議長濱田國松殿

報告書

一臺灣銀行法中改正法律案(政府提出)

右ハ本院ニ於テ可決スヘキモノト議決致候此段及報告候也

昭和十年二月二十五日

委員長　岡田忠彦

衆議院議長濱田國松殿

〔岡田忠彦君登壇〕

○岡田忠彦君　本委員會ニ付議サレテ居リマス議案ハ十件ノ多キニ達シテ居リマス、今日上程ノ運ビニナリマシタモノハ其中六件デアリマス、只今ヨリ簡單ニ其經過ヲ御報告申上ゲマス、此委員會ハ去ル一月二十六日、第一回ノ會議ヲ開キマシテ、昨二十五日ニ至ルマデ十六回ノ會議ヲ重ネタノデアリマス、第一回ノ會議ニ於テ委員長トシテ私ガ當選致シ、理事トシテハ松村光三君、鷲野米太郎君、岡田喜久治君、中村繼男君、各〻當選サレマシテ、其後鷲野君ノ辭任ニ依リマシテ、上田孝吉君ガ理事ニ當選サレマシタ、今日上程ノ六件ハ、昨二十五日委員會ノ採決ヲ了ヘテ、茲ニ本議場ニ上程サレタモノデアリマスルガ、此委員會ニ付議サレテ居リマス十件ノ法案ハ、何レモ重要ナ法案デアリマシテ、其中ニハ所謂赤字公債ニ關スル法案、新稅目ニ關スル法案等、最モ重要ナルモノガ含マレテ居リマシテ、愼重且ツ周密ナル審議ノ必要ガアリマス、併シ一面ニ於テハ豫算ノ既ニ通過シ、貴族院ニ回付サレテ居ル關係ニ顧ミマシテ、成ベク速ニ之ヲ議了スル必要ノアルコトハ勿論デアリマス、隨テ委員長ニ於テモ、亦委員ニ於テモ、極メテ其促進ヲ圖リマシテ、私委員長トシテ、國務大臣ノ態度ニ對シテ、議事ノ圓滿ナル進行ヲ圖ランガ爲ニ、特ニ總理大臣ニ對シテ警告ヲ發シタコトモアリマス、又豫算ノ貴族院ニ移リシ以來、國務大臣ノ出席繰合セニ付キマシテモ細心ノ注意ヲ拂ヒマシテ、成ベク議事ノ促進ヲ圖ッテ居ル次第デアリマス、且又材料ノ提出方ニ付キマシテモ、再三政府ニ督勵ヲ加ヘタニモ拘ラズ、其提出方ガ甚ダ遲レマシタ、卽チ臨時利得稅ノ勅令、省令要綱ノ提出ノ如キモノハ、漸ク去ル二十一日ニ至ッテ委員ノ手許ニ達シタ譯デアリ、又重要ノ資料ニシテ、昨二十五日ニ至ッテ初メテ手許ニ回付サレタモノモアリ、又今日マデ何等答辯ナク、未提出ノ儘ニ殘ッテ居ルモノモアル、斯様ナル事態デアリマシテ、洵ニ資料ノ提出ノ遲キコトニ付テハ、甚ダ遺憾ト思ッテ居リマス、委員中ニ於テハ、此資料ノ提案ヲ待ッテ質問ヲセント云フコトノ爲ニ、質問ヲ保留サレテ居ル方モアルト云フ譯デアリマシテ、甚ダ遺憾ヲ覺エル譯デアリマス、隨テ昨二十五日委員長ヨリ重ネテ政府ニ嚴重ナル警告ヲ發シタヤウナ次第デアリマス、各委員ハ午前午後ニ亙リ、最モ熱心ナル態度ヲ以テ審議ヲ進メラレマシタコトハ、委員長トシテ深ク感謝シ、又特ニ之ヲ議場ニ報告申上ゲル次第デアリマス、卽チ世間或ハ此委員會ガ故意ヲ以テ、或ハ怠慢ニ因リ、此議事ノ進行ガ遲レテ居ルト云フヤウナ風評ヲ耳ニ致シマスケレドモ、是ハ全ク眞相ニ卽セザルコトデアルト云フコトヲ茲ニ諸君ノ前ニ御報告ヲ申上ゲル次第デアリマス、質問保留中ノ案件ニ付キマシテハ、何レ討論終結、採決ノ上ニ、上程サレタ時ニ、改メテ其顚末ヲ御報告スルコトニ致シマシテ、只今ハ上程ノ六案、此六案ノ審議ノ經過竝ニ結果ヲ御報告スルニ止メマス

此六案ハ一般ノ質問ヲ了ヘタル後、特ニ三日間ヲ費シテ各案件ニ付テノ質問ヲ詳細盡シマシタ、其詳細ハ速記錄ニ就テ御諒承アランコトヲ希望致シマス、此際特ニ國際文化事業ニ付テ、各種ノ重要ナル質問ガ行ハレ、又朝鮮竝ニ臺灣銀行ノ改正法律案ト關聯致シマシテ、日本銀行、臺灣朝鮮兩銀行ノ兌換券發行制度ニ關シ、又其銀行ノ組織監督ノ方法ニ關シ、是亦重要ナル質疑應答ノ行ハレタコトヲ御報告致シテ置クニ止メマス

昨日討議ニ入リ、政友會ヲ代表致シテ松村光三君ヨリ、又民政黨ヲ代表シテ岡田喜久治君ヨリ、國民同盟ヲ代表シテ栗原彥三郎君ヨリ、何レモ贊成ノ發言ガアリマシタ、第一控室ノ龜井貫一郎君ハ、御缺席ノ爲ニ何等ノ意思表示ガアリマセヌ、右討論ノ際、政友會ノ松村光三君ヨリ政友會ヲ代表致シマシテ、國際文化事業ニ關シ、此事業ハ最モ適切ナル事業デアルケレドモ、其資金ヲ對支文化事業特別會計ノ中ヨリ繰替支辨ヲスルト云フコトハ、特別會計法設定ノ趣旨ニ副ハナイ、又豫算編成ノ本則ニモ副ハナイ、仍テ明年度以降ニ於テハ、一般會計ヨリ其資金ヲ出スベキモノデアルト云フ、嚴重ナル戒告ガ與ヘラレタ譯デアリマス、又國民同盟ノ栗原君ヨリハ、本法實施ニ際シテハ、愼重ノ考究注意ノ下ニ、我國ノ眞面目ヲ世界ニ宣揚スルヤウニ取計ラハレタイト云フ御希望ノ陳述ガアッタ次第デアリマス、次ニ採決ニ移リ、全員一致贊成、之ヲ可決致シタ譯デアリマス、何卒委員會決議通リ、當議場ニ於テモ御協贊ヲ賜ランコトヲ希望致シマス(拍手)

○議長(濱田國松君)　別ニ質疑又ハ討論ニ付テノ通告ハアリマセヌ、上程六案ノ第二讀會ヲ開クニ御異議アリマセヌカ

〔「異議ナシ」ト呼フ者アリ〕

○議長(濱田國松君)　御異議ナシト認メマス、仍テ六案ノ第二讀會ヲ開クニ決シマシタ

○青木雷三郎君　直チニ六案ノ第二讀會ヲ開キ、第三讀會ヲ省略シテ、委員長報告通リ可決セラレンコトヲ望ミマス

○議長(濱田國松君)　青木君ノ動議ニ御異議アリマセヌカ

〔「異議ナシ」ト呼フ者アリ〕

○議長(濱田國松君)　御異議ナシト認メマス、仍テ直チニ六案ノ第二讀會ヲ開キ、議案全部ヲ議題ニ供シマス

國際文化事業ニ關スル經費支辨ニ關スル法律案
第二讀會(確定議)

造幣局ノ廳舍、工場其ノ他ノ用ニ供スル建物及其ノ附屬設備ノ新營費ニ關スル法律案
第二讀會(確定議)

東京高等農林學校及函館高等水產學校ノ創設ニ伴フ帝國大學特別會計及學校及圖書館特別會計ノ關涉ニ關スル法律案
第二讀會(確定議)

日本銀行金買入法中改正法律案
第二讀會(確定議)

朝鮮銀行法中改正法律案
第二讀會(確定議)

臺灣銀行法中改正法律案
第二讀會(確定議)

○議長(濱田國松君)　別ニ御發議モアリマセヌ、第三讀會ヲ省略シテ、六案共委員長報告通リ可決確定致シマシタ(拍手)

昭和十年二月二十七日

米穀自治管理法案外二件

第六 米穀自治管理法案(政府提出) 第一讀會

第七 米穀統制法中改正法律案(政府提出) 第一讀會

第八 救共同貯蔵助成法案(政府提出) 第一讀會

米穀自治管理法案

米穀自治管理法

第一條 本法ハ內地、朝鮮及臺灣ヲ通ズル過剩米穀ヲ統制スル爲內地、朝鮮及臺灣ニ於テ米穀ノ自治管理ヲ行ハシムルコトヲ目的トス

第二條 米穀生產者、土地ニ付權利ヲ有スル者ニシテ米穀ヲ小作料トシテ受クルモノ及命令ヲ以テ指定スル之ニ準ズル者ハ米穀統制組合ヲ設立スルコトヲ得

第三條 米穀統制組合ハ法人トシ第一條ノ自治管理ヲ行フヲ以テ目的トス

第四條 米穀統制組合ハ其ノ目的ヲ達スル爲左ノ事業ヲ行フ

一 第四十三條(第五十七條第二項ニ於テ準用スル場合ヲ含ム)ノ規定ニ依リ組合ニ於テ統制スベキ米穀ノ數量ヲ組合員ニ對シ割當ツルコト

二 組合ニ於テ統制スベキ米穀ヲ貯蔵スルコト

三 前號ノ規定ニ依リ貯蔵シタル米穀ニ付組合員ニ資金ノ融通又ハ其ノ斡旋ヲ爲スコト

四 第四十九條、第五十條(第五十七條第二項ニ於テ準用スル場合ヲ含ム)又ハ第五十八條ノ規定ニ依リ米穀ノ賣渡ヲ爲スコト

五 第二號ノ規定ニ依リ貯蔵シタル米穀ニシテ貯蔵ヲ解除シタルモノヲ委託ヲ受ケ販賣又ハ保管シ其ノ他米穀ノ自治管理ニ附帶シ必要ナル行爲ヲ爲スコト

第五條 米穀統制組合ノ地區ハ內地ニ在リテハ市町村、朝鮮ニ在リテハ府郡島、臺灣ニ在リテハ廳又ハ郡市ノ區域ニ依ル

特別ノ事由アルトキハ米穀統制組合ノ地區ハ前項ノ區域ニ依ラザルコトヲ得

命令ヲ以テ定ムル場合ヲ除クノ外市町村等ノ區域ニ增減アリタルトキハ其ノ區域ヲ地區トスル米穀統制組合ノ地區モ亦之ニ應ジテ增減アリタルモノトス

第六條 米穀統制組合ノ名稱中ニハ米穀統制組合ナル文字ヲ用フベシ

本法ニ依リ設立シタル米穀統制組合ニ非ザレバ其ノ名稱中ニ米穀統制組合タルコトヲ示スベキ文字ヲ用フルコトヲ得ズ

第七條 米穀統制組合ハ命令ノ定ムル所ニ依リ其ノ地區內ノ第二條ニ揭グル者ヲ以テ其ノ組合員トス

第八條 米穀統制組合ヲ設立セントスルトキハ命令ノ定ムル所ニ依リ其ノ地區內ノ組合員タル資格ヲ有スル者ノ三分ノ二以上ノ同意ヲ得テ創立總會ヲ開キ定款ヲ議定シ其ノ他必要ナル事項ヲ定メ行政官廳ノ認可ヲ受クベシ

第九條 行政官廳ハ必要アリト認ムルトキハ區域ヲ指定シ組合員タル資格ヲ有スル者ニ對シ米穀統制組合ノ設立ヲ命ズルコトヲ得

前項ノ規定ニ依リ設立ヲ命ゼラレタル者ハ命令ノ定ムル所ニ依リ創立總會ヲ開キ定款ヲ議定シ其ノ他必要ナル事項ヲ定メ行政官廳ノ認可ヲ受クベシ

設立ヲ命ゼラレタル者命令ノ定ムル期間內ニ設立ノ認可ヲ申請セザルトキハ行政官廳ハ定款ノ作成其ノ他設立ニ關シ必要ナル處分ヲ爲スコトヲ得

第十條 米穀統制組合ハ設立ノ認可アリタル時又ハ前條第三項ノ規定ニ依リ定款ノ作成アリタル時成立ス

前項ノ場合ニ於テハ行政官廳ハ遲滯ナク組合設立ノ旨竝ニ組合長及副組合長ノ住所及氏名ヲ告示スベシ

第十一條 米穀統制組合成立シタルトキハ其ノ地區內ノ組合員タル資格ヲ有スル者ハ總テ其ノ組合員トス

第十二條 米穀統制組合ニ總代會ヲ置ク

總代會ハ組合長、副組合長及總代ヲ以テ之ヲ組織ス

第十三條 米穀統制組合ノ組合員ハ命令ノ定ムル所ニ依リ組合員中ヨリ總代ヲ選擧スベシ

第十四條 左ニ揭グル事項ハ總代會ノ議決ヲ經ベシ

一 收支豫算

二 經費ノ分賦收入方法

三 事業報告及收支決算

四 借入金

五 定款ノ變更

六 第三十七條ニ於テ準用スル第八條ノ同意

七 第四十三條(第五十七條第二項ニ於テ準用スル場合ヲ含ム)ノ割當

前項第一號、第二號、第四號及第五號ニ揭グル事項ノ決議ハ行政官廳ノ認可ヲ受クルニ非ザレバ其ノ效力ヲ生ゼズ

第十五條 定款ノ變更ハ總代會ニ於テ之ヲ組織スル者半數以上出席シ出席者ノ三分ノ二以上ヲ以テ之ヲ議決ス

定款ノ變更ガ地區ノ增減ニ關スルトキハ前項ノ規定ニ依ル議決ノ外新ニ編入セラレ又ハ削除セラルベキ區域內ノ組合員タル資格ヲ有スル者又ハ組合員ノ三分ノ二以上ノ同意アルコトヲ要ス

第十六條 本法ニ規定スルモノヲ除クノ外總代會ニ關シ必要ナル事項ハ命令ヲ以テ之ヲ定ム

第十七條 特別ノ事情アル米穀統制組合ハ命令ノ定ムル所ニ依リ總代會ヲ設ケズ組合員ノ總會ヲ以テ之ニ充ツルコトヲ得

總代會ニ關スル規定ハ總會ニ之ヲ準用ス

第十八條 米穀統制組合ニ左ノ役員ヲ置ク

組合長　一人

副組合長　一人

評議員　數人

役員ハ組合員中ヨリ之ヲ選任ス但シ組合長及副組合長ハ其ノ他ノ者ヨリ之ヲ選任スルコトヲ妨ゲズ

役員ノ選任及解任ハ總代會ニ於テ之ヲ行フ

役員ノ解任竝ニ第二項但書ノ規定ニ依ル組合長及副組合長ノ選任ハ行政官廳ノ認可ヲ受クルニ非ザレバ其ノ效力ヲ生ゼズ

組合長ノ職務ヲ行フ者ナキトキハ行政

官廳ハ總代ヲ指定シ組合長ノ職務ヲ行ハシムルコトヲ得

組合長及副組合長ノ選任及退任ハ第四項及第二十六條ノ場合ヲ除クノ外其ノ旨ヲ行政官廳ニ屆出ヅベシ

行政官廳第四項ノ認可、第五項ノ指定若ハ第二十六條ノ解任ヲ爲シ又ハ前項ノ屆出ヲ受ケタルトキハ遲滯ナク其ノ旨ヲ告示スベシ

第十九條　組合長ハ組合ヲ代表シ組合ノ事務ヲ總理ス

副組合長ハ組合長ヲ輔佐シ組合長事故アルトキハ其ノ職務ヲ代理ス

評議員ハ組合長ノ諮問ニ應ジ竝ニ組合ノ業務執行及財產ノ狀況ヲ監査ス

第二十條　總代會ノ議決ヲ經ベキ事項ニ關シ臨時急施ヲ要スル場合ニ於テ總代會成立セザルトキ又ハ之ヲ招集スルノ暇ナキトキハ命令ノ定ムル場合ヲ除クノ外組合長之ヲ專決處分スルコトヲ得

前項ノ規定ニ依リ專決處分ヲ爲シタルトキハ組合長ハ次ノ總代會ニ之ヲ報告スベシ

第二十一條　米穀統制組合ハ第十八條ノ役員ノ外定款ノ定ムル所ニ依リ職員ヲ置クコトヲ得前項ノ職員ニ關シ必要ナル事項ハ命令ヲ以テ之ヲ定ム

第二十二條　米穀統制組合ハ定款ノ定ムル所ニ依リ其ノ組合員ニ對シ經費ヲ分賦シ及過怠金ヲ徵收スルコトヲ得

米穀統制組合ノ經費又ハ過怠金ヲ滯納スル者アル場合ニ於テ其ノ組合長ノ請求アルトキハ市町村ハ市町村稅ノ例ニ依リ之ヲ處分ス此ノ場合ニ於テ米穀統制組合ハ其ノ徵收金額ノ百分ノ四ヲ市町村ニ交付スベシ

市町村ガ前項ノ請求ヲ受ケタル日ヨリ三十日以內ニ其ノ處分ニ著手セズ又ハ九十日以內ニ之ヲ結了セザルトキハ組合長ハ行政官廳ノ認可ヲ得テ之ヲ處分スルコトヲ得此ノ場合ニ於テハ町村制第百十一條第一項及第四項ノ規定ヲ準用ス

前二項ニ規定スル徵收金ノ先取特權ノ順位ハ市町村其ノ他之ニ準ズベキモノノ徵收金ニ次ギ其ノ時效ニ付テハ市町村稅ノ例ニ依ル

朝鮮及臺灣ニ於ケル米穀統制組合ノ經費及過怠金ノ分賦徵收、滯納處分、先取特權ノ順位及時效ニ關シテハ命令ノ定ムル所ニ依ル

經費ノ分賦及過怠金ノ徵收ニ關シテハ勅令ノ定ムル所ニ依リ異議ノ申立、訴願及行政訴訟（朝鮮ニ在リテハ異議ノ申立、臺灣ニ在リテハ異議ノ申立及訴願ニ限ル）ヲ爲スコトヲ得

第二十三條　米穀統制組合ハ定款ノ定ムル所ニ依リ使用料及手數料ヲ徵收スルコトヲ得

第二十四條　使用料及手數料ノ徵收、米穀ノ寄託其ノ他米穀統制組合ト組合員トノ間ニ於ケル權利義務ニ關シテハ本法又ハ本法ニ基キテ發スル命令ニ別段ノ規定アルモノヲ除クノ外民事訴訟ヲ提起スルコトヲ得

第二十五條　行政官廳ハ米穀統制組合ニ對シ組合ノ事務ニ關スル報告ヲ爲サシメ組合ノ業務執行又ハ財產ノ狀況ヲ檢查シ、定款、收支豫算又ハ經費ノ分賦收入方法ノ變更ヲ命ジ其ノ他監督上必要ナル命令又ハ處分ヲ爲スコトヲ得

第二十六條　行政官廳ハ米穀統制組合ノ決議若ハ選擧又ハ役員ノ行爲ガ法令若ハ定款ニ違反シ又ハ公益ヲ害シ若ハ害スルノ虞アリト認ムルトキハ決議、選擧若ハ當選ヲ取消シ、役員ヲ解任シ、總代ノ改選ヲ命ジ、組合ノ事業ヲ停止シ又ハ組合ノ解散ヲ命ズルコトヲ得

第二十七條　米穀統制組合解散又ハ合併ヲ爲サントスルトキハ總代會ノ議決ヲ經且其ノ組合員ノ三分ノ二以上ノ同意ヲ得尙合併ノ場合ニ在リテハ定款ヲ議定シ其ノ他必要ナル事項ヲ定メ行政官廳ノ認可ヲ受クベシ

米穀統制組合分割ヲ爲サントスルトキハ前項ノ規定ニ準ズル議決及同意ノ外分割ノ各組合ノ組合員又ハ組合員タル資格ヲ有スル者ノ三分ノ二以上ノ同意ヲ得且定款ヲ議定シ其ノ他必要ナル事項ヲ定メ行政官廳ノ認可ヲ受クベシ

第十條及第十五條ノ規定ハ前二項ノ場合ニ之ヲ準用ス

前三項ニ規定スルモノヲ除クノ外解散、合併又ハ分割ニ關シ必要ナル事項ハ命令ヲ以テ之ヲ定ム

第二十八條　米穀ヲ取扱フ販賣組合（以下米穀販賣組合ト稱ス）ノ存スル市町村ニ於テハ勅令ノ定ムル所ニ依リ米穀統制組合ノ事業ハ行政官廳ノ許可ヲ受ケ米穀販賣組合ニ於テ之ヲ行フコトヲ得

米穀統制組合又ハ其ノ事業ヲ行フ米穀販賣組合ナキ市町村ニ於テハ勅令ノ定ムル所ニ依リ農會ハ行政官廳ノ許可ヲ受ケ米穀統制組合ノ事業ヲ行フコトヲ得

朝鮮及臺灣ニ於テハ勅令ノ定ムル所ニ依リ米穀ヲ取扱フ產業組合又ハ農會ハ行政官廳ノ許可ヲ受ケ米穀統制組合ノ事業ヲ行フコトヲ得

第二十九條　米穀統制組合ノ事業ヲ行フ團體ハ行政官廳ノ許可ヲ受ケ團體員ニ非ズシテ其ノ區域內ニ於テ米穀統制組合ノ組合員タル資格ヲ有スル者ニ對シ團體員ニ準ジ第四條ニ揭グル事業ヲ行フコトヲ得

前項ノ場合ニ於テハ第四條ニ揭グル事業ヲ行フ團體ハ前項ニ規定スル者ヨリ團體員ノ例ニ準ジ使用料及手數料ヲ徵收スルコトヲ得

第三十條　米穀統制組合ノ事業ヲ行フ團體ガ第四十三條ノ規定（第五十七條第二項ニ於テ準用スル場合ヲ含ム）ニ依ル割當ヲ爲ス場合ニ於テハ總會又ハ總代會ノ議決ヲ經ルコトヲ要ス

米穀統制組合ノ事業ヲ行フ場合ニ於ケル前項ノ團體ノ監督及總會又ハ總代會ニ關シテハ勅令ヲ以テ特例ヲ設クルコトヲ得

第三十一條　米穀統制組合及其ノ事業ヲ行フ團體ハ團體相互ノ聯絡ヲ圖リ米穀ノ自治管理ヲ行フ目的ヲ以テ地方米穀統制組合聯合會ヲ設立スルコトヲ得

地方米穀統制組合聯合會（臺灣ニ於テハ廳ノ區域內ノ米穀統制組合ヲ含ム）及其ノ事業ヲ行フ團體ハ團體相互ノ聯絡ヲ圖リ米穀ノ自治管理ヲ行フ目的ヲ以テ中央米穀統制組合聯合會ヲ設立スルコトヲ得

第三十二條　地方米穀統制組合聯合會及中央米穀統制組合聯合會ハ法人トス

第三十三條　地方米穀統制組合聯合會ノ地區ハ內地ニ在リテハ道府縣、朝鮮ニ在リテハ道、臺灣ニ在リテハ州、中央米穀統制組合聯合會ノ地區ハ各內地、朝鮮又ハ臺灣ノ區域ニ依ル

第三十四條　地方米穀統制組合聯合會及中央米穀統制組合聯合會ニ總會ヲ置ク

總會ハ會長、副會長及議員ヲ以テ之ヲ組織ス

第三十五條　地方米穀統制組合聯合會ノ議員ハ命令ノ定ムル所ニ依リ米穀統制組合又ハ其ノ事業ヲ行フ團體ノ代表者ヲ以テ之ニ充ツ

中央米穀統制組合聯合會ノ議員ハ命令ノ定ムル所ニ依リ地方米穀統制組合聯

合會（臺灣ニ於テハ廳ノ區域內ノ米穀統制組合ヲ含ム）又ハ其ノ事業ヲ行フ團體ノ代表者ヲ以テ之ニ充ツ

第三十六條　地方米穀統制組合聯合會及中央米穀統制組合聯合會ニ左ノ役員ヲ置ク

會長　一人

副會長　一人又ハ二人

評議員　數人

役員ハ議員中ヨリ之ヲ選任ス但シ會長及副會長ハ其ノ他ノ者ヨリ之ヲ選任スルコトヲ妨ゲズ

前項但書ノ規定ニ依ル會長及副會長ノ選任ハ行政官廳ノ許可ヲ受クルニ非ザレバ其ノ效力ヲ生ゼズ

第三十七條　第四條、第六條、第八條乃至第十一條、第十四條乃至第十六條、第十八條第五項乃至第七項、第十九條乃至第二十一條、第二十二條第一項及第二十三第乃至第二十六條ノ規定竝ニ第二十七條中解散ニ關スル規定ハ地方米穀統制組合聯合會及中央米穀統制組合聯合會ニ之ヲ準用ス

第三十八條　勅令ノ定ムル所ニ依リ行政官廳ノ許可ヲ受ケ道府縣ヲ區域トスル米穀ヲ取扱フ販賣組合聯合會（以下道府縣米穀販賣組合聯合會ト稱ス）ハ地方米穀統制組合聯合會ノ事業ヲ、內地ヲ區域トスル米穀ヲ取扱フ販賣組合聯合會（以下全國米穀販賣組合聯合會ト稱ス）ハ內地ヲ區域トスル中央米穀統制組合聯合會ノ事業ヲ行フコトヲ得

第三十九條　地方米穀統制組合聯合會ノ事業ヲ行フ道府縣米穀販賣組合聯合會ハ其ノ地區內ニ於ケル米穀統制組合及所屬組合ニ非ズシテ米穀統制組合ノ事業ヲ行フ團體ニ對シ所屬組合ニ準ジ第三十七條ニ於テ準用スル第四條ニ揭グル事業ヲ行フコトヲ得

前項ノ規定ハ中央米穀統制組合聯合會ノ事業ヲ行フ全國米穀販賣組合聯合會ニ之ヲ準用ス

第四十條　中央米穀統制組合聯合會又ハ地方米穀統制組合聯合會ノ事業ヲ行フ全國米穀販賣組合聯合會又ハ道府縣米穀販賣組合聯合會第四十三條ノ規定（第五十七條第二項ニ於テ準用スル場合ヲ含ム）ニ依ル割當ヲ爲ス場合ニ於テハ總會又ハ總代會ノ議決ヲ經ルコトヲ要ス

第三十條第二項ノ規定ハ前項ノ團體ニ之ヲ準用ス

前條ニ規定スル米穀統制組合及其ノ事業ヲ行フ團體ハ命令ノ定ムル所ニ依リ其ノ代表者ヲ第一項ノ總會又ハ總代會ニ出席セシメ表決權ヲ行使セシムルコトヲ得

第四十一條　政府ハ每年內地、朝鮮及臺灣ヲ通ジ米穀需給推算ヲ行ヒ米穀ノ供給過剩ナリト認ムルトキハ其ノ過剩數量ノ範圍內ニ於テ定ムル一定數量ノ米穀ヲ內地、朝鮮及臺灣ニ於テ統制セシムルコトヲ得

前項ノ米穀需給推算ノ方法ハ勅令ヲ以テ之ヲ定ム

第一項ノ一定數量ノ內地、朝鮮及臺灣ニ對スル割當ノ割合ハ勅令ノ定ムル所ニ依リ內地、朝鮮及臺灣ノ米穀管外移出數量ノ增加趨勢ノ外ニ米穀管外移出數量、米穀收穫ノ豐凶等ヲモ參酌シテ之ヲ定ム

第四十二條　前條第一項ノ米穀需給推算及統制スベキ米穀ノ數量竝ニ同條第三項ノ割當ノ割合ニ付テハ米穀自治管理委員會ニ諮問シテ之ヲ定ム

米穀自治管理委員會ノ組織及權限ハ勅令ヲ以テ之ヲ定ム

第四十三條　政府ハ各內地、朝鮮及臺灣ニ於ケル中央米穀統制組合聯合會又ハ其ノ事業ヲ行フ全國米穀販賣聯合會ニ對シ第四十一條ノ規定ニ依リ定マリタル數量ノ米穀ヲ割當テ其ノ米穀ニ付統制ヲ命ズ

中央米穀統制組合聯合會又ハ其ノ事業ヲ行フ全國米穀販賣組合聯合會前項ノ規定ニ依リ米穀ノ統制ヲ命ゼラレタルトキハ其ノ統制ヲ命ゼラレタル數量ヲ地方米穀統制組合聯合會又ハ其ノ事業ヲ行フ道府縣米穀販賣組合聯合會ニ對シ割當テ、地方米穀統制組合聯合會又ハ其ノ事業ヲ行フ道府縣米穀販賣組合聯合會ハ其ノ割當デラレタル數量ヲ米穀統制組合又ハ其ノ事業ヲ行フ團體ニ對シ割當ツルコトヲ要ス

米穀統制組合又ハ其ノ事業ヲ行フ團體ハ其ノ割當テラレタル數量ヲ團體員及第二十九條ニ規定スル者ニ對シ割當ツルコトヲ要ス

朝鮮及臺灣ニ於テ統制セシムベキ米穀ノ數量ノ割當ニ付テハ前三項ノ規定ニ關シ勅令ヲ以テ特例ヲ設クルコトヲ得

第四十四條　中央米穀統制組合聯合會若ハ其ノ事業ヲ行フ全國米穀販賣組合聯合會、地方米穀統制組合聯合會若ハ其ノ事業ヲ行フ團體又ハ米穀統制組合若ハ其ノ事業ヲ行フ團體前條ノ規定ニ依ル割當ヲ爲サザル場合ニ於テハ政府ハ之ニ代リ割當ヲ爲スコトヲ得

第四十五條　前二條ノ割當ニ關シ必要ナル事項ハ命令ヲ以テ之ヲ定ム

第四十六條　米穀統制組合又ハ其ノ事業ヲ行フ團體ハ其ノ割當テラレタル數量ノ米穀ヲ貯藏スルコトヲ要ス但シ其ノ貯藏ヲ解除シタルモノ及第四十九條第一項又ハ第五十條ノ規定ニ依リ政府ノ買入ヲ爲シタルモノニ付テハ此ノ限ニ在ラズ

第四十七條　米穀統制組合又ハ其ノ事業ヲ行フ團體ノ團體員ハ第四十三條又ハ第四十四條ノ規定ニ依リ割當テラレタル數量ノ米穀ヲ命令ノ定ムル所ニ依リ米穀統制組合又ハ其ノ事業ヲ行フ團體ニ寄託スルコトヲ要ス第二十九條ニ規定スル者ニ付亦同ジ

第四十八條　米穀統制組合又ハ其ノ事業ヲ行フ團體ハ第二項ノ場合及勅令ノ定ムル場合ヲ除クノ外第四十六條ノ規定ニ依リ貯藏シタル米穀ニ付其ノ貯藏ノ解除ヲ爲スコトヲ得ズ

政府ハ必要アリト認ムルトキハ勅令ノ定ムル所ニ依リ第四十六條ノ規定ニ依リ貯藏シタル米穀ニ付其ノ貯藏ノ解除ヲ命ズルコトヲ得

第四十九條　政府ハ米穀統制組合又ハ其ノ事業ヲ行フ團體ガ貯藏スベキ米穀中貯藏能力其ノ他ノ事情ニ依リ貯藏困難ナリト認ムルモノニ付當該團體ヨリ賣渡ノ申込アリタル場合ニ於テハ買入ヲ爲ス

前項ノ買入價格ハ內地ニ在リテハ米穀統制法第二條ノ最低價格、朝鮮及臺灣ニ在リテハ勅令ノ定ムル所ニ依リ米穀生產費、物價其ノ他ノ經濟事情ヲ參酌シテ定メタル價格トス

第五十條　政府ハ必要アリト認ムルトキハ米穀統制組合又ハ其ノ事業ヲ行フ團體ガ第四十六條ノ規定ニ依リ貯藏シタル米穀ニシテ當該米穀年度ヲ越ユルモ其ノ貯藏ヲ解除セラレザルモノニ付買入ヲ爲ス

前項ノ買入價格ハ勅令ヲ以テ之ヲ定ム

第五十一條　命令ヲ以テ指定スル地ニ於ケル米穀取扱業者ハ米穀商統制組合ヲ設立スルコトヲ得

前項ノ米穀取扱業者ノ範圍ハ勅令ヲ以テ之ヲ定ム

第五十二條　米穀商統制組合ハ法人トシ第一條ノ自治管理ヲ行フヲ以テ目的トス

第五十三條　第四條、第六條及第八條乃至第二十七條ノ規定ハ米穀商統制組合ニ之ヲ準用ス

第五十四條　勅令ノ定ムル所ニ依リ米穀取扱業者ノ組織スル商業組合又ハ重要物産同業組合法若ハ朝鮮重要物産同業組合令ニ依ル同業組合ハ行政官廳ノ許可ヲ受ケ米穀商統制組合ノ事業ヲ行フコトヲ得

第二十九條ノ規定ハ前項ノ場合ニ之ヲ準用ス

第五十五條　米穀商統制組合及其ノ事業ヲ行フ團體ハ團體相互ノ聯絡ヲ圖リ米穀ノ自治管理ヲ行フ目的ヲ以テ中央米穀商統制組合聯合會ヲ設立スルコトヲ得

第三十二條乃至第三十七條中中央米穀統制組合聯合會ニ關スル規定ハ中央米穀商統制組合聯合會ニ之ヲ準用ス

第五十六條　勅令ノ定ムル所ニ依リ政府ハ第四十一條ノ統制ヲ爲スモ米穀ノ供給過剩ニシテ米價ガ米穀統制法ニ基キテ發スル命令ニ定ムル標準最低價格ヲ下ラントスル虞アリト認ムルトキハ米穀自治管理委員會ニ諮問シテ一定數量ノ米穀ヲ內地、朝鮮及臺灣ニ於テ統制セシムルコトヲ得

第五十七條　前條ノ場合ニ於テハ政府ハ各內地、朝鮮及臺灣ニ於ケル中央米穀統制組合聯合會若ハ其事業ヲ行フ團體及中央米穀商統制組合聯合會又ハ米穀商統制組合若ハ其ノ事業ヲ行フ團體ニ對シ前條ノ一定數量ヲ割當テ其ノ米穀ニ付統制ヲ命ズ

第四十三條第二項乃至第四項、第四十四條乃至第四十八條及第五十條ノ規定ハ前項ノ規定ニ依リ統制ヲ命ゼラレタル場合ニ之ヲ準用ス

第五十八條　政府ハ米穀統制組合若ハ其ノ事業ヲ行フ團體又ハ米穀商統制組合若ハ其ノ事業ヲ行フ團體ガ前條ノ規定ニ依リ貯藏スベキ米穀中貯藏能力其ノ他ノ事情ニ依リ貯藏困難ナリト認ムルモノニ付當該團體ヨリ賣渡ノ申込アリタル場合ニ於テハ買入ヲ爲ス

前項ノ買入價格ハ內地米ニ在リテハ米穀統制法第二條ノ最低價格、朝鮮米又ハ臺灣米ニ在リテハ勅令ノ定ムル一定價格以內ニ於テ時價ニ準據シテ定メタル價格トス

第五十九條　內地ニ於ケル米穀統制組合、地方米穀統制組合聯合會、中央米穀統制組合聯合會、米穀販賣組合又ハ米穀ヲ取扱フ販賣組合聯合會ハ命令ノ定ムル場合ヲ除クノ外米穀統制法第二條ノ最低價格及最高價格ノ範圍內ノ價格ヲ以テスルニ非ザレバ米穀ノ販賣ヲ爲スコトヲ得ズ農業倉庫業者ニ付亦同ジ

第六十條　米穀ヲ取扱フ販賣組合聯合會ハ定款ノ定ムル機關ノ議ヲ經テ其ノ所屬組合又ハ所屬聯合會ニ對シ米穀ノ平均賣ノ實行ニ關シ必要ナル指令ヲ爲スコトヲ得

第六十一條　朝鮮及臺灣ニ於テハ第十二條、第十八條、第十九條及第三十六條ノ規定（第三十七條又ハ第五十三條ニ於テ準用スル場合ヲ含ム）ニ關シ命令ヲ以テ特例ヲ設クルコトヲ得

第六十二條　地方米穀統制組合聯合會若ハ其ノ事業ヲ行フ團體、中央米穀統制組合聯合會若ハ其ノ事業ヲ行フ團體又ハ中央米穀商統制組合聯合會ノ役員命令ノ定ムル第四十三條ノ規定（第五十七條第二項ニ於テ準用スル場合ヲ含ム）、ニ依ル割當ヲ爲スニ必要ナル行爲ヲ爲サザルトキハ五百圓以下ノ過料ニ處ス

米穀統制組合若ハ其ノ事業ヲ行フ團體又ハ米穀商統制組合若ハ其ノ事業ヲ行フ團體ノ役員命令ノ定ムル第四十三條ノ規定（第五十七條第二項ニ於テ準用スル場合ヲ含ム）ニ依ル割當ヲ爲スニ必要ナル行爲ヲ爲サザルトキ亦同ジ

第六十三條　非訟事件手續法第二百六條乃至第二百八條ノ規定ハ前條ノ過料ニ之ヲ準用ス

第六十四條　米穀統制組合若ハ其ノ事業ヲ行フ團體又ハ米穀商統制組合若ハ其ノ事業ヲ行フ團體ノ役員故ナク第四十六條ノ規定（第五十七條第二項ニ於テ準用スル場合ヲ含ム）ニ違反シタルトキハ五百圓以下ノ罰金ニ處ス

前項ノ役員第四十八條第一項ノ規定（第五十七條第二項ニ於テ準用スル場合ヲ含ム）ニ違反シタルトキ亦前項ニ同ジ

第六十五條　米穀統制組合若ハ其ノ事業ヲ行フ團體、地方米穀統制組合聯合會若ハ其ノ事業ヲ行フ團體、中央米穀統制組合聯合會若ハ其ノ事業ヲ行フ團體、米穀商統制組合若ハ其ノ事業ヲ行フ團體又ハ中央米穀商統制組合聯合會ノ役員、第二十一條ノ職員、總代、議員、組合員又ハ代議員本法ニ依ル割當又ハ貯藏ニ關シ賄賂ヲ收受シ又ハ之ヲ要求若ハ約束シタルトキハ二年以下ノ懲役ニ處ス因テ不正ノ行爲ヲ爲シ又ハ相當ノ行爲ヲ爲サザルトキハ五年以下ノ懲役ニ處ス

前項ノ場合ニ於テ收受シタル賄賂ハ之ヲ沒收ス若シ其ノ全部又ハ一部ヲ沒收スルコト能ハザルトキハ其ノ價格ヲ追徵ス

第六十六條　前條第一項ニ揭グル者ニ對シ賄賂ヲ交付、提供又ハ約束シタル者ハ二年以下ノ懲役又ハ三百圓以下ノ罰金ニ處ス

前項ノ罪ヲ犯シタル者自首シタルトキハ其ノ刑ヲ減輕又ハ免除スルコトヲ得

第六十七條　第四十九條、第五十條（第五十七條第二項ニ於テ準用スル場合ヲ含ム）及第五十八條ノ規定ニ依ル米穀ノ買入ニ關スル一切ノ歲入歲出ハ米穀需給調節特別會計ニ屬セシム

附　則

本法施行ノ期日ハ勅令ヲ以テ之ヲ定ム

第四十一條第一項ニ規定スル一定數量ノ內地、朝鮮及臺灣ニ對スル割當ノ割合ハ當分ノ內同條第三項ノ規定ニ拘ラズ內地百分ノ三十五、朝鮮百分ノ四十三、臺灣百分ノ二十二トス但シ政府ハ內地、朝鮮及臺灣ニ於ケル米穀收穫ノ豐凶等ニ依リ米穀自治管理委員會ニ諮問シテ之ヲ變更スルコトヲ妨ゲズ

米穀統制法中改正法律案

米穀統制法中左ノ通改正ス

第二條第三項中「前項」ヲ「前二項」ニ改メ同條第二項ノ次ニ左ノ一項ヲ加フ

政府ハ第一項ノ最低價格ノ決定ニ付テハ勅令ノ定ムル所ニ依リ金利及保管料ヲ加算スルコトヲ得

第四條ノ二　政府ハ勅令ノ定ムル所ニ依リ米價ガ最低價格ト最高價格トノ平均價格以上ニ在リ且災害、事變其ノ他避クベカラザル事由アル場合ニ於テ米穀ノ配給上特ニ必要アリト認ムルトキハ米穀ノ市價ニ惡影響ヲ及ボサザル場合ニ限リ所有米穀ノ總數量ヨリ最高價格ヲ維持スル爲必要ナル數量ヲ控除シタル數量ノ範圍內ニ於テ道府縣ニ對シ米穀ノ賣渡ヲ爲スコトヲ得

前項ノ賣渡ノ價格ハ時價ニ準據シテ之ヲ定ム

第八條及第九條中「高粱又ハ黍」ヲ「高粱、黍、小麥又ハ小麥粉」ニ改ム

第十二條中「高粱若ハ黍」ヲ「高粱、黍、小麥若ハ小麥粉」ニ、「高粱又ハ黍」ヲ「高粱、黍、小麥又ハ小麥粉」ニ改ム

附　則

本法施行ノ期日ハ勅令ヲ以テ之ヲ定ム

第四條ノ二ノ規定ニ依ル米穀ノ賣渡ニ關スル一切ノ歳入歳出ハ米穀需給調節特別會計ニ屬セシム

籾共同貯藏助成法案

籾共同貯藏助成法

第一條　政府ハ産業組合、農會其ノ他勅令ヲ以テ指定スル團體ガ米穀ノ出廻數量ノ調節又ハ備荒貯蓄ノ目的ヲ以テ籾ヲ貯藏スルトキハ之ヲ助成スル爲貯藏團體ニ對シ米穀需給調節特別會計ニ屬スル米穀ヲ交付スルコトヲ得

前項ノ交付ニ關シ必要ナル事項ハ命令ヲ以テ之ヲ定ム

第一項ノ規定ニ依リ交付スル助成米ノ數量ハ毎年三十萬石ヲ超ユルコトヲ得ズ

第二條　政府ハ本法ニ基ク命令ニ違反シタル團體ニ對シ其ノ交付ヲ受ケタル米穀ノ價額ニ相當スル金額ノ全部又ハ一部ノ返還ヲ命ズルコトヲ得

第三條　本法ニ依ル助成米ノ交付ニ關スル一切ノ歳入歳出ハ米穀需給調節特別會計ニ屬セシム

附　則

本法施行ノ期日ハ勅令ヲ以テ之ヲ定ム

（國務大臣山崎達之輔君登壇）

○國務大臣（山崎達之輔君）　只今上程セラレマシタル三案ニ付キマシテ、提案理由ノ概要ヲ御説明申上ゲマス、政府ハ昭和八年十一月ヨリ米穀統制法ヲ施行致シマシテ、米價ノ公定竝ニ季節的出廻調節ヲ根幹ト致シマシテ、米穀ノ統制ヲ圖リ、更ニ昭和九年五月ヨリ臨時米穀移入調節法ヲ施行致シマシテ、米穀政策ヲ運用致シテ居ルノデアリマスルガ、米穀統制法實施ノ經過、諸般ノ米穀事情及財政上ノ影響等ニ鑑ミマシテ、且又第六十五回帝國議會ニ於ケル貴衆兩院ノ決議ノ御趣旨ヲ尊重致シマシテ、更ニ米穀對策ニ付テ攻究ヲ遂ゲマスル爲ニ、昨年九月内閣ニ米穀對策調査會ヲ設置致シタ次第デアリマス、而シテ臨時米穀移入調節法ハ、御承知ノ通リ本年三月三十一日ヲ以テ其效力ヲ失フコト、ナリマスノデ、調査會ニ於キマシテモ、鋭意研究ノ結果、本年一月十九日ヲ以テ答申ヲ決議セラレタノデアリマス、政府ハ此答申ニ基キマシテ、三法律案ヲ立案致シテ、茲ニ提案スルニ至ッタ次第デゴザイマス

先ヅ米穀自治管理法案ハ、内地朝鮮及臺灣ヲ通ジマシテ、過剩米穀ヲ統制スル爲ニ、米穀ノ自治管理ヲ行ハシムルコトヲ目的トスルモノデゴザイマシテ、即チ内地外地一貫ノ方針ヲ以テ、公平ナル統制方策ヲ立ツルト共ニ、生産者等ヲシテ、自治的ニ米穀ノ調節ヲ圖ラシメマシテ、政府ト民間ト相協力シテ、米穀統制ノ目的ヲ達セントスルモノデアリマス、而シテ本案ハ過剩米穀ヲ統制スルノ方法ニ依ルモノデアリマス、御承知ノ通リ近年内地朝鮮及臺灣ヲ通ズル米穀ノ供給ノ増加、殊ニ朝鮮米及臺灣米ノ移入數量ノ増加ニ依リマシテ、供給過剩ノ結果ヲ來シ、一朝大豐作等ニ際會致シマスレバ、米穀ノ異常ナ供給過剩ヲ來シマシテ、米價ヲ著シク低落セシメルコトニナリマスルカラ、過剩米穀アル場合ニハ、米穀生産者ノ團體、米穀取扱業者ノ團體ニ於テ、自治的ニ右過剩米穀ノ管理ヲ行ハシムルモノデアリマシテ、其他ノ一般販賣米等ノ取引ノ自由ニ付キマシテハ、制限ヲ加ヘザルノ趣旨デアリマス、法案ノ内容ヲ申シマスレバ、政府ハ毎年米穀年度ノ初メニ、内地朝鮮及臺灣ノ全體ヲ通ジマシテ、其米穀年度ニ於ケル需給推算ヲ行フノデアリマス、此需給推算ノ結果、米ノ過剩數量ノ生ジマスル場合ニハ、其數量ノ範圍内ニ於キマシテ一定數量ヲ定メテ、之ヲ内地朝鮮及臺灣ニ割當テマシテ、統制スルコト、致スノデアリマス、而シテ右ノ一定數量ノ割當ハ、内地朝鮮及臺灣ノ、米穀管外移出數量ノ増加趨勢ノ外ニ、米穀ノ管外移出數量、米穀收穫ノ豐凶等ヲモ參酌シテ定メルコト、致シタノデアリマス、尤モ其割當ハ、當分ノ中ハ内地百分ノ三十五、朝鮮百分ノ四十三、臺灣百分ノ二十二ト致シマシテ、各地ニ於ケル豐凶等ニ依ッテハ、之ヲ變更スルノ餘地ヲ認メテ居ルノデアリマス、統制ヲ行フ機關ト致シマシテハ、内地朝鮮及臺灣ニ於キマシテ、市町村等ノ一定地域ヲ區域ト致シマシテ、米穀統制組合ヲ設立致サセマシテ、更ニ上級團體トシテハ、内地ノ道府縣、朝鮮ノ道、臺灣ノ州ヲ一區域トスル、地方米穀統制組合聯合會ノ制度ヲ設ケルコト、致シタノデアリマス、併シ内地ニ於キマシテハ、米穀販賣組合及其聯合會ヲシテ、統制組合及其聯合會ノ業務ヲ代行セシメ得ルコトガ出來ルコト、致シマシテ、尚ホ農會モ是等ノ團體ノナイ市町村ニ於キマシテハ、業務ノ代行ヲ認メルコト、致シタノデアリマス、斯樣ニ致シマシテ政府ハ内地朝鮮及臺灣ニ於ケル中央團體ニ一定ノ數量ノ統制ヲ命ジ、中央ノ團體ヨリ順次其所屬團體ニ對シテ系統的ニ統制スベキ數量ヲ割當テルコトニ致スノデアリマス、而シテ米穀統制組合又ハ其業務ヲ代行スル團體ニ於キマシテハ、其割當テラレマシタル數量ダケノ米ヲ貯藏ヲ致シ、内地米ノ價格ガ相當程度ニ値上リヲ致シマシテ、政府ノ解除ガアリマスルマデハ、貯藏ヲ繼續スル仕組ト致シテ居ルノデアリマス、尤モ其團體ノ貯藏能力其他ノ事情ヲ參酌致シマシテ、貯藏ガ困難デアルト認メマスル部分ハ、希望ニ依ッテ一定價格ヲ以テ買上ゲルコト、致スノデアリマス、以上ノヤウニ米穀生産者ノ團體ヲシテ自治的管理ヲ行ハシメマスルガ、其後ニ於ケル天候ノ如何ニ依リマシテ、實際ノ收穫高ガ著シク増加致シマスル等ノ爲ニ、更ニ米穀ノ供給過剩ヲ來スコトガアリマスルノデ、政府ハ更ニ第二次的ニ、米穀生産者ノ團體及米穀取扱業者ノ團體ニ對シテ統制ヲ命ズルコトガ出來ルノ途ヲ設ケテ置ク譯デアリマス、本案ハ大要以上申上ゲマシタ通リデゴザイマシテ、此案ニ依リマシテ統制ヲ行ヒマスルノハ、米ノ供給ガ過剩ナルガ爲ニ、生産者ハ勿論、米ノ取扱業者等ニ於テモ、多クハ困難ヲ感ジテ居ル場合デアリマスノデ、是等ニ對シマシテ相當ノ便益ヲ與ヘルコト、信ジテ疑ヒマセヌ、又米價ガ最低價格ヨリ一定ノ程度値上リヲ致シマス場合ニハ、貯藏米穀ノ解除ヲ受ケマシテ、市場ニ出廻リ得ルコトトナルノデアリマスルカラ、需給ノ關係ガ圓滑トナリマシテ、消費經濟ニモ好影響ヲ及ボスモノト存ゼラレルノデアリマス、尚ホ本案ガ實施セラレマスル場合ニハ、相當供給過剩ノ年柄ニ於キマシテモ、政府ハ從來ノヤウニ一時ニ大量ノ買上ヲスルコトヲ防グコトガ出來ルノデアリマスカラ、假令一方ニ於テ貯藏米ニ對シテ助成金等ヲ交付スルニ致シマシテモ、國庫ノ負擔ハ相當ニ輕減セラレマシテ、米穀統制法ノ運用等ニモ好結果ヲ齎スコトニナルト考ヘル次第デゴザイマス

次ニ米穀統制法中改正法律案ハ、第一ニ出廻期ニ於キマシテ、農家ガ米ノ賣急ギヲ爲シ、政府ヘノ賣渡申込ガ一時ニ殺到スル等ノ弊ヲ防止致シマスル爲ニ、最低價格ニ金利及保管料ヲ加算スルコト、致シ、第二ニ非常災害等ノ場合、政府所有米ヲ賣渡シテ應急ノ措置ヲ爲シ得ルノ途ヲ開クコト、致

シ、又第三ニ粟、高粱及黍ト同様ニ、米ノ代用食糧デアル小麥及小麥粉ニ付キマシテモ、其輸入ノ制限及輸入税ノ増減、免除ヲ爲シ得ルノ途ヲ開クコト、致シタノデアリマス

最後ニ籾共同貯藏助成法案ハ、籾ノ共同貯藏ニ付キマシテハ、既ニ昭和五年及昭和八年ノ大豐作ニ際シマシテ、之ヲ奬勵實行致シ、相當ノ效果ヲ收メテ居ルノデゴザイマスルガ、今回ハ此米ノ共同貯藏ノ助成ヲ恆久的ノ施設トシテ行ハントスルモノデゴザイマス、即チ産業組合、農會等ノ團體ガ、米ノ出廻數量ノ調節、又ハ備荒貯蓄ノ目的ヲ以テ籾ヲ貯藏致シマスル場合ニハ、政府ハ此貯藏團體ニ對シ、金利及保管料ニ相當スル政府所有米穀ヲ交付スル等ノ方法ヲ以テ之ヲ奬勵致シマシテ、米穀統制法等ニ依ル出廻調節ト相俟ッテ、米穀ノ統制ヲ圖ラントスルノ趣旨デアリマス

以上ガ三法律案提案理由ノ概要デゴザイマス、何卒御審議ノ上御協贊アランコトヲ切望致シマス(拍手)

○議長(濱田國松君) 質疑ノ通告ガアリマス、通告順ニ從ヒ順次之ヲ許可致シマス――高橋熊次郎君

(高橋熊次郎君登壇)

○高橋熊次郎君 米穀ガ我國農産物ノ主タル物デアリマスコトハ言フマデモアリマセヌ、蠶ノ二割、米ノ四割ヲ加ヘマスルト云フト、我國農産物ノ大半ヲ占ムルコトニ相成ルノデアリマス、而モ米ハ我國ノ國民ノ主食物デアルガ故ニ、消費關係等ニ於テモ米ノ價格ノ高下、需給ノ如何ト云フコトハ、國民生活ノ上ニ於テモ重大ナル交渉ヲ有ッテ居リ、是ニ於テ此問題ハ近代經濟又政治ノ上ニ於テ重要ナル問題トシテ取扱ハレ、嘗テハ米穀法ノ制定トナリ、此缺陷ヲ補フ爲ニ米穀統制法ノ制定ニ相成ッタノデアリマスガ、何レノ制定當時ニ於キマシテモ、之ヲ以テ十分ナリトセラレテ居ラナカッタノデアリマス、特ニ米穀統制法ノ制定ニ當リマシテハ、幾多ノ論議ガ本議會等ニ於テ繰返サレ、又世間ニ於テモ色々ナル議論ガアッタノデアリマス、併ナガラ到底此法律ヲ以テシテハ、完全ニ其目的ヲ達成スルコトガ出來ナイデアラウト云フコトノ下ニ、種種ナル希望條件等ガ決議サレタコトハ、國民ノ記憶ニ今日尚ホ新タナル所デアリマス、而シテ不幸ニシテ統制法ノ運用ノ經過ニ鑑ミマスルト、吾人ノ憂慮致シマシタ缺陷ト云フモノハ、悉ク是ガ事實トナッテ現レテ居ルノデアリマス、今回御提案ニナリマシタ三案ノ如キモ、此缺陷ヲ矯正スル意味ニ於テ、更ニ統制法ヲ强化シテ、米穀ニ關スル諸問題ノ解決ニ資セラレントスル御趣旨ハ十分諒解スルコトガ出來ルノデアリマスガ、併ナガラ此等ノ法案ヲ通ジテ考察スルニ、未ダ十分米穀ニ對スル根本的對策ガ、確立致シタトハ見ラレナイノデアリマス、從來諸法案ニ依ッテ、米穀統制ノ目的達成ヲ期スル上ニ於キマシテ、未ダ十分デアラザリシ其缺陷ト云フモノガ、依然トシテ玆ニ殘ッテ居ルノデハナイカト吾々ハ考ヘルノデアリマス、是ニ於テ其詳細ノ點ハ、何レ他ノ機會ニ於テ檢討致スコトガアリマセウ、私ハ此場合其大要ニ付テ二三ノ點ヲ質シテ見タイト思フノデアリマス

米穀統制法ノ缺陷トシテ吾々ガ目スルモノハ、大凡三ツアルノデゴザイマス、第一ニ供給調節ノ方策ガ備ッテ居ラナイコトデアリマス、第二ニ統制ノ目的ト却テ相反スルヤウナ結果ヲ生ジ、所謂逆效果ヲ來シテ居ルト云フコトガ其二、頗ル不經濟ナ方法デアリマシテ、國家財政上ニ於ケル大ナル脅威ヲ與フルモノデアルト云フコトガ其三デアリマス、是等ノ點ハ吾々ハ十分明ニシテ置カナケレバナラヌト考ヘルノデアリマス、殊ニ統制ノ主タル目的デアリマシタル所ノ價格ノ公正、又ハ需給ノ圓滑、是ハ全ク相反シタヤウナ結果ヲ招來シタコトガ其實態デアリマス、最低價格デ政府ハ米ヲ買上ゲル、即チ此統制法ノ實態ハ、政府ノ買占法デアリマス、其政府ノ買占メタル米穀ハ、法律ニ規定サレテアル所ノ最高價格ニ達シナイト云フト、之ヲ賣ルコトガ出來ナイノデアリマス、市場ニ之ヲ現スコトガ出來ナイノデアリマス、故ニ昨年ノ端境期ヲ前ニシテ、而モ五六月ノ交カラシテ、「有ガスレ」ト云フ異常ナル狀態ガ續イタノハ周知ノ事實デアリマス、此不自然ナル米價ノ暴騰ト云フモノハ、諸種ノ方面ニ色々ナル惡影響ヲ及ボシタト云フコトハ、爭ハレナイ事實デアリマス、而モ農家自身ニ取リマシテモ、此米價高ニ依ッテ利益ヲ受ケタル者ハ、極ク僅少ナル部分ニ過ギナイトモ亦明ナル事實デアリマス、米穀統制ノ目的ハ實際ニ於テ裏切ラレテ、價格ノ公正モ期シ得ラレナイ、又一面ニ於テ需給ノ圓滑モ、是デ期セラレナイト云フヤウナコトニ終ッタノデアリマス、更ニ第三ニ唱ヘマスル米穀需給特別會計法ニ於ケル所ノ米穀證券發行高ガ、是ガ爲ニ非常ニ多クナッタ、一千餘万石ヲ買上ゲルニ付テ、非常ニ多額ノ證券ヲ發行致シタコトハ事實デアリマス、況ヤ證券ノ額ハ約五億ト唱ヘラレ、米穀特別會計ニ於ケル缺損ハ二億二三千万圓ヲ超エルト言ッテ居ルノデアリマス、或ハ悲觀スル者ハ三億ニ達シテ居ルダラウト唱ヘテ居ルノデアリマス、恰モ英吉利ニ於ケル失業保險ト同ジヤウナ狀態ヲ呈シテ居ルノデハナイカト聯想シテ痛嘆ヲ致シテ居ル次第デアリマシテ、是等ニ付テ此法律ハ非常ニ不經濟ナ法律デアルガ、又其法律ニ依ッテ行ハレル所ノ統制ノ方法ト云フモノハ非常ニ金ガ掛ルノニ、前段申上ゲル通リ其目的ガ達セラレナイデ、而シテ不自然ナル價格ヲ現出致シ、隨テ需給ノ不圓滑ヲ來スト云フバカリデナク、又此法律ニ依ッテ出廻リノ調節ハ出來マスガ、生産ノ調節ハ少シモシテナイ、供給ノ調節ト云フモノガ頗ル不徹底デアリ、又不安定デアルト吾々ハ常ニ考ヘテ居ルノデアリマス、ソコデ米穀對策建直シハ、國家當面ノ急務トシテ要望サレタノデアリマスルガ、今回ノ御提案ハ、果シテ此要望ニ副ウテ居ルカドウカト云フコトニ付テ、吾々ハ十分ニ檢討致サナケレバナラナイノデアリマス、隨テ私ハ重複ヲスルヤウデハアリマスルガ、第一第二第三ト之ヲ分ッテ、自分ノ考ヲ述ベテ、當局大臣ノ十分ナル御説明ヲ得タイト思フノデアリマス

供給調節ニ付テ第一ニ伺ッテ見タイ、今回ノ此御提案ニ付テハ、供給調節ノ方面ヲ見マスルト云フト、籾ノ共同貯藏、統制組合ノ機能、最低價格ニ金利保管料ヲ加算スルト云フヤウナ方法ニ依ッテ、出廻リニ付テハ殆ド完全ニ近イ程度ニ其目的ヲ達成スルコトガ出來ルト思フノデアリマスルケレドモ、生産調節ニ付テ、何等手ヲ染メラレルコトガナイノデアリマス、即チ本ヲ治ムルコトヲ忘レテ、其末ヲ治メントスルト云フ、姑息不徹底ノ譏ヲ免レルコトハ出來ヌト吾々ハ思フノデアリマス、吾々ハ固ヨリ一部ノ人々ノ如クニ、米穀ノ過剩ヲ以テ慢性的デアルト考ヘテ居ル者デハアリマセヌ、經濟事情ノ進展或ハ利用増進等ニ依リマスレバ、米穀ノ消費モ増加致スト云フコトヲ確信シテ居リマスル、併ナガラ今日ノ場合ハ、生産ハ過剩ナリトシテ、此前提ノ下ニ、此事實ノ下ニ、種々ノ統制方策ガ行ハレテ居ルノデアリマス、左樣デアリマスカラ、此場合ニ於テ吾々ハ統制方策ヲ樹立スルト云フ場合ニ於キマシテハ、生産統制ニ付テ無關心デ居ルト云フコトハ出來マセヌ、其生産統制ト云フコトヲ蔑ロニシテ置キマスト云フコトハ、基本要件ヲ缺クモノト信ズルノ

デアリマス、デ政府ハ生産調節ニ對シテ如何ナル所見ヲ有ッテ居ラレルノデアルカ、如何ナル對策ヲ有ッテ居ラレルノデアルカト云フコトヲ第一ニ伺ヒタイノデアリマス、嘗テハ減反案ヲ――前内閣時代デアリマシテ、後藤氏ガ農林大臣デアラレタ時分ノコトデアリマスガ、減反案ヲ提唱サレテ、忽チ引込メラレタノデアリマスガ、一時世間ヲ騷ガシタコトガアルノデアリマス、併ナガラ無造作ナル所ノ減反案等ニ付テハ、實施シ得ベキモノデモアリマセヌシ、强制的ニ實施致シマシタナラバ、其弊害ノ恐ルベキモノアルコトヲ、吾々ハ承知致シテ居ルノデアリマス、併ナガラ減反案ダケガ生産ノ調節デハナカラウト吾々ハ考ヘルノデアリマス、モウ少シ考慮ヲ費シマシタナラバ、米質ノ改良ヲ如何ニスルカナド、云フコトヲ、詰リ收量ハ少クトモ、優良ナル品種ノ栽培ヲ致シ、米質ヲ向上セシメテ、其數量ヲ減ズルト云フヤウナ、農家ノ收入經濟ニハ少シモ減額ヲ來サズシテ、減産ノ實ヲ擧ゲルト云フヤウナ方法モ、アリ得ルコトダラウト思フノデアリマス、是等ノ點ハ唯一ツノ例デアリマスケレドモ、御答辯ヲ願フ參考資料トシテ、一言加ヘテ置ク次第デアリマス

第二ハ需給ノ圓滑ト價格ノ公正ニ付テヾアリマス、民間ノ貯藏ト統制ニ依リマシテ、自ラ政府ノ米穀買占ハ少クナリマセウ、政府ノ從來買上ゲテ居ッタモノガ、民間ノ貯藏、民間ニ於ケル自治的管理ノ方法ニ依リマシテ、政府ノ米穀買占ハ少クナリマス、隨テソレヨリ來ル所ノ弊害ハ控除サレルノデアリマセウガ、更ニ吾々ノ懸念スル所ハ、此制度ノ整備發達ノ結果ト致シマシテ、一部ノ人々ノ懸念セラル、ガ如クニ、一種ノ「カルテル」或ハ「プール」ノ形體ヲ形成シテ、遂ニ獨占價格ノ弊害、或ハ生産者ト消費者トノ對立ヲ惹起シ、今日トハ全ク別ノ形ニ於テ統制ニ依ル弊害ヲ生ズル憂ヒハナイカ、即チ獨占價格ニ依ル所ノ諸種ノ弊害ハ醸サナイノデアルカト云フコトニ付テ、此場合當局ノ御所見ヲ求メタイト思ヒマス

第三ニ國家財政上ノ負擔ニ付テヾアリマス、成程政府ノ買占ガ少クナリマスルカラ、國家財政ニ及ボス脅威ハ著シク輕減セラルルト云フコトハ當然デアリマセウ、併ナガラ自治的管理其他ノ方法ニ依リマス、此三案ノ骨子ト致シマスル施設ヲ遂行致シマスルニ付テ、其助成費ナリ交付金ナリト云フモノ、又ハ交付米ト云フモノハ、或ハ米穀特別會計ノ經濟ノ中ニ包含サレルモノモアリマセウ、或ハ一般會計ノ中ヨリ支出サルルノモアリマセウ、併ナガラ何レニ致シマシテモ、其支出ハ少ナカラザルモノガ年々繰返サレナケレバナラヌト思フノデアリマス、是マデノ統制法ノ建前カラ見マシタナラバ、一面米ヲ買上ゲタモノガ高クナッタ、最高價格ニ達シタ場合ニ之ヲ賣拂クト云フコトデアリマスカラ、ソコニ幾何カノ利益ト云フモノガ、特別會計ノ上ニ現レテ參ルノデアリマス、併ナガラ今回ハ主ナル部分ハ、民間ノ經濟ニ依ッテ自治統制ヲスルノデアリマスカラシテ、民間ハ儲カルコトハゴザイマセウ、利益ヲ得ルコトハ出來マセウケレドモ、米穀特別會計ニ於キマシテハ、何等儲ヲ取ルト云フ機會ハナクナッテ參ルト思フノデアリマス、此法律ガ强化サレ、運用ガ完全ニ行ケバ行ク程、米穀特別會計即チ政府ノ懐ロ工合ト云フモノハ逆ニナッテ參ラナケレバナラナイノデアリマス、是等ニ對シテ政府ハ之ヲ可能ナリトスル如何ナル計數的根據ヲ有ッテ居ラレルカト云フコトヲ伺ヒタイノデアリマス

更ニ私ハ米穀統制ニ關聯致シマスル他ノ二三ノ事項ヲ伺ヒタイト思フノデアリマス、ソレハ此米穀法ハ從來先程申シマシタ如クニ、米穀法、米穀統制法ト移リ變ッテ參リマシタガ、今回ノ提案ニ依ッテ、前二法案ノ包含致シタル缺陷ハ稍々之ヲ補フコトガ出來タ、而シテ米穀統制ハ更ニ强化サル、コトニナッテ參ッテ居ルノデアリマス、併シ米穀統制ハ强化サレ、又近ク提出サレントスル蠶繭處理法、其他輸出生絲統制法等ノ、蠶絲業統制ニ關スル御提案ガアルト承知致シテ居リマス、是等ノ御提案ニ依ッテ農産業ノ統制ト云フモノハ次第ニ進ンデ參リ、强化シテ參ルノデアリマス、又昭和十年度ノ豫算等ニ於キマシテモ、重要農産物ノ販賣統制ニ關スル經費等モ出テ居リマス、併ナガラ是等ノ經費ニ依ッテ、農林大臣、總理大臣等ガ議會ニ於テ説明セラレタガ如ク、偉大ナル效果ノアル仕事ガ出來ルカドウカト云フコトハ、疑問トシテ今日殘サレテ居ルノデアリマスルガ、兎モ角販賣ノ統制ト云フモノガ、次第ニ强化サレテ參ルト云フコトハ、是ハ事實デアリマシテ、是ハ我國農村ノ爲ニ、從來生産部門ニノミ沒頭致シタモノガ、交換部門ニ注意サレルト云フコトハ、洵ニ結構ナコトデアリマス、併ナガラ今迄生産增殖ヲ主トシタル生産部門ニ精進シタルモノガ、交換部門ニ轉換ヲサレタト云フコトニ付テハ、農業對策ニ對スル所ノ一大轉換デアリマスルカラシテ、之ニ對シテ根本的ナル農村對策、農業對策ト云フモノガ樹立サレナケレバナラナイト吾々ハ考ヘテ居ルノデアリマス、ソレデ從來ハ農民ノ經濟、農業ノ經濟ト云フモノハ、即チ生産發展ノ時代ニ於ケル我國ノ農業者ハ、生産ヲ彌ガ上ニ增加ヲスル、愈々增加ヲ致シテ、更ニ生産物ノ値上リヲ待望致シテ、自家經濟ノ興隆ヲ期待シテ居ッタノデアリマス、併ナガラ今日ノ如クニ供給ガ過剩ニ相成ッテ、之ヲ統制シナケレバナラナイト云フ時代ニハ、既ニ生産ノ增加ト云フコトモ期待シ得ズ、又統制經濟ノ特徴トシテ、最高價格ガ限定サレル以上、彌ガ上ニモ農産物ノ値上リヲ期待スルコトガ出來ナイノデアリマス、即チ農業經濟ニ於テ、收入ノ增加ト云フコトヲ期待シ得ナイト云フナラバ、此不況ヲ打開シ、又文化ノ發達ニ伴フ經濟發達ニ順應スルニ必要ナ收入ノ增加ガナケレバナラナイ、是等ノ資源ト云フモノハ、何ニ依ッテ求メルカト云フ、玆ニ新シイ問題ガ生ジナケレバナラヌト思フノデアリマス、今迄ハ生産ヲ增加スル、已レノ生産シタル農産物ノ價格ヲ向上セシムル、此二ツノ方法ニ依ッテ、增シテ行ク所ノ支出ニ對シテ、收入ノ增加ト云フモノハ圖ルコトガ出來タノデアリマスルケレドモ、時代ノ推移竝ニ經濟界ノ變移ト云フモノハ、斯ウ云フコトヲ期待スルコトガ出來ナイ、隨テ此狀態ニ即シテ政府ハ生産販賣部門ニ通ズル統制經濟ニ進マウト云フノデアリマスカラシテ、是ニ於テ農家ノ收入增加ト云フモノハ、何ニ依ッテ圖ルカト云フコトヲ吾々ハ憂フルノデアリマス、前段ニモ申述ブル通リ、米ハ農産物ノ我國ニ於ケル五割ヲ占メテ居ル、繭ハ農産物ノ二割ヲ占メテ居ル、此重要ナル位置ニ在ル所ノ米繭ト云フモノガ統制ヲサレテ、生産ハ增スコトガ出來ナイ、價格モ一定限度デ止マラナケレバナラナイト云フコトニナッテ居リマスナラバ、此米或ハ繭ニ依ッテ減ゼラレタル所ノ收入ハ、何ニ依ッテ補充スルカト云フ問題ガ、玆ニ起ラネバナラヌト思フノデアリマス、即チ私共ノ謂フ所ノ農業政策ノ根本的改訂ト云フコトガ玆ニ必要デアルダラウ、ソレデ私ハ政府ハ之ニ對シテ如何ナル方策ヲ御持合セデアルカト云フコトヲ、此場合農民ノ爲ニモ、我國ノ經濟建直シノ上ニ於キマシテモ、政府ノ正確ナル御所見ヲ承リタイト思フノデアリマス

次ニ米穀統制ニ關聯スル問題ト致シマシテ私ガ伺ヒタイノハ、此米穀統制計畫ト相俟チマシテ、米穀ニ關係シテ居ル商業機關ト

ノ摩擦ノ大キイコトデアリマス、或ハ今日ノ商業機關ト米穀自治管理案其他ノ案件トノ衝突ト申シマセウカ、簡單ニ申シマスレバ、衝突、摩擦デアリマセウ、是等ノ問題ハ目ノアタリ非常ニ深刻ニナッテ居ルノデアリマス、事情ヲ承ッテ見マスルト云フト、商業機關ヲ代表サル、方々ノ間ニモ、只今提案サレテ居リマスル米穀ニ關スル三法案ニ對スル見解ノ如キハ、一部ハ誤解ニ出デヲレテ居ル部分モアリマセウ、併ナガラ一部分ハ其ノ眞諦ニ入ッテ、從來ノ農業ニ於ケル交換部門ニ現レマシタル產業組合ノ活動等ト相照合致シマシテ、此法案ノ實施サレタル後ニ於ケル、是等ノ諸機關ノ活動ガ更ニ强化サレルト云フコト、、其强化サレタル實績ト、米穀ニ關スル商業機關トノ正面衝突ヲ來スノデハナイカ、是等商業機關ニ對シテハ何等特別ノ加護ガナイニ拘ラズ、產業組合等ニ於ケル所ノ政府ノ加護ハ、十分徹底ヲシテ居ルヤウニ思ハレテ居ル、ソレデ此自治的管理案等ノ、機構ノ上ニ於テ現レタル事實ノ裏ニ於テ、米穀商其他ノ米穀取引ニ關係アル機關ニ於キマシテハ、色色憂慮サレテ居ルノデアリマス、生活權、營業權ガ剝奪サレルノデアルトサヘ悲壯ナル叫ヲナシテ居ラレルノデアリマス、デ從來農林當局ニ於カレマシテハ、農民ノ利益ナリ、農村ノ利益ナリトシテ、中間機關ノ排除ヲ目的トシテ種々ノ施設ヲサレ、奬勵ヲ致サレテ居ッタト云フコトハ事實デアリマス、產業組合ヲ强化スル爲ニハ、「生產者ヨリ消費者ヘ」ナド、云フ「モットー」ヲ拵ヘラレテ、聲高ク世間ニ叫バレタノデアリマス、津々浦々ニ宣傳「ビラ」マデ貼ラレタノデアリマス、而シテ色々ナ例外ハアリマスケレドモ、農民ニ向ッテ種々ナル方法ト、或ハ助成金其他ノ方法トヲ以チマシテ、產業組合ノ强化ヲ圖ラレタト云フ、又普及ヲ圖ラレタト云フコト、是亦事實デアリマス、殊ニ後藤內務大臣ハ農林大臣タリシ時代ニ於テ、之ニ全力ヲ擧ゲラレタト思フ程力ヲ注ガレタノデアリマス、固ヨリ農業ハ產業部門ニ於テ最モ弱イ所ノ形態ヲ有ッテ居ル經濟主體デアリマス、左樣デアリマスルカラ、之ヲ强化スル爲ニ其協力ヲ勸メ、其團體力ノ强化ヲ求メラレルト云フコトハ當然デアリマス、併ナガラ度ヲ過ギテハイケナイ、分ヲ越エテハイケナイト思フノデアリマス、殊ニ商業機關ト對立ノ關係ニ於テ、中間機關ガ搾取ヲスルカラ、其搾取ヲ免レ、ベ、農業ノ交換部門ハ安全デアルナド、云フ理論ノ下ニ立タレテ、是等ノ施設ヲ遂行サレタトスルナラバ、農村ノ爲ニハ非常ニ迷惑ト思フノデアリマス、農村ハ依然トシテ農業ノ範圍ニ限ラレテ、ソコデ精進ヲシテ行カナケレバナラヌト思フノデアリマス、之ヲ商工ノ部門ニマデ突入スルト云フコトハ、決シテ農民ノ爲ニ採ラザル所デアリマス、勿論此ニ至ル原因ハ、政府ノ刺戟ナクシテモ、一厘デモ一錢デモ利益ヲ得タイト云フ慾望ニ燃エテ居ッタト云フコトハ事實デアリマス、其日ニ事缺クバカリニ窮迫ヲ致シテ居ル今日ノ農村ノ實情デアリマス、窮乏ノ名ヲ冠セラレルト冠セラレザルトニ拘ラズ、我ガ農村ガ不況ニ喘イデ居ルト云フコトハ、是ハ隱レモナイ事實デアリマス、左樣デアリマスルカラ、如何ナル手段ニ依ッテモ收入ノ增加ヲ圖ラウトスルノハ當然デアリマス、此經濟ノ不況ノ眞中ニアッテ、一時的、臨時的ノ救濟方法等ガ、而モ窮乏農村、窮乏農民ノ一部ニ於テ行ハレタノデアリマスケレドモ、全般ニ亙ラナイバカリデナク、是ガ爲ニ一部ノ階級ニハ負擔ヲ增加セシメ、農村自治體ニ對シテ多額ノ重課ヲ負ハシメタコトモ事實デアリマス、斯ウ云フ事情ノ下ニ於テハ、農民ガ如何ナル方法ヲ執ッテモ、自ヲノ收入ヲ增加セントスルノハ固ヨリデアリマス、ソコニ政府ハ產業組合普及、强化ノ方法ヲ以テ臨マレタノデアリマスルカラシテ、農民ハ或ハ之ニ依ッテ救ハレルカノ如キ感ヲ抱イタノハ當然デアリマセウ、而シテ一面、從來何百年、何千年來ノ傳統ト沿革ノ下ニ、圓滑ニ取引關係ガ進ンデ來ル所ノ商業機關ト衝突ヲ致シ、摩擦ヲ生ズルト云フコトモ、已ムヲ得ナイト致シタコトモアルノデアリマス、併ナガラ吾々ハ農村ニ於ケル所ノ小都市、或ハ農村ソレ自體ニ介在スル所ノ中小商工業者等ヲ無視シテ、到底農村ノ利益ハ圖ル得ルモノデナイ、農產物ノ配給ハ完全ニ行ハレヌト云フコトモ吾吾ハ十分諒解ヲ致シテ居リマス、然ラバ米、繭等ノ之ニ關係ノアル所ノ商業機關ヲノミ取分ケテ除外シテ考慮シ得ルト云フコトハ、正當ヲ缺イタモノデアルノデハナイカト云フコトモ考ヘラレルノデアリマス、併ナガラ是ガ非常ニ複雜シタル現狀ニ臨ミ、複雜シタル所ノ關係ガアルノデアリマスルカラ、一言ニシテ之ヲ特例ナシニ申述ブルコトハ出來マセヌ、其事ハ私ハ豫メ御斷リ致シテ置キマス、併ナガラ私ノ申上ゲタコトハ、事實トシテ茲ニ現レテ居ルノデアリマス、其理論的ニ批評致シタノハ、ソレガ正デアルカ或ハ非デアルカト云フコトハ問題デハアリマセヌ、事實デアリマス、事實ノ問題トシテ今日此處ニ現ハレテ居ルノデアリマスルカラシテ、之ニ對シテ政府ト致シマシテハ、相當ノ處置ヲ執ラルベキモノデアルト私共ハ考ヘルノデアリマス、是等ニ對シテ當局大臣ハ如何ナル考ヲ御有チニナルカ、農林大臣竝ニ總理大臣ニ對シテ、是等ニ對スル所見ヲ伺ヒタイト思フノデアリマス、其他此問題ニ付テハ色々伺ヒタイコトモアリマスルガ、此場合伺ッテ置キタイト思ヒマスルノハ、只今伺ヘバ九月カラ始ッタ米穀對策調査會ハ、或ハ特別委員會或ハ、小委員會等ヲ經テ、十二月ノ三十一日頃ニ大體ノ議ハ決シ、一月ノ十九日ニ答申ヲ得タト仰セラレタト考ヘルノデアリマス、十九日ニ答申案ヲ得、九月カラ長日月ノ間熱心ニ數十回ノ會合ヲ重ネテ、當局竝ニ委員諸君ハ熱心ニ檢討ヲサレタ案デアリマス、況ヤ院議ヲ重ンジテ是等ノ計畫ヲサレタト云フコトヲ、當局大臣カラ先程御說明ニナッタ、然ラバ調査會ノ有リ無シニ拘ラズ、十分ナル所ノ御準備ハ出來テ居ッタト私ハ考ヘテ居ルノデアリマス、然ルニ此重要法案ガ會期ノ三分ノ二ヲ經過シ、今日ヨリ數ヘテモ一箇月、三十日ト云フ日數ニ足リナイ程ノ議會ノ末期ニ、此案ヲ提出サレルト云フコトハ、私共ハドウシテモ諒解ニ苦シムノデアリマス、當局大臣竝ニ總理大臣ハ、如何ナル信念ノ下ニ此問題ヲ取扱ハレ、又取扱ハレントスルノデアルカト云フコトニ付テ、私ハ大ナル疑問ヲ有ッテ居ル者デアリマス、ソレデアリマスルカラ、此問題ニ付テモ率直ニ明確ナル御答辯ヲ望ミ、以上ノ諸問題ニ付テ御答辯ヲ煩シマシテ、更ニ其上デ私ノ質疑ヲ繼續致シタイト思フノデアリマス（拍手）

（國務大臣山崎達之輔君登壇）

○國務大臣（山崎達之輔君） 御答ヲ申上ゲマス、第一ハ生產統制ノコトニ付テ、政府ハドウ云フ考ガアルカト云フ點デアリマス、高橋君ノ御說ハ洵ニ御尤ニ拜承致シマス、唯御承知ノヤウニ農產物ノヤウナ、非常ナ豐凶ノ差ヲ生ズル問題ニ付キマシテ、徹底シタル生產統制ヲ行ヒマスルコトガ、甚ダ困難ナ問題デアルコトハ申ス迄モナイコトデアリマス、併ナガラ同時ニ大切ナコトデアリマスルカラ、既ニ外地其他ニ於キマシテモ、此問題ニハ相當ノ留意ヲ致シテ、行政上出來ルダケノ注意ヲ拂ッテ居ルノデアリマスルガ、尙ホ今回ノ調査會ニ於キマシテモ、附帶決議ト致シマシテ、生產統制ノコトニ付テ、政府ハ今後引續イテ十分ノ政策ヲ樹立スルヤウニト云フ御決議ガアリマス、此御趣旨ハ政府トシテ十分尊重致シテ參ル考デアリマス、第二ハ今回ノ立法ノ結果、或ハ消費者ニ對シテ不利益ヲ生ズルノ虞ナキヤ、斯樣ナ御趣旨デアッタト拜承致シマシタガ、此點ハ先程提案理由ニモ申上ゲテ置キマシタヤウニ、現在ノ統制法ダケノ場合ニ比較致シマシテ、今回ノ自治管理法ガ幸ニ御協賛ヲ得ルコトガ出來マシタナラバ、消費者ニ對シマシテモ、相當有利ナ結果ヲ生ズルト、私共ハ信ジテ居ルノデアリマス、決シテ自治管理ニ依ッテ消費者ニ不利益ヲ非常ニ與ヘルト云フヤウナ心配ハ致シテ居ラヌノデアリマス、第三ハ財政上ノ負擔ノ問題デゴザイマスルガ、是モ高橋君ハ大體御諒承ヲ願ッタヤニ拜察致シマシタガ、今回ノ立法ニ依リマシテ、財政上ノ負擔ハ相當ニ輕減セラレルコト、確信ヲ致シマス、決シテ之ニ依ッテ財政上ノ負擔ヲ、現在ノ制度ニ比シテ增加スルト云フヤウナコトハアリ得ナイコト、信ジテ居ルノデアリマス、ソレカラ農家ノ收入增加ノ爲ニ、更ニ根本對策ヲ立テルノ必要ガアルガト云フ御諒デアリマシタガ、是ハ全ク高橋君ト同樣ノ考ヲ有ッテ居リマシテ、農村全般ニ對スル恆久的對策樹立ノ必要ハ、政府ニ於テモ十分ニ之ヲ認メテ居ル次第デアリマシテ、出來得ル限リ是ガ爲ニハ今後努力ヲ拂ヒマスコトヲ申上ゲテ、御諒解ヲ得テ置キタイト思ヒマス

次ニ米ノ配給機關ト生產者トノ關係ノ問題デアル、此問題ニ關シマシテハ、世上幾多ノ憂慮ヲ抱イテ居ラレル方ガアルコトヲ御察シ致シテ居リマスルガ、今回ノ立法其モノガ如何ナル關係ヲ生ズルカニ付キマシテハ、寧ロ委員會等ニ於キマシテ、詳細ニ事實ニ卽シマシテ御諒解ヲ希フ方ガ策ノ得タルモノデアル、適當デアルカト考ヘマスルガ、唯一言考ヲ申述ベマスレバ、私共ト致シマシテハ、米ノ生產者ノ團體ト、是ガ配給機關トノ關係ハ、出來得ル限リ協調ノ方針ヲ以テ進ムコトガ適當デアリ、必要デアリ、又可能デアルト考ヘテ居ルノデアル、之ニ關シマスル詳細ノコトヘ、他ノ機會ニ於テ十分ニ事實ヲ御說明申上ゲ、又數字等モ御覽ヲ願ヒマシテ、篤ト御意見ノ在ル所モ拜聽スルト云フコトニ取運ブコトガ適當デアルカト考ヘテ居リマス、最後ニ提案ノ遲延ニ關スル御質疑デアリマシテ、是モ御無理カラヌ御質問ト拜承致シマシタガ、何分ニモ御承知ノヤウニ、今回ノ立法ハ內地ト臺灣朝鮮ヲ通ズル立法デアリマシテ、從來餘リ先例ノ乏シイ問題デアリマス、隨テ立法技術ノ上ニ於キマシテ、種々困難ナル點ニ逢著致シタノミナラズ、關係各省ハ、御承知ノ通リニ非常ニ多イノデアリマス、是等ノ間ニ十分ノ協議ヲ進メマシテ、實ハ事務當局ハ殆ド正月以來晝夜兼行ヲ以テ努力ヲ致シマシテ、而モ今日ニ及ンダ譯デアリマスルカラ、此邊ハドウカ惡カラズ御諒承ヲ希ヒタイト存ジマス

(國務大臣町田忠治君登壇)

○國務大臣(町田忠治君) 高橋君ノ御質問中、產業組合ト配給ヲ主トスル米穀商トガ、此法案實施ノ結果ニ於テ利害ノ衝突ヲ來シ、延テ種々ナル社會上面白カラヌ現象ヲ來スコトヲ憂ヘラレテノ御質問ト拜承致シマシタ、大體御質問ノ趣意ニ對シテハ御同感デアリマス、農林大臣ノ說明セラレタ米穀自治管理案ノ大體ニ付キマシテハ、私モ申スマデモナク御同意致シテ居ルノデアリマス、唯此自治管理法ヲ實施シタ曉ニ、動モスレバ米穀商等ノ營業ヲ壓迫スル虞ガ運用如何ニ依ッテハ、無イトハ限リマセヌ、ソレ故ニ運用宜シキヲ得ナケレバ、米穀商ノ從來ノ營業ニ對シテ、相當重大ナル影響ヲ及ボスコトアリト斯樣ニ考ヘテ居リマス、故ニ此法ガ幸ニ御協賛ヲ得マシテ、實施スル曉ニ於テハ、農林當局トモ能ク協議シテ、產業組合ト米穀商トノ利害ノ衝突ヲ緩和スルコトニ力メルコトハ申スマデモアリマセヌシ、殊ニ私ノ最モ重キヲ置キマスルノハ、從來遲々トシテ進マナカック所ノ商業組合ノ實現ヲ、全國ニ普及セシムルコトニ努力致シマシテ、產業組合ト商業組合トノ連絡調和ヲ圖ッテ、此自治法案ノ效果ヲ全カラシメタイト思ヒマス、詳細ノコトハ若シ委員會等ニ於テ御質問ガアレバ、詳シク申上ゲヨウト思ヒマス

(國務大臣岡田啓介君登壇)

○國務大臣(岡田啓介君) 高橋君ヨリ私ニ御尋ニナリマシタコトハ、農林大臣ノ答辯デ盡キテ居ルト思ヒマス、私ニ御尋ニナリマシタコトハ生產、配給、消費、此三者ノ間ニ摩擦ガアッテハナラヌ、斯ウ云フコトデアッタト思ヒマス、私モ其通リニ考ヘテ居リマス、私ハ米穀ノ問題ニ付テハ全ク素人デアリマス、此案ノ立案ニ付テハ、此三者ノ調和ニ付キ相當注意シテアルト云フコトデアリマス、又提案ガ遲レタコトニ付テモ、農林大臣ノ御答シタ通リデアリマス、此問題ハ六十五議會以來ノ問題デアリマシテ、內地及外地米等幾多困難ナ問題ガアリマシタガ、委員諸君ノ非常ナル勤勵ニ依リマシテ、一月十九日ニ答申ヲ得タノデアリマス、其後當局ガ努力致シマシテ、今日提案スルニ至ッタノデアリマス、遲レマシタコトニ付テハ私モ遺憾ト考ヘテ居リマス

(高橋熊次郎君登壇)

○高橋熊次郎君 只今各大臣ヨリ御答辯ガアリマシタ、農林大臣ヨリハ型ノ如キ御答辯ヲ承リマシテ、大體ハ了承致シマシタガ、私ノ疑問ハ少シモ解ケテ居ラヌノデアリマス、殊ニ商工大臣ノ率直ナル御答辯ニ對シテハ、多大ノ敬意ヲ表スルノデアリマスルガ、此案ト云フモノハ一部ノ人々ガ疑問トシテ居ル其疑問ヲ、濃厚ニシタヤウナ感ジガ致スノデアリマス(「ヒヤ〳〵」拍手)是ハ私ハ此案ノ生命ニ非常ナ重大ナ關係ヲ有ッノデハナイカト思フノデアリマス、而シテ商工大臣ハ特ニ議員ノ要請モアリマシタガ、大聲デ御答辯ニナリマシタノデアリマスルカラ、恐ラク總理大臣モ十分御聽取リダラウト思フノデアリマス、私ノ質問ニ對シテ、多クハ農林大臣ノ答辯ノ通リダト肯定サレル以上ハ、農林大臣ノ御答辯ハ十分御聽取リニナッタコト、承知致スノデアリマス、商工大臣ノ答辯モ完全ニ聽カレ、農林大臣ノ答辯モ完全ニ聽カレタトシタナラバ、其喰違ヒモ御氣ニ付カレタコト、思フノデアリマス(「ヒヤ〳〵」拍手)之ヲ第一ニ總理大臣ハ裁定ヲサレナケレバナラヌノデアリマス、此法案ノ最後ノ責任ハ總理大臣ニアルコトハ申ス迄モナイノデアリマス(拍手)特ニ主管大臣ノ意見ニ相違ノアル場合ニ、特ニ此事項ハ重要トナリ、總理大臣ノ御意見ト云フモノハ、玆ニ明ニセラレナケレバナラヌノデアリマス、本會議ニ於テ疑義ガ其儘ニナッテ、之ヲ委員會ニ持越シテ、如何ニシテ明ニナルデアリマセウカ、玆ニ此問題ノ重要性ノアルコトハ、總理大臣ニ於テ特ニ御氣付ガナケレバナラヌト思フノデアリマス、此法案ノ提出ガ著シク遲延致シ、總理大臣モ遺憾ナリト之ヲ肯定(笑聲)サレタ、其遺憾ナルコトヲ肯定サレタノデアリマスガ、私共ハ其遲レタ所以ハ、只今ノヤウナ喰違ヒ――外地ト內地ノ統制ニ對スル歩合等ガ問題ニナッテ居ルカラト略〻察知サレルノデアリマス、此議場ニ於テサヘモ、商工大臣ノ御說ト農林大臣ノ御說明トノ間ニ著シキ差違ガアルト云フヤウナコトヘ、今日ノ言葉デ言ヘバ、缺陷暴露トデモ云フ程、此案ガ閣僚間ニ十分ナル檢討ガサレテナカッタ、マア議員ガドウニカスルダラウト云フヤウナコトデ、玆ニ提案ヲサレタノデハナイカ、斯ウ云フヤウニ遲延シタガ、事務當局ハ晝夜兼行デヤッタト云フ、

ソレハ事實デアリマセウ、事務當局ハ洵ニ氣ノ毒千萬、當局大臣ノ腹ガ決ッテ居ナイカラソンナコトニナルノデアリマス、是ハ官僚內閣――其一部分ニ商工大臣ノヤウナ政黨大臣モ居ルカラ、全部官僚トハ言ハレナイガ、併ナガラ腹ノ決マラナイ所ニ私ハ重大性ガアルト思フノデアリマス、而シテ只今問題ニナッテ居ルヤウナコトヘ、既ニ從來モ世間デ論議サレテ居ルコトデアリ、百モ承知デアル、ソレヲ今回提案サレル以上ハ、全部ノコトヲ解決スルト云フ信念ノ下ニ、御提案ニナラナケレバナラヌト思フノデアリマス、吾々ニ十分委員會ニ於テ詳細ニ說明ヲシナケレバ分ラナイ、斯ウ云フヤウナ方式デ、斯ノ如キ重大ナル法案ヲ提出サレルト云フコトヘ、國民ガ非常ナ迷惑ヲスルコト、私ハ考ヘルノデアリマス、私共ハ商工大臣ノ言ハレタヤウニ、少シク注意ヲシタナラバ、左程ニ大キナ摩擦ハ無クナッタラウト考ヘラレルノデアリマス、若シ大ナル摩擦ガアリトスルナラバ、此法案ハ此儘提案サレナイ譯デアル、其摩擦ヲ少クシ、其危險ヲ少クシテ、或ハ皆無ニシテ御提案ニナルベキ筈デアリ、其時間ハ十分御持合セガアッタモノト承知シテ居ルノデアリマス(拍手)之ニ付テ私ハ總理大臣ノ率直ニシテ明快ナル御答辯ヲ望ムノデアリマス、而シテ外地トノ間ノ交涉ガ頗ル手間取ッタカノ如ク農林大臣ハ申サレ、總理大臣ハ此農林大臣ノ御答辯ヲ無條件ニ受入レヲレテ居ルノデアリマス、而シテ外地米ノ統制ガ完全ニ行ケバ、斯ウ云フ商業機關ト農民ノ自治機關トノ間ニ、摩擦ナドヲ起サナイデ濟ムノデアリマス(「ヒヤ〳〵」)一部分內地米ノ統制ヲ加味シタガ故ニ、商工大臣モ危險ナリト致ス法案ガ出來上ッタコト、思フノデアリマス、是ハ內閣諸公ノ肚ガ据ッテ居ナイカラ、茲ニ斯ウ云フ問題ガ生ズルノデアリマス、殊ニ商工大臣ハ民政黨ノ總裁トシテ立タレテ居ルノデアリマス、臺灣ニ於ケル、殊ニ朝鮮ニ於ケル所ノ產米增殖計畫ハ、聲高ク此議場ニ於テ、此計畫ヲ遂行スレバ我國ニ於ケル人口食糧ノ問題ハ解決スルモノナリト叫バレタ、過去ノ沿革ヲ追憶致シマスル時分ニハ、十分是等ノ問題ニ付テハ、責任ヲ負ウテ解決サルベキモノデアルトモ考ヘラレルノデアリマス、殊ニ日本ハ積極進取ノ方策ヲ以テ進マナケレバナラナイ、外地ニ於ケル產業ト云フモノハ、十分發展サセナケレバナラナイノデアリマス、而シテ內地ト外地トノ距離ガ非常ニ接近シテ居ル、風土又人情モ著シク似寄ッテ居ルノデアリマス、ソレデアリマスカラ自然內地ノ產業ノ延長トナルト云フコトモ、是モ避クベカラザル所デアリマス、殊ニ農業ニ於テハ同種類ノモノガ其儘、而モ內地ト品種ニ於テサヘ同一ナモノガ朝鮮、臺灣ニ於テ栽培サレテ居ル、殊ニ朝鮮ニ於テ然リデアリマス、臺灣ノ蓬萊米ノ如キ、其品種ノ本ハ山形縣ノ豐國ト云フ品種デハナイカ、サウ云フヤウナ最モ近似シタル事情ニ在ルカラ、政治ノ衝ニ當ル者ハ殊ニ注意ヲシナケレバナラヌノデアリマス、外地ガ產業ガ盛ニナッタカラト言ッテ、ソレガ爲ニ內地ノ產業ガ非常ナル壓迫ヲ受ケ、特ニ農產物ニ於テ其壓迫ガ甚シイノデアリマス、左樣デアリマスルカラ、外地ニ於ケル內地ニ對スル產業ノ壓迫ト云フモノハ、之ヲ出來得ルダケ除クト云フコトニ努メナケレバナラヌノデアリマス、殊ニ米穀ニ於テハ此必要ガ強イノデアル、私ハ何モ海外ノ事ナドヲ特ニ申ス必要モナイノデアリマスケレドモ、丁度此事ガ佛蘭西ニ於テ起ッテ居ル、對岸ノ殖民地デアル「アルジエリア」ニ於ケル所ノ或ハ馬鈴薯デアルトカ、殊ニ葡萄、葡萄酒ナドト云フモノガ、本國ノ同種ノ產業ヲ著シク壓迫ヲ致シテ居ル、之ガ爲ニ佛蘭西ハ如何ナル方法ヲ執ッテ居ルカト云フコトハ　農林大臣、商工大臣ノ夙ニ知ラレテ居ル通リデアリマス、ソレデアリマスルカラ海外ニモ例ガアル、サウ云フ例ヲ能ク御吟味ナサレバ、ドウシナケレバナラナイカト云フコトガ分リ、隨テ信念ヲ固メラレルコトガ出來ルト私共ハ考ヘテ居ル、殊ニ前段ニ私ガ申述ベマシタルガ如クニ、米繭ノ收入減ト云フモノハ、如何ニシテ之ヲ補充スルカト云フ對策ガナケレバナラナイ、對策ガナケレバナラナイト云フコトニハ御贊成デアルガ、ドウスルト云フコトニ付テハ策ヲ示サレナイノデアリマス、唯僅ニ、二十一億數千万圓ノ豫算ノ中ノ三十万圓ヲ割イテ、農村ノ販賣統制ノ機關ヲ強化スルト云フヤウナコトハ何事デアルカト私共ハ考ヘルノデアリマス、副業ノ奬勵、多角形農業モ結構デアリマス、併ナガラ米デ失ハレタル、繭デ失ハレタル收入減ト云フモノハ、左樣ナモノデハ到底之ヲ償フコトガ出來マセヌ、補充スルコトガ出來マセヌ、況ヤ氣候風土ニ於テ惠マレナイ所ノ東北、關東ノ一部分、北陸ノ一部分等ニ於テ殊ニ然リデアリマス、適產デアルノハ繭デアリ、米デアルノデアリマス、適地デハナイカモ知レヌケレドモ、適產デアル、適產デアルト云フコトハ、他ニ代換作物ガナイト云フコトヲ示シテ居ルノデアリマス、過去ニ於テハ棉モ作ラレタ、藍モ作ラレタ、又薄荷モ作ラレタ、紅ノ花モ作ラレタノデアリマス、悉クガ近代文化ノ爲ニ逐ハレ、外國貿易ノ爲ニ壓迫サレマシテ、ソレガ繭ヤ米ニ代ッテ行ッタ、其米ト繭ガ供給ヲ制限サレナケレバナラナイ農村統制經濟ノ唯一ノ目標トナルト云フナラバ、又他ニ代ッテ有利ナモノハ何デアルカト云フコトヲ求ムルニ頗ル困難デアル、困難デアルケレドモ無イコトハナイノデアル、我國ノ輸入ノ大宗デアル所ノ棉並ニ羊毛、即チ緬羊ノ奬勵ト云フコトハ、政府ハ手ヲ染メッヽアル、我國ハ明治大帝ノ[illegible]思召ヲ以テ、明治八年カラ之ニ携ッテ居ル、而モ今日尙ホ三万頭ニ達スルカ達シナイノデアル、サウ云フヤウナ事デアル、吾々ハ年ニ一億封度以上ノ羊毛ノ需要ガアルノニ、僅カ一頭ニ於テ三封度內外ノ羊毛シカ取レナイ、三千數百万頭ノ羊ガ要ルト云フノニ、今日ハ僅ニ進ンデ三万頭、斯ウ云フモノニ對シテ十分ナル手心ヲ加ヘレバ加ヘラレルノデアル、近キ將來ニ於テハ何等是等ニ對シテ生產過剩ニ陷ルナドト云フ憂ハナイノデアル、而モ是等ノモノニ對シテ遠慮シテ居ルトハ何事デアルカト私共ハ考ヘル、私共ハ特ニ此問題ヲ諸君ガウッカリ考ヘラレテ居ルケレドモ(「ノー〳〵」)左樣ナ問題デハナイノデアリマス、是ハ國防ニ於テモ最モ必要ナル問題デアリマス、何故ト云フナラバ、私共ハ鐵ヤ其他ノ兵器ニナル材料ガ、海外カラ輸入スルニ非常ナ困難ヲ感ジテ居ルト共ニ、此緬羊ヲ改良スル所ノ、優レタル種羊ヲ持ッテ來ル爲ニ、非常ナル困難ヲ今日感ジツヽアルト云フコトニ付テ、特ニ私共ハ當局大臣ノ御考ヲ煩スノデアリマス、而シテ是等ニ對シテ相當ノ國力ヲ用ヒタナラバ、私ハ農村ノ行詰リノ一部分ト云フモノハ、米ヤ繭ノ收入減ノ大部分ト云フモノハ、償フコトガ出來ルノデハナイカトサヘ吾々ハ考ヘラレル、然ルニ此必要ナル、殊ニ海外ヨリ輸入スルニ困難ナル羊ノ種ヲ作ル種羊場ト云フモノヲ、何時ノ時代ニ於テ之ヲ打壞シテシマッタカト云フコトヲ、吾々ハ考ヘナケレバナラナイノデアリマス、總理大臣、大藏大臣ハ一寸居ナイヤウデアルガ、後デ傳ヘテ戴キタイ、私共ハ農村ノ問題ト云フモノハ一年ヤ二年デ以テ、是ガ宜イト言ッタトテ、直チニ效果ノ現レルヤウナコトハナイノデアリマス、左樣デアリマスルカヲ是等ノ問題ニ對シテハ、十分平素ヨリ注意ヲ致シテ、間斷ナク、一時ノ財政ノ都合等ニ依ッテ既定計畫、確定計畫ト云フモノハ改廢シテハ宜シクナイト云フコトヲ私ハ強調スル爲ニ、最モ分リ易イ羊ノ例ヲ取ッタノデアリマス、ソレデアルカラ私共ハ是等ノ問題ニ對シテハ色々ナル材料モアリマス、委員會等ニ於テハ當局ト色々折衝ヲスルコトモアリマセウ、併ナガラ私ハ重ネテ申シマスルガ、此米穀統制ノ問題ハ、當局大臣ノ間デモ、色々ナル派生的副作用ガアルノデハナイカ、社會情勢ノ上ニ累ヲ貽スヤウナコトガアルノデハナイカト云フヤウナ、重大ナル疑問ガ此中ニ包含サレテ居リ、而シテ最モ大切ナル農村對策、卽チ農家ノ收入減、米繭ニ依ル所ノ收入減、統制經濟ニ依ッテ價格ノ吊上ガ一定限度デ阻止サレ、生產ノ增加ガ阻止サレテ居ル今日ニ於テ、此補充ヲ何ニ求ムルカト云フ根本ノ重大問題ガアルト云フコトヲ、私ハ玆ニ力說ヲシナケレバナラヌノデアリマス、之ニ對シテ當局大臣ノ十分ナル御說明ヲ願ッテ、殊ニ此法案ノ審議上ニ於テ最モ大切デアル農林大臣ノ意見ト、商工大臣ノ意見ト對立ヲ致ス形ニナッテ居ルノデアリマス、是ガ明ニナラナケレバ審議ヲ進メルノ上ニ於テ、非常ナ不便ガアルト吾々ハ考ヘルノデアリマスルカラ、兩大臣竝ニ總理大臣ヨリ十分理解ノ行クヤウニ御說明ヲ願ヒタイト思フ次第デアリマス

（國務大臣山崎達之輔君登壇）

○國務大臣（山崎達之輔君） 高橋君ノ再應ノ御問ニ對シマシテ御答申上ゲマス、農村對策ニ付テ、更ニ大ニ努力ヲセナケレバナラヌデハナイカト云フ御趣意ニハ、全ク御同感デアリマシテ、何等異ッタル意見ヲ持チマセヌ、出來得ルダケ努力ヲ致シマスト云フコトヲ申上ゲテ置キタイト思ヒマス、更ニ此案ヲ提案スルニ至リマスル經過ニ付キマシテハ、農林商工兩省ハ申スニ及バズ、關係各省各方面何等隔意ナキ十分ナル協議ノ下ニ、提案ヲ致シテ居ルト云フコトヲ御諒解ヲ願ヒタイト思ヒマス

（「商工大臣ノ御話ト矛盾スルデハナイカ」ト呼フ者アリ）

（國務大臣岡田啓介君登壇）

○國務大臣（岡田啓介君） 此法案ハ委員會デ委員諸君ガ非常ニ勉勵セラレマシテ、其結果答申ヲ得、其答申ニ基イテ此案ヲ立テ、全閣僚ガ之ニ同意ヲシマシテ提出致シマシタモノデ、閣僚ノ間ニ意見ノ相違ハアリマセヌ（「アルデハナイカ」ト呼フ者アリ）尙ホ今農林大臣ヨリモ御答シマシタガ、私ハ豫算委員會デモ屢〻申シタト思ヒマス、將來大ニ此農村ノ對策ニ付テハ力ヲ盡シタイト思ヒマス、緬羊ノ如キモ奬勵スベキ一ツデアルト思ヒマス

○高橋熊次郎君 簡單デアリマスカラ、此席カラ發言ノ御許ヲ願ヒマス

○議長（濱田國松君） 簡單デスカ

○高橋熊次郎君 簡單デス

○議長（濱田國松君） 許可致シマス

○高橋熊次郎君 只今農林大臣、總理大臣ヨリ御答辯ヲ承リマシタ、總理大臣ノ御答辯ハ少シモ諒解スルコトガ出來ナカッタノデアリマス、私共ハ其御提案ノ三法案ニ付テ質疑ヲ致シ、是ガ審議ヲ進メル上ニ必要ナノデアリマスルカラ、內閣審議會ノ設立ヲ待ッテカラ、ソレニ審議セラレルノデハ及バナイノデアリマス、是等ノコトハ追テ又改メテ質問ヲ致ス機會モアリマセウ、ドウカ斯樣ナ信念ヲ以テ此問題ニ對シテ――此三法案ニ付キマシテ、殊ニ米穀自治管理案ニ付キマシテハ、私共ハ一面ニ於テ生產統制ニ迄及バナケレバ、十分ナル機能ヲ發揮出來ナイ、隨テ中央ノ統制機關ガ農村ニ向ッテ指令ヲスル場合ニ、生產統制ノコトニ迄及ブト云フコトデアリマスルナラバ、生產ヲ指導ノ任ニ當ッテ居ル所ノ農會ノ機能ト云フモノヲ、之ニ加ヘル必要ガアルノデハナイカト、斯樣ニ考ヘラレルノデアリ、世間ニモ此論ガ、殊ニ農村ニ相當强イノデアリマス、是等ニ付テ農林大臣ノ御答辯ヲ煩シ、爾餘ノ質疑ハ別ノ機會ニ於テ開陳スルコト、致シタイト思フ次第デアリマス

（國務大臣山崎達之輔君登壇）

○國務大臣（山崎達之輔君） 統制組合ト地方農會トノ連鎖ニ關シマシテハ、勅令其他ヲ起案致シマスル場合ニ、相當考慮ヲ加ヘル川意ヲ致シ居ルノデアリマス、左樣御承知ヲ願ヒマス

○議長（濱田國松君） 次ノ通告者板野友造君

（板野友造君登壇）

○板野友造君 此三案ニ付テ殊ニ米穀自治管理法案ニ付テ、政府ノ所見ヲ承リタイト思ヒマス、其第一ハ六十五議會ニ於テ、本議場ニ於テ議論ノ中心トナッタ點ハ、外地米ノ移入統制、是ガ先ヅ論議ノ中心トナッテ居ッタト考ヘル、サウシテ本案ハ此外地米ノ移入統制ノ趣旨ヲ有ッテ居ルト云フノデアリマスルガ、唯之ヲ簡單ニ申シマスレバ、本案ノ實施ニ依ッテ、果シテ外地米ノ移入統制ガ出來ルト信ゼラレテ居ルカドウカ、此一言ニ歸著スル、最近朝鮮臺灣米ノ內地移入額ハ、年ニ依ッテ違ヒマスルガ、大體平均シタラ千三百万石、此見當デアッテ、每年此移入米ハ增加ノ形勢ニアル、何故增加ノ形勢ニアルカト申シマスト、是等臺灣米朝鮮米ノ方ガ、內地米ニ比シテ優ッテ居ルト云フコトニナル、卽チ品質モ良ク、サウシテ容量モ多イ、ソレニ値段ガ安イ、斯ウ云フノデアリマスカラ、是等ノ點ニ於テ劣ッテ居ル內地米ガ、外地米ノ爲ニ壓倒サレルノハ當然ノ結果デアル、ソレデアリマスカラ、本案ノ如キ、失禮ナガラ姑息ナル案ヲ以テ、此經濟的ニ內地米ヲ壓倒スル外地米ノ移入ヲ統制スルト云フコトハ、困難デハナイカト信ズル、ソレデモ政府ハ之ニ依ッテ統制シ得ルト信ズルカ、何故ニ信ジ得ルカ理由ヲ承リタイ

ソレカラモウ一ツハ統制ト云フコトデアリマスルガ、此條文ニ依ッテ見マスルト云フト、唯過剩米ノ六割五分ヲ統制スルト云フコトニナル、全體デハナイ、全體デハナクテ、過剩米ノ六割五分デアル、過剩米ノ六割五分ノミヲ自治管理デ統制スルト云フナラバ、此六割五分以外ノモノガドシ〳〵勝手ニ移入ガ出來ル、是ガドン〳〵勝手ニ入ッテ來ルト云フコトデハ、此過剩米ノ六割五分ノミヲ自治管理シタッテ、ソレデ何ニナリマス、僅カノモノ、ミヲ自治管理サスガ、大部分、大多數ト云フモノハ勝手ニ移入シ得ルト云フコトハ、本案ニ依ッテ移入ノ統制ハ出來ナイ、斯ウ云フ風ニ私共ニハ考ヘラレル、此點ニ付テ私共素人ニ分ルヤウニ、ドウゾ明確ナル御說明ヲ願ヒタイ、ソレカラ其次ハ山崎農林大臣ノ御說明ニ依リマスルト、今高橋君ノ質問ニ對シテ、政府ノ負擔ガ輕クナルト言ッタ意味ノ御話ガアッタヤウニ承ッタ、私此點ニ付テ甚ダ憂慮ニ堪ヘヌ、ト言ッテハ烏滸ガマシイケレドモ、政府ノ負擔ガ輕クナルト云フコトハナイト云フ疑ヲ有ツ、之ヲ一ツ政府ニ質シテ見タイ、本案ニ依ルト過剩米ヲ統制スルト云フ、所ガ私共ノ考デアリ、且ツ私共ガ此米ノ生產者側カラ篤ト聽イタ所ニ依リマスト、每年內地外地共ニドンドン寧ロ米ノ收穫ハ增加スルコトニナル、斯ウ聽イテ居ル、ソレハドウカト申シマスト、內地外地共ニ作付反別ハ增加スル傾向デアル、ソレカラ米ヲ作ル栽培技術ト云フモノガ、年一年ト發達スル、其外ニ政府ガ米價ニ付テ最低價格ノ保障ヲスル、二十三圓二十錢、其處マデハ保障スルト云フノデアルカラ、米作ハドン〳〵奬勵サレル形ニナルカラ、此收穫ト云フモノハ多クナル、每年增加シテ來ル、所ガ偶ニハ豐作モアルデセウ、ソレデアルカラ、今後過剩米ハドシド

シ増加シテ來ルモノト見ナケレバナラヌト斯ウ言フノデアル、所ガ政府ハ今日ニ於テ、私正確ナ數字ハ存ジマセヌガ、一千万石近クノ手持米ガアル、其上ニ更ニ此自治管理法案ノ第四十九條、第五十條、之ニ依リマスト、政府ガ此組合、團體カラドウシテモ玄米ノ買入ヲシナケレバナラヌ義務ヲ負擔シテ居ル、故ニ否應ナシニ自治管理法案ニ依ッテ、政府ガ毎年抱カネバナラヌ結果ヲ生ズルト思フ、其外ニ米穀統制法ニ依ッテ、最低價格ニ依ッテ賣付ケラレテ、政府ガ買込マナケレバナラヌモノモ相當増シテ來ル、二重三重ニ増スコトモ考ヘナケレバナラヌ、斯ウ云フ譯デ、政府ハ現在以上ニ手持米ガ殖エル、之ニ對スル資金ノ問著、米ノ値下リデアルトカ、枡減リデアルトカ、品傷ミデアルトカ、斯ウ云フ米ノ損傷若クハ値下リ、是等ニ依ッテ生ズル損失ト云フモノハ、一體無イト見テ居ルノデアルカ、アレバ誰ガドウシテ負擔スルカ、農林大臣ハ國庫ノ負擔金ハ寧ロ今ヨリ少クナルト云フガ、ドウシテ少クナルト云フ見當ガ付キマスカ、ドン／＼政府ガ抱カナケレバナラヌ、米ガ増シテ來ルト見ナケレバナラヌ、ドウシテサウ云フ算盤ガ出ルカ私ニハ分ラヌ、是等ノ損失金、助成金其他デ、結局ハ政府ガ之ヲ負擔シナケレバナラヌコトニナリマセウ、政府ハ既ニ米穀政策ニ關シ法律案ヲ提出シタ時ニハ、勝手ナ熱ヲ吹イテ、金科玉條ノ米穀政策デアルカノ如ク吹聽シ、サウシテ通シマスガ、幾度米穀ニ對スル法律案ニ協贊ヲ與ヘテ見テモ一向成功シナイ、常ニ失敗ニ終始シテ居ル、今度ノ自治管理法案モ、必シモ是ダケハ農村ヲ救濟シ、成功スルモノト云フコトヲ信ズルコトハ出來ナイ、斯樣ナコトハ別トシテ、既ニ政府ハ米ニ關シテ二億五千万圓バカリ損ヲシテ居ルト云フコトヲ、何處カデ發表サレテ居ルガ、或ハ實際ハ是レ以上デセウ、假ニ二億五千万圓バカリトシテモ、此損失ヲシテ居リマスガ、只今マデニ申シタヤウナ事情ニ依リマシテ、私ハ國庫ノ負擔ハ更ニ増大スルト思ヒマス、政府ハ本案ニ付テ米穀ニ關スル諸般ノ事情ト、財政上ノ影響ニ鑑ミテ本案ヲ提出シタト言ッテ居ル、私共ハ國家財政上カラ見テ、本案ハ極メテ重大ナル關係ヲ有チ、危險ヲ含ンデ居ルモノデアルト考ヘルガ、政府ハ御所見如何デ御座ル

ソレカラ本案ヲ以テ、米ノ生産者デアル農民救濟、農民ニ利益デアルヤウナ風ニ、今マデ、モ政府ハ宣傳ヲ致シテ居ル、近時盛ンニ宣傳ヲ致シ、今日ノ農林大臣ノ御言葉ノ中ニモ、此意味ガ聽取レル、私ハドウモ此意見ハマダ分ラヌ、私ガ此處ニ出テ御尋ヲシマスマデニハ、多少專門家ノ意見モ聽イテ見タノデアリマスガ、百姓ハ米ヲ作ルト申シマスケレドモ、全國ノ四割強ノ小農ハ、米ヲ作ッタッテ賣ッテシマフカラ、直キニ消費者ニ變ル立場ニ居ル、ソレダカラ生産者ト云フヨリハ寧ロ消費者ト言ッタ方ガ宜イ、斯ウ云フ關係ニアルサウデアリマス、私ノ選擧區ハ大阪デスガ、岡山縣ノ備中ノ百姓デアッテ岡山縣備中ニ於ケル一戸ノ戸主デアル、百姓ノコトモ多少知ッテ居ルシ、多少ノ苦痛ヲ嘗メテ居ル、少シ御尋シテ見タイト思フノハ、全國農家ノ四割強ノ小農ハ、此生産米ヲ持ッテ居ルコトハ出來ナイ、持ッテ居ルコトハ出來ナイカラ、之ヲ收穫スルト直グ賣ッテシマフ、直グ賣ッテシマフカラ、早速後ハモウ買食ヲシナケレバナラヌ、吾々ノ國デハ買食ト言フ、買食ヲシナケレバナラヌ、ソレデ所謂消費者トナル、ソレデアリマスカラ、大體米ノ値ハ高クシナケレバナラヌト云フ、謂ハヾ高米價政策カラ出發シテ居ル此政策ニ對シテハ、是等買食ヲナス小百姓ト云フモノハ、消費者トシテ何時デモ苦シメラレルコトニナル、米穀政策ノ失敗スルノハ玆ニアル、若シ本案ガ實施サレテ來マスト云フト、是等多數ノ百姓ハ、高イ飯米ヲ皆買ハナケレバナラヌノデスカラ、統制ガ利ケバ利ク程高イ米ヲ買ッテ、不利益ヲ受ケルト云フ立場ニ置カレルノデアル、サウスルト此大多數ノ農民ハ、一寸モ有難クハナイコトニナッテシマフ、ソレカラ是ハ私ノ今居ル大阪ナドノ近クニモ、深イ關係ヲ有チマスガ、全體此米穀管理法案、是ハ農林大臣、其他政府ノ諸公ハ能ク御承知デセウガ、米ノ穫レルノハ、必シモ十一月一日ニキッチリ穫レルノデハナイ、早ク穫レル所モアレバ、晩ク穫レル所モアル、所謂玄人ノ言フ早場地方ハ、此法律案ガ通過シテ之ヲ實施シテモ、何等ノ恩典ニ預カラナイ、預カラナイデハナイ、早ク賣ッテシマフノデアルカラ、丁度後ハ買食ト云フ、消費者ノ立場ニ立ツノデアルカラ、寧ロ高イモノヲ買ッテ食ハナケレバナラヌカラ、恩典ニ浴セザルノミナラズ、却テ高イ米ヲ買ハサレルト云フ不利ナ立場ニ立ツト私ハ聞イテ居ル、小百姓ノ點ハ、コッチノ方ガ能ク知ッテ居リマスガ、早場ノ關係ハ私ハ餘リ經驗ガナイ、政府ノ方デ需給推算ヲスルノガ十一月ノ中旬デアル、是ガ實現ヲ致シマスノハ、早クトモ十二月ノ初旬デアル、十二月ノ初旬ダト云フト、早場地方、之ヲ一々言ハナクトモ、農林當局ノ方ガ能ク御承知デスガ、早場地方デハ、モウ農家ノ金融上其他ノ事情、又米ガ長ク保タヌ、軟質デスカラ、之ヲ賣ッテシマッテ居ル、賣ッテシマッテ居ルト云フノデアルカラ、幾ラ統制シテモ、只今申スヤウナ何等ノ御蔭ヲ受ケヌ、御蔭ヲ受ケヌノミナラズ、自分ハ後デ買ハナケレバナラヌカラ、高イモノヲ買ハサレルト云フ不利ガアル、ソレカラ私共ノ最モ痛感ヲシマスノハ、大阪ノ近クノ攝津米デスガ、攝津米ハ酒造米トシテ造酒屋向ノ米デアッテ、是ハ攝津ノ農民ノ誇ル所デアリ、又非常ニ是ハ收穫モ早イシ、値モ高イ、所ガ本案ノ如ク之ヲ統制シテヤッタノデハ、酒米トシテ早ク纏メテ賣ルト云フコトガ出來ナクナッテシマフ、ソレチヤ酒米トシテノ價値ハナイ、酒米トシテノ特效ハナイ、酒米ト云フモノハ、普通ノモノヨリカ早ク賣ッテシマハナケレバナラヌ、賣ル時ニハ一時ニ賣ヲナケレバナラヌ、本案ノ如キ統制ニ依ッテ、之ヲ持ッテ居ッテ賣レヌト云フコトニナルト、酒米ヲ作ッテ、酒屋ニ信用ガアッテ、自分ガ一手專賣ノ如クヤッテ居ル百姓ハ洵ニ迷惑至極ニナル、是ハ厄介ナモノト思ヒマスガ、全體コンナコトヲ御考ニナッテ居ルカドウカ、法文ニ何等ノ除外ヲシテ居ラヌヤウニ私ハ思フ、何カシテ居ル筈ダト思ッテ、私ハ此法律案ハ二三度讀返シテ見マシタガ、ドウモ私ノ老眼デハソレガ分ラナイ、若シコンナモノモ一切考慮ノ中ニ入レナカッタト云フノデアレバ、今ノ小百姓ヲ苦シメル點、酒米ト云ッタ如キハ、是ハ一例ニ過ギマセヌガ、早ク穫ッテ一纏メニ賣ルト云フ米ニ付テハ、全部此苦シミヲ受ケルコトニナル、何ゾ之ヲ以テ農民救濟、農民ノ利益ナント暢氣ナコトガ言ッテ居ラレルモノカ、内容ヲ點檢シテ御覽ナサイ、全體今マデオ役人ノ米穀政策ヲ見ルト、米ヲ高クシサヘスレバ宜イト、斯ウ來ル、併ナガラソレハ素人考デアッテ、丁度學校卒業ノホヤ／＼ガ言ヒサウナ議論デアル、米ヲ高クスレバ成程百姓ハ米ヲ作ッテ居ルカラ喜ブ、是ハ直グ考ヘラレル、所ガ今申シタヤウニ、百姓ハ米ヲ作ルノダケレドモ、ドウモ二番目ヲ中學ヘ入レルノニハ四十圓金ガ要ル、此四十圓ヲ作ルノニハ、ドウシテモ明日カラ買食ヲシナケレバナラヌデモ、此米ヲ全部賣ルヨリ仕方ガナイ、金ヲ作ルノニハ米ヲ賣ルヨリ仕方ガナイ、嫁入ヲサスルニハ米ヲヤラナケレバナラヌ、後デ高クナッテモ安クナッテモ仕樣ガナイヂヤナイカ、斯ウ云フコトデスカラ、百

姓ト言ッテモ、山崎君ノヤウニ、福岡縣ノ――マアソンナコトハ止メマスガ(笑聲)全體此多數ノ農民ハ生產者デハアルケレドモ、直グ賣ッテシマッタリ、又急ニ迫ッテ居ル所ニ使ッテ、翌日カラ買食ヲヤルカラ、高クスレバ宜イナント云フ一律ノ議論ナドデ、米ノ問題ガ解決スルモノデハナイ、而モ私一言茲ニ申シテ置ク、一番多ク米ヲ消費スルモノハ小農デアルト云フコトヲ言ッテ置キマセウ、ソレナラ米ガ安イ方ガ宜イト云フ結論ニナルヂヤナイカ、本案ヲ机上ノ空論トハ申シマセヌケレドモ、理窟一遍デ拵ヘタ案デアリマスルガ、此案ヲ實施スルト、米ヲ作ッテ居ル縣デアッテ、サウシテ大部分所謂消費縣、生產縣デアリナガラ消費縣デアルモノハ、全部不利益ヲ受ケル、而シテ小農若クハ米ノ生產縣デアリナガラ、消費縣デアル此立場ニ置カレルモノガ、農民ノ多數デアルト云フコトヲ申シテ、本案ヲ實施スルコトハ、農民大多數ニハ不利益デアルト云フコトヲ申シタイ、然ラズト云フ政府ノ理由ハ何處カラ出發スルカ、明快ニドウゾ山崎流ノ答辯ヲ承リタイト思フ

ソレカラ頻リニ米穀調査會ナリ政府ノ方デハ、本案ヲ實施スレバ消費者ニ利益ダ、コンナコトヲ言ッテ居ル、是モ成程經濟學ノ初步ニアルコトデ、生產者タル百姓カラ、消費者タル吾々ノヤウナ都會其他ニ居ル、米ヲ買ッテ食フ消費者ノ家ニ入ッテ居ル商人ト云フ仲介者ヲ除イテ、生產者カラ消費者ヘ直グ行クヤウニスル、今度ノハ生產者ノ米ハ自治管理デアル、自治管理ヲサシテ、直接ニ之ヲ消費者ニヤルカラ、仲介者ノ手ヲ省イテ、是等ノ者ノ口錢ガ要ラヌカラ、白ラソレダケ安クナルト云フ建前カラ出テ居ル、ソレダカラ消費者ニ利益ダト言フ、理窟ハ其通リデアリマスケレドモ、果シテ本案ノ如キ構成ニ依ッテ出來タ統制組合、產業組合、是等ノモノカラ安ク米ガ賣リ得ルト思ハルレバ、是ハ間違デアルト思ヒマス、政府ハサウ思フカ、何故カト云フト、斯ウナル、此方ヘ買フ方デスカラ、買フ方ヘ少シ精シイ、大體本案ノ底ニハ米價ヲ高クスルト云フ主義ガ潜ンデ居リマス、高米價主義トデモ申シマスカ、ドウモ米ガ安クチヤイカヌト云フ、マア丁度米ガ昭和八年頃ノ豐作ニ於テ、內地外地共豐作デ喧シカッタ時カラ出發シタノダカラ、相當ノ米價ヲ保タシメナクチヤナラヌト云フノデ、一口ニ言ヘバ米ノ値ヲ相當吊上ゲルト云フ所カラ出發シテ居ル、ソレデ米ノ値ヲ高クスル、年中何デモ彼デモ米價ヲ高クスルコトヲ希望シテ居ル此組合、此農村團體ニ、今度ハ販賣權ヲ與ヘル、サウスルト高クナル方ヲ喜ブ連中デアリマスカラ、米ノ値ハ高クナリマセウ、所ガ消費者ハ安イ方ヲ好ム、高クスルヤウナ風ニ機構ガ出來テ居ルノデアルカラ、全體ノ建前ト云フモノハ、消費者ノ不利益ニ出來テ居ルト云フコトハ直チニ分ルヂヤナイカ、ソレデ今迄ノ白米商ト、今度米穀自治管理案ニ依ッテ出來ル新米屋デス、新米屋トマア申シマスカ、此米屋トハドウ云フ風ニ違ヒマスカ、是ガ卽チ米ノ値ニ關係ヲ持ツシ、消費者ノ利益不利益ノ岐ル、點ガ此點ニ在ル、今迄ノ米屋ハドウカト云フト、是ハ政府ノ諸公皆御承知デ、所謂蹴込レニナッテ、厚子ノ著物ヲ著テ、女房モ、小倅モ、娘モ、小學校ヘ行ットル倅モ、歸ッテ來レバ御得意ニ米ヲ配給スルトカ、一切全部、家內一家總動員デ以テ米ノ配給、米屋ノ仕事ニ當ッテ居ル、ソレデドウカト云フト、年中蹴込レニナッテ漸ク飯ヲ食フ、卽チ糊口ヲ凌イデ居ルノデアルカラ、此米屋ハ餘リ費用ガ掛ラナイ、所ガ今度ノ御役所風ノ、官僚風ノ新米屋ハドウ云フ風ニナルカ(笑聲、拍手、「コッチヲ向イテヤレ」ト呼フ者アリ)ツイアッチノ方ヲ向イテ……(「白米商ガ泣クゾ、眞劍ニヤレ」ト呼フ者アリ)吾輩ハ眞劍デヤッテ居ル、願クハ眞劍ニ聽イテ貰ヒタイ(拍手)此問題ハ單ニ消費者ダケヂヤナイ、生產者モ是ハ重大ナル問題デスカラ、ドウカ眞劍ニヤレナドト云フ輕侮的ナ言葉ヲ發スルノ暇ヲ以テ、ドウカ靜カニ御聽キ願ヒタイ、私ハ眞劍ニヤッテ居ルカラ御安心下サイ、此組合ノ如ク、此機構ノ如ク、官僚式高等人、謂ハヾ洋服ヲ著テ「トラック」デ配達スルト云フヤウナ風デヤル、今マデノ產業組合ノ人ガドウ云フ風ナ暮シヲシテ、ドウ云フ贅澤ヲシテ居ルカハ、農林、商工兩當局ハ御承知デセウ、近頃政府ハ產業組合ニ付テノ調査ヲシテ居ルヤウデアリマスカラ、一層御承知デアラウト存ジマスガ、是等ノ組合ガ所謂官僚式デ、サウシテ月給ヲ取ッテ洋服ヲ著テヤル、マア官僚式ノ洋服米屋デヤレバ、今マデノ蹴込レデヤットル米屋ニ較ベテ費用ガ高クナルコトハ、是ハ說明ヲ要セナイ、又一面ニ於テ今マデノ米屋ト云フモノハ、無數ニ米屋ガアルノデスカラ、競爭ヲシナケレバナラヌ、勉强シナケレバナラヌ、所ガ今度ハ政府ノ保護ヲ受ケテ、獨占的ニヤルノデアルカラ、決シテ勉强ハシナイ、今カラ申シテ置ク、決シテ勉强ハシナイ、官僚式ノコトニハ無駄ガ多イ、サウシテ威張ッテ居ル、專横デアル、斯ウ云フヤウナコトデアルカラ、ソレデハ一番馬鹿ヲ見ルノハ、謂ハヾ其相手ニナルオ客様デアル、消費者デアル、コンナ案ヲ實施シテ消費者ニ何ノ利益ニナリマスカ、サウシテ是等ノ威張ッテ居ル洋服ノ、謂ハヾ新米屋ニ依ッテ米ノ配給ヲ受ケテ食ッテ行ク者ガ、全國民ノ七割ト云フノデアルカラ、七割ノ人ハ泣イテ居ルデアラウト思フ、私ハ斯樣ニ考ヘマスガ、ソレデモ政府ハ尙ホ此消費大衆ハ、本案ノ實行ニ依ッテ安イ米ガ食ヘテ、サウシテ利益ニナルト政府ハ御考ニナルカ、又御考ニナルトスルナラバ、何故安ク付イテ消費者ニハ利益ニナルカト云フ理由ノ說明ガ承ヒタイ、之ヲ伺ヒタイ

ソレカラ今度ハ米屋ノ立場デスガ、米屋ノ立場ハ、此組合ノ權力ガ增大ヲ致シマシテ、是ガ一切ノ米ノ配給ヲヤルコトニナリマスレバ、打擊ヲ受ケルコトハ說明ヲ要シナイト考ヘル、サウシテ更ニ私ハ此法律案ノ法文ニ依ッテ見マスト云フト、第一條ハ原則的ノ法文デスガ、第四條ニハ「米穀統制組合ハ其ノ目的ヲ達スル爲左ノ事業ヲ行フ」一、二、三、四トアッテ、第五號ニ於テ、第二號ノ規定ニ依ッテ貯藏ヲ解除スル、貯藏解除米ニ付テ委託ヲ受ケ販賣ヲシ、保管ヲシ、又米穀ノ自治管理ニ附帶シ必要ナル事業ヲ行フ、隨分廣イ權限ヲ有ツコトニナッテ居ル、サウスルト第一條ニハ、單ニ過剩米ノ統制ト云フ文字ヲ使ッテ居リマスガ、過剩米以外ノ米ヲモ尙ホ之ヲ組合ヲシテ自治管理ヲサス、尙ホ之ニ販賣ヲサセ、第四條ニ於テ販賣權ヲ認メテ居ル、ソレノミナラズ第六十條ニ依ルト云フト、是ハ米穀ノ平均賣ノ實行ニ關シテ、販賣組合聯合會ヘ米穀ノ平均賣ノ實行ニ關シテ必要ナル指令權ヲ持ツコトヲ規定シテ居ル、斯ウナルト大シタモノデアル、指令權ヲ持ッテ是ガ一切ヲ統轄シテ行クノデスカラ、斯ウナンバ此法律ノ建前カラ行クト米屋ノ存在ヲ許サナイ、全然從來ノ米屋ト云フモノヲ否定シテシマフ、先刻町田商工大臣ノ御答辯ニナッタノハ、此點カラ出發スルト私ハ思フ、山崎サンハ答辯ガ極メテ巧妙デスカラ、ソコマデヤリマセヌケレドモ、斯ウナレバ組合ノ方ガ一切ノ統轄權ヲ持ツデハアリマセヌカ、米屋ノ存在餘地何レニ在リト言ヒ得マスカ、存在ノ餘地ハナイデセウ、ソレナラバ商權ヲドウ斯ウ言フドコロデハナイ、商權デハナイ、商人ヲ全部叩ク、米ニ關スル商人ヲ全部廢業サス、斯ウ云フコトニナルデハナイカ、介在ノ餘地ナカラシムル法律ヲ立テ

テ置イテ、サウシテ此商權ニ關シテ商工大臣ハ、商工大臣ノ御言葉ハ忘レマシタガ、何カ憂フベキ點モアルカノ如キ御言葉ヲ承ッタガ、憂フベキドコロデハナイ、是ハ全然生存ヲ奪フ、存在ヲ奪フト云フ結果ニナルコトガ、此法律上、法文ノ上ニ明ニナッテ居ルノデアリマスガ、是デモ政府ハ尙且ツ此米穀商、米穀ニ關スル商人ノ商權ヲ擁護シ、是等商人ヲ存在セシメテ行キ得ルト言フノ勇氣ガアルカドウカ、是等ノ者ノ商權ヲ維持シ、是等ノ者ノ存在ヲ保護スルト云フノナラバ、其理由ノ説明ヲ承リタウゴザイマス、私ハ玆ニ色々ノ事實モ聞イテ、多少ノ材料ハ持ッテ居リマスガ、是等ハ省略シテ唯眼目ダケヲ申シマス

最後ニ統制法ニ關スル問題デス、統制法ニ關シテ一言政府ニ御尋ヲ致シタイ、是ハ商工大臣ノ方ニ寧ロ深イ關係ガ御有リニナルカト存ジマスガ、米穀對策調査會ノ答申デス、政府ガ非常ニ重キヲ置カレタ米穀對策調査會ノ答申ニハ、最後ニ附帶決議ト云フモノガ附イテ居ル、其最後ノ附帶決議ハ、是ハ讀ムマデモアリマセヌガ「政府ハ米穀統制ニ關スル法律改正案實施ノ結果米穀取引所ノ機能ニ及ボス影響ニ付十分ナル考察ヲ遂ゲ適當ナル方策ヲ講ゼラレンコトヲ望ム」ト云フ希望決議デス、此決議ハ政府ハドウ云フ風ニ解釋ヲシテ居ラレルカ、是ハ政府ガ附ケタ希望決議ヂヤナイ、米穀對策調査會ガ附ケタ決議デスガ、是ハドウ云フ風ニ御取リニナッテ居リマスカ、米穀統制法ニ依ッテ米穀ノ取引所ガ非常ナ打擊ヲ受ケ、是亦本案ト米商ノ關係ノ如クニ、米穀統制法ニ依ッテ取引所及取引員ト云フモノハ、殆ド存在ヲ失ハントシテ居ル、瀕死ノ狀態ニ居ルノデス、此事ハ能ク御承知ダラウト思ヒマスガ、此希望決議ハ今ハ瀕死ノ狀態ニ居ッテモ、瀕死ダケデハイカヌ、死ンデシマヒ、倒レテシマッテ、取引所ガ無クナリ、取引員ガ無クナッテ、愈〻食ヘヌデ廢業シテシマハナケレバ、適當ナル方策ヲ考慮スル必要ガナイト言フノカ、ソレトモ既ニ今日ノ如ク瀕死ノ狀態ニアレバ、今ニ於テ尙ホ考慮スル餘地ガアルト御考ニナッテ居ルカドウカ、マダ今ノ程度デハ放ットイテ宜イト御考ニナリマスカ、ソレトモ政府ガ非常ニ尊重シテ居ラレル此委員會ノ希望決議ノ、取引所ノ機能ニ及ボス影響ニ付テハ、現在ノ狀態ニ於テ既ニ十分考慮シテ居ルト云フノデアレバ、如何ナルコトヲ考ヘ、如何ニセント御考ニナッテ居ルカヲ承リタイ、質問ノ要旨ハ以上デアリマス

(國務大臣山崎達之輔君登壇)

○國務大臣(山崎達之輔君) 板野君ノ御質問ノ第一點ハ、外地米ノ六割五分ノ統制ニ依ッテ、十分統制ノ目的ヲ達シ得ルカト云フ點デアリマスガ、此點ハ洵ニ大切ナ點デアリマシテ、政府ト致シマシテモ十分考究ヲ重ネマシタ結果デアリマスルガ、此統制ニ依ッテ、從來內外地ノ關係ニ付テ色々心配ヲサレテ居リマシタ點ハ、解決シ得ルモノト信ジテ居ルノデアリマス、第二ハ財政ノ負擔ノ點デアリマシタガ、是モ先程申上ゲマシタヤウニ、現在ノ統制法ヲ其儘デ置キマスル場合ニ比較致シマシテ、財政ノ負擔ハ相當ニ輕減シ得ルト信ズルノデアリマスルガ、此點ハ事數字ニ亙リマスルカラ、寧ロ他ノ機會ニ詳細ニ申上ゲル方ガ宜シイカト存ジマシテ差控ヘマス、第三ハ農村擁護ト云フヤウナコトヲ言フケレドモ、小農ニ對シテハ却テ高米價ハ惡イヂヤナイカ、斯ウ云フ御疑念デアッタヤウデアリマス、此點ハ世上往々ニシテ言ハレル點デアリマスガ、私共ハ是等ノ議論ト異ッタ考ヲ有ッテ居ル者デアリマス、成程農村ニ於テ或ハ半農半商、半農半漁、左樣ナ方面ニ於テ食糧米ヲ購買スル者ノ少クナイコトハ其通リデアリマス、併ナガラ若シ農村ニ於テ米ノ値段ガ相當ノ程度ヲ維持シ能ハザル場合ニ於テハ、矢張半農半商、半農半漁、是等ノ諸君ノ收入ノ上ニモ直チニ大キナ影響ヲ來ス譯デアリマスルカラ、米ノ値段ガ相當ノ程度ヲ維持スルト云フコトハ、畢竟農村全體ノ爲ニ非常ニ必要ナルコトデアル、斯樣ニ私共ハ確信ヲ致シテ居ルノデアリマシテ、只今板野君ノ御述ニナリマシタ御心配トハ、異ッタル考ヲ有ッテ居ルト云フコトヲ申上ゲテ置キマス、次ハ早場米ノ關係及酒米ノ關係ニ付テノ御問デゴザイマシタガ、成程早場地方ニ於キマシテハ、他ノ地方ト多少事情ヲ異ニスル點ハアリマス、併ナガラ今回ノ法律ノ目指シテ居リマスル自治統制ノ施行ニ付テハ、何等支障ハナイモノト信ジマス、酒米ノ關係ハ——統制米ノ割當ノ方法ハ、御承知ノヤウニ自治的ニ決定スルコト、相成ッテ居リマシテ、詳細ハ勅令其他デ施行規則ヲ定メル譯デアリマス、ノミナラズ其施行規則ノ運用ハ、地方統制機關其他ノ自治的決定ニ委セル主義デゴザイマスルカラ、只今板野君ノ御述ニナリマシタヤウナ點ハ、相當ニ救濟シ得ルコトデアリマシテ、大キナ御懸念ハナイト確信ヲ致シマス、ソレカラ此自治管理案ハ、消費者ノ爲ニ非常ニ宜シクナイ影響ヲ來スモノデハナイカト云フ御趣意デアッタヤウデアリマシテ、御述ニナリマシタ御言葉ノ中ニ、甚ダ申上ゲ惡イコトデハアリマスガ、此法案ノ建前ニ付テ——尤モ昨日提案致シタバカリデアリマスノデ、御無理モナイトハ御察シ致シマスケレドモ、今少シク御考ヲ願ヒタイト思フ點ガ非常ニ多イノデアリマス、卽チ今回ノ統制機關、之ヲ新米屋ト云フ御言葉ヲ御發シニナリマシタガ、此觀念ガ非常ナル誤解デアリマス、此組合ハ所謂過剩米ヲ統制スル機關デアリマス、此組合ハ消費者ニ對シテ米ヲ販賣スル機關デハ斷ジテゴザイマセヌ、私ガ消費者ノ爲ニモ或ハ有利デアラウト申シマシタコトハ、決シテ世間ノ一部ニ、此案ニ對スル非難トシテ言ハレテ居リマスルヤウナ、中間機關ヲ排除スルナド、云フ考ハ毛頭ナイノデアリマス、此點ハ先程申上ゲマシタヤウニ、私ハ配給機關ト生產者團體トノ協調ノ爲ニ、相當ノ考慮ヲ拂ヒタイトコソ考ヘレ、決シテ中間機關ヲ排除スル、或ハ配給機關ヲ云々ト云フヤウナ思想ハ、此法案ノ何處ニモ包藏セラレテ居ラナイト云フコトヲ、先ヅ御理解ヲ願ハナケレバナリマセヌ、私ガ消費者ノ爲ニモ有利デアラウト申シマシタコトハ、現在ノ米穀統制法ノ儘デアレバ、最高價格ニ達スルマデ、政府ハ一俵ノ米モ賣出スコトハ出來マセヌ、卽チ政府ニハ澤山ノ所有米ガアルニ拘ラズ、民間ニハ有リガスレノ狀態ヲ生ズルヤウナコトモアルガ、今回ノ自治管理ニ依ッテ米ノ自然調節ノ途モ開キ得ル譯デアリマスカラ、其點ハ現在ノ制度其儘ヨリモ遙ニ消費者ノ爲ニ有利デアル、斯樣ニ申上ゲタ譯デアリマスカラ、ドウカ法ノ精神ヲ十分ニ御諒解ヲ乞ヒタイト思フノデアリマス、更ニ組合ノ機能ニ付テノ御質問デアリマシタガ、是モ法案ニ書イテアリマスル通リ、過剩米ノ統制ダケノ關係デアリマス、第四條ノ第四號ノ如キハ、或ハ倉庫等ノ管理ノコトニ付テヾアリマシテ、統制組合ガ米ノ小賣ヲスルナド、云フコトハ、是ハ毛頭考慮ニ入ッテ居ラザルコトデアリマス、是ハ前前カラ私ノ申上ゲマス趣旨ニ依ッテ十分御了解ヲ願ヒタイコトデアリマシテ、此法案ガ米屋存在ノ餘地ナカラシムルト云フヤウナコトハ、是ハ非常ナル誇大ニ考ヘラレマシタコトデアルカ、或ハ非常ナル杞憂ト申上ゲルノ外ハゴザイマセヌ、ソレカラ取引所ノ關係デアリマスガ、此點ニ付キマシテハ、米穀對策調査會ニ於テ、只今板野君ノ御述ニナリマシタヤウナ附帶決議ガアリ

マス、其附帶決議ハ、此法案實施ノ結果、取引所ノ機能ニ及ボス影響ニ付テ十分考察ヲ加ヘテ、然ル後ニ適當ナル方策ヲ立テロト云フ趣意デアリマシテ、政府ハ調査會ノ附帶決議ノ趣旨ヲ十分尊重致ス考デ居リマス、以上御答申上ゲマス(拍手)

○板野友造君 簡單デスカラ、自席カラノ發言ヲ御許シ願ヒマス

○議長(濱田國松君) 簡單ナレバ許可致シマス

○板野友造君 私ハ更ニ之ヲ繰返シテ御尋致サウトハ思ヒマセヌガ、今日ノ實際ハ、產業組合ガ事實ニ於テ精白所ヲ有チ、サウシテ米屋ト競爭的ニ米ヲ賣ッテ居ル事實ガアル、產業組合ニ其事實ガアル(「其通リ」ト呼フ者アリ)ソレデアリマスカラ、更ニ此產業組合ニ法律上强大ナル力ヲ與ヘルナラバ、一層是ガ强クナッテ、更ニ進出スルコトニナリ、是ハ米商ヲ脅威スルコトニナル(拍手)規則デハイカナイ、實際ニサウナッテ居ルカラ私ガ申シタノデスガ、只今ノ農林大臣ノ御答辯ダケデハ、總テノ點ニ於テ私ハ了解ガ出來ナイ、政府ニ於テハ斯ク斯クニ見ルトスルナラバ、何故ニサウ云フヤウナ結論ヲ生ズルカノ理由ヲ承リタイト言ッテモ、多クノ部分ハ略サレテ居ルノデアル、併ナガラ此處デソレヲ更ニ御尋スルコトハ如何カト存ジマスカラ、私ハ適當ナル機會ニ讓リタイト思フ、唯、今日ニ於テモ當然爲スベカラザル事ヲシテ居ルノデアルカラ、是ガ法律上更ニ强化スレバ、恐ルベキモノダト云フコトヲ、御考慮ノ中ニ御入レ下サルヤウニ願ヒタイ、此言葉ヲ殘シテ私ノ質問ヲ打切リマス

○議長(濱田國松君) 質疑ノ通告者、村松久義君

(村松久義君登壇)

○村松久義君 只今上程ノ米穀三案ニ關シマシテ、農林大臣ニ御伺ヲ致シタイノデアリマス、先ヅ本自治管理案制定ノ根本目的及指導精神ヲ明ニ致シタイト思ヒマス、本案ヲ通讀致シテ見マスルニ、全國的ニ生產者ノ團體デアリマスル組合網ヲ布キマシテ、政府ノ指導監督ノ下ニ過剩米ヲ統制シ、進ンデ米穀ノ販賣ニ付キマシテモ、平均賣リノ途ヲ講ゼントスルカノヤウデアリマス、斯ノ如クシテ企圖致シマスル目的ハ、國家ノ負擔ヲ輕減シ、外地米ノ統制ニ一歩ヲ進メ、一面生產者ノ利益ヲ保護スルト同時ニ、他面消費者ノ利益ヲ害セザル範圍ニ於テ、價格ノ安定ヲ期セントスルノデアリマス、洵ニ八方美人式ノ法案デアルト言ハザルヲ得ヌノデアリマス、凡ソ今日ノ經濟組織ノ下ニ於テ、流通過程ニ於ケル或人ノ利益ハ、必ズヤ他方ニ於テ犧牲ヲ支拂ヘセヲルヽ者ノアリマスルコトヘ、必然デアルノデアリマス

(議長退席、副議長著席)

而シテ本法ニ依リマス組合ガ、國家ノ管理ノ下ニアラウトモ、組合ノ自治的管理ノ下ニアリマセウトモ、商人トシテ流通過程ニ營マレマス以上ハ、組合ニ利益アレバ、生產者ニ利益アレバ、必ズ他方面ニ犧牲ヲ强ヒズニ置カナイ筈デアリマス、更ニ思ヒマスルニ、全體トシテノ生產者又ハ組合ガ、販賣ニ依ッテ金錢的ノ利益ノ增大ヲ得マスニハ、經濟上ノ變動ガナイト假定致シマスルナラバ、第一ハ國家ノ助成ニ依ッテ、國家ノ損失ニ終ルカ、第二ニハ價格ノ騰貴ニ依ッテ消費者ノ犧牲ヲ求メルカ、第三ニハ中間商人ノ利潤排斥ヲ企テマシテ、從來中間商人ノ獲得致シテ居リマシタル利潤ヲ己ガ手ニ收メルカ、此三ツノ中一ヲ出デナイト考ヘル者デアリマス(拍手)私見ニ依リマスレバ、元來販賣購買ノ共同組合ノ利益ト云フモノハ、配給機關ノ合理化ニ依リマシテ、中間商人ノ利潤ヲ己ガ手ニ收メル働キニ過ギナイト私ハ考ヘテ居リマスガ、若シ本法制度ノ目的ガ國家負擔ノ輕減ニアリ、且ツ消費者ノ利益ヲ是レ以上ニ害スル譯ニハ行カナイ、農林大臣ノ說明ニ依レバ、却テ消費者ノ利益ヲ加ヘルノデアルト申シマスルガ、左樣ナモノデアリマスル以上、全體トシテ生產者ニ與ヘマス所ノ利益ハ、此中間商人ノ利益ヲ排除スルコトニ依ッテノミ可能デアルト言ハザルヲ得ヌノデアリマス、玆ニ今日ノ米穀業者ノ憂トスル所ガアルト信ジマス(拍手)然ルニ米穀局ノ發表致シテ居リマス本年一月二十二日ノ說明書ニ依リマスレバ「米穀販賣組合ガ其ノ事業ヲ代行スル場合デモ、米穀統制組合ノ行フ仕事ノ範圍ニ過ギナイノデ販賣組合ノ機能ガ從來ニ比シテ別段擴充スルモノデハナイ、隨ッテ米穀自治的管理案ニ反對スル者ノ杞憂スルガ如キコトハナイノデアル」ト說明ヲ致シテ居ルノデアリマス、如何ニモ中間商人ノ排除ガ行ハレナイヤウナ口吻ヲ漏シ、現ニ農相モ、此處ニ於テ言明ヲ致シテ居リマスルガ、若シ是ガ眞デアルト致シマスルナラバ、全體トシテノ生產者ニ對シテ、利益ヲ與フベキ筈ガナイト考ヘルノデアリマス(拍手)果シテ農相ハ本法ニ依ッテ、消費者ニハ利益ヲ與ヘマスル、中間商人ハ排除致シマセヌ、而シテ農民ニ對シテモ利益ヲ與フルモノデアルト、言明シ得ルコトガ出來ルノデアルカ、或ハ左樣ナルガ故ニ、全體トシテノ生產者ニ對シテ利益ヲ與フルモノデハナイノデアルト、勇敢ニ說明シ得ルノデアルカドウカ、又他ノ項ニ依リマスレバ「加之米價ガ一定ノ程度以上ニ騰貴シタ際ニハ貯藏米ハ解除セラレテ自由ニ賣却其ノ他ノ處分ヲ認メラル、コトニナルノデ却テ利益ヲ得ルノデアル」ト說明ヲ致シテ居リマス、明瞭ニ生產者ガ賣却ニ依ッテ利益ヲ擧ゲ得ルコトヲ主張致シテ居ルノデアリマス、一體此生產者ノ利益ト云フモノヽ、源泉ハ、何處ニアルノデアラウカ、消費者ノ負擔ニ依ルノデアルカ、或ハ業者排斥ノ利潤カ、ソレトモ國庫ノ負擔デアルカ、或ハ更ニ突込ンデ考ヘマスルナラバ、生產者ノ內部關係ニ於ケル分配ノ變更ニ其源泉ヲ求メテ宜シイノデアルカ、巷間傳フル所ニ依リマスレバ、高米價政策ノ徹底ニ依リマシテ、消費階級ヲ犧牲ニスルニ至ルデアラウ、消費階級ヲ脅スニ至ルデアラウト言ハレテ居ルノデアリマス、凡ソ一ツノ制度ノ改革、政策ノ變更ハ、一部ノ犧牲ヲ生ジマスルコトハ、蓋シ必然デアリマスルガ、本法ニ於キマシテハ、政府ハ漫然ト八方美人式ノ辯解ニ終始スルガ如キ態度デハ、遂ニ何人ヲモ滿足セシメ得ナイデアラウト思フノデアリマス(拍手)須ク政府ハ一大勇猛心ヲ以テ、本法ハ結局ニ於テ何人ヲ利益シ、何人ヲ犧牲ニ供スルノデアルカト云フ、其見透シニ付テ表明スル所ノ責任ガアルト思フノデアリマス(拍手)先ヅ此點ヲ明ニシテ貰ヒタイノデアリマス

次ニ政府ハ米價ノ安定ヲ期スルト言フモ、他面ニ於テ統制スルノハ、單ニ過剩米ニ過ギナイト言フ、又組合ノ業務ノ擴張ハ全然ナイト言フ、斯ノ如クシテ果シテ價格ノ安定ヲ期スルコトガ出來ルカドウカ、言フ迄モナク價格ノ支配ハ、一ニ供給量ヲドノ程度マデ支配シ得ルカニ繫ッテ存シテ居リマシテ、眞ニ價格ノ支配權ヲ得テ、是ガ安定ヲ期セント欲スルナラバ、今日ノ組合業務ヲ大擴張ヲシナケレバナリマスマイ、又ソレニ依テ供給ノ數量ノ大部分ヲ支配シナケレバナラヌノデアリマシテ、更ニ之ニ加フルニ政府ノ公益上ノ監督權ヲ强制實效アラシムル如クニ、之ヲ把握シナケレバナラヌノデアリマス、然ルニ政府ハ或ハ組合ノ業務ヲ擴張セズト言ヒ、或ハ相當値上リニ依ッテ貯藏米ヲ解除致シマスルナラバ、生產者ハ恐ラク直チニ賣リ應ズルデアラウト云フガ如キコトヲ、期待致シテ居ルノデア

リマス、然ルニ本法ニ依リマスレバ、貯藏解除ヲ受ケルコトモ、受ケザルコトモ、是ハ生産者ノ自由デアリマス、解除ヲ受ケタル後ト雖モ、若シ將來ニ於テ價格騰貴ノ見込ガアリマスルナラバ、賣惜ミヲ致シテ居リマシテモ、法文上何等差支ガナイノデアリマス、何等他ノ條文ニ於ケルガ如ク強制ガナイ、罰則ヲ以テ之ヲ強制致シテ居リマセヌカラシテ、其點ヲ併セ考ヘテ參リマスルナラバ、果シテ本法ニ依ッテ政府ハ、政府ノ期待シテ居ルヤウナ、所謂相當價格ヲ現出シ、此點ニ價格ヲ安定セシムルコトガ出來ルカドウカニ關シマシテ、疑ナキヲ得ナイノデアリマス、此點ノ所信ヲ伺ヒタイト思ヒマス

　次ニ本法制定ノ指導精神ニ關シテ伺ヒタイノデアリマス、凡ソ組合ノ指導精神ハ、自由ト自治ニ在ルコトハ言フヲ俟タナイノデアリマス、此精神ハ組合ニ對スル任意加入ト、組合員各個ガ平等ナル一票ヅツノ表決權ヲ有シテ居ルコトニ表現セラレテ居ルノデアリマス、若シ強制加入ノ組合ガアルト致シマスルナラバ、ソレハ本來ノ意味ノ組合デアリマスル性質ヲ失ッテシマヒマシテ、恰モ「ソヴィエト」露西亞ニ於ケル物資配給ノ消費組合、「フアッシスト」伊太利ニ於ケル共同組合ノ如クニ、自由主義的私有權ガ極端ニ制限セラレテ、初メテ出現致シテ居ルノデアリマス、本法ニ於キマシテハ強制加入ヲ認メル、強制徴收ヲ認メル、而シテ此二ツノモノニ對シ、政府ノ指導監督ノ強化ヲ期待致シテ居ルノデアリマシテ、其範圍ニ於キマシテ、組合精神ノ自治ト自由ハ遂ニ失ハレマシテ、一種ノ行政機關ト變ッテシマハザルヲ得ナイノデアリマス(拍手)勢ノ進ミマスル所、自治ノ姿ハ完全ニ打消サレテシマヒマシテ、總テハ完全ナル官僚ノ機關トナリ、更ニ進ンデ參リマシテハ、國家資本主義的ナ「トラスト」ニマデ至ル可能性ヲ有ッテ居ルノデアリマス(拍手)私ハ國家資本主義的ナ「トラスト」ノ是非ヲ、今此壇上ヨリ論ゼントスル者デハアリマセヌガ、少クトモ是ハ組合ノ精神ニ關シマシテ、重大ナル變革ヲ意味シテ居ルノデアリマス、此組合機構ノ大變革ニ際シマシテ、確タル前途ノ見透シモナク、信念モナク、唯漫然トシテ組合精神ノ大變革ニ入リ込ンデ參リマスナラバ、其影響スル所亦重大デアルト考フルノデアリマス(拍手)見透シモナク、信念モナキ人々ニ依ッテ齎サル、改革程危險ナルモノハアリマセヌ(「ヒヤ／＼」拍手)米穀業者ノ反對ニ遭遇致シマシテハ、君達ニハ何ノ影響モナイノデアルト逃ゲマスルヤウナ其態度ニ對シマシテ、私ハ其見透シニ對シマシテ疑ハザルヲ得ヌノデアリマス(拍手)若シ本法ガ米穀業者ノ利益排除ニ依ッテ、生産、消費兩方面ニ對シテ利益ヲ附加スルモノデアルナラバ、何ガ故ニ堂々トソレヲ聲明シナイノデアリマス(拍手)徒ニ右顧左眄致シマシテ、粉飾ヲ事トスルヤウナコトガアリマスルナラバ、世人ガ見透シト信念ニ對シマシテ疑ヲ懷クデアラウト思フ(拍手)此際政府ハ組合ノ指導精神ニ關シマシテ、忌憚ナキ所信ヲ發表セラレンコトヲ希望スルノデアリマス

　次ニ國家負擔ノ輕減問題デアリマスガ、同僚諸君ヨリ既ニ此問題ハ論ゼラレテ居リマス、私モ同僚諸君ト同樣ニ、國家負擔ヲ果シテ輕減スルカドウカ、非常ナル疑ヲ有タザルヲ得ヌノデアリマスルガ、殊ニ是ガ生産統制ト關聯シテ考ヘテ參リマスル場合ニハ、其憂ヲ大ナラシメザルヲ得ナイノデアリマス、先程農林大臣モ説明セラレテ居リマシタガ、此生産統制ノ問題ハ、米穀政策トハ密接ナル關係ヲ有シテ居ルノデアリマス、六十五議會ニ於テモ、特ニ此點ハ強調セラレタノデアリマス、又對策調査會ニ於キマシテモ、重要ナル答申トシテ現レテ居ルノデアリマス、左樣ナル重要ナル問題ニ對シマシテ、自分ハ必要ト思フガ、徹底的案ヲ得ラレナイノデアル、今後引續イテ調査ヲ致シマセウト云フダケデハ、果シテ國家負擔ノ輕減ハ出來ルノデアルト言明セラレマスルコトニ對シテ、十分ナル説明デアルカドウカ、私ハ疑ハザルヲ得ヌノデアリマス、若シ政府ニ於キマシテ本自治管理案ノ實施ニ依ッテ、組合ガ自働的ニ、或ハ自發的ニ、生産統制ニマデ入ッテ行クデアラウト考ヘマスルナラバ、ソレハ大ナル誤解デアルト言ハナケレバナラヌノデアリマス、政府ノ確信致シマスル如クニ、本案ノ實施ニ依ッテ價格ノ安定ヲ得ルカ、或ハ一部世人ノ恐レテ居リマスルヤウニ、價格ノ騰貴ヲ恒常的ニ齎スモノデアルト致シマスルナラバ、其處ニハ必然ノ勢トシテ、生産增大ノ傾向ヲ助長スルハ疑ヲ容レヌノデアリマス、斯クノ如ク致シマシテ生産ニ拍車ヲ加ヘ、益〻國費ヲ增大スル、他面組合ノ維持ヲ困難ナラシムルコトガアリマスナラバ、此法案ノ前途モコヽ暫ノ中ニ於テ抛棄シナケレバナラヌ事態ニ立至ルト思フノデアリマス、引續キ調査致シマスト云フノデハ私承知ガ出來ナイ、寧ロ今日何故ニ提案シナカッタカ、此點ニ關シマシテ、モウ少シ明瞭ナル御答辯ヲ煩ハシタイト考ヘルノデアリマス次ニ私ハ、本法ハ國家ノ負擔ヲ組合又ハ生産者ニ轉嫁スル、又ハ組合ノ維持經營ヲ困難ナラシムルヤウナ處ガアルノデハナイカト考ヘテ居ル一人デゴザイマス(拍手)先ヅ其點ヲ明瞭ニ致シマスル爲ニ、過剩米統制ニ要シマスル組合ノ經常費、臨時費ナドヲ、組合ハドウシテ之ヲ捻出スルカ、ドウシテ之ヲ支辨スルカニ付テ問題ガアルト思ヒマス、組合及ビ各聯合會ニ於ケル倉庫、事務所ノ新增築ヲ含ミマスル所ノ創業費竝ニ經常費ニ屬シマスル所ノ建物銷却費、金利、人件費及雜費ト云フモノハ、相當ニ多額ニ上ルノデアリマスルガ、之ヲ總テ國家ノ負擔ニ於テ爲スコトハ不可能デアリマス、補助ヲ爲スト致シマシテモ、尚ホ一組合又ハ一聯合會ノ不均ハ相當ノ多額ニ上リマスルコトハ爭ヒ得ナイ事實デアルト思フ、之ヲ賄ヒマスル爲ノ助成セラレマスル保管料、之ニ依ッテ賄ヒ得ザルコトハ、私當然ト思ヒマスルガ故ニ、本法ニ於テ組合員ニ對スル經費ノ分賦ヲスル、過怠金ヲ徴收スル、而モ是等ノ徴收ノ方法ハ、市町村稅ノ如ク強制徴收ヲスルト云フノデアリマスルガ、斯樣ニシテ尚ホ足リナイヤウナ場合モアルダラウシ、又此徴收ヲ免レンガ爲ニ、ドウシテモ販賣手數料ノ收入ヲ擧ゲナケレバナラヌノデアリマス、茲ニ農林大臣ハ本組合、或ハ其他ノモノハ單ナル過剩米ノ統制デアッテ、販賣ニマデ乘出スモノデハナイトシテ否定セラレマスケレドモ、勢ヒ統制米ノ販賣及ビ一般米ノ販賣ニマデ事業ヲ擴張致シマシテ、其利益ヲ財源トシテ、經常費其他ノモノヲ賄フデアラウコトヲ、豫測セラレル根據デアルノデアリマス、此販賣戰ニ於キマシテ、曾テ政府ノ強力ナル所ノ金力ト權力トヲ以テ、尚且ツ損失ヲ來シマシタ所ノ實例ニ鑑ミマシテ、假令強力ニ統制セラレルトハ言ヘ、組合ノ統制力ヲ以テマシテハ、常ニ必シモ利益ヲ擧ゲルモノト言フコトガ出來ヌノデアリマス、生産過剩ガ連續ヲスル、一般不景氣ガ繼續ヲスル、斯樣ナ場合ニ於テ、損失ナクシテ販賣ヲナシ得ザルコトハ明瞭デアリマシテ、遂ニ組合ノ經營困難ヲ惹起スルト云フコト、固ヨリ必然デアルノデアリマス、法文ノ何處ヲ見マシテモ、斯樣ナ場合ニ於テ國家ノ損失補償ノ規定ガ存シナイノデアリマスルガ、即チ政府ハ組合ニ對シマシテ、米穀ノ貯藏ヲ強制致シテ居リマス、間接ナル強制ニ依ッテ生ジテ參リマスル此損害ニ對シマシテハ、其責ニ任ジナケレバナラヌノデアルニ拘ラ

ズ、ソレガ原則デアルニ拘ラズ、何等顧ミル所ガナイト致シマスルナラバ、組合ハ其損失ヲ必然的ニ組合員ニ轉嫁スルニ至ルノデアリマセウ、斯ノ如ク致シマシテ、國家ノ損失ヲ組合又ハ生産者ニ轉嫁セラレルノ虞ガアルト言ハレマシテモ、蓋シ當然ノ事デアルト思フノデアリマス(拍手)更ニ本法ノ實施ニ依リマシテ、結局今日睡眠組合ト言ハレ、或ハ開店休業組合ト言ハレテ居リマスル、多數ノ業務不良ノ組合ニ至リマスルマデ業務ヲ再開セシムル、或ハ擴張セシムルノ結果トナルコトハ明瞭デアリマスルガ、ソレダケニ失敗ノ機會モ繁クナルモノト考ヘルノデアリマス、之ニ對シマシテ政府ハ固ヨリ公益上ノ監督指導ニ於キマシテ、十分ノ自信ヲ有シテ居ラル、トハ信ジマスルガ、單ニ中央ニ在リマシテ、机上ヨリ高價ナル平均價ヲ指令シ、或ハ公益上必要ナル監督トカヲ爲スノミデハ、結局單ナル指導監督ノ掛聲ニ終ルノデハナカラウカ、吾々ノ憂ヘマスル所ハ、何故業務不良トナッタノデアルカ、其根本ヲ究メマシテ、其業務ニ堪ヘ得ルヤ否ヤヲ確メザル、事茲ニ出デズシテ、漫然トシテ自治統制ノ重要ナル任務ヲ負ハシムルガ如キコトガアリマスルナラバ、其生産者ニ對スル不利益ハ、決シテ輕々ニ看過スベキデナイト信ジマスルガ、生産者ノ組合ヲ以テ組織ヲ强化致シマシテ、之ニ價格決定權ヲ與ヘルト云フコトハ、今日ノ農村ノ實情ニ卽スル限リ、私ハ理論的ニ正シイト思ヒマス、何處マデモ左樣デアルベキト思ヒマスルケレドモ、眞ニ所期スル所ノ目的ヲ達成致シマスル爲ニハ、ドウシテモ現存ノ組合ノ有ッテ居リマスル、有ユル缺點ヲ除去シナケレバナラヌノデアリマス、目的達成ノ爲ニ其組合ヲ再整備シナケレバナラヌノデアリマス、玆ニ至ラズシテ、漫然トシテ自治統制ヲ委セルヤウナコトガアリマスルナラバ、決シテ組合統制ニ關スル萬全ヲ期シタト云フ譯ニハ參ラナイノデアリマス、ソコデ私ハ世人ノ申シマスル如クニ、斯樣ニシテ何デモ彼デモ統制サセルガ爲ニ本法ガ出來タノデアルトノ、一部ノ非難モアリマスルガ、國家ハ自己ノ損失ヲ免カルルコトニ急ニ致シマシテ、生産者ニ不利益ヲ與フルヤウナ場合ニ對シテ、目ヲ掩ウテ居ルト云フコトノ非難モアルノデアリマス、私ハ是ニ於テ御尋ヲ致シタイ、第一ニ本法案ノ實施ニ依リマシテ、國家負擔ヲ組合ニ轉嫁スルノ虞ナキカ、第二ニ法律ノ强制ニ依ッテ生ジタル組合ノ損失負擔ハ、國家ニ於テ如何ナル方法ヲ講ゼントスルノデアルカ、第三ニ組合ノ内容ヲ如何ニ再整備シ、統制ニ遺憾ナキヲ期シテ居ルカ、現在ノ組合其儘ヲ以テ統制ノ目的達成ニ遺憾ナシト認ムルカドウカヲ伺ヒタイノデアリマス

次ニ貧農大衆ノ販賣米收入ニ關スル政府ノ所見ヲ伺ヒタイノデアリマス、言フ迄モナク米穀出廻期デアリマスル十一月、十二月、一月、此三箇月間ニ賣却セラレマスル米穀數量ハ、一年ノ總販賣高ノ四割五分ニ上ッテ居リマス、或人ハ之ヲ五割二分ト計算致シテ居リマスル、斯樣ニ高率ニ上ッテ居ルノデアリマス、是等ハ多ク貧農階級ノ經濟破弊ニ因リマスル、換金急ギヨリ參ルモノデアルコトハ言フマデモナイノデアリマス、是等ノ出廻期米ニ對シマシテ、今日迄米穀法ハ遂ニ無力ヲ暴露致シテ參ッテ居ルノデアリマス、而シテ更ニ六月ヨリ端境期ニ至リマスル間、高米價ニ苦ンダノモ、是等ノ貧農大衆デアッタノデアリマス、斯ノ加ク致シマシテ、從來ノ米穀法ハ何人ヲ最モ多ク救ヒ、何人ヲ最モ多ク苦シメタカノ再檢討ガ叫バル、ニ至ッタノデアリマス、實際統計ニ就テ申上ゲマスレバ、昨年ハ小作階級、小農階級ノ販賣期間トモ云フベキ、此十一月ヨリ一月ニ掛ケマシテ、殆ド最低價格ヲ下廻ッテ居ッタノデアリマス、政府ハ盛ニ買上ニ奔走致シマシテ、努力ハ致シマシタケレドモ、此三箇月ト云フモノハ、常ニ價格ガ殆ド最低價格ヲ割ッテ居ッタノデアリマス、漸ク小農ガ賣盡シテシマヒマシタル四月頃カラ、米價ハ漸次騰貴ヲ續ケマシテ、今日ニ至ッテ居ルノデアリマス、卽チ米價ハ統制法ニ依ッテ最低價格ヲ保障スルト云フ、其形ダケデ維持セラル、モノデハナクシテ、小農ガ賣盡シテシマッタト云フ、事實其モノニ依ッテ保障セヲル、ノデアリマス、初メテ斯樣ニシテ一般ノ市場米價ガ騰リ、市場米價ガ維持セラレ、昂騰ヲ續ケルヤウナ次第ニナルノデアリマシテ、事實ニ於キマシテ米價騰貴ニ向ヒマスルマデヘ、高知、千葉、岩手、或ハ大分ニ至リマスルマデ、庭先相場ハ最低價格ヨリ一圓乃至二圓、是ダケ下廻ッテ居ッタト云フコトニ依ッテモ明瞭デアルノデアリマス、政府ハ少クトモ統制法ノ改正ニ當リマシテハ、此小農ノ販賣期間デアル所ノ出廻期ニ於テ、殆ド最低價格ヲ下廻リ、賣盡シテカラ後ニ初メテ米價ガ騰ッテ來テ居ルト云フ、此事實ニ對シマシテ、最大ノ注意ヲ致スベキデアッタト思フノデアリマス(拍手)又米穀自治管理案ノ制定ニ當リマシテモ、低利資金其他ヲ供給シテ、過剰米ノ强制貯藏ヲ圖リマシテモ、モト〳〵窮迫ノ小農ニ於テハ、依然出廻期ノ換金ヲ急ギマスルコトハ想像ニ餘ル所デアリマシテ、過剰米トシテ統制セラレマスル其米ノ殘米、其米ノ殘米ノ出廻ニ對シマシテ、ドウシテ最低價格ヲ保障シタナラバ宜シイカ、此點ニ關シテ最大ノ注意ガ拂ハルベキデアッタト思フノデアリマス、成程統制法ノ改正ニ於テハ、幾分此點ニ觸レテ居ルノデアリマス、最低價格ノ決定ニ付テ、出廻期間中ハ金利倉敷料ヲ加算スル、併ナガラ逼迫セル小農ニ於テハ、出廻期間ノ經過ヲ待チ得ナイノデアリマス、多少餘裕ノアリマスル生産者ヲ、之ニ依ッテ救ヒ得ルコトガアリト致シマシテモ、到底貧農ノ換金急ギニ對シマシテハ、防止シ得ザルノ結果ニ立至ルノデアリマス、事實ニ於テ庭先相場ノ低イ地方程、窮乏ノ程度ハ激シク、是等ノ地方ノ小農ニハ、二重ノ損失トナッテ居ルノデアリマスルガ、洵ニ總販賣高ノ四割五分ノ、出廻期ノ大部分ト云フモノハ、是等貧農ノ窮乏、逼迫ノ姿其モノデアルノデアリマシテ、統制法改正ニ依ッテ、或ハ自治管理案ノ創設ニ當ッテ、モウ一歩突進ンダル所ノ對策ガ講ゼラレナケレバナラヌノデアリマス、依然トシテ不利益ノ販賣ヲ强制セラル、是等ノ貧農大衆ノ立場ヲ思ヒマスル時ニ、政府ハ何ヲ目標ニ改正ヲシテ居ルノデアルカ、何人ノ利益ノ爲ニ自治管理案ヲ制定シタノデアルカ、其意思ヲ疑ハザルヲ得ヌノデアリマス、殊ニ東北其他ノ早場米、或ハ軟質米ニ至リマシテハ、此早場米ガ本自治管理案ヨリ除外セラル、ト否トニ依ッテ、結論ハ變ラナイト思ヒマスルガ、不利益ヲ與ヘテ居ル、卽チ自治管理案ニ依リマシテ、過剰米ノ推算セラレマスルノハ十一月朔日現在デアリマス、其推算ノ確定致シマスルノハ十一月ノ中旬トナル、統制ノ發動致シマスルノハ十一月ノ末トナリマシテ、統制ノ完了致シマスノハ、恐ラク年末ニマデ掛ルノデハナイカト思ヘレル、斯ノ如キ場合ニ於テ、其以前既ニ十月十一月中ニ早場米ハ、換金セラレマスル小農ニ於テ、特ニ甚シキモノガアルノデアリマスルガ、此場合ニ於キマシテ、統制ノ恩惠アルナラバ、其恩惠ヲ受クルコトノ出來ナイノガ此小農デアル、ト同時ニ假リニ恩惠ヲ受クルコトアリト致シマシテモ、統制米ガ完了スル、過剰米統制ガ完了シテ、初メテ値段ガ上ッテ來ルト云フノデアリマスルナラバ、是等ノ早場米地方ノ人々、小農ハ、依然トシテ何等ノ考慮ヲ加ヘラレナイ結果ニナッテ居ルノデアリマス、是等ノ統制ニ依ッテ値上リスルコトヲ待テナイ貧農ノ換金急ギニ對シマシテ、政府ハ如何ナル考慮

ヲ當法案中ニ加ヘタノデアルカ、或ハ更ニ加ヘントスルノデアルカヲバ、明瞭ニセラレンコトヲ望ム次第デアリマス

次ニ私ハ統制米ノ割當ノ標準ト平均賣ノ方針ニ付テ伺ッテ見タイノデアリマス、此處デ私ハ第一ニ指摘シタイト思ヒマスルノハ、内地ノ管外移出米ト外地ノ移出米トノ間ニヘ、性質上非常ナル相違ガアルト云フ點デアリマス、等シク管外移出米ト言ウテ居リマスルケレドモ、内地ノ移出米ハ必シモ過剩米ヲ意味スルモノデハナイ、之ニ反シマシテ朝鮮臺灣ノ移出米ハ、主トシテ過剩米ヲ意味シテ居ルノデアリマシテ、此二ツノモノハ、決シテ同一ナル性質デアルト言フ譯ニハ參ラナイノデアリマス、物ヲ比較致シマスル際ニハ、同一ノ物ヲ持ッテ來テ比較スルノデナケレバ、正鵠ナル結果ヲ得ラレナイコトハ言フマデモナイ、然ルニ此違フ性質ヲ有ッテ居リマスル朝鮮臺灣及ビ内地ノ管外移出米ヲ比較致シテ參リマシタ結果トシテ、内地米ニハ全然過剩米ガ存シナイ、然ルニ外地ニ於ケル大豐作ノ結果トシテ、全國的ニ過剩米ガ出來タト云フヤウナ場合ニ於テ、朝鮮臺灣ノ豐作ノ爲ニ、内地ガ統制セラレルト云フ矛盾ヲ生ジテ參ルノデアリマス、或ハ之ヲ内地ニ於テ申シマシテモ、九州地方ニ於テ非常ナル豐作ヲ見タ、然ルニ此豐作ニ對シマシテ、凶作地デアリマスル東北ナドニ於テ、過剩ノ統制ヲ受ケナケレバナラナイト云フ不合理ヲ來サヾルヲ得ナイノデアリマス、殊ニ此標準ニナッテ居リマスル增加趨勢デアリマスルガ、增加趨勢ハ過去十年間ノ平均ヲ取ッテ、最小自乘法ニ依ッテ此率ヲ出シテ參ッテ居ルノデアリマスルガ、ソレダケニ此增加趨勢ヲ標準ト致シマスレバ、其年、其地方ノ豐凶ニ關係ナク、統制ヲ強制セラレルモノデアリマス、ソレダケニ矛盾不合理ガ增大スル結果ニナルコト、亦當然ト言ハナケレバナラヌノデアリマス、ノミナラズ米穀要覽ニ依リマスレバ、各府縣別ノ過剩米ト不足米トヘ、統計上明瞭ニ相成ッテ居リマス、而モ是等ノ過剩米ヲ管外移出米ト比較致シテ見マスルナラバ、過剩米ト管外移出米トノ間ニハ、數量的ニ見マシテモ相當ナル開キヲ持ッテ居ルノデアリマス、卽チ過剩米ト管外移出米トノ間ニヘ、啻ニ性質上ノ相違ガアルノミナラズ、更ニ數量上ニ於テモ相違ノアルコトヲ發見セザルヲ得ナイノデアリマス、本案ハ何故ニ異種類ノ數字ヲ割當標準トシタノデアルカ、ソレニ依ッテ内地ト外地間、内地府縣間ニ不均衡ヲ生ズル虞ガナキヤ否ヤヲ、明瞭ニセラレンコトヲ希望致シマス

次ニ東北地方ノヤウナ特殊地方ニ關シマシテ、過剩米統制ト平均賣ノ影響ニ付テ伺ヒタイノデアリマス、東北地方其他ニ於ケル米ニ關スル特殊性ト言ヘバ、軟質米デアルコト、屢〻凶作ニ見舞ハレマシテ、供給常ニ過不足ヲ著シク致シテ居ル點デアリマス、軟質米ハ言フマデモナク速急ニ之ヲ販賣シナケレバ──今日ハ相當ニ改良ハセラレテ居リマスルケレドモ、變質ニ依ッテ値下リ損ヲ見ナケレバナラヌノデアリマス、加フルニ東北ノ窮乏狀態ハ、一日モ早ク販賣換金ノ必要ニ迫ラレテ居リマスル爲ニ、勢ヒ出廻期ニ於ケル米ノ販賣、延テハ管外移出ノ量ガ多カラザルヲ得ナイノデアリマス、更ニ東北地方ハ過剩米ノミナラズ、自己ノ必要ナル飯米ヲサヘモ割イテ賣ッテ居ルノデアリマス、斯樣ナ際ニ於テ、東北ガ凶作デアルニ拘ラズ、全國的豐作ノ爲ニ強制的統制ヲ受クルコトガアリト致シマスルナラバ、其結果ハドウナルデアラウカ、凶作ノ爲ノ品不足ニ加ヘマスルニ、過剩米ノ統制ニ依ッテ、所謂有ガスレ、飯米飢饉ノ狀態ニ對シテ、更ニ〱拍車ヲ加ヘルモノデハナイカ、愈〻懸念ニ堪ヘナイノデアリマス、平均賣ノ結果ト致シマシテ、又軟質米ノ性質上損失ヲ生ズルノ虞ナイカドウカ、從來主要消費地デアリマスル東京ナドニ於テハ、出廻期ニ於テモ軟質米ノ特長ガアリマスルガ故ニ、相當ニ販路ヲ見出シテ居ッタノデアリマス、同時ニソレニ相應スル價格ヲ附セラレテ居ッタト思ハレマスルガ、平均賣ノ結果ト致シマシテ、軟質米ノ變質期ニ入ッタヤウナ場合ニ、尙ホ賣ラナケレバナラナイモノデアルト致シマスルナラバ、却テ平均賣ノ效果ヲ減殺スル、生產者ノ損失亦僅少ナラザルコトヲ思フノデアリマス、卽チ本法案ハ東北ノ特殊地方ノ統制割當及ビ平均賣ニ關シテ、如何ナル考慮ヲ拂ッテ居ルモノデアルカヲ御伺致シタイノデアリマス

最後ニ私ハ組合對中間商人ノ問題ヲ伺ヒタイノデアリマス、農林大臣ハ、此法案ニ依リマシテハ何等中間商人ヲ脅威スルモノデハナイト言ハレマシタコトハ、先程私ノ申上ゲタ通リデアリマス、併ナガラ假令左樣ニ否認セラレマシテモ、又如何樣ニ法文ガ粉飾セラレテ居ルト致シマシテモ、私ハ米穀商人ノ立場ガ漸次窮地ニ陷ッテ行クデアラウト云フコトヲ信ゼザルヲ得ナイノデアリマス、商工大臣ハ先程運用ノ如何ニ依ッテ影響ガアルノデアルト仰セラレテ居リマスガ、私ハ運用ノ如何デハナイ、本法ノ實施其モノニ依ッテ、必然的ノ結果トシテ米穀商人ノ窮境ヲ現出スルモノデアルト言ヒタイノデアリマス（拍手）卽チ其理由ヲ簡單ニ申上ゲマスルナラバ、第一ニ此法案ノ實施ヲ機會ニ致シマシテ、全國ニ販賣組合ノ設立ヲ促シ、或ハ既設ノ組合ノ内容充實ヲ促進致シマス、米穀販賣事業ヲ活潑ニ致シマシテ、統制米カラ進ンデ一般販賣米マデ進ンデ行キマスルノガ、是ガ當然ノ順序デアルト私ハ思フ、第二ニハ過去ノ經驗ニ於テ示シテ居リマスル如クニ、米穀統制法運用ノ上ニ於テ、販賣購買組合ガ相當ナル地歩ヲ占メ、且ツ有利ナル活動ノ舞臺ヲ提供セラレタト云フ、此實證的ノ結果ヲ認識シテ參リマスナラバ、益〻政府ノ助成ノ方針ト相俟ッテ、其地歩ヲ進ムルデアラウコト、亦疑ヲ容レナイノデアリマス、殊ニ第三ニ於キマシテ、先程ノ農林大臣ノ說明ニ依ッテモ明瞭デアリマスガ、本法ニ依リマシテ中央聯合會、地方聯合會、町村組合及ビ組合員ノ間ニ、上下ノ關係ト命令ノ關係ヲ緊密ナラシメテ居ルノデアリマス、非常ナル制度ノ變革デアリマス、斯樣ニ内容ヲ變更致シマシテ、命令ノ關係ニシ、上下ノ關係ニ致シテ參リマスル結果トシテ、所謂商機ヲ利用シテ活動致シテ居リマスル所ノ商人ノ活動範圍ガ、必然的ニ限縮セラレナケレバナラヌコト當然デアリマス、斯ノ如キ徑路ヲ以チマシテ、米穀商人ノ内、先ヅ產地ノ玄米取扱業者ガ參ッテシマフデアリマセウ、漸次都會ノ小賣商人モ──勿論程度ハアリマセウ、限度モアリマセウケレドモ、衰亡ノ運命ヲ辿ッテ參ル、之ニ對シマシテ國家ガ何等ノ考慮ヲ拂フコトナシニ、唯中間業者ニ影響ナシト云フヤウナコトヲ言ッテ、恬然トシテ居ルト云フコトハ、米穀政策ノアルコトヲ知ッテ、大乘的ノ國策アルヲ知ラザルノ態度ト謂ハナケレバナラヌノデアリマス（拍手）政府ハ其方針ト致シマシテ、農村經濟更生ノ主要ナル方向ヲ、配給機關ノ一大變革ニ求メテ居リマスルコトハ、先程高橋君モ言ハレタ通リデアリマス、現ニ常議會ニ對シマシテ、米、繭、肥料ノ統制及一般農產物ノ販賣統制ト云フヤウナ、其方向ヲ顯著ニ示シテ居ルノデアリマス、此方向ニ向ヒマシテ、一段々々ト進ンデ行クニ從ヒマシテ、現經濟機構ガ斷然排除セラレマスコト亦當然デアリマス、此反動ニ於キマシテ、曩ニハ肥料商ヲ中心トシテ活動致シテ居リマシタ反產運動ハ、遂ニ今日米穀商ヲ之ニ加入セシメテ居ルノデアリマス、又更ニ繭取引業者ヲ加ヘテ行クデアリマセ

ウ、斯ノ如ク致シマシテ、全國ノ中小商業者ヲシテ死者狂ヒノ一團トシテ加ヘテ参リマシタナラバ、國家ノ由々シキ一大事ト謂ハナケレバナラヌノデアリマス(拍手)固ヨリ私ハ産業組合ヲ現狀ヨリ後退セシムルコトニ對シテハ、絶對贊成ヲスル者デハアリマセヌケレドモ、今ヤ時勢ヲ見マスルニ、中小商業者問題ヲ解決シナケレバナラナイ其段階ニマデ到達シテ居ルノデアリマス、而モ其解決ノ方法ト致シマシテ、單ナルオ情ケ的ノコトデアッテハ絶對ニナラナイト思ヒマス、單ナル救濟デアッテハナラナイト思フノデアリマス、幸ニシテ農林大臣ヨリ配給機關ノ關係ハ協調ガ必要デアル、必要デアルノミナラズ是ガ可能デアルト云フコトヲ伺ヒマシテ、安心ヲ致シタノデアリマスシ、商工大臣ヨリハ又商業組合ヲ普及セシムルト云フ具體的ナル問題ヲ伺ッタノデアリマスケレドモ、私共ハ若シ此儘ニシテ本法案ヲ實施致シマシテ、其實施ノ結果トシテ米穀商人ガ來年ニ於テ、再來年ニ於テ、或ハ其次ノ年ニ於テ滅亡ノドン底ニ至ッテシマヒマシタ時ニ、初メテ斯様ナル救濟案ヲ以テ之ニ綱ヲ付ケ引上ゲント致シマシテモ、私ハ不可能ダト思ヒマス、ドウシテモヤリマスルナラバ單ニ將來ニ於テ研究スルト云フダケデハ十分デナイ、此際ニ於テ具體案ヲ提ゲテ、斯様ニ救濟スルノデアルトノ言明ヲ得ナケレバナラヌト思フノデアリマス(拍手)即チ私ハ單ナルオ情ケデアッテハナラナイ、單ナル救濟デアッテハナラナイ、現中小商業ヲ、眞ニ時勢ニ適應致シマシタル堂々タル配給機關トシテ再生セシムル所ノ案ヲ以テ、之ヲ解決シナケレバナラナイ時デアルト信ジテ居ル次第デアリマス、願クバ政府ニ於カレマシテハ、委員會ニ於テ御話スルナド、言ハレズニ、此本會議ニ於テ天下ニ之ヲ表明セラレンコトヲ希望スル次第デアリマス(拍手)以上數點ニ關シマシテ率直明瞭ナル答辯ヲ賜ハランコトヲ望ミマシテ終リタイト思ヒマス(拍手)

(國務大臣山崎達之輔君登壇)

○國務大臣(山崎達之輔君) 御答ヲ申上ゲマス、御質問ノ第一點ハ、此案ハ餘リニ四方八方ニ氣ヲ配リ過ギテ居ルヂヤナイカ、抑々誰ヲ利益シ、誰ヲ犠牲ニシテ居ルノカ、犠牲ニシナケレバ利益ハ擧ゲ得ナイデハナイカ、斯ウ云フ趣意ノ御問デアッタヤウデアリマス、現在ノ米穀統制ノ制度ハ御承知ノヤウニ最低價格ノ維持ニ依リマシテ生産者ノ利益ヲ擁護シ、又最高價格ノ設定ニ依ッテ消費者ノ利益ヲ考慮シテアルコトハ、御承知ノ通リデアリマス、今回ノ各案ハ、統制法ノ運用ヲシテ破綻ニ瀕セシムルコトナク、内地外地ニ亙リマシテ一貫ノ統制ヲ行ウテ、サウシテ統制方策ノ圓滑ヲ期スルト云フノガ精神デアリマス、隨テ何人カ犠牲ニセナケレバ法ノ目的ヲ達シ得ナイト云フガ如キモノデハナイト私ハ考ヘマス、私共ハ經濟ノ問題ニ於テハ相互依存、共存共榮ハ望マシキコトデアリ、可能ナコトデアルト考ヘテ居ルノデアリマス、第二點ハ組合精神ニ大變革ヲ來スノデハナイカト云フヤウナ御心配デアッタヤウデゴザイマスガ、今回ノ統制組合ノ制度ハ、御承知ノヤウニ商業組合、工業組合、或ハ同業組合等ト、全ク制度ノ建前ハ同ジウ致シテ居ルノデアリマス、一般ノ産業組合ノ精神ニ付テ何等變革ヲ生ズルモノトハ考ヘテ居ラヌノデゴザイマス、第三ハ生産ノ統制ニ付テ何故提案シナイノデアルカ、ソレデハ國家ノ負擔ガ増大スルノデハナイカト云フ御趣意デアリマスガ、生産統制ニ關シマシテハ先刻高橋君ニ御答申上ゲタコトニ依ッテ、御諒解ヲ願ヒタイト思ヒマス、國家ノ負擔ノ輕減トナルト云フコトハ、現在ノ統制法ヲ其儘ニ致シテ置キマス場合ト、今回ノ法案トノ御比較ヲ願ヒマスレバ、直チニ御理解ヲ得ルコトデアルト考ヘマス、次ハ國家ノ負擔ヲ組合ニ轉嫁スルモノデハナイカト云フ御趣意デアリマス、先程モ申上ゲマシタヤウニ、先般ノ議會ニ於テ、米穀政策ニ付テ根本方策ヲ樹立スベシト云フ御一致ノ御決議ノアリマシタ御趣意ハ何處ニアッタカ、即チ此儘ニシテ置ケバ統制法ノ運用ノ爲ニ、或ハ特別會計ハ行詰マルヤウナコトニナリハセヌカ、内地外地ヲ通ジテ相當ノ統制計畫ヲ立テナケレバナラヌト云フコトガ、大體ノ御精神デアッタカト私共ハ拜承シテ居リマス、此精神カラ今回ノ法案ハ出來テ居ル譯デアリマシテ、其意味ニ於テ内地モ外地モ政府モ、互ニ協力致シマシテ、サウシテ統制法ノ運用ノ圓滑ヲ期スルト云フ趣意デアル譯デアリマスカラ、決シテ政府ノ負擔ヲ他人ニ轉嫁スルト云フヤウナ種類ノ考デナイト云フコトノ御諒解ヲ願ヒタイト思ヒマス、隨テ次ニ、組合ニ於ケル貯藏米穀ニ對シテ損害賠償云々ト云フ御問モゴザリマシタガ、是モ只今申上ゲマシタ趣旨ニ依リマシテ、要スルニ過剩米穀ノ統制ニ依ッテ、米ノ値段ノ下落ヲ防ギマシテ、サウシテ圓滑ニ最低價格以上ヲ維持シヨウト云フ制度ノ建前デアリマス、即チ其點ニ於テハ生産者ノ利益擁護ガ眼目デアリマス、隨テ貯藏ニ對スル或ハ金利、倉敷ノ助成金、或ハ倉庫建設ノ助成、或ハ米穀資金ノ貸付等ニ付テハ、別途ニ考慮シツヽアル譯デアリマスガ、別ニ損害賠償ト云フヤウナコトヲ考慮致シテ居ラヌノデアリマス、組合ノ指導監督ニ付テ御質疑デアリマシタガ、此點ニ付キマシテハ、是マデトテモ十分ノ注意ハ致シテ居ルコトヽハ思ヒマス、ケレドモ尚ホ足ラザルノ憾ナシトハ申セマセヌ、出來得ル限リノ指導監督ヲ加ヘマス考デアリマス、ソレカラ貧農階級ガ出廻期ニ賣急ギヲシテ、其爲ニ端境期ニハ高イ米ヲ買ハナケレバナラナイヂヤナイカ、其點ニ付テ考慮ヲ加ヘテ居ラナイデハナイカト云フ御質疑デアッタヤウデアリマスガ、其點ハ今回ノ案ニ付テ相當ニ考慮ヲ加ヘテアリマスコトハ、案ノ全體ヲ御通覽ヲ願ヒマスレバ明瞭デアラウト存ジマス、即チ統制法ノ改正ニ於テ、最低價格ノ決定ニ、金利或ハ利潤ヲ加算致シマスル點、或ハ出廻期ニ於テ過剩米ヲ統制スルト云フコト、總テ是レ所謂出廻期ニ於テノ賣急ギヲ防イデ、サウシテ端境期ニナッテ「有ガスレ」等ノ弊ヲ防グノ方法デアル譯デアリマス、早場米ヲ統制ニ加ヘルカト云フ御趣意デアリマスガ、早場地方モ統制ノ除外ニナラヌコトハ無論デアリマス、唯米ノ性質云々ノ點ハ、寧ロ委員會等ニ於テ政府委員カラ申上ゲルコトニ致シタイト存ジマス、管外移出米ハ、内地外地ニ依ッテ性質上ノ差ガアル、外地ノ爲ニ内地ガ犠牲ニナッテ居ルノデハナイカト云フ御趣意デゴザイマス、此點ハ内地外地ヲ通ジマシテ、公平ニ一貫セル統制方針ヲ立テルト云フコトガ、外地統治ノ上カラモ極メテ大切ナコトデアリマスノデ、非常ナル考慮研究ヲ加ヘマシタ結果、只今提案ノヤウナコトニ相成ッテ居ル譯デアリマス、成程計ノ立テ方ニ依リマシテハ、色々ノ御議論ノアルコトモ御無理デハアリマセヌ、併ナガラ此案ニ於テ考ヘテ居リマスル管外移出米ト云フモノハ、内地デ申シマスレバ、大體ニ於テ府縣單位デ考ヘテ居ル譯デアリマス、左様ナ計算ノ結果、或ハ管外移出數量ノ増加趨勢、又ハ管外移出數量其モノ、或ハ豐凶ノ關係等ヲ考慮ニ加ヘマシテ、内地ト外地トノ統制割當ヲ決定スルト、斯様ニ致シテアル譯デアリマス、東北地方ニ付テノ御心配デゴザイマシタガ、今回ノ案ハ、先刻來段々申上ゲマスルヤウニ、過剩米割當ノ方法ハ、或ル程度ノ準則ハ或ハ設ケルコトニ相成ルカモ知レマセヌケレドモ、大體ニ於テ自治的ニ決定ヲスルコトニ相成ッテ居ル譯デアリマス、隨テ地方特有ノ事情ニ對シマシテハ、固ヨリ相當考慮ノ餘地ガアルト云フコトヲ御諒解願ッテ置キマス、組合ト中間商人トノ關係デアリマスガ、此點ニ付キマシテハ、先刻來度々ノ御質疑ニ對シマシテ、概要ヲ御答ヘ申上ゲタ通リデゴザイマスルガ、是ハ能ク全國ニ亙ル實情、或ハ數字等ニ付キマシテ、詳細ニ御諒解ヲ冀ヒタイト實ハ考ヘル譯デアリマス、併ナガラソレヲ此議場ニ於テ致シマスルコトハ、必要デハアリマスルケレドモ、私ハ相應シクナイコトヲ虞レルノデアリマス、決シテ他意アル譯デハゴザイマセヌ、私共ハ度々申上ゲマスルヤウニ、農村ニ於ケル生産者ノ團體デアル産業組合等ニ、農村經濟ノ中樞機關トシテノ堅實ナル發達ヲ期スルコトガ必要デアルト考ヘマス、同時ニ是アルガ爲ニ配給機關、中間機關ヲ排除スルト云フガ如キコトハ必要ノナイコトデアリ、適當デナイコトデアル、即チ兩者ノ間ニハ相互依存、共存共榮ノ途ガ望マシキコトデアリ、可能ナルコトデアル、斯樣ニ私ハ考ヘテ居ル譯デアリマス、詳細ハ願クハ他ノ適當ナル機會ニ讓ルコトノ御許シヲ冀ヒタイト思ヒマス(拍手)

○村松久義君　簡單デアリマスカラ當席ヨリ……

○副議長(植原悅二郎君)　許シマス

○村松久義君　只今ノ農林大臣ノ御答辯ハ總テ不滿デアルト申上ゲタイノデアリマス、總テ不滿デアリマスル其答辯ノ一二ヲ指摘致シマシテ再質問ヲ致シマシテモ、到底意ニ滿タザルモノデアルト考ヘマスルガ故ニ、此上ハ一問一答ノ機會ヲ得マシテ、一ツ一ツニ就テ御答辯ヲ煩シタイト思ヒマス、私ガ理由ヲ聞イタ場合ニ對シマシテモ、農林大臣ハ私ハ左樣ニ思ヒマセヌトノ單ナル否定ヲ與ヘテ居リマス、斯ノ如キコトハ到底議員ヲ滿足セシムルモノデハナイノデアリマスルガ故ニ、私ハ他ノ機會ニ於テ、本當ニ突込ンダル御質問ヲ申上ゲマシテ、其本心ノ何處ニ在ルカ、其粉飾セラレタル所ノ皮ヲ剝イデ行カナケレバ、到底滿足シ得ザル者デアリマス、斯樣ナコトダケヲ申上ゲマシテ質問ヲ終了致シタイト思ヒマス(拍手)

○副議長(植原悅二郎君)　三善信房君

〔三善信房君登壇〕

○三善信房君　私ハ只今付議セラレテアリマス米穀統制法改正案及其他ノ諸法案ニ付キマシテ、政府當局ノ所見ヲ伺ヒタイト思フノデアリマス、米穀統制法ノ改正ニ付キマシテハ、屢ゝ當議場ニ論議セラレタ所デアリマシタガ、今回政府ニ於テ是ガ成案ヲ得マシテ、茲ニ御提案ニナリマシタル其御努力ニ對シマシテハ感謝致ス者デアリマスルガ、其内容ヲ點檢致シテ見マスレバ、私共ノ意ニ副ハナイ點ガ多々アルヤウニ思フノデアリマス、申スマデモナク米穀政策ガ價格ト數量ノ調節ニアリマスルコトハ勿論デアリマス、而シテ米穀ハ國民大衆ノ生活必需品デアルト共ニ、又農村ノ重要ナル生産物デアルノデアリマス、ソコデ生産者側ヨリ申シマスレバ成ベク高價ナルコトヲ希望シ、消費者側ヨリ申シマスレバ、成ベク安イノヲ希望致シマスルコトハ、是ハ當然ノコト、言ハナケレバナラヌノデアリマス、而シテ生産者及ビ消費者ニ餘リ無理ノナイヤウニ、米價ヲ適當ニ維持スルコトガ最モ重要ナル點デナケレバナラヌノデアリマス、現行ノ米穀法ニ依リマシテ、政府ハ最低最高ノ價格ヲ定メラレマシテ、最高價格以上ニナリマシタル時ハ、申込ニ應ジテ政府所有米ヲ賣渡シ、又最低價格以下ニナリマシタル時ハ、申込ニ依リマシテ何程デモ買上ゲルト云フヤウニ規定セラレテ居ルノデアリマス、米價ヲ常ニ最低最高ノ中間ニ置クコトニナッテ居ルノニ拘ハリマセズ、昨年ノ如キニ至リマシテハ、出廻期ニ於ケル所ノ米價ハ、常ニ最低價格以下ニ下廻リヲ致シテ居ッタノデアリマス、此昨年ノ出盛期ニ於テ最低價格以下ニ下廻リヲ致シマシタ其所以ノモノハ、十二月カヲ三月マデノ出廻期ニ、一時ニ市場米ガ多クナッタ結果ニ依ルコトモ、其原因ノ一ツデアルト思フノデアリマス、併ナガラ主要ナル原因ハ、政府ノ買上ニ對スル所ノ手續ガ餘リニ煩瑣ナル爲デアッタコトハ、是ハ爭ヘレナイ事實デアルト思フノデアリマス、譬ヘテ申シマスレバ、政府買上ニ當リマシテ、一口ニ買上數量ヲ百俵以上ト規定シ、或ハ同一ノ銘柄ヲ二十俵以上トナシ、又ハ再檢査、或ハ倉庫ノ不足、其他實際金錢ノ授受ニ至ルマデ、相當長イ日數ヲ要シタル爲ニ

(副議長退席、議長著席)

是等ノ煩瑣ナル手數ニ堪ヘラレズシテ、一般的農家、殊ニ中農以下ノ僅ナル數量ヲ販賣スル者ニアリマシテハ、庭先デ直チニ賣却スルコトノ已ムヲ得ナイ狀態ニ陷ルノデアリマシテ、其結果最低價格以下ニナッタノデアリマス、恐ラク政府自身モ御承知ノコトデアルト思フノデアリマス、然ルニ今回ノ改正法ニ依リマスレバ、出廻期間中最低價格ニ金利、保管料ヲ加算セラレテ、出廻期ニ於ケル所ノ市場米ヲ少クシテ、價格ヲ維持セントセラレテ居ルノデアリマス、固ヨリ多少ノ效果ガアルコト、思フノデアリマスガ、併ナガラ從來ノ買入方法ヲ以テ――矢張勅令ノ示ス所ノ買入方法ヲ以テ致シマシテ、餘リニ煩雜ナル所ノ手數ト、長キ日數トヲ要スルヤウナコトデハ、矢張中小ノ農家ハ庭先デ直接賣却スルノ已ムナキニ至ルノデアリマシテ、米價ハ最低價格ノ下廻ヲナスト思ヒマスガ、此點ニ付キマシテハ、此現行ノ勅令ヲ政府自身ガ御改正ニナルノガ當然ナリト考ヘルノデアリマスガ、其勅令ノ改正ヲナサル、御意思ガアルカドウカ、此點ヲ伺ッテ見タイト思フノデアリマス

第二ニ今回ノ改正法ニ依リマスレバ、出廻期間中ノ金利、保管料ヲ加算セラル、コトニナッテ居ルノデアリマシテ、比較的金ノ要ラナイ所ノ、餘裕ノアル所ノ大地主、又ハ大農家ハ賣控ヲナシマシテ、是ガ爲ニ金利ト保管料トヲ加算セラレテ、此法ノ恩惠ニ與ルコトガ出來得ルト思フノデアリマスガ、中小ノ農家ニアリマシテハ、出來秋ニ米ヲ賣ラネバナラヌ實情ニ置カレテアリマス、卽チ申ス迄モナク借金ノ利子、肥料代、或ハ藥價、各種ノ公租公課等、一日モ猶豫ノ出來ナイ支出ニ追ハレテ居ルノデアリマシテ、政府ガ如何ニ金利ト保管料ヲヤルカラ――之ヲ加算スルカラ當分賣控ヲナセト言ハレマシテモ、ソレヲ待ッテ居ラレナイ實情ナノデ、安クトモ一應賣却セナケレバナラヌ狀態ニ置カレテアルコトハ、申スマデモナイコトデアルト思フノデアリマス、元來我國ノ農家ノ狀況ヲ調ベマスルニ、五百七十万戸ノ農家ノ中ニ、小農及小作農タル所ノ、所謂中小ノ農家ガ約四百万戸デアリマス、自ヲ作ル所ノ自作農ト云フモノハ、僅二百七十万戸デアリマシテ、中小ノ農家ハ全農家ノ七割ニ當ルノデアリマス、今ヤ是等ノ農家ハ、全ク生活難ニ陷ッテ居ルノ狀態デアリマシテ、此中小ノ農家ヲ救フコトガ、社會政策的見地カラ申シマシテモ、最モ重要ナルモノデアルト言ハナケレバナラヌト思フノデアリマス(拍手)然ルニ是等ノ農家ハ、出來秋ニ安イ米ヲ賣ッテ、六月以降ニナリマスレバ高イ米ヲ買ッテ食ハナケレバナラヌ狀態デアリマス、ソコデ經濟上ハ益ゝ困難ニ陷ルノデアリマシテ、此矛盾ヲ匡スコトガ、米穀政策ノ上ニ餘程考ヘナケレバナラヌコト、思フノデアリマス、曩ニモ屢ゝ農林大臣ハ、中小ノ農家ニ對シテモ相當考慮ヲ致シテ居ルト言ハレルノデアリマスガ、此改正法案、或ハ米穀自治管理法案等ヲ見マシテモ、何處ニモ中小農家ヲ救フベ

キ條文ノ見出セナイノハ、洵ニ遺憾トスル所デアリマシテ、此點ヲ如何ニシテ緩和セラレントスルノデアリマスルカ、更ニ明快ナル御答辯ヲ得タイト思フノデアリマス

現行ノ米穀法ニ依リマスレバ、政府ヘ最高價格ニ依ル所ノ買入ノ申込ガアッタ場合デナケレバ、米ヲ賣渡スコトガ出來ナイコトニナッテ居リマスルガ、此改正法ニ依リマスレバ非常災害、事變、其ノ他避クベカラザル事由ガアル場合ニヘ、而モ米價ニ惡影響ヲ及ボサナイト認メラレタル時ニ、而モ其米價ガ最高最低ノ平均價格以上ニアル時ニハ、道府縣ニ限ッテ政府手持米ヲ賣渡スト云フ規定ニナッテ居ルノデアリマス、此事ハ昨年ノ大災害ノ實情ニ鑑ミマシテモ最モ必要ナルコトデアリマシテ、異論ノナイ所デアリマス、然ルニ尙ホ一層吾々ガ考ヘナケレバナラヌコトハ、一昨年ノ如キ未曾有ノ大豐作ニ際シマシテモ、且ツ政府ニハ千八百万石ト云フ大キナル貯藏米ヲ有ッテ居ラレタニ拘ラズ、地方的ニハ、局部的ニハ所謂有ガスレナルモノガ生ジマシテ、非常ナル價格ノ暴騰ヲ來シタノデアリマス、此際中小農家ニ於キマシテハ、自家用ノ米ヲ購入スル上ニ於キマシテスラ、少カラヌ苦痛ヲ受ケタノデアリマス、斯ノ如キ場合ガ生ジマシタ時ニ於キマシテモ、矢張最高價格デナケレバ、政府所有米ヲ買求メルコトハ出來ナイト云フヤウナコトデアリマシテ、先ニモ申シマシタ通リニ、六月以降ニナッテ米ヲ買ッテ食ハナケレバナラヌ所ノ、中小ノ農家ノ蒙ル所ノ打撃ハ決シテ少クナイノデアリマス、ソコデ政府ハ今一歩ヲ進メヲレテ、此災害及ビ非常ノ場合ニ於テ、政府手持米ヲ拂下ゲルト云フダケデナクシテ、是等ノ困ッタル所ノ農民ニ對シテ、政府所有米ヲ賣拂フコトニ對シテ、相當ノ考慮ヲ拂ハナケレバナラヌト思フノデアリマスルガ、此條文ノ中ニハ、唯非常災害、事變、其他ト云フコトノミヲ規定シテ、是等ノ中小ノ農家ヲ救フベキ唯一ノ法文ヲ見出サレナイコトハ、洵ニ遺憾トスル所デアリマス

米穀自治管理案ハ――從來米穀ノ調節ニ付テハ、政府ノ力ニ依ッテノミ行ッテ來タノデアリマシテ、國家ノ財政ノ上ニ相當ノ負擔モ增加シ、且又調節ノ圓滑ヲ缺ク點モアリマスカラ、年々生產ノ增加ニ依リ過剩米ヲ生ズル爲ニ、民間團體ニ於テ自治的ニ米穀管理ヲ行ハシメルト云フノガ、米穀管理法案ノ骨子デアルヤウニ思ヒマス、固ヨリ政府ノ政策ト相俟ッテ、米穀統制ノ目的ヲ遂シタイト冒ヘレル所ノ御希望モ、玆ニ窺ハレルノデアリマスルガ、本案ガ豐作ノ際、即チ米穀ノ過剩ヲ生ジタ時――餘ッタ時ニノミ米價ヲ維持スル上ニ於テ相當效果ガアルコト、思ヒマスルガ、米穀統制法施行前トハ今日ハ違ヒマシテ、政府ニ於テ最低價格ヲ保障致シテアリマス、ソコデ豐作ノ時ニ於キマシテモ、非常ナル米價ノ値下リヲ見ルヤウナコトハアリマセヌ、ソコデ此法案ガ――自治的管理法ガナクトモ、從來ノ統制法ニ多少ノ改正ヲ加ヘマスレバ、價格ノ維持ニ付テハ餘リ心配モナイヤウニ思ヘレルノデアリマス、尤モ私共モ此最低價格デ甘ンズルモノデハアリマセヌ、併ナガラ豐作ノ際ニ、サウ高イ値段ヲ希望スルト云フコトハ、生產者自身モ亦考ヘナケレバナラヌコトデアルト思フノデアリマス、此法案ガ中小ノ農家、又ハ米穀商ニ惡イ影響ヲ及ボサヌト致シマシタナラバ、是ハ結構ナ案デアリマス、併ナガラ此法案ヲ實施ノ結果、或ハ米穀商、或ヘ中小ノ農家ニ相當打撃ヲ及ボスコトヲ虞ル、ノ餘リ、玆ニ自治的管理法ニ付キマシテ政府ノ所見ヲ伺ッテ見タイト思フノデアリマス

先ニモ申上ゲマシタ通リニ、中小ノ農家ニアリマシテハ、米ノ出來秋ニハ全部ノ米ヲ賣ッテモ、尙且ツ金利肥料代其他ノ支出ニ足リナイ位デアリマシテ、其生產米ノ一部ヲ自治的ニ管理セヨ、統制組合ニ强制加入ヲシテ、此米ヲ貯藏スルト云フコトハ頗ル困難デアリ、且ツ中小ノ農家ニ對シテハ非常ナ迷惑ヲ感ズルコト、思ヒマス、生產者ハ出來秋ノ時分ニ、全部ノ米ヲ賣ッテモ尙且ツ足ラヌト云フヤウナ際ニ、統制法ニ依ッテ其一部ノ米ヲ强制力ニ依ッテ之ヲ貯藏シナケレバナラヌト云フ、法ノ力ニ依ッテ貯藏サル、ニ至リマシテハ、全ク中小ノ農家ニ於キマシテハ、非常ニ迷惑千萬ナコトデアルト思フノデアリマス、其點ガ、私共ハ相當ナ大地主或ヘ中產以上ノ方ニハ、相當ノ效果ヲ及ボスト思ヒマスルガ、中小以下ノ農家ニ對シテハ、決シテ此自治的管理案ハ好影響ヲ與フルモノトハ信ジラレナイノデアリマス

尙ホ私ハ此米穀自治管理法ノ中ニ付テ、御尋ヲ致シテ見タイト思ヒマスノハ、此法案ニ依リマスレバ、全國ノ各町村ニ統制組合又ハ之ニ代行スル所ノ機關ヲ作ッテ、過剩米ヲ貯藏サセントスルノデアリマスルガ、米ノ生產縣デアリナガラ、其縣ノ消費ニ足ヲナイ所ノ縣ガ多數アルノデアリマス、其消費ニ足ヲナイ所ノ縣ニ於テモ、生產ガアル以上ヘ、矢張過剩シタル所ノ米ニ對シテハ、統制法ノ適用ヲ受ケテ貯藏シナケレバナヲヌト云フヤウニナッテ參リマスレバ、所謂有リガスレト云フノヲ生ジテ、其縣ニ限リマシテハ非常ナル價格ノ暴騰ヲ來シ、消費者ニ大ナル迷惑ヲ來スコトガ當然ナリト私ハ思フノデアリマスルガ、此點ハ政府ハ如何ニ考ヘラレルノデアリマスカ、尙ホ統制ヲ實行致シマスル爲ニ、一定ノ場所ニ米ヲ集メナケレバナラヌ、其集ムル爲ニハ自然運賃等ガ加ハルノデアリマシテ、此運賃ハ恐ラク生產者自身ガ負擔シナケレバナラナイ、之ヲ賣ル場合ニモ亦相當ナル運賃ガ掛ルノデ、生產者自身ハ二重ノ運賃ヲ負擔シナケレバナラヌヤウナ狀態ニ置カレテアルノデアリマシテ、生產者ニ對シマシテハ相當過重ナル負擔ヲ負ハサレルコトニナリマスルガ、此點ヘ如何樣ニ考ヘラレルノデアリマスカ、先ニモ他ノ議員カラ御質問ニナリマシタガ、九月十月ノ市場ニ出ル所ノ早場米デアリマス、此早場米ニ對シマシテハ、此統制法ノ適用ハ受ケマセヌ、受ケマセヌケレドモガ、早場米ノ出ルノハ恐ラク全國ニ三百万石以上アルト思ヒマス、此三百万石以上アル所ノ早場米ニ對シテ、本法ノ適用ヲセズシテ、他ノ方面ニノミ本法ノ適用ヲサセルト云フコトハ、法ノ適用ノ上ニ矛盾ヲ來スヤウナ虞ガアリハシナイカト云フコトヲ、政府ニ伺ッテ見タイト思フノデアリマス、最近全國ノ米穀商ガ、自治管理案ガ本議會ニ提案サレルト云フノデ、非常ニ反對ヲ唱ヘテ居ルノデアリマス、其反對ノ理由トシテハ澤山アリマスルガ、其主ナル點ハ、統制組合又ハ產業組合ニ於テ自治的ニ統制セラレルヤウニナリマスレバ、商人ノ取扱フ所ノ米ノ數量ガ非常ニ減少シテ、其結果ハ米商ニ少カラヌ打撃ヲ與フルト云フコトガ、恐ラク米商人ノ一番心配シテ居ル所デアルト思フノデアリマス、尤モ今回ノ自治的管理案ハ、需給推算ニ於キマシテ、其過剩米ヲ取扱フコトニナッテ居ル ノデアリマスルケレドモガ、現在ノ制度ニ於キマシテ、產業組合ハ、是ハ强制組合デアリマセズシテ、任意ノ組合デアルノデアリマス、併ナガラ此過剩米ヲ產業組合ガ取扱フコトニナリマスレバ、軈テ全部ノ販賣米ヲ取扱フコトニナルノ心配ハ、十分ニ私ハ認ムルコトガ出來ルト思フノデアリマス（拍手）申ス迄モナク產業組合ハ任意ノ組合デアリマシテ、强制加入デハアリマセヌ、然ルニ米穀統制ヲ產業組合ガ代行スルコトニナリマスレバ、農民ハ悉ク米ニ對シテ代行スル所ノ組合ノ支配ヲ受ケルヤウニナッテ參ル

ノデアリマシテ、自然産業組合ニ强制加入ヲ受ケル形ニナッテ參リマス、又必ズ産業組合ニ强制加入ヲスルコトニナッテ參ルト思ヒマス、謂ハヾ産業組合ノ一ツノ强化デアルト言ッテモ宜シイト思フノデアリマス、米穀商ノ心配スルノモ無理カラヌコトデアルト思ヒマスルガ、米穀ヲ取扱フ所ノ販賣組合聯合會ガ、其所屬組合又ハ所屬聯合會ニ對シテ、米穀ノ平均賣ヲ實行スル所ノ指令ヲ出ス、是ガ抑〻政府自身ガ、此組合ガ全部ノ生産米ヲ取扱フト云フコトヲ豫期シテ居ラレルカラ、斯ウ云フ條文ガ出ルト私ハ思フノデアリマス、サウナッテ參リマスレバ、米穀商ノ蒙ル打擊ハ決シテ少クナイト思ヒマス、政府ハ自治管理法案施行後ニ於テ、米穀商ニ何等ノ影響ナシト、先ニモ屢〻申サレマスルケレドモ、若シ影響ナシト言ハレマスルナラバ、商工大臣ハ先ニハ我黨ノ高橋君ノ質問ニ對シテ、斯ウ云フコトヲ言ハレテ居リマス、米穀自治管理案ニ對シテハ大體賛成ト言ハレテ居ル、全面的ニハ御賛成デナイヤウニ思ハレマス、而シテ運用如何ニ依ッテハ、米穀商ニ重大ナル影響ヲ及ボスト云フコトヲ、商工大臣自身ガ言明致シテ居ラレルノデアリマシテ、私共ノ心配スルノモ此點デアリマシテ、運用如何ニ依ッテ弊害ガアルト云フコトヲ、商工大臣ガ御認メニナリマスナラバ、何故ニ此制度ニ對シテ御賛成ヲナサルノデアルカ、此點ヲ伺ッテ見タイト思フノデアリマス(拍手)吾々ノ心配スル如ク、組合ガ統制米以外ノ米ヲ取扱フコトニナッテ參リマスレバ、愈〻米穀商ニ大ナル打擊ヲ與フルコトハ勿論デアリマシテ、商工大臣ハ統制米以外ノ米ハ、此組合ハ取扱フコトハ出來ナイト云フ所ノ、禁止規定デモ御出シニナル所ノ御用意ガアルカ、又勇氣ガアルカ、此點ニ對シテ私ハ商工大臣ニ伺ッテ見タイト思ヒマス、尙ホ商工大臣ハ商工組合及ビ産業組合ノ連絡ヲ圖ッテ、之ヲ圓滿ニスルト言ハレタノデアリマスルガ、其連絡ヲ圖ルト云フコトハ、如何ナル方法ニ依ッテ連絡ヲ圖ラレルノデアルカ、産業組合ガ米ヲ多ク取扱ヘバ、自然商人ニ對シテ相當ノ打擊ヲ與フルコトハ、是ハ分リ切ッタコトデアル、唯其連絡ヲ取ッテ、兩方ニ圓滿ナル所ノ諒解ヲ求メル、斯ウ云フコトヲ言ハレマシテノ漫然タル御議論デハ、私共ガ承服スル所ノ出來ヌコトデアリマシテ、具體的ニドウ云フコトヲシテ、サウシテ此商工業者ニ對シテ打擊ヲ與ヘナイヤウニスルト云フコトヲ、此議場ニ明言セラルヽ必要ガアルト私ハ信ズルノデアリマス(拍手)政府ハ自治管理案實施ニ依リマシテ、生産者モ、消費者モ、米穀商モ、亦國家ニ取リテモ、何レニモ非常ニ利益ダ、各方面總テ利益デ、悪影響ヲ來スモノハ一ツモナイ、斯ウ云フコトヲ先ニ言ハレテ居ルノデアリマス、サウ總テニ利益ヲ與ヘルヤウナモノデアリマシタナラバ、此議場デ論議スル必要モナク、又米穀商ガ心配シテ議場ニ押寄セテ參ルヤウナ心配モナカラウト思フノデアリマスガ、米ノ價段ガ高クナレバ、消費者ハ相當打擊ヲ受クル、生産者ハ利益ヲ受ケマスケレドモ、消費者ハ相當打擊ヲ受ケル、安クナレバ生産者ハ立行カヌヤウニナル、産業組合ガ米ヲ多ク取扱ヒマスレバ、商人ニ影響シテ來ル、不利ヲ來ス、是ハ分リ切ッタコトデアル、ドチラニカ無理ガ行カナケレバナラナイノニ拘ラズ、總テニ對シテ何等ノ不利益モ與ヘナイト言ハレルコトハ、吾々ガ諒解ニ苦シムモノデアリマス(拍手)如何ニ統制セラレテ行キマシテモ、生産過剰ノ米ト云フモノハ、矢張剰ッテ來ルノデアリマシテ、此剰ッタ米ヲ組合ガ何時迄デモ貯藏致スト致シマスナラバ、組合ハ非常ナル損失ヲ來スノデアリマス、政府ハ一石貯藏致ス爲ニ五圓掛ル、五圓ノ損失ガアル、斯ウ云フコトヲ昨年ノ議會ニモ言ッテ居ラレル、其五圓ノ損失ハ、組合自身ガ負ハネバナラヌ、何時マデ、モ貯藏シテ行クト云フコトニナレバ、組合自身ノ負擔ニ歸スルノデアリマシテ、若シ組合ニ迷惑ヲ掛ケナクシテ、政府ガ之ヲ補償シテヤラウト言ハレルナラバ、政府ニヤハリ此負擔ガ來ルノデアリマシテ、兔ニ角此貯藏米ニ對シテハ、餘ッタ米ニ對シテハ、政府ガ損ヲサレルカ或ハ生産者ナリ、或ハ組合ナリ、何レカノ者ガ損ヲスルヤウニナラナケレバナラナイ、ソレニ政府モ損ヲシナイ、組合モ損ヲシナイ、斯ウ云フコトヲ言ハレマシテモ、吾々ハドウシテモ此點ハ承服スルコトハ出來ナイノデアリマス、政府ハ米穀ノ取扱組合ヲ强制的ノモノトシテ、サウシテ各町村ニ組合ヲ設ケテ、此町村ノ地主、或ハ小作者、其他ノ者ハ組合員ニナラナケレバナラヌト云フコトヲ、法ニ依ッテ決メラレルノデアリマスルガ、前ニモ申シマシタ通リニ、中小ノ農家ハ此爲ニ非常ニ打擊ヲ受クルノデアリマスルガ故ニ、一歩進ンデ、政府ガ今日籾ノ貯藏ニ依ッテ相當成功ヲシテ居ラレ、又價格ノ維持ヲナシテ居ラレル、是ト同樣ニ玄米ヲ貯藏シテ、唯任意組合トシテ、此組合ニ加入スルコトモ隨意ト致シテ、サウシテ此米ノ價格ヲ維持スルコトニ努メラレタナラバ、或ハ米穀商ノ心配スルヤウナコトモナシ、中小ノ農家ニ影響ヲ來スヤウナコトモナイト思フノデアリマスガ、斯樣ナ御意思ハナイノデアリマセウカ、此點ヲ伺ッテ見タイト思フノデアリマス、政府ハ最近ノ米穀事情ニ鑑ミマシテ、其供給過剰ニ對應致ス爲ニ、米穀ノ生産或ハ統制、代作ノ奬勵、海外販路ノ開拓、或ハ新規利用ノ增進、幾多ノ方策ヲ考ヘテ居ラレルヤウデアリマスケレドモ、未ダ一ツモ之ヲ具體的ニ實行ニ著手シテ居ラレヌコトヲ私ハ頗ル遺憾トスル者デアリマス、我國ノ米ハ、政府ノ調査ニ依ッテ明デアリマスル通リニ、需給推算ニ於キマシテ生産過剰ヲ生ズルコトハ明デアリマス、今更議論ノ餘地ハアリマセヌ、屢〻政府當局ガ此議場ニ於テ、先ヅ五百万石程度ノ毎年過剰米ヲ生ズルト云フコトヲ言明シテ居ラレルノデアリマス、ソコデ假ニ此統制組合ナルモノハ、過剰米ヲ生ジタル時ト言ハレマスルケレドモガ、恐ラク非常ナル飢饉ガナイ限リニハ、毎年是ハ貯藏シナケレバナラナイ實情ニ置カレルモノデアルト私ハ信ズル者デアリマス、ソレデ政府ガ唯過剰スル年ダケデ、毎年デハナイト云フヤウナ考ヲ持ッテ居ラレマスルケレドモガ、政府自ラガ我國ノ米ノ生産過剰ト云フコトヲ認メラレテ居ル以上ハ、必ズ毎年此米穀統制ト云フコトハ實行セラレルコトナリト信ズル者デアリマス、此過剰米ヲ生ズルニ當リマシテ、販路ノ開拓、或ハ利用ノ增進、或ハ消費ノ增加ヲ圖ル、是モ一面カラ考ヘレバ非常ニ宜イコトデアルト思ヒマスルケレドモガ、政府ガ此生産ノ制限ト云フコトニ對シテ、何等ノ方策ヲ講ジテ居ラレナイコトヲ、私ハ頗ル遺憾ニ思フノデアリマシテ、寧ロ出來上ッタ米ヲドウシテ賣ルカ、ドウシテ買フカ、斯ウ云フコトニ沒頭セラレルヨリモ、其根本タル所ノ米ノ生産ニ對シテ、相當ノ統制ヲ加ヘラレルコトガ、適當ナリト私ハ信ズルノデアリマス、曾テ我國ノ人口食糧問題ガヤカマシク論議サレタ時分ハ、我國ノ人口增加ニ伴ッテ、食糧米ハ不足ヲ生ズルト云フコトヲ憂ヘタノデアリマスルガ、其後農法ノ改良、耕地ノ改良、特ニ朝鮮、臺灣米ノ奬勵ノ結果ハ、愈〻生産過剰ヲ生ズルコトニナリマシタ、最低價格ガ保障セラレマスレバ、益〻農村ハ米ヲ作リマシテ、增産計畫ニコソナレ、生産制限ト云フコトハ、ドウシテモ望マレヌト思フノデアリマスト、ソコデ代作ノ奬勵ヲナシテ、或ル程度ノ生産制限ト云フモノハ、此間ニ最モ必要ナルコトデアルト思ヒマス、固ヨリ代作ノ奬勵ヲッテ生産ノ制限ヲナスコトハ、内地外地共ニ必要デアリマスルガ、内地ニ於テ米ニ代ル他ノ作物ヲ栽培セヨト申シマシテモ、是ハ恐ラク栽培ガ出來ナイト思フノデアリマス、所謂適地適作主義ニ則リマシテ、朝鮮ニ棉ヲ栽培シ、臺灣ニ麻ヲ栽培シテ、サウシテ此生産制限ニ資セラル、コトガ、最モ必要ナリト考ヘルノデアリマス、私ハ昨年朝鮮ニ參リマシタ時分ニ、朝鮮ノ或ハ總督府、或ハ民間ノ有力ナル方々カラ御聽キ致シマシタガ、朝鮮ニハ百六十七万町歩ノ水田ガアリマシテ、此水田ノ中、毎年米ノ安全ニ穫レル所ノ、所謂安全水田ト云フノガ七十六万五千町歩デアリマシテ、不安全水田、所謂三年ニ一遍必ズ飢饉ガ來ル、或ハ二年ニ一遍ハ必ズ穫レナイト定ッテ居ル不安全水田ガ約九十万五千町歩アリマス、此九十万五千町歩モアル所ノ不安全水田ニ、強ヒテ米ヲ植ヱルヨリモ、之ニ棉ヲ栽培スレバ、此生産ヲ制限スルコトハ相當可能性ガアルト思フノデアリマス、此不安全稻ニ對シテ、朝鮮ノ相當ナ方ニ、此中棉ヲ栽培スル面積ガ幾ラアルカト云フコトヲ聽イテ見マシタ時ニ、先ヅ二十万町歩ハ優ニアル、二十万町歩ニ對シテ棉ヲ栽培セラレタナラバ、我國ニ餘ル所ノ五百万石ノ年々ノ生産過剩ノ大部分ハ、二十万町歩ニ依ッテ補フコトガ出來ルノデアリマシテ、所謂生産制限ヲ爲スコトガ出來ルノデアリマス、サウスレバ我國ノ此難問題タル所ノ需給ノ關係ヲ緩和シテ、米穀ノ調節ヲ根本的ニ解決スルコトヘ、決シテ困難デナイト思フノデアリマス、政府ハ何故ニ此點ニ著意セラレナカッタノデアリマスルカ、私ガ斯樣ニ申シマスレバ、朝鮮ニノミ斯樣ナコトヲ強ユルコトハ、或ハ差別的待遇デハナイカト云フ御叱リヲ受クルカモ知レマセヌガ、決シテ左樣ナモノデハアリマセヌ、棉ヲ栽培スルノト、米ヲ栽培スルノト、其農家ノ利潤ヲ考ヘマシテ、唯徒ラニ危險ナル所ノ水田ニ米ヲ栽培スルヨリモ、棉ヲ栽培シタ方ガ遙ニ利益デアルト云フヤウナ場合ニ於キマシテハ、此處ニ棉ヲ栽培シ、又若シ米ヲ作ルノト棉ヲ作ルノト、危險ハ同ジデアルケレドモ米ヲ作ッタ方ガ增シダト、斯ウ云フ場合ニハ、政府ガ棉ノ最低價格ヲ保障スルトカ、或ハ棉栽培ニ對シテ相當助成金ヲ出サレタナラバ、棉栽培ト云フモノハ決シテ困難デハアリマセヌ、此重要ナル點ヲ御看過シナサレテ、唯出來上ッタ米ノ買入、賣渡ニ對スル所ノコトニ付テノミ、嚴重ナル所ノ法律ヲ御提案ニナルコトハ、聊カ本末顚倒致シテ居リハセヌカト私ハ思フノデアリマス(拍手)政府ノ今日米價ノ調節及數量ノ調節ノ爲ノ毎年ノ支出ハ相當ナモノデアリマス、此支出ノ或ハ五千万圓、或ハ昨年ノ如キハ一億圓ノ損ハセヌカト云フヤウナ時代ニ於キマシテ、政府ノ調節ニ要スル所ノ其經費ノ一部、或ハ一千万圓デモ、五百万圓デモ、此方ニ御向ケ下サッタナラバ、遙ニ效果ノアルコトデアルト思フノデアリマスガ、此御英斷ノナイコトハ、私ハ頗ル遺憾トスル所デアリマス、此點農林大臣及拓務大臣ハ、サウ云フコトニ對シテ何等カ御考案ガアルノデアリマスカ、唯漫然朝鮮ハ今マデ通リヤレバ宜イト云フヤウナ考デオ出デニナルカ、拓務大臣ノ御意見モ合セテ伺ッテ見タイト思ヒマス

最後ニ私ハ此米穀法案ニ直接關係アリマセヌケレドモ、軈テハ我國ノ米穀問題ニ重大ナル關係ヲ及ボシマスル所ノ、滿洲ノ米ニ付テ總理大臣ノ意見ヲ伺ヒタイト思フノデアリマス、御承知ノ通リニ、滿洲ハ其耕作可能地ノ面積ガ三千万町歩アルノデアリマシテ、此三千万町歩ノ中、水田トナリ得ベキ所ノ可能性アルモノガ、約百五十万町歩、或ハ二百万町歩ト云フコトヲ唱ヘラレテアルノデアリマス、現在滿洲ニハ二百万石ノ米ガ出來テ居リマス、此二百万石ノ米ガ年年出來テ居リマスルガ、之ヲ滿洲ニ其儘ニ致シテ置キマシタナラバ、滿洲ノ野ハ軈テ開墾セラレマシテ、毎年增産致シマシテ、滿洲ニ一千万石或ハ二千万石ノ米ヲ作ルコトモ、決シテ困難デハナカラウト私ハ思フノデアリマス、結局此滿洲ニ米ガ出來テ參ルト云フコトニナリマスレバ、其米ガ軈テハ我ガ内地ニ輸入セラル、ノデアリマス、固ヨリ滿洲ノ生産費ハ非常ニ安イノデアリマス、朝鮮ニ付テ調ベマシテモ、朝鮮ノ生産費ト我ガ内地ノ生産費トハ比較ニナリマセヌ、滿洲ニ於キマシテハ、五箇年モ無肥料デ米ガ出來ルト云フヤウナ實情デアリマスルガ故ニ、滿洲ノ米ノ生産費ト云フモノハ、遙ニ低下致スノデアリマス、此安イ米ヲ以テ我國ニ輸入サル、際ニ於キマシテハ、我國ハ滿洲米ノ輸入ニ依ッテ、相當打擊ヲ受ケハセナイカ、若シ此場合滿洲ノ米ニ對シテ、外國ノ米デアルカラ、高イ關税ヲ課スルト、斯ウ云フヤウナコトニナリマスレバ、所謂日滿經濟統制ノ上カラ考ヘマシテモ、重大ナル疑義ヲ生ズルノデアリマスルガ故ニ、今此滿洲ニ對シテ相當考ヘナケレバナラヌト思ヒマス、昨年モ私ハ此點ニ付テ御聽キ致シマシタガ、滿鐵沿線ノ附屬地ハ我ガ支配權デアルガ故ニ、此點ニ對シテハ考慮スルケレドモガ、滿洲ニ對シテハマダ考ヘタコトハナイト、斯ウ云フコトヲ言ハレタノデアリマスルガ、若シ今日デモ斯樣ニ漫然トシテ滿洲ノ米ト云フコトニ對シテ、御著眼ガナカッタトスレバ、軈テ滿洲ノ米ガ我ガ内地ノ米ヲ壓迫スルコトハ、火ヲ睹ルヨリモ明デアルト思フノデアリマス、滿洲ニハ頻ニ移民ヲ奬勵セラレ、朝鮮ノ移民ガ滿洲ヘ續々行ッテ居リマスガ、此移民ガ第一ニ著眼スルモノハ矢張米デアリマス、所謂水田ヲ何トカシテ開墾シテ、此水田ニ稻ヲ植ヱテ米ヲ穫リ之ヲ食フ、或ハ之ヲ賣リタイト云フノガ滿洲ノ實情デアリマスルガ故ニ、此點ヲ政府ハ如何樣ニ考ヘラル、ノデアリマスカ、滿洲ハ主トシテ我ガ農村ノ子弟ガ第一線ニ立ッテ、サウシテ滿洲ノ獨立ヲ見テ、國家ヲ擧ゲテ非常ニ喜ンデ居リマスルケレドモガ、若シ此方策ヲ誤ルナラバ、我ガ農村ハ軈テ滿洲ノ爲ニ、非常ナル打擊ヲ蒙ランケレバナラヌト云フ場合ニ立到ルノデアリマスルガ故ニ、此際此時ニ當ッテ滿洲國ノ米ニ對シテ、ドウ云フ風ニ考ヘテ居ラレルノデアリマスルカ、是ハ總理大臣ノ御所見ヲ伺ッテ見タイト思フノデアリマスル、以上數項ニ亙リマシテ質問ヲ致シマシタガ、成ルベク明快ニ御答辯ヲ願ッテ置キタイト思ヒマス(拍手)

(國務大臣山崎達之輔君登壇)

○國務大臣(山崎達之輔君)　三善君ノ御問ノ、政府買上米ノ買入手續ヲ改メル意思ガアルカト云フ點デアリマスガ、此點ハ御尤ナ御氣付ト考ヘマスカラ、十分考慮致スコトニ致シタイト思ヒマス、ソレカラ第二ハ最高價格以下ノ場合デモ、賣出ス途ヲモウ少シ擴メタラバドウカト云フ御趣意デアリマシタガ、是ハ只今ノ統制法ガ最高價格ヲ設定致シマシタ精神ニ鑑ミマシテ、餘リ之ヲ樂ニ取扱フコトハドウデアラウカト思ヒマス、矢張相當ノ制限ハ置カナケレバナリマセヌ、尤モ政府手持米デ整理ヲ要スルコトモアリマスカラ、整理米等ハ固ヨリ賣却スル途ハアル譯デアリマス、ソレカラ管理案ニ付キマシテ、先程ドナタカノ御質問ニアリマシタヤウニ、中小農ノ救濟ガ不十分チヤナイカ、斯ウ云フ御質問デアリマシタガ、是ハ昨年行ヒマシタ全國ノ籾貯藏ノ狀況カラ御考ヘ願ヒマシテモ、籾貯藏ノ際モ矢張小自作農、小作農ガ約六七割ヲ占メテ居ルノデアリマシテ、決シテ一部ニ考ヘラレルヤウニ、地主ダケガ利用スルト云フヤウナ考方ハ實情ニ當ラナイモノト私共ハ考ヘテ居ルノデアリマス、更ニ先刻申上ゲマシタヤウニ、中以下ノ小農ト稱スル者ノ中

デ、或ハ半農半漁、半農半商ト云フヤウナ色々ナ部類ガアリマスノデ、ソレハ矢張農村ニ於ケル米ノ收入ガ一體ニ增加スルコトニ依ッテ、利益ニ浴スル關係ガアル譯デアリマスルカラ、隨テ統制法ノ運用ヲ圓滑ニスルト云フコトハ、要スルニ左樣ナ部分ニ對シテモ利益デアル、斯樣ニ御諒解ヲ願ヒタイノデアリマス、米ノ生產統制ニ付テノ案ガナイコトヲ、遺憾トスルト云フ御趣意デアリマシタガ、是ハ拓務大臣カラ御說明ヲ申上ゲル方ガ宜シイト思ヒマスガ、先刻モ中上ゲマシタヤウニ、臺灣朝鮮ニ於テモ、既ニ出來得ルダケノコトハソレ〳〵手配ヲ致シテ居ルコトハ、御承知ノ通リデアリマス、併ナガラ此問題ガ中々實際ニ於テハ非常ナ困難ナ事業デアリマシテ、例ヘバ先年減反案ト云フヤウナモノガ世間ニ現ハレマシタ場合ニ、世論ノ狀態ハ如何デアリマシタラウカ、隨テ政府トシテハ之ヲ決シテ度ロニハ考ヘテ居リマセヌ、調査會ニ於テモ此點ハ答申ノ條項ニナッテ居リマスノデ、先刻中上ゲタヤウニ、出來ルダケ此點ニ付テハ今後研究ヲ重ネルト云フコトニ、御諒解ヲ願ヒタイト思ヒマス、ソレカラ商人ノ關係デアリマスガ、是ハ度々中上ゲマシタヤウニ、決シテ避ケル意味デモ何デモアリマセヌガ、少シ世間デ餘リニ誇大ニ考ヘラレテ居ルヤウニ私ハ廢レルノデアリマス、是ハ全國各地方々々ノ實情モ中上ゲ、統計ニモ據ッテ篤ト御諒解ヲ願フ方ガ適當ト思ヒマスノデ、本議場ニ於テハ省略ヲ致シテ居ル譯デアリマスカラ、其邊ハドウカ惡シカラズ願ヒタイト思フノデアリマス、能ク此點ハ他ノ機會ニ於テ篤ト中上ゲマシテ、尙ホ御意見モ伺ッテ、政府トシテモ考フベキコトハ、考ヘルト云フコトニ致シタイト思フノデアリマス、組合ノ設立ヲ任意トスレバ、宜クハナイカト云フ御趣旨デアリマスガ、是モ或ハ御無理デナイ御意見カトモ思ヒマスケレドモ、何分ニモ今回ハ內地外地ヲ通ジテ、一貫シタル統制方策ヲ立テルト云フ大方針ガアル譯デゴザイマスカラ、隨テ組合等ニ付キマシテモ、或ル程度ノ强制ハ已ムヲ得ナイノデアリマス、ソレカラ統制米ヲ集メル運賃及ビ早場米ノ關係等ニ付テノ御質問ガアリマシタ、早場米ノコトハ是ハ委員會ニ於テ、政府委員カラ中上ゲルコトニ致シタイト思ヒマス、集散ノ運賃ハ是ハ大シタコトデハナカラウト私モ考ヘテ居リマスガ、斯樣ナ點ハ他ノ機會ニ、政府委員カラ御諒解ヲ願フコトニ致シタイト存ジマス

(國務大臣町田忠治君登壇)

○國務大臣(町田忠治君) 三番君ノ商工方面ニ對スル御質問ニ對シテ、大要御答ヲ致シマス、大體ハ農林大臣ノ答辯ニ依ッテ御諒解下サッタコト、思ヒマス、併シ此問題ハ或ハ產業組合ノ進出、中小商工業者ノ今日ノ立場ニ於テモ、相當困難ナコトガアリマスル其政治的意味ノ問題ト、此統制法ノ問題ト混淆シテ申シテ宜イカ、二ツ加ッテ、餘程一般ノ人心ニ大キナ刺戟ヲ與ヘタ事實ガアルコトハ其通リデアリマス、管理法ニ依リマスル販賣組合統制組合ノ領分ハ、大體ニ於テ剩餘米ヲ管理セシムルト云フコトガ主デアリマシテ、其他ノ一般ノ米穀ヲ、此組合ニ取扱ヘセルト云フ趣意ニ立テラレナイコトハ、農林大臣カラ屢〻發明サレタ通リデアリマス、併シ先日私ガ此議場竝ニ貴族院ニ於テモ申シタ通リ(「ソレハ取扱ッテ居リマス」ト呼フ者アリ)――只今簡單トカ云フヤウナ御聲ガアリマスガ、暫時御清聽願ヒマス(「ノー〳〵」「ソレハ取扱ッテ居リマスト云フコトヲ言ッタノデス」ト呼フ者アリ)サウデスカ――今中上ゲマシタ通リ、中小商工業ノ立場ガ一般ニ同情サルベキ境遇ニアルコトハ申ス迄モアリマセヌ、殊ニ都會ニ於キマシテハ、一面ニハ百貨店ト言ヒ、一方ハ產業組合ノ進出等ニ依ッテ、非常ナ苦シイ立場ニアルコトハ申ス迄モアリマセヌ、ソコデ私ハ此席デモ皆サンニ御教ヲ乞フトシテ中上ゲマシタノハ、中小商工業ノ日本ノ經濟機構ヲベ、此儘ニ破壞スル譯ニ行カヌカラ、產業組合ノ正當ナル發達ト同時ニ、中小商工業ノ――我國ニ於ケル經濟機構トシテノ重要ナ地位ヲ占メテ居ル中小商工業者ノ立場ヲ考慮シテ、其安定ヲ圖ラナケレバナラヌ、ソレニハ種々ナ案ガアルガ、最モ必要ト私ノ思フノハ、工業組合及商業組合ノ發達ヲ促進スルコトデアル、ソレニハ恰モ產業組合ニ於テ金融機關ノ中心機關ガアルガ如ク、工業組合、商業組合ニ於テモ、中央金庫ヲ設立スルガ最モ適當デアル、斯樣ナコトヲ以テ私ハ皆サンノ御諒解ヲ得テ、且又御意見ガアレバ承リタイ积リデ、先日私案ヲ中上ゲテ置イタノデス、今後ハ產業組合、販賣組合若クハ統制組合ト云フモノノ進出ニ依ッテ、一般米穀商ノ活動ノ範圍ガ大ニ縮メラレルト云フ場合ガナイヤウニ、此法律ヲ運用セナケレバナリマセヌ、是ハ農林大臣モ同樣ノ考デアリマス、併シ若シ商業組合ト工業組合トノ二ツト、產業組合トノ間ニ、出來レバ之ヲ協調セシメテ雙方ノ發達ヲ圖ルコトガ必要デアリ、其發達ヲ促スニハ、既往四十年間、或ハ特權、或ハ政府ノ指導、其他ノ府縣廳初メ、世話ヲ燒イテ與レタコトニ依ッテ發達シタ產業組合ニ對シテ、マダ生レテ數年ヨリ經タヌ工業組合、商業組合ニ對シテモ、產業組合同樣ノ特權ヲ與ヘル外ニ、政府竝ニ地方廳ハ、マダ乳ヲ呑ンデ居ルト云フ此幼年者ヲ發達セシムルコトニ於テ、一層ノ努力ヲスル必要ガアルト云フコトヲ、私ハ貴族院デモ一昨日申シタノミデアル、此意味ニ於テ進ミマスレバ、私ハ產業組合ヲ中心トシタル販賣組合ト、中小商工業ヲ基礎トシテ發達シテ居ル所ノ商業組合、工業組合トガ適當ナル妥協點ガ見出サレテ、兩々相進ムコトガ出來ルト云フ考ヲ有ッテ居ルノデアリマスルガ故ニ、中上ゲ居ルノデアリマス(拍手)

(國務大臣伯爵兒玉秀雄君登壇)

○國務大臣(伯爵兒玉秀雄君) 三番君ノ御質問ニ御答致シマス、只今御述ベニナリマシタル通リニ、朝鮮ニ於キマシテハ、曾テハ米ノ品種ノ改良ニ努力シ、又引續キマシテ內地米ノ缺陷ヲ補フ爲ニ、產米計畫ヲ樹テマシテ、今日迄進ンデ來タノデアリマスガ、其後內地ノ米ノ關係カラ觀マシテ、此產米計畫ヲ昨年ヲ以テ打切リマシタノデアリマス、マダ半バニモ達シテ居ナイ所ノ此產米計畫ヲ打切リマシテ、此米ノ統制ニ向ッテ貢獻シタイト致シツ、アルノデアリマス、而シテ朝鮮ニ於キマシテハ、棉花ノ栽培ヲ獎勵致シテ居リマス、只今御話ノヤウナ風ニ、二年目カ三年目ニ天候ニ依リマシテ、水田ニ相成リマスル所ノ不良田ガアルノデアリマス、之ヲ何トカ其方面ニ變ヘタイト云フ事柄ハ、多年總督府ニ於テ考ヘラレテ居ル所デアリマスケレドモ、御承知ノ通リ朝鮮人ノ古來ノ風習ト致シマシテ、水田ニ對シマスル所ノ執著力ガ非常ニ强イノデアリマス、隨ヒマシテ之ヲ整理致シマスルコトニ困難ヲ感ズルノミナラズ、之ニ代作ヲ命ズルヤウナ場合ニ於キマシテハ、巨額ノ補償金ヲ要スルコトデハナイカト思ヒマシテ、其點ニ付テハマダ十分ノ手ガ著イテ居リマセヌノデアリマスガ、三番君ノ御說ノ如ク、此點ニ付テハ將來考フベキ必要ガアルト思ウテ居ルノデアリマス、又臺灣ニ於キマシテモ、御承知ノヤウナ高砂米ノ發達ヲ見タノデアリマスケレドモ、併シ是モ尙ホ內地ノ統制ニ應ゼンガ爲ニ、既ニ昨年度ニ於キマシテハ生產制限ヲ致シマシテ、粗約八十万石ノ減產ヲ致シ、之ニ代作ヲ命ジテ居リマスルノデアリマス、來年度ニ於キマシテモ同樣、約

八十五六万石ノ籾ノ減收ヲ豫期致シマシテ、之ニ代作ヲ命ズルコトニ致シテ居リマスルノデ、減產ニ付テモ相當ノ注意ヲ總督府ニ於テ致シテ居ルノデアリマス、只今申上ゲタ通リニ、外地ニ於キマシテハ、內地ノ米ノ統制ニ貢獻スルガ爲ニ、多大ノ犧牲ヲ拂ヒツヽ、而シテ統制ニ向ッテ努力シテ居ルト云フコトノ誠意ダケハ、御諒承願ッテ置キタイト思ヒマス(「朝鮮ノ減反ノ具體的ノ狀況ハ分リマセヌカ」ト呼フ者アリ)甚ダ御聲ガ小サイノデ聽取リ兼ネマスガ、御質問ガアリマシタナラバ、改メテ御質疑ヲ御願致シマス(拍手)

(國務大臣岡田啓介君登壇)

○國務大臣(岡田啓介君) 三善君ノ御尋ヘ滿洲ニ於ケル米作ノコトデアッタト思ヒマス、滿洲ノ米作ト申シマシテモ、內地人若クハ朝鮮人ガ作ッテ居ルモノバカリデナシニ、滿洲全體ニ於ケル米作ノコトダト思ヒマス、滿洲ニ於キマスル產業ニ致シマシテモ、農業ニ致シマシテモ、ソレハ我國ト共存共榮ノモノデナケレバナラヌト思フノデアリマス、產業ニ致シマシテモ、農業ニ致シマシテモ、其發達ニ依ッテ我國ガ脅カサレルモノデアッテハナラヌト思フノデアリマス(「ソレデ米ハドウスルノデス」ト呼フ者アリ)將來政府ハ其點ニ於テ善處シタイト考ヘテ居リマス(笑聲、拍手)

(三善信房君登壇)

○三善信房君 先ヅ農林大臣ノ御答辯ニ對シマシテ、更ニ御尋致シテ見タイト思ヒマス、農林大臣ハ私ノ尋ネマシタル第一點ノ、政府ノ買上米ニ對シテハ相當其手續ヲ考慮センケレバナラヌ、所謂勅令ノ改正ヲ爲スノ必要アリ、斯ウ云フヤウナ御決心ノヤウデアリマシテ、是ハ少クトモ此議會後ニ於キマシテハ、直チニ御改正ノ必要ガアルト思ヒマス、現在ノ買入方法ガ煩雜デアッテ、非常ニ日數ヲ要スルヤウデハ、値ノ米ヲ賣ル者ハ、矢張庭先デ賣ルノデアリマスルガ故ニ、隨テ非常ナ損失ヲセンケレバナラヌ、折角政府ガ最低價格ヲ保障シテ居ルニ拘ラズ、安イ値デ賣ラナケレバナラヌト云フコトニナルノデアリマスガ故ニ、此點ヘ十分御考慮ヲ願ヒマシテ、速ニ御改正ヲ願ッテ置キタイト思フノデアリマス、尙ホ政府ノ賣渡米ノ點ニ付キマシテハ、其法ノ精神カラ致シテ、サウ範圍ヲ擴ムル譯ニ行カナイ、斯ウ云フヤウナ意見ノヤウデアリマシタガ、是ハ昨年既ニ經驗サレテ居ルコトデアリマシテ、米ヲ政府ハ一千八百万石モ持ッテ居ルニ拘ラズ、地方的ニハ有ガスレヲ生ジテ、非常ニ値段ガ高クナッタ、其時分ニ米ヲ買ッテ食フ者ハ、所謂中小ノ農家デアリマスルガ故ニ、此中小ノ農家ヲ救濟スル意味ニ於キマシテ、此範圍ヲ今少シク擴張セラレテモ、法ノ精神ニサウ背クモノデナイ、政府ノ手持米ハ最高價格以上デナイト賣ラナイケレドモガ、或ハ籾貯藏、或ハ玄米ヲ今回貯藏セラレテモ、或ル程度ノ價格ニナッタナラバ、之ヲ賣ッテ宜シイト言ハレルノデアリマスルガ故ニ、政府ノ手持米ハ最高價格以上デナケレバナラヌ、民間デ貯藏シテ居ルモノハ、其最高價格ニ達セヌデモ賣ッテ宜シイト云フコトカラ考ヘマシテモ、是ハ當然政府米ヲモ、斯ウ云フ困難ナ場合ニハ、矢張其賣渡價格ヲ相當ニ低下セラルヽコトモ必要ナリト私ハ信ズル者デアリマスルガ故ニ、更ニ御考慮ヲ願ヒタイト思フノデアリマス、尙ホ此自治管理案ノ實施ノ結果、米穀商ニ何等ノ打擊ヲ與ヘナイト、斯ウ云フコトヲ言ハレルノデアリマスルガ、其打擊ヲ與ヘナイト云フ所ノ骨子ニ付テハ、餘リ御話ガナイヤウデアリマシテ、是ハ委員會ニ於テ說明ヲスルト云フヤウナコトデアリマスルガ、願クハ此統制管理實施ノ曉ニ、米穀商ニ何等ノ打擊ヲ與ヘナイト云フコトヲ、具體的ニ本議場ニ說明セラルヽコトガ、最モ必要ナリト私ハ信ズルノデアリマス(拍手)尙ホ強制的ニ組合ヲ拵ヘテ、サウシテ組合員ヲ又強制加入ヲサセルコトハ、中小ノ農家ニ對シテ非常ナ迷惑ヲ來スデハナイカ、斯ウ云フコトヲ私ガ申シマシタニ付キマシテ、矢張是ハ內地外地打ッテ一丸トシタル所ノ法デアッテ、或ル程度ノ強制ハ已ムヲ得ナイト云フヤウナ御意見ノヤウデアリマシタガ、私ハ中小ノ農家ノ實情ニ鑑ミマシテ、持ッテ居ル米ヲ全部賣ッテモ足リナイ位ノ所ニ、其持米ノ幾分ヲ強制的ニ貯藏セシムルコトハ、中小ノ農家ニ非常ナル迷惑ヲ及ボスコトナリト信ズルノデアリマス(拍手)此點ヲ十分御考究下サレマシテ、此強制加入ト云フコトハ、相當御考慮ノ餘地ガアルト私ハ思フノデアリマスガ故ニ、更ニ大臣ノ御意見ヲ伺ッテ見タイト思ヒマス

尙ホ商工大臣ハ、產業組合ト所謂商業組合トノコトニ付キマシテ、是ハドウモ產業組合ト商人トノ間ニ、此問題ヲ混淆シテ居ルヤウニ思フノデアルガ故ニ、此點ハ兩方妥協ヲシテ旨ク進ムヤウニセナケレバナラヌ、斯樣ナ御意見ノヤウニ承ッタノデアリマス、產業組合ガ過剩米ヲ取扱フコトデアルコトハ、是ハ法ノ示ス所デアリマス、併ナガラ產業組合ガ過剩米ヲ取扱ヒマスレバ、總テハ全生產米ヲ取扱フノ心配ガ十分茲ニ現レテ居ル、其現レテ居ル一部ハ、產業組合聯合會ニ對シテ──下級ノ產業組合聯合會、或ハ產業組合ニ對シテ、平均賣ヲ指令スルト云フコトノ條文ガ茲ニ揭ゲラレテアル點カラ考ヘマシテモ、產業組合ガ相當多量ノ米ヲ取扱フモノト云フコトヲ豫期シテ居ラルレバコソ、此一般賣ト云フコトガ現レテ居ルト思フノデアリマスルガ故ニ(「ヒヤヒヤ」)總テハ產業組合ガ大多數ノ米ヲ取扱フノ虞ハ、十分ニ茲ニ含ッテ居ルト私ハ思フノデアリマス(拍手)然ルニ米穀商ノ立場ヲ考慮シテ、サウシテ產業組合ト餘リ衝突ノナイヤウニ圓滿ニセネバナラヌ、所謂商業組合ノ設立ヲ圖ッテ、金融ノ途ヲ講ズルコトモ、其一ツノ方法ナリト言ハレテ居リマスルガ、然ラバ何故米穀統制管理ヲ爲サレル此際ニ於テ、同時ニ此法案ヲ御提出ニナラナイカヲ私ハ遺憾トスル者デアリマス(拍手)尙ホ米穀商ノ範圍ヲ侵サナイヤウニ十分注意ヲシテ、サウシテ米穀商ノ商權ヲ擁護シテ行カナケレバナラヌト云フヤウナコトヲ言ハレマシタガ、私ガ曩ニ申シマシタ通リニ、此產業組合ガ、總テハ全生產米ヲ取扱フヤウナ虞ガ十分ニアル場合ニ於キマシテ、統制米以外ノ米ハ取扱フコトハ出來ナイト云フ、禁止規定ヲ御出シニナル所ノ勇斷ガアルカドウカヲ私ハ伺ッテ置キタイト思フノデアリマス(拍手)唯商工大臣ノ言ハレルノハ、研究シテ、サウシテ妥協シテ行クヤウニ──圓滿ニ妥協スルヤウニト云フコトヲ言ハレマスカ、圓滿ニ妥協ノ途ガ具體的ニアリマスルナラバ敎ヘテ貰ヒタイ、法案モ何モ出サズシテ、唯相互妥協ノ途ヲ圖ッテ行キタイト言ハレテモ、ソレハ私ハ承服スルコトガ出來ナイノデアリマスルガ故ニ、具體的ニ私ハ御願シタイト思フノデアリマス(拍手)

拓務大臣ハ朝鮮ノ代作奬勵及臺灣ノ代作奬勵ニ對シテ、臺灣デハ相當ヤッテ居ル、朝鮮デハ中々朝鮮人ガ水田ニ執着心ガアッテ、水田ヲ去ルコトガ出來ナイガ故ニ、其代作換ト云フノハ餘程困難デアル、斯ウ云フ風ナコトヲ言ハレマシタガ、私ハ唯朝鮮人ニ代作ヲ奬勵シテ、棉ヲ植エロト言ッテモ、是ハ植ルモノデハアリマセヌ、曩ニモ申シマシタ通リ、米ヲ植エルノト、或ハ棉ヲ植エルノト、何レガ農家ノ經濟ノ上ニ有利デアルカト云フコトヲ考ヘテ見テ、若シ米ヲ植エタ方ガ棉ヲ植エタヨリモ遙ニ利益デアルト云フナラバ、棉ヲ植エルニ付テ必要ナ

ル所ノ助成ヲセンケレバナラヌ、又棉ノ價格ノ如キハ、世界的ニ相場ガ出マシテ、洵ニ高下ガアルノデアリマス、此亂高下ノアリマスル棉ニ對シテ、能ク生産費ヲ調査セラレマシテ、所謂米ニ對シテ最低價格ノ保障ヲセラレルヤウニ、棉ニ對シテモ最低價格ノ保障ヲ爲シ、或ハ相當ノ金額ヲ支出シテ助成セラレタナラバ、決シテ困難デハナイト思フノデアリマス、唯金ヲ出サズシテ、研究モセズシテ、執着心ガアルカラ中々代作ハ困難デアルト言ハレテハ、此重大ナル問題ヲ解決スルコトハ出來ナイト思フノデアリマシテ、政府ノ不誠意ヲ私ハ洵ニ遺憾トスル者デアリマス(「ヒヤ〳〵」拍手)

尙ホ總理大臣ニ御伺ヲ致シマスルガ、總理大臣ハ滿洲ト我國トハ共存共榮デ行カナケレバナラヌト言ハレマスガ、勿論ノ事デアリマス、是レ位ノ幼稚ナコトハ、私ハ御說明ヲ求メヌデモ宜シウゴザイマス、唯滿洲ノ根本問題、我國ト滿洲トノ根本問題、所謂滿洲ハ水田トナル所ノ可能性ノアル土地ガ相當廣イ面積ガアルガ故ニ、隨テ此儘放任シテ置ケバ、滿洲ノ米ニ依ッテ我國ノ農村ガ非常ナ脅威ヲ受クルヤウナコトガアリハシナイカ、若シサウ云フ場合ニ、滿洲ハ外國デアルカラ、高イ關稅デモ課スルヤウナコトニナレバ、所謂滿洲ト我國トノ經濟統制ノ上ニ、非常ニ遺憾ノ點ガアルノデアリマスルガ故ニ、此際未然ニ防グ爲ニ、滿洲ノ農業政策ニ對シテ、ドウ云フ考ヲ有ッテ居ルカト云フコトヲ御聽キシタノデアリマスルガ、之ニ對シテ何等ノ御方針ガ無イト云フノハ、洵ニ現內閣ハ無方針デアルト言ッテ私ハ宜シイト思フノデアリマス(拍手)斯ウ云フ重大ナル問題ニ對シマシテ、總理大臣ガ自ヲ率先シテ滿洲ノ農業政策、又我國ノ農業政策等ニ十分鑑ミラレテ、サウシテ適當ナル方策ヲ滿洲ニ樹テルベク努力セラレルコトガ、總理大臣トシテ最モ努メナケレバナラヌ事柄デアルニ拘リマセズ、漫然此事ニ對シテ何等ノ御方針ガ無イト云フコトハ、洵ニ遺憾トスル所デアリマシテ、若シ御持合セガアリマスルナラバ、更ニ御答辯ヲ願ヒタイノデアリマスルガ、唯共存共榮主義ト云フコトノミデ御答ニナリマスナラバ、御答辯ハ要リマセヌ、唯現內閣ハ無方針、農業政策ニ對シテ無方針ダト云フコトヲ、私ハ申上グルヨリ外ナイト思フノデアリマス(拍手)

(國務大臣山崎達之輔君登壇)

○國務大臣(山崎達之輔君) 第一ノ統制法ニ於ケル政府米ノ拂下ノ關係デアリマスルガ、是ハ重ネテノ御質問デハゴザイマスルケレドモ、今回ノ改正案ノ程度デ、丁度頃合ヒノ所ヂヤナイカト考ヘテ居リマス、第二ハ産業組合及米穀商ノ關係デアリマシテ、再三ノ御質問ニ對シマシテ、甚ダ相濟マヌヤウナ氣モ致シマスケレドモ、是ハ實際ノ所ガ、各地ノ實情モ篤ト一ツ御調モ願ヒ、サウシテ今回ノ立法ガ、米穀販賣組合ノ將來ニドウ云フ關係ヲ及ボスカト云フコトモ、是ハ一ツ數字ニ亙ッテ御研究ヲ願ヒタイト實ハ私ハ思フノデアリマス、唯此處デ一言申上ゲテ置キタイト思ヒマスコトハ、三善君モ十分御理解下スッテ居リマスヤウニ、農村トシテ農村ノ生産物ヲ共同デ捌クト云フ機關ハ、是ハ農村ノ爲ニ極メテ大切ナル機關デアリマシテ、此機關ノ組織ニ對シテ、動モスレバ一ツノ疑ヲ挿ムガ如キ說ガ世上ノ一部ニアリマスコトハ、私ハ寧ロ之ヲ殘念ニ考ヘテ居ル譯デアリマス、唯此生産者ガ自己ノ生産物ヲ共同シテ賣捌クト云フ組織ト、之ヲ消費者ニ供給スルト云フ商人ノ組織トノ間ニハ、自ヲソコニ協調ノ途アルベキモノデアリ、又ソレヲ望ムノデアル、而シテ商人ニ付キマシテ何等立法ガナイト云フヤウナ、御疑モアルヤウナ風ニ聞エマシタケレドモ、是ハ三善君モ十分御承知ノ通リ、今日ノ商業組合工業組合ト、産業組合トノ間ニハ、法ノ特權ニ於テ何等ノ差ハナイノデアリマス、兩方平等ニ國ノ制度ニ於テハ保護致シテ居ル譯デアリマシテ、唯此制度ヲ實際ニ於テ運用スル上ニ於テ、業態ノ差違ニ依ル種々ノ異同ガアル譯デアリマス、併シ之ニ付キマシテハ、商工大臣モ出來得ル限リ助成方針ヲ執ルト云フ御考デアルコトハ、再三御述ニナッタコトニ依ッテ御諒解ヲ願ヒタイト存ジマス、大體以上申上ゲマシタコトニ依ッテ御諒解願ヒタイト思ヒマス

○議長(濱田國松君) 三善君、モウ質疑ハアリマセヌカ

○三善信房君 自席カラ發言ヲ許シテ戴キタイト思ヒマス

○議長(濱田國松君) 簡單ナラ御許シシマス

○三善信房君 私ノ再度ノ質問ニ對シテ、拓務大臣ハ別ニ朝鮮及臺灣ニ對シテノ對策ニ付テノ御方針ガ無イヤウデアリマシテ、御答辯モナイノデアリマス、商工大臣モ亦商業組合ノ問題ニ對シテ具體案ヲ御出シニナルカ、御持合セガアルカト思ッテ居リマシタガ、唯産業組合ト商業組合トノ圓滿妥協ト云フノミデ御逃ゲニナッテ居リマスガ、ソレデハ私ハ承知スルコトガ出來ヌノデアリマシテ、何等案ノ持合セガナイヤウニ思ヒマス、又總理大臣ハ滿洲ノ問題ニ對シテ殆ド無方針デアルト私ハ言ヒマシタガ、ソレヲ承認シテ居ラレルヤウデアリマスカラ、此上質問ハ致シマセヌ、何レ委員會ニ於キマシテ十分質問致シタイト思ヒマス(拍手)

○議長(濱田國松君) 次ノ通告者深水淸君

(深水淸君登壇)

○深水淸君 既ニ澤山ナ質疑者ガアリマシタノデ、私ノ御尋シタイ問題ニ付キマシテモ、相當重複ヲシテ居ルヤウデアリマス、隨テ私ノ質問ニ於キマシテモ、幾分カ其點ヲ免レマセヌカラ、其點ハ前以テ御容赦願ッテ置キマス、私ハ此質問ヲ致シマスニ當リマシテ、先ヅ私ノ立場ヲ申上ゲテ置キマス、私共ハ此三法案ガ、農村卽チ生産者ノ爲ニ有利ナリヤ否ヤ、卽チ農村ノ爲ニ此三法案ガ有利デアルト云フコトガ的確ニ明デアリマスナラバ、私共ハ之ヲ贊成スルニ少シモ躊躇致シマセヌ、併ナガラドウモ共點ニ於キマシテ、幾多ノ疑問ヲ有スルノデアリマス、隨テ吾々ノ檢討ノ結果、此三案ガ農村ニ對シ、卽チ生産者ニ對シテ不利益デアルト云フコトニナリマスナレバ、吾々ハ猛然トシテ此案ニ反對セネバナラヌノデアリマス(拍手)

ソコデ私ハ先ヅ首相ニ御尋ヲ致シマス、申上ゲマス迄モナク、此米穀問題ト云フモノハ、全國民ノ日常ノ卽チ必需品デアリマス、缺クベカラザル所ノ、日々消費シテ居ル所ノ必需品デアリマス爲ニ、此問題ヲ政府ガ若シ過チマスト、飛ンデモナイ事ガ出テ來ルノデアリマス、詰リ生産者ノ方カラ申シマスト、國家ノ大本デアルト申シテ宜イ農村ガ破壞シテシマフ、又全國民デアル所ノ消費者ガ生活ノ脅威ヲ受ケル、詰リ扱ヒ樣ニ依ッテハ生産者デアル所ノ農村ヲ破壞スルニ至リ、扱ヒ樣ニ依ッテハ全國民ノ消費者ガ生活ノ困難、生活ノ脅威ト云フモノヲ受ケルコトニナル、ソコデ此生産者ト消費者トノ關係ノ纏レカラシテ、所謂前門ニ狼ヲ防イデ、場合ニ依ッテハ後門虎ヲ入レルヤウナコトニナル、折角後門ノ虎ヲ防イデモ、前門カラ狼ガ押込ンデ來ルト云フヤウナコトガ、決シテナイトハ言ヘナイ問題デアル、ソコデ私ハ茲ニ首相ニ御尋スルノデアル、今全國ノ人口ヲ申シマスト、私ガ申上ゲルマデモナク九千万人デアル、全國ノ米穀ノ生産高ト云フモノハ又九千万石デアル、サウシテ一人ノ消費ヲ從來ノ統計ニ依リ、政府カラ御出シニナッタ所ノ材料ニ依リマシテ調ベテ見マシテモ、大體一箇年ニ一石內外ノモノデアル、シマスルト「マイナス」、プ

ラス」デ日本全國ノ生產ト云フコトカラ申シマスト、實ハ過剩米ナンカト云フ問題ハ起ラナイコトニナル、九千万石ノ生產ニ對シ、九千万人ガ一年ニ一石宛費スト云フコトニナリマスト、本來過剩米ト云フ問題ハ根柢カラ起ラナイ筈ノモノデアル、所ガ事實ハ之ニ反シマシテ、年々歲々此過剩米ト云フ問題ガ起ッテ來テ、場合ニ依ッテハ生產者デアル所ノ農村ヲ非常ニ脅威シ、又一面ニ於テハ當局者ニ、國家ノ財政ト云フモノヘ此問題ノ爲ニ破壞セラレルノデハナイカト云フヤウナ御懸念ガ屢〻起ッテ來ル、是ガ卽チ實際ノコトナンデアル、然ラバドウシテ斯ウ云フコトニナルカ、過剩米ノ生ズル筈ノナイ理論ノ下ニ、事實ガ之ニ反シマシテ、斯ノ如ク過剩米ヲ生ジテ、農村國家共ニ脅威ヲ受ケルト云フノハ、果シテドウ云フ譯デアルカ、此處デ私ハ首相ニ此事ヲ申上ゲル、一體ドウシテ斯ウ云フ事實ガ起ルカト申シマスト、是ハ全ク國民ノ消費力ノ減退デアル、國民ノ消費力ガ減退シタ結果ガ此通リニナッテシマッタ、又一面カラ申シマスト、隆々トシテ日本ノ文化ガ進ンデ行キ、國力ガ發達スルニ拘ラズ、農村ニ行ッテ見マスト、明治時代ノ農村ノ生活ノ有樣ガ依然トシテ、此昭和十年ノ御代ニ至リマシテモ少シモ進步ヘシテ居ラナイ、少シモ生活ノ向上ト云フモノヲ認メラレナイ、現ニ統計ノ示ス所ニ依リマシテ、朝鮮ニ於キマシテハ倂合以來カラノ消費額ニ較ベマスト、今日ニ於テハ約三百万石モ消費ノ減退ガアル、私ガ內地ノ農村ニ行ッテ調ベテ見マスト、洵ニ氣ノ毒ナ有樣デアリマシテ、米半分ニ麥半分、或ハ粟、或ハ唐芋ト云フヤウモノヲ加ヘマシテ農民ハ生活ヲシテ居ル、甚シキニナリマスト、自分ノ生產シマシタ米ト云フモノハ悉ク賣ッテシマフ、サウシテ牛馬ニ等シイ所ノ、實ニ粗惡ナル代用食ヲシテ居ルノデアリマス、此國民全體ノ消費力ノ減退ト云フコト、、此生活ノ向上ガ止ッテシマッテ、都合ニ較ベマシテ悲慘ナル所ノ生活ノ狀態ヲ今尙ホ行ッテ居ルト云フ事實ガ、卽チ此過剩米ト云フコトニナルノデアリマス（拍手）、ソコデ此現在ノ慘憺タル狀況ニ對シマシテ、農相ノ立場カラ申シマシタラ、過剩米サヘ處分スレバ此問題ハ解決スルト思召スカモ知レナイ、或ハサウカモ知レマセヌ、倂ナガラ首相ノ立場トシテハ、ソンナ狹イ視野デハ相濟マナイト私ハ考ヘル（拍手）首相ノ視野ト云フモノハ、モウ少シ大キイノデナケラニヤナラヌト思フ（「ヒヤヒヤ」）詰リ畏レ多イコトデアリマスガ、上御歷代ノ御仁德ヲ拜察シマシテモ、我ガ赤子ヲシテ一人ト雖モ飢ユルコトナカラシメヨト云フノガ、是ハ御聖旨ト私ハ拜察シテ居ル、シテ見ルト此慘憺タル狀況、卽チ過剩米ノ爲ニ大ニシテハ國家ノ財政ヲ脅カシ、小ニシテハ生產者ノ生活ヲ脅威スル、斯ル時ニ於テ、首相ハ一步進メテ此窮狀ヲ救フト云フ御心ハナイノデアルカ、詰リ上陛下ノ思召、御歷代ノ御仁德ノ思召ニ從テ首相ハ　陛下ノ御聖旨ニ副ウ御心ハナイノデアルカ、此點デアリマス

ソコデ私共ノ見地トシマシテハ、既ニ同僚カラモ此議場ニ於テモ、或ハ議場外ニ於テモ、天下ニ呼掛ケテ居ル問題ガアル、何カト云フト、詰リ此狀態ニ對シマシテハ應急的ノ處置ト、更ニ恆久的ノ政策ガナケラニヤナラヌト思フガ、其應急的ノ政策ト致シマシテハ、既ニアナタニハ吾々ノ總裁カラモ御話デアルト思フガ、此農村ノ疲弊困憊、此非常時ノ非常ナル時ニ於テ、首相ハ何故勇氣ヲ出シテ農村ニ、町村ニ對スル所ノ交付金、或ハ補助費ノ增額、殊ニ此米穀問題ニ於テハ大關係ヲ及ボシテ居ル所ノ地租竝ニ附加稅ノ半減ト云フヤウナ、此應急的ノコトヲアナタハ採用スル意思ハナイカ（拍手）普通ノコトデハ中々イカヌ、此悲慘ナル農村ノ狀態ニ對シテハ、吾々ノ應急的ノ政策トシテ、首相ニモ述ベテアル此政策ヨリ外ニハナイト思フガ、首相ノ御見解ハドウダ、是ガ御尋デアリマス

私ハ今度ハ農相ト拓相ニ御伺ヲ致シマス、前質問者カラ色々ノコトヲ質問シテ居リマスノデ、私ハ成ベク重複ヲ省イテ御迷惑ハ掛ケナイヤウニシタイト思ヒマス、私ハ先ヅ新制法ノ改正案ノコトカラ御尋シテ見タイト思フ、前質問者モ一寸觸レタヤウデアリマシタガ、此新制法ノ改正案ノ中ニ、詰リ政府ノ御方針トシテ出廻期ニ米ノ賣急ギヲシテ殺到シテ來ルカラ、之ヲ喰止メナケレバ米價ノ下落ノ虞ガアルカラト云フノデ、詰リ先刻ノ御說明ニモアリマシタガ、矢張金利ト保管料ヲ取ルコトニナッテ居ル、私ハ是ハ決シテ反對デハナイ、中々一寸宜イ思付、宜イ思召ト考ヘ贊成シテ置キマス、倂シ更ニ深ク之ヲ檢討シテ見マスト、此結果ハドウナルカ、前質問者モ一寸言ッタヤウデアリマスガ、結論ハ總テ大地主、或ハ米屋サンノ利益ニハナルカ知レマセヌガ、中農以下ノ、悲慘ナル狀態ノ中ニ呻吟シテ居ル生產者ニ對シテハ、餘リ利益ハナイ、御承知ノ通リ百姓ト云フモノハ、米ノ商賣ト云フコトハ親讓リノモノデアル、此米ノ取引、米ノ賣買ト云フコトニハ誰デモ精通シテ居ル、吾々素人ト違フ、親讓リデアル、非常ニ詳シイ、所ガ其精通シテ居リマス中農以下ノ連中ガ、賣急ギヲスルト云フノハ、詰リ賣急ギヲセナケレバ生活ガ出來ナイカラデアル、詰リ或ハ藥價ガ溜ッテ居ル、或ハ肥料代ガアル、或ハ負債ノ利拂ガアル、村ノ稅金ヲ拂ハナケレバナラヌト云フヤウナ、切迫シタ債務ガ此中農以下ノ人ヲ責メ寄セテ居ル、故ニ損失ト云フコトハ分ッテ居リナガラ、是ハ賣ルノデアリマス、何モ好ンデスルノデハナイ、賣急ギスレバ、餘リ巧ク行カナイ、一俵ニ對シテ五拾錢ナリ、一圓ナリ損失ヲスルト云フコトハ分ッテ居リナガラ賣ルト云フノハ、止ムニ已マレヌ、卽チ賣ラネバ仕樣ノナイダケノ悲慘ナル窮境ニ陷ッテ居ル結果ガ、賣急ギヲスルノデアル、デスカラ折角ノ御改正モ、大地主ヤ米屋サンニハ利益カ知ラヌガ、中農以下ニハ利益ガナイト云フコトニナル、ソコデ私ハ玆ニ農相ハ實ニ殘念ナコトヲサレタノデアリマス、大事ナ所ヲ拔カシタト、斯ウ思フ、若シ此點ニ御氣付ニナッタナラバ、何故モウ少シ御考ニナッテ、此中農以下ノ苦ンデ居ル者ヲ救フト云フ御氣持ニナラナカッタラウカ、ソレハドウスレバ宜イカ、中農以下ノ者迄モ一緖クタニ救フコトノ出來ル法案ガ何カ別ニナイカ、現在御決メニナッテ居ル所ノ最低價格ト云フモノニ、吾々ガ年來主張シテ居ル所ノ利潤ヲ加ヘル、宜ウゴザイマスカ、吾々ガ年來主張シテ居ル所ノ利潤ト云フモノヲ、政府ノ持ッテ御座ル所ノ最低米價ニ加ヘル、サウシテ二ツノモノヲ合シタモノヲ以テ新シイ最低米價トスル、ソコ迄農相ガ御勇氣ガアリマシタナラバ、凡ニ大地主ヤ米屋サンヲ喜バセルバカリデナク、全國ノ生產者、大キイノモ少サイノモ、小作人モ皆其恩典ニ浴スルデアラウト思フ、ソコヘドウシテ農相ハ御氣付ニナラナカッタカ、實ニ私ハ遺憾ニ思フ、ドウゾ一ツ此點ニ付テ、農相ハドウ云フ見解ヲ有ッテ居ラレルカ、吾々ノ言フ利潤ト云フモノヲ加ヘテ、サウシテ最低米價ヲ吊上ゲサヘスレバ、全生產者ガ喜ブト云フノダガ——滿足スルト云フノダガ、ドウシテサウ云フコトヲ御採用ニナラナカッタカ、是ガ一ツデアリマス、其次ニハ更ニ新制法ノ改正中ニ斯ウ云フコトガアル、災害地ニ米ガ要ル其場合ニ於テ、拂下ルノニ特例ヲ設ケル、是モ一應贊成デス、中々好イ御氣付デス、去年ノヤウナコトガアルト大變御迷惑、大變御苦シミニナッタ、是ハ好イ思付デアル、折角ノ好イ思付デアリマシタガ、是モ亦大切ナ所ガ拔ケテ居ル、御出シニナッタ此法案ニ依リマスト、詰リ政府ノ持米ヲ澁リニ拂下ヲスル爲ニ、全體ノ米價ニ惡影響ヲ及ボサナイト云フコトヲ非常ニ御心配ノ結果、最低ト最高米價ノ中間ニアル相場デナイト賣ルコトガ出來ナイ、或ハ政府米ヲ出ス時ニ、最高價格ヲ維持スル力ガナイ時ニハ困ルカラ、サウ云フ制限ヲ附ケテ特別法ヲヤルト云フ、斯ウ云フ思召デアル、ソレガヤヽコシイ、間違ッテ居ル、ドウ云フコトガ間違ッテ居ルカト云フト、ソレハ農相ノ着眼點ガ間違ッテ居ル、ドウ云フ所ガ間違ッテ居ルカ、是ダケ申シタラ御氣付ニナッタカ知レナイガ、例ヘバ函館ニ於キマシテ火災ノ爲ニ燒ケテシマッタ米ガ、假定シテ十万石トスル、其火災ニ依ッテ燒失シタ十万石ダケナラバ、民間ノ持米ガ殖エルト云フ譯デナイカラシテ相場ニ關係ハナイ、燒失シタモノ

ダケヲ政府ガ出スト云フコトハ、少シモ民間ノ持米ヲ殖サナイノデアルカラ、相場ニ影響ハナイカラシテ、此災害ニ對スル所ノ方針ト致シマシテハ、焼失シタ、即チ消エテシマッタ石數ニ限ッテ、思切ッタ處分ヲスルト云フコトハ、影響ヲ及ボサナイト云フコトニナル、之ヲドウシテ御氣付ニナラナカッタカト思フ、サウ云フ方法ヲナサレバ昨年ノ冷害ノ問題デモ、五十万石ハ多イダノ少イダノ、揃ッタ揉ンダノ喧嘩ガアッタガ、サウ云フ問題ハ此方針ニ依ッテ悉ク一時ニ解決スル、解決スルバカリデナク、全國ニ對スル米價ニハ影響ガナイ、即チ焼失シタ、無クナッタ石數ダケヲ政府ガ調ベテ出ス、斯ウ云フコトニナル、之ヲ御氣付ニナラナカッタノハ洵ニ遺憾デアルガ、此點ニ對シテ農相ハ何カ御意見ガアルカ、私ハソレヲ御尋ヲスル

次ハ即チ自治管理案ニ付テ御尋ヲ致シマス、一番ニ御尋ヲシタイノハ、認可制度ト命令ト二ツガアル、認可ト云フコトニナリマスト、各町村ニ於テ、俺ハコンナ自治管理、即チ統制組合ト云フモノヲ拵ヘル必要ハナイト思ヒマスト言ッテ、願書ヲ出サナイ、命令トナリマスト、其制裁ガ第九條ノ御規定デハボンヤリシテ居リマスガ、臺灣朝鮮デアリマスレバ、此命令一本槍デアナタガ抑ヘ付ケニナルカ知レナイガ、臺灣ト違フ、此文化ノ進ンダ内地、此立憲政治ノ布カレタ内地ニ於キマシテ、命令デ強制的ニ御ヤリガ出來マスカ、ソレトモヤル御積リデ強制サレルノデアルカ、ソレヲ御尋シタイ、大變重大ナ問題デアリマスゾ、若シ強制ノ力ガナイト致シマスト、全國ニ及ボスベキ所ノ統制ト云フコトヘ出來マセヌ、強制力ガナイ、統制組合ト云フモノガ或村ニハ出來、或村ニハ出來ヌト云フコトニナリマシテ、全國ノ統制ト云フモノハ出來ナイ、若シ嫌ヤト云ッテモ無理ニ實行スルト云フコトニナルナラバ、ソレハ非常ナル非立憲的ナ、非常ニ内地民ヲ未開ナ國民ト同様ニ御取扱ニナルコトデアッテ、是ヘ非常ニ立憲政治ニ於テヘ禁物デアル、第一許スベカラザルコトデアラウト私ハ思フ、次ニハ貯藏ト解除、詰リ統制組合ニ依ッテ貯藏ヲスル、政府ノ説明ニ依リマスト、米價ガ一割以上騰貴シタ場合ニハ解除サレル、解除サレテ、ソレヲ賣ッテ宜イト云フ問題、所ガ私ハ玆ニ合點ノ行カヌコトガアル、法文ヲ見マシテモ、政府ガ必要ト認ムル場合ニノミ限ッテ解除ト云フモノヲヤル、統制組合デ統制シ貯蓄シテ居ル米デモ、モウ値上リガシタカラ賣リタイト思ッテモ、政府ノ方デ必要ト認メナケレバ賣ルコトハ出來ナイ、此處ニ非常ナ胡麻化シガアルト思フ、何故カト申シマスト、統制法ニ依リマシテ最低米價デ買上ゲマシテ、最高價格ニ達シマシテモ賣ルコトガ出來ナイ、何故賣ルコトガ出來ナイカト云フト、濫リニ賣出スコトニナルト米價ニ惡影響ヲ及ボシテ、折角上リツヽアル米價ヲ下ゲル虞ガアル、ソレニ統制米ノ方デハ、一割サヘ上レバ直グ賣ッテモ宜イト云フコトデアレバ、折角ノ統制法ノ趣意ヲ根本カラ破壊スル、ダカラ確ニ必要ト認メル云々ト云フコトガ、政府ノ大事ナ「ベテン」デアル、羊頭ヲ懸ゲテ狗肉ヲ賣ル、詰リ良サヽウナコトヲ言ッテ唆ヘシテ置イテ、其實ハ必要ガナイカラ、必要ト認メナイカラ、統制組合法デ貯蓄シテ居ル米ハ賣買罷リ成ラヌ、解除罷リ成ラヌトオ出デニナルト思フ、農相ハ首ヲ振ラレマシタガ、確ニサウデアリマス、若シ之ヲ一割サヘ騰貴スルナラバ、直グ政府ガ必要ト御認メニナルト云フ御言明ガ出來レバ兔ニ角、ソレハ其時ニナラヌケレバ分ラヌト云フコトナラバ、是ハ胡麻化シデス、政府ノ方デハ何億ト云フ金ヲ費シテ、最低米價デ買上ゲテ、最高米價マデ賣ラナイデ、米價ヲ調節シテ行カウ、米價ヲ向上ショウト思ッテ居ルカラ、災害地デモ惡影響ヲ及ボスヤウデアルト、米ハ此際賣ラヌトマデ御決メニナッタ其御方ガ、統制米ニバカリ――一割上ッタヲ全國ノ統制米ガドン／＼市場ニ出ルト云フコトニナッタラ、政府ノ方針ヲ根本カラ覆ス、ダカラ一面カラ言ヘバ矛盾トモ言ヘルガ、私ハサウハ見ナイ、政府ガ米穀統制法ト云フ良イ名ヲ藉リテ、玆ニ之ヲ作リサヘスレバ、上ル時ニハ直グ賣ッテ宜イト云フヤウナ宣傳ヲシテ置イテ、其實ハ日本全國ノ統制米ノ模様ヲ見テ置イテ、是ハ米價ニ惡影響ガアル、必要ト認メヌト云フ一箇條デ、統制米ニ對シテ賣買ヲ許サナイ、解除ヲシナイト云フ結論ニナル、詰リ羊頭ヲ懸ゲテ狗肉ヲ賣ル、良イコトヲ言ッテ統制法ノ方ニ引付ケテ置イテ、賣ラウトスルト、ドッコイ政府ガ必要ト認メナガラ解除ヘシナイ、一年間、即チ米穀年度ノ間ハ倉ノ中ニ納メテ置ク、是ガ怖イ、若シ果シテサウデアルナラバ、是ハ言語道斷ノ法律、此點ヲ明確ニ御答辯ヲ願ヒタイ(「簡單々々」「ユックリ／＼」ト呼フ者アリ) 君達ガ無理ニ今夜ヤラセルノダカラ長イコトヤル、ソコデ成程是ハ先刻ノ質問者モ仰シヤッタヤウデアリマシタガ、詰リ世間デ言フ責任轉嫁ダ、政府デハ困ル、今ノヤウニシテ殺到シテ米ガヤッテ來テヘ、統制法ノ結論トシテ最低米價デハドン／＼買上ゲネバナラヌ、隨テ十一億五千万圓ト云フ資金モ殘リ少クナル、是デハ政府ノ財政ハ破壊スルカラシテ、此責任ヲ民間ノ生産者ヘ轉嫁ショウト云フヤウナ御考デアル、世間デ噂スル責任轉嫁ト云フノハ此處ダ、若シ果シテ然リトスレバ容易ナラヌ、

今度ハ費用ノ點ヲ御尋シマス、此費用ノ點モ、先刻村松君デシタカ仰シヤッタヤウデスガ、私モ殆ド同一デス、詰リ費用ハ要ラヌト思フト大間違、倉庫モ拵ヘナケレバナラヌ、事務所モ拵ヘナケレバナラヌ、人件費モ要ル、通信費モ要ル、農會ヨリモ寧ロ此統制組合ノ方ガ金ガ要ル、ソレハ總テ法律ニ依ッテ其區域内ノ生産者ニ賦課セラレルコトニナッテ居ル、ソレハ消耗費ナンカハ助成金ヲ出スト仰シヤルガ、ソレハ助成金モ出マセウ、ケレドモ兔ニ角此費用ト云フモノハ相當ニ要ル、ソレバカリナヲ宜イガ、今度ハ上級ノ會、即チ地方ノ聯合會ノ費用モ引受ケナケレバナラズ、中央聯合會ノ費用モ引受ケナケレバナラヌ、丁度農會ト同ジコトダ、現ニ今農會デサヘモ、非常ニ貧困ナ町村ニ於テハ出シ澁ッテ居ル、ソレニ又更ニ此費用ヲ町村、即チ農民ニ負擔サセルト云フコトハ無理ナ話ダ、何カ利益ノアルコトナラバ兔モ角モ、義務トシテ、詰リ臺灣ヤ朝鮮邊リニ取ッテハ、此統制法ヲ拵ヘルト云フコトハ、ドテッ腹ヘ灸ヲ据ヘラレルヤウナモノデアル、ソレヲヤラウト云フノハ無理デハアリマセヌカ、私ハ此費用ト云フ點ニ對シテハ非常ニ御無理デアルト思フ

今度ハ分配ノ點ニ付テ御尋スル、此分配ト云フコトニ付テ根本カラ私ハ申上ゲテ見タイ氣ガスル、先刻モ申上ゲマシタ通リ、内地デハ今日ニ於テ過剩米ト云フモノハ絶對ニナイ、六千五百万ノ人口ニ對シ六千五六百万石ノ生産デアリマスカラ、絶對ニ内地ニ於テハ過剩米ハナイ、昨年六十五議會ノ時ニモ、吾々ハ非常ニ此問題ヲ主張シタ、是ハ臺灣ト朝鮮カラ來ル移入米ノ結果デ此通リ苦シムノダカラ、臺灣ト朝鮮ハ別ニシテ貰ヒタイト云ッテ修正案モ出シ、委員會デモ怒號シタ、其常時内地ニハ過剩米ト云フモノハナイ、ソレガ共存共榮ノ主義カラシテ、總テノ過剩米ヲ一〇〇%トスレバ、御附合ニ三五%内地ガ引受ケタ、内地ニハ過剩米ガナイケレドモ、共存共榮ノ手前、割前ヲ三五%貰ッタ、デアリマスカラ内地ハ何處ヲ探シタッテ過剩米ガナイ、過剩米ガナイモノニ三五%ト云フ過剩米ヲ頭カラ割付ケル、政府カラ中央、中央カラ地方、地方カラ各町村ノ統制組合ヘ割付ケル、本來ガ無理ダ、過剩米ガアッテコソ宜イノダ、過剩米ノナイノニ、朝鮮ト臺灣ノ過剩米ヲ共存共榮ノ主義カラ割付ケル、ソコデソレヲスルニ付テハ相當ニ調査ノ必要ガアラウ、承リマスト荷見局長ノ御説明デハ、販賣ト消費、生産ト云フ此三ツヲ基礎ニシテ、サウシテ何處ノ村ハ幾ラ、何處ノ村ハ幾ラト云フヤウニ、分配標準ヲ御決メニナッテ居ルノダガ、一體サウ云フコトニナリマスト、莫大ナ費用ガ要ルト思ヒマスガ、ソレハ誰ガ負擔スル、政府デスカ、或ハ又中央聯合組合デスカ、或ハ地方組合デスカ、恐ラク地方ノ、即チ市町村ニ於ケル最下級ノ統制組合ガ、サウ云フ調査費モ負擔シナクチヤナラヌ、全縣、全國澤山ノ町村ニ對シマシテ、悉ク其消費、販賣、生産ト云フヤウナモノヲ、其分配ノ基礎トシテ調ベネバナラヌト云フコトニナレバ、決シテ容易ナコトヂヤナイ、其費用ニ依ッテ其分配ガ決ッテ、初メテ各町村ノ負擔額ガ決ッテ來ル、容易ナコトヂヤナイ、此點ニ付テ私共ノ安心スルヤウ

ナ御說明ガ欲シイ、詰リ此費用ノ負擔カラ、各町村ニ於ケル所ノ最下級デアル、卽チ統制組合ノ費用ト云フヤウナモノヲ、生產者ニ負擔サセルト云フコトニナッテ來ルト、容易ノ事デナイ、斯ウ云フコトヲ私ハ思フ、要スルニ斯ウ云フ點ニ對シマシテ、私ハ明快ナル農相ノ御答辯ヲ御願スル

最後ニ私ハ拓相ヘ御尋スル、朝鮮ニ拓相ハ長ク居ラレタ、卽チ寺內總督ノ下ニ居ラレタ、私モ當時長ク行ッテ居ッタカラ、私ガ朝鮮ノ事情ニ相當明ルイト云フコトヲ御認メニナルダラウト思フ、ソコデ私ハ御尋スル、內地デサヘモ困難ト思ハレルヤウナ、サウシテ費用ガ要ッテ面倒ナ此統制組合ト云フモノガ、果シテ朝鮮ヤ臺灣ノヤウナ民度ノ低イ處ニ實際實行出來マスカ、二三年前ニ何ダカ名儀ダケ政府ハ自治制ヲ御布キニナッタガ、其實ハ官制デアル、名儀ダケハ自治制ヲ御布キニナッタ、併シアレハ名儀ダケ、ソレデモ旨ク行カナイ、町村ノ行政ナラバ名儀ノ自治制モ宜カラウ、併シ農民ト近付キノ關係ガ深イ、生活問題ト非常ニ密接ナ米ノ問題ヲ、行政ノ自治ガ官制デ出來タト云フノデ、此モノガ出來ルトアナタハ思召スカ、私ハ現在ノ朝鮮ノ民度カラ推シマシテ、非常ナ不可能ナコトヲ御强ヒニナルノチヤナカラウカ、殊ニ此規則ノ中ニ、先刻モ申シマスル通リ命令ノ一本槍ダ、作ラヌケレバ罰金ヲ取ルト云フ、威シ付ケノ筆法デ朝鮮ヲオヤリニナルト云フヤウナコトニナッテ來ルト、由々シキ大事ガ起ルコトハ御承知ノ通リデス、アノ萬歲騷キダッテ、先般アッタ萬寶山ノ衝擊事件ダッテ、一夜ノ中ニ起ル、人心ノ棘接ト云フモノハ恐シイ、人ヲ治ムルハ其心ヲ取ルニアリ、心ヲ取ラズシテ唯命令デ以テヤルト云フコトハ、朝鮮ヲ永久ニ日本ノ領土、日本ノ土地トシテ同化シテ行ク方針ト背キマス(拍手)此點ドウ御考ニナリマスカ、臺灣モ同ジコトデス、臺灣デ私ハ思出シマスガ、私ハ臺灣領有ノ頃臺灣ニ居リマシタ、當時ノ總督ハ、アナタノ御大人デアッタ所ノ兒玉大將、アノ人ガ總督デアッタ、後藤長官モ居ラレタ、非常ナ苦心ノ下ニ、アノ臺灣ト云フモノハ今日ノ隆盛ヲ來シテ居ル、併シ人心ノ融和ト云フモノハ、今以テ非常ニ困難デアル、漸ク名儀ノ自治制、實際ハ官制ノ自治制ガ貴族院ニ出テ來タト云フ位ノ狀態デアル、ソコヘ持ッテ來テ此統制、卽チ自治管理ト云フモノヲ大膽ニモアナタヘ御認メニナッタト云フコトヘ、私ハ合點ガ行カナイ、ドウシテモ合點ガ行カナイ、內地ナラバ直グニ降旗デモ立テマスヨ、收穫モシナイ第二回ノ米穀豫想デ以テ、御役人ガ机ノ上デ決メル、苗モ植エナイ、田モ耕シモシナイ時期ニ於テ、三箇月モ、四箇月モ、五箇月モ前ニ、唯机ノ上デ以テ、第二回ノ臺灣ノ收穫米ハ是レ〱ト云フコトヲ御決メニナルト云フコトヘ、果シテソレヘ本氣デスカ、實際ニ於テ私ハ臺灣ノ人心ヲ害スルコトハ甚大デアラウト心カラ思フ、アナタガ臺灣ニ御緣ガ薄イナラバ私ハ餘リ言ハナイ、併シアナタノ御大人ガ、折角苦心慘澹ノ下ニ築キ上ゲタアノ臺灣、サウシテ今日ノ隆盛ヲ極メテ居ル臺灣ヲ――朝鮮ニシマスト、アナタハ警察關係ニ於テ思想上ニ功勞ノアルアナタ、ソレガ斯ウ云フ案ニ贊成ヲ爲サル、サウシテ調印ヲシテ出ス、アナタノ實際ノ御考ハドウデス、早過ギヤシマセヌカ、無理デハアリマセヌカ、實際行ヘレマスカ、單ニ力ニ依ッテヤルト云フナラバ、人心ヲ害スルコト甚シイモノガアルコトヲドウスルカ、此點モ一ツ御答辯ヲ願ヒタイ、私ノ質問ハ是ダケデス

（國務大臣山崎達之輔君登壇）

○國務大臣（山崎達之輔君）　第一ノ御問ハ總理大臣ヘノ御問ノヤウデアリマシタケレドモ、米ノ消費ノ關係ガアリマスカラ、私ヨリ御答ヲ申上ゲマス、深水君ハ米ノ過剩ハ消費減退ノ結果デハナイカト云フ御疑念ノヤウデアリマスガ、消費ノ增減ハ年ニ依ッテ固ヨリ不同デアリマス、併ナガラ過剩米ノ原因ハ主トシテ內地、殊ニ外地ニ於ケル急速度ノ供給增加ニアルト云フコトハ、是ハドウモ疑ヒノナイコトデハナイカト思ヒマス、尤モ農村振興ニ關スル一般ノ政策ニ付テハ、是ハ自ラ別箇ノ問題デアリマス、最低價格ニ金利、保管料ヲ加ヘテモ、中農ニ利益ハナイカト云フ御問デアリマスガ、此制度及自治管理、其他全體ノ案ニ通ジマシテ、從來ノヤウニ出廻期ニ非常ナ賣リ急ギヲヤル爲ニ、米價ノ低落ヲ來シ、出來秋ニハ端境期ニハ漸次米ガ行リガスレニナル、非常ナ懸隔ヲスル、此弊ヲ矯メタイト云フコトガ、全體ノ案ニ通ジテ衛ッテ居ル精神デアリマス、此點ハ中農以下ニ對シマシテ相當ノ利益ヲ齎ラスコトハ、御理解ヲ得ルコトガ出來ヤウト思ヒマス、最低價格ニ利潤ヲ加ヘルト云フ御說ハ能ク伺フ點デゴザイマシテ、一個ノ御見解ト考ヘマス、併ナガラ最低價格ハ卽チ米價ノ最低保障デアリマス、最低ノ保障デアッテ、ソレ以上ノ値下リハ默スルコトガ出來ナイカラ、政府ノ力ニ依ッテ救フ、斯ウ云フ建前デアリマス、隨テ最低價格ヲ一本ノ公定價格ト同樣ニ考ヘマシテ、之ニ利潤ヲ加算スルト云フコトハ、少シク如何デアラウカ、斯樣ニ私ハ考ヘテ居ル譯デアリマス、政府米ノ拂下ヲ自由ニ云云ト云フコトデアリマスガ、是ハ先程モ申シマシタヤウニ、今回ノ法案ノ程度ガ適當デアラウト考ヘテ居リマス、ソレカラ貯藏米ノ解除ノ申請ガアッテモ、容易ニ許可セヌデアラウ、又サウデナケレバ統制法ト矛盾見タヤウナコトニナル心配ヘナイカト云フヤウナ御趣意デアッタヤウデアリマス、統制法ヘ御承知ノヤウニ最高價格ヲ定メマシテ、最高價格以上ニ米價ガ騰貴致シマスルコトヲ防イデ、之ニ依ッテ消費者ノ利益ヲ擁護スルノ建前デアリマス、隨テ最高價格ニ達シマスレバ、政府ハ要求ニ應ジテ賣應ズルノ義務ヲ有ッテ居ルノデアリマス、併シ是ガ爲ニ最高價格以下ニ於テ、甚ダ無制限ニ賣出ヲスルト云フヤウナ制度ヲ考ヘル譯ニハ行キマセヌ、併ナガラ自治的ニ管理ヲ致シテ居リマスル貯藏米ハ、政府ノ持米トハ其邊ノ關係ニ於テ相違ガアリマスノデ、是ハ需給ノ狀態ヲ考ヘ、又相場ノ模樣ヲ考ヘマシテ、或ル程度ノ解除ヲ致スト云フコトハ、何等差支ナイト考ヘテ居ル譯デアリマス、ソレカラ經費ノ關係デアリマスガ、是ハ何レ委員會等ニ於テ、細カク計數ニ亙ッテ御說明ヲ申上ゲマスルガ御理解ヲ得ルコト、思ヒマス、大要右ヲ以テ御答ト致シマス

（國務大臣伯爵兒玉秀雄君登壇）

○國務大臣（伯爵兒玉秀雄君）　多年御互ニ朝鮮ノ爲ニ努力シテ參リマシタ深水君カラ、洵ニ御親切ナル御尋ガアリマシタノデ、私御答申シテ見タイト思ヒマス、先程モ申上ゲマシタ通リニ、朝鮮竝ニ臺灣ガ內地ノ米ノ統制ノ爲ニ貢獻ヲシテ居ルト云フ事柄ハ、著シイ事實ト私ハ考ヘテ居ルノデアリマス、而シテ朝鮮ニ於キマシテハ、米ニ關スル色々ノ施設ハ、內地ニ於ケルヨリモ遙ニ私ハ進ンデ居ルト考ヘテ居リマス、現ニ昨年アタリカラ喧シクナリマシタ鄕倉ノ組織ノ如キ、朝鮮ニ於キマシテハ古來カラ社還米ト致シマシテ行ハレタル所ト殆ド同樣ノモノデアリマス、ソレガ中途ニ於テ荒廢ニ歸シ、近年ニ於テソレガ更ニ復興サレタト云フ事實デアリマスルノデ、其點モ朝鮮ノ方ガ一步進ンデ居ルヤウナ風ニ考ヘテ居リマス、又籾ノ貯藏ニ付キマシテモ、深水君能ク御承知ノ通リ、野積ノ制度ガアリマスノデ、此點ニ付キマシテモ內地ヨリハ朝鮮ノ方ガ、籾ノ貯藏ニ付テモ進ンデ居ルヤウナ風ニ考ヘテ居ルノデアリマス、而シテ朝鮮ニ於キマシテ、內地ニ對シマスル米ノ移出ノ壓迫ヲ除キマスルガ爲ニ、夙ニ倉庫會社ノ奬勵ヲ致シテ居リマス、此點モ內地ヨリ私ハ朝鮮ノ方ガ進ンデ居ヤセヌカト思ッテ居ルノデアリマス、而シテ今回統制組合ヲ實行スルニ當リマシテハ、內地トハ稍趣ヲ異ニ致シマシテ、其理事者デアリマス所ノ者ハ悉ク官選ニ致シマシテ、而シテ朝鮮ノ事情ニ適應スル組織運用ニ致シタイト考ヘテ居ルノデアリマス、深水君モ御承知ノ通リニ、朝鮮ニ於キマスル地方ニ於テ最モ有力ナル金融機關ハ、所謂金融組合デアリマス、此金融組合ハ、組合長ハ官選ノ理事ガ之ヲ掌ッテ居リマスノデ、今日ニ於テハ實ニ完全ナル發達ヲ致シテ居ルノデアリマス、是等ノ金融組合ノ例ヲ見マシテモ、此統制組合ハ朝鮮ニ於テ最モ有效ニ、圓滿ニ施行サレルモノト考ヘテ居ルノデアリマス

（國務大臣岡田啓介君登壇）

○國務大臣（岡田啓介君）　深水君ノ私ニ對スル第一ノ御尋ハ、農林大臣ノ御答デ盡キテ居ルト思ヒマス、第二ノ御尋ハ、大ニ勇氣ヲ揮ッテ農村疲弊ノ恆久對策ヲヤレ、斯ウ云フコトデアッタト思ヒマス、私ハ本議場ニ於キマシテモ、亦委員會ニ於キマシテモ、

農村ノ經濟更生ニ對シテハ、今後大ニカヲ盡スト云フコトヲ申シテ居リマス、今後大ニカヲ盡ス積リデ居リマス（拍手）

○淸水澄君　私ハ只今ノ政府ノ御答辯ニ對シマシテハ、大ニ疑義ガアリマスケレドモ、最早委員會ニ讓リマシテ、本日ハ是デ打切リマス

○議長（濱田國松君）　三案ニ對スル質疑ハ終局致シマシタ、各案ノ審査ヲ付託スベキ委員ノ選擧ニ付テ御諮リヲ致シマス

○青木雷三郎君　日程第六乃至第八ノ三案ヲ一括シテ、議長指名三十六名ノ委員ニ付託セラレンコトヲ望ミマス

○議長（濱田國松君）　青木君ノ動議ニ御異議アリマセヌカ

〔「異議ナシ」ト呼フ者アリ〕

○議長（濱田國松君）　御異議ナシト認メマス、仍テ動議ノ如ク決シマシタ

○青木雷三郎君　殘餘ノ日程ヲ延期シ、本日ハ是ニテ散會セラレンコトヲ望ミマス

○議長（濱田國松君）　青木君ノ動議ニ御異議アリマセヌカ

〔「異議ナシ」ト呼フ者アリ〕

○議長（濱田國松君）　御異議ナシト認メマス、仍テ動議ノ如ク決シマシタ、次會ノ日程ハ公報ヲ以テ通知致シマス、本日ハ是ニテ散會致シマス

午後六時五十七分散會

議事日程第一乃至第三ノ件

第一　朝鮮事業公債法中改正法律案（政府提出）　第一讀會

朝鮮事業公債法中改正法律案

朝鮮事業公債法中左ノ通改正ス

第一條中「六億六百二十万圓」ヲ「六億千五百八十万圓」ニ改ム

附　則

本法ハ昭和十年四月一日ヨリ之ヲ施行ス

（國務大臣伯爵兒玉秀雄君登壇）

○**國務大臣（伯爵兒玉秀雄君）**　只今議題ト相成リマシタ朝鮮事業公債法中改正法律案ノ提出ノ理由ヲ説明致シマス、朝鮮總督府特別會計ニ於キマシテハ、昭和十年度以降五年間ノ繼續事業ト致シマシテ、鐵道ノ建設及改良ノ追加工事ヲ施行スルノ豫定デアリマシテ、其總額九百五十五万圓ヲ、朝鮮事業公債法ノ法定額ニ追加致シマシテ、合計六億一千五百八十万圓ニ增加セントスル爲ニ本法律案ヲ提出致シマシタル次第デアリマス、何卒御審議ノ上ニ協贊ヲ與ヘラレンコトヲ希望致シマス

○**議長（濱田國松君）**　本案ノ審査ヲ付託スベキ委員ノ選擧ニ付テ御諮リヲ致シマス

○蘆山貞吉君　私ハ只今上程セラレマシタル關稅ニ關スル法律案中、特ニ鐵ノ輸入稅ニ關聯致シマシテ、製鐵國策ノ根本方針ノ二三ニ付テ、總理大臣、商工大臣、陸海軍大臣、大藏大臣、其他關係ノ諸大臣ニ質疑ヲ試ミタイノデアリマス

製鐵國策ノ重要ナルコトハ申ス迄モアリマセヌ、鐵鋼ガ產業ノ進展ト、國防ノ整備充實ニ必須ナル材料ト云フコトハ、申ス迄モナイコトデアリマシテ、是ガ需要供給ノ圓滑ヲ圖ルコトハ、一日モ忽セニスベカラザルコトデアリマス、然ルニ最近ノ鐵鋼ノ需要供給ノ增加ハ洵ニ急激デアリマシテ、金額ニ致シマスト、旣ニ四億圓ヲ突破スルト云フ狀況ニ在ル、從來政府ガ執リ來ッタ所ノ鐵鋼ノ自給策ハ、洵ニ現在ハ行詰リノ狀態ニナッテ居ル、今日此鐵ノ輸入稅ニ關スル單行法ヲ發布セラレタト云フコトハ、洵ニ政府ノ從來ノヤリ方ガ惡カッタガ爲ニ、斯樣ナ暫定的ノ法案ヲ出サナケレバナラヌト云フコトニナッタ、卽チ其原因ハ種々アリマスガ、第六十二議會ニ於テ製鐵國策、製鐵ノ合同國策ヲ定メラレマシタガ、中途半端デアル、又其指導機關卽チ日本製鐵會社、或ハ傍系會社タル所ノ銑鐵共販會社、其監督ガ惡カッタ、殊ニ其監督ノ方ハ共販會社ニ任サレタヤウナ形デアリマシテ、過度ノ統制ヲ行ッタ反面、前途ノ見越ガ非常ニ惡カッタ、是ハ明ニ政府ノ執リタル方針ガ誤リデアルト云フコトヲ證明スルノデアリマス、當時ノ政府ノ執リタル方針ハドウデアッタカト云フト、中島商工大臣ハ第六十二議會ニ於テドウ云フコトヲ申サレタカト云フト、銑鐵ノ市價ハ現在二十二圓乃至二十五圓デアル、之ニ六圓ノ關稅ヲ掛ケナイト、製鐵業者ヲ保護スルコトガ出來ナイ、市價ガ上ッテモ先ヅ二圓程度デアル、又中小工業ニモ影響セヌ、又需要ガ增加スルケレドモ、ソレモ十五万噸位ダラウ、斯ウ云フ風ニ仰セラレタノデアリマスガ、銑鐵ノ二十五圓ノ市價ガ、現在ニ於テハ四十五圓近クニナリ、商工大臣ノ言明ノ十倍ニナッタ、又十五万噸位ノ需要ト云フ豫想ガ七、八十万噸ニナッタ、是ハ明ニ政府當局ガ如何ニモ無定見デアッタト云フコトヲ想像スルニ餘リアルノデアリマス、本年ノ銑鐵ノ飢饉狀態ヲ茲ニ簡單ニ申上ゲマスト、一月渡ノモノガ、二月ニ入ルモ手ニ入ラナイ、建値ヲ喧マシク申シテモ、ソレガ定マラナイ、政府モ非常ニ努力ヲサレタケレドモ、一箇月有餘掛ッテ、漸クニシテ其建値ガ決ッタ、當時新聞紙ニモ書イテアリマシタガ、銑鐵ノ値上問題ハ全ク宙ニ迷フ、或ハ又商工當局ハ首鼠兩端ヲ持シテ居ル、銑鐵ハ關稅ノ引下ヲ大藏省デ否定ヲシテ居ル、斯ウ云フ風ニシテ、銑鐵ノ値下問題ニ關シマシテハ、非常ニ紛糾ヲシテ居ッタト云フコトヲ茲ニ證明出來ルノデアリマス、ソレガ爲ニ民間ノ中小工業者ハ非常ニ困リマシタ、小サナル鑄物屋或ハ機械屋、斯ウ云フモノハ原料ガ無イ、三日ノ原料モ無イ、斯ウ云フ狀態デアリマシテ、名古屋市ノ機械商ノ如キハ、海外ニ輸出スル小機械ノ原料ガ無イ、或ハ金澤市ノ如キハ銑鐵ノ材料ガ驛ニ著クト、號外ヲ發行スルト云フヤウナ、非常ナル飢饉狀態デアッタノデアリマス、是ハ中小工業ヲ指導スル上ニ於テ、由々シキ重大ナル問題デアリマス、私ハ此重大ナル銑鐵飢饉ニ關シマシテ、總理大臣ハ能ク其認識ヲシテ貰ヒタイ、又商工大臣、大藏大臣ハ、特ニ此點ヲ反省シテ戴キタイノデアリマス

次ニ政府ガ怠慢ト認ムベキ件ガアリマス、ソレハ此銑鐵飢饉ヲ招來シテ居ル今日ニ於キマシテ、政府ニ銑鐵ヲ造ルベキ願ヲ出シテ居ル、例ヘバ日鐵ノ如キ千噸熔鑛爐ノ新設ノ願ヲ出シテ居ルニ拘ラズ、昨年八月カラ今日ニ至ル迄、半年ノ間商工當局ハ日ヲ費シ、中々許可シナイ、漸ク此鐵ノ輸入關稅ニ關スル法律案ガ日程ニ上ッタ五日ノ日ニ、許可シタト云フコトガ、書イテアリマシタガ、果シテサウデアルカドウカ、斯ウ云フヤウナ銑鐵ノ非常ナ飢饉デアル此際ニ、一日モ早ク之ヲ許サナイト云フコトハイケナイ、熔礦爐ヲ許シタ所ガ直グ出來ルモノデナイ、斯樣ナコトヲ十分ニ認識シテ居ラヌト云フコトハ、是ハ商工當局及大藏省ノ方面ニ於キマシテモ、十分ニ注意シナケレバナラヌコトデアリマス、斯樣ナ狀態デアリマシテ、今日銑鐵ノ不足ト云フモノハ七、八十万噸デアル、又豫備ノ若干ヲ加ヘルト云フト、百万噸ニモ近イ、果シテ本年ノ需要ガ、商工當局ハ之ヲ幾ラデアルト見積ッテ居ラレルカ、或ハ又此躍進日本ノ今日ノ狀態カラ考ヘルト云フト、國防ノ充實ノミナラズ、產業ノ發展ニ伴ウテ、幾ラ程ノ鐵ガ要ルト云フ算定ヲセラレテ居ルカ、之ニ鑑ミマシテ政府ハ製鐵增產計畫ノ所見ハドウデアルカ、殊ニ熔鑛爐ヲ新設スル計畫ガアルト聞イテ居リマスガ、逐次許サレルヤウナ形デアリマスガ、ドウ云フ風ナ順序ヲ以テ此增產計畫ヲスルカ

次ニ關稅ノ引下ノ問題デアリマスガ、今回關稅ヲ引下ゲテ、サウシテ市價ノ低落ヲ圖ッタト云フコトハ、是ハ先程申シマシタヤウニ、製鐵國策ノ誤レルコトヲ如實ニ示シ、今日已ムヲ得ザル處置ニナッタノデアリマス、而シテ銑鐵ノ關稅ヲ三回引下ゲテ、又一律ニ銑材迄全部引下ゲタノハ如何ナル

理由デアルカ、是ハ特ニ大藏大臣ニ御伺スルノデアリマス、又大藏省ハ銑鐵及鋼材ノ關稅收入見積ヲ幾ラニ見積ッテ居ルカ、續イテ關稅ノ引下後ノ市價ノ調査デアリマス、政府ガ關稅ヲ引下ゲテ、而シテ其市價ハ幾ラヲ適當ト考ヘテ居ルカ、實際ニ於テ日鐵ノ生產原價ト云フモノハ三十三、四圓程度ト伺ッテ居ル、諸種ノ費用ヲ入レマシテモ、相當ノ安價デ供給シ得ルト思フ、此點ヲ商工當局ハ餘程能ク留意サレヌト云フト、幾ラ關稅ヲ引下ゲテモ亦飛上ルノデアル、殊ニ今回ハ勅令ヲ以テ適當ナ時期ニ引下ゲルト云フノデアリマスガ、是ハ生產業者又需要者ノ間ニ於キマシテ、非常ニ重大ナ問題デアリマスカラ、其時期ハ中小工業及一般消費者ノ關係ヲ十分ニ考慮シテ貰ヒタイ

次ニ申上ゲタイト思フノハ販賣機關ノ改善デアリマス、政府ハ現在ノ銑鐵共販會社ト日本製鐵會社ノ關係ヲ斷タシメテ、新ナル販賣機關ヲ設ケル考ハナイカ、共販會社ト云フモノハ、是ハ日鐵ガ出生前ニ生レタモノデアル、殊ニドウ云フモノニ依ッテ成立ッテ居ルカト云フト、滿洲ニ在ル所謂特殊會社、滿鐵ト大倉組ノ本溪湖、及三菱ノ兼二浦、三井ノ釜石、之ニ日印通商ノ印度銑鐵ヲ一團トスル、所謂銑鐵ノ共販「トラスト」デアル、所ガ日鐵ハ此國家的使命ヲ忘却致シマシテ、此共販ニ追隨致シマシテ利益ヲ得ツヽアッタ、所謂暴利ヲ貪リツヽアッタ、斯樣ナコトヲシテ居リマシテハ、製鐵國策ノ根本義ニ反スル、此機會ニ獨立シテ、獨立獨步、鐵鋼界ノ指導ニ任ズル所ノ覺悟ガ必要デアル、又此共販會社ハ、昭和七年ノ銑鐵關稅――丁度此議會ヲ通過シ、而シテ實施サレルト、直グニ印度銑鐵ノ輸入防遏ノ目的デヤラレタ此關稅ノ引下、所ガ此引下デ市價ガ騰ガルト云フト、ソレヲ好イコトニ致シマシテ、其市價デ矢張其自分ノ有ッテ居ル品物ノ價格ヲ上ゲテ居ル、印度銑鐵ト妥協シテ、十万噸バカリノ輸入ノ特約ヲ毎年行フヤウニシテ居ル、斯樣ニ致シマシテ、洵ニ不合理ナル暴利ヲ貪リツヽアルト云フコトハ、今日是ハ業界ニ明カデアリマス、殊ニ此特殊會社ハ、大資本ヲ擁シテ居ル會社デアリマスガ、斯ウ云フコトハ資本家ノ橫暴ト云フ譏リヲ免レ得ナイノデアリマス、是ハ商工當局ノ監督宜シキヲ得ナカッタト云フコトニナリマス、又共販會社ガ橫暴デアルト云フ實例ヲ示シマスト云フト、需要者ニ對シマシテ使用量ヲ非常ニ制限スル、又販賣ヲ三箇月ニ限定ヲスル、或ハ古鐵ノ輸入ヲスルト云フヤウナ者ニハ中中渡サナイ、又中間ニ販賣機關ガアル、共販賣機關ヲ通スノデアルカラ、共販賣問屋ト云フモノガ、又非常ニ各方面ニ橫暴ヲ働ク、斯ウ云フヤウナ狀態デアリマス、此監督ニ付テハ、政府ハ十分ニ承知シテ居ルカ、斯ウ云フヤウナ狀態デアリマスカラ、今後日本製鐵ノ國家的運用ハドウスルカ、國策上鋼材其他鐵鋼業者ノ、此根本材料タル所ノ銑鐵ノ供給ヲ中心トシテ、サウシテ需要供給ヲ圓滑ニヤラセル方法ガナイカ

次ニ製鐵奬勵法デアリマス、製鐵奬勵法ニ付テハ政府ハ確乎タル信念ガナイ、丁度商工大臣ハ此一月以來、色々言明サレテ居リマスガ、一月ノ末頃ニハ製鐵奬勵法ノ提案ヲ中止スル、斯ウ云フ風ニ言明ヲシテ居ラレマスガ、ソレカラ又暫ク經ッテ、議會ニ提案ヲスル、二月ニナルト提案ヲスルト言ハレテ居ル、サウスルト又更ニ今度ハ方針ガ變ッテ、又提案ガ出來ナイト云フヤウナコトヲ言ウテ居ラレル、製鐵國策ガ再ビ立直ルト云フコトヘ、商工大臣ガ一個ノ考デ仰シャルコトハ、非常ニ重大ナ問題デアル、大藏省ニモ關係ガアル、國家全般ニ關係ガアル重大ナ問題デアリマス、此奬勵法ハ臨時利得稅、其他今回ノ關稅ノ引下、色々ナコトニ關係ガアルノデアリマスルガ、此種々ナル言明ヲナサルコトハ、大ニ不安ヲ增ス所以デアル、ダカラ商工大臣ハ此際明瞭ニ、明年改メルナラ改メル、斯ウ云フ風ニ、アッサリシタ聲明ヲサレタラドウデアルカ

又製鐵合同問題、此合同問題ヲ持續スルカセヌカ、此問題モ非常ニ重大ナ問題デアリマス、只今ノ製鐵業者ハ、此合同ニハ五〇乃至五五%シカ加ハッテ居ヲヌノデアルカラ、後ノ殘リヲドウスルノカ、何時ノ時期ニドウ云フヤウニヤルノカト云フコトヲ、此處デ明ニ申述ベテ戴キタイノデアリマス

次ニ國防上ニ於ケル鐵鋼ノ自給自足ノ問題デアリマス、鐵鋼或ハ石炭、或ハ屑鐵、斯ウ云フモノハ有事ノ際ニ非常ニ必要ナモノデアリマス、勿論現在ノ日本製鐵或ハ昭和製鐵ハ、重要ナル任務ニ服スルノデアリマセウガ、又商工大臣ト致シマシテハ色々ナ方寸モアリマセウガ、陸海軍大臣トシテ國防上、此有事ノ際鐵鋼ノ自給自足ノ問題ヲ如何ニ考ヘルカ、又平時ニ於ケル鐵鋼ノ使用量ヲドウ云フヤウニシテ居ルカ、今後數年間ハ勿論、此以前ノ數年間ノ使用量ハ如何デアルカ、又陸軍大臣ハ在滿事務局總裁ト致シマシテ、滿洲ニ於ケル鐵ノ製造高、此所謂生產高ハ現在ハドレ位カ、將來ハドレ位ノ見込デアルカ、殊ニ滿洲國ト致シテ鐵道ヲ敷ク、或ハ軍備ヲスル、ソレニ相當要リマス、其殘リヲコチラニ廻スト致シマシテモ、其關係ハドウナルカ、又鐵道大臣、遞信大臣ニ於キマシテハ、此鐵道船舶ニ非常ニ多量ノ鐵ガ要リマス、之ニ對シ平時戰時ニ於テ、其用意ハドウ云フヤウニシタラ宜イカ、拓務大臣ニ特ニ御伺シマスガ、拓務省ノ所管內ニ於テ、鐵鋼自給上ニ於テ貢獻シ得ル程度ハ如何、殊ニ朝鮮ノ茂山ニ鐵鑛ガアルト云フコトヲ聞イテ居ル、殊ニ昭和製鋼所ヲ設ケル際ニ、新義州ニ設ケルトカ、或ハ又滿洲ニ持ッテ行クトカ、色々議論ガアッタト云フコトニ依ッテ、其間ノ消息ヲ明ニシ得ルト私ハ思フノデアリマスガ、此點如何デアリマセウカ、外務大臣ニ御伺シタイノハ、帝國ノ鐵鋼ニ乏シキコトハ申ス迄モアリマセヌ、外務大臣ハ外交上ニ付テハ非常ニ御熱心デアリマスルガ、併シ此鐵ノ問題ニ付テ、海外ノ鐵ヲ利用スル、資源ヲ利用スルト云フ方針ニ付テハ、如何ナル考ヲ有ッテ居ラレルカ、只今殊ニ中華民國、或ハ滿洲ニ向ッテ、或ハ露西亞ノ鐵、或ハ南洋ノ鐵、濠洲ノ鐵ト云フヤウニ、隨分各方面ニアリマスルガ、其資源ノ程度ハ如何デアルカ、又之ヲ利用シ得ル方法ハドウシタラ宜イカ、殊ニ有事ノ際ノ外交關係ト取引ノ關係ハドウナッテ居ルカ、最近ニ於キマシテハ印度ニ向ッテ四十二万噸ノ銑鐵輸入ノ豫約ヲシテ居ル、或ハ露西亞ニ對シテ二十一万噸、濠洲ニ一万噸ノ豫約ヲシテ居ルト云フコトヲ、共販會社ハ聲明シテ居リマスルガ、斯ウ云フヤウナ問題ハドウナルカ、又製鐵品ノ輸出奬勵ニ關スル外務省ノ方針ハドウデアリマスカ、要スルニ製鐵國策ハ產業ノ進展ト國防ノ充實上頗ル重要ナルモノデアリマス、然ルニ單ニ商

工大臣或ハ大藏大臣ト云フヤウナ、一二ノ閣僚ニノミ之ヲ任セテ、從來抛擲シテアッタト云フコトハ、重大ナル過失デアリマス、總理大臣ハ斯樣ナ問題ヲ十分ニ認識ヲシテ、サウシテ內閣ノ統一ヲ圖リ、各閣僚モ能ク鐵鋼國策ニ付キマシテ十分ナル考慮ヲ拂ッテ、今迄ノヤウニ鐵鋼國策ガ宙ニフラ〳〵浮クヤウナコトノナイヤウニシテ貰ヒタイ、此點ニ付テ總理大臣ノ明瞭ナル御答辯ヲ伺ヒタイノデアリマス、之ヲ以テ第一ノ質問ヲ終リマス

（國務大臣町田忠治君登壇）

○國務大臣（町田忠治君） 蔭山君ノ我國ノ鐵ノ國策ニ對スル各方面ニ亙ッテノ御質問ガアリマシタ、御尋ノ事柄ハ、何レモ我國目下ノ鐵國策ノ根本ニ觸レタ重大ナ問題ト思ヒマスルガ故ニ、暫時ノ時間ヲ拜借シテ、私ヨリ商工省ノ關係シテ居ル方面ヲ申上ゲテ、或ハ更ニ大藏大臣其他ヨリ御答スルコト、致シマス、蔭山君ノ御尋ハ多方面ニ亙ッテ居リマシタノデ、順ヲ逐ウテ一々申上ゲタ方ガ宜カラウカ、或ハ大體ノ考ノ中ニ申上ゲテ御諒解ヲ得タ方ガ宜カラウカト、實ハ考ヘテ居リマシタガ、便宜上我國ノ鐵國策ノ根本ニ對スル御尋ヲ主ナルモノトシテ是ヨリ申上ゲマス、鐵國策ハ二年前皆サンノ御協贊ニ依ッテ製鐵合同法律ガ出來テ居ルデノアリマス、此目的ハ私カラ今更申上ゲル迄モナク、經營ヲ單純ニシ、組織ヲ改良シテ、出來ルダケ豐富ニ、最モ安イ値デ供給スルト云フ事柄ガ、御協贊ノ趣意デアッタヤウニ思ヒマス、爾來其合同ノ實行ニ取掛リマシテ、昨年ノ初ニ日本製鐵合同會社ガ出來タノデアリマスガ、當初提案シタル當局者ガ豫期シタル如ク、十一會社全部合同ニ至ラズシテ、現在ハ六社ガ合同シテ、現在ノ日本製鐵會社ガ出來テ居ルノデアリマス、之ニ對シテ蔭山君ノ御尋ノ御心持ニモアッタヤウデアリ、世ノ中デモ或ハ私ノ公開ノ席デ申述ベタコトヲ、相當強ク解釋セラレテ、玆ニ多少ノ惑ヲ生ジテ居ルヤウニ見エルノハ、蔭山君ガ御指摘ノ如ク遺憾デアリマス、私ハ製鐵大合同ノ方針ニハ、今ノ法律ノ現存シテ居ル限リ、之ヲ追ウテ行ク考デアリマス、同時ニ當初十一會社ヲ全部合同スルト云フ、其大方針ノ實現ガ、今日ノ經濟界ニ於テ直チニ之ヲ現ハスコトハ容易デハナイ、或ハ當局者ガ此間ニ何等カノ工作ヲ加ヘテ、所謂「アウトサイダー」ヲ無理ヤリニ合同セシムルト云フ考ハ、私ハ有ッテ居ラヌ、今ノ合同法ハ、國家ノ力ヲ以テ强制的ニ合同セシムルト云フ趣意デハナイト解釋シテ居ル、故ニ將來ノ經濟界ノ變遷ニ依ッテ、更ニ是ガ一層合同スルト云フ氣運ガ來タ時ニハ、是ハ合同スルノガ當然デアルガ、併シ無理ナ手段ヲ以テ、或ハ事務的ニ之ヲ强テ合同サセルト云フ考ハ、私ハ有ッテ居ラヌト同時ニ、經營ヲ單純ニシ、組織ヲ改良シテ、低廉ナル價格ニ依ッテ豐富ニ供給スルト云フ、此方針ニハ何等私ハ異ッタ考ヲ有ッテ居ラヌ、斯樣ナ趣意デアルト云フコトヲ申述ベテ置キマス、私ノ考ハ時々世間ニハ誤解サレテ居ルヤウデアリマスカラ、此處デ蔭山君其他諸君ノ御了解ヲ得テ置キマス、蔭山君ノ御話ノ如ク、昨年ノ春出來マシタ製鐵合同法ニ依リマスト、日本ノ鐵ノ供給ガ豐富ニシテ且ツ低廉ニ參ルト云フ趣意ニ出來テ居ルノニ、今日ノ事情ハ左樣ニ參ッテ居ラヌデハナイカ、是ハ當局者ガ處置ヲ怠リ、若クハ處置ヲ誤リ、若クハ又其處置ヲ執ルコトヲ躊躇シ、又ハ遲延シテ居ル結果デアルト云フ御非難デアリマス、此事ニ對シテハ、現レタル事實カラ申シマスト、當局者モ相當其責任ヲ負ハナケレバナラヌカトモ思ヒマス、併シ實際ノ事情カラ考ヘマスルト、一昨年ニ於キマシテ民間ノ意見ヲ問ヒ、當局者ガ立テマシタ鐵ノ――假ニ銑鐵ヲ以テ申シマスレバ、當時ノ事情ニ依ッテ推測シテ立テマシタ銑鐵ノ需要ハ、一般經濟界ノ好景氣、竝ニ軍需品ノ需要增加等ニ依リマシテ、當初立テマシタヨリ三十万噸以外ニモ殖エテ居ッタ、一昨年ノ暮ニ於テ推算致シマシタ銑鐵ノ分量ガ、凡ソ是ダケノ手當デ宜カラウト、年ノ初メニ考ヘテ居ッタコトガ、經濟界ノ好轉ノ結果、色々ナ方面デ銑鐵ノ需要ガ殖エタガ爲ニ、當初ノ豫定カラ見レバ五十万噸殖エテ、是ガ爲メ此手當ヲスルコトニ相當困難ヲシタ、之ヲ當局者竝ニ當局者ト協議ヲシテ居ル民間ノ協會、其他共販會社、製鐵會社等ガ見込ヲ違ヘタ、其責任ガアルト仰セラレヽバ、私ハ之ヲ强テ避ケルトハ申シマセヌ、併シ實際經濟界ニ於テ需要スル分量ハ、豫メ是レ位ト想像シタ所ガ、意外ニ多カッタ爲ニ、手違ヲ生ジタト云フノハ事實デアリマス、唯此手違ガ生ジタ原因ハ、經濟界好轉ノ結果デアルト云フコトニ考ヲ置キマスルト、私共ノ前任者ガ左樣ナ計畫ヲ立テヽ、私ガ之ヲ襲ッテ責任ヲ負ッテ居ル立場カラ見レバ、其責任ノ御咎メヲ蒙ルコトハ甘ンジテ受ケマスガ、斯ル需要ノ增加ヲ來シタ經濟界好轉ノ點カラ見レバ、私ハ喜ンデ其責任ヲ受ケテ然ルベキデアルト、斯樣ナ考モ致スノデアリマス、ソコデ御尋ハ澤山アリマシタガ、斯樣ナ好轉ヲシテ、鐵ノ需要ガ增シテ居ルニ拘ラズ、增産計畫ヲ怠ッテ居ルト云フヤウナ御咎デアリマス、是モ指導監督ノ責任ニアル私ノ立場トシテハ相濟マヌコトデアルガ、結果カラ見マスレバ、指導監督奬勵ノ責任ヲ怠ッタト御咎ヲ下サッテモ已ムヲ得マセヌ、併シ前申シマス次第デ、此增加ノ趨勢ガ豫期以上デアッタ爲ニ、斯樣ニナッタノデアリマスガ、現ニ日本製鐵會社ニ千噸爐ノ認可ヲ先日致シマシタノハ、何カ愈々鐵ノ需要ガ增加シテ、供給ガ之ニ伴ハナカッタ結果、已ムヲ得ズ今日之ヲヤッタヤウニ、或ハ御認メデアルカモ知レマセヌガ、此計畫ハ昨年來現レタ計畫デ、事務當局ハ技術上ニ於キマシテモ愼重ニ考慮シテ、先日之ヲ許シタノデアリマス、併シ之ヲ許ス前ニ、既ニ日本製鐵會社ハ、大抵許可ニ相成ルモノトノ考ノ下ニ、準備ヲ怠ラズヤッテ居リマスガ故ニ、此許可ガアッテ初メテ增産計畫ノ準備ニ著手スルト云フ譯デナク、凡ソ其準備ハ今日出來テ居ルコトヽ思ヒマス、又「アウトサイダー」ニ於テモ相當澤山ノ計畫ガアリマス、之ニ對シテ一言申添エルコトノ御許ヲ願ヒタイノハ「アウトサイダー」ガ恐クハ一昨年頃カラデアリマセウ、相當大キナ某會社ガ熔鑛爐ヲ作ッテ、銑鐵カラ鋼材ヲ造ルマデノ一貫作業ヲスル計畫ヲ、商工省ニ申請サレテ居ッタガ、種々ナル技術的關係カラ、其調査ニ暇取リマシタ點モアリマセウガ、私ガ就任致シ、三代ノ大臣ニ此問題ガ懸ッテ居ッタ程ニ、相當長イ時間ヲ要シタノデアリマス、若シ製鐵合同ト云フ當初ノ考カラ言ヘバ、或ハ之ヲ許サズシテ、合同シタ後ニ增産計畫ヲスルノモ一ツノ方法デアリマセウ、併シ私ハ製鐵合同ハ結構デアルガ、國家ガ强テ無理ニ之ヲ合同セシメルト云フ態度ハ面

白クナイ、又諸君ガ製鐵合同法ニ贊成サレタ趣意ハ、國家ノ力ニ依ッテ强制的ニ合同サセルト云フ御趣意デハナカッタノデアリマス、故ニ經濟界ノ趨勢ニ依ッテ、他日適當ナ時ニハ合同スル機會ガマダアラウ、併シ各會社ガ經濟界ノ好景氣ニ際シテ、營業ガ盛ンニ行ハレテ、自ラ增産計畫ヲヤルト云フノデ、基礎鞏固ナル計畫ノ下ニ、技術的ニモ遺憾ナイト云フコトデアルナラバ、之ヲ許スガ宜カラウト云フノガ私ノ考方デアリマス、之ヲ許シタガ爲ニ、或者ハ現商工大臣ハ製鐵合同ノ方針ヲ變ヘタト非難スルノデアリマス、批評ハ勝手デアリマスガ、私ハ方針ハ變ヘマセヌ、變ヘナイト同時ニ、當初ノ目的ハ十一社全部ヲ合同サセル趣意デアッタノガ、經濟界ノ變化ニ依ッテ、其合同ガ力ニ依ルニ非ザレバ行ハレヌト云フ時ニ、政府ガ、其力ナイモノガ、無理ニ力ヲ以テヤルトスレバ、玆ニ無理ガ生ジマス、其無理ハ私ハ避ケル、斯ウ云フ考方デ今日モ進ミツヽアルノデアリマス、藤山君モドウゾ其趣意ヲ御諒承ヲ願ヒタイト思ヒマス、又私ノ此考ニ對シテ、當初此法律ニ御贊同セラレタ諸君ニシテ、私ノ考方ガ違ッテ居ルト云フコトナラバ、此席デモ、亦議會ガ終ッテカラデモ、御厚情ヲ以テ御高見ヲ承ルコトヲ切望シテ置キマス、又當年ハドンナ按排ニ增産計畫ガ成立ッテ居ル カト云フコトニ對シマシテハ、或ハ詳細ニ委員會デ申上ゲマスガ、大體今日ノ所デハ、十年度ノ所要見込ハ銑鐵ガ三百十万噸、其中輸入ハ六十万噸ト云フ見込ヲ以テ其手當ヲ致シテ居リマス、鋼材ノ方ハ三百九十万噸デ、此中輸入ハ四十五万噸、斯ウ云フ推測ノ下ニ手當ヲシツヽアルノデアリマス

　次ニ此法案ノ實體ニ係リマス銑鐵ノ關稅引下五割、鋼材モ亦均シク五割、此點ハ新聞等ヲ拜見致シマシテモ、相當御意見ノアル方ガ多イヤウニ承ッテ居リマスガ故ニ、私共ハ出來ルナラバ委員會ニ於テ、私共ガ立テマシタ銑鐵五割ト鋼材五割ノ此點ニ對シテ、御諒解ヲ得ルコトニ努メマスルガ、此席ニ於テ一言申上ゲタ方ガ御便利ト考ヘマスノハ、銑鐵五割ニ對シテ鋼材ノ五割ト云フノハ、同ジ率ニ引下ゲタイト云フ、率ハ基礎ヲ置イテ鋼材ヲ五割ニ下ゲタノデハナクシテ、實際市場ノ狀況カラ見マスレバ、鋼材ニ對シテモ多クノモノニハ五割ノ引下ヲ致シテモ、今ノ製鐵鋼材會社等ノ、昨年カラ今日迄ノ値上リ、又今日ノ實際ノ市價ニ微シマシテ、五割位ノ大體引下ヲ致シテモ、今ノ鋼材製造會社ニ、彼等ガ豫期シテ居ッタ利益ヲ與ヘナイノダト云フ考デハナクテ、昨年ニ比ブレバ相當大キナ利益ガ鋼材會社ニアルモノトシテ、今後是レ以上ニ上レバ、一般消費階級ニ相當大キナ迷惑ヲ與ヘルト云フ、今後ノ暴騰、若クハ價格ノ著シキ變化ヲ防グコトヲ目的ト致シマシタノデアッテ、今ノ價ヲ引下ゲルト云フ見地カラ致シマシタコトデナイト云フコトヲ一言申上ゲテ、委員會等ニ於テ詳シク中上ゲタイト思ヒマス

　ソレカラ甚ダ相濟マヌガモウ少シ――大變多岐ニ亙ッテ居リマシタカラ――モウ一ツ共販會社ノコトデアリマス、成程共販會社ハ製鐵合同ノ前ニハ、內地ノ數會社、朝鮮、滿洲ノ會社ノ主トシテ銑鐵ヲ造ルモノガ相寄ッテ、一ツノ組合見タヤウナモノヲ組織シテ、內地ノ銑鐵ヲ賣捌クコトノ建値、及外國カラ印度銑鐵其他ヲ輸入スルコトニ對シテ、一手ノ獨占ノ形ヲ成シテ居ッタコトハ事實デアリマス、先般新聞等ニ現レマシタ藤山君ノ御批評モ、大體ニ於テ事實デアリマス、私ハ日本ノ鐵ノ需要供給、竝ニ出來ルダケ市價ヲ低廉ニスルコトハ、殆ド內地ノ銑鐵ノ全部ヲ引受テ居リ、鋼材ノ半バヲ引受ケテ居ル日本製鐵會社ハ、日本全國ノ鐵ノ市價ヲバ統制スル力ハ十分アルト斯樣ニ考ヘテ居リマス、唯此共販會社ガ、一種ノ所謂販賣會社トナッテ、「カルテル」ノヤウナ弊ガアリハセヌカト云フ御心配ノアル方モ相當アリマス、藤山君モ其御一人ト考ヘマスガ、私ハ今ノ共販會社ヲ直チニ解散スルト云フ考ハ有ッテ居ラズ、之ヲ指導シ監督シテ當初ノ目的ニ副ハセルヤウニ努メタイト、只今ハ考ヘテ居リマス、併シ從來ノ關係ガアッテ、此共販會社ガ一般民間ノ銑鐵ヲ買入レテ、鋼材ヲ造ル所ノ澤山ノ會社ガ、共販會社ノ一顰一笑ニ重キヲ置イテ居ルト云フ意味合ガアルト、時時鋼材會社ノ方々カラ、サウ云フヤウナ訴モ受ケマス、是ハ果シテ其非難、訴ガ事實ト致シマスレバ、是ハ一日モ早ク矯正シナケレバナリマセヌ、故ニ商工省トシテハ之ヲ適當ナル指導、奬勵、訓戒ヲ加ヘテ、尙ホ吾々ノ希望シテ居ルヤウナ理想的ナ働キガ出來ヌ時ニ、初メテ是ガ改造スルコトニ躊躇致サヌト、是ダケヲ中上ゲテ置キマス、ソレカラ御尋ノ中ニ、モウ一ツ合同問題ヲ繼續スルカ否カト云フ言明ニ對シテハ、先刻中上ゲタコトデ大體ノ御諒解ヲ 願ッテ置キマス

　最後ニ奬勵法ノコトデアリマス、是ハ私ハ藤山君ノ御話ノ如ク、私ノ心持、私ノ信念カラ申シマスルト、此奬勵法ガ相當ニ改正スル時期ニ達シテ居ルト、私ハ斯樣ニ考ヘテ居リマス、議會ニ於テモ此質問ガアリマシタガ、私ノ信念ハ左樣デアル、併シ今大藏事務當局ト商工事務當局トノ間ニ協議中デアルト、斯樣ニ申シテ置キマシタ、其事務當局ノ協議中ノ問題ハ、ドウ云フ問題デアルカト云フヤウナコトハ、稅ノ御カイ點ニモ關係致シテ居リマスルカラ、此席デハ省イテ委員會デ申シマス、唯御尋ノ最モ重大ナル點ハ、商工大臣ガ從來ノ言明ノ通リ、此議會ニ之ヲ提出スルカ否ヤト、是ガハッキリセヌト民間デモ相當ナ疑惑ヲ生ジテ居ル、是ハ御尤ナ御尋ト私モ考ヘマス、私ノ信念ハ斯樣ナ信念デス、過當ナル保護ヲ致ス必要ハナイ、併シ製鐵業ト云フ重大ナル國策ニ關スルモノニ對シテ、政府ガ從來奬勵ヲシテ居ッタモノヲ、直チニ之ヲ取ルト云フ考デハナク、資本金、積立金ノ總體ニ對シテ一割ニ達セヌ間ハ、之ニ保護ヲ加ヘテ免稅ノ特點ヲ與ヘル、恐クハ他ニナイ程ノ是デ餘程大キナ特點ト考ヘテ居ルノデ、殊ニ奬勵法始ッテ以來相當ナ長イ年數ガ經チマシテ、凡ソ基礎ガ鞏固ニナッタト見ラル、節ガ相當多イノデアリマスルカラ、一般産業ニ較ベテ、國策ト言ヒナガラ、國策ノ根本ヲ覆サヌダケノ適當ナ奬勵ハスルガ、ソレ以上ノ奬勵ヲシテ、或ハ三割五分ノ純益トカ、四割ノ純益ト云フヤウナコトガ、此奬勵法ノ結果トシテノミ現レタモノデナイガ、世間カラ見マスレバ如何ニ國策トハ言ヒナガラ、既ニ根本ガ成立シタモノニ向ッテ、何割ノ配當ヲスルト云フモノニ向ッテ、今後又數十年ノ保護ヲスルト云フノハ、餘計過ギルト云フ考方モ相當アルノデアリマス、此點ニ對シテ私ハ相當考慮ヲ

致シマシタガ、茲ニ率直ニ申上ゲマスト、技術的ノ關係モアリマスルシ、種々ナル或ハ滿洲鐵ノ關係、色々ナ點カラ考慮致シマシテ、之ヲ議會ニ提出シテ御協贊ヲ得ルコトガ、或ハ困難デナイカト思ハル丶、節モアリマス、又此奬勵法ノ改正ヲ考ヘマシタ時ハ昨年ノ暮デアリマシテ、マダ銑鐵等ノ需要不足ガ斯ク迄ニ参ラズニ、共販會社ヲ通ジテ關税ノ引下ヲ行ハズトモ、日本ノ需要供給ガ相當参ラウカト折角努力中デアリマシタガ、ソレモ見込ガ立タズ、茲ニ關税ノ引下ト云フ問題モ加ッタノデアリマス、臨時利得税、關税ノ引下、奬勵法ノ改正、此三ツ相重ナルコトハ如何デアラウト云フ、老巧ナル考モ閣僚中ニアルヤウデアリマスカラ、私ハ當年ノ議會ニ之ヲ提出スルコトハ困難ト思ヒマス、併シ私ノ考方ハ今ノヤウナ考ヲ有ッテ居ルガ、蔭山君ガ當年出スカト云フコトニ對シテハ、私ハ種々ナル事情カラ、私ノ考方ガ實際ニ今年行ハレヌノハ遺憾ト思ヒマスガ、之ヲ提出スルコトハ困難デアル、斯様ニ率直ニ申上ゲテ置キマス(拍手)

(國務大臣大角岑生君登壇)

○國務大臣(大角岑生君) 蔭山君カラノ海軍ニ對スル御質問ニ御答ヲ致シマス、戰時鐵ノ所要量ガ激増致シマスコトハ、是ハ申ス迄モナイコトデアリマシテ、是ガ對策ニ付キマシテハ、愼重ニ各方面ニ亘ッテ考慮シテ居ル次第デアリマス、唯此戰時ノ所要額ガ幾何デアルカ、斯ウ云フ御尋ニ對シマシテハ遺憾ナガラ御答ヲ差控ヘタイト思ヒマス、次ニ御尋ニナリマシタノハ、平時ノ所要量ハドウデアルカ、最近兩三年ノ所要量ヲ御尋ニナリマシタ、ソレニ對シテ御答ヲ致シマス、海軍カラ日鐵ヘ註文致シマシタ分量ハ、昭和七年度約五万二千噸、昭和八年度約五万九千噸、昭和九年度約九万八千噸ニナッテ居リマス、昭和十年度以後モ大體此計數ヲ續ケルコト丶考ヘテ居リマス

(國務大臣岡田啓介君登壇)

○國務大臣(岡田啓介君) 蔭山君ニ御答致シマス、私ヘノ御尋ノ第一點ハ、製鐵國策デアッタト思ヒマス、製鐵國策ハ自給自足ガ目標デアルト思ヒマス、歴代ノ政府之ニ向ッテ努力シ來ッタノデアリマス、種々ナル情況ヨリ、近年鐵ノ需要ガ非常ニ激増シタノデアリマスガ、是カラノ製鐵國策モ同ジク自給自足デアリ、此激増シタ需要ニ向ッテハ、政府ハ增産ノ計畫ニ向ッテ進マナケレバナラヌト考ヘテ居リマス、其次ハ有事ノ際ニ鐵礦ヲ何レニ求ムルカ、斯ウ云フ御質問デアッタカト思ヒマス、是ハ非常ニ重要ナル問題デアリマシテ、此爲ニ滿洲及朝鮮ニ於ケル鐵礦ノ埋藏量及其品質ニ付テ一通リノ調査ハ致シタノデアリマス、私ノ承知シテ居リマス所デハ、富礦ハ餘リ多クナイノデアリマス、但シ貧礦ハ相當ナ埋藏量ガアルノデアリマス、此貧礦ヲ處理シテ製鐵ヲ致シマスコトモ、一二ノ會社デハヤッテ居ルノデアリマスガ、是ハ貧礦ト申シマシテモ、其質ノ良イ方デアリマスカラ、滿洲朝鮮竝ニ我國ニモ多數アリマス以下ノ貧礦デ、製鐵ヲスル方法ヲ研究スルコトガ必要デアルト思ヒマス、又砂鐵カラ鐵及鋼ヲ拵ヘルコトノ研究モ必要デアルト思ヒマス、平時ニ於テハ、我國ニ近イ所カラ良質ノ礦石ヲ獲得スルコトモ、是亦努力セネバナラヌコト丶思ヒマス、有事ノ際ニハ價格ノ高イコトスラ忍ビマスレバ、相當ナ礦石ハ得ラレルコト丶思ヒマス、但シ價格モ高クナラヌヤウニ研究ニ努力スベキモノデアルト考ヘテ居リマス(拍手)

(國務大臣林銑十郎君登壇)

○國務大臣(林銑十郎君) 只今蔭山君ヨリ陸軍大臣トシテ、又對滿事務局總裁トシテ御尋ニナリマシタコトハ、大體次ノ四箇條ト考ヘマス、第一ハ、陸軍ノ平戰兩時ニ於ケル鐵ノ需要ニ關スル狀態、第二ハ、平時ノ陸軍ニ於ケル鐵ノ使用量、第三ハ、滿洲國ノ鐵ノ生産額、現在ト將來ノ見込、第四ハ、滿洲國ノ鐵ノ使用量、陸軍ト致シマシテハ、國内ノ需要ヲ圓滑ニナラシムルト共ニ、戰時ニ於キマシテモ、此鐵ノ供給ニ支障ナリ不安ノナイヤウナ爲ニ、種々ノ努力ヲシテ居リマスルガ、此見地ニ於キマシテ、只今戰時ノ鐵供給ノ確保ニ關シマシテ、所謂貧礦ノ處理法デアルトカ、或ハ砂鐵ノ精錬法デアルトカ、或ハ滿鮮ニ於キマスル探礦ノ實施デアルトカ、或ハ日本製鐵株式會社法第九條ニ基キマスル礦石ノ貯藏等ノ研究準備ニ依リマシテ、只今ノ所國防上平戰兩時ヲ通ジマシテ、著シク不安ヲ感ジナイト云フ狀態ニアリマス、次ニ平時ニ於キマスル鐵ノ使用量ハ、最近一年間約六万噸内外デアリマシテ、戰時ニ於キマスル使用量ニ關シマシテハ、事機密ニ屬シマスルノデ、此席デハ明言ヲ憚リマス、昭和製鋼所ノ製鐵能力ハ、今年度ノ計畫ガ銑鐵四十五万噸、鋼塊四十万噸デアリマシテ、將來十年度ニ於キマシテハ、銑鐵ガ六十五万噸、鋼塊五十八万噸ノ豫定デアリマス、ソレカラ滿洲國ノ鐵ノ使用量狀態ヲ申シマスレバ、昭和八年ガ約二十六万噸、昭和九年度ノ見込ガ約四十六万噸、大體只今申シマシタ通リニ、十年度ノ計畫ニ依リマシテ、銑鐵ガ六十五万噸昭和製鋼所デ出來マスガ、滿洲方面ノ使用量ハ約四十六万噸ト御承知ヲ願ヒマス

○河野一郎君　現内閣ガ農村經濟ノ根幹ヲ成スベキ米穀、蠶絲、肥料ノ三大政策ニ關シ、ソレ〳〵案ヲ具シテ議會ニ臨マレマシタルコトハ、從來ノ内閣ニ於テ其例ヲ見ザル所デアリマシテ、是ガ努力ニ對シマシテハ、吾々農村代表ト致シマシテ多大ノ敬意ヲ拂フ者デアリマス、併ナガラ如何ニ努力セラレマシタリトハ言ヘ、其内容ニ於テ、其時期ニ於テ、農村ノ利益ト相反スルガ如キ情狀ガアリマスルニ於キマシテハ、吾人ハ斷ジテ之ヲ排撃シナケレバナラヌノデアリマス、此見地ニ立チマシテ、吾々ノ同志ハ既ニ委員會ニ付議セラレテ居リマスル米穀關係法案、蠶絲關係法案ニ對シマシテ、愼重審議ヲ重ネ、連日熱心ニ檢討ヲ續ケテ居ル次第デアリマスガ、今又茲ニ上程セラレマシタル肥料統制法案ニ對シテモ、吾々ハ前段同樣ノ見地ニ依リマシテ、愼重審議ヲシナケレバナラヌノデアリマス

只今商工大臣ヨリ提案ノ遲レタル事情ニ付キマシテ、種々御釋明ガアリマシタガ、吾々ハソレヲ認メルコトハ出來ナイノデアリマス、今日ノ如ク會期既ニ切迫セル時ニ於キマシテ、其利害關係ハ常ニ相反スル立場ニ置カレマスル所ノ農民消費者大衆ト、肥料生産業者トノ間ニ於キマシテ、重大ナル鍵ヲ握ルベキ本法案ノ提案ヲセラレマシテ、是ガ審議ヲ吾々ニ求メラレマスルコトハ、寧ロ難キヲ強ユルモノデアリマシテ、此際ニ一言申上ゲテ置キタイコトハ、萬一本法案ノ審議ガ未了ニ終リマシタル場合ニ於キマシテモ、其罪ハ政府ニアリマシテ、吾々議員ニアリマセヌト云フコトヲ、一言申上ゲテ置キタイノデアリマス(拍手)

次ニ内容ノ質疑ト致シマシテ、先ヅ第一ニ肥料ニ關スル法案制定ノ時期ノ適否ニ關スル御尋ヲ致シテ見タイノデアリマス、現下我國ノ硫安肥料需給狀勢ハ、政府ガ既ニ發表セラレマシタル所ニ依リマシテモ、現肥料年度、即チ本年七月末迄ノ計算ニ於キマシテ、需要ハ百十九万瓲デアリマスルニ對シマシテ、供給即チ生産ハ百六万三千餘瓲デアリマス、即チ差引十二万餘瓲ノ生産不足ヲ見テ居ルノデアリマス、是等ニ付キマシテハ、御承知ノ如ク外安ノ輸入ニ依リマシテ、其需給ヲ稍〻保ッテ居ルノデアリマスガ、私ハ此機會ニ一言御諒解ヲ得テ置キタイノデアリマス、私ガ只今御質疑申上ゲマスル中ニ於キマシテ、肥料ト云フ言葉ヲ使ヒマスノハ、本案ノ内容ノ重大ナル地位ヲ占メテ居リマスル所ノ硫酸「アムモニヤ」ヲ指スノデアリマシテ、他ノ肥料ヲ指シマス場合ニハ、一々其名ヲ申上ゲルコトニ致シタイト考ヘマス、此點御諒解ヲ得テ置キマス、隨ッテ需給ノ關係ニ於キマシテハ、政府ガ既ニ認メテ居ル通リデアリマス、是ガ不足ノ影響ハ、私ガ豫テ前々議會以來政府ニ對シテ、常ニ供給ノ不足ニ因ル所ノ價格ノ騰貴ニ對スル點ニ付キマシテ、再三政府ニ反省ヲ求メタノデアリマスガ、政府ハ其際常ニ肥料配給組合ヲ過信致シマシテ、是等ノ協定値段、即チ九十三圓程度ノ配給ヲ以テ吾々ニ應ヘテ參ッタノデアリマス、併ナガラ現下ノ肥料界ノ狀勢ヲ見マスルノニ、皆サン御承知ノ如ク最近ニ於キマシテハ、硫安肥料ノ非常ナル不足ヲ告ゲマシテ、市價ハ百圓以上百八九圓致シテ居ル現狀デアリマス、是等ノ實情ニ鑑ミマシテ、生産統制ヲ主ト致シマスル所ノ、今回ノ法案ヲ制定致シマスルニ當リマシテハ、少クトモ其時期ハ尚早デハナイカト思フノデアリマス、即チ生産者、肥料製造業者タル所ノ大財閥デアリマストカ、大資本家、是等ヲ擁護スルノニ、餘リニ政府ガ汲々トシテ居ルノデハナイカト思フノデアリマス、吾々農民ノ立場ヨリ致シマスルナラバ、當然豫想セラルベキ所ノ需給關係ノ現下ノ不足ヲ、吾々カラ致シマスナラバ、明年ヲ待チ、明後年ヲ待チマシタナラバ、是等ノ肥料ノ需給ノ關係ハ當然是ガ圓滑ニナル、若クハ或ル程度ノ過剩ヲ見ルコトハ、既ニ製造會社ノ發表ニ依ッテ明ナル所デアリマス、斯ノ如ク當然起リ得ベキ所ノ肥料製造ノ增加、之ニ基キマシテ肥料價格ノ下落、更ニ肥料價格ノ下落ノ結果ト致シマシテ、舊式設備ヲ有スル所ノ工場ノ整理、ソレニ基ク生産費ノ低下、是等ヲ種々考慮致シマスル時ニ、如何ニ考ヘマシテモ、農民ノ爲ニ非ズシテ商工業者、即チ肥料製造業者ノ爲ニ、政府ハ今日此法案ヲ提出セラレタノデハナイカト云フ疑ガ十分ナノデアリマス(拍手)此點ハ政府ニ於キマシテ、吾々ニ對シテ十分ナル御說明ヲ願ヒマシテ、如何ニシテ今日此議場ニ對シテ、本案ヲ今提出セナケレバナラヌカト云フコトヲ御說明願ヒタイノデアリマス

次ニ御尋致シタイノハ、本案ノ内容ト致シテ居リマス所ノ需給推算デアリマス、申上ゲル迄モナク本案ノ内容ハ、即チ其根幹ハ需給ノ推算ニ求メテ居ルノデアリマス、是ガ推算ノ適正ヲ期セナケレバナラヌノデアリマス、政府ハ如何ニシテ肥料需給推算ノ適正ヲ期セント致スノデアリマスカ、即チ從來動トモスレバ肥料需給推算ニ關シマシテ、農林、商工兩當局ノ間ニ、常ニ意見ノ不一致ヲ來シマシテ、其醜態ヲ天下ニ暴露シ、ノミナラズ其結果ト致シマシテ、農民ニ對シテ肥料行政ノ不圓滑ノ結果カラ參リマス所ノ、莫大ナル損害ヲ掛ケテ來タコトハ、私今更申上ゲル迄モナイコトデアリマス、此事情ニ付キマシテハ、諄ク申上ゲル必要モナイト考ヘルノデアリマスルガ、元來肥料ノ需給推算ハ、目下審議セラレテ居リマスル所ノ、米ノ自治管理案ノ内容ヲ爲シテ居リマス所ノ米ノ需給推算ヨリモ、更ニ一段ト困難ナルモノガアルト考ヘルガ、申上ゲル迄モナク米ニ於キマシテハ、其年度ニ於キマスル需給推算ヲ致シマス際ニ、大體其年度ニ於キマスル一人當リノ米ノ消費量ヲ、其過去

ノ賣績ニ徴シマシテ之ヲ算出致シ、サウシテ人口ニ乘ジマシテ、消費ノ豫想ヲ爲スコトガ出來ルノデアリマス、然ルニ肥料ニ於キマシテハ、其消費ノ豫想ハ全ク之ヲ致スコトガ困難ナリト私ハ考ヘル者デアリマス、即チ一昨年ニ於キマスル所ノ秋繭ノ暴騰ハ、直チニ是ガ肥料需要ノ大增加トナリマシテ、當時肥料價格ノ暴騰ヲ見タコトモ、私ガ申上ゲル迄モナイコト、思ヒマス、其他農產物價ノ高低ガ、直チニ肥料需要ノ原動力トナリマシテ、之ニ依ッテ時ニ增大致シ、時ニ非常ニ減少ヲ見ルコトモ、亦私ノ申上ゲル迄モナイ所デアリマス、斯ノ如ク肥料ノ需要ノ點ニ至リマシテハ、其原因ト致シマスル所ガ、非常ニ複雜ナル事情ニ依リマシテ、是ガ需要ノ增減ヲ見ルノデアリマスルカラ、政府當局ガ如何ニ此適正ヲ期サント致サレマシテモ、往々ニシテ思ハヌ失敗ヲ致シマスルコトハ、從來其例ヲ見ルコト甚ダ多イノデアリマス、斯ノ如ク申シマスルト、此肥料需給推算ノ困難ナ結果ト致シマシテ、ソレニ因ッテ起ル所ノ肥料價格ノ騰貴ハ、非常ニ農民ニ不利益ヲ致スノデアリマス、更ニ又申上ゲマスナラバ、之ヲ生產ノ方面ヨリ考ヘマシテモ、御承知ノ如ク硫安ノ製造ハ、最近文化ノ發達ニ依ッテ起リマシタル產業デアリマスル關係カラ、非常ニ複雜致シテ居リマスノデ、常ニ其生產ガ非常ニ增減ノアルコトハ申上ゲル迄モアリマセヌ、即チ朝鮮窒素ニ付テ其例ヲ見マスルナラバ、朝鮮ニ雨ガ餘計降ルカ降ラヌカニ依ッテ、朝鮮ニ於ケル肥料ノ出來高ニ影響シテ參リマス、如何ニシテ政府ハ是等ノ天候ニ因ル所ノ肥料ノ生產ノ增減ヲ豫測スルコトガ出來ルデアリマセウカ、單ナル製造設備ガアリマシタヾケデ、決シテ其處ニ製造能力ガ生ジテ來ルノデハナイト思ヒマス、是等ノ點カラ考ヘマスルト、如何ニ申シマシテモ、其消費ノ點カラ考ヘマシテモ、其生產ノ點カラ考ヘマシテモ、是ガ需給ニ對スル豫想ヲ致シマスコトハ、非常ニ困難ナ點ガ多々アリマス、此需給ニ對スル困難ナル影響ノ結果ハ、直チニ是ガ農村經濟ニ重大ナル影響ヲ與ヘマスル肥料價格ニ影響ガアリマスルノデ、是等ニ對シテ農林、商工兩當局ヨリ、詳細ナル御說明ヲ願ヒタイト思フノデアリマス

第三ニ御尋致シタイノハ、本法ニ於ケル肥料價格ノ決定ハ、之ヲ政府ノ命令ニ依ッテ決定スルコトガ出來ルヤウニ規定シテアルノデアリマス、諸君、凡ソ物ノ値段ヲ決定致シマスノニ、單ニ之ヲ法律ノ條章ニ依ッテ規定致シマスコトガ、果シテ適當デアリマセウカドウデアリマセウカ、凡ソ物價ハ需要供給ノ實情ニ即シテ定マルベキモノデアッテ、如何ナル法規命令ヲ以テシテモ、決シテ圓滿ニ且ツ完全ニ定メ得ルモノトハ信ゼラレナイノデアリマス、敢テ之ヲ爲サント致シマスル場合ニハ、不合理、矛盾ヲ暴露致シ、國民經濟ニ非常ナル惡影響ヲ及ボシ、徒ニ違反行爲ヲ國民ノ一部ニ强ユルノ結果トナリハセナイダラウカト考ヘルモノデアリマス、即チ生產過剩デアリマスル場合ニ、如何ニシテ法律ニ依ッテ價格ヲ決定スルコトガ出來ルノデアリマセウ、如何ナル罰則規定ヲ設ケマシタト言ヘ、脫法行爲ト致シマシテ、割戾金ノ制度ニ依ッテ、法ノ目的ヲ根柢ヨリ覆ス結果ニナルノデハナイカト思フノデアリマス、更ニ又生產ノ不足ノ場合ニハ、同樣ノ見地ニ立チマシテ、割增金ヲ附シテ、脫法的賣買ガ行ハレルコトモ、是亦當然ノ理デハナイカト思フノデアリマス、政府ハ昨年度ニ於キマスル所ノ銑鐵、鋼鐵ノ賣買ノ實情ヲ、如何ニ御說明ニナルノデアリマスカ、日本製鐵合同株式會社其他共販組合ニ是ガ內命ヲ發シマシテ、サウシテ市場ニ於キマスル、銑鋼鐵ノ販賣價格ニ對シテ、或ル程度ノ行政的ノ干與ヲ致サレタノデアリマス、其結果ハ市場ニ於キマスル所ノ銑、鋼鐵ノ賣買ノ實情ハ如何デアリマスカ、第一次的ノ配給機關デアリマス所ノ配給組合ヨリ出デマス所ノ値段ト、第二次的ノ配給機關デアリマス所ノ、是ガ取扱業者ノ手ニ渡リマスル場合ニ「プレミアム」ガ附イテ、商品ノ爭奪戰ガ非常ニ行ハレタ此實情ニ對シテ、政府ハ如何ニ御說明ニナルノデアリマスカ、即チ硫安其他ニ付キマシテモ、政府ガ萬一此需要供給ノ關係ヲ無視セラレマシテ、單ニ法律ノ規定ニ依ッテ、物價ノ決定ヲ致サウトスルナラバ、是ト同樣ノ場合ガ多々起ッテ參ルト思ヒマスガ、而モ政府ハ是等ノ場合ニ處スル嚴重ナル罰則規定ヲ設ケマシテ、此經濟ノ原則ヲ無視シテ、玆ニ罪人ヲ作ルガ如キコトヲ致シマスコトハ、斷ジテ吾々ノ採ラナイ所デアリマス、是等ニ對シテ政府ハ如何ナル御見解ヲ行ッテ居リマスカ、第三問トシテ是亦明確ナル御答辯ヲ願ヒタイノデアリマス

第四問ト致シマシテ、窒素工業ノ如キ、近代化學工業ノ發達ニ伴ウテ、逐年進步發達致シテ參リマシタモノハ、科學ノ發達ニ伴ウテ、生產費ハ極度ニ低減セラレツ、アルモノデアリマス、申上ゲル迄モナク、硫安工業ノ我國ニ於キマスル過去ノ實績ニ付テ考ヘテ見マシテモ、其最モ初期ニ造ラレマシタ製造會社ノ工場設備、最近ニ於テ起リマシタ所ノ宇部窒素工業株式會社、三池窒素工業株式會社、滿洲化學工業株式會社、是等ノ工場原價生產原價ト較ベテ見マシタ時ニ、恐ラク其間ニハ非常ナ開キガアリマシテ、再三此議場ニ於キマシテ本員等ヨリ、是等製造會社ノ生產費ノ內容ノ御發表ヲ御願致シマシテモ、政府當局ハ是ガ御發表ヲ拒否セラレマスル理由ハ玆ニアルト私ハ考ヘテ居ルノデアリマス、斯ノ如ク致シマシテ、其會社ノ製造設備ガ最近出來マシタモノハ、非常ニ安價ナル製造ガ出來ルノデアリマス、然ルニ日本電氣化學工業ノ如ク、非常ニ其設備ガ舊式デアリマシテ、其生產原價ガ非常ニ高イモノガアル、是等ノモノト、現在是等ノ安イ生產費ノ會社ガアリマスニモ拘ラズ、之ヲ法律ノ力ニ依ッテ或ル程度ニ、平等ニ之ヲ保護シテ參ラナケレバナラヌ立場ニ置キマスコトハ、玆ニ非常ナル無理ガアリハセヌカト思フノデアリマス、ソレト同時ニ將來ニ豫想シ得ベキ所ノ、是等化學工業ノ發達發明ニ依ッテ起リマス所ノ、新ナル設備ノ工場建設ノ希望ガアリマシタル際ニ、當局ハ本法ニ依リマスレバ、其建設ニ當リマシテハ認可ヲ要スル、此認可ハ需給ノ關係ニ依ッテ之ヲ決定スルト云フコトニナリマシタル際ニ、既得權ヲ主張致シマスル是等生產原價ノ高イ會社ヲ整理シテ、他ニ新ナル新發明ニ依ッテ、希望致シマスル所ノ會社建設ヲ、如何ニシテ御取扱ニナリマスカ、之ヲ農民ノ側ヨリ申シマスナラバ、全國農民ガ是等化學工業ノ進步發達、文化ノ進展ニ浴スル所ノ恩惠、即チ此化學ノ進步發達ニ伴フ所ノ肥料價格ノ低減ガ、此法律ニ依ッテ阻止セラレマシテ、本法實施ノ結果ハ、肥料化學ノ發達ヲ阻止致シ、其結果ニ依テ起ル所ノ肥料價格ノ低廉ヲ期スルコトハ、私ハ非常ニ困難デアルト考ヘルノデアリマス(拍手)此見地ニ立ッテ、農民大衆ニ代ッテ、本案ノ內容ニ付テ重大ナル疑義ヲ有ツ者デアリマスカラ、此點ニ對スル詳細ナル御說明ヲ是亦御願スル次第デアリマス

第五問ト致シマシテハ、政府當局ハ豫々本議場ニ於テ詳細御說明ニナリマシタル所ノ、滿洲化學工業株式會社ノ製品ヲ、本法ニ依ッテ如何ニ之ヲ運用スルカト云フ御尋デアリマス、此滿洲化學工業株式會社ハ、私ガ申上ゲル迄モナク、前內閣以來、前拓務大臣永井柳太郎氏、後藤前農林大臣、現

農林大臣山崎達之輔氏、其他陸軍大臣等ヨリ、再三滿洲化學工業製品ニ依ッテ内地ノ肥料價格ヲ低下セシメ、依テ以テ農民ニ安イ肥料ヲ配給スルノダト言フコトノ御言明ガ屢〻アッタノデアリマス、然ルニ今回提案セラレマシタル所ノ法案ノ内容ニ就テ檢討致シマスルノニ、之ヲ大連ニ會社ヲ設ケテアリマス所ノ滿洲化學工業株式會社ニ對シテ、如何ニ此法ノ運用ガ影響スルカト云フコトハ、非常ニ關係ガ深イノデアリマス、若モ政府ガ此滿洲化學工業株式會社ヲ、本法ノ適用ニ依ッテ内地ノ肥料配給業組合ノ中ニ、一組合員トシテ御入レニナリマスナラバ、政府ガ再三此議場ヲ通ジテ農民ニ聲明セラレタル聲明ハ、悉ク裏切ラレルノデアリマス、更ニ又本法ノ適用ヲ受ケズシテ、滿洲化學工業ノ製品ヲ、外國ノ肥料ト同樣ニ之ヲ御扱ヒニナリマシテ、此製品ノ輸入ニ對シ一々御干渉ナサイマスナラバ、是亦非常ニ農民ノ失望スル所デアリマス、此見地ニ立チマシテ、政府當局ハ次ノ四點ニ付テ特ニ御答ヲ願ヒタイノデアリマス、一、本法案ハ滿洲化學ニ對シ如何ナル統制力ヲ有スルカ、二、滿化ノ製品ニ對シ輸入制限ヲ爲スカ、三、滿化ノ製品ヲ需給推算ノ中ニ加ヘルカ、四、滿化ノ製品ニ對シ如何ニシテ統制ヲ爲スカ、卽チ是ガ滿化ノ製品ガ外國へ輸出ヲ致シマス際ニ、其製品ヲ如何ニシテ阻止シ、之ヲ内地ニ參リマスヤウニ、政府ハ之ニ向ッテ努力スルカト云フ點ニ關スル御尋デアリマス

最後ニ一點特ニ御尋致シテ置キタイノハ、本法案ノ適用ニ依リマシテ、從來團體的ニ購買ヲ致シマス關係カラ、一般市場價格ヨリモ、或ル程度ノ安價ナル肥料ノ購入ヲ得テ居リマシタ所ノ、所謂全購聯ノ肥料購入ノコトニ付テ御尋ヲ致シテ置キタイト思フノデアリマス、從來全購聯ハ、多量ニ一時ニ團體的ニ購入ヲ致シマス關係カラ、一般肥料配給組合ノ決定値段、協定値段ヨリモ、或ル程度ノ安イ値デ肥料ノ購入ヲ致シテ居リ、之ニ依ッテ全國ノ農民ニ安價ナル肥料ヲ配給シテ居ッタノデアリマス、然ルニ本法ノ適用ニ依リマシテ、肥料ノ賣買價格ハ之ヲ此法ノ統制下ニ置カレルコトニナリマスル結果、是等全購聯其他農民ガ協同シテ肥料ヲ買ヒマスル際ニ、之ヲ此法ノ統制ニ依ッテ、是等ノ特殊的利益ヲ阻止セラレルヤウナ場合ガアリマスルナラバ、是ハ重大ナル農民ノ利害ニ關スル問題デアリマス、之ニ對シテ政府ハ如何ニ御考ニナリマスルカ、先ヅ第一ニ政府ノ御答辯ヲ承ッタ上デ、更ニ御尋致シタイト考ヘマスルノデ、是等申上ゲマシタル諸點ニ付テ明確ナル御答辯アランコトヲ御願スル次第デアリマス（拍手）

（國務大臣町田忠治君登壇）

○**國務大臣（町田忠治君）** 河野君ヨリ只今大綱六ツニ分ッテノ御質問ガアリマシタ、何レモ肥料法案ノ重要ナル點ニ觸レテ居ルト思ヒマス、私ヨリ御答致ス部分モアリ、主トシテ農林大臣カラ御答申シタ方ガ御諒解ガ得ラレ易イト思ハル、節モアリマスカラ、斯樣ナ點カラ、私カラ申上ゲタラ宜カラウト思ヒマス點ヲ先以テ申上ゲマス

第一ニ總論デアリマス、斯樣ナ國家統制ノ意味ヲ含ンダ此法案ハ、時期ガマダ早クアルマイカ、寧ロ今此際ニ斯樣ナ統制法ヲ行フコトハ、資本家擁護ト相成ル嫌ガ多分ニアリハスマイカト云フ御尋ガ第一ノ御質問デアッタト承リマス、斯樣ナ御疑問ノアルコトハ、私トシテハ甚ダ遺憾ニ思ヒマス、大體ニ於テ私ノ總括的ナ考ヲ一寸申上ゲテ御諒解ヲ得テ置イタガ、總テノ御質問ニ御答スルニ便利ト思ヒマス、河野君モ先年有力ナル經濟記者トシテ、私ガ農林大臣ノ時分、此問題ガ起リマシタ際ニ屢〻御意見モ承リ、私ノ考ヲ申述ベタノデアリマス、當時ノ私ノ農林大臣トシテノ肥料法ニ對スル考ト、商工大臣トシテノ肥料ニ對スル考ハ、何等相違ガアリマセヌ、當時ノ商工大臣トハ屢〻意見ノ交換ヲシマシテ、最後輸出入ノ禁止許可ト云フコトマデモ協議致シタ、其當時ノ考ハ、内地ノ農家ニ必要ナル肥料ノ供給ヲ、出來ルダケ安イ値デ供給スルト云フ考ハ、農林省ニ居リマシタ時モ今日モ、何等變ルコトガアリマセヌ、其當時商工業者ノ方カラ見レバ、私ノ考ガ少シ酷ダト見ラレテ居ッタノデアリマスガ、經營ノ宜シキモノ、機械ノ改良シタルモノ、斯樣ナ組織ノ下ニ依ッテ出來タ肥料ヲ基礎トシテ、日本ノ肥料ノ改善ヲ圖ル、若シ古イ經營、機械ノ設備モ時代遲レ、資本金モ豐カデナイ、借入金ニ依ッテ經營シテ居ル會社ナラバ、生產ガ自ラ高クナリマス、其價ヲ基礎トシテ肥料ノ値ヲ定メルノハ宜シカラヌ、出來ルダケ合理的ナ經營ヲ致シタモノ、其價ヲ基礎トシテ、改善ヲ圖ルコトヲ主ト致シマスト同時ニ、一時外國ノ「ダンピング」ニ依ッテ、酷イ安イ肥料ガ入ッテ來テ、農家ガ其肥料ヲ歡迎シタノデアリマス、外國カラ安イ肥料ガ來ルナラバ、農家ノ爲メソレハ宜カラウト云フ議論ガ盛デアリマシタ時ニ、私ヘ「ダンピング」ニ依ッテ安イ肥料ガ入ッテモ、内地ノ此基礎工業ガ根柢カラ覆サレタ曉ニ、所謂「ダンピング」ノ目的ヲ達シテ、高イ肥料ヲ入レテ來タナラバ、農家全體ノ爲ニ不利益デアルト云フ意味カラ、「ダンピング」ニ依ッテ入ル安イ肥料ヲ止メタノデアリマス、一時農家ノ氣ニハ入ラナカッタ、併シ農家ノ一時ノ考デナク、長イ間ニ亙ル農家ノ利益カラ見マスルト、斯樣ナ一時ノ安イ肥料ヲ入レテモ、「ダンピング」ノ目的ヲ達シタ後ノ農家全體ノ不利益ヲ思ヘバ、此處デハ相當ノ制限ヲセナケレバナラヌト云フノデ、制限シタコトハ、河野君トモ屢〻議論ヲ交換シタ問題デアリマスカラ、私カラ申上ゲル迄モナイ、其考ハ今日モ同樣デアリマス、若シ内地ノ肥料會社ガ古イ經營、古イ機械ニ依ッテ生產費ガ高クナッテ居リマスルナラバ、農家全體ノ爲ヲ圖ッテモ、此重大ナル工業ノ發達、國家ノ爲ノ大局カラ見マシテ、斯樣ナ工場ガ整理セラレルコトヲ望ムノデアリマスカラ、私ハ此法案ハ何レニ重イカ、何レニ輕イカト申ス譯ニ參ラヌガ、此基礎工業ヲ確立スルコトガ、全國多數ノ農民ノ爲ニ最モ利益デアリ、又將來此工業ヲ進歩シタル經營、機械ニ依ッテ創業シヨウトシテモ、多少ノ國家ノ統制ガナクシテ、亂雜ニシテ、無謀ナ競爭ガアッテ、共倒レヲスレバ困ルト云フ考カラ、此業務ニ向ッテ資本ヲ投下スルコトヲ躊躇セラレテハ、矢張此業ノ發達ハ進ミマセヌカラ、此業態ノ基礎ニハ相當ノ安全性ヲ與ヘナケレバ、新シイ資本ヲ以テ低廉ナル肥料ヲ豐富ニ供給スルト云フ計畫ガ、眞面目ナル企業家ニ行ハレヌ、其點ヲモ考慮シテ之ヲヤッタ次第デアリマシテ、今日デハ時期尙早デハナク、寧ロ年々增シテ來ル所ノ化學肥料ノ需要ヲ豐富ニ供給スル爲ニハ、マダ此業ノ發達ハ望ムノデアリマシテ、隨テ此基礎ヲ安固ニスル考デアリマシテ、資本家擁護ナド、云フ考ハ斷ジテナイト云フコトハ、大抵從來ノ私ノ主張カラ河野君ハ御諒承下サルコトト思ヒマス

第二ニハ需給推算ノ問題デアリマス、是ハ困難デアリマス、河野サン御話ノ通リ、是ハ机上デヤル譯ニハ參リマセヌ、米ノ推算ヨリモ困難ダト仰シヤッタ、米通、肥料通ノ河野サンノ御話ノ通リ、米以上ニ困難デアリマス、米ハ樂ダト云フヤウナ意味ニ聞エマシタガ、私ノ經驗ニ依レバ、米モ中々困難デアリマス、丁度肥料ノ一家ノ需要量ノ推算ガ難カシイト同樣ニ、一個人ノ米ノ需要ヲ基トシテ推算ヲシテ、非常ナ誤リヲ生ジタ例モ澤山アルコトハ御承知ノ通リデアリマシテ、經濟界ノ推移ニ依ッテ、或

ハ需要ヲ増シ、或ハ需要ヲ減ズルト云フ、斯樣ナ種類ニ對シテハ、推算ガ中々面倒デアリマス、農林、商工ノ事務當局ガ、地方ノ色々ナ事情ヲ徴シテ、凡ソ推算ヲ致ストシテモ、結局場合ニ依レバ、机上ノ推算ニ終ル虞アリマスルガ故ニ、內閣ニ關係各省ノ事務當局ハ勿論、民間ノ製造業者、若クハ需要者側ノ堪能ナル人ヲ集メマシテ、稍〻此邊ダラウト云フ推算ヲ致スノデアリマシテ、其推算ハ多少ハ經濟界ノ活動ノ模樣ニ依リマシテ相違ハアリマセウガ、大體ニ於テ肥料飢饉ヲ唱ヘルヤウナ違算ハ生ジナイモノト私ハ期待シテ居リマスガ、相當困難ナ問題デアルコトハ御同感デアリマス、隨テ困難ナルニ付キマシテモ、一層其調査ヲ周密ニシテ參ルト云フヨリ外、致方アリマセヌ

次ハ價格決定ノ困難デアリマス、是ハ恐クハ需給ノ推量ノ困難ト同ジ程度ノ困難カ、或ハ各事業家ガ各〻自己ノ利害ガ關係シテ居ル問題デアッテ、損益計算ガ之ニ依ッテ生ズルノデアリマスルガ故ニ、實際ニ於テハ價格ノ決定ヲ致スコトハ、此間ニ種々ナル困難ガ生ジマセウ、隨テ當局トシテハ、此價格ヲ決定スルコトハ相當困難ト今カラ覺悟致シテ居リマス、併シソレデハ此儘ニシテ置イテ宜シイカト申シマスレバ、此工業ノ基礎ガ安定セヌ、隨テ豐富ニ供給スルコトノ途ガ妨ゲラレルト云フ大局ノ上カラ、此價格ノ決定ニハ、萬一多少ノ行屆カヌコトガアリトシテモ、之ヲ決定シテ置クコトハ、此基礎産業ノ根柢ヲ固メ、竝ニ農家ニ豐富ナ供給ヲ致スト云フ、大局ノ上カラ見テハ致方ガナイ、必ズ正確ナ推定ガ出來ルトハ思ヒマセヌ、併シ主トシテ精巧ナル進歩シタル機械ノ設備、經營ノ完全等カラ見マシテ、先刻河野君カラ御話ノ通リ、最モ新ナル肥料會社、卽チ河野君ノ言ハレル硫安會社ハ、餘程安ク出來ツヽアルコトハ私モ略〻承知シテ居リマス、窮極スル所、吾々ノ目的ハ進歩シタル設備及機械ニ依ッテ、低廉ナル肥料ヲ造リ得ラレル程度ニ、全部ノ肥料會社ノ經營ヲ引上ゲルコトヲ目的トシテ居リマス、唯一時ニ之ヲヤルコトハ、斯業全體ノ根柢ヲ毀ス虞ガアリマスカラ、全部ヲ最モ進歩シタル、理想ノ工業ト同ジヤウニスルニハ、多少ノ年數ハ掛ルコト、思ヒマス、此法案ノ目的トスル所ハ、河野サンノ理想トセラレル方面ニ進ムコトニ致シタイト考ヘテ居リマス

三ト四ハ硫安工業ノ――窒素肥料ノコトデアリマシテ、大抵今申上ゲタコトデ御諒解ヲ得タイト思ヒマス、ソレカラ今迄ノ共販會社ノ例ヲ御引キデアッタヤウニ思ヒマスガ、鐵ノ共販會社ハ御承知ノ通リ、私モアレハアノ儘デハイカヌト云フコトハ、此衆議院ノ委員會デアリマシタカ、貴族院デシタカ、申シマシタ、併シ此共販會社ノ性質ハ――此度造リマスル此組合ハ、申サバ甚ダ耳障リナ言葉デハアリマスガ、大體性質ハ强制的組合ニナッテ居ル、餘程力强イ國家ノ統制權ガ入ッテ居ル組合デアリマス、此組合ガ所謂製造會社全體ヲ網羅シタ組合デ參リマスルカラ、會社ガ一々獨立ナ考ヲ以テ、價格ヲ亂雜ニスル虞ハナイト私ハ思ヒマスルシ、其點ニハ又深ク注意ヲ致シマス、同時ニ若シ經營ノ不完全デ生産費ノ高クナルモノハ、是ハ時代遲レデアッテ、之ヲ整理シナケレバナリマセヌ、其際ニハ如何ニ之ヲ整理スルカト云フコトニ付キマシテハ、政府ガ命ズル前ニ組合自體ガ、斯樣ナ仲間デハ安價ニ農家ニ供給スルコトガ間ニ合ハヌ、故ニ吾々ノ仲間ニ歩ミ方ノ遲イ道連レガアッタナラバ、其道連レハ吾々ノ仲間デドウカ之ヲ整理シテ、サウシテ進ム速力ヲバ早クスル組合ダケニショウト云フ爲ニ、相當ナ積金其他ノ方法ニ依ッテ、足ノ遲イモノヲ整理スル途ハ開イテアリマスガ故ニ、其間ニ多少ノ事務的困難ガアリマセウガ、其意味ヲ以テ進ンデ參リタイト云フノガ、此法案ノ精神デアリマス

最後ニ滿洲化學ノ問題ハ、成程先年私モ議員トシテ、此法案ノ出ルコトヲ聞イテ居マシタ、大體十八万瓲ノ硫安ヲ造ッテ、安ク內地ニ供給スルト云フ考カラデアルヤウデアリマシタ、當時私モ斯樣ナ考ヲシマシタ、硫安ノ需要ノ全部ガ――內地ノ需給關係ガ、滿洲化學工業ニ依ッテ、需要以上ニ供給ガ豐富ニナッタ場合ヲ想像スレバ、全體ノ肥料ノ價格ヲ安ク致シマセウ、併シ今日ノ場合ニ於テハ、滿洲化學工業ガ十八万瓲ノ硫安ヲ造ッテ內地ニ送リマシテモ、內地ノ需給關係ハマダ足リマセヌ、今日種々ナル經營ヲ致シテ居ル諸會社ノ增産計畫ガ實現シマスレバ、相當豐富ナル肥料ガ供給サル、ト同時ニ、一面ニハ過去ノ統計ニ依リマスレバ、年々硫安肥料ノ需要ガ增シマシテ、一方ハ御承知ノ通リ、一時ハ一億以上買ッテ居ッタ豆糟ノ肥料ガ減リツヽアルト云フヤウナ狀態デアリマスルカラ、今後硫安ノ需要ガ何處マデ增スカ、化學成分ノ效果ノ多イ此硫安ニ對シテハ、他ノ肥料ニ比シテ窒素肥料ノ需要ガ增スコト、思ヒマス、之ニ對シテ滿洲化學工業ガ十八万瓲ヲ供給シテモ、日本全國ノ肥料ヲ低廉ニサセルダケノ數理的論結ハ下サレヌノデアリマス、唯御尋ノ中ニアリマシタ、全購聯ガ特別ナ安イ値デ買フ約束ガアルト云フヤウナ一部ニモ御話ガ偏レテ居ッタヤウニアリマスガ、是ハ私ハ其約束ノ內容ハ詳シク知リマセヌ、併シ全購聯ガ特別ナ安イ値デ、滿洲化學工業カラ或ル數量ヲ假ニ得タトシテモ、ソレガ全國ノ需給關係ヲ動カス力ガナケレバ、一般ニ肥料ノ價ヲ安クスル譯ニハ參ラヌト思ヒマス、若シ全購聯ガ或ル數量ヲ安ク買ッテ、ソレヲ産業組合系統ダケニ特別ニ安ク賣ルト、斯ウ云フコトデアリマスレバ――恐クハ是モ容易ノ業デナイト思ヒマス、若シ或ル農家ニ對シテハ安ク賣リ、多數ノ他ノ農家ニ對シテハ高ク肥料ヲ賣ルト云フ關係ヲ生ズル虞ガアルトスレバ、之ニ向ッテ考慮セナケレバナラヌコトハ當然デアリマス(拍手)

〔國務大臣山崎達之輔君登壇〕

○國務大臣(山崎達之輔君) 大體商工大臣カラノ御答デ盡キテ居ルヤウデアリマスカラ、需給推算ノ關係ニ付テ、私カラモ御答ヲ申スヤウニト云フ御註文デアリマシタケレドモ、大體商工大臣ノ御答辯デ御諒察ヲ願ッテ置キタイト思ヒマス、最後ノ一點ダケガ殘ッテ居ルヤウデアリマスカラ、私カラ申上ゲマスガ、本法ノ成立ノ結果、全購聯ノ關係ハドウナルカト、斯ウ云フ點ガ御質問ノ最後ニオアリニナッタヤウデアリマスガ、是ハ別段ノ變化ハ生ゼナイ考デアリマス

〔河野一郞君登壇〕

○河野一郞君 私ハ只今ノ商工大臣ノ御答辯ニ甚ダ不滿ノ意ヲ有ツ者デアリマス、商工大臣ハ總括的ニ御答辯ヲナサルト申サレマシテ、縷々御述ニナリマシタガ、其御述ニナリマスル所ガ、悉ク間違ッテ居ルト私ハ考ヘマス、其前ニ私ト商工大臣ト私的ノ交際ガアリマシタ當時ノ觀念ト違ッテ居ラヌト云フ御答辯モアッタノデアリマスガ、其當時ト今日トハ、肥料ノ國際的情勢ガ全ク違ッテ居ルト云フ一語デ、私ハ商工大臣ノ御答辯ガ全部間違ッテ居ルト云フコトヲ立證セラレルノデハナイカト思フノデアリマス、申上ゲル迄モナク今日爲替ノ關係ヨリ致シマシテ、我國ノ硫安工業ハ非常ニ有利ナル立場ニ置カレテ居ルコトハ申上ゲル迄モナイノデアリマス、我國ノ硫安工業ハ、ドウ云フボロ會社デモ、會社ノ名前ハ特ニ申シマセヌガ、一番世間ガボロ會社ト申スヤウナ會社デモ、尙ホ且ツ八分以上ノ配當ヲ致シテ居ルノデアリマス、其他ノ會社ニ

至リマシテハ、吾々ノ想像以上ノ有利ナル立場ニアリマシテ、決シテ只今商工大臣ガ申サレマスヤウニ、之ニ對シテ政府ガ或ル程度ノ、生産者ノ方面ヨリ考慮シタル法律案ヲ提出セナケレバ、是ガ外安ノ壓迫ニ依ッテ、將來禍ハ農民ニ及ブ虞ガアルト云フヤウナ御答辯ハ、斷ジテ私ハ承服スルコトハ出來ヌノデアリマス、卽チ現在ノ情勢ハ、私ガ先刻申上ゲマシタルヤウニ、肥料會社ガ餘リニ儲ケ過ギテ居ル、儲カリ過ギテ居ル、モウ少シ肥料會社ガ儲カラナク、肥料ノ値段ガ下ッテ、今日ノ窮迫セル農村ニ對シテ或ル程度ノ安イ肥料ヲ配給スルマデニ、肥料ノ生産ガ増加セラレタル際ニ於テ、斯ノ如キ法案ハ提出セラルベキモノデハナイカドウカト云フ御尋ヲ私ハ致スノデアリマス、之ニ付テ恐ラク商工大臣、民政黨總裁トシテ御述ニナルナラバ、御異存ハナイダラウト私ハ考ヘル、如何ナル人デモ、此議論ニハ斷ジテ反對スル譯ニハ行カヌダラウト思フノデアリマス、是ハ私ノ餘リニ獨斷カトモ考ヘマスルガ、大體現在ノ肥料會社ノ有利ナル情勢ヲ、誰ガ之ヲ肥料會社ガ潰レルコトヲ豫想シテ、斯ウ云フ法案ヲ作ラナケレバナラヌト云フ御答辯ニ滿足スル人ガアルデセウカ、斷ジテ私ハ、日本國民一人モ之ニ滿足スル人ハナイト思フノデアリマス、デアリマスルカラ私ハ資本家擁護ニ過ギハセヌカト、餘リニ失禮ナ言葉デハアリマスルガ、敢テ此言葉ヲ以テ商工大臣ニ御質問ヲ致シタノデアリマス、デ重ネテ此點ニ對シテハ明確ニ商工大臣ヨリ御答辯ヲ願ヒタイノデアリマス、次ニ需給關係ノ困難ナル點ニ付キマシテハ、商工大臣ノ御認メニナックヤウデアリマス、此需給關係ノ推算ガ困難ナリト致シマスナラバ、今回ノ法案ハ、之ヲ以テ農民ニ臨マレルコトハ、非常ニ農村ノ側カラ不利益ヲ受ケルコトガ多イ、少クトモ曾テ田中内閣時代ニ於キマスル所ノ、政友會ヨリ提案致シマシタル肥料管理法案ト、今回提案ノ法案ト、兩々相俟ッテ進ンデ、初メテソコニ農家ノ利益ヲ擁護スルコトガ出來ルモノナリト、私ハ確信シテ疑ハヌノデアリマス（拍手）政府ハ單ナル一片ノ法律ヲ以テ、肥料配給ノ圓滑ヲ期スルト望ムコトハ、是レ餘リニ大ソレタ希望デアッテ、斯ノ如キハ斷ジテ結果ニ於テ私ハ思ヒ半バニ過ギルモノガアルダラウト思フ、必ズ政府ハ此農家、全國ノ農村ノ經濟ノ實情ヲ考ヘテ、單ナル一片ノ法律ニ依ッテ全農民ニ安價ナル肥料ヲ配給スルト考ヘルコトハ、餘リニ大ソレタ考デアリマス、自分ガ空拳デ全國ノ農民ニ安イ肥料ノ配給ガ出來ルト考ヘルガ如キハ餘リニ大ソレタ考ダ、少クトモ或ル程度ノ支出ヲ爲シ、或ル程度ノ施設ヲ爲シ、政府ガ一定數量ノ肥料ヲ自己ノ手中ニ收メテ、何時デモ足リナイ時ニハ自分ノ持ッテ居ルモノヲ投出スト云フ、少クトモ現在ノ米ニ對スル政策ト稍〻似タル政策ヲ以テ、卽チ肥料管理法案ヲ付隨セシメタル、此肥料統制法案デナケレバ、其結果ハ私前段ニ申上ゲマシタル通リ、單ニ資本家擁護ノモノナリト斷言シテ憚ラヌノデアリマス、此點ニ付テハ尙ホ進ンデ當局ヨリ御答辯ヲ願ヒタイト思フノデアリマス

更ニ一點農林大臣ニ御尋致シテ置キタイノデアリマス、農林大臣ガ只今此壇上ヨリ、悉ク商工大臣ノ御答辯デ足リテ居ルト申サレマシタコトハ、甚ダ私ハ不愉快デアリマス、少クトモ全國農民ノ利害ヲ擁ッテ立ツ農林大臣ガ、假令閣議ニ於テ如何ニ打合セハ完全ニ出來テ居ルトシマシテモ、只今ノ商工大臣ノ答辯ヲ以テ滿足スル農林大臣アルコトヲ、私ハ甚ダ不愉快ニ思フノデアリマス、重ネテ農林大臣ニ御尋致シマス、農林省發表肥料要覽ノ中ニ記載致シテ居リマスル所ノ、昭和六年度硫安ノ消費量六十一万七千餘屯、昭和七年度六十一万八千餘屯、昭和八年度五十五万一千餘屯ト云フ計數ガ、農林省發表ノ肥料要覽ノ中ニ記載致シテアリマス、此計數ハ恐ラク注意致シテ見マスナラバ、何人ト雖モ我國ニ於ケル硫安ノ消費量ガ、年次減退シテ居ルト云フ實情ヲ、誰ガ肯定スル者ガアリマスカ、斯ノ如キ馬鹿馬鹿シイ數字ヲ竝ベテ、肥料政策ノ根幹トナルベキ肥料消費ノ實情ニ對シテ、斯ノ如キ不認識極マル數字ヲ掲ゲテ肥料政策ニ臨マレル如キハ、斷ジテ吾々ノ取ラナイ所デアリマス、此計數ニ對シテ如何ナル御考ヲ御持チデアリマスルカ、此壇上ヨリ御答辯ヲ願ヒタイノデアリマス、其他ニ付キマシテハ、尙ホ御答辯ガアリマシタ際ニ重ネテ御尋致シマス（拍手）

（國務大臣町田忠治君登壇）

○國務大臣（町田忠治君） 爲替關係其他ニ依ッテ、外國ノ肥料ヲ輸入スルコトニ不利益ナ時期ニアッテ、粗末ナ會社デサヘモ相當ナ配當ヲ受ケテ居ル此際ニ、自由ナル製造業ノ增設ヲ促スコトコソ宜シケレ、之ヲ法律ヲ以テ多少統制スルノハ時機宜シキヲ得ナイ、斯ウ云フ河野君ノ見方デアリマス、私モ之ヲ一應考ヘマシタ、ドチラカト言ヘバ、私モ餘リ統制經濟ハ好キナ方デハアリマセヌカラ已ムヲ得ズ國家ノ必要上、ヤラナケレバナラヌモノハヤリマスケレドモ、大體ノ考方ハ出來ルダケ國家ノ統制ヲ避ケテ行ケルモノナラバ行キタイト云フコトガ、私ノ常ノ考デアリマスカラ、本案ニ對シテモ相當躊躇モシ、考慮モ致シタ結果、成程是デハ致方アルマイト云フ考ヲ起シマシタノハ、年々硫安ノ需要ガ增加致シマス、內地ニ於テハ相當新ナル計畫ヲスルト考ヘテ居ル會社モアリマスガ、同時ニ今ノ比較的有利ナ此時代ニ於テ、所謂一種ノ流行ト相成ッテ、會社ガ續々玆ニ生レマシテ、其結果共倒レトナッテ、又肥料ノ値ガ高クナッテ、農家ガ迷惑スル時代ガアルト云フヤウナ場合ハ、我國工業ノ發達ノ歷史ノ道程ニ於テ屢〻見ル所デアリマスガ故ニ、國家ハ其點ヲ考ヘマシテ相當ナル統制ヲスル、併シ是ハ國家ガ――農林省ト商工省ノ役人ダケデ、此仕事ヲ縮メタリ伸シタリスルト云フ考デアリマセヌ、御承知ノ通リ廣ク內閣ニ、製造會社販賣業者ノ堪能ナル人ヲ集メテ、左樣ナ重大問題ハ民間經濟界ノ輿論ヲ尊重シテ決メルノデアリマシテ、決シテ資本家ニ重キヲ置イテ考ヘルノデハアリマセヌ、今ノヤウナ狀態デアリマスト、基礎ヲ安固ニシテ、確實ナル營業トシタイト云フ考ノ企業家、大キナ利益ヲ得ルト云フ考デナクテ、年々續イタ一定ノ利潤ヲ得レバ滿足スルト云フ考方ノ確實ナル企業家ヲシテ、進歩シタル機械經營ノ方法ヲ注入シテ、安イ肥料ヲ造ルト云フコトニ思切テ進メシメルコトハ、今日ノ放任シタ狀態デハ出來マセヌカラ、將來硫安ノ需要ガ益〻增加スルコトヲ考ヘ、此價格ヲ出來ルダケ合理的ニ安クスルコトヲ考ヘテ、一方ニハ此基礎、根據ヲ亂雜ナ狀態ニ陷レズシテ、資本ニ對シテモ或ル程度ノ最低ノ利潤ヲ與ヘ得ラル、ト云フヤウナ狀態ニ置カナケレバ、此仕事ハ發達セヌ、斯ウ云フ見方カラ私ハ此案ニ贊成シテ、農林當局トモ相談致シテ出シタノデアリマス、若モ此法案ガ資本家擁護ニナッテ、農家多數ノ不利益デアルト云フコトデアレバ、農業ノ神樣ト言ハレテ居ル農林大臣ガ同意スル筈ハアリマセヌ（拍手）

（國務大臣山崎達之輔君登壇）

○國務大臣（山崎達之輔君） 昭和五六年ノ統計ノ數字ハ、河野君ノ仰セノヤウナ數字ガ出テ居リマス、併シ是ハ細カイ數字ノ問題デアリマスカラ、委員會ニ於テ十分御説明ヲ申上ゲルヤウナコトニ致シタイト思ヒマス、尤モ大體ノ趨勢ト致シマシテハ、只今商工大臣モ申サレマシタヤウニ、將來硫

安ノ消費量ガ漸減スルモノトシテ、政策ヲ考ヘテハ居ナイト云フコトヲ申上ゲテ置キタイト思ヒマス、數字ノコトハ後日ニ讓リタイト思ヒマス

（河野一郎君登壇）

○河野一郎君　只今商工大臣ノ御答辯ニ依リマスルト、硫安工業ガ、恰モ三万圓カ五万圓ノ資本金ヲ以テ、儲カル工業デアルカヲ、ヤヲウトスレバ誰デモ出來ル企業ノヤウナ御說明ガアッタノデアリマス、現狀ノ儘ニシテ有利ナル產業ナルガ故ニ、放任スル時ハ非常ニ亂雜ニナル虞ガアルカラ、豫メ此統制法ニ依ッテ統制スル モノナリト云フ御說明ガアッタノデアリマス、諸君、硫安工業ガ果シテ我國ニ於キマシテ、何人ガ能ク之ヲ計畫スルコトガ出來ルデアリマセウカ、恐ラク吾々ガ日本ノ金持ト指ヲ折ル程度ノ金持デナケレバ、此工業ニ手ヲ染メルコトガ出來ナイト云フコトハ、私ガ今更申上ゲル迄モナイコトデアリマス、少クトモ最少限度一千万圓、二千万圓ノ資金ヲ要スル大設備ノ企業デアリマス、是ガドウシテ一體只今商工大臣ガ御說明ニナリマスヤウニ、亂雜ナル企業ニナル虞ガアルノデアリマセウカ、サウ云フ無算當ナコトニ陷ルコトハ絕對ニナイコトハ、何人モ承服スル所デアリマシテ、吾々只今ノ商工大臣ノ御說明ノ程度デアリマシテハ、既設ノ會社ニ對シテ、其地位ヲ擁護センガ爲ノ法律デアルト云フヤウニ諒解スル以外ニハ、諒解ハ出來ナイノデアリマス、現在製造ニ從事シテ居ラレマスル所ノ既設ノ會社ヲ擁護スル、之ヲ更ニ詳細ニ申上ゲルコトハ避ケマスガ、少クトモ現在市場ニ發表セラレテ居リマスル計畫ダケデモ、百五十万噸位ノ現在ノ會社ノ增產計畫ガ發表セラレテ居ル、是等ノ增產計畫ヲ持ッテ、然ル上ニ自ラ淘汰セラレテ、生產費ノ低下ヲ見タ際ニヤルベキモノデアルト云フ信念ハ、只今ノ商工大臣ノ御說明ニ依ッテハ私ハ諒解スルコトガ出來ヌノデアリマス、此點ハ議論ニナル虞ガアリマスカラ、私ハ重ネテ御答辯ハ要求致シマセヌガ、私ノ信ズル所ヲ申上ゲル次第デアリマス

次ニ只今農林大臣ハ、昭和五六年ノ時期ニハ、サウシタ情勢デアッタト云フ御答辯デアリマスガ、私ガ計數ヲ以テ示シタノハ昭和五六年デハナイノデアリマス、昭和六年、七年、八年、此三箇年ノ、農林省ノ發表セラレマシタル肥料要覽ニ、全ク吾々ガ承服スルコトノ出來ナイ沒常識ノ計數ヲ揭ゲテ居ラレマスルガ故ニ、私ハ敢テ此點ヲ指摘致シマシテ、斯ウシタ非常識ナ考ヲ以テ、此農家ノ經濟ニ重大ナル影響アル肥料ノコトニ付テ御考ニナルコトハ、甚ダ吾々トシテ寒心ニ堪ヘナイカラ、此點ヲ指摘シテ反省ヲ求メタノデアリマス、此點十分御考慮アランコトヲ切ニ御願致シマシテ、私ノ質問ハ之ヲ以テ打切ルコトニ致シマス（拍手）

○議長（濱田國松君）　次ノ通告者多木久米次郎君

（多木久米次郎君登壇）

○多木久米次郎君　此肥料法案ニ付テ政府ニ伺ヒタイト思ヒマス、此肥料法案ヲ見マスルト、吾々法律ニ暗イ者ニハ實ハ能ク分ラナイノデアリマス、ソレデ是ハ如何ナル種類ノ肥料ヲ統制スルノデアルカ、此統制スル所ノ肥料名稱、及其會社、若クハ其會社ノ資本、現在ノ生產能力、之ヲ第一承リタイノデス（「正面ニ向ッテ演說シナイト分ラナイ」「大キイ聲デヤッテ下サイ、聞エマセヌ」ト呼フ者アリ）御聽キニクイデセウケレドモ、暫クドウカ御靜聽ヲ願ヒマス、ソレデ只今伺ヒマスレバ、成ベク農家ノ爲ニ低廉ナル肥料ヲ供給シタイ、併シ今日ハ生產過剩ノ狀態デアルト云フ、其生產過剩ナルモノハ、一體何ヲ標準トサレテ居ルカ、之ヲ第一ニ伺ヒタイノデス、此御意見ヲ承リマシタ上ニ再質問ヲシタイト思ヒマス、御答辯ヲ願ヒマス

（國務大臣町田忠治君登壇）

○國務大臣（町田忠治君）　多木君ニ御答シマス、肥料ノ事ニ精通サレテ居ル多木サンデアリマスカラ、此法案ノ趣意ガ何處ニアルカト云フコトニ對シテハ、十分御諒承ノコト、存ジマシタガ、先ヅ過燐酸肥料、窒素肥料、ソレカラ石灰窒素ト、此主ナル三ツヲ差當リ是デ統制スル積リデアリマス、ソレカラ生產過剩ノ標準ガドウカト云フコトヲ、私一寸聽漏シマシテ御趣意ノ程ガ能ク分リマセヌデシタガ、再度御登壇ノ際ニモウ一遍承ッテ御返事ヲシマス

○多木久米次郎君　會社ノ數ナリ、又ハ資本ノ……

○議長（濱田國松君）　多木君……

（多木久米次郎君登壇）

○多木久米次郎君　伺フ所ハ硫酸「アムモニア」、過燐酸、又配合肥料モ入ッテ居ルノデスカ、サウシテ其會社ノ關係スル所ノ名目、及其數、資本、生產能力ガ承リタイト云フコトヲ言ッテ居ルノデス、サウシテ是ハ過剩ト云フコトハ、ドウ云フコトデアルカ、農家ニ安イ肥料ヲ供給スルト云フ目的ノ下ニ出サレタ所ノ法案ニ於テ、安クシタラ罰スルト云フヤウナ意味ガアルガ、安クセイト云フ意味デハナイノカ、ドレモ命令、是モ許可ト云フ譯デアル、命令若ハ認可ノミデ、此法案ト云フモノハ主要部ヲ占メテ居ルカノヤウデアリマス、法律ガ重イカ、勅令ガ重イカ法律其モノニ制裁ヲ加フベキ營業ノ肥料ノ目的モ書カナイデ、唯命令ニ依ッテ其區域ヲ決メル、種類ヲ決メルト云フコトハ、是ハ古今實ニ不可思議ナル法律ダト大體考ヘル、憲法ニ――斯ウ云フ法律ガ出タ試シガアルカドウカト云フコトデアル、而モ此價格ニ至ル迄、政府ノ命令及注意ニ依ッテ決メルトカ、甚シキハ其組合ヲ設ケテ、其組合內ノ惡イ會社ハ組合ノ費用デ以テカラニ之ヲ止メサス、是ハドウ云フ意味ノコトデアルカ、會社全體ガ惡カッタラドウナルカ、組合ガ惡イ、若クハ其組合ノ半分以上モヤリ直サナケレバナラヌト云フヤウナコトニナッタナラバドウナルカ、而モ其會社ノ數ト云フモノハ、硫酸「アムモニヤ」ニ致シマシテモ、今日ハ僅ニ十ニ足ラヌモノデアル、過燐酸ニ致シマシテモ十三カ四デアル、而モ其十三四ノモノガ、兎ニ角「アウトサイダー」トカ言ウテ、直接會社ヲ敵視シテ、農家ニ安ク賣ラヌヤウナ手段方法ヲ以テ政府ニ迫ッテ來ル、政府モドウカスルト、色々ソレニ制限ヲ加ヘテ居ル、其理窟ガ茲ニ現レテ來タト考ヘル、サウシマスルト云フト、其僅カ十四ヤ十五ノ會社ノ爲ニ、此法律ヲ設ケタノデアルカト思ハレル、サウシテ謂ハヾ手モ足モ括ラウト云フ法律ヲ拵ヘタヤウナモノデ、實ニ奇怪千萬ナ法律ノヤウニ考ヘル（拍手）果シテ是ガ農民ノ爲ニナリマスカ、過剩ト云フコトハ何ヲ意味シテ居ルノデアルカ、御承知ノ通リニ日本ニ於キマシテハ、今ヤ六百万町歩ノ田畑ヲ有ッテ居ル、之ニ年々六億六千万圓ノ肥料ヲ使ッテ居ル、而シテ漸クニ、豐年ナレバ七千万石、不作ナレバ五千万石ト云フ狀態デアル、而シテ朝鮮ニモ四百六十万町歩アル、是等ハ僅ニ三千五百万圓ト云フ……

昭和十年三月十日

昭和八年度第一豫備金支出ノ件外六件

○福田關次郎君　本員ハ簡單ニ第二豫備金支出、及大藏省ノ豫算外超過支出ニ關シマスル件ニ付キマシテ、簡單ニ御伺致シテ置キタイト思ヒマス、大藏省ノ方ヨリ先ニ御問致シマスガ、大藏省ガ豫算ヲ執行サレマスル上ニ於テ、常ニ遺憾ノ點ガ少クナイノデアリマス、此點ニ於キマシテ只今千餘万圓ノ第一豫備金カラ之ヲ御出シニナリ、而モ其豫算ガ拂切リトナッタカラ、又豫備金外ニ於テ、其歳入金ヲ以テ豫算超過ノ支出ニ爲サレタノデアリマスルガ、是ハ何ニ用ヒラレタカト中シマスルナラバ、主トシテ專賣局中心ニ御使用ニナッテ居ルノデアリマス、所ガ專賣局ガ施行サレマスル總テノモノヲ御考究ニナリマス點ニ付テハ、相當御考慮願ハナケレバナラナイノデアル、今日マデ例ヘバ煙草デアリマスルトカ、樟腦デアリマスルトカ、鹽デアリマスルトカ云フヤウナ、必需品ノ購入ニ當リマシテ、驚クベキ不當ト認メル點ガ多々アルノデアリマス、此點ニ付キマシテハ、他ノ機會ニ於テ大藏當局ニ對シマシテ相當ナ注意ヲ喚起致シテ居ルノデアリマスルガ、未ダ其跡ヲ絕タザルノヲ洵ニ遺憾ト致スモノデアリマス、譬ヘテ見マスト、茲ニ鹽ヲ御買上ニナッタカラ、是ダケノ豫備金支出ガ必要デアルト云フコトニナッテ居ルノデアリマスルガ、其食鹽ヲ――鹽ヲ御買ヒニナリマスルノニ、必要ニ非ザルモノヲ御買ヒニナッテハ居リマセヌカ、卽チ其不必要ト認ムベキ所ノ食鹽ヲ買ッタ例ガアルト致シマスルナラバ、豫備金ノ必要ハ何處カラ生ジテ來タカ、サウシテ不必要ナル製鹽會社カラ多大ノ鹽ヲ御買ヒニナリマシテ、此買上ゲル價格ト云フモノガ不當ナ價格デ、一私立營利會社ヲ利セシメテ、國庫ニ大ナル損害ヲ與ヘテ居ラレルト云フ事實ガ、年々上ッテ居ルノデアリマシテ、譬ヘテ見マスト、七年、八年度ヲ通算致シマシテモ、其時ニ不要ナモノガ二億三千万瓩ニ及ンデ居リマスカラ、此鹽ダケガ日本內地ニ費消致シマスト、二箇年間ダケ費消スルダケノ量デアリマス、ソレガ押シテ來テ、今日此豫備金ヲ支出サレテ、是ダケノ莫大ナルモノヲ御買ヒニナラナクテモ、此鹽ハ相當ニ餘ッテ居ル筈デアリマス、工業用方面ニ充當サレルモノガ、相當多大ナリト致シマシテモ、斯ルモノガ二年間ノ――餘分ニ買ハナクテモ宜イモノヲ買ッテ、而シテ豫算ノ餘ルニ從ッテ、之ヲ惡用サレテ居ルコトヲ遺憾トスルモノデアル、而モ此價格ト云フモノハ、今日迄製鹽會社ニ與ヘラレタ所ニ依レバ、二割乃至三割、時ニ依リマスト四割八分ノ高キニ失スル例ガアリマシテ、其不當支出、一年間ニ三百一万七千餘圓ノ事件ガ胚胎シテ居ルト云フコトハ、國家ノ爲ニ洵ニ遺憾千萬デアリマス、斯ル點ニ付キマシテ、大藏當局ハ今日如何ナル御處斷ヲ爲サレテ、而モ此豫備金支出ヲ爲サレマシテ、緊急已ムベカラザルガ如ク見セ掛ケテ、此金ヲ如何ニ御使用ニ相成ッテ居ルノカ、本員等ガ數年間ニ亘リマスル大藏行政、就中官業行政ニ於キマシテ、洵ニ遺憾ノ點ノアルノヲ指摘シテ居リマスルガ、其上ニ尙ホ餘ッタモノガアル筈ダノニ、豫備金マデ支出ナサレ、尙ホ豫算超過ノ支出マデナサレテ、斯樣ナ事ヲナサルト云フコトハ、本員等考ヘル迄モナク不當ト認ムル所デアリマス、同時ニ此鹽ヲ遠クカラ回送致シマスルモノニ付テ、是亦一年間約百八十万圓乃至二百万圓ノ不當支出ヲナサレテ居ル、是ガ幾ヲ申上ゲテモ大藏省ハ改メテオ出デニナリマセヌ、定メテ本年度ニ於キマシテモ、昨年度ニ於テモ、之ヲ繼承サレテ居ルコトダラウト思フ、日本食鹽回送株式會社ト云フモノガ、此過去三箇年間ニ亘リマシテ、例ヲ見マスルト、普通ノ三箇年前ノ不景氣時代ニ於キマシテハ、日本ノ總テノ商工業ヲ通ジテ二割以上ノ配當ハ會社ハスルコトガ出來ナカッタノデアリマス、然ルニ拘ヲズ此鹽ヲ回送致シマスル回送會社ノミハ二割以上ノ配當ヲナシ、而モ世間態ガ惡イカラ、此配當ヲ制限シテ居ルノデアリマシテ、是ガ受ケマスル利益ハ莫大ナモノデアル、之ニ對シマシテ、大藏當局ハ未ダ是等ノ弊害ヲ除去サレルコトガ出來マセヌコトヘ、國家ノ爲ニ遺憾ニ堪ヘザル所デアリマス、卽チ是等ニ對シマシテ大藏當局ハ如何ナル結果ヲ見テ居ラレマスカ、其次ハ煙草原料ノ御買上ニ付テデアリマス、煙草原料ノ御買上ニ付キマシテ、本員等ハ國家政治ノ上ニ於テ、此專賣事業ト云フモノガ、非常ナ不正ノ伏在シテ居ルコトヲ遺憾トスルモノデアル、故ニ是等ニ對シテハ、有ユル機會ニ政府ニ向ッテ警告ヲ與ヘテ、國家ノ利益ヲ擁護スベク聲ヲ大ニ致シマスルト雖モ、尙ホ其跡ヲ斷タザルノヲ洵ニ遺憾ト思ヒマス、煙草買上ニ付テ驚キマスルノハ、譬ヘテ見マスルト、「ゴールデンバット」ノ如キモノハ、生產費ヲ基礎トシテ、サウシテソレニ何分ノ利益ヲ見テ御買上ニナッテ居ルノデアルガ、外國煙草、卽チ東亞煙草株式會社等カラ御買上ニナルノハ、是ト相反シテ居ル、其買上ニナリマスル價格ノ見積ニ於テハ洵ニ驚クベキ所ノ、吾々國民代表カラ見マスレバ不當不法ナリト認メラレル所ガ多イ、一例ヲ擧ゲマスレバ「ラヂオ」ト云フ煙草ヲ御買上ニナッタ時、「ロビン」ヲ御買上ニナッタ其時、「ハッピー」ト云フモノヲ御買上ニナッタ所ノモノハ、其中ニ三十八割乃至四十四割ト云フ、生產費ヨリ高キ不當ナ價格デ御買上ニナッテ居ルト云フコトハ、之ヲ緊急支出トシテ、豫備金モ尙ホ足ラズシテ豫算外支出トシテ、此專賣局ガ不法ナコトヲ爲サルト云フコトガアルナラバ、吾々ハ本案ノ承認ハ易々ト與ヘルコトガ出來マセヌ、是ガ我ガ日本ノ今日財政、行政ニ非常ナ困難ナ時デアリ、赤字公債ヲ以テ現在ノ日本ノ、此國步艱難ヲ切拔ケテ行カウト云フ時代ニ於テ、大藏省管內ノ專賣制度ノ甚シキ不當ト認メラレル所ノ箇所ガアリマスルコトヲ、遺憾千萬ト認メルノデアリマス、是等ニ對シテ政府ハ其後如何ナル改革ヲ施サレ、此煙草ノ原料買上、鹽買上、鹽ノ回送費、回送會社ニ對スル御契約等ハ如何ニナサレテ居ルカ、是等ノ點ヲ明ニ御示シヲ願ヒタイト思ヒマス

　其次ハ滿洲事件第一豫備金支出ノ件ニ關シマシテ御尋ヲシタイ、滿洲事件費ニハ一定ノ――豫メ帝國議會デ斯クナリト承認サレテ居ルモノガアリマス、併ナガラ其豫算ガアルカラト言ウテ、之ヲ使ハナクテハナラヌト云フコトハナイ、ソレナレバコソ豫備金トシテアルノデアリマス、其豫備金ガ豫メ認メラレタモノハ、大藏省モ其他モ皆使ハナケレバナラナイノダ、而モソレヲ御支出ニナリマスノニ、外務省管內ニ於キマシテハ、驚クノハ其年ノ年度ガタッタ十四日シカナイノニ、茲ニ百十万圓ト云フ豫算ヲ豫備金カラ御取リニナッタ、其當時ハ而モ議會開會中デアリマスカラ、如何ナル方法モ出來ルニ拘ラズ、其年度ノ期日ガ僅カ十四日シカナイノニ、百十万圓ヲ取出シテ、ドウシテ是ガ使用出來マスカ、是等ノ點ヲ色々聽キマスルト、ソレハ滿洲事件ニ於テ色々ナ役人ノ增加ガアルカラ、已ムヲ

得ナカッタト云フヤウナコトノ御答辯ガアルカモ知レマセヌケレドモ、尙ホ此說明書ニモ役人ノ增加デアル、又在滿鮮人ノ救護ヲ要シタコトデアル、警察官其他ノ配置變更、增加等ニ依ルモノデアルト云フコトガ說明書ニアリマスルガ、其當時前年度、七年度ニ於ケル在滿役人、官吏ト、八年度ニ於キマスル在滿官吏トヲ比較致シテ見マスルト、大シテ是デ何百万圓ト云フモノヲ御要求ニナラヲニヤナラヌ程ノモノデハナイ、此處デ一例ヲ擧ゲマスルト、ドレダケ殖エテ居ルカト云フト、殖エタ所ハ僅カシカアリマセヌ、中ニハ却テ減ッテ居ル所ガアリマス、新京ニ於キマスル官吏ハ、前年度ハ十人デアッタノガ、此御要求ニナッテ居ル八年度ニハ八人ニナッテ居ルノデアリマス、ソレカラ又吉林ニ於キマシテハ、八人ガ是亦七人ニナッテ居ルノデアリマス、斯樣ニ減ッテ居ル、サウシテ間島ガ十人デアッタモノガ、八年度ニハ十一人ニナッテ居ル、唯一人ノ增加デアル、其他琿春デアリマスルトカ、或ハ百草溝デアルトカ云フヤウナ所ハ、皆是同一デアリマス

（副議長退席、議長著席）

ソレカラ奉天ニ於キマシテハ二十二人デアッタ官吏ガ、此御要求ニナッタ年度ニハ、タッタ十六人ニ減ッテ居リマス、其他海龍ノ如キハ同一デアリマス、ソレカラ通化ニ於キマシテ二十二人ガ、是ハヤハリ二十二人デアル、新民府ニ於キマシテモヤハリ同一デアル、斯樣ニナッテ居リマス、而モ此中ニハ殖エマシタモノハ殆ド僅シカアリマセヌ、滿洲里ニ於キマシテ一人デアッタノガ三人ニナッテ居ル、其他遼陽ニ於キマシテモ、前ニハ三十三デアッタモノガ二ニナッテ居リマス、牛莊ニ於キマシテモ、四ガ三ニナッテ居リマシテ、ヤハリ減ッテ居リマス、安東ニ於キマシテモ七ガ六ニナッテ居リマスカラ、是亦減ッテ居ルノデアリマス、斯樣ニ致シマスト、此數十――數百万圓ノ金ヲ御要求ニナッタト云フ所ノドウモ理由ガ少イ、然ラバ玆ニ御問致サナケレバナラヌノハ、ソレハ其方バカリデハナイ、在滿鮮人ニ於テ救護シナケレバナラヌ所ノ者ガ、多々アッタカラト言ハレルガ、然ラバ此在滿鮮人ノ救護ニ付テハ、今此要求ノ豫算ヲ見マスト、拓務省ニモアル、拓務省ハ間島中心ニナサレテ居ルノデアラウト思ヒマスガ、拓務省ハ此鮮人ノ救護ヲ何時ノ年カラ、又此年度ニ於キマシテハ、幾何ヲ御救護ニ相成ッテ居リマスルカ、ソレガ滿洲ニ於キマスル間島中心ダケデアルノカ、他モ廣ク――他ノ委員會ニ於テハ、廣ク之ヲ救護シテ居ルヤウナ御言葉デアッタヤウニ拜承致シマスルガ、事實サウデアリマスカ、若シ然リト致シマスナラバ、外務省ガ要求致シテ居リマスル所ノ鮮人救護ト云フモノト重複スルノデハナイカ、固ヨリ外務省ハ廣ク之ヲ行ハセラレルノデアリマセウガ、何カ此邊ニ重複シタ所ハナイカドウカト云フコトヲ御伺致シタイ、サウシテ在滿鮮人ノ救護ノ狀況、現在ニ於キマシテ、果シテ幾人ヲ尙ホ救護サレツヽアルカト云フコトヲ承ッテ置キタイト存ジマス

其次ニハ外地ニ於キマスル綱紀ノ紊亂ノ一二ノ例ヲ指摘致シマシテ、當局者ノ御答辯ヲ煩シテ置キタイト存ジマス、總理大臣ハ今御出席デナイガ、物ガ置イテアルカラオ出デニナルラシイ、總理大臣ニ御伺シナイト、過般來實ハ在滿機構ニ付テ御伺致シテ居リマスルガ、各省共徹底シタル所ノ御意見ガ付カナイ、是デハ吾々國策ヲ審議致シマスル上ニ於キマシテモ據ルベキモノガアリマセヌ、確乎不拔ノ健全ナル御答辯ヲ得ルニ非ザレバ、吾々ハ之ヲ審議スル上ニ於キマシテモ非常ニ迷フノデアリマス、其一ツノ例ト致シマシテモ、昨年在滿機構ノ變革ヲ行ハレタノデアリマス、其當時在滿機構ヲ變革セラレルト雖モ、現在在滿官吏ノ自分ニ於テハ何等變ル所ハナイ、一面ニ於テハ或ハ政黨カラ在滿官吏ノ非常ナル綱紀紊亂ヲ指摘サレタニ對シテ、總理大臣ハ左樣ナ事實ナシト仰セニナッテ居ルノデアリマス、此點ハ何人モ認メル所デアリマス、然ラバ此處デ非常ナル缺陷ヲ生ジテ、吾々ガ疑ヲ插ムモノハ、在滿機構ヲ改革ナサレマシテ、後ニ起ッタ所ノ官吏ノ免黜デアリマス、移動デアリマス、之ヲ若シ在滿機構ヲ改革ナサル時ニ、在滿ノ官吏ニハ何等綱紀紊亂ノ事實ナシト仰セニナッテ、之ヲ擁護サレタコトハ非常ニ宜シイ、而シテ其機構ガ改革サレテ、議會ニ於テモ問題ヲ旨ク採消サレテ、之ヲ御實行ニ相成ッタ後ニ於テ、如何ニモ綱紀紊亂ノ事實ガアッタノデハナイカ、アノ官吏モ此官吏モ、多ク重要ナル地位ニ在ル者ガ、殆ド首ヲ馘ラレルトナッタナラバ、玆ニ吾々ハ多大ノ疑ヲ插マナケレバナラナイ、議會ニ於キマスル所ノ總理大臣ノ御答辯ガ、玆ニ喰違ヒヲ生ジマシテ、吾々カラ取リマスレバ重大ナル事ト相成ラナケレバナラナイノデアリマス、此點ハ即チ一ツノ例ヲ申サナケレバ分ラナイカモ知レマセヌ、(「簡單々々」)此例ヲ申上ゲマスルナラバ、果シテ何レガ是カ非カト言ヘバ分ルノデアラウト思フノデアリマス、替ヘテ見マスルト、滿洲ニ於キマシテ豫テ密輸入事件ガ生ジマシタ、其當時ニ於テ領事館ト關東廳トノ確執ガアリマシテ、領事館ハ外務省カラ檢事ノ事務取扱ヲ御任命ニ相成ッテ居ル、其被疑者デアル所ノ警察官吏ヲ、之ヲ召喚致サウトシタ所ガ、此警察力ヲ有タザル檢事ガ命ヲ下シテモ、其警察ガ應ジナカッタ事實ガアル、是等ノ點ニ對シマシテ、最後ノ結末ニ至ッテ、軍部ノ仰セニナッタコトガ正シカッタノカ、關東廳內ノ警官ノ方面ノ言ハレタコトノ方ガ正シカッタノデアルカ、今日日本國民ハ、何レガ是非カヲ判斷スルニ苦シムノ實情ニアルノデアリマス、之ニ對シマシテ當該所管大臣ハ、明快ナル御答辯ヲナサレマシテ、之ニ對スル疑惑ヲ一掃サレルノ大ナル義務アリト吾々ハ信ズル者デゴザイマス、其例ト致シマシテハ、外ニモアリマス、瓦房店警察ノ一ツノ例ヲ申シマスルガ、瓦房店警察署ニ(「簡單々々」)一ツノ密輸入事件ガアリマシテ、其事件ニ對シテ警察ガ之ヲ援ケテ居ッタト云フ事件デアル、是ガ警察ガ本當デアルカ、軍部ノ報告ガ本當デアルカト云フコトニナル、吾々ノ考ト致シマシテハ、長ク國家ノ爲ニ貢獻シタ日本ノ官吏ガ、斯樣ナ罪惡ヲナシテ居ルコトヽ、恐クハ信ジマセヌ、信ジマセヌガ、其官吏ノ報告ト、警察部ノ執ッタコトヽ、軍部ノ執リマシタコトヽニ、非常ナ喰違ヒガアリマスルカラ、是ガ大問題ヲナスニ至ルノデアリマス、其事ハ、昨年ノ七月十二日カラ十六日ノ間ノ五日間ニ亙リマスル、瓦房店ニ起リマシタ問題デアリマスルガ、貨物列車ノ通行ヲ「スピード」ヲ落スベク豆油ヲ之ニ布イテ、サウシテ其間ニ於テ密輸入ヲ致シマスル者ヲドン〳〵落シテ行ク、ソレヲ發見致シマスルト、前ニ之ヲ擁護スル者ニ、其管內ノ警察アリト云フコトニ相成ッタノデアリマス、此警察ガ受ケタト云フ賄賂ハ、殆ド同警察署管內ノ全員ニ及ンダ程ノ數ニ上ッテ居ルノデアリマス、是ガ何レガ是カ非カ、而モ此犯罪人ガアリマシテ、保線區カラ之ヲ憲兵隊ニ通知致シマシタ所ガ、憲兵隊ハ驚イテ、是ガ犯罪檢擧ノ通知ヲシテ、營口カラ派遣サレテ來タ其憲兵ガ實情調査ヲ致シマスルト云フト、此犯人ハ其瓦房店商總會ノ會長デアル趙何某外數名デアルト云フコトガ分ッタト云フコトニナッテ居ル、所ガ一面ニハ警察ノ方デハドウカト云フト、是ガ犯人デアリマスルト言ウテ、干雲霖外二名ヲ眞犯人ナリトシテオ捕ヘニナッタノデ

アリマス、是ハ即チ何レノ犯人ガ眞實デアルカ、サウシテ今傳ヘラレル所ニ依リマスルト云フト、大連警察署ノ署長ヲ初メト致シマシテ、多クノ者ガ悉ク賄賂ヲ取ッテ居ルト云フ事實ガ報道サレタ、サウシテ憲兵隊ガ檢擧致シマシタ結果ハドウカト申シマスレバ、是ハ詰リ瓦房店警察署管内ノ者デアル詰リ其土地ノ紳士紳商ガ連繫致シマシテ、趙商總會長以下ノ者デアルト云フコトニ——此密輸入團ヲ組織シテ居ッタト云フコトガ分ッタト斯ウナッテ居ル、然ラバ此何レヲ檢擧スベキカ、此警察ニ罪惡ノ事實アリト致サレマシテ、當時外務省ハ營口領事館高田領事官補ヲシテ檢事事務取扱ヲ任命致シタノデアリマス、ソコマデ爲サレタナラバ、警察官ガ其罪惡ヲ爲サレタデアラウカト云フ疑モソコニ起ルノデアル、ソコデ高田檢事事務取扱ガ臨ンデ、オ前等ヲ召喚スルカラ來イト言ッタ所、俺ハ行カナイト斯ウナッタ（「マダ議案ガアルカラ早クシテ呉レ」ト呼フ者アリ）斯様ナコトデアリマシテ、其者ガドチラガ眞デアルカト云フト、到頭其眞犯人ト稱セラレル所ノ、今ノ趙商總會長等ハ是ハ捕ヘラレナイデ、後ニ話シタ警察デ擧ゲマシタ所ノ者ガ眞犯人トシテ、羨學敏外二名ガ檢擧サレタト云フコトデアリマス、是等ノモノハ昨年ノ七月ニ起ッタノデアリマスガ、今日ニ至ッテ何レガ是デアルカ非デアルカ、此羨學敏ニ何等ノ罪ナキモノヲ、軍部ト在滿事務局トノ即チ話合ニ依ッテ、若シ斯ウ云フ犠牲的ノ犯人ヲ出ストナリマスルナラバ、在外統治ノ上ニ於キマスル所ノ影響ハ、蓋シ大ナルモノト見ナケレバナリマセヌ、此點ニ對シマシテ憲兵隊ノ報告ガソレデアルカ、警察ノ報告致シテ居リマスル所ノ、眞ノ犯人ガ羨學敏等デアリマスルカ、何レガ眞デアルカ、其點ノ責任アル御答辯ヲ煩シテ置キタイト考ヘルノデアリマス、其他尙ホ御問シタイコトハ多々アルノデアリマスルガ、成ベク本員ハ之ヲ簡單ニ致シマスル、サウ云フヤウナ今後外地ニ於キマシテ問題ガ起リマシタ時ニ於テ、如何ナル方法ヲ以テ是ガ處斷ヲ爲サルノデアルカ、是等ノ點ヲ十分ニ伺ヒタイ

モウ一ツ陸軍省ニ御伺シタイノハ、陸軍省ガマダ最後ノ時ニ於キマシテ、其年ノ豫算年度ノ終ラントスル三月九日ニ、一千四百万圓ト云フ所ノ豫備金ノ支出ヲナシテ居ラレマスガ、是ハ其當時歸還スベキ所ノ、第六師團ノ歸還延期ノ爲ダト云フヤウニナッテ居リマス、又第七師團ノ主力ノ派遣費ニ充テタト云フヤウナコトニナッテ居リマスルガ、是等ノモノハ豫メ前以テ豫算ノ範圍內ニ於テナサルト云フコトノ意思ハナカッタノデアリマセウカ、是等第六、第七師團ノ主力ガ歸還ガ延期サレルト云フヤウニナッタノハ、何時何日位ノ延期ヲナサレタ爲ニ、此厖大ナル千四百万圓ト云フ豫備金ノ御支出ヲナサレタノデアリマセウカ、此點ニ付キマシテモ詳細ナル御答辯ヲ煩シテ置キタイト存ジマス、尙ホ是等ニ付キマシテ、御答辯ノ如何ニ依リマシテハ再ビ質問致シマスルガ、大體ニ於テ私ハ是デ打切ッテ置キタイト思ヒマス（拍手）

（國務大臣伯爵兒玉秀雄君登壇）

○國務大臣（伯爵兒玉秀雄君） 只今ノ御質問ノ中デ、滿洲ニ居リマスル匪徒被害救助ニ關スル件デアリマスガ、是ハ間島ニハ四十万人程ノ朝鮮人ガ居リマスルガ、事變後是等ノ朝鮮人ガ非常ニ酷イ目ニ遭ヒマシテ、事件ガ毎月百回以上、ソレノ損害ヲ受ケル高ガ一万圓以上ト云フヤウナコトガ相續キマシタニ付キマシテ、是等朝鮮人ヲ救ヒ、又ハ歸還サセル爲ニ、玆ニ經費ヲ要シタノデアリマス、而シテ滿洲ニ於キマスル朝鮮人ノ匪徒被害ニ關スル救助費ハ、朝鮮總督府ノ方デ支出致シマスノハ間島ニ限ッテ居リマス、其以外ノモノハ他ノ方面デアリマスカラ、其費用ノ重複ト云フコトハナイノデアリマス、ソレカラ在滿鮮人ニ對シマスル保護ハ、ドウ云フ風ニシテ居ルカト云フ御尋デアリマスガ、是ハ此豫備費ニハ關係ガ無イノデアリマスル、本豫算ニ於キマシテ、毎年約百万圓位ノ豫算ヲ以チマシテ、或ハ醫療ノコトデアルトカ、教育ノコトデアルトカ、或ハ金融ノコトニ付キマシテ、鮮人ノ保護ヲ朝鮮總督府ノ方デ致シテ居ルノデアリマス、又滿洲機構ニ對シテ、總理大臣ハ官紀紊亂ノ事實ナシト言ッタノデアルガ、其後ニ官吏ガ罷メタノハドウカト云フノデアリマスルガ、是ハ自分ノ都合デ罷メタノデアリマシテ、決シテ滿洲機構ニ關係シマスル官紀紊亂ノ事實ニ依リマシテ、之ヲ處分ヲシタノデハナイノデ、是等ハ全ク當人ノ希望ニ依リマシテ、自ヲ罷メタト云フニ過ギナイノデアリマス、其點ハ誤解ノナイヤウニ御了解ヲ願ヒタイノデアリマス、尙又瓦房店事件ノコトニ付キマシテモ、申上グレバ切リノナイコトデアリマシテ、今日既ニ裁判所ノ問題ニナッテ居リマスルノデ、是ガ是非ハ裁判ノ結果ニ於テ自ラ判然スルト思ヒマス

（政府委員男爵矢吹省三君登壇）

○政府委員（男爵矢吹省三君） 福田君ノ御質問ノ中、大藏省ニ關スル部分ニ付テ私カラ御答申上ゲマス、昭和八年度ニ於キマシテ、專賣局作業特別會計ノ第一豫備金、竝ニ豫備金外ニ於テ多額ノ支出ヲ致シマシタニ付キマシテハ、主トシテ工業用鹽ノ需要激增ノ爲ニ、鹽ノ賠償及購買費ガ嵩ンデ參リマシテ、豫算ダケデハ支辨ガ出來ナイ爲ニ、豫備金竝ニ豫備金外ノ支出ヲスルニ至ッタノデアリマス、尙ホ其外煙草ノ需要ガ增加致シマシタ爲ニ、其原料購買等ノ爲ニモ增加致シマシタシ、又樟腦ノ需要增加ノ爲ニ、收腦價格ニ斷騰ヲ生ジマシテ、是亦斯ル支出ヲ要スルニ至ッタノデアリマス、併ナガラ斯ル支出ヲ致シマシタ結果、之ニ伴ヒマシテ歳入ニソレダケノ增加ヲ見テ居リマスノデ、其點ハ此際御斷リ申上ゲテ置キマス、尙又福田君ノ御質問ヲ承リマスト、不必要ナ鹽ヲ買ッタノデハナイカトカ、或ハ不當ナル價格ヲ以テ買入レタノデハナイカ、又煙草ノ買入ニ付キマシテモ、其價格ニ付テ御不滿ガアッタヤウデアリマス、是等ハ私共ト致シマシテハ、決シテ左樣ナ事實ガナイト云フコトヲ、玆ニ斷言スル者デアリマス、詳細ノコトニ付キマシテハ、委員會デ專賣局ノ政府委員カラ御答スルコトガ適切デアラウカト考ヘマスノデ、此場合ニ於テハ此程度ノ御答辯ヲ以テ御勘辨ヲ願ヒタイト思ヒマス

（政府委員井阪豐光君登壇）

○政府委員（井阪豐光君） 只今御質問ニナリマシタ滿洲事件第一豫備金支出ノ問題デアリマス、此問題ハ説明書ニアリマス通リ、北方ニ居リマシタ所ノ鮮人ガ匪賊ニ襲ハレマシテ、著ノミ著ノマヽデ逃ゲタト云フ悲慘ノ爲ニ費シタ金額、及專任警察官ノ配置及變更ニ要スル經費、又在滿大使館員ノ增員ニ要スル經費、電信料、機密費、斯ウ云フコトニ分レテ居リマスガ、詳細ノ點ハ委員會ニ於テ御説明ヲ致シタイト思ヒマス

（政府委員子爵土岐章君登壇）

○政府委員（子爵土岐章君） 只今陸軍ニ關シテ、昭和八年度滿洲事件費第一豫備金千四百十万圓ノ支出ガアルガ、右ハ第七師團ノ增加派遣、及第六師團歸還延期ニ對シテ

ノ費用ト聞クガ、右師團ノ歸還及延期ニ對シテハ、豫メ豫期シテ居ッタコトデハナイカト云フ、御質疑ノヤウニ拜承致シマシタ、御承知ノヤウニ軍ノ行動ニ關シマシテハ、豫メ豫期スルコトハ出來ナイノデアリマシテ、其點ハ既ニ福田君モ十分御承知ノコト、存ジマス、尙ホ此費用ノ中ニハ、熱河ノ作戰及北支ニ於ケル作戰ニ對シテノ行動費モ含ンデ居ルコトヲ附加ヘテ置キマス

○福田關次郞君　簡單デスカラ本席カラ許シテ戴キタイ

○議長(濱田國松君)　簡單ナラ許可致シマス

○福田關次郞君　只今ノ政府ノ御答辯ニハ滿足スルコトハ出來マセヌ、即チ瓦房店ニ於キマスル事件ノ歸結ハ、豫メ何レカノ省ニ於テ御決定ニナッテ、當會議ニ於テ御確答ニナルベキ性質ノモノダト思ヒマス、又次ニ御問致シタイノハ、間島ニ於テ救助ヲ要スル鮮人ハ現在幾人アルカト云フコトヲ御尋シタノデアリマスガ、御答辯ガアリマセヌ、ソレヲ伺ヒタイ、ソレカラ外務省所管ニ關スル鮮人ノ救助スベキモノハ、現在幾人デアリマスカ、尙ホ本員ハ今ノ御答辯デハ不滿足デアリマスカラ、何レカノ機會ニ於テ内容ニ關スル詳細ナ質問ヲ致シマスカラ、其事ヲ申添ヘテ置キマス

（國務大臣伯爵兒玉秀雄君登壇）

○國務大臣(伯爵兒玉秀雄君)　只今問題ニナッテ居リマスル間島ニ於ケル朝鮮人ノ救護人員ハ、八千二百人ニ對スル九十日分、食費ガ一日六錢ノ割ニナッテ居リマス、朝鮮ニ歸還ヲ命ジマシタ救助人員ガ三千二百八十人デ、一口一圓ノ割ニナッテ居ルノデアリマス、而シテ瓦房店ノ事件ハ、御承知ノ通リ只今裁判ノ懸案事項ニナッテ居リマスノデ、玆ニ御說明申上ゲルコトハ御遠慮申上ゲタイト思ヒマス

○議長(濱田國松君)　福田君、モウ宜シウゴザイマスカ

○福田關次郞君　外務省ノ在滿鮮人ノ救助人員ノ御答ガマダアリマセヌ

（政府委員井阪豐光君登壇）

○政府委員(井阪豐光君)　只今人員ノ調數ヲ持ッテ居リマセヌカラ、委員會デ說明致シタイト思ヒマス、ドウカソレマデ御猶豫ヲ願ヒマス

○福田關次郞君　苟且ニモ政府委員ガ御出席ニナッテ居リマシテ、本案ニ關スル數字ノ御持合ガナイト云フコトハ……

○議長(濱田國松君)　福田君――福田君――アナタハモウ三回御發言ニナリマシタ

○福田關次郞君　イヤ是デ三回目デス

○議長(濱田國松君)　四回目デス

○福田關次郞君　イヤ答辯ガナイト云フコトヲ申シタヾケデアリマス

○議長(濱田國松君)　議長ハ四回目ト認メマス、發言ヲ許可致シマセヌ

（福田關次郞君「ソレハ不當デス、速記録ヲ御覽ナサイ」ト呼フ）

○議長(濱田國松君)　是ニテ質疑ハ終局致シマシタ、各案ノ審査ヲ付託スベキ委員ノ選擧ニ付テ御諮リ致シマス

昭和十年三月十三日

議長ノ報告

朝鮮ニ於ケル司法權振肅ニ關スル質問主意書

右成規ニ據リ提出候也

昭和十年三月二日

提出者　風見　章

朝鮮ニ於ケル司法權振肅ニ關スル質問主意書

朝鮮ニ於ケル司法權カ現在ニ於テハ朝鮮總督ノ統理ニ屬シ內地ト全然分離シテ作用スル結果內外地ノ間ニ統一連絡ヲ缺キ一視同仁ノ施政ニ疑惑ヲ挾ム者ヲ生シツツアルノミナラス近時其ノ運用適正ヲ缺キ民衆ノ怨府トナルノ事例尠シトセス斯ノ如キハ實ニ看過スヘカラサル國家ノ不祥事ナリト信ス政府ハ其ノ事情ヲ精査シ之ニ對シ適切ナル措置ヲ講スルノ要アリト認ム果シテ政府ハ左記各項ニ關シ如何ナル所見ヲ有スルヤ其ノ對策ヲモ併セテ答辯アラムコトヲ望ム

第一項　朝鮮ニ於ケル司法官ノ待遇ハ內地ノ夫レニ比較シ菲薄ノ狀ニ在リ卽チ判事ハ內地ト均シク身分ノ保障ヲ受クルモ檢事ハ身分ノ保障ナク且判檢事ヲ通シ其ノ官等俸給ニ付テ見ルモ內地ノ夫レニ比シ頗ル遜色アリ斯ノ如キハ優良ナル裁判官及檢察官ヲ得ル上ニ於テ支障大ナルノミナラス朝鮮司法部ノ威信ヲ重カラシムル所以ニ非スト思料セラル之ニ對スル政府ノ所見及對策如何

第二項　朝鮮ニ於ケル民事刑事ノ事件ハ逐年激增ノ趨勢ヲ示セルニ拘ラス之ニ伴フ施設ノ擴充ナク又必要ナル判檢事書記等ノ增員ナキ爲執務上著シク過重ナル負擔ヲ强フルノ現狀ナリ從テ當局者カ晝夜兼行ノ努力ヲ爲シツツアルニ拘ラス司法事務ノ澁滯ヲ來シ或ハ其ノ取扱ノ粗漏杜撰トナレルノ實例ニ乏シカラス斯シテ司法權ノ公明ヲ疑ハルルカ如キハ朝鮮統治ノ爲ニ誠ニ遺憾ニ堪ヘサル所ナリ之ニ對スル政府ノ所見如何、

第三項　現在朝鮮ニ於テハ裁判所構成法施行セラレサルノ結果內地ノ大審院ト朝鮮ノ高等法院トハ全ク別箇ノ存在ニ屬シ民事及刑事事件ニ對スル判決ノ統一ヲ缺キ民衆ヲシテ其ノ歸趨ニ迷ハシムルモノ尠シトセス同一國籍ヲ有スル日本人カ帝國內ニ於ケル居住地域ヲ異ニスルニ由リ嚴正ナルヘキ司法權ノ發動ニ於テ斯ノ如キ差別的ノ處遇ヲ受クルカ如キハ不合理モ亦甚シト謂ハサルヘカラス政府ハ我カ國ノ司法制度ニ改正ヲ加ヘ此ノ不公平ヲ一掃スルノ意思ナキヤ

第四項　朝鮮ニ於ケル司法權ノ運用ヲ見ルニ檢查當局カ往々被疑者ノ人格ヲ無視シ常軌ヲ逸脫シタル取調ヲ行ヒ所謂人權蹂躙ト認メラルヘキ事例ニ乏シカラス以下述フル所ノ昭和六年刑公第七一五號、同第七一六號所載詐欺背任商法違反被告事件ノ如キハ其ノ最顯著ナル一事例ナリ抑〻本件ハ朝鮮ニ於ケル三大疑獄事件ノ一トシテ全鮮ノ耳目ヲ聳動セシメタルモノニ屬ス今其ノ內容ヲ要約スレハ京城辯護士李某カ戸矢某北垣某李某等ト通謀ノ上朝鮮産業株式會社ノ所有ニ屬スル土地百万坪ノ無償回收ノ手段トシテ計畫セラレタルモノニシテ屢〻民事上ノ訴ヲ試ミタルニ拘ラス其ノ目的ヲ達スルコト能ハサリシニ鑑ミ先ツ同會社ノ首腦部ヲ告訴シ官憲ノ力ヲ藉リ刑事上ノ有罪判決ヲ得テ之ヲ民事事案ニ援用シ既ニ再三敗訴セル民事判決ヲ覆ヘサムト企圖シタルモ結局高等法院ノ公明ナル判決ニ依リ彼等ノ企圖セル計畫ハ不成功ニ終リタルモノナリ斯ノ如ク其ノ出發點ニ於テ既ニ不純ナル被告事件タリシ本件ニ於テハ其ノ搜索取調中不法不當ノ取扱ヲ敢行シ人權蹂躙ト認メラルルノ事實枚擧ニ遑アラス其ノ重大ナル一二ノ例ヲ摘出スレハ左ノ如シ

一　昭和六年三月十八日ノ領置調書記載ノ物件卽チ證第二九九號等ハ當時朝鮮産業株式會社ニ存在セシモノニ非ス何トナレハ若シ同社ニ存在セルモノナリシナラハ家宅搜索ニ際シ斯ノ如キ犯罪事實ノ認定ニ關シ重要ナル資料ヲ押收セスシテ放置スル筈ナク又假ニ當時同會社內ニ存在シタリトスルモ被告人ノ爲ニ不利益ナル證據方法ヲ被告人側ヨリ任意提出シテ領置處分ヲ願フカ如キコトハ想像シ得サル所ナリ加之當時會社ノ首腦部タリシ堆浩、梁濟博等ハ西大門刑務所ニ拘禁セラレ該物件ヲ提出スルノ術ナカリシモノナルニ於テオヤ更ニ兩名ノ家族ハ勿論同會社ノ社員等ニ於テモ右證據物件ノ提出ヲ命セラレタルコトナク又提出セルノ事實モ絕對ニナカリシモノナリ然ルニ記錄ニ依レハ右書類ノ提出者ハ朝鮮産業株式會社トノミ記入セラレ責任者ノ氏名ハ全然記載ナシ斯ノ如キハ無辜ヲ罪セムカ爲檢察當局カ故意ニ斷罪ノ資料ヲ作成シタルモノト謂ハサルヘカラス以上ノ事實ニ對スル當局ノ所見如何

二　戸矢某ノ寺田檢事宛提出セル陳

述書及上申書並黃道杰、金秉吉、方尚謙外三名ノ告訴狀添附ニ係ル朝鮮産業株式會社關係書類ト稱スルモノハ全部僞造セラレ或ハ竊取セラレタルモノト認ムルノ外ナシ何トナレハ此等ノ者ハ朝鮮産業株式會社ノ株主ニ非ス又理事者ニモ非サルカ故ニ會社ニ關係ヲ有セサル者カ會社ノ機密書類ヲ所持スル筈ナキヲ以テナリ然レハ之カ受理ヲ爲シタル檢察當局トシテハ須ラク之カ出所ヲ究明シ其ノ眞否ヲ確メサルヘカラス然ルニ全然此ノ事ナクシテ之ヲ信憑力アルモノトシ斷罪ノ資料タラシメタルカ如キハ檢察官タルノ職責ニ反スルハ勿論被疑者ノ權利利益ヲ尊重スヘシトスル刑事訴訟法ノ精神ニ反スルモノナリ以上ノ事實ニ對スル當局ノ所見如何

三　凡ソ株式會社ノ設立無效ハ株主又ハ取締役若ハ監査役カ訴ヲ以テノミ之ヲ主張シ得ルモノナルコトハ商法ノ明示スル所ナリ然ルニ本件ノ豫審判事ハ其ノ決定書ニ於テ會社ノ設立ハ無效ナリト斷セラレタリ斯ノ如キハ法ノ解釋適用ノ任ニ當ルヘキ判事トシテ甚シキ失態タルノミナラス朝鮮司法官ノ威信ヲ傷クルモノト信ス以上ノ事實ニ對スル當局ノ所見如何

四　勾留中ノ被告人ニ對シ保釋ノ申請アリタル場合ニ於テハ豫審終結決定前ト雖被告人逃亡ノ虞アルトキ、罪證ヲ湮滅スル虞アルトキ等ノ如キ場合ヲ除クノ外ハ努メテ之ヲ許可スヘキモノナルコト刑事訴訟法ノ原則ナリ然ルニ本件ハ昭和五年十一月二十五日起訴セラレ昭和六年六月十三日豫審終結決定シタルニ拘ラス被告人池邊竹次ニ對シテハ同年八月三十一日ニ至ル迄、被告人堆浩、梁濟博ニ對シテハ同十二月一日ニ至ル迄保釋ヲ許サス引續キ拘禁シタル事實アリ斯ノ如キハ不法ニ人民ノ自由ヲ蹂躪セルモノト謂ハサルヲ得ス以上ノ事實ニ對スル當局ノ所見如何

五　刑事訴訟法第五十六條ニ依レハ調書ハ書記ヲシテ之ヲ供述者ニ讀聞カサシメ又ハ供述者ヲシテ之ヲ閲覽セシメ其ノ記載ノ相違ナキカ否ヲ問フヘキモノナリ然ルニ本件ニ於テハ豫審判事ハ此ノ規定ヲ無視シ供述者ヲシテ白紙ニ署名セシメ一度モ被告人等ニ讀聞カスコトナク恣ニ訊問調書ヲ作成シタリ而シテ斯ノ如キ事實ハ本件ノミニ止マラス他ノ刑事事件ニ於テモ慣行セラルル所ナリ以上ノ事實ニ對スル當局ノ所見如何

右及質問候也

昭和十年三月十二日

內閣總理大臣　岡田　啓介

衆議院議長濱田國松殿

衆議院議員風見章君提出朝鮮ニ於ケル司法權振肅ニ關スル質問ニ對シ別紙答辯書差進候

〔別紙〕

衆議院議員風見章君提出朝鮮ニ於ケル司法權振肅ニ關スル質問ニ對スル答辯書

第一項　朝鮮ノ檢事ニ付テハ明文上身分保障ノ規定ナキモ實際ノ取扱ニ於テハ內地同樣ノ取扱ヲ爲シ其ノ意ニ反シテ免官スルガ如キコトナシ、之ガ規定ヲ設クルコトニ付目下研究中ナリ、尙判檢事ヲ通ジ官等俸給ハ制度上差異ナク實際上內地ニ比シ低キハ豫算計理上ノ關係ニシテ朝鮮ニ於テハ單ニ司法官ニ止マラズ一般文官ニ於テモ同樣ナリ

第二項　朝鮮ニ於ケル民刑事々件逐年激增シ裁判所職員ノ負擔重キハ事實ナルヲ以テ政府ニ於テハ必要ニ應ジ之ガ增員ヲ爲シツヽアリ尙將來ニ於テモ財政ノ許ス範圍ニ於テ考慮スベシ

第三項　朝鮮ニ於テハ慣習等ニ於テ內地ト異ル特殊事情アルヲ以テ朝鮮ノ事情ニ通曉スル裁判官ヲシテ裁判ニ當ラシムルノ必要上裁判所ノ構成ニ於テモ內地ノ裁判所構成法ニ依ラズ朝鮮總督府裁判所令ニ依リ規定ス、今直ニ裁判所構成法ヲ朝鮮ニ施行スルノ意思ナシ

第四項　朝鮮ノ檢察當局ニ人權蹂躪ノ事實アリヤ否ヤニ付テハ目下詳細調査中ニ付追テ答辯ス

右及答辯候也

昭和十年三月十三日

議事日程第一乃至第五ノ件

第一　南朝鮮鐵道株式會社所屬鐵道買收ノ爲公債發行ニ關スル法律案（政府提出）　第一讀會

南朝鮮鐵道株式會社所屬鐵道買收ノ爲公債發行ニ關スル法律案

政府ハ南朝鮮鐵道株式會社所屬鐵道買收ノ爲之ニ必要ナル額ヲ限度トシ公債ヲ發行スルコトヲ得

（國務大臣伯爵兒玉秀雄君登壇）

○國務大臣（伯爵兒玉秀雄君）　只今議題ト相成リマシタ南朝鮮鐵道株式會社所屬鐵道買收ノ爲公債發行ニ關スル法律案提出ノ理由ヲ說明致シマス、本件買收豫定ノ鐵道ハ、朝鮮國有鐵道光州驛ヨリ南下致シマシテ、麗水ニ至ルマデ約百哩ノ鐵道デアリマスガ、朝鮮國有慶北北部線ノ建設計畫ノ進捗ニ伴ヒマシテ、朝鮮南部ニ於キマスル國有鐵道ノ運輸系統ノ整備上、昭和十年度ニ於キマシテ、本鐵道ヲ買收スルノ必要ガアルノデアリマス、仍テ是ガ買收代價ト致シマシテ交付スル爲メ、公債ヲ發行スル必要ガアルノデアリマシテ、本案ヲ提出シタル次第デアルノデアリマス、何卒御審議ノ上御協贊ヲ與ヘラレンコトヲ希望致シマス（拍手）

○議長（濱田國松君）　本案ノ審査ヲ付託スベキ委員ノ選擧ニ付テ御諮リ致シマス

○靑木雷三郎君　本案ハ政府提出、朝鮮事業公債法中改正法律案ノ委員ニ併セ付託セラレンコトヲ望ミマス

○議長（濱田國松君）　靑木君ノ動議ニ御異議アリマセヌカ

（「異議ナシ」ト呼フ者アリ）

○議長（濱田國松君）　御異議ナシト認メマス、仍テ動議ノ如ク決シマシタ――日程第二乃至第五ハ、同一委員ニ付託シタル議案デアリマスルカラ、一括議題トナスニ御異議アリマセヌカ

（「異議ナシ」ト呼フ者アリ）

○議長（濱田國松君）　御異議ナシト認メマス、仍テ日程第二、昭和十年度一般會計歲出ノ財源ニ充ツル爲公債發行ニ關スル法律案、日程第三、昭和七年法律第一號中改正法律案（滿洲事件ニ關スル經費支辨ノ爲公債發行ニ關スル件）、日程第四、臨時利得稅法案、日程第五、日本銀行納付金法中改正法律案、以上四案ヲ一括シテ第一讀會ノ續ヲ開キマス、委員長ノ報告ヲ求メマス――委員長岡田忠彥君

昭和十年三月十五日

請願第一(特別報告第三號)外二百八件

請願特別報告第四九號

意見書

請願文書表第三一五號

北海道北鮮諸港間命令定期航路開設ノ請願　函館市仲濱町四番地函館海運業組合長谷德太郎外四名呈出

(紹介議員大島寅吉君外一名)

右請願ノ要旨ハ北海道カ近距離且有利ナル北鮮諸港ヲ階梯トシテ滿蒙ニ商歩ヲ進ムルハ其ノ對滿貿易策トシテ寔ニ時宜ヲ得タルモノト信ス而シテ函館市ハ夙ニ北滿地方ニ著目シ函館北鮮線指定航路ヲ開設シ物貨運送ニ努力シ來リタルモ是レ永ク一市ノ施設ニノミ委スヘキモノニ非ス依テ北海道北鮮諸港間ニ國費ニ依ル政府命令線トシテ定期航路ヲ確立シ以テ本道ノ對滿貿易進展ニ資セラレタシト謂フニ在リ

衆議院ハ其ノ趣旨ヲ至當ナリト認メ之ヲ採擇スヘキモノト議決セリ依テ議院法第六十五條ニ依リ別冊及御送付候也

請願特別報告第九八號

意見書

請願文書表第五七八號

日露戰役當時城津在留民被害救濟ノ請願　朝鮮元山府海岸通六丁目二十三番地漁横山客太郎呈出(紹介議員中村不二男君)

右請願ノ要旨ハ明治三十七八年戰役當時韓國城津引揚ニ際シ該地在留民ノ被リタル損害ハ實ニ甚大ナリ然ルニ他地方ノ在留民ノ引揚ニ際シテハ海陸共ニ救恤ノ恩典ニ浴シタルニ拘ラス獨リ城津在留民カ三十年後ノ今日猶其ノ恩典ニ浴セサルハ甚タ遺憾ニ堪ヘス依テ前記城津在留民ニ救恤金ヲ下附セラレタシト謂フニ在リ

衆議院ハ其ノ趣旨ヲ至當ナリト認メ之ヲ採擇スヘキモノト議決セリ依テ議院法第六十五條ニ依リ別冊及御送付候也

請願特別報告第二四九號

意見書

請願文書表第一八九三號

新潟北鮮間航路優秀船就航ノ請願

新潟縣南蒲原郡加茂町大字加茂六百三番地農田下政治外一名呈出

(紹介議員大竹貫一君外一名)

右請願ノ要旨ハ新潟北鮮間ノ航路ハ日滿連絡上極メテ重要ナル航路ナルヲ以テ最優秀ナル汽船ヲ就航セシムルニ非サレハ其ノ重要性ヲ減殺シ兩國國策遂行ヲ阻害スルモノト信ス然ルニ現在ノ就航船ハ到底此ノ大任務ヲ果シ得サル貧弱船ナルハ遺憾ニ堪ヘス依テ此ノ際補助條件ヲ三千噸十五浬以上ノ優秀船トシ且大連汽船ニ就航ヲ許可セラレタシト謂フニ在リ

衆議院ハ其ノ趣旨ヲ至當ナリト認メ之ヲ採擇スヘキモノト議決セリ依テ議院法第六十五條ニ依リ別冊及御送付候也

請願特別報告第二五〇號

意見書

請願文書表第六八九號

朝鮮ニ參政權實施ノ請願　神戸市林田區日吉町四丁目四十四番屋敷韓仁徹外百二十名呈出(紹介議員朴春琴君)

右請願ノ要旨ハ近時朝鮮ハ文化著シク發達シ社會百般ノ制度亦備ハリタルヲ以テ之ニ參政權ヲ施行シ內鮮同胞ノ融合ニ資スルハ最必要ナリト信ス依テ朝鮮ニ參政權ヲ實施セラレタシト謂フニ在リ

衆議院ハ其ノ趣旨ヲ至當ナリト認メ之ヲ採擇スヘキモノト議決セリ依テ議院法第六十五條ニ依リ別冊及御送付候也

請願特別報告第二五一號

意見書

請願文書表第一八三六號

舊韓國將校竝相當官及准士官ニ扶助金下賜ノ請願　朝鮮京畿道高陽郡漢芝面下往十里八百九十一番地玄暎運外二百二十四名呈出(紹介議員塩月學君)

右請願ノ要旨ハ舊韓國ノ法令ニ依リ終身官職ヲ保有シ俸祿ヲ享クヘク保障ヲ與ヘラレタル舊韓國陸軍將校ハ自身ノ事情若ハ罪過ニ因ルニ非スシテ國政ノ運用上必要ナル政策トシテ隆熙元年(明治四十年)軍隊解散ニ依リ官職ヲ失ヒ其ノ後日韓併合トナリタルモ何等ノ保護惠澤ニ浴スルヲ得ス爲ニ數十年間軍務ニ服シ一般世事ニ疎キ舊韓國軍人ハ容易ニ就職ノ途ヲ得難ク生活上甚シク困憊シツツアリ依テ右失職舊韓國時代ノ陸軍將校竝相當官及准士官ニ對シ其ノ生活ヲ支フルニ足ル扶助金ヲ一時若ハ年金ヲ以テ支給セラレタシト謂フニ在リ

衆議院ハ其ノ趣旨ヲ至當ナリト認メ之ヲ採擇スヘキモノト議決セリ依テ議院法第六十五條ニ依リ別冊及御送付候也

昭和十年三月十七日

議員表彰ノ件

〇植原悦二郎君　諸君、私ハ玆ニ再ビ諸君ノ御許ヲ得テ、本院ニ於ケル各黨各派ノ議員一同ヲ代表致シマシテ、議員菅原傳君、同大竹貫一君、同安達謙藏君、同望月圭介君、同濱田國松君、此五君ガ三十有餘年憲政ノ爲盡瘁セラレタル功勞ヲ表彰シ、其文案ノ起草ヲ議長ニ一任スベシトノ動議ヲ提出致シマス(拍手)

菅原傳君ハ宮城縣遠田郡ノ人、夙ニ東京帝國大學ニ學ビ、更ニ轉ジテ米國ニ留學シ、後內地及米國ニ於テ新聞事業ニ從事セラレ、且又屢〻布哇ニ渡航シ、移民問題、日本人參政權問題並同國獨立問題等ニ盡力セラレタル所ガ尠クナカツタノデアリマス、明治三十一年三月、第五回衆議院議員總選擧ノ行ハルヽニ際シマシテ、初メテ議員ニ當選セラレ、本院ノ人トナラレタノデアリマス、爾來引續キ當選セラルヽコト十四回、在職三十二年、一身ヲ挺シテ國事ニ専念シ、東奔西走寧日ナク、恆ニ國論ノ指導ト議會政治發達ノ爲、全力ヲ傾倒シテ今日ニ至リ、今尚ホ現ニ本院ニ於テ其活動ヲ繼續セラレツヽアルノデアリマス、其間本院ニ於テ全院委員長タリシコトアリ、出テハ海軍參與官ニ任ゼラレシ等、永年ニ亙リ立憲政治發達ノ爲、貢獻セラレタル功績ハ、洵ニ偉大ナルモノデアルト存ジマス(拍手)

次ニ大竹貫一君ハ新潟縣ノ人、夙ニ縣會議員ニ擧ゲラレ、地方自治ニ貢獻スル所尠クナカツタノデアリマス、明治二十七年三月、第三回衆議院議員總選擧ニ際シ、選バレテ初メテ本院議員トナラレ、爾來當選セラルヽコト實ニ十四回、在職三十二年、此間君ハ更ニ一身一家ヲ顧ミズ、其全生活ヲ捧ゲテ議會政治ニ沒頭シ、常ニ國論ノ指導ト民意ノ暢達トニ奮鬪セラレツヽアルノデアリマス、君ハ現ニ其老軀ヲ提ゲテ、本院ニ於テ熾ニ其奮鬪ヲ繼續サレテ居リマス、君ノ氣魄タルヤ今尚ホ壯者ヲ凌グノ感ガアリマス(拍手)斯クテ君ガ永年憲政ノ爲ニ盡瘁セラレシ功勞ハ、實ニ多大ナルモノデアルト存ジマス(拍手)

次ニ安達謙藏君ハ、諸君御承知ノ如ク熊本市ノ人、漢學ヲ濟々黌ニ學バレテ、夙ニ韓國ニ於テ朝鮮時報社及漢城新報社ヲ創立セラレテ、操觚界ニ活躍サレタノデアリマス、明治三十五年八月、第七回衆議院議員總選擧ニ於テ、初メテ本院議員ニ當選セラレ、爾來今日ニ至ル迄引續キ當選十二回、在職三十二年ノ長キニ及ビ、恆ニ憲政ノ爲ニ盡瘁セラレ、其間遞信大臣、內務大臣等ノ要職ニ歷任セラレ、輔弼ノ重責ニ膺ラレタノデアリマス、尚ホ君ハ現ニ國民同盟ノ總裁トシテ、折角奮鬪セラレツヽアルノデアリマス、之ニ徵スルモ君ガ議會政治ノ爲貢獻セラレシ功績ノ、實ニ甚大ナルコトハ明カデアリマス(拍手)

次ニ望月圭介君ハ廣島縣豐田郡ノ人、夙ニ英學及政治、經濟學ヲ學バレ、明治三十一年八月、第六回衆議院議員總選擧ニ於テ、初メテ本院議員ニ當選セラレ、爾來當選回數ヲ重ネラルヽコト十一回、在職三十一年、其間遞信大臣、內務大臣等ニ歷任シテ、輔弼ノ重任ニ膺ラレタノデアリマス、君ハ恆ニ世道人心ノ指導ニ意ヲ用ヒ、民意ノ暢達ニ心ヲ碎カレ、多年能ク憲政ノ爲メ盡瘁セラレ、其功績誠ニ大ナルモノガアルノデアリマス(拍手)

次ニ濱田國松君ハ宇治山田市ノ人、東京法學院ヲ卒業セラレ、夙ニ區會議員、郡會議員ニ選バレ、地方自治ニ貢獻スル所尠ナカラズ、遂ニ明治三十七年三月、第九回衆議院議員總選擧ニ於テ、初メテ本院議員ニ當選セラレ、爾來引續キ當選セラルヽコト十回、在職三十一年、其間司法政務次官ニ任ゼラレ、又大正六年ニハ本院副議長ニ、今現ニ本院議長ノ重職ニアリテ、折角議會政治ノ爲ニ盡瘁サレテ居リマス(拍手)君ノ人權及憲政擁護ニ關スル辯論ハ、本院ノ一異彩デアリマス、而シテ君ガ永年我ガ憲政發達ノ爲メ貢獻セラレタル所、誠ニ大ナルモノガアルノデアリマス(拍手)

以上概略述ベマシタ通リ、五君ハ孰レモ人格高潔、其德望群ヲ拔キ、本院議員トシテ三十年以上在職シ、憲政ノ爲ニ盡瘁セラレタル、其積年ノ功勞ニ對シ、深甚ナル敬意ヲ表シ、之ヲ顯彰セントスルハ、本院トシテ極メテ至當ノコトヽ存ジマス(拍手)何卒滿場ノ諸君ノ御贊同ヲ冀ヒマス(拍手)

昭和十年三月十七日

朝鮮事業公債法中改正法律案

第五　朝鮮事業公債法中改正法律案（政府提出）　第一讀會ノ續

報告書

一朝鮮事業公債法中改正法律案（政府提出）

右ハ本院ニ於テ可決スヘキモノト議決致候此段及報告候也

昭和十年三月十四日

委員長　松山常次郎

衆議院議長濱田國松殿

（松山常次郎君登壇）

○**松山常次郎君**　朝鮮事業公債法中改正法律案ノ委員會ニ於ケル經過竝ニ結果ヲ御報告致シマス、本委員會ハ去ル三月ノ四日第一回ヲ開キマシタ、私ガ委員長ニ、森田福市君、豐田豐吉君ガ理事ニ選擧セラレタノデアリマス、爾來四回質問應答ヲ繼續致シマシタ、此法律案ハ初メニ說明セラレマシタル如ク、朝鮮事業公債ニ於テ新タニ九百六十万圓ヲ補充シ得ルコトニシヨウト云フ改正案デゴザイマス、其中九十五万圓ハ建設費デゴザイマシテ、平壤ノ北ノ順川カラ滿浦鎭ニ至ル鐵道ガ、昭和十三年迄ニ完成スルコトニナッテ居ルノデアリマス、ト同時ニ滿洲國方面ニ於キマシテモ、此期間內ニ鐵道ガ著イテ來ルコトニナリマスノデ、是ト連絡スル必要ガゴザイマス、卽チ鴨綠江上ニ於キマシテ鐵橋ヲ架設シテ、之ニ附帶スル線路ヲ敷設スル費用デゴザイマス、滿洲國ト協定ノ結果、朝鮮側ニ於テ負擔スベキ金額ガ、九十五万圓ニナッテ居ルノデゴザイマス、後八百六十万圓ハ改良費デゴザイマス、段々朝鮮ニ於テ貨物ノ輸送量ノ增加シタコト、特ニ時局ニ關聯致シマシテ、其輸送能力ヲ增ス必要上カラ、鐵道ノ改良工事ヲヤルト云フコトニナッタノデアリマス、內五百五十万圓ハ京義線、京釜線ノ改良費デアリマス、二百三十万圓ハ京元線ト咸鏡線ノ改良費デアリマス、八十万圓ハ滿鐵ニ移管ニナッテ居リマスル圖們線ノ改良費デアリマス、之ヲ併シマシテ八百六十万圓ノ改良費ヲ使フト云フコトニナッテ居ルノデアリマス

質問應答ノ狀況ハ玆ニ省略致シマスルガ、一點重要ナル點ヲ申上ゲタイト思フノデアリマス、質問ノ中ニ、朝鮮ダケ改良シテ輸送能力ヲ增シテモ、是ハ日本內地及滿洲方面ニ於ケルモノト均衡ガ取レナケレバ、何ニモナラナイコトデアル、ソレガドウ云フコトニナルノデアルカト云フ質問ニ對シテ、政府當局ノ答ヘマシタル所ハ、內地ニ於テモ、滿洲ニ於テモ、改良工事ハ進ンデ居ルノデアル、特ニ朝鮮ガ其點ニ於テ遲レテ居ルノデアル、一例ヲ申シマスレバ、其「レール」ノ點ニ於テ、東海道線ナリ、山陽線ハ、百封度ノ「レール」ヲ使ッテ居ル、滿鐵本線ニ於テモ、百封度ノ「レール」ヲ使ッテ居ルガ、朝鮮ニ於テハ七十五封度ノ「レール」ヲ多ク使ッテ居ルノデアル、之ヲ今度百封度ニ直スノデアル、斯ウ云フコトデアル、但シ安奉線ガマダ八十封度ノヤウデアルガ之ヲ改善スルコトニ付テハ

（議長退席、副議長著席）

滿鐵ト交涉中デアルト云フコトデアリマス、質問應答ハ大體ソレデ終リマシタノデ、去ル十四日ヲ以テ質問ヲ終了シ討論ニ入ッタノデアリマス、政友會ヲ代表致シマシテ、森田福市君ガ討論ノ衝ニ當ッタノデアリマスガ、其中ニ森田君ハ之ニ贊成ヲセラレタノデアリマスルガ、希望ヲ述ベラレテ居リマス、卽チ內地ニ朝鮮人ガ澤山入ッテ來ルガ、之ヲモット止メル方法トシテ、朝鮮ニ於テモット工事ヲ盛ニシロ、寧ロ鐵道計畫ヲ繰上ゲテ、仕事ヲ澤山拵ヘテ、內地ニ多ク朝鮮人ノ來ナイヤウニスルガ宜カラウト云フ希望デアリマス、民政黨ヲ代表致シマシテ中島彌團次君ガ、贊成ノ意見ヲ述ベラレマシタ、國民同盟ヲ代表セラレマシテ栗原彥三郎君ガ、同ジク贊成ノ意思ヲ表示セラレタノデアリマスルガ、是モ希望ヲ述ベラレテ居リマス、ソレハ滿洲事變ニ際シテ、朝鮮人ガ穩健ナル態度ヲ執ッタト云フコトニ付テ賞讚ヲセラレテ、日本國民トシテモ之ニ對シテ相當ニ酬ユル所ガナケレバナラヌ、斯ウ云フコトヲ前提ト致シマシテ、ドウモ朝鮮總督府ノヤル所ヲ見ルノニ、設備、制度ニ於テハ整ウテ居ルケレドモ、人民ノ幸福ヲ增スト云フコトニ於テ、注意ガ十分行屆イテ居ラナイヤウデアル、卽チ物ニ於テハ整ウテ居ルケレドモ、人ニ對スル注意ガ足リナイヤウニ思フ、此點ニ付テ特ニ注意ヲシテ貰ヒタイト云フ希望デアッタノデアリマス、以上デ討論ガ終リマシタノデ、採決ニ入リマシテ、滿場一致贊成ノ意ヲ表シタ譯デアリマス、卽チ可決セラレタ譯デアリマス、ドウカ本議場ニ於キマシテモ、滿場一致贊成セラレンコトヲ希望致シマス（拍手）

○**副議長（植原悅二郎君）**　本案ニ付テハ別ニ質疑ノ通告ガアリマセヌ、本案ノ第二讀會ヲ開クニ御異議アリマセヌカ

（「異議ナシ」ト呼フ者アリ）

○**副議長（植原悅二郎君）**　御異議ナシト認

メマス、仍テ本案ノ第二讀會ヲ開クニ決シマシタ

○靑木雷三郎君　直チニ本案ノ第二讀會ヲ開キ、第三讀會ヲ省略シテ、委員長報告通リ可決セラレンコトヲ望ミマス

○副議長（植原悅二郎君）　靑木君ノ動議ニ御異議アリマセヌカ

〔「異議ナシ」ト呼フ者アリ〕

○副議長（植原悅二郎君）　御異議ナシト認メマス、仍テ直チニ本案ノ第二讀會ヲ開キ、議案全部ヲ議題ト致シマス

朝鮮事業公債法中改正法律案　第二讀會（確定議）

○副議長（植原悅二郎君）　別ニ御發議モアリマセヌ、第三讀會ヲ省略シテ、委員長報告通リ可決確定致シマシタ（拍手）

日程第六及第七ハ同一委員ニ付託セラレタル議案デアリマスカラ、一括シテ議題トナスニ御異議アリマセヌカ

〔「異議ナシ」ト呼フ者アリ〕

○副議長（植原悅二郎君）　御異議ナシト認メマス、仍テ日程第六、市町村立尋常小學校費臨時國庫補助法中改正法律案、日程第七、公立學校職員年功加俸國庫補助法中改正法律案、右兩案ヲ一括シテ第一讀會ノ續ヲ開キマス、委員長ノ報告ヲ求メマス――川口義久君

報告書

一米穀自治管理法案（政府提出）

右ハ本院ニ於テ別紙ノ通修正スヘキモノト議決致候此段及報告候也

昭和十年三月二十三日

委員長　東　武

衆議院議長濱田國松殿

（別紙）

米穀自治管理法案中左ノ通修正ス

（小字及──ハ委員會修正）

第四條　米穀統制組合ハ其ノ目的ヲ達スル爲左ノ事業ヲ行フニ限リ之ヲ行フモノトス

一　第四十三條（第五十七六條第二項ニ於テ準用スル場合ヲ含ム）ノ規定ニ依リ組合ニ於テ統制スベキ米穀ノ數量ヲ組合員ニ對シ割當ツルコト

二　組合ニ於テ統制スベキ米穀ヲ貯藏スルコト

三　前號ノ規定ニ依リ貯藏シタル米穀ニ付組合員ニ資金ノ融通又ハ其ノ斡旋ヲ爲スコト

四　第四十九條、第五十條（第五十七六條第二項ニ於テ準用スル場合ヲ含ム）又ハ第五十八七條ノ規定ニ依リ米穀ノ賣渡ヲ爲スコト

五　勅令ノ定ムル所ニ依リ貯藏米穀ニ對シ倉荷證券ヲ發行スルコト

五六　第二號ノ規定ニ依リ貯藏シタル米穀ニシテ貯藏ヲ解除シタルモノヲ委託ヲ受ケ販賣又ハ保管シ其ノ他米穀ノ自治管理ニ附帶シ必要ナル行爲ヲ爲スコト

米穀ヲ取扱フ販賣組合（以下米穀販賣組合ト稱ス）ノ存スル市町村ニ於テ特別ノ事情アルトキハ勅令ノ定ムル所ニ依リ前項ニ規定スル米穀統制組合ノ事業ハ行政官廳ノ許可ヲ受ケ米穀販賣組合ニ於テ之ヲ行フコトヲ得

第十一條　米穀統制組合成立シタルトキハ其ノ地區内ノ組合員タル資格ヲ有スル者ハ總テ其ノ組合員トス

第二條ニ該當スル者ニシテ第七條ニ依リ組合員タル資格ヲ有セザルモノハ定款ノ定ムル所ニ從ヒ米穀統制組合ニ加入スルコトヲ得

第十四條　左ニ掲グル事項ハ總代會ノ議決ヲ經ベシ

一　收支豫算

二　經費ノ分賦收入方法

三　事業報告及收支決算

四　借入金

五　定款ノ變更

六　第三十七條ニ於テ準用スル第八條ノ同意

七　第四十三條（第五十七六條第二項ニ於テ準用スル場合ヲ含ム）ノ割當

前項第一號、第二號、第四號及第五號ニ掲グル事項ノ決議ハ行政官廳ノ認可ヲ受クルニ非ザレバ其ノ效力ヲ生ゼズ

第二十八條　米穀ヲ取扱フ販賣組合（以下米穀販賣組合ト稱ス）ノ存スル市町村ニ於テハ勅令ノ定ムル所ニ依リ米穀統制組合ノ事業ハ行政官廳ノ許可ヲ受ケ米穀販賣組合ニ於テ之ヲ行フコトヲ得

米穀統制組合又ハ其ノ事業ヲ行フ米穀販賣組合ナキ市町村ニ於テハ勅令ノ定ムル所ニ依リ農會ハ行政官廳ノ許可ヲ受ケ米穀統制組合ノ事業ヲ行フコトヲ得

朝鮮及臺灣ニ於テハ勅令ノ定ムル所ニ依リ米穀ヲ取扱フ産業組合又ハ農會ハ行政官廳ノ許可ヲ受ケ米穀統制組合ノ事業ヲ行フコトヲ得

第二十九條　米穀統制組合ノ事業ヲ行フ團體ハ行政官廳ノ許可ヲ受ケ團體員ニ非ズシテ其ノ區域内ニ於テ米穀統制組合ノ組合員タル資格ヲ有スル者ニ對シ團體員ニ準ジ第四條。第一項ニ掲グル事業ヲ行フコトヲ得

前項ノ場合ニ於テハ第四條。第一項ニ掲グル事業ヲ行フ團體ハ前項ニ規定スル者ヨリ團體員ノ例ニ準ジ使用料及手數料ヲ徴收スルコトヲ得

第三十條　米穀統制組合ノ事業ヲ行フ團體ガ第四十三條ノ規定（第五十七六條第二項ニ於テ準用スル場合ヲ含ム）ニ依ル割當ヲ爲ス場合ニ於テハ總會又ハ總代會ノ議決ヲ經ルコトヲ要ス

米穀統制組合ノ事業ヲ行フ場合ニ於ケル前項ノ團體ノ監督及總會又ハ總代會ニ關シテハ勅令ヲ以テ特例ヲ設クルコトヲ得

第三十一條　米穀統制組合及其ノ事業ヲ行フ團體ハ團體相互ノ聯絡ヲ圖リ米穀ノ自治管理ヲ行フ目的ヲ以テ地方米穀統制組合聯合會ヲ設立スルコトヲ得

地方米穀統制組合聯合會（臺灣ニ於テハ廳ノ區域内ノ米穀統制組合ヲ含ム）及其ノ事業ヲ行フ團體ハ團體相互ノ聯絡ヲ圖リ米穀ノ自治管理ヲ行フ目的ヲ以テ中央米穀統制組合聯合會ヲ設立スルコトヲ得

第三十二條　地方米穀統制組合聯合會及中央米穀統制組合聯合會ハ法人トス

第三十三條　地方米穀統制組合聯合會ノ地區ハ内地ニ在リテハ道府縣、朝鮮ニ在リテハ道、臺灣ニ在リテハ州、中央米穀統制組合聯合會ノ地區ハ各内地、朝鮮又ハ臺灣ノ區域ニ依ル

第三十四條　地方米穀統制組合聯合會及中央米穀統制組合聯合會ニ總會ヲ置ク

總會ハ會長、副會長及議員ヲ以テ之ヲ組織ス

第三十五條　地方米穀統制組合聯合會ノ議員ハ命令ノ定ムル所ニ依リ米穀統制組合又ハ其ノ事業ヲ行フ團體ノ代表者ヲ以テ之ニ充ツ

中央米穀統制組合聯合會ノ議員ハ命令ノ定ムル所ニ依リ地方米穀統制組合聯合會（臺灣ニ於テハ廳ノ區域内ノ米穀統制組合ヲ含ム）又ハ其ノ事業ヲ行フ團體ノ代表者ヲ以テ之ニ充ツ

第三十六條　地方米穀統制組合聯合會及中央米穀統制組合聯合會ニ左ノ役員ヲ置ク

會長　一人

副會長　一人又ハ二人

評議員　數人

役員ハ議員中ヨリ之ヲ選任ス但シ會長及副會長ハ其ノ他ノ者ヨリ之ヲ選任ス

ルコトヲ妨ゲズ

前項但書ノ規定ニ依ル會長及副會長ノ選任ハ行政官廳ノ認可ヲ受クルニ非ザレバ其ノ效力ヲ生ゼズ

第三十七條　第四條〔第一項〕、第六條、第八條乃至〔第十條、〕第十一條〔第一項〕、第十四條乃至第十六條、第十八條第五項乃至第七項、第十九條乃至第二十一條、第二十二條第一項及第二十三條乃至第二十六條ノ規定竝ニ第二十七條中解散ニ關スル規定ハ地方米穀統制組合聯合會及中央米穀統制組合聯合會ニ之ヲ準用ス

第三十八條　勅令ノ定ムル所ニ依リ行政官廳ノ許可ヲ受ケ道府縣ヲ區域トスル米穀ヲ取扱フ販賣組合聯合會（以下道府縣米穀販賣組合聯合會ト稱ス）ハ地方米穀統制組合聯合會ノ事業ヲ、内地ヲ區域トスル米穀ヲ取扱フ販賣組合聯合會（以下全國米穀販賣組合聯合會ト稱ス）ハ内地ヲ區域トスル中央米穀統制組合聯合會ノ事業ヲ行フコトヲ得

第三十九條　地方米穀統制組合聯合會ノ事業ヲ行フ道府縣米穀販賣組合聯合會ハ其ノ地區内ニ於ケル米穀統制組合及所屬組合ニ非ズシテ米穀統制組合ノ事業ヲ行フ團體ニ對シ所屬組合ニ準ジ第三十七條ニ於テ準用スル第四條〔第一項〕ニ掲グル事業ヲ行フコトヲ得

前項ノ規定ハ中央米穀統制組合聯合會ノ事業ヲ行フ全國米穀販賣組合聯合會ニ之ヲ準用ス

第四十條　中央米穀統制組合聯合會又ハ地方米穀統制組合聯合會ノ事業ヲ行フ全國米穀販賣組合聯合會又ハ道府縣米穀販賣組合聯合會第四十三條ノ規定（第五十七〔六〕條第二項ニ於テ準用スル場合ヲ含ム）ニ依ル割當ヲ爲ス場合ニ於テハ總會又ハ總代會ノ議決ヲ經ルコトヲ要ス

第三十條第二項ノ規定ハ前項ノ團體ニ之ヲ準用ス

前條ニ規定スル米穀統制組合及其ノ事業ヲ行フ團體ハ命令ノ定ムル所ニ依リ其ノ代表者ヲ第一項ノ總會又ハ總代會ニ出席セシメ表決權ヲ行使セシムルコトヲ得

第四十三條　政府ハ各内地、朝鮮及臺灣ニ於ケル中央米穀統制組合聯合會又ハ其ノ事業ヲ行フ全國米穀販賣組合聯合會ニ對シ第四十一條ノ規定ニ依リ定マリタル數量ノ米穀ヲ割當テ其ノ米穀ニ付統制ヲ命ズ

政府ハ第四十一條ノ規定ニ依リ内地、朝鮮及臺灣ニ對シ割當テタル數量ヲ各内地、朝鮮及臺灣ニ於ケル中央米穀統制組合聯合會又ハ其ノ事業ヲ行フ全國米穀販賣組合聯合會前項ノ規定ニ依リ米穀ノ統制ヲ命ゼラレタルトキハ其ノ統制ヲ命ゼラレタル數量ヲ地方米穀統制組合聯合會又ハ其ノ事業ヲ行フ道府縣米穀販賣組合聯合會ニ對シ割當テ、〔其ノ米穀ニ付統制ヲ命ジ〕地方米穀統制組合聯合會又ハ其ノ事業ヲ行フ道府縣米穀販賣組合聯合會ハ其ノ割當テラレタル數量ヲ米穀統制組合又ハ其ノ事業ヲ行フ團體ニ對シ割當ツルコトヲ要ス

米穀統制組合又ハ其ノ事業ヲ行フ團體ハ其ノ割當テラレタル數量ヲ團體員及第二十九條ニ規定スル者ニ對シ割當ツルコトヲ要ス

朝鮮及臺灣ニ於テ統制セシムベキ米穀ノ數量ノ割當ニ付テハ前三〔二〕項ノ規定ニ拘ラズ勅令ヲ以テ特例ヲ設クルコトヲ得

第四十四條　中央米穀統制組合聯合會若ハ其ノ事業ヲ行フ全國米穀販賣組合聯合會、地方米穀統制組合聯合會若ハ其ノ事業ヲ行フ團體又ハ米穀統制組合若ハ其ノ事業ヲ行フ團體前條ノ規定ニ依ル割當ヲ爲サザル場合ニ於テハ政府ハ之ニ代リ割當ヲ爲スコトヲ得

第五十三條　第四條〔第一項〕、第六條及第八條乃至第二十七條ノ規定ハ米穀商統制組合ニ之ヲ準用ス

第五十五條　米穀商統制組合及其ノ事業ヲ行フ團體ハ團體相互ノ聯絡ヲ圖リ米穀ノ自治管理ヲ行フ目的ヲ以テ中央米穀商統制組合聯合會ヲ設立スルコトヲ得

第三十二條乃至第三十七條中中央米穀統制組合聯合會ニ關スル規定ハ中央米穀商統制組合聯合會ニ之ヲ準用ス

第五十六〔五〕條　勅令ノ定ムル所ニ依リ政府ハ第四十一條ノ統制ヲ爲スモ米穀ノ供給過剩ニシテ米價ガ米穀統制法ニ基キテ發スル命令ニ定ムル標準最低價格ヲ下ラントスル虞アリト認ムルトキハ米穀自治管理委員會ニ諮問シテ一定數量ノ米穀ヲ内地、朝鮮及臺灣ニ於テ統制セシムルコトヲ得

第五十七〔六〕條　前條ノ場合ニ於テハ政府ハ各内地、朝鮮及臺灣ニ於ケル中央〔地方〕米穀統制組合聯合會若ハ其ノ事業ヲ行フ團體及中央米穀商統制組合聯合會又ハ米穀商統制組合若ハ其ノ事業ヲ行フ團體ニ對シ前條ノ一定數量ヲ割當テ其ノ米穀ニ付統制ヲ命ズ

第四十三條第二項乃至第四項、第四十四條乃至第四十八條及第五十條ノ規定ハ前項ノ規定ニ依リ統制ヲ命ゼラレタル場合ニ之ヲ準用ス

第五十八〔七〕條　政府ハ米穀統制組合若ハ其ノ事業ヲ行フ團體又ハ米穀商統制組合若ハ其ノ事業ヲ行フ團體ガ前條ノ規定ニ依リ貯藏スベキ米穀中貯藏能力其ノ他ノ事情ニ依リ貯藏困難ナリト認ムルモノニ付當該團體ヨリ賣渡ノ申込アリタル場合ニ於テハ買入ヲ爲ス

前項ノ買入價格ハ内地米ニ在リテハ米穀統制法第二條ノ最低價格、朝鮮米又ハ臺灣米ニ在リテハ勅令ノ定ムル一定價格以内ニ於テ時價ニ準據シテ定メタル價格トス

第五十九條　内地ニ於ケル米穀統制組合、中央米穀統制組合聯合會、地方米穀統制組合聯合會、米穀販賣組合又ハ米穀ヲ取扱フ販賣組合聯合會ハ命令ノ定ムル場合ヲ除クノ外米穀統制法第二條ノ最低價格及最高價格ノ範圍内ノ價格ヲ以テスルニ非ザレバ米穀ノ販賣ヲ

爲スコトヲ得ズ農業倉庫業者ニ付亦同ジ

第六十條　米穀ヲ取扱フ販賣組合聯合會ハ定款ノ定ムル機關ノ議ヲ經テ其ノ所屬組合又ハ所屬聯合會ニ對シ米穀ノ平均賣ノ實行ニ關シ必要ナル指令ヲ爲スコトヲ得

第六十一條〔五十八〕　朝鮮及臺灣ニ於テハ第十二條、第十八條、第十九條及第三十六條ノ規定（第三十七條又ハ第五十三條ニ於テ準用スル場合ヲ含ム）ニ關シ命令ヲ以テ特例ヲ設クルコトヲ得

第六十二條〔五十九〕　地方米穀統制組合聯合會若ハ其ノ事業ヲ行フ團體、中央米穀統制組合聯合會若ハ其ノ事業ヲ行フ團體又ハ中央米穀商統制組合聯合會ノ役員命令ノ定ムル第四十三條ノ規定（第五十七條〔六〕第二項ニ於テ準用スル場合ヲ含ム）ニ依ル割當ヲ爲スニ必要ナル行爲ヲ爲サザルトキハ五百圓以下ノ過料ニ處ス米穀統制組合若ハ其ノ事業ヲ行フ團體又ハ米穀商統制組合若ハ其ノ事業ヲ行フ團體ノ役員命令ノ定ムル第四十三條ノ規定（第五十七條〔六〕第二項ニ於テ準用スル場合ヲ含ム）ニ依ル割當ヲ爲スニ必要ナル行爲ヲ爲サザルトキ亦同ジ

第六十三條　非訟事件手續法第二百六條乃至第二百八條ノ規定ハ前條ノ過料ニ之ヲ準用ス

第六十四條〔一〕　米穀統制組合若ハ其ノ事業ヲ行フ團體又ハ米穀商統制組合若ハ其ノ事業ヲ行フ團體ノ役員故ナク第四十六條ノ規定（第五十七條〔六〕第二項ニ於テ準用スル場合ヲ含ム）ニ違反シタルトキハ五百圓以下ノ罰金ニ處ス

前項ノ役員第四十八條第一項ノ規定（第五十七條〔六〕第二項ニ於テ準用スル場合ヲ含ム）ニ違反シタルトキ亦前項ニ同ジ

第六十五條〔二〕　米穀統制組合若ハ其ノ事業ヲ行フ團體、地方米穀統制組合聯合會若ハ其ノ事業ヲ行フ團體、中央米穀統制組合聯合會若ハ其ノ事業ヲ行フ團體、米穀商統制組合若ハ其ノ事業ヲ行フ團體又ハ中央米穀商統制組合聯合會ノ役員、第二十一條ノ職員、總代、議員、組合員又ハ代議員本法ニ依ル割當又ハ貯藏ニ關シ賄賂ヲ收受シ又ハ之ヲ要求若ハ約束シタルトキハ二年以下ノ懲役ニ處ス因テ不正ノ行爲ヲ爲シ又ハ相當ノ行爲ヲ爲サザルトキハ五年以下ノ懲役ニ處ス

前項ノ場合ニ於テ收受シタル賄賂ハ之ヲ沒收ス若シ其ノ全部又ハ一部ヲ沒收スルコト能ハザルトキハ其ノ價額ヲ追徴ス

第六十六條〔三〕　前條第一項ニ掲グル者ニ對シ賄賂ヲ交付、提供又ハ約束シタル者ハ二年以下ノ懲役又ハ三百圓以下ノ罰金ニ處ス

前項ノ罪ヲ犯シタル者自首シタルトキハ其ノ刑ヲ減輕又ハ免除スルコトヲ得

第六十七條〔四〕　第四十九條、第五十條（第五十七條〔六〕第二項ニ於テ準用スル場合ヲ含ム）及第五十八條〔七〕ノ規定ニ依ル米穀ノ買入ニ關スル一切ノ歳入歳出ハ米穀需給調節特別會計ニ屬セシム

附帶決議

一　米穀ノ生産統制方策ヲ樹立シ且米穀ノ新規用途開拓利用增進ニ關シ適切ナル方途ヲ講ズベシ

二　速ニ米穀ノ國營檢査ヲ斷行スベシ

三　産業組合ノ違法及脱法行爲ノ取締ヲ嚴ニシ官僚化ト營利化トヲ排除シ産業組合本來ノ使命ニ於テ其ノ健全ナル發達ヲ計ルベシ

四　商業組合及工業組合ノ助長ト普及發達トニ努メ中小商工業ノ經營改善ヲ計ルト共ニ商工組合中央金庫竝庶民金融機關ヲ創設シ中小商工業者ノ爲金融ノ利便ヲ計ルベシ

五　本法ノ實施ニ際シテハ中間配給機關ニ重大ナル影響ヲ與ヘザルヤウ特ニ留意シ米穀統制法中改正法律案ニ對スル附帶決議ヲ以テ要望セル調査會ニ於テ調査スベシ

六　米穀自治管理委員會ノ委員ニハ生産者及消費者ノ代表ヲ加フルヲ要ス

報告書

一米穀統制法中改正法律案（政府提出）

右ハ本院ニ於テ別紙ノ通修正スヘキモノト議決致候此段及報告候也

昭和十年三月二十三日

委員長　東　　武

衆議院議長濱田國松殿

（別紙）

米穀統制法中改正法律案中左ノ通修正ス

（――ハ委員會修正）

第四條ノ二　政府ハ勅令ノ定ムル所ニ依リ米價ガ最低價格ト最高價格トノ平均價格以上ニ在リ且災害、事變其ノ他避クベカラザル事由アル場合ニ於テ米穀ノ配給上特ニ必要アリト認ムルトキハ米穀ノ市價ニ惡影響ヲ及ボサザル場合ニ限リ所有米穀ノ總數量ヨリ最高價格ヲ維持スル爲必要ナル數量ヲ控除シタル數量ノ範圍内ニ於テ道府縣ニ對シ米穀ノ賣渡ヲ爲スコトヲ得

前項ノ賣渡ノ價格ハ時價ニ準據シテ之ヲ定ム

附帶決議

政府ハ昭和十年度ニ於テ調査會ヲ設置シ速ニ米穀取引所ノ改廢、取引所及同取引員ノ損失ニ關スル對策ヲ講ズベシ

報告書

一糀共同貯藏助成法案（政府提出）

右ハ本院ニ於テ可決スヘキモノト議決致候此段及報告候也

昭和十年三月二十三日

委員長　東　　武

衆議院議長濱田國松殿

（東武君登壇）

○東武君　米穀自治管理法案、米穀統制法中改正法律案、糀共同貯藏助成法案、右三案ニ付キマシテ、委員會ノ經過及結果ヲ御報告申上ゲマス

本委員會ハ會ヲ重ヌルコト十八回デアリマス、委員ノ數ハ三十六名デアリマシテ、此多數ノ委員ニ依リマシテ、愼重審議ヲ重

ネラレマシテ、政府ニ於キマシテモ最モ誠意ヲ披瀝シ、懇切丁寧ニ應答ヲ重ネラレタノデアリマス、政府ノ説明ノ要旨ヲ大略申上ゲマス、政府ハ昭和八年十一月ヨリ米穀統制法ヲ施行致シマシタ、統制法ハ米穀ノ最低最高價格ヲ公定シ、竝ニ季節的出廻調節ヲ根幹トシテ居リマスルガ、米穀ノ統制ヲ圖リマスニハ、此統制法ニハ幾多ノ缺陷ガアリ、其缺陷ヲ補正スルノ意味ヲ以チマシテ、本院ノ協贊ヲ經マシテ、昨年五月臨時米穀移入調節法ヲ施行致シタノデアリマス、此臨時米穀移入調節法ハ、其名ノ如ク臨時立法デアリマシタガ爲ニ、豫備金性質ノ金ヲ三億万圓充當致シマシテ、外地米ノ統制補强ニ努メルト云フ趣意デアッタノデアリマス、第六十五議會ニ於キマシテ、該法案ハ本院ノ審議ヲ俟チマシテ、甚ダ不徹底デアルシ、不都合ナ處置デアルガ、暫ク已ムヲ得ズシテ協贊ヲ與ヘルト云フコトニナリマシタ、サウシテ此臨時米穀移入調節法ハ暫定的法律トシテ、此議會ヲ通過致シテ施行サレテ居ッタノデアリマスルガ、此暫定的法律ノ結果ト致シマシテ本院ハ、臨時議會ヲ召集シテ速ニ內地外地ノ一貫シタル米穀政策ヲ定ムベシト云フ、全會一致ノ決議ヲ以テ、前齋藤內閣ニ要求シタ經過ヲ有ッテ居ルノデアリマス、其後齋藤內閣ガ倒レマシテ、岡田內閣ガ組閣サレ、此齋藤內閣ノ趣意ヲ體シテ、政府ハ昨年九月以來、米穀對策調査會ヲ設置致シマシテ、該調査會ガ數箇月ニ亙ッテ愼重審議ノ結果、其答申ニ基キマシテ、以上ノ三法案ヲ提出シタノデアル、斯樣ナ説明デアリマス

　又今回提案サレタ米穀自治管理法案ノ要點ハ何デアルカト申シマスト、第一ハ、內外地ヲ通ズル一貫シタル所ノ、此過剩米ヲ統制スル意味デアリマシテ、卽チ內地外地ヲ通ジテ一貫シタル公平ナル統制方策ヲ樹テ、、政府ト民間ト相協力シテ、其統制ノ目的ヲ達スルト云フノガ其根幹デアリマス、此法案ノ最モ重點トモ見ルベキモノハ、過剩米穀ヲ統制スル爲ニ、當分ノ中內地、朝鮮、臺灣ノ比率ヲ定メタコトデアリマス、卽チ內地ハ百分ノ三十五、朝鮮ハ百分ノ四十三、臺灣ハ百分ノ二十二ト、此比率ヲ定メマシテ、本法ノ目的ヲ達スルト云フ趣意ニ依ッテ成ッテ居ルノデアリマス、此官民一致、內外地協力ノ力ニ依ッテ、此米穀對策ヲ樹ツルト云フ意味ト同時ニ、國庫ノ負擔ノ輕減ヲスルト云フコトヲ、强ク説明ヲサレテ居ルノデアリマス、米穀統制法ハ、米穀ノ過剩生產ノ時ハ、米穀ガ一時ニ殺到シテ、最低價格ヲ下廻ラントスル場合ハ、政府ハ無限ニ買上ノ義務ヲ有スルノデアリマス、此場合ニ處スルノ途ハ、官民一致ノ協力ニ依リマシテ、生產者ハ米價ノ低落ヲ防止スルト共ニ、自己ノ生產物ヲ有利ニ販賣スルノ方法ト致シマシテ、本法ニ依ッテ過剩米ノ貯藏ヲ爲シ、政府ハ之ニ對シテ助成金ヲ交付スルト云フコトニナッテ居ルノデアリマスルガ、一方ニハ生產者モ有利トナリ、國家モ亦從來ノ如ク、一時ニ大量ノ買上ヲ防止スルト云フ、協力的效果ヲ齎ラスト云フ趣意ノ説明ガアリマシタ

　尙ホ米穀統制法中ノ改正ハ、現米穀統制法ハ、過剩生產ノ時ハ農家ガ賣急ギノ爲ニ、政府ニ對シテ賣渡ノ申込ガ殺到致シマス、最低米價ヲ維持スル爲ニハ、大量ノ買上ヲ爲サナケレバナラヌ、故ニ本法ノ改正ニハ、最低價格ニ金利、保管料ヲ加算スルコト、ト致シ、第二ハ、現行統制法ハ、一旦政府ガ買上ヲシタ所有米ハ、最高價格ニ非ザレバ賣渡拂下ガ出來ナイ制度ニナッテ居ルノデアリマス、此缺陷ヲ補正スル爲ニ、非常災害其他避クベカラザル事由ノアル場合ニ於キマシテハ、道府縣ニ對シマシテ米穀ノ賣渡ヲ爲スト云フ、自由裁量ヲ織込ンデ、此改正ヲ致シタト云フ趣意ニナッテ居ルノデアリマス、第三ハ、粟、高粱、黍ト同樣ニ、米ノ代用食料ノ小麥及小麥粉ニ付キ、輸入ノ制限及輸入税ノ增減、免除ヲ爲スト云フ改正デアルノデアリマス

　又第三案ノ籾共同貯藏助成案ハ、本院ニ於キマシテモ屢〻論ゼラレマシタ米穀對策ノ一方法ト致シマシテ、自助ト共同共濟ノ意味ヲ以チマシテ、籾貯藏ノ方法ニ依ッテ產業組合、農會等ガ、米ノ出廻數量ノ調節ヲ目的ト致シマシテ、政府ハ此貯藏團體ニ對シマシテ金利、保管料ニ相當スル所ノ、政府所有ノ米穀ヲ助成米トシテ交付スルト云フ建前ニナッテ居ル、卽チ共同組織ニ依リマシテ、共濟共助ノ目的ヲ以テ、彼ノ籾藏制度ナド、云フ古イ歷史モアル、此制度ニ依リマシテ、此方法ヲ樹立致シタイト云フ趣意ニナッテ居ルノデアリマス、委員會ニ於テ最モ强ク現レタル質問應答ノ二三ヲ御紹介致シマス、細カイコトハ速記錄ニ於テ御覽ヲ願フコト、致シマス、唯其要點ダケ二三申上ゲルコトニ致シマス、此本法案ニ依リマシテモ、內外地ノ比率ト過剩米穀ノ統制ダケニ於テ、果シテ內外地ノ統制ヲ全ウスルコトガ出來ルノデアルカ、此點ハ假令比率ヲ定メタト致シマシテモ、過剩生產ノアル場合ニハ、之ヲ一時貯藏スルノミニ止ッテ、是ハ結局ハ政府ノ買上ヲ爲サナケレバナラヌコトニナルノデハナイカ、生產制限ノ伴ハナイ一時ノ此統制ヲ爲シタ所ガ、結局ハ國庫ノ負擔モ減少スル譯ニモ行カズ、又外地ニ於ケル所ノ過剩生產ガ、一時ニ流入スルト云フヤウナコトヲ防止スル力ガアルカナイカ、卽チ一時ハ統制ヲシテ、內地外地ノ統制ヲ致シマシテモ、其生產物ハ結局ハ內地ニ流入シテ來ル、又或ル一部分ノ物ヲ統制シテモ、自由米ハ內地ノ相場ガ高ケレバ、外地カラドシ／＼越エテ入ッテ來ルデハナカラウカ、此比率ニ依ッテ、果シテ外地米ノ殺到移入ヲ喰止メルコトガ出來ルノデアルカドウカト云フコトハ、最モ强ク論ゼラレタノデアリマスガ、政府ハ例ヘバ百五十万石外地ニ於テ統制ヲ致シテモ、其百五十万石ガ全部防止ヲスルト云フ譯ニハ參ラヌカモ知ラヌ、カッキリ百五十万石ト云フ數字ガ、其統制シタモノガ內地ニ來ナイト云フコトハ申シマセヌガ、其大部分ハ統制ノ效果ヲ擧ゲ得ルコトガ出來ル、斯ウ云フ説明デアリマス

　國庫負擔ノ輕減、國庫負擔ノ輕減ト言ヒマスルガ、此法案ニ依リマシテ、果シテ國庫ノ負擔ガ輕減スルカドウデアルカト云フコトハ、多大ノ疑問ガアル、此質問應答モ有力ニ重ネラレタノデアリマス、成程本案立法ノ趣意カラ申シマスレバ、過剩米ノ豐富ノ時ニ、最低價格ニ於キマシテ政府ニ買上ヲ要求スル場合ハ、政府ハ之ヲ拒ムノ權利ハナイ、且ツ是ガ要求ニ對シテ買上義務ヲ有スルノデアリマスガ、本法ニ於キマシテ、假ニ施行サル、トシテモ、政府ガ大量買上ノ義務ハ緩和サル、ト同時ニ、生產者團體ニ於テ貯藏ヲ命ゼラル、ノデアリマスルカラシテ、政府ノ買上ト貯藏ノ義務ハ、生產

者側ニ負擔ヲスルコトニナリハシナイカ、即チ言葉ヲ換ヘテ申シマスレバ、國家ノ負擔ハ或ル程度ニ輕減スルト致シマシテモ、此義務ヲ生産者ニ轉嫁致シマシテ、生産者ガ其損失ヲ負擔スルコトニナルノデハナイカ、即チ一時ノ政府ノ肩代リヲスルト云フ意味ニ過ギナイノデハナイカ、又第二點ハ、民間ノ貯藏米モ年々豐作デ過剩米ガ多クナレバ、米價ガ下落シ最低價格ヲ出廻ラントスル場合ニハ、政府ハ買上ゲナケレバナラヌノデアル、此點カラ言ヘバ、窮極スル所ハ政府ノ負擔ニ歸著スルノデアル、此兩方面ヲ觀察シマスレバ、政府ノ主張スル如キ國庫ノ負擔ヲ輕減スルト云フコトニハナラナイノデハナイカト云フ論ガ、盛ニ闘ハセラレタノデアリマス、併ナガラ政府ガ數字ヲ以テ説明スル所ナドニ依リマスレバ、過剩米五百万石ヲ統制スルモノト假定致シマスレバ、三箇年間ニハ金利、保管料、古米ノ格下額、之ニ依リマシテ政府ガ直接ニ統制法ニ依ル場合ト、此自治管理ノ場合トニ依リマスレバ、即チ五百万石ノ中ノ三割百五十万石ヲ政府ガ買ッテ、殘餘ノ三百五十万石ヲ假ニ貯藏スルモノト致シマシタ場合ニハ、國庫ノ負擔ハ二千八百五十六万圓ノ差益ガアル、斯樣ナ意味ニ於キマシテ國庫ノ負擔ハ減少スル、即チ米ノ統制ヲ命ジタ場合ニ、金利、倉敷、保管料ヲ拂ッテモ、矢張政府ハ斯樣ナ經費ノ負擔ノ差額ガ生ズルト云フ説明ガアリマシタ、併シ此議論ハ一應承服スルコトハ出來ナイノデアリマシタガ、屢〻應答ノ結果、兎ニ角此統制法ノ運用ト同時ニ、補完法トシテ此自治管理案ヲ制定スレバ、常識的、達觀的ニ於テモ、相當ノ國庫ノ負擔ノ輕減スルコトハ當然デアルト云フコトヲ、屢〻政府ノ方ハ繰返シテ申シテ居リマス

　又本法ハ高米價政策ノ現レデハナイカト云フコトガ、中々有力ナ議論ガアッタノデアリマス、農民ガ共同組織ヲシテ、サウシテ或ル過剩米ノ統制ヲスルガ、此共同組織ノ力ハ、遂ニ自由米ニモ及ビ、販賣米ニモ及ブト云フコトニナレバ、是ハ結局消費者大衆ノ米價ヲ高クシテ、高米價政策ヲ産出ス結果ニハナラナイカト云フ議論ガアリマシタガ、是ハ此立法ニ於テハ、十分其點ヲ考慮致シマシテ、總テ消費者ノ點ニ於テモ十分ニ考慮ヲ加ヘ、例ヘバ災害事變其他米穀ノ配給上、昨年ノ如キ非常ナ品ガスレト云フヤウナ、特別ノ事情ノアッタ場合ニハ、米價ガ最高價格デナケレバ、現行法デハ拂下モ賣出シモ出來ヌノデアリマスガ、此法律ニ依リマスレバ、大體或ル下値一割以上ノ値上リノ時分ニハ貯藏ヲ解除スル、サウシテ何時デモ解除スルコトガ出來ルト云フヤウナコトデ、需給ノ調節、此運用ヲ完ウセシムル利益ガアル爲ニ、消費者ニ對シテハ非常ニ有利デアル、又災害事變其他ニ於テモ、今日ノ現行法ニ於テハ、一粒ノ米モ政府ハ出スコトガ出來ナイコトニナッテ居ルガ、是等モ或ル平均價格ヲ保テバ、米價ニ非常ニ惡影響ヲ及サヽル場合ニハ、之ヲ賣出スコトモ出來ルト云フ緩和的ノ立法デアリマスカラ、其場合ニ於テモ消費者ハ多大ノ利益ヲ得ルモノト信ズル、斯樣ナ説明ガ加ヘラレテ居ルノデアリマス、産業組合ノ違法脱法ト云フコトニ付テ、非常ナ議論ガ闘ハサレマシテ、殆ド委員會ヲ通ジテ終始一貫、此議論ハ有力ニ政府ニ質問應答ヲ重ネラレタノデアリマス、此論爭ハ玆ニ一々御紹介ヲスルコトハ煩雜ニ亙リマスカラ避ケマスガ、政府ノ所信ハ、本法案ガ議會ニ提出サレル當時、全國ノ米穀商ハ商權擁護ト云ヒ、或ハ反産運動ト云ヒ、殆ド疾風ノ如ク一團トナッテ政府ニ對シ、議會ニ對シ、强力ナル運動ガ展開サレタト云フコトハ、是ハ事實デアリマス、(拍手)此自治管理法ハ米穀商ノ商權ヲ潰滅スルトカ、或ハ産業組合ヲ强化スルト云フヤウナ意味ノコトハ全然考ヘテ居ラズ、又左樣ナコトハ爲スベキコトデナイト云フコトニ付テ、政府ハ屢〻言明サレテ居ルノデアリマス、米價ノ安定ニ依リマシテ需給ヲ圓滑ナラシメ、都會ノ消費者、一般大衆ノ利害ヲ深ク考慮シタモノデアリマシテ、決シテ産業組合ヲ偏重スル、或ハ强化スルト云フヤウナ意味ハ有ッテ居ラヌ、唯産業組合ハ農村經濟ノ中樞機關デアリ、又販賣組合ニ統制組合ノ代行ヲセシメルト云フヤウナコトハ、農村經濟ノ活動ヲ助長スル爲ニ於テ、都市ト農村トノ合理的配給組織ノ圓滑ヲ企圖シタモノデアルト云フコトヲ、屢〻聲明サレテ居ルノデアリマス、此點ニ於テハ次ニ申上ゲマスルガ、各黨派ヨリシテ最モ有意義ナル附帶決議等ガ附ケラレテ居ルノデアリマスルガ、後刻説明致シマス

　尙ホ此代行機關ヲ認ムルヤ否ヤト云フコトガ、本法案ノ骨子デアリマスルガ、全國一万四千餘ノ産業組合中ニハ、信用ノ缺如シテ居ルモノ、或ハ不法行爲ノアルモノ、又資金等ガ凍結シ、或ハ負債ノ爲ニ假死狀態ニナッテ居ルモノ、睡眠狀態ノモノモ數多イノデアル、是等ノモノニ生産者ノ生命トモ稱スベキ米穀ヲ依託スルコトハ極メテ重大デアル、故ニ是等ニ付テ政府ニ十分考慮ヲ促スト云フコトハ、屢〻委員諸君ノ中ニ於テ質問應答ガ重ネラレタノデアリマス、政府ハ今後一層力ヲ努メマシテ、是等ノ改善ニ努力シ、又不法行爲、脱法行爲等ニ付テハ、取締ヲ嚴重ニスルト云フコトヲ、併セテ聲明サレテ居ルノデアリマス、又生産制限ト云フコトニ付テハ、生産制限ト云フコトガ米價政策ノ根本デアルニ拘ラズ、自治管理案ト云フヤウナ姑息ナ立法ヲ致シテ、果シテ米穀政策ヲ全ウスルコトガ出來ルカ、生産制限ニ付テ政府ヘドノヤウナ政策ト方針ヲ有ッテ居ルノデアルカト云フコトノ質問ガ屢〻重ネラレマシタ、政府ハ此點ニ付キマシテハ、海外ノ販路ノ擴張、或ハ米ノ利用增進、新規開拓等ニ十分思ヲ致シテ盡力中デアル、又朝鮮總督府若ハ拓務大臣等ニ於キマシテハ、朝鮮ノ産米計畫ハ既ニ三十五箇年計畫ト云フモノヲ中途ニシテ打切ッテ居ル、之ニ對シテ棉花ノ栽培ト云フコトハ、國策トシテモ非常ニ大切ナ事デ、是等ニ對シテハ相當ニ經費モ伴フコトデアルガ、今直チニ豫算ヲ要求スルト云フヤウナ、大袈裟ナ計畫ハマダ立ッテ居ラヌガ、漸次此方面ニ進ミタイト云フ考ヲ有ッテ居ルト云フ説明ガ屢〻アッタノデアリマス

　ソレカラ本法ヲ施行シタ場合ニ於キマシテハ、籾又ハ米ノ大量貯藏ヲ爲シテ、其解除ノ場合、即チ本法ノ四十八條「政府ハ必要アリト認ムルトキハ勅令ノ定ムル所ニ依リ第四十六條ノ規定ニ依リ貯藏シタル米穀ニ付其ノ貯藏ノ解除ヲ命ズルコトヲ得」ト云フ、此解除ノ場合、勅令規定デ解除スルト云フコトニナレバ、米價ハ何時マデモ矢張此貯藏ノ爲ニ壓迫サレテ、生産者ハ非常

ナ不利益ヲ體スノデハナカラウカ、是ハ非常ニ生産者方面カラシテハ大切ナ問題デアルノデアリマスガ、勅令事項ニ依ッテ貯藏ヲスル場合ニハ、如何ナル時ニ貯藏ヲ解除スルノデアルカト申シマスト、勅令ノ範圍ニ於テ、一割以上ノ値上リノアッタ時ニ解除スルノデアルト云フ説明デアル、貯藏シタ米ヲ一割ノ値上リノ時ニ解除スルト云フコトニナレバ、米價ノ最低最高價格ヲ統制法ニ依ッテ決メテモ、其最低價格ハ一割ノ値上リト云フ所ニ米價ハ何時モ膠著シテシマフ、ソレヨリハ動カナイ、上ラナイト云フコトニナッテ、統制法以上ニ生産者ノ不利益ヲ體スデハナカラウカト云フコトガ、有力ニ質問應答ヲ重ネラレタノデアリマスルガ、是ハ附帶決議其他ニモアル通リ、各派ノ要求ニ依リマシテ、大體米價ハ平均價格、即チ中心値ト云フコトヲ標準ニシテ、運用宜シキヲ得ルト云フ政府ノ言明ガ加ヘラレタ譯デアリマス

米穀商及配給機關ニ及ボス影響ニ付キマシテハ、是亦委員各位ト政府ノ間ニ於テ、最モ深刻ニ、熱心ニ質問應答ガ重ネラレタノデアリマスガ　自治管理案、即チ本法案ガ施行サレル場合ハ、過剰米ダケガ目的デアル、共同組織ノ體系ガ全國的ニ完成ヲ致シタ場合ハ、過剰米以外ノ自由米マデモ漸次統制サレルト云フ懸念ガ、是ハ米穀商ナドニ非常ナ脅威ヲ與ヘル反對ノ有力ナ原因デアルト思ッテ居ルガ、此點ニ付テハ委員會ニ於テモ十分考慮セラレマシテ、此法文中ニ於テ是等ノ疑義ノアル點ハ大部分修正ヲ加ヘタノデアリマス、即チ第二十八條ノ削除、或ハ第五十九條、第六十條等ノ即チ平均賣デアルトカ、或ハ代行制度――悉ク産業組合販賣會ニ代行スルト云フヤウナ精神ヲ、特別ノ事情アルモノニ限ルト云フヤウナ制限ヲ加ヘタコト、其外政友民政共ニ十分政府ノ所信ヲ質シマシテ、附帶決議、希望決議等ニ於テ、委員會ノ意思ハ最モ明白ニ現レテ居ル次第デアリマス

以上三案ニ對シマシテ、昨二十三日委員會ノ討論ニ入リマシテ、政友會ノ代表トシテ助川啓四郎君ノ發議ニ依リマシテ、別紙諸君ノ手許ニ御配付ニナッテ居ル筈デアリマスルガ、其修正動議並ニ希望決議ガ提出サレテ居リマス、又民政黨ヲ代表致シマシテ池田秀雄君ヨリ、本案修正ハ政民共同ノ修正ニ依リ成立ッタモノデアリマスカラシテ、法文ノ全體ニ亙ッテハ不備ノ點、缺陷ノ點ガ多イノデアルガ、米穀政策トシテハ一進歩デアルト云フ意味ノ理由ニ依リマシテ、政友會ノ修正動議ニ贊成ノ意見ヲ表セラレマシタ、尚ホ池田秀雄君ヨリ希望決議ガ提出サレテ居リマス、國民同盟ノ風見君ヨリハ、贊否保留ノ意見ヲ述ベラレテ居リマス、採決ノ結果ト致シマシテ、助川君提案ノ修正案ハ、委員會ハ大多數ヲ以テ可決サレタノデアリマス

次ニ修正ノ各項目ヲ速記録ニ留メル意味ニ於キマシテ、極ク簡單ニ省略シテ要領ダケヲ述ベタイト考ヘマス、米穀管理法案ニ對スル修正ハ

第一、第四條第一項本文ニ「左ノ事業ヲ行フ」トアルヲ「左ノ事業ニ限リ之ヲ行フモノトス」ニ改ム

第二、第四條第一項ノ五號トシテ「勅令ノ定ムル所ニ依リ貯藏米穀ニ對シ倉荷證券ヲ發行スルコト」ヲ加ヘ、第五號ヲ第六號ニ繰下グ

第三、第四條ノ第二項トシテ左ノ一項ヲ加フ

米穀ヲ取扱フ販賣組合（以下米穀販賣組合ト稱ス）ノ存スル市町村ニ於テ特別ノ事情アルトキハ勅令ノ定ムル所ニ依リ前項ニ規定スル米穀統制組合ノ事業ハ行政官廳ノ許可ヲ受ケ米穀販賣組合ニ於テ之ヲ行フコトヲ得

第四、第十一條ニ左ノ一項ヲ加フ

第二條ニ該當スル者ニシテ第七條ニ依リ組合員タル資格ヲ有セザルモノハ定款ノ定ムル所ニ從ヒ米穀統制組合ニ加入ズルコトヲ得

第五、第三十一條第二項及第五十五條ヲ削除シ關聯條文ノ削除及修正ヲ爲ス

第六、第五十九條及第六十條ヲ削除ス

修正ノ條項ハ數十條ニ亙ッテ居リマスルガ、此條文ノ本質的ニハ餘リ大シタ相違ハナイ、唯二三ノ説明ヲ致シマスレバ、第四條ノ第一項ヲ改メタト云フコト、第四條ニ倉荷證券ヲ發行スルコトノ統制組合ニ自由ヲ與ヘルコト、ソレカラ中央米穀統制會、地方縣聯合會、町村聯合會ト云フ系統組織ニナッテ居ルノデ、中央聯合會ハ、是ハ自治管理會ト云フモノガ出來ルノデアルカラ、特ニ中央ト云フ、中央ノ聯合會ヲ拵ヘル必要ハナイ、自治管理會ガ中央機關トシテ働ケバ宜シイト云フ意味ニ於テ、中央聯合會ト云フモノヲ削除シテ、其關聯事項ガ數十項ニ亙ッタノミデアリマス、其外ニ六十條ノ平均賣或ハ五十九條等ハ、是ハ米穀統制ノ上ニ於テ指令ヲ出ストカ、或ハ平均賣ヲ爲スト云フヤウナ定款事項ノモノヲ、此法文ノ條項ニ挾ンデ、國民ニ疑惑ヲ與ヘルヤウナ條文ヲ設クル必要ハナイト、斯樣ナ意味デ此修正ヲ加ヘラレタノデアリマス、尚ホ詳シキハ速記録ヲ御覽ヲ願ヒマス、附帶決議ト致シマシテ政友會カラ

附帶決議

一米穀ノ生産統制方策ヲ樹立シ且米穀ノ新規用途開拓利用増進ニ關シ適切ナル方途ヲ講ズベシ
二速ニ米穀ノ國營檢査ヲ斷行スベシ
三産業組合ノ違法及脱法行爲ノ取締ヲ嚴ニシ官僚化ト營利化トヲ排除シ産業組合本來ノ使命ニ於テ其ノ健全ナル發達ヲ計ルベシ
四商業組合及工業組合ノ助長ト普及發達トニ努メ中小商工業ノ經營改善ヲ計ルト共ニ商工組合中央金庫竝庶民金融機關ヲ創設シ中小商工業者ノ爲金融ノ利便ヲ計ルベシ
五本法ノ實施ニ際シテハ中間配給機關ニ重大ナル影響ヲ與ヘザルヤウ特ニ留意シ米穀統制法中改正法律案ニ對スル附帶決議ヲ以テ要望セル調査會ニ於テ調査スベシ
六米穀自治管理委員會ノ委員ニハ生産者及消費者ノ代表ヲ加フルヲ要ス

又民政黨ノ附帶決議トシテ

附帶決議

一内地、朝鮮及臺灣ヲ通ジテ米穀ノ生産統制代作ノ奬勵海外販路ノ開拓新規利用ノ増進等ニ付キ内閣審議會ニ付議シ適當ナル方策ヲ講ズルコト
二産業組合ノ指導監督ヲ徹底セシメ以テ其ノ法規ヲ逸スル行爲ヲ止メ産業組合本來ノ使命ニ從ヒ健全ナル發達ヲ圖ルコト
三政府ハ商業組合及工業組合ヲ助成シ

其ノ普及發達ヲ圖リ商工中央金庫ヲ創設シ以テ中小商工業者ニ金融ノ途ヲ拓キ其ノ健全ナル發達ヲ期スルコト

四産業組合ト米穀商業組合トノ協調ヲ計リ圓滿ナル發達ヲ遂ゲシムル爲適當ナル施設ヲ講ズルコト

五米穀ニ關シ商業組合ニ産業組合ト同一ノ待遇ヲ與フルコト（例ヘバ申込保證金ノ免除、整理ノ拂下米ノ取扱等）

六米穀自治管理委員會ノ委員ニハ生産者及米穀取扱業者ノ代表ヲ加フルコト

七米穀國營檢査ヲ斷行スルコト

八本法ノ運用ニ當リ中間配給機關ニ影響ヲ及ボサヾル樣注意スルコト

統制法ノ附帶決議ガアリマス、是ハ

政府ハ昭和十年度ニ於テ調査會ヲ設置シ速ニ米穀取引所ノ改廢、取引所及同取引員ノ損失ニ關スル對策ヲ講ズベシ

（「統制法ノ改正ガアリマシタ」ト呼フ者アリ）

統制法ノ改正ハ曩ニ讀ミマシタ

（「マダ御讀ミニナラナイ」ト呼フ者アリ）

モウ一遍――米穀統制組合法中改正法律案ヲ左ノ通リ改正ス

第四條ノ二「政府ハ勅令ノ定ムル所ニ依リ」ノ次ニ「米價ガ最低價格ト最高價格トノ平均價格以上ニ在リ且」トアル二十四字ヲ削ル

是ハドウ云フ意味カト申シマスト、一寸簡單ニ申上ゲマスガ、米價ガ非常事變ノ場合ニアッタ時分ニ、政府ガ米穀ヲ拂下、賣下ゲル場合ニ、最低價格ト最高價格トノ平均價格以上デナケレバ、是ハ特別事變ノ時ニモ拂下、賣下ヲスルコトガ出來ヌト云フ法律デアリマスガ、是ハ餘リ事情ヲ無視シタコトデアッテ、特別ノ事情或ハ非常事變ト云フヤウナ場合ニ、唯平均價格ト云フヤウナコトヲ、特ニ設ケル必要ハナイト云フ意味ニ於キマシテ、此統制法ノ二十四字ヲ削除致シタノデアリマス、今此統制法ノ附帶決議ハ朗讀致シマシタノデアリマス、大要報告ハ右ノ通リデアリマス、修正案ハ先程申シマシタ如ク、政民兩黨共同修正ニ依ル動議ガ、大多數ヲ以テ委員會ハ決議決定ヲ致シタ次第デアリマス、國民同盟ノ方ハ贊否保留ノ形式ニナッテ居リマス、願クバ本會ニ於テモ速ニ此修正動議ニ御贊同アランコトヲ切望シテ已マザル者デアリマス（拍手）

○議長（濱田國松君）只今ノ委員長ノ報告中、糀共同貯藏助成法案ハ可決デアリマス、米穀自治管理法案、米穀統制法中改正法律案ノ二案ハ修正デアリマス、此三案ハ關聯セル議案デアリマスカラ、一括審議ヲ進ムルコトニ致シマス、尚ホ討論ハ便宜上第二讀會ニ於テ行フコトニ致シマス、三案ノ第二讀會ヲ開クニ御異議アリマセヌカ

（「異議ナシ」ト呼フ者アリ）

○議長（濱田國松君）御異議ナシト認メマス、仍テ三案ノ第二讀會ヲ開クニ決シマシタ

――――

○青木當三郎君 直チニ三案ノ第二讀會ヲ開カレンコトヲ望ミマス

○議長（濱田國松君）青木君ノ動議ニ御異議アリマセヌカ

（「異議ナシ」ト呼フ者アリ）

○議長（濱田國松君）御異議ナシト認メマス、仍テ直チニ三案ノ第二讀會ヲ開キ、議案全部ヲ議題ト致シマス

米穀自治管理法案 第二讀會

米穀統制法中改正法律案 第二讀會

糀共同貯藏助成法案 第二讀會

○議長（濱田國松君）討論ノ通告ガアリマス、之ヲ許シマス――小山谷藏君

○小山谷藏君 極メテ簡單デアリマスカラ、自席カラ發言ヲ御許ヲ願ヒマス

○議長（濱田國松君）許可致シマス

○小山谷藏君 私共ハ本案ニ對スル贊否ヲ委員會ニ於テ保留致シタノデアリマス、ソレハ政民兩黨ノ諸君ハ、所謂共同修正ト云フコトデ、修正案ヲ提出サレタノデアリマス、昨日ノ委員會ノ席上、其修正案ヲ發表サレマシタケレドモ、突然之ヲ聽イタヾケデハ、ソレヲ檢討スルコトガ不可能デアリマシタ爲ニ、委員會ニ於テハ保留致シタノデアリマスルガ、此案ヲ拜見致シマシテ、洵ニ不滿ノ點ハ多々アルノデアリマス、思フニ政民兩黨諸君モ、之ヲ修正スルト云フコトニハ多大ノ苦心ヲ拂ハレタコトダト思ヒマス、元來法案其モノガ如何ニモ不備デアル、國民ノ意ヲ滿スニ足リナイ原案、之ヲ修正スルト云フノデアリマスカラ、御骨ノ折レルコトハ尤モ千萬デアリマス、然ラバ此修正案ニ依ッテ國民ノ意ヲ滿スニ足ルカ、換言スレバ、農民ノ利益ヲ保護センカトシタ其目的ヲ達シ得ラレルカ、多大ノ不滿ト遺憾ガ尚ホ存在シテ居ルノデアリマス、又法案其モノニ絶對反對ヲ唱ヘテ、熱烈ナル反對運動ヲサレタ米穀商其他ノ諸君ノ意ヲ滿スニ足ルカト言ヘバ、是亦甚ダ不滿デアルト言ハナケレバナリマセヌ、此意味ニ於テ、私共ノ同志ノ間ニハ、此案ヲ審議スルニ付キマシテハ、卽チ國民輿論ノ反映ヲ議會ニセシメル爲ニ、反對演説ヲドウシテモシナケレバナラヌト云フ意見ノ持主モ、吾々ノ同志ノ中ニハアルノデアリマス、併ナガラ審議ヲ促進スル爲ニ、各派交渉會ニ於テ反對演説、質問等ハ成ベク之ヲ省略シテ、今日午前中ニ貴族院ニ送ルト云フ、各派交渉會ノ意見ガ纏ッテ、サウ云フコトニ我黨ノ代表者モ同意サレタト云フコトデ、涙ヲ呑ンデ、是等ノ反對演説ヲ止メザルヲ得ヌト云フコトニナッタ次第デアリマス、私ハ此機會ニ於テ一言致サナケレバナラヌト思ヒマス、斯ノ如クシテ此法案ガ本議場ニ提案サレテカラ約一箇月、委員會ヲ開クコト十八回、而モ其間ニアッテ委員會ニ於ケル空氣カラ察シマスルト、委員諸君ノ間ニモ滿幅ノ不滿コソアレ、是ガ無事ニ通過スルトハ思ハレヌト想像サレル ヤウナ情勢デアッタモノガ、一人ノ反對演説スラナクシテ、是ガ無事ニ衆議院ヲ通過スルト云フコトハ、是レ果シテ國民代表ノ府デアルト云フコトガ出來ルデアリマセウカ、私共ハ議會トシテハ十分ニ國民ノ意嚮ノ在ル所ヲ反映セシムル責任ガアルト考ヘマスガ、遂ニ各自各員ガ有ッテ居リマス意見ヲ發表スル機會スラ與ヘズシテ、是ガ衆議院ヲ通過スルト云フコトハ……（「登壇シテヤレ」「反對カ、贊成カ」ト呼ヒ其他發言スル者多シ）アルノデアリマスカ、併ナガラ只今申上ゲタコトハ、私共ノ同志ノ間ニ強イ反對ノ意見ガアルト云フコトヲ……（「反對ナラ反對シテ見ロ」ト呼ヒ其他發言スル者多シ）唯之ヲ多數ノ力ヲ以テ壓迫シテ、政民兩黨ノ諸君ニモ強キ反對意見ガアルト云フコトヲ私ハ

御察シ申スノデアリマスガ、其意見スラモ反映スル能ハズシテ、此議場ヲ通過スルト云フコトハ、議會ノ名譽ノ爲メ私ハ一言セザルヲ得ナイノデアリマス、併シ私共同志ノ多數ハ、洵ニ不滿デハアリマスケレドモ、結論ト致シマシテハ、此政民兩黨ノ諸君ガ御苦心ニナリマシタ修正案ニ、此場合已ムヲ得ズ贊成ヲ致シマス、之ヲ以テ私ノ本案ニ對スル意見ト致シマス

（笑聲、拍手、議場騷然）

○議長（濱田國松君） 是ニテ討論ハ終局サレマシタ——採決ニ入リマス、先ヅ米穀自治管理法案、米穀統制法中改正法律案ノ兩案ニ付テ採決ヲ致シマス、兩案ノ委員長報告ノ修正ノ部分ニ付テ贊成ノ諸君ノ起立ヲ求メマス

（贊成者起立）

○議長（濱田國松君） 起立多數（拍手）仍テ兩案ノ委員長報告ノ修正ノ點ハ可決サレマシタ——次ニ委員長報告ノ修正ヲ除キタル其他ノ部分ハ原案ノ通リ御異議アリマセヌカ

（「異議ナシ」ト呼フ者アリ）

○議長（濱田國松君） 御異議ナシト認メマス、仍テ其通リ決シマシタ（拍手）——次ニ籾共同貯藏助成法案ニ付キ採決ヲ致シマス、本案ハ原案ノ通リ御異議アリマセヌカ

（「異議ナシ」ト呼フ者アリ）

○議長（濱田國松君） 御異議ナシト認メマス、仍テ其通リ決シマシタ（拍手）是ニテ三案ノ第二讀會ハ終リマシタ

○青木雷三郎君 直チニ三案ノ第三讀會ヲ開カレンコトヲ望ミマス

○議長（濱田國松君） 青木君ノ動議ニ御異議アリマセヌカ

（「異議ナシ」ト呼フ者アリ）

○議長（濱田國松君） 御異議ナシト認メマス、仍テ直チニ三案ノ第三讀會ヲ開キ、議案全部ヲ議題ト致シマス

米穀自治管理法案 第三讀會

米穀統制法中改正法律案 第三讀會

籾共同貯藏助成法案 第三讀會

○議長（濱田國松君） 別ニ御發議モアリマセヌカラ、三案ハ何レモ第二讀會議決ノ通リ確定致シマシタ（拍手）日程第四、南朝鮮鐵道株式會社所屬鐵道買收ノ爲公債發行ニ關スル法律案ノ第一讀會ノ續ヲ開キマス——理事小林絹治君

昭和十年三月二十五日

日程第一乃至第七ノ件

第四　南朝鮮鐵道株式會社所屬鐵道買收ノ爲公債發行ニ關スル法律案（政府提出）　第一讀會ノ續（委員長報告）

報告書

一南朝鮮鐵道株式會社所屬鐵道買收ノ爲公債發行ニ關スル法律案（政府提出）

右ハ本院ニ於テ可決スヘキモノト議決致候此段及報告候也

昭和十年三月二十三日

委員長　松山常次郎

衆議院議長濱田國松殿

（小林絹治君登壇）

○小林絹治君　只今議題トナッテ居リマス南朝鮮鐵道株式會社所屬鐵道買收ノ爲公債發行ニ關スル法律案ノ委員會ノ經過及結果ヲ御報告致シマス、本案ハ南朝鮮國有鐵道ノ全南光州驛カラ麗水ニ至リマスル延長百六十粁ノ廣軌鐵道ヲ國ニ於テ買收セントスルモノデアリマス、卽チ交付公債四分利附約一千百二十五万圓ヲ發行セントスルモノデアリマシテ、委員會ニ於キマシテハ愼重審議ノ結果可決致シマシタ、右御報告申上ゲマス（拍手）

○議長（濱田國松君）　本案ノ第二讀會ヲ開クニ御異議アリマセヌカ

（「異議ナシ」ト呼フ者アリ）

○議長（濱田國松君）　御異議ナシト認メマス、仍テ本案ノ第二讀會ヲ開クニ決シマシタ

○靑木雷三郎君　直チニ本案ノ第二讀會ヲ開キ、第三讀會ヲ省略シテ、委員長報告通リ可決セラレンコトヲ望ミマス

○議長（濱田國松君）　靑木君ノ動議ニ御異議アリマセヌカ

（「異議ナシ」ト呼フ者アリ）

○議長（濱田國松君）　御異議ナシト認メマス、仍テ直チニ第二讀會ヲ開キ、議案全部ヲ議題ト致シマス

南朝鮮鐵道株式會社所屬鐵道買收ノ爲公債發行ニ關スル法律案

第二讀會（確定議）

○議長（濱田國松君）　別ニ御發議モアリマセヌ、第三讀會ヲ省略シテ、委員長報告通リ可決確定致シマシタ（拍手）日程第五乃至第七ハ同一委員ニ付託シタル議案デアリマスルカラ、一括議題トナスニ御異議アリマセヌカ

（「異議ナシ」ト呼フ者アリ）

○議長（濱田國松君）　御異議ナシト認メマス、仍テ日程第五、勞働者災害扶助法中改正法律案、日程第六、工場法中改正法律案、日程第七、鑛業法中改正法律案、以上三案ヲ一括シテ第一讀會ノ續ヲ開キマス委員長ノ報告ヲ求メマス――委員長森田政義君

昭和十年三月二十六日

昭和八年度歳入歳出總決算、
昭和八年度各特別會計歳入歳出決算
外一件

拓務省所管朝鮮總督府

歳入經常部

第一款　租　税

第二項　所得税

(三二)　平壤府ニ於テ徴收不足ニ屬スルモノ(會計檢査院報告一)

一、五八八・七四〇円

右ハ朝鮮電氣興業株式會社事業年度分所得額ヲ決定スルニ當リ未拂金中ニ留保セル退職慰勞金貳萬七千餘圓ヲ損金ト爲シタルニ因ルモノナリ依テ本件ハ不當ナリトス

第三款　官業及官有財産收入

第三項　森林收入

(三三)　咸鏡北道ノ徴收ニ係ル(會計檢査院報告二)

三一、三九五・〇〇〇円

右ハ昭和八年七月清津府西某ニ對シ賣拂ヒタル咸鏡北道慶興郡新安面新安洞山一五四番及一五五番二町九段九畝歩ノ代金ニシテ朝鮮國有森林未墾地及森林産物特別處分令ニ依リ緣故特賣ヲ爲シタルモノナルモ其ノ賣拂價格著シク低廉ナルモノナリ而シテ羅津港ノ敦圖鐵道終端港トシテ決定發表アリタルハ七年八月ニシテ西某ニ對シ造林ノ目的ニテ無料貸付ヲ爲シタルハ同年九月ナルヲ以テ造林貸付後終端港問題決定シタルモノトハ認メ難キノミナラス一旦終端港ト決定セラレ市街地計畫ヲ爲スニ於テハ本件土地ハ羅津ノ中央部ニ位シ市街地區ノ中心トナルヘキヲ以テ造林貸付ヲ許可スルカ如キハ其ノ實情ニ副ハサルモノニ係リ造林ノ實績亦九年六月當時植樹ノ活著セルモノナキ如ク又土地ノ賣拂價格同所類地ノ公賣土地ニ比シ地位劣ルモノト認メラレサルニ拘ラス之ヲ坪當參圓五拾錢ト評定シタルハ縱ヒ緣故關係アリタリトスルモ著シク低廉ニ失スルモノナリ本件ハ國有林野ノ處分ニ當リ其ノ賣拂價格低廉ニ失シタルモノニシテ不當ナリトス

昭和十年三月二十六日

文官任用令改正ニ關スル建議案外百五十一件

朝鮮ニ訴願法及行政裁判法實施ニ關スル建議案

朝鮮ニ訴願法及行政裁判法實施ニ關スル建議

朝鮮ニ訴願法及行政裁判法ヲ實施セラレムコトヲ望ム

右建議ス

朝鮮ニ訴願法及行政裁判法實施ニ關スル建議案

朝鮮ニ訴願法及行政裁判法實施ニ關スル建議

朝鮮ニ訴願法及行政裁判法ヲ實施セラレムコトヲ望ム

右建議ス

報告書

一朝鮮ニ訴願法及行政裁判法實施ニ關スル建議案(牧山耕藏君外五名提出)

一朝鮮ニ訴願法及行政裁判法實施ニ關スル建議案(牧野良三君外五名提出)

右ハ本院ニ於テ兩案ヲ併合シ別紙ノ通(內容同一)修正スヘキモノト議決致候此段及報告候也

昭和十年三月二十三日

建議委員長　田中祐四郎

衆議院議長濱田國松殿

(別紙)

朝鮮ニ訴願法及行政裁判法實施ニ關スル建議

朝鮮ニ訴願法及行政裁判法ヲ實施セラレムコトヲ望ム

右建議ス

朝鮮ニ裁判所構成法及辯護士法實施ニ關スル建議案

朝鮮ニ裁判所構成法及辯護士法實施ニ關スル建議

朝鮮ニ裁判所構成法及辯護士法ヲ實施セラレムコトヲ望ム

右建議ス

朝鮮ニ裁判所構成法及辯護士法實施ニ關スル建議案

朝鮮ニ裁判所構成法及辯護士法實施ニ關スル建議

朝鮮ニ裁判所構成法及辯護士法ヲ實施セラレムコトヲ望ム

右建議ス

報告書

一朝鮮ニ裁判所構成法及辯護士法實施ニ關スル建議案(牧山耕藏君外五名提出)

一朝鮮ニ裁判所構成法及辯護士法實施ニ關スル建議案(牧野良三君外五名提出)

右ハ本院ニ於テ兩案ヲ併合シ別紙ノ通(內容同一)修正スヘキモノト議決致候此段及報告候也

昭和十年三月二十三日

建議委員長　田中祐四郎

衆議院議長濱田國松殿

(別紙)

朝鮮ニ裁判所構成法及辯護士法實施ニ關スル建議

朝鮮ニ裁判所構成法及辯護士法ヲ實施セラレムコトヲ望ム

右建議ス

昭和十年三月二十八日

請願特別報告第五四九號

意見書

請願文書表第三四六六號

德佐、高森間鐵道敷設ノ請願　山口縣都濃郡長穗村長西林庸外六名呈出（紹介議員西村茂生君）

右請願ノ要旨ハ山口縣阿武郡德佐村山口線德佐驛ヨリ佐波郡柚野村都濃郡長穗村熊毛郡八代村ヲ經テ玖珂郡高森町周防高森驛ニ於テ山陽本線ニ連絡スル鐵道ハ萩、元山間及萩、濟津間ノ連絡ニ資シ本土ト朝鮮滿蒙トヲ連絡スルニ必要ナル路線ナリト信ス依テ政府ハ速ニ前記德佐、高森間ノ鐵道ヲ敷設セラレタシト謂フニ在リ衆議院ハ其ノ趣旨ヲ至當ナリト認メ之ヲ採擇スヘキモノト議決セリ依テ議院法第六十五條ニ依リ別冊及御送付候也

國務大臣ノ演說ニ對スル質疑 （前會ノ續）

（松村光三君登壇）

○松村光三君 諸君、私ハ專ラ產業經濟ニ關スル質疑ヲ致シマス、質疑ノ便宜上其質問ノ要領ヲ四ツニ大別致シマス、第一ハ產業統制ノ問題、第二ニハ產業原料資源ノ問題、第三ハ對外貿易伸張ノ問題、第四ハ物價騰貴ノ問題デアリマス

第一產業統制ノ根本問題ニ關スル質疑デアリマスガ、前內閣以來財界竝ニ一般社會ニ與ヘタル不安ト焦慮ハ、其原因ハ色々アリマスガ、要スルニ前內閣以來產業政策ニ關スル國家ノ指導方針、其基調ガ甚ダ不明瞭不徹底デアルト云フコトデアル、而シテ是ガ一般財界社會ニ幾多ノ不安ヲ與ヘタト云フコトデアリマス、理內閣ノ政綱ニ依ルト產業ノ綜合的發達ノ爲ニ適切ナル統制ヲ實施スルト言ウテ居ルガ、玆ニ所謂適切ナル統制トハ何ヲ意味スルノデアルカ、甚ダ空漠デアリ抽象的デアル、此點ニ付テ總理大臣ヨリ明確ナル指導方針、產業統制ノ基調ヲ此際御答辯ヲ煩スノデアリマス、言フマデモナク現時ノ資本制企業ノ下ニ於テ、動モスルト個人主義ノ弊ニ因ヘレ、玆ニ經濟機構ノ上ニ於テ幾多ノ缺陷ガアル、ソレ故ニ吾々ハ又我黨ニ於テモ夙ニ現資本主義ノ是正、經濟統制ノ强化ヲ高調シ來ッタノデアル、吾々ノ唱フル所ノ所謂資本主義是正トハ、其形ハ飽マデモ產業自治統制デアリマス、產業ノ自治ヲ統制ノ基本トスルコトデアリマス、卽チ所有ト經營ハ民間ノ專門家ニ之ヲ委ネ、彼等ノ自由ナル創意ヲ尊重スル、國家ハ唯大所高所カラ其弊害ノアル所、缺陷ノアル所ヲ指導監督スル任務ニ當ルベキデアル、隨テ產業ノ國有官營ノ如キ形ハ、已ムヲ得ザル場合ニ之ヲ限ルベキモノト思フ、或ハ將來米ノ專賣ノ如キ、斯樣ナル特殊ナ形態ニ於テハ、國有官營ノ形ヲ採ルコトモ亦已ムヲ得ナイケレドモ、原則トシテハ飽マデ自治統制ヲ尊重スベキモノト吾々ハ確信スル、隨テ國家社會主義ノ如クニ、一般產業ヲ國有化セントスルガ如キ、此國家萬能ニ依ッテ所有權ヲ國家ニ奪還セントスルガ如キ考方ハ、吾々ノ斷ジテ承服セザル問題デアリマス、今退イテ少シク日本ノ今日マデノ官營事業ノ經過ヲ見マスト、日本ノ官營事業ハ吾々ノ意ニ滿タザル所ノモノガ少クアリマセヌ、最モ代表的ト見ルベキ鐵道ノ國有――日本ノ國有鐵道ハ確ニ日本ノ官營事業ノ中デハ最モ進ンダ、最モ完全ナル形デアリマスガ、併ナガラ大體ニ於テ日本ノ國有鐵道ハ世界中可ナリニ高イ賃率收入ヲ原則トシテ居ル、日本ノ國有鐵道ハ收入主義ヲ原則トシテ居ルト云フコトハ否定出來ナイノデアリマス、又專賣事業ニ付キマシテモ、鹽ノ專賣ノ如キ、國民ニ高キ鹽ヲ賣ルダケデアリ、又煙草ノ專賣ニ至ッテハ、洵ニ不都合千萬デアリマス（ヒヤヒヤ）葉煙草ノ買上値段ヲ段々引下ゲテ農民ヲ苦シメ、其反對ニ煙草專賣ニ依ッテ二億三千万ト云フ暴利ヲ國民ニ强ヒテ居ル（拍手）消費大衆ニ對シテ斯ノ如キ暴利ヲ貪ッテ居ル、而モ日本ノ煙草ハ、昔テハ村井、岩谷等民營時代ニ於テハ、東洋市場ニ大ニ發展シテ居ッタ、然ルニ官營ノ現在ニ於キマシテハ、殆ド日本ノ輸出煙草ハ跡モナク、官營ノ下ニ東洋市場ニ於ケル是等ノ販賣ハ全ク跡形モナクナッテ、無爲無能ナル官營ノ煙草販賣事業ハ、斯ノ如キ憐レナル現狀デアル（拍手）又電話事業ニ於テモ、通信特別會計ノ行ハレテ居ル今日ノ電話ハドウデアルカ、電話一ツ架ケルノニ千數百圓モ出サナケレバナラナイ、卑近ナ例ヲ擧ゲルヤウデアルガ、日本ノ電報ハ夜間十時過ギニ電報ヲ打ット、倍額ニナル、元來夜間ノ電報ハ安イノガ世界ノ原則デアル、日本ダケガ夜間ノ電報ハ高イノデス、斯樣ナコトヲ論ジ來リマスト、日本ノ官營事業ト云フモノハ遺憾ナガラ收益主義ニ陷ッテ居ル、加之是等官營事業ノ間ニ何等ノ統一モナク、何等ノ連絡モナイ、鐵道省ハ厖大ナル利益ヲ擧ゲルカラ、鐵道官吏ハ非常ナル優遇ヲサレテ居ル、之ニ反シテ遞信省ノ從業員ハ洵ニ憐レナル待遇デアル（拍手）昨年出マシタアノ退職積立金ノ恩惠スラ、其恩典スラ是等遞信從業員ハ浴スルコトガ出來ナイ現狀デアリマス、斯ノ如クシテ日本ノ官營事業ハ大體ニ於テ民間ノ營利主義ト異ナル所ノナイ現狀デアルト謂ハナケレバナリマセヌ、尤モ官營事業ノ斯ノ如キ失態ハ必シモ日本バカリデハアリマセヌ、獨逸ノ加里又ハ石炭ノ國有化ガ失敗ニ終ッテ居ル、伊太利ノ官營保險ハ民營保險ト竝立シテ今日大體良キ成績ガ擧ッテ居ラナイ、斯樣ナ現狀デアル、尤モ今日各種ノ軍需工業ノ國有問題ガ盛ニナッテ居ル、軍需工業ノ如キハ特殊ナル事情ガアルカラ玆ニ國營問題ガ起ルノデアルケレドモ、一般ノ產業ハ飽マデ原則トシテ民營主義デナケレバナラヌト思フノデアリマス、カヽルガ故ニ英吉利ノ勞働黨ノ如キモ、多年ノ主張タル石炭、銀行其他ノ官營ノ考ヲ打棄テヽ、其「ギルド」社會主義ノ巨頭タル「コール」デサヘモ、今マデ多年主張シ來ッタ企業ノ官營國營、勞働者ニ企業權ヲ奪還スルト云フ考ヲ潔ク棄テタト云フ如キハ、特ニ玆ニ三省熟慮スベキ問題デアリマス、斯ル意味ニ於テ私ハ前內閣ニ依ッテ編ミ上ゲラレタル電力國營ノ問題、此電力國家管理案ハ一應撤回シテ、再檢討ヲシテ、練直シテ國民ノ前ニ提出スベキモノデアル、遞信省ハ從來ノ行懸リニ因ハレテ玆ニ九十万圓ノ豫算ヲ計上シテ居ルガ、賢明ナル新遞信大臣ハ此邊ノ問題ニ付テ確タル考案ガナケレバナラヌト思フノデアリマス、言フ迄モナク日本ノ電氣事業ガ斯ノ如クナッタ由ッテ來ル原因ハ多々アリマス、各地方ノ電氣會社モ勿論責任ヲ執ラナケレバナリマセヌガ、是ガ監督官廳タル遞信省モ、現電氣事業法ノ法規ノ上ニ眠ッテ居ッタ、是等監督官ノ責任モ問ハネバナリマセヌ、ソレ故ニ現在ノ電氣事業ヲ統制シ、豐富低廉ナル電力ノ供給ヲ圖ルト云フコトハ何人モ是ハ異論ガアリマセヌ、併ナガラ夙ニ出サレタヤウナ實行上ニ於テモ、法理上ニ於テモ、幾多ノ疑問缺陷アル法案ハ速ニ撤回シテ、新ナル對案ヲ考究スルコトガ、現下ノ時局ニ應ズル適切ノ對策デアルト考ヘルノデアリマス（拍手）特ニ遞信大臣ノ善處ヲ要望スル所

以デアリマス

此際少シク餘談ニナリマスガ、各國ノ統制經濟ノ機關ニ關スル事情ヲ簡單ニ述べテ參考ニ資シタイト思フノデス、第一ニ「ソ」聯邦ノ計畫經濟、所謂第一次五箇年計畫、「ゴスプラン」ト云フモノハ誰ガ一體ヤッテ居ルト思フカ、ソレハ四百七十名ノ委員カラ出來テ居ルケレドモ、其幹部デアル指導機關ハ二十名、其大半ハ専門ノ技術者デアル、官吏ハ「ソビエト」聯邦ノ「ゴスプラン」ノ中堅デハナイノデス、又第二ハ亞米利加ノ經濟參謀本部、例ノ「エヌ・アール・エー」デアリマスガ、此「エヌ・アール・エー」ノ中心ヲ成スモノハ何カ、最高復興會議デアルガ、此最高復興會議ハ二十一名ノ委員組織デアリ、其中役人上リノ者ハ僅ニ六人シカ居ラナイ、他ハ皆民間専門ノ權威者デアル、第三獨逸「ナチス」ノ最高經濟會議ノ委員ハ十八名デアリ、此十八名ハ悉ク民間ノ専門權威者カラ成立ッテ居ル所謂指導者組織デアル、例ヘバ獨逸デ一番大キナ電氣會社ノ社長ガ電氣ノ指導者デアルガ如キ形ヲ取ッテ居ル、而シテ其實行機關ハ誰カ、獨逸工業團、體、經濟會議所——獨逸商工會議所ト云フヤウナ民間ノ自治的團體ガ其衝ニ當ッテ居ルノデアリマス、更ニ獨逸ノ電氣事業法ハ、國有國營萬能主義ヲ排撃シテ居ル、サウシテ民間ノ合理的ナル組織ト結合ニ依リマシテ、民營ト國家統制トノ間ニ能ク調和ヲ圖ッテ居ルト云フコトガ、今日ノ獨逸電氣事業ノ現狀デアリマス、斯ノ如ク各國ノ統制經濟ノ中心ハ専ラ民間ノ専門ノ權威者カラ出來テ居ルト云フコトガ、卽チ統制經濟ノ最モ必要ナル根本問題デアル、唯日本ダケガ官吏ガ統制經濟ノ中心トナリ、何等ノ専門的實際ノ智識ヲ持タザル所ノ官吏ガ——此事務的ノ官吏ガ中心トナッテ、茲ニ統制經濟ヲ行ハントスル、其官吏ノ下ニアル所ノ各種ノ委員會ナルモノハ、單純ナル諮問機關ニ外ナラズ、何等ノ發案創意ヲモ許サレテ居ラナイ、斯ノ如ク官吏獨善ノ事務的中心機關ニ依リマシテ統制經濟ヲ行フト云フコトガ、抑〻日本ノ一番ノ間違デアル(拍手)此點ハ特ニ現內閣ノ諸公ニ向ッテ注意ヲ促ス所以デアリマス、ソレ故ニ若シ現內閣ガ眞ニ庶政一新ニ目覺メテ綜合國策ヲ完全ニ行ハントスルナラバ、先ヅ第一ニ必要ナルコトハ行政機構ノ改革、就中文官任用令、其外人事行政ニ關スル根本的改革ヲ斷行シナケレバ、決シテ庶政一新ハ行ハレナイ(拍手)卽チ各省割據スル下剋上ノ現在ノ事務的官吏中心主義ヲ打開シナケレバナラナイ、サウシテ廣ク民間ノ權威者ヲ集メテ、自由ニ隨所ニ専門家ガ役人ニナレルト云フ行政機構ガ出來ナイ限リハ、徒ニ庶政一新ヲ叫ンデモ、統制經濟ヲ叫ンデモ、其結果ハ知ルベキノミト言ハナケレバナラヌノデアリマス(拍手)今餘事ニ涉リマシタガ、簡單ニ各國ノ統制經濟ガ事務的官吏ニ依ッテハ斷ジテ行ハレテ居ラヌト云フコトノ事實ヲ擧ゲテ、他山ノ石トナシ、現內閣ガ之ヲ參考トセラレンコトヲ特ニ警告スルノデアリマス

第二ハ産業物的資源ノ問題デアリマス、惟フニ現下世界ノ人類ノ生活ノ不安モ、國家ノ間ノ軋轢モ、要ハ天然資源ノ偏在ト、其不合理ナル分配ニアルコトハ言フヲ俟チマセヌ、殊ニ我國ノ如キ百万ニ近イ人口ノ增加、而モ海外移民ハ八方塞リデアル、ドウシテ此人口ヲ吸收スルカ、結局産業ヲ發展スルヨリ外ニ方法ハナイノデアルケレドモ、顧テ日本ノ産業ノ構成ヲ見マスト、遺憾ナガラ農村ノ現狀ハ此百万ノ人口ヲ吸收スル餘地ハアリマセヌ、勢ヒ茲ニ工業ヲ盛ニシテ、工業ト農業トヲ竝ビ進ムル、竝立ノ形ヲ執ルヨリ外ニハ産業國策ハナイノデアリマス、所ガ困ッタコトニハ此産業 工業ノ發展ニ必要ナル物資、材料資源ガ乏シイ、今日我國工業ノ産額ハ約ソ百三四十億圓、此百三四十億圓ノ原料ハ約六割三分位、併ナガラ國內ニ原料ガナイカラ勢ヒ其三割位、二十億內外ヲ外國カラ輸入ニ仰ガナケレバナラナイ、斯樣ニ日本ノ産業ガ外國ノ原料ニ依存スルト云フコトガ現狀デアリ、斯ノ如ク海外ニ依存スルト云フコトガ總テ日本ノ大陸政策、對南政策ノ現ハレトナルノデアリマス、大陸政策ノ由ッテ來ル原因ハ多々アリマスガ、私ノ見ル所デハ、大陸政策トハ要スルニ我ガ民族ノ生存權ト産業ノ自主確立ノ爲ニ必要缺クベカラザル資源ヲ獲得スルト云フ問題ガ第一義デアルト思フノデアリマス、ソレ故ニ吾々ノ大陸政策ハ、要スルニ此原料資源ノ問題カラ起ッタモノデアリマス、隨テ若シ出來得ルナラバ世界經濟會議ヲ開イテ、世界資源ノ再分配、再調整ヲ求メルト云フコトモ一ツノ方法デアルガ、此問題ハ旣ニ識者ノ間ニ屢〻問題トナリ、現ニ昨今國際聯盟ノ中ニ「資源再分配調査委員會」ト云フモノガ設ケラレテ、我ガ日本ニモ是ガ參加ヲ求メラレタ筈デアリマス、固ヨリ現在ノ貧弱ナル國際聯盟ノ中ノ斯ノ如キ小サイ委員會デ、世界ノ資源ノ再分配ヲ議セントスルガ如キ、固ヨリ多クヲ望ムコトハ出來ナイケレドモ、斯ル有ユル機會ニ於テ日本ノ立場——世界ノ資源ノ上ニ於ケル所ノ日本ノ立場ヲ明瞭ニスルト云フコトハ、必要缺クベカラザルコトデアル、若シ國際聯盟カラ斯ノ如キ參加ヲ求メラレタル場合ニ、現內閣ハ果シテ如何ナル所信ト覺悟ヲ持ッテ居ルカ、豫メ此點ヲ伺フノデアリマス

而シテ此際特ニ新內閣ニ要望スル問題ハ、現在日本內地ト朝鮮臺灣ノ外地、日滿北支ト是等ノ間ニ一貫シタル産業統制ノ機關ガ缺ケテ居ルノデアリマス、所謂現內閣ノ口ニ言ヘル、綜合國策ノ機關ガ今缺ケテ居ルノデアリマス、故ニ例ヘバ帝國經濟會議ト申シマスカ、是ハ前ノ內閣ノ所謂四相會議ニ依ッテ議題トナッタ內外地日滿ノ綜合的國策機關ガアッタガ、遺憾ナガラ結論ニ至ラナカッタ、現內閣ハ斯ノ如キ帝國經濟會議ノ如キ內外地日滿綜合國策ノ完全ナル機關ヲ起ス意思ガアルカドウカ、今日日本內地ニハ或ハ資源局、或ハ調査局、幾多ノ産業統制ノ機關ガアル、重要産業統制法モアル、朝鮮ニハ朝鮮産業調査會ガアル、滿洲ニハ又幾多ノ機關ガアルケレドモ、是等內外地産業統制ノ機關ハ部分的デアッテ甚ダ狹イノデス、ソコデ是等ヲ一貫シタル産業統制ノ機關ガ必要デアルニモ拘ラズ、今日マデ其運ビニ至ッテ居ラナイ、ソレバカリデナク、昨年議會デ改正サレタ重要産業統制法ハ、八月一日カラ之ヲ外地ニ——臺灣朝鮮ニ實施スルト云フコトデアッタニモ拘ラズ、今日ニ至ルマデ其實施ノ細則竝ニ實行ニ付テ猶ホ決定ヲ見ザルガ如キコトハ、洵ニ前內閣以來引續ケル怠慢ト言ハネバナリマセヌ、ソレ故ニ此際速ニ日滿內外地ヲ一貫シタル産業統制ノ綜合機關ヲ設ケルコトガ必要デアリマスガ、兼ネテ總理大臣以下關係

各大臣ノ所見ヲ質スノデアリマス、

此點ニ付テ日滿經濟「ブロック」ノ問題ガアリマスガ、ヨク日滿經濟「ブロック」ト云フコトヲ言ヒマスガ、滿洲事件以來過去五箇年ニ滿洲ノ投資ハ約十一億二千五百万、十一億二千五百万ト云フ厖大ナル金ヲ使ッテ居ルニモ拘ヲズ、吾々ノ見ル所デハ、滿洲ノ產業ニ於テ、日滿經濟「ブロック」ノ上ニ於テ、ドレダケノ效果ガ擧ッテ居ルカ、幾多ノ疑問ガアリマス、勿論今日尙ホ創業ノ時代デアルカラ多キヲ望ムコトハムヅカシイケレドモ、併ナガラ今日ノ日滿經濟「ブロック」其發明ノ大ナルニ拘ラズ、マダ十分ノ成績ヲ擧ゲテ居ラヌ現狀デアリマス、或ハ公營、半官半民ノ會社ガ澤山濫設サレタケレドモ、其內容ガマダ完全デナク、殊ニ是等ノ日滿關係ノ各種ノ事業ガ人事行政ノ上ニ於テ遺憾ノ點ガ少クナイト云フコトハ、今日周知ノ事柄デアリマス、多クヲ論ジマセヌ、又北支關係ノコトニ付キマシテモ、是ハ他ノ諸君ニ依ッテ既ニ質問サレ、又現內閣ハ既ニ北支關係ノ經濟調整ニ當ッテ、大ニ努力スルト云フ聲明モアルノデアルカラ多クヲ論ジマセヌガ、日滿經濟「ブロック」ト唇齒輔車、不即不離ノ關係ニアル、此北支ノ經濟關係ノ調整ニ於キマシテモ、此際現內閣ニ於テ一段ノ努力ヲ拂ハレンコトヲ切望スルノデアリマス

今少シク此產業資源ノ問題ニ關スル前、廣田內閣ノ豫算ノ內容ヲ檢討スルニ、昭和十二年度豫算ニ於テ、液體燃料ノ自給、石油資源ノ開發、或ハ人造石油、其他貧鑛處理、各種ノ項目ニ於テ、商工省關係ダケデモ二千七百万圓ノ新規豫算ガ要求サレタノデアル、二千七百万圓、然ルニ是ノ中デ一番劃期的ノ、一番大切ナル燃料國策、此燃料國策ノ費用千二百五十万圓ガ結城財政ニ依ッテ全部削除サレテ居ル、是ハ單純ナル財政上ノ理由デハイケマセヌ、何故ニ劃期的ナル日本ノ燃料政策ノ根幹ヲ成ス此千二百五十万圓ノ費用ヲ全部削除シタカ、商工大臣ハ之ニ對シテ將來ドウ云フ考ヲ持ッテ居ラレルカ、現內閣ハ此燃料國策ニ對シテ如何ナル考ヲ持ツカ、殊ニ軍部大臣モ多大ノ關係ガアルカラシテ、此燃料國策ヲ全部削除シタ現內閣ノ將來ノ對策ヲ此際伺フノデアリマス

第三ハ貿易國策デアリマス、產業ノ發展ノ上ニ於テ貿易ノ伸張ノ必要ナルハ今更言フヲ俟チマセヌ、併ナガラ先ニ簡單ニ說明致シマシタヤウニ、日本ノ貿易ハ其原料ヲ輸入シテ製品ヲ輸出スル、而モ輸入ノ八割五分ハ原料竝ニ原料生產品デアリ輸出ノ八割ハ精製品デアル、我ガ日本ノ貿易ハドウシテモ世界各國ニ原料ヲ求メテ、之ヲ拵ヘテ外國ニ出スト云フ貿易ノ形デアルカラ、世界ト日本ノ貿易ハ洵ニ不即不離ノ關係ニアルコトハ言フヲ俟チマセヌ、然ルニ此頃日本ノ海外貿易ガ少シク進展シタ、躍進日本ノ貿易ノ形ガ伸張シタト云フノデ世界ニ脅威ヲ與ヘテ居ルガ、マダ〳〵日本ノ外國貿易ハ小サイモノデ、世界ノ貿易總額ニ較ベルト僅ニ百分ノ三・六デアル、日本ノ貿易ハ未ダ極メテ小サイモノデアル、加之日本ノ貿易ハ先程申シマシタヤウニ常ニ輸入超過デアル、此輸入超過ハ恐ラク將來永ク原料材料ヲ外國ニ求メナケレバナラヌノデアルカラ、日本ノ貿易ハ何處マデモ海外依存デアルト云フコトハ免レナイノデアル、カルガ故ニ日本ト外國ノ貿易關係ハ互惠互讓、如何ナル貿易政策ヲ執ッテモ、其貿易ハ何處マデモ互惠互讓、共存共榮ノ形デナケレバナラヌコトハ言フヲ俟チマセヌ、隨テ出來ルダケ通商貿易ノ改善、障碍ノ排除ニ努メルト云フコトモ亦必要ナルハ言フヲ俟チマセヌ、前內閣ガ、又新內閣モ、貿易ノ伸張ヲ非常ニ强調サレテ居ラレマスガ、實際ハ其聲明ヲ裏切ルコトガ少クナイコトハ遺憾デアリマス、貿易政策ヲ確立スルニ當ッテ最モ肝要ナルコトハ、言フマデモナク貿易機關ノ整備統制擴充デアリマス、前ノ廣田內閣ハ此點ニ付キ非常ニ注意ヲ拂ヘレテ、此貿易機關ノ整備擴張ノ爲ニ屢〻會議ヲ開カレタ、卽チ外務省ノ通商局、商工省ノ貿易局、大藏省ノ關稅課、或ハ農林省其他ニ散在シテ居ル貿易機關ヲ整備統制シテ一ツノモノトスルコトガ、必要ナルコトハ言フヲ俟タヌノデアリマスガ、前內閣ノ時ニ數箇月間會議ヲ開カレタガ、各省ノ繩張爭ヒノ爲ニ遂ニ結論ニ到達シナカッタ、內閣ノ調査局ガ、出テ仲裁案ヲ出シタケレドモ、遂ニ其仲裁案モ成立タナカッタ、斯樣ナコトデ數箇月間無爲無用ナル協議ヲ爲シタガ、結局ハ各省分取ノ豫算ヲ此處ニ出シテ居ル、各省各〻分取ノ豫算ヲ出シテ、商工省ハ各種ノ項目ニ於テ五百七十万圓、外務省ハ二十万圓、大藏省ハ九十五万圓、其ノ合計千二百万圓ノ分取豫算ヲ計上シテ居ルノデアリマス、而モ是等ノ千二百万圓ノ各省ノ貿易振興ニ關スル計上豫算ハ大體ニ局課ヲ殖ヤス所ノ、官吏ヲ殖ヤス所ノ人件費デアル、人間ダケ、而モ學校出ノ新シイ人間ヲ幾ラ殖ヤシタトテ、ソレハ結局繁文縟禮ニナルノデアル、貿易ニ干涉スル手段ヲ增スダケデアッテ、貿易政策ノ根幹ヲ定メルモノデナイト云フコトヲ特ニ現內閣ニ警告シナケレバナラヌ、ソレ故ニ總理大臣竝ニ商工大臣、外務大臣ハ前內閣ノ失敗ニ鑑ミラレテ、各省間ノ貿易機關ノ整備統制ヲ敢然トシテ行フ意思アルヤ否ヤ、形ハ貿易外局デアッテモ何デモ宜イガ、前內閣ノ出來ナカッタ各省間ノ貿易機關統制ヲ敢然ト行フノ意思アルヤ否ヤヲ伺フノデアリマス

次ニ貿易ノ關係ニ於ケル爲替管理ノ問題デアリマス、此問題ハ昨日モ他ノ諸君ニ依テ大分述ベラレマシタガ、要スルニ爲替管理ガ貿易ノ障碍デアルト云フコトハ今日言フヲ俟チマセヌ、前內閣ノ厖大ナル豫算、國際環境ノ惡化、關稅ノ全面的引上、軍需品ノ輸入超過、是等ノモノガ相寄リ相集ッテ、日本ノ爲替低下ノ傾向ヲ呈シテ居ッタ、卽チ對英一志二片ノ建値ヲ保ツコトガムヅカシクナッタト云フコトハ當時ノ事情、茲ニ前內閣ハ驚イテ爲替管理ヲ實行シタノデアル、之ニ依ッテ多少爲替ノ下落ヲ抑ヘルコトハ出來タ、併ナガラ爲替低落ヲ防グコトハ出來タケレドモ、一方ニ於テ日本ノ圓ノ、卽チ爲替ニ對スル世界國際間ノ不信ト疑惑ヲ招イタコトハ掩フベカラザル事實デアリマス、現ニ亞米利加ノ大藏省長官「モーゲンソー」ハ上院ノ通貨委員會ニ臨ンデ、斯ノ如キ明白ナル說明ヲ致シテ居リマス、卽チ「國際通貨ノ中デ、今日動搖ノ徵候ノアルモノハ世界デ日本ダケダ、日本ノ新シキ爲替管理ハ將來何カ新ナル事ガ起ル前兆デアラウ」ト大藏大臣ガ言明致シテ居リマス、亞米利加ノ大藏大臣トモアル者ガ此樣ナ認識不足ノコトヲ言ハレルコトハ洵ニ遺憾デアルケレドモ、少クトモ世界各國ニ日本ノ爲替管理ガ斯ノ如キ疑惑ト不信ヲ懷カシメタルコトハ、甚ダ遺憾ト言ハネバナリマセ

ヌ、ソレバカリデハアリマセヌ、之ニ依ッテ日本内地ノ經濟界ニ各種ノ動揺ヲ與ヘタ、爲替ヲ維持セントシテ逆ニ反動的ニ物價ヲ騰貴セシメタト云フコト、論ジ來リマスルナラバ、馬場財政ノ爲替管理ハ尠カラザル影響ヲ我ガ日本ノ經濟界ニ與ヘタノデアル、勿論此爲替問題ヲ今日ノ如ク釘付ニシテ居ル方ガ宜イカドウカ、或ハ爲替管理ヲ尙ホ繼續スルヤ否ヤト云フコトニ付キマシテハ、大藏大臣其外色々ノ意見モアリマセウガ、要スルニ期限ハ七月三十一日デアリマス、此期限前ニ出來ルダケ早ク此爲替管理法ヲ撤廢スルコトガ現下ノ非常對策デアラウト思フノデアリマス(拍手)サウシテ此爲替ヲ維持スル爲ニハ他ニ色々方法ハアリマセウ、大乘的ノ見地ニ立ッテ大所高所カラ爲替維持策ハ自ヲ方法ガアリマス、更ニ昨日他ノ諸君ニ依ッテ言ハレマシタガ、出來得ルナラバ、否出來得ルナラバデハナイ、金貨ノ現送ニ依ッテ寧ロ此爲替問題ヲ解決スル方ガ一番簡單デアリ、一番滑カナル方法ト吾吾ハ考ヘルノデアリマス、ソレハ何故カ、今日日本銀行ノ金ノ保有高ハ五億五千万圓、之ヲ時價ニ換算致シマスト十六億餘ニ當リマス、此十六億餘ノ正貨ヲ持ッテ居ルノデアリ、殊ニ國際貸借關係ハ輸入超過デアルニモ拘ラズ、日本ノ貿易外ノ收入ハ夥シイノデアルカラ、此十六億何ガシノ正貨ノ中、一部分ヲ海外ニ現送スルコトニ依ッテ、爲替ノ維持ヲ策ズルト云フコトハ簡單明瞭ナル方法ト思フノデアリマスガ、大藏大臣ハ之ニ對シテ如何ナル所見ヲ有スルカ、此際其所見ノ一端ヲ漏サレンコトヲ切望スルノデアリマス

尙ホ貿易ノ健全ナル發達ト統制ノ機關トシテ今日色々ナモノガアリマス、就中現行ノ輸出組合法デアリマス、此輸出組合法ハ大正十四年ニ出來タモノデ、其後二回ノ修正ヲ致シマシタガ、如何ニモ躍進日本ノ進ミ行ク今日ノ貿易統制機關トシテハ甚ダ古イノデアリマス、ソコデ今回商工省ニ於テハ此輸出組合法ト同時ニ新シク輸入組合法ヲ設ケテ、輸入輸出ノ組合ヲ一括シタル貿易組合法ト云フモノヲ制定スル筈デアリマスカ如何デアリマスカ、豫算ニ其一部分ガ計上サレテ居リマスガ、此商工省ノ近キ將來ニ實行セントスル貿易組合、現行ノ輸出組合ノ外ニ輸入組合ノ必要ナルコトハ、今日日本ノ貿易狀態カラ見テ已ムヲ得マセヌガ、私ガ商工大臣ニ伺ハントスル要點ハ、是等ノ貿易組合、特ニ輸入組合、輸出組合ニ付キマシテハ、如何ナル精神、如何ナル基調ヲ以テ組合ヲ作ラレルト云フコトデアリマスカ、今日マデ多年ノ傳統デアッタ自治統制組合ヲ作ルコトガ根幹デアリマスカドウカ、卽チ生產者、貿易者ト官廳ト一心同體トナッテ、官民聯合ノ調和的ナル自治組合ヲ作ラントスルノデアルカドウカヲ伺フノデアリマス

又漏レ聞ク所ニ依ルト、是等ノ貿易組合ハ場合ニ依ッテ强制的ノ組合、國家ガ强制シテ組合ヲ作ヲセルト云フヤウナ議ガアルト云フ話デアリマス、勿論或ル場合ニ於テ是等ノ組合ヲ强制的ニ作ラセルト云フコトモ已ムヲ得ナイノデアリマスガ、過去ノ輸出組合ニ於テ、幾多ノ失敗ト、幾多ノ弊害ヲ暴露シテ居ル、卑近ナ例デアルガ、僅カ七八十万圓シカ輸出セヌ所ノ蜜柑ノ組合、一ツノ蜜柑ノ組合ヲ擧ゲテサヘモ、商工省ハ之ヲ手ニ病ンデ、數箇年間此輸出組合ノ混亂ガ解決シナカッタト云フヤウナ事實モアルノデス、ソレ故ニ是等ノ輸出組合ヲ新シク改訂セントスルナラバ、ドウカ官民能ク協力シテ、本當ニ自治的ノ統制ノ成績ノ擧ルヤウニ組織ヲ改善サレンコトヲ望ムノデアリマス、況ヤ輸入組合ト云フモノハ、是ハ非常ニ面倒ナル問題デアル、殊ニ少數ノ輸入者ニ組合ノ特權ヲ與ヘルト云フコトハ、是カラ國際的ニモ國內的ニモ幾多ノ問題ヲ生ジマス、ソレ故ニ是等ノ輸入組合ヲ作ルト云フ場合ニ當ッテハ、出來得ル限リ注意ニ注意ヲ拂ッテ、殊ニ細心ノ用意ヲ求メルノデアリマスガ、商工大臣ハ近ク設ケントスル是等ノ貿易組合、殊ニ輸入組合ニ關シテ、如何ナル基調ノ下ニ之ヲ作ラントスルノデアルカ、此際其所見ノ一端ヲ明瞭ニ伺フ者デアリマス

第四ハ最後ニ物價騰貴ノ問題デアリマス、非常時局ニ當リマシテ、吾々ガ殊ニ心配ニ堪ヘナイモノハ物價騰貴ノ問題デアリマス、是ハ昨日モ他ノ諸君ニ依ッテ可ナリ詳シク質問サレマシタ、私ハ他ノ方面カラ、他ノ角度カラ輸出ノ現狀、貿易ノ現狀、其他カラ物價騰貴ノ問題ニ關シテ、現內閣ノ所信ヲ質スノデアリマス、若シ物價騰貴ノ問題ガ一歩ヲ誤ルナラバ、國防充實モ庶政ノ一新モ、產業貿易ノ振興モ、遂ニ空論ニ了ル、其目的ヲ貫徹シマセヌ、若シ物價騰貴ニ對スル適當ノ對策ヲ誤ルナラバ、將來非常ナル事態ヲ惹起スルコトヲ考ヘナケレバナラヌ、何故カ、今日ノ物價ノ騰貴ハ決シテ一時的ノ現象デハアリマセヌ、昭和四年以來世界ノ不況ヲ克服セントシタル、世界列强ガ採リ來ッタ物價中心政策ノ現レデアリ其結果デアリマス、日本初メ世界ノ各國ガ相率キテ物價ヲ引上ゲヨウトシタル物價引上景氣政策ノ結果ガ玆ニ現レタノデアリマス、今少シク餘事ニナリマスガ、世界各國ノ採ッタ物價政策ヲ二ツニ分類スルナラバ、共一ツハ通貨貨幣ノ原因デアリ、第二ハ通貨貨幣以外ノ原因デアリマス、第一ノ通貨貨幣ノ原因ト致シマシテハ、之ヲ三ツニ細分スルコトガ出來マス、共一ハ失業救濟、時局匡救ノ名ノ下ニ、赤字財政ノ通貨「インフレ」デアリ殊ニ日本デハ滿洲事件費、對滿投資、是等ノ問題ガ日本ノ通貨膨脹ノ原因ヲ爲シタノデアリマス、第二ハ平價切下、世界各國ガ平價ヲ切下ゲル、金ノ買上値段ヲ上ゲル、產金ヲ奬勵スル、コヽデ世界ノ金ガ增加シテ、玆ニ通貨膨脹ノ原因ヲ爲シタノデアル、第三ハ低金利ト「マーケット・オペレーション」デアリマス、段々金利ヲ下ゲヨウトスル各種ノ政策ト「マーケット・オペレーション」ガ延イテ通貨的ノ物價騰貴ノ原因デアリマス、通貨以外ノ原因モ亦三ツアル、通貨以外ノ原因ノ第一ハ亞米利加、亞米利加ノ棉、小麥、日本ノ米、斯ル農作物ヲ吊上ゲヨウトスル物價政策ガ第一ノ現レデアリマス、第二ハ日本ヲ除ク他ノ國ノ行ヒタル勞働ノ調節策デアリ、勞働時間ノ短縮、勞働賃銀引上ニ依ル勞働調節策ガ第二ノ原因デアリマス、第三ハ世界ノ金ノ產額、殊ニ蘇聯邦、南阿等ノ金ノ產額ノ增加ガ國際的ノ購買力ヲ增加シタノデアリマス、是等各種ノ原因ノ外ニ、最モ根本的ナル近因ヲ爲スモノハ何カ、ソレハ言フ迄モナク世界ノ軍備擴張ニ依ル――軍備競爭ニ依ル軍需品ノ增加デアリマスル、是ガ各種ノ物資、材料、殊ニ銅、石炭、石油、鉛、亞鉛ノ如キ、各種ノ鑛產

品ノ物價ヲ騰貴シテ、相倚リ相俟ッテ世界ノ物價ハ一般的ニ騰貴ヲ見タノデアリマス、殊ニ我國ニ於テハ前廣田內閣ノ下ニ於ケル各種ノ國防豫算、之ニ便乘シタル寄木細工ノヤウナ庶政一新、是等ノ豫算ガ相倚リ相俟ッテ三十億四千万、此豫算ガ日本ノ生產ノ實力ト適合シナイ、日本ノ今日ノ生產力ハ三十億四千万ノ豫算ヲ消化スル力ガナイ、實力ガナイノデス、ソコデ段々日本ノ物價ヲ引上ゲタノデアリマス、加之五億ノ增稅ト惡性「インフレ」ト云フ恐怖心ガ國民一般ニ、誰言フトナク、經濟界ニ興奮ト痙攣的ノ刺戟ヲ與ヘタノデス、是ガ日本ニ於ケル物價騰貴ノ最後ノ原因デアル、玆ニ又爲替管理法ヲ强化シタ、斯ノ如キ各種ノ原因ガ相倚リ相俟ッタノデアルカラシテ、馬場大藏大臣ガ登場シタル昨年ノ三月カラ十二月迄ノ物價騰貴ノ現狀ヲ見マスト、驚ク勿レ、日本ノ物價ハ此馬場財政ノ間ニ、一割七分ノ騰貴ヲシテ居リマス、世界ノ物價モ騰ッテ居リマスガ、此間ニ於ケル英吉利ノ騰貴ハ一割二分、亞米利加ノ騰貴ハ一割三分、日本ダケガ世界ニ驚クベキ物價騰貴デアル、殊ニ本年ニ入ルト、更ニ馬場財政ノ色々ナ現レガ顯著ニナッテ、本年一月ノ物價ハ二割迄騰貴シテ居リマス、世界斯ノ如ク物價ノ騰貴シタ國ハナイノデアリマス、要スルニ日本ノ此驚クベキ物價騰貴ハ世界的ノ徵候デアルケレドモ、馬場財政ニ依ッテ持チ來サレタル、當然ノ結果ト言ヘネバナリマセヌ、ソレ故ニ若シ前內閣、馬場財政ガ續イテ居ッタナレバ、恐ラク日本ノ經濟界ノ物價騰貴ハ更ニ止マル所ヲ知ラナカッタト思ヘレルノデアリマス、論ヨリ證據、林內閣ニ依ッテ、玆ニ結城財政ニ依ッテ一般財界、金融界、各種ノ方面ニ多少ノ安心ヲ與ヘタ、私ハ敢テ言フ、是ガ安心ヲ與ヘタ其結果、盲目的ニ――盲目的ニト云フ言葉ハ惡イケレドモ、實際ハ盲目的ナノダ、反動的ナノダ、馬場財政ノ反動的ニ、盲目的ニ――是ハ心理上ノ原因デアル、ソレダカラ新內閣ガ出來ルト、二月ノ物價ハ急ニ引下ッタ、今月ノ小賣物價マデ下ッテ來タ、是ハ心理上ノ原因ナノデアル、併シ樂觀シテハイケマセヌ、吾吾ハ今日只今結城財政ヲ樂觀スルヤウナ左樣ナ考ニハマダナリ得ナイ、何故カ、成程結城財政ニ依ッテ、馬場財政ヲ多少修正スルコトハ出來タノデス、併ナガラ世界的物價騰貴ト、殊ニ日本ニ於ケル物價騰貴ノ現狀カラ將來ヘノ推移ヲ考ヘマス時ニ、吾々ハ世界ノ物價モ日本ノ物價モマダ益々騰ルト云フコトヲ考ヘネバナリマセヌ、之ニ對シテ總理大臣、大藏大臣其他ノ諸公ハ將來世界ノ、殊ニ日本ノ物價ノ見透シニ付テ如何ナル御考ヲ持ッテ居ラレルカ、如何ナル對策ヲ持ッテ居ルカト云フコトヲ私ハ伺ヘネバナラヌノデアリマス

何故世界ノ物價ガ騰ルカ、將來尙ホ騰貴ノ傾向ガアルカ、是ハ單ナル私ノ臆斷デハアリマセヌ、世界ノ物價ガ尙ホ將來騰ルト云フコトヲ考ヘナケレバ――財政ノ見透シハ出來ナクトモ、世界ノ物價ノ將來ヲ考ヘズニ、ドウシテ此豫算ノ實行ガ出來マスカ、私ハ殊ニ將來ノ物價ノ見透シニ關シテ現內閣ニ深キ考慮ヲ煩ヘシ、研究ヲ煩ヘスノデアル、何故世界ノ物價ガ騰ルカ、第一ノ原因ハ軍事上ノ原因、世界各國共此軍事上繼續的ニ赤字豫算ヲ出スノデアリマス、第二ハ原料品、軍需工業ノ設備、機械ノ擴張、是等ノモノガ相倚リ相俟ッテ輸入增加ノ勢ハ止マル所ヲ知リマセヌ、殊ニ爲替管理法ノ存續スル限リハ輸入ノ障碍ガアルカラ、物價ハ騰貴セザルヲ得ナイノデアリマス、第三ノ原因ハ世界ノ金ノ產額ノ增加ニ伴フ世界的ノ物價騰貴ノ徵候デアリマス、勿論世界各國ハ今日金本位ヲ離脫シタノデス、金本位ヲ實行シテ居ラナイ、併ナガラ金ガ物價ヲ支配スル力、金ガ物價ヲ支配スル重要性ハ今日猶ホ減殺サレテ居ラヌノデアリマス、ソレダカラ世界各國ハ爭ッテ金ノ保有ニ熱狂シテ居ル、今日世界ノ金ハ成程過半ハ亞米利加ニ保有サレ偏在シテ居ルケレドモ、斯ノ如ク世界ハ金ノ爭奪ニ熱中シテ居ル、又爲替平衡資金ヲ拵ヘルニシテモ、金ノ基礎ガ必要デアル、斯樣ナコトヲ考ヘマス時ニ、金保有ノ必要ナルコトハドウシテモ肯定シナケレバナリマセヌ、ドウシテモ金ノ重要性ハ承認シナケレバナリマセヌ、然ルニ最近世界ノ金ノ產額ハ、驚クベキ狀態ヲ以テ增加シテ居リマス、最近一箇年間世界ノ金ノ產額ハ二十七億金貨馬克、昭和三四年頃ニ較ベマスト、世界ノ金產額ハ六割ヲ增加シテ居リマス、從來學者ノ說デハ、金ノ產額ハ將來餘リ增加シナイト考ヘテ居ラレタニモ拘ラズ、最近六割ノ增加デアリマス、過去六箇年間世界ノ金產額ハ驚ク勿レ百三十一億馬克デアリマス、更ニ支那印度ノ內地カラ市場ニ現ヘレ出デタル金貨ハ三十五億馬克アリマス、斯樣ニ今日デハ世界ハ金ノ飽和狀態デアル、金ノ過剩狀態デアル、我々ハ「メタリスト」ノ貨幣學者ノヤウニ金ト通貨物價ノ關係ヲ直チニ因果的ニ論ズルノデハアリマセヌガ、世界ノ金ガ斯ノ如ク增加スル時ニ、世界ノ通貨ノ膨脹スルコトハ免カレザル大勢デアリマス、最近一箇年間ニ於ケル世界ノ通貨ノ膨脹ヲ見ルト、洵ニ驚クモノガアリマス、亞米利加ハ一箇年間ニ七億三千万弗ノ通貨膨脹デアリ、佛蘭西ハ六十二億法ノ通貨膨脹デアリ、世界各國斯ノ如シ、日本モ亦然リ、斯ノ如ク世界ノ金ハ增加スル、イヤデモ應デモ、亦理窟ノ如何ニ拘ラズ、是ト多少ノ步調ヲ共ニシテ、世界ノ通貨ハ膨脹スル、世界ノ通貨ガ斯ノ如ク膨脹スル時ニ、何等カノ形ニ於テ是ガ物價ニ影響シナイ筈ハナイノデアリマス、要スルニ世界ノ金ノ產額ハ增加シ通貨ハ膨脹スル、玆ニ自ラ物價ハ好ムト好マザルトニ拘ラズ、騰貴スルト云フコトヲ考ヘネバナリマセヌ、此事ヲ考ヘズニハ國策ノ遂行ハ斷ジテ不可能デアリマス、將來斯ノ如ク世界ノ物價ガ騰貴スルコトヲ考ヘル時ニ、軍事財政カラ見テモ、其他ノ論點カラ見マシテモ、現內閣ハ餘程此處ニ重點ヲ置カレテ、將來ノ對策ヲ練ラレンコトヲ望ムノデアリマス

殊ニ日本ノ物價騰貴ハ困ッタコトニハ變態的デアル、跛行的デアル、物價騰貴ニ依ッテ利益ヲ受ケル者ハ誰カ、要スルニ少數ナル一部ノ者デアリマス、之ニ反シテ物價騰貴ニ依ッテ、非常ナル不利益ヲ受ケル者、極端ニ之ヲ言フナラバ、物價騰貴ノ犧牲トナル者ハ誰カ、此點ハ昨日宮澤君モ大分論ゼラレマシタカラ多クハ論ジマセヌガ(「松村君シッカリヤレ」「簡單ニヤレ」ト呼フ者アリ)此物價騰貴ノ一番ノ犧牲者被害者ハ誰カ、第一ハ勞働層デアリ、第二ハ農民層デアリマス、勞働層ガ物價騰貴ニ依ッテ受ケル所ノ影響ノ大ナルコトハ、昨日モ他ノ諸君ガ說カレマシタ、言フヲ俟タズ、昨年以來日本ニ於ケル各種ノ勞働爭議ハ何ヲ物語ルカ、昨年

以來頻發セル勞働爭議、茲ニ詳シク統計ヲ擧グル必要ハアリマセヌガ、勞働爭議ハ本年ニ入リ驚クベキ增加ヲ爲シテ居リマス、是等ノ勞働爭議ハ悉ク賃銀ノ引上、又ハ物價ノ騰貴ヲ原因トシタル勞働爭議デアリマス(「シッカリヤレ」ト呼フ者アリ、笑聲起ル)サウシテ今朝ノ新聞ニハ、內務省ハ此物價騰貴、賃銀引上ノ勞働爭議ノ將來ニ付テ、益々增加ノ見込ノアルコトヲ憂慮スルト論ジテ居ル、次ニハ中小商工業者デアリマス、是ガ物價騰貴ニ依ッテ利益ヲ受ケル者ト考ヘルナラバ、非常ニ誤リデアリマス、殊ニ結城財政ニ依ッテ、中小商工業者ハ營業收益稅ノ免稅點四百圓ノ現狀維持デアリマス、結城財政ニ依ッテ中小商工業者ハ何等ノ利益ヲ得テ居リマセヌ、加之下級ノ俸給生活者、一般大衆ノ爲ニ設置サレントシタ庶民金融金庫案、前內閣ノ一枚看板デアル庶民金融金庫案一千万圓ノ豫算ヲ計上シタガ、結城財政ニ依ッテ此庶民金融金庫案ハ悉ク抹殺サレタ、中小商工業者ノ金融ノ金モ全部抹殺サレタ、其經費百三十二万圓モ抹殺サレタ、庶民金融ノ金一千万圓、中小商工業者金融ノ金百三十二万圓ガ全部抹殺サレタ、此間ニ殘ル所ノモノハ何カ、驚ク勿レ、官吏ノ恩給金庫案ダケダ、私ハ多クヲ論ジマセヌ、一般庶民大衆ノ金融金庫案ヲ葬リ、中小商工業者ノ金融案ヲ葬リ、殘ルモノハ官吏ノ恩給金庫デアル(拍手)吾々ハ此一事ヲ以テシテモ、今日ノ官吏諸君ノ心境——流行語デハナイガ、全ク其心臟ノ强イノニハ驚クノ外ハナイ(拍手)第二ニハ農民層ニ對スル犧牲デアリマス、地方財政交付金ノ問題ハ他ノ諸君ニ依ッテ說カレマシタカラ多クヲ論ジマセヌ(「シッカリヤッテ與レ」ト呼フ者アリ)農村土木ノ費用、農村經濟更生費、農作物檢査國營ノ費用一千万圓ガ全部削除サレタ、內務省ノ土木關係ニ於テハ六百五十七万圓、其大部分ハ河川ノ改修、砂防工事、水害復舊等ノ費用デ、一昨年ノアノ水害、殊ニ吾々關東ノ者トシテハ、慘澹タルアノ水害、アノ水害ヲ復舊シナケレバナラヌ僅カ六百五十七万圓、是ハ砂防工事、水害復舊等ノ費用デスゾ、之ヲ全部抹殺スルト云フガ如キ——ソレバカリデハアリマセヌ、而モ廣田內閣ハ是等ノ土木工事ハ國民生活ノ安定上必要缺クベカラザル唯一ノ經費ナリト名乘ッテ居ル、豫算說明ノ中ニ、砂防工事、河川改修ノ工事ハ現內閣ノ國民生活安定策ノ根幹ノ豫算デアルト云フコトヲ謳ッテ居ル、是ハ少シオカシナ議論デアッタガ、少クトモ斯樣ナル必要缺クベカラザル經費ヲ全部抹殺シテ居ル、洵ニ遺憾ト言ハンヨリモ、吾々ハ特ニ結城大藏大臣ノ反省ヲ促サナケレバナラヌノデアリマス(拍手)勿論昨年一昨年ト農作物ハ騰貴シ、多少農村收入ハ增加シタ、併ナガラ、此滔々タル物價騰貴ノ現狀ト將來ヲ考ヘル時ニ、農村ハ高キ物資ヲ買ハナケレバナラヌコトニナル、殊ニ昨年ノ米ハ皆農民ノ手ヲ離レテ居ル、物價騰貴ニ依ッテ受ケル所ノ農民ノ損害、今日以後ノコトヲ考ヘル時ニハ、現內閣ハ此農村對策カラ見マシテモ、此物價騰貴ニ對シテ如何ナル對策ヲ持タレルカ、結城財政ニ於テハ二億六千万圓ノ豫算ヲ整理シタガ、昨日太田君モ述ベラレタ通リ、二億六千万圓ノ繰延ダケデハ此物價騰貴ヲ抑制スルコトハ斷ジテ出來マセヌ、ソレハ唯一時ヲ糊塗スル所ノ彌縫策ニ外ナラズ、吾々ハ結城大藏大臣ノ洵ニ熱心ナル努力ヲ多トシ感謝スルガ、繰延ダケデハ物價騰貴ノ大勢ヲ抑制スルコトハ斷ジテ出來マセヌ、此變態的ナル、跛行的ナル今日ノ物價騰貴ノ現狀ヲ見マス時ニ、若シ一歩ヲ誤ルナラバ、茲ニ國民生活ノ不安ヲ招キ、廣義國防モ、產業貿易ノ發展モ、其目的ヲ貫徹シ得ルヤ否ヤヲ疑フヤウナ現狀デアル、此際特ニ私ハ大藏大臣ニ向ッテ將來ノ物價ノ見透シ、之ニ對シ如何ナル對策ヲ持タレルカ、其所見ノ一端ヲモ茲ニ述ベラレテ社會大衆ニ暗示ヲ與ヘラレンコトヲ切望スル者デアリマス、諺ニモ申シマスガ、天ノ陰雨セザルニ當ッテ牖戶ノ綢繆ニ任ジナケレバナラヌ、結城大藏大臣ノ其責任ト自覺ヲ促サナケレバナラヌノデアリマス

以上私ノ質疑ヲ四ツニ分類シテ述ベマシタ、要スルニ第一ハ產業統制ノ基調ト指導方針ニ對スル現內閣ノ所信、庶政一新ノ眼目タル行政機構ノ改革、殊ニ文官任用令、人事行政ニ關スル總理大臣ノ御所見ヲ問フノデアリマス、第二ハ產業資源、內外地北支日滿ヲ一貫シタル綜合國策ヲ樹立スル爲ニ必要ナル方法如何、第三ハ貿易政策ニ關シ各省ノ區々ナル機關ノ整備統制、爲替管理、貿易統制ノ問題、第四ハ物價騰貴ノ原因ト將來ノ見透シヲ述ベテ、是ガ根本對策ヲ問フノデアリマス、明快ナル御答辯アランコトヲ切望致シマシテ質疑ヲ終リマス(拍手)

(國務大臣伍堂卓雄君登壇)

〇國務大臣(伍堂卓雄君) 一昨日川崎君ノ大殺大臣ニ對スル御質問中ニ、私ニ御指名ガアリマセヌデシタケレドモ、出テ御答辯致シマシタ所ガ、餘リ御機嫌ガ好クナカッタヤウデアリマス(「何ヲ言フカ」ト呼ヒ、其他發言スル者多シ)ソレデ今日ハ簡單ニ申上ゲマス、簡單ニ申上ゲルコトノ說明ニ申上ゲタノデアリマス

產業資源ニ關スル日滿統制ノコトニ付テ御質問ガアリマシタ、勿論是ハ統制ニ付テハ、事業每ニ熱心ニ其意味ヲ以テ企畫サレテ居ルノデアリマス、例ヘバ鐵、硫安、石炭、鹽、「アルミニウム」、是等最近ニ起リマシタシ、又擴張サレマシタ事業ニ付キマシテハ、總テ此日滿統制ト云フコトヲ基調トシテ、進ンデ居ルノデアリマス、是ガ實行機關ト致シマシテハ、一昨年兩國間ノ條約ニ依リマシテ設ケラレマシタ日滿經濟委員會、之ヲ出來ルダケ利用シテ其目的ヲ達シタイト思ウテ居ルノデアリマス、ソレカラ前內閣ノ商工大臣ガ熱心ニ主張シ、又提案サレマシタ燃料政策ニ關スル對策、又貧鑛處理ニ關スル對策、之ガ今回提出サレマシタ豫算ノ上カラ削除サレテ居ルガ、ソレハドウデアルカ、斯ウ云フ御質問デアリマスルガ、此燃料政策ノ確立、又貧鑛處理ノ政策ニ對スル問題、是ハ二ツトモ私ノ熱心ニ主張スル所デアリマス、其熱心ノ程度ニ於キマシテハ前小川商相ニ劣ラナイ積リデ居リマス、ナゼ豫算ノ上カラ外シマシタカト申シマスルト、此帝國燃料會社ノ問題ハ、少シ內容ニ付テ再檢討ヲ要スル點ガアリマシテ、熱心ニ目下研究中デアリマス、近キ將來ノ中ニ其成案ヲ得次第、提出スル積リデ居リマス、又貧鑛處理ノ問題ニ付キマシテハ、是ハ既ニ提出サレマシタ金額位デハ、到底此貧鑛處理ノ當面ノ問題ヲ、解決スルコトガ出來ナイト思ヒマシテ、他ノ方法ヲ講ジテ實行シタイ考デ居ルノデアリマス、

ソレカラ貿易ニ關シマスル御意見ハ全然同感デアリマス、今日デハ外務省ノ通商局ト、商工省ノ貿易局トガ協力シテ行ッテ居ルノデアリマスガ、現下ノ國際情勢ニ鑑ミ、又我國ノ貿易ガ非常ナル勢ヲ以テ進展シツヽアル事情ニ考ヘマシテ、ドウシテモ是ハ行政機構ニ適當ナル改革ヲ加ヘナケレバナラヌト考ヘマシテ、是モ本議會ニ提案スル積リデ研究中デアリマス、之ヲ以テ私ノ答辯ト致シマス

（國務大臣結城豐太郎君登壇）

○國務大臣（結城豐太郎君）　松村君ノ御質問ニ對シテ、物價騰貴ト爲替管理ノコトニ付テ御答ヲ申上ゲタイト思ヒマス、物價騰貴ニ付キマシテハ松村君ノ御心配ニナッテ居リマスヤウニ、國民ノ最モ痛切ニ感ズル所デアリマシテ、是ハ是非何トカシナケレバナラヌノデアリマス、世界的ニ物價ガ騰貴シテ居ルコトハ御承知ノ通リデアリマシテ、是ハ世界的不況ヲ打開スル一ツノ方策トシテ、物價ノ引上ヲ各國共ニ策シマシタコトモ其原因デアリマス、其他日本ノ物價騰貴ニハ種々ナル原因ガアリマシテ、必シモ一二ノ事ニ限リマセヌノデアリマスルガ通貨ト物價トノ關係ニ付テ松村君モ御話ニナリマシタガ、日本ノ通貨ハ幸ニ日本銀行當局者ノ適當ナル處置ニ依リマシテ、左程ノ膨脹ヲ來シテ居リマセヌ、隨テ只今ノ所ニ於テ惡性「インフレ」ト云フヤウナ懸念ハナイノデアリマス、其關係カラ特ニ日本ノ物價ガ騰貴シタト云フコトニハ、私考ヘテ居リマセヌ、唯種々ナル原因ノ中特ニ思惑ヲ助長シ、物價ノ暴騰ヲ來シタ原因ノ一ツトシテ、十二年度ノ豫算ノ膨脹ト云フコトガアラウト思フノデアリマス、是ハ國防ノ充實ヲ主ト致ス現狀カラ、已ムヲ得ナカッタ經費デハアラウト思ヒマスガ、急激ニ膨脹致シマシタ結果、殊ニ軍需品關係ノモノニ付テ、日本ノ生産力ト副ヘナイモノガアリマシテ、材料ヲ海外ニ仰ギマスト、或ハソレ等ノ關係カラ種々ナル思惑ガ起リマシタノデアリマス、二三ノ物價ノ騰貴ガ全般ニ亙リマシテ、サウシテ全體ノ物價騰貴率ト云フモノヲ非常ニ高メタノデアリマス、無論其間ニハ心理的ノ狀態ト申シマスカ、將來ハモット騰ルダラウト云フコトカラ、思惑ヲ増長致シマシタコトハ無論デアリマス、ソコデ海外ニ支拂フベキ金ガ非常ニ多クナリマシタ爲ニ、國際收支ノ狀態ヲ惡化スルコトニナリマシテ、只今ノ爲替相場ヲ維持スルト云フコトモ或ハ難カシクナイカ、併シ之ヲ崩シマシテハ所謂惡性「インフレ」ガ起ルト云フ懸念ガアリマスノデ、極力其維持ニ努メタノデアリマス、其結果ハ爲替管理令トナッテ出タノデアリマスルガ、是ハ輸入スルモノニ對シテ、障碍ヲ與ヘヨウト云フ考ヘ毛頭ナカッタラウト思ヒマスシ――ナイト思ヒマス、思惑ヲシテ輸入スルモノ、又或ル時期ヲ限ッテ急激ニ輸入スルモノ、ソレ等ニ對シテ抑制ヲスルトカ、調節ヲスルトカ、斯ウ云フ意味ニ於テノ管理令デアリマシテ、只今迄ノ所二三ノ思惑輸入業者ニ非常ナ不便ヲ與ヘテ居ルコトハアルカモ知レマセヌガ、本當ノ輸入ヲヤッテ居リマスル貿易業者ニ對シテ、非常ナル不便ヲ與ヘテ居ルト云フヤウニハ、私考ヘテ居リマセヌ、隨テ今直チニ之ヲ撤廢スルト云フ必要モ認メテ居リマセヌ、暫ク推移ヲ見マシテ、又其間ニ於テ取扱者ノ方ニ對シテハ、出來ルダケ輸入ノ滑カナル運行ノ出來ルヤウニ監督ヲ致シマシテ、サウシテ此貿易ニ障碍ノナイヤウニ努メタイト思ッテ居ル次第デアリマス、隨テ其邊ノ事情カラ、自然ニ此我國ノ物價ノ騰勢ト云フモノモ鈍ッテ來ル傾ヲ持チ、將來世界的ノ物價騰貴ニ連レテノ騰勢ハ、是ハ或ハ已ムヲ得マセヌノデ、モット大キク考ヘマスレバ世界ノ軍備制限ト云フヤウナコト迄モ、考ヘナケレバナラヌノデアルカモ知レマセヌガ、ソレ等ハ推移ニ見ルコトニ致シマシテ、此日本ノ特殊ノ物價騰貴ト云フモノヲ、ソレ等ノ原因ヲ成シテ居ルモノニ依ッテ極力除カウ、成ベク平靜ナル物價ニシタイ、斯ウ云フ風ニ考ヘテ努メテ居ル次第デアリマス、御答申上ゲマス

（國務大臣林銑十郎君登壇）

○國務大臣（林銑十郎君）　松村君ノ私ニ對シテ御質疑ニナリマシタ第一ハ、産業統制ノ基調ニ付テ御尋デアリマス、産業ノ運營ノ根本ハ國家ノ發展、國民ノ慶福增進ニ在ルコトハ言フ迄モナイコトデアリマシテ、此見地ニ於キマシテ、曩ニ政綱等デモ發表致シマシタ通リ、適切ナル統制ヲ加ヘルト云フコトヲ信條ト致シテ居リマス、隨テ御話ノ通リナ全産業ニ向ッテノ國有化ヲ圖ルト云フヤウナコトハ、斷ジテ考ヘテハ居リマセヌ、其統制ヲ圖リマスニ付キマシテモ、個人ノ總意デアルトカ、企業心ノ發揮デアルトカ云フヤウナ、經濟ノ發展ヲ助長スルコトハ忘レナイ、斯ウ云フ趣意デアリマス、第二ノ御質疑ハ、世界ノ原料資源分配等ニ對シテ、國際聯盟等ニ於テ國際會議ヲ開設スルガ如キ場合ガアッタナラバ、帝國ノ態度ハドウカト云フ御質疑デアリマスルガ、斯ノ如キ場合ガアリマシタナラバ、欣ンデ之ニ參加ヲシテ、所信ノ貫徹ニ努メル考デアリマス、第三ノ問題ハ帝國ノ內地外地ヲ通ジテ、綜合的ノ經濟統制ニ關スル會議等ヲ開クノ意思アリヤト云フ御質疑デアリマス、此問題ニ付キマシテ、前內閣ニ於テモ既ニ一應ノ案ヲ作ッテ居ルヤウデアリマスルガ、現內閣ニ於キマシテモ固ヨリ其必要ヲ感ジテ居リマスルノデ、其實現ニ付テハ研究ヲ致ス考デゴザイマス、次ハ對外貿易等ニ付テ、各省ノ間ノ統制ヲ圖ルノ意思アリヤト云フ御質問デアリマスガ、是ハ當然各省ノ間ニ、關係各局ノ間ノ統制ト云フコトニ付テハ考ヘテ居ル次第デアリマス（拍手）

（松村光三君登壇）

○松村光三君　只今ノ御答ニ付テ簡單ニ伺ヒマス、商工大臣ハ日滿經濟委員會ニ依ッテ議シテ居ラレルト言ハレタガ、現ニ鐵ノ如キ今日只今マデ日滿ノ間ニ意見ノ確執、遂ニ統制ノ實ヲ擧ゲテ居ラヌデハアリマセヌカ、鐵ト謂ハズ、或ハ「セメント」製粉其他各種ノ事業ニ於テ、日滿兩國間ノ圓滑ナル産業統制スラ出來テ居リマセヌ、私ハ之ヲドウスルノデアルカト聽イタノデス、多クヲ問ヒマセヌ、鐵一ツノ問題ニ關シテ、殊ニ鐵ニ付テハ現商工大臣ハ斯界ノ權威者デアル、滿洲ニ於ケル鐵ノ權威者デアル、セメテ鐵ノ問題位ハ現商工大臣ノ下ニ、明確ナル解決ヲ得ラレンコトヲ切望スルノデアリマス

大藏大臣ハ物價騰貴ノコトニ付テ言ハレタガ、私ハ斯ノ如キ物價騰貴ノ大勢ニ對シテ、將來如何ナル考ト如何ナル見透シ、對策アリヤト問ウテ居ル、現內閣ニ對策ガ無ケレバ我黨カラ之ヲ示スノデスケレドモ、我黨今之ヲ質問スルノデアリマス、サウシテ爲替管理ノ問題ニ付キマシテハ、大シタ

不便ハナイト言ハレタ、大ナル誤リデアリマス、國際間ノ貿易ハ電話一ツ、電報一本デ商賣ヲスルノデス、輸入爲替ヲ許可スルカシナイカ、商工省外務省ニ行ッテ一々伺ヲ立テ、、分ラヌ役人ガ之ヲ研究シテ居ッテハ、商機ヲ逸シマスル、多クヲ論ジマセヌ、今日日本ノ輸入商ハドノ位不便ヲ感ジテ居ルカ、議論ハ必要アリマセヌ、ドウカ大藏大臣ハ現狀ニ鑑ミラレテ、出來得ルダケ早イ機會ニ於テ、此爲替管理強化ノ問題ニ善處セラレンコトヲ望ムノデアリマス、又日本ハ左程通貨膨脹ハナイト云フ御話ガアリマシタガ、成程世界ノ各國ニ較ベルナラバ、日本ノ通貨ハ一番膨脹シテ居リマセヌガ、年々ノ數字ガ示ス如クニ、日本ノ通貨膨脹ノ勢モ繼續的ニ行ハレテ居リマス、唯人爲的ニ、或ハ預金部ノ金ヲ出ストカ色々ナル形ニ於テ、通貨膨脹ノ勢ヲ多少阻止シテ居ルノデアリマス、而シテ日本銀行ノ市場支配力ガ弱イノデス、前ノ深井サンハ即チ健全通貨支持者デアルノミナラズ、現在ニ於テ日本銀行――市場ヲ支配スル力ガ少イ、日本ノ「コール」ハ幾ラ低金利ニナッテモ、舊態依然トシテ八厘、九厘ト一錢ニ近イト云フヤウナ、日本ノ「コール」ノ下ラナイコトハ、通貨ヲ抑制スル一ツノ現ハレデアリマス、日本銀行ノ政策ノ結果デアリマス、多クハ論ジマセヌ、併ナガラ世界列強ホドデハナイガ、日本モ齊シク通貨膨脹ノ徑路ニアルコトハ否定出來マセヌ、總理大臣ハ統制經濟ノコトニ付テ、其一端ヲ漏ラサレタノデアリマシクガ、私ハ重ネテ伺ヒマセヌガ、私ノ問ハントスル所ハ、企業心ヲ抑ヘルト云フ如キ箇々ノ問題デハナイ、日本ノ統制經濟ハ自治統制ヲ基調トスルカドウカト云フコトヲ、簡單明瞭ニ伺フノデス、其外ノコトニ付テ伺ヒタイ事ハアリマスガ、以上三ツノ點ヲ申上ゲマシテ私ノ質疑ヲ終リタイト思ヒマス

（國務大臣伍堂卓雄君登壇）

○國務大臣（伍堂卓雄君）　只今ノ御質問ニ對シテ、私ハ鐵ニ關係シマシテ出來ルダケ早ク完全ナ統制ヲ行ヒタイト思ッテ、對滿事務局ト協力シテ、色々計畫ヲシテ居ル次第デゴザイマス

（國務大臣結城豐太郎君登壇）

○國務大臣（結城豐太郎君）　物價騰貴ノ抑制ノ對策ガアルカト、斯ウ云フ御質問デアリマスガ、物價騰貴ノ病根ヲ診察致シマシテ、ソレニ相應スルコトヲヤッテ行クヨリアリマセヌノデ、只今ノ所急激ニ膨脹シタ豫算ガ主タル原因ヲ成シテ居リマスノデ、之ヲ先ヅ對症療法ト致シタイト存ズルノデアリマス

○議長（富田幸次郎君）　松村君宜シウゴザイマスカ

○松村光三君　只今ノ答辯デハ滿足致シマセヌガ、私ノ質問ハ他ノ機會ニ讓リマシテ此程度ニ止メマス

○議長（富田幸次郎君）　守屋榮夫君

（守屋榮夫君登壇）

○守屋榮夫君　諸君、林内閣ノ一般國策ニ對シマシテハ、既ニ幾多ノ質疑ガ行ハレマシタ、之ニ對スル政府ノ答辯ニ付キマシテハ、首肯シ得ナイモノガゴザイマスルガ、重複ヲ避ケマスルガ爲ニ他ノ機會ニ讓リマシテ、私ハ對滿重要政策ニ付キマシテ、簡單ニ政府ノ所信ノ在ル所ヲ質シタイト存ジマス

第一ハ滿洲國ノ民心安定ノ問題デアリマス、滿洲國ノ建設工作ハ、過去五年ノ間ニ驚クベキ伸展ヲ爲シ、官紀ノ振肅、治安ノ肅正、通貨ノ統一、金融制度ノ確立、交通、通信機關ノ整備ニ見ルベキノ治績ヲ擧ゲ、財政モ穩健ナル發達ヲ爲シツヽアルノデアリマス、又軍需工業ヲ初メ其他ノ重要工業ガ勃興シ、日滿ノ貿易ハ躍進ヲ續ケ、邦人ノ進出モ頗ル著シク、現ニ百四十万ヲ算シテ居ル現狀デアリマス、加之我國ノ有スル治外法權ノ撤廢、滿鐵附屬地行政權ノ移讓モ、其一部ハ昨年七月ヨリ實施ヲ見ルコトニナリマシタ、又滿獨ノ間ニ通商條約ノ成立ヲ見、伊太利モ領事ヲ派遣スルコトニナッタノデアリマス、吾々國民ハ我國ト親密不可分ノ關係ニアリマスル友邦ノ爲ニ、滿腔ノ祝意ヲ表シマスルト共ニ、今日ニ至ルマデノ間ニ於テ、建國創業ノ礎石トナリマシタ皇軍ノ幾多忠勇義烈ナル將兵ヲ初メトシ、警察官、文官及民間ノ志士仁人ニ對シテ、感謝感激ノ誠意ヲ表スル次第デアリマス（拍手）併ナガラ順天安民ノ理想實現ノ點ヨリ考察シマスレバ、滿洲國ノ施政ハ、必シモ滿足スベキ狀態デハナイト思ヒマス、即チ三千万民衆ノ人心ヲ收攬シ、其生活ヲ安定スルノ工作ニ至リマシテハ、未ダ其緒ニ就イテ居ナイ、所謂撫民保民ノ仁政タル君王ノ大道ハ、普ク行渡ッテ居ナイノデアリマス、昭和六年ヨリ同十年ニ至ル迄ノ間、世界恐慌ノ餘波ヲ受ケテ、我國ノ農村ノ窮狀ガ名狀スベカラザル狀態ニ在ッタコトハ御承知ノ通リデアリマス、滿洲國モ同樣デアッタノデアリマス、穀價ハ極端ニ下落シ、大豆、高粱ノ如キハ三分ノ一、粟ノ如キハ四分ノ一ニ下リマシタ、且ツ旱害、水害、凶作ガ頻發シ、加フルニ匪賊ハ到ル處ニ出沒シ、討伐ガ隨所ニ行ハレタノデアリマス、カルガ故ニ耕地面積ハ勿論、作付面積ニ於テモ減少シ、其收穫高ハ激減ヲ見タノデアリマス、隨テ在滿民衆ノ八割五分ヲ占メマスル可憐ノ農民ニシテ、生命ノ危機ニ瀕シタ者モ頗ル多數ニ上ッタコトハ想像ニ餘リアル事實デアッタノデアリマス、然ルニ之ニ對スル滿洲國ノ施設ハ頗ル貧弱デアリ、不徹底デアッタノデアリマス、私ハ是等ニ對スル詳細ナル具體的調査ヲ持ッテ居リマスルガ、此處ニハ省略シテ申述ベマセヌ、翻ッテ國民子弟ノ教育ニ付テ見マシテモ、農民及小商工業者ノ生業ノ安定ニ付テ見マシテモ、將又國民ノ治病、保健ノ施設ニ付テ見マシテモ、更ニ一般民衆ノ欲スル所ヲ述ベシメ、民意ヲ政治ノ上ニ暢達スルト云フ施設ニ付テ見マシテモ、何等擧グベキモノガナイノデアリマス、滿洲國建設後既ニ五年、其施設ハ面目ヲ一新シタト申サレマスルケレドモ、三千万民衆ノ生命ハ、絶エズ討伐、旱害、水害、凶作及疫病カラ脅サレツヽアリ、其生活ハ常ニ一種言フベカラザル重壓ノ下ニ在リト致シマスルナラバ、滿洲國ヲ以テ王道樂土ト感ジマスル者ハ、決シテ其數ガ多クナイト思フノデアリマス、滿洲國ヲ以テ安居樂業ノ地トナシ、境内一切ノ民衆ヲシテ凞々皞々トシテ春臺ニ登ルノ境地ニ達セシメマスルガ如キハ、前途實ニ遼遠ノ感ガアルノデアリマス

滿洲國ハ獨立國デハアリマスルガ、其政治ノ根元ニ於テ我國ト不可分デアルコトハ、天下周知ノ事實デアリマス、滿洲國皇帝陛下ハ回鑾訓民ノ詔書ニ於キマシテ、「日本天皇陛下ト精神一體ノ如シ」「友邦ト一德一

心、以テ兩國永久ノ基礎ヲ奠定シ東方道德ノ眞義ヲ發揚スベキ」旨ヲ論サセ給ウテ居ラレマスルガ、其御趣旨ハ遺憾ナガラ滿洲國ノ今日ノ政治ニ於テハ、未ダ實現ヲ見テ居ナイノデアリマス、是ハ友邦ノ國礎强化ノ爲ニ悲シムベキ事實デアルバカリデナク、我ガ皇道ヲ宣布スル上カラ考ヘテ見マシテモ、洵ニ遺憾ニ堪ヘナイ次第デアリマス、蓋シ我國ガ滿洲國ノ健全ナル發達ノ爲ニ、朝野ヲ擧ゲテ支援ヲ吝マナイ所以ノモノハ、我ガ建國ノ宏謨タル四海一家ノ理想ヲ中外ニ宣揚シ、一視同仁ノ惠澤ヲ普遍ナラシムルニアリマスル コトハ、政府ノ屢〻言明シタ所デアリ、實ニ國民ノ普遍的信念ノ存スル所デアルト思フノデアリマス、隨テ仁恕ノ化ヲ下ニ普クシ、國民ヲシテ各々其所ヲ得セシメマスルガ爲ニ、力ヲ以テ仁ヲ役スルコトナク、德ヲ以テ仁ヲ行フヤウニ滿洲國ノ爲政者ヲ指導シ、且ツ在滿ノ官憲ヲ督勵シテ行クコトガ、喫緊ノ要務デアルト信ズルノデアリマス、然ラザレバ我ガ大陸政策ヲ以テ往々單ナル侵略、又ハ征服ナリトシマスル如キ國際的誤解ヲ一掃スルト云フコトモ、頗ル困難デアルト思フノデアリマス(拍手)過去ノ五年ハ兵馬倥偬ノ際デアリ、萬已ムヲ得ナイモノガアッタト致シマシテモ、今後ノ施政ニ付キマシテハ、治安對策ト竝行シマシテ、撫民保民ノ大策ヲ樹テシメ、人心ノ和平ト民生ノ安定ヲ圖リ、滿洲國ノ國本ヲ不拔ニ培ハシムルノ必要ガアルト存ズルノデアリマス、此點ニ對スル林首相ノ所信ト其方策トヲ、國民ノ前ニ明示セラレタイノデアリマス(拍手)

第二ハ治安維持ノ問題デアリマス、滿洲ノ治安ハ漸次肅正サレマシテ、匪賊ノ數ハ三万ニ減少シ、其出沒地域モ南北縱貫鐵道以東ニ限局サレタト言ハレルノデアリマス、此偉大ナル業績ヲ擧ゲマシタ皇軍及滿洲國當局ノ苦心ト努力ニ對シマシテ、國民ハ皆擧ッテ滿腔ノ感謝ヲ捧ゲテ居ルモノト確信致スノデアリマス

抑〻滿洲國ガ今日ノ如キ治安狀態ニ達シマスル迄ニハ、實ニ多大ノ犧牲ト莫大ナル經費ヲ拂ッテ居ルノデアリマス、我ガ陸軍ノ犧牲者ハ昭和六年ヨリ昭和十一年七月マデノ累計ニ於キマシテ、死傷病者合計十九万六千六十五名ニ上リ、其中死者四千五百四十名ヲ算シテ居リマス、此外ニ海軍ノ犧牲者、警察官ノ殉難者、一般ノ遭難者ヲ合算シマスルナラバ、其犧牲者ハ恐ラク三十万ニ近イデアラウト考ヘマス、又之ヲ經費ニ付テ考ヘテ見マスルナラバ、昭和六年ヨリ同十一年マデニ、既ニ十億六千万圓ノ國費ガ、是ガ爲ニ投ゼラレテ居ルノデアリマス、斯ル莫大ノ犧牲ト經費トヲ投ジツヽアリマスル滿洲國ノ治安肅正ハ、果シテ近キ將來ニ於テ其確立ヲ見ルコトガ出來ルデアラウカ、是コソ我ガ國民ノ重大關心事デナケレバナラヌト思フノデアリマス(拍手)一昨年十月行ハレマシタ匪賊ノ一齊討伐ノ成績ニ依リマスト、消匪數ハ一万人ニ上ッタノデアリマスカラ、ソレダケ匪賊ノ數ガ減少シテ宜イ譯デアリマスルガ、數字上ハ依然トシテ今日モ尙ホ三万人臺ヲ往來シテ居ルノデアリマス、殊ニ昭和十年ニハ皇軍ノ戰死者ハ六百九十八名ニ增加シ、傷病者ヲ合シマシテ實ニ五万名ヲ突破シタノデアリマシテ、空前ノ數字ヲ示シマシタ、昨年ハ匪賊ノ勢力ガ安東省ニ及ビ、度々安奉線ノ危險ガ叫バレタ位デアリマスカラ、其犧牲者モ恐ラク昭和十年ニ匹敵スルカ、或ハソレ以上ニ上ルデアラウト想像セラレルノデアリマス、是等ノ事實ヲ綜合致シマスルナラバ、關東軍ノ首腦部ガ憂慮致シテ居リマスル以上ニ、事態ノ險惡ヲ思ハシムルモノガアルト考ヘラレルノデアリマス

蓋シ從來ノ治安肅正ニ於テハ、匪賊ノ討伐ヲ其主眼ト致シマシテ、所謂通報密告ニ依リ匪賊ノ擊滅工作ノ實施ニ專ラデアッタノデアリマス、隨テ假ニ其事ニ成功致シマシテモ、隱レタル匪賊ハ到ル處ニ蕃殖スルト云フ實情デアリマシタ、恰モ蚊ノ成蟲ヲ擊滅致シマシテモ、其幼蟲タル孑孑ヲ一掃スルノ途ヲ講ゼナカッタ限リ、蚊ヲ全滅スルコトガ出來ナイト同樣デアリマス、隨テ斯ノ如キ討伐方法ヲ繼續致シマスルニ於テハ、更ニ多大ノ犧牲ヲ拂ヒ、莫大ナル經費ヲ要スベキコトハ當然デアリマス、而モソレニ依ッテ所期ノ目的ヲ達成シ得ルカドウカト云フ點ニ付テハ、多大ノ疑問ガ殘サレル譯デアリマス(拍手)カルガ故ニ將來ニ於テハ治安肅正ノ爲ニ、先ヅ第一匪賊ト良民トヲ區別スル必要ガアルト思ヒマス、第二ニ匪賊トナルベキ原因ヲ除却スルコトガ必要デアルト思ヒマス、第三ニハ匪賊ト其支援關係トヲ絕緣スル必要ガアルト考ヘマス、ソレガ爲ニハ幾多ノ政治工作、行政工作ヲ講ズルノ必要ナルコトハ、申ス迄モナイ所デアリマス、殊ニ常ニ人心ノ收攬ト民生ノ安定トニ力ヲ致シマシテ、討伐方法ヲ實行スル前ニハ適切ナル懷柔、歸順、轉向工作ヲ實施スベキモノデアルト考ヘマス

抑〻滿洲國ノ匪賊ハ「ソ」聯及北支トノ關係上、事態ガ頗ル複雜デハアリマスルガ、併シ畢竟是ハ一國內ノ問題デゴザイマス、斷ジテ外國トノ戰爭ト同一視スベキモノデハナイノデアリマス、又匪賊ト雖モ國家構成ノ一員デアリマス、決シテ之ヲ敵國ノ戰鬪員ト同視スベキモノデハナイト思ヒマス、匪賊討伐ノ結果相互ノ死傷病者ハ、恐ラク其數百万以上ニ上ッテ居ルコトデアラウト考ヘマスル、是ハ日滿兩國ニ取ッテハ洵ニ悲シムベキ損失デアリマス、其父兄、其妻子、其親戚等ノ悲嘆ヲ深クスルバカリデナク、將來永ク五族協和ノ支障トナルト云フコトハ、自明ノ理デゴザイマス(拍手)是レ孫子ガ「百戰百勝ハ善ノ善ナルモノニ非ザルナリ戰ハズシテ人ノ兵ヲ屈スルハ善ノ善ナル者ナリ」ト言ウテ居ル所以デアルト思ヒマス、故ニ討伐ハ最後ノ萬已ムヲ得ザル手段トシテ之ヲ行ヒ、且ツ最モ犧牲ノ少イ方法ヲ執ルベキモノデアルト考ヘルノデアリマス、是ガ爲ニハ速ニ警察力ヲ充實シ、滿洲國ノ治安肅正ハ將來ハ警察力ヲ以テ之ニ當ラシメ、必要ニ應ジテ皇軍ガ之ヲ援助スルト云フ立場ニ立ツコトガ、至當デアルト私ハ考ヘルノデアリマス(拍手)在滿ノ皇軍ハ我ガ國防ノ第一線ニ立チ、一旦緩急アル場合ニハ猛然起ッテ敵軍ヲ粉碎スルノ實力ヲ保持シ、其背無シノ構ニ依ッテ、東洋平和ノ安定勢力タルノ實力ヲ擧グベキモノデアルト考ヘマス(拍手)

此意味ニ於キマシテ、私共ハ昭和十二年度豫算ニ計上サレマシタ軍備充實計畫ニ對シテ、贊成ノ意ヲ表シマスルト共ニ、蓋ニ之ヲ亡失セザランコトヲ、國民ト共ニ切望シツヽアルモノデアリマス、從來ノ如ク皇軍ガ匪賊討伐ノ爲ニ分散的配置ヲ餘儀ナクセラレ、有事ノ活動ニ必要ナル訓練ニ缺クル所ガアルバカリデナク是ガ爲ニ多數ノ精

兵ヲ犧牲ニスルト云フコトデアリマシタナラバ、ソレハ東亞ノ安定勢力タルノ實ヲ發揮スル上カラ見マシテ、洵ニ遺憾至極デアリマス、用兵作戰ノ上カラ見マシテモ、決シテ望マシイコトデハアルマイ、斯ウ考ヘルノデアリマス、杉山陸軍大臣ハ此點ニ對シテ如何ナル方策ヲ御有シニナッテ居ラレルカ、滿洲國ノ治安肅正ノ爲ニハ討伐工作ト同時ニ、否ソレ以上ニ政治工作、行政工作ヲ施スノ必要ヲ認メラレルカドウカ、又將來ニ於テハ警察力ヲ充實シテ、原則トシテハ國內治安ノ肅正ハ警察ヲ以テ之ニ當ラシメ、皇軍ハ本來ノ國防ニ全力ヲ傾到スルト云フ御意思ガアルカドウカ、アリトスレバ其時期如何、以上ノ諸點ニ對シテ明瞭ナル御答辯ヲ得タイノデアリマス

　第三ハ對滿投資ノ問題デアリマス、滿洲國ガ日滿經濟不可分ノ原則ノ下ニ國家統制主義ヲ實施シテ、國防的若クハ公共的重要産業及交通通信等ニ關スル産業ノ開發ニ努メマシテ、是ガ爲ニ我國カラ滿洲ニ流出サレマシタ資金ハ、昭和十一年ノ十月十日現在ニ於テ、既ニ十一億二千四百万圓ノ多額ニ達シタノデアリマス、一體滿洲國ノ採用シテ居リマスルヤウナ見地カラ、産業ニ對シテ嚴密ナル統制ヲ加ヘルト云フコトガ、果シテ産業開發ノ目的ヲ達シ得ルカドウカニ付テハ、學者ノ間ニモ議論ガアリ、又其實績ニ徵シテ見マシテモ疑問ガ少クナイノデアリマス、勿論滿洲國ニ重要産業經營ノ會社ガ成立シマシテカラ日尚ホ淺ク、其成績ノ擧ラザルモノガアルカラト云ッテ、左程悲觀ヲ要シナイ譯デハアリマスルガ、併シ成績不良デアルト云フ會社ノ中ニハ、統制主義ノ結果デアルト結論サレルモノノアルコトモ、否定シ得ナイ事實デアリマス、蓋シ所謂統制主義ノ眼目トシマスル所ハ、自由競爭ニ依ッテ繁榮セル産業ガ、極端ナル競爭ノ爲ニ却テ正當ナ利益ヲ擧ゲルコトガ出來ナクナッタ場合ニ競爭ヲ中止シ、經營ヲ合理化スルコトニ依ッテ利益ヲ增大シ、其産業ノ發達ヲ保護スルニアルノデアリマシテ、初カラ各種ノ重要産業ヲ競爭サセナイ立前ニ置クモノトハ、大イニ其趣ヲ異ニシテ居ルノデアリマス、然ルニ滿洲國デハ原始的産業ヲ基礎トシ、商工業ノ健全ナル發達ヲ圖ルノ必要ニ迫ラレテ居リマスル場合ニ、發達セル産業ニ課スベキ統制ヲバ未發達ノ産業ニ課シテ居ル實情デアリマス、斯クテハ自由競爭ノ長所ガ發揮サレマセズ、統制主義ニ依リ保護サレタ産業モ亦健全ナル發達ヲ爲シ得ナイ虞ガ多分ニアルヤウニ思フノデアリマス、殊ニ現在ノ如キ利益配當制限ト云フモノヲ嚴守致シマスルナラバ、將來ノ産業資金ヲ集メマスル上ニ於テモ、大ナル支障ヲ來シハシナイカヲ惧レルノデアリマス、一體滿洲國ノヤウナ治安ノ未ダ維持サレテ居ナイ地方ニ於ケル産業經營ニ付キマシテハ、相當ノ利益ヲ之ニ與ヘルコトガ適當デハナイカト思ヒマス、軍人諸君ガ勳功ヲ立テ得ル機會ヲ惠マレルヤウナ地方ニ於キマシテ、産業ノ開發ニ從事シマスル者ノ苦心ハ、決シテ容易ノコトデハナイノデアリマス、隨テ軍人ノ敍勳ニ匹敵シマスヤウナ利益ガ與ヘラレルコトガ、寧ロ是ハ當然デアラウト思フノデアリマス、然ルニ幾ラ苦心シテモ八分ノ利益配當シカ出來ナイ、重役賞與モ制限サレテ居ル、又主要ナル計畫ニ對シテハ微細ナコトマデ指揮命令ヲサレルト云フヤウナ狀態デハ、會社事業ノ健全ナル發達ヲ爲スト云フコトハ望マレナイト思ヒマス、又一般會社ノ免許主義等ニ對シマシテモ、モット考慮ヲ加フルノガ當然デアルト思フノデアリマス

　次ニハ我ガ對滿貿易ノ狀態デアリマスガ、近時滿洲ヘノ輸入貿易ハ我國ガ殆ド獨占シ、其七割五分ヲ占メテ居ル事實ハ洵ニ喜バシキ現象デゴザイマスルガ、併シ必シモ樂觀ノ出來ナイモノガアルノデアリマス、滿洲國ノ貿易總額ハ張學良時代ノ十億八千万圓ニ比シマシテ增加シテ居リマセヌ、唯外國カラノ輸入品ガ我國ノ國産品ニ依ッテ代ヘラレタニ過ギナイノデアリマス、而モ其內容ヲ檢討シテ參リマスルト、輸入增加ノ大部分ヲ占メテ居リマスルモノハ機械、工具、車輛類、小麥粉、木材、「セメント」等デアリマシテ、是等ハ皆我國ノ滿洲ニ於ケル既設會社ノ購入ニ係ルモノデアリマス、而シテ其資金ハ悉ク我國カラノ投資デアリマス、即チ我國カラノ投資ニ依ッテ、我國ノ商品ノ輸入ガ增大シテ居ルト云フノガ事實デアッテ、滿洲ニ於ケル民衆ノ需要增加ニ基クモノデハナイノデアリマス、隨テ新設會社ガ建設工作ヲ完了シマスルナラバ、此種ノ輸入ハ激減シマシテ、却テ其生産品ガ逆ニ我國ニ輸出セラレルニ至ルデアラウト考ヘマス、カルガ故ニ現在ニ於ケル我ガ對滿輸入貿易ナルモノハ、決シテ三千万民衆ノ需要ニ根據シテ、將來ニ於ケル確乎タル市場ヲ確保シタモノトハ、申スコトガ出來ナイ實情ニアリマス

　斯ノ如ク從來ニ於ケル我ガ對滿投資ハ、必シモ利廻計算ニ於テ有利デナク、又其他ノ一般産業ニ於ケル投資ト云フモノハ、統制主義ニ煩ハサレマシテ進展ヲシナイ、輸入貿易ノ前途モ亦樂觀ヲ許サナイモノガアルト致シマスルナラバ、現ニ滿洲ニ於テ計畫サレテ居リマスル産業開發五箇年計畫、是ニハ多大ノ資金ヲ要スルノデアリマスルガ、其資金ノ調達ガ果シテ旨ク行クデアラウカドウカ、是モ頗ル危惧サレルコトデアリマス、是等ノ諸點ニ對シマシテ直接ノ監督者トシテ、對滿事務局總裁デアラセラレル杉山陸軍大臣ハ、ドンナ方策ヲ御持ニナッテ居ルノカ、其所信ヲ國民ノ前ニ明示セラレタイノデアリマス

　第四ハ滿洲國ノ移民問題デアリマス、近時我國カラ滿洲國ニ多數ノ移住民ヲ送ラウトスル計畫ガアリ、來年度ニ於キマシテハ五年計畫十万戶ノ一部トシテ、先ヅ六千戶ヲ送ルノ計畫ガ立テラレテ居ルノデアリマス、吾々ハ衷心カラ其成功ヲ期待スルモノデアリマスルガ、滿洲國ノ現狀カラ致シマスレバ、移民事業ノ功ヲ收メマスルコトハ決シテ容易ノ業デハナイ、又滿洲國ノ移民獎勵ノ方針ニ付テモ、往々內外ノ誤解ヲ生ジ易イモノガアルト考ヘマスルガ故ニ、之ヲ質シテ置キタイノデアリマス

　滿洲國ニ移民ヲ獎勵致シマスルコトノ必要ガ、從來ノヤウニ「ソ」滿國境ニ異變ヲ生ジタ場合ノコトヲ慮ルニ出デテ、萬障ヲ排シテモ一百万戶五百万人ノ日本農民ヲ土著サセルコトガ望マシイト云フヤウナ見地カラノミ之ヲ力說スルコトハ、果シテ適當デアラウカドウカ、忠信篤敬ナラバ、蠻貊ノ邦ト雖モ行ハルベシト言ハレテ居ルノデアリマス、皇道精神ヲ體シ、忠恕ノ化ヲ宣ブル仁政ガ滿洲ニ行ハレマスルナラバ、三千万ノ民衆ハ皇化ニ霑ヒ、國防ニモ協力シテ來ル筈デアリマス、サウスルコトガ我建國

ノ宏謨ヲ普及スル所以デアルト考ヘマス、然ラザレバ五百万ノ移住民モ、遂ニ爲スナキニ終ルコトガアルデアラウコトヲ、私共ハ窃ニ心配セザルヲ得ナイノデアリマス(拍手)又我國ノ人口問題ヲ解決スルガ爲ニ、移民ヲ奬勵スルト云フ見地カラノミ此問題ヲ力說シマスコトモ、果シテ滿洲國在來ノ民衆ニ對シテ良キ影響ヲ與ヘルカドウカト云フコトモ、考ヘテ見ナケレバナラヌト存ジマス、是ハ決シテ好感ヲ與ヘル筈ヘナイト思ヒマス、隨テ現在滿洲ノ未墾地ノ中カラ一千万町歩ヲ、特ニ日本人ノ移住地トシテ之ヲ留保スルト云フヤウナコトヲ發表ヲシマスルコトモ、決シテ滿洲國民ノ信ヲ繋グ所以デハナイト考ヘマス、加之二十年間ニ五百万人ノ移民ヲ滿洲ニ送リマスルガ爲ニハ、十數億ノ經費ヲ要スルノデアリマス、我ガ財政ガ果シテ其負擔ニ堪ヘ得ルヤ否ヤ、是モ問題デアリマス、又現ニ滿洲國ノ移住民ノ標準トナッテ居リマスル二十町歩經營ノ自作農ト云フモノガ、果シテ一個ノ經營主體トシテ滿洲ニ於テ自活シ得ルカドウカ、是モ論議ノ餘地ガアルノデアリマス、加之滿洲國ハ未ダ治安ガ確保サレテ居マセヌ、我ガ國民トシテハ其氣候風土ニ慣レ惡イモノガアリマス、子弟ノ敎育、診療其他ノ文化施設ト云フモノガ、整備シテ居リマセヌ、假ニ是等ノ缺陷ガ滿洲國ナリ拓務省ナリノ施設ニ依ッテ、補充セラレルトシマシタ所ガ、永年ニ亙ル重大ナル國策デアリマスル以上ハ、愼重ニモ愼重ヲ重ネ、急進ヲ戒メ、漸進的歩武ヲ進ムルコトヲ以テ賢明ナリトスベキデアリマス、然ルニ僅ニ四年ノ餘リ芳シカラヌ成績ヲ基礎ト致シマシテ、二十年ニ亙ル長期ノ計畫ヲ發表致シマスルガ如キハ、其熱心ハ之ヲ嘉スベキデアルト致シマシテモ聊カ輕率ニ失スルノ嫌ガアリハシナイカヲ惧レルノデアリマス

之ヲ滿洲國ニ於ケル從來ノ我ガ移民ニ徴シテ見マシテモ、成功シテ居ラヌノデアリマス、又朝鮮ニ於ケル東拓ノ移民ニ付テ見マシテモ同樣デアリマス、滿洲國成立後ニ實施シマシタ集團移民ニ就イテ見マシテモ、第一次、第二次ノ移民ハ三十餘名ノ犧牲者ヲ出シ、其殘留者ハ五割ニ過ギマセヌ、第三次、第四次ノ移民ハ其苦キ經驗ニ鑑ミヲレマシテ、先ヅ移住地ノ治安維持ニ努メラレ、出發前種々ノ準備訓練ヲ積マレマシタ、其關係ガアッテ脫出者ガ三割ニ止マリ、成績ガ良イ方デアリマスルガ、之ニシマシタ所ガ、果シテ其處ニ永住シテ繁榮スルカドウカト云フコトハ、今後ノ狀況ニ見ナケレバナラヌノデアリマス、其他ノ自由移民ニ付テ見マシテモ同樣デアッテ、成功ノ確保サレタ者ハナイノデアリマスカラ、總テガ試驗中ノモノダト申シテ宜ジイノデアル、カルガ故ニ將來ニ於ケル滿洲國ノ移民計畫ヲ立ツルニ當リマシテハ、治安對策ニ資スルコトヲ重視スルコトナク、純然タル農業經濟ノ見地ニ立チ、安居榮業ノ地トシテ滿洲ニ移住スルノ方針ノ下ニ諸般ノ計畫ヲ立テマシテ、治安維持ノ確立シ、經濟生活ノ安易ナル地方ニ移住民ヲ安定サセ、漸次其他ノ地域ニ及ボス方法ヲ採ルベキモノデアルト信ズルノデアリマス、卽チ平和主義、經濟主義、漸進主義ニ立脚シタ適當ナル移民政策ノ實施ガ、望マシイト思フノデアリマス

又五族協和ノ中心トシマシテ、日本人ノ增加ヲ必要トスル見地カラ致シマスルナラバ、單ニ農業移民ニ止マリマセズ、官公吏、敎員、警察官、醫師、産婆、技術員、工場勞働者、鑛業勞働者、小商工業者等ノ日本人ヲ滿洲ニ移住サスル點ニ付キマシテモ、政府トシテ適當ナル考慮ヲ拂フベキモノデアルト考ヘマス

之ヲ要シマスルニ滿洲國ハ五族ヲ中心トシテ、他ノ民族ノ共存共榮シテ居ル所デアリマス、隨テ日本人ノ移住ハ、其指導的地位ヲ確保スル上カラ固ヨリ必要デアリマスルガ、決シテ共合理的ナ限度ヲ超ユルコトナク、他ノ民族トノ間ノ關係ヲ十分考慮シマシテ、大同、康德ノ宏遠ナル見地カラ、之ニ善處スベキモノデアルト考ヘマス(拍手)此點ニ關シマシテ杉山陸軍大臣、結城拓務大臣ノ所見ノアル所ヲ承ッテ置キタイト思フノデアリマス

第五ハ在滿朝鮮人ノ問題デアリマス、在滿朝鮮人ハ滿洲國ノ成立ヲ衷心カラ歡喜致シテ居ッタノデアリマスルガ、最近ニ於テハ滿洲國ノ施政ニ對シテ、心中平カナラザルモノガアルノデアリマス、其一ツハ移民問題デアリマス、朝鮮人ハ張軍閥ノ華ヤカナリシ頃カラ滿洲ヘ進出シマシテ、間島ト云ハズ鴨綠江對岸ト云ハズ、敎化、吉林、鐵嶺、開原、五常、撫順、伊通、懷德、通遼、昌圖、同賓、海龍、牛莊、寧安、公主嶺、鄭家屯、四平街等及其地方ノ附近ニ至ルマデ其勢力ヲ作リ、水田ノ開發ニ成功致シマシタノハ、決シテ生易シイ努力デハナカッタノデアリマス、資本ハナシ、官憲カラハ壓迫ヲ受ケ、或ハ一家全部ノ虐殺、放火、強姦、強盜等、有ユル蠻行ノ數々ヲ耐忍シ、千辛萬苦シテ其他位ヲ築上ゲタノデアリマス、滿洲國ノ成立ニ依リマシテ、漸ク過去ノ壓迫ト暴行トカラ逃レマシテ、更ニ發展ノ好機會ヲ得ンコトヲ待望シツ、アッタノデアリマスルガ、最近ニ至リマシテ朝鮮人ノ移民ハ、或ル地方ニ限局サレルト云フコトニナッタノデアリマス、隨テ其期待ガ裏切ラル、ヤウニナッタノデアリマス、第二ハ治外法權撤廢後ニ於ケル朝鮮人ノ敎育問題デアリマス、第三ハ五族ノ代表者トシテ朝鮮人ガ、滿洲國ノ重要ナル政治機構中ニ採用サレテ居ナイト云フコトデアリマス

朝鮮ノ新同胞ニ對シマシテハ、既ニ二十五年ノ久シキニ亙ッテ、我ガ一視同仁ノ皇化ガ施サレタノデアリマス、隨テ朝鮮人ハ他ノ民族ヨリモ信賴シ得ル筈デアリマス、若シ朝鮮人ニシテ聖代ノ恩澤ニ感孚シテ居ナイト云フノデアルナラバ、朝鮮人ノ忘恩不德ヲ攻擊スル前ニ、政治ノ局ニ當ル者ハ固ヨリ、國民一般ガ深ク反省スル所ガナケレバナラヌト思ヒマス、ソレ程我國ノ政治ニ權威ガナイモノデアルト致シマスルナラバ、滿洲國ニ於テモ結局三千万ノ民心ヲ得ルト云フコトハ望マレナイト云フ結論ニ達シハシナイカト考ヘマスルガ、吾々ハ斷ジテサウハ思ヘヌノデアリマス、朝鮮人ハ信賴シ得ル、其實例ハ枚擧ニ遑ナイノデアリマス、而シテ同胞親愛ハ理ノ當然デアリマスケレドモ、其中ニ自ヲ兄弟長幼ノ序ガアルノデアリマス、隨テ五族ノ協和ヲ圖ル上ニ於キマシテモ其序ヲ正シ、朝鮮人ヲ信賴シ、是ト協力シテ行クト云フコトガ望マシイト考ヘマス、然ラザレバ我ガ一視同仁ノ聖旨ハ實現サレナイト云フコトニナリ、啻ニ滿洲ニ於ケル朝鮮人ノ民心ヲ收攬シ得ザルニ止マラズ、延イテ朝鮮統治ニ對シテモ、重大ナル惡影響ヲ及ボスデアラウト云フコトヲ惧レルノデアリマス、斯

ノ如キコトハ滿洲國ノ爲ニモ、將又我國ノ爲ニモ洵ニ好マシカラヌコトデアリマス、隨テ此問題ハ當ニ正々堂々ノ見地ニ立チ、大義ヲ四海ニ宣布スルノ襟度ヲ以テ解決サルベキモノデアルト考ヘマス、之ニ對スル陸相及拓相ノ意見ハ如何デアリマスルカ、明確ニ御示シヲ願ッテ、新シキ同胞ノ惑ヲ解イテ戴キタイノデアリマス

第六ハ對滿政治機構ノ改善ニ關スル問題デアリマス、今ヤ滿洲國ハ建國創業五年ノ第一期ヲ經過シ、庶政伸張ノ第二期ニ入ッタノデアリマス、治外法權ノ撤廢ト行政權ノ移讓ニ依リマシテ、從來警察、郵便等ノ事務ニ從事シテ居タ約八千ノ我ガ官吏ガ、滿洲國ノ政治ニ參加スルバカリデナク、同時ニ百四十万ノ在滿日本人ガ、直接國家ノ經營ニ參加スルコトトナルノデアリマス、ソレニ加フルニ五箇年十万戸ノ移民事業計畫、二十三億ノ產業開發五箇年計畫、滿洲ニ於ケル國防充實計畫ノ實施ガゴザイマス、滿洲國ニ於ケル庶政ハ將ニ本年ヨリ格段ナル飛躍ヲ見ルベキコトハ、明白ナル事實デアリマス、ソレガ爲ニハ現在ノ對滿政治機構モ、之ニ順應シテ改革ヲ爲サルベキモノト思フノデアリマス、就中文武混同ノ現制度ヲ改メマシテ、先ヅ兵權ト政權トノ職分ヲ明確ニ致シ、各〻其權限ヲ恪守シマシテ、文武協力、朝野一致以テ　天皇ノ親政ヲ翼賛シ奉ルノ途ヲ明ニスベキモノデアルト考ヘマス、勿論此改革ガ實施サレマスルナラバ、從來ノ武官ノ活動範圍ハ、或ル程度マデ縮小サル、コトトナルノデアリマスルガ、ソレハ現役軍人ノ本來ノ仕事デハナクシテ、一時臨機ノ處置トシテ其職分ニ屬シタモノデアリマス、ソレダケ軍ノ用兵作戰力ヲ減殺シテ居ッタモノデアリマスルガ、之ヲ優秀ナル文官ニ一任シ、軍人ハ其本來ノ使命ニ還ルコトトナリ、用兵作戰ノ實力ヲ強化スルコトニナリマスレバ、實ニ一擧兩得デアリマス、元來忠良ナル優秀ナ文武官ガアッテ、互ニ其權限ヲ尊重シテ、國家ノ爲ニ協力スルコトガ望マシイノデアリマス、文治派ノ勢力ガ強大ニナリマスレバ、用兵作戰ノ統帥權ニモ喙ヲ容レヨウトシ、武斷派ノ權威ガ增加シマスレバ、一般庶政ニモ干涉セントスルガ如キ事態ヲ生ジマスルコトハ、洵ニ遺憾ナコトデアリマス、斯クナリマスレバ文武ハ離反シ、擧國一致ノ結成ヲ見ルコトガ到底不可能デアラウト思フノデアリマス、過去數年ニ於ケル我國ノ陰慘ナル政治ノ實情ヲ顧ルニツケマシテモ、私ハ國家ノ爲ニ眞ニ憂慮ニ堪ヘナイモノガアルノデアリマス、此際政黨モ議員モ文官モ武官モ深ク反省シテ、國家國民ノ爲ニ進ンデ各〻矯正ノ範ヲ示シ(「ヒヤ〳〵」)協調ノ實ヲ擧グルノ責任ガアリ、義務ガアルト考ヘルノデアリマス

一國ノ政治ハ內ニ行フ所ノモノヲ外ニ及ボスト云フノガ原則デアリマスルガ、現在ノ我國ノ政治ニ於キマシテハ、往々外ニ行フ所ヲ以テ內ニ及ボサントスル情勢ニアリマスルコトハ、洵ニ寒心ニ堪ヘナイ次第デゴザイマス(拍手)此事ガ改善サレマセヌケレバ、我ガ國家百年ノ大計ヲ樹立實行スル如キハ、到底期待シ得ナイコトデアルト考ヘマス、先ヅ我國ノ朝野ヲ問ハズ文武ヲ擇バズ、勞資ヲ論ゼズ、擧國一致ノ支援ノ下ニ滿洲國ニ對スル國策ヲ樹立シ、啻ニ國防ノ共同ト政治經濟ノ不可分トヲ完成スルニ止マリマセズ、其建國ノ基礎タル宏遠雄大ナル精神ヲ普及徹底致シマシテ、眞ニ滿洲國ヲシテ王道樂土タリ、五族協和ノ平和鄕タル實ヲ擧ゲシメマスルコトガ、先決要件デアルト私ハ確信致シマス(拍手)我國ノ國防、外交、財政、經濟、產業問題ノ解決ハ、一ニ懸ッテ滿洲國ノ和平確立ニアリト謂ッテモ過言デナイト考ヘマス(拍手)林首相ハ此際國家ノ爲ニ、此一大事ヲ斷行スルノ御考ハナイカ、杉山陸相ハ責任ヲ以テ此改革ヲ決行スルノ御意思ハナイカ、私ハ滿洲國ノ健全ナル發達ヲ切望スル殉公忠誠ナル國民ト共ニ、滿洲國三千万民衆ノ福利增進ノ爲ニ、又我ガ國家ノ生命線ノ擁護ノ爲ニ、將又東亞ノ全面的平和保持ノ爲ニ、此事ノ一日モ早ク行ハレンコトヲ衷心ヨリ切望シテ已マヌモノデアリマス、之ニ對スル兩大臣ノ明確ナル御答辯ヲ承リタイノデアリマス(拍手)

(國務大臣杉山元君登壇)

○國務大臣(杉山元君)　私ハ只今ノ守屋君ノ御質問ニ對シマシテ御答ヲ致シマスル前ニ、先ヅ守屋君カラ出動セル軍ニ對シテ熱誠ナル御同情ヲ御拂ヒ下サイマシタコトニ對シマシテ衷心ヨリ御禮ヲ申上ゲマス(拍手)私カラ御答ヲ申上ゲマスルコトハ、第一ハ滿洲ノ治安維持ニ警察官ヲ重用スルコトニ付テノ問題デゴザイマスル、此點ニ付キマシテハ私ハ全ク同感デゴザイマス、併ナガラ今日ノ現狀ハ滿洲ノ滿洲軍、警察隊並ニ我ガ國軍ヲ使用スルニアラザレバ治安維持ヲ速ニ完了スルコトガ出來ヌト云フ狀態ニアルノデアリマス、又速ニ治安ガ維持サレナケレバ、滿洲開發其モノニ對シマシテ、滿洲ニ居リマスル者モ、內地カラ彼ノ地ニ企業致シマスル者モ、非常ニ不安ヲ感ズル譯デアリマスルノデ、今日ニ於キマシテハ武力ト、尙ホ招撫ノ工作トヲ併セ行ヒマシテ、成ベク速ニ治安維持ヲ完了シタイト存ジテ居ルノデアリマス、尙ホ滿洲國ノ軍隊竝ニ滿洲ノ警察機關、是等ハ逐次ニ其內容ガ改善セラレマシテ、其素質モ向上致シツツアリマスル、隨テ是等ノ機關ガ滿洲國ノ保甲制度ト相俟チマシテ、保安維持ニ付キマシテ年ヲ逐ウテ良好ニ向ヒツ、アルト云フ事柄ヲ申上ゲテ置キマス、私ハ成ベク速ニ守屋君ノ希望スルヤウナ狀態ニ具現出來ンコトヲ欲シテ居ル者デアリマス

次ハ滿洲ノ投資等ニ關スル問題デアリマスルガ、滿洲事變前ノ我ガ對滿ノ投資ハ、滿鐵ノ事業ヲ初メ頗ル不振ノ狀態デアッタノデゴザイマスルガ、滿洲事變後ニ於キマシテハ情勢ガ一變致シマシテ、次第ニ收益ヲ增加致シテ居リマス、又滿鐵ノ傍系會社ニ就テ見マシテモ、配當ヲスルヤウニナリ、又ハ其配當ヲ引上ゲ得ルヤウニナッタモノガ著シク增加ヲシテ居ル狀態デゴザイマス、唯事變後ニ創設ヲ致シマシタ產業其他ノ投資ニ付キマシテハ、事業草創ノ際デアリマスルカラ、未ダ十分ニ收益力ヲ發揮スルニ至ラザルモノノ多キハ、已ムヲ得ザル所ト存ジテ居リマスル、併シ滿洲國ノ發展ニ伴ヒマシテ、逐次ニ改善ヲ見ルコトト信ジテ居リマス、滿洲國ニ於キマシテハ、主要ナル產業ニ付テハ統制主義ヲ執ッテ居ルノデゴザイマスルガ、其他ノ產業ニ付キマシテハ企業ノ自由發展ヲ期待シテ居ル次第デアリマス、又對滿ノ投資ノ助長ニ付キマシテハ、政府ニ於キマシテモ十分ニ意ヲ用ヒマシテ、是ガ援助ヲ惜マザル方針デゴザリマスル、現ニ本年モ、十二年度豫算ニ於キマシテ、

滿鐵、政府持株ノ拂込ヲ行フヤウニ企畫ヲ致シテ居リマス、其他滿洲ノ國債、或ハ滿洲關係ノ諸會社ノ社債ヲ發行スルコト等ニ付キマシテモ、出來ル限リ諸般ノ便宜ヲ與ヘル考デアリマシテ、今後必要ナル對滿投資ノ圓滑ナル遂行ヲ期シテ居ル次第デゴザリマス

次ハ最後ニ御尋ニナリマシタ對滿政治機構ニ關スル件デアリマス、此件ニ付キマシテハ滿洲國ノ今日ノ現狀ニ於キマシテハ當分現在ノ機構ヲ以テ最モ適當ナルモノデアルト私ハ考ヘテ居リマス、是デ終リマス(拍手)

(國務大臣結城豐太郎君登壇)

○國務大臣(結城豐太郎君) 守屋君ノ御質問ニ對シテ御答ヲ致シマス、滿洲移民ノコトハ種々ノ觀點カラ非常ニ重要ナコトデアルト思ッテ居ルノデアリマス、御尋ノ一ツハ、滿洲國ノ指導的地位ヲ確保スル上カラ、當ニ農民ニ止マラズ、官公吏、教員、技術者、小商工業者、其他勞働者ヲモ考慮スベキデハナイカ、斯ウ云フ御尋デアリマス、滿洲國ノ健全ナル發達ヲ期シマスニハ、優良ナル國民ガ多數移住致シマシテ、是ガ指導的位置ニ立ツト云フコトガ最モ肝要デアルコトハ御同感デアリマス、ソレガ爲ニハ單ニ農民ノミナラズ、各種ノ方面カラ優良ナル人々ガ多數移住スルト云フコトガ、十分ノ考慮ヲ要スルモノト存ズルノデアリマス

第二ノ御尋ハ、滿洲農業移民ハ從來ノ如キ治安維持ニ重キヲ置カナイデ、平和主義、經濟主義ニ立脚スベキモノデハナイカト云フヤウナ御尋ニ承リマシタ、滿洲國ノ治安モ近時極メテ平靜ニ歸シツヽアル有樣デアリマシテ、將來ノ農業移民ニ付キマシテモ、自然御意見ノ如ク、平和主義、經濟主義ニ重點ヲ置イテ實現ヲ圖ルベキデアラウト云フコトハ至極御同感デアリマス(拍手)

(國務大臣林銑十郎君登壇)

○國務大臣(林銑十郎君) 守屋君ノ御質疑ノ第一ハ、友邦滿洲國ノ狀態ニ付キマシテ今ヤ治安對策ト竝行シテ撫民、保民ノ對策ヲ立テル時期デアルト思フ、之ニ付テノ所信竝ニ方策ハ如何カト云フ御質疑デアリマス、私共ハ友邦滿洲國ガ今仰セラレタヤウナ意味ニ於テ、是等ノ對策ヲ立テ、其實行ヲ期シテ行カレルト云フコトニ付テハ、洵ニ結構ナコトト存ジマス、次ニハ一番最後ニ述ベラレマシタ對滿ノ政治機構ノ改革ト云フコトデアリマスガ、此點ニ付キマシテハ、只今ノ狀態ニ於テハ、今陸軍大臣ノ述ベタ意見ト全然同感デゴザイマス、此點ニ付キマシテ、尙ホ各方面ノ人々ガ、直接滿洲ノ事情ヲ十分ニ御視察ニナッテ、御研究ヲ願ヒタイト存ジマス(拍手)

○議長(富田幸次郎君) 河上丈太郎君

(河上丈太郎君登壇)

○河上丈太郎君 私ハ陸軍大臣ヲ中心ニ第一ノ質問ヲ致シタイト考ヘテ居リマス、第二ハ大藏大臣ニ質問ヲ致シマス、第三ニハ內務大臣ニ質問ヲ致シマス、最後ニ總理大臣ニ所信ヲ御尋致シタイト思ッテ居リマス

陸軍大臣ニ御尋致シタイト思ヒマスル第一ノ點ハ、二・二六事件ノ其後ノ經過ヲ、私達ニ御發表シテ戴キタイト云フコトデアリマス、其意思ガアルカドウカト云フコトデアリマス、二・二六事件ハ近來ノ日本ノ政治經濟ニ於キマスル最モ深刻ナル事件デアリマスルガ、去ル特別議會ニ於テ、當時ノ陸軍大臣カラ秘密會ニ於テ報告ヲ得マシタケレドモ、其後當議會ニ於テ、必ズ政府カラ、或ハ陸軍當局カラ、進ンデ其經過ノ御發表ガアルデアラウト私ハ期待致シタノデアリマス(拍手)

然ルニ其後ノ經過ト云フモノハ發表サレテ居ナイ、私ハ二・二六事件以後ニ於キマスル所ノ、日本ノ政治經濟ニ於キマスル各種ノ暗雲ト云フカ、摩擦ト云フカ、ソレ等ノ問題ガ此問題ノ經過ノ中ニ、私ハ潛在シテ居ルト考ヘテ居ルノデアリマス、隨テ此問題ヲ議會ニ出來ルダケ發表ヲシテ、國民ノ公平ナル判斷ヲ仰イデ、肅正ノ本義ヲ達スルコトガ、私ハ軍部當局ノ當然爲スベキコトナリト信ジテ居ルノデアリマス(拍手)私ガ斯ノ如キコトヲ考ヘマスル理由ハ多々アルノデアル、先ヅ第一ニ陸軍省ノ發表サレタ二・二六事件反亂者ニ對スル所ノ判決文ヲ、新聞ヲ通ジテ拜見致シマシタ、死刑ノ言渡ヲ受ケタ者ガ十七名、昨年ノ七月七日、越エテ七月十二日ニ其中ノ十五名ノ死刑ヲ執行サレタト云フ報告ハアリマシタ、十七名ノ中十五名、マダ二名殘ッテ居リマス、陸軍當局ノ發表ニ依リマスルト、村中、磯部兩氏ガマダ執行サレテ居ナイノデアリマス、何故ニ執行サレテ居ナイノカ、何故ニ執行ヲ延期シテ居ルノカ、或ハ死刑執行ガアッテモ之ヲ發表シナイノカ、私達ノミナラズ國民全體ハ之ニ重大ナル疑惑ヲ有ッテ居ルト私ハ思フノデアリマス、軍部當局ハ是等ノ點ニ付キマシテ公明ニ御發表アッテ然ルベシト考ヘマスルガ、ドウデアラウカト云フコトデ、肅軍經過報告ヲ私ガ請求シテ居リマスルガ、發表スル意思アリヤ否ヤト云フノガ理由ノ一ツデアリマス、第二ノ理由ハ、久原房之助氏ノ不起訴理由トシテ、陸軍省ノ發表セラレマシタ文書ニ依リマスルト、私達ハ色々ナル疑問ヲ玆ニ投ゲ與ヘザルヲ得ナイノデアリマス、昨日同僚宮脇君カラ二・二六事件ノ經過ニ付キマシテ御話ガアリマシタ、併ナガラ大部分ハ軍人政治不干與ニ關スル所ノ議論デアリマスルガ、前項ノ議論ヲ拜聽シテ居リマスルト、私達ニハ事件ノ經過其モノニ對スル所ノ諒解ガナイノデ、宮脇君ト軍部當局トノ間ニハ分ッテ居ルト云フ風ナ事柄デ、御質問アリ御答辯アッタコトヲ私ハ遺憾ニ思フ、事實ノ經過ヲ明白ニ發表シ、而シテソレニ基イテ其經過ニ對スル批判ヲ致サナケレバナラヌト私ハ考ヘテ居ル(拍手)殊ニ私達ハ、去ル特別議會ニ於テ、秘密會ヲ通ジテ政府ニ報告ヲ求メ、報告サレ、私達モ之ニ對スル所ノ質問ヲ企テマシタガ、私自身トシテハ、其質問ハ、事件ノ經過スルニ從ッテ、更ニ質問ヲ致シタイト思フ所ノ數々ノ理由ヲ以テ、或ル意味ニ於テハ伏線的ナ質問ダケニ止メテ居ッタノデアリマス、デアリマスルカラ私ハ軍部當局ガ其經過報告ヲ、一日モ早ク明白ニサレンコトヲ希望致シマスノデアリマス、久原房之助氏ノ不起訴トシテ陸軍當局ノ發表サレタ中ニ於テ、色々私ハ疑問ヲ有ツ、所謂反亂軍ト、當時ノ軍部當局ノ長老トノ間ニ如何ナル關係ガアッタカト云フコトハ、去ル特別議會ニ於テハ不明デアッタ、其後モ 何等ノ公文書ハナイノデアル、ケレドモ陸軍省ノ發表スルモノニ依リマスルト、數々ノ疑問ヲ私ハ玆ニ有ツノデアル、其一ツハ所謂反亂軍ト稱セラレル方方ノ中ニ、第一ニ眞崎內閣成立ヲ希望シタ旨ガ傳ヘラレテ居リマス、私ハ去ル特別議會ニ於テ如何ナル目的ヲ以テ宮城ノ附近ノ

一角ヲ占據シ、武力ヲ以テ政治權力ニ抗シタト云フ事實、其目的ハ何デアルカト云フ御尋、最モ重大ナル御尋ニ付キマシテ、當時ノ當局ガ强力内閣ヲ造ルト云フ意味ダト答ヘラレマシタ、此久原氏不起訴ノ發表ニ依ッテ初メテ其内容ガ眞崎内閣成立ノ趣旨デアッタト云フコトガ分ッタノデアリマス、更ニ其發表セル文書ヲ讀ミマスルナラバ、更ニ山本英輔ヲ後繼内閣首班タラシムルコトヲ適當トスルト云フ意見ニ變リ、更ニ反亂軍ハ無條件ニ引揚ゲルガ、軍部ハ重臣ニ壓セラレタル爲ニ軍部内閣成立見込ナキ旨ヲ以テ云々ト書カレテ居ルノデアリマス、反亂軍ガ帝都ノ一角ヲ占據シ政治權力ニ抗シテ居ル間ニ當ッテ、新聞ノ傳フル所ニ依リマスルナラバ、軍ノ長老ハ多數反亂軍ヲ御訪ネニナッタヤウナ記事モアルノデアリマス、反亂軍ト軍首腦部ノ間ニ相當ナ交渉ガアッタモノト私ハ推測シテ差支ナイト考ヘルノデアリマス、サウ云フ場合ニ軍當局ハ果シテ如何ナル態度ヲ執ッテ反亂軍ニ對シタカト云フコトハ、久原房之助不起訴理由發表書ニ依ッテ私達ガ慨カナケレバナラナイ疑問ノ理由ノ最大ナモノデアルノデアリマス、私ハ斯ル事情ヲ十分ニ國民ニ知ラセマスルナラバ、結局軍ノ政治干與ニ關スル問題モ、或ル程度明白ニ解決サル丶モノト私ハ信ジテ居ルノデアリマス、軍刑法ニ依リマスルナラバ、職ヲ辱シメル罪ト云フノガゴザイマス、部下ガ犯罪行爲ヲ行ヘントスルノヲ未然ニ知ッタナラバ、之ヲ止メナケレバナラナイト云フ責任ガ軍ノ上官ニアルノデアリマス、ソレニ違反致シマシタ時ニ於キマシテハ、職ヲ辱シメル罪ニ依ッテ訴追サレナケレバナラナイノデアリマス、犯罪ヲ豫備ノ中ニ發見スベカラズシテ、其上官ガ責任ヲ負ハナケレバナラナイトスルナラバ、事件發生後ニ於キマスル所ノ軍全體ノ長老ノ責任ト云フモノハ、私ハ相當重大ナリト考ヘテ居ルノデアリマス、是等ノ理由ヲ、是等ノ事實ヲ私達ハ十分ニ軍當局ノ御説明ヲ願ヒタイノデアリマス、私ハ軍ヲ責メル所ノ何モ意圖ヲ以テ申上ゲルノヂヤナイ、二・二六事件ニ含マレテ居ル所ノ重大ナル社會的ナ、政治的ナ動搖ノ中心ニ對シ、私達國民ハ正シク認識シタイカラ斯ウ云フ御尋ヲ致シタイノデアリマス、併シ御尋ヲスル前ニ事實ヲ明白ニ發表サレナケレバ、私達ノ御尋ハ的ヲ外レタ矢ノ如クニ意味ヲ成サナイ、故ニ私ハ軍當局ニ向ッテ肅軍ノ此問題ニ關スル所ノ過程ヲ、詳細ニ明白ニ、而モ國ヲ憂フル所ノ勇氣ヲ以テ、大膽ニ事實ヲ發表セラレンコトヲ切望スルノデアリマス(「ヒヤ〳〵」拍手)

當局ノ事實發表ニ對スル希望ノ第三ノ理由ハ、最近ニ於ケル所ノ宇垣大將組閣ニ關スル問題デアリマス、私ハ新聞以外ニ於テ事實ヲ何モ存ジマセヌ、併シ宇垣大將ノ組閣ガ出來ナカッタ理由トシテ、宇垣大將ガ組閣ヲスルコトハ肅軍ノ過程上ドウモ面白クナイ、不都合ヲ生ズルト云フ理由ガ、相當强カッタヤウニ推測致スノデゴザイマス、斯ウ云フ意味カラ行キマスルナラバ、此處ニ御居デニナル所ノ梅津次官ガ、宇垣大將ハ大政治家デアッタナラバ、此際大命ヲ拜辭サルルコトガ宜シクハナイカト云フ風ナ新聞記事ガ出テ居リマシタガ、肅軍ト云フ大目的ノ前ニ於テハ、或ハサモアラウト私ハ梅津次官ノ新聞記事ニ現レマシタ記事ヲサウ解釋致シタノデアリマス、併ナガラ宇垣大將ガ組閣ガ出來ナカッタコトニ付キマシテハ、此議會ニ於キマシテモ同僚諸君カラ、或ハ官制ノ問題ノ上カラ、或ハ立憲政治ノ問題ノ上カラ、各種ノ議論ガ闘ハサレマシタケレドモ、軍ガ肅軍ヲ希ウテアルナラバ、或ハ已ムヲ得ナイト云フ感ジヲ私ハ持ッテ居ルガ、併ナガラ國民全體ト致シマシテモ、肅軍ガ何處マデ行ッテ居ルノカ、ドウナッテ居ルノカ、ドンナ風ニナッテ居ルノカ少シモ分ラナカッタナラバ、所謂宇垣内閣流産ノ理由ガ軍部ノ責任ナリト云フ風ナ考ガ國民ノ中ニ銘記サル丶コトモ、已ムヲ得ナイデハナカラウカト考ヘテ居リマス、ダカラ肅軍ニ關スル所ノ根本ノ問題及其經過、其今日マデ執ラレタ態度ヲ、議會ニ於テ明白ニ御發表アランコトヲ希望致ス第三ノ理由デアリマス

第四ノ理由ハ後ニ御話ヲ致シマスルケレドモ、陸軍ガ肅軍ノ爲ニ陸軍監督ノ下ニ在ル所ノ工場ニ於テ、吾々ガ所屬スル所ノ日本勞働組合會議ニ所屬致シマスル所ノ官業勞働組合ヲ解散ヲ命ジタヤウナコトモアルノデアリマス、故ニ今日肅軍ト云フ所ノ至上命令ニ依ッテ、或ヘ組閣ガ阻止サレ、或ハ勞働者ノ團結ガ蹂躙サレルコトガ今日私達ノ眼ノ前ニ開展スル事實トスルナラバ、軍部當局ハドウカ憂國ノ赤誠ヲ以テ、二・二六事件ニ關スル出來事ヲ、經過ヲ、其範圍ヲ、明白ニ御發表致シテ戴キタイト私ハ考ヘテ居ルノデアリマス、以上ノ理由ヲ以チマシテ、陸軍大臣ニ肅軍ノ經過ヲ御發表願ヒタイト私ハ思フノデアリマス、其意思ガゴザイマスカドウカト云フコトヲ御尋致スノデアリマス

第二ニ陸軍大臣ニ御尋致シタイコトハ、所謂官業勞働組合ノ解散ヲ命ゼラレタ事デゴザイマス、先程申シマシタケレドモ、官業勞働組合ニ解散ヲ命ジタ理由ガ肅軍デアルト致シテ説明ヲ承ッテ居リマスルケレドモ、私達ハ非常ニ不可解デアル、官業勞働組合ノ解散ヲ命ゼラレタ日ハ九月ノ十日、突如トシテ一人々々ノ勞働者ニ面會ヲ求メ、組合脱退ノ署名ヲ强制シテ、遂ニ官業勞働組合ハ潰レタノデアル、或ハ之ヲ以テ軍ノ系統ニアラザル所ノ職工ノ、憲法上認メラレテ居ル所ノ團體結社加入自由ノ原則ニ反スルトカ、或ハ勞働組合ハ將來勞働統制ノ機關トシテ必要デアルトカ云フ議論ヲ、私達ハ致シテ居ルノデアリマス、ケレドモ陸軍省ガ官業勞働組合ノ解散ヲ命ジタコトニ付キマシテ、私ハ日本ノ勞働階級ガ之ヲ如何ニ見テ居ルカト云フコトヲ、軍部當局ニ申上ゲタイト思フノデアリマス、日本ノ勞働階級ハ憲法上ノ結社ノ自由トカ、或ハ勞働組合ガ勞働統制ノ必要ナル機關デアルトカ云フ風ナ、サウ云フ方面ヨリ之ヲ見テ居ナイノデアル、官業勞働組合ガ解散ヲ命ゼラレタノハ九月ノ十日、十一日、越エテ九月二十二日ニ前内閣ノ馬場大藏大臣ノ增税計畫ガ、世間ニ發表サレタノデアリマス、軍部當局ハ勿論サウ云フ意圖ガアッタデハナカラウト私ハ想像スルガ、馬場財政ガ三十億以上ノ大豫算ヲ消化シ、而モ其中心ガ軍事豫算デアリ、日本ノ生産力トシテハ、是ガ消化出來ルカ、出來ナイカト云フ風ナ、大キナル渦卷ノ中ニ、最モ眞先ニ犧牲ニナルノハ日本ノ勞働者デアルト云フコトハ、日本ノ勞働階級ノ本能ガ能ク存ジテ居ルノデアリマス(拍手)隨テ我ガ日本勞働階級ハ此增税計畫ノ發表ノ前提トシテ、勞働者ノ生

活ノ維持改善、賃銀ノ低下防止ノ自主的ナ組織力デアル所ノ勞働組合ガ、解散ヲ命ゼラレタモノト、日本ノ勞働者ハ本能的ニ直感致スノデゴザイマス（拍手）即チ官業勞働者ノ職工ノ賃銀ト云フモノハ、少クトモ日本ニ於ケル各資本家ガ經營致シマスル工場ノ、勞働者ノ賃銀ノ平均的、サウシテ標準的性質ヲ持ッテ居ルト考ヘルノデアリマス、即チ官業勞働者ノ賃銀ガ軍需品ヲ造リマスル所ノ民間工場ノ勞働者ノ賃銀ノ、所謂標準的ナ性質ヲ持ッテ居ルト考ヘル、即チ軍需工業ニ働イテ居リマスル日本ノ多クノ勞働者ノ、其平均的、標準的ナ賃銀ヲ持ッテ居ル、其勞働者ノ生活ヲ擁護スル所ノ勞働組合ヲ潰スト云フコトハ、取リモ直サズ、民間軍需品ヲ造ッテ居ル、及ビ之ニ準ズル所ノ工場ノ勞働者ノ賃銀ノ上昇ヲ、阻止セントスル行爲ナリト判斷スルコトガ、是ガ日本ノ勞働階級ノ持ッテ居ル所ノ本能的ナ一ツノ觀察デアルノデアリマス（拍手）私軍部當局ニ申上ゲル、日本ノ勞働階級ハ斯ノ如ク之ヲ觀察シテ居ル、隨テ軍部當局ガ官業勞働組合ノ解散ヲ取消シテ戴キタイト、私ハ偏ニ希フノデアリマス、サウシテ將來ニ亙ッテ厖大ナル軍事豫算ヲ消化スル上ニ於テ、日本ノ勞働者ノ其賃銀ノ標準ヲ確保スルガ爲ニモ、此勞働組合ノ解散ヲ取消シテ戴キタイト私ハ希ウテ居ル、軍部當局ニ其意思ガゴザイマスカドウカト云フコトヲ御尋致シタイ

第三ニハ廣義國防論ニ關スル軍部當局ノ御意見ヲ伺ヒタイノデアル、廣義國防論ノ内容ニ付キマシテハ、色々議論モゴザイマセウケレドモ、今後戰爭ヲスルニ於テハ唯軍需的ナ機械器具、或ハ人員バカシデハイケナイ、國民全體ノ生活力ガ、結局最後ニ戰爭ヲ勝タシムルモノデアルト云フ此原則ガ、私廣義國防論ノ中心思想ダト考ヘテ居リマス、ダカラ廣義國防論ト云フノハ、先ヅ第一ニ其一國ノ民衆全體ノ生活力ヲ強化スルト云フコトガ、廣義國防論ノ中心的思想デアルト私ハ考ヘテ居ルノデアル（拍手）日本ハ御承知ノ通リニ徴兵制度ヲ早ク布キマシテ、徴兵制度ヲ布クト同時ニ、日本ハ資本主義經濟ノ發展ヲ進メテ、今日マデ來タノデゴザイマス、然ルニ資本主義ハ御承知ノ通リニ當然富ノ分配ノ不平均ヲ來シ、其不平均ノ最モ主ナル犧牲ハ農村地區デアルト云フコトハ、啻ニ日本バカシデハゴザイマセヌ、資本主義國家何處ニ於テモ同ジ現象ヲ呈スルト信ジテ居ルノデアル、隨テ其現象ハ日本ニ於テモ資本主義ガ發展スルニ從ッテ、段々ニ露骨ニ私達ノ前ニ出テ來テ居ルノデアル、ソレガ結局最近ニ於キマスル所ノ、色々ナル問題ヲ起シマスル主ナル原因ノ一ツデアルヤウニ考ヘルノデアリマス、五・一五事件ノ起リマシタ其被告ニナラレタ人々ノ法廷ニ於ケル陳述ヲ拜見致シマシテモ、或ハ理論的ニ於テハ相當議論ノ餘地ノアル表現モゴザイマス、ケレドモ其中ニ含マレテ居ルノハ、滿洲ニ行ッテ居ルケレドモ、部下ニ使ッテ居ル兵隊ノ、其農村ニ於ケル家族ノ生活ガ窮迫シテ居ルト云フ生々シイ事實ガ、其法廷ノ陳述中ニ現レテ居ル、日本ニ於ケル資本主義ノ害毒ガ農村ニ現レテ居ルノヲ、ソレヲ取ラナケレバ――農村ニ於ケル生活ト云フモノヲ安定シナケレバ、更ニ國民生活其モノノ安定ヲシナケレバ、國防ハ駄目ダト云フ風ナ、斯ウ云フ考ガ基調ヲ成シテ居ルト私ハ考ヘテ居ルノデアリマス、五・一五事件ガ起リ、遂ニ五・一五事件以後ニ於キマスル各内閣ハ、農村對策ニ關スル所ノ豫算モ組ムシ、金モ出シ、或ハ飯米差押ニ關スル法律ノ改正モシテ行クト云フ、斯ウ云フ風ニシテ、此數年間ハ今日マデ來タノデアル、然ルニ昭和十二年度ノ豫算ヲ私ガ拜見致シマスルト云フト、五・一五事件カラ來タ所ノ此廣義國防ノ中ニ含マレテ居ル所ノ大衆ノ生活ヲ守ラウトカ、農村ノ窮乏ヲ救濟ショウトカ云フ此考ガ、昭和十二年度ノ豫算ニハ見エナイヤウニ私ハ考ヘルノデアル（拍手）馬場財政ハ幾分此問題ヲ取扱ハレテ居ルノデアル、所ガ結城サンガ大藏大臣ニナラレテカラ、モウ斯ウ云フモノハ一切要ラヌト仰シヤッタ譯カドウカ分ラヌガ、兎ニ角豫算ノ中カラ消エテシマッテ居ルノデアル、而モ斯ウ云フ事情ニ置カレマシテ、問題トナッテ居リマスル軍部當局ガ出シタ昭和九年十月「國防ノ本義ト其強化ノ提唱」ト云フ「パンフレット」日本ノ政界或ハ評論界ニ於テ、大キナル衝動ヲ與ヘタ「パンフレット」ガアルガ、其「パンフレット」ノ精神ハ、今私ガ申上ゲタヤウナ精神ト私ハ考ヘテ居ルノデアル、若シモ私ノ理解スルガ如キ此「パンフレット」ガ精神デアリト致シマスルナラバ、此「パンフレット」ト昭和十二年度ノ豫算トハ、ドウモシックリ合ハナイヤウニ私ハ心カラ遺憾ニ考ヘテ居ルノデアル（拍手）農村ヲ憂ヘ、農村ヲ救濟シナケレバナラヌト云フ、農村ノ爲ニモ金ヲ出サウト言ッテ居ル此數年間ノ、小作爭議ノ統計ヲ拜見致シマスルナラバ、昭和十年度ニ於キマシテハ五千件ニ達スル所ノ小作爭議ガ起ッテ居ルノデアル、日本始ッテ以來ノ最高ノ統計ヲ示ス所ノ小作爭議ガ起ッテ居ルノデアル、五・一五事件以來農村ノ救濟、農村ヲ救ハナケレバナラヌト言ッテ、政府モ議會モ、或ハ軍部諸君モ一緒ニナッテヤッテ居ッテモ、尙ホ昭和十年度ニ於テハ、五千件ニ達スル所ノ小作爭議ガアリトスルナラバ、昭和十二年度以後ニ於テ我ガ農村ハ如何ナル狀態ニ陷ルカト云フコトハ、言ハズトモ明カナリト私ハ信ズルノデアル（拍手）軍部當局ハ此「パンフレット」ヲ今日モ尙ホ支持スルトスルナラバ、昭和十二年度ノ豫算ニ於テハ、百姓ガ困ッテ居ル、殊ニ結城サンノ財政ニナッテカラ、交付金ガ何處カヘ飛ンデ行ッテシマッテ、私ノ同僚ノ手許ニ是ダケノ多クノ電報ガ來テ、農村ヲ救ヘヨト叫ンデ居ルノデアル、此中ニハ貧農ガ三十錢ノ金ヲ投ジテ、農民ノ爲ニ闘ヘヨト云フ所ノ電報ガアルコトヲ知ラナケレバナラナイ（拍手）私軍部當局ニ申上ゲルコトハ、此農村ノ悲壯ナル所ノ要求デス、徴兵制度ノ基礎ハ農村ノ子弟ヲ中心トシテ初メテ出來ル、日本ノ兵隊ノ強イノハ農村ノ子弟ノ精神的肉體的ナ、道德的ナ其強サニアリト私ハ信ジテ居ル、而モ其窮貧農村ノ此要望ヲ軍部當局ハ何ト御覽ニナルカ、私ハ軍部ヲ徒ニ攻擊スルノデハナイ、軍部當局ノ本當ノ御腹ヲ聽キタイカラ私ハ之ヲ言フノデアル、若シモ軍部當局ガ「國防ノ本義ト其強化ノ提唱」ト云フ此書ニ、此「パンフレット」ニ含マレテ居ル精神ヲ今日持ッテ居ルナラバ、此農村ノ窮迫セル所ノ悲痛ナル要求ニ應ジテ、軍事豫算ヲ幾ラカ削ラレル所ノ雅量ハナイカト、私ハ軍部當局ニ御尋ヲ致スノデアリマス、軍部ガ此疲弊セル農村ノ爲メニ軍備費ハ今ハ少シ待タウト云フ風ナ雅量位ハ示シテモ、私ハ宜カラウカト考ヘルノデアル

(拍手)農村ハ構ハヌ、百姓ハ構ハヌト云フテラバ、私ハモウ言フコトガナイノデアリマス、私ノ御尋致シタイ第三デゴザイマス

最後ノ點ハ單ニ私ハ陸軍大臣ノ御答辯バカリデナク、併セテ海軍大臣ニモ御答辯ヲ願ヒタイノデス

次ニハ結城大藏大臣ニ御尋ヲ致シタイト考ヘテ居リマス、私ハ廣田内閣ノ倒レタノハ、色々ナル理由ハアリマセウケレドモ、其根本ハ馬場財政ニ依ッテ惹起セント致シマシタ悪性「インフレーション」ノ微候ノ前ニ、廣田内閣ハ倒レタト私ハ信ジテ居ル、廣田内閣ノ倒レタ表面的ノ政治的ノ經緯ハ兎モアレ、本質ハ私ハソコニ在ルト考ヘテ居ルノデアリマス、又結城サンノ御話ヲ拜聽シテモ、稍々ソレニ類スル所ノ御話ガアルノデアル、馬場サンノ財政ハ、私モ去ル特別議會以來雜誌其他ニ於テモ全面的ニ反對シテ居ル者デアリマスルガ、兎モ角馬場サンノ豫算ニハ一ツノ系統、一ツノ「イデオロギー」ト云フ風ナモノガアッタヤウニ考ヘル、結城サンノ財政ハ御話ヲ承ッテ見テモ、其根本的ナ精神ガドウモ私達ニハ分ラヌ、ソレデ結城サンノ財政ノ根本方針ハ何處ニ在ルノカト云フコトヲ簡單ニ、明白ニ、直截ニ私ハ御答辯ヲ願ヒタイノデアリマス

第一ニ御尋致シタイコトハ馬場サンノ財政ハ三十億四千万圓ダト云フ、結城サンノ財政ハ二十七億七千万圓ダト云フ、馬場サンノ案ニ比シテ一億七千万圓バカリ輕クナッタト云フ、是デ日本ノ將來ニ於ケル所謂悪性「インフレーション」ヲ阻止スルコトガ出來ルカドウカ、同僚諸君カラ屢々物價問題、或ハ爲替問題ヲ通ジテ、大藏大臣ニ質問ヲサレテ居リマスルガ、大藏大臣ノ本當ノ肚ノ中ニ馬場案ニ比シテ僅ニ一億七千万圓バカリ減ズルナラバ物價モ騰貴シナイシ、爲替モ順調ニ行クシ、悪性「インフレーション」ガ阻止出來ルト、眞ニ御考ニナッテ居ルノカドウカト云フコトデアル、若シモ物價騰貴ヲ止メ、更ニ國際貿易ヲ好クシテ、此悪性「インフレーション」ノ微候ヲ抑ヘヨウトスルコトガ、此結城サンノ財政ニ現ハレテ居ル方針デアルト致シマスルナラバ、第二ニ御尋ヲ致シタイコトハ、馬場案ニ比シテノ一億七千万圓ノ輕減ハ、直接税ニ於テ九千四百万圓デアルシ、消費税ニ於テ七千六百万圓程度デアル、即チ日本ガ將來數年間ニ亙ル所ノ軍事豫算ヲ中心トシテ、悪性「インフレーション」ノ起ラントスル此時ニ當ッテ、アナタノ方針ガ此方針デ行クノカドウカ、即チ直接税ニハ輕クシテ、間接税ニハ重クスル方針デ御進ミニナルノカドウカ(拍手)モット直截ノ言葉ヲ以テ申シマスルナラバ、馬場財政デハ危イ、ドウシテモ減ジナケレバナラヌト云フ状態ニ、日本ノ今日ノ資本主義ガ追込メラレル時ニ、新聞ノ傳フル所ニ依ルト、資本主義ノ最後ノ大藏大臣ト謂ハレルアナタガ、此方針デ進マレルノカドウカト云フコトデアル、ソレナラバ私ハ申上ゲタイ、即チ日本資本主義ヲ擁護スルガ爲ニ、アナタハ農民階級ヲ犧牲ニシテ、日本資本主義ヲ維持シヨウトシテ居ルノカドウカト云フコトデアル(拍手)結城大藏大臣ハ、新聞ニ依ルト云フト、中小商工業者ノ吾等ノ太陽ト云フコトデス、而モ其中小商工業者カラ太陽ト仰ガレテ居ル此光榮アル所ノ大藏大臣モ、先程松村君モ言ハレマシタ如クニ、庶民貸付金庫ヲ削除シ、營業收益税ヲ現行通リニ置イテシマッタノデアル、中小商工業者ニ對スル所ノ恩惠ハ少シモナイ、農民ニ對シマシテハ御承知ノ通リニ交付金制度ガ殆ドナクナル、地主ノ負擔ヲ多少輕クスル所ノ不動産登録税モナクナル、斯ウ云フ風ニ其地主ノ負擔ノ輕減ハ、總テハ小作人ニモ亦好イ結果ヲ及ボスカモ知ラント思ハレル點ハ總テ御省キニナッテ、サウシテ日本ノ金融資本及ビ資本階級ノ要望ヲ擔ウテ、ソレ等ノ要求ヲ其儘アナタハ胸ニ藏メテ、馬場財政カラ所得税ノ源泉課税ノコトヲ削リ、所得税ノ特別課税ヲ廢止シ、個人財産税ヲ廢止シ、株主配當ノ控除ノ制度ヲ修正シテオ居デニナル、馬場案ニ比シテアナタノ一億七千万圓ノ減少ニ於テモ、亦所有階級ニ輕ク、大衆ニ重ク、而モ其税源ヲ見テモ、農村及ビ都會ノ中小商工業者、勞働者ト云フ者ニ對スル所ノ負擔ガ重クナッテ、唯獨リ金融資本家ト其一黨ノ利益ダケヲアナタハ御考ヘニナッテ、此増税ヲ御組ミニナッタノカドウカト云フコトヲ、私ハハッキリ御返事ヲ戴キタイノデアリマス、或ル意味ニ於テ私ハ結城サンニ御同情モ致ス、今日ノ日本ノ資本主義ト云フモノガ、中々農民ニモ負擔ヲ輕クシ、勞働者ノ賃銀モ上ゲテヤル、資本家ニモ儲ケサシテヤル、軍事費モウントヤラウト云フ風ナ財政ガ出來ルトハ私ハ考ヘナイ、ソレハ大藏大臣トシテ御決心ノ要ルコトダラウト私ハ考ヘルガ、此國難ニモ準ズベキ時ニ當ッテ、唯アナタノ財政計畫ニ依ッテ農村地區ガ疲弊ニ陷リ、負擔ガ重クナリ、唯都會一部ノ金融資本ト其一黨ダケガ御利益ヲ受ケテ、サウシテ日本資本主義ノ心臟デアル所ノ株式市場カラ、結城サン萬歳ノ聲ガ揚ッテ見タ所ガ、意義ヲ成サナイデハナイカト私ハ考ヘル(拍手)私ハ結城サンガ林内閣ニ入閣サレルト云フコトヘ、最後マデシナイト考ヘテ居ッタ、所ガ御入リニナッタ、御入リニナッタ此時ニ於テハ、私ハ一ツ日本ノ金融資本、金持、ソレヲ向フニ廻シテ、大衆負擔ノ輕減ノ上ニ立ッテ鬪フ所ノ勇氣ト信念ガアランコトヲ希望スルノデアル、ソレガ本當ニ國家ニ忠ナル道デアルト私ハ固ク信ジテ居ルノデアリマス(拍手)

私ハ結城サンノ財政ニ付キマシテ、馬場サンノ財政ハ系統ガアッタガ、アナタノ財政ニハ何モ「イデオロギー」ガナイト申上ゲタガ、併ナガラアナタノ大藏大臣トシテノ方策、地位ニ向ッテ更ニ日本銀行總裁池田サント云フモノヲ加ヘマスルト、明ニ私ハ「イデオロギー」ヲ持ッテ居ル財政計畫デアルヤウニ考ヘルノデアル、ダカラ私ハ結城サンノ財政ハ、馬場財政ニ對スル結城財政ニアラズ、馬場財政ニ對シテハ、結城「プラス」池田財政ダト信ジテ居ルノデアル(拍手)結城「プラス」池田、此財政ガ日本ノ將來ニ於テ、大キナ動向ヲ私達ニ示シテ居ルノデアリマス、私ハ池田サンノ個人的ナ何等ノ知識ヲ持ッテ居リマセヌケレドモ、五・一五事件ヲ起シタル理由ノ一ツ、或ハ當時ノ大ナル問題ノ一ツトシテ弗買ノ問題ガアッタ、其弗買ノ問題ノ中心的ナ噂ノアッタ――噂ト私ハ申上ゲマスルガ、其オ方ガ日本金融資本ノ王座ニ著キ、結城サント手ヲ携ヘテ、日本將來ノ資本主義ヲ背負ッテ立タウトスル所ノ其意圖ハ、大體私達ガ了解出來ルノデヘナカラウカト考ヘル、私ハ結城サンニ向ッテ大衆生活ヲ護レト申上ゲテ見タ所ガ、或ハ是ハ自ラノ類ニ唖スルガ如キ類カモ知レナイケレ

ドモ、結城サンノ財政ノ立ッテ居ル今日ノ資本主義ノ立場ハ、所謂金融「ファッショ」ト學者ノ言ヘレル道ヲ一歩々々辿ッテ、其犧牲者ハ勞働者ト農民デアラウト私ハ申上ゲルノデアル(拍手)唯結城サン、將來ノ見透シガ出來マセヌト云フ正直ナ御言葉ハ、代議士諸君ノ拍手ヲ以テ迎ヘラレタコトデゴザイマスガ、國民ハ洵ニ賴リガナイ、ケレドモソレガアナタノ率直ナル惱ミデアルナラバ、ソレハアナタ一人ノ惱ミデハナイ、日本資本主義ノ惱ミデアリ、日本資本主義ノ悲鳴ノ聲デアルト私ハ拜聽致シテ居ルノデアル(拍手)此ノ財政國難ノ時ニ當ッテ大藏大臣トシテ職ニ就カレタニハ、相當ノ決意ト勇氣ガオアリニナッタト私ハ信ズル、ドウカ私ノ申上ゲマシタ率直ナル言葉ニ、率直ニ答ヘラレンコトヲ御願致スノデゴザイマス

第三ニハ内務大臣ニ私ハ御尋ヲ致シタイト考ヘルノデアリマス、今マデ申上ゲマシタ通リニ、軍需「インフレーション」ノ結果ト致シマシテ、勞働者ノ生活ガ壓迫サル、ト云フコト、勞働者ノ生活ト云フモノガ低下サレルト云フコトハ、内務大臣ガ協調會ノ事務理事ヲサレタノデ、是ハ私ガ申上ゲナクテモ御了解ノコトト思フ、釋迦ニ御說法ノ嫌ガゴザイマス、ソレダカラ私ハ特ニ御願スル、此厖大ナル所ノ軍事豫算ヲ中心トスル豫算ニ依ッテ、所謂賃銀ノ大キナル爭議ガ段々ニ多クナッテ行ク事實ハ、既ニ松村サンガ統計ヲ以テ申上ゲテアリマスカラ私ハ略シマス、其賃銀値上ノ勞働者ノ要求ニ對シ、如何ナル態度ヲ執ラレルカト云フ點デアリマス、第二ニ於キマシテハ、軍需「インフレーション」ノ結果トシテ、何處ノ工場ニ於キマシテモ、本職工ヲ使ヘナイデ臨時工ヲ使フ、臨時工ノ數ト云フモノハ大工場ニ於キマシテモ相當ニ多イケレドモ、中小ノ工場ニ於テハ非常ニ多イ、所ガ臨時工ト云フモノハ本職工ト同ジヤウナ待遇ヲ受ケラレナイ、三菱或ハ三井ノ經營ノ大キナ工場ニ於テモ臨時工ヲ採用シ、サウシテ本職工ヨリモ低イ所ノ賃銀ヲ以テ勞働ヲ強化セル事實ハ、アナタノ既ニ御承知ノ通リデアルト私ハ信ジテ居ル、此問題ハ日本ノ勞働階級ノ一ツノ重大ナル問題デアル、先般私ノ友人デアル大阪ノ辯護士ガ訴訟ヲ致シマシテ、大阪ノ裁判所ニ於キマシテモ、其本質ガ同ジデアルナラバ臨時工ハ本職工ト認メルト云フ風ナ判決ガ出マシタ、併ナガラ是ハ大審院ノ確定判決デアリマセヌカラ、下級裁判所ヲ拘束シナイケレドモ、裁判所ニ於テスラモ臨時工ヲ法律的ニ是ハ否定シテ居ナイノデアリマスカラ、詳シイコトハ私ハ略シマスガ、内務大臣トシテ此問題ニ對シテ善處サレンコトヲ私ハ希望致シマスト同時ニ、又其抱負ヲ御尋致シタイノデアリマス、第三ハ、軍需「インフレーション」ノ結果勞働強化ガ起リ、ソレガ爲ニ工場ノ設備ガ不完全ダ、ソレガ爲ニ勞働者ノ災害率ト云フモノハ、滿洲事變以來非常ニ多クナッテ居ル、内務省ノ工場監督年報ハ之ヲ傳ヘテ居リマスルガ、昭和九年度ニ於キマシテハ工場、鑛山ニ於テ千四百六十四人ト云フモノガ死ンダリ、重傷ヲ負ウテ居ルノデアリマス、是等ノ災害防止ニ對シテ内務省ハ如何ナル所ノ方策ヲ持ッテ居ルカドウカ、是等ノ點ニ付テハ私ノ同志諸君ガ、或ハ委員會等ニ於テ說明ヲサレマスルケレドモ、ソレニ對スル所ノ抱負ヲ私達ハ聽キタイ、最後ニ、是等ノ賃銀ノ問題ニ致シマシテモ、臨時工ノ問題ニ致シマシテモ、災害防止ノ問題ニ付キマシテモ、此問題ヲ根本的ニ、立憲的ニ解決致シマスルニハ、ドウシテモ勞働組合ヲ設置スル必要アリト私達ハ考ヘテ居ルノデアル(拍手)勞働者ノ立憲的ナ自主的ナ態度ト、サウシテ產業協力ノ精神ニ依ッテ初メテ斯ル問題ハ解決スルト私ハ考ヘルガ、内務大臣ハ事情ヲ能ク御承知デアリマスルカラ、私ハモウ言ヒマセヌケレドモ、サウ云フモノヲ設ケル意思アリヤ否ヤ、抱負ヲ御伺ヒ致シタイト考ヘルノデアリマス

最後ニ總理大臣ニ私ハ御尋ヲ致シタイノデアル、林サンガ今回組閣ヲサレマシテ、天下ニ聲明サレマシタ所ノ有名ナル綱領且ツ聲明書ト云フモノハ、洵ニムヅカシイ文句デ綴ラレテ居ルノデアル、神懸リノ文句ダト世間ニ言ハレテ居ルノデアル、其中ニ聖德太子憲法十七條ノ言葉ガ數箇所擧ゲラレテ居ルノデアル、私ハソレヲ興味ヲ以テ拜見致シマシタ、ケレドモ聖德太子ノ憲法十七條ハ、總理大臣ハ能ク御承知ダト私ハ思料致スノデアル、併ナガラ憲法十七條ノ大精神ガ總理大臣ガ御引用ニナッタ言葉ノ隅々ニアルノカ、モット根本ニアルノデハナカラウカト私ハ考ヘテ居ルノデアル、憲法十七條ノ根本義ハ、第十七條ニ大事ハ獨リ斷ズ可カラズ、必ズ衆ト與ニ宜シク論ズベシト云フ言葉ガアル、ソレガ憲法第十七條ノ私ハ大精神デアラウト考ヘルノデアル(拍手)總理大臣ハ古典的ナコトニ興味ヲ持タレル方ト聞イテ居リマスルガ、日本歷史ニモ能ク御精通ト私ハ考ヘル、此憲法第十七條ガ出マシタ當時ノ社會狀態ヲ御承知ダト私ハ思フ、私ノ知ッテ居ル限リニ於テハ、當時日本ガ朝鮮半島ニ政權ヲ數百年間持ッテ居ッテ、支那大陸ノ一ツノ政治的進出ノ爲ニ、遂ニ日本ガ朝鮮半島カラ政權ヲ捨テナケレバナラナイアノ國際動搖ノ裡ニ、聖德太子ガ憲法十七條ヲ制定サレタト信ジテ居ルノデアル、卽チ古代ニ於ケル日本國家ノ最モ國難ノ尤ナルモノデアルト、私ハ信ジテ居ルノデアル、其國難ノ尤ナル時ニ當ッテ聖德太子ハ、大事ハ獨リ斷ズ可カラズ、宜シク衆ト與ニ論ズベシト云フ此大精神デ、日本ノ國難ヲ切拔ケタト信ジテ居ルノデアル(拍手)而シテ更ニ日本ガ德川封建制ガ倒レ掛ルヤ、資本主義諸外國家ガ日本ノ自主權ヲ侵サンガ爲ニ、色々ナル問題ノ輻湊シタコトヲ總理大臣ハ御承知デアラウ、其時ニ當ッテ我ガ日本ガ支那、印度ト運命ヲ異ニシテ、日本ガ獨立自主シタコトハ何處ニアッタカト云フナラバ、若キ明治大帝ノ下サレタル所ノ五箇條ノ御誓文、萬機公論ニ決スベシト云フ大方針デアッタト、私ハ考ヘルノデアル(拍手)日本歷史ノ中ニ國際關係ニ於テ、日本ノ狀態ガ動搖致シマシタ二ツノ時期ヲ私ハ玆ニ考ヘル、古代ニ於テハ聖德太子ノ時代、近世ニ於テハ明治御維新ノ初頭、而モ此國難打開ノ精神ハ聖德太子ノ言ハレタ如ク、大事ヲ獨リ斷ズベカラズ、宜シク衆ト論ズベシ、萬機公論ニ決スベシト云フ大方針デアル、日本ノ歷史ヲ通貫スル所ノ思想ハ、此大事ヲ獨リ斷ズベカラズ、萬機公論ニ決スベシト云フ思想デアラウト私ハ考ヘテ居ルノデアル(拍手)今日日本ガ三度大陸政策ヲ中心トシテ色々ナル問題ガ玆ニ輻湊シテ居ルコトヲ私ハ知ッテ居ル、此國難ト動搖ノ中ニ當ッテ此難局ヲ切拔ク精神ハ、聖德太子ノ思想ノ中ニ流レテ居ッタ、明治大

帝ノ思想ノ中ニ流レテ居ッタ、此萬機公論ニ決スベシノ思想デナカラウカト私ハ考ヘル、恐ラク總理大臣ハ私ノ意見ニ御同感デハナイカト思フガ、若シモ御同感デアルナラバ、我ガ社會大衆黨ガ此國難打開ノ基礎條件トシテ、日頃同志諸君ガ熱烈ニ主張シテ居ル所ハ、所謂今日ノ議會制度ノ根本的ナ改造デアルノデアリマス、然ルニ最近軍部ノ中ニモ、或ハ官僚ノ一角ニモ、議會制度ヲ或ハ否認セントスルモノガアルカノ如キ說ガ傳ヘリ、或ハ斯ル說ガ新聞ニ流布サレテ居ルノデ、洵ニ吾々ハ遺憾ニ堪ヘナイノデアル、吾々ハ今日ノ立憲政治ヲ眞實ニ活カスノ途、而シテ大衆ト共ニ國難ニ當リ、大衆ト共ニ此國難ヲ打開スル方法ハ、此吾々ガ主張スル所ノ勤勞者議會ノ建設ト言ッテ居ル所ノモノデアラウト私ハ思フ、ソレガ爲ニ先ヅ貴族院ノ改正ヲ致シテ戴キタイ、又衆議院ノ選擧法ノ改正ヲシテ戴キタイ、議院法ノ改正ヲ私ハ御願シタイノデアル、前内閣ハ貴族院ノ改正、衆議院選擧法ノ改正、議院法ノ改正ニ於テ委員ヲ設ケラレマシタガ、私モ其委員ノ末席ヲ汚シタモノデアリマスルケレドモ、前内閣ニハ庶政一新ノ覺悟ハナイノデアル、庶政一新ノ根本的ノ條件ヲナス進歩的議會制度ノ確立ニ對スル信念ガナイノデアル、洵ニ遺憾ニ堪ヘヌ、即チ庶政一新ノ根本的ノ要件ハ、此帝國議會ヲ强化スルコトデアル、帝國議會ノ權限ヲ擴大スルコトデアル(拍手) 帝國議會ノ基礎ヲモット廣汎ナル民衆ノ基礎ノ上ニ置クコトデアラウト私ハ信ジテ居ルノデアル、ソレガ爲ニハ少クトモ一府縣比例代表、大選擧區制度ノ如キガ實施サレナケレバナラナイト私ハ信ジテ居ルノデアル、總理大臣ハ眞實ニ庶政一新ノ具體化ヲショウトスレバ、聖德太子ニ倣ヒ、畏多クモ明治大帝ニ倣ヒテ萬機公論ノ精神ニ立脚シテ、此日本ノ立憲政治ヲモット大衆化シ、サウシテ此難局ヲ打開サレンコトヲ希望スルノデアリマス、總理大臣ニ果シテ其意圖アリヤ否ヤ、私ハ御尋致シタイノデアリマス、以上ヲ以テ私ノ質問ヲ終ル次第デアリマス(拍手)

昭和十二年二月十九日

國務大臣ノ演說ニ對スル中野君ノ質疑

○中野正剛君　諸君、私ハ政變ノ後ニ生レタル此林內閣ニ對シテ、第一大局ノ政治的立場カラ質問ヲシテ見タイト思ヒマス、廣田內閣ハ突如トシテ崩壞シタ、其次ニ林內閣ガ現レテ來タ、凡ソ政變ニハ意義ガナケレバナラヌ、政變後ニ生レタル內閣ハ前內閣ト異レル視野ヨリ國政ヲ變理スルノ決心ガナケレバナラヌ、私ハ林總理大臣ノ誠實ナル人格ニハ多年推服シテ居リマスガ、總理大臣トシテ此席上ニ立チテ爲サレタル演說、總理大臣ヲ輔佐スル大藏大臣ノ質問應答、ソレ等ヲ承ッテ見ルト云フト、外交モ內政モ總テ大シテ前內閣ト相違ハナイ、同ジヤウナコトヲ言ッテ居ラレル、若シ相違ガアレバ、三十億三千數百万ノ豫算ヲ削減シテ、二十七億七千万弱ノ豫算トサレタコトダケダ、此間ノ政變ハ結果ヨリ見マスレバ、此豫算削減ダケシカ窺サヌヤウニ私ニハ見エル、サウスルト云フト前內閣ノ倒壞ハ色々込ミ入ッタ事情モアリマスガ、三十億數千万圓ノ豫算ノ頂壓ニ依ルモノト、斯ウ見ナケレバナラヌヤウナコトニナル、現內閣ハ前內閣ノ豫算ヲ削減シタダケダ、日本トシテ此三十億數千万圓ノ豫算ガ一體堪ヘラレナイデセウカ、堪ヘラレナイト見ラレルカラ、全農村ノ期待ヲ裏切ッテ農村交付金一億五千万圓ヲ切捨テラレル、軍ハ國防一日ヲ急グト云フ、一錢ノ懸値モナイト云フ豫算ヲ四千六百万圓是亦繰延、特別繰延ダサウデスガ、事實ハ繰延ダラウト思フ、ソンナニ私ハ數字ニ拘泥シナケレバナラヌコトダラウカト斯ウ考ヘテ居ル、大藏大臣ハ其上此席上ニ於テ、財政ノ前途ニハ見透シガ付カヌト斯ウ言ヘレル、政變後ニ現レタル內閣ノ爲ス所、大藏大臣ノ聲明、相俟ッテ日本ハ此非常時ニ於テ、三十億何千万圓ノ豫算ニ堪ヘナイト云フコトヲ天下ニ發表シテ居ラレル、私ハ是ガ世界ニ對スル影響ヲ憂慮セザルヲ得ナイ、ソロ〳〵支那ヤ「ソビエト」露西亞ヤ各方面ニ此影響ガ現レ始メテ居ルヤウニ見エル、日本ハ今ニ財政デ參ルゾ、滿洲工作モ放ッテ見テ置ケ、深入リシテイケナクナッタ時ニ、根コソギ叩キ出シテヤルト云フノガ、彼ノ滿洲事變以來日本ト對立シタル列國ノ議論デアッタガ、丁度此議場ニ現レタル內閣ノ言動ハ、覇氣モナケレバ意氣込モナイ、甚ダ殘念デアル、而シテ豫算ニ堪ヘナカッタ、將來ハドウナルカ分ラヌト言ウタコトニ歸著スルヤウニ見エル、私ハ勃興日本ノ爲ニ之ヲ悲シム者デアル、而シテ私共ノ視野カラハ、斷ジテ我ガ日本ハ左樣ナ劣弱ナルモノニ非ズト確信スル、政府ガ意氣込ヲ以テ此信念ヲ四海ニ之ヲ宣布スル能ハザレバ眇タル代議士ト雖モ日本國民ノ意氣込ヲ代表シ、林內閣ニ代リテ日本ハ是位ノ豫算ニハコタレルモノニ非ズ、政治ノ執リ方ニ依ッテハ多々益〻辨ズルモノナリト云フコトヲ聲明スル、此認識ノ下ニ、私ハ少シ本質的ノ質問ヲシテ見タイト思フ

此豫算ノ中心ハ軍事費ニアリマス、十四億ノ軍事費ニアリマス、豫算ガ大キ過ギルト言フ、何ガ大キ過ギルカト言ヘバ、軍事費ガ尨大ダト云フコトニナリマス、此議場ニ於テハ同時ニ大衆生活ノ安定ヲ犧牲ニ供シタト云フコトガ、議員殆ド全般ノ主張トシテ內閣ト對立シテ居リマス、國民生活ヲ不安ニ陷レタ、國民生活ノ爲ニ金ハ使ヘヌ、而シテ豫算ガ大キイ、政府モ亦豫算ガ大キイ、斯ウ言ッテ議論サレヽバ、之ヲ觀ル者ハ軍事費ガ膨レタカラ國民生活ハ安定セナイト感ズルコトニナル、豫算ノ總額ヲ固定的ナモノニ見テ居ル、軍事費ガ膨レヽバ大衆生活安定費ハ削減サレル、大衆負擔ニハ重壓ヲ加ヘル、斯ウ云フ理論ノ下ニ內閣諸公ガ應對セラレヽバ、私ハ所謂其內閣ノ態度、其內閣ノ豫算ニ對スル認識、ソレガ私ハ由由シキ軍民離間ノ中心トナリハセヌカト云フコトヲ憂慮スルモノデアル、私ハ諸君ノ御氣ニ適ハヌカモ知レマセヌガ、豫算ハ今後益〻膨脹スルト見テ居ル、セザルヲ得ヌト見テ居ル、是ハ私ハ昭和六年ニ井上財政崩壞ノ當時カラ、ドウモ此國際的環境ノ中ニ乘出シタ以上ハ公債ハ倍ニナル、豫算ハ膨レル、膨レテモ日本ハ倒レナイト主張シタ、其時ニハ私ノ議論ハ何カ滅茶苦茶ノ膨脹論ヲ言フ者ナルガ如キ印象ヲ受ケタノデアル、當時財政金融ノ專門家デアル井上大藏大臣ハ、アノ上ニモウ百万圓デモ公債ガ殖エレバ日本ハ參ル、金融界ハ保タヌト言ヒ、ソレガサモ專門家ノ議論ノ如ク聞エテ居ッタ、然ルニ今日ノ如ク厖大ニナッテ來タ、私ハ今後モ、モット〳〵膨レテ行ク、此膨レテ行クノガ必然デアルガ、無理デアル、此無理ヲドウシテ克服スルカ、此無理ノ克服ニ日本非常時ノ姿ガアルト私ハ信ジテ居リマス、ソコデ軍事費其モノヽ使ヒ方ニ付キマシテハ、又ハ我ガ海軍ノ軍艦、潛航艇、飛行機、ソレ等ニ對スル金ノ使ヒ方ノ割合ニ付キマシテモ、陸軍ノ金ノ使ヒ方ニ付キマシテモ、私共素人ト雖モ多少ノ主張ヲ持ツ、是ハ遠慮ナク吾々ノ同志ヨリ豫算總會ニ於テ質問スルダラウト思ヒマスガ、大體ニ於テ私ハ軍事費ハ、今年アレダケ直チニ使フガ善イカ惡イカハ問題トシテ、海陸ニ於テ計畫サレテ居ルダケノ軍事費ハ、已ムヲ得ナイト見テ居ル、或ハ廢ル、今頭ヲ出シテ居ルモノヨリハ、モット大キクナルノガ必然デハナイカト私ハ見テ居ル、之ヲ私ハ極ク素人ノ常識カラ御話シテ見タイト思フ、此私ノ信念ヲ前提トシテ總理大臣ノ御決心、此無理ヲ有理ニ展開セネバナラヌ重責ヲ帶ビラレタル大藏大臣ノ御決意ト御經綸、專門的御知識トヲ叩カンコトヲ欲スル者デアリマス

日本ハ前內閣頃カラ內閣諸公、外務大臣、陸軍モサウデセウ、東亞ノ安定勢力デアルト云フコトヲ言ヒ出シテ居ル、東亞ノ安定勢力ト云フコトハ、ドウ云フコトヲ意味スルカ、東亞トハドコラヲ言フノカ、少クトモ滿蒙、支那、海ニ於テ南洋、此線ヲ描イタ一ツノ塊リヲ安定スルダケノ勢力ハナクチヤナラヌダラウト斯ウ思フ、ソレガ同時ニ日本ノ國防線デアル、安定勢力圈デアル、私ハ軍事上列國ノ主張ニ付キマシテハ、色色ノ宣傳モアリ、誇張モアルダラウト思ヒマス、ソレ故ニ靜ニ世界ノ――私餘計見聞モアリマセヌガ、凡ソ軍事記者ト云フ名ノ通ッタ人々ノ議論ハ見テ居ルノデアル、彼等ノ見ル所ニ依ルト、此頃ハ此日本ノ安定勢力圈、國防外線ニ向ッテ、世界ノ新鋭武器、飛行機「タンク」潛航艇、大艦巨砲、ソレガ磁石ニ吸ヒ寄セラルヽガ如ク、其安定線ヲ壓縮シテ、日本ノ此國防安定線ヲ壓迫シテ居ル、其勢ヒ日ニ縮マルモノガアル、此安定圈ヲ日本ガ死守シテ居ッテモ、新鋭武器、飛行機ハ距離ヲ縮メ、潛航艇ハ海ヲ池トナシ、段々ト抑詰メテ來ル、斯ウ言ッテ居リマス、私ハ是ハ公平ナ見方デアラウト思フ、併シ日本ハ東亞ヲ安定セナケレバ自滅ダラウト思フ、支那問題ハ支那問題ニアラズシテ、日本ノ問題ダト思フ、海上ニ於ケル防備ハ、單ニ南洋ノ問題ニアラズシテ、日本

ノ存亡問題ダト思フ、玆ニ日本ハ力以上ノ重責ヲ國際ノ役割ノ上ニ背負ッテ居ル、洵ニ大キナモノデアル、彼ノ日沒ヲ見ザル大領土ヲ擁スル英國ハ、可ナリ大キナ範圍ノ安定責任ヲ背負ッテ居ル「ソビエト」露西亞モ、亞米利加モ、獨逸モ、佛蘭西モ、世界ノ強大國ト稱スル國ハ、相當大キナ安定責任線ヲ有ッテ居リマスガ、我ガ日本モ、是等ノ大國ト優リハスルトモ劣ラザル責任安定圏ヲ有ッテ居ルコトヲ、私ハ自覺セナケレバナラヌ、斯ウ思フ、ソレガ脅サル、、脅サル、コトハ餘所ノコトヂヤナイ、日本ノ存亡デアル、斯ウ云フ考ニ立ツ時ニ、何トシテモ護ヲナケレバナラヌ、其日本ノ國防線ノ周圍ニ押寄セテ居ル國々ノ豫算ハ洵ニ大キイ、英國ノ豫算ハ八億磅、日本ニ引較ベルト云フト、ズット大キイデセウ、昨日ノ新聞ニモ十五億磅、五箇年計畫ノ軍擴ヲ政府ハ發明シタト云フ、是ハ邦貨二百五十五億、年額五十數億圓ノ軍事費ヲ英國ハ有ッテ居ルコトニナル、可ナリ大キナモノダ、米國モ豫算ガ九十一億弗、軍事費ハ十一億弗、其外ニ追加シ追加シ追加セラル、所ノ軍備擴張費ガアル、「ソビエト」露西亞ニ至リマシテハ、色色其發表ニ矛盾モアリマスガ、不肖素人ノ窺ヒ得タル所ニ依リマスルト、千九百三十七年度ニ於テ九百八十億留ノ豫算、軍事費ハ二百一億留、此外ニ軍事ニ直接關係アル八十億留ガアル、是モ邦貨ニ換算スルト、略〻五ニ割ッテ日本ノ邦貨ト同ジ購買力ヲ見セルト言ヒマスカラシテ、ヤハリ五十億內外ノ軍事費ヲ有ッテ居ル、此外ニ三百万ノ強制勞働ヲ有ッテ居ル、而シテ露西亞ノ產業計畫全部ガ廣義ノ軍事費デアル、ソレガ雪崩レ掛ッテ來テ居ル、現ニ國境ニ於テハ對立狀態ニ在ル我ガ忠勇ナル軍隊、卽チ農家ノ子弟、町ノ若者ヘ、滿蒙ノ氷雪ノ裡ニ此重壓ト對抗シテ居ル、私ハ滿洲ニ行クタビニ話ヲ聞カサレル、アノ國境線ニ於テモ衝突ガアッタ、此處デモアッタ、ソレガ負ケタ、勝ッタト云フコトガ、一々支那人、滿洲人ニハ電氣ノ如ク傳ヘル、日本ノ飛行機ガ一臺墜チレバ滿洲ノ人心ガザワツク、少シ露西亞ガ無謀ナコトヲヤッテ、大兵ヲ動カシ來ッテ日本ノ少數ノ兵士ヲ壓迫シ、死傷ヲ出サセルト云フト、直グソレガ朝鮮ニマデ影響スル、私ハ朝鮮總督府ノ大官カラ聞カサレタノデスガ、滿洲國境線ノ動キガ、負ケタトカ、勝ッタトカ云フ大袈裟ナ風評トナッテ、朝鮮ノ人心ニ影響スル、滿洲國ノ人心ニ影響シ、北支那ノ人心ニ影響シ、國際陰謀家ノ淵叢トナラントスル上海ノ風說ニ影響スル、卽チ國防線ガ外力ノ壓迫ヲ蒙ルコトハ、洵ニ日本ノ大陸政策ノ上ニ重大ナル關係ガアル、國家ハ經濟發展ガ必要デアル、是ハ尾崎サンノ言ハルル通リデアル、其經濟發展ガ「ソ」滿國境ニ於ケル我ガ兵隊ノ僅カノ死傷、ソレニ依ッテ東亞ノ人心ガ動搖スルトナレバ、經濟政策モ莫大ナル打擊ヲ受ケルト云フノガ今日ノ情勢デアル、是ハ小競合デモ負ケチヤイカヌ、大局ノ爭ニ於テハ睨ミ返サナケレバ、ドウシテモ日本ノ極東ニ於ケル立場ハ保持出來ナイト私ハ考ヘテ居ル、決シテ戰ノ爲ニ戰ヲ好ムモノニアラズ、國防ノ爲ニ國防ヲ說クモノニアラズ、日本ノ國民生活ヲ安定シ、日本國家ノ存在ヲ正確ニ安固ニスル、此國際環境ニ善處スル爲ニモ、今日ハ軍備ニ於テ外カラ脅サレテハナラヌト云フ情勢ニ在ルコトヲ私ハ信ジテ居ル（「百億デモ千億デモ使ヘ」ト呼フ者アリ）御聽キナサイ――佛蘭西ハ「デフレ」政策ヲ執ッテ居ル、ソレデモ豫算ハ四百七十億法、ヤハリ邦貨ニ換算スレバ百何十億ダラウト思フ、軍事費ハ邦貨ニ換算シテ二十二億位ヲ、千九百三十一年以來連年使ヒ來ッテ居ル、斯ノ如ク列國ヲ調ベテ見ルト、マルデ百億トカ、五十億トカ、桁違ヒノ軍事費ヲ使ッテ居ル、併ナガラソレヲ豫算ノ全面ト比較スレバ、成程日本ノ方ガ割高デセウ、割高ダケレドモ必要ダ、之ヲ唯平面幾何ヲ解釋スルヤウニ、日本ノ豫算ヘ是ダケシカナイノニ軍事費ノ割合ハ多過ギル、劣弱ナル我ガ國力ヲ以テコンナ大キナ軍事費ヲ背負フコトハ、日本ヲ亡ボス所以ダト云フノハ、是ハ平面幾何ノ解キ方ダ、モウ少シ立體的ニ見ナケレバナラヌ、立體幾何ダケデハイカヌ、モウ少シ有機的ニ見ナケレバナラヌ、血液ヲ通ハシ、神經ヲ通ハシ、立體ノ上ニ有機性ヲ加ヘテ、吾吾ハ數字デハ解ケザル問題ヲ、ソコニ日本國民ノ努力、所謂日本精神、而シテ又日本男子ノ魂ヲ以テ探ネ入リタル科學ノ力、之ヲ總動員シテ、此無理ナ軍事豫算、總豫算ノ中ニ於テハ比較的高率ヲ占ムル、或ハ列國ト比較シテ遙ニ高率ヲ占ムル所ノ軍事費ヲ捻出シナガラ、尙ホ日本國家生成ノ元氣ヲ、上ヨリ下ニ充實サセナガラ進ンデ行カナケレバナラヌ所ニ、日本非常時ノ相ハアルノデアリマス、誰モ國ヲ建テル以上ハ安樂ガ望マシイ、併ナガラ歐洲大戰ノ最初ニ於テ、私ハ英吉利ニ居リマシタ時ニ、國ノ安樂觀ヲ變ヘナケレバナラヌト云フ議論ヲ頻ニ聞カサレタ、安樂ナル國必シモ安固デナイ、安樂ト安固トハ違フ、安全トモ違フ、安樂ニシテ安全ナラ結構ダガ、ドウモ安全ノ爲ニハ、安樂ナル國民ノ立場ヲ或ル程度マデ犧牲ニシテモ、已ムヲ得ナイト云フ議論ヲ屢〻聞イタ、私ハ實ニ無理ナ軍事費ヲ捻出シナガラモ、遮二無二日本自衞ノ力ダケハ具ヘナケレバナラヌト云フ所ニ、日本非常時ノ姿ガアルト思ヒマス、此見方ニ付キマシテハ昨日此議場ヲ壓セシ先輩尾崎君ノ見方トハ、私ハ對立的ニ反對デアリマス、結城大藏大臣ハ天下ノ期待ヲ擔ッテ居ラル、、何ヲ天下ガ期待シテ居ルカト言ヘバ、アナタニ此無理ナ豫算ノ中デ軍事費ヲ充實サセナガラ、ソレト同時ニ國民生活ノ安定ヲ、或ル程度マデ保障シナガラ、アナタ方ノ專門的知識、經驗、ソレニ誠實味ヲ加ヘテ、之ヲ善處スルデアラウト云フコトニ人ハ期待シテ居ルノデアル、私ハ此考ヘ方ニ立脚シテ、林內閣ニ對シテ多々質問シタイト思ッテ居ル

林內閣ノ所信ヲ質ス前ニ、私ハ前內閣ノ倒壞セシ所以、前內閣ノ方針ノ行詰マレル所以ヲハッキリシタイト思フ、其行詰リシ所以ヲハッキリ認識セラレテ、ソコニ新タナル出發ヲナサルコトガ林內閣ノ責任デアル、斯ウ思ッテ居ル、廣田內閣ハ國際情勢ニ對シテ大分認識ガ違ッテ居ッタ、列國トノ對立ノ情勢ニ對シ我ガ責任上ノ安全圈ヲ保持シナケレバナラヌト云フ此重責ガ、外交上ノ辭令ヤオ辭儀ヲスルコトニ依ッテ確保セラレルト思ッテ居ッタコトガ、外交上ノ間違ノ本デアッタ、併シナガラ馬場財政ハ何ニ強要サレタカ、軍事費ダケハ出サナケレバナラヌト云フ決心ヲシタヤウデアル、軍事費ヲ出サナケレバナラヌト云フ決心ハシタ、然ラバ軍事費ヲ使ッテ行ク、軍事費ヲ使ッテ行クナラバ是ノ準備工作ガ要ル、併ナガラ此金融資本家出身ノ大藏大臣ハ、軍事費ノ必要ヲ強要セラレテ認メテ居ッタノデアリマスガ、心カラ此軍事費ヲ使ヒコナスノニ、ドウスレバ宜イト云フ大藏大臣當然ノ責任ヲ閑却シテ居ッタ、又其點ニ對シテ感覺ガナカッタト見ナケレバナラヌ、軍事費ハ壓迫ニ依リテ出サウ、併ナガラ此軍事費ノ背後ニ要ル、豫算ノ膨脹ニ伴フベキ生產力ノ擴張政策ト云フモノハ全然閑却シテ居ッタ、或ル意味ニ於テ豫算ヲ出ス馬場藏相ト、金ノ總元締トシテ、產業關係各省ヲ統轄シテ、生產政策ニ對シテ頭ヲ用ヒナケレバナラヌ馬場藏相トハ別物デアッタ、附燒刃ノ軍備擴張論者ニ過ギナカッタ、眞ノ強兵ノ基礎ヲ富國ニ置カントスル、富國ノ要點ヲ生產力ノ擴大ニ置カネバナラヌト云フ認識ヲ有スルモノデナカッタ、是ガ馬場藏相ノ大缺陷ト思フ、モウ一ツハ其指導原理ノ誤デアル、此指導原理ハ私ハハッキリ變ヘナケレバナラヌト思フガ、私ノ變ヘントスル所ヲ誤ッテ、

アナタ方ガ又常年ノ金融資本家ノ立場ニ持ッテ行カレルナラバ、今度ハ又逆ノ方向ニ捩ヂ返サナケレバナラヌト思フ、是ダケヲ中上ゲテ私ハ指導原理ノ間違ッテ居ッタコトヲ解剖シタイト思フ

廣田内閣ニ於テ缺ケタルモノハ政治的要素デアリマス、政治家的要素デアリマス、政治家ト云フノハ、最近日本ノ政治家ハ茶飲ミ話ノ物喰ヒノ種ニサレテ居ル、私ノ政治家ト謂フノハ、眞ノ經世家、經世的眼光ヲ有スル政治人、ソレガ廣田内閣ニ無カッタ、總理大臣モ其人デ無カッタ、又斯ノ如キ人ハ首相ノ左右ニモ無カッタ、ソコデ經世家ヲ有セザル廣田内閣ハ馬場君ヲ賴リニ、金融事務家ヲ賴リニ此經世ノ政策ヲヤラウトシタ、金融事務家ナドト云フモノハ、私ハモウ少シ偉イモノダト思ッテ居ッタガ、ヤハリ是ハ眼光極メテ狹小ナルモノ、自分ノ慣レザル問題ニブッツカルト云フト、マルデ自分ノ立ツ所ガハッキリシテナイカラ何處ニデモ飛ンデ行ク、ドウデモナル、若シ經世的眼光ヲ有スル人ガ内閣ヲ指導シテ居ッタナラバ、此事務家ハ經世的眼光ニ指導セラレテ、日本ノ財政政策ヲ執ッタデアラウ、併シ經世ノ事ヲ相談スル相手ガ無イ、誰ト倶ニ相談シタカト云ヘバ、官僚ト倶ニシタ、卽テ金融專門家ト官僚トノ合作、其官僚トノ合作ノ上ニ妙ナ「イデオロギー」ヲ宣傳シテ廻ッタノガ、前内閣ニ對シ滿天下ガ呆レ返ッタ根本原因デアル、私ハ斯ウ考ヘテ居リマス、私ハ官僚ニ對シテ何モ感情的ニ惡口ヲ言フノデハナイ、併ナガラ我ガ日本ノ官僚ニハ今日ハ通弊ガアル、御承知ノ通リ大正十一二年頃ハ、我ガ學界ニ於テ左翼思想ガ燃エ盛ッタ其時代デアル、其時代ニ於テ學生モ其思想ニ動カサレ、元氣ノアル者ハ社會運動ニ飛出シ勇敢ニ鬪ヒ、或ル意味ニ於テ殉難ノ士トナリ、或者ハ牢獄ノ中ニ呻吟シタ、併ナガラ其時ニ元氣ヲ出シテ飛出シタ者ハ、實生活ノ試煉ニ叩カレ、鬪ヒナガラ世界ヲ觀、鬪ヒナガラ環境ヲ觀ルカラ、今日ノ官僚ノ如ク「プリミティーブ」ナ初期ノ左翼小兒病的思想ニ動サレル者ハ殆ドナクナッテ居ル、唯官僚ハ社會ニ飛出ス元氣ガナイ、頭ダケハ左翼ニカブレタ、試驗ヲ受ケタヲ優等生デ合格シタ、合格シテシマフト云フト身分保障令ガアル、チヤント鞍上リニ行ケル、併シ官僚ニハ色々ノ制限ガアッテ、其思想ヲ外ニ出スコトハ出來ヌ、ソコデ左翼思想ヲ箱入リニシ、自ラ箱入娘トナッテ來タ、ソレガ此頃ニナッテ政黨無力化シ、政治無力化シ、軍部ガ革新政策ノ尖端ヲ切ルニ及ンデ、今ハ吾々ガ言ウテモ宜シイト云フノデ動キ出シタノガ日本ノ所謂新官僚、新々官僚群、斯ウ私ハ見テ居ル、其指導原理ニ馬場サンガ引張ッテ行カレタ、其指導原理ハ極ク初期ノ社會主義デアル、尤モ日本デ社會主義ヲ過ッテ唱ヘルト云フト、何カ國家ニ對スル反逆ノヤウニ思ハレルカラ、國家社會主義トカ何トカ言フガ、ドウシテモ押シ詰メレバ「マルキシズム」ニナル、サウ云フ考ヘ方ヲ縛ラレナイ程度ニ言ウテ行カウト云フ極メテ卑屈ナヤリ方、ソレガ官僚ノ革新思想デアル、其ヤリ方ハ皆最後ニ於テ集産主義トナル、彼等ハ國家ガヤレバ何デモ宜シイ、國家ガヤルコトハ官吏ガヤルコトダ、サウ云フ間違ッタ考ヲ持ッテ居ル、サウ云フ考ヘ方ト云フモノハ、是ハ日本デ言ヘバ滿洲事變マデノ考ヘ方、露西亞デ言ヘバアノ革命ヲヤルマデノ考ヘ方、ヤッタ翌日カラ之ヲ如何ニ實務化スルカト云フコトハ「レーニン」「スターリン」皆考ヘテ居ル、實際ノ試煉ニ觸レザル極ク初期ノ考ヘ方、ソレガ官僚ノ革新「イデオロギー」デアル、然ルニ今日ニ於キマシテハ社會主義者ト雖モ實際ヲ見テ居ル人々ハ、事業經營ノ主體ガ國家デアルト、公共團體デアルト、個人デアルト、ソンナコトヲ問フモノヂヤナイ、全產業、全經濟、全金融ノ運用ヲ社會的ニスルト云フコトガ、社會主義者ト雖モ「ブラクティカル」ナ人ノ狙ヒ所デアル、然ルニドウデス、新官僚群ガ自分ノ職場意識ト一緒ニシテ、國家ガヤレバ宜シイ、國家ガ保護スレバ宜シイ、官吏ガ經營スレバ宜シイ、國有ガ宜シイト考ヘタ、其尖端ヲ切ッテ現レタモノガ電力民有國營案、聽イテ見ルト云フト「メカニズム」ダケハ整ッテ居ル、國家ガ統一スル、送電線ヲ統一スル、無駄ヲ省ク、電力ハ一擧ニシテ一千万「キロ」モ增加スル、コンナコトヲ宣傳シテ、描ケル美人ヲ揭ゲテ見セル、ドウシテソンナ旨イコトガ行ク、株主ニハ旨イコト配當スル、仕事ハ旨クスル、電力ハ豐富デ低廉、何故ニ宜イカ、役人ガヤルカラ、斯ウ云フ考ヘ方ト云フモノハ、是ハ大間違デアル、社會主義者ト雖モ、官僚群ガデスヨ、事業經營ノ主體ニナッテ能率ガ擧ルナゾト考ヘテ居ルモノハナイ、堪能ナル官僚ト雖モ、實務ニ缺掌セルモノニハ敵ハヌ、實務ノ洗煉ヲ經來ッタルモノヲシテ經營ニ當ラシムルニアラザレバ不可ナリ、イヤ、ソレバカリデハナイ、實務ノモット下ノ方ノ、勞働者ヲシテ事業經營ニ參畫セシムルニアラザレバ、眞ノ事業經營ヲ能率化スルコトハ不可能ト見テ居ル、資本家ヨリ奪ヒテ官僚ガ事業ノ經營權ヲ取リ、勞働者ニ對シテハ絕對ノ權威ヲ以テ之ヲ押付ケルト云フヤウナ頭、サウ云フモノノ考ヘ方デ、何モ彼モ國有、甚シキハ民有國營、人ノ財產ヲ自分ガ取ッテ、經營ダケハ俺ガシヨウト云フヤウナコトマデ發展シテ來タ、此調子ナラ其次ハ石炭國營、其ノ次ハ船舶國營、何ヲヤルカ分ラヌ、豐富ニシテ低廉ナル電力ヲ宣傳シタガ、ア、云フ官僚ノ底ノ心ガ天下ニ分ッテヨリ以來、ピタリト生產活動ハ一時止ッタ、豐富ニシテ低廉ナル生產活動ハ逆ニ止ッタ、而モ一方ニ於テ國費ハ膨脹スル、軍事費ハ遮二無二出サナケレバナラヌ、民間ノ創造力、企業心ヲ壓迫シテ、机上ノ空論ヲ强行シヨウトスル、社會主義者ノ鬪士ト雖モ斯ウ云フコトハ言ヘナイ筈デアル、社會主義ト異レル他ノ獨逸邊リノ「イデオロギー」モ之ニ反對シテ居ル、左翼デモ右翼デモデスヨ、實務ヲ經來ッタ者ノ背定シ得ザル所ノ、極ク原始的ナ、人ノモノヲ自分ガ取ッテ、俺ガヤレバ宜シイト云フノガ官僚ノ意圖デアッタ、其口吻ハマルデ革命家ノ言フヤウナ話デアル、革命ト云フモノハドウ云フコトヲ意味スルカ、社會勢力ノ變化ニ應ジテ、之ヲ反映シテ人間ノ立場ヲ變ヘルコトガ一種ノ革命ダ、然ルニ官僚ハ自分ノ地位ニ居据リナガラ、月給ハ取リナガラ、恩給ハ付キナガラ、絕對安全ノ立場ニ居リナガラ、ドウデス革命ミタヤウナコトヲ言フ、居直リ、革命主義、官僚資本主義、能率撲滅主義、ソレト一緒ニ躍ッタモノガ馬場財政ダ、軍部ノ一部ノ人々モ餘リニ調査局ニ利用サレタノダ、是ハ軍部ガ贊成ト云フノガ流行語デアッタ、大抵ノ未熟ナル新官僚「イデオロギー」ガ軍部ノ贊成ナル名ノ下ニ天下ニ强要セラレタ、軍部ハ大ナル損失ヲシタト私ハ思フ、而シテ軍部ヲ利用シ、軍部モ乘込ンダカドウカ知ラナイガ、其一緒ニナッタ非常ノ强キ壓力ハ、財界其モノニ向ッテ非常ノ衝擊ヲ與ヘ、其非常ニ强キ壓力ニ依ッテ前内閣ガ顚覆シタト私ハ見テ居ル、ソコデ林サンガ出テ來ラレタ、私ハ此林内閣出現ノ際ニ當ッテ、ハッキリコ、ヲ認識シテ、自己獨自ノ立場ヲハッキリセラル、デアラウト云フコトヲ期待スルモノデアリ、切望スルモノデアリ、要求スルモノデアル

林サンハ誠實ノ士デアルト皆言ヒマス、私モ數十年ヨク存ジテ居ル、滿洲事變ニ於テハ……(笑聲)數十年 知ッテ居リマス、佐官時代カラ知ッテ居ル、滿洲事變ニ於テハ越境將軍デアル、斷モアル、誠意モアル、斯樣ニ人々ハ見テ居ル、内閣ヲ組織セラル、時ニハ、謙遜ナル林サンガ決心シテ出ラル、ニハ、餘程ノ御抱負ガ――覺悟經綸ガナケレバナラヌト思フ、組閣ノ最初ニ於テ林總理大臣ハ國防ガ一ツ、革新政策ガ一ツ、經

濟界ノ安定、更ニ振興、是ガ一ツ、之ヲ諷和スルニ全責任ヲ以テ起タレタヤウニ見受ケラレタ、ソレニ依ッテアナタハ、陸海軍ニ向ッテモ軍部大臣ノ人選ヲ要求セラレタ、アナタ指定ノ人ガアル、陸軍ニ於テ三長官會議ノ容ル、所トナラザリシト云フノハ、表面ニ現レタ現象デアルガ、私ハアナタノ組閣方針ヲ阻ム一ツノ見エザル力ガアッタデアラウト、斯ウ思フ、ソコデ軍部大臣ハアナタノ要求通リニ行カナカッタ、併シアナタノ見當ハ惡クナカッタ、一面ニ於テ財界ハ專門家ニ委セル、併シ革新意識ヲ衰ヘサシチヤイカヌ、日滿ヲ打ッテ一丸トナス所ノ一ツノ國防政策ガ要ル、ソレニ適當ナル人ヲ選ンデ來ル、是デ押出サレタノダ、アナタノ意見ガ軍部ト衝突スルニアラズシテ、見エザル力ノ阻ム所トナリテ、此組閣方針ガ圓滑ニ行カナイ、私ハ一國ノ政治ニ任ズル者ハ、定石カラ申セバ第一次的ノ、第一善ガ行ハレザル時ニハ、大命ヲ拜辭シテ退クノガ定石ダト私ハ思フ、軍部大臣ヲ指名シテアナタノ意中ノ人ハ棚曝シニナッテ居ル、ソレヂヤイケナイ、ソレト同時ニ組閣ノ動向ガ急角度ニ變化シタ、此時ニハ責任執レズトシテ退クノガ普通ノ定石、私ハアナタノ平常ニ察シテ林總理大臣ハ退カル、ノデアラウト見テ居ッタ、ソレガ退カレナカッタノハ不思議デアル、併ナガラ人ノ功罪ハ棺ヲ蓋ウテ後定マル、退カレナイニモヨク〱ノ御決心ガアッタラウト善意ニ解釋シテ、私ハ棺ヲ蓋ウ迄、内閣ノ使命ヲ終ラレル迄、第一善ヲ行ヒ得ズシテ、第二善ニ落來リシ林氏ノ心事ヲ諒トスル、併ナガラ玆ニ大ナル危險ガ伏在スルト云フコトヲ警告シテ置キタイト、斯樣ニ思フノデアル

ドウモ日本ノ國民ハ此非常時ニ當ッテ、本當ニ見透シノ付ク、本當ニ强イ、已ムヲ得ザル變革ナラバ責任ヲ以テ之ヲ斷行スル政府ノ出現ヲ要望シテ居ル、併シ政界ヲ支配スル一部上層ノ空氣ノ中ニハ、此險惡ナル情勢ダカラ餘リヤリ過ギテハイカヌ、奔馬ヲ輪乘リスル、サウシテ段々鎭メヨウ、停頓シテ日數ヲ經タセルコト、其事ガ非常時ヲ平常時化スル所以ダ、斯ウ云フ力ガアル、ソレヲ多量ニ反映シテ現内閣ハ出來上リハシナカッタカト思フ、「アルプス」ノ險路ヲ越スノニハ駿馬ニ鞭タナケレバナラヌ「ナポレオン」「アルプス」越エノ繪ヲ見ルト云フト、純血ナ「アラビヤ」馬ニ跨ッテ居ル、アナタハ併シ險路ヲ越エナケレバナラヌ、非常時ヲ乘越エナケレバナラヌ、然ルニ險惡ナル道ヲ踏リ越スニハ駿馬ハ危イカラト云ウテ、ドウモ駄馬ヲ備ハレタヤウナ氣ガスル、ソコデ段々難路ニ差掛ルニ及ンデ、吾遲レタルニアラズ、馬進マザルナリ、ドウニモ出來ナイト云フコトニナリハセヌカト思フ、ソコデ私ハ批評ヲ止メマス、林總理大臣ノ責任益〻重大、組閣意ノ如クナラズ、私ハ軍部大臣ノ進退ニ付テハ、代リニ立派ナ人ガ出レバソレデ宜カラウガ、組閣方針ガ一轉シテ、革新ト經濟ト國防トノ調和ガ破レタ、ドウモアナタハ革新ヲ棄テタ頽綱ノ組閣ヲナサッタ以上ハ、人ヲ革新的ニ動員致サレナカッタ以上ハ、アナタ一身ニ此革新政策ノ責任ガアルト、斯ウ思フ、ソコデ私ハ先般中上ゲタ日本ノ環境、國際的情勢、之ニ立脚シテ林總理大臣ノ決意抱負ヲ二三先ヅ承リタイト思フ、結城大藏大臣ハ先般財界ノ見透シハ付カヌト言ハレタ、是ハ後ハドウナルカ分ラヌト云フ言葉デヤ斷ジテナイト思ッテ居ル、大體ノ見透シハ付イテ居ルダラウ、此非常時ノ財務ヲ擔任スル者ガ、日本財政ノ前途ノ見透シガ付カヌト云フコトハナイ、付クノデセウ、明確ナル數字ハ分ラヌト云フコトデアリマセウ、凡ソ其數字ヲドノ位ニコナシ、其順序ヲ如何ニ付ケ、如何ニシテ摩擦ヲ緩和シナガラ責任ヲ遂行スルカ、大體ノ御考ヘ方ハアルダラウト私ハ思フ、此御言葉ヘ率直ニ、數字ハ擧ゲラレナイト云フ御言葉ダラウト思フ、併シソレガ非常ニ世ノ中ニ疑惑ヲ生ジテ居ル、財界ノ前途ハドウナルカ分ラヌト大藏大臣ガ言ッタ、外國ニモ既ニ影響シテ居ル、ソコデ林總理大臣ニ御尋スルガ、結城藏相ノ見透シ付カズト云フコトハ、數字ノコトデアリ、アナタハ日本ガ東亞ノ安定勢力トシテ、名實ヲ備フルニ足ルダケノ自信ヲ持ッテ居ラル、カドウカ、健全ナル財政方針、併ナガラ積極的財政方針――健全財政ト言ヘバ消極ニ限ッテ居ルナラバ、最前言ッタ平面幾何ノ問題ノ解キ方デアル、積極的ニシテ健全ナル方針、ソレハ一面ニ於テ生產力ノ增大、日本滿蒙ヲ連ネル資源ノ總動員、日本國民ノ人的元氣ノ總動員、科學ノ總動員、卽チアナタハデスヨ、積極健全政策ヲ執リ、日本ノ東亞安定勢力タル使命ヲ遂行スルニ對シテ、根柢ニ於テ動カザル自信ヲ有シテ居ラル、カドウカ、希クハ此自信アルコトヲ、ヘッキリ第一ニ申シテ戴キタイ、斯樣ニ思フノデアル

第二ニハ經濟指導原理、經濟指導原理ニ關スル總理大臣ノ演說及聲明ヲ讀ンデ見マスト云フト、保護ト共ニ統制ヲヤル、創造力ヲ增シ、企業心ヲ旺盛ナラシメル、是ハ私共嘗テ言ウタ如ク――自分ノ著書ニ書イタコトヲ今言ハレテ居ルヤウナ氣ガスル、讀ンデ見テ、俺ガ書イタノデハナイカト思ハレルヤウナ所ガアル、大分指導原理ガ吾吾ノ平生ノ主張ト近付イテ來タヤウニ見マスガ、是モ解說實行ノ仕方ニ依リテハ大ナル危險ガアル、保護ト共ニ統制ヲ加ヘルト言ハレマスガ、保護統制政策ヲ誤ルト云フト、潑剌タル競爭心ヲ避ケ、保護ノ杖ニ賴リ、統制ノ綱ニ縛ラレテ、タド〱歩クヤウナコトニナッテ、能率ハ增サヌ、保護シ、統制シ、企業心ヲ增シ、創造力ヲ增スト云フコトハ、自由主義發展時代ニハ極メテ樂デアリマスガ、其自由主義ガ獨占資本主義トナッタ時ニハ、ヤハリ創造力モ、企業心モ衰ヘテシマッテ居ル、之ニ創造力ト企業心ヲ與ヘルト云フコトハ、私ハ餘程ノシッカリシタ革新意識ガ其處ニナクチヤナラヌト思ヒマス、保護統制ガ餘リ巧ク行カナカッタモノハ、恐ラク行カナイダラウト見ラル、モノハ、現ニ結城大藏大臣ノ在野時代ニ御世話ニナッタ東北振興會社ノ如キガ、其一例デアル、電力會社ト、モウ一ツノ振興會社ト兩方デ六千万圓ノ金デス、莫大ナル金ヲ政府ノ力デ强制的ニ集メテ、何モ仕事ヲ始メテ居ナイ、發電事業ノ如キハ、タッタ五万「キロ」ノ計畫デアル、此位ノ仕事ナラ民間ノ今日ノダレ切ッタ營利會社デスラモ、五万「キロ」位ノ發電所ナラバ、月給二百圓位取ル社員ガ會計ト技師ヲ連レテ行ケバ、一箇月位デ叩上ゲテヤッテ見セル、ソレヲ國家ガアノ大キナ會社ヲ保護統制ノ下ニ造ルト仰セラレ、民間ノ金ヲ集メテ、ドウデス、始メテ一年ニモ及バントシ、マダ何ニモ出來ヤシナイ、發電設備ハ一「キロ」百九十圓デ出來ルト、議會デ報告シテ居ッタガ、何デモ此間議論シテ見タ末、ドウシテモ五百圓ハ掛ル、ソンナ事ヲ外ニ漏シテハ議會ノ問題ニナルカラ、當分計畫ハ出スマイト言ハレル、保護統制ノ出來損ヒハ、斯ウ云フコトニナル、私ハ林總理大臣ガ小兒病的社會主義ノ弊ヲ馬場サンガ持ッテ居ッタトスレバ、ソレヲ揭棄シテ、實際家動員ニ出ヲレタノハ宜シイガ、ソコニハッキリシタ革新意識ヲ注ギ込マル、ニアラザレバ、其保護統制ハ創造力ト企業心トヲ却テ鈍ヲセルモノトナル虞ガアル、同時ニ惡ク墮落スルト云フト傳新資本主義擁護ニナル、此指導原理ニ對シ、ハッキリシタ認識ヲ此議場ニ於テ明白ニセラレンコトヲ私ハ希望スル者デアル

第三ニハ庶政一新ニ付テ伺ヒタイト思フ、庶政一新ハ理論遊戯ヲシテ居ル時代デハナイ、一面ニ於テ國力ノ急速ナル發展ヲヤル、之ニ伴フ社會的摩擦ガ出ル、此社會的摩擦ヲ緩和シ、勤勞階級ハノ重壓ヲ除去シ、而シテ國力ノ急速ナル發展ヲ爲スト云フコトガ、私

ハ庶政一新ノ目的デアラウト思フ、斯ノ如ク
シテ資本家ニモ、事業家ニモ、勞働者ニモ、自
發的ノ犧牲ヲ呼掛ケル、皆犧牲デアル、旨イコ
トハ何處ニモナイ、苦シイコトハ皆苦シイ、其自
發的犧牲ヲ呼掛ケテ、此犧牲ヲ拂ハシメネ
バナラヌ、ソレガ爲ニハ犧牲ノ合理性ヲ確
立シナケレバナラヌ、是ニ於テカ此犧牲ノ
合理性ヲ確立スル爲ニ、シッカリシタ根本ノ
考ヲ有タナケレバ駄目ダト思フ、結城大藏
大臣ガ林内閣ノ下ニヤラレタ主タルヤリ方
ハ、産業經濟ノ動搖ヲ阻止スル應急的ノ手
當ニ過ギナイ、其應急的ノ手當、是ハ堪能
ナル頭ヲ以テヤラレタデセウガ吾々カラ觀
テミレバ「シテー」ノ「テクニックス」デス、常識
ナンデス、ソレカラヤラレタダケナンデス、
併シ同時ニ、ドウデス、交付金ハ削除セラレ
タ、交付金一億五千万圓ヲ削除セラレタコ
トハ、他ノ物價政策、他ノ財政政策ト關聯
シテ一億五千万圓ヤルベキモノヲ、ソックリ
取上ゲラレタコトハ遂フト言ヘレルガ、ソ
レニシテモ一億五千万圓ヲ與ヘラレナイコ
トニ依ル所ノ實際農民ノ重壓、農村ノ期待
ヲ裏切ルト云フコトハ、可ナリ大キナモノ
デアル、是ハ議論スル必要ハナイト思ッテ
居ル、サウスルト應急手當ハヤル、應急手
當ヲヤルト同時ニ、一般天下ノ聲デアル農
村交付金一億五千万圓ヲ犧牲ニスル、斯ウ
云フヤリ方ガ段々發展シテ行クト、私ハ軍
部ニ對スル資本家ノ請負政治ニナッテシマ
ヒハシナイカト思フ、軍部ト抱合ッテト云フ
コトガデス、軍部ハ其財源ノ捻出ヲ資本家
ニ請負サセルト云フコトニナッテシマヒハ
セヌカト思ヘレル、今ナッタトハ言ヒマセヌ
ヨ、厘毫ノ差違ニ千里ノ開キヲ生ズルガ、
餘程考ヘラレナイト斯ウ云フコトニナル、
サウスレバ軍事費ヲ資本家ニ請負デ出サセ
ルト云フコトニナレバ、ソレハ庶政一新ド
コロデハナイ、政治ノ最惡ナル形態ヘノ墮
落デアラウト思ッテ居ル(拍手)餘程注意セラ
ル、必要ガアルト思フ、私ハ庶政一新ニ對シ、
國力ノ急速ナル發展、社會摩擦ノ緩和、勤勞
階級ヘノ重壓ノ除去、是等ニ對スル林總理
大臣ノ考ト計畫トヲ、ハッキリ此場ニ明白ニ
セラレンコトヲ希望スル次第デアリマス

私ハ次ニ軍部大臣ニ御伺致シタイ、軍部
ハ海陸合セテ十四億ノ豫算ヲ要求セラレル
時ニ、此豫算ニハ一錢一厘掛値ハナイ、斷
ジテ引ケヌ、既ニ削ラレタダケガ非常ノ痛
手デアル、是ハ有效適切ニ使用シ得ベキモ
ノデアルト、斯ウ言ッテ居ラレル、然ルニ今
度ハ四千六百万圓ノ繰延ニ同意セラレタ、
定メテ不本意デアラウト思フ、不本意デア
ラウガ同意セラレタ、同意セラレタノハヘッ
キリシタ事實ダ、其繰延ハ普通ノ繰延デナ
イト言ハレルガ、繰延ニ同意セネバナラヌ
コトニナッタノハ事實デアル、我國ノ軍事費
ノ要求ハ今年ニ於テ十四億、來年以後引續
イテ十八億バカリニナル計算ニナッテ居
リマスガ、是ハ最小限ダト言ッテ要求シテ居
ラレル、而モ之ガ繰延ヲ認メラル、ト云フ
コトニ付テハ、私ハソコニ已ムヲ得ザル事情ガ
アルト思フ、前内閣ガ軍事費ハ認メタ馬場
財政ハ是ト總花的ニ一切ノ國費ノ濫費ヲ認
メタ、關係各省ハ大喜ビシテ居ッタ其ノ眞最
中ニ物價暴騰、殊ニ軍需原料品ニ對スル物
價暴騰ガ起ッタ、ソコデ豫算ヲアノ通リ取ッ
テモ、此物價暴騰ニ直面シテハ豫算ノ執行
サヘ不可能トナッタ、斯ウ云フ情勢ノ下ニ結
城大藏大臣ガ出テ來ラレテ、應急手當トシ
テ、已ムヲ得ヌト言ヘル、カラ、此物價デ
ヘ取ッタ軍事費ヲ、目的ヲ達成スル程有效ニ
使フコトハ出來ナイ、斯ウ云フ認識ノ下ニ、
已ムヲ得ナイカラト言ッテ、此削除繰延ニ應
ジラレタノダラウト思ッテ居ル、私ハ大藏省
及軍部當局ヨリ屢々承ッテ居ル、此豫算ニ對
スル工業ノ消化能力ハ十分デアルト云フ話
ヲ承ッテ居ル、大藏省資源局アタリノ調査デ
十分デアルト承ッテ居ルガ、ドウモ十分デナ
カッタノヂヤナイカト思フ、成程砲兵工廠ハ
モウ少シ餘力ガアッタ、造船所ヘモウ少シ餘
力ガアッタ、綜合セテヤレバヤレヌコトハナ
イ、此程度ノコトデアッタラウト思フ、併ナ
ガラ軍需品ノ基礎トナル器材、重金屬、輕
金屬、鐵、其根柢ノ銑、其根柢ノ鑛石、是等
ノ供給、生産ニ付テハ私ハ手違ヒガアッタノ
ヂヤナイカト斯ウ思フ、最近ニ於テ露西亞
ノ國防計畫ガ進ンデ參リ、彼自ラ日本ニ對シ
テ優秀ナリト自惚レルカシテ、頻ニ日本ニ對
スル「ゼスチュア」ヲ「ソ」滿國境ノ上ニ於テ、
實行ノ上ニ於テ示シテ居ル、之ニ對シテ日
本ハ警戒スル、何時始マルカ分ラヌト云フ
ヤウナ空氣サヘモ、アノ國境デハ感ゼラレ
ル程デアル、ドウデス、ソレ程「ソビエト」
露西亞ヲ對立的ノ地位ニ置イテ、假想的ニ
敵國トシテ考ヘナガラ、露西亞カラ銑ガ來
ナクナッタ、銑鐵ガ來ナクナッタト言ヘバ、
銑鐵饑饉ノ重大ナル一ツノ原因ヲ、之ニ由リ
テ持來スルト云フヤウナコトデハ、全ク驚
キ入ッタコトデアルト思フ、海軍ハ亞米利加
ノ海軍、英國ノ海軍、或ル場合ニハ是ガ假
想敵國トナル、然ルニ燃料石油ハ何處カラ來
ルカ、亞米利加カラ來ル、有時ノ際ニハ不安
ナル南洋カラ來ル、其石油ニ代ルベキ石炭
液化ハドウヤルカ、中々急ニハ行カヌ、千
數百万圓ヲ掛ケテ五年後ニ、七年後ニ二百
万噸造ルトカ云フヤウナ計畫ハ、机上ノ空
論ダト言ヘレル程ノ危フサヲ持ッテ居ル、危
ブナイ話デアル、私ハ此點ニ於テドウモ――
軍部當局モ産業關係諸省ヲ鞭撻シ、此調査
ヲ緊密ニシ――軍擴ニ伴フベキ基礎的産業
ノ擴大政策ニ付テハ、怠慢ト言ヘレナイ
ナラバ、目零シ、分ラナカッタ點、無理解ノ
點ガアッタト云フコトヲ認識ナサラネバナ
ラヌト、斯樣ニ考ヘテ居ル、私ハ軍事ハ素
人デス、併シ子供ノ時ニ意味ハ分ラヌナリ
ニ孫子ナドヲ讀ンデ「始計第一」ト云フコ
トヲ覺エテ居ル、今讀ンデ繰披ゲテ見テ始
計第一ト云フコトハ、計畫ヲ立テルコトガ
第一デアル、兵ヲ送ルヨリ糧食軍需、是ガ
先デアルト云フコトガ成程ト肯背カレル、
東洋人ノ常識的兵法ノ本ニモ書イテアル、
此始計ニ於テ軍部當局者ニ目ノ行屆カザル
所ガアリシコトヲ私ハ遺憾ニ思フ、サウデ
ナカッタカト思フ、併シ斯ウ云フコトハ餘
リ苛酷ニ責ムルコトモ無理カモ知レヌ、私
ハ歐洲大戰爭中ニ英吉利ニ參ッテ居リマシ
タガ、ドウシテモ軍國ノ事ハ「キチネル」元
帥ガ出テ陸軍大臣ニナラナケレバ駄目ダト
云フコトデ「キチネル」ガ陸軍大臣ニ推サレ
テ働イタ、「マルヌ」ノ戰線ニ英國軍ガ出テ
行ッテ、兎ニ角獨軍ヲ防ギ止メタガ、英國
ノ戰ヒ振リハ餘リ見事デハナカッタ、ソコ
デ天下ニ聲ガ起ッテ、英兵ハ一以テ十ニ當ル
ノ決心ヲ持ッテ居ルガ軍需品ガナイ、彈ガ
ナイ、「キチネル」ハ彈ナシニ、彈ヲ持タセ
ナイデ、吾々ノ子弟ヲ戰場ニ驅リ出シタ
「キチネル」怪シカラヌ、陸軍大臣「キチネ
ル」ノ机ノ中ニハ彈藥ノ請求ニ對スル書類
ガ山ホド積ンデアルノヲ見モシナイデ、
抛ッテ置イテ、此失態ヲ醸シタ、「キチネル」
ハ成ッテ居ナイト一齊ニ叫ビ出シ、アノ誠
實ナル、或點ニ於テ西郷南洲ヲ想見セシム
ルヤウナ「キチネル」ガ天下攻擊ノ中心ト
ナッタ、ソコデ彼ハ軍需ノ不足ニ依ッテ得タ
ル失敗ヲ外交的ニ補ハントシ、「バルカン」
半島援助ノ兵ヲ送リ得ザルコトニ因リテ生
ジタル「バルカン」諸國ノ不平ヲ鎭撫センガ
爲ニ、自ラ「バルカン」ニ乘込ミ、ソレデ使
命ヲ果スヤ、今度ハ海波ヲ蹴ッテ露西亞ニ
乘込ミ、彼個人ノ信用ヲ以テ、露西亞ノ單
獨講和ヲ防ギ止メントシタ、サウシテ北海
ヲ渡ラントシ、潛航艇ノ難ニ罹ッテ斃レタ、
私ハ其時ノ光景ヲマザ〱今日思出シマス
ガ、人誰カ過チナカラン、行屆カザル所ナ
カラン、人ハ如何ナル人モ萬能デハナイ、
日本ハ歐洲大戰爭ヲ經ザル一ツノ國デア
ル、戰爭ヲ經過シタ國ハ皆此困難ヲ嘗メ來ッ
テ居ル、未ダ大戰ノ經驗ヲ嘗メザル我ガ軍事
當局者ガ「キチネル」ニ等シキ攻擊ヲ、或ル
一面カラ浴セ掛ケラレテモ致方ハアルマ

イ、併ナガラ「キチネル」ノ人間的武將的品位ハ、決シテ彼ガ武器彈藥ノ不足ヲ豫知セザルコトニ依リテ動カサレルモノデハナイ、彼ノ誠意ハ英國ノ歴史ノ上ニ遺ッテ居ル、私ハ今日ニ於テ軍事當局者ハアノ軍擴豫算ヲ閣議ニ要求セラレタ際、其根柢トナルベキ基礎的産業ノ充實擴大ニ、何故力ヲ盡サレナカッタカト云フコトヲ、遺憾千萬ニ思フ者デアル、最近ニ於テハ露西亞ガ「ゼスチュア」ヲ使ヒ過ギル、其前ニ於テハ日本ノ軍部一部ノ首腦者ガ、此「ゼスチュア」ヲ使ヒ過ギタ、竹槍ヲ以ッテ露西亞ノ軍ニ當ルベシト云フ宣傳モアッタ、竹槍デハイカヌ「エチオピヤ」ノ勇敢ヲ以テシテモ、伊太利ノ武器ニハ及バナカッタ、私ハ軍擴豫算ヲ要求セラレタ其軍部ガ、其背後ニ於ケル産業ノ擴大政策、之ニ對シテ不用意デアッタト云フコトノ非難ハ免レザルモノデアルト、斯ウ考ヘテ居ル、併シ是ハ軍部大臣バカリヲ責メル譯ニハ行カヌ、一面ニ於テハ閣内ガ常ニ分裂シテ居ル、大藏大臣初メ軍事費ノ要求ハ已ムヲ得ナイ、已ムヲ得ナイカラ出スンダト云フ氣ガアル、其軍事費ヲ如何ニシテ消化スルカニ付テハ、積極的ニ頭ガ動イテ居ナイ、頭ガ動カナイモ道理、ソンナモノニハ興味ヲ持タヌノデアル、一介ノ金融業者ニ過ギナカッタカラ——關係各省モ官僚デス、吏務ハ知ッテ居ル、併シ此國際變局ニ善處スベキ日本ノ根本的立場ニハ理解ガナイ、ソレ故ニ自主的ニ、積極的ニ此軍備擴張ニ伴フ生産力ノ擴大ニ對シテ、本當ノ努力ヲシナイ、是ガ今日ニ於テ軍事費ヲ繰延ベナケレバ軍需關係ノ物價ガ騰騰スルト云フ、洵ニ「デットロック」ニ乘上ゲタル原因デアルト思フ、私ハ軍部ハ要求シタラウ、併ナガラ關係産業各大臣ガ怠慢デアッタラウ、怠慢デアルノミカ、國際問題ニ對シテ理解ト興味ヲ有タナカッタデアラウト、斯樣ニ信ズル、ソコデ過ギタコトハ言フニ及バヌ、廣義國防ト云フ意味ガアリマスカラシテ、私ハ軍部ニ於テハ軍事費ノ使ヒ方モ、廣義軍事費ニ注意ヲ拂ハル、コトガ當然デハナイカ、四千六百万圓繰延ベタカラ惡イト言フノデハナイ、繰延ベベクンバ一億デモ繰延ベテ宜シイ、ドウデス、一億繰延ベタ代リニ廣義軍事費トシテ、基礎的産業ノ振興ニ向ッテ突進セラレタナラバ、後年ニ於テヨリ大ナル軍事費ヲ、經濟界ト摩擦ナクシテ消化スルコトガ出來ル狀態ニナリハセヌカト私ハ考ヘル者デアル、基礎的研究ガヤッテ欲シイ、飛行機ハ今日最モ日本デ必要デアル、併ナガラ飛行機ノ話ヲ素人トシテ聽イテ見マスト云フト、同ジ位ノ飛行機ハ獨逸デ作レバ値段ハ半分ダト云フ、耐久力ハ三倍ダト云フ、飛行機一臺ニ獨逸ニ較ベレバ日本ハ六倍金ガ掛ル計算ニナル、ソレハ飛行機製作所ガ儲ケ過ギルナドト云フソンナ小兒病的攻撃ヲシヨウトハ思ハヌ、或ハ飛行機製作所ガ儲ケ過ギルヤウニナッタカモ知レヌガ、ソレヨリモ根本的ニ飛行機製作ノ「コスト」ヲ高クスルノハ、飛行機ノ器材ガ惡イ、勞働者ノ熟練ガ足ラヌ、器材工業ノ確立ガナイ、原料ガ高イノダ、手間ガ掛ルノダ、又當局者ガ天下ノ軍需工業者ノ爲ニ、單ナル大資本家ノミナラズ、凡ソ國家ノ軍需製造ニ貢獻シ得ベキ總テノ工業家ノ爲ニ、全面的ニ支持ヲ與ヘテ資金ノ援助、原料ノ供給、總テノコトニ力ヲ注ガザルガ故ニ、飛行機ハ値段ハ倍モ掛ッテ耐久力ハ三分ノ一モナイヤウナコトニナル、其爲ニ國庫ニハ六倍ノ負擔ヲ負ヘセルコトニナルノダト思フ、今日日本ハ實ニ已ムヲ得ザル環境ニ在リテ、國防ハドウシテモ充實シナケレバナラヌ、併シ金ハ本當ニ足リナイ、金ノ足リナイ所ハ人間ノ誠意、其誠意ハ口先ダケノ誠意ヂヤナイ、具體化スル、精神ト物質ガ一致シナケレバ、所謂論語讀ミノ論語知ラズデアル、誠意ハ形ニ現ハレテ徹底セザレバ駄目デアル、此際ニ於テ私ハ四千六百万圓ノ繰延ハ小サイ問題デアリマセウガ、此「デッドロック」ニ鑑ミテ、科學的研究其他ノ基礎工作ニ向ッテ、軍部ハ乘出サレル必要ガアルト思フ、私ノ承ッテ居ル所ニ依ルト、獨逸ノ如キハ研究動員ヲヤル、各工場ニ附屬シテ皆研究所ヲ持タセル、ソレニ基礎的ニ研究ヲヤラセル、ソレ等ノ成績ヲ統制シテ政府ガ報告ヲ受ケル、若シ或ル工場ガ七分マデ立派ナ研究ヲ完成シタトスレバ、政府ハ更ニ十迄完成サセル爲ニハ大ニ金モ出ス、而シテ此研究ノ結果ヲ互ニ報告サセ、其報告ヲ交換シナガラ、眞ニ完全ナル研究ニ到達シタル時ニハ、之ヲ公開シテ、請負トシテ全國ノ軍需工業者ニ向ッテ註文ヲ發スル、斯ウ云フヤリ方モアルト云フ、私ハ日本ノ軍部ガ此際ニ於テ基礎工業ノ確立ニ、更ニ其基礎ヲ成ス所ノ研究ニ、十分ノ力ヲ注ガレンコトヲ希望スル、私寡聞ニシテ我ガ當局ニ其十分ナル施設アルヲ聞カナイガ、恐ラク其計畫ガアルダラウト思フ、アルナラバ國民ヲ安心セシムルニ足ルダケノ、其御計畫ヲ此議場ニ漏ラサレンコトヲ、私ハ軍部大臣ニ切望スル者デアル

私ハ結城大藏及産業各大臣ニ向ッテ一二質問ヲ致シタイ、此一二ノ質問ハ他ノ總テノ問題ニ對スル例トナルノデアリマス、一二例證シテ之ヲ質問致シ、御決心、御考ヲ承リタイ、結城大藏大臣ハ日銀總裁ト協同工作ニ依リ、金融ヲ積極化シ、生産ノ增大、ソレニ向ッテ力ヲ注ガレルト云フコトヲ承ッテ居ル、洵ニ結構デアリマスガ、單ニ金融ノ積極的出動ダケデハ不十分ダラウ、其大藏大臣ガ帝國燃料工業株式會社、タッタ一千二百万圓ノ豫算ヲドウ云フ譯デ御削リニナッタカ、モウ一ツ貧鑛處理研究費、是ハ僅カ百万圓位ノモノヲ、之ヲドウシテ御削リニナッタカ、燃料自給ト云フコトヲ突キ詰メテ行ケバ、石炭液化ヨリ外日本ハ致シ方ガナイ、其石炭液化ノ眞ノ端緒ヲ啓カウト云フ燃料工業株式會社ノ創立費ヲ、何故御削リニナッタ、鐵ノ自給自足ヲヤラウト言ヘバ、其極致ニ於テ、日本ノ經濟「ブロック」内ニ於テ鐵ノ自給自足ヲヤラウトスレバ、ドウシテモ貧鑛處理ヨリ外ナイ、滿洲朝鮮ニ於ケル貧鑛ヲ如何ニ處理スルカ、歐洲列國、富鑛ノミヲ以テ製鐵業ヲ爲シテ居ル國ハナイ、獨逸ノ如キハ貧鑛ヲ大ニ利用シテ居ル、是ハ專門家ノ御承知ノ通リデアル、然ラバ貧鑛處理ニ對スル僅カ百万圓バカリノ費用ノ如キハ、復活サレタラ宜カラウ、是ハ軍事豫算ヨリモモット急ナル廣義ノ軍事豫算、斯ウ云フモノヲ何故活カサレヌカ、勿論商工大臣或ハ大藏大臣ノ變ッタ考ガアルカモ知レヌ、帝國燃料株式會社ナドノヤウナモノ、又東北振興會社ノヤウナモノヲ作ルヨリハ、別ノ考ガアルト云フナラバ、別ノ考ヲ聽キタイ、貧鑛處理研究ノ問題ナドハ別ノ考ハナイデセウ、別ノ御考ガナケレバタッタ百万圓デハイカヌ、モット御使ヒニナッテ、本當ノ基礎的ノ鐵ノ研究ヲヤラレタラドウカ、私ハ日本ハ非常時ニ直面シテ、一面ニ於テ國防ニ多大ノ金ヲ使ハナケレバナラヌ、ソレニハ金ガ要ル、其金ヲ有效ニ使フニハ、日本ノ資源ヲ科學的ニ善用スルコトガ基礎トナラナケレバナラヌ、ソレ等ノ最モ基礎的ナ事ニ對シテ、僅カ百万、二百万ノ金ヲ吝シムト云フガ如キコトハ、意ニ解セザルコトデアル、斯ウ云フコトニコソ特ニ力ヲ用ヒテ戴キタイ、一事ハ萬事デアリマスガ、總テノ基礎的ノ研究、此基礎的研究ノ發展、是ノ效果ヲ收メルト云フヤウナコトニ、政府當局者ハ即刻著手シテ戴キタイ、著手シテ居ラレルナラバ、ハッキリ其内容ヲ明白ニシテ戴キタイ、斯樣ニ私ハ申上ゲマス、ドウモ役人ノ人達ハ吾々ト異ッタ道德ノ標準ヲ持ッテ居ラレルヤウデアル、吾々ハヤリ損ヒガアッテ突込マレヽバ、ソレハ惡カッタト言フ、ドウスレバ宜イダラウ、助ケテ呉レ、協力シヨウト申出ル、役所ノ方ハ、オ前達ノヤッタコトハ效果ガ

擧ラナイ、結果ガ惡カッタ、サウ言ハレルト、實ハ斯ウダ……ト直チニ辯解スル言譯ヲ先ニ作ッテ居ル、役所ノ人々ニ聞イテ見ルト云フト、何カヤル時ニハ、ヤリ損ッタラドウ言ハウカト云フ言譯ヲ同時ニ考ヘテ居ル、斯ウ云フコトデアル、私ハデスヨ、先般來重大ナル問題トナッタ鐵饑饉、其鐵饑饉ニ於テ、軍需工業ガ困ッタト云フヤウナコトハ、アナタ方皆御承知デアルガ、私ハ最モ小サイ人カラ困ッタコトヲ聞カサレテ、斯ウ云フ所マデ及ブカト思ッタ、川口アタリノ鑄物工場ニ原料ガ來ナイト云ッテ、小サイ鑄物屋ノ主人ガ破産スル、勞働者ガ飢エル、原料ガナイカラ口ヲ開ケテ待ッテ居ルト言ッテ泣イテ居ル、サウ云フ所マデ及ンデ來ル、アノ鐵饑饉ニ對シテドウスルンダト突込ムト云フト、役人ノ人達ハ直グ辯解スル、アレハ思惑ダ、鐵饑饉ナンカ實質ハナイト云フヤウナコトヲ言ッテ居ル、然ラバ如何ナル數字ノ下ニ鐵饑饉ガナイカト言ッテ、私ハ聽イテ見タ、サウスルト云フト、當局者ノ統計表ト云フモノガ極メテインチキ極マルモノデアル、ドウデス、商工省ノ鐵饑饉ノ辯解ノ爲ニ發表セラレタ其豫定表ニ依ルト云フト、來年度ハ銑鐵ノ需要ガ四百六十五万瓲ニナル、今年四百十五万瓲——銑鐵ヂヤナイ、鐵材五十万瓲ノ増加デアル、鋼材ノ増加ハ五十万瓲ノ増加デアル、銑鐵ノ方ハ今年三百三十万瓲、來年ハ三百六十万瓲、是ハ三十万瓲ノ増加デアル、銑鐵三十万瓲ノ増加、鋼鐵、鋼材五十万瓲ノ増加、是ダケノ計畫ヲ立テテ居ルカラ大丈夫ダト云フヤウナ話デアル、併ナガラ斯ウ云フコトデ巧ク行クト云フ計算ノ裏面ニハ、極メテインチキ彌縫的ノ政策ガ見込マレテ居ル、銑鐵ハアンナコトデ足リハシナイ、鋼材ハアンナコトデ足リハシナイ、足ラサウト思フナラバ、極端ナル需要制限ヲヤラナクチヤナラヌ、然ルニ需要制限ハ民間ノ方ニヤラセヨウトシテ居ル、官憲ハ不急ノ役所ナド相變ラズ建テテ居ル、自分カラ制限セズシテ、人ノ生命ニ對シテ制限ヲ加ヘルヤウナコトバカリ考ヘテ居ル、此無理ナル需要ノ制限ガ一ツ、モウ一ツハ海外市場カラモウ鐵ハ脱退スベシ、海外市場ヨリノ強制的ノ脱退ヲ豫想シテ居ル、鐵ヲ世界ニ輸出スル國ハ、世界ニ於ケル武力ノ富強ナルモノデアル、然ルニホンノ僅カノ鐵ノ輸出ヲ止メテシマフト云フヤウナコトヲ前提トシテ居ルノガ政府ノ鐵政策デアル、モウ一ツハ、相變ラズ屑鐵ノ使用、亞米利加ヨリノ輸入ヲ豫想シテ居ル、百六十万瓲モ亞米利加カラ屑鐵ヲ買ハウト云フ、亞米利加モ最近ニ至ッテ軍擴工作ガ進ミ、社會政策ノ諸工作ガ進ミテ、「スクラップ」モ中々暴騰シテ居ル、ソンナ亞米利加ノ屑鐵デ日本ノ鐵ヲ造ラウト云フヤウナ考——私ハ潔癖デアッテ、亞米利加ノ屑鐵ハ日本ノ大砲トナラヌヤウナ氣ガスル（笑聲）鐵ノ自給政策ヲ高調シテ居ラレル此大臣ノ下ニ、サウ云フ屑鐵使用ヲ依然トシテ認可セントスル所ノ商工省官僚ガアル、私ハ是等ノ點ヲ見テ非常ニ遺憾ニ思フ、私ノ觀ル所ニ依ルト云フト、屑鐵ノ輸入ヲ制限シテ、本當ニ鐵ノ自給自足ヲヤラウト思フナラバ、學者ノ統計、其他ノモノヲ參考シテ見ルト云フト、少クトモ今年度ハ七十万瓲位銑ハ餘計要ル、鋼材モ今年度ハ七八十万瓲位餘計要ル、三十万瓲ノ増加、五十万瓲ノ増加ト云フモノハ、稍々半分シカ見込マレテ居ラヌ、是ハ足リナイト私ハ考ヘル

ソコデ私ハ商工大臣ニ御尋致シタイガ、先ヅ製鐵奬勵法ヲ根柢的ニ改正サレナケレバナリマセヌ、商工省ノ方針トシテハ、銑鋼一貫作業、鑛石カラ銑鐵ヲ造ル、銑鐵カラ鋼鐵ヲ造ル、ソレヲ一貫作業トシテヤラナケレバナラヌ、一貫作業ヲヤル者ニ政府ガ特別ノ保護ヲ加ヘル、斯ウ云フ方針ノヤウデスガ、一貫作業ヲ方針トシナガラ、相變ラズ屑鐵ノ輸入ヲ見込マレテ居ル、此屑鐵ノ輸入ヲ制限スル考ヘハナイカ、斯ウ云フ矛盾ヲ一ツ除去スル考ヘハナイカ、此矛盾ヲ除去スルニ付テ、私ハ鐵ノ自給自足、商工大臣ノ言ハレル「ブロック」内ノ鐵ノ自給自足ヲ眞ニヤル爲ニ、滿洲、朝鮮ヨリノ銑鐵ノ輸入税ヲ撤廢シ、運賃ヲ輕減スルノ考ハナイカ、鞍山ニモ鐵ガアル、其熔鑛爐擴張ハ多年問題トナッテ居ルガ、商工省ハ今迄ハ中々之ヲ承知シナイデ、阻止シテ來テ居ル、朝鮮ノ茂山ノ鐵ハ非常ニ良イト云ヒマス、朝鮮總督府ノ官吏モオ居デデセウガ、朝鮮總督府ハ其茂山ノ鐵鑛ヲ開キタイ茂山ノ鐵鑛ヲ開キタイガ、日鐵中心主義ノ商工省ハ、此茂山ノ鐵鑛ヲ銑鐵ト爲サントスル所ノ事業ヲ阻止シテ來テ居ル、最近ニ至ッテ日鐵ハ清津ニ熔鑛爐ヲ造リ、製鐵業ヲ起サウトシテ居ル、サウスルト朝鮮側カラ同ジヤウナコトヲヤラウトスルト、是モ亦阻止シテ居ル、ドウデス、朝鮮ノ銑鐵、滿洲ノ銑鐵、之ヲ大ニ造ラシテ、大ニ輸入スル方法ハナイカ、鑛石ノ儘輸入シテ來テ、所謂一貫作業ト云フモノヲヤラセヨウトスレバ運賃ガ掛ル、其貧鑛ヲ彼ノ地ニ於テ處理シテ銑鐵ト爲シ、其銑鐵ヲ持ッテ來テ日本ノ製鋼業ト爲ス時ニハ——屑鐵ヲスラ一貫作業ニ準ジテ保護シテ居ルナラバ、此銑鐵ニ對シテ特別ノ保護ヲ與ヘテ、眞ニ鐵ノ自給自足ヲヤル考ハナイカト私ハ御尋シタイ、モウ一ツ前ニ申シタ貧鑛處理研究奬勵、是ハ徹底的ニヤッテ貰ヒタイ、之ヲヤル考ガアルカナイカ、是等ノ諸點ニ對シテ大藏大臣及商工大臣ノ明白ナル答辯ヲ私ハ要求スル、私ハ日本ノ統制經濟ハ官僚ノ机上計畫デ、形ダケ整ヘテ畫一シタダケヂヤ駄目ダラウト思フ、今マデ航空輸送會社ガアッタカラシテ、民間飛行業ガ却テ阻止サレテ居ッタ、日鐵中心主義ガ確立シタカラ「アウトサイダー」ガ抑ヘ付ケラレテ居ッタ、軍擴ノ氣勢ヲ見テ當業者ノ方ガ餘計知ッテ居ル、鐵ハ足リナクナル、足リナクナルト云ッテ、「アウトサイダー」ガ熔鑛爐ノ擴張設定ヲショウトスルト、商工省ハ常ニ之ヲ抑ヘテ來タ、抑ヘザルマデモ、大藏省ト一緒ニナッテ資金ノ融通、其他ニハ便宜ヲ圖ラナイ、圖ラナイノミカ、間接ニ壓迫スル、斯ノ如クニシテ、形式上ノ統制ヲ日鐵中心トシテ何ヲヤッタカト言ヘバ、一種ノ生産制限ヲヤッタ、而シテ今日、鐵ハ不足トナッタ、私ハ日本ノ統制經濟ハ、其産業ニ於ケル資金バカリデハナイ、能力、智力、經驗、總テノ動員ヲ爲シテ、之ヲ國家ノ目的ニ合致セシムルコトガ必要ダト思フ、即チ日鐵ノミデナク「アウトサイダー」ヲモ一緒ト爲シテ、全面的ナ動員ヲ爲シ、原料ノ供給、資金ノ助成、之ニ伴フ大乘的ノ製鐵國策ヲ商工大臣ハ確立スル意思ナキヤ、大藏大臣ハ之ヲ助成スル考アリヤ否ヤ、是ハアナタ方ニ課セラレタル重大ナル責任デアル、鐵ガ思惑デ騰ルノニハ騰ルベキ理由ガアル、足リナイコトヲ豫見スルカラ思惑ガ起ッテ來ル、而モ豫定計畫——計畫デスラ缺乏シテ居ル、アナタ方ハ一ツ本氣ニナッテ重大使命、製鐵國策ニ向ッテ金融モ、産業モ眞ノ動員、總テノ能力、總テノ工場ヲ國家目的ノ爲ニ動員シテ、新シキ意義ニ於ケル眞ノ統制經濟ヲ確立サレル誠意ハナイカ、私ハ之ヲ要望シ、同時ニ其決意ヲ承リタイモノデアリマス

私ガ斯ウ申シマスト、今ノ商工大臣ハ民間出身ノ人デアリ、強ヒテ官僚ノ答辯ヲ眞似ラレナイデアラウガ、普通ノ商工大臣ナラ、君ノ鐵ノ需要ノ見積リハ多過ギル、政府ト致シマシテハ、左樣ナ大キナ鐵ノ需要ノ見積リヲ見ナイ、斯ウ言ハレルノガ定石デアル、併シアナタハサウ云フコトヲ言フ必要ハナイ、鐵ハ多過ギル位造ラナクチヤ駄目デアル、鐵産國ハ皆鐵ノ輸出國デスヨ、獨逸ノ如キ、亞米利加ノ如キ、ズン／＼鐵ヲ輸出シテ居ル、英國モ其通リ、國內市場ニ匹敵スル國外市場ヲ持チ、更ニ國內ニハ餘剩能力ヲ持ツ、ソレデ初メテ非常時ニ應ズルコトガ出來ル、又私ハ日本産業ノ再編成ノ需要ニモ應ズルコトガ出來ル、斯ウ思

フ、私ノ見積リハ寧ロ過小ナリト思フ、大藏大臣商工大臣ハ經世的眼光ニ依リテ鐵ノ需要ガ増加スベキ必然ニアルヲ認メラレ、官僚的強辯ヲ眞似ズシテ、此鐵饑饉ヲ嚴肅ニ承認シテ、而シテ後ニ對策ヲ樹立セラレンコトヲ切望スル、軍部モ亦之ニ對シテ同樣ノ意見ヲ有セラレルコトヲ私ハ推察致ス、國策上ノ刺戟ナラ幾ラ與ヘラレテモ宜シイ、軍部大臣モ大ニ產業大臣ヲ刺戟シ、鞭撻セラレンコトヲ私ハ要望スル

鐵ガイケナイト同樣ニ、石炭モ亦足リナクナリマス、官僚統制經濟ノ結果ハ、豐富ニシテ低廉ナル電力ドコロカ、不足シテ高價ナル石炭、不足ニシテ高價ナル鐵ヲ國民ニ押付ケントスルノ虞ガアルト私ハ思フ、我國ノ石炭ノ需要ハ昭和八年三千三百万噸、以來每年三百万噸ノ増加ヲ來シテ、十一年ニハ四千二百万噸ニ達シテ居ル、然ルニ石炭需要ノ増加ニ對スル昭和石炭及當局者ノ見積リト云フモノハ過小デアル、今年度ノ石炭需要ノ増加ハ二百万噸ダラウト見積ラレテ居ル、五年後ニハ石炭ノ需要ヲ一千万噸増セバ宜イ、斯ウ言ッテ居ラレル、ソコデ日本本國デ五年後ニ一千万噸増ス、滿洲ニ一千万噸ノ石炭ガ増產セラレル計畫デアレバ、五年後ニ日滿ヲ通ズル石炭ノ増加ハ二千万噸デアル、併ナガラ年額三百万噸ダケ今迄増シテ來タ石炭ノ需要ガ、此軍擴工作ノ急速ナル進展ト共ニ少クナル理由ハナイ、假ニ三百万噸ダケ年々増シテ行クトシテ、五年後ニハ千五百万噸ノ需要ガ増ス、滿洲デ一千万噸ノ増產ヲヤッテモ、滿洲デ五百万噸ダケ使フ、サウデスカラ內地ニハ五百万噸シカ入ッテ來ナイ、其外ニ液化原料トシテノ石炭ノ計畫ハ急速ニ増サザルヲ得ヌ、五年後ニハ日本ノ石油ノ需要ハ、ドウシテモ民間ノ產業ヲ軍ノ必要ニ應ゼシメル爲ニ五百万噸位ハ要ルデセウ、其中少クトモ三百万噸ハ液化石油ニ俟タザルヲ得ナイ、三百万噸ノ液化石油ヲ造ヲントスレバ、一千五百万噸ノ石炭ガ要ル、之ヲ通計スルト云フト、三千五百万噸ダケハ餘計要ルコトニナル、ソレヲ二千万噸位増セバ宜カラウ位ノ計畫デ、石炭ニ對スル統制政策ヲヤッテ居ラレルト云フト、政府ノ統制政策ハ又生產制限政策トナリ、一千五百万噸ノ石炭ノ不足ヲ來ス、私ハ國防ノ根本トシテ、石炭ノ液化ト云フコトヲ見落シテハナラヌトスレバ、此液化石炭、液化原料トシテノ石炭供給ヲ考ヘル時、又遂カラズシテ日本ニ石炭饑饉ノ來ランコトヲ憂慮スル、製鐵問題ノ轍ヲ履マザルヤウ、今カラ警戒セラレンコトヲ希望シテ置ク

政府ノ統制政策ハ皆生產不足ヲ來ス、電力民有國營ヲ當局者ガ宣傳シタ時ニハ、私共ハ豐富ニシテ低廉ナル電力ガ必要ダト云フ宣傳ニハ同感デアッタ、軍部モ豐富ニシテ低廉ナルト云フ言葉ニ飛付イテ、之ニハ希望ヲ持タレタヤウデアル、定メテ超特急的發電力ノ開發ヲ計畫セラレテ居ルカト思ッテ居ッタガ、其頃宣傳シテ居ッタノニハ、五年間ニ關東及中部ダケデモ二百万「キロ」位ノ發電ヲ増ス、全國的ニ見レバ三百万「キロ」位ノ發電力ヲ増設スルト云フ、サウ云フ宣傳ダッタ、然ルニ遞信省ノ發電水力増設豫定表ナルモノガ去年ノ末ニ出テ居ルガ、之ヲ見ルトマルデ宣傳ヲ裏切ッテ居ル、五年間ニ百三十七万「キロ」増スノダ、是ガ計畫デスヨ、其計畫ニ依ルト年額二十七万「キロ」シカ増サヌ割合トナル、五年間ニ三百万「キロ」増スナラバ、一年ニ六十万「キロ」發電力ノ増設ヲセネバナラヌ、然ルニ豫定表デハ半分ニモ足ラナイ、一年間ニ二十七万「キロ」ソレガ遞信省ノ計畫デスヨ、是レ以上ハ電力ハ要ラナイト云ッテ、發電裝置ヲ禁止シテ居ルンデスヨ、ドウデス、豐富ニシテ低廉ナル電力、纔テ一千万「キロ」デモ増スト云フ宣傳デアッタ、軍部ハ之ニ飛付イタ、私共モ飛付キタイ程ニ考ヘマシタガ、其內容ハドウデス、此ザマダ、昭和九年カラ十年マデハ放ッテ置イタトテ三十万「キロ」増シタ、十一年カラ十二年マデハ放ッテ置ケバモット増シタノガ、國有民營案ノ宣傳ノ爲ニ増設計畫ガ攪亂サレタ、ドウデス、サウ云フコトヲヤッテ居レバ、放ットクヨリ尙ホ惡イ、統制經濟ハ増產計畫ヲ伴フ統制經濟デナケレバ、軍國日本ノ要求ニ應ズルコトハ出來ナイ、然ルニ今日ノ官僚統制經濟ハ生產制限統制經濟ニ墮シテ居ルヂヤナイカ、既成資本ノ擁護ニ墮シテ居ルヂヤナイカ、今ニ電力饑饉ガ來マスヨ、電力民有國營案ハモウ熱ガナクナッタヤウデス、熱ガナクナッタトテ、私共ハ豐富ニシテ低廉ナル電力ヲ要スルコトハ、當時ノ當局者ノ宣傳ニ依ッテ一層其必要ヲ感ジテ居ル、止メテ貰ッテハドウモナラヌ、政府當局官僚ニ腕ガアルナラ、亞米利加ノ「テネシー」ニ於ケル發電計畫ノヤウニ、一ツ一定地區ヲ限ッテ政府ノ手ニ依ッテ、大ニ發電ノ開發ヲヤッタラドウダ、五年間ニ五百万「キロ」デモ宜カラウ、宣傳通リ、果シテ合理的ニ經濟的ニ出來ルナラバ、之ヲ作ッテ民間ニ範ヲ示シ、政府發電力ノ基準ニ應ジテ民間ノ電力供給價格ヲ引下ゲサスルト云フ位ノ統制計畫ガナクテハナラヌ、電力民有國營ガ評判ガ惡カッタ、ソレダカラトテ引込メタダケデハ手柄ヂヤナイ、代ルモノヲ持タナケレバナラヌ、然ルニ政府ニハ何モ無イ、オヤリナサイ、民有國營ガ宜イナラ御出シナサイ、修正シテ通シテ上ゲマス、惡ケレバ考ヘ直シテオ出デナサイ、放ッテ置イテハイカヌ、政府ハ皆成ッテナイ、何ヲスル氣持モナイ、私ハ之ヲ遺憾トスル

私ハ最後ニ結城大藏大臣ニ御尋致シマスガ、ドウシテモ滿洲ノ開發ニ金ガ要ル、滿洲ノ第二次五箇年計畫ト云フモノニハ二十八億圓ノ金ガ要ルヤウニナッテ居ル、此滿洲、卽チ日本經濟「ブロック」內ノ滿洲ノ資源ヲ開發シ生產力ヲ確立シナケレバ、昭和六年以後ノ日本ノ形態ニ相應スル經濟機構ハ出來ナイト云フコトニナル、是ハ大問題ダ、然ルニ傳統經濟論者ハ出來ヤシナイダラウト皆言ッテ居ル、私共ハソレヲデカシテ貰ヒタイノデス、私ハ滿鐵其他滿洲國政府竝ニ當局者ノ間ノ意見ニ多少ノ齟齬ガアルコトヲ承ッテ居リマスガ、堪能ナル結城大藏大臣、之ニ向ッテハ、アナタノ專門ノ頭ヲ搾ッテ何トカオヤリニナルダラウト思フ、子孫ニ借金ヲ遺スコトハ惡イト云フ議論ガ公債ヲ恐ル、人カラ言ヘレテ居ル、併ナガラ建設セラレタル滿蒙ヲデスヨ、眞ニシッカリ子孫ニ遺セバ――借金ト同時ニ日本三倍ノ國土ヲ經濟化シテ、子孫ニ遺スコトニナレバ、借金ニ數十倍スル所ノ資源ヲ遺スコトニナル、此運營コソアナタノ專門ノ知識ヲ御絞リニナルベキ、最モ重要ナル對象物デアルト私ハ考ヘテ居ル(拍手)滿洲ノ開發計畫、之ヲ爲サヾレバ尾崎サンノヤウナ平和主義者サヘ、滿洲カラ退カヌト仰ッシヤッタガ、其最小限ノ滿洲カラ退カヌト云フ聲明スラモアヤフヤニナル、無理デセウガ、此無理ヲ操合セテ行フ所ニ、財政家ノ堪能ナル腕ガアルト私ハ思フ、私ハ結城大藏大臣ニ幾多ノ認識ノ相違アルコトヲ許シマセウガ、此問題ニ對シテハ確乎タル方針ヲ御立テニナリ、其凡ソノ決意ダケデモ天下ニ聲明シテ滿洲ヲ安心セシメ、我ガ日本國民ヲシテ大陸政策ノ前途ニ對スル不安ヲ除去セラレンコトヲ、切ニ希望スル次第デアリマス、滿洲ト日本トノ間ノ產業界ノ調節工作ハ澤山アル、朝鮮トノ間ノ問題モアル、朝鮮ニ於ケル茂山ノ如キハ其實例、朝鮮總督ハ此頃政府委員ニナラナイデ、政務總監アタリガオ出デニナッテ居ルガ、アナタノ後ニ背負ッテ居ル問題ハ大キイ、日本國策ノ爲ニ政務總監デモ宜シイガ、大ニ政府ニ向ッテ經綸ヲ叩込マレルコトヲ、私ハ切ニ希望シテ置ク、私ハ物價問題其他ニ對シテ――(「モウ止メロ」ト呼フ者アリ)止メロト仰ッシヤレバモウ一遍ヤリマス、省略スルコトヲ止シマス――大藏大臣ハ物價騰貴ノ對

策トシテ無理ナ事ハヤレヌ、間接ニ物價ヲ下ゲル爲ニハ消費ヲ節約スルコトニアル、ソレデ先ヅ豫算ノ縮小カラ手ヲ着ケタト言ハレタ、併シ是ダケナラバ私ハ誤テバ往年ノ井上財政ニ墮ツルト思フ、是ノミデハイカヌ、消費ヲ減ジテ物價ヲ下ゲルト云フコトハ、傳統資本主義經濟ノ「テクニックス」デス、アナタハソレダケヲ以テ此時局ヲ救濟セラルノヂヤナイ、モット進ンダ「テクニックス」ヲ持ッテ居ラレル、頭ヲ持ッテ居ラレルト私ハ信ジテ居ル、即チ物價問題ニ對シテハ、モウ少シ實務ニ即シタル統制政策ガナクチヤナラヌ、第一國防費ノ「コスト」ヲ引下ゲ、生産力ヲ發揮スル爲ニ、原料購入ノ國策的統一及國策的配給ヲ爲ス考ガアルカナイカ、オヤリニナル必要ガアルダラウト思フ、例ヘバ製鐵業ノ如キ鐵「スクラップ」鑛石等ハ統制的購入、統制的配給、斯ウ云フコトヲオヤリニナル必要ガアルト私ハ思フ、是ハ資本主義列國ニ於テモ、少シ頭ノ進ンダ國デハ皆考ヘテ居ル、消費節約ノミデハイケナイ、之ヲ一ツオヤリニナッタラ宜カラウト思フ、モウ一ツ基本工業品及生活必需品ニ對シテ、國策的共同組合ヲ設ケル、其一手配給ヲヤル、原價ニ準ジテ其價格ヲ決定スルガ如ク誘導スル、是ハ言ヒ換ヘレバ「カルテル」ノ國策化、今マデ日本ノ「カルテル」ハ重要産業統制法ノ裏面ニ於テ生産制限、ソレバカリヲヤッテ居ッタ、資本家ノ利潤ヲ生産制限ニ於テ食ヲントスル「カルテル」ヲ國策化シテ、國策ノ爲ニ運用シテ積極的生産增大「コスト」ノ引下ニ運營スル、此政策ハ御考ニナルベキダト思フ、ヤラレル考ガアルカナイカ

第三、重要産業統制法ノ改革ヲ思立ッテ居ラレルサウデスガ、私ハ其中ニ一歩ヲ進メテ、「低能率工場ヲ「スクラップ」スル、新シイ工場ヘ轉換セシメル、ソレヲ命令シ、勸告シ、或ハ助成スル方法ヲ立テル、詰リ「スクラップ」スル、其代リ新シクスルナラ助ケテヤル、サウ云フ方法ヲヤッテ、限界「コスト」ヲ引下ゲナケレバナラヌ、今ノ日本ノ重要産業統制法デハ、資本主義ノ中ノ最低能率ヲ保護センガ爲ニ、ソレニ準ジテ價格ヲ決定スルカラ、能率ノ高イモノハ暴利ヲ食ル、ヨタヨタデモ行ケル、是ハ宜シクナイ、最低能率工場、低能率工場ヲ「スクラップ」シテ、之ヲ嶄新ナル機構ノ、嶄新ナル工場ヘ進展セシムル政策ガ私ハ必要ダト思フ

第四ニ、工業品ト農作物トノ鋏狀差格匡正、之ニ對シテ御考ガアルカドウカ、農村ハ大抵ノ事ヲヤッテモ助カリハシナイ、租税ガ輕クナル、米ノ値ガ上ル、上ラナイ先、租税ガ輕クナラナイ先ニ、工業製品ノ値ガ先ニ上ル、少シ餘裕ガ出來レバスッカリ吸取紙ヲ持ッテ行ッテ吸上ゲテシマフ、ドウシテモ此鋏狀差格ヲ匡正セザレバ、農村生活ハ安定シナイト思ッテ居ル（「ヒヤ〳〵」）私ハ此意味ニ於テ農産物ノ價格ヲ何處マデモ引上ゲルコトヲ、日本國民ノ生活問題トシテ考ヘナケレバナラヌトスルナラバ、農村必需品ノ價格抑制、之ヲ考ヘナケレバナラヌ、肥料ノ如キ最モ必要デアル、之ニ對シテ確乎タル對策ヲ御立テニナッテ居ルダラウト思フ、其概念ダケデモ私ハ承リタイト思ッテ居ル

モウ一ツハ爲替管理、是ガ最後、爲替管理ニ付キマシテ質問シマスガ、輸入制限ハ是ハイケマセヌ、成ベク避ケナケレバイカヌノデス、日本ノ生産財ヲ擴大シテ行カナケレバナラヌ時ニ、輸入制限ハイカヌ、寧ロ國家的輸出促進ヲ一面ニ於テヤラナケレバナラヌ、ソレデ尚ホ輸出入ノ均衡ガ取レナイナラバ、日本ノ正貨ハ十七億モアルヂヤナイカ、日本ノ産金額ハ年額二億圓近クアル、少シ力ヲ入レテ買上値ヲ上ゲレバ、モット餘計出ル、サウスルト年額二億圓位ノ正貨ヲ現送シテモ宜イヂヤナイカ、其正貨現送モ中々玄人ノ手心ガアルト云フガ、素朴ナル形ニ於テ現送スルコトガイケナイナラバ、所謂爲替資金運用ヲ滑カニシナガラ、正貨ノ現送ヲ確保シテ行カレルコトガ必要ダト思フ、私ハ此位ノ決心ヲ御立テニナッテモ、決シテ間違ヒナイト思フ、素人ガヤッタヲ財界ガ恐慌ヲ起ス、結城サンノ後ロニ池田サンガ附イテ居ル、アナタ方ナラ間違ヒナイダラウト人ガ思ヘバ、財界モ動揺シナイ、オヤリニナッテ宜シイ、獨逸ノ如キハ正貨ハ數千万圓シカ持ッテ居ナイ、信用デ行ッテ居ル、黃金ヲ抱イテ生産力ノ擴大ニ惱ムト云フガ如キハ、傳統經濟ノ亡靈ニ囚ハレタ者ノ考ヘ方デアル、私ハ此爲替ノ運用、正貨ノ輸送等ニ付テ御考ガアルカナイカ、之ヲ伺ヒタイモノデアリマス

私ハ種々質問致シタル末ニ、ドウシテモ言ヘザルヲ得ナイコトハ農村問題、同時ニ勞働問題デアル、國防力ノ擴大ガ要ルト言ヒ、國家ノ發展ガ必要デアルト言ヒ、産業生産力ノ擴大强化ガ必要デアルト云フヤウナ時代ニハ、農村問題及勞働問題ハ傳統的ノ考ヘ方カラ言ヘバ、ドウシテモ是ハ犧牲ニサレ易イノデアル、私ハ之ヲ犧牲ニスルコトハ國家ノ爲ニ危險デアルト、斯ウ考ヘテ居ル、軍事ノミヲ考ヘテ國家ヲ滅亡ニ導イタモノハ、帝政露西亞デアル、私ハ大戰爭中英國ニ居リマシタガ、當時軍需品ガ足リナイ、丁度日本ノ今日ト同ジヤウニ「ロイド・ジョーヂ」ト「タイムス」ノ「ノースクリフ」ガ一緒ニナッテ工場ノ動員、軍需工場ノ擴大ヲ宣傳シテ廻ッテ居ル眞最中ニ、勞働者ガ賃銀問題、其他デドン〳〵「ストライキ」ヲヤル、私ハ素朴ナ頭デ、此大戰爭中ニ勞働者ガ「ストライキ」ヲヤルナドト云フコトハ、頗ル非愛國ダト考ヘテ居ッタ、然ルニ段々經ッテ來テ「ツエッペリン」ガ倫敦ヲ襲擊シ、爆彈ヲ投下シテ破壞ヲ逞シウスル度每ニ、是等ノ勞働者ハ「ストライキ」ヲヤルガ、一面ニ於テ義勇勞働ニハドン〳〵出テ行ク「ボランタリー・ウォーク」ヲヤル、到頭戰爭ノ難局ヲ切拔ケルマデ英國ノ勤勞階級、勞働階級ハ微動ダモセズシテ濟ンダト云フ所ニ、私ハ相當ナル彈力ノ根柢トナル合理性ガアッタト考ヘル、此際ニ於テドウシテモ農村問題ト勞働問題ヲ閑却シテハ駄目デス、獨逸ガ大戰ニ負ケタノハ、戰ノ罪デハナイ、食糧ノ缺乏ト、物價騰貴ト、勤勞階級ノ收入ノ缺乏、不足、是ガ獨逸ノ崩壞ヲ導イタ、ダカラ「ナチス」ハドウデス、對外的發展――アノ軍事的威嚇ヲ列國ニ加ヘテ居ル、此「ナチス」ニ於テ農村生産力ノ更生、農村ノ擁護ニ最モ力ヲ入レテ居ル、有名ナル農地擁護法ヲ出シ、農村統制法ヲ出シテ居ル、日本ナドノ農林大臣ノ考ニモ及バヌヤウナ負債整理ヲ大規模ニ斷行シテ居ル、彼等ノ考方デアッテ見レバ、農村ノ窮乏ハ農民ノ罪ニアラズシテ、社會ノ罪デアル、社會ガ其負債ヲ分擔シナケレバナラヌト云フ原理ノ上ニ立ッテ居ル（拍手）ドウデス、對外的ニハ大ニ發展シテ居ル其獨逸ハ流石ニ全體主義トシテ農村ヲ忘レナイ、勞働者ヲ忘レナイ、私ハ肅軍工作カラ言ッテモ農村問題、勞働問題ハ閑却スベキコトデハナイト思ッテ居ル、肅軍ハ形式的ニ劍ヲ按ジテ國事ヲ談ズルヤウナ、勇敢多血ナル年少ノ者ヲ叩キ出スダケデハ徹底シナイ、人々ノ動クニハ動クベキ背景ガアル、尾崎行雄サンハ軍ガ動クニハ、軍ノ內ニ誰カ偉イ者ガ居ルダラウト言ハレル、是ハ頗ル認識不足デス、匹夫、懦夫ヲシテ勇ナラシムル所ノ一ツノ力ガ動キツヽアル、將校ハ兵營ニ於テ壯丁ヲ預ッテ居ル、壯丁ヲ通ジテ農村ヲ知ッテ居ル、兵士ノ家庭訪問ヲヤル、其人々ガ是デハイカヌト云フ考ヲ續々下カラ持ッテ來ル、此實感ニ刺戟サレテ動ク人々ノ、其形ハ矯激ナリト雖モ、其由ッテ來ル根柢ヲ正スニアラザレバ、軍人劍ヲ按ジテ國事ヲ談ズル所ノ、此狀勢ヲ緩和スルコトハ不可能ナリト、私ハ信ジテ居ル（拍手）

（議長退席、副議長著席）

ソコデ私ハ議論ヲ止メテ結城サンニ御相

談シタイ、一億五千万圓ヲ復活ナスッタヲ宜イデセウ、大シタコトハナイ（拍手）唯議論ハ決ッテ居ル、是位ノコトヲオヤリニナッタッテ決シテ間違ハナイ、アナタノ堪能ナル頭ト、其老練ナル手腕ヲ以テオヤリニナレバ間違ハナイ、又私共ガ素人トシテ考ヘテモ、之ヲ以テ物價騰貴ヲ激成スベキ根本原因トハナラナイト見テ居ル、農村ニ一億五千万圓ノ交付金ヲ餘計ヤル、負擔ガヤレ／＼輕クナル、負債ヲ返ス、又中央金融機關ニ半分ハ還ッテ來ル、モウ一ツハ農村購買力ガ幾ラカ増ス、増セバ増スダケ物ヲ買フ、必需品製産工業者及商賣人ガ儲カル、儲カッタノハ民間ノ潤ヒ、民間ノ潤ヒハ公債ノ資源ニモナル、此必需品ノ方ハ軍需品トハ違フ、軍需工業能力ガ軍事費ヲコナスニ堪ヘズシテ、物價騰貴ヲ誘ッタガ、日常必需品ノ方ハ遊休工場ガ非常ニ多イ、遊ンデ居ル工場ガ非常ニ多イ、マダ生産能力ガ餘ッテ居ル、是等ヲ働カシメルコトハ、日本ノ産業ニ於テ必需品産業ト軍需工業トノ「バランス」ヲ取ルコトニナル、之ニ依ッテ物價騰貴ノ原因ニモナラズ、ナリサウナ小サイ事情ガアルナルバ、堪能ナル諸君ノ力ニ依ッテ押ヘルガ宜シイ、オヤリナサイ、アナタハ之ヲオヤリニナラナイト禍根ヲ貽ス、之ヲオヤリニナルコトハ、是ハ私ハ日本農村ノ全部ノ要望デアリ、同時ニ軍部ノ要望デアラネバナラヌト思フ、率直ニ申シマスガ、理窟ハ抜キニシテ、決リ切ッタ議論ノ末ニ、一ツ一億五千万圓ノ復活ヲナサランコトヲ要求シ、篤ト御考ヘアランコトヲ御願スル、私ノ此御願ヲ餘リ一遍ニ御斷リニナルコトハアナタ方ノ爲ニ宜シクナイ、私ハ大體形勢ノ推移ヲ見テ、吾々ノ態度ヲ決シナケレバナラヌト思フ、之ヲスラナサラヌト云フコトニナルト、微力ト雖モ此議會ヲ只デ通セナイカモ知レナイ（笑聲）諸君ノ決心ハドウダ、笑ヘヌデモ宜イヂヤナイカ

モウ一ツ結城サンノ一擧手一投足デ直グ出來ル問題ガ一ツアル、ソレハ負債整理ノ一部分デス、負債整理組合ガ出來テ、整理法ガ運用サレテ、個人的負債ガ段々示談ガ出來テ、償却セラレテハ行キマスガ、背カナイノハ政府ノ息ノ掛ッタ機關ガ一番背カナイ、勸業銀行ハ公ノ機關ダカラト言ッテ、決シテ債務ノ調停ニ應ジナイ、外ノ方デ負ケタノハ勸業銀行ガ取ッテ行ク、其他政府關係ノ中央金庫、信用組合ノ如キ、政府ノ管轄スル公ノ機關ガドン／＼取ッテ行クカラ駄目ダ、負債整理ニ對シテハ、私ハ結城サンガ少シ頭ヲ用ヒラレテ、此大債權者タル國家機關ニ向ッテ一ツ手心ヲ要求サレル必要ガアル、ソレデハ金融機關ガ壞ハレルト云フ說ガアルガ、ソレデ壞ハレサウニナッタナラバ、其金融機關ヲ保護スル、保護ダケデハイケナイ、國家ノ保護ヲ受ケテ其使命ヲ完ウスル金融機關ニハ、林サンノ言ハレル保護ト同時ニ統制ヲ加ヘル、金融機關ノ國家統制ト云フコトハ、小兒病的ナ藪カラ棒ヲ突出シタヤウニ出來ルモノデハナイ、獨逸其他デモ金融機關ニ對シテ國家ノ統制ガ段々進展シテ行クノハ、金融機關ガ自分デ困ッテ來タ時、國家ガ之ヲ保護スルト同時ニ統制スルト云フ順序ニナッテ居ル、私ハ金融機關ニ對スル保護統制ト同時ニ、農村負債ノ卽時解決セラレンコトヲ要望スル

モウ一ツ小作立法、是ハモウ今日ノ世ノ中ニ必要デス、耕作權ノ安定ナクシテハ總テノ農村ニ對スル對策ハ、皆地主擁護ニナッテシマフ、自作農創定法ガ失敗シテシマッタ、其經驗ヲ忘レタルガ如ク、同ジヤウナ農地法ガ考ヘラレテ居ル、是ハ地主ノ土地賣逃ゲニナッテシマフ、農地法ノ中ニ小作問題ヲ同時ニ考ヘルヤウニスル、是ガ政府ノ考ラシイ、ソンナコトハ駄目デス、私ハ斯ウ云フ姑息ナコトヨリヘ、小作立法ニ邁進シナケレバナラヌト思フ、モウ一ツハ農作物保險ヲヤラナケレバナラヌ、山林保險ダケデハ足ラヌ、米ト繭ヲオヤリナサイ、是等ノコトハ農林省ト大藏省トガ頭ヲ少シ御用ヒニナレバ、ズン／＼促進サレルコトデアル、オヤリニナランコトヲ要求シ、其御考ガアルカナイカヲ御伺致シテ置ク次第デアリマス

私ハ勞働問題ニ對スル河原田內務大臣ノ御考ヲ聽キタイ、軍部ガ勞働組合ノ解散ヲ命ジタ、ソレハ社會民主々義的考ヘ方ニ對シテ、軍部ニ異存ガアッタダラウト思フ、ソレナラ全體主義ニ出デナケレバナラヌ、全體主義トハドウ云フコトヲ意味スルカ、勞働者ヲシテ經營ニ參畫セシメルコトガ其ノ眼目デアリ、基調デアル、「イデオロギー」ノ違ヒナラバ、軍部ハ須ラク全體主義ニ立脚シ、勞働者經營參畫權ヲ軍部ノ力ニ依ッテ確立セシメヨナドトハ私ハ言ハヌ、軍部ヨリハ內務大臣ガ此點ニ於テ御考ニナルコトガ必要ダ、軍部ハ解散シタナラシタダケデ、アト御用組合ヲ作ル必要ハナイ、ドウシテモ勞働者ノ協力ヲ產業ノ上ニ要求シ、其待遇ヲ合理的ニ改善シ、其福利施設ヲ增進スルノニハ、全體主義的ノ考ヘ方モ一ツダラウト思フ、アナタハ勞資協調會ニ於テ「ナチス」張リノ勞働論ヲヤッテ居ラレタ、獨逸流ノ新福利施設ガ――アナタノ所謂新福利施設ガ資本家ノ恩惠主義ノ燒直シデハ駄目ダ、ドノ「イデオロギー」デモ宜イカラ、ハッキリシタ所ノ勞働組合、勞働問題ニ對スルアナタノ考ヘ方ノ根柢ダケヘ、遠慮ナクオヤリナサイ、發表シテ戴キタイ

私ハ斯ノ如ク諸般ノ問題ニ向ッテ、增產計畫ヲ基礎トシタル統制經濟ノ完成ヲ說イタ、ソレガ今日ノ國際環境ニ處スル唯一ノ途デアルト、私ハ考テ居ル、豫算ガ大キ過ギルノデハナイ、之ニ伴フベキ生產力ガ足ラナカッタノダト云フコトハ、天下ノ認識トナッテ居ル、併シナガラ豫算ノ方ガ大キ過ギタノデ豫算ヲ削ッタガ、生產力ノ擴大ニ力ヲ盡サヌトアレバ、生產力ノ擴大ハ何時マデモ來ナイ、生產力ノ擴大ガ來ナイカラ豫算ハ增サレヌ、豫算ヲ削ッタカラ生產力ノ擴大ガ來ナイト斯ウ言ッテ居レバ、鼬ゴッコダ、其內ニ又傳統的ノ考ヘ方ニ戾ルト云フト、一種ノ消極政策ニ墮スル虞ガアル、私ハ增產統制經濟ノ伸展ヲ要求スル、サウ云フ生產力ヲ增大シテ、其市場ガ何處ニアルカト云フコトガ、世ノ中ノ問題トナッテ來マスガ、私ハアルト思ッテ居ル、當分ハ軍擴工作ノ事業、其次ハ北支那、滿洲ノ建設的事業、其次ハ支那、南洋各方面ニ向ッテノ輸出的事業斯ウ云フ風ニ進展スルコトガ出來ル、最近大ナル軍國ハ最モ大イナル軍需輸出國デアル、私ハ重工業部面ニ於テ、世界輸出ノ一割ダケ日本ガ取ルニシテモ、我ガ輸出貿易ハ多大ノ伸展ヲ爲スコトヲ確信スル、私ハ增產計畫ニ依ル統制經濟ノ擴大、其統制經濟ノ擴大ト金融ノ調節、是コソ結城大臣ニ與ヘラレタル使命デアル、唯儉約シテ應急手當ダケヲ考ヘテ居ルト云フノデハイカヌ、進ンデ如何ナルコトヲ爲スカニ付テ其輪郭ダケデモ御示シアランコトヲ希望スルノデアリマス

最後ニ林總理大臣兼外務大臣ニ外交上ノ認識ヲ質シタイト思フ、昨日尾崎行雄氏ガアレダケノ外交論ヲナサラナイナラバ、私ハ默ッテ居ヨウカト思ッタ、併シアナタハアレニ對シテ唯答辯ナサッタダケヂヤイカヌ、信念ヲ高調セラル、コトガ必要デアルト斯ウ考ヘル、總テ外交ハ亂脈出鱈目デ、前內閣デ踊リ崩シタ後ダカラ、控目ニシテ居ラル、ノモ宜カラウ、併シアナタノ外務大臣トシテノ演說ハ至極平々凡々、露西亞トモ仲好クショウ、英吉利トモ宜シカラウ、支那トモ日支親善、是デハ八面叩頭デス、八面ニ頭ヲ下ゲルコトデス、ソレダケヂヤ私ハ大イナル誤解ヲ招クダラウト思フ、日本帝國ノ外務大臣ガ、ソレ位デ外交問題ノ主張ヲ止メルカラシテ、一面ニ於テ尾崎サンノヤウナ議論ガ出テ來ル、天下ハソレニ惑フ、私ハ八面叩頭ハ總テ八面正眼ニ變ラナケレバナラヌト思ウテ居ル、オ辭儀スルノ

ハ宜シイガ、今後ハ一ツ正眼ニ立直ラル、必要ガアルト思ウテ居ル、ドウモ外交ヲ此議場ニ於テ論ゼラレテ居ル模樣ヲ見マスト云フト、感情上ノ對立ヨリハ二ツノ認識ノ對立ガアルト私ハ見テ居リマス(拍手)私ハ昨年末カラ色々ノ政治家及學者ノ座談會ナドニ出マシテ、外交論ニ對スル相當有名ナ人ノ見解ヲ聽イテ見タガ、ドウモ考ガオカシイ、相モ變ラズ日英ハ親善ナルベシ、日露ハ爭フノ理由ナシ、日支モ固ヨリ親善、斯クシテ親善工作ヲ完成スレバ斯ウ軍備ニ金ヲ使ハヌデモ宜シイ、斯ウ云フ考ヘ方ガ非常ニ彌漫シテ居ル、尾崎サンモ昨日サウ云フ御話ヲサレマシタガ、私ハ認識ヲ異ニシテ居ル、林總理大臣ハア、云フ傾向ガ天下ニ彌漫シテ居ル、ア、云フ考ヘ方ガ充チ滿チテ居ルト云フコトヲ御諒解ニナッタ以上、モウ少シハッキリ積極的ナル外交ノ主張ヲ、此議場ヲ通ジテ天下ニ放送セラル、コトガ、私ハアナタノ貴キ責任デアルト斯ウ考ヘル、大體國際間ノ對立ハ、英雄主義ノ對立デモナケレバ、侵略主義ノ對立デモナイ、必然ノ對立ガ今日來タノダ、歐洲大戰爭ガ濟ンダ時ニハ、ドノ國モ戰爭ノ慘禍ニ惱ンデ、ヤレ〳〵ト思ッタ、ソコデ取敢ヘズ國際聯盟ヲ造リ、土地ニ、資源ニ、既ニ飽滿シテ居ル、大國ハ、現狀維持ヲヤッテ見タ、現狀維持ヲヤッタ後ニ、モウ是レカラ平和ダ、動員ノ逆ヲ行ク所ノ復員、兵隊サンヲ勞働者ヘ、兵隊ヲ農村ヘ、軍需工場ヲ必需品工場ヘ、工場ノ「モビリゼーション」ヲ逆ニ「モビライズ」スル、動員ヲ逆ニ復員スル此ノ工作デ大騷ギシタ、併シヤッテ見テ生活ノ安定ヲ圖ラントスレバ、急速ナル生産ノ增大ヲ圖ラナケレバナラヌ、急速ナル生産ノ增大ヲ圖レバ、ドウシテモ海外市場ヲ獲得シナケレバナラヌ、海外市場獲得ノ競爭ヲスル其極致ニ達スレバ、自分ノ武力ノ屆ク限リヲ自己ノ市場トシテ確保スル、此概念ガ生レテ來テ所謂「ブロック」經濟ハ此處カラ生レテ來タ、ドノ國ニモ――日本ニハ「ファッショ」ヲ好マザル人ガ非常ニ多ク、共産主義ヲ好マザル者ガ非常ニ多イ、其「ファッショ」ト共産主義ト――獨逸ト露西亞ト、西班牙デ喧嘩シテ居ルノハ、物好キデヤッテ居ルノデハアリマセヌ、獨逸ハ露西亞ノ脅威、又佛蘭西ノ脅威ニ對シ、或ル場合ニハ英吉利ヘノ威信ヲ保ツ爲ニ、軍擴工作ガ要ル、ソレニ鐵ガ要ル、其ノ鐵ハ瑞典ダケデハ足ラヌ、西班牙、「モロッコ」ニ求メナケレバナラヌ、西班牙、「モロッコ」ニ鐵ヲ求メテ獨逸ニ軍備擴張ヲサレテハ敵ハヌカラ、「ソビエト」露西亞ガ西班牙ニ出テ來ル、是ハ戰爭ヲ好ム戰爭ヲ好マナイヂヤナイ、私ハサウ云フ議論ヲシテ居ルノデハナイ、戰爭ヲ好ムト好マザルトニ拘ラズ、此今日ノ經濟機構發動ノ重力ノ必然ガ、今日ノ國際對立ヲ促進シテ居ルコトハ明白ナル事實デアル

ソコデドウデス、林外務大臣ハ傳統的霞ケ關外交ヲ繼承セラレナイデアラウト思フ、アナタノ前任者モ前々任者モ常ニ言ッテ居ッタ、英國トハ親類筋ニナリタイ、吉田大使ガ英吉利ニ行ッテハ隨分親英的ノ「サーヴィス」ヲヤッタ、併ナガラ其親類筋ニナリタイ英國、私共モ感情的ニ英國ニ對立スル理由ハアリハシナイ、倫敦ニ於テ學生々活ヲスレバ、實ニ英國ハ住ミ宜イ、個人的ノ感情ハ結構ヲ極メタ國デアル、其親善的ナ英國ト、最近數年間ニ印度ニ於テ摩擦シタヂヤナイカ、日本ノ輸出品ハ印度カラ叩キ出サレタデハナイカ、濠洲デ又摩擦シタヂヤナイカ、英國ノ手ノ及ブ所ノ蘭領南洋ニ於テ、日本ハ叩カレタヂヤナイカ、「エジプト」ニ於テモサウヂヤナイカ、南阿ニ於テモサウヂヤナイカ、ソレダケハ致方ガナイト觀念シテ居ルト、彼ハ支那ニモ進出シテ來ル、英國ハ侵略主義ヂヤナイデセウ、併シ英吉利ノ「リース・ロス」借款以來支那ヲ助ケ起ス政策ト共ニ、政治的働キガ必然的ニ始ッテ來タ、英國ガ支那ニ對シテ資本輸出、軍需品輸出ヲ盛ニスルト云フト、此經濟ノ結バレト共ニドウデス、支那ニハ親英、排日ノ空氣ガ釀成サレテ來クデナイカ、ドウデス、「ソビエト」露西亞モ同樣「ソビエト」露西亞ノ武力ヲ英國ハ過重視シテ居ル、是ハ西洋人ノ「メカニズム」的考ニ依ッテ仕方ガナイ、露西亞ノ飛行機ガ何臺「タンク」ガ何臺、金ヲ幾ラ使ッタ、西洋人ノ計數的考カラ言ヘバ、露西亞ヲ日本ヨリ强イモノト考ヘルノハ當然デアル、英國ハ强イモノガ友達デアル、昔テハ日本ノ精神力ヲ强イト見テ、日英同盟ヲ結ンダ、然ルニ今デハ英國ガ大分老朽シタモノダカラ、形ヲ尊重スルコトニナッテ、露西亞ノ國力ヲ日本以上ナリト見タ、强イ者ト共ニナッテ東洋ノコトニ當ラウ、是ガ英國ノ考ヘ方デ、「ソビエト」露西亞ト英國トハ或ル意味ニ於テ「バッテリー・ウワーク」ヲヤッテ、共ニ日本ニ當ッテ來テ居ル(拍手)其蘇聯ト日本トハ國境デ現ニ火花ヲ散シテ居ル、陰慘ナル空氣ノ下ニ、吾々ノ兄弟ハ今日只今モ雪ノ中デ、或ハ矢彈ノ餌食トナリ掛ッテ居ルデハナイカ、是ハ現狀ナンデアリマス、誰モ戰ヲ好ムモノハナイ、戰ヲ好マザル英國ガ支那ニマデヤッテ來ル、支那ニヤッテ來テ、支那ノ內政干與ヘヤリタクナイデセウ、ソレヲ此間ヤッタデハアリマセヌカ、張學良ノ「クウデター」ニ於テ、今マデノ日本ナラバ、アノ張學良ヲ說キ落シテ、支那ノ和平統一ノ爲ニ大過ナキニ至ラシムル位ノ藝當ハ日本ノ先輩浪人ハ皆ヤッテ居ッタ、頭山滿翁デモ、政友會ノ前總裁犬養先生デモ、大ニ心ヲ配ラレタ、其眼ノ掛ッタ人間ガ、アノ位ノ內面工作ノ中ニハ何時デモ飛込ンデ行ッタ、然ルニ今デハ支那ニ於ケル經濟的活動ヲ英國ガ「リード」スルヤウニナッタカラ、其經濟的活動ト共ニ外交マデモ「リード」サラレルヤウニナッタ、此間ノ蔣介石救出シニ於テハ英國ノ浪人、英國ノ商賣人、英國ノ金融業者ハ全面的ニ働イタヂヤナイカ、ドウデス、東亞ノ安定勢力ナドト言ッテ居ル日本ハ、戰ヲ欲セザル英國ノ爲ニ、支那ノ內政マデモ「リード」サレテ、高見ノ見物ヲシテ居ルト云フノガ今日ノ情勢、其英吉利ガ澄境ニ現ニ血ミドロニナッテ衝突セントシテ居ル露西亞ト手ヲ握ッテ居ル、此情勢ヲハッキリ認識シテ、之ニ對應スルダケノ迫力ヲ外務大臣ハ御示シニナラナケレバナラヌト信ジテ居ル、廣田內閣ノ下ニ於ケル外交ノ失敗ハ、私ハアナタガ先般此議會ニ於テ爲サレタ外交演說ヲ地デ行ッタ所ニアルト思フ、アナタハ大キナ決心ガアルデセウ、初カラ喧嘩腰ニハ行カヌ、一應御辭儀ヲサレタデセウ、多少ノ決心モホノ見エヌデハナイ、併シ墮落スルト廣田、有田外交ニナッテシマフ、廣田、有田外交ハ經濟的必然、産業發展ノ必然、其結果ガ國際對立トナリ、國防競爭トナリ、戰爭ノ危機トナッテ居ル、此現實的問題ヲ甘ク見タノダ、蔣介石デモ「サラリー・マン」デハナイ、張學良ト雖モ「サラリー・マン」ヂヤナイ、「ヒットラー」「ムッソリニ」亞米利加ノ大統領、皆ソンナ月給取根性ヂヤナイ、難儀ヲシテ居ルカラ、物ノ本質ヲ知ッテ居ル、然ルニ日本ノ外務當局ハ、本質ヲ知ラヌ、此本質的對立ヲ御辭儀デ緩和出來ルト思ッテ居ル、ソコデ英吉利ニ對シテハ親英「サービス」ヲヤッテ居ル、是ハ日英同盟ガ破棄セラル、時ニ、日本ノ先輩政治家ガヤッタ失敗ノ後ヲ繰返スノデアル、畏クモ

今上陛下ニハ未ダ皇太子デアラセラレタ時ニ、英國ニ御渡リニナッタ、英國ハ左ノ手デ之ヲ歡迎申上ゲタ、日本ノ皇室ニ對スル滿腔ノ敬意ト、親善デシタラウ、併シ感情ノ融合ハ別トシテ、殿下未ダ英國ニ滯在マシマス時ニ、大英帝國會議ヲ開イテ、謂ハヾ殿下ノ面前ニ於テ、日英同盟ノ草案ヲ引破ッテ棄テタ、日英同盟破棄スベシト云フコトヘ、其時ニ決ッタ、次イデ華盛頓會議、感情ト實際ハ別デスヨ、廣田內閣ノ最モ大ナル弊害ハ、眼ニ見エザル力ニ動カサレタコ

ト――軍部ニ動カサレタコトヨリハ、モット見エザル力ニ動カサレタ、モット見エザル老人連ノ力ニ動カサレタ、老人連ノ世迷言ハ、過去ノ外國生活ヲ顧ミテ、外國人ヲ絶對ニ信用スル、サウ云フコトカラ出發シテ來テ居ル、ソコデドウデス、老人連ト聯絡アル吉田君ガ大使トナッテ向フニ行ッタ、特別ノ形式、畏多クモ特別ノ形式ノ下ニ、其尊嚴ヲ添ヘ、彼ノ地ニ於テ頻リニ日英親善ヲ宣傳シタ、日英同盟ノ復活、日英國交ノ改善、同盟以上ノ何物カヾ生レル、ナドト宣傳シタカラ、議會ニ於テ質問演説ガ起リ、其質問演説ニ對シテ英政府ノ當局者ハ、明ニ之ヲ否定スルト共ニ、日本ニ對スル侮辱ノ言辭サヘモ弄シテ居ル、ドウデス、其親英媚態ガデスヨ、英國トハ近頃頗ル親善ノ關係ニアル支那ニ直グ傳ッテ來ル、蔣介石ニ傳ハリ、蔣介石ノ幕僚ニ傳ハリ、蔣介石ノ信頼ヲ受ケテ新聞ヲ發行シテ居ル連中ニ傳ハル、大公報ノ記者張熾章ト云ヘバ相當ノ人格者デアル、其人ノ筆ハ日本ガ英國ニ媚ビタコトヲ揶揄シテ居ル、其醜態ガ支那ニ筒抜ケニ來ル、支那デハ何ダト言ッテ居ル、支那ニ向ッテハ歐米依存ヲ止メヨト言ッタ日本ガ、英國ニシテハ英國ノ前ニ叩頭シテ依存ヲ請願シテ居ル、何ノ態ダ、自分ノ方カラ歐米依存ヲヤッテルヂヤナイカト冷カシテ居ル、ドウデス、親英媚態ヲ示シ、屁ッピリ腰ヲ示シ、現實ノ問題ヲ現實デ處分セズシテ、御辭儀ト辭令トデ處分ガ出來ルト思ッタ、其弱腰ガ忽チニ支那ニ傳ッテ、支那ノ侮日ヲ招キ、成都事件ニハ可憐ナル、悲壯ナル日本ノ少壯記者モ殺サレマシタガ、殺スヤウナ空氣ヲ作ッタノハ、支那ニ向ッテハ傲然ト强サウナ額ヲシテ臨ミナガラ、所謂二重外交、支那ノ内輪話ニ參畫シテ居ル英國ニハ媚態ヲ逞ウシ、決シテ支那ニハ亂暴ヲ致シマセヌナド云フ證文ヲ入レルカラシテ、支那ノ抗日ヲ益〻激化セシメタノデアル、成都事件ニ對シテハ、日本人ヲ殺害セヨト云フ招待狀ヲ日本ガ出シタモ同ジコトナンデアル、此處ハハッキリ御認メ願ハナケレバナラヌ、尾崎先生モ英國ヲ非常ニ「ハームレス」ナモノノヤウニ言ハレタ、日本ノ老人ハ皆ア、云フヤウニ考ヘテ居ル、廣田君モ其老人連ノ説ニ聽キ、其老人連ノ援助ヲ受ケテ、親英「サービス」ヲヤッタ、廣田君ハ現ニ言ウテ居ル、英國ノ物ノ分ッタ上ノ方ノ人ハ、日英同盟ノ復活ニ大體多大ノ期待ヲ持ッテ居ルガ、何樣若イ奴ガ分ラヌデ困ルト、成程若イ奴ノ方デハ温和シイ「イーデン」デモ、之ニハ同意シナカッタ、現實ヲ把握シテ居ル若イ者ハ、日本ノ御辭儀ニ依ッテ緩和セラレルヤウナ英國ノ内情デナイコトヲ知ッテ居ルカラデアル、況ヤ國民生活ニ立脚セル外交ハ彼ハ知ッテ居ル、日本ノ外交ノミハ國民生活ヨリ遊離シテ居ル、此點ヲシッカリ矯正ナサラヌト宜シクナイ、日英親善宜シカラウ、日支親善宜シカラウ、日「ソ」國交ノ改善宜シカラウ、一應ノ辭令ナラ宜シイガ、重ネテ再ビ三タビ此議場ニ於テ左樣ナコトヲ御言ヒニナラヌデモ宜カラウト思フ、是ハ警告致ス、ドウモ現實ト實際ノ開キガ二重外交ノ原因トナル

私ハ昨年ノ末滿洲ニ行ッテ居ッタ、滿洲ニ行キマスト云フト、所謂蒙古ノ徳王ノ察哈爾カラ綏遠ヘ侵入ガ大問題トナッテ居ル際デシタ、ドウデス、察哈爾ニ於ケル内蒙民族ハ、多年支那人ノ非行ノ壓迫ニ遭ウテ居ル、金貸カライヂメラレ、惡代官カライヂメラレ、武力デイヂメラレル、何トカシテ起チ上ヲナケレバナラヌ、此内蒙ニ於ケル蒙古人ニ對スル滿洲國ノ對策トシテ、彼等ニ同情ヲ表スルコトガ、外蒙ニ手ヲ入レタル露西亞ニ對スル一種ノ牽制策トナッテ居ル、同情シテ居ル、同情シテ居ルト云フト察哈爾カラ綏遠ニ出テ、蒙古人獨立生活ノ基礎ヲ獲得シヨウト云フ運動ガ起ッテ來タ、我ガ日本人ハ蒙古人ニ同情ヲ有スルガ故ニ、見方ニ依ッテハ綏遠侵入ヲヤルナト言ッテ止メルノモ、私ハ一ツノ考ヘ方ダト思フ、併シ其力ハ及バズシテ既ニ綏遠ニ侵入シテ行ッタ、支那ハドウスルカ「ゼスチュア」ヲ逞シウシテ之ヲ叩潰ス、其叩潰ス工作ガ並大抵デハナイ、内蒙民族ノ民族的撲滅ヲヤルヤウナ意氣込ヲ以テ、多大ノ武力ヲ動員シテ、此民族撲滅ニ踏出シサウナ勢ニナッテ來タ、ドウデス、日本ハ之ヲ對岸ノ火災視スルコトガ出來マセウカ、私ハ綏遠問題ニ關聯シテ、支那ト日本ガ戰フベキ理由ハ知リマセヌガ、内蒙ニ於ケル蒙古民族ニ對スル日本ノ好意、其好意ノ下ニ育チタル蒙古人ガ、綏遠ニ渡ルコトガ惡イナラバ、別ニ話ノ仕方モアラウガ、重大關心ナクシテ是ガ見ヲレマスカ、支那兵ハ民族撲滅戰ヲヤッテ綏遠ヲ叩イテ察哈爾ニ入リマスヨ、内蒙民族ガ叩潰サレ、支那ガ直チニ此處ニ出テ來テ、其處ニ蔣介石傳統ノ共産主義政策ガ發展シテ來ルト云フト、内蒙ト外蒙ノ勢力ガ相結ンデ、誰ガ北支ヲ脅カサズト言ヘマセウ、誰ガ冀東政府ヲ脅カサズト言ヘマセウ、何人ガ滿洲ヲ脅カサズト言ヘマセウカ、然ルニ滑稽千萬ニモ日本ノ政府ハ何人モ問ハザルニ、蒙古人ノ綏遠侵入ニハ日本關係ナシ、日本ハ之ニ對シテ何等ノ關係ヲ持タナイト發明シタ、餘計ナ事ヂヤナイカ、默ッテ居レバ宜シイ、然ルニ日本ハ關係持タヌト言ッタ、ソレニ依ッテ今マデ躊躇シテ居ッタ支那ノ軍隊ガ、安心シテウント入ッテ來タ、サア見テ居ラレマスカ、一個ノ無辜ノ者ヲ殺シテモ、日本ノ皐濟精神ハ立チ行カナイノニ、蒙古民族ニ對スル彼等ノ信頼ヲ裏切ラレマスカ、關東軍是ニ於テカ已ムヲ得ズ綏遠事件ニ對シ、其發展ニ付テハ重大關心ヲ有スルト、斯ウ云フ聲明ヲ發シタ、此關東軍ノ聲明ニ依ッテ日本モ關心ガアルカト、支那ノ足並ハ大ニ亂レタ、其中ニ張學良事件ガ起ッタ、斯ウ云フ關係デスヨ、ドウデス、ドウモ此方ガヤリサヘセネバ、向フハ平和ダナント云フ考ヘ方ハドウシテモイカヌ、此方ガ罷リ下ッテ向フガ罷リ下ル、サウ云フコトガ出來ナイコトハ、華盛頓會議以來分リ切ッテ居ルヂヤナイカ（「ヒヤ〱」）歐洲大戰爭ガ濟ンダ時ニ列國ハ疲レテ居ル、老練ナル「ビスマルク」流ノ政策ヲ有スル政治家ガ日本ニ居ッタナラバ、歐米列國ガ戰爭ニ依ッテ疲レタル際ニ、日本ハ何等カノ對外行動ヲ起シタデセウ、正直ナル日本ハ有リ餘ッタ武力、蓄積サレタル富ヲ持チナガラ、アノ華盛頓會議ニ同意シ、アノ巴里講和會議ニ贊同ヲ表シ、軍艦ヲ壞ハシ、山東ヲ還シタ、ソレニ依ッテ日本ノ威力ガ減ジマシタノデ、列國ノ力ハ忽チニシテ支那ニ加ヘリ、支那ノ人心ヲ動カスヤウニナッタ、ソノ全支那ノ排日ハ其尖端ヲ滿洲ニ現ハシテ、昭和六年九月十八日事件トナッタ、頭ヲ下ゲテモ向フガ下ルモノデハナイ、下ヲレザル内面必然ノ力ニ動カサレテ居ルコトガ、今日ノ國際情勢デアルト云フコトヲ、ハッキリ認識シナケレバイカヌ（拍手）外交ヲ以テ軍人ノ武力ノ足ラザル所ヲ補フト云フコトハ、ドウ云フコトデアルカ、蒙古問題ガ起ッタ、察哈爾カラ綏遠ニ侵入スル、支那ハ之ニ對シ民族撲滅戰ヲヤル、日本ハ武力ヲ以テ内蒙ヲ援ケルコトガイカヌナラバ、外交ヲ以テ補フベシ、政府ハ關係ナシト云フ聲明ヲ發スル代リニ、内蒙綏遠問題ノ發展ハ其環境ノ情勢ト思ヒ合セテ、坐視スル能ハザルモノデアル、此發展ノ如何ニ依ッテハ、帝國ハ相當ノ決意ヲ爲サナケレバナラヌト言ヘバ宜シイ、必シモ之ヲ以テ支那ト一戰ショウト云フノデハナイ、其決意ノ下ニ合理的ニ蒙古問題ヲ解決シ、合理的ニ蒙古民族ノ「アスピレーション」ニ同情シ、蒙古ト支那、支那ト日本、滿洲ト支那トノ國交ヲ整調スルコトハ、此根本ノ決意ト、此外交ノ援助アリテ私ハ可能デアルト思ッテ居ル、外交デオ辭儀スレバ武力ハ潰シテモ宜イト云フヤウナ、ソンナ外交ヲ以テ國防ヲ補フナドト云フ物ノ見方ハ、絶對ニ間違デアルト思フ

ソコデ今日ノ問題デス、日獨協定ノ手續、取扱ノ態度ニ付テハ、私ハ多々批判ヲ持ッテ居ル、併シ前内閣ノ日獨協定ハ別ニ惡意ガアッタノデハナイ、アノ人達ハヤハリ八方叩頭主義デアッタノダ、八面玲瓏ナラ宜イガ、八方ニ頭ヲ下ゲタイノデアッタ、日英同盟ノ復活モヤリタカッタ、吉田君ガ倫敦デ「サーヴィス」シテ笑ハレタダケデアル、日米親善モヤッテ見タカッタ、具體案ヲ持タナカッタ、日支親善モヤリタカッタ、案ガナカッタ、日獨ダケハ向フガヤッテ吳レタ、ドウデス、日獨親善的ニ協定ヲ結ンダコトハ、英國ヲ敵ニスル、米國ヲ敵ニスルト云フヤウナ觀點カラ批判スルノハ駄目デスヨ、英國ニ頭ヲ下ゲタラ向フガ厭ダト言ッタ、獨逸ニハ思召ガアッテ、一ツオ互ニ「コミンテルン」ニ對スル共同防衛ヲヤラウ、斯ウ云フコトニナッタ、政府當局者ハナゼア、云フ問題ヲ、ア、コソ〳〵スルカ、漁業條約ハ一年以上掛ッテ新條約案ヲ協定シ、昨年末ニ效力ヲ失フ舊條約ニ代リ、新シク出來上ル條約ノ調印ガ出來ルコトニナッテ居ッタ、是ハ日露國交ヲ調整スル非常ニ好イ條約デアル、ソレガ日獨協定ガ出來タト云フ名ノ下ニ、向フカラ破棄サレテシマッタ、ドウ云フ譯デスカ、一體「コミンテルン」ガ「ファッショ」ニ向ッテ宣戰スルト稱シ、日本ヲ東洋ノ「ファッショ」ト稱シ、侵略國ト稱シ、獨逸ヲ歐羅巴ノ一ツノ目標ト稱シ、公々然ト「コミンテルン」ハ世界ニ向ッテ其工作ヲ築キ上ゲントシツ、アル、即チ一面ニ於テ「ファッショ」陣營ヲ擊破スルノニハ、第二「インターナショナル」トモ握手ショウ、自由主義者トモ握手ショウ、平和論者トモ握手ショウ、サウシテ獨逸ト日本ヲ叩クト云フノデセウ、支那ニ其手ヲ延バシテ來テ、其工作ガ動キ出シテ來テ居ルデセウ彼ハ「コミンテルン」ノヤリ方ヘ、蘇聯ノ闘スル所ニ非ズト言ヒマスガ、ソンナ馬鹿ナコトガ言ヘルカ、露西亞ニハ徹底的獨裁權ガアル、アノ露西亞ノ政權ガ「コミンテルン」ヲ默認スルコトハ、即チ之ヲ援助シテ居ルコトデアル、併シ彼等ガ「コミンテルン」ノヤルコトデ、俺ハ知ヲヌト言フナラ、宜シイ、オ前ガ知ラヌト云フナラバ、其「コミンテルン」ノ脅威ニ對シ獨逸ト日本ガ共同防衛ノ策ヲ講ジ、情報ヲ交換シ、事務局ヲ作リ、共同防衛工作ヲヤラウ、斯ウ云フコトヲ協定スルノハ何デモナイヂヤナイカ、私ハモット皮肉ナ物ノ見方ヲスレバ、「コミンテルン」即チ「ソビエト」露西亞、此「ソビエト」露西亞ニ對シテ日獨ガ相當ノ自衛策ヲ考ヘルト言ッタ所ガ、無理ノナイコトデアルト思フ、併シ彼ノ言フ通リ關係ガナイト云フナラバ「コミンテルン」ニ向ッテ共同防衛ヲヤル、何デモナイヂヤナイカ、ソレガ爲ニ日露漁業條約ガ出來上ッタモノガ破棄サレテシマッタ、サアサウスルト樞密院ノ會議ニ於テ御前ヲモ憚ラズ、今度ハ自由出漁ヲ斷行スルナドト外務大臣ハ勝手ニ言ッテ居ル、ソンナニイキリ立タヌデモ宜シイ、何デ自由出漁スル必要ガアル、帝國ノ海軍ハ非常時日本ノ貴重ナル防壁デアル、ソンナ自由出漁デ防禦的態勢ヲ執リナガラ、浦鹽斯德ノ潛航艇ニ脅カサレルヤウナ馬鹿ナコトハシタクナイ、萬已ムヲ得ザレバヤルガ、直グ自由出漁トハ何ダ、ソンナコトハ必要ハナイノデス、日獨協定、何ノ差支ナイ、而モ新漁業條約締結ノ約束ガ破棄サレタ、ソコデ當局ハ狼狽シタ、其際露西亞側カラ一年間、舊條約ヲ延期シテヤラウト云フト、日本側ハ鬼ノ首デモ取ッタヤウニ喜ンダ、一年間延期シタコトハ、日露ノ國交ノ危機ヲ一年後ニ延バシタコトデスヨ、露西亞側ハ折角新タニ出來上ッタアノ成案ノ基礎ニ於テ協議ヲ進メ一年後ニ條約ニ調印スルノカト言ヘバサウデナイ、彼ハソンナコトハヤヲヌト言ッテ居ル、ソレハ新タニ御相談シマセウ、前ニ出來テ居ッタ新條約ハ「スクラップ」シタト言ッテ居リマスヨ、ソレニ隨喜渇仰スルトハ實ニ意氣地ノナイコトデス、私ハ自由出漁ナドト云フ腰モナイ癖ニ放言スル當局者ノ態度ヲ憎ムト雖モ、日獨協定ガ出來タルガ故ニ、折角出來上ッタ條約ハ調印ヲ拒絶サレ、批准奏請サレタ條約ハ拒絶サレ、其上ニ舊條約ヲ一年延バシテヤルト言ヘレテ、ソレデ鬼ノ首ヲ取ッタヤウナ態度ヲ執ル我ガ當局者ノ態度ハ如何ニモ殘念ダ、私ハ外交ヲ以テ國防力ノ不足ヲ補フニ足ル一ツノ工作ガアルトスルナラバ、此日獨協定ヲ活用スレバ或種ノ工作トナルト思ッテ居ル、「ソ」聯ニ對シテ日本ハ日獨協定ヲヤッタノデハナイ、「コミンテルン」ニ對シテヤッタンダ、併シ八方正眼ニナルカモ知レナイ、「ソ」聯ノ出様ニ依ッテハ、此日獨協定ノ發展性ガ私ハ多少アルダラウト思フ、決シテ日露ノ親善ヲ破ラウト言フノヂヤナイ、「コミンテルン」ハ日本ニ挑戰シタ、ソレデ、「コミンテルン」防衛ダケヲ日本ハヤッタ、「ソ」聯ニハ遠慮シテ居ル、ソレヲ口實ニ「ソ」聯ガ日本ニ對シテ條約ノ締結ヲ拒絶シ、此頃ハ浦鹽斯德デモ惡戯ヲスル、ソレガ嵩ジテ來ルナラバ日本ハ考ヘナケレバナラヌト思ッテ居ル、林首相ノ外交演説、穩健ハ結構ダ、併ナガラ形勢險惡ナル時ノ穩健ハ、一種ノ卑屈トナル虞ガアル、林外相ノ部下ニハ霞ケ關ノ前々カラノ辭僚ガ充滿シテ居ル、一ツ御決意ヲ有タレナイト宜シクナイト思ッテ居リマス

私ハ斯ノ如ク唱ヘ來ッテ、日本ノ立場ヲ深刻ニ、明確ニ認識ヲ進メテ行クト云フト、ドウモ危險ガアルヤウニ人々ハ感ズルデセウケレドモ、國ヲ建テ、居ル以上、危險ナキ國ハナイ、況ヤ國際的ニ大イナル立場ヲ保持シテ居ル國ニハ大ナル危險ガアル、併ナガラデスヨ、英、米、露、支一緒ニナッテ掛ッテ來レバ、日本ハ敵ハヌナドト云フ馬鹿ナ議論ヲスル必要ハナイ、英國ハ伊太利トノ問題、地中海トノ問題デモ惱ンデ居ルヂヤナイカ、佛蘭西ガ味方デアルカ、獨逸ガ英國ノ味方デアルカ、ドッチモ其通リニ行カヌ、「ヘリゴランド」ニ於ケル獨逸ノ設備ニハ英吉利モ心配シテ居ル、ドウデス、英吉利ガ地中海ノ問題ニ惱ンデ居ル時ニ、ドウシテサウ急速ニ東洋ニ來マスカ、南米ニ向ッテ發展スルヲ第一ノ使命トシテ居ル亞米利加ガ、サウ急速ニ東洋ニドウシテ來マスカ、露西亞ガ日本ニ向ッテ挑ム時ニハ、其背後ノ露西亞ト對立的關係ニ在ル獨逸ノ危險ヲ感ゼズシテドウシテ來マスカ、サウ簡單ニ四國協同ハ出來ヌ、支那ガ英、米、露ノ後援ノ下ニ、日本ニ向ッテ戰ヲ挑ムト云フヤウナ馬鹿氣タコトヲヤッタナラバ、最後ノ勝負ハ別トシテ、取敢ヘズ支那ハ西班牙ノ二ノ舞ヲ踏ム、世界新鋭武器ノ試驗場、實驗場トナッテ蹂躙セラル、コトハ分ッテ居ル、滅多ニハ來ナイ、來ナイガ、日本ノ安全責任外線ハ押詰メラレテ來テ居ル、之ニ對處スル途ヲ講ジナケレバナラヌ、私ハ此時ニ於テ日獨協定ト雖モ、多少ノ外交上ノ補ヒニハナルト感ジテ居ル、日本ハ地形上ニモ此天險ヲ持ッテ居ルカラ、サウ恐レルコトハ要ラヌ、併シ天險ヲ克服スベキ新鋭武器ノ發達ニハ備ヘナケレバナラヌ、備ヘルノハ無限カト云ヘバ、自ラ限度ガアル、世界列國ハ叩頭ニ依リテ——頭ヲ下ゲルコトニ依ッテ日本ノ味方トナラザルモ、故ナクシテ日本ヲ脅カシ、此日本ノ虎ノ尾ヲ進ンデ踏ム者ハ又稀ナリト、斯ウ考ヘテ居ル、私ハ日本ハ世界ニ向ッテ起ツ時ニハ世界的門戶開放ヲ要求スベシ、世界的門戶開放ガ出來ナケレバ、手ノ屆ク所ニ「ブロック」化ヲ實踐躬行スベシ、ソレニハ國防費ガ要リ過ギルト言ヒマスガ、何レモ勃興的ノ國民ハ皆苦難ヲ嘗メ來ッテ居ル、大英帝國ノ勃興時代ニハ和蘭ト戰ヒ、西班牙ト戰ヒ、具サニ苦難ヲ嘗メタ、英國ノ學者ハ勃興時代ノ英國ハ貧乏デアッタガ覇氣ニ富ンデ居ッタ、「プアー・パット・アンビシヤス」デアッタト言ッテ居ル、豐富ナ資源ヲ有シ、豐富ナ富ヲ有シテ安閑トシテ居ル國ガ、貧乏ニシテ自衛ノ爲ニ、存立ヲ脅カ

サル、ガ爲ニ、齎發スル國カラ勤モスレバ追付カレ凌ガルノハ世界ノ歴史デアル、私ハ大和民族ノ使命ヲ信ジ、我ガ日本、朝鮮、滿洲ノ此土ト、其三倍アル所ノ滿蒙ノ土、此上ニアル所ノ我ガ大和民族、此天才、此精神力、此體力ヲ信ズルガ故ニ恐ル、コトハナイト思フ、ナイガ、考ヘナケレバナラヌ、國際對立ハ面倒ダガ、外交デ切拔ケラレル、切拔ケラレルガ、其外交ノ背後ニハ一定ノ武力ガ必要デアル、是ガ私ノ認識デアル、ソコデ林サンハ外交ヲ一新セラレント欲スレバ、先ヅ外務省ノ外交陣カラ一新サレナケレバナラヌ、今ノ外務當局ナド、大體外交ナンカヤッテ居リマセヌヨ、能ク外務省ヲ御調ベナサイ、ヤッテ居ラヌ、私ハ驚イタ、廣田外務大臣ノ時ニ對支外交ノ三大原則ト云フコトハ毎日ノヤウニ新聞ニ出タ、三相會議ノ結果之ヲ後援シタト書イテアル、對支外交ノ三大原則、ドノ位日本ノ遣外使臣ガ三大原則ヲ蔣介石ニブッ付ケテ居ルカ、調ベテ見タ、蔣介石ハ私ガ昨年ノ初南京ニ遊ンダ頃殆ド日本人ニ會ハナイ、日本ノ大使ガ來ルナラ張群ト會ヘ、俺ハ會ハヌ、領事ガ來ルナラ課長ト會ヘ、斯ウ云フ態度デアッタ、アンマリ無禮ヂヤナイカト私ハ思ッタノデ、張群君ニ會ウテ日本ノ大使ト會ハヌトハ何ノコトダト詰ッタラ、先方デハ苦笑シナガラ、イヤ本當ノ話ヲスル方ニナラ會ヒマスケレドモ、ナッテ居ラヌノデスヨ、私ノ方デ大使ダラウガ讀書人ダラウガ、代議士ダラウガ、差別ハ立テヌ、本當ノ話ナラ誰トデモ致シマス、アナタナラ會ヒマス、ト云フノデ、私ハ蔣介石氏ト數時間モ會談シタ、其後デ聞イテ見タ、何故大使ヲ拒絶スルカ、日本ノ對支外交三大原則ハ支那ニ徹底シテ居ル筈ダガ、何故ソレヲヤラナイノカト聽イテ見タ所ガ、張群君ハ聲ヲ潜メテ、大キナ聲デハ言ハレマセヌケレドモ、三原則ナンテ能ク知リマセヌヨ、アレハ此間何カ日本ノ遣外大使ガヤッテ來テ、無理ニ蔣介石ニ會ハウト云フノデ會ハセテ見タ所ガ、何カ野紙ニ書イタモノヲ讀ンダ、ソレガヤカマシイ三箇條ラシイ、其内容ニ付テ、本質ニ付テ質問ヲ開始スルト云フト、本國ヨリ之ニ對スル何等ノ訓令ヲ受ケテナイカラ、本大使ノ權限ノ外デアルト言ッテ歸ッテシマッタノデス、サウスルト翌日ノ日本ノ新聞ニハ、日本ノ大使蔣介石ニ面會シ、對支外交三大原則ヲ掲ゲテ、懇々彼ニ說諭セシモ、彼誠意ヲ示サザルガ故ニ、怫然トシテ引揚ゲタ、支那ノ態度斯ノ如クナルニ於テハ、帝國ハ重大決意ヲ爲スノ已ムヲ得ザルニ至ルベシナド大宣傳ヲヤル、斯ウ云フ馬鹿ナ宣傳ヲヤラル、ナラバ、學生モ騷ギマス、黨部モ騷ギマス、愛國心ハ支那人ニモアリマスゾ、ソレガ激發シテ日支ノ國交ヲ破ル、アレハ大方日本ノ國民ニ對スル「サービス」デ、ア、云フ事ヲ宣傳スルノダラウ、陸軍ニ對スル「サービス」ダラウ、ダカラ會ハナイコトニシタノダト云フノデス、私ハ日本ノ使臣ハ餘所ニ於テモ同ジヤウナ事ヲヤッテ居ルデアラウト思フ、支那ニ對シテ是デスカラ、マアテンデ十目モ置イテ居ル英吉利ニ對シテ、何ヲ言ウテ居ルカ分リマセヌヨ(笑聲)ドウデス、アレダケハ日本ハ露西亞ヲ目ノ上ノ敵トシテ、輿論モ露西亞ニ對シテノ强硬政策ヲ要望シテ居ルノニ、日獨防共協定前後ノ日本ノ外務省ノ狼狽振ハドウデスカ、魂ガアリマスカ、「テクニック」チヤナイ、魂デス、林サンノ魂ヲ打込ム爲ニモ、外務省ノ外交陣ヲ徹底的ニ一新スル要アルコトヲ論斷シ、林總理大臣ノ決意ヲ促シテ私ハ今日ノ質問ノ壇ヲ降ル(拍手)

〔國務大臣伍堂卓雄君登壇〕

○國務大臣(伍堂卓雄君) 只今ノ御質問ニ對シテ簡單ニ答辯ヲ致シマス、帝國燃料株式會社案ニ對シマシテハ、只今再檢討中デアリマシテ、結論ヲ得次第本議會ニ提案スル積リデアリマス

又貧鑛處理法ニ關シマシテハ、是モ昨日松村君ノ御質問ニ答ヘマシタ通リ、決シテアレヲ引下ゲタノデハアリマセヌ、唯他ノ方法ニ依リマシテ、アノ位ノ金ハ捻出シ得ル見込ガ確實ニ付キマシタノデ外シタノデアリマス、鐵飢饉ニ對シマシテハ最善ノ努力ヲ以テ善處スル積リデアリマス、ソレカラ日鐵中心主義ト云フコトヲ申サレマシタガ、是ハ日鐵ガ最大ノ製鐵會社デアリマスカラ、之ヲ中心トシマシテ、他ノ「アウトサイダー」ヲ一緒ニシテ、商工省ガ之ヲ適當ニ指導シテ行ク積リデアリマス、即チ「アウトサイダー」ノ熔鑛爐等モ迅速ニ決定スル積リデアリマス、製鐵事業法ノ改正ニ付キマシテハ、略〻御趣意ノ通リノ改正ニ目下準備中デアリマス

〔國務大臣河原田稼吉君登壇〕

○國務大臣(河原田稼吉君) 勞働者問題解決ノ基調ハ私ハ斯ウ考ヘルノデアリマス、所謂勞働者ハ從來ノヤウニ唯一個人、若クハ一階級ノ利害ニ囚ハレズシテ、産業全體ノ爲ニ共職務ニ盡シテ行ク、是ト共ニ事業主側ニ於キマシテモ、所謂私利或ハ私益ニ囚ヘレヌデ、國家ノ爲メ、社會全體ノ爲ニ事業ノ經營ニ當リマスト共ニ、一面ニ於キマシテ其事業ニ從事スル勞働者ノ幸福ヲ十分ニ考ヘテ行クト云フコトガ最モ必要デアリマシテ、是ガ即チ勞資ノ完全ナル精神的結合ヲ得テ、所謂勞働者ノ幸福ヲ增進シマスト共ニ、産業ノ興隆ヲ期スルコトガ出來ルノデハナイカト思フノデアリマス、是ガ今日ノ時勢ニ最モ適應シタル所謂勞働問題解決ノ方策デハナイカト考ヘマス、私共ハ此考ノ下ニ勞働政策ノ實行ニ當リタイト思フノデアリマス

〔國務大臣杉山元君登壇〕

○國務大臣(杉山元君) 國務ニ關シマスル中野君ノ所見ニ付テハ、全ク同感デゴザイマス、又軍事費ノ繰越ニ關スル御意見モ亦同感デアリマス、併ナガラ新シキ豫算ニ於キマシテ、軍事費ノ一部ヲ繰越致シマシタノハ、財務當局ノ物價對策ニ協同致シマシテ、已ムヲ得ズ之ヲ認メナケレバナラヌ事情ニアリマシタノデ、斯ク處置シタノデアリマスコトヲ御諒承ヲ願ヒマス、次ハ陸軍大臣ノ懐イテ居ル國政一新ニ付テ御尋ガゴザイマシタ、是ハ曩ニ政府ノ發表致シマシタ信念ト全ク符合スルモノデアリマシテ、而モ私ハ帝國現下ノ時局ニ於キマシテハ、一切ノ情實障碍ヲ排シテ、之ヲ斷行セネバナラヌモノト存ジテ居リマス、右政策ノ具體案ハ各〻各主務省ノ所管事項ニ屬シテ居リマスルノデ、玆ニ私カラ申上ゲルコトヲ控ヘマシテ、他ノ時機ニ於テ御承知ガアルダラウト存ジマス

〔國務大臣山崎達之輔君登壇〕

○國務大臣(山崎達之輔君) 中野君ノ農村問題ノ重要性ニ付テノ御意見ハ謹ンデ拜聽致シテ置キマス、別ニ御答辯申上ゲル必要ハナイカトモ考ヘマシタケレドモ、御質問ノヤウナ形ニナッテ居リマシタカラ、二三ノ事項ニ付テ御答ヲ申上ゲマス、農村ノ必需品デアル肥料價格ノ統制ノ問題ニ付キマシテハ、御承知ノヤウニ前回ノ議會ニ於キマシテ、肥料統制法ノ御協贊ヲ得タ譯デアリマシテ、尤モアノ際ハ法律ノ問題ダケガ解決サレテ居リマシテ、之ニ伴フ豫算上ノ施設ガ未解決ニナッテ居ッタノデアリマスガ、是ハ幸ニ只今御協贊ヲ願ッテ居リマスル來年度豫算ニ計上致シテアリマスカラ、是ガ成立致シマスレバ、肥料價格ノ統制ニハ相當ノ效果ガアルカト信ジテ居ルノデアリマス

更ニ負債整理ノ問題ニ付テ御言及ガアッタヤウデアリマスルガ、御話ノ通リニ或ハ勸業銀行、其他ノ貸付金ノ取扱ヒ方ニ付キマシテハ、私共モ從來カラ種々心配ヲシテ居ル點ガアルノデアリマス、銀行當局ニ於テモ、外部デ御覽ニナル程サウ冷淡ニ扱ッテ居ラレル譯デハナイノデアリマスケレドモ、(「ノー〳〵」)併ナガラ其問題ニ付キマシテハ、尙ホ考慮スベキ餘地ハ澤山アルト思ヒマス、尙ホ負債整理ノ問題ニ付キマシテハ、

更ニモウ少シ大規模ノ案ヲ立テタイト考ヘテ居リマシテ、成ベク今期議會ニ間ニ合ヒマスヤウニ研究ヲ只今致シテ居ル所デアリマス、ソレカラ農地法ニ付テノ御意見デアリマシタガ、是ハ農地法ヲ提案ノ上デ十分ノ御意見ヲ伺ヒタイト考ヘマスカラ、此場合ハ之ニ付テノ辯明ハ致シマセヌ

最後ニ農作物保險ノ問題デアリマスガ、農作物保險ノ問題ハ私前回農林省ニ居リマシタ當時ニ於テモ、色々考究ヲ致シタ問題デアリマスガ、御承知ノヤウニ、此問題ハ結局土地負擔ノ問題ヲ伴フ問題デアリマス、其關係上是マデ解決未濟ニナッテ居ッタヤウナ次第デアリマスガ、幸ニ來年度ニハ是ガ調査費ヲ計上致シテアリマスカラ、其御協贊ヲ願ヒマスレバ、相當ノ解決ヲ得ルモノト考ヘテ居ルノデアリマス、是ダケ御答ヲ申上ゲテ置キマス

(國務大臣結城豐太郎君登壇)

○國務大臣(結城豐太郎君) 中野君ノ御質問ニ御答致シマス、先ヅ我ガ國民ガ三十億ノ負擔ニ堪ヘナイヤウナ印象ヲ世界ニ與ヘルコトハ、不利デナイカト云フ御話デアリマス、我國ノ財政ハ只今ノ所悲觀スベキ何モノモゴザイマセヌ、私ガ財政計畫ノ見透シガ付カヌト申シマシタコトハ、將來ニ亙ッテ計數的ニ茲ニ申上グルコトガ出來ナイト、斯ウ云フ意味ニ過ギナイノデアリマシテ、之ヲ以テ直チニ日本ノ財政經濟ガ見透シガ付カヌ、悲觀的デアルト云フ風ニ考ヘル者ガアリマシタナラバ、寧ロ其短見ニ驚クノデアリマス(笑聲)敢テ申シマス、私ガ財政燮理ノ任ニアル間ハ、我國ノ信用ヲ損フヤウナコトハ斷ジテ致サヌ積デアリマス

次ニ滿洲ノ産業計畫ニ付テノ御質問デアリマシタガ、滿洲ノ資源開發ト生産ノ確立トニ付キマシテハ、最モ必要ヲ感ジテ居ル者デアリマシテ、是ガ計畫ハ各方面ト十分ナル檢討ヲ致シマシテ、速ニ其方策ヲ樹ツル考デアリマス

物價問題ニ付キマシテ御質問ガアリマシタガ、是ハ單ニ消費ノ節約ト云フコトノミヲ考ヘテ居ルノヂヤアリマセヌ、私ハ單純ナル緊縮政策ヲ執ル者デハナイノデアリマス、産業ノ或ルモノニ對シテハ統制ヲ行フコトモ必要デアリマセウ、又物資ノ配給機關ノ調節ト云フコトニ意ヲ注グコトモ必要デアリマセウ、其他種々ナル施設ヲ要スルコトデアリマスルガ、併シ根本ハ急激ニ膨脹シタ豫算ニアッタト云フコトデ、取敢ズ此點各位ノ協贊ニ俟ツ次第デアルノデアリマス

次ニ爲替管理ニ付テ御話ガアリマシテ、必要デアルナラバ正貨ヲ現送シテモ宜イヂヤナイカト云フコト、至極私モ同感デアリマス、今日本カラ必要ナ國際貸借ヲ決濟スル上ニ於テ、多少ノ正貨ヲ送リマシテモ、何等ノ不安ガナイト云フコトヲ私ハ確言致シマス、之ヲ以テ御答ト致シマス

(國務大臣林銑十郎君登壇)

○國務大臣(林銑十郎君) 中野君ノ御尋ニ御答シマス、私ハ大命ヲ拜シマシテ、此重大ナル時局ニ直面ヲシテ、先ヅ考ヘタコトガ次ノ三點デアリマス、今日ノ國際諸情勢、其他ニ於テ我國ノ國防ノ充實ヲ第一ニ圖ラナケレバナラヌ、是ガ一ツ、其國防ノ充實ニ伴ッテ國力ノ大ナル進展ヲ企圖シナケレバナラヌ、即チ經濟上ノ力ヲ十分ニ發展向上サセナケレバナラヌ、是ガ第二デアリマス、此國防ノ充實、經濟ノ發展ト云フヤウナコトニ伴ッテ、諸般ノ革新ヲ行ハナケレバナラヌ、殊ニ私ノ考ヘマシタノハ、此五六十年ノ間ニ日本ノ眞ノ姿ガ歪曲サレテ居ルモノガ多イ、此機會ニ於テ此日本ノ眞ノ姿ヲ顯現スルト云フ所ノ革新、是ガ最モ必要デアル、此三點ヲ考ヘタノデアリマス、ソコデ國防ノ充實ト云フコトニ付キマシテハ、數度ノ發表ニ於キマシテ、所謂東亞ノ安定勢力タルコトノ抱負ヲ示シマシタ、此事ハ言葉ハ簡單デアリマスガ、此抱負ヲ實現スル爲ニハ、十分ノ國防力ノ充實ヲシナケレバナラヌト考ヘマス、其次ニ經濟ノ發展ト云フコトニ付キマシテハ、所謂産業ノ綜合的發達ト云フコトト、適切ナル統制ト云フコトヲ申シマシタ、此適切ナル、統制ト云フコトハ必シモ退嬰的ナ束縛的ナ統制ヲ意味シテハ居ラヌ考デアリマス、即チ中野君ノ言ハレタヤウナ積極的ノ、或ルモノニ對シテハ助長的ノ意味ノ統制ヲ行フ考デアリマス、次ニ革新ノ政策ニ付キマシテハ、所謂時勢ニ適合シテ諸種ノ革新ヲ斷行スルト云フコトヲ言ッテ居リマス、其細部分ノ一々ノ成案ニ付キマシテハ、何分突如トシテ大命ヲ拜シタノデアリマシテ、平素ニ於テ十分ノ研究ヲ致シテ居リマセヌカラ、今此處デ明確ナル箇條ヲ擧ゲテ御約束ヲスルコトハ稍〻困難デアリマス

次ニ外交ノ問題ニ付キマシテ、私ノ過日來申シテ居ル所ヲ、諸方面ニ對シテ頭ヲ下ゲル外交ト若シ御取リデアッタナラバ、ソレハ大ナル誤リデアリマス、私ハ最初ニ國際正義ヲ叫ンデ居リマス、國際正義ヲ以テ成ベク諸邦トハ親交的態度ヲ執ッテ行クノデアル、初メカラ喧嘩外交ヲスルノデハナイ、併ナガラ正義ノ前ニハ如何ナル態度ヲ執ルカ分ラナイ、必シモ叩頭政策ノミヲ執ルモノト誤解ヲサレテハ困ルノデアリマス

○中野正剛君 自席ヨリ簡單ニ申シマス

○副議長(岡田忠彦君) 宜シウゴザイマス

○中野正剛君 私ノ質問モ可ナリ長カッタノデアリマスガ、只今ノ答辯ハ、大部分君ノ意見ニハ同意ダガ、例ニ依ッテマダ考慮中、モウ少シヤレバ相當ノ效果ヲ收メル、斯ウ云フ御話デアル、商工大臣モ貧鑛處理法、モウ一ツノ石炭液化ノ問題、豫算ヲ撤回シタガ、別ニ考ヲ有ッテ居ル、具體的ニハ成ッテ居ナイ、具體的ノ豫算ヲ撤回シタナラバ、具體的ノモノヲ指示シテ戴キタイノデアリマスガ、是モ考慮中トアレバ、追究シテモ無用ニ考ヘマス、モウ少シ議場ヲ一ツ恐レズニ、抱負經綸ヲ併セテ此議場ニ放送セラレルコトガ、國務大臣ノ態度デハナイカト思フ、其意味ニ於テ、唯考慮中、代案ガアルト云フダケデ遁レラレルノハ、非常時國務ヲ處理スル上ニ於テ私ハ足ラザルモノデハナイカト思フ(「ヒヤ〳〵」)他ノ機會ニ於テモウ少シ御話ヲナスッテ欲シイ

ソレカラ結城大藏大臣ガ先日來財政ノ見透シ付カズト云フ言葉ヲ用ヒラレタ、是ハ私ガ見透シ付カヌト云フコトデ怯エタノデハナイ、私ハ見透シガ付クカラト云フ立場デ續々トシテ論ジタ、併シ世ニ斯ノ如キコトガ疑惑ヲ招クノデス、現ニ對外的反響ナドモ多少アルヤウデス、ダカラ私ハ之ヲ是正セラレンコトヲ望ンダガ、私ノ言フ通リニ計數ヲ示ス能ハザルモ、日本ノ前途洋々トシテ之ヲ切拔ケルノ自信ガアルト言ハレタコトハ結構ナ御話デアリマス、之ヲ誤解スル者ハ短見ダト言ハレマシタガ、私ヲ短見ダト仰シヤッタナラバソレハ認識ノ間違ヒデアルト思フ、私ハサウ云フコトヲ言ッテ居ナイ、天下ノ疑惑ヲ招ク、天下ノ疑惑ヲ爲ス者ヲ短見ナリトスレバ、其短見ナル者ガ天下ニ充滿スル處ガアルナラバ、斯ノ如キ短見ヲ懷カシメザルガ如キ明晰ナル御話ガアルコトガ、アナタノ責任デアルト、斯ウ思ヒマス、率直ナル御是正ヲ私ハ認メマス、一ツノ收穫トナッタコトハ、正貨ノ現送モ恐レズ、ト云ヘレタコトデス、是ハ初メテ(ハッキリ致シマシタ、唯一ノ本質的答辯デアルト、斯ウ思ッテ居リマス

農林大臣ノ說明、肥料ノ法律ハ通過シタガ、マダ本當ノ働キハ付イテナイノダ、是カラ付ケルト言フガ、私ハ法律ガ出來ナクテモ、國務大臣ノ立場トシテ肥料問題ニ對シテハモウ少シ働キヲセラレテモ宜イト思フ(拍手)法律ヲ作ラナケレバ何ニモ出來ナイト云フノハ官僚的デアル、農林大臣ハ日本ノ農政ヲ總攬シテ居ル、農村ノ最モ重大ナル問題タル肥料問題ニ對シテ法律ノ有無ニ拘ラズ、政府ノ働キハ茲ニ見エテ宜シイト私ハ思ッテ居ル(拍手)

交付金ノ問題ニ付テ農林大臣ニ質問シタノデハアリマセヌガ、大藏大臣モ農林大臣モ一言ノ御答ヲナサラナイ、大藏大臣ニ對シ

テハ、是ハ私ハ他ノ問題ハ嚴正ニ批判シクガ、私ハ交付金一億五千万圓ノ復活ハ日本農村ノ全部ノ要望ナルガ故ニ、農民ノ爲ニ懇願的ニ頭ヲ下ゲテ御考直シニナッテ復活セラレタナラバ如何デアルカト云フタノデス、私ノ農村ノ爲ニスル懇願的ノ質問ニ對シテ、一言答ヘラレザルコトハ私ハ不滿足デアル、同時ニ大藏大臣ガ答ヘラレナイ時ニ、農林大臣ガ何等カ之ニ代ル所ノ答辯ヲ與ヘラレザルコトハ、同時ニ農林大臣ニ對シテモ不滿足デアリマス、銀行ノ取立ハ外カラ想像スル程酷クナイト云フ農林大臣ノ認識ハ間違ッテ居リマス、農村ニ何處カラ電報ガ來ルカト云ヘバ、大抵銀行カラデアル、差押處分、ソンナ事バカリデアル、葉書ガ來ルト云ヘバ大抵ソンナ事デアル、是ハ人心ガ怯エテ居ル、國家ノ公器タル金融機關ハ高利貸デハナイ、ドウデス、此金融機關ハ、其機能ヲ完ウセシメル爲ニハ國家ガ補助シテ宜イ、已ムヲ得ズンバ統制――補助ヲ同時ニヤルガ宜シイ、積極的ニ出動セヨ、斯ウ言ッタノデアリマス、大藏大臣ハドウヤラソレニ對シテ御考ガアルカノ如ク言ハレテ居リマシタガ、山崎君ハザウデモナイ、甚ダ間違ッテ居ル、アナタハ金融業者ノ立場カラモノヲ言ハレルノハ慮外千萬デアル、農林大臣ノ立場カラアナタハ斯ウ云フ認識ヲ持タレルコトハ大ナル間違ダト思ヒマス、農業保險ノコトモ山林ニ限ルカノヤウデアリマス、ソレモマア調査費ヲ出シテ居ルカラ後ハ言ハヌ、一ツ斯ウ云フコトヲ仰シヤッテ居リマス、是レ以上尋ネテモ御話ガナカラウト思ヒマス

ソレカラ林總理大臣ノ外務大臣トシテノ發言、私ハ叩頭外交ヲヤッテ居ルト言フノデハナイ、過ギルト云フト叩頭外交ニ墮スル、一應ノ辭令ハ宜シイ、又ソレハ當然デアル、八方ニ向ッテオ辭儀ヲシテモ宜シイ、軈テ八方正眼ニナラナケレバナラヌデアラウト、斯ウ言ウタノデアリマス、私ハ總理大臣ニ對シテ喧嘩外交ヲ要求シタノデハナイ、冷靜ニ歩ミ出サンコトヲ要求シタ、アナタノ外務係條ハ、前外相、前々外相カラノ係條デアリ、今マデノ外交ガ支離滅裂デアッタ、其上ニ乘ッカッテ居ラレルカラ前外交ノ轍ヲ履ムガ如キコトニ墮スルナキヲ私ハ警告シタ、同時ニ外交陣ノ刷新ヲ要求スル、是モ刷新スルマデ、此議場ニ於テ如何ニカ刷新スルト云フコトハ發明出來ナイデアラウガ、實ニダラシノナイモノデアルト云フコトダケヲ、ヘッキリ一ツ御記憶願ッテアナタノ無言ノ行動ヲ靜ニ私ハ拜見シタイト思ヒマス、斯ウ思ッテ居リマス

今日ハ色々質問致シマシテモ、進ンデ議場ニ誠意ヲ披瀝シテ、有ユル機會ヲ捉ヘテ非常時内閣ノ經綸ヲ國民ノ前ニ公開シ、吹込ミ、全國民ヲ同意セシメ、鼓舞ショウト云フ意氣込ハドウヤラナイヨウデアル、否其考ガナイ、無準備デアルト云ヘバ致シ方ガナイガ、私ハ今後國務大臣諸君ガモウ少シ積極的ニ國民ト共ニ政治ヲスルノ意氣込ヲ示サレンコトヲ切ニ希望スル、私ノ質問ハ是デ打切リマス

○副議長（岡田忠彦君） 是ニテ國務大臣ノ演説ニ對スル質疑ハ終局致シマシタ、仍テ是ヨリ法律案ノ審議ニ入リマス、日程第一乃至第六ハ便宜上一括議題ト爲スニ御異議アリマセヌカ

（「異議ナシ」ト呼フ者アリ）

○副議長（岡田忠彦君） 御異議ナシト認メマス、仍テ日程第一臨時租税增徴法案、日程第二法人資本税法案、日程第三外貨債特別税法案、日程第四揮發油税法案、日程第五有價證券移轉税法案、日程第六明治四十年法律第二十一號中改正法律案、右六案ヲ一括シテ第一讀會ヲ開キマス――大藏大臣兼拓務大臣結城豊太郎君

○篠原陸朗君　今マデ同僚武田君カラ增徵案ノ意味ノ御尋ガアリマシタ、案自身ガ臨時租稅ノ增徵案ト申シテ居ルノデアリマスカラ、暫定的ニ歲入ヲ取リタイ、此事ニ對シテ其財政上ノ意味ヲ、又何ヲ目標トシテ增稅ヲスルカト云フコトヲ御尋スルコトハ、少シ無理カモ知レマセヌガ、私ハ昭和七年ニ高橋大藏大臣ガ就任セラレテ以來、我國ノ財政改善ニ對シマシテ收入增加ヲ圖リマシタノハ、物故セラレマシタ大藏大臣藤井君ノ臨時利得稅約四千万圓、前內閣ガ行ヒマシタ公債ノ低利借換ニ依リマス利子ノ支拂ヲ減少シマシタ數千万圓、五箇年間ノ財政ノ經過ハ此タッタ二ツノ事件デアリマス、一方ニ非常ニ急激ニ增加スベキ歲出ノ要求ガアル場合ニ於キマシテ、五箇年間高橋サンハ增稅ノ時期デナイト云フ一言ヲ以テ、此財政ヲ持ッテ參リマシタ結果ハ、段々歲出ノ要求ニ應ジナイヤウナ歲入狀況ニナリマシタ結果、本年度ノ豫算ヲ見マスト、洵ニ各國ニモ其實例ヲ見ナイ所デアルト存ジマスガ、特別會計カラ一般會計ニ對シテ財源ヲ援助シテヤラウ、皆樣ノ御承知ノヤウニ、一般會計ハ非常ニ大キナ赤字ヲ持ッテ居ル、特別會計ハ之ニ反シテ全部黑字ヲ持ッテ居ル、玆ニ私ハ大キナ財政上ノ矛盾ガアッテ、又豫算計畫ニ非常ニ無理ヲ包含シテ居ルト存ズルノデアリマス、第十二款ノ財政援助、六款ノ特別會計ヨリノ繰入、是ハ吾々ガ會計ノ內容ヲ多少知ッテ居レバ分リマスケレドモ、六款ハ何故ノ特別會計ノ繰入デアラウカ、第十二款ハ財源受入トアルガ、如何ナル意味デアラウカ、御諒解ニナルノニ御困難デアラウト存ジマス、私ハ凡ソ財政上ノ基礎ヲ確立スル爲ニ增稅ヲ行ヒマス場合ニハ、其前提トシテ財政上ノ整理改善ヲスベキ必要ハナイデアラウカ、或ハ尙ホ進ンデ財政改革ヲ斷行シナケレバ、此大キナ政治上ノ國費增加ヲ處分シ得ナイ、斯ウ信ジマシタ場合ニハ、財政ノ改革ヲ斷行スルノガ必要デハナイカ、前內閣ノコトヲ現內閣ニ御尋スルコトハ少シ馬鹿氣テ居リマセウガ、前內閣ハ中央地方ノ稅制ヲ改革シテ、租稅ニ彈力性アラシムル、又濫ニ負擔ヲ後代ニ遺スコトヲ止メテ、經常收入ヲ取ッテ財政基礎ヲ確立シタイ、御尤デアリマス、御尤デアリマスガ、稅制ノ彈力ヲ希望スルト云フコトハ、終局スル所財政ノ彈力ヲ御希望ニナルノデハナイデセウカ、私ハ前內閣ガ非常ニ熱心ニ稅制改革ヲ主張シ、其ヤリ方ガ中央地方ヲ通ズルマデハ御勉強ニナッタノデアリマスケレドモ、私ハモウ一遍進ンデ、吾々ハ財政ニ改革ヲ斷行スル、所謂財政ニ彈力ヲ大キクスル、此事ガ必要デハナイカト存ズルノデアリマス、故ニ私ハ暫定案ニ對シテ御尋シテ洵ニ失禮デアリマスケレドモ、今回ノ租稅ノ增徵額ハ將來餘リ是ヨリモ小サクナヲヌト昨日仰シヤッタ、故ニ財政上如何ナル意義ヲ有シテ二億六千九百万圓ト云フモノヲ御考ヘニナリマスカ、私ハ現在一番大キイ國ノ歲出ガ國防費デアリマスカラシテ、セメテ國防費ノ經常費ダケハ取リタイ、或ハ海軍ノ軍艦製造費ハ臨時費ニアリマスケレドモ、是ハ經常ノ性質デアルカラ、海軍ノ軍艦製造費ヲ包含シテ迄ハ、陸軍ノ擴張經常費ヲ一緒ニ取リタイ、是モ一ツノ見方デアリマス、モウ一方濫リニ負擔ヲ後代ニ遺サザラント仰シヤイマシタガ、公債ノ利子ダケハ取リタイ、或ハ進ンデ公債ノ發行額ガ大キイカラ、公債ノ元金ヲ償還スル金ダケハ取リタイ、是モ一說デアリマス、凡ソ財政ノ整理、或ハ財政ノ改善ヲ圖リマスコトハ、何カ目途ヲ置キ、標準ヲ置イテ、之ニ對シテ努力ヲスルコトガ、玆ニ時ヲ以テ致シマスルナラバ、豫算ハ每年提出スルカラ、每年之ニ對シテ努力ヲシマスレバ、玆ニ每年改善ガアリマス、各地ノ特別會計ハ臺灣ト云ハズ、朝鮮ト云ハズ、樺太ト云ハズ、小サイ南洋廳デモ、關東廳デモ、玆ニ黑字ヲ持ッテ居ルト云フコトハ、自分自身ノ財政デアリマスカラシテ、此各特別會計ノ當局者ハ、一般會計ヨリ勉強シテ、今マデ此會計ヲ御持チニナッテ居ッタノデハナカラウカ、故ニ增收計畫モ、歲出ノ增加計畫モ相當ニ立派ナ發達ヲ遂ゲテ居ルヤウニ私ハ思ヒマス

玆ニ私ハ我國ノ財政上申上ゲテ見タイコトハ、財政ノ改革ト云フコトハドウ云フコトカト言ヘバ、何處カ力ノアル人ノ所ヘ、力ノアル會計ハ歲出ヲ持ッテ行クト云フコトデハナイデセウカ、金ノナイ人ハ金ガ出セナイト同ジヤウニ、財政上餘力ノナイ所ハ歲出ヲ負擔サセルト云フコトハ困難デアル、稅制改革トハ何デアルカ、擔稅力ノアル所ヘ、擔稅力ノ少ナイ人カラ負擔ヲ持ッテ行クト云フコト、是ガ稅制ノ改革デアルト存ジマス、財政ノ改革ハ財政ノ負擔力ノナイ所カラ、財政ノ負擔力ノアル所ヘ持ッテ行クノガ財政改革デアル、我國ノ農村デ力ガナイ農村ヲ救ヒタイ、斯ウ仰シヤイマス、吾々モ農村ヲ救ヒタイ、此裏面ニハ私ハ第一段ニハ農村ト云フモノガ如何ナル負擔ヲシテ居ルカヲ考ヘテ、農村ニ負擔ヲ課ケナイノガ一番先デハナカラウカ、擔稅力ノナイ所カラ稅ヲ取ルノガ惡イ、農村ニ擔稅力ガナカッタナラバ、私ハ農村ニ課稅ヲシナイ稅ノ「システム」ヲ採ルコトガ、一番優先問題ダト存ジマス、私ハ其次ニマダ是デ財政ガ助カラナイ其時分ニハ、其持ッテ居ル歲出ヲ何處カ健全ナ財政主體ニ移シマシタラ、其財政主體ハ助カル、警察費ハ現在連帶支辨金ヲ國庫カ

ヲ千八百万圓出ス、而シテアト府縣ガ之ニ金ヲ足シマシテ、八千八百万圓持ッテ居ル、其八千八百万圓ヲ府縣ノ歳出カラ國ニ移シマスナラバ、警察官ノ待遇改善ハ勿論、又選擧其他ニ於テ、縣會議員ノ選擧デ警察官トノ衝突ヲ縣會デ聞クヤウナコトハ無クナッテシマヒハシナイカ、私ハ内務大臣ニ之ヲ御質シマシタナラバ、府縣ノ歳出ヲ國ニ移シテ警察ノ革正ヲ圖ルト申シマシタナラバ、内務大臣ハ直チニ御同意デハナイカト私ハ信ジマス、其次ニ來ルモノハ、ソレデ尙ホ其財政ガ助カラナイナラ、政府ハ此財政ヲ助ケル、此事ハ有リ得ルト思ヒマス、今私ハ一般會計ガ赤字デアッテ、特別會計ガ黑字ト申シマシタガ、茲ニ前内閣ニ於テ計畫セラレタ唯一ツノ財政ノ例ヘ、此一般會計ヨリ特別會計ニ援助ヲ求メタ、此財政援助ノ繰入デアリマスガ、一體財政ノ非常時ト云フモノハドウ云フモノカト、斯ウ申シマスレバ、國ノ財政全體ヲ動員シテ、必要ニナッテ來タ歳出ニ外ヲ顧ミナイデ之ヲ振向ケマスナラバ、茲ニ自由自在ニ、ドンナ事件ガ起ッテ來テモ、大キナ歳出ガ來テモ、戰爭ガ起ッテモ、之ヲ賄ヒ得ル力ガ生ジテ來ル、是ガ所謂非常財政デアリマシテ、其第一ノ手段ハ收入ノ動員デアリマス、然ルニ我國ノ財政ニハ澤山ノ特別會計ガアリマシテ、苦シムノハ獨リ一般會計デアリマス、茲ニ此財政受入援助ノ内容ニ付キマシテ、一二例ヲ申上ゲテ見マス、通信特別會計ヨリ千二百六十餘万圓繰入トアリマス、然ルニ前年ハ三百四十万圓ノ繰入ヲ致シテ居リマスカラシテ、増加ハ約九百万圓デアリマス、然ルニ通信特別會計ニ於キマシテハ、事業増收ハ三千六百万圓、之ニハ少シ不思議ナコトガアリマス、郵便料金ノ値上ノ法律案ガ提出サレマスガ、豫算書ニハ此數字ハ一寸モ出テ居ナイ、千五百六十万何ガシト云フ通信ノ料金改正ニナリマス法律案ガ出マス際ニ、此豫算ニハ其増加數字ハ何處ニモ入レテナイ、モウ一ハ公債ノ低利借換ニ依リマシテ、二百數十万圓ノ利子負擔ガ輕減サレテ居ル、故ニ此通信會計ノ實際ノ懷ロ勘定ヲ見マスト云フト、三千六百万圓ハ事業増收、二百万圓ハ利子負擔ノ輕減、千五百六十餘万圓ハ郵便料金ノ値上計畫ニ依ル増收デアリマスガ、一般會計ニ對シテハ九百四十万圓シカ援助シテナイ、其次ノ帝國鐵道特別會計ヘドウカ、帝國鐵道特別會計ガ現行法ニ相成リマス時ニハ、明治四十二年デアリマシタガ、凡ソ三十年ヲ一期トシテ其益金ヲ鐵道ノ建設ト改良ニ使ッテ、尙ホ足ラナイ場合ニハ、公債發行計畫ガ出來ルト云フコトノ會計法ニ相成リマシタノハ、明治四十二年デアリマス、丁度本年ハ明治四十二年ヨリ考ヘマシテ三十年デアリマス、當時ノ鐵道院總裁伯爵後藤新平君ハ、日本ニ財政上ノ是ダケノ難局ガ來ルト云フコトヲ、豫メ御考ニナッタノデアリマスカドウデスカ存ジマセヌガ、三十年ヲ以テ第一期トシテ帝國鐵道特別會計法ヲ改正スルト仰シヤッタ、而シテ私ハ帝國鐵道特別會計法ヲ今茲デ調ベテ見マスト云フト、事業増收ト云フモノハ運輸收入、旅客收入、此増加ハ四千二百万圓デアリマス、而シテ公債ノ低利借換ニ依リマシテ利子ヲ儲ケマシタ額ハ約一千万圓デアリマス、財政ノ餘裕ハ茲ニ五千二百万圓ヲ生ジマシタ、併シ一般會計ニ對シテノ援助金ハ昨年ノ七百万圓ヲ差引キマスト、二千餘万圓ニシカナラヌ、私ハ現在ノ我國ノ財政狀態、之ヲ脱却スルノニ非常ニ困難デアル、併シ此場合ニ幸ニ鐵道ノ料金ト云フモノハ、歐洲戰爭以前ノ料金其儘ヲ以テ尙ホ多少ノ輕減ヲ加ヘテ居ル、郵便料金ハ世界中ヲ御歩キニナッテモ、何處ヘ御出デニナッテモ、一錢五厘ト云フ葉書ハナイ、二錢ト云フ葉書モナイ、此我國ノ「デバリュエート」シタ此貨幣デ二錢ヲ計算シマスナラバ、幾ラニナリマスカ、一圓ハ四十錢ニナリマスカラシテ、二錢トシテ八厘ニナリマスガ、私ハ我國ノ通信料金、非常時ニ當ッテ之ヲ増徴スルノ餘地ナキヤ否ヤ、通信特別會計ノ方々ハ言ヒマス、吾々ノ方ノ待遇ガ惡イ、鐵道ノ待遇ヨリ吾々ノ待遇ガ惡インダ、斯ウ仰ッシヤル、改善シタラ宜イデハアリマセヌカ、改善シテ尙ホ餘ッタラ通信ノ發達ニ使ッテモ勿論宜シイ、併シ時ガ非常時デアルナラバ、一般會計ヲ援助シテ宜シイヂヤアリマセヌカ、幸ニシテ我國ハ租稅ノ増徴ニ入ル以前ニ於テ、此二大賃金若クハ手數料收入、所謂憲法上ノ報償ノ性質ヲ有スル收入ト云フモノガマダ殘ッテ居ル、而シテ是ガ思フヤウニ一般會計ノ援助ニナラヌノハ、特別會計ノオ蔭デハナイカト私ハ思ヒマス、尙ホモウ一ツ朝鮮ニ付テ例ヲ申上ゲマス、朝鮮ハ、總督府特別會計ハ今回九百四十五万圓ノ一般會計援助ヲ計畫シテ居リマス、然ルニ朝鮮ニ對シマシテハ千二百九十餘圓ノ經費補充金ヲ支出致シテ居リマス、ソレデアリマスカラ、私ハ此際吾々ノ通俗ノ觀念デ言ヒマスナラバ、九百四十五万圓ヲ千二百九十餘万圓カラ差引イタダケ、國庫ノ移シ替ヘニ依ッテ問題ハ決リマセウ、併シ朝鮮ノ統治當局カラ言ヒマスナラバ、朝鮮ニ對シテ本國カラ斯ウ云フ金ヲ支出シテ統治スル必要ガアルト稱シテ、之ヲ御說明ニナリタイナラ、又是モ理由ガアリマセウガ、兩方トモ――一方ノ補充金モ臨時補充金、コッチヘ取上ゲル金ハ勿論臨時ノ收入金、吾々ハ說明ガ付カナイ、世ノ中ニハ金ヲヤッテ喜ブ人モアリマス、又金ヲヤラナイデ、オ互ニヤリモセズ取リモセズシテ樂シム人モ居リマス、又金ヲヤッテ、而シテ又向フカラ金ヲ貰ッテ、オ互ニ情操ヲ和カニシテ樂シム方モアリマセウ、私ハ此例ハ前大藏大臣及大藏當局ト云フモノハ、朝鮮ニ對シテ洵ニ情操圓滿ト稱スル外ハ、財政的ニ之ヲ說明シテ了解スルコトハ洵ニ困難デアリマス、然ラバ此場合ニ如何ナルコトヲ行ヘバ、朝鮮ニ對シテ經費補充金ヲ出シテ居ルコトノ意味ガ立チマスカ、茲ニ歳出ノ變更ヲ圖ル必要ガアルノデハナイデセウカ、陸軍ノ說明シテ居ル書類ニ依リマスト云フト、陸軍ノ朝鮮ニ駐屯シテ居リマス部隊ノ經常費ハ二千六百万圓デアリマス、臨時部ハ部隊改善、其他ヲ計上致シマスト千八百万圓デアリマス、通計致シマスト四千四百万圓ハ、陸軍ノ經費ニシテ朝鮮ニ支辨セラレテ居ルモノデアリマスガ、私ハ駐屯シテ居リマス三個師團、其他ノ兵ガ朝鮮ノ治安ニ任ジテ居ルコトハ勿論、更ニ一歩進ンデ浦鹽ニ近イ方面ヘ、私ハ今回ノ滿洲事件ノ第一線デアルコトヲ信ジマスガ、併シ朝鮮ノ國境ニハ約千万圓ヲ要シマス警察ノ警備部隊ト云フモノガアリマス、警察官ニ鐵砲ヲ擔ガセテ、サウシテ苦心ヲサセマシテモ、此警備及治安ノ效果カラ申シマスナラバ、軍隊ヲ駐屯セシムルコトガ數倍ノ效果ヲ有ッテ居ルト存ジマス、私ハ朝鮮カラ金ヲ貰フナラ、寧ロ金ヲ貰ヘナイデ歲出ヲ陸軍ノ經常部ノ一部デモ宜シイ、臨時部ヲ合セテ持ッテ行ッテ呉レテモ尙ホ宜シイ、歲出ヲ朝鮮ニ移シテ、而シテ尙ホ朝鮮ノ統治ニ金ガ足リナイナラバ、千二百九十餘万圓ヲ增加シテ、二千万圓ヲ上ゲテモ結構デハアリマセヌカ、玆ニ現內閣ニ吾々ノ要望スル所ハ財政信用デアリマスガ、財政ノ改善ヲ圖ル爲ニ、玆ニ特別會計ニ對シテ大ナル改廢ヲ斷行スルノ御考ヘアリマセヌカ(拍手)或ハモウ一歩滿洲事件ニ關シマシテモ、今回ノ國防費ノ增加ヲ來スベキ一番ノ原因ト云フモノハ、滿洲事件ニ存スルト私共ハ存ジマス、進ンデ滿洲國政府ガ吾々ニ對シテ如何ナル國防分擔ヲ致シテ居ルカ、私ハ滿洲國ノ財政ガ貧弱デアルコトモ存ジテ居リマス、又滿洲國ノ現在ノ自分ノ經費ガ二億數千万圓ノ三分ノ一、七千五六百万圓ヲ要シテ居ルコトモ存ジテ居リマスガ、凡ソ軍隊デ裝備ノ足リナイ、訓練ノ足リナイ、斯ウ云フ兵隊ヲ今ノ滿洲ノ時局デ滿洲國ガ御持チニナッテ一體何ニナリマスカ、滿洲事件ノ國境ノ嫌ナ問題ト云フモノハ、大抵滿兵ガ捕ヘラレタ時ニ起ル、寧ロ現在ノ國防分擔金千九百五十万圓ヲ出來ルダケ我國ニ提供スル方ガ財政上モ有效デアリ、彼等ノ國防モ完全ニ近クナルコトヲ期スルコトガ出來ルノデハアリマスマイカ、滿洲國ノ現在ノ兵隊ハ十三万ヲ整理シテ、九万或ハ八万五千ニナッタト稱シマスガ、之ヲ四万、五万ニ縮少スルコトハ出來ナイモノデアリマセウカ、濫リニ他國ノ兵額ヲ私ハ論ズルコトハ避ケマスケレドモ、其整理節約シタ金ニ依ッテ、之ヲ國防分擔金ノ一部トシテ我國ニ寄越シマスナラバ、我國ハ之ニ依ッテ滿洲ノ裝備ヲ完備スルコトガ出來ルノミナラズ、一ハ以テ滿洲國ト我國トノ間ノ國際貸借ノ、公ノ歲入歲出ヲ多カラシムルコトハ、モウ一遍滿洲ニ吾々ハ金ヲ上ゲル爲ニ――滿洲ノ經濟ニウモ一遍持ッテ行ク爲ニ、必ズ私ハ役立ツト信ジマス、故ニ私ハ滿洲カラ現在來テ居マス金ハ二千万圓近クデアリマスケレドモ、尙ホ之ヲ增額シマスナラバ、滿洲事件ハ特別會計ヲ設置シテ、滿洲國防分擔協約ニ基イテ、財政上ノ施設ヲ行フモノデアルト云フコトヲ、中外ニ宣明スルコトガ財政上其根基ヲ明確ニスルト同時ニ、吾々ハ滿洲事件ニ對シテノ發行計畫、或ハ財政計畫ヲ一層明確ニシテ、一般會計ノ禍ニナルコトヲ減少スルコトガ出來ルカト存ジマス、私ハ此際御尋スル一點ハ、所謂租稅政策ニ依ッテ財政計畫ノ基礎ヲ確立スルコトハ洵ニ結構デアリマスガ、手數料、賃金、所謂報償ノ性質ヲ有スル其收入ニ對シテ增徵ヲ加ヘルコト、即チ一般大衆ニ對シテ消費稅ヲ課ケルコト、所謂擔稅力ガナクテモ均等ニ取ラレル消費稅ノ增徵ト、手數料收入ニ對シテ增徵ヲ圖ル、其力ハドチラヲ優先ニ御考ヘニナッテ居リマスカ、重ネテ申上ゲマス、租稅收入中、所謂間接稅ノ增加ヲ圖ル時ノ苦痛ト云フモノト、報償ノ性質ヲ有スル諸收入ノ增加ヲ圖リマス場合ニハ、其ドチラヲ優先シテ御實行ニナリマスカ(拍手)

其次ニ私ハ公債政策ト租稅政策トノ關係ヲ御尋致シマス、現在ハ歲計上收入ハ之ニ伴ハナイ、此關係上公債政策ガ圓滿ニ行ハレマシテ、發行ヲ完了シテ、賣上ガ良好ナリト申シマスレバ、皆サンモホットシテ御安心、又大藏大臣モ之ニ依ッテ相當安心セラレル境遇ニ達スルト存ジマス、併シ玆ニ殘ッテ居ル問題ハ、租稅政策ト公債政策トノ間ニ、假ニ圓滿ニ發行ヲ了シ、賣行ヲ了シマシタ際ニ、吾々ノ租稅關係ハ如何ナル關係ニ立ツカ、現在ノ我國ノ公債ノ借換或ハ發行ニ付キマシテ、其大體ノ、引受ケマシタ情勢ヲ見マスト云フト、特殊銀行ヲ包含シマシタ銀行ガ凡ソ六割デアリマス、所謂預金部、其他政府關係ノ資金ヲ以テ引受ケラル、モノガ、凡ソ一割近邊デアリマスガ、此場合ニ個人ノ引受ガ少クテ、銀行ノ引受ガ六割ヲ占メテ居ル、或ハ信託會社、其他ヲ包含シマスレバ七割ニナル、此場合ニ公債ノ引受ハ所得ノ蓄積ニ依ル預金ノ增加ニ依ッテ、賄ハレテ居ルカラト云フ說明ガ、一般ニ吾々ニ知ラサレテ居ル所デアリマスガ、然ラバ此預金ノ增加ハ如何ナル階級ノ人デ、如何ナル所ガサウ云フ預金ノ增加ヲ伴フカ、我國ニハ貯蓄預金ノ增加ニ付キマシテハ、如何ナル階級ノ人ガドウ云フ風ニ、預金ガ殖エテ行クカト云フコトガ統計ニ現レテ居リマス、又遞信省ガ作リマシタ郵便貯金ノ統計ニハ如何ナル職業ノ人、如何ナル階級ニ於テ其金ガ殖エルト云フコトガ、明瞭ニ統計サレテ居リマス、併シ不幸ニシテ我國ノ普通銀行ニ於テハ、ドウ云フ預金ガドウ云フ風ニ殖エルカト云フコトノ統計ガ、吾々ニ示サレテ居ナイ、已ムヲ得マセヌカラ、玆ニ亞米利加ノ例ヲ一ツ取リマス、合衆國ニ於キマシテ一昨年五万弗ト、五万弗以下ニ預金者ノ種類ヲ分ケマシテ、其統計ヲ致シテ見マスト云フト、五万弗以上ノ口數ハ約七百万口デアリマシテ、其五万弗以下ノ數千万ノ口數ノ預金ト云フモノハ、常ニ增加ヲシタコトハナイ、增加スルコトハ五万弗以上ノ預金者ノ增加ダケガ、全體ノ預金ノ增加デアル、我國ノ預金ハ近來數年間多キハ六億、少クテモ三億五千万位、普通銀行ハ預金增加ヲ伴ッテ居リマス、此預金增加ハ吾々ノ所謂安心スル公債發行ノ資源デアリマス、亞米利加合衆國ト同ジヤウニ、五万弗以上ノ人ダケガ預金ガ殖エル、公債ハ銀行ガ引受ケル、銀行ハ自分ノ金ハナイカラ預金デ引受ケル、其預金ハ大預金者ノ預金ニ依ッテ公債ヲ引受ケテ、サウシテ其利拂ガモウ一遍此銀行ニ來ッテ、銀行ノ預金ノ増加ニ相成ルト云フナラバ、私共ハ大預金者ガ公債ヲ引受ケテ、而シテ其公債カラ、モウ一遍利子ヲ貰ッテ、此利子ハ渦卷イテモウ一遍銀行ノ預金ノ利子ニナッテ、サウシテ年々ノ公債引受額ヲ構成スルノデハナイデセウカ、租税政策カラ言ヒマスナラバ、此階級ガ租税ヲ納メルオ方デハナイデセウカ、吾々ハ一體租税ト云フモノハ、勤勞ニ課ケテハ洵ニ惡イヤウナ氣ガシマス、吾々ガ働イテ所得ガアル、是ハ所得ノナイ人ヨリハ宜イ、所得税ヲ課ケテ結構デアリマスガ、モウ一遍進ンデ此働イタ人ノ所得ガ蓄積セラレマシテ、財産ニナリ、株ニナリ、公債ニナリ、社債ニナリ、家屋ニナリ、土地ニナッタナラバ、是カラモウ一遍所得ヲ取ッテ、此所得ニ對シテ課税スルコトガ吾々ノ理想境ダト存ジマス、此銀行ニ預金ヲシテ利子ヲ取リ得ル階級ト云フモノハ――現在ノ所得税法ニ於テハ、利子ニ對シテ課税セラレマセウガ、本當ニ所得者ニ對スル課税ヲ怠ッテ、而シテ更ニ此人ノ金ヲ運用シテ、モウ一遍此人ノ公債ニ對シテ利子、ヲ支拂ヒマスナラバ、其利子ガ不幸ニシテ大衆カラ來リマシタ課税ニ依ッテ生ジマシタ場合ニハ、有産階級、財産階級ノ懐ロニ、汗ヲ搾ッテ無産階級ノ納メマシタ消費税ヲ再ビ倍加シテ、此人ノ懐ロニ入レル結果ト相成リマス、故ニ公債政策ハ單ニ其發行ガ圓滿デ完全ニ賣行キ、サウシテ其年ノ財政ノ收支ニ役立ッタカラト云フコトヲ以テ、御安心ニナルコトハ洵ニ淺薄デアルト私ハ存ジマス、故ニ生産公債ハ多少ノ議論ヲ挾ム餘地ガアリマセウガ、赤字公債ヲ慢性的ニ段々公債ダケデ支辨シテ行クト云フコトニ相成リマス結果ハ、租税政策ト大ナル矛盾ヲ來シマスカラ、將來ニ對シテ如何ナル考慮ヲ此兩方ノ政策ノ交叉ニ對シテ御考ヘニナルカト云フコトヲ御尋シマス

次ニ私ハ税制ノ案ノ内容ニ付テ、少シ御尋ヲ致シマス、一體所得税ヲ納メル階級、所得税ヲ納メナイ階級トアル、農村ニ所得税ガナイ、農村デハ所得税附加税ガ取レナイ、是ハドチラガ原因デアッテ、ドチラガ結果デアリマセウカ、所得税法ト云フモノモ、現今ノ農村ニモ適用ガアルヤウニ作ルノガ所得税法デアリマセウ、或ハ農村ノ負擔其他ヲ輕減スル爲ニ、小サイ所得者ニハ成ベク課ケナイト云フ趣旨デ、所得税ヲ成ベク所得ノ上ノ人ノ階級ニ課ケルト云フコトニ致シテ行クコトガ、所得税法ノ面目デアリマセウ、所謂所得税中心主義、所得税ヲ直接税ノ根幹ト爲ス場合ニハ、我國デハ農村デモ資産ヲ持ッテ居ル人モアリマス、田畑ヲ持ッテ居ル人モアリマス、自作農デ大キイ所得ノアル人モアリマス、此方ニモ所得税ガ課カルヤウナ所得税ヲ布ク方ガ宜シイノデアリマセウカ、言換ヘレバ資産所得、之ニ對シテハ千圓未滿デモ、モット小サイ所得デモ、純粹ニ資産所得ヨリ來タ場合ニハ、所得税ヲ課税スルト云フ法制ヲ布クノガ理想デアリマセウカ、小サイ所得ハ助ケテヤヲウ、大キイ所得ダケデヤッテ行カレル、斯ウ云フ立前ニ所得税法ヲ考ヘテオ居デヽアリマセウカ、日本ノ國民ハ農業ニ從事シテ居ル人ガ五割ヨリ六割ノ間、五七%ハ農民デアリマス、此農民ト云フモノハ我國ノ中樞ヲ成ス税ニ關係ガナイノダ、斯ウ云フコトデハ、私ハ少シ所得税法ノ出來方ガ惡イノデハナカラウカ、是ニ於テ私ハ所得税ト云フモノハ、勤勞所得ニハ輕ク、資産所得ニハ重クト同僚武田君ガ申サレマシタガ、モウ一歩進メテ資産所得ニハ少額デモ課税シテ宜シイノデハナイデセウカ、最低限ヲ定メル場合ニハ、資産所得ニ對シテハ千二百圓デモ――一方ハ八百圓デモ、或ハ農村ニ對シテハ七百圓デモ、資産所得ニナル場合ニハ課税シテモ宜シイノデハナイデセウカ、斯ウシタラバ農村ニモ所得税附加税ガ生ジマセウ、所得税ノ第二ノ疑問ハ、第二種綜合ト累進ノ關係デアリマス、一體所得ガ大キクナッタナラバ、税率ト云フモノハ輕減シ得ルモノデハナイデセウカ、所得ガ五十億シカナカッタナラ一割課ケテ五億圓シカ取レマセヌケレドモ、所得ガ百億トナッタナラバ五分課ケレバ五億圓出テ來ル、此原理ハ第二種ヲ第三種ニ綜合スル、又株ノ配當金ニ六割シカ課税シナカッタ、之ヲ全部、十割課税スル、百万圓配當ガアッタラバ六十万圓ニ課税シマシタガ、之ヲ百万圓ニ課税スル、我國全體ノ所得ノ數字ヲ大キクスル際デアリマスカラ、此場合ニハ税制ノ變革上、累進率ヲウント引上ゲル、課税標準モ大キクスル、是ハ少シ殘酷デハアリマセヌカ、私ハ納税觀念ヲ養ヒ、納税ノ完璧ヲ期スル爲ニハ、税法ノ「システム」ノ改善モ必要デアリマセウガ、納税觀念ヲ養フコトハモット重要デアリマス、進ンデ税ヲ納メル、此觀念ヲ養フノニハ、國ノ所得ガ大キクナッタ、税率ガ引上ガル、二重ニ一遍ニヤッテハ、此觀念ニ激變ヲ生ジマスルカラ、所得ガ大キクナッタト云フ場合ニハ、税率ヲ一遍緩和スル手段ヲ講ズルト云フコトガ、税法ノ執行ニ必要デハアリマセヌカ、故ニ私ハ第二種所得ヲ第三種ニ綜合スル、是ハ現内閣ノ方ガ私ハ改惡ダト思ヒマス、併シアナタ方ハ暫定的ダト仰シヤイマスカラ、結構デアリマス、暫定的デアリマスカラ、源泉デモ宜シウゴザイマスガ、二種ヲ三種ニスル、株ノ配當金ヲ十割全部課税スル、此時分ニハ如何ナル階級ニ對シテ影響ガ強イカ、日本銀行ニハ登錄公債デ四十億アル、額面一冊デ誰ガ千万圓持ッテ居ル、二千万圓持ッテ居ル、之ヲ捉マヘラレタラ此人ノ所得ハ、公債所得ハ五十万、八十万、遁レッコナイ、此人ハ今マデ所得税ガ少シヨリ課カラナカッタ、是ガ大所得ニナッタヲ所得税ガウント課カル、其時分ニ目ノ飛ビ出ル程取ヲ

ナクテモ、此人ノ税率ヲ一遍下ゲテ、一朝事ガ有ッテ、財源ガ必要ニナッタナラバ、其際ニ一齊ニ引上ゲルコトハ、私ハ國民トシテハ毫モ異存ガナイト存ジマス

一體日本ノ所得税ノ中樞ヲ成ス階級ト云フモノハ、二千圓カラ千五百圓、此階級ガ殆ド納税者百万ノ中五十万ヲ占メテ居リマスカラ、私ハ所得税ノ收入ノ大キイノヲ希望スルナラバ、此階級カラ税ヲ取ル外收入ガ來ナイト思ヒマス、各國ノ税率ノ累進ヲ見マスト最低ガ四分、英吉利ハ例外デアリマセウ、四志六片、二割二分五厘、四志九片、二割三分、是ハ例外ト私ハ思ヒマスガ、何處ノ國デモ最低課税ニ於テ三分トカ、四分トカノ税率ヲ課ケナイモノハナイ、ソレガ五十乃至六十「サアタックス」ヲ課ケテ七十ニナル、之ヲ數字ニ現ハシマスト四ヨリ七十ニシマシテモ、一カラ十五デアリマス、我國ハ最低〇・八カラ三十六、之ヲ一ニ直シマスト、一カラ四五ニナリマス、ソレ程急激ニ我國ノ所得税法ノ累進率ハ進ンデ居ッタ、是ハ私ハ適用ガナイ、實際納税ヲスル人ガ居ナイカラ、斯ウ云フ税法ガ出來テ我慢シテ居ッタノデハナイカ、タッタ一人シカナイ、大阪ニ三割六分ト云フ税率ガ適用サレテ居ル人ガ、タッタ一人オ居ダサウデアリマス、名譽ナコトデアリマスガ、法律的ニハタッタ一人シカ適用ガナイヤウナ法律ハ、餘リ良イ法律ト私ハ思ヒマセヌ、ソレデアリマスカラ、税率ハ私ハ累進ヲ、モウ少シ緩和シタラドウデアラウカ、緩和シテ而シテ茲ニ我國ノ所得税ガ中心デアルナラバ、大キナ收入ヲ得ルト云フコトヲ御考ヘニナッタラ如何デアリマセウカ

第三ニ超過所得ノコトヲ御尋スル、超過所得ト云フモノハ、我國デハ資本ニ對シテ餘計儲カッタ人ハ超過所得ヲ取ラレル、信用デ仕事ヲスル人、敏腕デ仕事ヲシテ儲ケタ人、此人達ハ資本ガ少イノデアリマスカラ、超過所得ガウント出テ來テ、税金ハウント取ラレテシマウ、實例ニ依リマスト百万圓位ノ會社デ四五十万圓、六七十万圓儲ケマスト税金ガ半分以上ニナッテ、皆サン是ハ税金ノ爲ニ稼イデ居ルト仰シャイマス、超過所得ト云フモノハ資本ニ對シテ御考ヘニナルノガ宜イカ、超過所得ト云フ觀念ヲ若シ假ニ課税上用ヒナケレバナラヌノナラバ、藤井君ノ拵ヘマシタ臨時利得税ノ方ガ――過去何年間ハ私ノ事業ハ一割五分儲ケテ居ッタ、二割儲ケテ居ッタ、三割儲ケテ居ッタ、故ニ今年ハ二割五分儲ケタカラ過去ノ一割五分ヨリ一年餘計儲ケタ、此主義ノ方ガ遙ニ實情ニ適スルト思ヒマス、資本ニ對シテ、資本ヲ小サクシテ置イテ、信用デ事業ヲシタ、社債デ事業ヲシタ人ハ、ウント所得税ヲ取ラレル、鐘淵紡績會社ハウント配當シテ居ル、利益配當二割五分ニ對シテ、第一段ニ一割ドコロデ取ッテ、順々ニ餘計取ッテ、次ニ三割取ルト云フコトハ、利益ノ半バ以上ガ税金トナッテシマフノデアリマス

最後ニ財産税ニ付キマシテハ、武田君モ御質問ガアリマシタガ、私ハ逆ニ何故ニ個人財産税ヲ御廢メニナリマスカト云フコトヲ御尋シタイ、法人ノ資本課税、今回ノ改正ニナリマシタ御提案デアリマスケレドモ、私ハ一體法人ノ資本、或ハ中小商人カラ言ヒマシテ百貨店ヲ見マスト、或ル百貨店ハ五千万圓資本ヲ持ッテ居ル、或ルル小サイ小賣人ハ千圓ノ資本モ持タナイ、是ハ到底喧嘩ガ出來ナイ、ダカラ資本ニ對シテ課税シヨウ、是モ御議論ニナルト思ヒマスガ、法人ニハ普通所得、超過所得、色々租税ノ取リヤウガアル、儲ケタ場合ニハ御取リニナッテ宜イ、僅カバカリ所得ガアルカラ、此場合ニ資本ノ税金ヲ取ルト仰シヤラヌデモ、私ハ個人トノ權衡論デアリマスナラバ、會社ノ五万圓、個人ノ五万圓、是ハ相當大キナ事業者デアル、會社ハ五万圓、或ハ五万圓ノ場合ニハ個人ナラバ二割ノ税金ヲ取ラレル、會社ナラバ五分、新税法ニ依ッテ一割、マダ法人ノ方ガ輕イ、五万圓ヲ超エル所得ニ對シテハ、一割デナクテモ宜クハアリマセヌカ、一割二分御取リニナッテモ宜クハアリマセヌカ、個人ノ所得ヨリモ會社所得ガ大キイ、資本ガ大キイ、競爭ニナラヌ、此場合ニハ大會社ノ大所得ニ對シテ五万圓マデハ一割デアルケレドモ、五万圓ヲ超過シタラ一割二分取ッテモ、是ハ私ハ租税法上御非難ノアル御方ハナイト思ヒマス、然ルニ個人ノ財産税ニ付キマシテハ、主ナル非難ハ課税標準ヲ定メルニ當リマシテ、大臣ノ言葉ヲ其儘用ヒテモイケマセヌガ、不安ヲ感ズルト仰シャイマシタ、何故ニ不安ヲ感ジマスカ、財産ヲ持タナイ人ガ不安ヲ感ジナイコトハ勿論デアリマスガ、財産ヲ持ッテ居ル方ガ何故ニ財産ノ評價ニ付テ不安ヲ御感ジニナリマスカ、不安ヲ感ズルヨリモ課税スベキ標準ノ作リ方ニ對シテ税法上無理ガアルノチヤナイデセウカ、相續税ハ、私ハ執行ノ任ニ當ッタコトガアリマスガ、オ父サンガ亡クナッテ涙ヲ流シテ居ル此時ニ當ッテ、アナタノ相續財産幾ヲ、理論ハ正ニ立派デアリマスケレドモ、執行上ハ非常ニ困難デアリマス、執行上ハ洵ニ圓滿デナイ、其上ニモウ一ツ圓滿デナイコトガアル、一番困難ナモノハ山林ノ評價、其次ハ田畑、不動産ノ評價、偖テ山林ハ賣ラウ、買手ハナイ、買ハウ、主觀的價値ガアリマスカラ高クナケレバナラヌ、賣ルト安イ、買フト高イ、山林ニ付テハ相手方ヲ見付ケテ圓滿ニ賣買ヲスルコトハ殆ド困難デアリマス、勸業銀行ハ貸付ケテ競賣ニシマスルト、三分ノ一モ、四分ノ一モ取レナイ、山林ハ一番極端デアリマスケレドモ、其次ハ農村ノ田地田畑、是モ賣ルト安イ、買フト高イ、東京市ノ土地ハ賣ッテモ買ッテモ多少ノ相場ハアリマセウガ、賣ル場合ハ安イ、買フ場合ハ高イ、此場合ニハ何ガ問題デアルカ、經濟價格ヲ定メルノニ賣ッテ安ク、買ッテ高イモノノ經濟價格ハ何處ニアリマスカ、之ヲ税務官吏ガ高ク評價スル不安ガアル、賣ッテ安イ、買ッテ高イモノノ經濟價格ヲ決メル方法ハ色々アリマセウ、

安ク評價スルモ一方法デアリマセウガ、出テ來マシタ價格ヲ割引シテ、山林ハ一万圓ト出タヲ三千圓ニ課税スカ、田畑ハ一万圓ト出タヲ四千圓ニ課税スルカ、東京ノ地所ハ一万圓ト出タラ六千圓ニ課税スルカ、大阪ノ地所ハ一万圓ト出タヲ五千圓ニ課税スルカ、税法ニ依ッテ決ムベキ所デアリマス(拍手)官吏ノ執行ノ手加減ニ俟ツヨリモ、法律自信ガ之ニ依ッテ安心ヲ與フルヤウニ、課税標準ヲ決メタラ宜シイ(拍手)私ハ私ノ近傍ニ二人ノ最モ生活條件ノ類似シタ有名ナ議會人ヲ有ッテ居リマス、兩方トモ國務大臣ニナッテ居ル、兩方トモ貴族院議員ニナッテ居ル、兩方トモ恩給ヲ三千圓近ク持ッテ、議席ヲ持ッテ居ル、一方ハ三百坪ニ住ッテ居ル、一方ハ六万坪ニ住ッテ居ル、而シテ此人ハ政黨ニ關係シテ立派ナ生活ヲシタ爲ニ懐ロハ赤字、餘リ申上ゲヲレマセヌ、一方ハ六万坪ニ住ッテ居ル、此六万坪ハ東京ノ北ノ隅デアリマスケレドモ、安ク買ッテモ坪百圓ニナリマセウ、高ク買ッタヲ百五十圓ニナリマセウ、六百万圓乃至七百万圓ノ財産ヲ持ッテ居ル、片々ハ赤字ヲ持ッテ居ル、此人ニ於テハ三百坪ハ三百坪ノ地租ヲ拂フ、六万坪ハ六万坪ノ地租ヲ拂ヒマセウ、所得ガナイ、ソレ以上ニ行カレナイチヤアリマセヌカ、赤字ノ救濟ハ勿論シテヤレナイ、併シ六万坪ニ居住シテ居ル人ニ對シテ地租ヲ取ル、ソレ以外ニハ課税方法ハナイ、私ハ生活ニ喘イデ居ル人、是ハ社會政策ヲ以テ助ケナクチヤナラヌ、併シ社會政策ハ、國庫ガ歳入ヲ取ッテ金ヲ與ヘテ、社會政策ヲ實行スルコトハ洵ニ困難デアル、成ルベク此人カラ取ラナイヤウニスル、租税ノ第一義ハ社會政策的ニ觀察シマスナラバ取ラナイデ置ク、其次ニハ吾々ハ財源ヲ得ル必要ガアリマスカラシテ、擔税力ノアル人カヲ納税觀念ヲ發ッテ出スヤウニシテ戴ク、財産税ヲ持ッテ居ル者ハ借金ヲ相殺シテ其餘リガ出ル、其餘リニ課ケル、而モ輕ク課税スル、低率ニ累進税ヲ課ケル、宜イチヤアリマセヌカ、而モ一旦我國ノ財政ニ非常ノ必要ノアッタ場合ニ、之ニ對シテ増率シテ課ケル、財政上ノ準備ヲ之ニ依ッテ行フ、昨日結城大藏大臣ハ公債募集ガ出來ナクナルト、財政ノ最後ノ準備ハナクナルト仰シヤル、私モ其通リニ思ヒマス、陸軍ノ諸君ガ何カ公債デヤレバ宜シイ、庶政一新ノ方ヲ増税デヤッテ呉レ、國防ハ公債デヤッテ置ケト仰シヤッタサウデアリマスガ、是ハ私ハ思ヘザルモノノ甚ダシイモノダト思フ、庶政一新ハ成ベク税ノ負擔ヲ輕クスルニアル、是ガ本來ノ面目デアリマス、一旦財政ニ非常ノ必要ガアッタナラバ、財産税ヲ個人ニ課ケル、財産ノアル人ニ課ケル、遠慮ナイチヤアリマセヌカ、併シ普段ハ所得ヲ生ジナイモノデアリマスカラ、輕ク課税シヨウ、之ニ御異議ガアリマスカ、大藏大臣ガ何故ニ個人ノ財産税ヲ御止メニナッテ、法人税ニシテ之ヲ會社ニ課ケルカ、會社ニ課税シタイナラ何時ダッテ課税出來マス、資本金ト積立金ハ收税官吏一人アッタナラバ何千軒トヤッテシマウ、併シ財産ダケハ他人ニ知ヲレテ嫌ナ程脱シテ居ル者モアリマス、評價ノ困難ナモノモアリマス、課税標準ノ困難ナモノモアリマス、準備ヲスルニアラザレバ、之ニ依テ此人ノ財産ト云フモノヲ知ルコトハ困難チヤアリマセヌカ、一番最後ニ預金ヲ持ッテ居ル、分ラヌチヤアリマセヌカ、無記名證券ヲ持ッテ居ル、分ラヌチヤアリマセヌカ、登録公債ガ日本銀行ニアルコトハ、日本銀行ハ恐ラク數ヘナイト仰シヤルニ違ヒナイ、分ラヌチヤアリマセヌカ、之ヲ漸次分ラセルヤウニ、普段準備ヲシテ拵ヘテ、サウシテ一朝事有ッタ時分ニ負擔ヲシヨウ、國民トシテ最モ立派ナル心懸デ税ノ「システム」トシテ一番立派チヤアリマセヌカ、獨逸ガ巧ク行カナカッタデハナイカ、獨逸ガ巧ク行カナカッタノハ、ソレハ獨逸ガヤリ方ガ惡カッタ、評價ノ方法ガ拙イ、私ハ輕ク課スルヤウニ評價ヲシテヤッテ、其上ニ税ノ課税ヲスル時ニ、免除ノ恩典ヲ與ヘテ、サウシテ普段ハ輕ク發ッテ置クヤウニシタナラバ、此效果ハ所得税ノ調査ニ當ッテハ、此人ノ年々ノ財産、所得ト云フモノヲ調ベラレル一番良イ資料デアルト思フ、此意味ニ於テ平時ハ財産税ハ目的デハナイ、所得税ヲ完成スル爲ニ、所得中心主義ヲ貫ク爲ニ、私ハ財産税ヲ作ッテ戴クノガ一番良イ税ノ最後ノ補完デアルト存ジマスガ、大藏大臣ハ如何ニ御考ヘデアリマスカ(拍手)

終リニ私ハ帝國ノ現在ノ各信用、外交上ノ信用、國防上ノ信用、財政信用、産業信用、之ヲ私ハ顧ミル必要ガアルト存ジマス、我國ノ産業、我國ノ工業、躍進日本、此處マデ日本ハヤッテ來タノダ、其次ニ國防上我ガ帝國ノ海陸軍ノ將兵ハ必ズ帝國ヲ護ルト私ハ信ジマス、而シテ一番最後ニ殘ル問題ハ、私ハ外交ノコトハ申上ゲタクアリマセヌガ、財政信用ハ、ヤハリ我國ヲ中外ニ宣明シテ、世界第一ノ國ニナルノニ、一番現在危機ニ瀕シテ居ル方面デアルト私ハ信ジマス、幸ニ大キナ財政上ノ改革、大キナ財政上ノ改善、次ニ來ルモノハ租税制度ノ改善、租税制度ノ改革、是ガ帝國ノ國威ヲ中外ニ宣揚スル一番必要ナ點ダト私ハ信ジマス、私ハ無理ヲ申シマセヌ、時ニ質問ガ法案ト牴觸シタカモ知レマセヌガ、別ニ他意アルモノデハアリマセヌ、私ハ暫定案ニ次グニ立派ナル案ヲ以テ、此次ニ我國ノ財政ノ確立、社會問題ノ解決、此政治ガ我國ノ今一番必要ナ財政信用ノ局面ヲ完全ニ乘切ッテ、我國ヲ安全ナ所ニ押出シテ戴クヤウニ、吾吾ハ決シテ援助ト協贊ヲ吝マヌ者デアリマス(拍手)

(國務大臣結城豊太郎君登壇)

○**國務大臣(結城豊太郎君)** 篠原君ノ御尋ニ對シテ御答ヲ致シマス、特別會計ト一般會計ノコトニ付テ御話ガアリマシテ、洵ニ御尤ト存ジマス、現內閣ト致シマシテハ、前內閣ノヤリマシタコトヲ踏襲致シマシテ、特別會計カラ相當ノ援助ヲ求メテ居リマスノデスガ、今後此問題ニ付テハ三十ニモ餘ル特別會計ト云フモノヲ、其儘ニシテ置クベキカ、又特別會計ト一般會計ニ付テドウ云フ風ニスベキカ、餘程研究ヲ要スル問題ト存ジマシテ、其邊ノコトニ付テハ、十分ニ考慮スル積リデアリマス

ソレカラ第二ニ、租稅以外ニ手數料收入ニ依ッテ增加ヲ圖ルコトト、消費稅ヲ增徵スルコトト、何レヲ先ニスルカト云フコトノ御尋ト拜承致シマシタガ、消費稅ハ租稅政策カラ定メラルベキモノデアリマシテ、手數料ノ何レヲ先ニスルカト云フコトハ、又手數料ノソレ〳〵ノ性質ニ依ッテ決メナケリヤナリマセメノデ、一概ニ何レヲ先ニスルト云フヤウナコトハ、申上ゲ兼ヌルト存ジマス

次ニ公債政策ニ付テノ御尋ガアリマシタヤウデスガ、是ハ今後ノ財政ヲ處理スル上ニ於テ、最モ大切ナ問題デアラウト思フノデアリマス、公債ノ市價ガ常ニ發行價格以上ニ保ッテ居リマスヤウデアリマスナラバ、其後ノ消化ニ何等ノ懸念ガナイノデアリマシテ、少シモ心配ハナイノデアリマスルガ、ソレニハヤハリ國ノ財政ニ對スル信用ト云フコトガ本デアリマス、モウ少シ大キク申シマスレバ、國ノ安泰ト云フコトガ根本ニナラウト、私ハ思フノデアリマシテ、ドウモドッカニ不安ガ横ハッテ居ルヤウナ場合デアルト、自然財政上ニ於キマシテモ、公債ノ市價ノ上ニ於テモ、ソレガ反映致シマシテ、發行價格ヲ維持スルト云フコトガ困難ナ場合ガ起ルノデアリマス、ソレヲサセナイヤウニ致シマスコトガ、財政當局者トシテハ一番大切ナ仕事ヂヤナイカト考ヘテ居リマスヤウナ次第デ、只今ノヤウニ當分年々國費ガ增大スルト云フヤウナ時ニナリマスルト、尙更此事ハ大切デアラウト存ジマスルノデ、其事ニ付キマシテハ萬全ノ方策ヲ講ズル積リデアリマス、場合ニ依リマスルト減債基金ト云フヤウナ制度モ、考ヘナケリヤナラヌトモ存ジマス、種々考究致シマシテ、議會ニ御諮リスルヤウナ時モアルカト存ズル次第デアリマス

次ニ所得稅ニ關シテ御話ノアリマシタ、必シモ千二百圓ヲ免稅點ニセヌデモ、モット下ノ者デモ納稅ヲスルト云フコトガ、考ヘラルベキコトヂヤナイカト云フ御話、私ハ至極御尤ニ存ジマス、コンナ風ニ大切ナ時期ニ於キマシテハ、豫テモ申シマシタヤウニ、或ハ一般ニハ不人氣デアルカモ知リマセヌガ、少イ所得ノ方ニ致シマシテモ、國民ノ一員トシテ、分ニ應ジタ納稅ヲシテ國政ヲ處理セシムル、斯ウ云フ誇ヲ持ッテ戴キタイト云フヤウナ氣持ヲ持ッテ居リマシテ、其點ハ篠原君ノ御說ト略々御同樣デアルヤウニ感ジラレマスルガ、此千二百圓ト云フコトニ致シマシタノハ、現行率ヲ其儘——臨時增徵デアリマスノデ、此際ハ其儘ニ、動カサズニ持ッテ來マシタヤウナ次第デ、是ハ稅全般ニ對シテ檢討ヲ加ヘ、改革致シマス時ニ考ヘナケリヤナラヌ問題ダラウト思ッテ居リマス次第デアリマス

ソレカラ超過所得ニ付テ資本金ヲ標準トスルヨリハ、過去數年間ノ實績ヲ標準トシタ方ガ合理的デナイカ、斯ウ云フ御趣旨デアリマス、是ハ御趣旨ハ至極御尤デアリマス、今回ハ超過所得ノ引上ヲ中止致シマシタ、サウシテ臨時利得稅ノ引上ヲ致シマシタヤウナ次第デアリマスルガ、是ハ御說ヲ參考ト致シマシテ、十分ニ今後ノ稅制改革ノ時ニ考フベキモノダラウト思ッテ居リマス、ソレカラ個人ノ財產稅ヲ止メナクテモ宜カッタヂヤナイカ、斯ウ云フ御話デアリマシタガ、是ハ武田君ニモ一部御答致シマシタ點デモアリマスルガ、是ハ此個人財產ノ調査ト云フコトガ中々困難デアリマス、ソレヲ十分ニヤラウトスルト、稅務官吏ト納稅者ノ間ニ摩擦ヲ生ジ、紛議ヲ生ジマスコトハ、是ハモウ覩易イコトデアリマス、ソレニ負擔ノ衡平ト云フコトモ中々ムヅカシイト思ヒマス、兎モスルト不動產課稅ニ陷ル虞ガアルト思フノデアリマス、旁々今回ハ見合セルコトニ致シマシタヤウナ次第デアリマス、追テ此事モ研究シナケリヤナラヌノデアリマスルガ、之ヲ一朝事ガ有ッタ場合ノ課稅ノ爲ニト云フヤウナ說ヲ爲ス方モアリマスノデアリマスガ、一朝事ガ有リマシタ場合ニハ、モウ財產ノ價値ト云フモノハ、物ニ依ッテ非常ニ高クナルモノト、安クナルモノトガアリマシテ、非常ナ激變ヲ來スノデアリマスルカラ、平生計ッテ居リマシタ物差デハ到底計ルコトガ出來ナイノデアリマス、同時ニ愈々國ヲ擧ゲテト云フヤウナ場合ニハ、日本國民ノ愛國心ト云フモノハ、稅金ニ依ッテナント云フヤウナ考デハナカラウト思フ、財產ノ一部ヲ割イテモト云フヤウナ氣持デ、戰ニ臨ムダラウト思フノデアリマス、又其位ノ氣持デ國民ガ擧ッテ起ツニアラズンバ、斷ジテ戰ナドハスベキモノヂヤナイト、斯ウ思フノデス（拍手）御答致シマス

報告書

一 一般會計歳出ノ財源ニ充ツル爲大藏省預金部特別會計ヨリ爲ス繰入金ニ關スル法律案（政府提出）

右ハ本院ニ於テ可決スヘキモノト議決致候此段及報告候也

昭和十二年三月十三日

委員長 木暮武太夫

衆議院議長富田幸次郎殿

（木暮武太夫君登壇）

○木暮武太夫君 只今議題ニ相成リマシタ法律案三案ノ委員會ノ經過竝ニ結果ヲ簡單ニ御報告申上ゲマス、先ヅ順序ト致シマシテ、最初各法律案ノ趣旨ヲ御説明申上ゲルコトガ適當カト存ジマス

第一ハ、今日ノ財政狀況竝ニ各特別會計ノ餘裕アル狀況ニ鑑ミマシテ、毎年豫算ノ定ムル所ニ依ッテ、應分ノ金額ヲ各特別會計カラ一般會計ノ歳出ノ財源ニ充ツル爲ニ繰入レルト云フ案デゴザイマシテ、而シテ將來一般會計ニ於キマシテ餘裕金ガ出來マシタ場合ニハ、特別會計ノ方ニ之ヲ返還スルト云フ案デアルノデゴザイマス、而シテ其金額ノ合計ハ六千百八十九万圓デアリマシテ、鐵道會計カラ入レマス三千万圓ヲ最大ナルモノトシテ、通信事業特別會計カラ千二百六十四万圓、朝鮮總督府特別會計カラ九百四十五万圓、臺灣總督府特別會計カラ五百二十五万圓、樺太廳特別會計カラ百九十五万圓、關東局特別會計カラ百五十万圓、南洋廳特別會計カラ百十万圓、合セテ六千百八十九万圓ヲ一般會計ノ歳出ノ財源ニ充ツル爲ニ繰入レルト云フ案デアリマス

二番目ノ法律案ハ、對支文化事業特別會計法中改正法律案デアリマシテ、現行法ニ依リマスト、此特別會計ノ資金ハ國債或ハ大藏省預金部ニ之ヲ預入レテ置キマシテ、之ヲ運用スルト云フ規定ニナッテ居ルノデアリマスガ、此特別會計ノ使命ノ重大ナルニ鑑ミマシテ、此運用ノ方法ヲ擴張シテ、洵ニ由テ以テ從來ハ文化的ノ日支間ノ提携ニノミ從事シテ居ッタモノヲ進メテ、經濟的ノ提携ヲモ促進セシムルコトニ必要ナル資金ヲ運用シタラ宜カラウ、斯ウ云フ案デゴザイマス、又御承知ノ通リ山東問題ガ解決致シマストキニ、條約竝ニ細目ノ協定ニ依リマシテ、支那カラ受取ッタ四千万圓ノ膠濟鐵道ノ債權ト云フモノガ我國ニアリマス、是ハ對支文化事業ノ方ノ特別會計ニ於テハ一千四百五十万圓ヲ保管シ、殘リノ二千五百十万圓ト云フモノハ、一般會計ニ於テ保管シテ居ル實情デアルノデアリマスガ、今回ハ此一般會計ニ保管スル所ノ二千五百五十万圓ヲ、此對支文化事業特別會計ノ方ニ移スコトガ穩當デアルト云フ趣旨ニ依ッテ移サウ、斯ウ云フコトニ相成ッテ居ルノガ第二ノ法律案デアリマス

モウ一ツ第三ノ法律案ハ、御承知ノ通リ今年ノ四月一日カラ郵便貯金利子二厘四毛ヲ引下ゲマス結果トシテ、大藏省預金部デ約八百万圓ノ餘裕金ヲ生ズルノデアリマス、此生ズル八百万圓ノ餘裕金ノ本質ニ鑑ミマシテ、是ハ社會政策ノ施設ニ使フベキモノデアルト政府デ之ヲ御認メニナッテ、此中六百万圓ヲ一般會計ノ歳出ノ財源ニ充當スル爲ニ繰入レマシテ、社會政策的ノ施設費トシテ、殘リノ二百万圓ハ郵便貯金事務改善ノ方ニ使ハウ、是ガ第三案デアルノデアリマス

斯ノ如キ三案ノ委員會ハ、二月二十七日以來數回ニ亙リマシテ開キマシテ、本日モマダ繼續シテ開イテ居ルヤウナ譯デ、洵ニ御熱心ニ質疑應答ガ行ハレタノデアリマシテ、質問者ノ御名前ヲ擧ゲレバ、小谷節夫君、氏家清君、川俣清音君、綾川武治君、片山秀太郎君、中村嘉壽君、松岡俊三君、渡邊銕藏君、牧山耕藏君、田川大吉郎君ト云フヤウナ御方々カラ、熱心ニ各特別會計ノ内容ニ付キマシテ切實ナル所ノ御質問ガアリ、政府モ亦之ニ對シ極メテ周到懇切ナル御答辯ガアッタノデアリマス、此處デ此質問竝ニ議論ノ中ニ現レマシタル委員會ノ空氣ヲ、一二申上ゲテ置ク必要ガアルト思ヒマス

ソレデ第一案ニ付キマシテハ、各特別會計カラ一般會計ノ歳出ノ財源ニ充ツル爲メ、六千万圓以上ノモノヲ繰入レルト云フ案デゴザイマス爲ニ、各特別會計各々其設定ノ趣旨ニ鑑ミマシテ、マダ爲スベキ仕事ガ非常ニ多イヂヤナイカ、其仕事ヲマダヤラヌデ居テ、無理ナコトヲシテ、繰入金ヲ爲スト云フコトハ、愼マナクテハイカヌヂヤナイカト云フヤウナ御議論ガ頗ル多カッタ、殊ニ朝鮮總督府特別會計ニ關シマシテハ、北鮮國境ノ「ソ」聯ニ接壤スル地帶ノ警備施設充實、竝ニ共地方ノ移民開拓ト云フヤウナ問題ハ、朝鮮總督府ト致シマシテハ十分ニ努メナケレバナラナイ問題デアルノニ拘ラズ、ソレ等ノコトヲ等閑ニ附シテ置イテ、此千万圓以上ノ金ヲ一般會計ニ繰入レルト云フヤウナコトハドウカ、大ニ今後ハ此點ヲ注意シナケレバナラヌト云フヤウナ御意見ガ多カッタ、又臺灣ニ付テハ河川ノ整理改修、或ハ南方ヘノ通商貿易關係ノ充實ト云フヤウナ、大キナ仕事ガヤヘリアルノデアリマスカラ、斯ウ云フコトニ努メルコトガ、先ヅ第一義デアラウト云フヤウナ御議論モアッタ、殊ニ遞信省卽チ通信事業ニ付キマシテハ、遞信省關係ノ下級ノ從業員ノ人々ノ待遇ト云フモノガ、鐵道省ノソレ等ノ人々ニ比較致シマシテ、甚シイ懸隔ガアル今日、此待遇ヲ改善シナケレバナラナイト云フコトハ焦眉ノ急デハナイカ、又我國ニ於ケル通信施設ト云フモノガ、未ダ完璧ヲ得タモノトハ言ヒ難イ、ドウシテモ郵便局ヤ電信局ト云フモノヲ、地方ニ充實スル必要ガアルノデハナイカ、ソレダノニ年々八千百万圓ノ納付金ヲシテ、更ニ又澤山ノ金ヲ此處ヘ出スト云フコトハ、先ヅ自ヲノ方ノ仕事ヲ十分ヤッテカラ、一般會計ニ繰入シタヲ宜タヘナイカト云フヤウナ御議論ガアッテ、無理ヲシテ今後繰入ヲスルト云フコトハ愼マナケレバナラヌト云フヤウナ御意見ガアッタ、政府モ大體ニ於テ質問者ノ趣旨ヲ諒ト致シマシテ、明年カラ御注意下サルヤウナ御答辯ガアリマシタ、第二ノ對支文化事業特別會計法中改正法律案ニ關聯致シマシテハ、對支交渉ノ不手際ニ付テ、殊ニ川越大使ノ

身上ニ關シマシテハ、可ナリ痛烈ナル反對的ノ御發言ガ多カッタガ、本會議ニ於テ之ヲ御紹介スルコトハ私ハ差控ヘマス、詳細ハドウゾ委員會ノ速記錄ニ讓リマスカラ、御覽ヲ願ヒタイト思フノデゴザイマス、而シテ對支文化事業ト云フモノガ、從來動トモスルト引込ミ思案デアッテ、洵ニ國民ノ期待ニ副ヘザルモノガ甚シキモノガアルカラ、今回此資金運用ヲ擴張シタルヲ好機會ニ、積極的ニ活動致シマシテ、日支間ノ友誼的提携ノ基礎ニナルヤウナ働キヲ致シタラドウダト云フヤウナ御意見ガ盛ニアッタノデアリマス

斯ク致シマシテ本日午後各案ヲ別々ニ採決ヲ致シマシタ結果、第一案、即チ一般會計歳出ノ財源ニ充ツル爲特別會計ヨリ爲ス繰入金ニ關スル法律案、此案ニ付キマシテハ多數決ヲ以テ可決ヲ致シマシタ、第二案ノ對支文化事業特別會計法中改正法律案及ビ一般會計歳出ノ財源ニ充ツル爲大藏省預金部特別會計ヨリ爲ス繰入金ニ關スル法律案、此二、三ノ兩案ニ對シマシテハ、全會一致ヲ以テ可決確定ヲ致シタヤウナ次第デアリマス、此點御報告ヲ申上ゲマス(拍手)

○副議長(岡田忠彥君) 討論ノ通告ハアリマセヌ、三案中第一及ビ第三ノ兩案ニハ反對ガアリマスカラ、先ヅ此兩案ヲ一括シテ採議ヲ爲シ、次ニ第二案ヲ採議スルコトニ致シマス、是ヨリ一般會計歳出ノ財源ニ充ツル爲特別會計ヨリ爲ス繰入金ニ關スル法律案、及ビ一般會計歳出ノ財源ニ充ツル爲大藏省預金部特別會計ヨリ爲ス繰入金ニ關スル法律案ノ採議ニ入リマス、兩案ノ第二讀會ヲ開クヤ否ヤヲ御諮リ致シマス、兩案ノ第二讀會ヲ開クニ贊成ノ諸君ノ起立ヲ求メマス

(贊成者起立)

○副議長(岡田忠彥君) 起立多數、仍テ兩案ノ第二讀會ヲ開クニ決シマシタ

○松永東君 直チニ兩案ノ第二讀會ヲ開カレンコトヲ望ミマス

○副議長(岡田忠彥君) 只今ノ動議ニ御異議アリマセヌカ

(「異議ナシ」ト呼フ者アリ)

○副議長(岡田忠彥君) 御異議ナシト認メマス、仍テ直チニ兩案ノ第二讀會ヲ開キ、議案全部ヲ議題ト致シマス

一般會計歳出ノ財源ニ充ツル爲特別會計ヨリ爲ス繰入金ニ關スル法律案 第二讀會

一般會計歳出ノ財源ニ充ツル爲大藏省預金部特別會計ヨリ爲ス繰入金ニ關スル法律案 第二讀會

○副議長(岡田忠彥君) 別ニ御發議モアリマセヌカラ、委員長報告通リ決シマシタ、是ニテ兩案ノ第二讀會ハ終リマシタ

○松永東君 直チニ兩案ノ第三讀會ヲ開カレンコトヲ望ミマス

○副議長(岡田忠彥君) 只今ノ動議ニ御異議アリマセヌカ

(「異議ナシ」ト呼フ者アリ)

○副議長(岡田忠彥君) 御異議ナシト認メマス、仍テ直チニ兩案ノ第三讀會ヲ開キ、議案全部ヲ議題ト致シマス

一般會計歳出ノ財源ニ充ツル爲特別會計ヨリ爲ス繰入金ニ關スル法律案 第三讀會

一般會計歳出ノ財源ニ充ツル爲大藏省預金部特別會計ヨリ爲ス繰入金ニ關スル法律案 第三讀會

○副議長(岡田忠彥君) 別ニ御發議モアリマセヌカラ、兩案トモ第二讀會議決ノ通リ可決確定致シマシク(拍手)次ニ對支文化事業特別會計法中改正法律案ノ採議ニ入リマス、本案ノ第二讀會ヲ開クコトニ御異議アリマセヌカ

(「異議ナシ」ト呼フ者アリ)

○副議長(岡田忠彥君) 御異議ナシト認メマス、仍テ本案ノ第二讀會ヲ開クニ決シマシタ

○松永東君 直チニ本案ノ第二讀會ヲ開キ、第三讀會ヲ省略シテ委員長報告ノ通リ可決セラレンコトヲ望ミマス

○副議長(岡田忠彥君) 只今ノ動議ニ御異議アリマセヌカ

(「異議ナシ」ト呼フ者アリ)

○副議長(岡田忠彥君) 御異議ナシト認メマス、仍テ直チニ本案ノ第二讀會ヲ開キ、議案全部ヲ議題ト致シマス

對支文化事業特別會計法中改正法律案 第二讀會(確定議)

○副議長(岡田忠彥君) 別ニ御發議モアリマセヌ、第三讀會ヲ省略シテ、本案ハ委員長報告通リ可決確定致シマシタ(拍手)

(副議長退席、議長著席)

○松永東君 議事日程變更ノ緊急動議ヲ提出致シマス、即チ此際日程第四及ビ第五ヲ繰上ゲ上程シ、共採議ヲ進メラレンコトヲ望ミマス

○議長(富田幸次郎君) 松永君ノ動議ニ御異議アリマセヌカ

(「異議ナシ」ト呼フ者アリ)

○議長(富田幸次郎君) 御異議ナシト認メマス、仍テ日程ノ順序ハ變更セラレマシタ、日程第四、第五ハ便宜上一括議題ト爲スニ御異議アリマセヌカ

(「異議ナシ」ト呼フ者アリ)

○議長(富田幸次郎君) 御異議ナシト認メマス、仍テ日程第四、朝鮮事業公債法中改正法律案、日程第五、朝鮮鐵道用品資金會計法中改正法律案、右兩案ヲ一括シテ第一讀會ヲ開キマス――拓務大臣結城豐太郎君

第四　朝鮮事業公債法中改正法律案（政府提出）　第一讀會

第五　朝鮮鐵道用品資金會計法中改正法律案（政府提出）　第一讀會

朝鮮事業公債法中改正法律案

朝鮮事業公債法中左ノ通改正ス

第一條中「六億九千六百二十萬圓」ヲ「八億四千百五十萬圓」ニ改ム

附　則

本法ハ公布ノ日ヨリ之ヲ施行ス

朝鮮鐵道用品資金會計法中改正法律案

朝鮮鐵道用品資金會計法中左ノ通改正ス

第一條　鐵道及自動車交通事業ノ用品ヲ購入貯藏及製作修理シ朝鮮鐵道ノ運輸營業及建設事業竝鐵道ニ關聯シ經營スル自動車交通事業ノ需用ニ應スル爲朝鮮鐵道用品資金ヲ置キ特別ノ會計ヲ立テシム

第三條中「鐵道用品」ヲ「鐵道及自動車交通事業ノ用品」ニ改ム

附　則

本法ハ昭和十二年度ヨリ之ヲ施行ス

（國務大臣結城豐太郎君登壇）

○國務大臣（結城豐太郎君）　只今議題トナリマシタ朝鮮事業公債法中改正法律案提出ノ理由ヲ説明致シマス、朝鮮總督府特別會計ニ於テ、昭和十二年度以降ノ繼續費トシテ計上致シマシタル、鐵道建設及改良費ノ追加額一億二千九百五十餘万圓、竝ニ港灣修築改良費追加額ノ一部千九百五十万圓ハ、同特別會計歳計ノ現狀ニ顧ミマシテ、是ガ財源ヲ公債ニ依ルコトト致シマシタコト等ニ依リ、現行朝鮮事業公債法ノ公債發行限度ヲ改訂スルノ必要ガアリマスルノデ、本法律案ヲ提出シタ次第デアリマス、何卒御審議ノ上速ニ御協贊ヲ與ヘラレンコトヲ希望スル次第デアリマス

次ニ朝鮮鐵道用品資金會計法中改正法律案提出ノ理由ヲ説明致シマス、朝鮮ニ於テ國有鐵道ニ關聯シテ經營スル自動車交通事業ノ用品ノ購入貯藏等ハ、之ヲ朝鮮鐵道用品資金會計ニ於テ經理スルヲ適當ト存ジマスルノデ、本法律案ヲ提出致シタ次第デアリマス、何卒御審議ノ上御協贊ヲ與ヘラレンコトヲ希望致シマス

○議長（富田幸次郎君）　質疑ノ通告ガアリマス、之ヲ許可致シマス――信太儀右衛門君

（信太儀右衛門君登壇）

○信太儀右衛門君　只今上程ニナリマシタ朝鮮ニ關スル二ツノ法案ニ付キマシテ、質疑ヲ致サント欲スル者デアリマス、御承知ノ通リ朝鮮ハ、統治既ニ二十七年ノ星霜ヲ經過シテ居リマス、随テ内鮮融和ノ實ヲ完全ニ擧ゲマシテ、今ヤ雞林八道ニ於キマシテ、皇風ガ全ク普ネカラントシテ居リ、又普クコトヲ私共モ確信シテ居リマス、洵ニ國家ノ爲ニ御同慶ニ堪ヘナイ次第デアリマス、植民政策ノ至難中ノ至難デアルト云フコトハ、是ハ諸君モ既ニ御承知ノ通リデアリマス、一朝ニシテ是ガ過チヲ致シタ時ニ於キマシテハ、折角ノ努力モ亦犧牲モ、何等爲ス所ナクシテ、延イテハ内政問題ニ波及スル由々シイ問題ヲ惹起スルコトハ、是ハ東西植民ノ歴史ニ徴シテ見マシテモ、既ニ明瞭ナル事實デアリマス、此度ノ朝鮮ニ關スル二ツノ法律案ニ付キマシテ、私ハ檢討致シタイト思ヒマスルガ、本年度即チ昭和十二年度ニ於キマシテハ、其事業ノ公債ハ六億九千六百二十万圓デアリマス、是ガ明年度、昭和十三年度ニ於テハ、一躍八億四千百五十万圓ト云フ所ノ、大ナル數字ヲ示シテ居リマス、驚ク勿レ、其累進額ハ一億四千五百三十万圓デアリマス、之ヲ比較スルノハ如何デアリマスルガ、此度各派ヲ通ジテ滿場一致、所謂血ミドロニナッテ吾々ノ主張シタ地方農村ノ交付金ノ問題ハ三千万圓デアリマス、斯ノ如ク一絲亂レザル議員ノ主張ヲ以テ叫ンデ居ッタ所ノ問題ハ、僅ニ三千万圓デアリマス、勿論此朝鮮ノ事業年度計畫ニ付キマシテハ、今更主ヲ變ヘル譯ニハ行キマセヌケレドモ、如何ニ此植民ノ爲ニ我ガ國帑ガ消費セラレルカト云フコトニ付キマシテ、吾々ハ之ニ對スル關心ヲ更ニ新シクスル次第デアリマス

私ハ概要産業問題ト交通問題ノ二點ニノミ止メマシテ、質疑ヲ打切ラウト思フノデアリマスガ、先ヅ第一ニ人口問題カラ論及シタイト思ヒマス、朝鮮ノ人口ノ躍進ハ、我ガ内地ニ殆ド匹敵シテ居リマス、殊ニ南部六道ニ於キマスル所ノ人口ノ增加ト云フモノハ、非常ニ激甚ヲ極メテ居リマス、随テ内地ニ是等ノ過剩人口、ソレハ主トシテ勞働者デアリマスガ、其勞働者ガ内地ニ參リマシテ、ソレガ爲ニ内地ハ勞働者ノ過剩トナリマシテ、色々ノ社會問題ガ勃發シテ居ルコトハ、諸君モ御承知デアリマセウ、是ハ洵ニ悲シムベキ事態デアリマス、朝鮮ノ圖ヲ繙イテ見レバ直チニ分リマスガ、南部六道ハ人口稠密デアリマスガ、人口ヲ單ニ一地方ニノミ抑ヘテ居ルト云フコトハ、植民政策ノ上カラ申シマシテモ、本意デハナイノデアリマス、之ヲ北鮮ノ天然資源ノ豐富デアル所ノ、而シテ土地ノ廣大デアル所一帶ニ之ヲ移住セシメ、延イテハ之ヲ滿洲ヘ、日本内地ト滿洲ト連繫スル所ノ第一線ニ朝鮮

ノ方々ヲ立タセルト云フコトハ、植民政策トシテモ實ニ意義深甚デアルコトト私ハ考ヘテ居リマス、次ニ朝鮮ノ産業ノ主タルモノハ産米デアリマス、今ヤ朝鮮ノ米ハ、吾吾内地ノ米ト殆ド其差別ハアリマセヌ、價格ニ於キマシテモ、亦質其モノニ付キマシテモ、完全ナル米トシテ世間ノ稱讃ヲ博シテ居ルノデアリマス、是ガ幸ニシテ天惠ニ浴シ、五穀豐穰ト云フコトニナツタ時ニ當リマシテハ、文字通リ生産過剩トナリマシテ、折角收穫ヲ得テ喜ビニ堪ヘナイ所ノ鮮人ハ、價格ノ暴落ニ依リマシテ、喜ビガ變ジテ災ヒニナルコトハ、諸君モ御承知デアリマセウ、併シ是ハ獨リ朝鮮米ニ限ラズ、經濟的カラ申シマシテモ、生産過剩ト云ツタヤウナコトハ、又値段ノ暴落或ハ暴騰ト云フヤウナコトハ、一片ノ法律ヤ制度ニ依リマシテ、之ヲ抑ヘ付ケルコトハ出來マセヌ、或ル程度ニハ之ヲ抑制スルコトガ出來マセウガ、之ヲ若シモ無理ニ抑ヘントスレバ、茲ニ由々シイ所ノ國家的ノ社會問題ガ惹起スルノデアリマス、諸君モ御承知ノ通リ、此度比律賓ガ獨立ヲ發明シテ居ルト云フ裏面ヲ考ヘテ御覽ナサイ、比律賓ニ於キマシテハ、非常ニ安イ勞力ヲ以チマシテ、彼ノ特産物デアル所ノ製糖業ガ非常ニ進歩發達ヲシテ居リマス、是ガ一朝輸出ヲ致シマシテ、亞米利加内地ニ行ク時ニ當ツテ、亞米利加内地ノ製糖業等ハ大ナル脅威ヲ感ジ、ドウシテモ是ト角逐スルコトハ出來ナイト云ツタヤウナ、一種ノ經濟的觀念カラシテ、遂ニ比律賓ヲ獨立セシメテモ宜シイト云フヤウナ空氣ヲ釀成シタト云フコトハ、是ハ既ニ賢明ナル諸君ハ御承知ノ通リデアリマセウ、斯ウ云フヤウニ頗ル重大性ヲ帶ビテ居ルノデアリマス、獨リ又此産米ノミニ限ラズ、農産物ニ付キマシテモ、内地ヘ參ル時ニ當リマシテハ、種々ナル植物檢査、所謂病毒ノ檢査ト稱シマシテ、其内地ニ進出スルコトヲ阻止シテ居リマス、是デハ折角朝鮮總督府ガ非常ナル犧牲ヲ拂ヒ、努力ヲ以テ指導奬勵ヲ致シマシテモ、其結果ハ洵ニ悲シムベキ所ノ現狀ニアルノデアリマス、是等ニ對シマシテ政府當局ノ或ル程度マデノ確信ヲ私ハ聽カント欲スル者デアリマス

次ニ又交通問題ニ付キマシテ御諒シタイト思ヒマス、足一タビ朝鮮ノ釜山ニ上陸致シマス時ニ、見ル一山、一木、一草、近來ハ稍々生色、綠色ヲ呈シテ居リマスガ、全ク是ハ荒涼無趣味ナ風光デアリマス、日清戰爭ニ當リマシテ、釜山ト京城ヲ結ブ所ノ線ハ一ノ軍用線ト致シマシテ、何等經濟的ノ觀念ナク、何等鐵道ノ技術ヲ考慮セズシテ、急速ニ之ヲ敷設致シタノガ彼ノ京釜鐵道デアリマス、又ソレニ稍々幾ラカノ科學的技能ヲ加味シテ居リマスノガ、日露戰爭直後ニ於テ出來タ京城ト新義州ヲ結ンデ居ル所ノアノ線デアリマスルガ、是モヤハリ京釜鐵道ト殆ド同一軌道ヲ歩ンデ居ルヤウニ考ヘマス、隨テ朝鮮總督府自ヲ聲明シテ居ル所ニ依リマスト、朝鮮ノ資源ヲ見ント欲セバ、此幹線ニ依ルノハ非常ニ不便デアルト云フコトヲ、朝鮮總督府自ヲ申シテ居リマス、申スマデモナク、此鐵道ハ都會ト都會ヲ結ビマシテ、サウシテ交通ノ利便ニ貢獻スルコトガ、鐵道敷設ノ目的デアリマスルケレドモ、叙上ノ如キ事情ニ依リマシテ、朝鮮鐵道ノ大半ハ軍用鐵道ト云フヤウナ空氣ニ依リマシテ、是ガ蔽ハレテ居ルヤウニ私等モ考ヘ、又諸君モ御同感デアラウト思ヒマス、是等ノ幹線ニ慊ラズシテ、更ニ釜山ト京城ヲ結ブ所ノ主要貫通線ヲ開通セントシタノハ最近ノコトデアリマス、其貫通スル所ノ鐵道ノ區域ト云フモノハ山又山、ソレハ九十九折デアリマス、文字通リニ何等經濟的ノ價値ノナイ處デアルニモ拘ラズ、之ヲ貫通致サントスルコトハ、ヤハリ軍事的方面カラト云フヤウナコトヲ承ッテ居リマスガ、吾々ハ朝鮮ノ鐵道ノ大半ハ、此軍事鐵道ニ依リマシテ、經濟的ヲ全ク打破、考慮ナクシテ之ヲ敷設スルト云フコトニ對シマシテハ、大ナル遺憾ノ意ヲ表スル次第デアリマス、勿論軍事的其モノハ、吾吾ハ之ヲ協贊スルニ、決シテ吝カナルモノデハアリマセヌ、朝鮮ノ内外共ニ生産的ニ、或ハ交通ノ完成ヲ圖リマシテ、一旦有事ノ際ニハ東西相應ジテ、内地ノ自給自足ニ若シ缺陷ガアツタナラバ、朝鮮ノ物資ヲ内地ニ移入シテ、以テ吾々東亞大帝國ノ建設ヲ期待スルコトハ、皆サンモ御異論ハナカラウト思ヒマス、此點カラ見マスルト、今度ノ事業公債ノ發行ト云フモノハ、主トシテソレニ一貫シテ居ルト云フコトハ、吾々ハドウシテモ此點ニ付キマシテハ、檢討ヲ更ニ新シクシナケレバナラヌト思ヒマス(拍手)殊ニ今ノ拓務大臣ハ、拓務大臣デアリ又大藏大臣デアリマス、最近アナタハ金ノ直送ヲヤツテ居リマス、一千五百万圓ノ金ノ直送ヲヤツテ居リマシテ、日本ノ經濟價値ノ信用ヲ高メントシテ居ルコトハ、是ハ吾々モ共鳴シテ居リマス、併ナガラ此金ハ如何ナル方法ニ依ツテ、如何ナル地ニ之ヲ求メルカト云フコトハ、現在デハナクシテ將來性ヲモ私ハ考ヘテ敲キタイト思フノデアリマス、唯徒ニ早急ノ應急手段トシテ之ヲ行フト云フノデハナク、永久的ノアナタノ御考ヲ以テ致サレタイノハ、私等ノ切ナル希望デアリマス、此點ヲ考ヘテ見マスト云フト、朝鮮ニハ今ヤ鑛業トシテ一億万圓ノ産出ヲ致シテ居リマス、殊ニ此産金、金ノ産額ハ朝鮮總督府ガ相當ナル保護助長ヲ致シタナラバ、更ニ數倍ノ累進率ヲ出スコトト私ハ確信致シテ居リマス(拍手)何卒此點ハ唯鐵道、道路ニノミ支出シナイデ、多岐多樣、所謂多角的ニ、立體的ニ朝鮮ノ産業開發ノ爲ニ、又交通ノ完成ノ爲ニ、吾々ハ切ナル要求ヲ致サントシテ居ルモノデアリマス、此點ニ付キマシテ當局ノ御懇切ナル御答辯ヲ御願シタイト思ヒマス(拍手)

(政府委員大野綠一郎君登壇)

○政府委員(大野綠一郎君) 只今信太サンカラノ御質問ニ對シマシテ御答辯ヲ申上ゲマス、鐵道及ビ港灣ノ追加ノ費用ガ一億四千餘万圓デアリマシテ、隨分莫大ノヤウデアルガト云フ御話デアリマシタガ、今日ノ朝鮮ノ狀況カラ申シマシテ、鐵道ノ整備ガ産業、國防各方面カラ極メテ重大デアリマ

スノデ、サウ云フヤウナ費用ガ追加サレタ譯デアリマス、尤モ此費用ハ昭和十二年度以降九箇年ニ亙ル繼續費デゴザイマシテ、一年ノ追加額ト致シマシテハ二千餘万圓位ノ見當ニナッテ居リマス、是ハ今日ノ朝鮮ノ情勢トシテハ、發達ノ必要上當然左樣ナ金額ガ要ルコトト考ヘテ居リマス

　ソレカラ人口問題ニ付キマシテ、朝鮮六道ノ人口ガ隨分稠密ノ狀態ニナッテ居ル、之ニ付テ御承知ノヤウニ內地ニ渡航スルコトニ付キマシテハ、色々ト調節ヲ致シテ居ルノデアリマスルガ、之ヲ更ニ北部ノ朝鮮、又滿洲ノ方ニ移住セシメル方策ニ付テ、考慮シタラドウカト云フ御話デゴザイマスルガ、此點ニ付キマシテハ、既ニ計畫ヲ立テマシテ、北鮮ノ可ナリ人口ノ疎ラナ土地ニ付キマシテハ、ソレ〴〵計畫ヲ立テマシテ、北鮮移民ノ費用モ豫算ノ中ニ組入レテ居リマシテ、逐次其計畫ヲヤッテ行クコトニナッテ居リマス、ソレカラ滿洲移民ニ付キマシテハ、昨年鮮滿拓殖會社ヲ創立致シマシテ、ソレ滿洲國ノ官憲トモ連絡ヲ致シマシテ、移住ノ奬勵ヲ致シテ居リマシテ、段々其手順ガ整ッテ居リマスル次第デアリマス

　ソレカラ產業ニ付テ、米ノ生產ニ付テ、米價ガ著シク上ッタリ、或ハ下ッタリスルト云フヤウナコトガ、非常ニ朝鮮農民ニ不安ヲ與ヘル虞ガアルデハナイカト云フ御懸念デゴザイマシタガ、此點ニ付キマシテハ幸ニ米穀統制法、又自治管理法ノ施行ニ依リマシテ、大體ノ見當ガ付キマシタノデ、管理法ハ未ダ發動ハ致サレマセヌケレドモ、左樣ノ點ニ付テハ比較的私ハ安心ガ出來ルコトト考ヘテ居リマス

　尙ホ交通ノ問題ニ付テ、國防上重要ナル點モ述ベラレマシテ、尙ホ其他ニモ產業上十分鐵道ノ收支ノ採レルヤウニ考慮シタラドウカト云フ御話デゴザイマスガ、此點ニ付キマシテモ、沿道ニ可ナリノ物資ガゴザイマスルシ、是ハ農產物モゴザイマスルシ、又鑛產物モ只今御示シノヤウニ澤山ゴザイマスノデ、是等ノ開發ニ付テハ十分ノ力ヲ入レマシテ、產業ノ方面ニ於テモ十分ノ效果ヲ擧ゲルヤウニ致シタイト考ヘテ居リマス、大體ノ御答辯ヲ致シマス

○信太儀右衞門君　簡單デアリマスルカラ此席カラ御許ヲ願ヒマス

○議長（富田幸次郎君）　許可致シマス

○信太儀右衞門君　此問題ニ付キマシテハ、私モ相當ノ成案ヲ持ッテ居リマスルカラシテ、他日或ル機會ニ於キマシテ相見エルコトガ出來マセウカラ、私ノ質問ハ之ヲ以テ終リマス

○議長（富田幸次郎君）　是ニテ質疑ハ終局致シマシタ、兩案ノ審查ヲ付託スベキ委員ノ選擧ニ付テ御諮リ致シマス

昭和十一年五月九日

國務大臣ノ演說ニ對スル三善君ノ質疑

○三善信房君 既ニ同僚ノ各位ヨリ諸般ノ事項ニ亙リマシテ御質同ニ ナッタノデアリマスルガ、私ハ實際問題ニ付キマシテ率直ニ當局ニ質問ヲ致シタイト思フノデアリマスルガ故ニ、政府各大臣ニ於カレマシテハ調査研究、或ハ考慮ト云フヤウナ言葉ヲ使ハレズシテ、虛心坦懷、率直簡明ニ私ニ御答辯下サランコトヲ此際御願致ス次第デアリマス

我國四圍ノ國際情勢カラ見マシテ、國防ノ充實整備ノ緊要ナルコトハ、今更申ス迄モナイコトデアリマス、併ナガラ國防ハ獨リ兵備ノ充實ニ依ッテノミ整備シ得ルモノデハアリマセヌ、是ト同時ニ國民經濟力ノ充實ヲ圖リ、以テ一朝事有ル際ニ十分銃後ノ責任ヲ果シ得ルノ途ヲ講ズルコトニ依ッテ、初メテ國防ノ完璧ヲ期シ得ルモノデアルト深ク信ズル者デアリマス、是即チ私共ガ多年兵農兩全ヲ主張シ來ッタ所以デアルト思フノデアリマス、國防ト財政ノ調和ヲ圖リマスルコトハ、固ヨリ當然デアリマスルガ、單ニ國防ト財政トガ調和セラレマシテモ、財政ノ基礎、即チ國庫收入ノ根源タル所ノ一般國民ノ經濟ガ涸渴致シマスルナラバ、ヤハリ國防ノ充實ヲ期スルコトハ出來ナイノデアリマス、而シテ民力ノ涵養充實ハ、產業ノ振興ニ依ッテ初メテ期スルコトガ出來得ルノデアリマシテ、今ヤ疲弊困憊ノ極ニ達シテ居ル所ノ農村ノ實情ヲ考ヘマスルト、此儘放任スルコトハ國家ノ前途洵ニ憂慮ニ堪ヘナイモノガアルト思フノデアリマス、我國農村ノ經濟狀態ヲ見マスルニ、最近三箇年ニ於ケル所ノ農產物ノ全收入ハ平均約二十六億デアリマス、之ニ對スル農村ノ支出ハ、公租公課、負債ノ利子及ビ農業經營費等ヲ合セマシテ、總額十一億ニナルノデアリマス、ソコデ農村ノ純收入ト申シマスルモノハ、僅ニ十五億ニ過ギナイノデアリマス、之ヲ農家ノ五百六十万戶ニ割當テ、見マスレバ、農家ノ一戶平均ノ收入ハ僅ニ二百六十八圓ニナルノデアリマスルガ故ニ、此二百六十八圓ヲ以テ一家五人ノ生活ヲ爲スト云フコトハ、到底望マレナイコトデアルト思フノデアリマス、農家ノ經濟ガ如何ニ困難ニ陷ッテ居ルカト云フコトハ、此數字ヲ以テモ明瞭ニナルコトデアルト思フノデアリマス、最近我國ハ過去數年間ニ亙リマシテ、或ハ時局匡救ノ仕事、或ハ軍事工業ノ勃興、是等ノコトニ依リマシテ、局部的ニハ或ハ幾分景氣ノ回復ヲ見テ居リマスルガ、獨リ農村ニ於キマシテハ、未ダ更生ノ實ヲ擧グルコトガ出來ナイノデアリマス、是ハ頗ル遺憾トスル所デアリマスルガ、全ク永年ニ亙リマシテ、農村ニ對シテ片手落ノ政治ガ行ハレテ來タ結果ガ、今日農村ガ更生サレナイ所以デアルト思フノデアリマス(拍手)政府ハ頻リニ自力更生ヲ說カレテ居リマスルケレドモ、固ヨリ農村自體ニ於テ更生ノ途ヲ講ズルコトハ、是ハ必要ナコトデアリマス、併ナガラ自力更生ヲ爲スニハ、之ニ必要ナル產業上ノ諸般ノ施設ヲ爲サナケレバ、眞ノ更生ハ出來ナイト思フノデアリマス(拍手)即チ農村ガ今日ノ疲弊ニ陷ッタル所ノ原因ヲ確メ、之ニ對應スル所ノ根本方策ヲ講ジマシテ、サウシテ農村ノ收支相償フヤウニスルコトガ、今日ノ農村ヲ救フ所以ナリト思フノデアリマス、玆ニ私ハ農村ノ問題ニ付キマシテ二三政府當局ニ御伺致シマス、單ニ私ガ農村問題ヲ說キマスルコトハ、獨リ農村ニ限ルヤウデアリマスルケレドモ、農村ノ購買力ガ增進シ、農村ノ經濟ガ充實致シマシタナラバ、隨テ中小商工業者ノ繁榮ヲ來スモノデアリマスルガ故ニ(拍手)獨リ農村ノ問題ニ限ラナイト思ヒマスルガ故ニ、其根本ニ付キマシテ政府當局ノ所見ヲ伺ッテ見タイト思フノデアリマス

先ヅ第一ニ御伺致シタイト思ヒマスルコトハ、五十億ニ達シテ居ルト言ハレテ居ル所ノ負債ノ整理デアリマス、此五十億ノ負債ノ整理ト云フコトハ、農村更生ノ爲ニ最モ必要ナル事デアリマシテ、政府ハ曩ニ農村負債整理組合法ヲ實施サレテ、全國六千ノ町村ニ二万四千ノ組合ヲ作ッテ、此組合ニ二億圓ノ整理資金ヲ供給シ、隣保共助ノ精神ニ依ッテ負債ヲ整理セシメヨウ、是ガ政府ノ案デアッタノデアリマス、然ルニ實施後三年經チマシタ今日ニ於キマシテ其經過ヲ見マスルト、組合數ハ、政府ノ希望シテ居ラル、所ノ二万四千ニ對シテ僅ニ三千四百デアリマス、供給決定ノ金額ハ、二億圓ヲ供給スルト云フ豫定ガ僅ニ千百万圓デアリマス、當初ノ計畫ニ對シマシテ、如何ニ此結果ガ慘メナル狀態デアルカト云フコトハ了解ガ出來ルト思ヒマス、是ハ其間役人ガ唯机ノ上デ作ラレテ、農村ノ實際問題ヲ知ラズシテ御作リニナッタノデアリマスルガ故ニ、玆ニ其負債整理組合ノ上ニ付キマシテ、非常ナ無理ヲ來シテ居ルノデアリマス(拍手)此無理ヲ直サナケレバナラヌ、而シテ三年間ノ跡ヲ見マスルト、此二億圓デ以テ負債ノ整理ヲショウト云フ負債整理組合ハ失敗ニ終ッテ居ルト云フコトハ、事實ガ明瞭ニ證明致シテ居ルト私ハ思フノデアリマス(拍手)現內閣ハ必シモ今マデノ政策ニ因ハレズシテ此失敗ノ跡形ヲ見マスルナラバ、此際思切ッテ農村負債整理ノ方法ヲ改

善セラルヽ必要ガアルト私ハ信ジテ疑ハナイノデアリマス、此農村ノ五十億ノ負債ヲ如何ニ整理スルカト云フコトニ對シテ、政府ノ成案ガアリマスレバ、此際承ッテ見タイト思フノデアリマス、若シ成案ナクシテ、姑息ナル手段ニ依ッテ續ケテ行カルヽナラバ、益々是ハ不徹底ニ終ルダケノコトデアリマスルガ故ニ、現内閣ニ對シテ、其方策ガアリマスナラバ、之ヲ承ッテ見タイト思フノデアリマス、殊ニ最近低金利政策ノ實施ニ依リマシテ、民間一般ノ事業資金等ノ利率ハ相當低下シテ參ッタノデアリマス、併ナガラ農村ノ利息ト云フモノハ、ヤハリ一割乃至一割五分ノ高率ノ利息ヲ拂ッテ居ルノ狀態デアリマス、而モ農村ニ最モ關係深キ勸業銀行デスラモ、先刻ハ馬場大藏大臣ノ努力ニ依ッテ若干好クナッタト言ハレマシタガ、私ハ其勸業銀行ノ利率デスラ年六分乃至七分デアリマスガ故ニ、之ヲ以テハ到底農村ノ不動產ニ對スル融資ノ適當ナ方法デアルト云フコトハ認メ得ラレナイノデアリマス(拍手)而モ此銀行カラ金ヲ借リマスレバ、擔保物ヲ要求スルノデアリマスルガ故ニ、中產以下ノ擔保物ナキ者ハ、依然高率ノ利率ヲ拂ハナケレバナラナイ狀態デアリマス、此中產以下ノ庶民大衆ノ――農民大衆ノ負債ニ對シテ、低金利ヲ徹底セシムル所ノ方策ガ最モ必要ダト思ヒマスガ(拍手)之ニ對シテ政府諸公ハ何カ成案ヲ持ッテ居ラレルノデアリマスカ、唯漫然此儘ニ看過シテ居ラレルノデアルカ、之ニ對スル所ノ御方針ヲ承ッテ見タイト思フノデアリマス

次ニ御伺致シタイノハ農村ノ負擔ノ輕減ニ關スル方策デアリマス、現在農村ノ負擔ガ餘リニ過重デアルト云フコトハ、既ニ政府當局モ十分御承知ノコトデアルト信ズルノデアリマス、是ハ或ハ大藏省、或ハ農林省、或ハ帝國農會等ガ調ベマシテ、都市ト農村ノ負擔ノ割合ハ、農村ガ都市ニ比較シテ二倍半ノ負擔ヲ受ケテ居ルト云フコトハ明ナル事實デアリマス、此過大ナル農村ノ負擔ヲ輕減スルコトハ目下ノ急務デアルト思フノデアリマス、固ヨリ之ヲ爲ス上ニ付キマシテハ、根本策トシテ或ハ稅制ノ整理、或ハ地方財政ノ整理ヲ必要トスルモノデアリマシテ、稅制、財政ノ整理ハ、歷代ノ内閣ガ口ニ唱ヘナガラ、容易ニ其實行ハ今日マデ行ハレテ居ラヌノデアリマス、現内閣ハ或ハ之ヲ實行セラルヽノ勇氣ガアルカモ知レマセヌケレドモガ、其實行セラレル迄暫々ハ安閑ト之ヲ眺メテ居ル譯ニハ參リマセヌ、卽チ臨時應急ノ施設トシテ地方財政補給金ヲ政府ノ方デ御出シニナル必要ガアルト思ヒマス、此豫算ニ付キマシテハ二千万圓ノ補給金ヲ御出シニナルト云フコトデアリマスガ、其二千万圓ノ内容ヲ點檢シテ見マスト、臨時敎員給ノ國庫補助ノ九百万圓ガ減ゼラレテ居リマスガ故ニ、二千万圓カラ此九百万圓ヲ引キマスト、僅ニ一千一百万圓ガ國庫補助金トシテ地方ニ交付サルヽニ過ギヌノデアリマス、是ハ私共ガ議會ニ於キマシテ、少クトモ政府ハ六千万圓程度ノ地方交付金ヲ出サナケレバ、今日ノ農村ハ助カラナイト申シテ、滿場一致ノ決議トナッテ現ハレテ居ルノデアリマス、此滿場一致ノ決議ヲ現内閣ハ何ト見テ居ラレルノデアルカ、假令前ノ内閣ガ二千万圓ヲ計上シタト云ッテモ直チニ之ヲ踏襲ナサラヌデモ、其六千万圓程度ガ國民ノ輿論デアルト御考ヘニナッタナラバ、此際斷乎トシテ之ヲ改メテ六千万圓ヲ交付セラルベキモノデアルト、私ハ斯樣ニ信ズルノデアリマス、或ハ昨日デアリマシタカ、同僚ノ質問ニ對シテ大藏大臣ハ交付金制度ヲ採ルガ宜シイカ、或ハ地方ニ財源ヲ與ヘルガ宜シイカ、十分研究セナケレバナラヌト言ハレタノデアリマス、何時モ政府ノ答辯ハ調査研究デ逃ゲラレテ居ル、私ハ是ガ一番禁物ダト思フ、前ノ内閣ノ時分、殊ニ岡田總理ノ如キハ質問ヲ致ス度每ニ調査研究、考慮中デアリマスト云フコトデ逃レラレテ居ル、是デ大臣ガ勤マルヤウダッタラ誰デモ大臣ハ出來ル筈ダ(拍手)苟モ國政燮理ノ任ニ當ル者ガ、唯調査研究ニ名ヲ藉ッテ其場ヲ逃ルヽ如キハ、絕對ニ許シ難キモノデアルト私ハ思フノデアリマス、此馬場大藏大臣ガ十分ニ考究スルト言フ、考究サルヽコトハ宜シト致シマシテモ、此國民ノ輿論ヲ御聞キニナッタナラバ、之ヲ斷行セラルヽノ勇氣ガ玆ニ無ケラネバナラヌト私ハ思フノデアリマス、之ニ對シテヤハリ馬場大藏大臣ハ、マダ研究ノ餘地ガアルト云フ御考デアリマスルカ、之ニ對スル所ノ大藏大臣、又内務大臣ハ、地方ノ實情ガ如何ニナッテ居ルカト云フコトハ、特ニ御承知ノ筈ダト思ヒマス、内務大臣ハ是デ地方ノ町村ガ宜シイカ、此二千万圓程度デ宜シイカドウカト云フコトニ付キマシテハ、十分御考ガアルト思ヒマスガ故ニ、内務大臣ノ御答辯ヲモ併セテ承ッテ見タイト思フノデアリマス

次ニ農村ノ收入ニ付テ考ヘテ見マスルト、農村收入ノ主ナルモノハ米デアリマス、隨テ米價ノ向上ト其安定トハ、農家唯一ノ更生策デナケレバナリマセヌ、併ナガラ一面米ハ國民大衆ノ生活必需品デアルト共ニ、農村ノ重要ナル生產品デアリマスルガ故ニ、餘リニ高價ニ過ギマスルト、一般消費者ノ生活ヲ脅威スルノデアリマスルガ故ニ、適當ノ價格ヲ維持スルコトハ、御互ニ努メナケレバナラヌコトデアルト思フノデアリマス、政府ハ米穀法實施以來、幾多ノ方策ヲ講ゼラレタケレドモガ、未ダ今日ノ米穀統制法ヲ以テ致シマシテハ、尙ホ十分ト申スコトガ出來ナイノデ、近ク是ガ改正案、或ハ米穀自治管理法案ヲ上程サルヽコトデアルト思ヒマスルガ、此法案ニ付キマシテハ、私ハ議案上程ノ際ニ審議致シタイト思ヒマスルガ故ニ、此點ハ質問ヲ致シマセヌ、唯或ハ米穀統制法ノ改正、或ハ米穀自治管理法案、是ハ臨時應急ノ事柄デアリマシテ、之ヲ以テ米穀ノ根本的解決ヲナスト云フコトハ出來ナイト思フノデアリマス、申ス迄モナク我國ノ米ハ政府ノ調査シ

タル所ニ依リマスレバ、需給推算ニ於キマシテ、五百万石ノ過剩ヲ生ズルコトハ、是ハ明カデアリマス、此過剩米ヲ何トカシテ整理シナケレバ、過剩ノナイヤウニセナケレバ、農村ト云フモノハ何時マデモ米ノ爲ニ惱マナケレバナラヌ、其過剩米ハ或ハ政府ニ於テ貯藏スルカ、或ハ民間ニ於テ貯藏スルカ、何レニカ貯藏センケレバナラナイ、然ルニ一石米ヲ貯藏致シマスレバ、一年間ニ五圓ノ損失ヲ來ス、然ラバ五百万石ノ米ヲ一箇年貯藏致シマスコトニ依リマシテ、政府ハ二千五百万圓ノ缺損ヲ毎年々々シテ行カナケレバナラヌ、既ニ米穀法實施以來、約三億ノ缺損ヲ爲シテ居ルコトカラ考ヘマシテモ、今後ニ於キマシテモ、ヤハリ米ノ爲ニ相當ナ缺損ヲシテ行カナケレバナラヌ、是ハ或ハ政府ノ負擔ニナリマセウ、又結局ハ國民ノ負擔トナッテ現ハレテ來マスルガ故ニ、米穀ノ根本策ヲ今日立テルコトガ最モ必要デアルト思フノデアリマス、私ハ此問題ニ付キマシテハ屢〻申上ゲタノデアリマスルガ故ニ、今日ハ之ニ對シテ十分申上ゲルコトヲ差控ヘタイト思フノデアリマス、併ナガラ今マデノ内閣ガ、ヤハリ調査研究ト云フコトニ名ヲ藉ッテ遁レテ居リマスルガ故ニ、此内閣ハ果シテ此根本策ニ對シテ、如何ニ之ヲ處理シテ行カレルカト云フコトノ、其大體方針ヲ承ッテ見タイト思フノデアリマス、固ヨリ私ハ之ニ對スル所ノ、私一己ノ考ヲ持ッテ居リマスルケレドモガ、其考ヲ餘リ長ク申上ゲマスルト、時間ノ都合モアリマスルノデ、差控ヘタイト思フノデアリマスルガ、先ヅ簡單ニ申上ゲテ置キマスレバ、我國ノ内地ダケデハ米ハ足リマセヌ、外地カラ米ガ來ルカラ、其米ノ爲ニ壓迫ヲ受ケテ居ルト云フコトハ、是ハモウ明ナ事實デアリマス、此場合私ハ外地米ヲ管理スレバ一番宜シイ、移入ノ管理ガ一番宜シイト思フ、朝鮮及ビ臺灣ノ米ノ生産費ト、内地ノ米ノ生産費ガ非常ナ違ヒガアリマス、其違ヒガアル所ノ米ヲ同樣ニ取扱ッテ行カウト云フ所ニ、無理ガアルノデアリマスルガ故ニ（拍手）移入ノ管理ヲヤレバ簡單ニ解決ガ出來ルト思フ、或ハ之ニ付テハ外地ノ政策トノ關係ガアルカラ、ムヅカシイト言ハレルカモ知レマセヌガ、現内閣ハ庶政一新ヲ唱ヘテ居ルノデアリマスルガ故ニ、思切ッテ此問題ニ對シテ解決セラレルノ勇氣ガアルカドウカ（拍手）之ヲ御聽キシテ見タイト思フノデアリマス

尙ホ若シ其外地米ノ移入管理ガ、外地ニ對スル政策トノ關係上、實施ガ困難デアルト致シマスルナラバ、外地ニ對スル所ノ代作ノコトヲ考ヘテ行カネバナラヌ、米ニ代ル所ノ作物ノコトヲ考ヘテ行カナケレバナラヌト思ヒマス、是ハ適地適作主義ニ則リマシテ、或ハ朝鮮、或ハ臺灣ニ綿、麻、甘蔗、斯ウ云フ物ヲ栽培致シマスルナラバ――米ニ代ル代作ヲ作ッテ參リマスルナラバ、米ノ問題ヲ解決スルコトモ決シテ困難デハナイト思ヒマス、唯代作ヲ爲セト言ッテモ、是ハ容易ニ承知シマスマイ、代作ヲ奬勵スルナラバ、之ニ對スル所ノ助成金ガ要ルノデアル、其助成金ノ問題ガ、是ガ中々ヤカマシイノデアリマセウ、或ハ之ヲ朝鮮ニ取ラレテハイカヌト云フヤウナ、吝ナ考ヲ持ッテ居ルノカモ知レマセヌケレドモ、米ノ問題ノ爲ニ二千五百万圓程度ノ毎年損失ガアルト致シマスルナラバ、其損失ヲ出サナイヤウニスル爲ニハ、根本問題ヲ解決セネバナラヌ、所謂朝鮮ニ綿、麻等ヲ奬勵センケレバナラヌ、其助成金ハ二千五百万圓ヲ御出シニナッテモ、差支ハナイデハナカラウカト私ハ思フノデアリマス、斯樣ニ致シマスレバ、此代作奬勵モ容易ニ出來ヤウト思フノデアリマス、又出來得ベキ可能性ガアリマス、是ハ私ガ朝鮮ニ參リマシタ時分ニ調ベマシテ、十分代作ノ可能性ガアルト云フコトヲ認メ、又朝鮮總督府ノ相當ナ地位ノ方ガ、奬勵金ガアレバ代作ハ出來マス、二十万町歩ハ請合ッテ出來ル、或ハ臺灣ニ十万町歩モ宜シイト云フコトヲ言明シテ居ヲレマスルガ、今ノ拓務大臣ハ果シテ其御自信ガアルカドウカ、之ヲ拓務大臣ニ承ッテ見タイト思フノデアリマス（拍手）

更ニ私ハ滿洲國ノ米ニ付テ考ヘテ見タイト思ヒマス、滿洲國ト我國ノ米トヲ對照致シマスルコトハ、餘リニ縁遠イヤウデアリマスルケレドモ、是ハ決シテ縁遠イ問題デハアリマセヌ、滿洲ハ三千万町歩ノ平野ヲ有シテ居リマス、而シテ此三千万町歩ノ平野ハ、十分水田化セラレル所ノ面積ガアル、三ノデアリマス、之ヲ一割ト致シマスレバ三百万町歩ガ水田化セラレルノデアリマス、若シ三百万町歩ガ水田化セラレマスレバ、是ハ内地ノ水田ノ面積ト同樣ニナッテ參リマス、滿洲國ノ調査ニ依リマスレバ、或ハ百五十万町歩トカ、或ハ二百万町歩、私ガ滿洲ニ行ッタ時分ナドハ、百五十万町歩ハ十分ニ水田化セラレ得ルト云フコトヲ言ッテ居リマシタガ故ニ、恐ラク百五十万町歩乃至二百万町歩ハ、水田ニナル可能性ガ十分アルト思ハレルノデアリマス、若シ之ニ米ヲ栽培スルト云フコトニナリマスレバ、現在デスラ既ニ二百万石ノ米ヲ生産シテ居ル所ノ滿洲國カラ、一躍數千万石ノ米穀ヲ生産スルコトハ、是ハ決シテ遠イコトデハナイト思フノデアリマス、彼ノ朝鮮ニ於キマシテ、十年前ノ朝鮮ノ米ノ生産額ト今日トヲ比較致シマスレバ、實ニ四割ノ增産ニナッテ居ルノデアリマシテ、既ニ今日臺灣、朝鮮ニ於キマシテ二千七百万石ノ米ヲ生産致シテ居ル狀態デアリマス、是カラ考ヘマスレバ、滿洲ニ於テ數千万石ノ米ガ出來ルノモ、決シテ是ハ机上ノ空論デハナイト私ハ思フノデアリマス、滿洲米ガ唯單ニ滿洲國ニ於テノミ消費セラレマスルナラバ、是ハ別ニ心配モ要リマセヌガ、總テ生産費ノ安イ滿洲米ハ、我國ニ輸入サレルコトハ、火ヲ睹ルヨリモ明カデアルト思フノデアリマス、其時コソ此生産費ノ安イ滿洲米ノ爲ニ、我ガ農村ハ此問題ノ爲ニ再ビ壓迫ヲ受ケナケレバナラヌト思フノデアリマス、滿洲ヲ獨立セシメ、滿洲

國ヲ今日ノ現狀ニ爲シタノハ誰カ、農村ノ子弟ガ第一線ニ立ッテ働イタ結果ガ、今日滿洲國ノ獨立ヲ來シタノデアルト思フノデアリマス、其獨立シタル滿洲國ニ米ヲ作ルコトニ依ッテ、飜テ農村ノ子弟ガ滿洲米ノ爲ニ惱ムヤウニナッテ參リマシタナラバ、何ノ爲ニ血ヲ流シタカ意義ヲナサナイト思フノデアリマス(拍手)固ヨリ滿洲國ト我國トハ共存共榮デナケレバナリマセヌ、其爲ニハ我國ノ農村ニ生產出來ナイ物、又我國ノ農村ニ生產シマシテモ尙ホ足リナイ物、例ヘバ小麥トカ、大豆トカ、小豆トカ、或ハ高粱、或ハ棉花、緬羊、斯樣ナ物ハ大ニ奬勵スベキモノデアリマス、我國ノ農產物ト衝突スルヤウナ物、殊ニ今日既ニ惱ンデ居ル所ノ米ノ如キモノニ對シテ、此際豫メ是ガ對應策ヲ講ズルノ必要ガアルト思ヒマスルガ、政府ハ之ニ對シテ如何ナル用意ト、如何ナル覺悟ガアルカヲ、是ハ總理大臣カラ承ッテ見タイト思フノデアリマス(拍手)

次ニハ蠶絲政策デアリマス、農家ニ於キマシテ米ニ亞グ所ノ收入ハ繭デアリマス、然ルニ最近數年間繭價ノ慘落ニ依リマシテ、農村ノ收入ハ非常ニ減ッテ參ッタノデアリマス、農村ノ不況ニ拍車ヲ掛ケテ來タヤウナ感ジガ致シマスルガ、御承知ノ通リ繭ハ米ト違ヒマシテ、對外的ノ商品デアリマスルガ故ニ、價格ノ向上安定ト云フモノハ容易ナコトデハアリマセヌ、併ナガラ養蠶家、製絲家、販賣家ノ三者ガ、互ニ連絡統制ヲ保ッテ行キマスレバ、價格ノ維持モ亦左程困難デハナカラウト思フノデアリマス、然ルニ製絲ニ付キマシテハ、錘ニ或ハ釜數ノ制限、或ハ許可制度ヲ採ラレマシタ爲ニ、稍々統制ヲ見タノデアリマス、又養蠶ニ付キマシテモ、近ク蠶繭處理法案ガ上程セラル、コトト思ヒマスルガ故ニ、是モ何トカ統制ノ途ガ付クダラウト思ヒマス、獨リ販賣機關タル所ノ輸出業者ニ對シテハ、何等ノ統制ガナイヤウニ考ヘテ居ルノデアリマス、此三者ガ連絡統制ヲ圖ッテコソ、初メテ繭絲價ノ安定ヲ見ルコトガ出來ルノデアルト思フノデアリマス、吾々ハ唯少數ノ輸出業者ノ爲ニ、二百万ノ養蠶業者ヲ犧牲ニスルコトハ絕對ニ出來ナイト思フノデアリマス(拍手)政府ハ此三者ノ連絡統制ニ對シテ如何ナル方針ヲ持ッテ居ラル、カヲ、承ッテ見タイト思フノデアリマス

次ニ御尋致シタイノハ、農家ノ肥料ニ關スル問題デアリマス、肥料ハ農家ニ於ケル現金支出ノ三割七分ヲ占メテ居ルモノデアリマシテ、肥料ノ價格ノ如何ガ、直チニ農家經濟ニ重大ナル影響ヲ來シマスコトハ、申ス迄モナイコトデアリマス、然ルニ此肥料ノ生產費ト、農家ガ實際買ウテ居ル所ノ購入價格トハ、餘リニ其間大キナ開キガアルト思フノデアリマス、例ヘテ申シマスレバ、現在金肥ノ大部分ヲ占メテ居リマスル所ノ硫安ニ付テ考ヘマスルニ、硫安ノ生產費ハ、其製造方法、又ハ會社ノ設備ノ如何ニモ依リマシテ、多少ノ相違ハアルト思ヒマスルガ、私ノ調査スル所ニ依リマスルト、一噸三十圓乃至四十圓ト見ルコトガ適當デハナイカト思フノデアリマス、之ニ固定資本ノ銷却費、荷造運搬費、或ハ販賣手數料、或ハ配當金、或ハ積立金、其他若干必要ノ經費ヲ加算致シマシテモ、一噸ノ生產費ハ七十圓見當デハナイカト思フノデアリマス、然ルニ農家ノ購買價格ハ常ニ百圓以上トナッテ居リマス、一面農民ガ汗ト脂ニ依ッテ作ッタル所ノ米ハ、其生產費ニ吾々ハ相當ノ利潤ヲ加ヘテ最低價格ヲ決定シナケレバナラヌト主張致シタニ拘ラズ、少シモ利潤ヲ加ヘズシテ、唯生產實費ヲ以テ最低價格トナシテ居ル現狀デアリマス、而シテ政府ハ此生產實費ノ最低價格ヲ以テ買上ゲテ居ルヤウナ事實デアリマスルガ、此農家ノ米ト肥料會社ノ造ル肥料ノ生產費ニ之ヲ比ベテ見マスルト、肥料會社ノ造ル所ノ生產費ニハ多額ノ利潤ガアリ、更ニ之ニ多額ノ利益ヲ得テ販賣スルモノデアリマシテ、此兩者ヲ對照シテ餘リニ矛盾ガアルト私ハ思ハナケレバナラヌト思フノデアリマス(拍手)此意味ニ於キマシテ肥料價格ノ統制ニ依ッテ、農村ニ成ベク安價ナル肥料ヲ供給スルコトガ、最モ急務デアルト思ヒマス、是ガ爲ニハ私ハ農家ノ需要ニ對スル所ノ必要ナル――不足ヲ補フニ足ルダケノ數量ヲ常ニ保有シテ置クコトガ、此肥料問題ヲ圓滑ニ致ス所以デアルト思ヒマスルガ、政府ノ提案ニ係ッテ居ル所ノ重要肥料統制法案ガ、果シテ吾々ノ此目的ヲ達シ得ルヤハ頗ル疑問トスル所デアリマス、之ニ對シマシテ今回御提案ノ肥料統制法ニハ、價格ノ決定シタル場合ニハ、政府ノ承認ヲ受クベシト云フコトガアルヤウデアリマスルガ、其承認ヲ爲ス場合ニ、其價格ガ適當デアルカ否カト云フコトヲ決定スル場合ニ、或ハ商工大臣ガ是ハ安イト云フヤウナコトニナッテ參リマスレバ、農村ハ高イ肥料ヲ使ハナケレバナラヌノデアリマス、商工大臣ハ、此點ヲ能ク御考ヘ下サレマシテ、農村ニ安イ肥料ヲ供給シ、農村ノ米ハ、生產實費ヲ以テ政府ガ買上ゲテ居ルト云フコトカラ考ヘラレマシテモ、唯肥料會社ニ相當ノ利潤ヲ與ヘレバ、ソレ以上ノ暴利ハ與ヘナイヤウニ商工大臣自身ニ御考ヘニナラナケレバナラヌト思フノデアリマスルガ、此肥料統制法ニ付キマシテハ農林商工兩省ノ關係デアリマスルケレドモ、特ニ商工大臣ニ此點ヲ伺ッテ置キタイト私ハ思フノデアリマス、尙ホ肥料ノ統制ト共ニ成ベク金肥ヲ節約シテ、畜產ニ依ル所ノ自給肥料ノ奬勵ヲ爲スコトガ、農村更生ノ唯一ノ方法デアルト思ヒマス、ソコデ私ハ此場合ニ於キマシテ、畜產ニ關スル事柄ヲ若干御尋申シテ見タイト思フノデアリマス、畜產ハ獨リ產業上ノミナラズ、國家國防ノ上ニ重大ナル使命ヲ持ッテ居リマスルコトハ申ス迄モナイコトデアリマス、ソコデ吾々ハ此問題ヲ愼重ニ考究シナケレバナラナイト思ヒマス、由來我國ノ農家ノ耕作反別ハ、一戶當リ一町七畝デアリマス、此一町七畝ノ極ク小農デアリマシテ、諸外國ニ比ベマスルト全ク日本ノ農業組織

ハ小農組織ニナッテ居リマス、此小農組織ノ國ニ於キマシテハ、畜産殊ニ馬産ハ副業ノ大キナ馬ヲ必要トシナイノデアリマス、農業本位カラ申シマスレバ、所謂畜産デ謂フ所ノ小格挽馬――小サイ馬デ十分デアリマス、然ルニ我國百五十万頭ノ馬ノ中、百万頭ハ農家ノ要求スル程度以上ノ大キナ馬デアリマス、是ハ何ガ爲ニ大キナ馬ヲ造ルカト申シマスレバ、軍馬トシテ國防ノ爲ニ大キナ馬ヲ造ッテ居ルノデアリマシテ、農村トシテハ大キナ馬ハ使役ノ上カラ考ヘマシテモ、或ハ飼料ノ上カラ考ヘマシテモ、不便洵ニ大ナルモノガアルノデアリマス、全ク國防上ノ見地カラ此大キナ馬ガ造ラレテ居ルノデアリマス、是ガ爲メ農業經營上ノ不便ハ勿論、其飼料費ニ於キマシテ非常ナ損失ヲ來シテ居ルコトハ、諸君特ニ注意ヲシテ戴キタイト思フノデアリマス、今私ハ假ニ大キナ馬ト小サイ馬トニ付テ考ヘテ見マスニ、飼料費ノ上ニ付キマシテ、或ハ農林省ノ飼料ノ計算ハ、一頭一日八十何錢カト思ヒマス、或ハ地方ノ縣ノ種畜場ノ飼料ノ計算ハ六十何錢カト思ッテ居ル、其六十錢乃至八十錢ノ飼料ノ中ニ、大キナ馬ト小サナ馬トヲ飼フ上ニ付テ、少クトモ一日十錢ノ開キガアルコトハ、間違ヒモナイ計算デアリマス、假ニ小サイ馬ヲ飼ハズシテ大キナ馬ヲ飼フ爲ニ、十錢ダケ飼料ガ餘計ニ要スルト考ヘテ參リマスナラバ、百万頭ノ馬ニ對シマシテハ、一箇年三千六百万圓ノ多額ノ飼料費ガ損ニナッテ居ル譯デアリマス、ソレダケ農村ハ國防ノ爲ニ犧牲ニナッテ居リマス、知ラズ識ラズノ間ニ犧牲ニナッテ居ル、誰モ知ラズシテ三千六百万圓モ、大キナ馬ヲ飼フ爲ニ農村ガ犧牲ヲ拂ッテ居ルト云フコトハ、是ハ隱レモナイ事實デアルト私ハ思フノデアリマス、然ルニ政府ガ馬事改良ノ爲ニ費シテ居ル所ノ經費ハ僅ニ四百万圓デアリマス、而モ國防上ニ必要ナル所ノ軍馬ヲ生産シテ居ルニ拘ラズ、軍馬トシテ毎年御買上ニナル所ノ其軍馬ノ頭數ハ、五千頭乃至六千頭デアリマシテ、一年ニ我國ニ産スル馬ハ十二万頭、其十二万頭ノ中、僅ニ軍馬トシテ五千頭乃至六千頭ヲ御買上ニナルノデアリマスガ故ニ、百頭ニ對シテ僅カ五頭ヲ御買上ニナルト云フ計算ニナルノデアリマス、軍馬ハ一般農馬トシテハ經濟上洵ニ引合ハナイ馬デアリマスガ故ニ、如何ニ農民ガ軍馬ノ爲ニ犧牲ニナッテ居ルカト云フコトハ、之ヲ以テ十分御想像ガ出來ルト思フノデアリマス、今ヤ國防ノ充實、兵備ノ改善ニ一層ノ努力ヲ爲スノ際デアリマス、馬モ亦兵備ノ重要ナル部分ヲ占メテ居リマス、或ハ今日ノ戰爭ハ科學戰トカ、或ハ機械力トカ、斯ウ云フコトヲ言ハレルノデアリマスケレドモ、軍部自ラ考ヘラレテ居ラレル所ヲ率直ニ申スナラバ、今日ノ戰爭コソ馬ハ一段ト從來ノ戰爭ヨリモ多ク要ルト云フコトハ、是ハ明ナルコトデアリマス、其事ヲ考ヘマスナラバ、此農村ガ三千六百万圓ノ犧牲ヲ拂ッテ國防ノ爲ニ馬ヲ造ッテ居ルナラバ、之ヲ今日兵備ノ充實ヲ爲ス際ニ、何故軍部大臣ハ此馬ノ爲ニモウ少シ豫算ヲ取ルコトニ努力セラレナイカヲ、私ハ遺憾ニ思フノデアリマス(拍手)常ニ軍部大臣ハ農村ヲ憂ヘテ居ル、或ハ海軍大臣ハ國防ノ爲ニ色々ナ費用ヲ使フコトハ農村ヲ潤ス、或ハ陸軍大臣モ同樣ナコトヲ言ハレルノデアリマセウ、ケレドモ唯知ラズ此三千六百万圓ト云フモノヲ國民ガ現ニ損ヲシテ居ル、是ハ實際問題デス、之ヲ眞劍ニ考ヘナケレバ、農村ニ對シテ六千万圓七千万圓ノ匡救事業ヤ何ヤラヲオヤリニナッテモ、一方ハ三千六百万圓ノ損ヲシテ居ル、是ハ政府自身モ御承知デナケレバナラナヌト思フ、此三千六百万圓モ損ヲシテ居ル所ノ農民ニ對シテ、今少シク馬産計畫ニ對シテ考慮ヲ拂ヘナケレバナラヌト思ヒマス、軍部大臣ハ之ヲ以テ將來軍馬ガ充實出來ルト思ハレマスカ、農村ガ一度ビ之ヲ覺ッタナラバ大キナ馬ハ飼ヒマセヌ、今日何故大キナ馬ヲ造ルカ、不經濟ナ大キナ馬ヲ造ラズシテ、小サイ馬ヲ造ッタラ宜イヂヤナイカ、斯ウ云フ御疑問ガ起ルカモ知レマセヌケレドモ、種馬ニハ大キナ馬ヲ政府ガチヤント握リ締メテ居リマスカラ、小サイ馬ヲ造ラウトシテモ小サイ馬ヲ造レマセヌ、即チ農村ガ如何ニ犧牲ヲ拂ッテ居ルカト云フコトハ、是カラデモ容易ニ私ハ判斷ガ出來ルト思フノデアリマス、是ハドウシテモ陸軍當局トシテモ御考ニナラナケレバナラヌコトデアルト思ヒマスルガ、果シテ陸軍ノ要求スル所ノ六十万頭ノ馬ガ、是デ以テ解決ガ出來ルカドウカ、此點ニ對シテ率直ニ御答辯ヲ願ヒタイト思フノデアリマス、馬政第二次計畫ハ總テ實施セラレントスルノデアリマスルガ、疲弊困憊セル所ノ農村ニ於キマシテ、只今ノ事情ニ依ッテ更ニ馬ノ生産者、馬ノ育成者ニ相當ノ助成ヲナサルベキ必要ガアルト思ヒマスルガ、之ニ對シテ農林大臣ハ如何ナル御考ヲ持ッテ居ラレルノデアルカヲ伺ッテ見タイト思フノデアリマス

最後ニ私ハ御伺致シマス、今ノ我國ノ農村ハ全ク貧乏ヲ致シテ居リマス、併ナガラ貧乏致ス中ニモ、マダ働ケバ働クダケノ餘剩勞力ヲ持ッテ居リマス、此餘剩勞力ヲ利用スルコトニ依ッテ、農村ノ更生ヲ圖ラナケレバナラヌト思フノデアリマス、是ガ爲ニハ農村ノ工業化、或ハ農村ノ多角形農業等ガ唱ヘラレテ居リマス、何レモ必要デアリマセウ、併ナガラ私共ハ我國ノ衣食住ノ問題ニ付テ眞ニ考ヘテ見ナケレバナラヌト思ヒマス、我國面積ノ六割ハ林野デアリマス、山デアリマス、此六割ノ面積ヲ持ッテ居ルノニ拘ラズ、建築材料タル所ノ木材ハ、毎年外國カラ五千万圓程度ノ輸入ヲ致シテ居ル所ノ狀態デアリマス、又食料品ニ付キマシテモ、米コソ餘ッテ居リマスルケレドモ、小麥大豆、或ハ小豆、肉類ノ如キハ毎年一億圓以上ノ輸入ヲ致シテ居リマス、又羊毛、棉花ニ至リマシテハ、悉ク外國ニ仰イデ居ルノ有樣デアリマス、斯ノ如ク衣食住ノ何レヲ見マシテモ、總テガ自給自足デアリマセヌ、然ルニ之ヲ國内ノ事情

カラ考ヘテ見マスルト、我國ニハマダ二百万町歩ノ無立木地、荒レタ所ノ土地ガ二百万町歩アリマス、之ニ植林ヲ爲シ、或ハ林道ヲ開鑿致シマスルナラバ、木材ノ問題ヲ緩和スルコトモ困難デハナイト思フノデアリマス、殊ニ近年各地ニ風水害ガ頻發致シマシテ、年々數億圓ノ國費ヲ使ッテ居ルノデアリマシテ、昨年ノ如キハ二億圓、一昨年ハ三億圓、此多大ナル國費ヲ災害ノ爲ニ使ッテ居リマス、河川ノ改修ト共ニ山林計畫ヲ立ツルコトハ目下ノ急務デアルト思フノデアリマス、之ニ對シマシテハ或ハ治水第二期計畫ヲオ立テニナルト思フノデアリマスルガ、其第二期計畫モ小規模デハイケマセヌ、思ヒ切ッテ此森林計畫ヲ立テナケレバ、現下ノ森林行政ノ上ニ付キマシテ、非常ナ支障ヲ來スコトデアルト思フノデアリマスルガ故ニ、此點ハ十分ニ御考慮ヲ願ハナケレバナラヌト思フノデアリマス(拍手)尚ホ農耕地ニ付テ調ベマスルニ、畜産ニ必要ナル所ノ牧野ヲ除キマシテモ、開墾シ得ラレル所ノ面積ハ百万町歩、或ハ百五十万町歩ト言ッテ居ルノデアリマス、是等ヲ開墾シテ米以外ノ農作物ヲ作リマシタナラバ、敢テ小麥、大豆、小豆ノ食料品ヲ外國ニ求ムルノ必要ハナイト私ハ思フノデアリマス、棉花、羊毛ニ至リマシテハ、朝鮮又ハ滿洲國ニ於テ之ヲ解決スルコトガ出來ヤウト思ヒマス、之ヲ要シマスルノニ、政府ニ於テ一定ノ指導方針サヘ確立致シマスルナラバ、農村問題ヲ解決スルコトモ敢テ困難ニアラズト私ハ信ズル者デアリマス(拍手)曾テ我國ガ毎年二千万圓ノ鷄卵ヲ外國カラ輸入致シテ居リマシタガ、其際此二千万圓ノ鷄卵ノ輸入防遏ノ爲ニ、政府ハ僅カ五十万圓ノ國費ヲ使ッテ全國五箇所ニ種鷄場ヲ設ケマシタ、其種鷄場ヲ設置シテ農村ニ養鷄ヲ奬勵致シマシタ結果、現在此二千万圓ノ輸入ヲ防遏致シマシテ、却テ輸出ノ現狀デアリマス、又先年小麥ノ輸入ヲ防グ爲ニ百五十万圓ヲ使ッテ、三百万石ノ増産計畫ヲ爲シマシタ所、五年足ラズシテ三百万石ノ増産ヲ見ルコトガ出來マシタ、先刻ハ此三百万石増産致シタ爲ニ、一方デハ却テ他ノ農産品ノ輸入ヲ來シテ居ルデハナイカト云フ御質問モアッタヤウデアリマスルガ、是ハ或ハ養鷄ノ飼料費等ハ増加致シタカモ知レマセヌガ、小麥ダケハ完全ニ征服スルコトガ出來タノデアリマス、今ヤ庶政一新ノ際、政府ニ於テ此確乎不動ノ指導方針ヲ立テラレタナラバ、此農村問題ハ解決ガ出來ルト思ヒマス、産業立國ノ大方針ノ下ニ以上私ガ申シマシタル所ノ重要問題ノ解決ニ勇往邁進セラレンコトヲ要望シテ已マナイ次第デアリマスルガ、之ニ對スル所ノ、當局ハ果シテ此大方針ヲ遂行スル所ノ勇氣ガアルカ否ヤ、是ハ廣田總理大臣ニ特ニ御願シテ置ク次第デアリマス、以上私ノ質問ニ對シマシテハ、總理大臣又所管大臣ヨリ既ニ申上ゲマシタ通リ、率直簡明ニ御答辯下サランコトヲ特ニ切望致ス次第デアリマス(拍手)

(國務大臣廣田弘毅君登壇)

○國務大臣(廣田弘毅君) 只今三善君ヨリ農林ニ關スル各種ノ適切ナル問題ニ付テ御質問ヲ承リマシタ、其中ニ滿洲ノ米作ノコトニ付テ、特ニ御質問ニ相成ッタノデアリマスルガ、御承知ノ通リ滿洲ト日本トハ經濟上共存共榮ノ政策ヲ執ッテ參ルコトニナッテ居リマシテ、如何ナル事業ヲ滿洲デ興スコトガ適當デアルヤト云フ點ニ付キマシテハ、過去ニ於デモソレ〳〵協議ヲ致シテ居ルコトモアリマシテ、現在ノ打合セノ結果ニ依リマスト、滿洲國ニ於テハ米ノ生産ヲ助長スル政策ハ執ッテ居ラナイト承知致シテ居リマス、尚ホ只今御述ベニナリマシタ各種ノ問題ニ付キマシテハ、ソレ〳〵關係大臣ヨリ答辯スルコトト存ジマスガ、非常ニ重要ナルコトデ、出來ルダケ實行シ得ルヤウニ研究シテ參リタイト思ッテ居ルノデアリマス

(國務大臣馬場鍈一君登壇)

○國務大臣(馬場鍈一君) 三善君ノ御尋ノ中デ大藏省關係ノコトニ付キマシテ、御答ヲ申上ゲマス、其前ニ私退席ヲ致シテ居リマシテ、聞漏ヲシタ點ガアルカモ知レマセヌガ(「大聲ニ願ヒマス」ト呼フ者アリ)農家ノ負債整理ノコトモ御質問ガ私ニアッタヤウニ存ジマスルガ、是ハ殊ニ困難ナ問題デアリマス、現在ト致シマシテハ農村負債整理組合ヲ作リマシテ、之ニ對シテ預金部ノ低利資金ヲ供給致シテ、農家ノ負債整理ヲ進捗セシメテ居ルノデアリマスルガ、是ハ御承知ノ通リ預金部デハ低利資金ノ供給ヲ致スベク待構ヘテ居ルニモ拘ラズ、實際ハ農村ニ於テノ負債整理組合ガ思フヤウニ設立致サレマセヌ、又設立致サレマシテモ、容易ニ資金ノ配給ガ出來ナイヤウナ事情ニアルヤウデアリマス、之ニハ色々ノ點ガアルト思ヒマス、私就任以來聞キ及ブ所ニ依リマスト、此負債整理組合ノ指導ト云フコトニ付テ今日迄デハ非常ニ缺點ガアルヤウニ思ハレルノデアリマス、此點ハ今後此農村ノ負債整理ノ組合ノ指導ニ付キマシテ、十分府縣其他ノ當局ニ於キマシテ力ヲ致サナケレバ容易ニ進ムマイト存ジマス、ソレハ私共事實ヲ段々ニ調ベテ見テ、隨分此負債整理組合ノ現狀ニハ驚キ入ッタモノガ多數アルノデアリマス、併ナガラソレニ致シマシテモ、農家ノ負債整理ハ此負債整理組合ダケデ果シテ行クカドウカ、是ハ非常ニムヅカシイ問題ト存ジマス、農林省ニ於カレマシテモ色々今研究サレテ居ルヤウデアリマス、現ニ今回法律案ハ出テ居リマスガ、是ハ年限ノ延長ダケデアリマシテ、多分次ノ議會ニ農林省カラ適當ナ改正案ガ出ルデアラウト私ハ存ジテ居リマス、ソレカラ農村ノ負擔輕減問題ハ是ハ昨日私ガ此處デ述ベマシタ通リ、ドウシテモ致サネバナラヌ問題デアリマス、此事ハ可ナリ研究サレテ居ル問題ナンデアリマス、併ナガラ私昨日申シマシタ通リ、此事ヲ致シマスノニハ、中央地方ヲ通ジマシタ税制整理ニ依ルノ外ハ――依ルノ外ハデハアリマセヌ、ソレヲ先ヅ致シテ掛ラネバナラヌト思フノデアリ

マス、今日迄ノ税制ニ依リマシテ農家ノ負擔ノ輕減ヲ圖ッテ行クト云フコトハ、餘程其處ニ衝突矛盾ガアルヤウデアリマス、勿論臨機ノ處置ト致シマシテ、臨時ノ財政補助金ヲ出シマスコトハ、是ハ現ニ此處ニ案ガ出テ居リマスガ、是デ固ヨリ不足デアラウト思ヒマス、思ヒマスガ、差掛ッテ現ニ税制ノ整理ニ著手致シテ居リマス、私ハ來年度ニ於テハ、卽チ本年ノ通常議會ニ於テハ、案ヲ具シテ此處ニ提案出來ルト目下鋭意調査中デアリマスガ、萬一ニモ中央地方ヲ通ジタ税制ニ付テ一貫シタ完全ナル案ガ出來マセヌヤウナ場合ガアリト致シマスレバ、其時ハ此財政ノ補給金ト申シマスカ、補助金ト申シマスカ、云フモノヲ増スコトハ當然ナンデアリマス、唯此處ニ出シマシタノハ、現ニ左樣致サウト云フ際デアリマスルカラ、コヽ一年間ダケハ此儘デ我慢ヲシテ戴キタイ、直チニ實行トカ考慮トカデハアリマセヌ、現ニ調査ニ著手シテ居リマス、此際ノ議會ニハ是非共出シタイト存ジテ居ルノデアリマス、決シテ此問題ヲ普通ノ場合ノ如ク調査研究ト云フノデハゴザイマセヌカラ、左樣ニ御諒承ヲ願ヒマス（拍手）

（國務大臣潮惠之輔君登壇）

○**國務大臣（潮惠之輔君）** 地方財政ノ補給金ノコトニ付テ御答ヲ申上ゲマスガ、大體ハ只今大藏大臣ノ御答辯ノ通リデゴザイマス、私共モ此二千万圓ヲ以チマシテ今日ノ窮乏町村ノ補給ノ爲ニ滿足スベキ額トハ考ヘテ居リマセヌケレドモ、差當リ本年度ノ臨時應急ノ施設ト致シマシテハ、町村税總額ノ約一割位ニ當ルノデゴザイマスルカラ、之ヲ補給シテ、將來ノコトハ出來得ルダケ次ノ議會マデニ恆久的ノ策ヲ立テタイト思ッテ居ルノデゴザイマス、之ニ依リマシテ凡ソドウシテモ此補給金ヲ支給シナケレバナリマセヌト思ヒマスルノガ、全國ノ約半數ノ町村デアラウト思ヒマス、而モ御述ベニナリマシタ中ニ教育費ノ關係ナドモゴザイマスノデ、只今申上ゲマシタ全國約半數ト云フ町村以上ニ、ドウシテモ此教育費ノ關係、或ハ其他災害ノ關係デゴザイマストカ、色々特殊ノ關係ヲ見マシテ按排シ、交付スル必要ノアル町村モ殖エテ來ルダラウト思ヒマス、左樣ニ致シマスレバ此二千万圓全額ガ、積極的ノ減税ニ本年度充テラレヌ部分モ起ラウカト思ヒマスケレドモ、是ハ洵ニ遺憾デハゴザイマスガ、教育費其他ノ特別ノ事由ノアル町村ヲ救濟セザル譯ニ參リマセヌノデ、其邊ヲ斟酌致シマスルト、先ヅ十分トハ申サレヌガ、暫ク是デ我慢ヲシテ戴クト云フヨリ外ハナカラウト思ッテ居リマス（拍手）

（國務大臣永田秀次郎君登壇）

○**國務大臣（永田秀次郎君）** 只今三善君ヨリ米穀ノ問題ニ付テ內地ト外地トノ關係ニ關シ何カ旨イ方法ガナイカ、率直ニ申述ベロト云フコトデゴザリマシタガ、此問題ハ洵ニ困難ナ問題デアリマシテ、ドウモ私ノ智慧デハ餘リ旨イ方法ガゴザイマセヌ、御承知ノ通リニ極ク大摑ミニ考ヘテ見マシテ、內地デハ約一年ニハ七千百万石消費スルトナッテ居リマス、サウシテ生產ノ統計ハ凡ソ六千百万石デ、年々一千万石足リナイト云フヤウナコトニナッテ居リマスガ、之ニ對シテ朝鮮デハ先ヅ普通ニ一千七八百万石出來ル、其中約八百万石ハ內地ニ移入シテ來ル、臺灣デハ凡ソ八九百万石出來ル、其中四五百万石ハ何時モ移入シテ來ル、是ガ先ヅ普通ノ狀態デアリマシテ、此普通ノ狀態カラ見マスルト、內地ニ於テハ凡ソ一年ニ五百万石餘計ニナッテ來ルヤウナ計算ニナリマス、併ナガラ斯ウ云フ風ニ確定シテ何時モアルモノナラバ、物事ガ致シ易ウゴザイマスケレドモ、御承知ノ通リ昭和八年ニハ七千万石以上內地デ米ガ出來タカト思ヒマスルト、其前ノ年ニハソレヨリモ一千九百万石モ先ヅ不作デアッタ、斯ウ云フヤウナコトニナルノデ、サウシマスルト、臺灣ヤ朝鮮カラモットウント持ッテ來ナクチヤ足ラヌト云フヤウナ現狀ニナリマシテ此關係ガ非常ニ微妙ナ影響ヲ互ニ持ツノデアリマスルカラ、強チニ內地ノコトバカリヲ考ヘ、外地ヲ律スルト云フコトモ出來ナイノデアリマス、朝鮮カラ申シマスレバ、彼ノ米騷動ノアリマシタ後ヲ承ケマシテ、朝鮮デハ產米增收計畫ヲ致シマシテ、是ナラバ內地ガ困ッタ時分ニ、內地ノオ役ニモ立タウト云フ譯デ、產米增收計畫ヲヤッテ居リマスルト云フト、今度ハ內地デハソンナニ米ヲ作ッテ呉レテハ困ルト云フヤウナ譯合デアリマシテ、遂ニ產米增收計畫ヲ中途デ打切ッテ、サウシテマダソレデモ米ガ多過ギルカラ、米ヲ作ルコトヲ止メテ、他ノ物ヲ作レ、斯ウ云フコトヲ言付ケテ、代作ノコトヲ考ヘテ居リマス、其代リニ何ヲ作ルカト言ヘバ、今デハ主トシテ棉ヲ作ルコトヲ奬勵シ、ソレカラ薩摩薯、馬鈴薯、豆ト云ッタヤウナ物ヲ作レト云フコトヲ強ヒテ居リマスルガ、偖テ其米ヲ作ル方ガヤハリ勘定ガ良イノデアリマシテ、一反ニ付テ、統計ニ依リマスト、棉ヲ作ルヨリモ米ヲ作ル方ガ二十一圓位都合ガ好イト、斯ウ云フ譯デアリマシテ、斯ウ云フ際ニ強ヒテ代作ヲシロト云フコトヲ命ズルノモ、中々心苦シイ譯デアリマス、斯ウ云フ心持ニ付テ朝鮮ノ方ノ側カラ申シマスレバ、內地ノ都合バカリデ朝鮮ヲ律シテ貰ッテハ困ルト云フ心持ニナルノモ、是亦已ムヲ得ナイ氣持デアルト云フコトヲ、御諒解ヲ願ヒタイノデアリマス、又臺灣ニ於キマシテモ、ヤハリ餘リ澤山作ッチャイカヌト云フノデ、此頃ハ旣ニ——昨年ハ八十二万石程、米ノ代作ヲ命ジマシタノデ、此爲ニ臺灣ノ人トシテハ、米ヲ作ル方ガ利益デアルニモ拘ラズ、代作ニ依ッテ八十二万石程、先ヅ作ラズニ濟ンデ居ルヤウナコトデアリマス、斯ウ云フヤウナ工合デ、中々代作ト云フコトモ容易ナラヌノデアリマスルガ、併シ私ハ敢テ斯ウ云フ場合ニ朝鮮ヤ臺灣ガ內地ノ犧牲ニナッタトハ申シマセヌ、朝鮮ヤ臺灣ノ今日ノ發達ト云フモノハ、全ク內地ガ斯ノ如ク非常ナル發達ヲスレバコソ、朝鮮ヤ臺灣ニ於テ米ヲ作ッテモ賣レルノデアリマス、ダカラ內地ガ盛ニナルト云フコトハ、卽チ朝鮮ヤ臺灣ガ盛ニナル所以デアルト考ヘマス、ダカラ唯當座勘定デ內地ノ犧牲ニナッタト云フヤウナ、サウ云フ近視眼的ノ考ヘ方ト云フモノヲスベキモノデナイ、是ハヤハリ內地モ外地モ一ツノ眼デ全部ヲ見テ、總テノコトヲ考ヘテ行クト云フ外ハナイノデアリマス、サウ云フ都合デアリマスルカラ、ドウカ諸君ニ於カレマシテモ、米ノ問題ハ唯外地カラ入ッテ來ル移入ヲ管理シロ、移入ヲ制限シロ、斯ウ云フコトダケデ解決スルノデアルト言ッテ、內地ト外地トマルデ敵同志――是ハ少シ言葉ガ過ギマスカラ取消シマス、餘リニ利害相反スル如キ觀察ヲ爲サラナイヤウニ、ドウカ希望致シマス、サウ云フ風ニ此豐作ト凶作ニ依ッテ、微妙ナル關係ガ起ルノデゴザイマスカラシテ、之ヲ如何ニ處置スベキカト云フ時分ニハ、ヤハリ過剩米ガアッタ時分ニ之ヲ相當ニ自治管理スル、此方法ハ私ハ是ハ完全無缺ノ――之ヲヤレバ何處ニモ苦情ガ起ラヌ、又ヤリ易イ方法ダト、決シテサウハ實ハ思ッテ居ラヌノデアリマス、中々此方法モ相當困難ガ伴フト實ハサウ思ヒマス(拍手)サウ思ヒマスケレドモ、偖テ然ラバ米ノ專賣マデ行クカドウカト言ヘバ、サウモ行キマセヌカラ、ドウカ此際ニハ米穀自治管理、斯ウ云フコトヲヤッテ見ルト云フコト以外ニ、ヤリヤウガナイダラウト思ヒマスカラ、此方法デ致シマスカラ、宜シク願ヒマス(拍手)

(國務大臣島田俊雄君登壇)

○國務大臣(島田俊雄君) 三善君ノ御尋ノ中、農村負債整理組合法ノ事柄ニ付テハ、只今大藏大臣ノ御話モアリマシタガ、農漁山村ノ住民ノ莫大ナ負債ヲ、ドウ云フ風ニ處置シテ行クカト云フコトハ、是ハ農村振興更生ノ途上ニ於ケル根本ノ大問題デアル、此大キナ問題ノ解決トシテハ、現行ノ負債整理組合法ノ規模ハ餘リニ小サイ、斯樣ニ考ヘテ居リマス、此事ニ付キマシテハ、吾吾ハ豫テ考ヘ、又主張シテ居ル事柄モアリマスガ、取敢ズ差向ト致シマシテハ、先刻大藏大臣ガ申サレタヤウニ、現行ノ負債整理組合法ノ年限ヲ一應延バスノ意味ノ法案ヲ、此議會ニ提出ヲ致シマシテ、根本ノ事柄ニ付テハ次ノ議會マデニ考慮立案ヲ致シマシテ、協贊ヲ得ルヤウナ途ヲ立テタイト、斯樣ニ考ヘテ居リマス

次ニ米價ノ問題ニ付キマシテ、外地米トノ關係ニ付キマシテハ、只今拓務大臣ガ大體申サレマシタガ、今日ノ米ニ關スル問題ト致シマシテハ、長イ間種々ナ點カラ種々ニ研究セラレマシテ、此議會ニ提案ヲシ、前議會ニ於テ不成立ニナリマシタ自治管理法案外三件ノ案ヲ成立セシメテ、之ヲ實行ニ移シテ、而シテ此米ニ對スル更ニ進ンダ根本ノ解決策ヲ立テル、此以外ニハ私ハ途ガナイ、斯ウ云フ風ニ考ヘテ居リマス、此案ニ付キマシテハ何レ提案ヲ致シマシテ御高說ヲ聽キ、又御協贊ヲ願ヒタイト、斯樣ニ考ヘテ居リマス

ソレカラ蠶絲關係ノ問題ニ付キマシテ、三善君ノ御尋ノ點ハ御尤デアリマス、此議會ニ提案ヲ致シテ居リマスル原蠶種ノ問題、其他ノ問題ト合セマシテ、此販賣ノ統制ニ付テハ是亦相當ノ案ヲ得マシテ、協贊ヲ得ルノ途ヲ執リタイト、斯樣ニ考ヘテ居リマス

其他農村ノ餘剩能力ノ利用ニ關スル問題トシマシテ、關聯シテ林業ニ關スル事柄ニ付テノ御話ガアリマシタガ、何レモ御質問ニ現ハレタ御意見ハ洵ニ御尤ト存ジマスノデ、之ニ關シマシテハ矢張相當ノ研究ヲシ、之ヲ具體化致シマシテ、成ベク近イ機會ニ於キマシテ諸君ノ御協贊ヲ願フヤウニ致シタイト考ヘテ居リマス

ソレカラ畜產ニ關スル政策ニ付テ馬ノ問題ニ關シテ御意見ガアリマシタガ、馬政ノ第二次計畫ハ將ニ是カラ始マルコトニナリマシテ、本議會ニ競馬法ノ改正案ヲ提出スルノ順序ヲ致シテ居リマス、尙ホ第二次計畫ノ爲ニハ相當ナ經費ヲ計上シテ居ル次第デアリマスカラ、之ニ付キマシテ竝ニ此畜產政策ニ關シマシテハ、他ノ機會ニ於テ申上ゲルコトニ致シタイト考ヘテ居リマス、肥料ノ問題ニ付キマシテハ商工大臣關係ガアリマスカラシテ、商工大臣ヨリ御答ヲ願フコトニ致シマス

(國務大臣小川鄕太郎君登壇)

○國務大臣(小川鄕太郎君) 肥料ノ問題ニ付テ御尋ガアリマシタ、簡單ニ御答致シマス、安價ナル肥料ヲ農村ニ供給シナケレバナラヌコトハ三善君ノ御話ノ通リデアリマス、今回本院ニ提案セラレテ居リマス肥料業統制法ニ依リマスレバ、肥料製造組合ガ肥料販賣價格ヲ決定致シマシテ、其實施前ニ豫メ政府ニ屆出テ、其承認ヲ受ケルト云フコトニナッテ居リマス、其價格ガ公正ナラザル時ニ政府ハ公益上必要ト認メル場合ニハ、之ヲ變更セシムルコトモ出來ルノデアリマス、此法案ハ肥料ノ消費者タル農民ニ對シマシテハ、隨分之ヲ擁護シテ居ルコトニナッテ居リマス、硫安ノ値ノ高イコトハ三善君ノ御話ノ通リデアリマス、是ハ硫安ハ未ダ我國ニ於キマシテハ自給自足ノ域ニ達シテ居リマセヌ、其不足分ハ海外ヨリ仰イデ居リマス、海外ニハ窒素「カルテル」ガアリマシテ、ソレガ爲ニ値段モ高イコトニナッテ居ルト思フノデアリマス、我國ト致シマシテハ硫安ノ自給自足ヲ圖ル必要ガアリマスト共ニ、又農民ニ取ッテ此價格ヲ安價ニシナケレバナラヌ、ソレニハ供給ヲ豐富ナラシメナケレバナラヌ、サウ云フ立場デ此法律ガ出來テ居リマス、幸ニ此法案ガ協贊ヲ得マシテ法律トナリマシタ時分ニハ、此法ノ精神ニ從ッテ運用ニ遺憾ナキヲ期シタイト思ッテ居リマス

(國務大臣伯爵寺內壽一君登壇)

○國務大臣(伯爵寺內壽一君) 只今御尋ニナリマシタ馬格ノ事ニ付キマシテ御答辯ヲ致シマス、只今ノ御說御尤ト傾聽致シマシタ、併ナガラ軍馬ハ各〻其務役ニ從ッテ適當ナル馬格ヲ備ヘ、其能力ヲ完全ニ發揮サセ

タイノデゴザイマス、必シモ大キイノミガ良イノデハゴザイマセヌ、労役ニ依ッテハ小サイ馬モ必要デゴザイマス、是等ニ付キマシテハ能ク馬政ノ局ニ當ラレマスル農林大臣トモ密接ニ聯繫ヲ致シマシテ、各種ノ方面ニ最モ宜シキヤウニ十分配慮ヲ致サウト思ヒマス、是デ御答辯ト致シマス

（三善信房君登壇）

○三善信房君 甚ダ時間ヲ取リマシテ恐縮ニ思ヒマスケレドモ、各大臣ノ御答辯ガ十分滿足スルコトガ出來ナイノデアリマスルガ故ニ、再ビ茲ニ登壇ヲ御許願ッタヤウナ次第デアリマス、先ヅ總理大臣ハ率直ニ申シマスレバ、米ニ對シテノ認識ガナイト、斯ウ私ハ一言ニシテ言ッテ宜シイト思ヒマス、何故カト申シマスルナラバ、滿洲ニハ米ノ助長政策ハ執ッテ居ラヌト言ハレル、助長政策ヲ執ッタ日ニハ是ハ堪ッタモノデハナイ、（拍手）放任シテ居ラレ、バコソ先ニモ拓務大臣モ言ハレタヤウニ、ヤハリ百姓ト云フモノハ利益ノアル作物デナイト作リマセヌ、放任スレバコソ米ヲ作ッテ來マスルガ故ニ、其點私共ガ一番心配スル所デアリマス、總理大臣ガ此點ニ認識ガアルナラバ、放任サレテ置ク譯ニハ行カヌ、勿論助長政策ヲ執ラレルガ如キハ、絕對ニ罷リナラヌコトデアルト思ヒマスルガ故ニ、私ハ滿洲ニ對シテハ滿洲ニ必要ナル米ハ御作リニナッテモ宜シイト思ヒマスルケレドモガ、滿洲ニ必要以上ノ米ハ作ラナイヤウニ、或ハ許可制度トカ何カノ制限的方針ヲ御執リニナラナケレバイカナイ、（笑聲起リ發言スル者アリ）イヤ之ヲ御笑ヒニナルケレドモガ、ソレヲ御笑ヒニナル方ハ一度ビ選擧區ニ歸ッテ、何ノ面目アッテ選擧人ニ顏ヲ御合セニナルカ、私ノ此言葉ヲソンナ考ヲ以テ外國デアルル勿論外國デス、外國ダカラ自由ニハ出來マセヌ、出來マセヌケレドモガ、共存共榮ノ實ヲ擧グル上ニ付キマシテハ、是ハ協議ノ上ニ何トカナルベキモノデアル、ソレヲ努ムルコトガ絕對必要デナケレバナラヌト私ハ思フノデアリマス、唯滿洲ニ對シテハ助長政策ヲ執ッテ居ラヌト云フヤウナ心理ヲ以テ米ノ問題ヲ御解決ニナルナラバ、米ニ對シテ餘リニ認識不足ダト私ハ思ッテ居ルノデアリマス、負債整理組合ノコトニ付キマシテハ、大藏大臣ヨリ今マデノ指導ガ十分デナイト言ハレマシタ、固ヨリ指導ニモ缺陷ガアリマセウケレドモガ、組織其モノニ缺陷ガアルコトハ、是ハ隱レモナイコトデアルト思ヒマス、併ナガラ之ニ對シテハ改正ヲスルト云フコトデアリマスルガ故ニ、此通常議會ニハ恐ラク改正ニナルト思ヘレマスルガ、斷乎トシテ之ヲ御改正ニナルコトヲ望ンデ置ク次第デアリマス、地方財政補整交付金ノコトニ付キマシテハ、是ハ財政行政ノ整理ヲシテ、此通常議會ニハ提案スル運ビニナルト言ハレマスルガ、萬一出來ナイ時ニハ增額ヲスル、斯ウ言ハレマスルガ、增額ノ程度デアリマス、是ハ少クトモ六千万圓ヲ下ラザル增額ガ必要デアルト思ヒマスルガ故ニ、此點ハ特ニ御願致シテ置ク次第デアリマス、尙ホ拓務大臣ハ米ハ豐作モアレバ、或ハ非常ナ飢饉モアルノデ、剩ルカト思ヘバ又足ラナイ、中々此米ノ問題ハ難カシイト言ハレマシタケレドモガ、是ハ既ニ農林省其モノガ十箇年ノ平均ヲ取ッテ、過去ノ成績カラ五百万石ハ餘ルト云フコトヲ發表シテ居ラレル、拓務大臣ハ此農林省ノ發表ヲ否認セラレルノデアルカドウカ、否認セラレナイト云フコトニナレバ、ヤハリ米ハ餘ルト云フ頭ノ下ニ解決スル方法ヲ考ヘラレナケレバナラヌト私ハ思フノデアリマス、此點ハ拓務大臣ハ特ニ米ノ問題ニ對シテ、モウ少シ御勉强ガ必要ダト私ハ思フノデアリマス（拍手）

尙ホ拓務大臣ハ只今米ト棉トヲ作ルト、棉ヲ作ルヨリモ米ヲ作ッタ方ガ二十一圓ノ利益デアル、ソレダカラドウシテモ米ヲ作ル、勿論或ハサウカモ知レマセヌ、其計算ハ如何ナル計算デ御出シニナッテ居リマスルカ分リマセヌケレドモガ、棉ノ方モ以前ト違ヒマシテ、今日ハ一反二百斤以上ノ棉ガ採レマスカラ、サウ大シタ相違モナカラウト思ヒマスルガ、ソンナ小サイ問題ニ付キマシテハ私ハ議論ヲ避ケマス、避ケマスルガ、私ハ唯棉ヲ作レト言フノデハアリマセヌ、助成金ヲ出シテデモ棉ヲ作ラセル、此點ヲ認識セラレナケレバイカヌ、米ノ問題ノ爲ニ二千五百万圓ノ損失ヲショルカラ、此損失スル所ノ二千五百万圓ハ、之ヲ朝鮮ニ持ッテ行ッテ助成金ト爲シテデモ、棉ヲ作ッタ方ガ宜シクハナイカト云フコトヲ私ハ前提ニ致シテ居ルノデアリマス、之ヲ御考ヘニナラズシテ唯漫然棉ヲ作レト云ウテモサウハ行カヌ、何トカ外地ト內地ト非常ナ衝突ヲスルヤウナ文句ヲ御使ヒニナリマシタノデアリマスルガ、固ヨリ外地ニ對シマシテ、私共ガ足ラナイ時分ニ增産計畫ヲシタコトモ是ハ事實デアリマス、今日餘ルカラヤッチヤイカヌ、斯ウ云フコトハ申シマセヌ、外地ニモ損ノ行カナイヤウニ、此助成金ヲ以テ代作ヲ獎勵シヨウト云フノガ私共ノ主張デアリマスカラ、是ハ御履違ヒノナイヤウニ御考ヘニナラナケレバナラヌト思ヒマス

其他商工大臣ハ肥料ノ問題ニ付キマシテハ、肥料ノ値段ガ――「アムモニヤ」ノ値段ガ高イト云フコトハ十分御認メニナッテ居ラレルヤウデアリマス、尙ホ現在ニ於キマシテハ國內デハ不足ヲ生ジマス、ソレダカラ此不足ヲ生ズルカラ、常時ニ不足スル所ノ肥料ヲ貯藏シテ、サウシテ肥料ノ需給ノ圓滑ヲ圖ランケレバナラヌ、唯農林大臣ガ肥料問題ニ付テ其價格ノ決定ニ對シテ相談セラレタ場合ニ、一方會社側ニ立ッテ其肥料ノ値段ヲ高ク決定セラレヌヤウニ特ニ御願致シテ置ク次第デアリマス（拍手）

（「進行々々」「答辯アリマセヌ」ト呼フ者アリ）

第一　米穀自治管理法案（政府提出）　第一讀會

第二　米穀統制法中改正法律案（政府提出）　第一讀會

第三　籾共同貯藏助成法案（政府提出）　第一讀會

米穀自治管理法案

米穀自治管理法

第一條　本法ハ內地、朝鮮及臺灣ヲ通ズル過剩米穀ヲ統制スル爲內地、朝鮮及臺灣ニ於テ米穀ノ自治管理ヲ行ハシムルコトヲ目的トス

第二條　米穀生產者、土地ニ付權利ヲ有スル者ニシテ米穀ヲ小作料トシテ受クルモノ及命令ヲ以テ指定スル之ニ準ズル者ハ米穀統制組合ヲ設立スルコトヲ得

第三條　米穀統制組合ハ法人トシ第一條ノ自治管理ヲ行フヲ以テ目的トス

第四條　米穀統制組合ハ其ノ目的ヲ達スル爲左ノ事業ニ限リ之ヲ行フモノトス

一　第四十三條（第五十六條第二項ニ於テ準用スル場合ヲ含ム）ノ規定ニ依リ組合ニ於テ統制スベキ米穀ノ數量ヲ組合員ニ對シ割當ツルコト

二　組合ニ於テ統制スベキ米穀ヲ貯藏スルコト

三　前號ノ規定ニ依リ貯藏シタル米穀ニ付組合員ニ資金ノ融通又ハ其ノ斡旋ヲ爲スコト

四　第四十九條、第五十條（第五十六條第二項ニ於テ準用スル場合ヲ含ム）又ハ第五十七條ノ規定ニ依リ米穀ノ賣渡ヲ爲スコト

五　貯藏米穀ノ倉庫證券ヲ發行スルコト

六　第二號ノ規定ニ依リ貯藏シタル米穀ニシテ貯藏ヲ解除シタルモノヲ委託ヲ受ケ販賣又ハ保管シ其ノ他米穀ノ自治管理ニ附帶シ必要ナル行爲ヲ爲スコト

前項第五號ノ倉庫證券及其ノ發行ニ關シ必要ナル事項ハ勅令ヲ以テ之ヲ定ム

第五條　米穀統制組合ノ地區ハ內地ニ在リテハ市町村、朝鮮ニ在リテハ府郡島、臺灣ニ在リテハ廳又ハ郡市ノ區域ニ依ル

特別ノ事情アルトキハ米穀統制組合ノ地區ハ前項ノ區域ニ依ラザルコトヲ得

命令ヲ以テ定ムル場合ヲ除クノ外市町村等ノ區域ニ增減アリタルトキハ其ノ區域ヲ地區トスル米穀統制組合ノ地區モ亦之ニ應ジテ增減アリタルモノトス

第六條　米穀統制組合ノ名稱中ニハ米穀統制組合ナル文字ヲ用フベシ

本法ニ依リ設立シタル米穀統制組合ニ非ザレバ其ノ名稱中ニ米穀統制組合タルコトヲ示スベキ文字ヲ用フルコトヲ得ズ

第七條　米穀統制組合ハ命令ノ定ムル所ニ依リ其ノ地區內ノ第二條ニ揭グル者ヲ以テ其ノ組合員トス

第八條　米穀統制組合ヲ設立セントスルトキハ命令ノ定ムル所ニ依リ其ノ地區內ノ組合員タル資格ヲ有スル者ノ三分ノ二以上ノ同意ヲ得テ創立總會ヲ開キ定款ヲ議定シ其ノ他必要ナル事項ヲ定メ行政官廳ノ認可ヲ受クベシ

第九條　行政官廳ハ必要アリト認ムルトキハ區域ヲ指定シ組合員タル資格ヲ有スル者ニ對シ米穀統制組合ノ設立ヲ命ズルコトヲ得

前項ノ規定ニ依リ設立ヲ命ゼラレタル者ハ命令ノ定ムル所ニ依リ創立總會ヲ開キ定款ヲ議定シ其ノ他必要ナル事項ヲ定メ行政官廳ノ認可ヲ受クベシ

設立ヲ命ゼラレタル者命令ノ定ムル期間內ニ設立ノ認可ヲ申請セザルトキハ行政官廳ハ定款ノ作成其ノ他設立ニ關シ必要ナル處分ヲ爲スコトヲ得

第十條　米穀統制組合ハ設立ノ認可アリタル時又ハ前條第三項ノ規定ニ依リ定款ノ作成アリタル時成立ス

前項ノ場合ニ於テハ行政官廳ハ遲滯ナク組合設立ノ旨竝ニ組合長及副組合長ノ住所及氏名ヲ告示スベシ

第十一條　米穀統制組合成立シタルトキハ其ノ地區內ノ組合員タル資格ヲ有スル者ハ總テ其ノ組合員トス

第二條ニ該當スル者ニシテ第七條ノ命令ノ定ムル所ニ依リ組合員タル資格ヲ有セザルモノハ定款ノ定ムル所ニ從ヒ米穀統制組合ニ加入スルコトヲ得

第十二條　米穀統制組合ニ總代會ヲ置ク

總代會ハ組合長、副組合長及總代ヲ以テ之ヲ組織ス

第十三條　米穀統制組合ノ組合員ハ命令ノ定ムル所ニ依リ組合員中ヨリ總代ヲ選擧スベシ

第十四條　左ニ揭グル事項ハ總代會ノ議決ヲ經ベシ

一　收支豫算

二　經費ノ分賦收入方法

三　事業報告及收支決算

四　借入金

五　定款ノ變更

六　第三十七條ニ於テ準用スル第八條ノ同意

七　第四十三條（第五十六條第二項ニ於テ準用スル場合ヲ含ム）ノ割當

前項第一號、第二號、第四號及第五號ニ揭グル事項ノ決議ハ行政官廳ノ認可ヲ受クルニ非ザレバ其ノ效力ヲ生ゼズ

第十五條　定款ノ變更ハ總代會ニ於テ之ヲ組織スル者半數以上出席シ出席者ノ三分ノ二以上ヲ以テ之ヲ議決ス

定款ノ變更ガ地區ノ增減ニ關スルトキハ前項ノ規定ニ依ル議決ノ外新ニ編入セラレ又ハ削除セラルベキ區域內ノ組合員タル資格ヲ有スル者又ハ組合員ノ三分ノ二以上ノ同意アルコトヲ要ス

第十六條　本法ニ規定スルモノヲ除クノ外總代會及役員ニ關シ必要ナル事項ハ命令ヲ以テ之ヲ定ム

第十七條　特別ノ事情アル米穀統制組合ハ命令ノ定ムル所ニ依リ總代會ヲ設ケズ組合員ノ總會ヲ以テ之ニ充ツルコトヲ得

總代會ニ關スル規定ハ總會ニ之ヲ準用ス

第十八條　米穀統制組合ニ左ノ役員ヲ置ク

組合長　一人
副組合長　一人
評議員　數人

役員ハ組合員中ヨリ之ヲ選任ス但シ組合長及副組合長ハ其ノ他ノ者ヨリ之ヲ選任スルコトヲ妨ゲズ

役員ノ選任及解任ハ總代會ニ於テ之ヲ行フ

役員ノ解任竝ニ第二項但書ノ規定ニ依ル組合長及副組合長ノ選任ハ行政官廳ノ認可ヲ受クルニ非ザレバ其ノ效力ヲ生ゼズ

組合長ノ職務ヲ行フ者ナキトキハ行政官廳ハ總代ヲ指定シ組合長ノ職務ヲ行ハシムルコトヲ得

組合長及副組合長ノ選任及退任ハ第四項及第二十六條ノ場合ヲ除クノ外其ノ旨ヲ行政官廳ニ屆出ヅベシ

行政官廳第四項ノ認可、第五項ノ指定若ハ第二十六條ノ解任ヲ爲シ又ハ前項ノ屆出ヲ受ケタルトキハ遲滯ナク其ノ旨ヲ告示スベシ

第十九條　組合長ハ組合ヲ代表シ組合ノ事務ヲ總理ス

副組合長ハ組合長ヲ補佐シ組合長事故アルトキハ其ノ職務ヲ代理ス

評議員ハ組合長ノ諮問ニ應ジ竝ニ組合ノ業務執行及財産ノ狀況ヲ監査ス

第二十條　總代會ノ議決ヲ經ベキ事項ニ關シ臨時急施ヲ要スル場合ニ於テ總代會成立セザルトキ又ハ之ヲ招集スルノ暇ナキトキハ命令ノ定ムル場合ヲ除クノ外組合長之ヲ專決處分スルコトヲ得

前項ノ規定ニ依リ專決處分ヲ爲シタルトキハ組合長ハ次ノ總代會ニ之ヲ報告スベシ

第二十一條　米穀統制組合ハ第十八條ノ役員ノ外定款ノ定ムル所ニ依リ職員ヲ置クコトヲ得

前項ノ職員ニ關シ必要ナル事項ハ命令ヲ以テ之ヲ定ム

第二十二條　米穀統制組合ハ定款ノ定ムル所ニ依リ其ノ組合員ニ對シ經費ヲ分賦シ及過怠金ヲ徵收スルコトヲ得

米穀統制組合ノ經費又ハ過怠金ヲ滯納スル者アル場合ニ於テ其ノ組合長ノ請求アルトキハ市町村ハ市町村稅ノ例ニ依リ之ヲ處分ス此ノ場合ニ於テ米穀統制組合ハ其ノ徵收金額ノ百分ノ四ヲ市町村ニ交付スベシ

市町村ガ前項ノ請求ヲ受ケタル日ヨリ三十日以內ニ其ノ處分ニ著手セズ又ハ九十日以內ニ之ヲ結了セザルトキハ組合長ハ行政官廳ノ認可ヲ得テ之ヲ處分スルコトヲ得此ノ場合ニ於テハ町村制第百十一條第一項及第四項ノ規定ヲ準用ス

前二項ニ規定スル徵收金ノ先取特權ノ順位ハ市町村其ノ他之ニ準ズベキモノノ徵收金ニ次ギ其ノ時效ニ付テハ市町村稅ノ例ニ依ル

朝鮮及臺灣ニ於ケル米穀統制組合ノ經費及過怠金ノ分賦徵收、滯納處分、先取特權ノ順位及時效ニ關シテハ命令ノ定ムル所ニ依ル

經費ノ分賦及過怠金ノ徵收ニ關シテハ勅令ノ定ムル所ニ依リ異議ノ申立、訴願及行政訴訟（朝鮮ニ在リテハ異議ノ申立、臺灣ニ在リテハ異議ノ申立及訴願ニ限ル）ヲ爲スコトヲ得

第二十三條　米穀統制組合ハ定款ノ定ムル所ニ依リ使用料及手數料ヲ徵收スルコトヲ得

第二十四條　使用料及手數料ノ徵收、米穀ノ寄託其ノ他米穀統制組合ト組合員トノ間ニ於ケル權利義務ニ關シテハ本法又ハ本法ニ基キテ發スル命令ニ別段ノ規定アルモノヲ除クノ外民事訴訟ヲ提起スルコトヲ得

第二十五條　行政官廳ハ米穀統制組合ニ對シ組合ノ事務ニ關スル報告ヲ爲サシメ、組合ノ業務執行又ハ財産ノ狀況ヲ檢査シ、定款、收支豫算又ハ經費ノ分賦收入方法ノ變更ヲ命ジ其ノ他監督上必要ナル命令又ハ處分ヲ爲スコトヲ得

第二十六條　行政官廳ハ米穀統制組合ノ決議若ハ選擧又ハ役員ノ行爲ガ法令若ハ定款ニ違反シ又ハ公益ヲ害シ若ハ害スルノ虞アリト認ムルトキハ決議、選擧若ハ當選ヲ取消シ、役員ヲ解任シ、總代ノ改選ヲ命ジ、組合ノ事業ヲ停止シ又ハ組合ノ解散ヲ命ズルコトヲ得

第二十七條　米穀統制組合解散又ハ合併ヲ爲サントスルトキハ總代會ノ議決ヲ經且其ノ組合員ノ三分ノ二以上ノ同意ヲ得尙合併ノ場合ニアリテハ定款ヲ議定シ其ノ他必要ナル事項ヲ定メ行政官廳ノ認可ヲ受クベシ

米穀統制組合分割ヲ爲サントスルトキハ前項ノ規定ニ準ズル議決及同意ノ外分割ノ各組合ノ組合員又ハ組合員タル資格ヲ有スル者ノ三分ノ二以上ノ同意ヲ得且定款ヲ議定シ其ノ他必要ナル事項ヲ定メ行政官廳ノ認可ヲ受クベシ

第十條及第十五條第一項ノ規定ハ前二項ノ場合ニ之ヲ準用ス

前三項ニ規定スルモノヲ除クノ外解散、合併又ハ分割ニ關シ必要ナル事項ハ命令ヲ以テ之ヲ定ム

第二十八條　米穀ヲ取扱フ販賣組合（以下米穀販賣組合ト稱ス）ノ存スル市町村ニ於テ特別ノ事情アルトキハ勅令ノ定ムル所ニ依リ米穀統制組合ノ事業ハ行政官廳ノ許可ヲ受ケ米穀販賣組合ニ於テ之ヲ行フコトヲ得

米穀統制組合又ハ其ノ事業ヲ行フ米穀販賣組合ナキ市町村ニ於テハ勅令ノ定ムル所ニ依リ農會ハ行政官廳ノ許可ヲ受ケ米穀統制組合ノ事業ヲ行フコトヲ得

朝鮮及臺灣ニ於テハ勅令ノ定ムル所ニ依リ米穀ヲ取扱フ産業組合又ハ農會ハ行政官廳ノ許可ヲ受ケ米穀統制組合ノ事業ヲ行フコトヲ得

第二十九條　米穀統制組合ノ事業ヲ行フ團體ハ行政官廳ノ許可ヲ受ケ團體員ニ非ズシテ其ノ區域內ニ於テ米穀統制組合ノ組合員タル資格ヲ有スル者ニ對シ團體員ニ準ジ第四條第一項ニ揭グル事業ヲ行フコトヲ得

前項ノ場合ニ於テハ第四條第一項ニ揭グル事業ヲ行フ團體ハ前項ニ規定スル者ヨリ團體員ノ例ニ準ジ使用料及手數料ヲ徵收スルコトヲ得

第三十條　米穀統制組合ノ事業ヲ行フ團體ガ第四十三條ノ規定（第五十六條第二項ニ於テ準用スル場合ヲ含ム）ニ依ル割當ヲ爲ス場合ニ於テハ總會又ハ總代會ノ議決ヲ經ルコトヲ要ス

米穀統制組合ノ事業ヲ行フ場合ニ於ケル前項ノ團體ノ監督及總會又ハ總代會ニ關シテハ勅令ヲ以テ特例ヲ設クルコ

トヲ得

第三十一條　米穀統制組合及其ノ事業ヲ行フ團體ハ團體相互ノ聯絡ヲ圖リ米穀ノ自治管理ヲ行フ目的ヲ以テ地方米穀統制組合聯合會ヲ設立スルコトヲ得

第三十二條　地方米穀統制組合聯合會ハ法人トス

第三十三條　地方米穀統制組合聯合會ノ地區ハ内地ニ在リテハ道府縣、朝鮮ニ在リテハ道、臺灣ニ在リテハ州ノ區域ニ依ル

第三十四條　地方米穀統制組合聯合會ニ總會ヲ置ク

總會ハ會長、副會長及議員ヲ以テ之ヲ組織ス

第三十五條　地方米穀統制組合聯合會ノ議員ハ命令ノ定ムル所ニ依リ米穀統制組合又ハ其ノ事業ヲ行フ團體ノ代表者ヲ以テ之ニ充ツ

第三十六條　地方米穀統制組合聯合會ニ左ノ役員ヲ置ク

會長　一人
副會長　一人又ハ二人
評議員　數人

役員ハ議員中ヨリ之ヲ選任ス但シ會長及副會長ハ其ノ他ノ者ヨリ之ヲ選任スルコトヲ妨ゲズ

前項但書ノ規定ニ依ル會長及副會長ノ選任ハ行政官廳ノ認可ヲ受クルニ非ザレバ其ノ效力ヲ生ゼズ

第三十七條　第四條第一項、第六條、第八條乃至第十條、第十一條第一項、第十四條乃至第十六條、第十八條第三項乃至第七項、第十九條乃至第二十一條、第二十二條第一項及第二十三條乃至第二十六條ノ規定竝ニ第二十七條中解散ニ關スル規定ハ地方米穀統制組合聯合會ニ之ヲ準用ス

第三十八條　勅令ノ定ムル所ニ依リ行政官廳ノ許可ヲ受ケ道府縣ヲ區域トスル米穀ヲ取扱フ販賣組合聯合會（以下道府縣米穀販賣組合聯合會ト稱ス）ハ地方米穀統制組合聯合會ノ事業ヲ行フコトヲ得

第三十九條　地方米穀統制組合聯合會ノ事業ヲ行フ道府縣米穀販賣組合聯合會ハ其ノ區域内ニ於ケル米穀統制組合及所屬組合ニ非ズシテ米穀統制組合ノ事業ヲ行フ團體ニ對シ所屬組合ニ準ジ第三十七條ニ於テ準用スル第四條第一項ニ揭グル事業ヲ行フコトヲ得

第四十條　地方米穀統制組合聯合會ノ事業ヲ行フ道府縣米穀販賣組合聯合會第四十三條ノ規定（第五十六條第二項ニ於テ準用スル場合ヲ含ム）ニ依ル割當ヲ爲ス場合ニ於テハ總會又ハ總代會ノ議決ヲ經ルコトヲ要ス

第三十條第二項ノ規定ハ前項ノ團體ニ之ヲ準用ス

前條ニ規定スル米穀統制組合及其ノ事業ヲ行フ團體ハ命令ノ定ムル所ニ依リ其ノ代表者ヲ第一項ノ總會又ハ總代會ニ出席セシメ表決權ヲ行使セシムルコトヲ得

第四十一條　政府ハ毎年内地、朝鮮及臺灣ヲ通ジ米穀需給推算ヲ行ヒ米穀ノ供給過剩ナリト認ムルトキハ其ノ過剩數量ノ範圍内ニ於テ定ムル一定數量ノ米穀ヲ内地、朝鮮及臺灣ニ於テ統制セシムルコトヲ得

前項ノ米穀需給推算ノ方法ハ勅令ヲ以テ之ヲ定ム

第一項ノ一定數量ノ内地、朝鮮及臺灣ニ對スル割當ノ割合ハ勅令ノ定ムル所ニ依リ内地、朝鮮及臺灣ノ米穀管外移出數量ノ増加趨勢ノ外ニ米穀管外移出數量、米穀收穫ノ豐凶等ヲモ參酌シテ之ヲ定ム

第四十二條　前條第一項ノ米穀需給推算及統制スベキ米穀ノ數量竝ニ同條第三項ノ割當ノ割合ニ付テハ米穀自治管理委員會ニ諮問シテ之ヲ定ム

米穀自治管理委員會ノ組織及權限ハ勅令ヲ以テ之ヲ定ム

第四十三條　政府ハ第四十一條ノ規定ニ依リ内地、朝鮮及臺灣ニ付定マリタル數量ヲ各内地、朝鮮及臺灣ニ於ケル地方米穀統制組合聯合會又ハ其ノ事業ヲ行フ道府縣米穀販賣組合聯合會ニ對シ割當テ其ノ米穀ニ付統制ヲ命ジ、地方米穀統制組合聯合會又ハ其ノ事業ヲ行フ道府縣米穀販賣組合聯合會ハ其ノ割當テラレタル數量ヲ米穀統制組合又ハ其ノ事業ヲ行フ團體ニ對シ割當ツルコトヲ要ス

米穀統制組合又ハ其ノ事業ヲ行フ團體ハ其ノ割當テラレタル數量ヲ團體員及第二十九條ニ規定スル者ニ對シ割當ツルコトヲ要ス

朝鮮及臺灣ニ於テ統制セシムベキ米穀ノ數量ノ割當ニ付テハ前二項ノ規定ニ關シ勅令ヲ以テ特例ヲ設クルコトヲ得

第四十四條　地方米穀統制組合聯合會若ハ其ノ事業ヲ行フ團體又ハ米穀統制組合若ハ其ノ事業ヲ行フ團體前條ノ規定ニ依ル割當ヲ爲サザル場合ニ於テハ政府ハ之ニ代リ割當ヲ爲スコトヲ得

第四十五條　前二條ノ割當ニ關シ必要ナル事項ハ命令ヲ以テ之ヲ定ム

第四十六條　米穀統制組合又ハ其ノ事業ヲ行フ團體ハ其ノ割當テラレタル數量ノ米穀ヲ貯藏スルコトヲ要ス但シ其ノ貯藏ヲ解除シタルモノ及第四十九條又ハ第五十條ノ規定ニ依リ政府ノ買入ヲ爲シタルモノニ付テハ此ノ限ニ在ラズ

第四十七條　米穀統制組合又ハ其ノ事業ヲ行フ團體ノ團體員ハ第四十三條又ハ第四十四條ノ規定ニ依リ割當テラレタル數量ノ米穀ヲ命令ノ定ムル所ニ依リ米穀統制組合又ハ其ノ事業ヲ行フ團體ニ寄託スルコトヲ要ス第二十九條及第三十條ニ規定スル者ニ付亦同ジ

第四十八條　米穀統制組合又ハ其ノ事業ヲ行フ團體ハ第二項ノ場合及勅令ノ定ムル場合ヲ除クノ外第四十六條ノ規定ニ依リ貯藏シタル米穀ニ付其ノ貯藏ノ解除ヲ爲スコトヲ得ズ

政府ハ必要アリト認ムルトキハ勅令ノ定ムル所ニ依リ第四十六條ノ規定ニ依リ貯藏シタル米穀ニ付其ノ貯藏ノ解除ヲ命ズルコトヲ得

第四十九條　政府ハ米穀統制組合又ハ其ノ事業ヲ行フ團體ガ貯藏スベキ米穀中貯藏能力其ノ他ノ事情ニ依リ貯藏困難ナリト認ムルモノニ付當該團體ヨリ賣渡ノ申込アリタル場合ニ於テハ買入ヲ爲ス

前項ノ買入價格ハ内地ニ在リテハ米穀統制法第二條ノ最低價格、朝鮮及臺灣ニ在リテハ勅令ノ定ムル所ニ依リ米穀生産費、物價其ノ他ノ經濟事情ヲ參酌

シテ定メタル價格トス

第五十條　政府ハ必要アリト認ムルトキハ米穀統制組合又ハ其ノ事業ヲ行フ團體ガ第四十六條ノ規定ニ依リ貯藏シタル米穀ニシテ當該米穀年度ヲ越ユルモ其ノ貯藏ヲ解除セラレザルモノニ付買入ヲ爲ス

前項ノ買入價格ハ勅令ヲ以テ之ヲ定ム

第五十一條　命令ヲ以テ指定スル地ニ於ケル米穀取扱業者ハ米穀商統制組合ヲ設立スルコトヲ得

前項ノ米穀取扱業者ノ範圍ハ勅令ヲ以テ之ヲ定ム

第五十二條　米穀商統制組合ハ法人トシ第一條ノ自治管理ヲ行フヲ以テ目的トス

第五十三條　第四條第一項、第六條及第八條乃至第二十七條ノ規定ハ米穀商統制組合ニ之ヲ準用ス

第五十四條　勅令ノ定ムル所ニ依リ米穀取扱業者ノ組織スル商業組合又ハ重要物產同業組合法若ハ朝鮮重要物產同業組合令ニ依ル同業組合ハ行政官廳ノ許可ヲ受ケ米穀商統制組合ノ事業ヲ行フコトヲ得

第二十九條及第三十條ノ規定ハ前項ノ場合ニ之ヲ準用ス

第五十五條　勅令ノ定ムル所ニ依リ政府ハ第四十一條ノ統制ヲ爲スモ米穀ノ供給過剩ニシテ米價ガ米穀統制法ニ基キテ發スル命令ニ定ムル標準最低價格ヲ下ラントスル虞アリト認ムルトキハ米穀自治管理委員會ニ諮問シテ一定數量ノ米穀ヲ內地、朝鮮及臺灣ニ於テ統制セシムルコトヲ得

第五十六條　前條ノ場合ニ於テハ政府ハ各內地、朝鮮及臺灣ニ於ケル地方米穀統制組合聯合會若ハ其ノ事業ヲ行フ團體又ハ米穀商統制組合若ハ其ノ事業ヲ行フ團體ニ對シ前條ノ一定數量ヲ割當テ其ノ米穀ニ付統制ヲ命ズ

第四十三條乃至第四十八條及第五十條ノ規定ハ前項ノ規定ニ依リ統制ヲ命ゼラレタル場合ニ之ヲ準用ス

第五十七條　政府ハ米穀統制組合若ハ其ノ事業ヲ行フ團體又ハ米穀商統制組合若ハ其ノ事業ヲ行フ團體ガ前條ノ規定ニ依リ貯藏スベキ米穀中貯藏能力其ノ他ノ事情ニ依リ貯藏困難ナリト認ムルモノニ付當該團體ヨリ賣渡ノ申込アリタル場合ニ於テハ買入ヲ爲ス

前項ノ買入價格ハ內地米ニ在リテハ米穀統制法第二條ノ最低價格、朝鮮米又ハ臺灣米ニ在リテハ勅令ノ定ムル一定價格以內ニ於テ時價ニ準據シテ定メタル價格トス

第五十八條　朝鮮及臺灣ニ於テハ第十二條、第十八條、第十九條及第三十六條ノ規定（第三十七條又ハ第五十三條ニ於テ準用スル場合ヲ含ム）ニ關シ命令ヲ以テ特例ヲ設クルコトヲ得

第五十九條　地方米穀統制組合聯合會又ハ其ノ事業ヲ行フ團體ノ役員命令ノ定ムル第四十三條ノ規定（第五十六條第二項ニ於テ準用スル場合ヲ含ム）ニ依ル割當ヲ爲スニ必要ナル行爲ヲ爲サザルトキハ五百圓以下ノ過料ニ處ス米穀統制組合若ハ其ノ事業ヲ行フ團體又ハ米穀商統制組合若ハ其ノ事業ヲ行フ團體ノ役員命令ノ定ムル第四十三條ノ規定（第五十六條第二項ニ於テ準用スル場合ヲ含ム）ニ依ル割當ヲ爲スニ必要ナル行爲ヲ爲サザルトキ亦同ジ

第六十條　非訟事件手續法第二百六條乃至第二百八條ノ規定ハ前條ノ過料ニ之ヲ準用ス

第六十一條　米穀統制組合若ハ其ノ事業ヲ行フ團體又ハ米穀商統制組合若ハ其ノ事業ヲ行フ團體第四十六條ノ規定（第五十六條第二項ニ於テ準用スル場合ヲ含ム）ニ違反シタルトキハ其ノ法人ノ業務ヲ執行スル役員ヲ五百圓以下ノ罰金ニ處ス

前項ノ組合又ハ團體第四十八條第一項ノ規定（第五十六條第二項ニ於テ準用スル場合ヲ含ム）ニ違反シタルトキ亦前項ニ同ジ

第六十二條　米穀統制組合若ハ其ノ事業ヲ行フ團體、地方米穀統制組合聯合會若ハ其ノ事業ヲ行フ團體又ハ米穀商統制組合若ハ其ノ事業ヲ行フ團體ノ役員、第二十一條ノ職員、總代、議員、組合員又ハ代議員本法ニ依ル割當又ハ貯藏ニ關シ賄賂ヲ收受シ又ハ之ヲ要求若ハ約束シタルトキハ二年以下ノ懲役ニ處ス因テ不正ノ行爲ヲ爲シ又ハ相當ノ行爲ヲ爲サザルトキハ五年以下ノ懲役ニ處ス

前項ノ場合ニ於テ收受シタル賄賂ハ之ヲ沒收ス若シ其ノ全部又ハ一部ヲ沒收スルコト能ハザルトキハ其ノ價額ヲ追徵ス

第六十三條　第一項ニ揭グル者ニ對シ賄賂ヲ交付、提供又ハ約束シタル者ハ二年以下ノ懲役又ハ三百圓以下ノ罰金ニ處ス

前項ノ罪ヲ犯シタル者自首シタルトキハ其ノ刑ヲ減輕又ハ免除スルコトヲ得

第六十四條　第四十九條、第五十條（第五十六條第二項ニ於テ準用スル場合ヲ含ム）及第五十七條ノ規定ニ依ル米穀ノ買入ニ關スル一切ノ歲入歲出ハ米穀需給調節特別會計ニ屬セシム

附　則

本法施行ノ期日ハ勅令ヲ以テ之ヲ定ム

第四十一條第一項ニ規定スル一定數量ノ內地、朝鮮及臺灣ニ對スル割當ノ割合ハ當分ノ內同條第三項ノ規定ニ拘ラズ內地百分ノ三十五、朝鮮百分ノ四十三、臺灣百分ノ二十二トス但シ政府ハ內地、朝鮮及臺灣ニ於ケル米穀收穫ノ豐凶等ニ依リ米穀自治管理委員會ニ諮問シテ之ヲ變更スルコトヲ妨ゲズ

米穀統制法中改正法律案

米穀統制法中左ノ通改正ス

第二條第三項中「前項」ヲ「前二項」ニ改メ同條第二項ノ次ニ左ノ一項ヲ加フ

政府ハ第一項ノ最低價格ノ決定ニ付テハ勅令ノ定ムル所ニ依リ金利及保管料ヲ加算スルコトヲ得

第四條ノ二　政府ハ勅令ノ定ムル所ニ依リ災害、事變其ノ他避クベカラザル事由アル場合ニ於テ米穀ノ配給上特ニ必要アリト認ムルトキハ米穀ノ市價ニ惡影響ヲ及ボサザル場合ニ限リ所有米穀ノ總數量ヨリ最高價格ヲ維持スル爲必要ナル數量ヲ控除シタル數量ノ範圍內ニ於テ道府縣ニ對シ米穀ノ賣渡ヲ爲スコトヲ得

前項ノ賣渡ノ價格ハ時價ニ準據シテ之

ヲ定ム
第八條及第九條中「高粱又ハ黍」ヲ「高粱、黍、小麥又ハ小麥粉」ニ改ム
第十二條中「高粱若ハ黍」ヲ「高粱、黍、小麥若ハ小麥粉」ニ、「高粱又ハ黍」ヲ「高粱、黍、小麥又ハ小麥粉」ニ改ム

附　則

本法施行ノ期日ハ勅令ヲ以テ之ヲ定ム
第四條ノ二ノ規定ニ依ル米穀ノ賣渡ニ關スル一切ノ歳入歳出ハ米穀需給調節特別會計ニ屬セシム

籾共同貯藏助成法案

籾共同貯藏助成法

第一條　政府ハ産業組合、農會其ノ他勅令ヲ以テ指定スル團體ガ米穀ノ出廻數量ノ調節又ハ備荒貯蓄ノ目的ヲ以テ籾ヲ貯藏スルトキハ之ヲ助成スル爲貯藏團體ニ對シ米穀需給調節特別會計ニ屬スル米穀ヲ交付スルコトヲ得
前項ノ交付ニ關シ必要ナル事項ハ命令ヲ以テ之ヲ定ム
第一項ノ規定ニ依リ交付スル助成米ノ數量ハ毎年三十萬石ヲ超ユルコトヲ得ズ
第二條　政府ハ本法ニ基ク命令ニ違反シタル團體ニ對シ其ノ交付ヲ受ケタル米穀ノ價額ニ相當スル金額ノ全部又ハ一部ノ返還ヲ命ズルコトヲ得
第三條　本法ニ依ル助成米ノ交付ニ關スル一切ノ歳入歳出ハ米穀需給調節特別會計ニ屬セシム

附　則

本法施行ノ期日ハ勅令ヲ以テ之ヲ定ム

〔國務大臣島田俊雄君登壇〕

○國務大臣（島田俊雄君）　只今議題トナリマシタ、米穀關係三法案ノ提案理由ヲ簡單ニ申上ゲマス、御承知ノ如ク政府ハ夙ニ米穀統制法實施ノ經過及ビ諸般ノ米穀事情竝ニ財政上ノ影響等ニ鑑ミマシテ、是ガ對策攻究ノ爲メ、特ニ設置セラレマシタ米穀對策調査會ノ答申ニ基キマシテ、米穀自治管理法案、米穀統制法中改正法律案及ビ籾共同貯藏助成法案ノ三案ヲ立案致シマシテ、之ヲ第六十七回帝國議會ニ提案致シマシタ、而シテ衆議院ニ於キマシテハ、一部修正ノ上可決サレマシタガ、貴族院ニ於キマシテハ會期滿了ノ爲ニ遺憾ナガラ審議未了ニ終ッタノデアリマス、然ルニ此三法案ハ何レモ現行米穀統制法ノ實施上一日モ速ニ之ヲ成立セシムルノ必要アリト認メマスノデ、之ヲ本議會ニ提案致シタ次第デアリマス

三法案中第一ノ米穀自治管理法案ノ眼目ト致シマスル所ハ過剩米ノ統制デアリマス、內地及ビ外地、即チ朝鮮、臺灣ヲ通ジマシテ、米穀ノ生産者等ヲシテ過剩米穀ヲ自治的ニ管理セシメ、以テ米穀統制ノ目的ヲ達成セントスルノデアリマス、即チ政府ハ毎年米穀年度ノ初ニ於キマシテ米穀ノ需給推算ヲ行ヒマシテ、其結果過剩米アリト認メマシタ場合ハ、其過剩數量ノ範圍內ニ於テ一定數量ヲ定メテ、之ヲ內地、朝鮮及ビ臺灣ニ割當テマシテ、ソレ〳〵ノ機關ヲシテ割當數量ノ米穀ヲ貯藏管理セシムルノデゴザイマス、統制ヲ行フ機關ト致シマシテハ、內地、朝鮮及ビ臺灣ニ於テ一定ノ地域、即チ內地ニ於キマシテハ市町村、朝鮮ニ於キマシテハ府郡島、臺灣ニ於キマシテハ廳又ハ郡市ノ區域ニ依リマシテ、其區域內ニ於ケル生産者等ヲシテ米穀統制組合ヲ設立致サセマシテ、之ヲ第一次ノ統制機關ト致シ、更ニ其上級機關ト致シマシテ道府縣等ノ區域ニ依リマシテ、其區域內ニ於ケル米穀統制組合ヲ以テ組織スル聯合會ヲ設立セシムルノデアリマス、而シテ內地ニ於キマシテハ、農村ノ實情ニ鑑ミマシテ政府ニ於テ許可致シマス場合ハ、當該地區ニ於ケル米穀販賣組合竝ニ農會ガ、米穀統制組合等ノ業務ヲ代行シ得ルコトノ途ガ開カレテアルノデアリマス、即チ政府ニ於テ推算上過剩米穀アリト認メマシテ、其數量ヲ決定致シマシタ場合ハ、先ヅ一定ノ割合ニ依リマシテ之ヲ內地、朝鮮及ビ臺灣ニ割當テルノデアリマス、內地、朝鮮及ビ臺灣ニ於キマシテ、ソレ〳〵割當テラレタ所ノ數量ヲ、各米穀統制組合聯合會又ハ其代行團體ニ割當テマシテ、一定數量ノ米穀ノ統制ヲ命ジ、聯合會ハ更ニ其割當テラレタル所ノ數量ヲ、所屬ノ米穀統制組合又ハ其代行團體ニ割當テ、而シテ所屬團體ハ割當テラレタル所ノ數量ノ米穀ヲ、又更ニ各團體ニ割當テマシテ、之ヲ貯藏セシムルコトトスルノデアリマス、此場合統制ヲ命ゼラレマシタ所ノ團體ガ貯藏能力其他ノ事情ノ爲ニ、貯藏困難ナル場合ニ於キマシテハ、其希望ニ依ッテ政府ハ一定ノ價格ヲ以テ之ヲ買上ゲマシテ、而シテ統制ノ目的ヲ貫徹シ得ルコトトシテ居ルノデアリマス、尙ホ斯ノ如クニ致シマシテ、貯藏管理セラレタ所ノ米穀ハ、米價ガ標準最低價格ヨリ一定ノ程度値上リヲシタル場合ニ於キマシテハ、之ヲ解除スルコトトセラレテ居ルノデアリマス、以上ノ順序ニ依リマシテ、米穀生産者等ノ團體ニ自治管理ヲ行ハシメマシタ以後ニ於テ、天候等ノ關係ニ依リマシテ、實際ノ米ノ收穫高ガ增加致シマシタ爲ニ、更ニヨリ以上ニ米穀ノ過剩ヲ來ス如キ場合ニ於キマシテハ、政府ハ第二次的ニ統制ヲ命ズルコトヲ得ルモノト致スノデアリマス、即チ其場合ニ於キマシテハ、米穀生産者等ノ團體タル統制組合、又ハ其代行團體ノ外ニ、更ニ米穀取扱業者ノ團體ニ對シマシテモ、相當數量ノ割當ヲ致シマシテ、統制上遺憾ナキヲ期スルコトトナッテ居ルノデアリマス、斯ノ如ク致シマスコトニ依リマシテ、米穀ノ需給ヲ圓滑ナラシメ、米穀ノ生産者等ハ勿論、配給機關タル米穀取扱業者モ、不測ノ損害ヲ被ルコトナク、又消費者ニ對シマシテモ、好キ影響ヲ及ボスモノト信ズルノデアリマス、尙ホ本案實施ヲ見ルニ於キマシテハ、政府ハ從來ノ如ク多量ノ米穀ヲ一時ニ買上ゲルコトガナクナリマス次第デアリマシテ、隨テ相當國庫ノ負擔ヲ輕減シ、米穀統制法ノ運用ト相俟ッテ、米穀統制上好結果ヲ齎スモノト信ズルノデアリマス、本法案ニ對スル第六十七議會ニ於ケル衆議院御修正ノ點ハ、過剩米穀ヲ自治的ニ統制セントスル趣旨ヲ變更スルモノニアラズト認メマス、仍テ右修正ノ御趣旨ニ依リマシテ、本法案ニ於キマシテハ、米穀統制組合ノ事業ノ中ニ倉庫證券發行ノ項ヲ加ヘマシタ、又中央米穀統制組合聯合會及ビ之ニ關聯スル事項、販賣組合等ノ米穀販賣價格ノ制限ニ關スル事項、販賣組合聯合會ノ下級團體ニ對スル平均賣ノ指令ニ關スル事項等ハ之ヲ削除致シマシタ、之ヲ要シマスルノニ、本法案ハ大體ニ於テ第六十七議會ニ於ケル衆議院修正案其儘ノ內容ト御了知下サレバ宜シイカト存ズルノデアリマス……

（淸水留三郎君「豫算總會ヲ開キマスカラ委員ノ御參集ヲ願ヒマス」）

次ニ三法案ノ第二、米穀統制法中改正法律案ニ付テ申上ゲマス、本改正案ニ於キマシテ改正セント致シマスル所ハ、第一ニ米ノ出廻期ニ於キマシテ農家ガ米ノ賣急ギヲ爲シマシテ、政府ニ對スル賣渡申込ガ一時ニ殺到スル等ノ弊ヲ防止致シマスル爲ニ、最低價格ノ金利及ビ保管料ヲ加算スルト云フコトニ致シタ點デアリマス、第二ハ災害等ノ場合ニ於キマシテ政府所有米ヲ賣渡シマシテ、應急ノ處置ヲ爲シ得ルノ途ヲ開クコトト致シタ點デアリマス、而シテ第三ニハ籾、高粱及黍ト同樣ニ米ノ代用食糧デアリマスル所ノ小麥及小麥粉ニ付キマシテモ、輸入ノ制限及ビ輸入稅ノ增減竝ニ免除ヲ爲シ得ルコトト致シタ點デアリマス、此三點ガ統制法中改正案ノ改正ノ點デアリマス

米穀三法案ノ第三ハ、籾ノ共同貯藏助成法案デアリマス、籾ノ共同貯藏助成ニ付キマシテハ、既ニ昭和五年及昭和八年ノ大豐作ニ際シマシテ、之ヲ奬勵實行致シマシテ、相當效果ヲ擧ゲマシタコトハ御承知ノ通リト存ジマスルガ、本法案ハ此籾ノ共同貯藏ノ助成ヲ恆久的ノ施設トシテ行ハントスルコトヲ目的トスルモノデアリマス、卽チ產業組合又ハ農會等ノ團體ガ米ノ出廻リ數量ノ調節又ハ備荒貯蓄ノ目的ヲ以テ籾ヲ貯藏致シマスル場合、政府ハ是等貯藏團體ニ對シマシテ、金利及保管料ニ相當スル政府所有米穀ヲ交付スルコトヲ得ルノ途ヲ設ケマシテ、其奬勵ヲ致サントスルモノデアリマス、以上簡單ニ三法案ノ提案理由ヲ說明申上ゲマシタ、何卒御審議ノ上御協贊ヲ賜ランコトヲ御願致シマス(拍手)

○**議長(富田幸次郎君)** 質疑ノ通告ガアリマス、通告順ニ依リ之ヲ許シマス――工藤鐵男君

○**工藤鐵男君** 總理大臣竝ニ內務大臣ニ重要ナル點ヲ質問シタイノデアリマスガ、豫算委員會ニ居ルサウデスカラシテ、一ツ共連絡ヲ取ッテ戴キタイ

○**議長(富田幸次郎君)** 御答致シマス、總理大臣ハ直グ出席スルサウデアリマス

(工藤鐵男君登壇)

○**工藤鐵男君** 只今農林大臣ヨリ說明セラレマシタル米穀自治管理法案外數件、之ニ關シマシテハ案ノ實質、內容ニ付テハ、自然特別委員會ニ於テ相當審査セラル、モノト考ヘマスカラ、私ハ左樣ナル案ノ實質ニ關シマシテハ、寧ロ委員會ニ讓リマシテ、主トシテ今期議會ニ之ヲ提出シナケレバナラヌ事情、其他ニ關シテ當局大臣ニ伺ヒタイノデアリマス、此點ニ關スル現內閣ノ考ヘ、直接總理大臣ヨリ伺ヒタイノデアリマスルケレドモ、軈テ御出席ニ相成ルコトト思ヒマスルカラ、其點ハ御姿ヲ見タ上ニ質問シマス、此缺席大臣ノ多イ爲ニ自ラ順序ガ狂ヒマスルカラシテ、自分ノ認メタル點カラ先以テ質問致シマス、內務大臣ニ關シテヾアリマスルガ、政務次官ノ御出席ガアリマスルカラ、私ノ申スコトヲ篤ト御聽取ヲ願ヒマシテ、大臣ニ之ヲ傳ヘテ、而シテ直接此席ニ於テ本日此御答辯ヲ御願致シタイノデアリマス

ソレハ今回ノ米穀自治管理法案ハ可ナリニ重大ナル案デアリマシテ、謂ヘバ日本ニ於ケル二ツノ階級ヲ對立セシメルヤウナ運動ニ相成ルノデアリマス、隨テ此案ノ將來ニ關シマシテハ、朝野擧ッテ之ニ對シテ注目ヲ怠ラズ、ノミナラズ政府ハ此案ヲ取扱フ場合ニ於テ、如何ナル態度ヲ執ラレルカト云フコトマデ相當注意サル、ノデアリマス、昨今頻々私共ノ手許ニ參ル情報ニ依レバ、內務大臣ハ全國ノ地方廳ニ移牒致シマシテ、或ハ電報其他ヲ以テ、此陳情ノ阻止運動ヲヤッテ居ルト云フ事實デアリマス、昨年ニモ斯樣ナルコトガ行ハレマシテ、議會ノ問題ニナリマシタガ、此度ハ一層激シイ干涉ヲシテ居ルト云フコトハ、今日ノ場合、私共ハ一言ナクシテ濟マスコトハ出來ナイノデアリマス(拍手)今ヤ戒嚴令ガ布カレマシテ、自由ハ制限セラレ、集會ハ制限セラレ、出版物ヲモ制限セラレマシテ、國民大衆ノ見ル所ハ帝國議會ノ一擧一動デアルノデアリマス、此帝國議會ノ一擧一動ヲ動カス所ノ原動力トシテハ、卽チ或ハ政黨、或ハ俱樂部等ノ團體ヲ通ジ、帝國議會ニ陳情スルノデアリマス、或ハ直接ニ陳情スルノデアリマス、頼ム所ノ國民ノ代表機關デアル帝國議會ニ、此戒嚴令下ニ來ッテ之ヲ陳情セントスレバ、而モ重大ナル其階級ノ利益ヲ擁護スルガ爲ニ、必要ナル權利ニ屬スル此運動ニ對シマシテ、官憲ハ干涉シテ以テ其志ヲ止メルト云フガ如キ態度ハ、斷ジテ許スベカラザルコトデアルト、私ハ斯樣ニ考ヘルノデアリマス(「內務大臣ハドウシタ」「連レテ來イ」ト呼フ者アリ)案ノ善シ惡シハ自ラ適當ナル機關ニ依ッテ、私共ハ最モ愼重ニ之ヲ檢討スルノデアリマス、然ルニ當業者、卽チ利益ヲ害セラル、者、或ハ其利益ノ擁護ヲ欲スル者、此兩者ニ陳情ヲ致サシメテ、以テ帝國議會ニ於ケル國策ノ審議ニ對シ、必要ナル所ノ參考資料、意見等ヲ吾々ガ採入レルコトガ出來ナイト云フコトハ、何ト致シマシテモ立憲政治ニ對スル一ツノ脅威ト言ハザルヲ得ナイノデアリマス(拍手)昨日モ地方カラ情報ガアリマシタ、一縣カラ一人、而モ東京ヘ他ノ用事デ行キサウナ人デ、米ノ問題ニ關係アル者ニハ、一日數回警察官ハ其人ヲ訪ネル、何レモ商賣ヲ持ッテ居ル人ハ屢々訪問セラレテ外出スラモ監視サレルト云フヤウナ狀態ヘ、今日ニ於テハ私共ハ許スコトハ出來ナイコトダラウト思フ、ソコデ其關係者ハ之ヲ當局ニ聞クト、本省カラノ命令デ、今日モ電報ガ來タ、昨日モ電報ガ來タ、洵ニ御氣ノ毒デアルケレドモ、斯ウセネバナラヌト云フコトデアッテ、已ムヲ得ナイト云フコトヲ申スノデアリマス、隨テ是ハ一地方官憲ガ、己ノ自由判斷ニ依ッテ行フ所ノ取締デハナイ、中央政府ノ方針ニ依ルカ、或ハ內務大臣ノ許サレタル權限ニ依ッテ行フノデアルカ知ラヌケレドモ、苟且ニモ立憲政治國ニ於テ、大切ナル陳情請願ノ權利ニマデ携ヘルト云フコトハ、官權萬能、官權濫用モ甚シイモノト言ハナケレバナラヌノデアリマス(拍手)斯樣ナル無理ヲシテマデ、此案ヲ通サナケレバナラヌ所ノ理由ハ何處ニアルカ、之ヲ總理大臣ニ伺ハナケレバナラヌノデアリマス、內務大臣ニ伺フノハ、斯樣ナル案ニ對シ、政府ハ政府ノ面目ニ懸ケテモ通シタイト云フコトハ、當局大臣モ政府モ考ヘルデアラウケレドモ、斯樣ナル法律上許サレタル所ノ人民ノ權利マデ、官權ヲ以テ蹂躙シテ此案ヲ通サウト云フガ如キコトハ、斷ジテ私共ハ贊成スルコトハ出來ナイノデアル、隨テ此取締ノ程度竝ニ狀態ハ親シク內務大臣ヨリ後ニ伺ヒマスガ、斯ル戒嚴令下ニ於テ、吾々ハ此案ヲ議サナケレバナラヌ、自由ハ奪ハレテ居ルノデアリマ

ス、例ヘバ吾々ハ、此處ニ登院スルニ當ッテ、數箇所ニ警察官ガ哨兵線ヲ張ッテ居ル、一々通過ヲスル場合ニハ之ヲ禁止メル、ソコデ私ハ伺フ、何ノ爲ニ君方ハソンナコトヲスルノカト言フト、是ハ上ノ命令デアルカラ致方ガナイ、ケレドモ僕ハ衆議院議員デアルカラ、君等カラ職務ヲ行ヒニ行ク場合ニ阻止サレル理由ハナイ、或ハ君ガ何カ必要ガアッテ、職務上容疑者デモ調ベルノナラバ是ハ別ダ、サウスルト斯ウ云フ工合ニ來ル、徽章ヲ出セト言フ、衆議院議員タルコトノ證明ノ爲ニ徽章ヲ出セト言フ、徽章ヲ出ス出サヌハオ前等ノ權利デハナイ、徽章ハ院内ニ於テハ必要デアッテ、院外ニ於テハ必要デナイト答ヘル、サウスルト名前ハ何ト云フカ、名前ハオ前ニ名乘ル必要ハナイ、オ前ガ名刺ヲ出シテ紳士的ニ聽クナラバ僕モ出スガ、衆議院議員ガ職務ヲ行フニ當ッテ、君方ノ干渉ハ斷ジテ許サヌ、ソコデ仕方ナク名刺ヲ出ス、少シ君等モ常識ヲ以テ判斷スルガ宜イ、斯ウ云フ時ニ斯ウ云フヤウナコトヲシテハイカヌト云フ位ニ、恐ロシイ大干渉ノ下ニ、官權濫用ノ下ニ、此帝國議會ヲ開カナケレバナラヌノデアルカラ、此場合ニ衆議院ニ於テ、吾等ノ申スコトハ即チ民衆ノ聲デナケレバナラヌ、唯一ツ自由ヲ憲法ニ依ッテ保障セラレテ、私共ハ此議會ニ於テ有ユル論爭ヲスルノデアリマス、故ニ特ニ内務大臣ノ出席ヲ要求シテ、此答辯ヲ求メナケレバナラヌノデアリマス、議長ニ於テモ左樣御取計ヒヲ願ヒマス

ソレカラ當局大臣ニ對シマシテハ、昨年是ト類似ノ議案ハ本院ニ於テ可ナリ爭ヒガ激シカッタノデアリマス、隨テ必要ナル部分ニ幾多ノ修正ヲ加ヘマシタル外、更ニ附帶決議ト致シマシテ、我黨竝ニ政友會カラ最モ詳細ニ亙ル所ノ條項ヲ掲ゲマシテ政府ニ迫ッタノデアリマス、私ハ只今ノ農林大臣ノ話ニ依ッテ、修正條項ハ大體ニ於テ今回ノ案ニ採入レタト云フコトニ對シマシテハ、不滿足ナガラ一應滿足ヲ表シテ置クノデアリマス（笑聲）併ナガラ此修正事項以外ニ、更ニ附帶決議ニ至ッテハ、更ニ重要ナルモノガアルノデアリマス、私ハ玆ニ之ヲ朗讀シテ當局ノ參考ニ供シマシテ、此附帶決議ヲ實行シ、且ツ實行シツヽアッテ、此案ヲ出シタカドウカト云フコトヲ伺フノデアリマス、我黨ノ委員池田君ハ黨ヲ代表致シマシテ「内地、朝鮮及臺灣ヲ通ジテ米穀ノ生產統制代作ノ奬勵海外販路ノ開拓新規利用ノ增進等ニ付キ内閣審議會ニ附議シ適當ナル方策ヲ講ズルコト」内閣審議會ハ既ニ廢セラレマシタケレドモ、政府ニ對スル要望デアリマスカラ、審議會ノ存廢如何ニ拘ラズ、政府ハ此點ニ對シテドウ云フ方法ヲ採ッタカト云フコトヲ明確ニ御答辯ヲ願ヘナケレバナラヌ、次ニハ「產業組合ノ指導監督ヲ徹底セシメ以テ其法規ヲ逸スル所爲ヲ止メ產業組合ヲ本來ノ使命ニ從ヒ健全ナル發達ヲ圖ル可シ」此問題ハ單ナル米屋ト農家トノ爭デハナイノデアリマス、又產業組合ノ行動如何ト云フモノハ、數百年或ハ開闢以來存在シタル所ノ中小商工階級ニ向ッテ、一大脅威ヲ與ヘテ居ルノデアリマス、此社會組織ノ中ニ織込マレタ所ノ中小商工階級ハ、時代ノ進運ニ伴フ國家ノ施設トハ申シナガラ、其程度、法規ヲ逸脫シタル所ノ產業組合ノ行動ニ依ッテ、少ナカラズ其利益ヲ害サレテ居ルト云フノハ、單ニ米穀商ノ問題バカリデハアリマセヌ、日本ノ中小商工階級ヲ如何ニ擁護シテ行クカト云フコトノ重大問題デアリマスカラシテ、產業組合ノ指導監督ヲ徹底セシメテ、其法規ヲ逸スルヤウナ行動ヲ差止メテ貰ヒタイト云フ、此點ニ對シテ當局ハドウ云フ處置ヲシタカ、第三ハ「政府ハ商業組合及工業組合ヲ助成シ其普及發達ヲ圖リ商工中央金庫ヲ創設シ中小商工業者ニ金融ノ途ヲ拓キ以テ其健全ナル發達ヲ期ス可シ」此點ハ現ニ私共ガ軈テ審査ヲセントスル所ノ商工中央金庫法案ガ出テ居リマスルカラシテ、稍々緩和シタノデアリマスルケレドモ、是ハ改メテ又政府當局ハ如何ナル趣旨、如何ナル程度ニ於テ之ヲ實行スルカ、又シツヽアルカト云フコトヲ伺ヒタイノデアリマス「產業組合ト米穀商業組合トノ協調ヲ計リ圓滿ナル發達ヲ遂ゲシムル爲適當ナル施設ヲ講ズ可シ」是ハ軈テ總理大臣ニモ伺ヒタイノデアリマス、今日我ガ帝國ニ於テ憂フベキモノ、歎息スベキモノハ澤山アリマスルガ、中ニモ階級鬪爭ヲ激成スルガ如キ所ノ施設ハ、斷ジテ許サレナイノデアリマス、動モスレバ階級鬪爭ヲ煽動シテ、由テ以テ奇利ヲ博セントスル輩ガアルカモ知レマセヌケレドモ、今日ニ於テハ斷ジテ我ガ帝國ハ左樣ナ階級鬪爭ヲ事トシテ居ル時代デハナイ、隨テ產業組合ヲ助長スル所ノ政策、既ニ存在スル、數百年間、數千年間繼續スル所ノ此商工階級ノ利益ト相反シ、或ハ又農村トノ對立等ヲ考ヘテ、益々激成スルヤウナコトガアッテハ、我國ノ社會ニ於テモ忌ハシイ所ノ事態ヲ惹起スルコトヲ憂ヘマスルガ故ニ、總理大臣ハ之ニ對シ、庶政一新ノ今日ニ於テ、如何ナル手段ヲ以テ此對立關係ヲ緩和シテ、以テ我ガ國民擧國一致ノ態度ヲ以テ國難ニ殉ズルカ、其經綸抱負ヲ伺ヒタイノデアリマス「米穀ニ關シ商業組合ニ產業組合ト同一ノ待遇ヲ與フルコト」商人トシテ既得ノ利益權利ヲ擁護スルガ爲ニハ、國家ノ保護ニ浴スル所ノ產業組合、之ニ偏重スルヤウナコトガアッテハナラヌ、殊ニ米穀取扱ニ付キマシテハ、ヤハリ產業組合ト同一ノ待遇ヲ與ヘルト云フコトハ、今日ノ場合極メテ適當ナル處置ナリト考ヘルノデアリマス、而シテ之ニ關シテ政府ハ果シテドウ云フ施設ヲ爲シ、若クハ爲シツツアルカ、其考モ伺フノデアリマス、第六「米穀自治管理委員會ノ委員ニハ生產者及ヒ米穀取扱業者ノ代表ヲ加フルコト」是モ亦對立關係ヲ緩和シ、種々ナル弊害ヲ除ク場合ニ於キマシテハ極メテ重要デアリマス、次ニハ「米穀國營檢査ヲ斷行ス可シ」是ハ讀ンデ字ノ如クデアリマス「本法ノ運用ニ當リ中間配給機關ニ影響ヲ及ボサヾル樣注意スルコト」此本法施行ニ伴フ種々ナル弊害ハ、先刻申上ゲマシタル通リ、主トシテ中小商工階級ノ所謂中間機關ニ影響ヲ及ボスノデアリマスルカラシテ、特ニ此點ハ一般的ニ亙ッテ、政府ハ適當ナル施設ヲシナケレバナラヌト云フコトニナッテ、委員會ニ於テ此附帶決議ヲ致シタ、昭和十年三月二十二日ノ委員會ニ於テ、此附帶決議ヲ我黨ノ池田秀雄君ヨリ提出致シマシテ成立致シタノデアリマス、我黨ノ希望條件ハ是デアリマスルガ、更ニ政友會ノ希望條件ヲモ併セテ申上ゲテ政府ニ對シテ要望シマス「米穀ノ生產統制方策ヲ樹立シ且ツ米穀ノ新規用途開拓利用增進ニ關シ適切ナル方策ヲ講ズベシ」是ハ我黨ノ主張ト大體違ヒガアリマセヌ「速ニ米穀ノ國營檢査ヲ斷行スベシ」

是モ亦我黨ノ主張ト同一デアリマス「産業組合ノ違法及脱法行爲ノ取締ヲ嚴ニシ官僚化ト營利化トヲ排除シ産業組合本來ノ使命ニ於テ其健全ナル發達ヲ計ルベシ」是モ御承知ノ通リ我黨ト同ジ主張デアリマス「商業組合及工業組合ノ助長ト普及發達トニ努メ中小商工業ノ經營改善ヲ計ルト共ニ商工組合中央金庫竝ニ庶民金融機關ヲ創設シ中小商工業者ノ爲メ金融ノ利便ヲ計ルベシ」次ニ「本法ノ實施ニ際シテハ中間配給機關ニ重大ナル影響ヲ與ヘザルヤウ特ニ留意シ米穀統制法中改正法律案ニ對スル附帶決議ヲ以テ要望セル調査會ニ於テ調査スベシ」次ニ「米穀自治管理委員會ノ委員ニハ生産者及消費者ノ代表ヲ加フルヲ要ス」是ハ政友會ノ希望條項デアリマス、十分御承知デアリマセウケレドモ、記憶ヲ新ニシテ此自治案ヲバ私共ハ全ク淸新ノ氣分ヲ以テ之ヲ處理シタイト云フ爲ニ、特ニ政友會ノ希望條項ヲモ御紹介申上ゲタノデス

ソコデ此二ツノ黨派カラ出マシタル希望條項ハ、何レモ我ガ帝國ノ輿論ト見テ差支ナイノデアリマス、既ニ政府ハ輿論ヲ尊重シ、議會政治ヲ尊重シ、政黨ヲ尊重スルト云フ聲明ガアリマシタル以上ハ、此點ニ關シマシテハ相當ナル將來經綸抱負モアルダヲウト思ハレル、併シ此內閣ガ出來テ以來マダ日ガ淺イノデアリマスルケレドモ、既ニ現內閣ハ庶政一新ヲ標榜シ、新ナル經綸抱負ヲ以テ、過去ニ見ルコトガ出來ナイヤウナ立派ナ政治ヲヤルト聲明シタ以上ハ、又此案ヲ難關ヲ突破シテ出スト云フコトノ決心ヲ致シタル以上ハ、是等ノ衆議院ノ要望ニ對シマシテハ、果シテ如何ナル處置ヲ爲シ、若クハ爲サントスルカト云フコトヲ、當局關係大臣ヨリ伺ヒタイノデアリマス

次ニハ農林大臣ニ伺ヒマスルガ、此案ノ立案當時ノ事情ト今日トハ餘程違ッテ居ル、足掛ケ三年、中ニハ共通ノ點ハアリマス、其共通ノ點ハ必シモ二三年タッタラ消滅スベキ共通ノ理由デナイカモ知レナイケレドモ、今日ノ米ノ狀態ハ昨日モ本議場ニ現ハレマシタル通リ、此立案當時ノ事情トハ違ヒマシテ、稍〻高値ニ向ヒツヽアルト云フコトハ、爭フコトノ出來ナイ事實デアル、其他研究スレバスル程、例ヘバ內地外地ノ關係ニ於テモ、外地ヲ中ニ入レテ統制スルナド云フヤウナコトニ至ッテモ、是レ亦事情ガ段々判明致シマシテ、容易ナラザル事情モ茲ニ出來テ居ルト云フコトハ、茲ニ言ヒ得ルノデアリマス、其立案當時ノ事情ト今日ト、相當ナル違ヒガアルニ拘ラズ、政府ハ二十一日間ヲ會期トスル此議會ニ、斯樣ナ重要法案ヲ出サナケレバナラヌヤウナ事情ハ何處ニアルカヲ先ヅ伺ヒタイノデアリマス(拍手)御承知ノ通リ今期議會ハ二十一日ヲ以テ會期ト致シテ、來ル二十四日ニハ終了スルノデアリマス、前回此案ヲ提出致シマシタル當時ハ、約三十日間掛ッタノデアリマス、三十日間掛ッテモ足ラヌト言ッタモノヲ、二十一日ノ間デ之ヲ審議セヨト云フコトハ、難キヲ強ユルモノニアラズシテ何ゾヤト私ハ言ヒタイノデアリマス、而シテ前回ニ於キマシテハ二月二十六日ニ委員會ヲ開イテ、三月二十三日、即チ閉會二日カ三日前ニ之ヲ終了シテ貴族院ニ送ッタガ、到頭不成立ニナッタ位デアリマス、或ハ日ク此案ハ前回ニ相當練リ盡サレテ居ルカラ、最早必要ガアルマイト申スノデアリマス、是モ一說、併ナガラ衆議院ハ解散セラレマシテ、新ナル議員ハ過半ヲ占メル狀態ニナッテ居リマス、少クトモ前回出テ居ラヌ所ノ議員ハ相當殖エテ居ル、天下ヲ驚倒スル程ノ大問題ガ此帝國議會ニ現ハレマシテ、新ニ議席ヲ得タ人ガ澤山殖エテ來タ今日、前回之ヲ審議シタカラ、今回ハ省略シテモ宜カラウト云フコトハ、如何ニモ吾々帝國議會ノ一員ト致シマシテハ、其審議權ヲ輕ンズルモノト言ハナケレバナラヌノデアリマス(拍手)斯ノ如ク總選擧ニ依ッテ新ニ加ハッタ所ノ新進氣銳ノ人々ハ、恐ラクハ國政ニ對シマシテハ、最モ淸新ナル眼光ヲ以テ之ヲ觀テ、而シテ議會ニ現ハレル所ノ案件ニ對シマシテハ、相當注意ヲ拂フダラウト思フノデアリマス、私共カラ見マスレバ、此案ハ棚曝シ案デアリマス、强ヒテ之ヲ出サナケレバナラヌ理由ハ何處ニアルカモ不明デアリ、且ツ短期議會デアル、三十日間ノ期間ガアッテスラ不成立ニナッテモノヲ、二十一日ノ間ノ會期ニ於キマシテ之ヲ鵜呑ニシヨウト云フマデニ行カヌデモ、好イ加減ニヤッテ吳レト云フコトハ、今日議會ニ對スル所ノ非難ノ多イ場合、錯覺ヲ有スル國民ガ一部ニアル今日ニ於キマシテハ、議會ノ態度トシマシテハ、愼重審議之ニ對シマシテノ疑問ヲ一切氷解シテ、而シテ此案ニ對スル所ノ態度ヲ決メルノガ、私共ノ責任ヂヤナイカ、斯樣ニ考ヘテ居ルノデアリマス(拍手)故ニ政府ハ前回三十日ノ期間ガアッテスラモ、容易ヂヤナカッタモノヲ、二十一日ノ期間ヲ以テ此案ノ成立ヲ期待シ得ルダケノ自信アリヤ否ヤヲ伺ヒタイノデアリマス、成程現內閣ハ有力ナル政友會、更ニ有力ナル民政黨(笑聲)互ニ手ヲ携ヘテ庶政一新ノ前途ニ向ヘントシツヽアル今日、一切ノ感情行掛リヲ捨テ、斯樣ナル重要案件ヲ片付ケテ行キタイト云フ考ハ、皆樣モ同樣デアラウト思フ、故ニ苟モ國家ニ必要デアリ、國民生活ノ爲ニ必要デアル案デアリマスレバ、私共ハ敢テ故ラニ之ガ審議ヲ遲延セシメ、若クハ反對スルモノデハナイ、サリトテ殆ド日本ノ政界ヲ縱斷スルカノ如ク、産業界ヲ大混亂セシメタルガ如ク見エタル所ノ此重要法案ハ、二十一日間ノ期間ニ於テ之ヲ纏メルコトガ果シテ可能ナリヤ否ヤ、政府ガ申スナラバ自信ガアルト申シマセウ、自信ガナクテ案ヲ出セバ不信任ニナルノデアルカラ、自信アリト申スノハ決リ切ッテ居ル、如何ニ農林大臣ガ快腕ヲ以テ聞エタル人物トハ申シナガラ、此案ヲバ左樣ニ滑カニ之ヲ通過セシムルコトハ、極メテ困難デアルト私ハ考ヘマスルカラ、此短期間ニ之ヲ通過セシメテ貴族院ニ送リ、之ヲ成立セシムルダケノ所謂妙案ガアルナラバ、此席上ニ於キマシテ伺ヒタイノデアル(拍手)若シ妙案ガアリトスレバ、斯ウ云フ際デアルカラ、何モ彼モ我慢シテ盲判ヲ捺シテ吳レト言ヘレテモ、サウドウモオ辭儀一方ダケデハ政治ガ行ハレヌト云フコトモ亦御承知願ヘナケレバナラヌ、故ニ私ハ努メテ虛心坦懷、從來ノ行掛リヲ捨テ、總テノ難問題ニ當ルトハ申シマスルケレドモ、併ナガラ眞ニ妙策湧クガ如ク出ヅル所ノ島田農林大臣、果シテ吾々ガ考ヘル以外ノ妙法ガアルナラバ、此際之ヲ明ニシテ貰ヒタイト云フノガ卽チ是デアリマス(拍手)

次ハ財政關係デアリマス、財政關係ハ元來此立案當時ノ考ハ、餘リニ國庫ノ負擔ヲ加重スルカラ、漸進的ニ其損害ト利益ヲ分擔スルノガ宜カラウト云フノガ、此案發生

ノ動機デアッタノデアリマス、併ナガラ此案ハ新ニ出テ來マシテ、爾來世相モ觀、農村界、商工界、一般社會ノ狀態ヲ見テ、決シテ負擔ノ加重ヲ避クルコトハ出來ナイノデアリマス、殊ニ外地ノ米ノ關係ニ於キマシテハ、固ヨリ我ガ帝國ノ憲法治下ニ在ル所ノ外地デアリマスケレドモ、之ヲ强制セントスレバ、新附ノ國民ニ果シテ如何ナル影響ヲ及ボスモノデアルカト云フコトモ考ヘマセウ、昨日外地行政ヲ監視スル所ノ拓務大臣ハ、內地ニ於ケル米ノ生產ノ絕エザル動キニ對シマシテハ、頗ル憂慮致シマシテ、之ニ對スル妙案ハナイト答ヘテ居ルノデアリマス、若シ强ヒテ之ヲ强行スルト云フ場合ニ於キマシテハ、朝鮮、臺灣等ニ交付スル金額、或ハ强ヒテ之ヲ實行セシムルガ爲ニハ、新附ノ國民ノ犧牲、有ユルモノヲ考ヘタ場合ニ於キマシテハ、決シテ此負擔ハ輕クナルモノデハナイノデアリマス、況ヤ之ヲ實行スル場合ニ於キマシテ、內地ニ於テ機關ハ厖大ニナリ、役員ノ數ハ殖エ、監督機關モ增加致シ、只今ノ所デハ案ヲ通シタイ一方ニ、成ベク少額ノ金額ヲ盛上ゲテ、之ヲ通過セシメントスルカモ知レマセヌケレドモ、一年經チ、二年經チ、三年、五年經ッタナラバ、國庫ガ背テ受ケタ損害以上ノ損害ヲ、年々支拂ハナケレバナラヌト云フ、此點ニ對スル疑問ハ多分ニアルノデアリマスカラ當局大臣ト致シマシテハ、農林大臣ノ之ニ對スル所ノ所見、竝ニ財政當局者トシテ馬場大藏大臣――新ニ大藏大臣トシテ此案ヲ如何ニ觀ルカト云フコトヲ、財政上カラ私ハ答辯ヲ促スノデアリマス（拍手）

斯ノ如ク財政上カラ觀マシテモ、亦外地米ノ統制ヲシナケレバ、實際ノ效果ガ薄イト云フ點カラ觀マシテモ、少クモ責任ノアル拓務大臣ニ確信ガナイト云フヤウナ點カラ觀マシテモ、此案ニ尙ホ幾多檢討ヲシナケレバナラヌ點ガ澤山アルト私ハ信ジマス、然ラバ之ニ對シマシテ現政府ガ此短期間、此逼迫セル今日ニ於テ之ヲ出サナケレバナラヌ政治的ノ理由、其他ニ付テハ御答辯アルデアリマセウガ、案自體ノ、先刻申シマシタ財政ト或ハ外地米トノ關係等ニ付キマシテモ、政府ノ所見ヲ伺ヒタイノデアリマスガ、要スルニ今日此案ガ吾々ノ前ニ現ハレマシテ、一度衆議院ニ於テ相當ナル審査ハ續ケラレタリトハ申シナガラ、庶政一新ヲスルト云フ內閣トシテハ、私ハ果シテ何處ニ新味ガアルカト云フコトヲ伺ヒタイノデアリマス

總理大臣ハマダ御見エニナリマセヌカラ保留シテ置キマスルガ、何レ見エタ場合ニハ申上ゲマス、併シ關係政府委員ガ居リマシタナラバ、此點ヲ一ツ御傳ヘヲ願ッテ、豫メ答辯ヲ練ッテ貰ヒタイ、此米穀法案ハ庶政一新ヲ標榜スル所謂新シイ一ツノ政策トシテ、總理大臣ハ之ヲ出スコトニナッタノカドウカ、產業組合ト中小商工階級トノ對立ハ、我ガ帝國ノ社會ニ相當ナル惡影響ヲ與ヘテ居ルモノト認メマスルカラシテ、我ガ帝國ノ現狀カラ見テ、總理大臣ハ之ヲ緩和スルダケノ根本政策ハ、具體的ニアリヤ否ヤト云フコトヲ伺ッテ置キタイ、立案當時ノ事情ト、今日トハ極メテ相違ガアルノデアリマスルガ、ソレニ拘ラズ之ヲ出サナケレバナラヌ事情ヲ、私ハ總理大臣ヨリ親シク伺ヒタイ、此點ハ特ニ總理大臣ヨリ伺ヒマス

更ニ內務大臣ニ對シマシテハ、先刻申上ゲマシタル戒嚴令下ニ於テ自由ヲ奪ヘレ、交通權ヲ奪ハレ、或ハ言論ヲ奪ハレ、集會ノ權利ヲ奪ハレテ居ル今日、尙ホ更ニ帝國議會ニ陳情スル者ニ對シマシテハ、極度ナル干涉ト取締ヲ爲スト云フコトハ、議會ノ現存スル限リハ斷ジテ許スベカラザルモノデアルト云フコトヲ考ヘマシテ、先以テ議會ニ對スル根本ノ信念ト、斯樣ナル問題ニ對スル官憲ノ取締等ニ付テ、私ハ懇切ナル答辯ヲ此席上ニ於テ伺ヒタイノデアル、何レ此私ノ質問ニ對シマシテハ、定メシ親切ナル答辯ガアルトハ思ヒマスカラシテ、先ヅ此席ニ居ル當局大臣ノ所見ヲ伺ヒ、併セテ總理大臣竝ニ內務大臣ノ出席ノ機會ニ於テ、其答辯ヲ待ッテ更ニ再質問ヲ致スコトニ致シマス（拍手）

（國務大臣島田俊雄君登壇）

○國務大臣（島田俊雄君） 只今工藤君ヨリ重要ナ點ニ付テ御尋ガアリマシタガ、此場合私ヨリ御答ヲ申上ゲマス

第一ハ前々議會ニ於テ本法案ガ衆議院ヲ通過スル際ニ、民政黨竝ニ政友會ヨリ提出ニナリマシタ附帶決議ニ關スル件デアリマス、當時私モヤハリ議員ノ一人ト致シマシテ、本法案ノ成立ニ贊成ヲ致シタ者デアリマス、當時ノ事情ハ承知ヲ致シテ居ル一人デアリマス、而シテ兩黨ノ附セラレタル附帶決議ハ、只今工藤君御採用ニナリマシタ通リ、各項大體ニ於テ兩黨ノ意見ハ一致致シテ居ルノデアリマス、而シテ之ニ對シマシテハ、爾來政府ニ於テ本法案ノ提出スベキ機會ヲ豫想シ、又本法案ノ成立シタル場合ヲ考ヘマシテ、此附帶決議ノ點ニ付テソレ〲決議ノ趣意ニ副フベク努力致シ、立案ヲ致シテ居ルノデアリマス、此點ニ付キマシテハ、政府ニ於キマシテハ省內ニ米穀ノ配給調整ニ關スル協議會ナルモノヲ設ケマシテ、生產者團體竝ニ消費者方面ノ關係ノ人々、又其道ノ權威者ト認ムル人々ノ集會ヲ願ヒマシテ、其協議會ニ於キマシテ部門ヲ分ッテソレ〲研究ヲシテ、未ダ最後ノ結論ニ到達ハシテ居リマセヌケレドモ、ソレゾレノ部門ニ於キマシテハ、只今工藤君ヨリ御指摘ニナリマシタソレ〲ノ點ニ付キマシテ研究ヲ致シマシテ、稍々成案ニ達セントスルモノ、竝ニ既ニ部ニ於テハ成案ニ達シタモノモアリマス、是等ハ何レ委員會ニ於キマシテ、詳細ニ說明申上ゲタイト考ヘテ居リマスガ、要スルニ此法案ニ當時附帶致シマス所ノ決議ノ精神ハ、尊重スル方針ヲ以テ進ミツ、居リ、又自分ハ此農林當局ト致シマシテ、責任ヲ以テ此附帶決議ノ精神ヲ實現スルコトニ努力スルコトヲ茲ニ申上ゲテ置キマス

第二ニ本法案ヲ此特別議會ニ提出スルニ至ッタ事情ニ付テノ御尋デアリマスガ、米穀自治管理法案ノ主意トスル所ハ、先刻モ申上ゲマシタ通リ米ノ需給調節ノ關係ヨリシテ、內外地ノ米ノ事情カラ考ヘマシテ、長年ノ懸案ニ付テ、卽チ現行米穀統制法ノ下ニ於キマシテ、米ノ問題ニ何等カノ處置ヲシナケレバナラヌト云フコトニ付テ、朝野各方面非常ニ盡力ヲシ、協議ヲシ、卽チソレガ爲ニ提案理由中ニモ述ベマシタル如ク、對策調査會ナルモノガ設ケラレマシテ、政黨政派各方面ノ代表者ノ集リニ於テ得マシタ所ノ、其答申ノ案ヲ基礎トシテ之ヲ作上ゲタノデアリマス、根本ノ米穀對策、恆久ノ米穀對策、食糧、人口等ノ問題カラ考

ヘマシテ、根本ノ對策ト云フモノニ付キマシテハ、是ハ尙ホ大イニ考究ヲシナケレバナラヌコトガアルト私ハ思フノデアリマス、併ナガラ現在ノ統制法ヲ實行スル上ニ於キマシテ、現行法ガアリマス場合ニ於テ、其現行法ノ下ニ於テ起ル所ノ米穀事情ヲ處置スルト云フコトニ付テハ、民政黨ノ方々モ、政友會ノ吾々モ、亦他ノ方面ノ人々モ集ッテ色々研究致シマシタケレドモ、先ヅ今日ニ於テハ此程度ノ案ニ依ッテ進ムノ外ハナイト云フコトガ、實情デアルト私ハ考ヘルノデアリマス、故ニ此事ニ付キマシテ意見ヲ述ベ、不滿足ナ點ヲ述ベレバ私モアリマス、各方面ニモアラウト思フ、併ナガラ其各方面ニアル所ノ不滿不平ガ、此法案ヲ成ス所以デアル、現內閣ハ庶政一新ヲスル行掛リニ囚ハレナイデ、恆久ノコトヲスルト、斯ウ云フコトヲ申シテ居ルコトハ、政綱ノ中ニモ述ベラレテ居リマスカラ、私モ其趣意ニ依ッテ進ミタイト思フ、併ナガラ行掛リノ中ニハ、捨テ得ル行掛リト捨テ得ザル行掛リガアルト云フコトヲ考ヘナケレバナラヌ、米ニ對スル根本ノ對策、即チ之ヲ全ク自由放任ニスルカ、或ハ之ヲ管理、或ハ專賣等ノ所ニ持ッテ行クカト云フコトニ付テノ根本ノ大問題ハ、是ハ更ニ研究シナケレバナリマスマイ、併ナガラソレニ至ルマデノ暫定的ノ恆久對策ト云ヒマスカ、或ル年限間現行ノ統制法ノ補強策トシテヤル方法トシテハ、是レ以外ニハ私ハナイト考ヘルノデアリマス、而シテ今日之ヲ此議會ニ提案スルト云フコトハ、一日延レバ一日即チ此問題ニ付テノ解決ヲ遲ラシムルモノデアル、產業組合ト米商人トノ間ノ問題モアリマセウ、即チ前ノ通常議會ニ之ヲ提案シテ、サウシテ之ニ努力致シタノデアリマスケレドモ、是ハ不幸ニシテ成立ヲ見ナカッタノデアル(此時發言スル者多ク「靜ニシロ」「內輪喧嘩ヲスルナ」ト呼フ者アリ)デ私ハ決シテ本法案ハ前ノ議會ニ於テ論議ヲ盡サレタモノデアルカラ、短期議會デモ差支ナイト、斯樣ナ皮相ナ考ヲ以テ之ヲ提案シタヤウナ次第デハアリマセヌ(「新議員ガ多イヨ」ト呼フ者アリ)即チ本法案ハ斯樣ナ事情カラ致シマシテ、之ヲ次ノ議會ニ送ッテモ、其次ノ議會ニ送リマシテモ、只今ノ事情ニ於テハ此法案以外ニ、現行米穀統制法ノ下ニ於テハ、是レ以上ノ名案ヲ得ルコトノ見込ガナイト私ハ斷言スルモノデアル(拍手)ソコデ此場合ニ於キマシテ此事情ヲ御諒察ヲ願ッテ、即チ只今工藤君モ御話ニ相成リマシタヤウニ、此問題ニ付テハ中々兩派ニ分レテ議論ガアリマス、議論ガアルケレドモ、之ヲ解決セヲザレバ其議論ハ愈々深刻ニナルト云フコト考ヘナケレバナラヌ、故ニ私ハ國家ノ爲ニ、短期議會デハアリマスケレドモ此法案ヲ提出シテ、之ヲ議會ノ責任ヲ以テ御解決ヲ願ヒタイ、而シテ本法案ニ付テハ選擧ヲ經テ議員ノ御顏ハ變ッテ居リマスケレドモ、併ナガラ本法案ニ付テ努力シタル所ノ民政黨モ、政友會モ、何レモ其立場ニ於テ團體トシテ、此法案ニ付テハ支持ノ立場ニ立タレテ居ルノデアリマスカラシテ、此場合ニ於テ愼重審議ハ固ヨリ希望スル所デアリマス、愼重審議ハ希望スル所デアリマスケレドモ、左樣ナ事情ニ於テ、短期議會デアルト雖モ之ヲ出スコトガ國家ノ爲ニ必要デアラウ、米ノ問題ノ根本解決ヲ爲スト云フ上カラ必要デアル、斯樣ニ考ヘタ次第デアリマス(拍手)而シテ之ヲ短期ニ通過スルノ見込アリヤト云フ御話デアリマスガ、是ハ一ニ工藤君ノ屬サレル所ノ民政黨、又私ノ屬スル所ノ政友會、其他此議會ノ各派ノ諸君ノ協力ニ依ッテ之ヲ御認メ下サルコト以外ニハ名案ハゴザイマセヌ(拍手)故ニ私ハ切ニ此場合ニ國家ノ爲ニ御協力ヲ願ヒタイ、之ヲ御答トシテ申上ゲテ置キマス

尙ホ財政上ノ點ニ付キマシテハ是ハ程度問題デアル、工藤君ノ仰セラレルヤウニ、統制法ノ儘ニシテ置ケバ國庫ノ負擔ガ何處マデ行クカ分ラヌ、屢々私共モ言ウタ議論デアル、ソレモ考ヘテ此法案ハ立案サレタノデアリマスケレドモ、本法案ニ依ッテ年度割當テハ、ドレダケノ財政上ノ負擔ガ輕減サレルカト云フコトニ付テハ、是ハ最惡ノ場合ヲ考ヘレバ、何等變リハナイト云フコトニナル、唯現狀ニ置キマスト云フト、統制法ノ下ニ於テハ、一旦豐作ニ遭遇シタル場合ニ於テハ、是マデノ經驗ヲ繰返スノ外ハナイト云フコトデアリマシテ、現法律、即チ此法律ノ成立以後ニ於キマシテハ、假令全部デナクテモ、或ル部分デモ自治管理ニ依ッテ各人ノ貯藏ニナリマスレバ、貯藏ニナッタ部分ダケハ政府ハ買上ゲル必要ガナイト云フコトニナリマスカラシテ、其點ニ於テハ私共ノヤウナ財政ノコトノ分ラナイ素人考デモ、財政上ノ負擔ガ幾ラカ輕クナルト云フコトハ、判斷ガ付クヤウニ考ヘテ居ル次第デアリマス、財政上ノ點ニ付テハ、是ハ御議論ガアルト思ヒマスカラシテ、謹ンデ承リマスガ、本案ヲ提出シタ事情理由ハ以上ノ通リデアリマシテ、而シテ附帶決議ニ付キマシテハ、私自ラ第六十七議會ニ於テ、此附帶決議ニ付テ贊意ヲ表シタ一人デアリマスカラシテ、產業組合トノ關係、中間機關トノ問題、ソレ等ノコトニ付キマシテハ十分此決議ノ趣意ヲ尊重シテ、本案成立ノ場合ニ於テハ施行令其他ニ於テ之ヲ實施シタイ、又實施スルノ決心ヲ以テ進ンデ居ルト云フコトヲ申上ゲテ置キマス(拍手)

(工藤鐵男君登壇)

○工藤鐵男君　私ハ本案提出ニ關スル農林大臣ノ一應ノ御說明ヲ伺ヒマシタ、マア大體ニ於テハ前ノ農林大臣山崎君ガ申スノト大シタ違ヒガナイガ、此短期議會ニドウシテモ出サナケレバナラヌト云フ理由ニ付テハ尙ホ幾多ノ疑問ガアリマス、併シ他ノ同僚ハ、何レモ大ナル特別委員會ガ組織セラレルノデアルカラ、其處デ詳細質問サレルコトト考ヘマスルカラシテ、一應大臣ノ所見ヲ承リ置クト云フ程度ニ止メテ置キマス、唯豫算委員ノ一人トシテ、其席ニ列シテ附帶決議ニ加ヘッタト云フ農林大臣御自身ノ御言葉モアリマスルカラ、私ハ此附帶決議ニ對シテハ必ズ實行ナサルダラウト云フコトヲ確信シテ居ル、此中ニハ假令內閣ガ迭ッテモ迭ラヌデモ、大臣ノ頭ガ取替ヘヲレテモ取替ヘラレナクテモ、農林當局ハ行政ノ自由裁量ノ範圍ニ於テ爲スベキ仕事ハ澤山アッタノデアル、若シ島田君ハアノ冴切ルヤウナ頭ヲ以テ、豫算委員會ニ於テ此案ニ贊成シタナラバ、先ヅ重要法案――國家ノ現狀ニ於テ斯樣ナ案ヲ速ニ片付ナケレバナラヌト云フ御熱心デアルナラバ、先以テ農林大臣ヲ拜命スルト同時ニ、屬僚ヲ集メテ此問題ニ對スル農林省ノ態度ヲ決メナケレバナラヌ、之ヲ私ハ聽クノデアル、即チ總理大臣ニ對シテハ別ニ申上ゲマスガ、產業組合ノ指導監督ヲ

徹底セシメテ、法規ヲ越エタヤウナコトガアリヤ無シヤハ、委員會ニ於テ詳細是ハ明ニナッテ居ルカラ、島田君ハ取敢ヘズ先ヅ此點ハドウナッテ居ルカト云フコトヲ聞イテ見ナケレバナラヌ、私ハ之ヲ聽イテ居ル、唯是カラ研究スルノ調査スルノト云フコトヲ伺ッテ居ルノデハナイ、ソレハ大臣トナレバ無論一應ノ調査ヲ致シマスケレドモ、調査ヲ俟タナイデ、島田君ガ豫算委員會竝ニ其他ノ議會ノ審議ノ場合ニ於テ、調査々々デ日ヲ暮スト云フコトハ、何ノ事デアルカト云フコトヲ申シタ一人デアリマスカラ、特ニ私ハ島田君ノ過去ヲ信頼シテ、此點ハ如何デアルカト云フコトヲ伺フノデアル、產業組合ノ指導監督ニ付キマシテハ、可ナリヤカマシイ問題デアル、農林大臣ハ果シテ部下下僚ヲ指導シテ以テ之ニ對シテ何等カノ命令ヲ發シテ、實行シ得ベキモノハ直チニ實行シタル事實アリヤ否ヤ、アリトシタナラバ擧ゲテ貰ヒタイト言フノデアリマス、商工關係ハ小川商工大臣ガ居リマスガ、是ハ私ダケデモ了解出來ル――中央金庫法案ト云フモノガ出來テ居ル、是ハ實行サレテ居ル、其樣ニ行カナクチヤナラヌ(笑聲)此樣ニ行カナケレバナラヌ、是ハチヤント出來テ居ル位ニ行ッテ居ル、當時此案ガ提案サレテ居ルカラ、成程政府ノ考モ之ニ加ヘッテ居ルト云フコトハ出來ルカラ、是ハ小川商工大臣ノ答辯ヲ要スル迄モナクスッカリ分ッテ居リマス、ソレカラ產業組合ト米穀商業組合トノ協調ヲ圖ッテ圓滿ナル發達ヲ遂ゲシムル爲ニハ、農林大臣、商工大臣トドウ云フ相談ヲシテ、ドウ具體案ヲ立テタカ、是カラ調査デハイケマセヌ、島田君ハ調査調査ヲ一番非難シタ一人デアル、私共ト一緖ニ……ソレデアルカラ兩者ノ關係ニ於テ、ドノ程度マデ具體案ガ出來タカ、調査會ヲ開イテスルト云フノモ一ツノ方法デアリマセウ、ケレドモ萬民悉ク議會ヲ望ンデ居ル、新ニ化粧ヲ直シテ此壇上ニ現ハレタル島田農林大臣ハ、農村ノ爲ニ、商工界ノ爲ニ、如何ナル經綸ヲ示スデアラウカト云フコトヲ一般ニ考ヘテ居ルノダカラ、此處デ言フコトハ島田君トシテ一番適當ナコトデアル、ソレヲ調査會ト云フヤウナ半分祕密會ミタヤウナ所デ發表スルト云フコトハ、政治家トシテ洵ニ心細イノデアルカラ、私ハ同君ノ經綸抱負ヲ公ナル場所ニ於テ發表セラレンコトヲ希望スルノデアル、此點ハドレダケ具體的ニナッテ居ルカ、ソレカラ米穀ニ關シテ商業組合及ビ產業組合ニ同一ノ待遇ヲ與ヘルコト、是モ恐ラクハ行政裁量範圍ニ於テ、私ハ心ガアレバ出來ルモノダト思フ、是ハドウナッテ居ルカ、ソレカラ米穀國營檢査ノ斷行、是ハ何處マデ進ンデ居リマス、是モ共通シタ問題デアル、實ハオ互ニ長イ間議會生活ヲシタノデアルカラ、議會ニ於テノ言論ト、大臣ニナッテノ言動ト違フコトハ、政治家オ互ニ情ケガアリマスカラ諒解シテ居リマス(笑聲)ケレドモ私共ハ考ヘル、島田君ノ如キ有力ナル方ガ此案ヲ提ゲテ二十一日ノ短期間ニ此重大法案ヲ突破スルニ付テハ、過去ニ優レル所ノ重大ナル理由、色々ナル經綸抱負ガアリ、又小ハ下僚ヲ指揮シテ以テ、此行政上ノ裁量範圍デ出來ルモノハ片付ケテ議會ニ報告ヲシテ、議會ノ附帶決議ハ斯樣ナル點マデ實行セラレマシタカラ、アナタ方ノ申分ヲ容レタ筈デアルカラ、ドウゾ此自治管理案ヲ議シテ呉レト云フナラ聞エルケレドモ、ソレガマダ調査ト云フカラ聞エナイ、其處ガ私共ノ遺憾トスル所デアリマス、デアルカラ私ハ再ビ此壇上ニ立ッテ申上ゲルノハ、決シテ島田君ガ大臣ニナッタカラ取ッチメヨウト云フ意味デモ何デモナイ、何トカシテ政黨政治家ヲシテ言行一致セシメタイ、言行一致セシムルニハ、洵ニ此機會ハ好機會デアル、殊ニ現內閣ハ庶政一新ヲ以テ立ッテ居ルト稱シテ居ル、此庶政一新ニ一身ヲ捧ゲヨウト云フ總理大臣ヲ戴イテ居ッテ、島田君ノ辯ト、足ト、頭デ以テ、是ハ實行出來ナイ筈ガナイト私ハ信ジマスカラ、特ニ申上ゲルノデアリマス、是ハ島田君ニ對スル再質問、ドウゾ具體的ニアナタ方ガ立法手續ヲ要セズ、或ハ閣議ノ力ヲ要セズ、アナタ方ノ一省ノ大臣トシテ、下僚ヲ指揮シテヤリ得ルダケノコトハヤッテ貰ヒタイ、何ヲシタノデアルカ、實行出來ルダケノコトヲ實行シタノカ、シタナラバドレ〳〵ヲ實行シタカト云フコトヲ、此自治管理案ノ提案審議ヲ求ムルト同時ニ御示シ願ヒタイガ、何モナイカラ質問シタノデアル

尙ホ馬場大藏大臣ガ御見エニナリマシタガ、實ハ馬場サンモ大藏大臣ノ前ニ貴族院議員トシテ、此案ニハ相當御注意ヲナサレタト云フコトヲ伺ッテ居リマス、隨テ此米穀統制法案ト、將來起ルベキ所ノ米穀根本政策トノ過渡期ニ於テ、此自治管理案ヲ出スノダト云フ農林大臣ノ說明ハ、一應過渡法トシテ私ハ聽イテ置ク、經過法トシテ聽イテ置イテモ宜カラウト思フ、併シ段々其後事情ヲ調査スルニ從ッテ、曾テ統制法ノミデヤッテ居ッテ、國家ガ二億何千万圓ト云フ所ノ損害ヲ出シテ居ッタガ、此損害ニ付テハ又種々ナル內譯ガアルノデス、買ハナクテモ宜イ時ニ米ヲ買ッテ損ヲシタコトモアルガ、左樣ナコトハ別ト致シマシテモ、少クトモ、此案ノ實施ニ依ッテ、過去ニ於テ負擔シタル所ノ國庫ノ損缺ヲ、幾ラカデモ輕減スルコトガ出來ルカ、少クトモ大ナル犧牲ヲ拂ウテ此案ヲ出シテ、ソレダケノ何カ得ル所ガアルカドウカト云フコトハ、財政上カラ見マスルト非常ナル疑問ガアル、只今ノ所デハ……又政府ノ說明ヲ聽クト云フト如何ニモ尤ヲシク、馬鹿ニ都合好ク行クヤウデアリマスケレドモ、此法律ガ一度施行セラレルト云フト、法律ノ力ニ依ッテ爲スベキ仕事ハドンドン殖エテ來テ、又官僚ノ力ガ殖エ、其他ノ指導機關ガ殖エテ來テ、金ハ中々簡單ニ行カナイ、斯ウ云フ法律ヲ作ル場合ニ一番考ヘルノハ、此法律ガ將來ニ行ヘレタ場合ニ於テドウナルカト云フコトヲ一般的ニ考ヘザルヲ得ナイ、外地米ノ統制ニ致シマシテモ是ハ簡單ニ行カナイ、統制シロト言ウタ所ガ、此管理案ノヤウナ狀態デハドンドン入ッテ來マス、是ハ實際机ノ上デ拵ヘタ案ダ、ト言フト農林省ノ役人ハ機嫌ガ惡イカモ知レナイケレドモ、先以テ實際ニ卽シナイ點ガ澤山アル、ソレデアルカラ私ハ財政上ニ及ボス關係ハ、大藏大臣トシテモ豫算編成、卽チ此自治管理法案ノ愈〻議會提出ニ當ッテハ、ソレ〳〵ノ豫算ノ審議ニモ與ッタコトデアリマセウカラシテ、果シテアナタ方ノ御見込通リニ――政府ノ見込通リ僅カノ金デヤリ得ルカドウカ、中々此外地米ノ關係ト云フモノハ段々金ガ殖エテ來マス、何ボ臺灣、朝鮮ガ特別會計デヤッテ居テモ、金ガ足ラナイトナルト、勢ヒ本國政府ノ支給ヲ仰ガナケレバ出來ルモノデハナイ、ソレト同時ニ之ニ伴フ樣々ナル手續法ナドガ出

來、規則ナドガ出來テ來テ、機關ガ增加スル＝從ッテ金ガ掛ル、官吏ガ殖エル、人件費ガ殖エル、是ハ莫大ナル金＝ナルト云フコトハ想像出來ルノデアリマス、ソコデ此案＝對スル財源等ハ、先ヅ財政ノ方面カラ見マシテモ、大藏大臣ハ之＝對シテ果シテ將來如何ナル御見込デアルカ、其見込ヲ一ツ御話願ヒタイ、二億何千万圓ノ損害ヲ數年＝亙ッテ國庫デ負擔シタ、ソレヲドレダケ緩和出來ルカドウカト云フ、財政上ノ見地カラノ御意見ヲバ此機會＝於テ伺ヒタイ

ソレカラ總理大臣デアリマスガ、折角アナタハ庶政一新ノ旗ヲ立テ、民衆＝呼掛ケテ居ル際デアルカラ、私共モ心ヲ虚シウシテ、アナタノ政治ハ助ケテ見タイ、稀＝見ル、時代＝於テ稀＝見ル人物トシテ實ハヤラセテ見タイノデス、隨テ從來ノ行掛リヲ捨テ、、我黨ノ總裁ハ陣頭＝立ッテ黨内ヲ纏メテ、アナタノ政治ヲ善クシテヤッテ行カウト云フ、此誠意ハ御認メ願ハナケレバナラヌ(笑聲)押寶スル譯デハナイケレドモ……然ラバ此自治管理法案ト云フモノハ三年前、四年前、五年前＝立法セラレテ、當時ノ事情ハ餘程今トハ變ッテ居ル、其時代＝此案ガ出來テ居ル、ソレヲ此短期議會＝ドウシテモ出サナケレバナラヌ其理由ハ、只今農林大臣カラ伺ヒマシタケレドモ、此重要法案ヲ出スダケノ理由＝ハナラナイノデス、併ナガラアナタハ庶政一新ヲ以テ人心ヲ新＝シテ政ヲ行ハント云フ際デアルカラ、特＝現内閣獨特ノ見地カラ此案ヲ採用シナケレバナラヌ、所謂庶政一新ノ原則＝基イテノ御考ガアルナラバ之ヲ伺ヒタイ、ソレカラ現在憂フベキコトハ階級ノ鬪爭デアル、階級ノ鬪爭ノ中＝ハ色々アリマセウケレドモ、此案ヲ繞ッテノ階級鬪爭ハ、中間機關トシテノ商工階級ト生産機關トシテノ産業組合、此産業組合＝屬スル者ハ農村ノ農民ガ多イ、此農民ト商工階級トノ間ノ爭ハ、此案ヲ投ツケラレタ爲＝著シク激化シテ來テ居ル、併ナガラ今日日本ノ社會狀態ハ、假令多少ノ爭ガアッテモ、國家的見地カラ之ヲ何トカシテ行カナケレバナラヌ、即チ之＝伴フ所ノ新立法ヲ必要トスル コトハ、私共モ敢テ之ヲ拒ム者デハアリマセヌ、ケレドモ斯樣ナル問題ガ現ハレテ來テ、既存ノ勢力、即チ商工階級ノ勢力ガ、農村關係ト利害ヲ異＝シ、此利益擁護、若クハ他ノ關係＝於テ對立シテ來タ場合＝於テハ、之ヲ激成スルト云フコト＝ナルト、國家政治ノ運用上頗ル重大ナ問題ヲ惹起ス、故＝自治管理案ヲ繞ッテノ論爭ハ、之ヲ如何＝スルカト云フコト＝付テハ、相當深刻＝考ヘナケレバナラヌ、隨テ先刻申上ゲタヤウナ商業組合ト米穀商組合トノ協調ヲ圖ッテ、サウシテ米穀商ナド＝モ、此自治管理案ノ機關ノ中 ＝ 入ッテ、共同一致シテヤレト云フ趣意ノコトモ出來ル譯デアルカラ、見地ヲバ――其出發點ヲバ、階級鬪爭ノ點＝置イテ、之ヲドウ云フ工合＝シテ調和シテ行クカト云フコトハ、アナタノ庶政一新ノ經綸抱負ノ中ノ重大ナ問題トシテ、私ハアナタノ前＝提供シタイ、之＝對スル經綸抱負ガアレバ之ヲ伺ヒタイト云フノデス

斯樣ナル點ハ總理大臣＝御伺ヲ致シ、財政ノ點ハ馬場大藏大臣＝伺ヒ、更＝又農林大臣＝ハ此希望決議ヲバ、アナタノ自由裁量ノ範圍＝於テ、ドレダケ具體化シタカト云フコトヲ茲＝言明セシメテ、言行一致セル政治家ナリト云フコトヲ、此壇上カラ天下＝呼掛ケテ貰ヒタイ、是ガ私ノ希望デアリマス(拍手)

〔國務大臣廣田弘毅君登壇〕

○國務大臣(廣田弘毅君)　只今工藤君ノ御質問＝御答致シマスガ、此米ノ問題ハ實＝重大ナル問題デアルト思フノデアリマス、一體日本國民ノ主ナル常食デアッテ、而モ是ハ殆ド日本ノ國民性ト相伴ッテ行クトモ言ッテ宜イヤウナ問題デアリマス、而シテ是ガ生産＝携ハッテ居ル農民ハ、日本ノ人口ノ過半數＝モ達シテ居ル、又米ノ販賣取引＝從事シテ居ル人モ亦多數アル、サウ云フ見地カラ見マシテモ、此米ノ問題ガ如何＝重大デアルカト云フコトハ申ス迄モナイト思フノデアリマス、斯ル問題＝付テコソ、庶政一新ノ大ナル部分ヲ費スベキモノデアルト私ハ思ッテ居ルノデアリマス、而シテ組閣以來此米ノ問題＝付テ、色々ノ關係當局大臣ノ説明モ聽イタノデアリマスガ、現在提案＝ナッテ居リマス米＝關スル諸法案ハ、既＝數年來政府＝於テモ、亦議會＝於キマシテモ、繰リ＝練ッテ作ラレタ案デアルト承知致シタノデアリマス、少クトモソレダケノ研究ノ積マレタ案ナラバ、相當各方面＝不平不滿ガアッテモ、或ハ此際ハ我慢シテ貰ハナケレバナラヌ法案デハナイカ、其點＝付キマシテ、私ハ之ヲ實ハドレガ良イカト云フコトヲ判斷スルダケノ頭ハ、マダ持ッテ居ナイノデアリマス、隨ヒマシテ是マデノ經過＝鑑ミマシテ、先ヅ此位ノ案ハ通シテ貰フコトガ、社會全般カラ見マシテ適當デハナイカ、ソレカラ各方面ノ色々ナ反目ハ何トカシテ是ハ收メテ、自制モシテ貰ヒタイ、又政府デ努力スベキ事ガアレバ努力致シタイ、是ダケノ案位ハ此際通シテ貰ヒタイト云フ、非常ナ熱意ヲ以テ提案シタ次第デアリマス

〔國務大臣馬場鍈一君登壇〕

○國務大臣(馬場鍈一君)　工藤君ノ私＝對シテノ御質問＝對シテ御答ヲ申上ゲマス、米穀自治管理案＝依リマスノト、米穀統制法――現行制度＝依ッテ參ルノト、國庫ノ負擔＝ドウ云フ關係ヲ持ツカト云フ御質問デアリマスガ、私ノ今日マデ考ヘテ居リマス所デハ、此法案＝依ル方ガ、現在ノ制度＝依リマスヨリモ、國庫ノ負擔ハ增サヌデアラウ、斯ウ考ヘテ居リマス、ソレデハ現在ノ制度ヨリモ、ドノ程度＝減ズルダラウカト云フコト＝付テハ、是ハ中々ムヅカシイノデアリマスガ、大體私共ノ今日マデ調ベタ所デハ、現行統制法＝依ルヨリモ、國庫ノ負擔ハ減ズルデアラウ、斯ウ見込ンデ居ルノデアリマス

〔國務大臣島田俊雄君登壇〕

○國務大臣(島田俊雄君)　工藤君ノ重ネテノ御尋＝對シテ御答致シマス、附帶決議ノ問題ハ、此法案ガ成立シテ、實施ヲ致シマス場合ノ意味＝於テ、附帶決議ヲサレタノデアリマス、併ナガラ現在ノ統制法ノ下＝於キマシテモ、此附帶決議ヲサレタル事柄ハ、何レモ重要ナ事柄デアリマスカラ、是等＝付テハ先刻モ申シマシタ如ク、内部＝委員ヲ拵ヘマシテ、産業組合ト米ノ取扱業者等ノ關係＝付テ、協調ヲ如何＝シテ圖ルカト云フ問題、尙ホ本法ガ實施サレマス場合＝影響ヲ受クベキ中間ノ配給機關、即チ端的＝申セバ取引所デアリマス、斯樣ナ取引所、若クハソレ＝關聯シテ業務ヲ營ンデ居ル人々＝對スル善後ノ處置、又政府米ノ賣買ノ場合＝於テ、米商人ト産業組合

等トノ扱ヒ、是等ノ事柄ニ付キマシテ、卽チ以上三部ニ分チマシテ、回ヲ重ネテ立案ヲ急イデ居ルノデアリマシテ、各部ニ於キマシテハ、之ニ付テ相當ナ案ヲ得テ居ルノデアリマス、マダ總會ニ付シテ之ヲヤルト云フ程度ニハ達シテ居リマセヌケレドモ、相當ナ案ヲ拵ヘテ居ルノデアリマシテ、之ヲ實際ニ現ハシマス場合ニ、豫算ヲ要スルモノニ付キマシテハ、無論ソレニ從ッテ經費ヲ要求シナケレバナラヌト考ヘテ居ルノデアリマス、尙ホ本法案ガ成立致シマシタ場合ニハ、其成立ト共ニ是等ノ事柄ヲ尙ホ進メテ、急速ニ實現ヲシタイト思フノデアリマス

ソレカラ米ノ國營檢査ノコトデアリマスガ、是ハ文書モ印刷シタコトデアリマスシ、是非斯樣ニ實現ヲ致シタイト思ヒマス、之ニ付テハヤハリ相當ナ經費ヲ要スルコトデアリマスカラ、ソレ等ノ事柄ハ次ノ豫算ニ要求スル機會ニ於テ、卽チ十二年度ノ場合ニ於テ、本案ガ實施サレマス場合ニハ、之ヲ要求シタイト思フノデアリマス、尙ホ産業組合ノ指導監督ニ關シテノ事柄デアリマスガ、現在ノ經費ノ關係ニ於キマシテハ、此監督ヲシ、又此檢査ヲスル方法ニ付テ、十分徹底スルコトノ出來ナイ程度ノモノデアリマス、故ニ此多數ノ産業組合ニ對シテ十分ナル監督ヲナシ、指導ヲナスト云フコトニ付キマシテハ、是ハ別ニ計畫ヲ立テ、相當ナ經費ヲ要求スル考デアリマス、經費ヲ伴ヒマスル事柄ニ付テハ、何レモ豫算ヲ以テ要求シナケレバナラヌノデアリマスガ、經費ヲ要セズ實際ニヤリ得ル事柄、卽チ實行ニ移スベキ基礎トナルベキ案ニ付テハ、熱心ニ研究ヲ致シテ居ル事情ハ、工藤君モ御承知ダラウト思フノデアリマス、デ私ハ自分ガ此責任ヲ執リマス以上ハ、左樣ニ申上ゲタコトハ必ズヤリマス、是ダケ申上ゲテ置キマス（拍手）

（工藤鐵男君登壇）

○**工藤鐵男君** 御迷惑カモ知レマセヌガ許サレタル程度ニ於テヤリマス、島田農林大臣ノ答辯ハ餘リ要領ヲ得マセヌケレドモ、マア此邊デ止メテ置キマス、ソレカラ大藏大臣ハ十分御承知デモアラウシ、又見据エモ付イテ居ルデセウ、ケレドモ兎角餘リ言ヘナイコトヲ原則トシテ考ヘテ居ルヤウデスカラ、仰シヤラナイカモ知レマセヌケレドモ、元ヨリモ幾ヲカ減ルダラウト云フ、ダラウデハチットマア――ダラウデ宜イデスケレドモ、然ラバドウ云フ理由デ減ルダラウ、ドウ云フ理由デ負擔ヲ加重シナイダラウ、此點ニ付テモウ少シハッキリシタ御意見ガナケレバ、財政上ノ事情カラ出發シテ此案ヲ解決スルコトハ出來ナイ、アナタハ隨分長イ間議員ヲヤッテ大概知ッテ居ルノダカラ、先ヅ此位ナラバ行ケルダラウ、此方法ニシタラ宜イダラウト云フコトハ言ヘルダラウト思フ、固ヨリ吾々ハ行政機關ヲ持ッテ居リマセヌケレドモ、先ヅ大體ノ目安ヲ立テ、見テ、外地、例ヘバ朝鮮ナリ臺灣ノ米ヲ統制スル場合ニ於テハ、ソレハ決シテ政府ノ關係ナクシテヤレルモノデハナイ、必ズ相當ノ金ヲ出サナケレバナラヌト思フ、又實際上ニ於テモ缺點モアルト思フ、ソレカラ全國ニ何百ト云フ、恐ラクハ何千ト云フヤウナ統制機關ガ若シ各處ニ出來ルトシタラ、之ニ對シテモ政府ハ相當ナル力ヲ貸シテヤラナケレバ是ハ出來ナイ問題デアル、ケレドモ私ハ此質問ト云フモノハ單ナル質問デ、之ヲ豫斷シテ以テ是ハイカヌト云フ意味デ言フノデハナイ、唯將來ニ於テ國民ノ負擔ガ加重スルコトハ、吾々大イニ之ヲ惧レルノデ、財政方面ノ人ニハ特ニ御考慮ヲ願ヘネバナラヌ、ソレバカリデハナイ、何シロドウモ内閣ト云フモノハ一年カ半年デ始終迭ルノデスカラ、當ノ大臣ハ居ナクナルノダケレドモ、後ニ殘サレタル國民ノ負擔ト云フモノハ、之ニ依ッテ非常ナル禍ヲ受ケルノデアルカラ、大藏大臣トシテハ、私ハ特ニ斯ウ云フ重要法案ガ出タ時分ニ、財政トノ關係ニ付テハ、國民ヲ納得セシムルダケノ御考ヲ、此議場ニ於テ御發表ニナッテ戴キタイ、多分減ルダラウ、減ル見込ダ、サウ云フ見込ナラバ、ソレハドウ云フ根據ニ依ッテ減ルノカ、何シロ澤山ノ機關ガ出來ル、役人モ殖エテ來ル、外地ヲ統制シテ行ク上ニ於テモ、ソレハ種々ナル機關ヲ設ケテ來ルデアラウシ、金モ吳レルカシナケレバナラヌカラシテ、唯減ルダラウ、十年間ニ二億何千万圓ト云フ金ヲ使ッテ行クノデアルカラ減ルダラウ、ケレドモアノ二億何千万圓ト云フモノハ、中ニハ、吾々疑問ニ思フモノモアル、買ハナクテモ宜イ時代ニ米ヲ買ッテ損ヲシテ居ル時代ガ、隨分アッタデハアリマセヌカ、ダカラ統制法ハイカヌ、財政關係ノ方面カラ考ヘテモイカヌトシタナラバ、ソコデ此點ガ重點トナッテ、此自治管理案ト云フモノニ吾々ハ向ハナケレバナラヌ、而シテ國家今日ノ場合、國民ノ負擔ガ益〻加重シテ行ク場合ニ於テ、吾々ハ斯樣ナ重要法案ガ成立シタ後ニ於ケル、財政上ノ影響ヲ聽キタイ爲ニ申上ゲタノデアリマスカラ、ドウゾ此點ニ付テハ重ネテ今少シ具體化シタ所ヲ伺ヒタイ、固ヨリ委員會ニ於テモ質問モアリマセウガ、マア總理大臣ハマダ新シイ處女的態度ヲ以テ國政ニ臨ンデ居ルノデアルカラ、是レ以上ノ御答辯ヲスルコトハ出來ナイカモ知レマセヌガ、大藏大臣ニ向ッテ重ネテ是ダケノコトヲ御伺シタイ

（國務大臣馬場鍈一君登壇）

○**國務大臣（馬場鍈一君）** 御答申上ゲマス、私ガ一般會計ニ於キマシテ損失ガ幾ヲカ少イデアラウト云フヤウナ考ヲ持チマシタノハ、詰リ統制法デアリマスト云フト、米ヲ政府デ買ヒマシタモノヲ、最高値段マデハドウシテモ賣ルコトガ出來ナイ、此自治管理ニ依リマスレバ、米ノ値段ガ或ル程度マデニナリマスレバ、其自治管理ヲ解除スル、斯ウ云フコトニナリマスノデ、私共ハ大體ノ見込カラ申シテ、最高値段マデ持ッテ居ラネバナラヌノト比ベマシテ、ソコニ多少損失ガ少イデアラウ、斯ウ云フコトヲ大體見込ンデ居ルノデアリマス、併ナガラ今御話ノ如ク、此自治管理ヲ致シマスニ付キマシテハ、外地ニ於テモ相當ニ色々ノ施設ヲ致サネバナラヌデアラウト思ヒマス、デアリマスカラソレニ付キマシテノ總テノ費用、サウ云フモノヲ正確ニ見込ンダ場合ニ、果シテ統制法トドノ位違フカト云フ問題ニナリマスト、中々ムヅカシイ問題ダト思ヒマス、併シ法律其モノノ立前カラ申セバ、先程申上ゲマシタ通リ、最高値段マデ管理シテ置カナケレバナラヌノト、或ル程度、卽チ米價ガ一割ナラ一割高クナレバ解除スルト云フコトデアリマスレバ、管理保管ノ期間ト云フモノハ、ソレダケ短イ譯デアリマス、其點ニ於テハ確ニ或ル程度ノ負擔ノ減少、斯ウ云フコトニ見ラレルノデハナイ

カ、私共ハサウ云フ點カラ、先程申シタヤウニ國庫ノ負擔ハ現行法ト比シテハ少クナルデアラウ、斯ウ申上ゲタ譯デアリマス

○議長(富田幸次郎君) 河野一郎君

(河野一郎君登壇)

○河野一郎君 私ハ本案ノ内容ニ關スル質疑ニ入ル前ニ先ダチマシテ、主トシテ拓務大臣ニ御尋致シテ見タイ點ガアルノデアリマス、即チ吾々ガ我國ニ於キマスル所ノ米穀對策ニ關シマシテ常ニ研究致シマスル際ニ、最モ不審ニ思ヒマスルコトハ、朝鮮米ニ關スル統計ノ杜撰、出鱈目ノ點デアリマス、ドウ考ヘマシテモ此鮮米ニ關スル統計ガ杜撰、出鱈目デアリマスル爲ニ、正シキ結論ヲ得ルコトガ甚ダ困難ナル場合ニ遭遇スルコトガ多イノデアリマス、ソコデ政府ハ本案立案ニ當リマシテ、果シテ吾々ガ手ニ致シテ居リマスル調査統計ヲ基礎トシテ本案ヲ立案セラレタルモノナリヤ否ヤ、乃至ハ本案調査ニ當ッテ他ニ的確ナル數字ヲ基礎トシテ立案セラレタルモノナリヤ否ヤ、乃至ハ吾々ニ示サレテ居リマスル所ノ政府發表ノ計數ガ的確ナル數字ナリヤ否ヤノ點ニ付テ、數字ヲ示シテ最初ニ御尋致シテ見タイノデアリマス

先ヅ第一ハ朝鮮ニ於キマスル所ノ大正元年以來、二十有餘年ニ亙ッテノ朝鮮住民ノ一人當リノ米ノ消費量、即チ朝鮮ニ住ンデ居ラレマスル方々ガ、ドレ位米ヲ食ッテ居ラレルカ、ドレ位米ヲ食ヘレルカト云フ數字ニ付テ調ベテ見マスノニ、大正元年ニ一千百万石消費セラレタ、食ヘレタ米ガ、昭和九年ニハ八百二十八万石、人口ハ大正ノ初メト昭和ノ今日ト比ベマ スルト、其間ニ――是モ正シイ數字ガアリマセヌノデハッキリ分リマセヌガ、少クトモ四五百万人ノ朝鮮住民ノ增加シテ居リマスルコトハ事實デアリマス、然ルニ四五百万人ノ人間ガ增加シタニ拘ラズ、此處ニ住ンデ居ラレマスル方々ガ大正元年一千百万石米ヲ食ベタモノガ、昭和八年、九年ニ八百万石、八百二十万石ノ米シカ食ハナイト云フコトハ、ドウシテモ吾々ガ肯クコトガ出來ナイノデアリマス、其間ノ經過ニ付テ調ベテ見マシテモ、之ヲ一人當リノ消費量ニ付テ考ヘマスルト、大正ノ初メニ於キマシテハ一年ニ人間一人ガ五斗六升、五斗二升、五斗六升食ベテ居ッタモノガ、今日ニ於キマシテハ昭和七年ニハ三斗八升、昭和八年ニ三斗八升、昭和九年ニ三斗九升、之ヲ內地ノ一人當リノ消費量ニ比ベテ見マスルト、僅ニ三分ノ一デアリマス、我ガ聖代ニ於テ、一視同仁ノ立場ニ於キマシテ、朝鮮ニ住ンデ居ラレマスル方々ガ、內地ノ住民ニ對シテ三分ノ一ノ米シカ食ヘヌト云フ數字ハ、ドウシテモ吾々ガ之ヲ眞面目ニ此數字ガ正シイトハ、考ヘルコトガ出來ヌノデアリマス、何等カ此裏面ニ「インチキ」「トリック」ガアルト云フヨリ外ニハ考ヘヲレヌノデアリマス、併ナガラ私ハ唯理由ナクシテ「インチキ」「トリック」ト申スノデハアリマセヌ、即チ朝鮮當局ガ常ニ其米穀事情ヲ內地ニ對シテ善意ニ解釋セシメルノ意味ニ於テ、發表セラレルノデハナイカト吾吾ハ想像スルノデアリマス、即チ其他ノ材料ニ依リマシテモ、朝鮮ニ於テ、例ヘバ非常ニ不作ノ年デアッテモ、內地ニ向ッテハ非常ニ多量ノ米ガ移入セラレル、斯ウ云フ馬鹿ナ事情ハ考ヘラレヌノデアリマス、デアリマスルガ故ニ先ヅ最初ニ拓務大臣ハ是等ノ疑問ニ對シテ、明確ナル御答辯ヲ願ヒタイノデアリマス

次ニ伺ッテ置キタイノハ、昨日並ニ本日ノ當議場ニ於キマシテ農林大臣ノ米穀對策ニ對スル御意見ハ、非常ニ明確適切ニ御示シニナッテ居リマス、然ルニ拓務大臣ノ御答辯ニ至リマシテハ――昨日同僚三善君ニ對スル御答辯ニ至リマシテハ、マルデ何等ノ信念モナク、何等ノ見識モナク、唯拓務大臣就任後ニ於ケル一屬僚ノ示ス所ヲ其儘當議場ニ受賣リセラレタルニ過ギナイトシカ考ヘルコトガ出來ヌヤウナ御答辯デアリマス、恐ラク永田拓務大臣ハ拓務大臣御就任以前ニ於キマシテハ、ア、シタ考ハ持ッテオ居デ、ナカッタラウト私ハ思フ、而モ若シモ自己ノ信念ヲ以テ斯ノ如キ御答辯ニナッタト致シマスルナラバ、敢テ私ハ總理大臣ノ御答辯ヲ求メナケレバナラヌ、昨日ノ拓務大臣ノ御答辯ト農林大臣ノ御答辯トノ間ニハ、ハッキリ喰違ヒガアル、拓務大臣ノ御答辯ニ依リマスレバ、此法案ハ內地外地通ジテ共ニ忍ブベキヲ忍ンデ、此法案ヲ提案スルノデアル、此法案ニ依ルノデアル、此法案以外ニハ正シイ法案ハナイ、最善ノ法案ハナイト云フコトヲ明確ニ御答辯ニナッテ居ル、然ルニ農林大臣ハ私ガ今更茲ニ繰返ス迄モナク、只今最善ノ法案トシテハ他ニ採ルベキモノハアル、併シ現下ノ情勢ニ於テハ差當リ此案ヲ出スノデアルト御答辯ニナッテ居ル、總理大臣ハ庶政一新ノ立場ニ於テ、果シテ閣內ヲ如何ニ御纏メニナッテ、本案ヲ提出ニナルノデアルカ

此機會ニ總理大臣ニ私ガ斯ウ云フコトヲ申上ゲルコトハ、甚ダ御無禮カモ知レヌガ、御許ヲ得テ一言總理大臣ニ申上ゲテ見タイ事ガアル、總理大臣ハ昨年外務大臣當時ニ於カレマシテ、有力ナル雜誌記者ト御會見ニナッテ、雜誌ニ意見ヲ發表シテ居ラレル、其文中ニ依リマスルト、非常ニ農村問題ニ深キ御造詣ヲ持ッテ居ラレルヤウニ示 シテアル、一例ヲ舉ゲマスルナラバ、今日ノ農村ノ窮狀ニ對シテ非常ニ同情的意味合ニ於テ、又是ガ解決ニ對シテ、現ニ愛知縣下ニ於ケル所ノ農村ノ家庭工業ノ實例ヲ例示シテ、斯ル方法ニ依ッテ今日ノ農村ノ窮狀ヲ打開シナケレバイカヌト云フコトヲ、ハッキリ具體的ニ示シテ居ラレル、然ルニ只今當議壇ニ於テ御述ベニナリマシタル所ニ依リマスルト、農村ノ問題ニ於テハ餘リニ深キ研究ガナイ、素人デアルト云フヤウナ、甚ダ賴モシカラザル御答辯ノヤウデアル (拍手) 私ハサウ云フ無責任ナ態度ヲ執ラレルコトハ好マシクナイ、今日ノ農村ガ家庭工業、小工業ヲ希望シテ居ルコトハ勿論デアリマス、大變ニ著眼ガ私ハ偉イト思ッテ尊敬シテ居ッタ、然ルニ一タビ總理大臣ニナラレマスルト、斯ウ云フコトニ何等手ヲ著ケヨウトナサラズニ、唯素人、分ヲヌヲ以テ胡麻化サウトスルガ如キハ、斷ジテ許スコトハ出來ナイノデアリマス (拍手) デ先ヅ最初ニ只今申上ゲマシタ通リ、此統計ノ基礎ニ於テ拓務大臣ノ御答辯ヲ得マシタ上デ、重ネテ本質的質問ヲ致シタイト考ヘマス

○議長(富田幸次郎君) 河野君ニ申シマスガ、一問一答ハドウカト思ヒマスカラ、全部御質疑ニナッテハ如何デスカ

○河野一郎君 此次ニ申シマス

○議長(富田幸次郎君) 先例ハ全部御質疑願フコトニナッテ居リマス、全部ヲ一ツ御述ニナッテ、ソレカラ又繰返シテデモ御質疑ニナレバ宜シイ

（河野一郎君登壇）

○河野一郎君　議長ノ御注意デアリマスルカラ――只今私、拓務大臣ニ申上ゲマシタ數字ノ點ハ、私ノ示シマシタル數字ガ拓務省發表、朝鮮總督府發表ノ數字デアリマスルカラ、此基礎ニ基イテ私ノ質問ヲ進メテ見タイト考ヘマス

先ヅ第一ニ御尋致シタイノハ、本案ノ骨子ハ只今農林大臣御説明ニナリマシタル通リ、過剰米穀ノ管理ニ在ルノデアリマス、然ルニ我國ニ於キマスル所ノ米穀事情ヲ大局的ニ達觀致シマスルナラバ、申上ゲル迄モナク內地ニ於キマシテハ、年々一千万石前後ノ米ガ足リナイノデアリマス、此足リナイ部分ヲ朝鮮、臺灣、即チ外地ヨリノ補給ヲ受ケテ我國全體ノ米穀ノ需給事情ガ圓滿ニ參ルコトニナッテ居ルノデアリマス、然ルガ故ニ過剰米穀ハ常ニ內地ニハナイノデアリマス、更ニ之ヲ細カク申上ゲテ見マスルナラバ、內地各府縣ニ付テ之ヲ調ベマスルト、內地各府縣ニ於キマシテハ、東京府外二十縣ノ多キニ亙リマシテ、年々其府縣ハ縣內産米ヲ以テ縣內ノ消費ニ充ツルコトハ出來ナイノデアリマス、何レモ他ノ府縣若クハ、臺灣、朝鮮米ニ依ッテ、其縣下ノ需給ノ圓滑ヲ期シテ居ルノデアリマス、随ヒマシテ之ヲ國家的經濟ノ大局カラ考ヘマスルト、態々運賃、諸掛リノ經費ヲ掛ケテ、足リナイ所ノ地方ニ米ノ管理ヲシテ、更ニ一層餘分ノ手數ヲ掛ケテ、其地方ニ他ノ地方ヨリ米ヲ持ッテ參ッテ、其圓滑ヲ期スルト云フコトハ、ドウ考ヘテモ吾々ノ經濟觀念ニ於キマシテハ、不合理デアルト私ハ思フノデアリマス、即チ內地二十府縣ノ縣內産米ノ不足ヲシテ居リマスル府縣ニ於キマシテハ、自治管理ヲ致セバ致スダケ、其不足分ヲ他ノ方面ヨリ補給セナケレバナラヌノデアリマス、斯ノ如クニ自ラノ米ニ於テ足リナイ處ニ態々管理ヲセシメテ、他カラ持ッテ行ッテ之ヲ補フ如キ無用ナ手數ハ、此庶政一新ノ立場ニ於テ、朝鮮總督府其他ノ反對ノ爲ニ、內地ノ農民ガ多年熱望シテ已マナカッタ所ノ方策ヲ無視シテ、斯ル姑息ナ案ニ依ルコトハ、私ハドウカト實ハ考ヘルノデアリマス、併シ是等ノ點ニ付テ明確ナル御示ヲ願ヒマスルナラバ甚ダ仕合セデアリマス、即チ朝鮮ニ於テ、臺灣ニ於テ、其過剰米穀ヲ貯藏致シマスナラバ、管理致シマスルナラバ、其適當ナル內地ノ必要部分ダケノ米ヲ、外地ヨリ持ッテ參ルコトニ致シマスナラバ、ソレニ依ッテ總テノ問題ガ解決スルノデハナイカト思フノデアリマス、政府ハ昨年來吾々ニ御説明ニナリマスル所ニ依リマスルト、此自治管理ノ法案ニ依ッテ、何等農家ニ對シテ迷惑ヲ掛ケル所ハナイ、農家ノ利益ノ爲ニ本案ヲ實施スルノデアルト云フコトヲ説明致シテ居リマス、果シテ然リト致シマスルナラバ、昨日ノ拓務大臣ノ御考ヘ非常ニ間違ヒデアッテ、本案ガ何人モ農家ニ於テ迷惑スルモノガナイト致シマスルナラバ、進ンデ朝鮮臺灣ニ於テ自ラ喜ンデ、其生産米ヲ自治管理致セバ足リルノデアリマス、朝鮮臺灣ニ於テ自治管理ヲスベキモノデアリマス、好ンデ朝鮮臺灣ヨリ、內地ノ管理シタ分マデモ朝鮮臺灣カラ持ッテ參ッテ此不足分ヲ補フ、斯ル無益ナ徒勞ハ御止メニナッタ方ガ宜イノデハナイカト私ハ思フノデアリマス、此點ニ付テ明確ナル御示ヲ願ヒタイノデアリマス

第二ニ御尋致シテ見タイ點ハ、本案ニ依リマスルト、內地ニ於テ三割五分、朝鮮ニ於テ四割三分、臺灣ニ於テ二割一分ノ割合ヲ定メテ、此比率ニ依ッテ自治管理ヲ行フト云フコトニナッテ居リマス、過剰米ノ自治管理ヲ行フト云フコトニナッテ居リマス、併ナガラ其末段ニ於キマシテ、特別ナル事情、即チ特別ナル豐凶ノアッタ場合ニハ、設ケラレマシタル所ノ委員會ニ付議シテ、多少ノ比率ノ變更ヲスルコトガアルト云フコトガ規定シテアリマス、然ルニ私調査致シマスル所ニ依リマスルト、豐凶ノ場合ガ常デアリマシテ、政府當局ノ狙ッテ居リマスルヤウナ普通ナ場合ガ稀ナノデアリマス、朝鮮、內地ノ氣候風土ノ關係カラデアリマセウ、過去ニ於キマスル所ノ數字ノ示シマスル所ニ依リマスルト、大正五年以後ニ於キマスル所ノ內地ト朝鮮トノ豐凶ノ關係ニ付テ數字的ニ調ベマスルト、大正七年ハ內地ニ於テ五十四万石ノ不作デアッタニモ拘ラズ朝鮮ハ百九十一万石ノ豐作ニナッテ居リマス、大正八年ハ內地ガ四百六十八万石ノ豐作デアッタニモ拘ラズ、朝鮮ハ百二十七万石ノ不作トナッテ居リマス、更ニ大正十年ハ內地ガ三百十六万石ノ不作デアッタニモ拘ヲス、朝鮮ハ二百二十二万石ノ豐作トナッテ居リマス、大正十二年ハ內地ガ三百四十七万石ノ不作デアッタニモ拘ラズ、朝鮮ハ七十二万石ノ豐作デアリマス、更ニ大正十三年ハ內地ガ百八十九万石ノ不作デアッタニモ拘ラズ朝鮮ハ百二十万石ノ豐作デアリマス、大正十四年ハ內地ガ百三十六万石ノ不作デアッタニモ拘ラズ、朝鮮ノ二十七万石ハ豐作デアリマス、更ニ昭和三年ハ內地ガ二百三十万石ノ豐作デアッタニモ拘ラズ、朝鮮ハ百六十四万石ノ不作デアリマス、昭和四年ハ內地ガ五十八万石ノ豐作デアッタニモ拘ラズ、朝鮮ハ百十一万石ノ不作デアリマス、昭和六年ハ內地ガ五百六十七万石ノ不作デアッタニモ拘ラズ、朝鮮ハ七万四千石ノ豐作デアリマス、更ニ昭和七年ハ內地ガ四十二万石ノ不作デアッタニモ拘ラズ、朝鮮ハ四十三万石增作デアリマス、更ニ昭和九年ハ內地ガ千七十三万石ノ大不作デアッタニモ拘ラズ、朝鮮ハ五万八千石ノ增作ニナッテ居リマス、斯ノ如ク數字的ニ調ベテ見マスルト、大正五年以來、斯ノ如ク豐凶常ナラザル場合ガ非常ニ多イノデアリマシテ、內地ト朝鮮トガ同一ニ、內地モ米ガ穫レヽバ朝鮮モ穫レル、內地ガ穫レナケレバ朝鮮モ穫レナイト云フ年ハ、僅ニ大正六年、九年、十一年、十五年、昭和二年、五年ノ六箇年ヲ數ヘルノミデアリマス、豐凶常ナラザル朝鮮ト內地トノ事情ガ異リマスル年次ガ多クシテ、所謂本法ノ內容ニナッテ居リマスル所ノ特別ノ場合ガ多クアリマシテ、規定セラレマシタル法律ノ文字其儘適用ヲ受ケル數字ガ、非常ニ少イノデアリマス、斯ノ如キハ吾々ノ常識ヲ以テ致シマスルナラバ、立法ノ趣旨トシテ如何カト思フノデアリマス、斯ノ如ク內地ト朝鮮ノ作柄事情ガ全ク豐凶常ナラザルモノニ對シマシテハ、自ラ之ニ對シテ採ルベキ他ノ方法ガアルノデハナイカ、他ノ方法ヲ以テスルニアラザレバ、本法ヲ以テ之ノ解決ハ困難デハナイカト私ハ考ヘルノデアリマス、即チ特殊ノ例ヲ以テ示シマスナラバ、吾々ガ經驗致シマシタ昨年度ニ於キマシテハ如何デアリマスカ、內地ハ斯ノ如キ凶作デアッタニモ拘ラズ、朝鮮ハ非常ナ作柄ヲ見セマシテ、朝鮮臺灣ノ米ヲ以テ內地ノ不作ヲ補ッテ餘リアル程度デ、

既ニ政府ハ二百万石以上ノ買上ヲ爲シタト云フ實例ヲ示シテ居ルノデアリマス、斯ノ如キ年次ニ於テ、果シテ此割合ノ多少ノ變更ヲ以テ、內地ニ自治管理ヲ以テ臨ンダラ如何ナル實情ヲ示スノデアリマセウカ、私ハ是等ニ對シテ深ク疑問ヲ持ツ者デアリマス、ドウカ政府當局ヨリ是等ニ對シテ御說明ヲ願ヒタイノデアリマス

更ニ大藏大臣ニ一言御尋ヲシテ見タイノデアリマス（「大藏大臣ハ居ラナイ」ト呼フ者アリ）居ラレナケレバ宜シウゴザイマス、大藏大臣ノ質問ハ止メマス、最後ニ――商工大臣ハ居ラレマセヌカ……（「今ノ質問ニ答辯ヲ求メヨウ、答辯ヲ求メテ居ル間ニ出席ヲ頼マウ」ト呼フ者アリ）以上ノ點ニ付テ先ヅ御答辯ヲ願ヒマス（拍手）

（國務大臣永田秀次郎君登壇）

○國務大臣（永田秀次郎君）　河野君ノ御質問ニ對シマシテ御答ヲ致シマス、第一ニ私ガ此米穀自治管理法案ニ對シテ何等ノ信念ヲ持タヌ、農林大臣ハ信念ヲ持ッテ居ルガ、私ガ信念ヲ持タヌト云フヤウナ御言葉ガアリマシタノデ、此點ニ付テ一應申上ゲテ置カナクチヤナラヌカト思ヒマス、ソレハ昨日モ申上ゲマシタノデアリマスガ、昨日ノ御問ハ私ニ何カ獨特ノ良法ガナイカト斯ウ云フコトヲ聽カレタノデ、此法案ト云フモノハ洵ニ難カシイモノデアッテ、皆サンガアンナニ御研究ニナッテ、尙ホ今日色々ノ御議論ヲ此議場デ見ルヤウナ、ソレ位ニ此問題ハ難カシイ問題デアリマス、隨テ私ニ獨特ノ良法ガアルカト言ハレマスト、遺憾ナガラ私ノ智慧デハ良イ方法ガ見付カリマセヌ、今ノ場合ハヤハリ極端ニ米穀管理專賣ト云フコトモ出來ナケレバ、放任ト云フ譯ニモ行カヌ、此現狀ニ於テハヤハリ此米穀自治管理法案ガ一番良イ方法ト思フ、斯ウ云フコトヲ申述ベタノデアリマス、隨テ是ガ農林大臣ノ御話トハ精神ニ於テ全ク一致スルト思ヒマシテ、此間ニ何等矛盾衝突ガナイト私ハ考ヘテ居リマス

ソレカラ第二ニ朝鮮ノ統計ノコトヲ述ベラレマシテ、朝鮮ガ或年ニハ一千百万石ヲ消費シタ、或年ニハ八百万石シカ消費シナイト云フコトニ付テノ御尋デアリマシテ、此統計ガ杜撰デアルト云フコトヲ御指摘ニナリマシタノデアリマスガ、統計ノ面デハ此通リニナッテ居リマスノデ、私ハ此統計ヲ信ズルカト云ヘバ、統計ガ此通リニ出テ居リマスカラ、私ハ一應此統計ハ信ジマス、併ナガラ果シテ是ガドウ云フ原因デ斯ウ云フ風ニナッテ居ルノカ、又何カ此統計ノ出ッテ來ル所ニ間違ヒガナイカト云フコトニ付テ、取調ヲシナクチヤナラヌノデアリマス、是ハ私モ此統計ニ付テハ河野君ト同ジヤウニ、ドウ云フ譯ダラウカト云フコトヲ疑ヒマス、ソレハ正直ニ申シマス、ソレハ併シコンナ事情モアルノデス、米ヲ消費スルト云フノハ、假令人口ガ殖エテ來マシテモ、其時ニエラク米ガ高イト云フヤウナ場合ニハ、朝鮮ハ米ト同時ニ粟ヲ澤山食ヒマス、ソレデスカラ高イ米ヲ內地ニ賣ッテ、粟ヲ食ヒタイト云フヤウナコトハ、ソレハ實情アルト思フノデス、隨テ或時ノ朝鮮ノ消費量ガ非常ニ多額デアリ、又或時ニハ少額ニナルト云フコトハ、强チ統計ガ間違ッテ居ルト一概ニ申サレナイ場合モアラウト思フ、此點ニ付テハ尙ホ十分私研究致シテ見タイト思フノデアリマス、又或年ニハ不作ニモ拘ラズ、內地ニ移入ガ多カッタノハ怪シカラヌト云フヤウナ御話デアリマスガ、是モヤハリサウ云フ事情ガ事實ニ於テナイトハ申サレナイト思フノデス、統計デサウ表ハレテ居レバ私ハヤハリ一應統計ヲ信ジマス、ソレハ物價ノ關係ニ依リマシテ、ドウモサウ云フ場合モアリ得ルノデ、吾々同ジ內地デアリマシテモ、隨分自分ノ米ハ餘所ヘ賣ッテ、他カラ買ウテ來テ食フト云フ實情ガアルノデスカラ、朝鮮ト內地トノ關係モ色色ナ場合ガゴザイマセウト思ヒマスカラ、其點ハ私トシテハ一應統計ヲ信ジマスルケレドモ、尙ホ統計ハ場合ニ依ッテ、ヨク過チヲ傳ヘルコトモゴザイマスカラ、其點ハ何處マデモ注意ヲ致シマシテ研究致シマス、何分私モマダ十分此問題ヲ本當ニ呑込ムノハ中々容易デナイノデアリマスカラ、其邊モ能ク御察シヲ願ヒマス（拍手）

（國務大臣島田俊雄君登壇）

○國務大臣（島田俊雄君）　只今ノ河野君ノ御尋ニ付キマシテ御答ヲ致シマス、大體ニ於テ內地ハ一千万石程度ノ不足デアリ、隨テ外地カラノ移入ニ依ッテ之ヲ補フ場合ガ多イ、然ルニ內外地ヲ通ジテ之ニ統制ヲ命ジテ一定ノ數量ノ割當ヲスルト云フコトハ、內地ニ於テ必要ナキニ統制ヲ行フヤウナ結果ニナルノデハナイカト云フヤウナ御尋ト考ヘマスガ、是ハ卽チ附則ニ於ケル特別ノ事情アル場合ニ割當ヲ動カシ得ル規定ガ加ヘラレテ居ル點ト、サウシテ今一ツハ左樣ナ事情ヲ斟酌スル場合ニ於キマシテ、貯藏保管ヲスル者ニ於テ能力其他ノ事情ニ依ッテ貯藏困難ナル場合ニハ、一定ノ價格ヲ以テ政府ガ買上ヲスルト云フ規定ノ運用ニ依ッテ、此關係ヲ處置シテ行クノ外ハナイ、是ガ本法案ガ前議會ニ於テ或點ニ修正ヲ見テ可決セラレタ點デアリマシテ、此間ニハ內外地ヲ通ジテ米穀事情ノ上カラシテ、本法案ヲ成立セシメ、又此成案ヲ得ルニ付テ非常ニ微妙ナル關係ノアッタコトハ、私以上ニ御承知ダラウト考ヘマスガ、ソレ等ノ各法條ノ運用ニ依ッテ、此自治管理ノ案ノ、ソコニ缺點ト云ヘバ缺點デアルガ、妙ト云ヘバソコニ妙ガアルト云フコトヲ御諒解下サレバ、此以上ノ說明ヲ要セズシテ本法案ノ已ムヲ得ザルモノデアリ、是レ以上ニ案ノナキコトヲ御諒解下サルデアラウト考ヘマス、是ダケ御答致シテ置キマス（拍手）

（河野一郎君登壇）

○河野一郎君　拓務大臣ノ御答辯ハ事情ガ能ク分ラヌト云フコトデアリマスカラ、何レ委員會マデニ十分御調ベニナッテ、委員等ニ御答アランコトヲ御願致シテ置キマス、尙ホ數字ノ點デアリマスガ、私ノ申上ゲマスノハ只今拓務大臣御示シニナリマシタヤウニ、米ガ高カッタカラ內地ヘ行ッタノデアラウトカ、米ガ高カッタカラ粟ヲ餘計食ウタノデアラウトカ云フヤウナ意味合デナシニ、大正元年以來今日マデ內地ノ一人當リノ消費量ニ比ベテ、常ニ半分若クハ三分ノ一ノ米シカ食ウテ居ラヌ、朝鮮ニ住ンデ居ラレル方ガ、斯ノ如ク果シテ米サヘ食ヘズニ米ヲ作ッテ居ラレルノデアリマセウカ、ドウデアリマセウカ、朝鮮ノ農民ハ自家デ生産スル所ノ米ヲ食フコトガ出來ナイヤウナ經濟ノ事情ニ置カレテ居ルノデアリマセウカ、若シモ果シテ然リト致シマスナラバ、拓務行政上篤ト御考ヘニナラナケレバナラヌ點ガ、アルノデハナイカト私ハ思フノデアリマス、併シ私ハ此點ニ付テ深ク研究ガアリマセヌガ、ドウシテモサウ云フ事情ニ

アラズシテ、此統計ノ示ス所ニ依リマスルト、大正元年ヨリ昭和ノ年代マデ、順次年年歳々次第々々ニ一人當リノ消費量ガ減ッテ参ルノデアリマス、是ハ私ガ計算シマシタノデ、間違ッテ居ルカモ知レマセヌガ、拓務省ノ統計ニハナイ、御調ベニナッテ戴キタイ

更ニ商工大臣ガ御見エニナリマシタカヲ、民政黨出身閣僚タルノ立場ニ於テ、御答ヲ願ヒタイノデアリマス、商工大臣ハ嘗テ民政黨ニ於カレマシテハ、政務調査會長トシテ民政黨ノ政策ニ付テ重要ナル地位ヲ占メ、熱心ニ政策ニ付テ御研究遊バサレタ方デアリマス、其嘗テ民政黨ノ政策調査ノ首班トセラレマシテ、米穀政策ニ關シテハ十分ナル御研究ガアルト信ジマス、其見地ニ立ッテ、今回黨出身閣僚ニナラレマシテ、今回ノ米穀自治管理法案ニ對シテハ如何ナル所見ノ下ニ、如何ナル見解ノ下ニ、本案提案ニ御贊成ニナッタノデアリマスルカ、御所見ヲ承ッテ見タイノデアリマス、更ニ大藏大臣ハ御見エニナリマセヌカラ質問ヲ留保致シテ置キマス

(國務大臣永田秀次郎君登壇)

○國務大臣(永田秀次郎君) 朝鮮ノ人達ガ米ヲ消費スルコトガ内地ノ人ノ三分ノ一ニモ足リナイト云フコトハ、如何ニモ可哀相ダト云フヤウナ御同情ノ御話ガゴザイマシタデス、併シ私トシテ考ヘマスルト、是ハ其民族ノ習慣ニ依リマスコトデアリマスカヲ、内地ト同ジヤウニ朝鮮ノ人モ米ヲ食ハナクテハナラヌト、サウ決メル必要モナイノヂヤナイカ、又粟ヲ澤山朝鮮デハ食ベマスルシ、臺灣デハ藷ヲ食ベル習慣ガアリマス、其爲ニ米ヲ消費スルコトガ少ナイカラト云ッテ、アノ人達ガ非常ニ自分達ガ不仕合セダトハ考ヘテ居ラヌヤウデアリマス、サウシテ私モ何等朝鮮總督カラ、民ニ怨嗟ノ聲アリト云フコトヲ聞キマセヌノデアリマスルカラ、此點ハ私トシテソレ程心配シテ居リマセヌト云フコトヲ申上ゲテ置キマス

(國務大臣小川郷太郎君登壇)

○國務大臣(小川郷太郎君) 河野君ニ御答致シマス、米穀自治管理法案ニ付キマシテハ、私閣僚ノ一人ト致シマシテ、此法案ガ適當ナモノデアリ、必ズ皆様ノ御協贊ヲ得タイト望ンデ居ル所デアリマス、私ガ民政黨ノ出身デアルトカナイトカ云フコトハ問題デナイト思ヒマス、尙ホ其事ニ付テ御話ガアリマシタカラ、敢テ辯解スル必要モアリマセヌガ、此調査ハ私ノ政務調査會長時代チヤアリマセヌ、サウ云フコトヲ御引用ニナリマシタカラ御答ヲ申シテ置ク譯デアリマス、敢テ是ハ黨出身ト否トヲ問フ問題デナイト私ハ考ヘテ居リマス

(河野一郎君登壇)

○河野一郎君 拓務大臣ニ最後ニ一言御尋致シテ見タイト思フノデアリマス、拓務大臣ハ民族習慣ニ依ッテ米ノ食ヒ方ガ少クテモ、大シテ同情ノ必要ハナイト云フ御答辯デアリマスルガ、其點ハ別ニ致シマシテ、年々米ノ食ヒ方ガ減ッテ行クト云フコトハ、ドウ云フモノデアラウカト云フコトヲ私ハ伺フノデアリマス、米ヲ食フコトガ出來ナイヤウニ段々ナリツヽアルノデアラウト云フ疑ヲ持チマス、一面ニ於キマシテ内地ニ米ヲ賣リサヘスレバ、無暗ニ高ク賣レルカラ、ソレデ食フ物モ食ハズニ賣ルノデハナイカ、數字ノ示シマス所ニ依リマスト、朝鮮ノ豊凶如何ニ拘ラス、内地ニ移入セラレマスル數量ハ、内地ノ米穀事情ニ依ッテ朝鮮カラノ移入ハ決マルノデアリマス、總テ内地ノ經濟事情ニ依ッテ朝鮮ニ居ラレマスル方々ガ、米ガ食ヘタリ食ヘナカッタリスルト云フコトニナッテハ、甚ダドウカト私ハ思フノデアリマス、ト同時ニ、更ニ私ノ御尋致シタイノハ、政府ハ一昨年來相當ノ經費ヲ以テ朝鮮ニ於キマスル所ノ生産費調査ヲ、委員會マデ設ケテ調ベラレテ居ラレマス、昨年ノ議會ニ於テモ、一昨年ノ議會ニ於キマシテモ、此生産費調査ガ出來レバト云フコトデ、吾々ガ委員會デ幾ヲ質問ヲシテモ其内容ヲ嚴秘ニ付シテ、暫ク待ッテ呉レト云フコトデ、今日ニ及ンデ居リマス、然ルニ吾々ノ承知致シマスル所ニ依リマスルト、一昨年モ金ダケハ使ッタガ、調査ノ結果ハ何等世間ニ發表セラレヌ、昨年モ經費ダケハ使ッタガ、其調ベタ結果ガ、内地ノ委員ト外地ノ委員トノ間ニ意見ノ一致ヲ缺イタトカ缺カナイトカ云フコトヲ新聞デ見マシタガ、結果ノ發表ガ出來ナカッタ、サウ云フコトデアリマスルト本案ノ實施後ニ於キマシテハ、只今農林大臣御説明ニナリマシタル通リ、事情氣ノ毒ナ、必要ト認ムル場合ニハ買上ヲスル、貯藏困難ナル者ニ對シテハ買上ヲスルト云フコトニ、法文ガナッテ居リマスルガ、其場合ニ買上價格ハ何ニ依ッテ基礎ヲ定メルカト申シマスト、申上ゲル迄モナク生産費デアリマス、所ガ外地ニ於テ相當ノ經費ヲ掛ケテ二年間モヤッタガ、其結果ガ何等意見ガ纏ラヌ、吾々ニ對シテ示スコトサヘ出來ナイト云フコトデアリマスレバ、何年ヤッタラ一體出來ルノデアリマセウカ、若シ其生産費調査ガ出來ナケレバ、結局本案ノ實施ハ出來ナイコトニナルノデハナイカト私ハ思フノデアリマス、總テソレ等ノ生産費調査ニ致シマシテモ、吾々ガ常識的ニ考ヘテモ大體ノ見當ハ付クノニ、外地ノ當局ハ、故ヲデハナイカモ知レマセヌガ、非常ニ外地ノ生産費ヲ高ク計算セラレテ、世間ニ發表セラレヨウトスル傾キガアル、デアリマスルカラ、只今ノ御答辯ニシマシテモ、拓務大臣ハ屬僚ノ言フコトヲ一切排シテ、サウシテ今迄ノ行掛リニ囚ハレナイ立場ニ於テ、本案ニ當ラレルニアラザレバ、益々問題ヲ紛糾スルノミデアル、其點ヲ十分御注意ニナルト同時ニ、其點ニ對シテノ最後ノ御答辯ヲ得タイ思フノデアリマス

商工大臣ノ御答辯ハ私甚ダ不滿足デアリマスルガ、今日政黨ノ現狀ニ付テ考ヘマシテモ、黨出身閣僚ハ、今少シ毅然タル態度ニ於テ、其政黨ノ政策ニ對シテ今少シク忠實ニ、勇敢ニ、大膽ニヤッテ戴キタイ、單ニ小川サンガ偉イカラ商工大臣ニナラレタノデハナイデアリマセウ、民政黨ノ領袖タルノ立場ニ於テ大臣ニナラレタノデセウ、然ラバ堂々ト民政黨ノ政策ニ、忠實ニヤッテ戴キタイト云フコトヲ一言申上ゲテ私ノ質問ヲ終リマス

(國務大臣永田秀次郎君登壇)

○國務大臣(永田秀次郎君) 朝鮮ノ人達ガ年々米ヲ食フコトガ減ッテ行ク、ソレガ内地ノ經濟事情ノ爲ニ米ヲ食フコトガ減ッテ行クノハ困ル、氣ノ毒デヤナイカト云フヤウナ風ニ伺ヒマシタガ、此事ハ先ニモ申上ゲマシタ通リニ、ヤハリ朝鮮ノ人ガ米ヲ食ヒタケレバ食フノダラウト思フノデス(笑聲)ソレデスカラ何カ色々ノ事情ガアッテ、米ヲ

食フヨリモ粟ヲ食ッタ方ガ宜イト云フヤウナ事情ガアルモノト私ハ推測シテ居ルノデ、是デ必シモソンナニ朝鮮ノ人達ガ不仕合セノ狀態ニアルトハ、私ハドウシテモ考ヘヲレマセヌ、ソレハソレダケノコトニ私ノ氣持ダケヲ申上ゲテ置キマス、ソレカラ生產費ノ調査ヲ何年ヤッテモ出來ナイヂヤナイカ、是ハ洵ニ私トシテモ恐縮シテ居リマス、生產費ノ調査ト云フモノハ、調ベレバ調ベル程難カシイヤウナ感ジガスルノデアリマス(笑聲)何處デ是ガ本當ニ信念ノアル間違ヒノナイ調査カト云フコトハ洵ニ難カシイノデス、ソレデスカラ今日マデ調査ガ出來テ居ラヌヂヤナイカト言ハレルト、何モセズニ放ッテアル譯ヂヤナイノデ、色々調査ノ結果ガ現ハレテ來テ居ルノデアリマス、併シソレガ此點ハ疑問ガアル、アノ點ハ疑問ガアルト云ッテ、更ニ色々討究ヲシテ居リマスル爲ニ、數字的ニ正確ニ、今玆ニ一石ニ付テ幾ラ掛カルト云フコトヲ此席デ申上ゲルコトハ、洵ニ私トシテ躊躇致シマスルガ、本案ガ通過シテ愈〻實施スルト云フ時機ニハ、是非トモ之ヲ確定致シマスカラ、ドウカ其點デ御諒承ヲ願ッテ置キマス(拍手)

○議長(富田幸次郞君) 岡田喜久治君

(岡田喜久治君登壇)

○岡田喜久治君 諸君、御承知ノ通リ我國ニ於キマスル米穀ノ問題ハ、國策上極メテ重要ナ現下ノ一懸案デアリマス、而シテ米穀統制法竝ニ又米穀自治管理法案、此兩法案ノ實現ハ、畢竟此米穀問題ノ根本的對策ヲ解決セントシテ試ミラレントスルコトデアリマス、何レモ極メテ强力ナル所ノ經濟立法デアリマシテ、或ル意味ニ於テハ、世界ニ於テサヘ其類ヲ見ザルヤウナ、强力ナ經濟立法デハナカラウカト思ヒマス、ソレダケニ洵ニ本案ニ對シマシテハ、初メカラ天下ノ議論囂々タルモノガナイデハナイノデアリマシテ、昨年米穀自治管理法案ガ本議會ニ上程セラレ、續イテ可決セラレル際ニシマシテモ、院外ニ於テ到ル處デ樣々ト之ニ對スル論難モアリ、批評モ起ッタノデアリマス、是ハ此法案ノ重要性ト至難性トニ考ヘテ見マスルナラバ、或ル意味ニ於テハ私ハ無理デモナイ筈ノコトデアラウト思フノデアリマス、併ナガラ吾々議員ト致シマシテハ、昨年既ニ此自治管理法案ハ、御承知ノ通リ本議會ニ於キマシテ滿場一致之ヲ可決致シテ居ルモノデアリマス、況ヤ米穀統制法ニ至リマシテハ、先年既ニ之ニ協贊ヲ與ヘ、之ヲ實現セシメタ責任アルモノデアリマス、隨ヒマシテ今更私ハ此自治管理法案ニ付キマシテモ、是ガ根本問題ニ付キマシテ、アレヤ此レヤト論議ヲ試ミル必要ハナク、質問ヲ致ス要ヲ認メナイヤウナ次第デアリマス、此點ニ付キマシテハ、先刻島田農林大臣カラシテ、此席ニ於テ御答辯ガアリマシタガ、私ハ極メテ簡明至極ナ御答デアルト思フノデアリマスルシ、吾吾ガ昨年擧ッテ之ニ協贊シタ趣意モ、アノ答辯ノ趣旨ニ外ナラヌノデアリマス、要スルニ色々ト世間ニハ異論ハ多クアリマスルガ、苟モ今日米穀統制法ト云フモノガ現存致シテ居リマシテ、米穀ニ對スル統制ノ政策ヲ國家トシテ行ハントスル以上、アノ統制法獨存ノミデアッテハ、容易ニ是ガ圓滑ナル運用ヲ全ウスルコトハ出來得ナイト云フコトハ明カデアラウト思ヒマス、是アルガ爲ニ此自治的統制ヲ行ハシメントシ、隨テ或ハ圓滑ナル運用ヲ期待シ、或ハ財政負擔ノ輕減ヲ圖ランガ爲ニ、或ハ進ンデハ又朝鮮及ビ內地ニ對シマシテ、一貫シタル統制ノ趣意ヲ徹底セシメンガ爲ニ、玆ニ必然生レタモノガ此自治管理法案デアルニ違ヒナイノデアリマス、言葉ヲ換ヘテ申シマスナラバ、全ク此自治管理法案ト云フモノハ、苟モ統制法ノ存在シテ居ル以上、附隨的ニ、所謂補完的立法トシテ具ヘヲネバナラヌダラウト思ヒマス(拍手)統制法ノ重大ナル缺陷ヲ、此手段ニ於テ補フノ外ハナイノデアリマス、他ニ途アラバ率ザ知ラズ、先刻農林大臣モ言ハレマシタ通リ(「簡單」ト呼フ者アリ)若シモ統制ノ手段ニシテ他ノ途アルナラバ、或ハ統制ヲ否トスルナラバ率ザ知ラズ、今日ノ場合ニ於キマシテハ以上ノ見地カラシテ、此法案ノ實現ハ、必然玆ニ一日モ早ク解決ヲセネバナラヌ問題デアルト云フ一事ニ盡キテ居ルノデハナカラウカト私ハ思フノデアリマス(「贊成演說カ意見カ何ダ」ト呼フ者アリ)併ナガラ之ニ對シマシテ、世上ニ於テ尙ホ往々ニシテ隨分樣々ノ意見ガアリマスル中デ、私共ノ諒解ニ苦マザルヲ得ナイヤウナ意見モ多々アルノデアリマス、私ハ之ニ對スル一々ノ事項ヲ捉ヘテ論ズル意思ハアリマセヌガ、餘リニモ此自治管理法案ニ對シテ理解ヲ得ラレナイコトノ遺憾ヲ禁ジ難イ結果ト致シマシテ、此一二ノ事例ニ付キマシテ玆ニ申上ゲマシテ、併セテ之ニ對スル政府ノ所見ヲ伺ヒタイト思フノデアリマス、即チ吾々ノ判斷スル所、解釋スル所ガ相當デアルカ、ソレデ間違ッテ居ラナイノカ、ソレトモ世間ニ行ハレツヽアル所ノ、之ニ對スル反對ニ關スル意見ノソレガ正シイモノデアルカ、誤ッテ居ルモノデアルカ、是等ノ點ヲ明ニセンガ爲ニ、聊カ此事項ヲ例示的ニ申シ、論ジテ見タイト思フノデアリマス

世間ノ議論ノ中最モ代表的ナモノハ、彼ノ米穀商組合聯合會ニ於キマシテ「米穀自治管理法案反對要旨」ト云フ冊子ヲ配布セラレテ居リマスルガ、是ハ極メテ其代表的ナモノデアラウト思ヒマスルガ、此反對要旨ヲ一覽致シマシテ、甚シク本案ノ趣旨ヲ幾多誤解シテ居ルノデハナカラウカト思ハレル點ガ多イノデアリマス、例ヘバ其中ニハ、若シモ此自治管理法案ガ實施セラル、ナラバ、米穀商ト云フモノハ全ク地ヲ拂ッテシマフモノデアル、跡ヲ絕ッテシマフモノデアル、全部是等ノ業務ハ奪ハレマシテ、而シテ天下二十五万、或ハ其家族ヲ合セテ二百万ニ垂ントスル所ノ一大商人階ガ、玆ニ沒落ノ運命ニ歸セネバナラナイカノ如キ、甚ダドウモ强イ意味合ニ意見ガ述ベラレテ居ルノデアリマスルガ、私共ノ見ル所ヲ以テシマシテハ、此自治管理法案ガソレ程强カナルモノデアルベキ筈ハナイ、言フ迄モナク自治統制ト申シナガラ、所謂過剩米ノミヲ統制スルト云フコトニ、限度ハ自ラ決ッテ居ルノデアラウト思ヒマス、從前ノ米穀法ニ於ケル政府ノ買上ノ量ト、此自治管理法案ニ於ケル過剩米ノ統制スベキ量トノ相違ハ、是ハ米穀事情ニ依ッテ相違ガアリマセウカラ、ドウ云フ風ニ相成ルカ知レマセヌガ、少クトモ申上ゲ得ルコトハ、必シモ自治管理法案ガ實施セラレタト申シマシテ、今迄ト違ッテ大變ニ澤山ナ所ノ米穀ガ、總テ統制貯藏セラル、モノデアルト云フコトデハ少シモナイノデアリマス、況ヤ既ニ米價ガ漸次標準最低價格ヨリシテ一割高ニナルト云フヤウナコトニ相成リマ

スレバ、御承知ノ通リ是ガ解除セラレマシテ、續々ト市場ニ出廻ルコトガ出來ルノデアリマス、隨ヒマシテ自治管理法案ガ實行セラレルナラバ、私ハ寧ロ從來ヨリモ此市場ニ出廻ルベキ所ノ數量ト云フモノハ、多クナルヤウナモノデアルト解釋スルノガ、通例ノ場合ト見テ宜シイノデハナカラウカト思フノデアリマス、其外必ズシモ統制組合、若クハ產業組合ガ之ヲ取扱ヒマシタトテ、是等ノモノハ必ズヤ適當ノ日ニ、然ルベキ時期ニ於キマシテハ何レモ解除セラレマシテ、一般市場ノ商品トシテ取扱ハルベキモノデアリマスルカラシテ、總テノモノガ、縱シソレガ產業組合ガ扱ッタトシマシテモ、產業組合カラシテ直接ニ、或ハ他ノ消費團體等ニ販賣セラレルト云フコトバカリアルベキ筈ハナク、必ズヤ是ガ商人諸君ノ手ニ移リマシテ、其中間機關ニ依リマシテ、處理セラレルト云フコトハ言フヲ俟タヌト思フノデアリマス、隨テ其憂ヘラレル所ハ御尤ナ點ガアルデアリマセウガ、一言ニシテ申セバ、甚シク之ヲ過大視シテ居ルノデハナカラウカト存ズルノデアリマス、言葉ヲ換ヘテ言ヘバ痴人夢ヲ說クガ如シト云フヤウナ有樣デアリマシテ、洵ニ餘リニ事ノ將來ニ向ッテ悲觀的ノミニ物ヲ觀テ居ルト申シマセウカ、或ハ誇張的、過大的ニ物ヲ考ヘ過シテ居ルノ結果デハナカラウカト思ハザルヲ得ナイノデアリマス、殊ニ此自治管理法案ガ通過シマスルト云フト、是迄ヨリモ尙ホ一層融通ニ於テ自由潤澤ノ途ヲ起スデアラウト云フヤウナコトハ、他ノ點ニ於テモ亦考ヘラレルノデアリマス、デアリマスカラ、其心配サルヽ所ハ甚シク思ヒ過シデナカラウカト思フノデアリマス

又次ニハ產業組合中心主義云々ノ點ニ付キマシテ、非常ナ心配ヲセラレテ居ルヤウデアリマスルガ、必シモ自治管理法案ノ立前ト云フモノハ、產業組合ノミヲ非常ニ重ク視テ居ルトカ、或ハ產業組合ニ偏重シテ居ルトカ云フコトノミヲ言ヒ得ナイト思フノデアリマス、要スルニ憂ヘラレル所ハ、或ハ產業組合ガ今日漸次自然ノ勢トシマシテ、非常ニ伸展發達ヲ見ツヽアルト云フヤウナ關係デアルカラシテ、其上ニモ代行機關トシテ、統制組合ニ代ルベキ所ノ機關トシテ、此過剩米ノ取扱等ヲ爲スヤウナコトニナルト、多々益々以テ產業組合ガ其威力ヲ發揮シ、若クハ普及擴大ヲスルデアラウト云フ結果、所謂中小商工業等ニ對シマシテ、是ガ非常ナ重壓トナリ、壓迫トナリ、其權益ヲ侵害スルノ域ニ至ルデアラウト云フヤウナ見地カラシテ、心配セラレテ居ルノデアラウト思フノデアリマス、此點ハ勿論私ハ一部認メマス、洵ニ左樣ナ事情ノ一部アリマスルコトハ能ク承認出來マスルガ、併ナガラ其說ク所、憂ヘラレル所ガ餘リニ私ハ過大デハナイカ、所謂物ハ程度問題デアリマスルカラ、餘リニドウモ過大デハナカラウカ、ソレ程マデニドウモ產業組合ガ非常ナ伸展發達ヲ遂ゲルト云フコトハ、實際ニ於テ容易デハナイ、況ヤ法規ノ立前カラ申セバ唯單ニ過剩米ニ關スル所ノ統制ノ事務ガ少シク殖エルト云フダケデアリマスカラ、ソレノミニ依ッテ必シテ產業組合、ガ憂フルガ如キ非常ナ力ヲ伸バストカ、或ハ是ガ延イテ以テ一切ノ米穀ヲ獨占的ニ處理統制スルヤウナ力ヲ發揮スルデアラウト云フガ如キコトヲ憂ヘラレルコトハ、餘リニモ憂ヒニ過ギルノデハナイカト思ハザルヲ得ナイノデアリマス、是等ノ點ニ付キマシテハ、吾々ハ斯ノ如キ見解ヲ持ッテ居ル次第デアリマスカ、政府ニ於テハ如何ナル見解ヲ持ッテ居ラレルノデアリマスカ、殊ニ私ノ最モ遺憾トスルコトハ、從來政府ハ斯ノ如キ米穀商聯合會等ノ所見ニ對シマシテ、是デ十分之ニ對シテ其法案ノ趣意ヲ表明シ、或ハ其諒解納得ヲ求ムルト云フヤウナ手段ヲ施スニ十分デアッタカドウカ、吾々ハ今日依然トシテ斯ノ如キ反對ノ論ガ囂々トシテ行ハレル所ヲ以テシマスルナラバ、之ニ對スル所ノ政府ノ態度其ノモノニ付キマシテ、聊カ遺憾ヲ感ゼザルヲ得ナイト云フコトニ相成ルノデアリマスガ、果シテ政府ハ是等ノ點ニ付キマシテ、ドウ云フヤウナ處置方針ヲ以テ臨ンデ來ラレテ居リマスカ、此點ニ付キマシテモ併セテ玆ニ答辯ヲ戴キタク思フノデアリマス

其外幾多質問モ申上ゲタイト思ヒマシタガ、實ハ先刻附帶決議ノ條項ニ付キマシテハ、我黨ノ工藤君カラ十分ニ徹底シタ質問モアッタノデアリマス、唯之ニ對シマシテ政府ノ御答辯ガ洵ニドウモ要領ヲ得ナイバカリデハナク、何故カドウモ曲庇シテ多クヲ語ラナイト云フヤウナ有樣デアッタコトハ、私ノ洵ニ遺憾ニ思フテ居ッタ次第デアリマス、寧ロ政府ハ斯ル議場ニ於テコソ、幾多ノ當議會ガ附帶決議トシテ要望シマシタ諸案件ニ付キマシテノ、其後ノ處置ノ經過及ビ結果ニ付キマシテ、逐一之ヲ發表セラレマシテ、天下ヲシテ安心ヲセシメルト云フコトガ至當デハナカラウカト思フノデアリマス、或ハ委細ノ事ハ委員會等ノ機會ニ於テ、之ヲ語ラウト云フヤウナ意味合カモ知レマセヌガ、以上申上ゲマスル通リ、私ハ斯樣ニ物議紛々タル所ノ問題ニ對シマシテハ、此機會、此議場ニ於テコソ、農林大臣ハ堂々トシテ逐一此點ニ付キマシテ發表シテ然ルベキモノデアラウト私ハ思フノデアリマス、何レモ決議事項ト云フモノハ、眞ニ吾々議會ニ於キマシテ――法案ヲ實施スル上ニ於テハ、此點ダケハ是非共之ヲ條件トシテ全ウセシメネバナラナイ、卽チ米穀商人ニ對スル所ノ打撃影響ト云フモノハ、政府ノ言フガ如クンバ全ク無イト申シマスルガ、吾々ノ觀ル所ヲ以テシマスレバ、全ク無イガ如キ語ヲ以テ辯ズルコトハ甚シキ誤デアリマス、私ハ此米穀自治管理法案ガ總テノ方面ニ無影響デアルトハ申シマセヌ、必ズ是ハ相當ニ、御氣ノ毒ナコトナガラ米穀商人側ニ對シマシテハ、其業務ノ範圍ニ對シマシテ、相當ノ影響ヲ與フベキモノデアルト云フコトダケハ明カデアラウト思フ、隨テ之ヲ心配スル結果、卽チ決議案ニ揭ゲルガ如キ樣々ナ註文ヲ吾々ハ致シタノデアリマス

或ハ又產業組合ノ進展ニ付キマシテモ、私ハ以上申上ゲタ次第デハアリマスルガ、產業組合ノ進展發達ニ從ッテ、中小商工業者若クハ米穀商人ノ權益侵害ト申シマセウカ、兎ニ角ソレ等ニ對スル影響ト云フモノガ、絕無デアルナドトハ私ハ考ヘナイ、政府ハ往々ニシテ之ニ對シマシテモ、殆ド何等ノ影響ガナイ、ト言フヨリモ、政府ノ理由書ニ依リマスト、何レモ是等ノ點ハ何等ノ影響打撃ハアルベキモノデハナイト云フヤウナ極論ヲ致サレテ居ル、是ハドウモ吾吾ハ政府ノ答辯ト申シマセウカ、說明ト申シマセウカ、卽チ前以テ配付セラレテ居リマスルヤウナ各種ノ說明書ニ依ッテモ、以上

ノヤウナコトヲ漏ラサレテ居ルコトハ、決シテ當ヲナイト思フ、併ナガラ又吾々ハ米穀商組合ノ諸君ニ於テ叫ブガ如ク、ア、云フ極端ナ過大ナル所ノ影響アルガ如キ言辭ヲ爲スコトモ誤デアラウト思フ、相當ノヤハリ影響ト申シマセウカ、關係ハアルノデアリマスカラ、之ヲ憂ヘレバコソ、少クトモ本法ヲ實施スルト云フ以上ハ、私共ハ此産業組合ニ於ケル從來ノ弊風ニ付キマシテモ、宜シク相當ノ取締ヲ加ヘネバナラナイ、或ハ不當ナル所ノ業務ガアルナラバ、監督ヲ嚴ニシテ之ヲ改メナケレバナラナイ、或ハ徒ニ其業務ノ範圍ヲ擴大致シマシテ、中小商工業者ノ領域ヲ侵害スルト云フヤウナ憂ガアル場合ニ於キマシテハ、是亦相當ニ産業組合ノ立場ニ在ルベキ者ヲシテ大ニ反省ヲセシメ、若クハ取締ノ實ヲ擧ゲ、其他ノ手段ニ於キマシテ、是ガ調節ノ途ヲ講ゼネバナラヌ、斯樣ナコトヲ痛切ニ感ズル餘リ、最モ重要ナル點トシマシテ、是等ノ問題ヲ附帶決議ニ述ベテ居ッタノデアリマス

聞クガ如クンバ、最近配給調整協議會ナルモノヲ農林省ニ於テ開カレマシテ、先刻一寸大臣ノ御話モアッタヤウデアリマスルガ、ソレ〳〵是等ノ問題ニ付キマシテハ、主務省モ詮議、協議、研究中デアル如ク、新聞紙上等ニ於テ吾々ハ承知致スノデアリマス、隨テソレ程ノ實際ノ用意モアリ、樣々ナ研究調査モアリマスル以上、是ハ取リモ直サズ此附帶決議ニ關聯致シマシタ問題デアリマスルカラ、大臣ハ本當ニ此處ニ於テ率直ニ、又熱誠ニ、唯獨リ此議場ニ於ケル答辯ヲ爲スト云フ意味デハナク、滿天下此問題ノ成否ヲ憂フル所ノ農民諸君ニ對シ、或ハ之ニ對スル所ノ米穀商ノ組合ヲ初メ其他ノ關係者方面ニ對シマシテ、廣ク天下ニ之ヲ聲明シテ諒解ヲ求ムルト云フ意味ニ於キマシテ、大イニ此際御努力アルコトハ然ルベキデアルト思ヒマスルカラ、玆ニ更ニ御答アランコトヲ希望シテ已マヌノデアリマス

最後ニ申上ゲマスガ、法案ニ於キマシテ以上申上ゲタ通リ世上樣々ノ論議ガアリマスルコトハ、私共ノ衷心遺憾トスル所デアリマス、併ナガラ本案ハ申上ゲタ通リ全ク是ハ附隨的立法デアリマシテ、苟モ今日マデ米穀統制法ヲ存立セシムル以上、無クテハナラナイ補強立法デアルト云フ以上ハ、是ハ必要缺クベカラザルモノデアルト言ヘナケレバナラナイ、ダカラシテ、此意味ニ於テ、吾々ハ昨年議一決シテ之ヲ可決決定致シテ居ルノデアリマス、然ルニ今尚ホ之ニ關聯致シマシテ、諸般ノ質問ニ際シマシテモ、往々洵ニ意外トスルガ如キ質問ノ現ハレルコトハ、吾々ノ洵ニ了解ニ苦シム所デアリマス、ソレハ宜シイトシテ、滿天下三千万人ノ農民ハ、如何ニ本問題ノ成行キニ付キマシテ、之ヲ熱望シ、要望シテ居ルカト云フコトハ、敢テ申上ゲルマデモナイ所デアラウト思ヒマス、昨年ノ議會ニ於キマシテモ農民ハ默シテ語リマセヌガ、總テ責任アル所ノ天下ノ政黨、天下ノ政治家ニ向ッテ、其爲ス所ニ信賴致シマシテ、多年此原案ハ速ニ是ガ解決セネバナラナイト云フ意味ニ於キマシテ、農民諸君ハ鳴リヲ潛メテ此事ノ速ニ成就スルコトヲ待ッテ居ッタノデアラウト思ヒマス、然ルニ不幸ニシテ審議未了ニ終ッタ、此議會ニ提出サレルニ當リマシテハ、如何ニ農民ガ之ニ對シテ關心ヲ有スルカ、察スルニ餘リアルノデアリマス、萬一ニモ先程質問ニ現ハレタガ如ク、本案ガ玆ニ提出サレマシテモ、或ハ短キ特別議會ノ故ヲ以チマシテ、審議未了ニ終ルトカ、或ハ通過ヲ躊躇スルガ如キコトガアッタナラバ、私ハ農村ノ振興、農村ノ經濟更正ノ上ニ於テ、否々寧ロ我國ノ國策ノ上カラ申シマシテ、洵ニ一大事デアルト同時ニ、私ハ農村ニ於キマシテ斯樣ナ情勢、事態ニ相成ルナラバ、思想上、社會的ニ如何ナル所ノ事態ヲ惹起スルカ測リ知レズト云フコトヲ、敢テ斷言シテ憚ラザル次第デアリマス（拍手）之ニ對シマシテ政府ハ、本案ニ對シ十分徹底的解決ヲ爲スト云フ所ノ眞ノ決心アリヤ否ヤ、併セテ最後ニ此所見ヲ伺ッテ私ノ質問ヲ結ブ次第デアリマス（拍手）

〔「討論ニ渉ルコトハ注意シナケレバイカヌ」ト呼フ者アリ〕

〔國務大臣島田俊雄君登壇〕

○國務大臣（島田俊雄君） 只今岡田君ヨリ御質問ニナリマシタ事項ニ付キマシテ、質問中ニ御述ニナリマシタ御意見ニ付キマシテハ、大體ニ於テ政府ト致シマシテモ、亦自分ト致シマシテモ同感ニ存ジテ居ル次第デアリマス、全ク本法案ハ現行ノ統制法ヲ存在スルモノトシマシテ、之ヲ前提トシテ統制法ノ實行ヲ有效ナラシムル、此意味ニ於テ、卽チ之ヲ補强スルノ意味ニ於テ本法ヲ立案シタモノデアルト云フノハ、御趣意ノ通リデアリマス、卽チ米ノ問題ニ付キマシテハ、先刻モ申上ゲタ通リ、現行ノ統制法ニ依ル統制ノ方針ヲ更ニ進メテ、管理若クハ專賣ニ至ルカ、或ハ統制ヲ止メテ全ク米ヲ自由ノ商品トシテ扱フノ方針ニ出ルカト云フコトニ付テハ、是ハ根本的ニ横ハル大キナ問題ガアルノデアリマス、併ナガラ久シキ以前ヨリ米ノ問題ガ段々推移致シマシテ、遂ニ現行統制法ノ制定トナリ、統制法ノ實行ノ上ニ於テ、國庫ヨリ相當負擔ヲ爲シツ、アル現狀ニ鑑ミマシテ、此統制法ヲ前提トシテ米穀事情ヲ察シ、對策ヲ立テルト致シマスレバ、本法ノ程度ノモノニ依ルノ外ハナイト云フノガ、本法ノ趣意ニ歸著スルノデアリマシテ、本年ノ如キ氣候等ノ不順ナ年ニ於キマシテハ、或ハ不幸ニシテ凶作ヲ見ルコトガアルカモ知レマセヌケレドモ、併ナガラ本年ノ米作ノ豐凶ハ今後ニ於テ決定スルコトデアリマシテ、凶作ニ對スル處置ニ付テハ政府ハ從來ノ經驗ニ依リ、又他ノ方法ニ依リマシテ之ニ處置スルノ途ガアリマスガ、一旦豐作ニ遭遇シタ場合ニハ、之ニ處スルノ途ハ本法ヲ成立セシムルノ外方法ガナイノデアリマス、此點ガ卽チ此議會ニ提案ヲシマシタ重大ナ理由ノ又一ツデアルノデアリマス、而シテ此法律ガ米穀商等ノ人々ニ對シテ、或ハ非常ナ損失脅威ヲ與ヘル、此點ニ付キマシテハ、此法律ノ成文ノ上ニ於テ御覽ニナル所ニ依リマシテハ、法案其モノノ中ニハ何等左樣ナコトハアリマセヌ、唯之ヲ實施スルニ付テ、政府ガ之ニ對スル施行令其他ノモノヲ立案シマス上ニ於テ、産業組合ニ偏重スルトカ、或ハ他ノ考ヲ以テシマスル場合ニハ、左樣ナ危險ガアルト云フコトノ虞ヲ懷カレル點ニ付テハ、是ハ御尤ナ點ガアルト思ヒマスルガ、其點ニ付テハ卽チ前議會ニ於ケル附帶決議ガ明瞭デアル、此附帶決議ノ趣旨ニ副ウテ、私ハ先刻言明致シマシタ通リ、此趣意ヲ實現スベク、玆ニ此議場ヲ通シテ國民ニ誓フ次第デアリマス、而シテ此附帶決議ノ條項ニ付キマシテハ、先刻工藤君ノ御質問ニ對シマシテ御答ヲ申上ゲマシタ通リ、此各條項ニ付テハ、政府ハ現ニ實行スベキ準備ヲ進メテ居ルノデアリマス、殊ニ此産業組合トノ關係等ニ付キマシテハ、先刻岡田君ガ此

處ニ申サレマシタ、又私モ申上ゲマシタ米穀配給調整ニ關スル協議會ヲ設ケマシテ、此協議會ニ於キマシテ、販賣組合、販賣組合聯合會共モノト、此米穀商トノ關係ニ付キマシテハ、案ヲ當相ニ得テ居ルノデアリマス、唯是ハ部會ニ於テ之ヲ決定シタモノデアッテ、未ダ協議會ノ成案トシテ發表スルノ時期ニ至ラナイ爲ニ、私ハ此議場ニ於テ之ヲ發表スルコトヲ差控ヘテ居ルノデアリマス、而シテ其他ノ點ニ付キマシテハ、先刻來申上ゲマシタ通リ、即チ國家ノ管理ノ——檢査ヲ國營ニスルノ點、或ハ政府ガ米ノ賣渡ノ場合ニ於キマシテ、米商人ヲ如何ニ扱フカ、斯ウ云フヤウナ點ニ付キマシテハ、ソレ〳〵處置ヲ執ルコトニ立案ヲ致シテ居リマス、而シテ此法案ガ左樣ナ附帶決議ノ趣意ヲ尊重シ、之ニ則ッテヤル場合ニハ、私ハ米穀商ニ對シテ稍成ヲ與ヘル、左樣ナコトハ斷ジテナイト云フコトヲ信ジテ居ル者デアリマス、是ダケヲ御答申上ゲマス

○議長(富田幸次郎君) 田淵豐吉君

(田淵豐吉君登壇)

○田淵豐吉君 私ハ殊ニ米ニ對シテハ素人デアリマス、併シ小サイ時カラ食ッテ居リマスカラ、米ト云フモノヲ、多少稻モ見テ居リマスシ、能ク西洋人ヨリモ知ッテ居ル積リデアリマス、今度前カラ懸案ニナッテ居ッタ案ヲ——私條文ヲ一々讀ミマセヌカラ甚ダ失禮デスケレドモ、米ノ値段ヲマ少シ吊上ゲテ貰ヒタイト云フ方法ヲ講ジタ點チヤナイカ知ラント思フノデス、英吉利ハ農業國カヲ段々工業國ニナッテ、八年間モ掛ッテ「コブデン」「ブライト」ガ彼ノ穀物條例ヲ廢止シマシタ、非常ナル大運動ヲ起シタノデアリマス、是ガ英人ノ所謂「フリー・ブレークファスト・テーブル」即チ砂糖トカ、茶トカ麵麭トカ云フモノ——朝飯ニ食フモノハ税金ノ課ラナイヤウニ、安クサセルト云フコトガ文明デアリ、又同時ニ「フリー・ツレード」ト云フモノハ「ゴールデン・エージ」即チ黄金ノ社會ヲ造ルモノデアルト云フ風ニヤッタラシイ所ガ獨逸ノ或ル學者ハ、英國ハソレデ宜イカモ知ラヌケレドモ、コッチハマダ工業ガ發達シテ居ナイカラソレデハ堪ラヌカラト云フノデ、關税政策ヲヤッタラシイ、又アノ「カント」ノ弟子デアリマス「フヰヒテ」ナドハ「ゲシュロッセネ・ハンデルススタート」、鎖國商業國家ト云フ本ヲ書キマシテ、愛國主義ノ上カラ民族主義ト經濟ガ合致シマシテ、茲ニ一定ノ地域ニ獨逸ガ立チ得ル、之ニ愛國ノ精神ト民族ノ文化ヲ盛ラウト云フ精神ガアッタラシイ、日本モ滿洲マデ手ヲ出シテ、民族主義ト經濟ト云フモノヲ結付ケテ、此「ブロック」ニ依ラザレバ東洋ノ平和ハ確保出來ナイト云フ立前ニナッテ來タ(「米ハドウシタ」ト呼フ者アリ)米ガ其中ニ入ッテ居ル(笑聲)一々言ハナクテモソレダケ言ウタラ諸君ハ大體分ッテ居ルダラウト思フ、ソコデ總理大臣ニ今御出席ヲ求メテアリマスケレドモ、豫算總會ニ居ルラシイ、先ヅ總理大臣ニ聽キタイ、一體米ガ高イノガ宜イノカ安イノガ宜イノカ、私ノ父親ガ申シマシタ、アンマリ高クテモイカズ安クテモイカヌ、昔ノ人ノ考ヘサウデ、今ノ諸君モ多分サウチヤナイカト思フ、エラウ變ラヌ、サウシテ今モ伊豆君ガ言ハレタ、田淵君、君ハ米只論ヲ言ウタヂヤナイカ、シッカリヤレト嗾シ掛ケラレタ、サウシテ米ハ空氣日光ノ如ク只ノ方ガ宜イノダ、道路ヲ造ルニモ幾十億ノ金ガ掛ッテ居ル、ネ、中々是デ大變デス、併シ米ヲ作ル人ハ只デ作ッテ呉レ、バ宜イケレドモ、是ハ困ルト云フノデ、ソコデ相當ノ値段デ米ヲ買ッテ呉レナイト生活ガ出來ナイト云フ意味チヤナイカ知ラン、何モ唯米ヲ高クシテ呉レト云フ意味チヤナイ、米ヲ高クシナイト飯ガ食ヘヌ、小遣取リガ出來ヌ、娘ノ嫁入リガ出來ヌカラ困ル、本當ハ共救濟ニアリ、生存ニアリ、文化發展ニアルト思フ、故ニ私ハ總理大臣ニ聽キタイノハ、諸君ガ御存ジノ通リ、數百年モ爭ッタ所ノ「マーカンチリズム」即チ重商主義ト「フィジオクラット」即チ重農主義、私モ能ク知ラヌノデスガネ(笑聲)佛蘭西ノ「ケネー」アタリガ言ヒ出シタ所ノ主義、「フィジオクラット」是ガ即チ日本ノ現代ノ問題デアラウト思フ、歐洲ノ問題チヤナイ——歐洲ノミノ問題チヤナイ「フィジオクラット」ハ、諸君是ハ御研究シテ戴キタイト思フ、此問題ダケチヤナイ「ナツール」自然ト云フモノヲ愛シテ「レッセフェール・レッセ・パッセ」自由ニ置ケ、然ラバ能ク行クト云フ話ラシイ、是ガ「ケネー」カラ英國ノ「アダム・スミス」ニ傳ッテ、富國論ガ「アダム・スミス」ニ依ッテ著ハサレタラシイ、併ナガラ井戸ヲ掘ッテ食ヒ、田ヲ耕シテ食フト云フ老莊思想モ、此「フィジオクラット」ノ一面ノ眞理ヲ穿ッテ居ルノデハナイカト思フ、故ニ昔ハ聞ク所ニ依ルト、嘘カホンマカ知ラヌガ、德川時代ニ於テハ地方ニ金札ナンカ廻サナカッタモノラシイ、地方ト都會トハ別ニシテ居ッタラシイ、又昔支那ノ國デハ商人ハ農業ヲ營ムコトガ出來ナイ、農業ニ從事シテ居ル百姓ハ人生ノ根本義ヲ立テル爲メデアル、經濟ヲ立テル爲デハナイ、自分ノ娘ヲ外ノ村ナリ、外ノ郷ニ成ベク出サナイデ結婚セシムルト云フヤウナ人生ノ大道ノ上カラ、根本ノ倫理觀念ノ上カラ行ッテ居ル、日本ノ國ハ成ッテ居ナイ、唯飯ガ食ヘヌト云フヤウニ、何等指導原理ガ立ッテ居ナイト云フコトハ、如何ニモ憐レナ狀態デハナカラウカト私ハ思フ、成ッテ居ナイデハナイカ、諸君、唯米ガ安イトカ高イトカ、蛙ガ騷イデ居ルヤウナコトガ多クアルヤウニ私ハ思フ、サウ云フヤウナ問題デ此「メリカンチリズム」ト云フノハ重商主義デ、例ヘバ日本ノ農村カラ多ク出ル所ノ人ガ鐵砲ヲ持ッテ滿洲ニ行ク、多クノ壯丁ガ向フニ行ク、戰死スル、後家サンガ出來ル、子供ガ養ヘレタ、ソレカラ段々ト生活ノ程度ガ高クナッテ來ル、公課ガ高クナッテ來ル、同ジヤウナ米ヲ作ルノニ、朝鮮ノ倍モ三倍モ掛ルモノガ多イ、ドウシテ朝鮮米ト對抗ガ出來ルカ、朝鮮ヲ取ッタガ爲ニ日本國民ハ首ヲ縮メラレルヤウナコトガ起ッテ來ル、滿洲國ガ獨立シタッテ、實ハ百姓ガ首ヲ縮メラレテ居ルト云フヤウナコトデアル、何ニモアリハシナイ、又支那ハ世界ニ稀ナル大ナル農業國デアル、ダカラ提携シテ日本ガ工業國ニナラナケレバイケナイノデアル、纖維工業デハイカヌカラ、マア此化學工業ト云フヤウナモノデ段々ト進ンデ行カナケレバ食ヘナイヤウナ狀態デアル、ソレデ農村ノ工業化モ起ッテ居ルト云フヤウナ現在ノ狀態デアル、サウシテモ元ノ通リ行ケハシナイ、故ニ拓務大臣ガ移民政策ヲヤルトシテモ、亞米利加デモ人ヲ入レヌ、濠洲デモ人ヲ入レヌ、移民ヲスル處ガナイト云フ憐レナ狀態デアル、軍艦ヲ多ク造ッテモ、コッチガ金バカリ要ッテ、コッチガ先ニ死ヌト云フ狀態ニナッテ來ル、是ハ中々ムツカシイ(笑聲)サウ云フノデ、私ハ思フノニ、「マーカンチリズム」ト云フ所ノ「フレデリック」大王ニ依ッテ鐵砲ヲ以テ外ノ國ヲ征服シテ、其處ヨリ原料ヲ取ッテ製品ヲ賣出スト云フ政策ト、内ニ自然ヲ樂ンデ、金ヨリモ人、サウシテ食ベル所ノ現物、金チヤナイ、米、其「フアミリ」即チ家族ノ生活、家族制度、之ヲ以テ人生ノ——吉植君ハ多分サウヂヤナイカト思フガ……(笑聲)此二ツノ潮流ガ如何ニシテ居ルカト云フコトガ、私ハ大問題デアルト思ヒマス

ソコデ私ハ近イ話ヲシマスト云フト、是ハ半分オドケ話デスケレドモ、滿洲カラ豆粕ヲ貰ッテ來ル、コッチハ兵隊サンヲヤッテ、サウシテ巧ク向フノ鹽ヲ取ッテ居リマスカラ、取貨ニ豆粕ヲ貰ッテ來ル、朝鮮カラ金ヲ貰ッテ來ル、臺灣カラ砂糖ヲ貰ッテ來テ、ソレヲ百姓ニ只ヤレバ宜イノダ(笑聲)サウスレバ即チ歪ンダ者ハ眞直グニナルト云フ狀態ニナル、 百姓ハ俺ガ作ッタ米デナ

ケレバ食ハナイト云フ時代デハナイ、朝鮮米デアラウガ、哈爾賓米デアラウガ、何デモ構ハナイト云フ狀態ニナッテ居ル、日本民族ハ(島國ニ入ッテ居ル、朝鮮ハ新附ノ民デアル、臺灣亦然リデアリマス、彼等ハ彼等ノ義務ヲ持ッテ居ル、併シ徴兵ノ義務モナイ、掛リモ少イ、生活程度モ低イ、安イ米ヲ食ッテ居ルヂヤナイカ、米ヲ日本ニ持ッテ來タラ却テ困ル ダラウト云フヤウナコトニナッテ來ルカラ、却テ移入制限ヲシテ貰ッタ方ガ、朝鮮ノ貧民ガ喜バヌトモ限ラヌ、此事情ヲ能ク吾々ハ見テ貰ハナケレバナラヌ、故ニ斯ウ云フ小サイ事ヲセヌデ、ネー日本ナラ日本ノ島國ダケヲ限ッテ移入制限ダトカ、時ニ依ッテ關稅ヲ課ケテ、サウシテ一年百万モ殖エル所ノ人間ニ對シテ、米ノ需給調節ヲ行ッタラ、米ハ段々騰ッテ行クダラウト思フ、サウシタラ百姓ガ助カルダラウト思フ、併シ今日百姓ハ、三十圓カ四十圓ノ米カ何カ知ラヌケレドモ、米ガ安イカラヂヤナイ、他ノ掛リモノガ多イ、物價ガ高イカラ食ヘヌト云フノデアルカラ、臺灣ノ「バナナ、」デモ持ッテ來テ肥料ニヤレバソレデ宜イヂヤナイカ(笑聲)故ニ諸君、米ノ問題ナンカ末ノ問題ナンダ、モット大局ノ問題ニ目ヲ注ガナケレバ私ハ解キ切レヌト思フノデゴザイマス、是ハ總理大臣ガ居タ方ガ都合ガ好イノダケレドモ居ナイ(笑聲)故ニ私ハ一クサリ、此日本ノ現代立ッテ居ル所ノ「マーカンチリズム」ガ大戰前獨逸國ガ「ダンピング」ヲヤリ、又寄附ヲ募ッテ義勇艦隊ヲ作リ「キール」運河ヲ作ッテ北海ニ出デタ所ノ獨逸ガ、遂ニ英國ノ怨ム所トナッテ一敗地ニ塗レテ、遂ニ彼ノ「ヒトラー」ガ覇ヲ致シテ居ルヤウナ狀態デアリマス、日本モサウダ、帝國主義デ以テ軍艦ヲ買フワ、兵隊ハ作ルワ、サウシテ官僚ヲ多ク作ルワ、道具立ハ非常ニ多イノデアッテ、貧民農民ガ、段々段々骨マデ枯レテ行クト云フ狀態ナンデアル、大キナ事ヲ言ッテ滿洲ヘ行クケレドモ、持ッテ來ルモノハナイ、注ギ込ミ注ギ込ミシテ居ル、危ナクテ仕樣ガナイト云フ狀態デアル(笑聲)金モ地方マデ廻レバ宜シウゴザイマスガ、滿洲ニ廻ッテ地方ニハ廻ッテ來ナイ、是デハ迚モヤリ切レヌ、本立ッテ而シテ道生ズ、軍艦ノ數ヲ減ラシ、兵隊ノ數ヲ減シテ、先ヅ農民カラヤリ出サウヂヤナイカト云フ程、日本ハ疲弊シテハ居ナイ、所デソレモ宜シイガ、ソレハイケヌヂヤナイカ、イケヌト云フコトハナイ、滿洲マデ行ッテ支那マデ行カウトスル、行カナケレバナラヌ、何トカ大ナル決心ヲ以テ、一ツ――「ピラミッド」ヲ建テタ時ニ、三百尺ノ高イ上ノ空中ノ一點ヲ見出シテ「ピラミッド」ガ建テラレタサウデゴザイマスガ、是ハ中々ムヅカシイ、幾何學上ノ問題デアル――(笑聲)ガ、是ト同ジク高ク空中ノ一點ニ考ヲ置カナケレバナラヌ、此帝國主義的發展ヲ何處ニ置クカ、此問題ハ卽チ今言ウタ「ピラミッド」ノ「デバイス」デアリ、一ツノ發見デナケレバナラヌト信ズルノデゴザイマス、諸君何レヲ採ルカ、大イニ考ヘナケレバナラヌ問題デアルト思ヒマスカラ、私ハ總理大臣カラ、オ前ドウスルカト聽イテ見タイト思フ(笑聲)

サウシテ私ハ今、此處ニ農林大臣モ居マスガ、此間會ッタカラ私言ウタンデス、大隈重信モ私一寸知ッテ居ル人ダ、死ンダ人デアルガ、コノ方ハ人ヲ滅多ニ褒メヌ人デアルガ、島田俊雄君ハ偉イト言ッタ、大隈ハ何ヲ見テサウ言ウタノカ、今ニ不思議ニ思ッテ居ル(笑聲)大隈サンハ家康ノオ弟子デアルカドウカ知リマセヌガ、人ノ一生ハ重荷ヲ負ウテ高キニ登ルガ如シト云フヤウナコトヲ言ッテ居ル(笑聲)急グベカラズト言ッテ居ル、島田君ハ多分急ガヌ人ヂヤナイカ知ラン、農業的ヂヤナイカ知ラント私ハ思フ、聞ク所ニ依リマスト、島田君ハ、斯ウ云フ案ハ駄目ヂヤナイカ、下カラ押サレテ無理ニ出シテ居ル、マア頻カ足ヲ立テルト云フ話デアル(笑聲)大臣ガ自信モナイ所ノ案ヲ何故御出シニナッタカト聽キタイ(笑聲)自信ガナイラシイ、アノ顏ヲ見テモ――(笑聲)御覽ナサイ、アノ顏ヲ……(笑聲)

私ハ農林大臣及ビ他ノ大臣ニモ關係ガアレバ聽キタイノデスガ、私聞ク所ニ依ルト、モウ既ニ七年當リ前カラ或ル一ツノ「マシン」ガ働イテ、米ガ高クナルヤウニ拵ヘル機械ガアルラシイ、ソレガ統制法ニ依ッテ居ルラシイ、ソレガ或人ニ聞クト、ドウモ一石四十圓位ノ米ヲ食ッテ居ルト一二三年前モ言ウテ居リマシタ、卽チ此高イ米ヲ食ッテ居ル、國家ニ非常ニ損失ヲ與ヘテ居ルト云フ話デアル、ソンナ損失ヲ與ヘルナラ、與ヘヌ前ニ百姓ニデモソレヲヤレバ宜イノニト私ハ思フ、又候今回ハソレハイケナイカラ、モット後ロヘ子ヲ附ケテ、ソレニ附ケ足シヲシタラ宜カラウト掛ッテ居ル、サウ云フヤウナ馬鹿ナ、ト言ッテハ失禮ダガ、ソンナコトヲ爲サラヌト、モウ少シ待ッテ全體ノ米ノ政策、或ハ五穀ノ政策ヲ確立シタラドウカト私ハ思フ、斯ウ云フヤウナ米ダケセヽッテモ、麥ヤ豆ハドウスル積リカ、私ハ何百人モ――百人以上モ居ル米穀局ヘ行キマシタ、何故オ前ハ米穀局ト書クノカ、五穀局ト何故書カヌノカト言ッテ彌次ッタコトガアリマス、一體麥ノ方ガ米ヨリ蛋白ガ倍アルラシイ、鷄ヲ食ヘナイデモ麥ヲ食ッテ居レバ鷄ガ中ニ入ッテ居ル、米ハ濕地ニ生ズルモノデアル、東北ノ方デハ麥ヲ食ッタ方ガ宜イカモ知レヌ、米ヲ食ッテ居ルカラ罰ガ當ッテ居ル、是ハ卽チ人力ヲ以テ天然ヲ無理ニ支配ショウトスル罰デアルヤウニ失禮ダガ考ヘラレル、今人間ハ反省シナケレバナラヌト私ハ思フ、橫ヘ入リマシタガ、斯ウ云フ風ニ統制法ト云フモノガアッテ七年間モヤッテモ旨ク行カヌヂヤナイカ、モウソレガ三箇年シタラ潰レ掛ッテ來ル、ソコヘ又小サイ箱ヲ造ッテ入レルト云フコトハ、餘リニ彌縫ヲ事トスルヤウナコトニナルデハナイカ、ソンナ馬鹿ナコトヲシテ――私モ鐵砲ヲ撃ッタコトガアル、雉子ヲ撃ッテモ度々當ラヌト無駄ニナルカラ、犬ガモウ探シニ行カヌヤウニナル

私ハ失禮デアリマスガ、玆ニ「イソップ」物語ヲ、私ハ選擧區デモ此間觸レテ廻ッテ來マシタガ、一寸甚ダ失禮ダガ諸君ノ前ニ申上ゲタイ、三千年前ニ「アラビヤ」カ何處カニ「イソップ」ト云フ人ガアッタラシイ、賢イ人デアッタラシイ、此人ノ言フノニ、或時ニ蛙ガ澤山何處カニ住ンデ居ッテ喧嘩シテ居ル、規則ヲ作ッテモ直グ破ッテ直グ喧嘩シテ居ル、是デハドウモナラヌト言ッテ、後ノ「オリンプ」ノ山ノ鷲ノ王樣ノ所ヘ行ッテドウカ王樣、良イ王樣ヲ送ッテ下サイト賴ミニ行ッタ所ガ直グ送ッテ來タ、ゴオ〳〵山カラ大キナ音ガスルカラ、何カト思ッテ蛙共非常ニ吃驚シテ肅正ヲヤッタラシイ、靜カニナリマシタ、所ガ大キナ材木ノ音ガシタカラ暫クハオトナシカッタケレドモ、材木ハ動カナイモノデスカラ其上ニ乘ッテ遊ンデ居ッテ、又多クノ法律ヲ作ッテハ直グソレヲ破ッテ喧嘩シテ居ル、ソレデマット良イ王樣ヲ送ッテ呉レト又賴ミニ行ッタガ、今回送ッテ來タノモ大キナ音ヲシテ、ノロ〳〵トシタモノ、ソレハ大キナ鰐デアッタ、今度ハ先キノヨリ動ク、練リ歩ク、先刻ノヨリ荒ッポイ、所ガ是ハ人ヲ害シナイ、普通ノ素人ハ害シナイ、構ハヌト云フノダ、是ハ動クカラ氣色惡イケレドモ、構ヘヌ、是ハ氣遣ヒナイト言ッテ又喧嘩シ始メタカラ、又マット良イ王樣ヲ送ッテ呉レト願ヒ出タノデ、大王ハ怒ッテ、送ッテヤルト申シマシタ、送ッテ呉レタノハ鷲デアッタ、鷲ハ來ルナリ其蛙共ヲ皆食ベテシマッタサウダ、少シク法律ヲ作ッテ固ク之ヲ守ッテ居レバ宜カッタニト「イソップ」ハ申シマス、今ヤ日本ハ世界ニ斯ノ如キ「イソップ」ノ言ガ當ルヤウナ時代ガ來タノデハナイカ

ト罵レル一人デアル、之ヲ如何ニ見ル、家ニ歸ッテ能ク考ヘテ御覽ナサイ、宿題ニ與ヘテ置キタイト思フノデアリマス(笑聲)是ハ少シ大キナ話、今日ノ問題ヨリモ百倍モ大キナ話デアリマス、此小サイ議論ニシテモ直グ法律ヲ作ッテ、直グ破ッテ、直グ喧嘩シテ居ル、現ニ米屋サンナンカ最先頭ニ立ッテ喧嘩シテ居ル、若シ私ノヤウナ空氣只論、米只論ト言ッタラ、米屋サンモ怒ルシ、百姓モ怒ル、單ニ米屋百姓ノヤウナ小サイ問題デハアリマセヌ、日本ノ産業ヲ如何ニシテ發達サセ、日本ノ民族ヲ發展サセ、ドウシテ文化ノ上ニ貢獻シヨウト云フ大問題ガ、此中ニ潜ンデ居ルト云フコトヲ私ハ知ラナケレバナラヌカラ、サウ云フヤウナ直グ止メナケレバナラヌヤウナ、中腰ノヤウナモノヲヤラヌコトヲ、庶政一新ヲヤラントスルナラバ、モウ考ヘルベキ時デハナイカ、私ハ農相ニ言ウテ見タイ、餘リ口幅ッタイコトヲ言ウテモ怒ラレルカモ知ヲヌガ、マア二三年待ッテ貰ヒタイ、二三年待ッテ貰ヘナケレバコンナ今ノ窮屈ナ此制度デ、人ノ頭モ神經ガ尖ッテ直グ喧嘩ヲスルヤウナ時代ニ、斯ウ云フヤウナ朗カナ米ノ問題ヲ言ヘナイデ、機會ヲ待ッテモット寛クリヤッタラドウカト思フガ、一體御答辯如何デゴザイマスカ、ソレハイカヌト仰セラレルデセウガ、マア少シ考ヘテ下サイ、ソレガ私ノ第一カ第二ノ問題デアリマス(笑聲)

ソレカラ私ノ聽キタイノハ、滿洲ハ生命線デアルト云フコトヲ言フ、米ハ生命其モノニ近イ、私ハ社會黨デナイ、唯物論ヲ擔ギ出ス者デナイケレドモ、米ハ生命ナリト云フノハ必シモ唯物論ノ「エクスプレッション」デハナイト思フ、米ヲ生産スル人ハ最モ大ナル國家奉仕デアル、社會奉仕デナケレバナラヌ、神ノ惠ヲ受ケタ所ノ人デナケレバナラヌ、此人ガ汚イ金ノコトヲ言ッテ、サウシテ賣ラヌ、モット高ク買ヘト云フヤウナコトヲ餘リ言フト、終ヒニハ罰ガ當ッテ凶作ガ來ハセヌカト思フ、是モ能ク考ヘテ見ナケレバナラヌ、何モ我ガ作ッタ物デナイ、我ハ培ッタ所ノ保姆ニ過ギナイノデアル、産ンダ所ノ米デハナイノデアル、之ヲ能ク知ラヌト、百姓ハ米ヲ作ッタト言フガ、作ッタモノハ一ツモナイ、唯培ッタ、培養シタダケノ話デアル、何モ百姓ハ力論スルコトハナイ、人ノ生命ヲ繋グ所ノモノハ――總理大臣モ言ハレテ居ルガ、私モ同感デ、母子心中ガ一年ニ五十モ六十モアル、此悲慘ナコトハ、米ノ騰貴、又諸物價ノ騰貴ニ依ッテ來タ影響モアラウ、是ハドウスルカ、現在ノ農林省デヤッテ居ル政策ガ、大農ヲ滿足サセル所ノ主義デアルト云フコトヲ、或ル重要ナ人カラ聞イタ、統制法ト云ウテモソレノ統制ノ仕方ガアリマス、何ヲ統制スルカト云フ核心ヲ知ラズシテ、徒ラナ統制法ヲ叫ブコトハ、最モ禁物デアルト私ハ思フ一人デゴザイマス、新聞雜誌ガ澤山アッテモ何等其上ニ於テ書カナイ、百回モ千回モ同ジヤウナコトヲ書イテ居ル、頭ノ冠ヲ忘レテ居ル、如何ニモ幼稚デアルト失禮ナガラ私ハ此席上カラ言ヒタイ、現在ハ大農主義、然レバ東京ニ暴動ガ起ル、起ッテ民心ガ惡化シテ、國家ガ潰レ掛カラントシタナラバドウスルカ、又所得税相續税ト云フモノガ地主ニ課ッテ來ルノデハナイカ、佛蘭西革命ハ何故起ッタカ、「ボルテール」モ「ルッソー」モ、亦王樣ノ專制モゴザイマセウケレドモ、財政困難ノ爲ニ「ネッカー」ガ財政ノ局ニ當ッテ、資本家及地主ニ課税ヲヤラウトシタガ、彼等ガ拒ンダ爲メモ一ツノ原因デアルト云フコトデゴザイマス、故ニサウ云フ大キナ事ヲ考ヘテ、米ガ一圓トカ二圓トカ、クダラヌコトヲ言ウテ爭フノハ、實ニ一文吝ミノ百知ラズデアルト、大地主ニ對シテ言ヒタイノデゴザイマス、是ハ大キナ問題デアル、ソレカラ私ガ言フ所ハ、此必需品ヲ拵ヘル所ノ者、而モ其必需品其モノハ生命其モノデアル所ノ米ニ向ッテ、專賣的ノ獨占的利益ヲ商人ニ與ヘズシテ、我レ自身ニ取ラウト云フヤウナコトハ、神ノ許サザル所デアルト私ハ斷言セントシテ居ル者デゴザイマス、是レ大イニ恐ルベキコトデハナイカト思フノデアリマス

第三ニハ是ハ諸君モ既ニ言ハレタ如ク、小農ヲ困窮ノ地ニ陷レルモノデアルト思フ、小農ハ食フ米ガナイノデアリマス、買ハンナラヌノデアリマス、故ニ困ルト私ハ思フノデゴザイマス、統制宜シキヲ得ズンバ、却テ統制ヲシタ議員及ビ官吏ヲ怨ムノハ勿論デハナイカト私ハ思フノデアリマス、又私ハ先年議會デ農村振興ト云フヨリモ、現在ノ狀態デハ漁村、山村、農村ト云フ、即チ生物ノ採集業ニ其根柢ヲ置イテ改メタ方ガ宜イト言ヒマシタ所ガ、諸君ノ御採用ニナッテ居ルラシイ、故ニ現在ハ山村漁村ヲドウスルカ、山村漁村ニ米麥ハ少イノデゴザイマス、故ニ此點ヲモ重ンジテヤラナケレバナラヌ、都市ニ於テハ米ヲ作ッテ居ル者ハ三越ノ七階カ八階ノ上ニアルダケデ、中々見エ惡イト云フ狀態デゴザイマス、然レバ都市ガ困ル、山村ガ困ル、農村ガ困ル、農村ノ中小農ガ困ルトスレバ、非常ニ利益スル所ハ農村ノ大農ト中農ノ半以上ノ者デアッテ、外ノ者ハ餘リ有難クナイト云フ狀態ニナッテ來ルノヂヤナイカ、餘リ大シタ問題デナイト私ハ思フ、故ニ斯ウ云フモノヲ決メル時ニハ、社會ノ趨勢、其影響ヲ考ヘナケレバ却テ危イト思フノデゴザイマス、ソレカラ豐凶ト云フヤウナモノハ豫メトスルコトハ出來ナイ、又人心ヲ官吏ガ豫メトシ、農民ノ心理ヲ知ルコトガ出來ナイ、農林省ヤ内閣ニ行ッタンデハ農民ノ心理ト云フコトヲ知ラナイ、唯單ニ均一ノヤウニ言ッテ居ル、人生ハ波瀾アッテ初メテ希望ガアルノデアル、同ジ月給デハ樂ヲナイ、此波瀾ト云フモノガ經濟ノ中ニアルト云フコトハ、春夏秋冬ノ循環アルガ如キモノデアルト私ハ思フノデゴザイマス、人生ハ曲線的デアッテ、必シモ直線的デハナイノガ、人生ノ眞意デアルト私ハ思フ、然レバ農民ノ心理ハ一體ドウデアルカト云フコトノ大ナル洞察力ナクシテ、一律ノ立前カラ見ルノガ官僚ノ徒ダラウト思フ、サウ云フ者ガ作ッタモノデハ、ソレハ眞ニ農民心理ヲ穿ッタ百世不磨ノ大典トナルコトハ、絶對ニ出來ナイト私ハ思フノデゴザイマス(拍手)故ニ眼界ヲ廣クシテ、徒ニ米屋ト農民ガドウダト云フコトヲ中心ニ置カナイデ、工業ノ原料ハ石炭、石油デアルトスルナラバ、人間ノ動力ハ尊キモ卑キモ皆此米デアル、斯ウ云フ重大ナ必需品デアルト思フナラバ、是レ輕々ニ議シ去ッテ、其變動ヲ徒ニ爲サシメルト云フコトハ、其生産者ニ對シテモ濟マズ、消費者ニ對シテモ大不忠ノ謗ヲ免レヌノデハナイカト、私ハ固ク信ズル一人デゴザイマス、サウ云フヤウナ意味カラ、私ハドウカマア少シ時ヲ置イテユックリト考ヘテ、是デナケレバト云フコトヲ以テ行カナケレバイケナイノデハナイカト思フノデゴザイマス、人或ハ言フデゴザイマセウ、農産物ト云フモノハ工業品ノ市場ニ出ナイト「ゾンバルト」アタリガ言ッテ居リマス、此意味ハ何ヲ意味スルカト云フコトハ、私ハ能ク知ラヌケレドモ、農林大臣ニ於テ大イニ調査研究サレタイ、農産物ハ工業品ト違フト云フコト「マーケット」ニ悉ク出ナイト云フコトハ、如何ナル理由ガアルカト云フコトヲ調ベテ貰ヒタイ、又工業品ハ精良ナル機械ヲ持チ、好イ條件ヲ持ッテ居ル所ノ工業品ハ世界ニ擴マリマスケレドモ、農業品ハ限リアル土地ニ産シテ、生産費ガ高クッテモヤッテ行ケル、其割合ニ安クナラヌト云フヤウナ原理モアルト云フコトヲ聞イテ居リマス、此點ニ

付テモ其意味ガ何デアルカト云フコトヲ考ヘルナラバ、多少御參考ニナルカモ知レヌト、私ハ失禮ナガラ思フノデアリマス、中中此麥ノ如キ必需品ニ付テハ、獨逸デモサウデアリマスガ、關稅ヲ上ゲルコトハ社會黨ハ「パン」ガ高クナッタライカヌト云フノデ、非常ニ反對ヲシテ居リマシタ、サウシタラ片一方ノ地主ハ松ノ木ヲ拔イテ「ポテトー」ヲ植エ、麥ヲ植エテ、麥ノ生產ヲ多クシ、且ツ其價格ガ上ルヤウニ關稅ヲ課シテ麥ノ價格ヲ吊上ゲテ居ル、又戰爭ノ時ニ備ヘル、或時私ハ申シタノデアリマスガ、後藤君ノヤッタコトハサウデナクシテ、彼ガ「インテンシブ」ト云フコトヲ知ラナイデ、唯單ニ反別ノ制限ヲヤレバ宜シイト云フヤウナ子供ラシイ案ヲ出シタノダ、私ハ或ル友達ノ人ニ電話ヲ掛ケテ、馬鹿ナコトヲスルナ、笑ヘレルヤウナコトヲスルナト云ッタラ止メタラシイ、後藤君ノ聰明ヲ以テ既ニサウデスカラ、官僚ノ徒ハ實ニ淺學デアッテ、共ニ語ルニ足ラヌ者ガ實ニ多イ

○**議長**（**富田幸次郎君**） 田淵君、質問ノ要旨ヲ述ベテ下サイ

○**田淵豐吉君**（續） 要旨ヲ述ベテ居ル、モウ終ヒマスカラ御安心下サイ（笑聲）故ニ日本ハ商工主義ニ段々ナリツヽアッテ、農業ノ工業化サヘモ起ラントスル傾向ガアリマス、故ニ國家全體ヨリ見テ、大所高所ヨリ之ヲ達觀シマシテ、農村ノ米ダケヲツカズニ、農村ヲ能ク保護シテ、經濟的ニモ精神的ニモ此公課ヲ減ジテ、租稅ヲ減ジテ、肥料ヲ安クシテ、貿易作物ヲ作ッテモ過チノナイヤウニ能ク保護シテヤッテ、サウシテ同時ニ帝國ガ東洋ニ發展ヲ爲シ、而シテ世界ニ文明ヲ與ヘルト云フ基礎ニシタイト云フヤウニ、私ハ考ヘテ居ル者デゴザイマス、公課ハ多イ、兵役ニ服スル義務ガアル、サウシテ現代ノ農村ハ疲弊シテ諸物價ガ高イノデゴザイマス、故ニ此諸物價ガ高イト云フヤウナ原因ガ農村ヲ苦シメテ居ルノデゴザイマスカラ、米ダケ一ツ無理ニ高クシタ所ガ、ソレデハイケナイト私ハ思ヒマスカラシテ、モット大局カラ物ヲ見テヤラレタイ

又私小川商工大臣ニ聽キタイガ、米ト言ヘバ都會ト云フコトヲ人々ガ思フ、アナタハ今農林大臣ノ提案ニ對シテ、果シテ米ヲ高クシナケレバ都市ノ方ハイカヌト思フカ、今位ニヤッテ置イタ方ガ宜イト思フカ、或ハアナタハ「マーカンチリズム」ヤ何カノコトハ能ク御存ジデゴザイマセウカラ、ドウ云フヤウナモノデゴザイマセウ、私ハ大イニ聽キタイ、又政友會モ民政黨モ好イ加減ナコトヲ云ッテ居ル、兵農ガ兩全デアルトカ、軍備ト產業ト云フモノガ竝行ダト云フヤウナコトヲ言ウテ居リマスケレドモ若シ假ニ戰ガ二三年ノ內ニ始マレバ、全財產ヲ賭シテモ軍備ヲ整ヘナケレバナラヌ、竝進トハ何事カ、是ハ大イニムヅカシイ問題デスヨ、其時機ヲ知ラズンバ事ヲ論ズベカラズ、漫然描イタヤウナ繪デハ動カナイデス、元ノ耶律楚材ガ所謂雄才能ク豫算ス、大略固ヨリ最リ難シト言ッテ居ル、大ナル才能ニ非ズンバ豫算ハ立チニクイ、大略ハ固ヨリ最リ難シト云フノハ是デアラウト思フ、諸君ノ軍備ト產業ト竝立トハ何ヲ言フカ、意味ナイヂヤナイカ、モウ少シ物ヲ考ヘテ、斯ウ云フ所ニ心ヲ潛メテ國家ノ大事ニ當ラレンコトヲ私ハ諸君ニ望ム、今ヤ國家多事庶政ヲ一新シナケレバ日本ハ立行カナイ、人ノ氣ガ立ッテ、暗殺ガ處々ニ流行シテ居ルト云フ狀態デアリマス、實ニ危イノデアリマス、吾々ハ爆彈ヲ抱イテ眠ッテ居ルヤウナ近年ノ傾向デアル「カーレント」デアルト私ハ惧レルノデアリマス、此秋ニ方ッテ帝國議會ノ任務亦夫レ大ナリト申スノデゴザイマス、私ハ麻生君ノ言フヤウナ、帝國議會ダケ善クナレバ日本ガ治マルト云フヤウナコトマデモ言ヘントスル者デハナイ、天ノ運行、國運ノ進行、他國ノ狀態、各〻敵ヲ知リ己ヲ知ッテ初メテ吾々ハ出來ル、吾々ハ假令出來ナクトモ、吾々議員ノ職責ヲ全ウシテ、國政燮理ノ爲ニ吾々ハ自ヲ當リ、大臣ヲシテ當ラシメルト云フ氣慨ガアル、此精神ヲ以テ國家ノ前途、國民ノ前途ニ臨ミマスレバ、必ズヤ國家安泰デナケレバナラヌト思フ、私ハ前ノ米國大統領「ルーズヴエルト」ノ如ク親ズル一人デゴザイマス、ドウカ諸君ハ此米ノ問題ヲ小サイ問題トノミ思ヘナイデ、重大ナ深刻ナルコトガ、此問題ヲ基トシテ色々起ッテ來マスカラ、大イニ注意ナサランコトヲ私ハ願フ、又現代ハ特殊利益ノ代表デアリ、多元的世界ノ調和デアリマス、廣田君ノ出タノハ何モ政治ガ分ッテ居ル譯デハナイ、軍部ノ支援ヲ得テ外務大臣ニナリ、又同時ニ總理大臣ニナッタト私ハ失禮ナガラ聞イテ居ルノデアリマス

○**議長**（**富田幸次郎君**） 田淵君――田淵君

（發言スル者多ク聽取スルコト能ハス）

○**田淵豐吉君**（續） 少シバカリ火ガアルナラバ、必ズ火ニ……

○**議長**（**富田幸次郎君**） 田淵君――田淵君

○**田淵豐吉君**（續） 明カデアルト思フ、斯ウ云フヤウナ內閣ニ向ッテ大ナル政策ヲ要望スルコトハ、甚ダ失禮デアリマスケレドモ出來ナイト思フ、私ノ此言ハ、私ガ死ンデモ尙ホ速記錄ニシテ燒ケズンバ、後世ニ傳ヘルト思ヒマスカラ、此內閣ダケニ言フノデハナイ、ドウカ諸君ハ愼重審議（笑聲）此問題ヲ決メラレテ、委員會ニ於テモ諸君ノ精神ヲ吐露シテ十分ニ御鬪ヒアランコトヲ私ハ願フ、又同時ニ斯ウ云フヤウナ案ハ少クトモ二三年ハ延シテ、仕方ナケレバ來ルベキ通常議會マデユックリト考ヘテ其意見ガ國民ニ徹底シタ上デ、之ヲ實施セラレタイト云フコトヲ私ハ望ム一人デゴザイマス、ドウカ大臣カラ然ルベク御答辯ヲ願ッテ、私ハ此壇ヲ降ルヤウナ次第デアリマス（笑聲）

（國務大臣島田俊雄君登壇）

○**國務大臣**（**島田俊雄君**） 田淵君ノ多岐ニ亙ッテ御述ベニナリマシタ御意見ノ點ニ付テハ、政府トシマシテ大ニ參考ニ致シタイト考ヘテ居ル點ガ多々アッタコトヲ申上ゲテ置キマス、唯本案ノ目的トスル所ガ、米ヲ高クスル意味デハナイカト云フヤウナ御意見ノアッタ點ニ付キマシテハ、是ハ決シテ左樣デハアリマセヌ、卽チ米穀ノ需要供給竝ニ價格ノ調節、是ガ本案ノ目的トスル所ノ一ツデアリマシテ、先程御話ニ相成リマシタ高イガ宜イカ、安イガ宜イカ、高過ギテモイカナイ、安過ギテモイカナイ、生產者モ消費者モ共ニソレニ依ッテ害ヲ受ケナイ、與ニ倶ニ滿足シ得ル點ヲ狙ッテ居ルト云フコトヲ申上ゲテ置キマス、隨テ此法案ハ米ノ値上ヲスルト云フヤウナ意味ヲ含ンデハ居ラナイノデアリマス、生產費ニ相當スル價格ニ依ッテ、米ノ價ガ常ニ安定スルコトヲ目的トシテ居ルノデアリマス、斯樣ナ法案ハ尙ホユックリ研究ヲシテ、次ノ議會、又ハ其次ノ時ニ提案シタラバ宜カラウト云フ御意見ニ對シマシテハ、先刻提案ノ理由ヲ申述ベマス際ニ私ノ所信ヲ申上ゲテ、又之ヲ提案セザルヲ得ザル事情ヲ申上ゲタ次第デアリマスカラ、之ニ依ッテ御諒承ヲ願ヒタイト思ヒマス、田淵君ノ御意見ハ十分ニ參考ト致シマス

（田淵豐吉君「議長、一寸自席カラ農林大臣ニ伺ハシテ下サイ」ト呼フ）

○**議長**（**富田幸次郎君**） 田淵君

○**田淵豐吉君** 一體サウ云フ問答ハ中々シニクイノデゴザイマスガ、島田農林大臣ハ此法案ヲ出スノハ米ノ價ヲ吊上ゲル爲メデハ決シテナイト仰シヤルノデゴザイマスカ、其點ヲ明ニ聽イテ置キタイ

（國務大臣島田俊雄君登壇）

○**國務大臣**（**島田俊雄君**） 田淵君ニ御答致シマス、吊上ゲル爲デハアリマセヌ

○**田淵豐吉君** 若シ吊上ゲル爲メデナカッ

タナラバ、吊上ッタ時ニハ低クナルヤウナ細工ヲ爲サイマスカ、ソレヲ聽キタイ(笑聲)

○議長(富田幸次郎君) 永山忠則君

(田淵豐吉君「議長、議長、私今答辯ヲ促シテ居リマスガ、答辯シマセヌカ」ト呼フ)

(國務大臣島田俊雄君登壇)

○國務大臣(島田俊雄君) 御答致シマス、ソレガ卽チ申上ゲタ調節ト云フコトノ意味ニ含マレテ居ルノデアリマシテ、上リ過ギタ場合トカ、サウ云フ場合ニハ之ヲ調節スルノ途ガアリマス

(田淵豐吉君「上ラヌト斷言ハ出來マセヌカ」ト呼フ)

(「答辯ノ必要ハアリマセヌ」ト呼ヒ私語スル者アリ)

○議長(富田幸次郎君) 私語ヲ禁ジマス

――永山忠則君

(永山忠則君登壇)

○永山忠則君 本員ハ第一ニ米穀自治管理法案ト重要農産物ノ販賣統制ニ關スル問題ヲ御聽キシタイト思フノデアリマス、此米穀自治管理法案ニ依リマシテ、當局ハ果シテ米ノ販賣統制ガ十分ニ出來得ルト御考デアリマスカ、是ガ第一ニ御尋シタイノデアリマス、本案ヲ見マスルト、過剩米ノミニ付テ自治的管理ヲセシメラレルノデアリマスカラ、此程度デハ米ノ販賣統制ハ斷ジテ私ハ十分出來得ナイト思フノデアリマス、元來米穀自治管理法案ト云フ名前ヲ付ケタコトガ、非常ナル錯誤ニ陷ルノデハアリマスマイカ、寧ロ過剩米ノ統制ト言ッタ方ガ宜イノヂャナイデセウカ、此程度デアッタナラバ、勿論反産運動アタリモサウ强ク起ル筈ハナイト思フ、ト同時ニ又貧農大衆ハ助カラナイト云フ風ニ考ヘルノデアリマス、而モ十一月ノ月ニ於キマシテ、需給推算ヲオヤリニナルノデアリマスカラ、貧農大衆ハ總テ米ヲ賣ッタ時ニ於テ統制ヲ受ケルノデアリマス、管理ヲ受ケルノデアリマス、農民ノ今日ノ生活狀態ノ苦シイコトハ言フマデモアリマセヌ、私、農村ニ居リマス關係上、皆サント共ニ其點ニ付テハ痛感シテ居ル、田植ガ濟ンダナラバ、米ヲ賣ッテ食ッテ居ルノデアリマス、田植ガ濟ンダナラバ、殆ド現金收入ハナイノデアリマス、非常ナ苦シイ生活デアリマスカラシテ、早稻米ヲ植ヱマシテ、出來上ッタラ滅茶苦茶ニ早ク投賣ヲスルノデアリマス、此憐レナル農民ガ投賣ヲスルト云フコトヲ防止シナケレバ、本當ノ米穀統制ニハナラナイノデアリマス、此點ニ於キマシテ私ハ此法案ニ依リマシタナラバ、米ノ販賣統制ガ十分ニ行ヘレナイト云フコトヲ思フノデアリマスガ、當局ノ所見ハ如何デアリマスカ、何ト言ヒマシテモ今日非常ナル疲弊困憊シテ居ル農村ヲ救濟セント致シマスレバ、重要農産物ノ販賣統制デナケレバナラヌト思ヒマス、生産ノ統制デナケレバナラヌト思ヒマス、當局ハ重要農産物ノ販賣及ビ生産ノ統制ニ關シマシテ、如何ナル御所見ヲ御持チニナッテ居ルノデアリマスカ(拍手)更始一新ヲ叫ンデ居ラレル以上ハ、少クトモ此重大ナル所ノ農産物ノ統制ニ關シマシテハ、販賣及ビ生産ノ統制ニ關シマシテハ、十分ナル御考ガアラウト思フノデアリマスカラ、御所見ヲ承リタイノデアリマス、莫大ナル經費ヲ掛ケマシテ、國費ヲ投ジテ米穀ノ統制ヲスルト云フコトハ、私ハ至難ナ問題デハナイカト思フノデアリマス、勿論根本問題ニ關シマシテハ、農林大臣ハ十分ニ御研究ヲ下サルノデアリマスカラ、根本問題ニ對シマシテハ御尋致シマセヌケレドモ、漸進的ニ農民ガ自治的ニ販賣統制ヲ爲シ、生産統制ヲ爲スダケノ助長ヲサレル必要ガアルト私ハ思フノデアル、農民自體ガ自治的ニ販賣ト生産ノ統制ヲ爲スニ、農林大臣ハ如何ナル指導方針ヲ御持チニナッテ居リマスカ、之ニ對シマシテハ必ズヤ農會ノ活動ニ俟タナケレバナラヌデアリマセウ、更ニ經濟團體デアリマス産業組合ノ活動ニ俟ツベキデアラウト私ハ思フノデアリマス(拍手)齋藤、岡田兩内閣ノ手ニ於キマシテ、有ユル農村ノ匡救ノ施設ヲオヤリニナリマシテ、中央地方ヲ通ジマシテハ八億圓以上ノオ金ヲ投ジテ、匡救事業ヲナサッタノデアリマス、果シテ其結果、農村ハ惠マレマシタノデアリマセウカ、勿論最惡ナル狀態ニナルコトヲ喰止メタト云フコトハ確カニ利益ガアリマスケレドモ、地方自治團體ヘソレガ爲ニ莫大ナル負債ヲ增シタト云フコトハ申ス迄モアリマセヌ、補助金ガ少ナイ故ニ借金ヲシテ事業ヲヤッテ行ッテ居リマス、更ニ經濟更生指定町村ヲ御作リニナリマシタ、此經濟更生指定町村ニ依リマシテ、果シテ農民ハ惠マレタデアリマセウカ、有ユル計畫ヲサレタノデアリマス、有ユル事業ヲヤリマシタケレドモ、ヤハリ借金ハ增スバカリデアリマス、負債整理法案ヲ御出シニナリマシテ、負債整理組合ヲ作ルヤウニ御指示ニナッタノデアリマス、然レドモ債務ハドン／＼增スバカリヂヤアリマセヌカ、ナゼ農村ガ救ハレナイノデアリマセウカ、卽チ農村ヲ救濟スル根本ノ農産物價、重要ナル農産物價ノ價格ノ安定、價格ノ統制ト云フコトニ、「當局ハ眼ヲ著ケラレナカッタカラ左樣デアルト私ハ思フノデアリマス、カルガ故ニ農民ヲシテ自治的ニ販賣ノ統制ヲヤラシメルベク、産業組合ノ擴大强化ニ對シマシテ、當局ハ如何ナル御所見ヲ御持チニナッテ居リマスカ、此産業組合ハ非常ニ恐レラレテ居ルノデアリマスケレドモ、遺憾ナガラ農民ノ方ニ於キマシテハ、發達ヲシテ居ラナイノデアリマス、昭和八年ノ産業組合要覽ニ於キマシテモ、大正十四年ニ全國一万三千三百七十九程アリマスガ、大正十四年ニソレダケアッタモノガ、昭和八年ニナリマシテ、ヤハリ一万三千四百四十六ニナッテ居ルノデアリマス、産業組合ノ數ハ餘リ殖エテ居ラナイノデアリマス、私ハ廣島縣デアリマスガ、廣島縣ニ於キマシテモ未設置産業組合町村ハ六十一アリマス、廣島縣デ四百アリマス産業組合ノ中、良イ組合ト云フモノハ僅ニ八十シカナイノデアリマス、五分ノ一シカナイノデアリマス、他ノ縣ノコトヲ申シマシテハ失禮デアリマスガ、新潟縣ニ於キマシテモ五百ノ産業組合ガアリマスガ、其内優良組合ハ、僅ニ五分ノ一シカナイト云フコトガ、讀賣新聞ニ出テ居ルノデアリマス、デアリマスカラシテ、農村ガ自治的ニ販賣ト生産ノ統制ヲセントスル場合ニ於キマシテモ、此産業組合ノ活動ニ俟タネバナラナイケレドモ、産業組合ハ微々トシテ振ハナイト云フ狀態デアリマス、此原因ハ色々アリマセウ、卽チ農村ノ有力ナル子弟ガ都會ヘ都會ヘト行ッテ居ルノデアリマス、農村ノ資金ハ都會ヘ集中サレテ居ルノデアリマス、カルガ故ニ産業組合ヲ設立ショウト致シマシテモ人ガナイ、理事者ガナイ、偶ニ出マシタナラバ非常ナル不正ナコトヲヤル、産業組合ノ機能ノ發達ヲ十分ニセシムルコトガ出來ナイ、又未設置町村ニ對シマシテ、設置ヲ促ガサウト致シマシテモ、ドウシテモ設置出來ヌ、資金ガナイカラデアリマス、出資金ガ出來ナイカラデアル、當局ハ此農村更生ノ根幹ヲ成ス産業組合ノ助長發達ニ對シマシテ、如何ナル程度ノ獎勵ヲ爲シ、助長ヲ爲サレントスル御方針デアルカヲ御伺シタイノデアリマス

次ニハ米穀自治管理法案ト反産運動ノ問題ニ關シマシテ、御尋シタイト思フノデアリマス、過剩米ノ統制ト云フ此程度ノ範圍デアリマシタナラバ、餘リ商人ノ受ケル不利益ハナイト私ハ思フノデアリマス、豐作ノ際ニ於テ、大農地主ノ所ニ集ッテ居ル米ノ過剩米ダケノ統制デアッタナラバ、政府ガ强制シテ吳レナクテモ、管理ヲ獎メテ吳レナクテモ、地主ハ利益ノ爲ニ保管シテ居ル筈デアリマス、此程度ノモノデアッタナラバ、何モ統制ハ要ラナイノデアリマス、ナイヨ

リハ優ッテ居ルコトハ勿論デアリマス、然ルニ反產運動ガ猛烈ナル勢デ起ルト云フコトハ、何ヲ意味シテ居ルデアリマセウカ、即チ今日中小工業者ガ非常ニ虐ゲラレテ居ルト云フコトヲ、如實ニ現シテ居ル、何處ニ持ッテ行ッテ其更生ヲ當局ノ力デシテ戴カウカト云フコトニ對シテ、狂奔シテ居ルト云フコトヲ如實ニ現ハシテ居ル、本當ニ中小工業者ガ困ッテ居ル問題ハ何デアリマセウカ、百貨店ノ進出デアラネバナラナイ（「然リ」ト呼フ者アリ）東京ニ於キマシテモ、商品ノ六割マデ百貨店ガ販賣シテ居ルデハナイカ、大阪ニ於テハ五割ヲ販賣シ、廣島ニ於テモ三割ヲ販賣シテ居ルト云フ狀態デアル、此大資本家ノ百貨店ニ鋒先ヲ向ケ得ズシテ、憐レナル農民ガ結束ショウト云フ產業組合ニ鋒先ヲ向ケルト云フコトハ、如何ナルコトデアルカ、此點ハ所謂中小工業者ガ非常ニ疲弊困憊シテ、如何ニシテ更生センカト云フコトヲ當局ニ迫ッテ居ル、敵ハ本能寺ニ在リト私ハ思フノデアル、此問題ハ單ニ米穀自治管理法案ダケデハナイ、是カラ延イテ農民ガ自治的統制ヲ致シテ行クコトヲ防止ショウト云フノデハナイカト私ハ思フノデアリマス（拍手）然ル時ニ於キマシテ當局ハ此反產運動ノ爲ニ、產業組合ノ發達助長ト云フコトヲ阻碍シ、躊躇サレルヤウナ狀況ニアルカ否カト云フコトヲ私ハ憂フル者デアリマス、此點ニ關シマシテハ少クトモ反產運動、所謂商工業者ト農民トノ統制ニ關シマシテ、十分ナル融合一致和協ガ出來ルヤウニ、庶政一新ノ此場合デアリマスカラ、當局ニ御願シタイト同時ニ、如何ナル方法ニ於テ此尖銳化ヲ妥協シ、融合ショウトスルノデアリマスカ、經濟統制ハ生產者ノ爲メノ統制デアッテモナラナイ、消費者ノ爲メノ統制デアッテモナラナイト私ハ思フノデアリマス、生產者ト消費者トガ能ク融合一致スルヤウニ、當局ガ統制スルト云フソレニ對スル具體案ヲ御持チデアルカ、即チ重要產業統制委員會ノヤウナモノヲ開キマシテ、以テ農村ト商工業者トノ融和一致ヲ御圖リニナルト云フヤウナ御考ヲ御持ニナルナラバ、此場合ニ御發表ヲ願ヒタイノデアリマス

次ニ米穀自治管理法案ト耕地改良事業ノ問題デアリマス、追加豫算ヲ見マシテモ、或ハ前年度豫算ヲ見マシテモ、米穀自治管理法案ガ出マシタナラバ、急ニ耕地ノ改良事業、即チ開墾助成ト云フモノヲ打切ッテシマハレテ居ルノデアリマス、米穀自治管理法案ト云フモノハ生產制限ヲ意味シナケレバナラナイノデアリマセウ、此點ヲ御伺シタイノデアル、米穀自治管理法案ガ生產制限ヲ意味スルモノデアッタナラバ大變デアリマス、多イガ故ニ、過剩デアルガ故ニト云フコトニ目ヲ著ケラレマシテ、サウシテ生產制限的政策ヲ農林當局ガ御執リニナルナラバ、恐ラク時代錯誤デアルト言ハナケレバナラヌ、即チ農產物ノ中ニハ海外ヘドンドン輸出スル物ガアルデハアリマセヌカ、除蟲菊、柑橘、或ハ桑茲、是等ノ物ハドンドント栽培ヲスベキデアリマセウ、故ニ畑ノ開墾事業ニ對シテハ、ドン／＼ト奬勵資金ヲ御出シニナッタヲ如何デアリマスカ、外國カラ輸入シテ居ル所ノ棉、之ニ對シマシテモ、內地デ栽培出來ルデハアリマセヌカ、緬羊ハ勿論廣島縣種畜場ニ於テモヤッテ居ルノデアリマスガ、是亦緬羊モ飼育出來ルノデアリマス、緬羊ヲ飼育シ、有畜農業ヲヤリ、農業經營ノ綜合化ヲ圖ラント致シマスレバ、畜產ニ力ヲ致サナケレバナラヌ、畜產ニ力ヲ致ストスレバ飼料ノ問題ヲ解決シナケレバナラヌノデアル、飼料ヲ作ラントスルナラバ、今迄ノ水田ヲ乾田ニスル爲ニ、茲ニ暗渠排水ヲヤラナケレバナリマセヌ、暗渠排水ヲ爲シテ乾田ニスル、故ニ米ハ少ク出來マスガ、其他ノ副產物ガ澤山出來ルノデアリマス、飼料ガ出來ルノデアリマス、斯樣ニ考ヘマシタ時ニ於キマシテ、耕地改良事業ト云フモノハ、是非並行シテヤラナケレバナラヌ問題デアルト私ハ思フノデアリマスガ、農林當局ニ於キマシテハ、米穀自治管理法案ト減反ト云フ問題ヲ非常ニコンガラガラセテ、極メテ不明瞭ナ點ガアルノヲ遺憾トスル者デアリマスガ、農林大臣ハ此點ニ對シマシテ、如何ナル御所見ヲ御持チニナッテ居リマスカヲ御伺シタイト思フノデアリマス

最後ニ御伺致シタイコトハ、朝鮮米及ビ臺灣米ノ移入管理ノ問題デアリマス、過剩米ノ統制ダケデハ、到底眞ニ米ノ問題ヲ解決スルコトハ出來ナイト云フコトハ、既ニ農林大臣ガ御話ニナッテ居リマスケレドモ、此臺灣米ノ移入ヲ制限シ、若クハ之ヲ管理スルト云フコトハ、是非緊急ニオヤリニナラナケレバナラヌ大キナ問題デアルト云フコトヲ申上ゲテ置キマセウ、此點ニ對シマシテ、拓務大臣ハ餘程躊躇ヲサレテ居ルヤウデアリマスガ、私ハ決シテ御躊躇ヲナサル必要ハナイト思フノデアリマス、今日朝鮮ノ米ノ生產費ハ非常ニ安イ、自分ハ粟ヲ喰ウテ居ル、滿洲カラ粟ヲ輸入シテ喰ッテ居リマシテ、生產費ノ安イ米ヲ內地ヘ送リマス、而モ立派ナ米ヲ作リマシテ、朝鮮木浦ノ米ハ廣島縣ノ「マル」改ト格差ガ違ハナイヤウナ立派ナ米ヲ送リマスカラシテ、ソコデ農林省デハ五等米ノ設置ハ全國的ニ御許ニナラヌ方針デアルト聞イテ居ルノデアリマス、五等米ノ設置ヲ何故御許ニナリマセヌカ、五等米ノ設置ヲ許シタナラバ、朝鮮米ノ方ガドン／＼ト入ッテ來マシテ、內地ノ五等米ト云フモノハ賣レナクナルノデアリマス、カルガ故ニ貧農大衆ハ五等米ガ出來マセヌカラドンナ憐レナ狀態ニナッテ居リマスカ、座談會ニ於キマシテ農民ガ言ッタノデアリマス、吾々ノ子供ガ非常ニ出來ガ惡イ、或ハ運動會ニ於テ負ケタト云フコトヲ言ハレルガ、是ハ粉米ヲ食ッテ居ル關係デアルト云フコトヲ言ッタ、產米改良ヲヤカマシク言ハレマシテ、四等以上デナケレバイケナイ、四等以上ノモノデナカッタナラバ販賣スルノニ宜クナイカラ、五等米ヲ認メヌト言ハレマスカラ、四等ニスル爲ニ非常ナ無理ヲシテ米ヲ作ル、十五俵出來ル所ガ十四俵ニナルノデアリマス、而モ粉米ガ澤山出來マスカラ、殆ド粉米ヲ食ッテ居ラネバナラヌト云フ狀態デアル、然ルニ地主ノ方デハ小作米モ負ケテ吳レナイ、粉米ヲ食ウテ居ル、子供ニモ粉米ヲ食ハセネバナラヌカラ、缺色兒童──朝飯ヲ食ヘヌト云フ意味デアリマセヌ、色ヲ缺イテ居ル所ノ缺色兒童ガ澤山ニ農村ニ出來テ居ルト云フコトヲ考ヘナケレバナラヌノデアリマス、是等ノ點カラ考ヘマシテモ、十一月頃內地米ガ出來マシタ時、雪崩ヲ打ッテ朝鮮米ガ入ッテ來ルト云フコトガ、非常ニ貧農大衆ヲ困ラセテ居ルト云フ事ダケハ間違ノナイ事實デアル、然ラバ之ヲ移入管理ヲヤッタ場合ニ於テ、朝鮮ノ農民ガ困ルデアリマセウカ、決シテ困ラナイ、朝鮮ノ農民ハ今日デモ生產費以上ノ價格デ賣ッテ居ルノデハナイ、中間商人ガ阻止シテ居ルノデアル、其中間商人ノ利潤ヲ少クスルト云フコトニ依ッテ、朝鮮ノ農民モ困ラズ、而モ內地ノ農民ガ助カルト云フ此重大ナル問題ニ關シマシテハ、十分研究ヲセラレテ、一日モ早ク朝鮮米ノ移入管理ヲ實現サレンコトヲ望ムノデアリマス、此點ニ付テ此場合ニ御答辯ヲ御願シタイト思フノデアリマス

（國務大臣島田俊雄君登壇）

○國務大臣（島田俊雄君）　只今永山君ノ御質問中ニ御述ニナリマシタ御意見ニ對シマシテハ、謹ンデ政府ノ參考ト致シマシテ、法案實施竝ニ農林省ノ事務ヲ進行スル上ニ於キマシテ參考ニシ、之ヲ考究致シタイト考ヘテ居リマス、唯此法案ニ付キマシテ、自治管理法案ハ之ヲ實施スル爲ニ耕地ノ改良事業、即チ生產制限ト云フヤウナ事柄ヲ目的トシテ居ラナイカト云フヤウナ意味ノ點ニ對シマシテハ、左樣ナ意味ハ決シテナイト云フコトヲ申上ゲテ置キマス、又反產運動トノ關係ニ付キマシテハ、先刻、產業組合ト中小商業者ノ關係ニ付キマシテ、部

内ニ於テ協議會ヲ設ケテ研究ヲシテ、略〻成案ヲ得ントシテ居ルト云フコトヲ申上ゲマシテ、其内容ニ付キマシテハ、發表シ説明ヲシ得ル點ニ付テハ、參考トシテ委員會等ニ於テ説明致シタイト考ヘテ居ルコトヲ申上ゲマシタガ、之ヲ以テ御諒承ヲ願ヒタイト思フノデアリマス、最後ニ朝鮮米ノ移入管理ノコトニ付キマシテハ、御議論ノ點ハ洵ニ拜聽致シマシテ、左樣ナ事情ノアルコトヲ自分モ諒解ヲ致シマスケレドモ、外地米、内地米ノ關係ニ付テハ極メテ微妙ナ關係ガアリ、此間ノ事柄、卽チ内外地ヲ通ジテ統制ノ制度ヲ立ツルニアラザレバ、現行統制法ノ效果ヲ完ウスルコトガ出來ナイト云フノガ、此法案立案ノ根本ノ趣意ノ一ツデアルト云フコトヲ説明ヲ申上ゲマシタ、此點ニ於テ御諒承ヲ願ヒマシテ、現行法ノ下ニ於テ直チニ朝鮮米管理ノ方法ヲ執ルト云フコトハ致サナイト云フコトニ、御諒解ヲ願ヒタイト思ヒマス

○議長(富田幸次郎君) 富吉榮二君

(富吉榮二君登壇)

○富吉榮二君 本案ニ關シマシテハ、先刻來先輩議員諸氏ト當局トノ間ニ、有ユル角度カラノ質疑應答ガ繰返サレタノデアリマス、更ニ又獨リ本議場ノミナラズ、我國ノ一切ノ機關ヲ擧ゲテ本問題ニ對スル討議ガ行ハレテ居ルヤウデアリマス、コト程左樣ニ此問題ハ重大ナル問題デアルト思ヒマス、是等ニ對スル色々ナ當局ノ辯明ニ依リマシテ、略〻了承スルコトガ出來タノデアリマス、贊成反對ノ意思ハ別ト致シマシテ、當局ノ意ノ在ル所ハ大體ニ於テ分ッタノデアリマスルガ、尚ホ少シク當局ニ對シテ御尋致シタイト思フノデアリマス、極メテ時間ガ切迫シテ居リマスルノデ、簡單ニ申上ゲタイト思フ、先程農林大臣ハ田淵氏ノ質問ニ對シマシテ、米價ノ吊上ヲ目的トスルモノデハナイト云フヤウナ御意見デアッタヤウデアリマスルガ、其點ニ付テハ私共マダ一向合點ガ參ラナイノデアリマス、要スルニ本案ノ眼目トスル所ハ、必シモ本法實施ニ依ッテ直チニ米ヲ吊上ゲルト云フコトデハナイカモ知レナイケレドモ、少クトモ米價ト云フモノヲ、生産費トノ間ニ於テ或ル程度ノ高價ナモノニスル、ヤハリ其政策ヲ基本トシテ、詰リ米價ノ月別ノ均等化ヲヤラウトスル、斯ウ云フコトガ吾々共ニハ窺ヘレルノデアリマス

更ニ第二ニ此案ハ先程來財政上ノ見地カラ種々言ハレマシタヤウニ、米穀需給特別會計ノ損失ヲ防止スル、斯ウ云フコトデアル、サウシテ其損失ハ一般會計ノ方ニ轉嫁サレテ行クヤウデアリマス、更ニ又直グ私ノ前ノ何ト云フ方デアッタカ知ラヌガ、臺灣朝鮮ノ植民地産米ノ内地ヘノ移入ヲ阻止スル、斯ウ云フ風ノ立前デアルヤウデアリマス、由來吾々ハ計畫經濟卽チ組織經濟ト云フモノヲ主張シ來ッタノデアリマシテ、其計畫經濟、組織經濟ノ根本ヲ成スベキ所ノ産業統制ト云フモノニ對シテハ、極メテ贊成デアリ、大イニ之ヲ鼓吹致ス一人デアリマス、ケレドモ吾々ノ主張スル所ノ産業統制ナルモノハ、要スルニ國民大衆ノ生活安定ヲ基調トスル所ノ、卽チ社會的産業統制デアッテ、其統制スルコトニ依ッテ或ル一部ノ者ヲ利益セントスルガ如キ産業統制トハ、斷ジテ其本質ヲ異ニスルノデアル、ケレドモ私ガ以上冒頭ニ於テ觀來ッタ如ク、本案ハ所謂米穀販賣高ノ僅ニ一五・五%總戸數ノ六・五%斯ウシタ僅少ナル、殆ド地主ノ爲ノ政策デアラザルカト云フコトヲ私ハ憂フルノデアル、サウシテ政府ハ其爲ニ所謂月別ニ均等化シテ維持シヨウト云フ見地カラ、朝鮮臺灣ノ産米ノ内地ニ移入スルコトヲ防止シヨウトシテ居ル、斯ウ云フ風ニ私共ハ觀ルノデス、從來政府ハ米價高維持ノ目的カラ、米ノ市場出廻ヲ調節スル爲ニ、米穀統制法ナルモノヲ實施シテ、サウシテ相當ノ買上ヲナサレテ來タヤウデアル、其資金トシテモ所謂需給特別會計ニ於テハ十一億五千万圓、サウ云フモノヲ計上シテ、既ニ其中最近ニ至リマシテハ、先程カラモ言ハレテ居ルヤウニ二億八千万圓ト云フヤウナ莫大ノ損失ヲ招クニ至ッタ、此莫大ナ損失ノ負擔ヲ除去スル爲ニ、所謂過剩米ヲ政府ガ買上ゲズニ、農民各自ノ責任ニ於テソレヲ管理セシメヨウトスル、詰リ其管理ヲ農民自身ノ方ニヤラシメテ、今マデノ農民救濟ニ依ル所ノ費用ヲ遁レヨウトシテ居ルノデハナイカ、斯ウ云フ所ノ所謂一石二鳥主義ノ策ニ出タルモノデハナイカト私共ハ見テ取ルノデアリマス、結果ニ於テサウナラナケレバ結構デアルケレドモ、往々ニシテ今日マデノ立案ガ、其當初ニ於ケル當局ノ辯明竝ニ之ヲ支持スル者ノ意見ハ極メテ結構デハアルガ、其實際的ナル結果トシテ現ハレル所ノモノハ、往々ニシテ其立論ト全然結果ヲ異ニスル場合ガ多イノデアル、其點ニ付テハ色々選良諸君ガ愼重審議サレタ選擧法デモ其通リデアル、或ハ又色々練ラレテ作ラレタ所ノ米穀統制法ノ買上政策ニ於テモ斯ノ如キ結果ヲ見タ、自作農創定ニ於テモ其通リデアル、必シモ現在ニ於ケル立案者ノ主張其モノガ、現實ニソグハナイ、私共ハ此點ヲ憂フルノデアリマス

ソコデ私ハ先ヅ御尋シタイノデアル、極メテ御答辯ノ便利ノ爲ニ、此米價ヲ吊上ゲル政策ガ、社會的ニ妥當デアルカ、第二點ニ於テ、之ヲ適用スル府縣ト、不適用ノ府縣ニ於ケル所ノ米作農民ノ間ノ關係ヲ、ドウ云フヤウニ取扱フカ、此二ツノ點ヲ御尋シタイノデアル

更ニ今一ツ大事ナコトハ、玆ニ所謂都市ト農村ノ對立關係、先刻カラ言ハレタヤウナ問題ガアリハシナイカ、言フマデモナク米ヲ高クスルト百姓ハ直チニ利益スルヤウニ考ヘルガ、一般ノ認識ノヤウデアリマス、ケレドモ先程來御述ニナッタヤウニ、日本ノ農村ニハ瑞穗ノ國ニ生レテ米ノ食ヘナイ連中ガ居ルノデアル、自分ガ手作リノ米ガ食ヘナイデ、アベコベニ之ヲ買ッテ喰ッテ居ルト云フヤウナ狀態デアル、先程ドナタカノ御示シニナッタ統計ニモアリマシタガ、朝鮮ニ於テ米ヲ食ヘナイト云フノハ、アレハ決シテ拓務大臣ノ仰シヤッタヤウナ意味デハナシニ、私共ハ端的ニソレヲ知ッテ居ル、米ガ食ヘナイデ、サウシテ其量ガ減ッテ居ルノデアル、斯ウシタヤウナ農民ガ居リマスノニ、唯單ニ玆ニ現在ノヤウナ法規ヲ持ッテ來テ、サウシテ直チニ社會不安、農村ノ不安ガ除去サレルモノデハナイ、尤モ此點ニ付テハ農林大臣ハ、是ハ極メテ暫定的ノモノデアル、過渡的ナモノデアルト御承知ヲ願ヒタイト云フヤウナ意味合ニ於キマシテ、其後ニ根本方策ヲ御持チデアラウカラ、稍〻安心ハ致シマスガ、要スルニ農民ノ救濟ハ斯ノ如キ所ノ、現在ノ農村ニ横ハル所ノ不安ヲ除去スル爲ニハ、今少シク根本的ニ農村ノ問題、卽チ土地ノ問題デアリ、或ハ小作料ノ問題デアリ、之ヲ繞ル所ノ色々ナ問題デ現ハセル深刻ナ鬪爭ノ問題、此問題ヲ緩和シ得ルニ足ル所ノ根本的ナ農村策ガ立テラレナケレバ、唯單ニ米ヲ買上ゲル、若クハソレノ統制ヲ圓滑ニスルト云フヤウナ意味合ニ於テノ自治管理ヲスルト云フダケニ依ッテハ、斷ジテ私農村ノ米穀政策ナルモノガ根本的ニ解決サレルモノデハナイト云フコトヲ思フノデアリマス、以上ノ點ニ對シテ、所謂吊上政策デナイト言ハレルケレドモ、私ハ必ズサウアルモノナリト確信スルモノデアリマスガ、之ニ對スル農相ノ御意見如何

尚ホ此所謂米ノ吊上ニ依ッテ都市消費階級ト云フヤウナモノハ、非常ナル生活脅威ニ曝サレル虞ハナイカ、此點ヲ憂フル者デアリマス、斯ウシタコトガ又現在ノ所謂本法ニ對スル反對運動ノ本旨トモナッテ居ルヤウデアリマス、斯ル立前カラ此都市ト農村トノ對立ヲ緩和シテ、ソ

コニ一方農民ヲ眞ニ救濟シ、サウシテ又此生活不安ヲ除去シ得ル、所謂眞ノ勤勞農民モ宜シイ、更ニ又勞働大衆ノ生活ヲモ脅威シナイ、一般市民階級ノ生活ヲモ脅威シナイト云フ所ノ、公正米價ヲ樹立スルト云フヤウナ、政府當局ニ於テハ御準備ガアルカドウカ、サウ云フコトヲ四點ダケ御尋シタイノデアリマス(拍手)

(國務大臣島田俊雄君登壇)

○**國務大臣(島田俊雄君)** 富吉君ノ御尋ニ對シテ御答ヲ致シマス、本法案ノ目的ガ米價吊上ノコトヲ意味シナイ、此事ハ度々申上ゲタ通リデアリマシテ、調節ヲ目的トシテ居ルモノデアッテ、吊上ヲ目的トシテ居ルモノデハナイコトヲ申上ゲテ置キマス、尚ホ此法律ハ地主ノ爲ノ立法デハナイカト云フヤウナ點ニ付キマシテハ、是亦左樣ナ點ヲ目的トシテ居ルモノデハナイノデアリマス、尚ホ都市ト農村トノ對立關係ニ關シテノ御意見ハ、謹ンデ拜承致シマスガ、政府ハ全ク此點ニ付キマシテ、都市ト農村ノ對立ヲ緩和スルノ根本精神ニ依ッテ、此農民行政、農村對策ヲ考ヘテ居ルト云フコトヲ申上ゲテ置キマス、而シテ此事ハ此法案ニ現ハレタル事柄ノミヲ以テ、是ガ達セラレルモノデハナイト云フコトハ申スマデモナイコトデアリマシテ、農民行政全體ヲ通ジ、或ハ政府ノ施設全體ヲ通ジテ、此點ニ付テハ啻ニ都市農村バカリデハナイ、各階級、各方面ノ諧和協調ト云フコトヲ根本ニ置イテ居ルモノデアルト、斯樣ニ自分ハ諒解シテ居リ、其意味ヲ以テ總テノコトヲヤッテ居ルト云フコトヲ申上ゲテ置キマス

(富吉榮二君登壇)

○**富吉榮二君** 私共ノ見ル所ト當局ノ御意思トガ喰違ッテ居ッテ、私共ノ憂ヘテ居ルコトガ杞憂ニ終ルモノデアルコトヲ聞イテ安心致スノデアリマス、更ニ私ハ進ンデ此際ニ承リタイノハ、政府ノ米ノ方針ニ付テデアル、勤勞農民ノ要望致シマスハコトハ、所謂生産費ノ引下ニ依ル所ノ公正米價ノ樹立ト云フコトガ最モ問題デアリマス、ソレハ決シテ理論上ノ問題デハナクシテ、私共ガ實際ニ百姓ヲヤッテ行ク上ニ於テ、最モ重大ナル事デアルノデアリマス、デ斯ル事柄ハ唯單ニ利己的ナ偏見カラ之ニ對シテ見ルベキモノデハナクシテ、最モ重要ナル國民ノ必需品デアルト云フ點ニ於テモ、更ニ又我國ニ於ケル二千五百万ノ勤勞農民大衆ノ生活ノ安定ノ策カラ致シマシテモ、見地カラ致シマシテモ、是ハ眞ニ妥當ナル米穀策ガ樹立サレナケレバナラヌガ、其樹立策ニ於テ最モ考慮サレナケレバナラヌコトハ、生産費ノ引下、生産費ヲ現在ノ如ク、硫酸「アムモニア」云々ト云フヤウナ話モ此議場デ出マシタガ能ク覺エテ居リマセヌ、ア、云フヤウナ所謂資本家ニ利鞘ヲ取ラシムル所ノ肥料ノ價格、斯ウシタモノニ對シテ大イニ當局ハ眼ヲ注イデ戴カナケレバナラヌト思フノデアリマス、即チ所謂農業經營ソレ自體ヲ本位トスル肥料統制ヲ斷行セラル、所ノ政府ニ御意思ガアルカドウカ、唯單ニ資本主義的ナ見地カラ、所謂肥料ヲ生産スルコトヲ一ツノ營利事業ト云フヤウニ見ル見地カラノミニ依ッテ、此資本家的ナ採算ノ上カラ値段ガ現在ニ於テハ無軌道的ニナッテ居ルヤウデアリマスルガ、之ニ對シテ統制ヲ斷行セラルル意思ガアルカト云フコトヲ御尋シマス

更ニモウ一ツ小作料ノ輕減、是ハ地主ノ諸君ハビックリスルノデアリマスルガ、小作料ト云フモノハ現在ノヤウニ高クテハ、モウ日本ノ農村ハ潰レルト思フ、ドウシテモ農民生活ヲ安定セシムルノミナラズ、以上申上ゲタ公正米價ノ樹立ト云フ爲ニハ、現在ノ如ク小作料ガ高率デアッタラ、迚モサウシタコトガ出來ナイノデアル、又農村問題ノ病ハ實ニ此點ニモアルノデアル、是ハ要スルニ地主ノ方ニ於テ、若シ小作料ヲ引下ゲルコトニ依ッテ被ル不利益ハ、相當ノ方法ヲスレバ宜イ、ソレハ幾ラデモ政治的ノ分野ガ殘サレテ居ルノデアル、先ヅ此小作料輕減ト云フコト、私ハ地價ノ引下ト云フコトヲ基本トシテ、小作法ガ制定サレナケレバナラヌモノダ、私ハ斯ウ云フ風ニ考ヘテ居ル、唯單ニ地主ノ所謂所有權絶對ヲ強化スルヤウナ、乃至小作人ノ高率小作料ヲ絶對的ニ釘付ニスルヤウナ小作法ノ制定デアッタラ、ソンナモノヲ作ッテモ農村ヲ破壞スルモノデアル、斯ウシタ見地カラ政府ハ斯ノ如キ小作法ニスル意思アリヤ否ヤ、更ニ此農民ト云フモノハ洵ニ困ッタモノデアリマシテ、所謂外ニ大キナ店ヲ出シテ居ル、何時如何ナル時ニ風ガ吹クカ知レナイ、雪ガ來ルカ知レナイ、斯ウシタヤウナ所謂不可抗力ニ因ッテノ損失ト云フヤウナモノヲ豫定シナケレバナラナイデアラウ、殊ニ本年度モ東北地方ノ雪害ト云フヤウナコトガ此處ニ於テモ問題ニナッテ居リマスルガ、要スルニ斯ウシタヤウナ農民ノ不可抗力ニ因ル所ノ損失ヲ、何トカシテ再ビ盛返ス力ヲ生産ニ與ヘテヤル、斯ウシタヤウナ保護政策ガ掲ゲラレナイ限リ、斷ジテ日本ノ農村ハ健在デアリ得ナイト思フノデアリマス、此點ニ對シテハ島田農林大臣ハ如何ナル御考ヲ御持ニナッテ居ルカ更ニモウ一ツ、農村民ノ公租公課ノ負擔ノ輕減ト云フコトデアル、是ハモウ既ニ言ヒ盡サレテ來テ居ルコトデアルカラ、私ガ特ニ言ハナクテモ宜シイガ、斯ウシタコトニ對シテ十分ノ用意ガアルカドウカ、馬場大藏大臣ハ成ベク大衆カラ搾リ取ラウト云フヤウナ風ノ決意ガアルカノヤウニ考ヘラレテ居ルガ、ソレガ吾吾ノ森所ヲ狙フニ於テハ甚ダ吾々モ考ヘザルヲ得ナイ、之ニ對シテ政窮ニ於テ百戰錬磨ノ、而モ苦ヲ嘗メ盡サレテ今日ノ榮冠ヲ擔ハレタ農林大臣島田俊雄閣下ハ、ドウ云フ御考ガアリマスカ、十分ニ所謂トン〳〵拍子ガ出テ來タ大藏大臣ト太刀打セラレルノ用意アリヤ否ヤ、斯ウ云フコトニ付テ御答ヲ願ヒタイノデアリマス、更ニ御答辯ニ依ッテモウ一回ダケ保留サレテアリマスカラ……

(國務大臣島田俊雄君登壇)

○**國務大臣(島田俊雄君)** 米ニ對スル方針、此消費階級、勤勞大衆、之ニ對シテハ成ベク米ハ安イ方ガ宜イ、併シ農民トシテハ生産費ヲ割ルヤウナ値段デハ供給スルコトハ無論困ルト云フコトハ、論ノナイコトデアリマシテ、政府トシテハ此間ニ於テ米ノ生産費ノ引下ニ依ル低米價ヲ方針トシテ居ルコトハ明カナコトデアリマス、随テ米穀ノ生産費ヲ引下ゲルト云フ爲ニ、生産費中ノ重要ナル部分ヲ占メル肥料其他ノモノニ對シテ、如何ナル方策ヲ執ルカト云フコトニ付キマシテハ、現ニ斷テ諸君ノ前ニ御協贊ヲ仰グ爲ニ上程セラレントシテ居リマスル、重要肥料ニ關スル法案ニ付テ、其機會ニ於テ説明スルコトガアラウト考ヘマス、肥料ノ事ニ付キマシテハ、御趣意ノヤウナ意味ニ於テ之ニ統制ヲ加ヘルノ方針ヲ以テ進ンデ居ルト云フコトヲ、御諒解願ヒタイノデアリマス、小作料ノ問題ニ關スル小作制度ニ關シマシテハ、茲ニ此場所ヨリ御答ヲ申上ゲマシタ通リニ、重要ナル問題トシマシテ愼重ニ考究ヲシ、成案ヲ得ル場合ニハ諸君ノ御協贊ヲ得ルヤウニ致シタイト云フ考ヲ以テ進メテ居ル次第デアリマス、尚ホ公租公課ノ輕減、此點ニ付キマシテハ、大藏大臣ガ財政ノ方針ニ付テ申シマシタ通リ、中央地方ヲ通ジテ負擔ノ均衡ヲ圖リ、之ヲ大本ト致シマシテ、其意味ニ於テ國家ノ必要ニ應ジテ増收ヲ圖リ得ルモノデアルナラバ、圖ルコトガ然ルベキモノデアラウト斯樣ニ考ヘテ居リマス、是ダケヲ以テ御答ト致シマス

(富吉榮二君登壇)

○**富吉榮二君** マア御厭デゴザイマセウケレドモ、暫ク御清聽ヲ願ヒマス、是ハ日本ノ勤勞農民大衆ノ代表的ナ意見デアリマス、只今農相ハ極メテ眞面目ニ、サウシテ

正直ニ御答ヘ下サイマシテ甚ダ敬意ヲ表シマスルガ、小作法ヲ近ク成案ヲ得テ諸君ノ協贊ヲ得ルト仰シヤラレマシタガ、ソレハ次期議會ニ提出サル、モノトシテ了承シテ宜シウゴザイマスルカ、若クハ近ク／＼デ押延バサレルモノデアリマスカ、其點ヲ先ヅ御諮致シマス、現在ノ此自治管理組合ノ本法ガ實施セラレルト云フコトニナルト、承ル所ニ依リマスルト寄託米ニ付テ、時價デ七割程ノ融資ヲ受ケルト云フヤウナ風ニ解釋シテ居ルノデアリマスルガ、是ハ非常ニ困ル場合ガ實際ノ百姓トシテアルノデアリマシテ、之ニ付テ時價ノ全額ヲ融資スルト云フヤウナ、御英斷ヲヤラレルコトハ出來ナイカ、更ニモウ一ツノ點ハ利子、保管料、手數料等、相當ノ金額ヲ要スルヤウデアリマスルガ、折角出來マシテモ斯ウシタヤウナモノヲ彼方此方デ取ラレテ居ルト云フト非常ニ困ルノデアリマスルカラ、之ニ對スル所ノ御考ハドンナモノデアルカト云フコトヲ御伺シマス、更ニモウ一ツ、簡單ニ御答ヘ下サレバ宜シイ、統制米ノ販賣ヲ消費組合ヤ或ヘ白米ノ小賣商人ニヤラセルト云フヤウナ方針ヲ執ラレルカドウカ、是ヘヤラセルナラヤラセル、ヤラセヌナラヤラセヌト、ソレダケデ宜シイ、ソレカラ政府ノ買上ゲル場合ニ於ケル政府ノ買上法規ヲ、相當ニ改正シナケレバナラヌ點ガアルンヂヤナイカ、モウ時間ガ來タカラ、サウ云フ一々ノ理由ハ申上ゲマセヌガ、大體斯ウ言ヘバ賢明ナル農林大臣ハ、胸ニピシット來ルダラウト思フノデアリマス、斯ウ云フヤウナ事ニ付テ當局ハ如何ナル御見解ヲ御持チニナルカ、極メテ簡單ニシテ、サウシテ能ク私共ガ呑込メルヤウナ御説明ヲ願ヒタイノデアリマス、マダ私共ハ本案ニ對シテ絶對ノ反對トカ、或ハ贊成トカ云フヤウナ見解ヲ執ッテ居ラヌノデアリマシテ、是等ノ杞憂ナシトシテ、本當ノ意味ニ於ケル所ノ社會政策ノ產業統制ヲ持ツ モノデアッタナラバ、或ハ贊成スルニ――私ハ百姓ノ代表トシテ贊成スルニ吝ナラナイコトヲ茲ニ申上ゲテ置ク次第デアリマス

（國務大臣島田俊雄君登壇）

○國務大臣（島田俊雄君） 富吉君ニ御答致シマス、富吉君ハ小作制度、小作法ト云フ風ニ段々具體的ニ御話ニナリマシタガ、私ノ御答ヲ申シマシタコトハ小作制度、尚ホ自作農、凡ソ所謂土地制度ニ關スル事柄ニ付テハ、愼重ニ考究致シテ居リマスカラシテ、是等ニ付テ方針ガ定マリ、成案ヲ得タ場合ニハ、諸君ノ協贊ヲ求メルヤウニ致シタイ、斯ウ云フ事ヲ申上ゲタノデアリマシテ、此事ニ付テ一言申上ゲテ置キマスガ、調査ト云フコトニ名ヲ藉リテ、出來テ居ッテモソレヲ出サナイヤウナコトヲスルデアラウト云フコトハ、或ハ是マデサウ云フ事ガアッタカモ知レヌ、又アッタヤウニ思フコトヲ私思ヒマスガ、私ハ左樣ナコトヲ致サナイ、是ダケヲ申上ゲテ置キマス、成案ヲ得レバ必ズヤリマス、ソレガ次ノ議會ニナルカ或ハ其次ニナリマスカ、此時機ニ付テ申上ゲルコトハ出來マセヌ、成案ヲ得レバヤリマス、尚ホ次ニ之ヲ次期ノ議會ト云フコトヲ以テ言質ヲ得ラレントスルノハ、是マデノ當局ノヤッタ弊ニ付テ御鑑ミニナッタコトト思ヒマスガ、其御心配ノナイコトダケヲ申上ゲテ置キマス、尚ホ此統制米ニ付テ、融資ノコトノ割合等ニ關シマシテハ、是ハ七割トカ云フヤウナ御話ガアリマシタガ、出來ル得ルダケヤルト云フ意味デアリマシテ、歩合ヲ限ッテ居ル次第デハアリマセヌ、又保管料、手數料ノヤウナ事柄ニ付キマシテハ、是ハ公正ナ程度ニ於テ之ヲ認メザルヲ得ナイ、又不公正ニ亙ルコトハ避ケナケレバナラヌト斯樣ニ考ヘテ居リマス、尚ホ統制米ヲ販賣スル場合ニ、之ヲ小賣商人、即チ米商人ニ扱ヘセルカト云フコトハ、御尋ノ通リデ、之ヲ米商人ノ扱フヤウナ方法ニシタイト、斯樣ニ考ヘテ居リマス、是ダケ御答致シマス

○議長（富田幸次郎君） 野中徹也君

（野中徹也君登壇）

○野中徹也君 私ハ時間ノ都合モアリマスルカラ、此米穀自治管理法案ノ内容、又此米穀自治管理法案ノ本質、或ハ其運用ノ問題ニ關シマシテ、果シテ此法案ヲ實行致シマシテ、政府ガ考ヘテ居ルヤウナ工合ニ、所期ノ目的ヲ達スルコトガ出來ルカドウカ、或ハ此米穀自治管理法案ニ依リマシテ、農民ヲ救濟スルコトガ出來ルカドウカ、又更ニ此本文ヲ以テシテ、果シテ農林大臣ノ言ヘル、通リ、商人ト農民トノ間ニ妥協ガ出來ルカドウカ、斯ウ云フヤウナ細カイ問題ニ關シマシテハ、委員會ノ席上ニ於テ考究ヲ致シ、論難致シテ見タイト思ヒマス、ソレデアリマスルカラ、斯ウ云フ風ナ諸般ノ問題ニ關シマシテハ、本日ハ質疑致スコトヲ止メマス、唯一點、果シテ此法律案ヲ如何ナル理由ヲ以テ御提出ニナッタカ、此理由並ニ動機ヲ御伺致シタイ、勿論之ニ關シマシテハ、先刻民政黨ノ工藤君カラ御質問ガアリマシタケレドモガ、マダ私ハ盡シテ居ラヌト思フ、同時ニ又本案ヲ提出シタ場合ニ於テ、此世ノ中ニ大キナ渦ヲ投ゲル、渦ヲ起スモノデアリマスルガ故ニ、特ニ本案提出ノ理由並ニ動機ニ付テ、農林大臣ノ御説明ヲ伺ヒタイト思フ、農林大臣ハ先刻工藤君ノ質問ニ對シテ、今回急激ニ此法律案ヲ提出シタ理由ハ、現在ノ米穀統制法ノ下ニ於テハ外ニ方法ガナイ、本質的ニハ色々他ノ方法ガアラウガ、現在ノ米穀統制法中ニ於テ、是ヨリ外ニハ良策ガナイ、ソレガ本案ヲ提出シタ理由デアルト言ッテ、主トシテ米穀問題ヲ中心トシテ論ジラレテ居ルヤウデアル、即チ米穀ノ價格ノ調整、或ハ需要ノ調整ト云フモノガ、本案ヲ提出シタ所以カノ如クニ思ヘレルノデアリマスルガ、私ニ言ハセルナラバ、本案ヲ提出スルコトニ依ッテ、米穀問題ヨリモ更ニ重大ナル社會問題ヲ、茲ニ惹起スベキ原因ヲ生ゼシムルヤウニナッタノデハナイカト考ヘル（拍手）

今マデノ社會問題ト云フモノハ、或ハ勞働問題ノヤウナ工合ニ、生產部門ノ中ニ於ケル利益ノ分配ノ問題デアッタ、所ガ此米穀自治管理法案ト云フモノガ、昨年帝國議會ニ提出セラレテカラ、此米穀自治管理法案ハ、重大ナル社會問題ヲ吾々ノ眼前ニ展開スルヤウニナッタノデアッタ、勞働問題ハ生產者ノ部門ノ問題デアル、併ナガラ此米穀自治管理法案ハ、生產者、配給者、消費者トノ三大部門ノ間ノ紛爭ヲ茲ニ起ス所ノ原因ヲ含ンデ居ルノデアル（拍手）四年程以前ニ商權擁護聯盟ト云フモノガ出來上ッタ、丸ノ内ノ丸ノ内「ホテル」ニ於テ其發起人會ガ開カレタ、併ナガラ其時ニ於ケル商權擁護聯盟ト云フモノハ、形ハアッタケレドモガ、實際ノ運動ト云フモノハ殆ド寥々タルモノデアッタ、產業組合ニ對抗スル爲ニ、商權擁護聯盟ガ出來タノカモ知レナイ、私ハ知ラヌ、併ナガラ兎ニ角反產運動ノ形式ヲ以テ生ジタ所ノ商權擁護聯盟ト云フモノモ、此問題ガ提出サレル迄ノ間ハ其運動ハ洵ニ微弱ナモノデアッタ、渡邊博士ノヤウナ人ガ各處ニ行ッテ、商權擁護ノ實際運動ヲヤッタ、併ナガラ其實際運動ヲヤッタト云ヒナガラ、之ニ共鳴スル者ガ殆ドナカッタ、有ユル都會ニ於テ商權擁護運動ト云フモノガ始マリ掛ケタ、併ナガラ其運動ハ殆ド見ルベキモノガナカッタ、併シ一昨年是ガ山崎農林大臣ノ下ニ帝國議會ニ提出セラレルト云フコトガ明瞭ニナッテカラ、日本ニ於ケル所ノ配給部門ト云フモノハ忽然トシテ起ッタノデアル、米屋ガ起ツ、米屋バカリデハナイ、肥料商ガ起ツ、肥料商バカリデハナイ、繭屋ガ起ツ、繭屋バカリデハナイ、總テノ人々ト云フモノガ――所謂配給機關ノ部門ト云フモノガ、此農林省ノ提出セラレタ法律案ヲ中心トシテ起チ上ッタノデアル、昨年度ニ於キマシテハ、此議會ノ附近ニ於テ流血ノ惨事サヘ起ッテ來

タ(「百姓ハドウスル、百姓ヲ犧牲ニスルノカ」ト呼フ者アリ)今農民ノ問題ヲ言ウテ居ルケレドモガ、農民ヲ富マス方法ハ別ニ他ニアル(「サウダ、サウダ」「百姓ハソンナ義務ハナイ」ト呼ヒ其他發言スル者アリ)百姓ヲ富マス方法ハ別ニアル(「農民ノ窮狀ヲ知ラヌノカ」ト呼ヒ其他發言スル者多シ)アトデ言フカラ默レ

(「農民ヲ知ラヌノカ」「默レ」其他發言スル者多シ)

○議長(富田幸次郎君) 靜肅ニ

○野中徹也君(續) 兎ニ角何レニ致シマシテモ、此問題ヲ中心トシテ各配給部門ガ起チ上ッタコトハ事實デアル、其後ニ或ハ露師デアルトカ、或ハ小間物屋デアルトカ云フ、殆ド吾々ガ腦中ニ置イテナカッタヤウナ人々モ、現實ニ於ケル所ノ利害關係ニ立脚シテ起チ上ッタコトガ、現在ニ於ケル事實デアル(「ヒヤ/\」)即チ私ハ思フ、斯ウ云フヤウナ法律案ヲ何ガ故ニ提出シナケレバナラナカッタノデアルカ、唯單ニ米穀統制法上ノ問題ニアラズシテ、大キナル所ノ社會問題ヲ、何ガ故ニ日本ニ起シタカ(「百姓ヲ知ラヌノダ」「默レ」ト呼フ者アリ)

私ハ思フ、此米穀自治管理法案ト云フモノハ、單ナル配給機關ノ問題ニアラズシテ、更ニ進ンデハ、思フニ國防上ノ問題モ之ニ憂慮スベキコトデハナカラウカト考ヘル、現在ノ兵士、現在ノ國民、是ハ昭和五年ニ於ケル所ノ國勢調査ノ結果デアリマスルカラ、恐ラク間違ヒナイト思フ、日本ニ於ケル人口ハ總數六千四百四十五万人、中、業ヲ有スル者二千九百六十一万九千人、無業者三千四百八十三万人、此有業者中農業一千四百万、水產業五十四万、鑛業二十五万、工業五百六十九万、商業四百四十七万、交通業百十万、公務、自由業二百万、其他ノ人ヲ合セマシテ、即チ二千九百六十一万人ト云フノガ、日本ニ於ケル所ノ有業者デアリ、中、農民ト云フモノハ一千四百万即チ日本ノ全人口ニ比較スルナラバ、二二%ニ過ギナイノデアル、隨テ此率ガ日本ノ國軍ノ中ニ於テモ左樣デアラウト思フ、日本ノ國軍ノ中ニ商人ノミ排斥セラル、ト云フコトハ、私共ハ聞カナイ、農民ノミガ軍人デアルト云フコトハ私ハ聞カナイ、隨テ日本ノ國軍ノ中ニ於テ、惟フニ斯ウ云フヤウナ比例ヲ以テ兵士ガ出テ居ルニ相違ナイト考ヘル、今日或ハ昨日、我ガ第一師團ハ滿洲ニ於ケル邊境守備ノ任ニ任ズベク、東京驛ヲ萬歲聲裡ノ間ニ出發ヲシタ、併ナガラ是等ノ第一師團ノ配下ノ人々モ惟フニ斯ウ云フヤウナ狀態ニ於テ、此兵士ト云フモノガ組織セラレタノデハナカラウカト考ヘル、此人々ガ邊境守備ノ任ニ當ッテ居ル時ニ、日本ノ内地ニ於テ斯樣ナ社會問題ガ起リ、自分ノ父兄ガ衣食ニマデ苦シマナケレバナラヌト云フヤウナ法律案ガ提出セラレタトスル時ニ於テ、果シテ安固ニ自分ノ任務ヲ盡シ得ルカドウカ、私共ハ洵ニ出征軍人ノ爲ニ御氣ノ毒ニ考ヘル次第デアル、即チ出征軍人ハ二重ノ心配ヲシナケレバナラナイ、内ニ於テハ陛下ノ御命令ノマニ/\邊境守備ノ任ニ當ルコトヲ努力スルト共ニ、一面ニ於テハ又後ロニ於ケル家庭ノ生活ヲ考ヘナケレバナラナイ、要スルニ二重ノ心配ヲ貽スモノト謂ハナケレバナラナイ、隨テ私ガ斯ウ云フヤウナ社會問題ヲ惹起スベキ法律案ヲ提出スルコトハ、國防ニモ關係スルニアラズヤト言ウタ理由デアル

又私共ハ考ヘル、團體生活ト云フモノハ、各人ノ犧牲ニ依ッテ初メテ圓滿ナルモノデアル、吾々ハ納稅ノ義務ヲ負フ、又兵役ノ義務ヲ吾々ハ持ッテ居ル、吾々ノ權利デアリ、又洵ニ吾々ノ義務デアル、併ナガラ冷カニ之ヲ觀察スル時ニ於テ、果シテ納稅ヲ喜ブ人アリヤ否ヤ、或ハ喜ンデ兵役ニ行ク人ハアルケレドモ、其中ニハ兵役ニ行クコトヲ、或ル意味ニ於キマシテハ許シテ貰ヒタイト云フヤウナ考ヲ持ツ人無キニシモアラズデアル、サウ云フ風ナ人々ガ、サウ云フ風ナ狀態ヲ我慢ヲシテ、此義務ヲ盡セバコソ、日本國家ハ圓滿デ、日本ノ國民生活ハ圓滿ニ行ヘレルノデアル、隨テ各人ノ犧牲ノ上ニ、初メテ社會生活ト云フモノハ圓滿ナモノデアル、私共ハ今日ニ於テ斯ウ云フ法律案ニ依ッテ、零細ナル金ヲ農村ニ集メナクモ宜カラウト考ヘル、併シ若シ幾ラカデモ農村ニ餘剩ガアルナラバ、而シテソレニ依ッテ生活スル者ガアルナラバ、是等ノ人々ニ自分ノ犧牲ニ依ッテ生活セシメルコトガ、日本ノ國民トシテ最上ノ喜ビデナカラウカト考ヘル、故ニ私ハ信ズル、或ハ此法律案ニ依ッテ若干農民ガ利益ヲ得タ所デ、或ハ此農民ノ利益ヲ幾分犧牲ニシタ所デ、喜ンデ日本ノ農民ト云フモノハ、自分等ノ仲間デアル配給機關ノ生活ヲ保障スルコトハ必然ノモノデアラウト思フ(「ソンナ幼稚ナ時代チヤナイ」「農民ノ經濟ヲ何ト考ヘテ居ル」ト呼フ者アリ)又思フ、斯ウ云フヤウナ法律案ノ提出ハ、果シテ聖旨ニ副フ所以デアルカドウカ(「ソレハイカヌ」「困ルナ」ト呼フ者アリ)

陛下ノ大御心ハ、所謂萬民ト云フモノハ齊シク陛下ノ赤子デアル、其間ニ何等ノ取扱上ニ於ケルケジメモナケレバ、差別モナイノガ 陛下ノ大御心デアラウト私ハ考ヘル 陛下ノ大御心ニハ農民モナケレバ商人モナイ(「謹愼セイ」ト呼フ者アリ)此間ニ何等ノ變化ハナイ、此變化ノナイコトガ大御心デアルトスルナラバ、斯ウ云フ差別的ノ法律案ノ提出ハ、果シテ其聖旨ニ副フ所以デアルカドウカ、是ハ甚ダ疑問ト致サナケレバナラヌ、要スルニ斯ウ云フ風ナ工合ニ、此法律案ニ對シマシテハ、幾多ノ本質的ニ於テ提案ノ理由ニ疑ヲ持ッテ居ル、隨テ島田農林大臣ヨリ少クトモ此問題ニ對シテ明確ナ御答辯ヲ得タイト思フ

又此法律案ヲ提出シタ動機ニ付テ私ハ聽キタイ、何ガ故ニ此臨時議會ヲ選ンダカ、是ハ勿論先程民政黨ノ工藤君カラ質問ガアリマシテ、一日モ早ク此法律案ノ實施ガ必要デアルガ故ニト云フヤウナ御返事デアッタ、併シソレ程私ハ今日此法律案ヲ實施スルコトガ、急ヲ要スルモノデアルカドウカ、果シテ此法律案ガ今日實行セラレテ、今年ノ秋ニ實施セラレルカドウカ、否現在ニ於テ其必要ガアルカドウカ、或ハ島田農林大臣ガ提出ノ動機トシテ、議院ノ内部ガ依然トシテ昔ト同ジヤウナ工合ニ御考デアルカモ知レナイ、即チ現廣田内閣ハ、政友會、民政黨ガ支持セラレテ居リマスルカラ、絕對多數ノモノデアリマス、ソレデアリマスカラ、惟フニ此法律案ガ提出セラレルナラバ、民政黨モ政友會モ無條件ニ此案ニ贊成スルト云フヤウナ考カラ、斯ウ云フ動機デ提出セラレタノデハナカラウカトモ思フ、併シ現在ノ議員、現在ノ代議士ト云フモノハ、昔ノ議員、昔ノ代議士トハ少シ違ッテ居ルヤウニ考ヘル、現實ニ於テ例ヘバ政府與黨デアル民政黨ノ間ニ於キマシテモ、一昨日本案ニ質問スベキカ、スベカラザルカト云フヤウナ問題ニ付テ、非常ナ紛爭ガアリ、昨日ニ於キマシテハ、代議士會ニ於テ是ガ決マラナカッタト云フヤウナ話ヲ私ハ聞イテ居ル、現在ノ代議士ノ諸君ハ幹部ニ盲從スルモノデハアリマセヌ、惟フニ個々別々ニ自己ノ認識ノ下ニ於テ、自己ノ判斷ニ於テ、正シキモノナラバ之ニ從ヒ、然ラザルモノニ對シテハ之ニ反對ヲスル、神聖ナル政治家ノ職分ニ立戻ッタノデハナカラウカト考ヘル、ソレダカラ唯單ニ政友、民政ノ兩黨ガ與黨デアルガ故、本案直チニ通過スベシト云フヤウナ氣持ヲ以テ、提出シタモノデアルトスルナラバ、ソコニ幾分ノ誤算ガアルノデハナカラウカト考ヘル、或ハ本案ヲ提出シマスル時ニ、所謂官僚ノ誤ッタ統制經濟的ナ理由カラ、廣田内閣ノ出現ヲ機トシテ、此際ニ於テ急激ナル、斯樣ナ統制經濟ヲ

施行ショウト云フ意味カラ御提出ニナッタノデハナカラウカトモ思フ、併ナガラ統制經濟ト云フモノハサウ云フモノデハアリマセヌ、統制經濟ノ內容ニ付キマシテハ、私ハ本日ハ申上ゲナイ、併ナガラ眞ノ統制經濟ト云フモノハ、萬人萬我ノ完成ヲ最高目標トスルノガ、其眞ノ目的デアリマス、一階級ノ利益ノミヲ目的トスルモノハ、統制經濟ノ眞ノ目的デハアリマセヌ、私ハ此理由カラ動機ヲ伺ヒタイト思フ

　即チ農林大臣ハ各省大臣トシテ、農林省ノ大臣デハアリマスルケレドモ、併ナガラ國務大臣ト致シマシテハ輔弼ノ責ニ任ズル大臣デアリマス、随テ其行ヒハ農林省一箇ノ所見ニノミ囚ハレテハナリマセヌ、其提出スル法律案ハ農林省ノミノ案ニ依ッテ出サレテハナリマセヌ、勿論閣議ニ於テ是ハ御相談ニナッタデセウ、併ナガラ閣議ノ際ニ、アナタガ之ヲ御提出ニナッタ時ニ於テ「ノー」ト答ヘル各省大臣ハ恐ラクアルマイ、ソレデアルカラ要スルニ自己ニ於テ各省大臣ノ一員デアルト云フコトヲ認識セラレマシテ、即チ國務大臣トシテ間違ヒノナイコトヲ爲サルヤウニナラナケレバナラヌト考ヘル、是等ノ問題ニ關シテマダ幾ツモアリマスケレドモ、委員會ノ席上ニ讓リマシテ、根本的ナ是等ノ問題ニ付キマシテ農林大臣ノ所見ヲ御伺致ス次第デゴザイマス（拍手）

（國務大臣島田俊雄君登壇）

○**國務大臣（島田俊雄君）**　野中君ノ御質問ニ對シテ御答ヲ致シマス、本案提出ノ理由ニ付キマシテハ先ニ述ベマシタ通リデアリマス、又他ノ方々ノ質問ニ對シテ御答ヲシタコトニ依ッテ御諒承ヲ願ヒマス、唯其動機ト云フコトニ付テ、何カ機略ヲ含ンデ居ルヤウナ意味ノ御話ガアリマシタガ、左樣ナコトハ決シテアリマセヌト云フコトヲ言明致シテ置キマス、是ハ全ク我國ノ農村問題中、米穀問題ニ關シテ、國家的見地ヨリ極メテ重要適切ナ場合デアルト、斯樣ニ考ヘテ提案ヲ致シタ次第デアルト云フ風ニ御諒承ヲ願ヒタイノデアリマス、随テ聖旨云々ト云フ御言葉ガアッタヤウデアリマスガ、此點ニ付テハ以上ヲ以テ私ノ本意、此內閣ガ之ヲ提案シタル理由ガ、先程申シタヤウナ純眞ナ立場ニアルト云フコトヲ御諒承下サレバ、御諒解下サルコトト思ヒマス

　尙ホ是ハ數字ノ問題デアリマスカラ、私ハ強ヒテ玆ニ申上ゲルノ必要ハナイト思ヒマスガ、或ハ申上ゲテ置ク方ガ適當カトモ考ヘマスカラ申上ゲテ置キマスガ、先程野中君ノ御話ニナリマシタ人口全體六千四百五十万、其中有業人口二千九百万、農業者千四百万云々ト云フコトヲ御話ニナリマシテ、此點カラ言ヘバ全人口ノ中ノ僅ニ二二%ガ農民デアルト云フ御話デアリマシタガ、其意味ニ數字ヲ習ヒマスレバ其通リデアリマスケレドモ、六千四百万ノ人口中ニハ其半バハ女子デアル、而シテ又是ニハ業務ニ從事スルコトノ出來ナイ少年、老年ノ者モ居ル譯デアリマシテ、二千九百万ノ有業人口ト云フノハ、左樣ナ者ヲ除イタ職業ノアル者ヲ言フノデアリマシテ、随テ其有業人口中ノ千四百万、野中君ノ御引キニナリマシタ通リノ數字ヲ正シイモノト致シマスルト、二千九百万ノ有業人口中千四百万ハ農業者デアルトスルナラバ、全人口ノ半分ハ農業者デアルト云フコトニ見テ差支ヘナイ（拍手）即チ農村ノ問題、農民ノ問題ハ、全國人口ノ上カラ申シマスト、其半數ノ問題デアル、斯樣ニ自分ハ考ヘテ居ルト云フコトヲ一言附加ヘテ置キマス（拍手）

○**野中徹也君**　此席カラ發言ヲ御許シ願ヒマス

○**議長（富田幸次郎君）**　御許シ致シマス

○**野中徹也君**　今ノ人口ノ問題デアリマスルガ、農林大臣ノ御考ヘハ少シ間違ッテ居ルカノ如ク考ヘマス、ソレハ婦女子モ勿論農民、此農業ノ中ニハ含マレテ居リマス、農民ノ家族モ含マレテ居リマス、唯內閣調査局ノ統計ニ依リマスト、疑ハシイ者ハ是ハ全部無業者ノ中ニ入ッテ居リマスルカラ、サウ云フヤウナ意味合デ、或ハ半農半商ノ人人ハ此中ニハ入ッテ居リマスマイ、併ナガラ兎ニ角農民ノ全體ヲ合セテ一千四百万デアルコトハ、是ハ間違ヒナイ事實デゴザイマスカラ、此點ハ特ニ附加ヘテ御說明申上ゲテ置キマス

○**議長（富田幸次郎君）**　是ニテ質疑ハ終了致シマシタ、各案ノ審査ヲ付託スベキ委員ノ選擧ニ付テ御諮リ致シマス

○**松永東君**　日程第一乃至第三ノ三案ヲ一括シテ議長指名三十六名ノ委員ニ付託セラレンコトヲ望ミマス

○**議長（富田幸次郎君）**　松永君ノ動議ニ御異議ハアリマセヌカ

（「異議ナシ」ト呼フ者アリ）

○**議長（富田幸次郎君）**　御異議ナシト認メマス、仍テ動議ノ如ク決シマシタ

○**松永東君**　殘餘ノ日程ヲ延期シ、明後十一日定刻ヨリ特ニ本會議ヲ開クコト、ナシ、本日ハ是ニテ散會セラレンコトヲ望ミマス

○**議長（富田幸次郎君）**　松永君提出ノ動議ニ御異議ハアリマセヌカ

（「異議ナシ」ト呼フ者アリ）

○**議長（富田幸次郎君）**　御異議ナシト認メマス、仍テ動議ノ如ク決シマシタ、次會ノ議事日程ハ公報ヲ以テ通知致シマス、本日ハ是ニテ散會致シマス

午後六時十八分散會

昭和十一年五月十二日

昭和六年法律第四十號中改正法律案（重要産業ノ統制ニ關スル件）

第四　昭和六年法律第四十號中改正法律案（重要産業ノ統制ニ關スル件）（政府提出）　第一讀會

昭和六年法律第四十號中改正法律案

昭和六年法律第四十號中左ノ通改正ス

第一條第一項中「同業者二分ノ一以上ノ加盟アルトキハ」ヲ「加盟者ノ員數ガ同業者ノ二分ノ一以上ナルトキ又ハ加盟者ノ生産高若ハ販賣高ガ同業者ノ生産高若ハ販賣高ノ二分ノ一以上ナルトキハ」ニ、同條中「主務大臣」ヲ「政府」ニ改ム

第二條中「主務大臣」ヲ「政府」ニ、「加盟者三分ノ二以上ノ」ヲ「加盟者三分ノ二以上ニシテ其ノ生産高又ハ販賣高ガ加盟者ノ生産高又ハ販賣高ノ三分ノ二以上ヲ占ムルモノノ」ニ改ム

第二條ノ二　政府生産制限又ハ操業短縮ニ關スル協定ニ付前條ノ命令ヲ發シタル場合ニ於テ特ニ必要アリト認ムルトキハ統制委員會ノ議ヲ經テ其ノ命令ノ效力ヲ有スル期間ヲ限リ當該産業ニ於ケル企業ノ新設又ハ生産設備ノ擴張ニ付命令ヲ以テ許可ヲ受ケシムルコトヲ得

第二條ノ三　第一條ノ統制協定ノ加盟者ノ爲其ノ統制協定ニ依ル共同販賣ニ關スル事業ヲ營ム者ハ命令ノ定ムル事項ヲ政府ニ屆出ヅベシ

第二條ノ四　重要ナル産業ヲ營ム者ニシテ其ノ生産高又ハ販賣高ガ當該産業ニ於ケル生産高又ハ販賣高ノ二分ノ一以上ヲ占ムルモノハ命令ノ定ムル事項ヲ政府ニ屆出ヅベシ

前項ノ産業ノ種類ハ統制委員會ノ議ヲ經テ政府之ヲ指定ス

第三條　政府第一條ノ統制協定又ハ前二條ノ規定ニ該當スル者ノ生産若ハ販賣ノ數量、販賣價格若ハ之ニ影響ヲ及ボスベキ取引條件ガ商品ノ圓滑ナル供給ヲ妨ゲ又ハ不當ニ價格ヲ騰貴セシメ若ハ價格ノ低落ヲ阻止シ其ノ他當該産業若ハ之ト密接ナル關係ヲ有スル産業又ハ一般消費者ノ公正ナル利益ヲ害スト認ムルトキハ統制委員會ノ議ヲ經テ其ノ變更又ハ取消其ノ他公益上必要ナル事項ヲ命ズルコトヲ得

第四條　行政官廳必要アリト認ムルトキハ第一條ノ統制協定ノ加盟者若ハ統制協定ニ加盟セザル同業者又ハ第二條ノ三若ハ第二條ノ四ノ規定ニ該當スル者ニ對シ業務ニ關シ檢査ヲ爲シ又ハ報告ヲ爲サシムルコトヲ得

第六條第一項中「第一條第一項」ノ下ニ「、第二條ノ三又ハ第二條ノ四第一項」ヲ加フ

第七條　左ノ各號ノ一ニ該當スル者ハ千圓以下ノ罰金ニ處ス

一　第二條ノ規定ニ依ル政府ノ命令ニ違反シ當該統制協定ニ依ラザル者

二　第二條ノ二ノ規定ニ依ル政府ノ命令ニ違反シ許可ヲ受ケズシテ企業ノ新設又ハ生産設備ノ擴張ヲ爲シタル者

三　第三條ノ規定ニ依ル政府ノ命令ニ從ハザル者

第九條及第十條中「重要ナル産業ヲ營ム者」ヲ「第一條ノ重要ナル産業ヲ營ミ若ハ營マントスル者又ハ第二條ノ三若ハ第二條ノ四ノ規定ニ該當スル者」ニ改ム

附則第二項中「五年間」ヲ「十年間」ニ改ム

附　則

本法施行ノ期日ハ勅令ヲ以テ之ヲ定ム

（國務大臣小川鄕太郞君登壇）

○國務大臣（小川鄕太郞君）　只今上程セラレテ居リマスル昭和六年法律第四十號中改正法律案ニ付キマシテ、提案ノ理由ヲ簡單ニ說明致シマス、昭和六年法律第四十號、卽チ重要産業ノ統制ニ關スル法律ノ制定セラレマシタ趣旨ハ、立法當時ノ不況期ニ際シマシテ、無統制デアッタ我ガ産業界ニ、適正ナル規律統制ヲ與ヘテ業界ヲ安定セシメ、國民經濟ノ健全ナル發達ヲ圖ルコトニアリマシタノデアリマスガ、同法ハ本年八月十日ヲ以テ其有效期間ガ滿了スルノデアリマス、併ナガラ時代ノ情勢ニ卽シタ産業統制ノ強化ハ已ムヲ得ザル所デアリマシテ、産業界ガ好調ニナリマシテモ尙ホ適正ナル統制ノ助長ハ之ヲ圖ラナケレバナリマセヌ、卽チ必要已ムヲ得ザル場合ニハ産業自由ノ原則モ之ヲ制限シ、適宜許可制度ヲ布キ得ルヤウナ途ヲ開キマスト同時ニ、他方最近ノ經濟情勢ニ應ジ、依存産業又ハ一般消費者ノ利益擁護ヲ期スル爲ニ、公益的見地ニ立ッテ、所謂「カルテル」以外ノ企業獨占體デアル共販會社ヤ「トラスト」ヲモ取締ルノミナラズ、是等ノモノノ經濟力濫用ヲ防止スル爲ニハ、特ニ價格ニ付キマシテモ相當干涉シ得ルヤウナ、適當ナ方策ヲ講ズル必要ガアリマス、仍テ同法ヲ改正致シマシテ、施行期間ヲ更ニ五箇年延長致シタイト考ヘマシテ本案ヲ提出シマシタ次第デアリマス、今改正ノ主要ナル點ヲ申上ゲマスレバ、第一ハ適正ナル統制助長ノ實ヲ擧ゲマス爲ニ、第二條ノ規定ニ依ッテ「アウトサイダー」等ニ對シテ統制服從命令ヲ發シマシタ場合ニ於キマシテ、特ニ必要ナル場合ニハ當該産業ニ付テ許可ヲ受クルニアラザレバ新規事業ヲ爲シ得ザルヤウ、許可制ヲ布キ得ル途ヲ開キマシタコト、第二、共同販賣事業ヲ營ム者ヤ、所謂「トラスト」ヲ取締ルコトニ致シマシタコト、第三ハ一般消費者ノ利益ヲ擁護シ、其他公益的監督ニ遺憾ナカラシムル爲メ、十分ナル考慮ヲ用ヒマシタコトデアリマス、其他行政ノ實際ニ徵シマシテ不備ノ點ヲ二三改正致シマシタガ、是等法案ノ細目ニ亙ル說明ハ、委員會等ニ於キマシテ之ヲ申上ゲルコトニ致シタイト思ヒマス、何卒御審議ノ上速ニ御協贊アランコトヲ希望致シマス（拍手）

○議長（富田幸次郞君）　質疑ノ通告ガアリマス、之ヲ許シマス――小山倉之助君

（小山倉之助君登壇）

○小山倉之助君　私ハ只今上程ニナリマシタ重要産業統制法中改正セラレマシタ點ニ付テ質疑ヲ試ミルノデアリマスガ、各派協定ニ於キマシテ三十分內ニ質疑ヲ打切レト云フコトデアルサウデアリマスガ、相成ベクハ其協定ニ從ヒマス積リデアリマスガ或ハ多少ノ時間ノ延長ガアルカモ分リマセヌカラ、此點豫メ御諒承ヲ願ヒタイノデアリマス

現行重要産業統制法ハ昭和六年濱口內閣ノ時ニ、第五十九議會ニ於テ通過セラレタモノデアリマシテ、只今商工大臣ノ御說明ニナリマシタル通リ、來ル八月十一日ヲ以テ其期限ガ終ルノデアリマス、隨テ此議會ニ於テ御協贊ヲ得ルニアラザレバ、一時中斷セラレマシテ、是ヨリ起リマスル所ノ色色ナル不便ガアルノデアリマスカラ、是非此特別議會ニ於テ協贊ヲ與ヘナケレバナラヌ情勢ニナッテ居ルノデアリマス、此法律ノ

實施セラレマシタ經過ト其功績ニ見マシテ、更ニ現下ノ國情竝ニ經濟界ノ情勢ニ鑑ミマシテ、適切ナル改正ヲ施シマシテ今議會ノ協贊ヲ得ントスルノデアリマス、現行法ハ御承知ノ通リ色々ナ功績モアッタノデアリマスガ、ドウ云フ情勢ノ下ニ作ラレタカト申シマスト、御承知ノ如ク歐洲大戰以來各方面ノ產業ヘ異常ナル設備ノ增加ヲ致シマシタガ、大戰後ニハソレ等ノ設備ガ未ダ整理セラレナイ中ニ、世界ノ市場ガ封鎖セラレマシタ結果、輸出貿易ガ減退致シマシタカラ、隨テ膨脹セラレタル生產設備ニ依ッテ極度ノ生產過剩ガ起ッタノデアリマス、卽チ製品ハ市場ノ需要ナクシテ供給セラレマシタ結果、其生產品ハ適當ニ消化セラレナカッタノデアリマスルカラ、海外ノ市場ニ於テ無謀ノ競爭ガ行ハレ、其結果生產費ヲ切ッテ濫賣ヲスルヤウニナリマシテ、其結果ハ更ニ粗製濫造ト變リマシテ、隨テ海外ノ市場ニ於キマシテハ我ガ商品ノ聲價ヲ失墜シ、內地ノ市場ニ於キマシテハ投資濫賣ヲ致シマシテ、經濟界ニ大混亂ヲ來シマシタノデアリマス、正ニ我ガ產業ノ危機ニ瀕シマシタノデ、經濟界ハ深ク〳〵變色ニ包マレテ居ッタノデアリマス、其時ニ於キマシテハ強イ者モ弱イ者モ、生產過剩ト無秩序ト無謀ナル競爭ニ惱ンダノデアリマス、此情勢ハ亞米利加ノ恐慌ト世界ノ恐慌ト相續イテ、我ガ經濟界ニ絕大ナル影響ヲ與ヘタノデアリマシテ、更ニ混亂ノ狀態ヲ深メタノデアリマス、而シテ此情況ハ昭和五六年度ニ至リマシテ頂上ニ達シタノデアリマシタガ、此時ニ初メテ生產過剩ヲ制壓シ、無秩序ヲ改メ、不當競爭ヲ矯メマシテ、產業界ニ規律統制ヲ與ヘ、合理的經營ノ下ニ設備機械ノ改善ヲ行ヒ、技術ノ向上ヲ圖リ、生產費ヲ低下致シマシテ、優良品ヲ製造シテ以テ海外ノ市場ノ開拓ヲ圖リ、內ハ消費者層ニ低廉優良ノ商品ヲ提供スルコトニ努力ヲシマセヌケレバ、我ガ經濟界ハ又救フベカラザル窮境ニ立ッタカモ知レナイノデアリマス、合理的經營ト規律ノ統制トハ當時急務中ノ急務デアッタノデアリマス、此際ニ生レタ現行統制法デアリマスカラ、其歸スル所ハ隨テ專ラ企業ノ統制ニ傾キマシテ、其結果ハ「カルテル」ノ強化トナリ、一般消費者ノ爲ニ公益規定ガ存在致シマシテモ、積極的ニ發動致ッタコトハ洵ニ稀デアッタノデアリマス、卽チ專ラ產業保護助長ノ意味カラ致シマスル規律統制ヲ主トシタ感ガアリマシテ、指定セラレタル產業ノ二十四ノ中ニ於キマシテモ、製造業或ハ販賣業ニアリマシテ、殆ド生產制限トカ、販賣價格ノ協定トカ、共同販賣トカ、各種ノ協定ノ下ニ只管產業ヲ生カシ、無秩序ヲ改メ、不當ノ競爭ヲ防止シテ、各種ノ產業ノ健全ナル發達ヲ圖ルコトニ全力ヲ注イダ如ク思ハルヽノデアリマス、然ラバ此統制法ハ如何ナル功績ヲ現ハシマシタカ、今回將ニ期限ノ切レヤウト致シマスルニ際シマシテモ、數項ノ改正ヲ致シマシテ、之ヲ存續スルモノハ殆ド絕對多數ヲ占メテ居リマシテ、反對ノ影ヲ見ルコトガ出來ナイノデアルコトヲ以テ見マシテモ明白デアリマス、又最近加奈陀、亞米利加ヲ旅行致シマシテ歸朝シ致マシタ、某貴族院議員ノ旅行談トシテ發表セラレタモノヲ見マシテモ、米國デハ「エヌ・アール・エー」ヲ敢行シテ經濟界ノ立直シヲ企圖シテ居リマスガ、經濟界不況ノ際ニ於テ、我ガ國民ガ朝野協力シテ、合理的經營ノ爲ニ勞働時間ノ延長ニモ甘ンジ、馘首ニモ甘ンジ、賃銀ノ低下ノ如キ苦痛ヲモ忍ビマシテ、此經營方法、機械ノ改善、無駄廢止等ニ涙グマシイ努力ヲ致シマシタ結果、今日ノ如キ經濟界ノ發展ヲ見タノデアッテ、米國ノ如ク勞働者ガ一名ニ付キ一箇月三十弗ノ手當ヲ受ケ、外ニ妻子一人ニ付キマシテ一箇月五弗ノ手當或ハ給與ヲ受ケテ居リマスルコトカラ、之ニ滿足ヲシテ工場ノ勞働ヲ厭ヒ、尙ホ慊ラズ「ストライキ」ヲ斷行致シマシテ、會社ガ破綻ノ羽目ニ陷リマスルト、直チニ之ヲ清算ニ移シ、利害關係ノ薄イ、經營ニ經驗ノナイ經營者ト辯護士ノ手ニ、此經營困難ナル會社ノ立直シガ委セラルヽノデアリマスカラ、產業ノ復興ハ期シテ之ヲ得ラレナイ、日本ノ如ク經營者モ勞働者モ一致協力シテ統制ニ服シ、合理化ニ突進致シマシタ此日本精神コソハ、經濟界ノ躍進ヲ見タノデアルト云フコトヲ報告シテ居リマスルガ、之ヲ見マシテモ統制法案ト合理化ノ運動ハ、相當我國ニ役立ッタルコトヲ證明スルモノデアリマス、卽チ統制法ト合理運動トノ功績ヲ認メテ差支ナイノデアリマス、本案ハ統制ヲ加ヘルニ當リマシテモ、合理的經營ヲ勸誘スルニ當リマシテモ、自治的統制、自治的合理化ヲ基礎トスルモノデアリマシテ、經濟上ノ自由活動ガ其原則トナッテ居ルノデアリマス、自由ヲ愛スルハ御承知ノ如ク人間ノ本性デアリマシテ、自由競爭ト人間ノ利慾慾ノ發露ハ企業的創意ヲ發揮シ、經濟的發展ヲ今日ノ盛況ニ至ラシメタモノデアリマス、人間ノ奔放自由ノ活動ト利慾慾ト云フモノヲ制壓致シマシタナラバ、文化ノ進步ハ阻止セラレ、科學ノ進步モ期スルコトハ出來ナイノデアリマス、隨テ產業界ニ於ケル經營技術ノ改善モ求ムルコトハ出來ナイノデアリマス、自由經濟主義コソハ經濟界ノ進步發展ノ……

○議長（富田幸次郎君） 小山君、質問ノ要旨ヲ御述ベ下サイ

○小山倉之助君（續） 是カラ進ムノデアリマス、暫ク御謹聽ヲ願ヒマス——併シ產業界ニアリマシテハ、極端ナル自由放任ニ委セテ置キマスト無謀ナル競爭ガ行ハレ、其結果ハ重複投資トナリ、更ニ產業界ノ混亂ヲ來シマスコトハ、昭和五六年度ニ於ケル我ガ經濟界ノ狀況ヲ以テ見ルモ是ハ明カデアリマス

私ハ是ヨリ質問ノ本旨ニ入ルノデアリマスルガ、今日ハ此資本主義ノ發達ニ依リマシテ「カルテル」「トラスト」「コンツェルン」ガ擴大強化セラレテ居リマシテ、弱肉強食ノ姿ヲ現ハシ、弱者ハ自然ニ壓迫ヲ受ケ、併呑ヲ受ケル運命ニアリマスルカラ、之ニ適當ノ保護ヲ加ヘ、之ヲ擁護致シマスルコトハ必要デアリマス、ソコデ本案ハ此意味ニ於キマシテ自由主義ヲ基本ト爲シ、自治的統制ヲ其根幹ト爲シ、已ムヲ得ザル場合ニ制限ヲ加ヘルト云フコトハ、我國ニ取ッテ頃來執リ來リマシタ方針デアッテ、現行統制法案モ尙ホ此趣旨ニ則ッテ居ルノデアリマスルカラ、改正セラルヽ場合ニモ自ヲ此軌範ヲ脫シテハ相成ラヌノデアリマス、ソレデアリマスカラ徒ニ國情ヲ異ニシテ居リマスル所ノ外國ノ統制法ヲ其儘移シテ、國家ノ權力ヲ過當ニ發動セシメ、人間ノ自由活動、創意發明、發見ノ性能ヲ挫折シテハナラヌノデアリマス、私ハ今日一方ニ於テ統制ノ問題ガ段々強化シテ參ルヤウデアリマスルガ、統制ト官僚化ヲ混淆シテ居ルヤウニモ見エルノデアッテ、其弊ニ堪ヘザルコトヲ認メルノデアリマス、例ヘバ國有ノ事業デアリマシテモ、國家ノ收入ノ點カラ申シマスルト、之ヲ許スニ吝ナラヌモノデアリマススルガ、國有鐵道ニセヨ、煙草專賣ニセヨ、官僚ノ經營ニ委セマスルヨリハ、自由經濟ノ才幹アル人ニ經營セシメタナラバ、國家的見地ヨリ見テ、今日ヨリモ遙ニ經濟的ニ經營セラルヽコトガ出來ルデアラウト思フノデアリマス、又今日ノ農村ハ農村資金ノ缺乏ト農村人ノ微力ナル所カラ、之ヲ救濟援助スルト云フ意味ヲ以チマシテ、組合主義ガ助長發達セシメラレテ居リマスルガ、是亦洵ニ已ムヲ得ナイコトデアリマス、又中小商工業者ガ「トラスト」「カルテル」「コンツェルン」ノ壓迫ニ依ッテ破滅ノ窮狀ニア

リマスルノデ、之ヲ保護救濟スル見地カラ國家ノ保護ヲ必要トナシ、組合法ガ制定セラレ、是ガ發達助長ヲ圖ラント致シマシテ、其手段トシテ商工中央金庫法案モ將ニ上程セラレントシテ居ルノデアリマスルガ、之ニ對シマシテモ私ハ滿腔ノ贊意ヲ表スル者デアリマス、併シ此町村ニ於ケル組合、縣ニ於ケル組合、或ハ中央ニ於ケル所ノ組合ハ、才互ニ相連絡系統ヲ執ッテ居リマスルガ、農村ニ於ケル組合ノ主宰者ハ多ク吏員ヲ以テ之ニ充テ、縣ニ於ケル亦其主宰ハ縣ノ吏員ヲ以テ之ヲ充テ、中央ノ聯合會ハ亦玆ニ中央ノ官僚ヲ以テ是ガ主宰者ニ充テルト云フ現象ヲ見ルノデアリマシテ、恐ラクハ商工省ニ出來マスル所ノ組合モ、地方、中央其連絡ニ依リマシテ、主腦部ニハ大體或ハ町村ニ於ケル吏僚、中央ニ於テハ官僚ガ配屬セラル、コトヲ、從來ノ例ニ照シマシテ私ハ認メルノデアリマス、是等ノ吏僚ハ國家ノ官吏ノ如ク……

○議長（富田幸次郎君） 質疑ニ入ラレンコトヲ希望シマス

○小山倉之助君（續） 質問ニ入リマスルガ、今回ノ改正案ハ第一條ニ於テ生産販賣ニ對シ協定ヲ爲ス場合ニ、從來ハ員數ヲ以テ致シマシタガ、員數バカリデハ——員數ハ少クトモ、ヨリ以上ノ生産高ヲ持チ、販賣量ヲ持チマシテ統制協定ヲ紊ス場合ガアリマスルカラ、之ヲ員數ノ外ニ生産販賣ノ量ヲ加ヘマシタコトハ、洵ニ適切ナル改正デアルト思ヒマス、第三條ノ「アウトサイダー」ヲ抑ヘル規定モ洵ニ結構デアルト思フノデアリマス、又更ニ生産制限、操業短縮ニ關スル協定ニ付キマシテ「アウトサイダー」之ニ反スルモノヲ抑ヘルト云フ、此規定モ洵ニ結構ト思フノデアリマス、唯玆ニ第三條公益ノ規定デアリマス、即チ第三條ニハ生産若ハ販賣ノ數量、販賣價格若クハ之ニ影響ヲ及ボスベキ取引條件ガ、商品ノ圓滑ナル供給ヲ妨ゲ、或ハ不當ニ價格ヲ騰貴セシメ、價格ノ低落ヲ阻止シ、其他當該産業又ハ是ト密接ナル關係ヲ有スル産業、又ハ一般消費者ノ公正ナル利益ヲ害スルト認メタル場合ニハ、統制委員會ノ議ヲ經テ、變更、取消、其他公益上必要ナル事項ヲ命ズルコトガ出來ルトアリマス、當該産業ノ公正ナル利益トハ何デアルカ、商品ノ價格ノ決定ハ御承知ノ如ク生産費ニ其基礎ヲ置クノデアリマス、然ルニ其生産費ヲ如何ナル程度ノ設備機械ヲ有スルモノニ求ムルカ、今日ハ御承知ノ如ク日進月歩ノ世ノ中デアリマシテ、最新式優良ノ設備ヲ持ッテ居ルモノモアリマス、又舊態依然トシテ元ノ古イ機械ヲ其儘用ヒテ居ルモノモアリマス、即チ時代遲レノ製造ヲ維持シテ居ルモノモアリマス、又其中間デアッテ、舊式ト新式ノ半バノ設備ヲ持ッテ居ルモノモアル、例ヘバ上中下ト分ケルコトガ出來マスレバ、最モ最新式ノ機械ヲ持ッテ居ル所ノ上部ニ屬スル、此機械ヲ標準ト致シマスレバ、生産費ハ最モ低廉ニナルノデアッテ、中トナリ、下トナリマスレバ、愈々其生産費ハ高クナッテ參ルノデアリマス、政府ハ其生産費ヲ上部ニ置クノデアルカ、或ハ中部ニ置クノデアルカ、或ハ最モ劣等ナル生産設備ニ置クノデアルカ、消費者側カラ見マスレバ、之ヲ上ノ部ニ置キマスルコトハ、最モ公益ノ爲カラ申シマシテモ、低廉優良ノ品ガ供給セラレルノデアリマスカラ望マシイ事デアリマスガ、此點ニ置クノデアルカ、目標ヲ更ニ下ノ方ニ置クノデアルカ、ト云フコトニ依ッテ、玆ニ問題ガ起ルノデアリマス、即チ新式機械ヲ目標ト致シマスレバ、中下ノ設備ハ自然ニ消滅シテ參リマスカラヲ、是等ノ産業ハ多少ノ損害ヲ受ケルノミナラズ、或ハ商品ノ圓滿ナル供給ヲ妨ゲル結果トナルカモ分ラナイノデアリマスケレドモ、成ベク玆ニ優良設備ヲ標準トシテ生産費ハ定メナケレバナラヌト思フノデアリマスガ、政府ハ果シテドノ點ヲ標準トシテ公正ナル利益ト見、消費者ニ公正ナル利益ヲ與ヘルト見ルカ、此點ニ付キマシテ政府ノ所見ヲ伺ヒタイノデアリマス、御承知ノ如ク高價ナル商品ヲ國民大衆ニ供給致シマスコトハ、公益規定ニ反スルノデアリマス、一旦生産者ガ定マリマシテモ、今度ハ利潤ノ問題トナルノデアリマスガ、政府ハ生産費ヲ基礎ト致シマシテ、何割程度ノ利潤ヲ以テ公正ナリト見ルヤ、一割トスルカ、二割トスルカ、或ハ三割トスルカ、ソレ以上ハ公正ナル利益ヲ害スルモノト見ルヤ、生産費ヲ何處ニ置クカト云フコトニ依ッテ、大ナル相違ガ起ルノデアリマス、即チ上部、最モ優レタル設備ヲ基準ト致シマシテ生産費ヲ採リマスレバ、多少ノ利潤ガアリマシテモ我慢ガ出來マセウガ、最モ劣レル設備ヲ基準ト致シマシタナラバ、五分ノ利益デモ是ハ不穩當ナリトノ見解ガ起ルデアリマセウ、政府ハ其點ニ付テドウ云フ風ニ御考ヘニナルカ、御意見ヲ伺ヒタイノデアリマス、ソレカラ最モ優レタル設備ヲ基準ト致シマスコトハ、一般公益ヲ擁護スル所以デアリマスカラヲ、隨テ劣等ナル設備ハ之ヲ廢除スルト云フコトニ努メナケレバナラヌノデアリマシテ、斯樣ニ致シマスコトガ、國家ノ健全ナル經濟發達ヲ期スル所以デアリマスガ、此舊式設備機械ノ廢止又ハ改善ヲスル意思ガ政府ニアリヤ否ヤ、若シ斯樣ナ意思ガアルト致シマスレバ、ドノ法律ヲ以テ——此法案ニ於キマシテハ、ドノ法文ヲ以テ之ヲ實現スルコトガ出來ルカ、此點ニ付テ御示ヲ願ヒタイノデアリマス

ソレカラ更ニ御質問ヲ申上ゲタイノデアリマスガ、本統制案ハ内地ニ於テ行ハレルノデアリマスガ、重要ナル産業デ、現ニ政府ヨリ指定セラレテ居リマスルモノデモ、朝鮮、臺灣、樺太ナドノ外地ニ於テ經營セラレテ居ルモノガアリマス、又内地工業家ニシテ外地ニ工場ヲ新設シテ居ルモノモアリマスガ、本案ハ外地ニハ適用セラレナイノデアリマスカラ、統制上甚ダ困難ヲ覺エテ居リマス、例ヘバ朝鮮デ製造セラレマスル所ノ「セメント」ガ内地ニ移入セラレタリ、朝鮮ノ硫安ガ外國ニ直接ニ輸出セラレマシタリ、或ハ内地ニ移入セラレルヤウナ場合ニハ、内地産業並ニ輸出貿易ノ有效ナル統制ヲ取レナイ場合ガ多ク生ズルノデアリマスカラ、之ヨリ生ズル弊害モ亦多イノデアリマス、故ニ外地ニモ内地統制法ヲ適用スルカ、又ハ類似ノ法規ヲ設定致シテ、内地外地ノ連絡ヲ圖ルコトガ必要デアルト思ヒマス、小川商工大臣ハ此點ニ付テ如何ナル考ヲ持ッテオ居デニナルカ、此點ニ付キマシテ御意見ヲ伺ヒタイノデアリマス、又友邦滿洲ニモ重要産業ガ勃興シツツアリマシテ、石炭工業ハ勿論、化學工業、「セメント」事業ナドモ興リツ、アルノデアリマス、滿洲デ生産セラレマシタ硫安ハ我國ノ硫安統制上如何ナル影響ヲ持ツカ、日本ノ「セメント」ガ滿洲ニ「ダンピング」シテ居リマスル結果、偶、先方ニ興リツ、アリマス所ノ「セメント」事業ハ大イナル影響ヲ受ケテ居リマス、斯ウ云フコトモ考慮シナケレバナラヌ重要ナル問題デアル、滿洲ノ生産事業ハ日本ノ資本ガ主デアリマスルガ、滿洲國民ノ資本モ漸次參加シツ、アリマス、斯樣ナ形勢デアリマスカラ、先方ニ興リマシタ事業ヲ破壞致シマスルコトハ、日本ノ資本ガ破滅スルノミナラズ、同時ニ滿洲國民ノ資本ヲモ破滅ニ陷レルノデアリマスルカラ、斯樣ナコトヲ避ケ得ルヤウニ、滿洲國民ノ利益ヲモ擁護スルヤウニ致シマスルコトハ、萬邦協和ノ實ヲ擧ゲル所以デアルト考ヘマス、一方ヨリ見マスレバ、又日本國民ノ海外投資ヲ誘致スル上カラ見マシテモ、日本ノ滿洲國資源開拓ノ餘力ヲ蓄積セシメマスル意味カラ申シマシテモ、見逃

スベカラザル重大ナル案件デアリマス、故ニ滿洲國投資ヲ有意義ナラシメ、經濟的ニ日本ノ力ヲ滿洲ニ進展セシメマスルコトハ、同一產業デアッテ、內地ニモ、滿洲ニモ、朝鮮ニモアル物ニ當リマシテハ統制ヲ保チ、二重投資ヲ避ケテ、生產費ヲ削ッテ、無謀ノ競爭ヲシナイヤウニ未然ニ之ヲ防止致シマシテ、我ガ投資ヲ最モ經濟的ニナラシメマスコトハ、今日ヨリ留意スベキ重大ナル問題ナリト考ヘルノデアリマス、其弊ニ堪ヘザル實情ニマデ放任致シマシテ、而シテ後ニ統制ニ著手スルガ如キハ、賢明ナル經濟政策トハ言ヘレナイノデアリマス、我國ハ更ニ友邦滿洲國ノ隣邦デアリマスル所ノ新興冀東政權ト、冀察政權ト經濟的連繫ヲ保タナケレバナラヌ立場ニアリマス、既ニ南滿洲鐵道ヲ通シマシテ、最近創立セラレマシタ中興公司ヲ通シテ、兩政權ノ領域內ニ於テ資源ノ開發ニ當ッテ居ルノデアリマシテ、北支一帶ニ於ケル資源ハ、滿洲竝ニ朝鮮ト共通ナルモノガアリマシテ、既ニ內地、外地、滿洲ニ於テ進步發達ルモセノト同種類ノ重要產業ノ開發ニ著手セラレルコトトナルノデアリマセウガ、經濟的相互扶助連繫關係ヲ保タナケレバナラヌ時代ニ、將來ノ見透シヲ付ケテ計畫的產業政策ヲ立ツル必要ガアリマス、斯ル連絡統制ヲ保ツニアラズンバ、豐富ナル資源ヲ有シ、大規模ニ計畫セラルベキ性質、傾向ヲ持ッテ居リマスル所ノ滿洲竝ニ北支ノ二政權下ニ於ケル產業ノ爲ニ、日本內地ニ於ケル重要產業ノ統制ガ攪亂セラレテ、結局其實ヲ擧ゲ得ザル空法トナリ終ルコトモナイトハ限ラナイノデアリマス、昨日ノ新聞ニ依ッテ見マスルト、滿洲國政府ニ於キマシテモ、重要產業統制法案ガ立案セラレテ、商工省ト協議ヲスル爲ニ、滿洲政府ノ日系官吏ガ內地ニ出張スルト云フコトデアリマスガ、洵ニ適切ナル企圖デアルト思フノデアリマス、商工大臣ハ內外地竝ニ滿洲國、北支兩政權ト連絡統制ヲ取ルノ意思ガアルカナイカト云フコトニ付テ、御意見ヲ承リタイノデアリマス、滿洲國――勿論滿洲國、殊ニ北支政權ノ如キハ、全然外國ノ政權アリマスガ爲ニ、其統制手段方法ニ付キマシテハ、固ヨリ厚薄ノアルベキコトハ當然デアリマス、唯國家百年ノ大計、產業政策樹立ノ爲ニ深ク此點ニ留意セラレマシテ、連絡ヲ取ラル、意思ガアルカドウカ、將ニ大陸ニ經濟的立脚ノ根據ヲ置カントスル躍進日本ノ岐路ニ立ッテ、庶政一新ヲ企圖シテ居リマス所ノ內閣ノ經濟大臣ト致シマシテ、小川商相ハ前人未踏ノ大政策ヲ立テ得ベキ絕好ノ機會ヲ與ヘラレテ居ルノデアリマス、猛省一番此政策樹立ノ爲ニ驟起セラレンコトヲ望ムノデアリマス

次ニ統制委員會ノ問題デアリマスガ、此統制委員會ノ仕事ハ洵ニ多岐ニ亙リマシテ、同時ニ又重大ナル任務ヲ有スルモノデアリマス、卽チ如何ナルモノヲ重要產業トスルカト云フコト、之ヲ決定スルコトモ、統制委員會ノ仕事デアリマス、公正ナル利益トハ何デアルカ、國民經濟ノ健全ナル發達ヲ圖ルコトガドウ云フコトデアルカ、是ガ爲ニ「アウトサイダー」ヲ抑ヘル場合ニハ、ドウ云フ根據デ以テ之ヲスルカ、斯ウ云フ重大ナル問題ヲ決スルノデアル、又更ニ生產制限又ハ操業短縮ノ協定ノアリマシタ場合ニハ、動モスレバ將來協定ヲ破ッテ別ニ機械ノ新設ヲ致シマシテ、或ハ生產ノ擴張ヲ爲サントスル者ガアリマスガ、之ニ對シテ一時停止ヲ命ズルト云フ、斯ウ云フ重大ナル問題モ決定スルノデアリマス、更ニ「トラスト」ノ取締法ノ前提ト致シマシテ、重要ナル產業ヲ營ム者デ、生產高、販賣高ノ二分ノ一以上ヲ占ムルモノハ、命令ノ定ムル事項ニ依ッテ主務大臣ニ屆出デシムルト云フヤウナコトモ、先ヅ「トラスト」監督、取締ノ前提トナルノデアリマシテ、如何ナル產業ヲ目標トスルカト云フコトヲ決定スルノデアリマス、事業家ハ斯樣ナ屆出ニ付キマシテハ少カラズ迷惑ヲ感ジテ居リマシテ、之ヲ緩和セラレンコトヲ希望シテ居ルノデアリマスガ、此厭ガルコトヲ決定スル重要ナル任務ヲ、此統制委員會ガ持ッテ居ルノデアリマス

其外公益ノ規定、如何ナルモノガ公正ノ利益デアルカ、ドノ程度ニ價格ヲ決メルコト、ドノ程度ニ制限ヲスルコト、斯ウ云フ事柄ガ、國民ノ公正ナル利益、一般消費者ノ利益ヲ害スルカト云フヤウナコトモ決メルノデアリマス、頗ル重要ナル任務ヲ持ッテ居ルノデアリマス、斯ノ如ク統制委員會ハ本法運用ニ關シマシテハ、絕大ナル權限ヲ有スルモノデアリマシテ、統制委員會ノ議ガ主務大臣ノ意思ト反對ナル場合ニハ、主務大臣ハ自分ハ必要デアリ、有效デアリ、適切デアリト信ジマシテモ、施スベキ手段ガ全然封ゼラレルノデアリマス、ソレダケ權威ノアル法案運用ニ關シテ重大ナル役割ヲ演ズルモノデアリマスカラ、其選定ニ當リマシテハ國家ノ智能ヲ集メナケレバナリマセヌ、特ニ公益規定ヲ實行スル上カラ申シマスレバ、消費者大衆ヲ代表スベキ練達堪能ニシテ公平ナル人物ヲ選バナケレバナリマセヌ、同時ニ又產業及ビ國民經濟ノ實情ニ通曉セル者ヲ選任スルコトハ、絕對ニ必要デアリマス、然ルニ今日マデ統制委員トシテ選任セラレマシタル方々ノ顏觸レヲ見マスト、何レモ練達堪能ノ士デアッテ、產業ノ實情ニ通曉セル者デアルコトハ認メルコトガ出來マセウガ、果シテ國民經濟ノ實情ニ通曉スルカト云フ點ニ付キマシテハ、少クトモ無條件ニ之ヲ容認スルコトガ出來ナイノデアリマス、卽チ各官省ノ高等官ヘ結構デアリマス、皆優秀ナル俊髦デアルノデアリマスルカラ、公平デハアリマセウガ、唯經濟上ノ實情ニ通曉シテ居ルヤ否ヤト云フ點ニ付テ疑問ヲ持ツ者デアリマス(「簡單簡單」ト呼フ者アリ)勿論是等ノ高官ヲ排除スル譯ニハ參リマセヌ、又資本家代表者ハ三井、三菱系ノ色彩ヲ帶ブル者バカリデアリマシテ、練達堪能ノ士デハアリマセウ、產業ノ實情ニハ通曉シテ居リ、資本家ノ代辨ヲ致シマシテ、產業ノ助長發達ノ爲ニハ最善ノ努力ヲ拂フデアリマセウガ、國民的ノ見地カラ、卽チ國民經濟ノ見地カラ、消費者大衆ノ利益ノ爲ニ、公益規定ノ發動ニソレ程熱心デアルカ否カト云フコトニ付キマシテハ、私ハソレニ大イナル疑問ヲ持タナケレバナラヌノデアリマス、ソコデ私ハ簡單ニ進メマスルガ……

○**議長**(**富田幸次郞君**) 小山君、質疑ノ趣旨ヲ……

○**小山倉之助君**(**續**) 是ガ質疑ノ趣旨デス、私ハ是ガ重大ナル――他ノ法案トハ違ヒマス

○**議長**(**富田幸次郞君**) ドウゾ要領ダケヲ御述ヲ願ヒマス

○**小山倉之助君**(**續**) 故ニ貴衆兩院議員モ此代表者ニ入レラレテ居ルノデアリマスルガ、其他消費者階級ヲ玆ニ選定スル必要ガアルト思ヒマス、更ニ前ニ申述ベマシタ通リ、朝鮮、臺灣、樺太ヨリモ代表者ヲ選定スル必要ヘナイカ、或ハ滿洲ヨリハ對滿事務局ノ高官位ヲ之ニ加ヘテ連絡關係ヲ取ル必要ヘナイカ、此點ニ對シマシテ商工大臣ガ、之ヲ選定スル意思ガアルカドウカト云フコトヲ伺ヒタイノデアリマスルガ、若シ御意見ガナケレバ、此合理局ヲ更ニ擴大强化致シマシテ、サウシテ產業各方面ニ亙ッテ、此重大ナル問題ヲ解決スルコトニ最善ノ努力ヲ拂ッテ貰ヒタイノデアリマスルガ、先ヅ此委員ヲ各方面ヨリノ智能ヲ玆ニ網羅致シマシテ、各產業ノ連絡ヲ取ル爲ニ、合理局ヲ更ニ擴大强化スルノ御意思ガアラル、カド

ウカ、是等ノ點ニ付テ私ハ御意見ヲ伺ヒタイノデアリマス、餘リ議場ガヤカマシイノデ(笑聲)私ノ要領ハ得ラレナイカモ分リマセヌガ、速記錄ヲ能ク御覽下サイマシテ、大體ノ意味ヲ御採リ願ヒマシテ御答辯ヲ願ヒマス(拍手)

(國務大臣小川鄕太郎君登壇)

○國務大臣(小川鄕太郎君) 小山君ノ御質問ハ第一ニ公益規定ニ關聯シテ居ルト思フノデアリマス、是ハ改正ノ眼目ノ一ツデアリマス、卽チ當該產業、依存產業、及ビ一般消費者ノ利益ヲ擁護スル、此一般消費者ノ利益ヲ擁護スルト云フコトガ新ニ加ッタ眼目デアリマス、其中ニ其規定ヲ運用スルニ當リマシテ、法文ニモ例示的ニ明ニ示シタモノガアリマス、ソレハ生產ヤ販賣ノ數量、販賣價格、及ビ之ニ影響ヲ及ボス所ノ取引條件ガ商品ノ圓滑ナル供給ヲ妨ゲル、又ハ不當ニ價格ヲ騰貴セシメ、若クハ價格ノ低落ヲ阻止スル、サウ云フヤウナ場合ガ公正ナル利益ヲ害スルモノト認メテ居ル、今ノ御質問ニ關聯シテ申シマスナラバ、販賣價格デアリマス、其價格ヲドウ云フ風ニ定メルカト云フヤウナ御質問ニ承ッタノデアリマス、公正ナル利益ト云フコトト、公正ナル價格ノ決定ト云フコトヲ混同セラレテ居ルノデハナイカト思フノデアリマス、價格ノ決定ハ勿論生產費ヲ考ヘマス、併シ片方ニ需要者デアル消費者ノ方モ考ヘルノデアリマス、生產者ト消費者ト對立シテ考ヘテ、公正ナル價格ヲ決メルト云フコトヂヤナイ、兩方考ヘルガ、ソレガ不當ニ價格ヲ騰貴セシメル、或ハ不當ニ價格ノ低落ヲ阻止スル、サウ云フコトハナイヤウニ、ソレガ爲ニ消費者ノ利益ヲ害スルト云フヤウナコトガアッテハ相成ラヌ、斯ウ云フコトデ玆ニ此法文ノ運用ト相成ルノデアリマス、其點ニ於キマシテ、私等ハ此法ノ運用ニ付キマシテ、一般消費者ノ利益ヲ擁護ショウト考ヘテ居リマス

ソレカラ第二ハ內地、外地、滿洲等ニ關係シテ、統制ノ連絡ニ付テノ御質問ダト承リマシタ、此法ハ勿論內地ニ行ハレルモノデアリマス、併シ內地、外地、滿洲共ニ產業ノ共存共榮ヲ圖ラナケレバナリマセヌノデ、統制ノ上ニ於キマシテモ、十分連絡協同ヲ圖リタイト考ヘテ居リマス

ソレカラ第三ハ統制委員會ノコトデアリマスガ、是ガ重要ナル任務ヲ持ッテ居ッテ、智能ヲ集メル必要ノアルコトハ小山君ノ御話ノ通リデアリマス、此委員ニ付キマシテ、色々御意見モアリマシタ、御意見ハ拜承シテ置キマス、併シ若シ必要ガアリマスナラバ、今後公益的規定ノ中ニ消費者ノ利益ヲ擁護スルト云フヤウナ、斯ウ云フ重大ナル規定ガ加ハリマシタノデ其運用ニ付キマシテ若シ必要ガアリマスナラバ、臨時委員ヲ任命スルヤウナコトモアルト考ヘテ居リマス、最後ニ合理局ノ擴張强化ヲ圖ル、是ハ御意見デアリマシタノデ、其御意見ハ御希望トシテ承ッテ置キマス、是ダケ御答致シマス(拍手)

○小山倉之助君 此自席ニ於テ發言ヲ御許シ願ヒタイト思ヒマス——商工大臣ノ御答辯ハ、私ノ質問ヲ取違ヘタ點モアルヤウデアリマスルガ、大體ニ於テ滿足ナル御答辯ヲ得タノデアリマス、詳細ハ委員會ニ於テ質問致スコトニ致シマシテ、是デ私ノ質問ヲ打切リマス(拍手)

○議長(富田幸次郎君) 片山哲君

(片山哲君登壇)

○片山哲君 私ハ主トシテ產業ノ進展、特ニ消費者ノ立場、其產業ニ從事致シマスル勞働階級ノ利益ヲ十分ニ考慮致シマシテ、產業ノ進展ヲ圖ラナクテハナラナイト云フ見地ヨリ、本案ニ對スル質問ヲ致シタイト思フノデアリマス、昭和五年ニ本案ガ上程サレマシタ時ニ私ハ反對ヲ致シマシタ、是ハ必ズ「カルテル」ノ結成ヲ助成スルモノデアル「カルテル」ノ助長デアル、恐ラクハ「トラスト」ニ「コンツェルン」ニ進ンデ、共同販賣ガ段々ト强化スルニ相違ナイ、利潤ヲ擁護シ、消費者ノ立場ヲ考慮セズ、且又價格ノ吊上ゲトナリ、勞賃ノ低下ニナルノデハナイカト、斯ウ云フ見地ヨリ反對ヲ致シマシタ、ソレ以來今日マデ五箇年經過ヲ致マシタ所、五箇年後ニ於テ本法律ガ如何ナル成績ヲ現ハシテ居ルノデセウカ、之ヲ考ヘテ見レバ、吾々ガ指摘致シマシタコトガ果シテ事實ニ相違シタカ、又的中シタカト云フコトガ、極メテ明瞭ニ分ルト私ハ考ヘルノデアリマス(拍手)ソレハ今日統計ニ依ッテ十分ニ證明スルコトガ出來ルノデアリマス、卽チサウ云フ見地カラ第一ハ本案ハ利潤ノ增大、價格ノ暴騰、賃銀ノ低下ト云フコトニ結局ナルノデアッテ、重要產業統制法ハ產業ノ進展、消費者ノ利益ヲ十分ニ考慮シテ居ナイモノデアルト云フコトヲ、指摘スルコトガ出來ルノデアリマス、先ヅ此點ニ付テ伺ヒタイト思フノデアリマス

此法律ニ依ッテ王子製紙株式會社ハ製紙業ヲ殆ド統一致シマシタ、此王子製紙ガ發表致シテ居リマスル成績ニ依リマスルナラバ、本案ノ實施以來ドン〳〵利益ヲ擧ゲテ居ルノデアリマシテ、昭和六年下半期ニ於キマスル利益率ハ一割三分五厘デアリマシタガ、本法律ノ適用ヲ受ケテ以來今日マデ上ッテ居リマシテ、最高ノ時ハ昭和八年下半期二割五分ノ利益率ヲ擧ゲ、昭和十年ノ上半期ニ於キマシテハ二割四分一厘ノ利益ヲ擧ゲテ居ルノデアリマス、而シテ是ガ消費者ニ如何ナル影響ヲ與ヘテ居ルカト云フコトヲ考ヘテ見ルナラバ——紙ノ値段ヲ例ニ取ッテ見マスルナラバ能ク分リマスガ、楓ト云フ紙ノ種類デアリマスケレドモ、昭和六年末ニ於キマシテハ十一錢五厘デアリマシタノガ、今日ニ於キマシテハ十二錢四厘トナッテ居リマス、一番高イ時ハ昭和八年下半期デアッテ十五錢デアリマス、模造紙ノ「ビー」號デアリマスガ、昭和六年末ニ於キマシテハ十二錢デアリマスルノガ、一番高イ時ノ昭和九年十一月末ハ十七錢八厘デアリマス、昭和十一年ノ四月ノ價格ハ十六錢デアリマス、ソレダケ本法ノ適用ニ依リマシテ價格ハ上ッテ居ル、暴騰シテ居ルト云フコトヲ考ヘナケレバナリマセヌ、尙ホ此製紙ニ從事致シテ居リマスル者ノ勞賃ハ、ドウナッテ居ルカト云フコトヲ考ヘテ見タイト思ヒマス、是ハ商工省ノ調査デアリマスガ、之ニ依リマスレバ昭和五年ハ平均一圓七十七錢、昭和六年ハ一圓七十二錢、ソレガ昭和九年ノ統計ニ於キマシテハ一圓六十五錢デアリマス、卽チ本法ノ適用ニ依リマシテ下ッテ居ルト云フコトガ考ヘラレルノデアリマス、尙ホ製紙業一般ノ賃銀率ヲ指數ニ依ッテ明ニ致シテ見マスルナラバ、定額賃銀ヲ先ヅ擧ゲマスルト昭和七年ノ定額賃銀ハ、大正十五年ヲ一〇〇ト致シマスルナラバ、九二・一デアリマスルガ、本法適用サレテ以來、昭和十年十月ハ八六・九デアリマス、一番高イ時ハ昭和七年ノ四月、段々ト其賃銀平均指數ガ下ッテ居リマス、實收賃銀昭和七年ハ九〇・一デアリマスガ、昭和十年十月ハ八九・九ト云フ風ニナッテ居ルノデアリマス、斯ウ云フ風ニ利潤ハ增大シ、價格ハ上リ、賃銀ハ反對ニ下ッテ居ル、是デモ產業ノ進展トナリ、消費者ノ利益ヲ考ヘ、且又勞働階級ノ立場ヲ十分ニ考慮シタト云フコトガ言ヘマセウカ(拍手)本法ハ明ニ獨占事業ニ產業ヲ進展セシメ、隨テ玆ニ「トラスト」ヲ結成スルヤウニナリマシタ、ソレデ改正法案デ此「トラスト」ヲ取締ラナクテハナラナイト云フヤウナ結果ニ自ラ陷ッテシマッタノデアリマス、言換ヘテ見ルナラバ、自分デ作ッタ所ノ弊害ノ跡始末ヲ自分デヤラナクテハナラナイト云フ、奇妙ナル現象ニ陷ッテ居ルノデア

リマス(拍手)改正法案ハ果シテ此弊害ニ著眼シ、此弊害ヲ除去スル實績ヲ擧ゲ得ルヤ否ヤ、改正法案ハ其點ニ於テ效果ヲ發揮スルコトガ出來ルヤ否ヤト云フコトヲ第一點ニ伺ヒタイノデアリマス

第二點ニ第三條ノ規定ハ空文化致シテ居リマス、今日マデ其發動ヲ見タコトガアリマセヌ、漸ク昭和八年四月ニ此製紙業ニ對シマシテ、商工省當局ハ極メテ微溫的ナ警告ヲ發シテ居ルノミデアリマス、是ハ商工省カラ出シマシタ所ノ重要產業統制法ノ本旨及ビ運用ノ實際ト云フ「パンフレット」デアリマスルガ、其中ニハ昭和八年四月ニ警告ヲ發シタト云フコトガ書イテアリマス、其昭和八年四月、ソレ以來價格ハ果シテドウ云フ風ニナッタカ、先程ノ統計ニ依ッテ十分ニ之ヲ知ルコトガ出來ルノデアリマス、警告ヲ發シテ以來紙ノ價格ハ果シテ下ッタカドウカト云フコトヲ考ヘマスルト、決シテ下ッテハ居ナイノデアリマス、サウ考ヘテ見ルナラバ、此第三條ノ强行規定ト云フヤウナモノハ殆ド空文デアル、何等ノ强行ノ力ヲ持ッテ居ナイノデアリマス、申譯的ニ過ギナイ、單ナル言譯ニ之ヲ書イテ居ルニ過ギナイノデアル、片方ニ於テハ「カルテル」ヲ助成シテ置イテ、ソレガ段々「トラスト」ニモ「コンツェルン」ニモ進ムヤウナ狀態ヲ其儘放置シテ置イテ、單ニ看板ヲ茲ニ揭ゲテ居ルニ過ギナイ、申譯的規定ヲ茲ニ置イテ居ルニ過ギナイト考ヘマシテ、第三條ノ空文化ヲ吾々ハ指摘シナケレバナラナイノデアリマス(拍手)卽チ此改正案ニ於キマシテモ、此空文化ヲ同樣ニ考ヘテ行カナケレバナラヌ、此法律ノ效果ヲ疑ハザルヲ得ナイノデアリマスカラ、改正案ニ於キマシテ、果シテ此强行規定ガ、卽チ取締ノ實ヲ十分ニ擧ゲ得ル效果ヲ持ツヤ否ヤ、改正案ノ效果ヲ吾々ハ疑フ者デアリマス、商工大臣ハ此點ニ於テ如何ナル所見ヲ持ッテ居ルヤ否ヤヲ伺ヒタイノデアリマス

第三點ハ統制委員會ノ活潑ナル活動ヲ求メルコトニ付テノ點デアリマスルガ、果シテ活潑ナル活動ヲ爲シ得ル構成ト組織ヲ持ッテ居ルヤ否ヤ、是ハ只今小山君カラノ質問ニ依ッテ商工大臣ハ答辯サレマシタガ、唯其委員ノ顏觸レヲドウスルカト云フヤウナ問題デハナクシテ、モット根本的ニ考ヘナケレバナラナイノデアリマス、活潑ナル活動ヲスル爲ニハ、發動條件ヲ決メナクテハナラナイノデハナイカ、此點ヲ商工大臣ニ伺フノデアリマス、隨テ私ハ之ニ對シマシテ、斯ウ云フ風ナコトガ必要デナカラウカト思ヒマス、卽チ重要產業ノ關係當事者ヲシテ、先ヅ原價計算ヲ提出セシメナケレバナラナイ、原價計算ヲ提出セシメマシテ、ソレニ基イテ一ツノ標準價格ヲ決メルノデアリマス、其決メマシタ標準價格ヲ定メテ、之ヲ標準ト致シマシテ、價格統制ヲスルト云フコトデナケレバ、唯人間ヲ斯ウスル、ア、スルト云フヤウナコトデハ到底此强行セントスル主張ヲ實行スルコトガ出來ナイノデアリマスルカラ、先ヅ合理的ニ、而シテ科學的ニ發動ノ條件ヲ決メテ、標準ヲ明ニスル必要ガアルト思ヒマス、是ナクシテハ到底統制委員會ノ活潑ナル活動ヲ望ムコトハ斷ジテ出來ナイ(「ヒヤ〳〵」拍手)尙ホ事實上ノ問題ニ付テ吾々ヨク聞クコトデアリマスルケレドモ、大藏省ヤ、商工省ヤ遞信省ヤ、官廳ノ官吏諸君ガ職ヲ罷メタ後ニ、重要ナル產業會社ノ重役ニ多ク就任サレルト云フ事實ヲ聞クノデアリマス、是等ノ人々ガ方々ノ會社ノ重役トナッテドン〳〵協定ヲナシ、價格ノ吊上ヲヤル際ニ、果シテ統制委員會ガ活潑ナル活動ヲ是等ノ人ニ向ケ得ル力ヲ持ッテ居ルカドウカ(拍手)ソレハ明ニ事實ニ於テ萎縮シテシマフデセウ、論ヨリ證據、制定サレテヨリ以來今日マデ一回モ發動シテ居ナイト云フノデアリマス、此事實ハ明瞭ニ空文化ヲ語ッテ居ルト私ハ考ヘルノデアリマス(拍手)

第四點、勞働者保護ノ規定ガ必要デアラウト思フノデアリマスルガ、現行法モ亦改正原案モ考慮シテ居ナイデハナイカ、企業者間ニハ本法ニ依リマシテ、ドン〳〵結成ノ事實ガ擧ッテ參ルノデアリマス、所謂共同行爲、共同動作トカ云フヤウナコトニ依ッテ、段々ト聯合ヲ作ルコトガ出來マスカラ、ソレ〳〵ノ聯合體ガ出來テ居リマス、現ニ各種ノ重要產業ノ聯合會ガ色々ノ形ニ於テ出來テ居ルト云フコトハ事實デアリマス、是ハ本法ヲ楔機トシテ結成サレタノデアリマスルガ、其結果色々ノ協定ガ出來マシタ、協定ガ出來マスニ付キ無理ヲシマシタ、其無理ヲ何處ヘ持ッテ行ッテ居ルカ、一面ニ於テハ消費者ニ之ヲ持ッテ行ッテ價格ノ吊上ヲ爲シ、一面ニ於テハ勞働者ニ之ヲ向ケマシテ、勞働條件ノ低下ヲ圖ルノデアリマス、卽チ爲スベキ所ノ施設モシナイノデアル、又福利增進ニ關スル施設モ差控ヘルノデアリマス、「コスト」ノ上ッタ結果ヲ勞働者ニ轉嫁致シマシテ、勞働强化ノ實ヲ擧ゲテ居ルト云フコトハ、是亦否定スルコトガ出來ナイ今日ノ事實デアリマス、言フ迄モナク一面ニ於テハ能率增進ト云フコトガ考ヘラレナケレバナラナイノデアリマスルケレドモ、其問題ノ結末ヲ何處ヘ持ッテ行ッテ居ルカト申シマスルナラバ、一番弱イ勞働者ニ持ッテ行ッテ、長キ時間ヲ安イ賃銀デ働カセテ居リマス、卽チ操業短縮ヲヤル場合ニハ勝手ニ首ヲ馘ッテシマヒ、或ハ勞働賃銀改訂ノ問題ニ付テモ、何等勞働者ノ意見ヲ聽カズシテ、自分デ之ヲ決定シテシマフト云フヤウナコトヲヤリマス故、ソレニ端ヲ發シマシテ色々ノ紛擾ヲ生ズルニ至ッタノデアリマス、此原因ハ資本家間ニ於ケル今日ノ「カルテル」强化、共同行爲ト云フコトニ依ッテ促進サレタノデアリマス、產業團體聯合會ガ常ニ勞働立法ニ反對ヲシテ居リマスル今日ノ事實ニ鑑ミテ見マシテモ、「カルテル」强化ガ幾多ノ弊害ヲ與ヘテ居ルコトヲ否ムコトガ出來ナイト私ハ考ヘルノデアリマス(拍手)卽チ是ニ於キマシテ本法ノ中ニ勞働者ノ立場ヲ十分ニ考慮シタ法文ヲ入レナケレバナラナイト思ヒマス、卽チ勞働階級ノ生活權ヲ十分ニ擁護シタ內容ヲ持ツモノヲ織込マナクテハナラナイ、ソレガ一案デアリマス、若シソレガ出來ナケレバ別法ヲ以テデモ宜シイ、他ノ單獨法規ヲ以テデモ宜シイカラ、別個ノ勞働階級ノ團結ヲ十分ニ容認シタ法律ヲ作リマシテ、資本家ノ團結ニ對シテ眞ニ產業ノ進展ニ寄與セシムルコトガ、今日最モ必要ナルコトデアルト私ハ考ヘマス(拍手)果シテ此片手落ノ狀態デ產業統制ヲ爲シ得ルヤ否ヤ、產業發展ニ寄與スルコトガ出來ルヤ否ヤ、商工大臣ノ御意見ヲ伺フノデアリマス

第五點ハ中小企業壓迫ニ關スル問題デアリマスルガ、本法制定ニ依リマシテ中小企業家ハ段々ト非常ナル壓迫ヲ受ケマシテ、中小商工業家ノ沒落或ハ悲運ヲ促進シタト云フコトモ、今日否定スルコトノ出來ナイ事實デアリマス、卽チ改正法案ニ依リマシテモ分リマスル通リ、今マデハ唯頭數ニ依ッタノデシタガ、今度ハ生產量又ハ販賣量ニ依ル大資本ノ結成デアリマス、是ハ大資本ノ結成ヲ促進スルコトニナリマス、卽チ昭和五年ニ本法ガ制定サレマシタ時ハ「カルテル」ノ結成デアルト云フコトヲ指摘致シマシタガ其通リ「カルテル」ノ助成デアッタノデアリマシタ、今日ハドウカト云フト、是ハ「トラスト」ノ結成ヲ助成スルコトニナッテ來テ居ルノデアリマス、之ヲ取締ラウト言フガ、「トラスト」ヲ作ッテ置イテ、又ソレノ取締規定ヲ置クト云フコトニナリ、非常ナ矛盾ニ陷ルノデアリマス、其結果ハ何處ヘ行クカト申シマスナラバ、是ハ中小企業

ノ壓迫トナリマス、卽チ大資本ノ獨占事業ガ段々ト盛ニナッテ參リマシタノデアリマス、先程申シマシタ王子製紙會社ガ、今日ノ製紙業ノ八五%ヲ獨占シテ居リマス事實ハ、今日ノ重要産業ノ傾向ヲ明ニ語ッテ居ルト云フコトヲ吾々ハ考ヘルコトガ出來ルノデアリマス（拍手）尙ホ大日本麥酒株式會社、麥酒製造業ニ君臨シテ居リマス所ノ麥酒會社ハ、今日又獨占的形態ヲ取ッテ麥酒製造ノ生産「カルテル」ノ獨占ヲヤッテ居ルト云フコトモ、是亦皆様御諒承ノ通リデアリマス、是ハドウシテモ中産商業ト工業ヲ壓迫致シマス、是等ニ對シマシテ改正法ハ如何ナル見解ヲ取リ、如何ナル對策ヲ取ッテ居リマセウカ、何等是等ノ對策ヲ見ルコトガ出來ナイノデアリマス、商工大臣ノ此點ニ關スル說明ヲ求メタイノデアリマス

第六點、先程ノ問題ニ觸レルノデアリマスケレドモ、此「トラスト」ノ取締モ疑フベキ餘地多分ニアル、本法ハ「トラスト」取締デアルト云フコトヲ冒ヒマスケレドモ、ドノ點ニ於テ取締ルノデアルカ、先程ノ第三條ニ於テ取締ルノデアリマセウカ、第三條ハ未ダ一度モ發動シタコトガナイ、其組織ハ洵ニ弱イノデアリマス、其薄弱デアリマス所ノ第三條ニ依ッテ、果シテ强力ナル獨占「トラスト」ヲ取締ルコトガ出來マセウカ、商工大臣ハ此改正法ニ依ッテモ「トラスト」ヲ取締ルコトガ出來ルト言ハレマスナラバ、其具體的見解ヲ伺ハナケレバナラヌノデアリマス

最後ニ第七點ト致シマシテ、重要産業ハ斯ノ如キ一片ノ法律デハ到底之ヲ取締リ、或ハ統制シ、或ハ産業振興ニ寄與スルコトガ出來ルモノデハナイト吾々ハ考ヘルノデアリマス（「ヒヤ〳〵」拍手）ソレハ「カルテル」ガ「トラスト」トナリ「コンツェルン」トナリ、獨占事業ガ段々盛ニナリ、價格ハ吊上ゲラレルノデアリマスカラ、如何ナル形ヲ取ッテモ斯ル微溫的ナ改正ニ依ッテハ、消費大衆ニ迷惑ヲ加ヘルト云フコトニナッテ參ルノハ明カデアリマスカラ、是ハ利潤ヲ追フコトヲ目的ト致シマス所ノ、今日ノ資本主義的産業ニ對シテ、一ツノ釘ヲ差サナケレバナリマセヌ、壓迫セラレテ居リマスル中小商工業家ノ生活ヲ救ヒ、又消費者階級ノ利益、其立場ヲ十分ニ考慮ショウト致シマスナラバ、必ズ重要産業ハ國營ニ持ッテ行カナケレバナラナイト云フコトヲ考ヘルノデアリマス（拍手）重要産業ハ國營ト云フ見地ニ立ッテ統制問題ヲ考慮シテ行カナケレバナラナイノデアリマス、サウシナケレバ國家非常時ニ於ケル色々ノ問題ガ吾々ノ生活ニ反映ヲ致シマシテ、壓迫ヲ加ヘ來リマスル時ニ、斯ル微溫的ニシテ且ツ資本家ノ立場ヲ十分ニ擁護スルヤウナ法規デハ、到底産業統制ヲ爲スコトガ出來ナイ、斷乎トシテ是ハ國營ニ邁進シナケレバナラナイト云フコトヲ私ハ考ヘルノデアリマス（「ヒヤヒヤ」拍手）商工大臣ハ今日國政一新ガ叫バレテ居リマス時ニ、又非常時日本ニ於ケル國民生活窮乏ヲ告ゲテ居リマスル時ニ、政府ハ宜シク重要産業國營ノ大精神ト、大努力ト、大熱意トヲ以テ、ソコニ進ム決意ヲ要スルト思ヒマス、若シソレナクテハ到底今日産業ノ發達ヲ爲スコトガ出來ナイト云フコトヲ私ハ考ヘルノデアリマス、其點ニ關シマシテ商工大臣ノ御意見ヲ伺フノデアリマス、以上七點ニ付テ商工大臣ノ明快ナル御說明ヲ願ヒタイト思ヒマス（拍手）

（國務大臣小川鄕太郞君登壇）

○國務大臣（小川鄕太郞君）　片山君ノ御質問ニ簡單ニ御答致シマス、色々ノ點ニ亙ッテ御質問デアリマシタガ、承ッテ居リマスト意見デアリマス（「意見ヂヤナイ」ト呼フ者アリ）意見ニ亙ル部分ガ相當多カッタヤウニ思ヒマス、ソレカラ或ハ斷定ニ亙ッテ居ナイカトモ思フモノガアリマス、ソレデ私ハ例ヘバ——順序ヲ追ウテ御答出來ナイカモ知レマセヌガ、三條ノ運用ハ出來ナイヂヤナイカ、空文化スルヂヤナイカ、斯ウ云フ風ナ是ハ御意見ヲ御加ヘニナッタ御質問ダト思フノデアリマス、過去ノヤリ方ハ色々事實ニ就テ御批評ガアリマセウ、併シ是カラ後ノ法ノ運用ハ、必シモ過去ノミヲ以テ斷ズルコトハ出來ナイト思フノデアリマス、最後ノ結ビノ言葉ヲ借リテ申シマスナラバ、此法律案ヲ出シマシテ皆様ノ御協贊ヲ得マシタナラバ、此法ノ運用ハ遺憾ナクヤリタイト思ッテ居リマス、或ハ重要産業ハ國營ニセナケレバナラヌ、是ハ私ハ御意見ダト思フノデス、其御意見ヲ以テ私ニ迫ッテ居ラレルノデアリマスカラ、私ハ之ヲ御意見ト言フノ外ナイノデアリマス（拍手）ソレハ重要産業ニ付テハ相當統制ヲ强化シナケレバナラヌ、是ハ私共ノ考ヘテ居ル所デアリマスガ、必シモ御問ノヤウニ重要ナル産業ハ悉ク國營ニセナケレバナラヌモノトハ考ヘテ居リマセヌ、ソレカラ統制委員會ヲ活動セシメナケレバナラヌ、此統制委員會ヲ活動セシムルト云フコトハ必要デアリマスガ、併シ其中、標準價格ヲ定メルト云フヤウナ御意見ヲ本ニシテノ御質問ガアッタヤウニ思フノデアリマス、此法律ハ生産費ヲ定メ且ツ公正ナル價格ヲ定メル、サウ云フ風ナ立前デハアリマセヌ、併シ其價格ガ不當ニ高カッタリ、或ハ不當ニ安クナルモノヲ阻止スルヤウナコトガアッテ、ソレガ消費者ノ利益ニ反スル場合ニ於キマシテ、統制ヲシヨウト考ヘテ居ルノデアリマス、ソレカラ紙ノ問題トカ、麥酒ノ問題ニ付キマシテ、色々數字ヲ擧ゲラレテ御質問デアリマシタガ、ソレハ委員會デ御答スルノガ相當ダト思ヒマス（「ノー〳〵」）併シ唯一寸誤ヲ一言正シテ置キタイト思ヒマスノハ、王子製紙ノ問題ニ付キマシテモ、成程王子製紙ニ警告ヲ發シマシタガ、其折ニハ十六錢デアリマシタ、ソレカラ後ニハ十五錢ニナッテ居リマス必シモ高クナルバカリトハ言ヘナイト思フノデアリマス、ソレカラ麥酒ニ付キマシテモ、之ヲ指定シマシタノハ昭和九年ノコトデアリマシテ、隨テ本法ニ依ッテ獨占的形態ヲ助成シタモノト言フノハ適當デナイト思フノデアリマス（「ヒヤ〳〵」）併シ是等ノコトハ委員會ニ於テ、相當ノ數字ヲ以テ御答致シマス（拍手）唯斷定ヲ下サレルダケハドウカ一ツ御許ヲ願ヒタイノデアリマス（拍手）

（片山哲君登壇）

○片山哲君　商工大臣ハ學者デアリ、經濟上ノ問題ニ付テハ極メテ曉通セラレテ居リマスル方デアリマスルカラ、其點ニ於テハ敬意ヲ表シテ居ッタ所、只今ノ答辯ハ、意見デアルトカ、或ハ詳細ノコトハ委員會ニ於テ述ベルトカ、極メテ回避的ナ態度ヲ執ラレマシタコトハ、甚ダ遺憾トスル所デアリマス、モット率直ニ重要産業統制法ノ今マデノ成績ハ認メラレナケレバナラナイト思フノデアリマス、事實ハ之ヲ語ッテ居ルノデアリマス、新聞紙ノ値上、九十錢デアッタモノガ今日一圓取ラレテ居リマス、新聞紙ノ値上リノ理由ハ何デアッタカト云フナラバ、王子製紙ノ紙ノ値段ガ騰ッタト云フ事デアリマス、ソレハ今日顯著ナル事實デアル、何人モ之ヲ否定スルコトハ出來ナイノデアリマス、重要産業統制法實施以來利潤ヲ擁護シ、段々ト「カルテル」ノ强化ニ依ッテ獨占事業ニ進展シタト云フコトハ、今日ノ輿論トナッテ居ルノデアリマスルカラ、此事實ニ付テハドウシテモ否定スルコトガ出來ナイト思フノデアリマス、私ハ此質問ハ單ニ意見ヲ述ベテ、其意見ニ基イテ討論ヲショウト云フノデハ決シテナイノデス、質問スル爲ノ前提トシテ意見ヲ述ベ、斯ル見解ヲ持ッテ居ルノデアルガ、斯ル事實ガアルノデアルガ、改正法案ハ是等ニ對シテ如何ナル用意アリ

ヤ、又如何ナル見解ニ依ッテ改正法案ガ出サレタノデアリヤト云フコトヲ質問スルノデアッテ、單ニ意見ヲ述ベテ、ソレデ以テ了レリトシテ居ルノデハ斷ジテナイノデアリマス（拍手）極メテ公明ナル立場ニ立ッテ商工大臣ハ答辯セラレンコトヲ求メルノデアリマス

唯一點國營問題ニ付キマシテハ、ソレハ意見デアルカラト云フコトヲ以テ葬リ去ラレズニ、「今日問題トナッテ居リマス所ノ電力國營ナドニ付テモ御考ヲ願ヒマス、既ニ閣僚ノ一人デアリマス賴母木遞相ハ、個人ノ見解トシテハ二十年以前ヨリ、電力國營ヲ考ヘテ居ッタト云フコトヲ主張シテ居ルノデアリマス、斯ル情勢ニナッタ時ニコソ、卽チ二十年以前ト今日ト比較シテ見マスルナラバ能ク解リマスガ、今日コソ國營ヲ斷行シナケレバナラヌノデアルト思ヒマス、色々ノ外ノ理由ニ藉口シテ國營ヲ逃避スルカノ如キハ、國政一新ヲ叫ンデ居リマスル現內閣トシテハ、洵ニ卑怯未練デアルト云フコトヲ、私ハ言ハザルヲ得ナイト思フノデアリマス（拍手）詳細ハ委員會ニ於テ述ベルノデアリマスガ、商工大臣ノ說明ハ甚ダ不滿デアル、意味ガ十分ニ徹底ヲシテ居ナイト云フコトヲ私ハ申上ゲテ、茲ニ私ノ質問ヲ打切ル次第デアリマス（拍手）

○議長（富田幸次郎君）　是ニテ質疑ハ終局致シマシタ、本案ノ審査ヲ付託スベキ委員ノ選擧ニ付キ御諮リ致シマス

○松永東君　本案ハ議長指名二十七名ノ委員ニ付託セラレンコトヲ望ミマス

（「贊成」ト呼フ者アリ）

○議長（富田幸次郎君）　松永君ノ動議ニ御異議ハアリマセヌカ

（「異議ナシ」ト呼フ者アリ）

○議長（富田幸次郎君）　異議ナシト認メマス、仍テ動議ノ如ク決シマシタ、日程第五、商工組合中央金庫法案ノ第一讀會ヲ開キマス——商工大臣小川鄕太郎君

第八　朝鮮事業公債法中改正法律案
（政府提出）　　第一讀會

朝鮮事業公債法中改正法律案

朝鮮事業公債法中左ノ通改正ス

第一條中「六億千五百八十萬圓」ヲ「六億九千六百二十萬圓」ニ改ム

附　則

本法ハ公布ノ日ヨリ之ヲ施行ス

（政府委員中島彌團次君登壇）

○政府委員（中島彌團次君）　只今議題トナリマシタ朝鮮事業公債法中改正法律案提出ノ理由ヲ説明致シマス、朝鮮總督府特別會計ニ於テ、昭和十一年度以降ノ繼續費トシテ計上致シマシタ鐵道建設及ビ改良費ノ追加額ノ一部、八千百餘万圓、並ニ港灣修築改良費追加額ノ一部、六百餘万圓ハ、同特別會計歳計ノ現狀ニ鑑ミマシテ、是ガ財源ハ公債ニ依ルコトヲ適當ト認メタノデ、朝鮮事業公債法ノ法定額ヲ增加スルノ必要ガアリマシテ、本法律案ヲ提出致シマシタ次第デアリマス、何卒御審議ノ上速ニ御協贊ヲ與ヘラレンコトヲ希望スル次第デアリマス

○議長（富田幸次郎君）　本案ノ審査ヲ付託スベキ委員ノ選擧ニ付テ御諮リ致シマス

○松永東君　本案ハ議長指名十八名ノ委員ニ付託セラレンコトヲ望ミマス

○議長（富田幸次郎君）　松永君ノ動議ニ御異議アリマセヌカ

（「異議ナシ」ト呼フ者アリ）

○議長（富田幸次郎君）　御異議ナシト認メマス、仍テ動議ノ如ク決シマシタ

○松永東君　日程第九ハ後廻シトセラレンコトヲ望ミマス

○議長（富田幸次郎君）　松永君提出ノ動議ニ御異議アリマセヌカ

（「異議ナシ」ト呼フ者アリ）

○議長（富田幸次郎君）　御異議ナシト認メマス、仍テ日程第九ハ後廻シト致シマス、日程第十、大正十二年法律第五十二號中改正法律案ノ第一讀會ヲ開キマス——司法大臣林頼三郎君

報告書

一輸出絹織物取締法中改正法律案（政府提出）

右ハ本院ニ於テ可決スヘキモノト議決致候此段及報告候也

昭和十一年五月十八日

委員長　增田義一

衆議院議長富田幸次郎殿

附帶決議

一　重要輸出品取締法及輸出絹織物取締法ニ依ル檢査竝輸出組合法ニ依ル統制ニ關スル取締ニ付テハ外地ニ於テモ十分內地ト連絡協調ヲ保チ取締上ノ缺陷ヲ生スルコトナキヤウ遺憾ナキヲ期セラレタシ

一　政府ハ本法實施ニ依リ生產者竝中小商工業者ニ及ホス影響ヲ考慮シ適切ナル方策ヲ講スヘシ

報告書

一輸出組合法中改正法律案（政府提出）

右ハ本院ニ於テ可決スヘキモノト議決致候此段及報告候也

昭和十一年五月十八日

委員長　增田義一

衆議院議長富田幸次郎殿

附帶決議

一　重要輸出品取締法及輸出絹織物取締法ニ依ル檢査竝輸出組合法ニ依ル統制ニ關スル取締ニ付テハ外地ニ於テモ十分內地ト連絡協調ヲ保チ取締上ノ缺陷ヲ生スルコトナキヤウ遺憾ナキヲ期セラレタシ

一　政府ハ本法實施ニ依リ生產者竝中小商工業者ニ及ホス影響ヲ考慮シ適切ナル方策ヲ講スヘシ

報告書

一昭和九年法律第四十五號中改正法律案（貿易調節及通商擁護ニ關スル件）（政府提出、貴族院送付）

右ハ本院ニ於テ可決スヘキモノト議決致候此段及報告候也

昭和十一年五月十八日

委員長　增田義一

衆議院議長富田幸次郎殿

附帶決議

一　重要輸出品取締法及輸出絹織物取締法ニ依ル檢査竝輸出組合法ニ依ル統制ニ關スル取締ニ付テハ外地ニ於テモ十分內地ト連絡協調ヲ保チ取締上ノ缺陷ヲ生スルコトナキヤウ遺憾ナキヲ期セラレタシ

一　政府ハ本法實施ニ依リ生產者竝中小商工業者ニ及ホス影響ヲ考慮シ適切ナル方策ヲ講スヘシ

（增田義一君登壇）

○增田義一君　只今上程サレマシタ重要輸出品取締法案外三件ノ委員會ノ經過竝ニ結果ヲ御報告申上ゲマス、此四ツノ法案ハ何レモ躍進日本ノ海外貿易發展ノ爲ニ必要ナル案デアリマシテ、委員會ニ於テハ、委員ト商工大臣及ビ政府委員トノ間ニ質疑應答ガ頗ル澤山重ネラレマシタ、其中ノ主ナルモノヲ申上ゲレバ、輸出統制ノ目的ヲ以テ此案ガ出テ居ルガ、是ガ爲ニ我ガ輸出貿易ハ壓迫拘束サレルノ憂ハナイカトノ質問ニ對シテ、政府デハ從來動モスレバ粗製濫造ノ弊ニ陷ッテ、ソレガ爲ニ品質ノ低下ヲ來シ、海外市場ニ於テ信用、聲價ヲ失墜スルノ虞ガアルノデアル、ソコデ此重要輸出品ノ檢査制度ヲ設ケ、更ニ其輸出ノ取締ヲ行ヒ、以テ海外市場ニ於ケル本邦重要輸出品ノ聲價信用ヲ高メルコトハ、我ガ輸出貿易ヲシテ益〻發達セシムル所以デ、決シテ壓迫拘束スルノ憂ハ斷ジテナイト云フ答辯デアリマス、次ニ粗製濫造品ヲ朝鮮ニ送ッテ、朝鮮カラ海外ニ輸出スルヤウデアルガ、之ヲドウ取締ルカノ質問ニ對シテノ答ハ、朝鮮ニ於テモ輸出品ノ檢査ヲ內地ト同一標準ノ下ニ檢査ヲシテ取締ッテ居ルカラ、決シテ心配ハナイト云フ答デアリマス、其次ニ重要輸出品ハ十八種掲ゲテアルガ、其以外ノ輸出品ハドウ取扱フカト云フ問ニ對シテハ、省令ヲ以テ更ニ追加スルト云フ答辯デアリマス、又輸出組合カラ輸出統制認可申請ニ對シ、中々認可ニ手間取ルガ、是ハドウ云フ譯カトノ質問ニ對シテハ、認可申請ガ頗ル多イノト、其內容ノ調査ニ時ガ掛ルノデ簡單ニハ許可出來ナイガ、將來ハ出來ルダケ速ニ認可スルヤウニ努力スルト云フ答デアリマス、次ニ輸出組合ガ輸出檢査ヲ爲スノデアルガ、其檢査機關ノ費用ガ掛ル、ソレハ政府デ補助スル意思アリヤ否ヤトノ質問ニ對シテハ、檢査員ノ俸給其他ニ對シ相當ノ交付金ヲ支出スル、現ニ支出シテ居ルト云フ答デアリマス、其次ニ生絲ハ我國ノ最大輸出品ナルニ拘ラズ重要輸出品取締法案ノ中ニ加ハッテ居ナイノハドウ云フ譯カトノ質問ニ對シテハ、生絲ハ農林省ノ所管ニナッテ居ル、道理カラ言ヘバ商工省ノ所管ニ移スベキ筈ダケレドモ、ソレハ行政ノ機構ヲ改正シナケレバ今ハ已ムヲ得ヌト云フ答デアリマス、次ニ生絲ノ輸出統制ヲ必要トセザルカトノ質問ニ對シテハ、政府ハ勿論同感デアルト云フ答デアリマス、其次ニ輸出組合ニ依ッテ輸出ノ統制ヲ圖ラントシテモ、其組合ニ入ルベキ資格アル者デアッテ組合ニ入ラナイデ、値段ヲ賣崩スト云フヤウナ者ガアル、即チ「アウト・サイダー」デアルガ、之ニ向ッテドウ取扱フカトノ質問ニ對シテハ、輸出組合法ニ依ッテ主務大臣ハ組合員タル資格ヲ有スル者ニシテ、其組合ノ定ムル取締又ハ制限ニ服從スベキコトヲ命ズルコトガ出來ルノデアル、故ニ拘束命令ヲ實行シテ統制ヲ圖ル積リダト云フ答デアリマス、又輸出組合ニ依ル統制ノ爲ニ輸出商ハ大分利益ヲ占メルガ、生產者ハ甚ダ利益ガ少ク、不利ヲ蒙ッテ居ルガ、是ハドウスルカトノ質問ニ對シテ、輸出組合ノ利益ノ壟斷ニハ嚴重注意ヲ與ヘテ輸出業者ノミガ儲ケヌヤウニ協調サセルコトニ向ッテ、適當ノ取締モスレバ監督モスルト云フ答デアリマス、尙ホ中小輸出業者ガ大輸出業者ノ爲ニ壓迫セラレルガ、之ニ對シテ何カ取締ル方法ハナイカトノ質問ニ對シテハ、法規ノ定ムル所ニ依ッテ出來ルダケ政府ハ大輸出業者ニ對シテ取締ルモノハ取締リ、以テ中小輸出業者ヲ保護スル積リデアルト云フ答デアリマス、其他詳細ハ速記錄ニ讓リマス

質疑ガ終局致シマシテ愈〻討論ニ入リマシタガ、民政黨ノ川橋豊治郎君カラ附帶決議ヲ提案サレマシタ、ソレハ

附帶決議

重要輸出品取締法及輸出絹織物取締法ニ依ル檢査竝輸出組合法ニ依ル統制ニ關スル取締ニ付テハ外地ニ於テモ充分內地ト連絡協調ヲ保チ取締上ノ缺陷ヲ生スルコトナキヤウ遺憾ナキヲ期セラレタシ

此附帶決議ヲ附シテ賛成ノ意ヲ表サレ、政友會ノ大本貞太郎君ヨリ同ジク又附帶決議ガ提案サレマシタ、ソレハ

政府ハ本法實施ニ依リ生産者竝中小商工業者ニ及ホス影響ヲ考慮シ適切ナル方策ヲ講スヘシ

此附帶決議ヲ附シテ賛成ノ意ヲ表サレマシタ、第一控室ノ水谷長三郎君ハ本案ニ反對意見ヲ述ベラレ、斯クシテ採決ノ結果、此四ツノ法案ニ對シテハ、大多數ヲ以テ可決サレマシタ、尙ホ川橋大本兩君ノ附帶決議ニ對シテモ、大多數ヲ以テ可決サレマシタ、最初申上ゲル如クニ我ガ日本ノ海外貿易發展ノ爲ニ、極メテ必要ナル案ト認メテ可決シタノデアリマスルカラ、滿場諸君ノ御賛成ヲ願ヒマス(拍手)

○議長(富田幸次郎君) 四案ノ第二讀會ヲ開クニ御異議アリマセヌカ

(「異議ナシ」ト呼フ者アリ)

○議長(富田幸次郎君) 御異議ナシト認メマス、仍テ四案ノ第二讀會ヲ開クニ決シマシタ

○松永東君 直チニ四案ノ第二讀會ヲ開キ、第三讀會ヲ省略シテ、委員長報告ノ通リ可決セラレンコトヲ望ミマス

○議長(富田幸次郎君) 松永君ノ動議ニ御異議ハアリマセヌカ

(「異議ナシ」ト呼フ者アリ)

○議長(富田幸次郎君) 御異議ナシト認メマス、仍テ直チニ四案ノ第二讀會ヲ開キ議案全部ヲ議題ト致シマス

重要輸出品取締法案 第二讀會(確定議)

輸出絹織物取締法中改正法律案 第二讀會(確定議)

輸出組合法中改正法律案 第二讀會(確定議)

昭和九年法律第四十五號中改正法律案(貿易調節及通商擁護ニ關スル件) 第二讀會(確定議)

○議長(富田幸次郎君) 別ニ御發議モアリマセヌ、第三讀會ヲ省略シテ、四案共委員長報告通リ可決確定致シマシタ(拍手)

○松永東君 議事日程變更ノ緊急動議ヲ提出致シマス、即チ此際政府提出、競馬法中改正法律案ヲ議題ト爲シ、委員長ノ報告ヲ求メ、共審議ヲ進メラレンコトヲ望ミマス

○議長(富田幸次郎君) 松永君ノ動議ニ御異議アリマセヌカ

(「異議ナシ」ト呼フ者アリ)

○議長(富田幸次郎君) 御異議ナシト認メマス、仍テ日程ハ變更セラレマシタ、競馬法中改正法律案ノ第一讀會ノ續ヲ開キマス、委員長ノ報告ヲ求メマス――委員長八田宗吉君

米穀自治管理法案（政府提出）
第一讀會ノ續（委員長報告）
米穀統制法中改正法律案（政府提出）
第一讀會ノ續（委員長報告）
籾共同貯藏助成法案（政府提出）
第一讀會ノ續（委員長報告）

報告書

米穀自治管理法案（政府提出）
右ハ本院ニ於テ可決スヘキモノト議決致候此段及報告候也
昭和十一年五月十八日
委員長　東　　武
衆議院議長富田幸次郎殿

附帶決議

一　內外地ヲ通ジ米穀ノ生產統制方策ヲ樹立シ代作ノ奬勵ニ對シ適切ナル方策ヲ講ズベシ
二　速ニ米穀ノ國營檢査ヲ斷行スベシ
三　米穀自治管理委員會ノ委員ニハ生產者、米穀業者及消費者ノ代表者ヲ加フベシ
四　產業組合ノ指導監督ヲ勵行シ其ノ官僚化ト營利化トヲ排除シ殊ニ違法及脫法行爲ノ絶滅ヲ期シ組合本來ノ使命ニ基キ其ノ健全ナル發達ヲ圖ルベシ
五　本法ノ實施ニ際シテハ米穀取引所竝米穀業者ニ重大ナル影響ヲ與ヘザルヤウ特ニ注意シ損害アリタル場合ニハ適當ナル對策ヲ講ズベシ
六政府ハ米穀ノ生產機關ト配給機關トノ利害ヲ調節シ共存共榮ノ方途ヲ講ズル爲調査會ヲ設クベシ
七朝鮮及臺灣ニ於テ本法實施ノ目的ヲ達スル爲內外地官廳ノ協力ニ付特ニ留意シ萬遺憾ナキヲ期スベシ

報告書

一米穀統制法中改正法律案（政府提出）
右ハ本院ニ於テ可決スヘキモノト議決致候此段及報告候也
昭和十一年五月十八日
委員長　東　　武
衆議院議長富田幸次郎殿

附帶決議

一　內外地ヲ通ジ米穀ノ生產統制方策ヲ樹立シ代作ノ奬勵ニ對シ適切ナル方策ヲ講ズベシ
二　速ニ米穀ノ國營檢査ヲ斷行スベシ
三　米穀自治管理委員會ノ委員ニハ生產者、米穀業者及消費者ノ代表者ヲ加フベシ
四　產業組合ノ指導監督ヲ勵行シ其ノ官僚化ト營利化トヲ排除シ殊ニ違法及脫法行爲ノ絶滅ヲ期シ組合本來ノ使命ニ基キ其ノ健全ナル發達ヲ圖ルベシ
五　本法ノ實施ニ際シテハ米穀取引所竝米穀業者ニ重大ナル影響ヲ與ヘザルヤウ特ニ注意シ損害アリタル場合ニハ適當ナル對策ヲ講ズベシ
六　政府ハ米穀ノ生產機關ト配給機關トノ利害ヲ調節シ共存共榮ノ方途ヲ講ズル爲調査會ヲ設クベシ
七　朝鮮及臺灣ニ於テ本法實施ノ目的ヲ達スル爲內外地官廳ノ協力ニ付特ニ留意シ萬遺憾ナキヲ期スベシ

報告書

一籾共同貯藏助成法案（政府提出）
右ハ本院ニ於テ可決スヘキモノト議決致候此段及報告候也
昭和十一年五月十八日
委員長　東　　武
衆議院議長富田幸次郎殿

附帶決議

一　內外地ヲ通ジ米穀ノ生產統制方策ヲ樹立シ代作ノ奬勵ニ對シ適切ナル方策ヲ講ズベシ
二　速ニ米穀ノ國營檢査ヲ斷行スベシ
三　米穀自治管理委員會ノ委員ニハ生產者、米穀業者及消費者ノ代表者ヲ加フベシ
四　產業組合ノ指導監督ヲ勵行シ其ノ官僚化ト營利化トヲ排除シ殊ニ違法及脫法行爲ノ絶滅ヲ期シ組合本來ノ使命ニ基キ其ノ健全ナル發達ヲ圖ルベシ
五　本法ノ實施ニ際シテハ米穀取引所竝米穀業者ニ重大ナル影響ヲ與ヘザルヤウ特ニ注意シ損害アリタル場合ニハ適當ナル對策ヲ講ズベシ
六　政府ハ米穀ノ生產機關ト配給機關トノ利害ヲ調節シ共存共榮ノ方途ヲ講ズル爲調査會ヲ設クベシ
七　朝鮮及臺灣ニ於テ本法實施ノ目的ヲ達スル爲內外地官廳ノ協力ニ付特ニ留意シ萬遺憾ナキヲ期スベシ

○東武君　米穀自治管理法案、籾共同貯藏助成法案、米穀統制法中改正法律案、右三案ノ委員會ノ經過及ビ結果ヲ御報告致シマス、委員會ハ五月十一日ヨリ本日マデ、午前午後ヲ通ジテ七回ニ亙ッテ愼重ニ審議ヲ致シタノデアリマス、委員會ニ現レマシタ質問應答ノ概要ヲ極メテ簡潔ニ御報告申上ゲマス
（東武君登壇）
一、何故ニ本案ヲ短期ナル特別議會ニ提出シタカ、之ニ對スル農林大臣ノ答辯ハ、其起リ元來本案ハ政府ガ提出シテ居ルガ、其起リハ第六十五議會當時、卽チ齋藤內閣當時、本院一致ノ決議ヲ以テ、現行統制法ノ缺陷補正ノ必要上、速ニ臨時議會ヲ召集シテ、內地外地一貫シタル政策ヲ定ムベシト云フ決議ヲ以テ、時ノ政府ニ要求シタノデアリマス、其後齋藤內閣倒レ、岡田內閣ニ依リ米穀對策調査會ヲ開キ、各政黨ノ代表者、學者、經驗者ヲ集メ、數箇月ニ亙ッテ調査立案シタ經過ヲ有スルモノデアリマス、且ツ昨六十七議會ニ於テ、委員會ヲ開クコト實ニ十八回ニ亙ッテ愼重審議ヲ重ネマシテ、

各政黨トモ練リニ練ッテ出來上ッタモノガ、今回政府提出案トナッタモノデアリマス、故ニ――農林大臣ノ答辯デアリマスルガ、農林問題ト致シマシテ、此繭ト米ノ問題ヲ解決セザル以上ハ、何事モ其他ノ問題ニ對シテ前進スルコトガ出來ナイヤウナ、事情ノ下ニ置カレタモノデアルヲ以テ、政府ハ短期間ト雖モ、責任ヲ以テ提案シタノデアルト云フ答辯デアリマシタ

二、本案ハ米穀政策トシテ不徹底デハナイカト云フ、之ニ對シテ農林大臣ハ、此法案ガ完全無缺ト云フコトハ勿論言ヘヌカモ知レヌ、併シ目下ノ米穀事情ヨリシテ、此案以上ノモノヲ作ルコトハ困難デアル、農林大臣トシテ、此案ハ現行統制法ノ補完法デアル、現行統制法ノ存在スル限リハ、此法案ハ絶對必要デアル、専賣トカ、國家管理トカ云フ根本方針マデ、行ク所マデ行ケバ、或ハ不完全デアルカモ知レヌ、然ラバ政府ニ於テ根本方針ハアルカト云フ質問ニ對シマシテハ、マダ定ッタモノハナイガ、何等カノ方法ニ依リ調査モ進メテ見タイト云フ意味ノ答辯ガアリマシタ

三、本法案ハ農林省傳統ノ高米價政策ノ現レデハナイカ、此質問ハ世間デヨク唱ヘラレル議論デアリマス、政府ノ方針トシテハ、決シテ何時ノ時代デモ、高米價政策ト云フヤウナ政策ヲ執ッタコトハナイ、即チ統制法ニ於テモ最低米價、最高米價ヲ定メテ、生産者ハ最低米價ニ依ッテ保障ヲサレテ居ル、消費者ハ最高米價ニ依ッテ保障サレテ居ルノデアル、更ニ此法案ニ依ッテ統制貯藏サレタ場合ハ、現行ノ統制法ニ於テハ、最高ノ價格デナケレバ米ハ一粒モ賣ルコトハ出來ナイノデアル、ケレドモ此自治管理案ヲ施行スレバ、米價ガ最低値段ヨリ一割ノ値上ノアッタ場合ハ、是ハ貯藏統制米ヲ賣放スコトガ出來ル、即チ解除スルコトニナルノデアルカラシテ、消費者ニ對シテモ、生産者ニ對シテモ、不公平、偏頗ナ處置ヲ執ル立前デハナイト云フコトガ、全然明カデアルト云フコトデアリマシタ

四、此法案ヲ實施スレバ大農ハ救ハレルガ、小農、貧農ハ却テ不利ノ立場ニ進ムノデハナイカ、斯ウ云フ質問ガ屢々繰返サレタノデアリマスルガ、此質問モ極メテ重要ナ質問デアリマシタガ、特ニ小會派ノ諸君ニ於テ、熱心ニ質問應答ヲ重ネラレタノデアリマス

（副議長退席、議長著席）

政府ノ之ニ對スル答辯ハ、此法案ノ過剰米有無ノ調査ハ、十一月一日ニ全國ノ生産集計ガ出來ルノデアルガ、其過剰米ガアルカナイカト云フ決定ヲスル前ニ、早米ノ持切レナイ生産者ハ、投賣リヲスルト云フヤウナ場合ガアル、併ナガラソレハ全國的ニ見レバ極ク少數デアル、米穀ノ出廻統計ヨリ見レバ、僅ニ一〇〇％中ノ八％位シカ、早米ニ依ッテ賣出スト云フヤウナ者ハナイノデアルカラシテ、極メテ小部分デアルカラシテ、斯樣ナ心配ハナカラウ、尚ホ是等貧農ノ青田賣トカ、或ハ白田賣トカ、黒田賣ト云フコトハ、是ハ委員會ニ出タ言葉デアリマスルガ、私共初メテ聞イタノデアリマシタガ、青田デ賣ル、黒田デ賣ルト云フノヘ、マダ耕作シナイ時ニ賣ル、白田ト云フノハ雪ノ降ル時ニ賣ルト云フコトダサウデス、斯ウ云フヤウナモノガ貧農ニハアルノデアルガ、之ニ對スル救濟ト云フコトハ――此米穀自治管理案ニ依ッテ救濟ヲスルト云フコトハ、是ハ不可能デアル、要スルニ農村全般ノ問題デアルカラシテ、或ハ金融、農村更生ト云フヤウナ方面ノ、他ノ方法ヲ講ズルヨリ外ハナイト云フ答辯デアリマシタ

五、外地米ノ生産制限ハ如何ナル程度デアルカ、政府ノ方針ヲ伺ヒタイ、是ハ拓務大臣ガ委員會ニ屢々出席致シマシテ、誠意ヲ以テ應答セラレタノデアリマスガ、朝鮮デハ産米ノ増産計畫ハ、從來ノ分ハ施設ヲ繼續シテ居ルノモ多少アル、併シ新規出願ノモノハ一切不許可ノ方針ヲ執ラレテ居ルト言ッテ居リマス、且ツ代作奬勵ニ對シテハ、是ハ代作トシテ北羊南棉――北ノ方ニハ羊、南ノ方ニハ棉花ト云フ方針ヲ執リマシテ、漸次其方面ノ開發ニ努力中デアルト云フ辯デアリマシタ

六、六十七議會ニ於テ本案ニ對スル附帶決議ノ經過如何、之ニ對シテハ既ニヤリツツアルモノモアル、即チ米穀ノ生産統制ノ方策、米穀新規開拓利用増進ト云フヤウナコトニ付テハ、既ニ政府ハ是ハ種々ノ加工事業ヲ研究致シテ居ル、既ニ之ヲ企業化スルマデニ進ンダモノモアルト云フ御答辯デアリマシタ、國營檢査ノコトハ、是ハ至急斷行ノ方針デアルモ、豫算ノ關係ニテ未ダ實行スルコトガ出來ナイ、是非決議ノ趣意ニ基ギ、近ク實現スル積リニテ、著々準備ヲ進メテ居ルト云フ御答辯デアリマス

産業組合ニ關スル件、産業組合ノ違法、脱法行爲ノ取締ヲ嚴ニシテ、官僚化、營利化ヲ排除スルコトノ附帶決議ガ附イテ居ッタノデアリマスガ、政府ハ勿論其趣意ニ基イテ監督シテ居ル、全國一万三千餘ノ組合ニ對シテ十分ナル監督ハ、豫算ノ關係ニ於キマシテ、不十分デアルコトハ免レマセヌガ、決議ノ趣意ニ對シテハ最モ嚴重ニ之ヲ實行シツヽアリ、且ツ將來モ此方針デ進ムモノデアルト云フ數次ノ言明ガアリマシタ、商業組合ノ助長、中小商工業改善ノ爲メ商工中央金庫設立、是ハ既ニ本院ニ於テ法案ヲ通過致シテ、目下貴族院デ審議中デアル、中間配給機關ニ影響ヲ與ヘザル件、此點ニ關シテハ政府ハ最モ留意シ、既ニ農林省ニ於テハ配給改善協議會ト云フモノヲ組織シテ、米穀業者、取引所關係者、運輸業者等ノ代表者ヲ委員ニ任命シテ、數十回ニ亙ッテ各種ノ方面ヨリ其利害影響ヲ調査シ、本法案實施ニ際シ、直接米穀業者其他利害關係者ニ摩擦ノナキヤウ、愼重考慮ヲ拂ヒ研究中デアル、既ニ成案ヲ得タルモノモアルシ、マダ未成案ニ屬スルモノガアルト云フ御答辯デアリマシタ

以上ハ大體質疑應答ノ概要デアリマス、昨年委員會ニ於キマシテ、殆ド十數回ニ亙ッテ論究シ盡シタ問題デアリマスルガ爲ニ、此質問應答ニ新シキ事項トシテノ質問ハアリマセヌ、大體質疑應答ノ概要ヲ玆ニ申上ゲルノデアリマスルガ、詳細ハ速記録ヲ御覽願ヒタイ、唯島田農林大臣ノ御答辯ノ中ニ、昨年ノ委員會ニ現レナイ答辯ガ二ツアルト記憶致シテ居リマス、其一ツハ、此法案ハ農村問題トシテ、最モ重大ナ因縁ヲ有スル法案デアル、此法案ガ片付カナイ限リニ於テハ、今後ノ農村問題ハ何事モ前進スルコトガ出來ナイ、故ニ政府ハ重大ナル責任ヲ以テ、此法案ヲ此短期ノ特別議會ニ提

案シタモノデアルト云フ、決意ト誠意ヲ披瀝サレタノデアリマス、其二ハ、米穀對策トシテノ根本方針デアルカト云フコトニ對シテ、是ハ速記錄ヲ御覽ニナレバ分リマスルガ、米穀統制法ノ補完法デアル、統制法ノ存在スル限リニ於テ、此法案ハ絶對ニ必要ナルコトハ申ス迄モナイ、然ラバ補完法デアリ、暫定法デアルト云フ以上ハ、何カ根本的ノ方針デモナケレバナラヌガ、ソレハドウカト云フ質問ニ對シマシテ、根本法ハマダ決ッタモノハナイ、何等カノ方法ニ依リ、此根本方針ニ於テ進ム爲ニ、豫メ調査研究ヲ怠ラヌト云フ、極メテ含蓄ノアル答辯ガアリマシタ、此二ツハ昨年ノ委員會ニ現レナイ答辯デアリマス

ソコデ討論ヲ終結シマシテ、民政黨ヲ代表致シマシテ川崎委員ヨリ附帶決議ヲ附シテ贊成ノ發言ガアリマシタ、政友會ヨリモ三善委員ヨリ同樣ノ贊成ノ意見ガ述ベラレマシタ、此附帶決議ハ七項ニ亙ッテ居リマス

附帶決議

一 內外地ヲ通ジ米穀ノ生產統制方策ヲ樹立シ代作ノ獎勵ニ對シ適切ナル方策ヲ講ズベシ

二 速ニ米穀ノ國營檢查ヲ斷行スベシ

三 米穀自治管理委員會ノ委員ニハ生產者、米穀業者及消費者ノ代表者ヲ加フベシ

四 產業組合ノ指導監督ヲ勵行シ其ノ官僚化ト營利化ヲ排除シ殊ニ違法及脫法行爲ノ絶滅ヲ期シ組合本來ノ使命ニ基キ共ノ健全ナル發達ヲ圖ルベシ

五 本法ノ實施ニ際シテハ米穀取引所竝ニ米穀業者ニ重大ナル影響ヲ與ヘザルヤウ特ニ注意シ損害アリタル場合ニハ適當ナル對策ヲ講ズベシ

六 政府ハ米穀ノ生產機關ト配給機關トノ利害ヲ調節シ共存共榮ノ方途ヲ講ズル爲調查會ヲ設クベシ

七 朝鮮及臺灣ニ於テ本法實施ノ目的ヲ達スル爲內外地官廳ノ協力ニ付特ニ留意シ萬遺憾ナキヲ期スベシ

是ガ附帶決議デアリマス、而シテ小會派ト言ウテハ何デスガ、三宅委員ヨリシテ更ニ希望決議ノ陳述ガアッタノデアリマスガ、此希望決議ニ對シテハ、農林大臣ノ答辯ニ依ッテ豫メ諒承サレタト云フコトデアリマシタカラ、採決ヲ致シマセヌ、右三案ヲ一括シテ採決シマシタ所、委員會ノ全會一致本案ヲ可決サレマシタ、希クハ速ニ本院ニ於テ報告通リ御贊成アランコトヲ切望シテ報告ヲ終リマス(拍手)

○議長(富田幸次郎君) 質疑ノ通告ガアリマス、之ヲ許可致シマス――田島勝太郎君

(田島勝太郎君登壇)

○田島勝太郎君 私ハ本三案ガ國民生活ニ關シマシテ重大ナル影響アルニ鑑ミ、委員長報告ノ審議セラレマス以前ニ於キマシテ、本案ノ基礎トナルベキ重要ナル二三ノ事項ニ付キマシテ、政府當局ニ質疑ヲ致シタイト思フノデアリマス、政府當局ニ於カレマシテハ、明確ナル御答辯ヲ願ヒマシテ、國民ヲシテ本法案ニ對シマシテ危惧ノ念ヲ懷カザラシメヌヤウニ御願致シマス

先ヅ第一ニ總理大臣ニ御尋ヲ致シタイト思ヒマス、從來內地外地ノ關係官廳間ニハ、常ニ精神的ニモ、實行的ニモ相疎隔シテ、米穀政策ノ遂行ニ協力セズ、其爲ニ米穀政策ノ效果ヲ減失スルコトハ尠少デアリマセヌ、現ニ一例ヲ採リマスト、外地米生產費ノ調查決定ハ、本法施行ノ根本的基礎條件タルニ拘ラズ、內閣總理大臣直屬ノ調查委員會ヲ設置シナガラ、昨年ノ生產費ヲモ決定スルコトガ出來マセヌデ今日ニ及ンデ居リマスルノハ、正シク此弊ヲ暴露シテ居ルモノト思フノデアリマス、政府ハ此度內地外地ニ亙ル米穀自治管理法ヲ行ハントスルニ當リマシテハ、從來ノ如ク依然關係官廳ノ確執ガアリマスレバ、本法案ノ實行ハ全ク期シ難イト思フノデアリマス、私共ハ各官廳共此意味ニ於テ相協力シ、本案ノ目的タル數量及價格ノ調節ノ爲メ、實效ヲ擧グル義務ヲ負ハナクテハナラヌト思フノデアリマス、政府ハ此點ニ對シマシテ、如何ナル見解ヲ有セラル、カ伺ヒタイノデアリマス

次ニ主務大臣ニ對シテ御尋ヲ致シタイト思フノデアリマス、本法ノ實施如何ニ拘ハリマセズ、近來產業組合ト米穀業者、其他中小商工業者ノ間ニハ、相當深刻ナル利害ノ衝突ガアリマシテ、其影響ハ頗ル重大ナルモノト考ヘマス、政府ハ速ニ是ガ調和ノ方策ヲ講ジ、其相剋ヲ緩和シ、以テ共存共榮ノ途ヲ圖リ、國民生活ノ安定ヲ期セネバナラヌト思フノデアリマス、此點ニ付キマシテ政府ハ如何ナル措置ヲ執ラレントスルノデアルカ、明確ナル御答辯ヲ御願致シマス(拍手)

(國務大臣廣田弘毅君登壇)

○國務大臣(廣田弘毅君) 只今田島君ノ御質疑ニ對シテ、私ニ對スル分ヲ御答辯致シマス、從來或ハ內地外地各〻其司ル所ニ忠實ナルノ餘リ、御質問ノ通リ遺憾ノ點アリシヤモ知レマセヌガ、本法ガ實施セラレ、內地外地同一ノ米穀政策ニ統一セラル、以上ハ、特ニ各關係官廳ヲ董督シ、共ニ一致協力シテ此米穀政策ガ十分ノ效果實績ヲ擧グルヤウ、萬遺憾ナキヲ期スル考デアリマス、昨年ノ生產費ガ未ダ決定セザルハ洵ニ遺憾デアリマスガ、今後ハ內外地ノ十分ナル協力ヲ得テ、公正ナル米穀生產費ヲ決定致シタイト思ヒマス(拍手)

(國務大臣島田俊雄君登壇)

○國務大臣(島田俊雄君) 田島君ノ主務大臣ニ對スル質問トシテ、御述ベニナリマシタ點ニ關シマシテ御答ヲ致シマス、只今第二ノ點トシテ御述ベニナリマシタ質問ニ對シマシテハ、洵ニ御尤ト存ズルノデアリマス、本法ノ施行ニ當リマシテハ、萬々御質問ニ現レタル如キ惡影響ノナキコトヲ期シタイト存ズルノデアリマス、產業組合ト米穀業者、其他中小商工業者トノ關係ニ付キマシテハ、十分其利害ヲ調節シ、以テ共存

共榮ノ方法ヲ講ズル覺悟デアリマス、特ニ產業組合ノ違法、又ハ脫法ノ行爲ナキヤウ其監督ヲ嚴ニシ、一面商業組合ノ發達ヲ助長致シマシテ、兩者ノ偕調ヲ期シタイト存ジマス、現ニ農林、商工兩省關係ノ方面ニ於キマシテモ、此點ニ付キマシテハ種々協議ヲ致シテ居リマスガ、例ヘバ產業組合ノ白米小賣、其他米穀ノ販賣ニ付キ調整ヲ圖ルコト、並ニ商業組合ニ對シ、政府ノ米穀買入ニ際シ保證金ヲ免除シ、整理買換ニ際シ政府米ノ臨時賣却ノ途ヲ開キ、又商業組合ノ倉庫ニ政府米ヲ寄託スルノ途ヲ開ク等、商業組合ニ對シテモ產業組合ト同樣ノ特典ヲ與フルコトモ、之ヲ實行スル趣旨ヲ以テ考慮致シテ居リマス、尙ホ產業組合ト商業者トノ調和ヲ圖ルガ爲メ、中央及ビ地方ノ必要ニ應ジマシテ、配給調整ニ關スル委員會ノ如キ組織ヲ設ケテ、以テ十分ナル效果ヲ擧グルコトニ付テモ考慮致シテ居リマス、以上簡單ナガラ御答ヲ致シマス（拍手）

○議長（富田幸次郎君） 是ヨリ討論ニ入リマス、通告順ニ依ッテ發言ヲ許可致シマス――田淵豐吉君

（田淵豐吉君登壇）

○田淵豐吉君 諸君、私ハ經濟學モ餘リ知ラズ、又殊ニ米ノ問題ニ付テハ非常ニ無知デアルト思ヒマシテ、餘リ斯ウ云フ席上デ口幅ッタイコトヲ諸君ニ申上グルコトハ御無禮カモ知レマセヌガ、ドウカ暫ク私ノヤウナ草刈リノ言見タヤウナ言モ、尙ホ諸君ガ此法案ヲ贊否スル上ニ於テモ、又貴族院ヲシテ其職能ヲ發揮セシムル上ニ於テ誤ヲサスヤウニ、國民ニ誤解ノナイヤウニ、新附ノ朝鮮、臺灣ノ人々ニ誤解ノナイヤウニ、戒嚴令下デアッタカラト云ウテ、旨ク行カナカッタト云ウテ、軍事ノ方ヘ餘リ間違ッタ御註文ヲ持ッテ行カヌヤウニ――ソレハ能ク知ラヌガ……（笑聲）總テノ點ニ於テ愼重審議シテヤリタイガ爲ニ、私ハ此案ヲ兩三年待ッテハドウカ、ソレガ出來ナケレバ、來年マデ待ッタラドウカト云フコトヲ先日質問致シタノデゴザイマスルケレドモ、ドウモソレガ委員會デハ通ラナカッタラシイ、ソレデ今日ハ諸君ガドウシテモヤラナケレバナラヌト云フノデ、民政黨ト政友會トノ妥協ガ出來テ、政府ガ色々ノ諸君ノ註文ヲ容レテ、サウシテ附帶決議トカ希望決議トカ云フヤウナモノヲ附ケテ、諸君ノ商工業者ダトカ、或ハ米屋トカ、サウ云フヤウナ連中ニ納得ノ行クヤウナ法律的、事實的ノ恩惠ヲ與ヘタラシイ、諸君ガ言ウタンチヤナイカ知ラヌガ、ネ、諸君ハ所謂下駄ヲ預ケテ此案ヲ贊成スルト云フ、所ガ序デダカラ廣田君――廣田總理大臣モ、此席ニ居ラレマスカラ言ヒマスガ、私ハ先ノコトト後ノコトト順序ガ違フカモ知レマセヌケレドモ、話ノ順序カラ頭ニ浮ブ通リ言ヒタインデス、ソレハ今ノ總理大臣ノ御話デハ、是マデハ內地外地ヲ通ジテ旨ク行カナカッタケレドモ、今度內地外地ヲ通ジテ旨ク行クヤウナコトヲ言ハレテ居ル、私ハ知ラヌケレドモ、朝鮮ニ於テ米ハ何石作ルカ、ソレモ知ラヌ、千万石位カ、以下カ、又ソレヲドレ位向フデ食ベテ居ルカ、ソレモ知ラヌ、日本カラ行ク所ノ不在地主――不在地主ト云ヘバ「アイルランド」ニ於ケル所ノ彼ノ不在地主ガ、年貢ヲ五年每ニ上ゲテ、ソレデ反對スレバ遂ニ警察及憲兵三四千ヲ以テ之ヲ抑ヘタト云フヤウナ歷史ガアル、肺病ト、サウシテ彼ノ濕地ガ、「アイルランド」ニ於テ起ッタ、先年ハ「ロイド・ジョージ」アタリガ貧窮地方ニ數億ノ金ヲ貸付ケテ之ヲ直シタ、又產業組合ヲ起シテ、今日ハ「アイルランド」ハ產業組合ガ發達ニ依ッテ救ハレタト云フヤウナ御方ガゴザイマス、此間聽イタ、サウ云フヤウナ工合ニ朝鮮人ガ千万石ニ二百万石ノ割當ヲ食ッテ居ル、日本內地ニ千万石ニ百七八十万石トハドウ云フ譯ダ、朝鮮人ハ之ヲナンテ言フガ、私ハ問題ダト思フ、喜ブカ、怒ルカ問題デアルト思フ、廣田君ノ其御說明ハ承ハラヌ前ニ――廣田サンノ今ノ御演說ガ當ッテ居ルカ居ナイカ私ハ分ラヌ、分ラヌコトハ贊成シ惡インダ、又此間モ東北ニ米倉ガ何百カ數千モ造ッタラシイ、交通機關、金融機關ノ發達シタ時ニ鎧兜ヲ著テ、田ノ中ニ坐ッテ居ルヤウナ眞似ヲ諸君ハシテ居ルノデハナイカト思ッタ、今回朝鮮ヤ臺灣ニモ何百何千ノ倉ヲ建テルカ知ラヌ、法律ヤ金錢ガ大キイト同時ニ、其建物ハ外カラ見エル、ソレハ日本內地人ガ建テタ所ノ倉デ、米ヲ高クスル爲ニ出來タンダサウナ、朝鮮米ガ餘リ內地ニバカリ入ルカラ、日本ダケノモノデアレバ價ガ高イカシ、日本ダケデ米ヲヤッテ移入關稅、輸入制限ト云フモノヲスルノデハナイカ、ホンマチヤ、サウシタラ軍人サンダトカ、或ハ帝國主義者ガ旨ク行カナイ、新附ノ民ノ總督ガイケナイ、併シ總督ハ不在地主ノ要望ニ依ッテ、サウ云フコトヲシテ居ルカ私ハ知リマセヌヨ、分ラヌヨ、併シ朝鮮人ガ如何ニ思フカト云フコトハ私ハ分ラヌ、諸君ガ能ク知ッテ居マセウ、私ヨリモ、サウ云フ爲ニ日本ガ特殊待遇ヲシテモ惡イカラト云フノデ、般ノ宜イ所ノ特殊待遇シタモノニ違ヒナイト云フ點ニ付テ、總理大臣ハドウカ、又千万石シカ出來ヌモノニ二百何十万石、日本ハ三割五分、向フハ朝鮮臺灣ヲ合シテ六割五分、朝鮮ニハ四割三步デスガ、其割當ガ朝鮮ニハ內地ノ約十倍持ッテ居ル ト 云フコトハ、向フガ喜ブカ怒ルカト云フコトヲ聽キタイ、サウ云フヤウナ調査ヤ眞實ガナクシテ、此案ガ帝國統治ノ上ニ宜イト云フコトハ、私ハ言ヒニクイト思フ、諸君ガ知ッテ居ル上ニソレヲヤルノカ、知ラズシテ之ヲヤルノカ、私ハマダ之ヲ耳ニ達シナイト云フコトハ遺憾デゴザイマス、サウ云フヤウナ點ニ付テモ私ハ疑ガアル、是ハ餘程考ヘナケレバイカヌ、私ガ思フノニ、倉ヲ建ッテ一年カ二年ヤッテ、後デ鼠ノ巢ノ喰フヤウナ倉ダッタラ、ア、日本ノヤルコトハ皆是ダ、朝令暮改ダ、アンナ國ハ賴ルニ足ラヌゾト言ハレルカモ知レヌ、ソレハ先日申上ゲタ「イソップ」物語ノヤウナコトガ出テ來ヤシナイカト思フ、ネ、諸君、シッカリシナサイヨ、

ソレカラ農林大臣モ共處ニ居ラレルガ、色色ノ問題ニ付テ農林大臣ハ、只今モ申サレマシタ産業組合ト米穀商、中小商工業者ニ喧嘩サセヌヤウニ旨ク後カラスルト云フコトヲ言ハレルガ、今何故セヌノデアルカ、今出來ヌヂヤナイカ

○議長（富田幸次郎君） 田淵君演壇デ……

○田淵豐吉君（續） サウ云フヤウナコトヲ、今ヤラナケレバナラヌモノヲヤラヌト云フノハ、私ハドウ云フ譯カ知ラヌト思フ、サウ云フヤウナ、前ニ決メナケレバナラヌコトヲ決メズシテ、後ヘ皆殘シテ、脱法行爲ガドウダト云フヤウナコトヲ後デ言フヨリモ、先ヅサウ云フ行爲ガ起ルカ、起ラヌカト云フコトヲ、案ヲ練ル時ニヤルト云フコトガ、「イソップ」ノ言フ所ノ、是ナラト云フ案ヲ出シテ、少シノ碧キ法ヲ堅ク守ルト云フノガ、即チ安寧秩序ノ根柢デアルト私ハ思フノデアリマス、諸君ハ朝令暮改シテ、官僚ノ言フガ儘ニヤッテ居ルノデアル、私カラ見レバ官僚ノ組織ト産業組合ノ組織ト同ジヤウナモノデアルト私ハ思フ、故ニ私ノ國カラ三十本モ電報ガ來テ居ルノハ――村ノコトヲ惡イコトヲ言ウタラアノ人等怒ルカモ知レマセヌケレドモ、縣知事ダトカ、或ハ經濟部長トカ云フ者ヲ通ジテ、農會ヤ何カヲ使嗾シテ、向フカラ電報ヲ打タシテ置イテ――議院ガ朝令暮改ニナリハシナイカト私ハ思フ、斯ウ云フヤウナコトデハ諸君ハ一體法案ト云フモノヲ審議スルノ權能ヲ、私ハ持ッテ居ナイト思フ、ソレデ私ハ、尤モ島田サンモサウダシ、總理大臣モ宜イ加減ナコトヲ言フテ胡麻化スラシイケレドモ、サウハ行カヌ、ソレカラ私ハサッキ渡邊君ニモ逢ッタ、渡邊君ノ惡イコトヲ言フヂヤナイケレドモ、今モ現ニ逢ウタ、ソレカラ工藤鐵男君ニモ逢ウタ、サウ云フヤウナ人達ガ何ガ故ニ此案ニ反對ニ立ッテ、サウシテ彼ノ意見ヲ徹底シナイカト私ハ思フ、私ノ第二控室ニ於テモ大分サウ云フ意見ガ多イノデゴザイマス、然ルニ何ゾ圖ヲン、六人位アッテ三人位ノ反對ト贊成トアルト思ッタラ、田淵一人ノ反對ダト云フノデ、是デハト思ッテ非常ニ心淋シカッタ、是ハ一體何ヲ物語ッテ居ルカ、是ハ産業議會ニ掛ケテ、サウシテ後帝國議會ニ掛ケタラ私ハ宜イト思フ、諸君ハ既ニ二ツニ分レテ居ル、政友會ハ比較的ニ固マッテ居ルケレドモ、是モ實ヲ言ヘバ三分ノ一反對デ、三分ノ二贊成カモ知レヌ、民政黨ハ半々ラシイ（「御世話ヲ言フナ」ト呼フ者アリ）御世話ヂヤナイ本當ダ、サウ云フヤウナ譯デ、是ハ議員ノ數ヲ集メタラ贊否分ラヌ、反對演說者モ三人位出マセウ、所ガ黨々デ固メテ來ルカラ、結局案ガ出來テ何等ソコニ反對シナイ、サウシテ此本議會デ反對シナイト云フコトハ何ガ爲デアル、委員會ノ速記錄ガアルカラ日本ニ分ルト云フコトハイカヌト思フ、何ガ故ニ反對論者ハ此處ニ立ッテ堂々ノ陣ヲ張ッテ、何故堂々トヤラナイカト云フコトヲ私ハ大イニ之ヲ悲ムノデアル、今ヤ政黨ハ斯ノ如キ生溫イ態度ニ於テ、國民ノ信用ヲ失墜シテ居ルト云フノハ確ニ是ハ問題デアルト私ハ斷言シテ憚ラヌ、詰リ産業組織ト議會ノ組織ガ違ッテ居ルノデアリマス、議會ガ現在ノ特殊利益ノ代表タル問題ヲ解決スルニ不適當デアル、議會ハ其ノ能力ガナイ事ガ暴露シテ來マス、此點ニ付テ諸君及ビ國民ノ注意ヲ大イニ喚起シタイト私ハ思フノデゴザイマス、サウシテ諸君、然ラバ田淵ハ何モ知ラヌト言ッテ大キナ口ヲ叩ク、併ナガラ諸君、十年以前ヲ御覽ナサイ、諸君ガ逢フカモ知レヌケレドモ、元ノ額ガ多少見エル、其時ノ諸君ハ何ト言ッタ、食糧問題、食糧問題ト、今ニモ飯ガ食ヘヌヤウニ諸君ハ言ッタンヂヤラウ、私ハサウデナイ、農業振興ト云フコトガ朝鮮ニマデ及ブカト云フコトヲ私ガ言フノハドウカ、現ニ及ンデ居ルデハナイカ、諸君ノ考ガ多少間違ッテ居ッタ、或ハソレヲ刺戟シタコトハ宜シウゴザイマスケレドモ、亦諸君ハ不戰條約ヲ滿場一致ヲ以テ贊成シタデハナイカ、田淵一人ガ滿洲トノ關係ヲ持ッテ居ル日本及ビ現在ノコンナ世界ノ狀態デハ、不戰條約ト云フモノハ行フベカラザル條約デアル、正義ノ在ル所必ズヤ戰ガアルト私ハ言ウタノデゴザイマス、戰ハ殘ルト言ウタノデアリマス、然ルニ滿場ノ諸君ハ之ニ反對シタデハナイカ、サウ云フヤウナ歷史デ、田淵ハ三文ノ値打モナイト云フコトヲ言ッタナラバ、諸君ハ將來諸君ノ法案ヲ可決シタト云フ責任ハ諸君ノ頭上、延イテハ國民ノ頭上ニ必ズヤ懸ッテ來ルト云フコトヲ私ハ斷言スル一人デアリマス、故ニ諸君ハ其既往ヲ私ハ咎メルノデハナイガ、一人ノ田淵ト雖モ、ヤハリ其理ノアル所ヲ聽カレンコトヲ私ハ願フノデゴザイマス

私ハ第一ニ總論カラ始メマスガ、斯ノ如キ案ハ、凶年ナラバイザ知ラズ、豐年滿作ノ時ニ當ッテ、支那デハ昔神ニ祈リ、天壇地壇ニ祈ッテ、支那人ハ豐作ヲ願ハウトシタカモ知レヌ、農壇ニ祈ッテヤッタカモ知レナイ、此來ルベキ所ノ、來ルヤ來ナイノ天ノ力ニ依ッテ、天命ニ依ッテ生ミ出サレタ所ノ、此米ノ豐作ト云フコトヲ願ハズシテ、豐作ヲ來ルモノトシテ諸君ハ假定シテ、其假定ヲ喜バズシテ、直チニ金ノ問題ニ入ッテ、損ハシマイ、却テ得ショウト云フヤウナコトヲ考ヘルノハ、ツケ上ッテ居ハシナイカ、蟲ガ良過ギハシナイカト思フ（笑聲）諸君、豐作ダッタラ惡イノカ、堤防ノ決潰ドコロデハナイ、饑饉年ノコトヲ愛ヘテ、米ヲ食ウテ、米ノ洪水ノ日ニ到着スルト云フノハイケナイト言フ、豐作ノ來ルノヲ何モ慌テフタメイテ、此特別議會ニ豐作ノ對策ヲ講ズルト云フノハ頭ガチット諸君ドウゾシテ居ルノヂヤナイカ（笑聲）ネ、諸君等一體天命ヲ知ラヌ人間デアル、慾一點張リダカラ、必ズヤ損スルト私ハ思フ、ネ、皆近慾ダ、日本帝國ガドウナラウト、産業組合ニ旨イコトヲ言ッタラ選擧ニ上ルダラウ位ニ諸君ガ思ッタノデハナイカ、大ニ注意シナケレバ危イデスヨ（笑聲）ソン ナオッチョコチョイデハ帝國議會ニ出テ來ル資格ガナイト私ハ斷言シテ憚ラヌ、話ガ橫ヘ行ッ

テ甚ダ失禮致シマシタガ(笑聲)私ハ現代ノ農民ガ自給自足主義ヨリ商業主義ニ變ジテ來タ、農民ガ作ッタ物ヲ賣ッテ四百圓ノ金ヲ取ル、總收入ノ見積ガ八百圓ノ小サイ農夫、一年間ニ稼グトスルト、其内ノ四百圓ト云フモノヲ、即チ物ヲ賣ッテ金ニシテ、サウシテ此金錢ヲ使フト云フコトニナッテ居ッタ、金錢經濟ニナリ、商業的ニナッタサウデゴザイマス、此時ニ當ッテ井ヲ穿ッテ飲ミ、田ヲ耕シテ食フダケノコトデハ、國民ノ義務ガ果セヌヤウニナッタ、ソレモ出來ル人モアリマセウガ、斯ウ云フ時代ニ於テ、吾々ハ必シモ此商業的ニナリ來ッタト云フコトヲ、頭カラガミ／＼言フモノデハナイ、營利主義ニナリ來ッタカラト云フコトヲ罵倒スルノデハゴザイマセヌケレドモ、農業ハ農業ノ本分ガアル以上ハ、何處マデモ其營利主義ヲ伸バスト云フコトデハイケナイ、左樣ニスレバ家族主義ニ大ナル變動ヲ來スノデハナイカ、日本ノ國體ノ一部ノ最モ强イ所ハ、此家族主義デアリ、農民主義デナクチヤナヲヌト思フノデゴザイマス、米屋即チ小ナル所ノ此商人ハ又家族主義デゴザイマス、細君モ子供モ米ヲ擔ウテ行クト云フノハ、百姓ト似テ居ルノデゴザイマス、此「ゲマインシャフトリッヒ」ナル共同的生活、專門的、職業デナイヤウナ人間ト云フコトニ、其根本ヲ置イテ居ルノデゴザイマス、而シテ諸君ノ選出區域ハ何處デアルカト云フト、政治的ニ於キマシテ、或人ハ商人ノ拵ヘタ選擧區デアルト言ウテ居リマス、帝國議會其モノガ、英國モソレハ土地的、地域的ノ上ニ選擧區ヲ置イテ、ソレカラ選出シテ居ルノデゴザイマス、特殊利益ノ代表ノ爭ニハ洵ニ困ルヤウナ議會ガ、即チ此議會デゴザイマス、サウシテ此商人ハ惡ク言フカモ知ラヌガ、米屋トカ或ハ小サイ農夫ト云フモノハ、其關係ガ丁度蟻ト油蟲ノヤウナ關係ヲ今日持ッテ居ル(笑聲)又產業組合ノ方ハ假令共同的生活デゴザイマスケレドモ、利益的ノ半バヲ持ッテ居ッテ、契約主義的ノモノヲ含ンダ、此「ゲマインシャフト」即チ共同社會デゴザイマス、ソレガ日本的ニ結ビ付イテ、ソレガ此金錢獲得ノ多イ方ガ宜イト云フ、資本主義ニカブレテ來テ居ルノデゴザイマス、故ニ玆ニ向後七八年經ッタラ、田舍デハ米屋ガナクナルナドト言ッテ居ル人ガアル、或人モ今日モ言ヒマシタガ、サウ云フヤウニナルト、又逆ニ大商人ガ起ッテ、土地ヲ買ッテ農業勞働者ヲ狩集メテ、大ナル生產機關ヲ持ッテ農業化スルナラバ、現在ノ農夫ハ勞働者ニナッテ、サウシテ大ナル農業會社ガ出來ヌトハ限ラヌト思フノデアリマス、斯ノ如ク諸君ハ唯一方ニ行クコトヲ知ッテ他方ニ行クコトヲ知ラヌ、人ヲ蹴ッテ自ラ快トスル者ハ、帝國臣民ノ最モ下等ナル一人デハナカラウカト私ハ思フノデゴザイマス(笑聲)少シ言ハ嚴シウゴザイマシタケレドモ……サウ云フヤウナ意味ニ於キマシテ、私ハ此農村ヲ如何ニシテ救濟スルカト云フコトハ、大ナル問題デアルト思フノデゴザイマス、私ガ端的ニ申上ゲマスルナラバ、既ニ現行ノ統制法ガアッテ行ハレテ居ルノデアル、相當ヨボ／＼シテ居ルケレドモ、親ガアッテ相當マダ腰ガ立ツノデアル、ソレニ妙ナ若倂見タイナモノヲ付ケテ、暫定的ノ此法律ヲ作ルト云フコトハ、諸君ハ餘リニ考ヘナサ過ギルト私ハ思フノデアリマス(笑聲)諸君、此統制法ガ旨ク行カナイデ——是マデ辛ウジテ旨クヤッテ來タケレドモ、千万石以上ノ買上ノ時ニ手古摺ッタコトカラ、此後惡クナラヌヤウニ、早ク外ノ方ヘ廻セト云フ案モアッタラシイ、併シ諸君、國家ノ損失モ、國民ノ損失モ、或ル程度ニ於テハ一緒デアル、多少違ッテモ同ジデアル、ソレモ考ヘナケレバナラヌ、又現行法ト此法ト違フ所ハ、私ノ意味ヲ以テスルナラバ、日本ノ現代デハ統制ハ上ヨリスル方ガ宜イ、太陽ガ此地球及ビ金星其他ノモノヲ統制シテ居ル如ク、大ナルモノガ小サイモノヲ統制スル方ガヨリ良ク行クノデハナイカ、故ニ何故統制ヲヤルナラバ、現行統制ヲマット彈力アルモノニ直シテ、サウシテ三十三圓マデ動ケヌト云フコトニシナイデ、凶作ノ場合ヘドウデアル、豐作ノ場合ヘドウダト云フ、彈力ヲ此中ニ組込メヌヤウナ筈ハナイノデアル、サウ云フ技術ノ出來ナイモノヘ、現代ノ入組ンダ所ノ財政計畫、增稅計畫ナンドハ、私ハ出來ル筈ハナイト斷言シテ憚ラナイ一人デアル、諸君ハ之ヲ何ト考ヘテ居ル、實ニ政府ノヤリ方ハ子供ラシイ御意見デアルト私ハ思フ、ソレハ何故カト云フト、官僚バカリ入ッテ斯ウ云フ案ヲ幾ラ作ッテ見テモ良クナル筈ハナイト思フ、大野ニ出テ大空ヲ仰イデ、世界ノ大勢ヲ見、日本ノ國情ハ消費者ト或ハ生產者、或ハ中間者ト五ニ寄ッテ、大ナル社會ニ依ッテ是ガ初メテ決マルモノデアル、斯ウ云フヤウナ者ニ立案サシタト云フコトハ諸君ノ誤リデアル、其淬見タイナモノヲ持ッテ來テ、代議士トモアラウ者ガ唯々諾々トシテ希望決議トヘナンダ、附帶決議トハナンダ、實ニ諸君ハ自ラ辱メテ居ル所ノ議員デハナイカト私ハ思フ、私ノヤウナ最モ知識ノ少イ此人間ガ此處ニ飛出スト云フノモ、諸君ガ確ッカリシテ吳レヌカラ、仕方ガナシニ此處ニ出テ來ルノデアル(笑聲)故ニ私ハ二三年御延ベシナサイ、若シ出來ヌトナラバ、來ルベキ通常議會ニ於テ能ク審議ナサイト言フノデアリマス、私ガモウ一ツ持ッテ居ル島田君ニ對スル反對論ハ、此處デ國家管理トカ專賣トカニ持ッテ行キヤタガル、政友會ハ專賣ヲヤル、民政黨ハ地方自治ノ管理ガ宜イト云フコトガ新聞ニ出タ、嘘カホンマカ知レナイガ——一寸見タ、若シ此案ガ專賣ニ行クヤウデアッタラ——私ハ或ル學者ニ聞イタ、專賣ハ二ツノ大ナル缺點ガアルト言ッテ居ル、嘘カホンマカ知レナイガ、一ツハ或ル地方ト他ノ地方ノ生產費ガ違フカラ、價格ガ違フ故ニ、一地方カラ他地方ニ密移入ガ起ッテ、法律違反ガ起ル、取締ガ付カヌ、是ガ一ツノ重大ナル缺點デアル、第二ノ缺點ハ、一石ニ付テ十圓違フト、六千万石デ六億圓ト云フ大ナル金ガ要ル、財政上此「バランス」

ガ取リ悪イト云フヤウナ、此二ツノ大ナル缺點ガアルサウデゴザイマス、私自身トシテハ今ノ煙草專賣デモサウデス、非常ニギコチナイ、又旨クナイモノヲ喫マサレテ、人民ノ「ゲシユマック」嗜好マデガ「コントロール」サレテ非常ニ苦シイ、況ヤ市場ニ出ナイ所ノ米ガ半分ゴザイマス、農作物ハ市場ニ半分シカ出ナイサウデス、我ガ作リ我ガ食ベルト云フコトヲ「コントロール」スルト云フコトハ、最モ是ハ重大ナル影響ヲ及ボスト云フノデ、專賣ニハ反對デゴザイマス、サウ云フヤウナ三ツ四ツノ議論カラシテ私ハ專賣法ニ反對シタイ、然ルニ島田君及ビ政友會ノ人々、此歴史ヲ見ルト云フト、此案ハ專賣及ビ專賣的ニ至ル所ノ一ツノ飛石デアルト云フヤウナコトヲ言ハレテ、又其懸念ガアルト云フコトハ、私ハ甚ダ遺憾ニ存ズル一人デゴザイマス、朝鮮ニ渡ルニハ幾ヲ馬關マデ歩イテ行ッタ所デヤヘリ船ニ乘ラナケレバナラヌ、船ニ乘レナイナラ、今カラ船ニ乘ラヌヤウニ、歩イテ行カヌ方ガ私ハ宜カラウト思フ、早ク諸君ニ引返セト言ッテモ、諸君ハ騎虎ノ勢、私ノ言フコトヲ聞カナイノデアリマス、其意味ニ於テ、私ハ此案ノ動機ニ付テ非常ニ不純ナ點ガアリハシナイカト、私ハ思ウテ居ル一人デゴザイマス、諸君、農村救濟ト言ヒマスケレドモ、農業救濟モアリマス、農民ノ救濟モアリマス、農村ノ救濟モアルト私ハ思フノデゴザイマス、諸君、現在ハ日本ハ帝國主義的發展ニ於テ、支那モ我ガ手デ「コントロール」シテ、彼等ヲ能ク治メテヤリタイト云フ、他愛ト自愛トヲ持ッテ居ルノデアリマス、而シテ朝鮮、滿洲、支那ハ農業國デアリマス、日本ハ工業國デアリマス、故ニ是等ヲ打ッテ一丸トシテ行クコトハ、帝國ノ國是上及ビ産業ノ發展上、已ムヲ得ザル行キ途デアルカモ知レヌ、然ラバ農村ガ唯單ニ自己獨リ固クナッテ、田作ノ齒軋ヲシテ、農村ダケ自ヲ救ハウトシテモ、私ハ救ヘヌト云フコトヲ、此前ニ申上ゲタノデゴザイマシタガ、農村ハ兵隊ヲ出シ、納税ヲシ、サウシテ健康ナル人間ヲ都會ニ送リ、サウシテ傷メル者ノ慰安所トナッテ居ル所ノ、此農村ノ存立ト云フコトハ、國家ニ取ッテ最モ必要ナル點デアリマスカラ、國家モ大イニ之ニ酬ユル所ガナケレバナラヌ、故ニ其救濟策トシマシテハ、或ハ租税公課ガ高イカラ、此減少ニ交付金ノヤウナモノモゴザイマセウ、或ハ教育費ノ國庫支辨ト云フモノモ、今ヨリモット增大シテ、彼等農民ヲ救フト云フコトモ必要デアリマセウ、借金ノ整理モ亦大イニ急務デアラウト私ハ思フノデゴザイマス、更ニ進ンデハ米價ノ騰貴ヨリモ、寧ロ肥料ガ半額ニ於テ生産サレタナラバ、農民ハドレ位喜ブコトカト思フノデゴザイマス(「ヒヤ〳〵」拍手)諸君、私ハ此小サナ百姓ガ、其八百圓ノ二割モ此肥料ニ拂ハナケレバナラヌ、百圓モ百三十圓モ拂ハンナラヌト云フコトヲ聞イテ、ビックリシテ居ル一人デゴザイマス、今ヤ農業ガ滿洲ノ豆ノ上ニ生ヘ、硫安ノ上ニ生ヘテ工業化シテ居ルノハ此故デアリマス、報酬漸減ノ規則ガ行ハレルノモ此爲デアリマス、或ハ耕境ガ上ッテ行クノモ、亦此ノ爲デハナイカト私ハ思フノデゴザイマス、斯ウ云ウヤウナ點ニ於テ肥料會社ハ百位シカナカラウガ——大キナノハ十位シカナカラウガ、此五百万戸或ハ數百万戸ト云フ人ヲ「コントロール」スルヨリモ、僅カ十カ二十位ノ會社ヲ徹底的ニ調ベ上ゲテ、之ヲ鞭撻シテ、國家ノ爲ニ彼等ノ生産額ヲ半減セシムルト云フコトハ、庶政一新ノ又一ツノ大ナル覺悟デナケレバナラヌト思フ、故ニ是等ヲ能ク監督シ、導イテ、サウシテ此米ノ食ベ物デアル所ノ、此肥料ト云フモノノ價ヲ半減スルト云フコトハ、必シモ私ハ難カシイ問題デハナカラウカト思フノデゴザイマス、而モ政府ハ——商工省カラ聽ク所ニ依リマスト、小川君モコッチヲ向イタガ(笑聲)何ガ故ニ此肥料ノ生産費ガ幾何ニ當ッテ、如何ナル缺陷ガソコニハアルカト云フコトヲ發露スルノデハナク、寧ロ之ヲ匿ッテ、其點ヲ明ニシナイノハドウ云フ譯カト思フ、島田君ハ國民ニ呼ビ掛クル前ニ、先ヅ是ハ小川商相ニ向ッテ鞭撻シテ、肥料會社ノ改革ヲ爲シ、總テノ點ニ於テ之ヲ半減シナケレバ已マナイ方針ヲ執ルト云フヤウナ、大ナル決心ヲ以テ行クナラバ、必ズヤ成功スルデアラウト私ハ思フ一人デゴザイマス、サウ云フヤウナ正シイ所ニ行カズシテ、區區タル所ノ方策ヲ以テ、米ノ二圓、三圓上ルト云フヤウナ、ケチナ考ヲ若シ持ッテ居ルナラバ、本末顛倒ノ甚シイモノデアル、議會ハ其議決權ノ遊戲デアルト私ハ言ハレテモ仕方ガナイト思フノデゴザイマス(「ヒヤヒヤ」拍手)又先日モ大藏大臣ニ一寸言ッテ置イタガ、酒造税デモ重税ヲ取ッテ居ル、鹽モ惡税デアル、貧民ノ方ガ富民ヨリ十倍モ餘計鹽ヲ食ベルノニ、之ニ同一ノ税ヲ課ケテ居ルカラ、鹽税ハ惡税デアルト云フコトニナッテ居ル、若シ又酒ヲ奢侈品、有毒品トシテ取扱フナラ別デス併シ國民ノ飲料デアル、元氣ヲ鼓吹シ、殊ニ農村ノ娯樂ノナイ所ニ慰安ヲ與フル所ノ、必要缺クベカラザル一ツノ傳統的ノ飲物デアルトスルナラバ、私ハ鹽ガ惡税デアルガ如ク、現行ノ酒造税モ惡税デアルト思フ、故ニ例ヘバ二十圓、三十圓、四十圓ト云フヤウナ工合ニ、上等ノ酒ニハ課ケテ、サウシテ百五十圓ノ月給取ノ人ハ一合デモ醉ヒ、農夫ハ二合飲マナケレバ醉ヘナイト云フノダカラヲカシナ話デアル、故ニ税ヲ下ゲレバ、今ノ靜岡縣ノ農民ノ一家ノ酒代ガ十二圓五十錢ト云フノハ、或ハ七圓、八圓ニ下ッテ行クノデハナイカト思フ、又進ンデハ濁酒ヲ許スコトモ必要デアラウト思フ、若シ税法ガ許シテ、人ガ正直デアルナラバ、百姓ニ煙草ヲ作ラセテモ宜カラウト私ハ思ッテ居ル一人デアル、サウ云フコトヲシテ百姓ヲ虐メテ、片一方ニ出來モシナイ米ヲイヂクリ散ラスコトハ、本末顛倒ノモノデアルト言ヘレテモ仕方ガアルマイト思フノデアリマス、ソレ等ノ色々ノ救濟方法ニ依ッテ、農民ヲ救フナラバ宜シイ、社會大衆黨ノ人モ言ウテ居リマス、私モ言ヒマシタ、農村ハ米ヲ買ハナケレバナラヌ、米ヲ買フ人ガ四割三分モアル、是ハ困ル、併シ靜岡縣アタリノ統計ヲ借リテ見マスト、小農ガ七俵何十錢ト云フコトニナッテ居ッテ、非常ニ巨額ナ金額ニ上ッテ居ヲナイガ、併シ米ヲ買ハナケレバナラヌ人々ガ多イカラ困ル人モ多イ、四割三分ノ人ト云フモノハ米ヲ一旦賣ッテ、サウシテソレヲ又買ウテ食ッテ居ルヤウナ連中デアルサウデゴザイマスカラ、此間ニ於テ政府ガ專賣ダトカ、イヤ統制ダトカ言ウテ、餘リ固イ難カシイコトヲ言フト、是等ノ人ハ假令少額デモ困ルノデハナイカ知ラト思フ、又米ヲ買フ人間ガ段々多クナッテ來ル、サウ云フコトガ本ニモ書イテゴザイマス、「ダウン」即チ都市ト農村ノ區別ハ英國デハ段々無クナッテ來タ、鍬ハ昔孟子ノ時代ニ於テモ都市デ作ッタヲシイ、今ヤ農村ノ肥料ハ人糞ニ依ラズシテ、硫安ノ會社デ造ルト云フヤウニナッテ來テ居ル、農村ガ都會ニ入ッテ居ル、又市農會ト云フモノガ、現在モ久留米ニソレガアル、東京ニモ市農會ガアッテ、都市ガ發展スルト、其地域ニ於テ增大シテ來ルカラ、其間ニ市ト地方トノ關係ガ出來テ居ル、又電氣モ起リ、又農村ノ工業化ト云フコトモ起ッテ、段々ト農村ト都市ト云フモノガ互ニ一緒ニナッテ來テ居ル、ソレデゴザイマスカラ、ソコニ「エリキ」ガ出來テ來テ、分散モ義ガ工業ノ上ニ行ハレタ、私ハ紀州ノ御坊町ノ者デゴザイマスガ、其ノ町ノ端ニ織工場ヲ拵ヘテ、電氣デ廻シテ居ルト云フヤウナ工合デ、愈々分散的工業ガ行ハレテ居ル、サウシテ農村ノ工業ガ行ハレテ居ル、化學的肥料其他ノ機械ハ、即チ此農村ガ都市ニ移ッテ居ル證據デアル、都市ト農村ノ關係ニ於テ、日本ガ英國ノ如クニ段々ト接近シテ來タコトハ事實デゴザイマス、故ニ農村問題ハ唯單ニ農村ヲ培フダケデハ駄目ダ、此間モ書イタモノヲ見マシタラ、水ヲ治メントスル者ハ先ヅ山ヲ治ムベシト云フコトガ出テ居リマシタ、即チ私ハ農村ヲ治メントスルナラバ先ヅ都會ヲ治ムベシト言ヒタイ（拍手）農村ヲ治ムベクンバ、先ヅ現代ノ腐敗頽落シタ所ノ官僚ノ徒ヲ正道ニ立チ戻ラシテ、彼等ヲシテ眞劍ニ農村政策ヲ確立サセルニアラズンバ、必ズヤ好イ結果ヲ農村ニ來スモノデハナイ、其源濁ッテ其末淨イモノハナイト昔カラ言ウテ居ルノハ、此點ニモ當ルノデハナイカト惧レル一人デゴザイマス、諸君、サウ云フヤウナ方法ニ依ッテ、政府ガ能ク農村ノ進路ト、サウシテ產業機關ト政治機關ノ活動、行政機關ニ依ル實行ト云フモノガ相俟ッテ、初メテ此現代ノ五百万戶ノ農民、三千万ニ近イ日本ノ農民ガ救ハレルノデハナイカト私ハ思フノデゴザイマス、諸君、政府ハ私ノ眼ヲ以テ見マレバ、是ハ政治上ノ政府デゴザイマス、產業組合ハ經濟上ノ政府デゴザイマス、產業上ノ政府ハ彼ノ佛蘭西ノ「ラヂカル」急激デハゴザイマスケレドモ、彼ノ「ソレル」ノ、言フ「サンヂカリズム」ヲ見マスト、產業組合ハ政治ニハ一切携ラナイト云フヤウナ思想ガ、此產業組合ノ一ツヲ物語ッテ居ルト思フノデゴザイマス、產業組合ハ共同的社會デアルト共ニ契約的社會デゴザイマス、利益代表ノ社會デゴザイマス、利益團體デゴザイマス、此ノ政府ガ國民、一般消費者ヲ味方ニ附ケテ、サウシテ食ヘナイ者ハ乞食デモ救ウテヤル、病人ハ病院ヘ入レテヤル、廣田君モ言ハレテ居ルガ、此大キナ金ノアル世ノ中デ、親子心中ガ去年ダケデ五十組モ六十組モアルコトハ何事ヲ物語ッテ居ルカ、廣田君ノ最モ大ナル關心ノ一ツハ天下ノ恩澤ガ是等ノモノニ及バナカッタト云フコトニ付テ、痛切ナル所ノ慚愧ノ念ヲ感ジテ居ル一人デアルト私ハ思フ、私ハ過グル選擧ニモサウ云フコトヲ言ウテ廻ッタ所ガ、ヤハリ廣田君モ其感ヲ同ジウシテ居ルノデアルト思フ、諸君モ其感ヲ同ジウシテ居ル、是即チ政治ハ產業ヲ治ムルニアラズシテ人ヲ治ムルニアル、昔禹ハ金銀ヲ山ニ埋メタト云フコトハ其爲メデアルカト、私ハ思フノデアリマス、產業尊キニアラズ、兵器尊キニアラズ、日本國民ハ安心立命ノ地ヲ此大空ノ下ニ受ケテ、安泰ニ其生ヲ遂ゲ、天命ヲ全ウスルト云フノガ、即チ日本帝國ノ大ナル使命デナケレバナラナイト思フノデアリマス、斯ウ云フ意味カラ考ヘマシテ、今ヤ政府ト產業組合ガ互ニ手ヲ携ヘテ行キマスケレドモ、結局離レルデアラウト思フ、又產業組合モ相互ニ色々離合シ來ルト私ハ思フ、故ニ私ハ中々難カシイ、農民ガ大キナコト言ウテ農村ト言ヒマスガ、砂漠ノ中ニ農村ハ居レルモノデハナイ、小サイ小都市ガアッテ、互ニ社會上ニ樂シク暮セルノデアル、物質ノ供給ガ自由ニ物質ヲ選擇シ得ル所ノ社會組織ノ中ニ入ッテ、彼等ハ農村タルコトガ言ヘルノデゴザイマス、彼等ハ言ヲ託シテ農村アルニアラザレバ國民ハ立タヌト言ヒマスケレドモ、米ハ朝鮮デ作ルコトガ出來ルノデゴザイマス、農民モ亦自覺スル時デアルト私ハ思フ、互ニ考慮スベキ時デアル、ソコデ日本ノ國家乃至民族ノ維持發展ガ其處ニアルト思フノデゴザイマス、サウシテ私ハ米ノ方策ニ付テ、比較的安價ニ賣ラシタナラバ宜カラウト思フ、豐作ノ場合ハ特ニ――諸君、彼ノ佛蘭西革命ニ當リマシテ、佛蘭西ノ「マルセーユ」ノ港ニ麥ヲ棄テタ勞働者ガアッタ、オ前ハ何故棄テルノカ、命令ダカラ棄テタ、吾々ハ飯ヲ食ヘヌノニ麥ヲ何故海中ニ棄テルノカ、儂モ飯食ヘヌケレドモ棄テロト云ウテ傭ハレタカラ棄テヽ居ルノダ、今ヤ佛蘭西ハ饑饉ニ遭遇シテ居ル、然ルニ麥ヲ何故棄テルカト云フト、麥ノ所有者タル所ノ資本家ガ麥ヲ海ノ中ヘ入レテ麥ノ量ヲ制限ヲシタラ麥ノ値ガ高クナルト云フノデ棄テサセタノデアリマス、ソコデ大イニ激昂シテ佛蘭西革命ノ一原因トナッタト云フコトデアリマス、私ハ何モ挑發スルノデハアリマセヌガ、食フヤ食ハズノ者ガ深川ノ萬年町邊リニウヨ〳〵シテ居ルノニ、而シテ小言ヲ云ウテ居ル、米ヲ何十万石モ腐ラシテ居ルト云フコトヲ先ノ統制法デ見ルノデアリマス、又今回モ村々ニ、是ハ吾々ノ米ヲ吊上ゲル爲ニヤッタト云フ誤解ガ生ジタラ何ト諸君辯解スルカ、ソレガ能ク行ケバ宜イケレドモ、恐ク行ッタラドウカ、朝鮮、臺灣ハドウデス、諸君、「耶律楚材」ノ言ハレタ、一利ヲ起スハ一害ヲ除クニ如カズト言ハレタ此ノ言ハ諸君ニ必要ノ一ツノ言デハナカラウカト私ハ思フ、ヘボ醫者ハ多クノ藥ヲ以テ病人ヲ殺スノデゴザイマス、諸君ガ朝令暮改、マダ決ッテ居ナイヤウナ案ヲ僅カ一時間ヤ二時間デ附帶決議、希望決議ト言ッテ付ケテ居ルガ、自信ノナイモノヲ不信任案モ出セマイト云フヤウナ政府ニ託シテ、之ニ信頼ヲ稱シタト云フヤウナ諸君ハ、餘リニ現實ニ臨ンデ自己ノ利害ニ囚ハレテ、國家ノ大計ヲ知ル者デナイト言ハレテモ面目ガアルカト私ハ聞キタイノデゴザイマス、サウ云フヤウナ意味ニ於テ、私ハ廣田君モ言ハレテ居リマスガ、諸君、私ハ此自由ト統制、自由トハ何ゾヤ、北昤吉君ノ言フ所ニ依ルト、「カント」ハ自由ヲ外ニ「ウイルキュー」即チ氣儘勝手ト云フコトガ對立シテ居ル、自由ハ氣儘デアッテハイカヌト言ハレテ居ル、又「カント」モ一人ノ人ノ自由デ他ノ自由ヲ妨ゲルノハ自由デナイ、自由ハ平等デナケレバナラヌト「カント」ハ言ハレテ居ル、彼ノ觀念論者ノ言フ所眞ナリヤ否ヤ私ハ知リマセヌ、併ナガラ此自由ト云フモノヲ餘リヤルト、自由競爭ガ起キテ强イ者ガ天下ヲ取ルカラ、正義ノ觀念ノ「オーダー」即チ秩序ヲ保ツモノガ起ッテ采配ヲ揮ッテ萬民安堵ノ源ヲ立テルノデアル、自由ヲ極度ニ伸セバ其ノ結果ハ壓迫ガ來ルト思フガ、統制ハ如何、統制ヲ極度ニヤレバ混亂ガ起ルト思フノデアリマス、今ヤ諸君ノ中ニ混亂ヲ起シテ居ルノハ、他カラ來タ統制ノ爲メデハナカラウカト思フノデアリマス、故ニ此自由ト統制上ニ立ッテ居ル太陽ハ何デアルカト言ヘバ「オーダー」デアル、秩序デアルト思フ、善良ナル秩序、正義的秩序、英語デ言ヘバ「チャスチフアイド・オーダー」デアルト思ヒマス、此「オーダー」デアルト思フ、秩序デアルト思フ、善良ナル秩序、正義的秩序、英語デ言ヘバ「ジャスチフアイド・オーダー」デアルト思ヒマス、此「オーダー」デアルト思フ、「オーダー」ハ即チ此「ジャスチフアイド・オーダー」正義ノ秩序ヲ以テ向上シツ、天下ヲ導イテ行クノデアルト思フ、ソコデ「オーダー」ノナイ所、據リ所ノナイ、標準ノナイ所、此自由ト統制ハ必ズヤ壓政、壓迫ニ終リ、混亂ニ陷リ、何等ノ爲ス所ハナイト思フ、廣田君ハ自由的ノ上ニ統制的デアルト言ハレタガ、常ニ此點ニ付テ能ク哲學者、政治家、能ク六千年ノ歷史ヲ見テ現代ノ世相ヲ達觀シテ政治ヲスルニアラズンバ、統制ト云フコトハ何等意味ヲ爲サヌ、結局下ラヌモノニナッテシマフト云フコトヲ、私ハ恐レル一人デアリマス、諸君、孔子ノ所謂志ト云フノハ、即チ「ピラミット」ノ三百尺ノ空中ノ一點ヲ求メテ「ピラミット」ガ出來上ッタト云フコトデアリマス、孔子ノ仁ノ志モ亦斯ノ如キモノガアルト思フ、其ノ標準トスル所ヲ置イテ、其標準ニ適ッタモノハイケナイ、併シ合ッタモノハ宜イト云フ標準モ決メナイデ、廣田君モサウデアル、色々ノ集ッタ他元的世界ノ中デ、只割合ヲ掛ケテ、只ソレトソレトヲ取合セテ行クト云フ現狀デハ、一人英傑ガ起ッタナラバガラリト變ッテシマフ、斯ウ云フ世ノ中デハ駄目ダ、據リ所ノアル標準、ガナケレバ天下ハ圓ク治マルモノデハナイト思フ、諸君、獨逸ノ「テニス」モ言ハレテ居ル通リ、今ヤ此家族的協同社會ハ益々營利的契約的社會ニ變リツ、アルト言ウテ居リマス、此家族主義カラ社會主義マデノ轉向ガ、現代ノ一ツノ大ナル標準デアルト思フ、諸君、勞働黨ノ諸君ハ國家アルカラ現代ノ勞働者デアリ、英國ノ勞働者ト似テ居ル、ネー、其處ニ前提ガナケレバ諸君ハ立タナイ、諸君ハ或ル程度ニハ反對スルケレドモ、諸君ノ勞働者中ニハ官業ノ勞働者ガアル以上ハ、政府ガ餘リ壓迫サレマスナラバ困ルカラ、ココデ贊成シテ、コ、デ取ルト云フヤウナ方法ヲ用ヒテ居ルカモ知レヌ、サウ云フヤウナ色々ナ「エレメント」、「フエルシーデネ・エレメント」、違ッタ所ノ「エレメント」ノ合作ニ依ッテ、現代ノ政治ヲ渦卷イテ居ルト思フノデアリマス、此意味ニ於テ日本ノ家族社會ヲ維持シテ、小サイ商工民ト云フ者ハ妻モ子モ孫モ眞面目ニ一緒ニ働クトカ、商店デ働ク、之ニ反シテ資本家ハ夕飯ヲ三ケ所ニモ行ッテ食ヒカケテハ、又他ニ行ッテ食ヘナケレバナラヌ、常ニ他ニ出テ居ルカヲ日曜モ子供ノ顏ヲ見ラレヌト云フヤウナ、實ニ憐ムベキ人生ノ地獄ニ陷リツ、アル者ヲ救濟スルノモ、諸君ノ資本家ニ對スル任務デアルト思フ、サウ云フ意味ニ於テ吾々ハ何處ニ人生ヲ置クカ、人間ニ置クカ、産業ヲ置クカ、産業立タズンバ人ハ餓エテ死ンデシマフ、人間立タズンバ黄金滿溢何等價スル所ハナイ、サウ云フ點ニ付テモ私ハ考ヘテ戴キタイト思フ

諸君、是カラ私ハ現行法ニ付テ少シク述ベテ見タイ、諸君、此現行法ノ關係ニ於キマシテ(「モウ宜イヨ」ト呼フ者アリ)聽キナサイ、五十五條ノ關係ニ於キマシテ、若シ此五百万石ガ統制出來ナカッタ時ニハ、更ニ又第二次的ニ統制スルト言フ、是ハ一體ドウ云フ譯デアルカ、其石數モ決メテ居リ、又割當モ決メテ居ナイラシイ、是ハ一體ドウスルノカ、分ラヌデハナイカ、二重ニヤラナケレバナラヌ、ソレダケナラバマダ宜シイ、米屋ノ倉ニアル奴ニマデモ手ヲ著ケテ、持ッテ來ナケレバナラヌト云フ社會ノ混亂ヲ起スデハナイカ、サウ云フヤウナ二重的ノ分ラヌコトヲスルト云フノハ一體ドウ云フ譯ダ、現行統制法ダケデ宜イデハナイカ、來年及ビ再來年ガ必シモ豐作ニナルト云フコトハ、今ノ所分ッテ居ナイヂヤナイカ、何ガ故ニコンナコトヲヤッタカト云フコトヲ私ハ聽キタイ、ソレカラ又錢ニ專賣法ニ依ッテ管理ノ前提トシテヤルト云フコトハ、私ハ分ラヌ、又此米ノ價格ニ付テハ私ハ價格ノコトハ分リマセヌケレドモ、二十四圓ヲ最低ト見タノハ――、三十三圓二十錢ヲ最

高ト見タノハ、豐凶ヲ合シテ大體統計ト頭デヤッタモノト私ハ思フノデゴザイマス、併ナガラ豐年ノ時ニダケノ問題ガ本回ノ法案ニ限ラレテ居ルノデゴザイマスカラ、何ガ故ニ二十四圓ト云フコトヲ御固執ニナルカト云フコトヲ聽キタイ、何ガ故ニ豐凶ヲ加味シタ所ノモノノ中デ、最低ヲ二十四圓トシタカ、豐作ト云フコトヲ前提トシテ作ッタ所ノ案ニ、最低ガ二十四圓ト云フコトハ、何ヲ以テ斯ノ如キ標準ガ起ッタカ、諸君ノ頭ハ少シタ杜撰デアルト思フ、政府ノ官僚ノ頭ハ少シク杜撰デアルト思フ、經濟學ノ一頁ヲ讀マヌモノデハナイカト私ハ心窃ニ疑レルノデゴザイマス、又蠶ノ場合ハ八圓モ開キガアッタ、今回ノ場合ハ二圓何十錢ノ小幅シカナイト云フノハ、一體ドウ云フ譯カ、統計ト人間ノ心理ト總テヲ見テ作ッタト言ヘレルガ、何ヲ根據ニシテ作ッタカト云フコトハ私ハ分ラナイ、又豐作ノ時ニ二十六圓、豐凶ヲ入レテ三十三圓トシテ、ドッチガ高イカト云フ上ニ付テ考策ヲシタイ、諸君ハ斯ノ如キ簡單ナル數字ニ向ッテ果シテ討檢ヲ加ヘタカドウカト云フコトハ、國民ト共ニ私ハ諸君ニ聽キタイト思フノデゴザイマス、サウ云フヤウナ意味ニ於テ色々ナ缺陷ガアリ、又聞ク所ニ依ルト、私ハ一々讀ミマセヌカラ分リマセヌケレドモ、一町歩ノ反別ヲ持ッテ居ル、卽チ小作人、自作農ハ五反歩ヲ持ッテ居ル者ヲ、ソレヲ會員トシテ强制セシムルト云フコトヲ書イテアル、卽チソレハ當然是ナリトシテ統制ト云フガ强制ラシイ、收穫高ヲ論ズルノニ一町ト五反トドレダケ違フノカ分ラナイヂヤナイカ、收穫ヲ論ズルノデアルカラ「インテンシーブ」、集約的ニ作ル、大阪アタリノ反當リ非常ニ多イ所ノ田地ト云フモノハ、假令近畿ニ於キマシテモ、非常ニ其收穫ガ多イデハナイカ、是ハ一體ドウシテヤルカ御考ガ是亦問題デアル、何等據リ所ガナイ、丁度小作人ハ此前ノ案見タヤウデ、私ハ反別ヲ少クスル、收穫モ少クナル、金額モ示サナイデヤッタライカヌ、此點ニ似テ居ルヂヤナイカ、算盤ヲ彈ク上ニ於テハ諸君ハ私ノ上デアル、諸君ハ何ト考ヘテ居ルカ、如何ニモ杜撰デアリマス、サウ云フヤウナ案ヲ能ク練リニ練ッタ此案ダト言フノハ、是ハ何處ヲドウ突イタラ出ルカ知ラヌト思フ、田淵ハ五分モ見タラ直グ分ル狀態デアル、甚ダ失禮ナ申分デアルケレドモ、サウ云フヤウナ現在ノ此案デアル以上ハ、其他ニモ色々ナル缺陷ガ、能ク見レバ出テ來ルノヂヤナイカト私ハ思フノデゴザイマス、サウ云フヤウナ意味カラシマシテ、私ハ此案ト云フモノガ非常ニ杜撰ナ案デアッテ、何等的確ナル斷案ヲ下スベキモノデハナイ、此爲ニ米屋ガ何百万人、卽チ二十万戸ヲ持ッテ居ル、少クトモ百万人ヲ持ッテ居ルト云フ者ノ生活ニ關係スル案デアルト思ッテ居ル、嘘カホンマカ知ラヌケレドモ或ハ販賣組合ト云フモノトノ競爭ガ起ルト云フコトヲ言ヘレテ居ルノデゴザイマス、社會問題ガ起ルノデゴザイマス、都會ハ米ノ安イノヲ望ンデ居ルヤウナ狀態デゴザイマス、百姓ノ小百姓ハ惑ウテ居ルト云フ狀態デアリマス、帝國農會ハ蠶ニ反對シタト云フコトモ聞イテ居ルノデゴザイマス、サウシテ百姓ガ果シテ助カルカ助カラヌカ分ラヌモノヲ持ッテ行ッテ、人ノ嫌フ物ヲ押付ケルト云フコトハ、是レ卽チ過激案ガ此日本ニ必要デアルト云フヤウナ新シイ案ヲ廣田君ガ出サレタト云フノト多少似通ッテ居ナイカト思フ、斯ウ云フヤウナ自由ノ言論ノナイ所、諸君、果シテ天下ガ治マルカ、私ハ廣田君ニ聽キタイ、或ヘ渡邊君ニ聽キタイ、廣田君ハ言論ノ自由ヲ無視スルト云フコトヲ濱田君モ間接ナガラ言ヘレタ、直接ニハ言ヒマセヌケレドモ、然ルニ諸君、言論ノ自由ヲ高調スル、甚ダ宜シイ、諸君ハ仲間ノ爲ニ自由ノ所信ヲ此壇上ニ於テ述ベラレヌト云フコトハ、言論ノ壓迫ニアラズシテ言論ノ自殺的行爲デアル、政黨ノ自滅デアルト言ウテ憚カラヌノデゴザイマス、諸君ハ何ヲ以テ田淵ニ答エントスルカ、諸君、言論ノ壓迫ハ惡イ、言論ノ自殺ハ正ニ……(「餘計ナコトヲ言フナ」ト呼フ者アリ)餘計ナコトデハナイ、佐藤洋之助君ニハ餘計ナコトト聞エルカモ知レマセヌガ、田淵ニハ餘計ナコトデハナイ、其ノ意味ニ於テ私ハ諸君ガ、今ヤ政黨政治ト云フモノガ段々ト互ニ反對シ、排擠シ合ッテ獨自ノ利益ノ代表ヲ諸君ガ出來ナイカラ、是ハ獨逸ノヤウナ產業議會ニ一度ビ掛ケテ、サウシテ國民議會ニ掛ケル方ガ適當ダト思フ、サウ云フヤウナ手數ヲ要セヌヤウニ、能ク政府モ調査シ、繼續委員デ議會ハ審議ショウト云フ諸君デハナイカ、此重大ナル國民ノ食糧ニ付テ產業組合ト小賣商人ノヤウナ色々ノ對立關係ヲナス所ノ因デアル所ノ本案ニ向ッテハ、徒ラニ雷同スルコトヲ止メテ、能ク愼重審議シテ諸君ノ知識ト良心ト、現在ノ日本ノ狀態トシテ考ヘテ、又農業者ノ獨立心ヲ傷ツケナイヤウニ、商工業ニ從事シテ居ル人ヲ失神セシメナイデ、而モ希望ヲ持ッテ我ガ帝國ノ此非常時ニ卽シ、其觀念ヲ養ハスト云フコトガ、最モ必要ナ時期デアルニ拘ラズ、諸君ガ漫然ト政府ノ要請ニ應ジテ之ヲヤッテ、此反對ニ立ツ者ガ田淵一人シカナイト云フコトヘ、如何ニモ私ハ寂シク殘念ニ思フノデゴザイマス、私ハ米ノ問題或ハ此大ナル所ノ農業的根本對策乃至商業、工業、社會政策ニ付テ知ルモノデハゴザイマセヌケレドモ、現在ノ議會ニ於テ一人モ私共ト共ニ反對ニ立ツ者ガナイト云フコトヲ、私ハ實ニ衷心遺憾ニ存ズル所ノ一人デゴザイマス、ドウカ諸君、此農村文明ヲ作ルガ爲ニ、日本ノ農村ヲシテ租稅ダトカ、或ハ公課ニ苦シメラレヌヤウニ、教育費ノ重壓ニ遭ハヌヤウニ、費用ノ重壓ニ遭ヘヌヤウニ、彼等ヲシテ定住シテ日本帝國ノ爲ニ身命ヲ賭シテモ已マナイト云フヤウナ、色々ノ政策ヲ以テ諸君ガスルナラバ、米ハ先ニ法案ガアルノニ、又今之ヲ突付クト云フヤウナ、サウ云ブ小サナ事ヲナサルマイト思フ、眞ニ眞劍ニ彼等ヲ思フナラバ、他ノ方法ニ依ッテ之ヲヤラル、コトガ必要ダト私ハ思フノデゴザイマス、諸君ハ假令諸君ガ農民ヲ助ケマシテモ、他ノ者ガ營々トシテ農村救濟ニ向ッテ力ヲ入レナクナッタ時ニハ、諸君ハドウデアルカ、農民ハ又彼等ノ力ニ依賴シテ居ル、俺ハ知ラヌト言ヘレタラドウデアルカ、是レ重大ナル問題デアルト思フ、ドウカ諸君ハ現代ノ此非常時ニ當リマシテ、擧國一致、大イニ働カナケレバナラヌモノデアル、士農商工ハ最モ活潑ニ有機的ニ、協心協力シテ我ガ帝國ノ前途ヲ開イテ行カナケレバナラヌ今日ニ當リマシテ、些々區々タル未ダ來ラザル所ノ豐年ニ向ッテ喙ヲ容レテ、反對アルニ拘ラズ、之ヲ押通シ、而モ産業組合ト他ノモノトノ間ニ爭ヲ起サセルト云フヤウナコトハ、成ベク避ケル方ガ私ハ賢明ナル諸君ノ面目デハナカラウカト思ヒマスガ故ニ、甚ダ失禮デハアッタケレドモ、何モ知ラヌ私ガ此處ニ來ルベキ通常議會ニ於テ之ヲ愼重審議シテ未ダ遲カラズト思フガ故ニ、私ハ私ノ愚見ヲ呈シテ諸君、貴族院並ニ帝國ノ臣民、工業勞働者、農民勞働者ガ自覺シテ、吾々ハ日本帝國ノ爲ニ盡シテ豐年ニハ比較的安イ米モ食ベテ鼓腹擊壤ノ樂ミヲ打立テタイト云フヤウナ衷心ノ願カラ私ハ此壇上ニ立ッタヤウナ次第デ、決シテ他意アラザル次第デゴザイマス、ドウカ諸君私ノ不遜ナルコトヲ咎メズシテ、其意ノ在ル所ヲ採ラレテ、農民ノ爲ニ、商人ノ爲ニ、或ハ工業ノ發達ノ爲ニ、諸君ガ經濟學ノ知識ヲ持チ、本末ヲ能ク知リ、初メヲ愼ンデ終ヲ知ルト云フコトヲ諸君ガヤラレタナラバ、徒ラニ斯ノ如キ法律ガ粗製濫造サレナイト私ハ固ク信ズルガ爲ニ、此壇ニ於テドウカ諸君ガ此案ニ反對ヲ致サレテ、通常議會マデ持越サレンコトヲ切ニ望ンデ此壇ヲ降ルヤウナ次第デゴザイマス(拍手)

○議長(富田幸次郎君) 高橋守平君

(高橋守平君登壇)

○高橋守平君 諸君私ハ只今委員長ノ御報告ニナリマシタ米穀自治管理法案竝ニ米穀統制法中改正法律案、籾共同貯藏助成法案ノ三案ニ對シマシテ贊意ヲ表シ、只今該博ナル蘊蓄ヲ傾ケテ述ベラレマシタ田淵君ノ御主張ニ反對スル者デゴザイマス

本法案ハ御承知ノ通リ、去ル第六十七議會ニ於テ本院ヲ通過致シマシテ、貴族院ニ於テ審議未了トナッタ法案デアリマス、サウシテ其當時述ベラレマシタヤウニ、米穀對策ノ根本デアリマスル生産統制ニ關スル方途ガ何等加ヘテナイノミナラズ、現在ノ米穀事情、卽チ市價ガ最高公定價格ニ近イ三十一圓ニナッテ居ルノデアリマシテ、而モ此議會ニ現レマシタヤウニ、東北地方ハ雪害ヲ受ケテ、トモスレバ本年ノ米作ハ凶作デハナイカ知ヲト云フコトガ考ヘラレマスル時ニ、最低公定價格ノ確保ト云フコトニ考ヲ致スヨリモ、上値、卽チ最高公定價格ヲ如何ニシテ保持スルカト云フコトニ付キテ、考究スベキ時デアラウト思フノデアリマスルガ、此法案ニ對シマシテハ、其點ニハ何等觸レテ居ラナイノデアリマス、隨テ私ハ此案ノ全體ニ對シマシテハ、滿腔ノ同意ヲ表スル者デハゴザイマセヌガ、唯本案ノ內容ヲ吟味シテ見マスルト、內地ト朝鮮、臺灣トニ付テ、過剩米ノ統制ニ關スル割當ノ設ケラレタルコト、政府ト生産者ト配給機關ノ三者ガ米穀政策ニ對シ協力一致シテ、其安定ニ直接關與シ、其責任ヲ分ツ制度ガ設ケラレタル點、統制米ノ解除條件ガ下値一割以上ノ時發動スルコトニ依リ、最高價格ニアラザレバ賣却セラレザル、過去ニ於テ有ガスレノ變態ガ緩和セラレタル點、其他若干ノ國庫負擔ヲ輕減セラレタルコトナドハ、米穀統制法ノ補完法トシテ、相當ノ價値アルモノト認メナケレバナラヌト思ヒマス、今直チニ拔本塞源的ノ徹底セル米穀對策ヲ樹立セントスルコトハ、幾多ノ困難ノ伴フコトハ、大正十年米穀法制定以來本案ノ成立ヲ見ルマデノ經過ヲ見マシテモ、諒解出來ルコトデアリマス、卽チ民政、政友兩黨ノ政策協定ニ依リ、本案ヲ取扱ヒ、之ヲ米穀對策調査委員會ニ移シ、得タ所ノ成案ヲ第六十七議會ニ提出シテ、本院ガ非常ナル苦心ノ下ニ大修正ガ行ハレ、出來タノガ此法案デアリマスカラ、隨テ吾々モ不滿足ナガラモ本案ニ、反對論者ノ指摘スル運用上ノ不安ヲ感ズル趣旨條項ニ對シ、嚴重ナル附帶決議ヲ附シテ贊成シ、暫ク其實績ヲ見ントスルモノデアリマス、又米穀法中改正法律案ハ、施行ノ經過ニ顧ミタル改正デアリマシテ、籾共同貯藏助成法案ハ、米穀調節上必要ナルモノト認メルノデ、此二案モ贊成シタ次第デゴザイマス、併ナガラ米穀問題ハ生産者、配給機關、消費者ヲ繞ッテ、利害ヲ調節スル重大ナル意義ヲ持ツモノデアリマシテ、米價ノ安定コソハ、農村ノ更生ノ動因デアリ、全國民消費大衆生活ノ安定ヲ結果付ケルモノデアリマスカラ、政府モ生産者モ配給機關モ、一大決意ヲ以テ是ガ解決ニ當ラナケレバナラヌト存ズルノデアリマス、只今述ベマシタルガ如ク、折角ノ本統制案モ生産統制ヲ忘レテ居ルノデアリマスカラ、過剩米ヲ統制シ、需給ヲ調節セントスル本法案ハ、却テ過剩米ノ生産ヲ奬勵スルノ結果トナルモノデハアルマイカト思ハレルノデアリマス、政府ハ深甚ナル考慮ヲ拂ッテ、如何ナル困難ナコトガアリマシテモ、一日モ速ニ拔本塞源ノ對策ヲ樹立スベキモノデアリ、況シテ今回ノ附帶決議中ニ於テモ、之ヲ強ク要求シテ居ル次第デゴザイマス、殊ニ米穀問題ニ付キマシテハ、常ニ外地米ガ論議ノ中心ニナルノデアリマシテ、此解決ヲ見ナケレバ、自然內外地農民ノ間ニ對立抗爭ヲ生ジ、將來恐ルベキ結果ヲ惹起スルコトアランコトヲ惧ルヽモノデアリマスルガ故ニ、本法ノ運用ニ依リ過剩米統制ノ割當、內地三割五分、外地六割五分ヲ、從來ノ行掛リヲ捨テ、農林、拓務ノ兩省間ノ密接ナル協力ニ依リ、其徹底ヲ期シ、將來變化スル移動米ニ關シ絶エザル注意ヲ拂ヒテ、其割當ニ公正ヲ期スベキデアリマスト同時ニ、過剩米ノ生産地タル臺灣、朝鮮ニ於キマシテハ、棉花其他ノ代

作ヲ奨勵スルト同時ニ、臺灣ニ在ッテハ南洋方面ニ、朝鮮ニ在リマシテハ滿洲國方面ニ、ソレゾレ新規販路ノ開拓ト、燃料問題ノ解決ノ一トシテ、無水「アルコール」ノ製造ニ「グリセリン」ノ製造等、新規用途ノ研究ニ十分意ヲ致シ、內地外地ノ關係ヲ眞ニ唇齒輔車タラシムルヤウ、努力スベキデアルト思フノデアリマス、尙ホ重大ナ關心事ハ、本法案ガ一タビ議會ニ提出サルヽヤ、第六十七議會以來全國米穀取扱業者ノ、從來其例ヲ見ザル大衆運動ヲ捲起シ、其生活權擁護ヲ主張シツヽアル一事デアリマス、之ニ付テハ政府ガ本案提出ニ當リ、準備工作ニ不十分ニシテ、斯ル國民生活ノ上ニ直接重大ナル關係ノアル法案ニ對スル、國民ノ理解ヲ與フルニ缺クル所ガアリ、其結果成文化サレザル其背後ニ、產業組合ノ擴大強化ヲ慫慂スルト信ジタル當業者ガ、サラデダニ昭和八年以降、產業組合ガ政府ノ指導ト相俟ッテ、販賣購買ノ事業ニ異常ナル發展ヲ爲シ、國家ノ與ヘタル特權ヲ背後ニ負ヒ、自力更生ヲ雄叫ビトシテ、配給機關、殊ニ中小商業者ノ權益ニ進出シ來リマシテ、一大恐慌ヲ起シツヽ、アッタ折柄ナレバ、本法案ノ撤去カ、是ガ是正カニ依リマシテ、其脅威ヲ除キ、商權ヲ擁護セントスル、其衷情洵ニ察スベキモノガアルト思フノデアリマス、勿論第六十七議會以來、政府ガ商業組合ノ普及徹底ニ依リ、中小商業ノ組織ノ合理化ト、經營ノ改善ニ依リ、眞ニ配給機能ノ發揮セル商業組合ト、農村構成ノ唯一ノ機關タル產業組合トノ提携ニ依リ、トモスレバ農民ト商人トノ對立尖銳化ヲ解消セント努メ、本議會ニ商工組合中央金庫法案ヲ提出シ、產業組合ニ與ヘツヽアル特權ヲ商業組合ニモ與ヘ、由ッテ以テ農ニ厚ク商ニ薄キ說ヲ芟除シ、全國打ッテ一丸トナリ、共存共榮ノ實ヲ擧ゲントスル指導精神ハ仄見エルノデアリマスガ、本法案運用ニ當リマシテ、一歩誤ランカ當業者ノ指摘シタル弊害ヲ實現シ、戒嚴令下ニ心ヲ憂フルモ訴フルニ策ナク、僅ニ通信ニ依リテノミ哀訴シテ居ル當業者ヲシテ、後日悲憤慷慨、政府ヲシテ怨府タラシムルノ虞ガアルノデゴザイマスルカラ、特ニ政府ハ附帶條件ノ第四項、第五項竝ニ只今御答辯ニナリマシタ商工大臣、農林大臣、兩大臣ノ答辯ヲ信奉斷行スベキデアルト考ヘルノデアリマス、ノミナラズ本法案ハ米穀政策中ノ寶刀デアリマスルガ、啻ニ米穀商ニ對スル打擊ノミナラズ、徒ニ之ヲ弄スレバ農村重要政策ノ第一ナリト期待ヲ掛ケ居ル農民モ亦桎梏ノ下ニ苦シミ、種々煩雜ナル取締ヲ受ケ、物質的ニ精神的ニ受クル犧牲ニ對スル何等ノ代償ヲ得ラレザル結果ヲ生ジ、農村ニ對スル滋養劑ト考ヘルモノガ、却テ其命ヲ縮メル毒藥トナルノデゴザイマス、又本法ハ財政上ノ負擔ヲ輕減スル立前デアリマスガ、仔細ニ檢討スルト、今マデ政府ガ米穀需給調節特別會計法ニ依リ、買上ゲタ過剩米ヲ、金利保管料其他ヲ生產者ニ補助シテ、生產者自身ニ管理セシムルモ、相當價格ノ資金ヲ貸付ケルノデアリマスカラ、一朝其資金ノ回收セラレザル事象ヲ生ジマスレバ、逆ニ多數ノ關係者ヲ動員シ、失費ヲ增シ、財政上ノ負擔ヲ大ナラシムルモノデアリマシテ、一万圓ヲ得ントシテ二万圓ヲ損ズル結果トナル虞モアルノデゴザイマス

以上簡單デハアリマスルガ、委員長ノ報告ニ贊成シ、其運用ニ對シ當局ノ注意ヲ喚起シタ次第デゴザイマス(拍手)

○議長(富田幸次郎君)　東鄕實君

(東鄕實君登壇)

○東鄕實君　私ハ只今議題ニナッテ居リマス米穀ニ關スル三法案ニ對スル委員長ノ報告ニ贊成スル者デアリマス、先程委員長ノ報告ニ依リマスレバ、委員會ニ於テハ滿場一致可決ニナッタト云フコトデアリマスカラ、院內ニ於テハ大ナル反對ハナイト存ジマス、併ナガラ院外ニ於キマシテハ、可ナリ反對ノ陳情等ガオ互ノ手許ニモ參ッテ居ルノデアリマスカラ、此機會ニ於キマシテ、吾々ガ此三案ニ贊成スル理由ヲ闡明致スコトガ、吾々議員ノ任務ナリト存ジマスカラ、暫ク御清聽ヲ煩ハシタイト存ジマス(拍手)

此三法案ガ適當ナリヤ否ヤヲ批判スルニ先立チマシテ、私ハ我國ノ米ニ關スル根本ノ方針ヲ、先ヅ認識シテ掛ラナケレバナラヌト存ジマス、米ニ對スル國策ハ私ハ二ツシカナイト思フ、第一ハ之ヲ自由放任ニ委ネルカ、サナクバ人爲的ニ調節統制シテ行クト云フコトデアルト思フ、私ハ國民生活ノ安定ノ上カラ、國防ノ充實ヲ期スル上カラ、又米其モノノ特殊ナ事情カラ之ヲ自由放任ニ任スベキモノデナクシテ、徹底的ニ人爲的調整ヲ行ハナケレバナラヌト考ヘル一人デゴザイマス(拍手)自由放任ヲ主張スル人ノ總括的ナ主張ヲ考ヘテ見マスレバ、理論的ニハ自由經濟思想ニ基イテ居ル、又國策ノ上カラ申上ゲマスレバ、商工立國ニ偏シテ居ル議論デアラウト思フ、曾テ米穀調査會ニ於テ、或ル有力ナル一人ノ委員ノ人ガ言ヘレタコトガアリマス、我國ハ英吉利ト同ジヤウニ島國デアルシ、此島國ニ於テ國ヲ立テルニハ商工立國デナケレバナラヌ、ソレニハ優良ナル品ヲ安ク生產ヲシテ、海外ニ賣ラナケレバナラヌガ、其爲ニハ成ルベク生產費ヲ安クシナケレバナラヌ、生產費ヲ安クスル一ツノ手段トシテハ、必シモ高イ米ヲ內地デ作ル必要ハナイ、世界到ル處カラ安イ米ヲ輸入スレバソレデ足リルノデアル、併シ此方法ヲ執ルトスレバ、平時ハ宜イガ、非常時ニ於テハ甚ダ危險デアルカラ、非常時ニ備ヘル爲ニ海軍竝ニ陸軍ノ國防ヲ充實シテ置カナケレバナラヌ、是ガ我國トシテ既ニ定マッタ國是デアル、然ルニ近來政府ガ多額ノ費用ヲ投ジテ、米ノ吊上政策ヲ執ルガ如キハ間違ッテ居ル、米穀法ノ如キハ速ニ廢スベキモノデアルト主張サレタコトガアリマス、是ガ私ハ自由放任ヲ主張スル人達ノ共通ノ主張デアラウト思ヒマスルガ、斯ノ如キ議論ハ經濟學從ノ研究ノ資料トシテ論ズルニ於テハ適當デアリマセウ、併ナガラ一國ノ國策トシテ論ズル場合ニ於テハ、私ハ是程迂遠ナ主張ハナイト思フ(拍手)私ハ玆ニ是等ノ說ニ付テ辯駁ヲ加ヘルノ時間ヲ持チマセヌカラ省略致シマスガ、併ナガラ食糧ノ問題ダケニ付テ申シマ

シテモ、論者ノ言フヤウニ吾々ハ成ルベク安イ食糧ヲ國民ニ供給スルコトニ異存ハナイ、併ナガラ安イ食糧ヲ國民ニ供給スル前ニ、平時ニ於テモ非常時ニ於テモ、確實安全ニ國民ノ必要トスル食糧ヲ遺憾ナク供給スルト云フコトガ、ヨリ以上ニ私ハ重大ナ問題デアルト存ジマス(拍手)論者ハ斯ル非常時ニ備ヘル爲ニ、陸海軍ノ國防ヲ充實スレバ足リルト稱シテ居ルケレドモ、果シテ是デ安心スルコトガ出來マセウカ、彼ノ世界大戰ニ於テ、英吉利及ビ獨逸ノ國情ヲ考ヘテ見タ時分ニ、吾々ハ尊イ教訓ヲ得ルコトガ出來マス、英吉利ハ御承知ノ通リ千八百四十六年ニ穀物條例ヲ廢止シテ以來、商工立國ノ下ニ內國ノ農村ヲ犧牲ニ供シタ、世界大戰ノ當初ニ於テ英吉利國民ノ必要トスル食糧ノ六分ノ五、即チ一年十二箇月ノ中十箇月分ハ之ヲ海外ニ仰ガナケレバナラヌ、自産自給ハ僅ニ六分ノ一、二箇月分シカナイ、此憐ムベキ農村ノ狀態、食糧供給ノ狀態ハ如何ニ英吉利ノ政治家、或ハ軍人ノ頭ヲ惱シタカ、アノ戰爭ニ際シテ英吉利ノ政治家竝ニ軍人ノ憂ヘタノハ、如何ニシテ敵ニ勝ツカト云フ問題デナクシテ、如何ニシテ英吉利國民ヲ飢カラ救濟スルカト云フ問題デアッタノデアリマス、即チ斯ノ如キ氣ノ毒ナ狀態ニアッタ、商工立國ノ爲ニ農村ガ犧牲ニ供セラレタ英吉利ハ、國民ノ食糧ヲ安全ニ海外カラ輸入スル爲ニ全力ヲ擧ゲテ、英吉利ノ海軍ハ運送船ヲ護送シナケレバナラナカッタ、世界第一ノアノ英吉利ノ大艦隊ガ其爲ニ遂ニ其威力ヲ海戰ノ上ニ極力用ユルコトガ出來ナカッタト云フ、是ガアノ戰爭ヲ四年半ノ長キニ亙ラシタ根本ノ原因ナリトハ、英吉利人自身告白シテ居ル所デアリマス、之ニ反シテ獨逸ハドウデアッタカ、獨逸ハ商工業ノ發展ト共ニ、農村ノ維持、農業ノ發展ニ努力ヲ致シテ居ッタ、世界大戰ノ初メニ於テハ丁度英吉利ト反對、獨逸國民ノ必要トスル食糧ノ六分ノ五ハ、內國ニ於テ生産シテ居ッタノデアリマス、而モ馬鈴薯ガ非常ニ能ク出來テ居ッタ、人間ガ食ベテ餘ル、我ガ日本デアッタナラバ斯ル場合ニ或ハ減反ノ計畫ナドヲスルカモ知レヌガ、獨逸人ハ斯ノ如キ愚カナ政策ハ執ラナイ、人間ガ食ッテ餘ッタナラバ、他ニ利用ノ道ヲ講ジテ居ル、其餘レル所ヲ豚ニ食ハシ、尚ホソレデモ餘ルト「アルコール」ノ原料ニ供スル、尚ホソレデモ餘リマスカヲ、ソレヲ露西亞其他ノ海外ニ輸出シテ居ッタノデアリマス、サウ云フ優良ナ狀態ニアッタ時ニ、アノ戰爭ガ始ッタ、ソコデ各國ハ獨逸ヲ封鎖シ、食糧攻メニシテ、一日モ早ク獨逸ヲヤッ付ケヨウト云フヤウナ計畫ヲ執ッタケレドモ、獨逸自身ハ此有リ餘ル馬鈴薯ヲ旨ク利用シタ、輸出ヲ止メ「アルコール」ノ原料ニ供スルノヲ止メ、更ニ豚ノ飼料ニスルノヲ止メ、人間ノ食糧ニ供スルト云フ此大キナ政策ヲ執ッタ爲ニ、或ル歲月ノ間食糧ニ於テハ遺憾ナキ自給ガ出來タノデアリマス、併ナガラアノ戰爭ガ長キニ亙リ、第一線ニ戰フ所ノ兵士ハ滿腹ニ食ヒ、能ク戰ッテ勝ッタケレドモ、三年、四年ト續ク間ニハ獨逸ニ於テモ食糧ノ不足ヲ想ヘ空腹ニ堪ヘナイ、即チ獨逸國民ノ空腹ハ其極ニ達スルヤウニナッタ爲ニ、如何ニ陸軍ガ滿腹ニ食ヒ、能ク戰ヒ、能ク勝ッタトシテモ、此國民ノ空腹ト戰ッテ勝ツコトガ出來ナカッタ、即チ戰ニ勝チナガラ兜ヲ脫イデ、敵ノ軍門ニ降ッタト云フノガ、アノ眞相デアルト云フコトヲ吾々ガ考ヘタ時、英吉利ノ場合、獨逸ノ場合、此二ツノ事實ハ如何ニ戰爭ガ科學的ニナリ、機械的ニナッテモ、依然トシテ最後ノ戰爭ノ決定ヲ爲ス所ノモノハ食糧デアル、即チ國民ノ必要トスル所ノ食糧ヲ完全ニ供給スルカ否ヤ、或ハ國民ノ空腹ヲ完全ニ救濟シ得ルカ否ヤニ依ッテ、戰爭ノ最後ノ勝負ハ決マルト云フコトヲ、吾々ハ教ヘラレタノデアリマス、私ハ此事實ハ直チニ以テ我國ノ將來ヲトスルコトガ出來ルト思フ、即チ我ガ日本ハ東洋ノ島國デアリマスルガ、今ヤ世界ノ中心ハ地中海ヨリ大西洋ニ移リ、更ニ太平洋ニ移ラントシテ居ル、世界ノ將來ハ太平洋ヲ中心トシテ進マナケリヤナラヌ、其世界ノ中心タルベキ太平洋ノ眞中ニ國ヲ成ス我ガ日本ガ、日本ノ國防ヲ完全ニ充實シ、而シテ我國ガ世界的ニ果サナケレバナラヌ所ノ大使命ヲ果ス爲ニ必要ナ國防ハ陸軍ニ、海軍ニ、空軍ニ、私達ハ遺憾ナキ充實ヲ期シナケレバナラヌト信ズルノデアリマス、併ナガラ如何ニ我國ノ國防ガ充實シテ居ッタト致シマシテモ、我國ノ農政ガ宜シキヲ得ズシテ、農村ガ荒廢シ、更ニ吾々ノ必要トスル所ノ食糧ノ大部分ヲ海外ニ仰ガナケリヤナラヌト云ッタヤウナ運命ニ陷ッテ居ルトシタナラバ、非常時ニ於テ吾々ハ曾テ英吉利或ハ獨逸ガ嘗メタト同ジヤウナ苦盃ヲ嘗メナケリヤナラヌコトガ決シテナイトハ斷言ガ出來ナイト存ジマス、斯ノ如キ事實カラ申シマスレバ、私ハ國防ノ第一線ハ農村ニアリト主張スル者デアリマス(拍手)即チ我黨ガ兵農兩全ヲ高調シ、産業ト國防トノ竝進ヲ主張スル所以ハ、玆ニ在リト私ハ信ズルノデアリマス(拍手)斯ノ如ク食糧自給ノ問題ガ國家ニ取リ、國民ノ生活ニ取リ、國防ノ上カラ論ジテ必要デアルト云フナラバ、私ハ國家ハ內地ノ米作農ニ對シテ有ユル保護ヲ致シテ行クト云フコトハ、當然ノ處置デナケリヤナラヌト信ジマス、即チ私達ガ米ニ對スル政策ヲ自由放任ニ委ネズシテ、人爲的調節、統制ヲシナケリヤナラヌト主張スルノハ玆ニアルノデアリマシテ、大正十年來或ハ米穀法、或ハ米穀統制法、或ハ今回ノ自治管理法等ガ、次カラ次ニ生レ出ヅルト云フコトハ、此大切ナ國策遂行ノ、私ハ現レナリト信ズルノデアリマス(拍手)

ソコデ米ノ問題ガ斯ノ如キ意味ニ於テ人爲的調節統制ヲ必要トスルナラバ、私達ハ此度現レタ所ノ三ツノ法案ヲ批判スル前ニ、先以テ我國ノ米ノ國策ヲ何處ニ目安ヲ置クカト云フコトカラ、決定ヲシテ行カナケリヤナラヌト信ジマス、私ハ我國ノ米ノ問題ハ內地ニ於テ國民ノ必要トスル米ハ、出來ルダケ內地ニ於テ是ガ生産ニ努メル、併シソレデモ尚ホ不足スル場合ニハ、之ヲ朝鮮、臺灣等ノ如キ外地米ノ供給ニ仰ギ、尚ホソレデモ足ラナイ場合カ、或ハ或ル特殊ナ用途ノ爲ニ必要トスル場合ニ於テ、初メテ外國米ヲ輸入スル、是ガ我國ニ於ケル米ノ國策ノ根本ノ方針デナケリヤナラヌト思ヒマス、斯ノ如ク私達ガ考ヘタ場合ニ、我ガ内地ダケデハ言フマデモナク米ガ足ラナイ、過去ニ於テハ特ニソレガ著シカッタ、ソコデ中央政府ニ於キマシテハ、朝鮮若クハ臺灣總督府ニ對シテ、此内地ニ於テ足ラザル所ノ米ノ補給ヲ爲スガ爲ニ、米作奬勵ノ達ヲ致シタノデアリマス、私ハ自ラ臺灣ニ居ッテ米ノ問題ニ携ッタ一人デアリマスガ、明治四十一年カ二年デアッタト思フ、内閣カラ、内地ニ米ガ足ラヌカラ、臺灣ニ於テモ其補充ノ爲ニ極力米作ノ奬勵ヲセヨト云フ達ヲ受ケタ、此中央政府ノ方針ノ爲ニ臺灣總督府ガ米種改良ノ事業ヲ始メタ、其根本方針ハ内地ニ足ラザル米ヲ臺灣カラ出來ルダケ供給セヨ、故ニ米ノ如キモ、成ルベク内地米ニ類似シタ、内地ノ市場ニ賣レ易ク、而シテ内地人ノ嗜好ニ適スルヤウナ品種ヲ選ビ出シテ行カウト云フ方針ノ下ニ、臺灣ノ米種改良ノ國策ガ成立ッタノデアリマス、私ハ朝鮮ノコトハ知リマセヌガ、朝鮮ノ産米改良モ結局同ジヤウナ精神ニ依ッテ始ッタモノト思フ、當時ニ於テハ洵ニ適切ナ國策ガ行ハレタノデアリマス、併ナガラ是等ノ奬勵ガ其效ヲ奏シテ、最近内地ニ於テ需要スル以上ニ、朝鮮、臺灣等カラ米ガ入ッテ來ル、殊ニ品質ノ良イ朝鮮ノ米ガ出來秋ニ於テ殺到スルト云フコトガ、内地ノ米價ヲ壓迫スル事實ノアルト云フコトハ、何人モ否ムコトノ出來ナイ事實デアリマス、ソコニ於テカ色々ノ議論ガ出テ來ル、或ハ朝鮮、臺灣等ノ外地米ガ内地米ヲ壓迫スルカラ、速ニ朝鮮、臺灣ニ於ケル米作ノ奬勵ヲ中止シナケレバナラヌト云フヤウナ議論モ生レ出タノデアリマスガ、是モ已ムヲ得ナイ議論デアリマセウ、之ニ對シテ外地ノ關係ノ方面カラハ、外地米ヲ差別待遇スルノハ怪シカラヌト云ッタヤウナ議論ノ起ッタコトモ事實デアリマセウ、是ニ於テカ、或ハ農林省ナリ、或ハ拓務省ナリノ意見ガ、必シモ一致シナカッタカモ知レヌ、併シ時代ニ依ッテ必要ナ場合ガ來タナラバ、從來採ッテ居ッタ所ノ政策ナリ、國策ヲ改メテ行ク所ニ政治ノ妙味ガアルノデアリマス、私ハ此意味ニ於テ外地、内地ガ今日ノ米穀事情ニ即シタ所ノ新シキ出發ヲスルト云フコトガ、今日ノ急務デアラウト考ヘテ居ッタノデアリマスガ、幸ニ米穀自治管理法案ナルモノガ茲ニ現レテ今迄ノ缺陷ガ緩和サレルコトニ進ンダコトハ、我國ノ米穀國策ノ一大進歩デアッテ、吾々ハ之ニ贊成セザルヲ得ナイノデアリマス(拍手)

併ナガラ諸君、私ハ此米穀自治管理法案其モノノ實施ノ上ニ於テ、色々ノ缺點モアリ得ルト思フ、又之ヲ實施シタ結果、果シテ吾々ガ期待スルヤウナ眞ノ根本的解決ガ出來得ルカ、ソコニハ幾多ノ疑問ヲ持ッテ居リマス、併ナガラ當事者ガ極力此法ノ精神ヲ實施スルノ努力ヲ致シタナラバ、ソコニ相當ノ成績ヲ擧ゲ得ルト思フ、併シ眞ニ我國ノ米ノ問題ヲ、根本的ニ解決スルト云フナラバ、私ハ速ニ内地、外地ヲ打ッテ一丸トシタ所ノ産業國策ヲ確立シ、食糧政策ヲ樹立スルト云フコトニ政府當局ハ勿論ノコト、内外擧ゲテ此大キナ問題ニ努力シナケレバナラヌト存ズルノデアリマス

更ニ此三法案ヲ批判スルノニ色々ノ説ガアリマシタ、或ハ此法案ハ地主、殊ニ大キナ地主ノ爲ニハ有利デアルカモ知レヌガ、小作人、殊ニ小農ノ爲ニハ不利益デアル、何故ナラバ是等ノ人達ハ米ヲ買ッテ食ハナケレバナラヌ立場ニアルカラ、米ノ値ノ高クナルノハ不利益デアルト云フ主張モアルヤウニ思フ、併ナガラ農村ニ於ケル總テノ階級ヲ別々ニ切離シテ考ヘテ見タナラバ、斯ノ如キ議論ガ成立チ得ルカモ知レナイ、併ナガラソレニシタ所デ、米ヲ出來秋ニ賣ッテ、端境期ニ買ヘナケレバナラヌ立場ニアル農家ニ付テ考ヘ見テモ、此法案ハ決シテ不利益ヂヤナイト思フ、何故ナラバ、出來秋ニ成ベク米ノ値ノ下ラヌヤウニスル、而シテ端境期ニ成ベク米ガ極度ニ騰ラヌヤウニスルト云フノガ、此法案ノ趣旨デアルトスルナラバ、出來秋ニ米ヲ賣ル人ノ爲ニ高イ米ノ値段ヲ維持シ、端境期ニ米ヲ買ハナケレバナラヌ人ノ爲ニハ、高イ米ノ値ヲ抑ヘテ行クト云フ效果ガアルトスルナラバ、私ハサウ云フ階級ニアル農家ノ爲ニモ、決シテ不利益デハナイト信ズルノデアリマス、ノミナラズ吾々ハ、サウ云フ風ニ階級的ニ批判スルナラバ、必ズシモ一致スルモノヂヤナイ、一人々々其事情ハ違フノデスカラ、サウ云フ風ナ行キ方ヲセズシテ、大キナ立場カラ農村ヲ考ヘ、農民ヲ考ヘタナラバ、米ノ値ヲ常ニ相當ナ價格ニ維持安定スルト云フコトガ、總テノ農村ノ潤ヒデアリ、總テノ農家ノ利益デアルト云フコトヲ、私ハ茲ニ斷言シテ憚ラヌノデアリマス(拍手)

更ニ私ハ能ク聞クコトデスガ、此法案ハ米價ノ吊上ヲ目的トスルノダ、更ニ是ハ農村救濟ノ法案デアルト言フノデアリマスガ、私ハ必シモサウデハナイト思フ、即チ此法案ハ必シモ米價ノ吊上ヲ目的トスルモノヂヤナイ、吾々ハ先程申シマシタヤウニ、米ノ自産自給ハ、國家ノ爲ニ、殊ニ國防上ノ見地カラ必要デアルトスルナラバ、常ニ農家ガ米ヲ作ッテ算盤ノ採レル程度ニ米價ヲ維持スルト云フコトガ目的デナケレバナラヌ、ソレト同時ニ、國民ノ必要ナル主要食物デアリマスカラ、其意味ニ於テモ、適當ナ位置ニ米ノ値ヲ維持スル必要ガアル、即チ此二ツノ目的ニ適應スルヤウナ程度ニ於テ調節シテ行クト云フノガ、私ハ此法案ノ眞ノ目的デアルト信ズルノデアリマス、斯ク考ヘテ見タ時ニ、必シモ此法案ハ農村ノ救濟ノ爲ノミノ法案デナク、眞ニ農村ノ經濟ヲ維持スル上ニ於テ、必要ナ程度ニ米ノ値ヲ維持スルト同時ニ、多數國民ノ消費スル米ノ値ヲ、是亦或必要ナル程度ニ於テ維持シテ行クト云フ點ニ於テ、ソコニ本當ノ目的ガアル、ソレデナケレバナラヌ、ソレデアルトスルナラバ、必シモ此法案ハ農村救濟ノ爲ノミノ法案デナク、米價吊上ノ法案デモナイ、同時ニ全國民ノ生活ヲ安定セシムル所ノ、重要ナ働キヲスル所ノ法案デ

アルト私ハ信ズルノデアリマス(拍手)デ若シ世間デ言フヤウニ、此法案ノ爲ニ損失ヲ來スヤウナ階級ナリ、或ハ業者ガアルナラバ、ソレ等ニ對シテハ、別ナ手段ヲ講ジテ、是ガ補償ヲスルト云フコトガ當然ノ國家ノ責務デアル、之ニ對シテハ、諸君ガ附帶決議トシテ色々ノ條件ヲ持出サレ、又農林大臣等モ、ソレニ付テハ善處スルト云フコトヲ言ッテ居ラレル、當然ノコトデアリマス、私ハソコニ此法案ノ本當ノ目的ガアルト云フコトヲ信ジテ本案ニ贊成スル所以デアリマスガ、併ナガラ(「モウ澤山ダ」ト呼フ者アリ)殊ニ私ハ申上ゲテ置キタイ、私ハ本當ニ我國ノ米ノ問題ヲ徹底的ニ解決スルニハ、此三法案デハ不十分デアルト思フ、即チ農林大臣ガ此議場ニ於テ、又其他ノ機會ニ於テ、是ハ米穀統制法案ガアル今日、是ガ補強ノ一ツノ手段ニ過ギナイト言ッテ居ラレマス、而シテ根本政策ノ樹立ニ付テハ、別ニ考ヘルト言ッテ居ラレル、ソレデナケレバナラヌ、私ハ本當ノ米ノ政策ヲ徹底セシムルニハ、更ニ百尺竿頭一歩ヲ進メテ、本當ノ政策ヲ樹立シナケレバナラヌト思フ、現內閣ハ庶政一新ヲ主張シテ居ラレマスガ、私ハ庶政一新ハ國民生活ノ安定カラ出發シナケレバナラヌト思フ、國民生活ノ安定ハ、全國民ニ遺憾ナク食糧ヲ供給スルト云フ點デアリマセウ、而シテ此問題カラ言ヘバ、米ノ問題ハ農村ダケノ問題ヂヤナイ、農民ダケノ問題ヂヤナイ、商工業者ノ問題デアリ、都市ノ問題デアル、全國民ノ等シク關心ヲ持タナケレバナラヌ重大ナ問題デアリマス、故ニ私ハ此必要ナ國策ヲ樹立スル、根本的ナ國策ヲ樹立スル爲ニハ、米ヲ作ル者、作ラザル者、米ヲ賣ル者、賣ラザル者、或ハ米ヲ生產スル者、米ヲ消費スル者、全國民ヲ擧ゲテ、一心ヲ一ツニシテ、此大キナ問題ヲ解決スルト云フ所ニ迄進ンデ行ッタナラバ、私ハ譯ナク此根本ノ方策ト云フモノハ、立チ得ルモノダト信ズル者デアリマス、而シテ私ハ既ニ此米ニ對スル根本ノ方策ト云フモノハ、研究ガ出來テ居ルト思フ、而シテ是ガマダ具體的ニ現レナイノハ、或ハ時機ガ到來シナイノデアルカモ知レヌガ、私ハ當局者ガ斷ノ一字ヲ缺イテ居ル結果ナリト信ズルノデアリマス(拍手)斷ジテ行ヘバ鬼神モ之ヲ避クト古人ハ言ッテ居ル、斷ジテ行フト云フコトガ、政治家ニ取ッテ最モ必要ナ要素デアルト思フ、此意味ニ於キマシテ私ハ島田農林大臣ノ度々本議場、其他ニ於テ言明セラレタアノ言葉ニ信頼ヲ置イテ、此三法案ハ他日根本的法案ガ出來上ル前奏曲トシテ贊成ノ意ヲ表スルコトヲ、玆ニ明瞭ニ致シ置キマシテ、我黨ノ態度ヲ諸君ニ闡明スル次第デアリマス(拍手)

○議長(富田幸次郞君)　永山忠則君

(永山忠則君登壇)

○永山忠則君　私ハ委員長ノ報告ニ贊成スル者デゴザイマス、既ニ東氏、高橋氏ヨリ、論理的ニ學究的ニ贊成ノ意見ヲ述ベラレテ居リマスノデ、私ハ此點ノ重複ヲ省キマシテ、農村ノ實情ノ方面ヨリ一二點批判ヲ致シマシテ、贊成ノ意ヲ表ッテ見タイト思フノデアリマス、今日農村ガ疲弊困憊シテ居ルト云フコトハ、何人モ御存ジノコトデゴザイマス、今日ノ農村ノ生活ガ非常ナル低下ヲシテ居ルト云フコトハ、玆ニ喋々申ス迄モゴザイマセヌデセウ、一日五十錢ノ日給デ數人ノ家族ヲ養ウテ居ルノデアリマス、彼等一人ノ生活費ハ僅ニ十二三錢デゴザイマス、即チ獄中ニ投ゼラレテ居ル囚人ト同ジ度程ノ生活ニ、貧農大衆ハ甘ゼナケレバナラヌト云フ實情ニ置カレテ居ル、此貧農ノ狀態、斯ノ如キ苦シイ狀態ニ、農村ガ押シヤラレテ居ルト云フ大キナル原因ハ、何處ニアルノデゴザイマセウカ、即チ農村ガ——農民ハ自ヲ生產シタルモノニ對シテ、自ヲ價格ヲ決定スルノ權利ヲ持ッテ居ラナイノデアリマス、農村ハ自分ノ生產物ニ對シマシテ、價格ヲ決定スルコトガ出來得ナイノデアリマス、然ルニ一方販賣ノ際ニ於キマシテハ、生產費ヲ割ッタ安イ値段デ投賣ヲスルノデアルト同時ニ、反對ニ購買スル場合ニ於キマシテハ、生產費ニ利潤ヲ加ヘタ價格デ購買シテ居ルノデアリマス、即チ收入ハ極メテ薄ク、支出ハ大ナル狀態ニナッテ居ルノデアリマス、カルガ故ニ常ニ農村ハ經濟上ノ收支ガ償ハナイ、ケレドモ此文化ノ狀態ニ於キマシテ、奴隷的生活ノミニ甘ンズル譯ニ行カナイ、斯クシテ支出ハ增大ニナリ、收入ハ少クナリ、農家一家ノ負債ハ實ニ一千五百圓ヲ算スルト稱セラレ、總計八十億圓ニ垂ンスルト云フヤウナ現狀デアル、是ハ即チ農村ガ生產物價ヲ自ヲ統制スルコトガ出來ナイ、物價ノ價値ヲ自ヲ定メルコトガ出來得ナイ、即チ農村ハ共同團結、共同組織ノ精神ニ缺ケテ居ルノデアリマス、農村ハ無智デアリマス、其無智ト共同組織ノ精神ニ缺ケテ居ル所ニ乘ゼラレマシテ、常ニ利潤ハ中間商人ニ搾取サレルト云フ狀態ニ置カレテ居ッタノデアリマス、此虐ゲラレテ居ル狀態ヲ農村自體ニ於テ、現狀ニ於テハドウシテモ脫スル所ノ力ガナイ、國家ノ強イ權力ニ於キマシテ引上ゲテ戴カナケレバナラヌノデアリマス、此意味ニ於キマシテ米穀統制法及米穀自治管理法二案ハ、最モ必要ナルモノデアルト私ハ感ズルノデアリマス、即チ本案ハ米穀統制法ノ缺陷ヲ補正シ、米穀統制法ヲ強化スルト云フ意味ニ於キマシテ、全幅ノ贊成ヲセナケレバナラナイト思フノデアリマス、即チ米穀統制法ハ最低、最高ノ價格ヲ、國家ノ力デ保障サレテ居ルノデアリマス、生產費以下デ投賣ッテ居ッタ所ノ農民ノ、此不合理ナル狀態ヲ合理化シテ、國家ノ力、權威ニ依ッテ、合理化ヲシテ戴イテ居ルノデアリマス、然ル所此米穀統制法ガ出來マシテ、昭和八年ニ大豐作ガアリマシタコトハ御存ジデアリマセウ、其大豐作ガアリマシタ際ニ於テ、農民ハ最低價格デ政府ヘ賣リタイト致シマシテ、殺到シテ申込ンダノデアリマス、然ルニ政府ハ農村ガ眞ニ賣ッタ所ノ米ハ、幾ラデアリマシタデセウ、一千万石以上ノ米ヲ政府ハ買上ゲマシタ、然ルニ其一千万石カヲシテ、其米ノ中ヲ僅ニ一割シカ農會及產業組合ノ手ヲ通ジテ賣ッテ居ラヌノデアリマス、米穀統制法ハ豐作ノ際ニ於キマシテ、農民ガ投資ヲスルト云フコトヲ、尙ホ防止スルダケノ強イ力ヲ持ツコトガ出來ナカッタノデアリマス、カルガ故ニ此自治管理法案ハ、過剩米ニ對シマシテ自治的ニ保管ヲ爲サシメ、保管米ニ對シマシテハ低資ノ融通ヲ爲シマシテ、投資ヲ防止スルト云フ點ニ對シマシテハ、恐ラク農民ノ總テノ階級ガ利益ヲ得ルモノデアルト、私ハ感ズルノデアリマス、同時ニ又反對ニ昭和九年ニ於キマシテハ、大凶作ガ參リマシタコトハ御存ジデアリマセウ、其凶作ノ際ニ於キマシテ、最高價格デナカッタナラバ政府ハ之ヲ賣ルコトガ出來得ナイ、斯ルガ故ニ有ガスレノ狀態ヲ生ジタコトモ御承知デアル、然ルニ本法案ニ依リマスレバ、最低價格一割ノ値上リヲスルト云フコトニ依リマシテ、保管米ノ解除ガ出來ル、是等ニ依リマシテ茲ニ有ガスレノ狀態ヲ防グコトガ出來ル、是等ノ點ヲ考ヘタ時ニ米穀統制法ガ存立スル限リニ於テ、此米穀自治管理法案ハ車ノ兩輪ノ如ク、唇齒輔車ノ關係ニアルモノデアルト、私ハ斷言シテ茲ニ滿腔ノ誠意ヲ以テ贊成ノ意ヲ表シテ終ル次第デアリマス

（拍手）

○議長（富田幸次郎君）　三宅正一君

（三宅正一君登壇）

○三宅正一君　私ハ極ク簡單ニ吾々ノ米穀自治管理法案外二案ニ對シマスル意見ヲ申述ベマシテ、贊成演說ニ代ヘタイト考ヘルノデアリマス、吾々ハ東委員長ガ御報告ニナリマシタ通リ、政友會、民政黨ノ諸君ガ御出シニナリマシタ本案ニ對シマスル附帶決議ト別ニ吾々獨自ノ附帶決議ヲ提出シタノデゴザイマス、之ニ對シマシテ農林大臣ハ十分ニ考慮シテ御希望ニ副フヤウニスルト云フ御言明ガゴザイマシタノデ、其御言明ヲ信賴シテ本案ニ私共ハ贊成スル次第ナノデゴザイマス（「ソンナ生溫イコトデ贊成スルノカ」「默レ」ト呼ヒ其他發言スル者多シ）

○議長（富田幸次郎君）　靜肅ニ……

○三宅正一君（續）　其私共ノ考ヘテ居リマスル附帶決議……（「何故反對シナインダ」「何ヲ言フカ」ト呼ヒ其他發言スル者多シ）

○議長（富田幸次郎君）　靜肅ニ……

○三宅正一君（續）　吾々ノ本案ニ對シマスル附帶決議ヲ先ヅ朗讀致シマシテ、吾々ノ態度ヲ明白ニシタイト思ヒマス

米穀自治管理法案外二案ニ對スル附帶決議

一、米穀統制法ノ買上規定ヲ簡易化シ、小農ト雖モ容易ニ買上ニ應ジ即刻入金シ得ル樣改正スルコト

二、自然災害其他ノ事情ニ依リ飯米難ニ陷リタル場合、政府所有米ノ貸下、拂下又ハ交付ヲ簡易ニ爲シ得ル樣米穀統制法ヲ至急改正スルコト竝ニ運用ニ付テ考慮スルコト

三、米穀自治管理法ニ於テ小農ノ利益ヲ害セザル樣寄託米ニ付テハ即刻最低價格ノ全額ヲ融資シ、尙小農ガ自家用飯米ノ爲寄託米ノ解除ヲ必要トスル時ハ之ニ應ジ得ルノ道ヲ開クコト

四、米穀自治管理法外二法案ニ對シ米價吊上ゲニ墮スルトノ批判ガアルニ鑑ミ、政府ハ米穀生產費低減ノ爲ニ肥料價格ノ低減ヲ計リ、農民負擔ノ輕減、更ニ小作法竝ニ農業保險法ヲ次期議會ニ提出スベシ

五、靑田賣等ノ農民金融難ニ對シテハ本法立法ノ主旨ニ顧ミテ至急適切ナル方策ヲ講ズベシ

ト云フノガ吾々ガ農林大臣ノ贊成ヲ得マシタ附帶決議ナノデゴザイマス

諸君所謂我國ニ米穀法ト云フモノガ制定サレマシタノハ大正八年カラデアル、爾來米穀法ハ第一次ノ改正、第二次ノ改正ヲ經テ更ニ米穀統制法トナリ、今回ソレヲ補强スル爲ニ米穀自治管理法ト云フ法律ヲ制定スルニ至ッタ沿革ヲ持ッテ居ルノデアルガ、米穀統制法ヲ大正十年ニ制定スルニ至リマシタ事情ト云フモノハ、大正七年ニ於ケル米價ノ大暴騰ニ依ル米騷動ニ刺戟サレタコトガ、即チ米穀統制法ノ沿革ナノデアル、諸君、所謂米騷動ニ刺戟サレテ米ト云フヤウナ重要ナ生產物ガ投機ノ對象物トナッテ、上ッタリ下ッタリスルト云フコトガ、如何ニ國民生活ニ不安ヲ與ヘルカト云フコトガ、米穀統制ニ入リマシタ我國ノ立法上ノ沿革ノ第一步デアルノデアル、而シテ所謂米穀法ノ制定ニ依ッテ、所謂米騷動等ヲ防グコトハ出來タケレドモ、今度ハ農民ガ生產費ヲ割ッテ賣リマスル所――ノ損ヲシテ賣ルト云フ現象ニ付テハ、農民ガバラ〳〵ニ居ッテ、資本主義制度ノ下ニ居ル弱者タリト云フ所以ヲ以テ、之ヲ防グコトガ出來ナカッタノデアル、隨テ米穀法第二次ノ改正ニ於テ、最低價格最高價格ノ制度ヲ作リマシテ、最低價格ヲ以テ買上ゲシメルコトニ依ッテ、農民ガ損ヲシナクトモ物ヲ賣レルヤウニシナケレバ、農村ガ立タナイト云フコトヲ考ヘタノガ、米穀法ノ第二次ノ改正トナッタノデアリマス、ソレデモ十分ナル效果ヲ擧ゲ得ナイガ爲ニ、更ニ所謂昭和五年六年ノ農業饑饉ヲ中心ニ致シマシテ、アレダケ農民ニ損ヲサセテ置イタノデハ、日本ノ國家全體ガ立ッテ行カナイト云フ見地ニ立ッテ、米穀統制法ノ施行トナリ、最低價格ヲ以テドレダケデモ米ヲ買上ゲテヤル、其代リ最高價格ニナッタラ之ヲ賣出スコトニ依ッテ、値幅ヲ縮メテヤラウト云フコトガ、即チ農村對策トシテ米穀統制法ノ布カレタ所以デアルト私ハ解釋スルノデゴザイマス、所ガ御承知ノ通リ米穀統制法ノ制定ニ依ッテ、確ニ農村及ビ都市ハ得ヲシタノデアル、ドノ點ニ於テ吾々ハ得ヲシタカト云フ點ヲ考ヘルナラバ、例ヘバ昭和八年ノ出來秋ニ於テ、アノ大豐作デアッタガ故ニ、恐ラク貧農ガ米ヲ賣ル出來秋ニ於テハ、米穀統制法ナカリセバ、十五六圓デ以テ農民ハ米ヲ投賣スルヨリ外ナカッタト考ヘル、斯ノ如キコトガ如何ニ我國農村ヲ亡ボシテシマフカト云フコトハ分リ切ッテ居ルガ、ソレガ兎モ角モ生產費ニハ該當スルダケノ、二十圓ヲ維持スルコトガ出來タノハ、確ニ米穀統制法ノ農村及ビ都市ニ對スル貢獻デアッタト吾々ハ認メザルヲ得ナイノデアリマス、斯ウ云フ所謂功績ガアッタノデアル、即チ米穀統制法ノ功績ハ重要生產物デアル米ヲ、投機

ノ對象カラ取上ゲテ、最低價格、最高價格ノ幅ヲ縮メテ、元ハ二十八圓何十錢ト云フ安イ値段ト高イ値段ノ開キガアッテ、消費者モ生產者モ總テ困ッタノヲ、二三圓ノ開キ若ハ四五圓ノ開キニ致シマシテ、農村モ都市モ、米ノ暴騰暴落ニ依ッテ困ヲヌヤウニシ、米ヲ博奕カラ取上ゲ、投機カラ取上ゲタト云フ功績ニ付テハ、私共ハ何人ト雖モ、米穀統制法ノ功績ヲ認メナケレバナラヌト考ヘルノデアリマス、而モ其他ニ私共ハ所謂五・一五事件、或ハ二・二六事件ヲ起スガ如キ社會的背景ヲ成ス農村ニ於ケル窮迫、都市ニ於ケル生活難等ガアルニ拘ラズ、大正七年ヲ機會ニシテ、米騷動ヲ起サナカッタ理由ト云フモノハ、政府ハ意識シナカックガ、米穀統制法ニ依ッテ買上ゲタ米ヲ拂下、貸下、交付等ノ方法ニ依ッテ、都市及ビ農村ニ於ケル飯米飢饉ヲ救濟シタト云フ、米穀統制法ノ社會的效果ト云フモノハ、吾々ハ之ヲ大キク評價シナケレバナラナイト考ヘルノデアリマス、斯ノ如キ效果ハゴザイマシタケレドモ、唯米穀統制法ハ一ツノ致命的缺陷ヲ持ッタ、即チ內地ニ於ケル生產費ヲ基準ニシテ最低價格ヲ決メルガ故ニ、內地ノ生產費ヨリ十圓、十二圓ト安イ臺灣及ビ朝鮮ニ對シテハ增殖ヲ奬勵スルノ結果トナッタ、隨テ幾ラ買上ゲマシテモ、臺灣及ビ朝鮮カラ押寄セテ來ル米ノ爲ニ、我ガ國家財政ハ此儘デ行クナラバ破綻セザルヲ得ナイト云フ、一ツノ大キナ缺陷ニ遭遇シタノデアル、之ニ對シマシテ、所謂米穀自治管理法案ヲ制定スルコトニ依ッテ、之ヲ防ガントシタノガ、吾々ハ本法ノ精神ナリト考ヘテ、今日マデ申述ベタダケノ效果ヲ以テシテモ、今日米ヲ自由放任ニ任スベキデハナクシテ、色々ナ弊害ハアッテモ、私共ハ米屋ノ苦シミトカ、ソレ等ニ付テハ別ノ方策ヲ政府ガ考慮スルコトニ依ッテ、國家ノ基礎デアル米穀ノ問題ニ付テ、此大原則ヲ此機會ニ確立スルコトガ必要ナリト考ヘテ、本法ニ贊成シタノデアリマス、併ナガラ所謂此米穀自治管理法、其他ノ米穀法ト云フモノハ、重大ナル缺陷ヲ持ッテ居ルト云フコトハ、渡邊銕藏氏其他反產側ガ指摘サレタ通リデアル、其缺點ニ付テハ之ヲ是正シナケレバ、小賣商人ニ犧牲ヲ拂ハセ、是ダケノ政治的摩擦ヲ押除ケテ作リマシタ法律ト致シマスナラバ、此缺陷ヲ是正スル點ニ付テ、政府當局ハ十分ナル決意ヲ持ッテ貰ハナケレバ、私共小賣商人ト共ニ政府ヲ糺彈セナケレバナラナイ立場ニ陷ラザルヲ得ナイト考ヘルノデアル、其缺陷ハ一體何カ……

(「與黨ニナレ」ト呼ヒ其他發言スル者アリ)

眞鍋君、能ク聽ケ……

○議長(富田幸次郎君) 私語ヲ禁ジマス

○三宅正一君(續) 米穀關係法案ノ缺陷ト云フモノハ、第一ハ、地主救濟ニ陷ッテ居リハシナイカト云フ一點デアル、第二ハ、高米價政策ニ陷ッテ居リハシナイカト云フ一點デアル、而シテ此法案ガ農村ニ於ケル絕對多數ノ人口ヲ占メテ居ル中農以下ノ貧農大衆ニ如何ナル影響ヲ與ヘ、如何ナル恩典ヲ與ヘルカト云フ一點、此三ツガ米穀法批判ニ對スル中心デアルト私ハ考ヘル、諸君、米屋ニ是ダケノ犧牲ヲ拂ハセテ、サウシテ是ダケノ摩擦ヲ通シテ作リマシタ法律ガ、若シ貧農ノ爲ニナラズシテ、遊ンデ居ル遊食地主ヲ助ケルダケノ結果ニナル法案デアルトスルナラバ、此法案ハ默殺シナケレバナラヌト私ハ考ヘルノデアル、此點ニ付テ私共ハ本法ノミヲシテ、此三ツノ缺陷ヲ救フコトハ出來ナイケレドモ、本法ガ大局ニ於テ必要ナリトスルナラバ、此三ツノ所謂批判サルベキ所ノ缺點ニ付テ、之ヲ是正スルコトニ依ッテ、所謂本法ニ贊成シナケレバナラナイト云フコトガ、吾々ガ此五項目ニ亙ル特別附帶決議ヲ出シテ農林大臣ノ贊成ヲ得タ次第デアル、所謂今日ハ米穀自治管理法ノ制定デアルガ、米穀法ノ制定ニ依ッテ、一體昭和八年ニ誰ガ儲ケタカ、米穀法ハ官僚的煩瑣ナル手續ノ故ニ、米ヲ貧農ガ政府ニ買ッテ貰ハントスルニ二圓ノ證據金ヲ積ンデ、同ジ銘柄ヲ百俵ヅヽ集メテ政府ニ賣付ケルト、三月經タナケレバ金ガ來ナイト云フ、不合理ナ結果ヲ來シテ居ルノデアル、金ガ無クテ靑田賣ヲシテ居ル百姓ニ、三月モ經タナケレバ米ヲ賣ッタ金ガ來ナイト云フヤウナ、篦棒ナムヅカシイ條件ナルガ故ニ、折角地主ハ統制法ニ依ッテ最低價格デ買ッテ貰ヘルガ、實際ノ農民ハ庭先ニ於テ、最低價格ガ二十圓ノ際ニ、最低價格十六七圓デ以テ、所謂米屋ト肥料屋ニ苦ンデ叩キ賣リヲサセラレテ、米ノ無クナッタ高イ時ニ買ヘサレルト云フコトハ、明ニ米穀統制法ノ不都合ナ結果トシテ貧農ヲ苦シメテ、富農及ビ大キナ米屋ダケヲ益シテ居ルト云フコトハ、不都合ナ事實デアルト私ハ思フノデアリマス(拍手)デアルカラシテ私ハ其點ニ於テ、米穀統制法ヲ補强スル今回ノ法律ヲ作ルナラバ、先ヅ第一ニ米穀統制法ノ買上規定ヲ簡易化シテ、一俵ト雖モ買ッテヤル、買ッタ限リハ直チニ金ヲヤルト云フコトニシテ、統制法ノ制定ニ依ッテ、農民モ亦其惠ミヲ得ルコトニシテ戴キタイト云フコトヲ、附帶決議トシテ之ヲ附ケタノデゴザイマス、諸君、更ニ私共ハ所謂今日ノ農村ノ實情ヲ見ル時ニ、農民ガ耕作ヲ繼續致シマスル爲ニ、米作リ米食ハズト云フ現象ヲ見ナケレバナラナイノデゴザイマス、私共ハ農村ノ實情ヲ申上ゲル時ニ、御承知デゴザイマセウケレドモ、我國ノ農民ハ五反百姓ガ多イノデアル、五反百姓ガ非常ニ高イ小作料ヲ取ラレマシテ、サウシテ僅カノ收穫ヲ殘シテ、肥料代ヲ取ラレルト云フト、飯米ハアリハシナイ、其飯米ニ對シマシテ、飯米ガナイカラシテ、農民ハ土地ヲ荒スノデアル、新潟縣刈羽郡上小國村ニ於テ、三十町步ノ耕地ガ役場ノ統計ニ依レバ荒廢シタノデアル、何故荒廢シタカ、アレダケ土地ガ足ラヌデ競爭シテ居ル時ニ、荒地ガ出來タノハ何ガ故デアルカト云ヘバ、農民ニ飯米ガナイノデアル、肥料ヲ買フ金ガナイノデアル、ダカラ肥料ナシニ稻ヲ蒔クノデアル、肥料ナシニ稻ヲ蒔キマスルナラバ、雜草ハ繁茂スルデアラウケレドモ、米ハ繁茂シナイノデアル、ソレニ對シテ二十五日耕作スル所ヲ三十日耕作シテ、深ク掘ルナラバ肥料ヲヤラナクテモ出來ルカモ知レナイケレドモ、肥料ヲ買フカガナイ、農民ハ米ヲ買フ――飯米ガナイノデアル、ダカラ一番草ヲ取ッテ置イテ、二番草、三番草ノ時ニハ救農工事ニ出テ働イテ、飯米ヲ稼ガナケレバナラヌト云フノガ農民ノ實情デアル、肥料ヲヤラズニ置イテ、一番草ダケ取ッテ、アトハ米稼ギニ出テ居ルト云フコトガ、雜草ダケ繁茂サシテ、アノ山地ニ於テ三十町歩ノ土地ヲ荒廢セシメタト云フ此事實ヲ政府ガ見ナケレバ、私ハ政府ノ農業政策ナドト云フモノハ、上辷リヲシタモノダト云フコトヲ指摘セザルヲ得ナイノデアル、諸君、此點ニ於テ、米作ヲ繼續スルト云フ意味ニ於テモ、所謂第二項ノ附帶決議ハソレデアル、雪害其他ノ自然災害ニ依ッテ飯米難ニ陷ッテ居ル場合ニ於テハ、政府所有米ヲ拂下ゲル方法ヲ簡易ニシテ、無償交付ヲスベシト云フヤウニ統制法ヲ改正シ、其統制法改正ニ至ルマデハ、施行法其他ニ依ッテ運用ヲ改正サレタイト云フノガ、此意味デアリマス

更ニ米穀統制法ガ愈〻布カレマシタ際ニ於テ、米穀統制ヲヤリマシタ場合ニ於テ、貧農ガ米ヲ預ケナケレバナラヌ、強制委託ヲシナケレバナラヌ、小作農ニ付テハ一町、自作農ニ付テハ五反以上ト言ヘレルノデアルガ、五反百姓ガ政府ニ米ヲ強制的ニ自治管理ニ依ッテ管理ヲサセラレタ時ニ、モウ金ガ無イノデアル、ダカラシテ最低價格ノ全額ト云フモノヲ政府ガ融通シナケレバ、貧農ハ却テ此法律ニ依ッテ迷惑ヲ蒙ル ト云フコトヲ御承知ヲ願ヒタイ、第三ニ貧農ガ飯米ガ無クナッタ時ニ、マダ値ガ上ラヌカラ解除出來ヌカラ、外ヘ行ッテ買ッテ來イト云フコトニナッタラ、自分ノ米ガ自分ニ食ヘヌト云フコトニナッテ農民ガ迷惑スルカラ、貧農ノ飯米ニ關スル限リハ、飯米ガ無クナッタ時ハ直チニ之ヲ解除シテ廻スヤウニシテ、貧農モ此法律ニ依ッテ惠ミヲ蒙ルヤウニシナケレバ、米穀政策ノ根本ニ離レルト云フコトヲ農林大臣ニ御聽ヲ願ヒタイノデアリマス

更ニ第四ノ問題ハ、是ハ一番重要ナ問題デアル、此問題ニ付テハ、私ハ帝國議會ニ於キマシテ、斯ノ如キ問題ノ今日マデ論議サレナカッタコトヲ殘念ニ思フ、ソレハ今迄貧農ノ代表ガ出ナカッタ結果デアル、諸君、高米價政策ナリト云フ非難ハ私共傾聽シナケレバナラヌト思フノデアル、米屋ニ是ダケノ犧牲ヲ拂ハセ、政府ガ是ダケノ犧牲ヲ拂ッテヤル法律デアル限リハ、其米ノ値段ハ公正デナケレバナラヌ、其公正ノ基礎如何、公正ノ基礎トハ農民ガ生産費ヲ割ラナイヤウニシテ買上ゲテヤルコトデアル、其生産費ニ不當ノ水膨レガアッテハナラナイ、今日ノ農村ニ於テ、諸君、生産費ノ中ノ一番大キナ部分ヲ占メテ居ルモノハ、肥料代ト、小作料ト、稅金デアル、諸君、稅金ガ農村ニ對シテ重クシテ都市ニ對シテ輕イト云フコトハ、今日誰人モ之ヲ否定スル者ハナイ、稅金ヲ下ゲテ米ノ生産費ヲ第一ニ下ゲナケレバ、此法律ハ活キテ來ナイト云フコトヲ私共ハ要求スルノデアル、第二ニハ肥料代デアル、肥料ノ――硫安ノ相場ハ昭和其他ニ於テ四十圓ノモノヲ、獨占資本ノ今日横發ニ依ッテ八十圓、百圓、百二十圓ト云フ肥料ヲ買ハサレテ居ル時ニ、米穀統制法ヲ布イテ米屋ニ犧牲ヲ拂ハセルナラバ、大キナ三井、三菱、住友等ニ大キナ犧牲ヲ拂ハセ、之ニ依ッテ四十圓デ出來ル肥料ハ、四十圓デ農民ニ賣付ケテヤル爲ニ肥料ヲ國營ニシナケレバ此法律ハ活キナイト云フコトヲ、私ハ政府ニ向ッテ強ク要求致シテ置クノデアリマス

第三ハ小作料ノ問題デアル、諸君、本年ノ米穀統制ノ問題ニ於テ政府ノ發表シマシタ――私共ガ要求シテ取リマシタ材料ヲ御覽ナサイ、昭和十年ノ反當リノ收穫ハ、一反ニ付テ一石八斗デアル、然ルニ一反ニ付テノ小作料ハ一石二斗デアル、一石八斗シカ穫レヌ所ヲ一石二斗取ラレテシマヘバ、後ニ農民、小作人ノ手許ニ殘ルモノハ僅ニ六斗デアル、然ルニ一反ニ付テノ肥料代ハ縣ニ依ッテ違フケレドモ、大體ニ於テ十圓ト踏メバ、宜シイ、サウスルト小作料ト肥料代トヲ取ラレルト云フト、一反ニ付テ農民ノ手許ニハ四圓五十八錢シカ殘ラナイノデアル、五反作ッテモ二十圓シカ殘ラナイ、是デ稅金ヲ拂ヒ、飯米トシテ農民ガドウシテ食ッテ行ケルカ、諸君、私共ハ米穀法ニ依ッテ農村ノ多數ヲ救ハウトシテ、都會ニ犧牲ヲ拂ハセルナラバ、少クトモ小作法ノ制定ニ依ッテ原理ニ適ッタ――經濟學ノ原理ニ適ッタ私共ハ社會主義ノ原理カラ只ニシロト云フコトヲ今日直チニ言フ者デハナイノデアル、資本主義ノ經濟ノ下ニ於テモ、肥料代ト農具ノ損料ト稅金ト勞働日當ダケハ農民ノ手ニ殘ルヤウニシテ、其アトヲ地主ニヤルト云フコトニシナケレバ、農民ハ體ヲ摺リ減ラシ、娘ヲ出シテ娘ノ命ヲ摺リ減ラシテ、遊食人種ニ奉仕シテ居ル、斯ウ云フ法律ヲ作ッテ米屋ヲ苛メルト云フノデハ、私ハ政治ノ公平ノ原理ニ反スルト思フノデアル、是ガ高米價政策ナリト云フ批判ヲ避ケル爲ニハ、私共ハ政府ハ如何ニ反對ガアラウト、所謂邪ナ利益ヲ貪ッテ居リマシタ今日ノ遊食地主カラシテ――其勢力カラ如何ナル反對ガアラウトモ、庶政一新ノ見地ニ立ッテ、何處マデモ小作法ヲ制定セラレルコトガ、本法ヲ活カス所ノ唯一ノ途デアルト云フコトヲ政府ニ向ッテ、島田農林大臣ノミナラズ、廣田總理大臣ニ向ッテ、坐睡ヲシテ、居ナイデ御聽ヲ願ヒタイガ、一ツ強ク要求シテ置ク次第デアル

諸君、私ハ以上ノ要點ニ於テ、而モサウナッテモ、マダ農村ニ於ケル青田賣、黒田賣、白田賣等ヲヤッテ居リマス貧農ニ對シテハ、本法ハ無緣ノ衆生デアル、斯ノ如キ農民ニ對シテハ、他ノ方策ヲ立テルコトニ依ッテ、サウ云フ農民ノ無クナルヤウニサレマスコトハ、政府トシテ當然ノ任務ナリト考ヘテ、此見地ニ立ッテ、以上ノ附帶決議ヲ附シマシテ、大局ノ上ニ立ッテ、米屋ニハ御氣ノ毒デアルケレドモ、本案ニ贊成シタ所以デアルト云フコトヲ申述ベマシテ、説明ニ代ヘタ次第デアリマス

（發言スル者アリ）

○議長（富田幸次郎君）　私語ヲ禁ジマ

ス――靜肅ニ――私語ヲ禁ジマス――清瀨一郎君

○清瀨一郎君 諸君、米穀自治管理法案外關係法案ハ、生産者デアリマスル農民ノ生活ノ爲ニハ勿論、取扱業者竝ニ一般消費者ニ對シテ洵ニ重大ナ問題デアリマス、特ニ寸毫ノ過ヲ犯シマスト、其結果ハ實ニ重大ナランコトヲ恐レマス、最ニ本案ガ第六十七議會ニ提案サレマシタ時ニ、吾々同志ハ之ニ對シ愼重ナル調査ヲ遂ゲ、適切ナル修正ヲ加ヘント欲シタノデアリマシタ、今回政府提案ノ法律案ハ、當時吾々ノ修正ヲ悉ク容レテ居ルノデアリマス、仍テ我ガ同盟ハ黨議ト致シマシテ、本案ニ贊成スルコトニ決シマシタ、唯同盟內ニハ本案ノ根本精神ニ對シテ、反對ノ信念ヲ持ッテ居ル議員ガアルノデアリマス、斯樣ナル國民生活ノ實際問題ニ關シ、議員ノ持ッテ居リマスル信念ハ、之ヲ尊重スベキモノデアリマス、政治ノ公明ハ是カラ始マルト存ジマシテ、吾々ハ是等ノ人々ニ對シテハ、表決ノ自由ヲ認メタノデアリマス、以上ノ理由ヲ開陳致シマシテ、私共ノ黨議トシテ本案ニ贊成スル意思ヲ表明致シマス

申ス迄モナク法律、別ケテモ經濟關係ノ法律ハ法文ノ立テ方、文字ノ巧拙ニ依ッテ、結果ノ生ズルモノデハナクシテ、之ヲ實際ニ運用スル際ノ心得ニ依ッテ、目的ヲ達スルヤ否ヤガ岐ルヽノデアリマス、本案成立ノ際ニ於テハ、政府ニ於キマシテモ、關係團體ニ於キマシテモ、亦組合員タル農民ニ於キマシテモ、制定當初、今日吾々ガ議場ニ表明スル目的ヲ始終見失ハナイヤウニ、其運用ヲ致シタイト存ジテ居リマス、以上ノ各點ヲ表明致シマシテ、茲ニ吾々ノ態度ヲ明ニ致シマス（拍手）

○議長（富田幸次郎君） 是ニテ討論ハ終局致シマシタ、三案ノ第二讀會ヲ開クヤ否ヤヲ御諮リ致シマス、三案ノ第二讀會ヲ開クニ贊成ノ諸君ノ起立ヲ求メマス

（贊成者起立）

○議長（富田幸次郎君） 起立多數、仍テ三案ノ第二讀會ヲ開クニ決シマシタ

○松永東君 直チニ三案ノ第二讀會ヲ開カレンコトヲ望ミマス

○議長（富田幸次郎君） 松永君ノ動議ニ御異議アリマセヌカ

（「異議ナシ」ト呼フ者アリ）

○議長（富田幸次郎君） 御異議ナシト認メマス、仍テ直チニ三案ノ第二讀會ヲ開キ、議案全部ヲ議題ト致シマス

米穀自治管理法案 第二讀會

米穀統制法中改正法律案 第二讀會

籾共同貯藏助成法案 第二讀會

○議長（富田幸次郎君） 別ニ御發議モアリマセヌカラ委員長報告通リ決シマシタ（拍手）是ニテ三案ノ第二讀會ヲ終リマシタ

○松永東君 直チニ三案ノ第三讀會ヲ開カレンコトヲ望ミマス

○議長（富田幸次郎君） 松永君ノ動議ニ御異議アリマセヌカ

（「異議ナシ」ト呼フ者アリ）

○議長（富田幸次郎君） 御異議ナシト認メマス、仍テ直チニ三案ノ第三讀會ヲ開キ議案全部ヲ議題ト致シマス

米穀自治管理法案 第三讀會

米穀統制法中改正法律案 第三讀會

籾共同貯藏助成法案 第三讀會

○議長（富田幸次郎君） 別ニ御發議モアリマセヌカラ第二讀會ノ決議通リ、可決確定致シマシタ（拍手）

○松永東君 殘餘ノ日程ヲ延期シ本日ハ是ニテ散會セヲレンコトヲ望ミマス

○議長（富田幸次郎君） 松永君ノ動議ニ御異議アリマセヌカ

（「異議ナシ」ト呼フ者アリ）

○議長（富田幸次郎君） 御異議ナシト認メマス、仍デ動議ノ如ク決シマシタ、次會ノ議事日程ハ公報ヲ以テ通知致シマス、本日ハ是ニテ散會致シマス

午後十時十九分散會

昭和十一年五月二十三日

朝鮮事業公債法中改正法律案

第一　朝鮮事業公債法中改正法律案（政府提出）　第一讀會ノ續（委員長報告）

報告書

一朝鮮事業公債法中改正法律案（政府提出）

右ハ本院ニ於テ可決スヘキモノト議決致候此段及報告候也

昭和十一年五月二十一日

委員長　牧山　耕藏

衆議院議長富田幸次郎殿

（牧山耕藏君登壇）

○牧山耕藏君　朝鮮事業公債法中改正法律案ノ委員會ノ經過並ニ結果ヲ御報告致シマス、此法案ノ內容ニ付キマシテハ、朝鮮總督府ニ於テ八千七百十六万四千圓ヲ以テ、朝鮮內ノ鐵道ノ建設改良並ニ港灣ノ改良ヲ行ハントスルモノデアリマシテ、其中八千四十万圓ヲ朝鮮總督府財政ノ現狀ニ於テ、事業公債法ノ改正ニ依ッテ公債財源ニ依ラントスルモノデアリマス、此公債財源ニ依ル事業計畫ノ梗概ニ付テ說明ヲ致シマスルト、七千二百万圓ヲ以テ鐵道建設費ニ充テ、慶尙北道ノ永川ト、今回新ニ京城府內ニ編入サレマシタル淸凉里間ノ三百五十八粁ノ中央線ヲ新設セントスルモノデアリマス、卽チ現在ノ京釜線ト、目下建設中デアリマス所ノ東海岸線トノ中間ヲ縫フ、第二京釜並行鐵道トモ云フベキモノデアリマシテ、京釜鐵道ノ複線作川ヲ爲ス鐵道デアルノデアリマス、此新線ハ昭和十五年度マデニ完成スル豫定ニナッテ居ルノデアリマス、次ニ鐵道改良費ハ總額九百七万三千圓デアリマスルガ、是ハ既設線ノ輸送力增加ヲ目的トスルモノデアリマシテ、其內譯ハ、釜山新義州間ニ於テハ鴨綠江橋梁改良費三百六十一万圓、淸川江橋梁改築費二百万圓、其他各地ノ橋梁鋼桁架替費九十二万五千圓、七十五封度軌條ヲ百封度軌條ニ敷換エル爲ノ經費二十一万圓、倭館若木間水害地帶ノ巷面上昇工事百六十三万三千圓ト、其外馬山線ヨリ京釜線ヘノ北行列車直通ノ爲ノ施設費トシテ二十万二千圓、釜山鎭三浪津ヲ一部複線トスル爲ノ工事費四十九万三千圓デアリマス

次ニ港灣修築改良費ニアリマシテハ、總額六百九万一千圓デアリマシテ、其內譯ハ釜山港海陸連絡設備擴張ノ爲ノ經費五百万圓、馬山港海陸連絡設備擴張ノ爲ノ經費一百九万一千圓デアリマス、是ハ昭和十三年マデニ完成スル豫定デアリマス、右事業計畫ノ大綱ヲ爲ス所ノ中央鐵道線ノ新設ハ、朝鮮ノ產業開發上有利デアルバカリデナク、國防上特ニ重大ナル意義ヲ持ッテ居ル鐵道デアルト云フコトニ付テ、拓務大臣ヨリ說明ガアッタノデゴザイマス、此國防上ノ關係ニ付キマシテハ陸軍大臣、陸軍次官、海軍省軍務局長等ノ出席ヲ求メマシテ、祕密會或ハ速記ヲ中止致シマシテ、重要ナル質疑應答ヲ重ネマシタガ、其內容ニ付テハ茲ニ發表ノ自由ヲ有シマセヌノデ、御報告ヲ差控ヘマス、尙ホ本法案ニ關聯ヲ致シマシテ、朝鮮統治各般ノ事項、大陸經營、大陸交通政策、就中滿洲國鐵道、南滿洲鐵道、朝鮮鐵道ノ統合一元化、其他重要ナル質疑應答モ行ハレタノデアリマス、併シ是等ハ全部速記錄ニ依リマシテ御諒承ヲ願ヒタイト思フノデアリマス、委員會ハ前後五回開會ヲ致シマシテ、愼重審議ノ結果、必要已ムヲ得ザルモノトシテ、全會一致ヲ以テ本法案ヲ可決致シタノデアリマス、此段簡單ナガラ御報告ヲ申上ゲマス（拍手）

○議長（富田幸次郎君）　本案ノ第二讀會ヲ開クニ御異議ハアリマセヌカ

（「異議ナシ」ト呼フ者アリ）

○議長（富田幸次郎君）　御異議ナシト認メマス、仍テ本案ノ第二讀會ヲ開クニ決シマシタ

○松永東君　直チニ本案ノ第二讀會ヲ開キ、第三讀會ヲ省略シテ、委員長報告ノ通リ可決セラレンコトヲ望ミマス

○議長（富田幸次郎君）　松永君ノ動議ニ御異議ハアリマセヌカ

（「異議ナシ」ト呼フ者アリ）

○議長（富田幸次郎君）　御異議ナシト認メマス、仍テ直チニ本案ノ第二讀會ヲ開キ、議案全部ヲ議題ト致シマス

朝鮮事業公債法中改正法律案　第二讀會（確定議）

○議長（富田幸次郎君）　別ニ御發議モアリマセヌ、第三讀會ヲ省略シテ、委員長報告通リ可決確定致シマシタ（拍手）

拓務省所管

朝鮮總督府

歳入經常部

第一款　租　税

第二項　所得税

（二六）　京城府ニ於テ徴收不足ニ屬スルモノ（會計檢査院報告十八）

二、六六二・七五〇円

本件ハ取扱ノ過誤ニ因リ徴收不足ヲ生セシメタルモノニシテ不當ナリトス

朝鮮鐵道用品資金

歳出

第一款　朝鮮鐵道用品費

第二項　用品及工作費

（二七）　朝鮮總督府鐵道局ノ支出ニ係ル（會計檢査院報告十九）

六一、七五九・六三〇円

右ハ昭和八年一月隨意契約ニ依リ三井物産株式會社及三菱商事株式會社ヨリ納期ヲ四月一日トシ購入シタル四・五粍鐵線二十四萬八千餘瓩ノ代價ナリ本件ハ千瓩當貳百四拾八圓貳拾五錢ニシテ八年一月同府遞信局ニ於テ東京製綱株式會社ヨリ購入セル四・五粍鐵線單價ニ比シ著シク高價ナルノミナラス本件購入ニ際シ東京製綱株式會社カ八年五月十五日ヲ納期トシ單價貳百貳拾參圓參拾錢ト見積レルニ拘ラス之ヲ排シ高價ニ購入セルハ當ヲ得サルモノト認メラル本件ハ物件ノ購入ニ當リ措置其ノ宜シキヲ得ス國庫ニ不利ヲ及ホシタルモノニシテ不當ナリトス

（二八）　朝鮮總督府鐵道局ノ支出ニ係ル（會計檢査院報告二十）

三二、一四四・九七〇円

右ハ四回ニ亙リ隨意契約ヲ以テ日本碍子株式會社外二會社ヨリ購入シタル鐵道省新型二重碍子十五萬七千餘箇及同型「カップ」三萬二千餘箇ノ代價四萬九千餘圓ノ內ニシテ本件購入單價ハ內地各鐵道局ニ於ケル購入單價ニ比シ高價ニ當リ又其ノ仕様ハ殆ト同一ナルヲ以テ運賃箱代及輸送中ノ破損率等ヲ考慮スルモ本件價格ハ高價ニ失スルモノト認メサルヲ得ス本件ハ物件ノ購入ニ當リ措置其ノ宜シキヲ得ス國庫ニ損失ヲ及ホシタルモノニシテ不當ナリトス

報告書

一昭和九年度國有財產增減總計算書

右ハ本院ニ於テ是認スヘキモノト議決致候此段及報告候也

昭和十一年五月二十二日

決算委員長　立川　太郎

衆議院議長富田幸次郎殿

(立川太郎君登壇)

○立川太郎君　昭和九年度ノ歳入歳出總決算、昭和九年度各特別會計ノ歳入歳出、竝ニ昭和九年度國有財產增減總計算書ノ審査ヲ付託サレマシタ決算委員會ノ、經過竝ニ結果ヲ極ク簡單ニ御報告申上ゲマス、決算委員會ハ總會ヲ開クコト八回、分科會ヲ開クコト二回、小委員會ヲ開クコト一回デ、十一回開會致シタノデアリマス、其間委員諸君ハ非常ナ熱心ナル御審議ヲ盡サレマシタノデアリマス、御承知ノ如ク決算報告書ハ極メテ浩瀚ナモノデアリマスノデ、此決算報告書ニ基キマシテ一々審査スルト云フコトハ、今期ノ如キ短イ議會ニ於テハ到底爲スコトガ出來ナイノデアリマス、随テ委員會ニ於キマシテハ、會計檢査院ノ報告書ヲ基礎ト致シマシテ、政府ノ之ニ對シマスル辯明書竝ニ委員會ニ於ケル質問應答ヲ基礎トシテ審議ヲ致シタノデアリマス

偖テ昭和九年度ノ決算額ヲ見マスルニ、歳入經常部ニ於テ十三億四千餘万圓、歳入臨時部ニ於テ九億餘万圓、合計二十二億四千餘万圓デアリマス、而シテ歳出ニ付テハ、經常部ニ於テ十二億二千餘万圓、臨時部ニ於テ九億三千餘万圓、合計二十一億六千餘万圓デアリマス、随テ八千三百餘万圓ノ剩餘ヲ生ジタノデアリマス、是ハ昭和十年度ノ歳入ニ編入サレテアリマシテ、其詳細ハ決算書ヲ御覽ヲ願ヒタイノデアリマス、委員會ニ於キマシテハ、先程申述ベマシタ通リ會計檢査院ノ決算報告ト、政府ノ之ニ對スル答辯、又委員ノ質問ナドニ依リマシテ、愼重審議致シマシタ結果、議事ガ餘程進行致シマシタケレドモ、其質スベキコトニ付テハ、各大臣其外政務官ニ十分ニ之ヲ質シタノデアリマス、其結果昭和九年度ノ一般竝ニ特別會計ノ歳出入ヲ通ジテ、五十七件ト云フ不當ナ歳出入ガアルト云フ議決ヲ爲シタノデアリマス(拍手)又既往年度末確定ノ決算中、一般會計ノ歳出入ニ於テ不當ナモノガ十七件、特別會計ノ歳出入ニ於テ不當ナモノガ十五件、合計三十二件デアリマシテ

(議長退席、副議長着席)

總合計致シマスト、不當ナモノガ八十九件ノ多數ニ上ッタノデアリマス、其詳シイコトハ委員長ノ報告書ニ記載ヲ致シマシタカラ、皆サンハ之ニ依ッテ御覽ヲ願ッテ置イテ、此際ハ省略致シタイト思ヒマス、唯茲ニ私カラ是非トモ一ツ申上ゲナケレバナラナイコトガアルノデゴザイマス、ソレハ何デアルカト申シマスルト、昭和七年度ノ歳入ヤ歳出ヲ審議致シタ決算委員會ニ於テ、不當ナルモノガ五十一件アルト云フ決議ヲサレテ居ルノデアリマス、其翌年ノ昭和八年ノ決算委員會ニ於キマシテハ、不當ナルモノガ六十件アルト決議ヲシテ居ルノデアリマス、而シテ今年ハ不當ナルモノハ八十九件ト云フ多數ニ上ッテ居ルノデアリマス、年々歳々政府ノ歳入歳出ノ中ニ、斯ノ如キ不當ナ歳入出ガ益〻增加スルト云フコトハ、何ニ依ッテサウナルノデアリマセウカ、其原因ノ由ッテ來ル所ヲ私ハ彼此レ此處デ申上ゲマセヌ、ケレドモ議會ニ於キマシテモ私ハ罪ガアルデアラウト思ヒマスガ、政府ノ罪ハ議會ノ罪ヨリカ重イト言ハナケレバナラヌト思ヒマス(拍手)從來動モスルト、此決算ト云フコトニ付テ、議會モ輕ク取扱ッタヤウナ傾キガアリマスガ、政府ニ於テハ全ク之ヲ無視シテ居ルヤウナ傾キデアッタノデアリマス(拍手)官僚ノ中ニハ議會ハ墮落シタトカ、或ハ政黨ガ惡イトカ云フヤウナコトヲ、非常ニ宣傳シテ居ル人モアルノデアリマスガ、此決算ニ現レマシタ結果カラ判斷スルナラバ、私ナドハ斯ウ言ヒタイノデアリマス、豫算ヲ審議スルニ當リ、各大臣、次官、局長、課長ナドガ血眼ニナッテ、其通過ニ奔走ヲ致スノデアリマス、併シ一旦是ガ通過致シマスト、豫算、法律、勅令ニ違反シタ措置ヲ澤山爲スノデアリマス、而モ國家ニ向ッテ、又國民ニハ多大ノ損害ヲ與ヘテ居ルノデアリマス(拍手)現内閣ハ國政一新ヲ標榜シテ居ラレル内閣デアリマス、從來ノ斯ノ如キ惡弊ヲ十分ニ現内閣ニ依リマシテ矯メテ戴カナケレバナラナイト、國民ハ深ク要求ヲシテ居リマス、軍部ニ於キマシテ今日肅軍ノ實ヲ擧ゲルコトニ全力ヲ注イデ居ラレマシテ、此點ニ付テハ國民モ感謝ヲシテ居ルノデアリマスガ、廣田内閣ノ各省大臣モ、單ニ軍部ダケノ肅正デハナイ、各省ノ官吏ノ責任ヲ明ニシテ、斯ノ如キ不正ガ將來其跡ヲ絶ツヤウニシテ戴カナケレバナラナイ、斯ウ云フコトハ委員會全部ノ希望デアリマス、權力ノ陰ニ隱レテ責任ヲ重ンゼナイコト、今日ヨリ甚シキハナイト思ヒマス(拍手)昔ノ官吏ハ腹ヲ切ッテ長上ニ對シテ御詫ヲシタノデアリマス、國民ニ對シテ申譯ヲ致シタノデアリマスガ、今日ノ官吏ハ長上ニ對シテ自決ヲスルト云フコトハ殆ド少イ、僅ニ委任官或ハ判任官ノ中ニハ、御上ニ對シテ申譯ナイト言ッテ腹ヲ切ル人ガアリマス、ケレドモ勅任官ヤ親任官ニ於テハ、責任ヲ感ジテ居ルノデアルカドウデアルカト疑ハネバナラヌヤウニ、上ノ人々ノ責任ノ觀念ハ、口先デハ痛感シテ居リマスガ、實際ニ其實ガ擧ラナイノデアリマス、ドウカ斯ノ如キ不正ガ將來ナイヤウニシテ戴キタイ、斯ウ云フコトガ總テノ委員ノ希望デアリマシタ、委員會ニ於キマシテハ愼重審議ノ結果

一　昭和九年度決算ヲ審査スルニ豫算又ハ法律勅令ニ違反シ不法不當ノ歳入出ヲ爲セルモノ數十件四千四百餘万圓ノ多額ニ達セルハ部下監督其ノ當ヲ得サルニ因ル政府ハ宜シク國政一新ノ第一著手トシテ先ツ吏道振肅ノ方法ヲ講スヘシ

一　政府ハ年々議會ノ警告ヲ無視シ豫算ノ流用、年度末ノ濫費竝官吏ノ賞與、手當、慰勞金其ノ他給與金ノ不當支出等ノ積弊愈〻甚シキ傾向アリ政府ハ繰替流用及濫費ノ惡弊ハ必ス之ヲ打破スヘシ

一　大藏省其ノ他各省ノ官吏ニシテ民間ト結託シ不正不當ノ措置ヲ爲シ爲ニ國庫ニ損失ヲ及ホセルノミナラス犯罪ヲ構成セルモノアリ又特別會計ハ一般會計ニ比シ不當ノ措置共多シ政府ハ嚴重ニ官吏ノ責任ヲ糾明シ賞罰ヲ明ニスヘシ

ト云フ附帶決議ヲ附ケマシテ、之ヲ承認スルコトニ致シタノデアリマス、尚ホ昭和九年度國有財產增減總計算書モ、之ヲ承認致

スコトニ議決致シタノデアリマス、以上簡單デアリマスガ、委員會ノ報告ヲ申上ゲマス（拍手）

○議長（岡田忠彦君） 討論ノ通告ガアリマス――福田關次郎君

（福田關次郎君登壇）

○福田關次郎君 只今議題トナッテ居リマスル昭和九年度ノ決算ニ付キマシテ、只今委員長ノ報告サレマシタ附帶決議ヲ附シテ、吾々ハ本案ニ贊成セントスル者デアリマス、各豫算及ビ法律勅令背反ト認ムベキモノニハ、ソレ〳〵不當不法ナル判定ヲ下シテ、之ヲ承認致シタノデアリマシテ、議會ニ於キマシテハ、御承知ノ通リ豫算ト決算ハ相並行スベキモノデナクテハナラナイノデアリマス、而シテ此豫算ノ決定ト決算トハ、之ヲ重要ニ見マシテコソ、議會精神ノ發揚ガ出來ルモノト言ハナケレバナリマセヌ、然ルニ今日マデ決算ナルモノガ、政府之ヲ輕視シ、或ハ議會モ動モスレバ之ヲ輕視スルニアラズヤトノ疑ナシト致サナイノヲ遺憾ト致スノデアリマス、此結果ト致シマシテ、今日我ガ日本ガ受ケマシタル損害ハ蓋シ莫大ナルモノガアルノデアリマス、豫算ニ於テ取リマシタル其豫算ヲ、先程委員長モ言ハレマシタルヤウニ、如何ナル所ニ之ヲ流用シテ居ルカ、濫費シテ居ルカト云フコトヲ見マスルト、私共ハ國家ノ受ケシ損害ハ多大ナモノガアルト信ズルノデアリマス、而シテ中ニハ國有財産ヲ或者ト結託シテ、其儘横領シタル者モアル、中ニハ租税ノ收入ヲ圖ルノニ、一部ト結託シテ國家ニ莫大ナル損害ヲ與ヘタ者モアルノデアリマス、此點ニ於キマシテ決算委員會ハ數年間之ニ留意シテ、既ニ政府ガ拂下ゲタル國有財産ヲ取返シマシタルモノハ多大ニ上ッテ居リマス、或ハ一ツノ物ヲ製造スルノニ、不當ノ支出ヲスルコト百六十万圓、此金モ數年前ニ既ニ或ル方面ニ消費サレテ居ッタガ、決算委員會ニ於テ悉クヲ茲ニ取戻シテ、年賦ニ依ッテ償還セシムルコトニ致シマシタ、又或ル軍部ニ於テ、土地約數千坪ヲ買落ニ於テ、或ル團體ニ何等ノ契約ナシニ御貸下ニナッテ居リマス、是ハ二十五年致シマスレバ、民法上當然其者ノ所有ニ歸スルノデアリマシテ、是ハ不屆ナルモノナリトシテ回復ヲ圖リ、國家ニ歸屬セシメタル例、或ハ九州ニ於キマスル、熊本縣ノ八重山群島ニ於ケル國防林野數十万坪ノ拂下ヲ致シマシテ、是レ國家ノ爲ニ害ガアリマスルカラ、之ヲ又取返シタ等ノ事實ガアリマス、斯ク致シマシテ、今日マデ決算委員會ニ依リマシテ、國家ノ利益ヲ回復致シマシタルモノハ決シテ少クナイコトヲ、茲ニ御報告申上ゲルコトヲ吾々ハ喜ブ者デアリマス、議會ノ存立及ビ議會ノ使命ハ一層是ヨリ重大ナルモノデアリマシテ、斯ル國家ノ損失ヲ防ギ、國政一新ノ實ヲ擧グルハ、主トシテ是等ノ實行豫算ヨリ立脚シタル所ノ政務ノ監督ヲスルニアリト、私共ハ斷言スルニ憚ラナイノデゴザイマス、現ニ豫算委員會ニ於テ失ヘレタル國有財産ヲ、斯ノ如クニシテ回復シ得ルノハ、結局ハ決算委員會ニ依ルニアラザレバ斷ジテ爲スコトハ出來マセヌ、而シテ昭和九年度ノ歲出入ニ於キマシテモ、二十二億四千餘万圓ノ莫大ナルモノデアリ、其九年度ニ國債ノ利息トシテ拂ヘレタルモノノミデモ、四億三百餘万圓ニ及ンデ居ルノデアリマス、此赤字公債ニ依リマスル利息ノミデモ、日本ノ地租、營業收益稅、所得稅、相續稅等ヲ悉ク國債ノ利息ニ充當スルモ今日足ラザルノ傾向ニアル、然ルニ赤字公債ヲ濫發シテ、帝國ノ前途ヲ如何ニスルカ云フコトモ、此一事ニ依ッテ之ヲ明ニスルコトガ出來ルノデアリマス、此厖大豫算ヲ實行致シマスルニ於キマシテハ、吾吾ハ只今委員長ノ報告セラレマシタ所ノ結論ニ到達シテ、其附帶決議ヲ附シタ所以デアルノデアリマス、サウシテ先程言ヘレタヤウニ、勅令及ビ法律違反ト致シマスルモノガ非常ニ多數デアル、是等ハ年々吾々ハ議會ヨリ託サレマシタル使命ニ基イテ、有ユル方法ヲ以テ是ガ改革ノ任ニ當ッテ居ルノデアリマス、第一各省ノ中デ一番目立ッテ面白カラズト認メルモノノ中ニハ、例ヘバ大藏省ノ專賣局ノモノモ、此中ニ織込マレルノデアリマス、例ヘテ申シマスルト、此決議ノ中ニ包含サレテ居リマスルガ、東京地方專賣局ガ東亞煙草株式會社ニ對シテ拂下ゲラレタル昭和九年度ノ煙草ノ拂下ニ於テ、輸出ト云フコトヲ名目ト致シマシテ、之ニ拂下ゲラレテ居リマスガ、其實ハ輸出デハナイノデアリマス、即チ之ヲ使用致シマスルモノハ、日本人デアリマス、即チ日魯漁業會社ト北樺太鑛業會社ニ對シテ、是ハ拂下ゲラレタノデアリマス、外國人ガ使ヒマスルナラバ、日本ノ煙草ノ輸出ト云フコトニナルノデアリマスルケレドモ、是ハ一私立會社ニ對シテ、日本人ニ販賣スルノデアルカラ、內地ニ販賣スルト同一ナ價格ヲ以テ拂下ゲルノガ當然デアルト思フノニ、此拂下ノ價格ハ如何デアリマスルカ、眞ニ生產費ニ事務費ヲ加算シタモノダケニ依ッテ、之ヲ拂下ゲヲ居ラレマス、ドウ云フ譯デ斯ウ云フ廉價ニ拂下ゲタカト云フコトニ付テハ、買受人ニ對シテ海外ノ運賃ヲ見込ンデ居ル、保險料ヲ見込ンデ居ル、關稅、輸出業者ニ對スル利益、仲繼人ニ對シテノ利益、小賣人ニ對スル利益、之ヲ含メテ居ルト云フコトデアリマスガ、其價格ハ一厘モ國庫ハ儲カラナイノデアル、而モ其買受人ハ東京デ之ヲ受ケテ、芝浦ト橫濱デ即時賣ッテ、數十万ノ不當利得ヲ得テ居ルノデアル、大藏大臣モ此處ニオ居デニナリマスガ、最近大藏行政ノ中ニ、專賣制度ノ擴張ヲ圖ラントセラルルノ聲ガ高イ、斯ノ如キ事ガ將來ニ行ハレマシタナラバ、專賣制度ノ惡弊、蓋シ大ナルモノアルヲ立證スルト言ハナケレバナリマセヌ（拍手）尙ホ又鹽專賣ニ於キマシテモ、本員ハ數年間ニ亙リマシテ其弊害ト、是ガ革正ヲ叫ンデ居ルコトハ、皆樣ノ御諒承ノ通リデアリマス、鹽專賣ニ於キマシテハ、即チ過剩鹽ヲ買込ミ、或ハ過剩ノ生產ヲシテ、而モ昭和九年、十年ニハ二百万圓ノ豫備金ノ流用ヲ致シテマデ、斯樣ナ事ヲサル、コトハ、將來是等ハ餘程御愼ミヲ願ヒタイト思フノデアリマス（「ヒヤ〳〵」拍手）又啻ニ大藏省ノミデハアリマセヌ、今迄ノ例ニ依リマスト、豫算ヲ取ッテ年度末ニ於キマシテ剩餘ガ生ズル、其剩餘ハ殆ド國庫ニ是ガ返還、若クハ翌年度ニ繰越サレタル所ノ例ガ少イノデアリマス、ノミナラズ此過剩ニ要求サレタ豫算ハ、殆ド最後ニハ浪費サレル、浪費サレテ尙ホ足ラズトシテ、遂ニ豫備金マデ支出シテ之ヲ浪費スル如キハ、此國步艱難ニシテ、赤字公債ニ苦シム帝國ノ財政革新ノ爲ニハ、斷乎トシテ改メテ貰ハナケレバナラヌト思フノデアリマス、又國民ノ納稅ニ關シマシテモ、大藏省ノ官吏ガ一部特權階級ト結託シテ、當然帝國ノ臣民トシテ、義務ヲ果スベキニ之ヲ果サズ、遂ニ脫稅疑獄ノ如キ重大ナル案件ヲ惹起シ、是ガ全國ニ波及シテ居ルト云フ狀況デアリマス、大藏大臣ハ御就任間モゴザイマセヌ、併シ庶政一新ヲ以テ理想トサレテ居リマスル現內閣ニ於テ、斯ノ如キ事ノ將來起ラザルヤウ、一網打盡ノ方策ニ出デラレルコソ、庶政一新ノ根本ト思フノデアリマス（拍手）

次ハ內務行政ノ上ニ於キマシテ、私ハ簡單ニ申シテ置キタイト思フノデゴザイマス、內務行政ニ於キマシテハ、今期議會ニ於キマシテハ、有ユル方面ニ內務行政ノ失當ヲ攻擊サレテ居リマスルコトハ、御承知ノ通リデアル、過般モ申上ゲマシタガ、內務省ガ昭和九年度及ビ十年度ヲ通ジテ、第二豫備金ヨリ流用サレタル警察費連帶支辨金デアリマスガ、斯ノ如キ費用ハ、程度ニ依ッテ御使ヒニナルコトハ敢テ反對ヲ致シマセヌガ、斯ル費用ヲ濫費致シマシテ人權ノ蹂躙、官權ノ濫用トナリ、民心ノ惡化ヲ來サシムルガ如キ根源ヲ爲スコトニハ、斷ジテ反對シナケレバナラナイノデアリマス(拍手)中ニハ同省ガ當然徵收スベキ六十八万四千餘圓ノ如キモ、當然徵收ノ權利ガアルニ拘ラズ、斎緣情實ト、放漫ナル態度トニ依ッテ之ヲ徵收セズシテ、國庫ニ損害ヲ與フル等、自己ノ本分ヲ行ヘレル上ニ於テ、大ニ缺クル所ハナイノデアリマスルカ、是等ノモノガ昭和九年度ニ於ケル、決算ノ上ニ現ヘレルト云フコトヲ、私共ハ洵ニ遺憾ト致ス者デアリマス、是等內務行政ノ失態ノ爲ニ起ル損害ハ、國民自ラガ其損害ヲ受ケナケレバナラナイコトヲ、深ク御諒承相成リタイト思フノデアリマス、其他內務行政上ニ於キマスル事ニ付テハ、種々ノ問題ガアリマシテ、過般ノ委員會ニ於キマシテハ、內務大臣及ビ其他ノ政府委員トハ、徹底シタル質問應答ヲ致シテ居ルノデアリマシテ、內務當局ノ將來ニ於ケル御反省モ、多少見ルベキモノガアヲウカト思ヒマスルガ、其邊ハドウカ決算委員會ノ速記錄ニ於テ、御諒承ヲ願ヒタイト思フノデアリマス

次ハ外務省所管デアリマスガ、外務省所管ニ付テハ、過般モ私ハ此席上カラ一言致シタノデゴザイマスガ、今ノ大臣ハ御就任間モゴザイマセヌカラ、昭和九年度ノ決算ヲ審議スルニ方リマシテハ、現內閣、現大臣ニ向ッテ云爲スル譯デハゴザイマセヌガ、外務省所管ニ於キマスル在外使臣ノ綱紀モ、相當紊レテ居ルヤニ吾々ハ聞クノヲ遺憾ト致シマス、其例ト致シマシテハ種々アリマスルガ、此處デハ申シマセヌ、即チ外地ニハ社會制裁ガ少イ、或ハ輿論ノ力ガ少イ、監督不行屆ト云フコトガアリマス、之ニ由リマシテ內地ヨリモ動モスレバ綱紀ガ紊レ、人心弛緩致シマシテ、其結果官吏トシテノ本分ヲ忘レル者ガ、或ハ無キニシモ非ラズト云フコトニナルノデハナイカ、例ヘテ見マスルト、青島ニ於キマスル一副領事ガ官金公金ヲ合計シテ三十三万餘圓ヲ費消シタルガ如キハ、以テ外地ニ於キマスル帝國使臣ノ腐敗墮落ノ大勢ヲ推知スルニ難クナイノデアリマス、今日所謂外國ニ居リマスル所ノ使臣ハ、帝國ノ國威國權ヲ代表シ、我ガ日本帝國ノ貿易產業ノ發展ニ死力ヲ盡シテ、其誠意ヲ竭シテ貰ハナケレバナラナイ、然ルニ拘ラズ斯ノ如キコトデアルト致シマスルナラバ、ドウシデ我ガ日本ノ產業發展ト國威國權ヲ海外ニ發展スルコトガ出來ルデアリマセウカ、延イテ國民生活ノ安定ヲ確保スルコトモ、蓋シ難事ト云フコトニ相成ルノデハゴザイマスマイカ、玆ニ外務大臣ノ此點ニ於キマスル所ノ根本ニ付テノ一大御反省ト、庶政一新ヲ理想トサレマスル外務大臣ノ大ナル御決心ヲ玆ニ及ボサレテ、以テ部下ヲ董督シ、官吏ノ本分ヲ自覺セシメ、更始一新ノ吏道ノ刷新ト樹立ニ努メラレンコトヲ願ヒタイノデアリマス(拍手)

次ハ遞信省內部デゴザイマスルガ、遞信省ニハ本員等長ク當議會ノ責任ヲ受ケマシテ、決算ニ參加致シテ居リマスルガ、遞信省管內ニハ幸ニシテ批難スベキ事項ガナカッタノデアリマス、然ルニ今回ニ於キマシテハ稍〻是ガ生ジテ來タト云フコトハ、洵ニ之ヲ遺憾トスルノデアリマス、而シテ遞信省管內ノ不正事件ノ根源ガ何處ニ在ルカト申シマスルト、一等局ニハ少イ、是ガ今日制度ノ上ニ於キマシテ、最モ多キヲ思ヘレマスル三等郵便局ヲ中心ニ行ヘレテ居ルノデアリマス、三等郵便局ニ於ケル所ノ官金ノ費消、或ハ印紙賣上代金ノ橫領等ハ、悉ク三等郵便局ニ是ガ潛在シテ居ルノデアリマス、其三等郵便局ニ勤務シテ居ル所ノ今日ノ多クノ人々ガ、二十四ノ初任給デ、三十六歲ニナラザレバ三十圓ノ俸給トナラザルト云フガ如キハ、今日遞信行政ノ上ニ於テ大イニ御考ヲ下サッテ――是等我ガ日本ノ遞信事業ノ爲ニ奮鬪努力スル所ノ中產以下ノ民衆ガ三十圓、二十圓デ如何ニ致シマスルカ、此點ハ遞信行政ノ根本改革ヲ促サナケレバナリマセヌ(拍手)是ガ吾々ガ決算委員會ニ於テ得マシタル所ノ遞信行政ニ對スル根本義デアッタノデゴザイマス

次ニハ海軍省ニ對シマシテ簡單ニ私ハ其批判ヲ試ミタイノデアリマス、海軍省ノ歲出入ニ付キマシテハ、御承知ノ通リ相當ナル金額ニ上ッテ、近時軍備ノ擴張、軍事費ノ膨脹トナッテ居リマスルガ、併シ海軍省ノ決算ニハ、私共ハ數年ノ間是ガ檢討ヲ試ミマシタガ、近來海軍省ノ實際ノ批難スベキ事項ガ非常ニ減少シテ居ルノデアリマス、減少シテ居ルカラ必シモ海軍省ノ內部ガ完全無闕トハ申シマセヌ、併ナガラ今マデ吾々ガ研究致シマシタ中デ、段々ニ減少致シテ來ルト云フコトハ、洵ニ欣ブベキコトデアリマシテ、尙ホ一層海軍當局ハ努力ヲサレテ、今後吾々ガ此議場ニ於テ批難スルコトナカラシメルヤウニ、一段ノ御努力ヲ願ヒタイノデアリマス(拍手)併ナガラ昭和九年決算中、造船造兵及修理費中、海軍省經理局ノ支出ニ係リマスル二十二万三千餘圓ノ件及吳海軍經理部ノ支出ニ係リマスル事件ノ如キハ、斷ジテ之ヲ默認スルコトノ出來ザル事件デアルコトヲ御含ミ置キヲ願ヒタイノデアリマス、是等ガ今吾々ガ附帶決議ヲ致シマシタ所ノ根本ノ中ニ潛在シテ居ルコトヲ御諒承願ヒタイノデアリマス

尙ホ陸軍省ニ付キマシテ簡單ニ申上ゲタイ、近時軍事費ノ增加ニ伴ヒマスルト云フコトガ原因デアルカドウカハ、未ダ明確デハゴザイマセヌガ、不法不當ト認メザルヲ得ザルモノノ稍〻多キハ、洵ニ本員等ノ遺憾トスル所デアリマス、即チ造兵廠小倉工廠ノ支出ニ係リマスル金五十四万五千餘圓ノ問題ハ、銃身其他ノ購入代金デアリマスルガ、其見積價格ハ種々ノ御辯明モゴザイマシテ、是モ亦聞ク所一理ハアリマスガ、サリナガラ其價格ノ、單價ノ高キニ失シマスコトハ、何人ガ見マシテモ、常識カラ見テ是ハ當然デアリマシテ、此點ニ對シマシテハ、其不當ナルコトヲ洵ニ遺憾トスルモノデアリマス、尙ホ又歲出經常部軍事費中、被服本廠ノ支出ニ係ル金三十五万九千餘圓ノ件、防毒面購入ニ當リマシテ、是亦隨意契約ニ依ッテ日本化工及藤倉工業兩會社ヨリ御買上ニナッテ居リマスルガ、此購入單價ニ於キマシテモ、有ユル方面ノ實情ヲ精査致シマシテ、是亦單價ノ多大ニ高キコトヲ立證スルモノデアリマシテ、斯ル物品購入上ノ不法、或ハ不當ニ近キ行爲ハ、將來是ハ御愼ミヲ願ッテ、國民負擔ノ輕減ニ邁進セラレンコトヲ願ヒタイノデアリマス(拍手)又滿洲事件費中ニゴザイマス陸軍經理局ノ支出ニ係ル六十一万二千餘圓、自動車用ノ揮發及航空機用ノ揮發、一ハ十六万罐ノ代金、一ハ六万罐ノ代金デアリマシテ、昭和九年五月、關東軍野戰航空廠ガ滿洲航空會社ヨリ購入ニ係ルモノデアリマシテ、當時同地方ノ相場ト相對比致シマスル時ニ於テ、本價格ハ相當ノ高價ニ過ギ、國庫ニ相當ナル損害ヲ與ヘタルヤノ疑ヲ挾ムコトヲ、洵ニ遺憾ト致スノデアリマス

次ニ同ジク陸軍省經理局支出ニ係ル四十万七千圓、昭和九年六月二十三日カラ七月二十五日ノ間、隨意契約ニ依リ株式會社松村組ニ對シテ請負ヲ爲サシメタル所ノ、滿洲ニ於ケル營舍ノ新築デアリマス、他ニオ造リニナリマシタ同一規格ニ於キマシテ、即チソレニ比較致シマシテ、其價格ダケハ非常ニ高イト認メルノデアリマス、是等モ

深ク思ヒヲ致サレマシテ、今後吾々ガ斯ル批難ヲ致スコトガナキヤウニ、十分ナル御留意アリタイト存ズルノデアリマス、其他或ハ關東軍哈爾賓ノ倉庫ニ對シマスル燕麥ノ購入等モアリマスルガ、是等ハ省略致シテ置キマス、要スルニ私共ノ想ヒマスルノニハ、顧ミマスレバ僅カ明治三十三年ト思ヒマスガ、貴族院ニ於キマシテハ旭川ノ兵營、即チ木造、其金額ハ僅ニ九万圓デアッタ、ソレヲ隨意契約デシタノハ不届デアルト云フノデ、遂ニ上奏案提出ノ論マデ上ッタ事件ガゴザイマス、其當時公入札ニ依ラズ隨意契約ニ依ッテ、僅ニ八九万圓ノ旭川ノ兵營ヲ請負ハシテ建設セシメタト云フ一事ヲ以テ、上奏案マデ提出サレントシタ事ヲ回想シテ、今日ノ議會ニ於ケル所ノ有樣、今日ノ政府ノ態度ハ如何デアリマス、即チ私共ガ今擧ゲマシタダケデモ其金額ハ莫大ナルモノデアル、今委員長ノ總計サレタ金額ハ莫大ナルモノデアル、是等ニ對シテ議會及ビ輿論ノ監視ト、此輿論ノ之ニ對シマスル制裁ガ薄クシテ、而モ政府ハ、此決算委員會ニ於ケル總テノモノヲ、頰被リデ通ラントスルガ如キハ、明治三十三年當時ノ日本ノ政府及帝國議會ノ愼重審議ノ結果ト綱紀ノ程度ヲ相對比シテ、思ヒ半バニ過グルモノアルノヲ、遺憾トスルノデアリマス(拍手)

拓務省ニ於キマシテ簡單ニ申シテ置キタイ、即チ拓務省モヤハリ先程申シマシタ外地ニ屬シマスル點ガアルノデ、此點ニ於キマシテヤハリ相當ナル批難ノ點ガアリマスルト云フコトヲ、私共ハ遺憾ト致スノデアリマス、即チ拓務省ハ、御承知ノ通リ新領地デアリマシテ、社會ノ制裁、輿論ノ制裁ガ少ナイノデアリマス、是ニ於キマシテ綱紀紊亂ニ屬スベキ點ノ多々アリマスルコトヲ、是亦吾々ハ遺憾トスルノデアリマス、御承知ノ通リ數年前ニ起リマシタ樺太ノ森林不當拂下問題、又現在ニ於キマシテモ樺太ヲ中心トシテ森林拂下ノ不當事件ハ多數ニ上ッテ居ルノデアリマス、又朝鮮ニ於キマスル所ノ、例ヘテ見マスレバ朝鮮總督府草梁土木出張所ノ支出ニ係リマスル二百十四万九千餘圓ノ事件ノ如キ、既ニ洛東江ノ洪水防禦ノ爲ニ造ラレタ築堤工事ニ對シテ、其モノガ或ル程度ノ洪水ヲ見込ンデ是ガ築堤ヲ致シマシタルニ、其僅カナ洪水ニ於キマシテ、其雨期前ニ完成シタル工事ガ數箇所、數十米ノ決潰ヲ來シタ、是ガ實際ヲ點檢致シマスレバ、工事ノ手拔キ、工事ノ杜撰、實ニ其間ニ言フベカラザル不正ノ潜在ニ依ッテ、形ダケノ工事ガ完成サレタモノデアル結果ガ、此非常ナル損害ヲ來シ、此洪水ノ爲ニ受ケマシタ洛東江沿岸ノ朝鮮民ノ被害ヤ、蓋シ大ナルモノガアッタコトハ御承知ノ通リデゴザイマセウ、是等ニ於キマスル工事ノ實相ニ付テハ、吾々ハ長ク之ニ對シテ反省ヲ促シ來ッタコトハ、御承知ノ通リデアリマスルガ、尙ホ斯ル工事ニ對スル驚クベキ不正事件ノ潜在シテ止マザルコトヲ、洵ニ遺憾ト致スモノデアリマス、更ニ或ハ臺灣總督府ノ官有物貸下、或ハ同拂下ノ不正事件、工事ノ不法請負事件、物件工作費ノ不當支出事件、或ハ租稅ノ未納ノ多數ニ上ル事件ノ如キハ、各地ニ於キマスル綱紀官紀ノ紊亂ノ實情ヲ物語ルモノデゴザイマシテ、本員ト致シマシテ洵ニ遺憾痛惜ニ感ズル所デアリマス、樺太ノ森林拂下ノ不正事件ニ於キマシテモ、數年來本員ハ是ガ改革打開ノ爲ニハ、有ユル壓迫ヲ顧ミズシテ鬪ッテ參ッタノデアリマス、其跡ヲ今日ニ於テ尙ホ絶タザルト云フコトハ、國政ノ上ニ於テ洵ニ遺憾ニ堪ヘマセヌ、例ヘバ元泊林務署ノ中村某外數名ニ拂下ゲタル所ノ一万三千立米ノ林木拂下ノ不正事件ノ如キ、或ハ豐原林務署ノ拂下ニ依ル不當事件ノ如キ、或ハ留多加林務署ノ不當事件ノ如キ、即チ眼ヲ樺太ニ向ケテ見マスルナラバ、其實ニ不正ノ潜在スルコト、斯ク多數立證シ得ルコトハ、洵ニ遺憾トスルモノデアリマス(拍手)尙ホ政府ノ怠慢ヲ茲ニ申上ゲナケレバナラヌノハ、數年前本員ガ樺太林業株式會社ニ樺太廳ガ拂下ゲタ其林木拂下代二百万圓ノ拂込ヲ怠ッテ居ルカラ、之ヲ速ニ回收セヨト政府ニ本員等ハ二年間ニ亙ッテ獻言シテ居ルノニ、未ダ此二百万圓ノ回收ガ出來ザルガ如キハ、此會社ト時ノ政府若クハ要路ト、言フベカラザル何等カノ關聯ノアルコトヲ、茲ニ立證スルモノデハアリマセヌカ、綱紀官紀ノ紊亂茲ニ至リマシテ蓋シ大ナリト言ハナケレバナリマセヌ、苟モ官吏タルモノハ國家ノ善良ナル官吏トシテ、國家ノ總テノ利害ヲ打算シ、以テ國民生活ノ安定ニ臨ムベキコトハ、今日官吏ノ道タル眞ノ本道ト言ハナケレバナリマセヌノニ、斯ルコトヲ吾々ガ此議場ニ明ニシナケレバナラヌコトハ、國家ノ爲洵ニ痛憤ニ堪ヘザル所デアルコトヲ申上ゲテ置キタイノデアリマス(拍手)、文部省ノ如キニ於キマシテモ、本員等ハ未ダ曾テ文部省ノ行政ニ付テハ、殆ド一言半句申サナクトモ事ガ濟ンデ居ッタノデアリマス、然ルニ今回ノ決算ニ當リマシテ、此文部省ノ管轄ニ於キマシテ、多少不正ト認定スベキモノノ數項ガ現ハレタト云フコトハ、洵ニ私共ハ之ヲ悲シム者デアリマス、民心ノ惡化ト政界ノ腐敗墮落ノ一部ヲ、衰微スルモノデアルカドウカハ私ハ知リマセヌガ、物品購入ニ當リマシテ國庫ニ莫大ナル損害ヲ與ヘタルコト少クハアリマセヌ、殊ニ官立學校ノ如キハ綱紀ガ段々ニ紊レテ、ソレ等ノ弊害ヲ今回吾々ガ茲ニ批難シナケレバナラヌ所ノ事實ガ、擧ッテ居ルコトヲ遺憾ト致スノデアリマス、學校ノ騷動、博士論文ノ賣買、博士號獲得不正事件、金力ニ依ル地位ノ上下等、國民ノ精神ト、智能上ノ軌範タルベキ重大ナル實務ノアル文部行政ガ、斯樣ニ墮落セント致シマスルニ至ッテハ、吾々ハ將來ノ爲メ洵ニ遺憾痛惜ニ存ズル次第デアリマス、文部大臣ハ即チ庶政ヲ一新シ、民心ヲ緊張セシメ、以テ立國ノ本義ニ依ル所ノ民心ノ改革、民心ノ教化ヲ圖ラント爲サレマスルコトハ、吾々ノ多トスル所デアル、併ナガラ宜イ加減ナ言葉ノ上ニ於キマスル言動デハ、是ガ改革ハ出來マセヌカラ、宜シク益々進ンデ眞ノ理想實現ニ猛進アランコトヲ望ミタイノデアリマス、最後ニ私ハ鐵道省ニ付テ一言申サナケレバナラナイ、鐵道省ノ問題ハ長キニ亙リマスル問題デ、皆樣既ニ御承知ノ通リデアリマス、鐵道省ハ我國ニ於キマスル所ノ唯一ノ營業省デアリ、收益省デアリ事業省デアリマス、隨テ此處ガ犯罪ノ巣窟トナリ、即チ伏魔殿化スルト云フコトハ、通常ノ人情ヲ以テスレバ當リ前カモ知レナイ、併シ鐵道省ヲ國有鐵道ニサレマシタ以前ノ仙石鐵道總裁ノ理想カラ立脚致シマシテ、今日ノ鐵道ノ內部ニ於ケル綱紀紊亂ヲ見テ、果シテ如何ナル感ジガサレマセウヤ、即チ此伏魔殿デアリマスル所ノ營業者デアル鐵道省ト云フモノニ對シ、十數年ノ間本員ガ摘發致シマシタル事項ノ中ニハ、約九年間ニ亙ッテ其不正不法ト認定スベキモノガ、一年間三千万圓乃至三千三百万圓ニ及ンデ居リマス、此由ッテ來ル弊害ハ御承知ノ通リ、工事請負ノ不正事件ニアルト云フコトヲ痛感シ、是ガ根絶打開ノ爲ニ本員等微力デハゴザイマスルガ、全力ヲ之ニ傾注シタ、之ニ依リマシテ、時ノ大臣ノ非常ナル御熱心ト御力デモゴザイマセウガ、其三千万圓以上ノ不正ノ工事、事業ニ因ル國家ノ損害ガ、昭和八年度ヨリ僅ニ二十五万圓ニ止マッタト云フコトハ、決算委員會ニ於ケル所ノ即チ權威ト、其資務ノ蓋シ重大ナルモノヲ立證シ、國家ノ爲ニ益スルコト少クナイト信ズルノデアリマス、併ナガラ是等ニ依リマシテ一部ノモノハ改革ガ出來マシタ、之ニ依ッテ綱紀ノ一部ノ廓正ハ出來マシタガ、此長キニ亙ル所ノ病根ハ未ダ之ヲ芟除スルニ由ガゴザイマセヌ、此以前ノ鐵道大臣内田氏ニ、私ハ決算委員會ニ於キマシテ、鐵道ヲ國有ト致サレマシタ當時ノ理想ヲ述べ、以テ鐵道大臣ノ理想ヲ實現サル、ベク、其實現ノ方法ニ付テ私ハ委員會ニ於テ懇談ヲシタ、其當時ハ、既ニ内田サンノ時ニハ一面ニ於ケル不正工事ノ方ハ改マッタノデアリマス、是ニ於テ我ガ鐵道省ノ利益ハ之ニ依ッテ利益ヲ受ケルコト三千万圓以上デアリマス、斯クテ今年度ニ於キマシテハ、斯ルモノニ類スル不正不當ト認定サレタモノハ只ノ一ツモナイ、是ハ帝國議會ハ決算委員會ト云フモノヲ輕ンジ、政府亦之ヲ輕ンジマスルガ、國政一新ノ實ハ之ニ依ラナケレバナラヌコトハ、之ニ依ッテ立證スルコトガ出來ルデアリマセウ、併シ鐵道省ニ於キマシテ殘サレタ問題ハ、唯鐵道ノ事業ヲ一ツノ私立會社ニ獨占セシメテ居ルコトデアリマス、工事請負方面ハ改マッタガ、マダ其癌腫ノ一部ガ殘ッテ居ル、之ヲ私ハ前ノ内田鐵道大臣ニ至誠ヲ披瀝シテ改革ヲ御賴ミシタノデアル、是ニ於テ内田サンハ、是ハ速ニ直サナケレバナラヌトシテ、之ニ鐵槌ヲ下サレタ、サウシテ一部會社――國際通運ニ對シテ一年間約百二十万圓ノ費用ヲ削ラレタノデアリマス、併ナガラ之ニ依ッテ未ダ獨占事業ニ對スル國家ノ損害ノ悉クガ、除去サレタノデハアリマセヌ、仍テ一層鐵道大臣ニ向ッテ是ガ一大改革ヲ願ハナケレバナラナイ、今日國際通運ニ對シテ、帝國ノ鐵道ガ爲サナケレバナラヌ所ノ事業ノ一部ヲ彼等ニ爲サシメテ、莫大ナル利益ヲ彼等ニ與ヘテ居ル、其利益ハ私ノ推算スル所ニ依レバ、一年間ニ約七百万圓ト見テ居ル、斯ルコトヲシテ居ル、サウシテ是ハ諸君、アノ戸口カラ戸口マデト云フ配達ノ貨物或ハ小口扱デアリマス、是等ノモノヲ利用スル者ハ誰デアリマスルカ、都會ニ於キマスル中小商工業者其モノデアリマス、ソレダケノモノヲ、此不勞利得者ニ向ッテ莫大ナル利益ヲ占有セシムルナラバ、何故ニ中小商工業者大多數ノ運賃ノ低下ヲ圖ラナイカ、私ハ今議會ニ於キマスル決算委員會ニ於テ、此事ニ付テ前田鐵道大臣ト懇談ヲ致シマシタ、前田鐵道大臣ハ流石ニ政黨出ノ方デアッテ、能ク事ガ御分リニナッテ、斯ル不正、斯ル不當ト認定スベキモノ、多數ノ民衆ノ不利益トナルベキモノハ改革ヲシテ、以テ國益ヲ圖ルコトハ當然デアルカラ、微力デハアルガ、之ヲ斷行スルト言ハレタヤウニ承ッテ居ル、是レ國務大臣トシテ斯クアルベキコトトハ存ジマスガ、之ヲ改革致シマシテ、其獨占事業ヲ打破シ以テ――一驛一店主義トアッテ、地方ニハ有ユル鐵道省ガ認定シテ居ル所ノ指定運送店ガアリマスルカラ、何ノ必要ガアッテ屋上屋ヲ重ネル、不勞所得階級デアリマスル國際通運ノ如キ存在ノ必要ハアリマセウ、是等ノ如キモ國務大臣ハ斷乎タル決心ヲ以テ、是ガ改革ノ任ニ當ラレルニアラズンバ、國政一新ト云フコトハ唯掛聲ノミニ終ランコトヲ恐レルノデアリマス、斯クシテ吾々ハ鐵道省ノ改革ニ付キマシテ、過般來申上ゲマシタル、所謂國務大臣ノ御言葉ト、玆ニ申上ゲル國家ノ所謂國民代表ノ帝國議會ガオ互ガ之ヲ認識シテ、是等惡政ノ打開ニ努メルト云フコトハ、吾々ノ努ムベキ當然ノ責務ト存ジマス、尚ホ同省ガ買入レマシク「ポイント」或ハ枕木六万餘挺ノ二十三万餘圓ヲ始メ、或ハ大湊木材會社ヨリ買入レタル所ノ、不當ニ高價デアル所ノ材木、或ハ三井物産ヨリ購入シタル車輛用ノ楢材ノ如キハ、實ニ不當ノ値ニ買入レテ、國庫ニ莫大ナル損害ヲ與ヘテ居ルコトモ許スベカラザルコトデアリマス、又鐵道省ガ不必要ナノニ鐵道公債、昭和九年度三千七百四十餘万圓ヲ發行シ、是等ノモノノ如キハ、歳出入ノ上カラ致シマシテ、一切此金ハ不用デアル、然ルニ拘ラズ三千七百餘万圓ノ不用ナル公債ヲ發行シテ、之ヲ濫費スルト云フニ至ッテハ、鐵道省内ニ於キマスル不正、不當、綱紀紊亂ヲ立證スルモノデアッテ、洵ニ其統制ハ那邊ニアリヤト吾々ハ疑ハザルヲ得マセヌ（拍手）又鐵道省ガ今日ニ於キマシテ、前ノ勅任或ハ高等官ガ續々トシテ引致サレル、是等ハ元本員等ガ申シマシタ工事請負ノ不正事件デアル、鐵道省内ニ於キマスル執行豫算ヲ漏洩シテ、一部ノ不當請負師ト結託シテ莫大ナル不當利得ヲ得ツツアッタ如キ、即チ是デアル、其事件ノ殘リノ一部ガ、今日司法官憲ノ發動トナッタノデアリマシテ、是ハ略〻絶滅サレル時ガ遠カラズト私ハ思フノデアリマス、而モ此引致サレタ高等官或ハ勅任技師ノ中ニハ、現職ニアル者ガ自分ノ部下ヲシテ之ヲ爲サシメタ形跡ハナイカ、若シアリマスレバ、此庶政一新ヲ標榜スル現内閣ノ下ニ、鐵道省ノ如キ官紀紊亂、綱紀ノ頽廢ヲ一掃スルコトアラズンバ、是亦現内閣成立ノ使命ハ何レニアリヤト國民カラ疑ハレルデゴザイマセウ、此邊ヲ能ク御諒承ニ相成リマシテ、一網打盡、以テ鐵道改革ノ方針ニ出ラレンコトヲ願ヒタイノデアリマス

次ハ最後ニ農林省ノ問題ニ關聯シテ一言申シテ置キマス、農林省ハ昨年山崎農林大臣ガ御出席ニナリマシテ、又今回政友會ヨリ代表シテオイデニナッタ島田サンニモ、此事ヲ能ク申上ゲタノデアリマスルガ、歷代ノ大臣ガ農林省ノ重大事件ニ關シテハ答辯ヲ避ケテ、成ベク出席シナイト云フ方針ヲ執ラレテ來タ、是等ハ我ガ帝國議會ト致シマシテ、國務大臣ガ出席シナイカラ、審議ガ進メラレヌト云フコトデ、其儘不問ニシタナラバ、帝國議會ノ使命、帝國議會ノ存立ノ意義ハ何レニアリマセウカ、吾々ハ有ユル壓迫ト、有ユル干渉ト、有ユル厭ガラセヲ受ケテ居リマス、併ナガラ國民ヲ代表シテ國家ノ利益ヲ圖ルニ於テ之ヲ致スコトガ、眞ノ議會ノ使命、立憲政治ノ本義ナリトシテ、之ヲ斷行セザルヲ得ナイノデアリマス（拍手）是等ニ對シマシテハ、私共ハ飽マデ農林省當局ノ御勉勵ト、善處ヲ願ハナケレバナラヌ、農林省ガ地方ニ對シマスル土地改良補助金、或ハ地方農村救濟費等ニ交付サレル金ノ出シ方ハ、非常ナ不公平ト、不當ト、不正ガ潜在シテ居ルコトデアリマス、次ハ最後ニ農林省ニ之ヲ申シテ置カナケレバナラヌ問題ハ、過般ノ委員會デハ、近々ニ最後ノ解決ヲ致シマスルト云フ御言明ヲ爲サレタノデアリマス、其事件ハ何デアルカ、後藤農林大臣時代カラ殘ッテ居ッテ、後藤農林大臣ノ如キハ、其當時ノ決算委員會ニハ一回モ御出席ニ相成ラナイ、如何ニ申シマシテモ、言ヲ左右ニシテ出席シナカッタノデアリマス、此事件ハ内容ガ如何ニ重大ナルモノデアルカト云フコトハ、御察シガ出來ルデアリマセウガ、其金額ハ實ニ一千六百十七万圓、國家ガ收納スベキモノヲ一私立會社ニ與ヘテ、此收納ノ義務ヲ強制セズ、此一言ニ盡キテ居ルノデアリマス、一千六百十七万圓ハ如何ナル金額デアリマスカ、往年議會ノ解散危キ時ニ當ッテ、豫備金一千万圓デ、議會ハ相當ニ是ガ柔和トナリ、是ガ軟カクナッタノデアリマス、國民ノ利益ヲ圖リ、農村ノ爲ニ之ヲ使用スルナドト言ッテ、帝國議會トシテモ此一千万圓ノ金ハ容易ナラザルモノデアル、然ルニ一私立會社ニ之ヲ與ヘテ、政府ガ當然徴收スベキモノヲ徴收セズトナッタナラバ、帝國ノ綱紀、法治國ノ基礎ハ何處ニアル、是ハ即チ、神戸ノ旭「シルク」會社ト農林省トノ滯貨生絲拂下ノ問題、即チ是レデアリマス（拍手）是ハ今農林當局ハ遠カラザル間ニ必ズ解決致シマスト云フ御言葉デアリマスカラ、私ハ之ヲ信賴シテ多クハ申シマセヌ、併シ

愚図々々シテ居ルト云フト遂ニ期限ガ來ル、其期限ノ來ルノヲ待チツヽアルト云フ、私ハ觀察ヲ致シテ居ルノデアリマス、五箇年間致シマスレバ、民法上ノ契約ハ無效トナル、其期ヲ待ツ爲ニ三年、四年掛ッテ、日本ノ政府ガ法律上ノ解釋ガ出來ヌト仰セニナッテ居ル、何ト云フ不可思議デ、何ト云フ怪訝ナル帝國政府ノ行動デアリマスカ、此點ハ議會ト致シマシテ看過スルコトノ出來ヌ重大問題デアリマス

是ニ於キマシテ私ハ各省ニ亙リマスル所ノ、卽チ今後ノ政治ノ改革、政務ノ改革ノ斷行ノ基礎ヲ玆ニ置カレタイト私ハ申上ゲテ居ルノデゴザイマスガ、豫算面ニ尙ホ現レザル一事ニ付テ皆サンニ申上ゲテ置カナケレバナラヌコトガアリマス、皆サンハ豫算委員會ニハ總テヲ集注サレテ、俺モ豫算委員タラントセラレル方ガ多數アリマセウガ、豫算ノ中ニ於テ豫算ニ現レズシテ、今日ノ國民ノ膏血ヲドウ云フ方法ニシテ之ヲ搾ッテ居ルカト云フ一事――澤山申上ゲマスレバ時間ガアリマセヌカラ申上ゲマセヌ、唯一ツノ例トシテ申上ゲマシテモ、思ヒ半バニ過グルモノガ私ハアラウト思フノデアリマス、諸君ガ豫算ノ御審議ノ時ニ、例ヘテ見マスルト、官吏ニ對スル賞與ト云フ款項目ガゴザイマスカ、何モアリマセヌ、其款項目ガナイカラ、卽チ政府ハ他ノ款項目デ多數ノ金額ヲ取ッテ、其金額デ以テ之ヲ賞與ニ充當シテ居ル、不自然ニシテ、不條理ナル行動デアル、是等ハ豫算委員會、帝國議會ヲ侮辱シ、之ヲ輕視シ、之ヲ瞞過シテ居ル事實ノ一ツデアリマス、是レ豫算ト云フモノハ空理空論ヲ鬪ハスニ止ッテ、實際ニ觸レザルコトヲ立證スルモノデアリマス、ソコデ其金額ニ付テ私ハ申上ゲマスナラバ、卽チ一ツハ賞與トシテ御取リニナリマスノガ、外務省ガ十三万五千餘圓デアリ、內務省ガ百五十五万圓デアリマス、大藏省ハ五十六万餘圓デアリ、陸軍省ハ八百四十一万餘圓デアル、又司法省ハ百六十四万圓デアリマス、文部省ガ八万餘圓、農林省ガ二十九万餘圓、商工省ガ三十二万餘圓デアリ、海軍省ガ七百五十一万圓デアル、又遞信省ハ二十九万六千餘圓、拓務省ハ二万圓、之ヲ總計致シマスルト、實ニ二千八十二万圓ト云フ多額ニ上リマスガ、豫算ヲ編成シ、豫算審議ノ時ニ、此二千餘万圓ノ厖大ナル金ハ何ニ依ッテ御審議ニナルカ、是ハ決算ニ依ルニアラズンバ明カナラザルモノニシテ、帝國ニ於ケル一ノ損害デアル(拍手)斯ルコトヲバ今日マデ吾々ガ看逃シテ居ッタト云フコトヲ洵ニ遺憾トスルノデアリマス、而シテ今日決算ヲ審議スルノニハ、會計檢査院ハ一年間ヲ費シテ居リマス、然ルニ吾吾帝國議會ニ提出スルニ、政府ハ僅ニ三週間ノ期日ヲ以テ此厖大ナル歲出入ヲ審議セヨトハ何事デアリマスルカ(拍手)是ニ於テ吾々ハ決算審議卽チ是迄ノヤリ方ヲ根本ヨリ改メ、議會ノ機能ヲ擴充シ、以テ是ガ國政變理ト國政監督ノ本分ニ付テ猛進スルノ一大政策ヲ立テナケレバナリマセヌ、是等ニ對シテモ政府ハ庶政一新ヲ高調サレテ居リマスルカラ、此點ニ付テ能ク議會ノ檢査、議會ノ監査、議會ノ審定ヲ御受ケニナルダケノ政府ニ覺悟ガナクテハナラヌ、本員ガ議會デ之ヲ申セバ、稻田ノ言ハ怪シカラヌト云フテ之ヲ重壓セントスル傾向ガアル、是ハ何事デアリマスルカ、何タル墮落シタ所ノ事デアリマスカ、今日我ガ日本帝國ノ二十三億餘圓ノ金ハ、悉ク日本國民全體ノ膏血デハアリマセヌカ、此膏血ニ對シマシテ審議ヲ致シマスルノニハ、吾々ハ愼重審議以テ、善イコトハ之ヲ是トシ、惡シキコトハ之ヲ非トシテ判定シ、國民ノ歸趨スル所ヲ示スノガ帝國議會ノ採ルベキ當然ナ途ナリト信ズルノデアリマス(拍手)是ニ於キマシテ私ハ決算委員會ハ、何處マデモ繼續委員會ト致サナケレバナラヌ、會計檢査院ガ一年間ヲ費シテ之ヲ御審議ナサルノヲ、吾々ニ向ッテ三週間ヤソコラデ以テ審議セヨトハ不可能ヲ强ユルモノデアリマシテ、本員等ノ調査モ亦杜撰ニシテ疎漏タルヲ免レマセヌ、此點ハ私ハ委員長初メ、各委員ノ努力ノ足ラザルニアラズシテ、政府ガ此短イ期間ニ是ダケノ厖大ナル審議ヲ强ユルコトガ間違ッテ居ルト思フノデアリマス(拍手)玆ニ此事ヲ申上ゲテ置キタイ、ソレハ會計檢査院ニ於キマシテモ費用ガ足リマセヌ、是ガ改革ヲシナケレバナリマセヌ、會計檢査院ハ天皇直屬ノ權能ヲ持チ、內閣ノ容喙スル所デハアリマセヌガ、今日此缺點ヲ見マシタ以上、會計檢査院ノ制度ノ根本モ改メナケレバナラナイ、其一ツハ滿洲事件費ノ中ノ或ル費用ヲ調査ショウト思ッタガ、其費用ガナイ、ソコデ商工會議所デ調ベタガ、果シテ商工會議所ノ調ガ何ノ信憑ガアルノカト云フノガ一面カラノ攻擊デアリマス、原被兩告ノ訴訟ノ內容ヲ見テモ、費用ナキ爲ニ會計檢査院ハ滿洲ニ出張シテ、其價格ノ實際ヲ調査スルコトガ出來ヌト云フ如キハ、會計檢査院ノ眞ノ權能ヲ全ウスルヲ得ザル所以デアリマスルカラ、會計檢査院ノ根本ノ大改革ヲシナケレバナリマセヌ(拍手)同時ニ議會ノ權能――會計檢査院タル原告官ト、政府デアル被告官トヲ此帝國議會ノ議場ノ面前ニ喚寄セテ、二者ノ說ヲ聽取シテ公明ナル判斷ヲ下シ得ルコトヲ議會ノ權能トシナケレバナラヌ(拍手)是ハ私ハ是非此方法ニ改メタイ、又會計檢査院ノ向上、內部ノ充實モ必要デアリマスガ、會計檢査院ノ檢査官モ今日ハ相當腐敗墮落シテ居リマス(笑聲)洵ニ日本ハ監督ノ上ニ監督ガ要リ、又其監督ガ要ル、全ク監督倒シ、是ハ民心ノ惡化ト綱紀ノ紊亂ヲ立證スルモノデアリマスマイカ、ダカラ會計檢査院ガ玆ニ御報告ニナッタカラト言ウテ、吾々ハソレノミニ依ッテ總テノ審議ヲ進ムベキモノデハゴザイマセヌ(拍手)私共ガ數年間ニ亙リマシテ、大藏或ハ鐵道行政ノ改革等ニ於キマシテハ、其材料ハ會計檢査院ヨリ持ッテ來タモノデハアリマセヌ、他ノ方面ヨリ材料ヲ蒐集シ、其事實ヲ擧ゲテ一年間三千万圓以上ノ不正不義ヲ是正スルコトガ出來タコトヲ立證シテ置キタイ

又決算ニ於キマシテ、議會ハ一層之ニ重キヲ置カレマシテ、今後ノ決算審議ニ於キマシテハ、總テノ點ヲ豫算委員會ト同一ニ取扱ハレマシテ、議員皆樣モ御多用デハゴザイマセウガ、特ニ重キヲ置カレテ國家ノ爲ニ貢獻ヲシテ戴キタイト思フノデアリマス(拍手)

尙ホ英國政府ハ豫算ノ方ハ賣リマセヌケレドモ、御承知ノ通リ決算委員會ノ審議錄ハ、英國ハ實費ヲ以テ國民全般ニ販賣致シテ居リマス、此事ハ是非之ヲ實行サセタイ、決算委員會ニ於キマシテコソ、政府ノ行ウタ事實ニ付テ帝國議會ガ指導監督權ヲ行使致シマシテ、其審定ヲスル、ドチラガ是デアルカ非デアルカ、國政ニ如何ナルモノデアルカヲ知ラシムルノハ、此決算委員會ノ會議錄ニ依ッテ國民ガ初メテ知リ得ルノデアリマシテ、英國ハ流石ニ立憲國ノ模範國デアリマシテ、數十年前ヨリ決算委員會ソノ會議錄ハ悉ク之ヲ國民ニ販賣致シテ居ルノデアリマス、以上ヲ以テ私ハ昭和九年度ノ總決算及ビ國有財產增減ニ對シマシテ、先程委員長ノ報告サレマシタ附帶決議ヲ附シマシテ、之ニ賛成セントスル者デゴザイマス、何卒皆樣モ滿場御一致ノ御賛同アランコトヲ御願致シタイノデアリマス(拍手)

○副議長(岡田忠彥君) 討論ハ終局致シマシタ、採決致シマス、昭和九年度歲入歲出總決算、昭和九年度各特別會計歲入歲出決算ノ委員長報告ヲ是認スルニ賛成ノ諸君ノ起立ヲ求メマス

（贊成者起立）

○副議長（岡田忠彦君）　起立多數、仍テ本件ハ委員長報告ヲ是認スルコトニ決シマシタ、次ニ昭和九年度國有財產增減總計算書ノ委員長報告ヲ是認スルコトニ御異議アリマセヌカ

（「異議ナシ」ト呼フ者アリ）

○副議長（岡田忠彦君）　御異議ナシト認メマス、仍テ本件ハ委員長報告ヲ是認スルコトニ決シマシタ

○松永東君　議事日程變更ノ緊急動議ヲ提出致シマス、卽チ此際加藤鐐五郎君提出、米國及濠洲ニ對シ貿易擁護法適用ニ關スル緊急質問ヲ上程シ、其趣旨辯明ヲ許可セラレンコトヲ望ミマス

（「贊成」ト呼フ者アリ）

○副議長（岡田忠彦君）　松永君ノ動議ニ御異議アリマセヌカ

（「異議ナシ」ト呼フ者アリ）

○副議長（岡田忠彦君）　御異議ナシト認メマス、仍テ日程ハ變更セラレマシタ、米國及濠洲ニ對シ、貿易擁護法適用ニ關スル緊急質問ヲ許可致シマス――提出者加藤鐐五郎君

중의원 의사 속기록 7

인쇄일: 2025년 12월 15일
발행일: 2025년 12월 25일
지은이: 조선총독부 중추원
발행인: 윤영수
발행처: 한국학자료원
서울시 구로구 개봉본동 170-30
전화: 02-3159-8050 팩스: 02-3159-8051
문의: 010-4799-9729
등록번호: 제312-1999-074호

잘못된 책은 교환해 드립니다.

정가 250,000원